四川省农村发展促进会、四川省灾后重建促进会联合编纂出版40万字的《中国力量——“5·12”汶川特大地震灾后重建纪实》；2019年10月，中华人民共和国成立70周年之际，与《四川农村》编辑部、四川省农村发展促进会联合编纂《四川“三农”70年大事记（1949—2019）》。10余年来，《四川农村年鉴》相继获得省级、国家级多项大奖。其中，2012年卷获得四川省第十五次地方志优秀成果奖。2013年卷被中国版协评为第五届年鉴编纂出版质量综合二等奖。2016年12月，2014年卷被四川省地方志工作办公室、四川省地方志学会评为四川省第十七次地方志优秀成果二等奖。2017年3月，2015年卷被中国出版协会年鉴工作委员会评为2015—2016年度年鉴编校质量检查评比一等奖。2018年12月，2017年卷被四川省地方志工作办公室评为四川省第十八次地方志优秀成果（年鉴类）三等奖。2019年1月，2017年卷被中国出版协会评为第六届年鉴编纂出版质量（综合奖）二等奖；被中国出版协会年鉴工作委员会评为第六届年鉴编纂出版质量框架设计，条目编写，装帧设计，检索、编校质量和出版时效四个单项二等奖。2021年1月，2019年卷被四川省地方志工作办公室等单位评为四川省第十九次地方志优秀成果（年鉴类）二等奖。2023年1月，2021年卷被四川省地方志工作办公室等单位评为四川省第二十次地方志优秀成果（年鉴类）二等奖。

《四川农村年鉴》坚持以习近平新时代中国特色社会主义思想为指导，继续当好全省农村经济社会发展的记录者、农业大省向农业强省跨越的见证者、擦亮农业大省金字招牌的传播者，全面、翔实记载省委、省政府事关“三农”的重大战略决策部署和各项目标完成情况，客观、系统地记述四川全面建设社会主义现代化国家的发展历程，为全省农村经济社会持续健康发展提供重要参考。

2022 SICHUAN NONGCUN NIANJIAN

四川農村年鑒

四川农村年鉴编辑委员会 编纂

·成都·

图书在版编目（CIP）数据

四川农村年鉴. 2022 / 四川农村年鉴编辑委员会编纂. — 成都：电子科技大学出版社，2023.5

ISBN 978-7-5647-9756-0

Ⅰ. ①四… Ⅱ. ①四… Ⅲ. ①农村经济 – 四川 – 2022 – 年鉴 Ⅳ. ①F327.71-54

中国国家版本馆CIP数据核字（2023）第101441号

四川农村年鉴（2022）
SICHUAN NONGCUN NIANJIAN（2022）
四川农村年鉴编辑委员会　编纂

策划编辑　李述娜　谢应成
责任编辑　李述娜

出版发行　电子科技大学出版社
成都市一环路东一段159号电子信息产业大厦九楼　邮编　610051
主　　页　www.uestcp.com.cn
服务电话　028-83203399
邮购电话　028-86691186,83201495

印　　刷　四川嘉华印业有限公司
成品尺寸　210mm × 285mm
印　　张　46.25
字　　数　1200千字
版　　次　2023年5月第1版
印　　次　2023年5月第1次印刷
书　　号　ISBN 978-7-5647-9756-0
定　　价　468.00 元（1光盘+本册）

编纂说明

《四川农村年鉴》是逐年记录四川省农村经济社会发展、工作经验和研究成果的大型综合年鉴；是新时代各级党委、政府、机关、企（事）业单位解决“三农”问题、决策“三农”工作、实施乡村振兴、全面建设社会主义现代化国家的重要参考书；是帮助国内外人士了解、认识、研究、投资四川的重要工具书，具有资政、存史的重要作用，2005年以来已连续编纂出版18卷。

《四川农村年鉴（2022）》编纂出版工作坚持以马克思列宁主义、毛泽东思想、邓小平理论、“三个代表”重要思想、科学发展观、习近平新时代中国特色社会主义思想为指导，坚持辩证唯物主义和历史唯物主义的立场、观点和方法，汇集了2021年度四川“三农”各个方面发展状况的文献资料、图片、研究成果以及农村工作经验，如实反映了全省农村经济社会的新发展、新成果、新情况。为全省各级党委、政府决策“三农”工作提供重要借鉴，为广大科研和教学工作者、国内外各界人士研究四川“三农”提供权威资料，增进各省（区、市）及世界各国与四川在农村、经济、科技、文化及社会各个方面的交流合作，促进四川农村经济社会发展。

《四川农村年鉴（2022）》调整了版式，优化了结构，丰富了内容，全彩印刷，大16开精装版本，书名由中国现代作家、诗人、书法家马识途题写，入编资料均由有关省直部门，各市（州）、县（市、区）政府及相关单位提供，图文并茂地专题介绍全省农村经济社会发展，分篇目、章目、类分目及条目编辑。为保持相关篇章的完整性和连贯性，本书对部分内容做了适当回顾，对一些篇章涉及2022年的内容亦做了相应保留。所刊载数据以统计局的统计口径为准，辅以行业主管部门提供的数据，由于统计口径和使用方法的不同，个别数据稍有出入。年度聚焦篇目中的涉农统计数据均来自《四川统计年鉴（2022）》。本年鉴中相关领导人职务以文中记录之事发生的时间为准，文中所记录单位均以简称呈现。

《四川农村年鉴（2022）》的组稿、编纂、出版、发行等工作得到了各级各部门领导和社会各界人士的大力支持。由于本年鉴的入编单位较多，涉及面较广，工作量较大，书中难免存在不足之处，恳请广大读者尤其是供稿单位撰稿人批评指正，以便我们更好地改进工作，提高质量，服务四川发展。

《四川农村年鉴》专家评审指导委员会

（按姓氏拼音排序）

《四川农村年鉴》编辑部

《四川农村年鉴》协办单位

（排名不分先后）

四川省生态环境厅

四川师范大学

泸州市人民政府

甘孜藏族自治州人民政府

成都市新津区人民政府

德阳市旌阳区人民政府

江油市人民政府

北川羌族自治县人民政府

汉源县人民政府

壤塘县人民政府

四川省农业科学院

成都市人民政府

南充市人民政府

成都市双流区人民政府

泸县人民政府

绵阳市游仙区人民政府

梓潼县人民政府

剑阁县人民政府

九寨沟县人民政府

目　　录

年度聚焦

特　　载

大　事　记

四川概况

农业发展概况

基础设施与公共服务体系建设

农村财政、金融与市场监管

乡 村 振 兴

市(州)、县(市、区)农村工作概况

调查与研究

附　　录

编　写　组

聚焦“三农”

索　引

Contents

Infrastructure and Public Service System Construction

Rural Fiscal, Financial and Market Supervision

Rural Revitalization

Overview of Rural Work of Municipalities (Prefectures) and Counties (Cities and Districts)

Investigation and Research

Appendixes

Compilation Group

Focus Sannong

Index

守正创新　谋定后动 打出具有四川特色“三农”工作组合拳 推动农业农村蓬勃发展

党的十八大以来，习近平总书记从党和国家事业全局出发，对农业农村发展的重大理论和实践问题进行了深刻阐释，提出了一系列重要思想、重要论述、重大判断、重大举措，指引农业农村发展取得历史性成就、发生历史性变革。在2021年年底召开的中央经济工作会议和有关会议上，习近平总书记对保证粮食安全、不发生规模性返贫、加强耕地保护等作出重要指示，提出明确要求。全省各级各部门要从坚决拥护“两个确立”、坚决做到“两个维护”的政治高度抓好学习贯彻，严格落实耕地保护责任，全力确保农业稳产增产，持续抓好脱贫攻坚成果巩固拓展，牢牢稳住农业基本盘，确保习近平总书记重要指示要求和党中央决策部署在四川不折不扣地落地落实。

要深刻把握全省构建“三农”工作体系的实践经验。这些年，省委认真贯彻落实习近平总书记关于“三农”工作的重要论述和对四川工作系列重要指示精神，打出了一套具有四川特色的“三农”工作组合拳，全面消除了绝对贫困，整体重塑了乡村发展治理格局，巩固提升了产粮大省、生猪大省的优势地位，推动形成了现代农业高质量发展的蓬勃态势，培育壮大了农村集体经济，擘画铺展了美丽乡村的锦绣画卷，四川农业大省的金字招牌越擦越亮、农业农村发展的蓬勃态势越来越好。这些具有基础性、开创性的实践，既整体提升了全省农业农村发展水平，又前瞻布局了推进乡村全面振兴、实现农业农村现代化的框架格局，初步形成了全省“三农”工作体系。

要扎实抓好全省“三农”工作重点任务。要抓好粮食等重要农产品生产供给。把稳定粮食产量和大豆种植扩面摆在突出位置来抓，切实提高粮食综合生产能力，继续落实稳定生猪生产“十条措施”，增强蔬菜生产供应，加强产销对接，确保市场供应基本稳定。要加强耕地保护建设，全面落实永久基本农田、生态保护红线、城镇开发边界“三条控制线”，合理控制城镇开发边界规模，坚决遏制耕地“非农化”、严格管控“非粮化”。

要巩固拓展脱贫攻坚成果。严格落实“四个不摘”要求，优化完善防止返贫动态监测和帮扶机制，坚决守住不发生整乡整村规模性返贫的底线。进一步提高衔接资金和涉农资金用于产业的比重，重点发展一批带动能力强的特色产业，强化利益联结机制，更好促进增收致富。用好东西部协作、省内对口帮扶平台，统筹以工代赈、公益岗位、生态护林员等政策，千方百计稳住就业。进一步完善易地搬迁集中安置区产业培育、配套设施和公共服务，继续做好原贫困村“掉边掉角”户易地搬迁和就业帮扶工作，帮助搬迁群众稳得住、有收入、能致富。持续深化农业农村改革，进一步激发农业农村发展动力活力。

要大力发展农村集体经济。认真落实《四川省农村集体经济组织条例》，聚焦关键环节持续发力，积极探索符合本地实际的集体经济有效实现形式，有效防范化解各类风险，不断增强农村集体经济实力。要加快推进乡村建设。持续深化“美丽四川·宜居乡村”建设，开展农村人居环境整治提升五年行动，着力提升基础设施和公共服务水平。切实加强和改进乡村治理，健全党组织领导的自治、法治、德治相结合的乡村治理体系，深入推进平安乡村建设，推动农村移风易俗，持续抓好常态化疫情防控，对返乡农民工多一些温情服务，对不能返乡的农民工家庭要逐户开展走访慰问，让乡村社会更加充满活力、和谐有序。

要加强和改善党对“三农”工作的领导。各级党委要坚决扛起政治责任，强化五级书记抓乡村振兴，坚持省负总责，市、县、乡抓落实，加快形成“一盘棋”推进乡村振兴工作格局。发挥考核制度导向作用，创新完善要素投入保障机制，更好支持农业农村优先发展。加强各级党政领导干部特别是分管“三农”工作的领导干部培训，大力实施乡村人才振兴行动计划，推动人才向农村基层一线流动。扎实抓好“三农”领域作风建设，坚决反对形式主义、官僚主义，以钉钉子精神狠抓工作落实。

2022年1月26日，省委农村工作会议在成都市召开，省委书记彭清华出席会议并讲话。彭清华强调，要深入学习贯彻习近平总书记关于“三农”工作的重要论述，全面落实中央农村工作会议精神和党中央决策部署，始终胸怀“国之大者”，以高度政治责任感，进一步做深做细做实全省“三农”工作，确保农业稳产增产、农民稳步增收、农村稳定安宁，奋力推动四川由农业大省向农业强省跨越。省长黄强主持第一次全体会议。

2022年11月3日—4日，省委书记王晓晖（中）到凉山州甘洛县、越西县、昭觉县、西昌市向基层干部群众宣讲党的二十大精神，调研指导经济社会发展工作。王晓晖强调，要扎实抓好党的二十大精神学习宣传贯彻，切实把思想统一到党的二十大精神上来，把力量凝聚到实现党的二十大确定的各项任务上来，发扬斗争精神、增强斗争本领，团结奋斗、拼搏实干，共同创造更加幸福美好的生活。图为11月3日，省委书记王晓晖到甘洛县团结乡瓦姑录村调研，入户看望脱贫群众。

2022年3月22日，省长黄强（右一）到宜宾市翠屏区李庄镇安石村田间了解耕地保护、冬水田建设和大春选种育秧等情况；到富顺县代寺镇李子村、狮市镇马安村察看高标准农田建设、高粱大豆间作、智慧育秧和晚熟柑橘生产等情况，询问落实国家大豆振兴计划推进进展。黄强强调，要确保粮食、大豆种植任务落实到田间地头，严守耕地红线，积极探索稻渔规范种养、农旅融合发展，提高农业综合效益，并注重发挥市场决定。图为省长黄强到富顺县狮市镇马安村实地查看晚熟柑橘生产情况。

2022年8月16日—18日，省政协主席田向利（中）率队到攀枝花市和凉山州调研基层政协和防汛工作情况，并开展安宁河流域巡河工作。田向利强调，要深入学习贯彻习近平总书记来川视察重要指示精神、关于加强和改进人民政协工作的重要思想，贯彻落实省第十二次党代会、省委工作会议最新部署要求，牢记嘱托、感恩奋进，不断提高政协服务中心大局贡献率，以优异成绩迎接党的二十大胜利召开。图为省政协主席田向利在攀枝花市西区玉泉街道政协委员联络站调研。

2022年1月9日，省委常委、组织部部长、省委农村工作领导小组副组长于立军（右二）到邛崃市调研粮食生产、高标准农田建设情况。于立军强调，要立足四川种业的比较优势和重要战略地位，突出抓好关键技术攻关，推动川种振兴。要培育一批具有技术创新活力、核心竞争力和产业带动力的种业龙头企业，支持企业和高校科研单位联合育种攻关，加快培育和推广优质高产、绿色生态的具有自主知识产权的优良品种，做优产业链，提升话语权，让四川种业为全国多做贡献。图为省委常委、组织部部长、省委农村工作领导小组副组长于立军在天府现代种业园调研。

2022年10月28日，副省长胡云（左二）到崇州市调研打造新时代更高水平的“天府粮仓”和乡村振兴等工作。胡云强调，要深入学习贯彻党的二十大精神和习近平总书记来川视察重要指示精神，认真落实省委、省政府决策部署，扎实抓好粮食生产，加强高标准农田建设，大力推进乡村产业振兴和农业产业化发展，着力打造新时代更高水平的“天府粮仓”，持续擦亮四川农业大省金字招牌。

第八届四川农业博览会

2022年12月2日，第八届四川农业博览会（以下简称“农博会”）在成都世纪城新国际会展中心举办。省长黄强出席并宣布开幕。以色列农业与农村发展部部长奥德·福尔，中央农办专职副主任、农业农村部党组成员吴宏耀视频致辞。该届农博会与成都国际都市现代农业博览会联袂举办，以“强合作、促消费、拼经济、开新局”为主题，主宾国为以色列，主题市为成都市。期间，同步举办了第二届全国农业科技成果转化大会，共同助力四川加快打造新时代更高水平的“天府粮仓”，持续擦亮农业大省金字招牌。

农博会设置四川省市（州）展馆、农业合作展馆、新型农业经营主体展馆、全国农业科技成果转化展馆和成都农业合作展馆五大展馆，参展企业近2000家，参展品牌超10 000个。该届农博会首次设置“川字号”出口农产品馆，重点组织四川省国家级、省级农业国际贸易高质量发展基地以及出口农产品优质企业参展，集中展示川茶、川酒、丝绸、柠檬、花卉、菌类等优质特色出口农产品，助力优质“川字号”产品拓展海外市场。展会期间，陕西、云南、山东、西藏等省（区、市），省内21个市（州）及成都市所有县（市、区），以及工商银行、中国银行、建设银行、四川农信、四川中烟等知名企业参展参会。作为农业交流合作平台，该届农博会不仅关注“川字号”优势特色农产品“走出去”，还更多尝试“引进来”。同时，农博会农业合作展馆集中展示泰国、越南、马来西亚、缅甸等“一带一路”沿线国家和地区以及国外友好城市的农业高新技术、农业生产管理新模式、农业合作项目和特色农产品等。农博会主题市成都市现场展示了1200余项科研成果，包括全国首个具有国际竞争力的肉牛新品种“华西牛”、自主育种“广明2号”白羽肉鸡、食品安全及医疗诊断智能识别技术和系统、农药抗体及快检产品等，以推动更多“川字号”农产品和农业技术“走出去”。

农博会上，全省21个市（州）均立足自身实际，筛选、收集和包装了一批重点投资项目，由农业农村厅与省经济合作局联合发布四川农业产业招商地图，向参会客商推介国家现代农业产业园、省五星级现代农业园区、省级农业产品加工示范园等农业发展载体，发布省农业产业支持政策清单（24条）、省农业产业投资合作项目（50个）。主题市成都市在农博会期间签约项目25个，发布机会清单80条。

四川省第十三届乡村文化旅游节

2022年6月10日，四川省第十三届（夏季）乡村文化旅游节在邛崃市开幕，向全国游客发出探访“安逸四川”，畅游“醉美乡村”的诚挚邀请。副省长罗强宣布乡村文化旅游节开幕。省委宣传部副部长、文化和旅游厅厅长戴允康，成都市委常委、副市长程伟，邛崃市委书记刘刚分别致辞。

作为全省文旅行业的重要品牌活动，该次乡村文化旅游节活动由四川省文化和旅游厅、四川省农业农村厅、成都市人民政府主办，成都市文化广电旅游局、成都市农业农村局、邛崃市人民政府承办，以“安逸四川·醉美邛崃”为主题，旨在推进“农业+文旅”融合发展，促进乡村全面振兴。活动现场，天府旅游名导为旅游节推介了消夏、研学、康养、露营、名镇等5条“清凉天府，安逸四川”夏季精品旅游路线。3位资深媒体记者用他们的视角和故事为天府旅游名牌代言。开幕式还完成了四川省乡村文化旅游节会旗交接仪式，下次活动承办地为广元市青川县。

2022年11月11日，由四川省文化和旅游厅、四川省农业农村厅、广元市人民政府主办的四川省第十三届（秋季）乡村文化旅游节、第十二届大蜀道文化旅游节在青川县唐家河旅游区同时开幕。开幕式上，阴平古道和薅草锣鼓的主题表演为游客提供了一场视觉盛宴，展现了青川3000余年的历

史文化底蕴、劳动人民载歌载舞歌唱新时代的面貌。开幕式现场，随着安逸四川秋景短视频的播出，来自不同市（州）、县（区）的文旅局局长轮番亮相为家乡代言，“安逸四川dou起来”主题推广计划也正式发布。

2022年12月29日晚，由四川省文化和旅游厅、四川省农业农村厅、凉山州人民政府主办，凉山州文化广电和旅游局、凉山州农业农村局、德昌县人民政府承办的“安逸四川·氧生德昌”四川省第十三届(冬季)乡村文化旅游节开幕式在德昌县凤凰城旅游度假区举行。活动上，德昌县相关负责人推介了当地特色文旅资源。配套举行的傈僳族非遗展演等活动让参会嘉宾充分感受到了德昌的美丽风韵。活动中，天府旅游名导、文旅达人、省中医药科学院博士等以微情景化演绎的方式，围绕“享阳光、摘阳光、养阳光”三个篇章，互动推介四川冬季乡村康养旅游资源。活动期间，参会嘉宾前往德昌省级乡村旅游示范点、海花沟大地公园康养度假区、天府旅游名村等实地走访，感受乡村发展新风貌。

2022年中国农民丰收节

2022年9月21日，2022年中国农民丰收节四川·成都农业博览金秋消费季（以下简称“金秋消费季”）启动仪式在成都市新津天府农博园举行。作为丰收节的首场活动，金秋消费季的启幕，正式敲响2022年中国农民丰收节主会场活动的战鼓，标志着全国“三农”领域盛事进入“四川时间”。9月23日，2022年中国农民丰收节群众庆祝丰收联欢活动在四川成都、北京昌平同步举行。在成都会场，省委书记王晓晖出席并致辞，省长黄强，中央农办副主任、国家乡村振兴局局长刘焕鑫出席活动。

9月23日，2022年中国农民丰收节群众庆祝丰收联欢活动在中国天府农博园开幕。活动中，四川主会场与北京现场联动，并视频连线四川主场活动。四川丰收节联欢活动主要分为“庆、升、典、藏、传”五个主题，其中包括2022年度“全国十佳农民奖”、2022年度农牧渔业丰收奖（贡献奖）颁奖仪式、升国旗和丰收旗仪式、与分会场连

四川成都农业博览会金秋消费季

线以及农民文艺汇演等环节。活动上还进行了“中国乡音、丰收拉歌”大联欢，全国各地各有特色的“丰收民歌”在现场依次唱响。现场为全国遴选的种养能手、创业创新、电商技能、民俗艺术等四大类“农工巧匠”比赛排名前20—30位选手授予“大国农匠”称号。同时，举行了农民体育健身大赛。大赛以“庆丰收 迎盛会”为主题，是第五个中国农民丰收节主会场的重要内容之一。比赛设晒场收谷庆丰年、车轮滚滚向未来、瓜果连连共富裕、接续奋进促振兴4个赛项，寓意在乡村振兴道路上农民越来越富裕、越来越幸福，彰显农民群众和“三农”工作者辛勤耕耘、砥砺奋进的信心与决心。丰收节期间，举行了天府农耕文明主题展、中国乡村美食品鉴推广活动、成都现代都市农业展等10余场主题活动。依托丰收节这个窗口，成都市还开展了农业产业合作和技术交流，助力成都都市现代农业产业建圈强链，持续做优公园城市的“乡村表达”，促进乡村全面振兴。

年末户籍人口

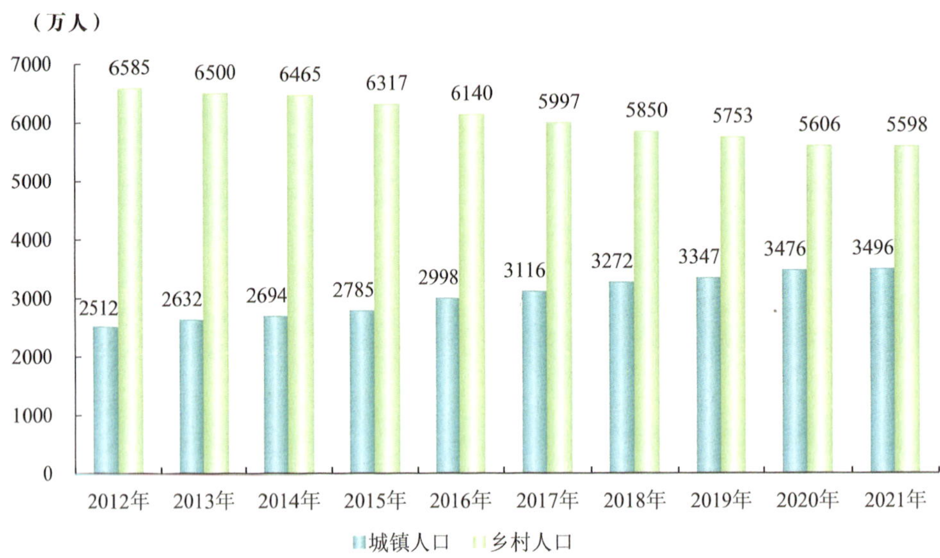

三次产业就业人员构成

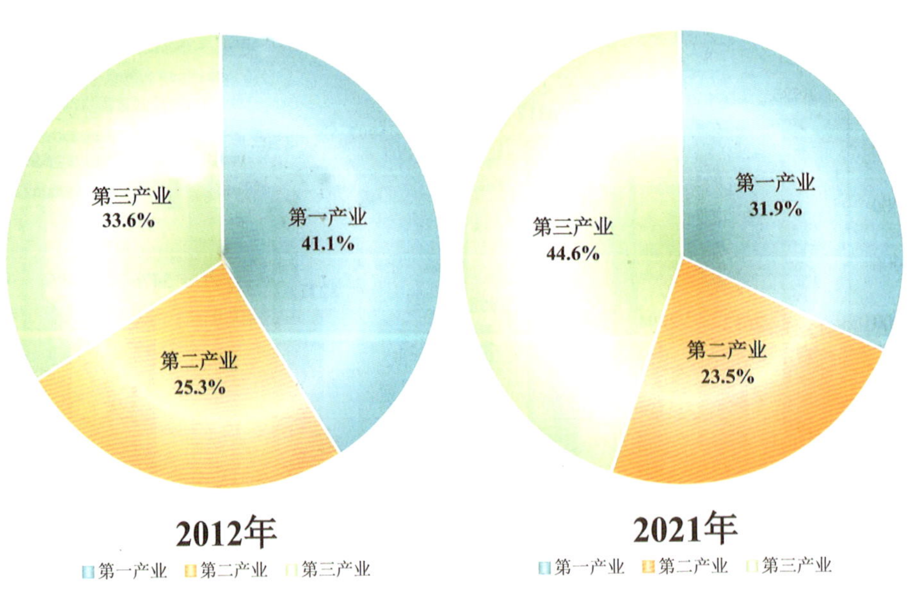

地区生产总值和增长速度

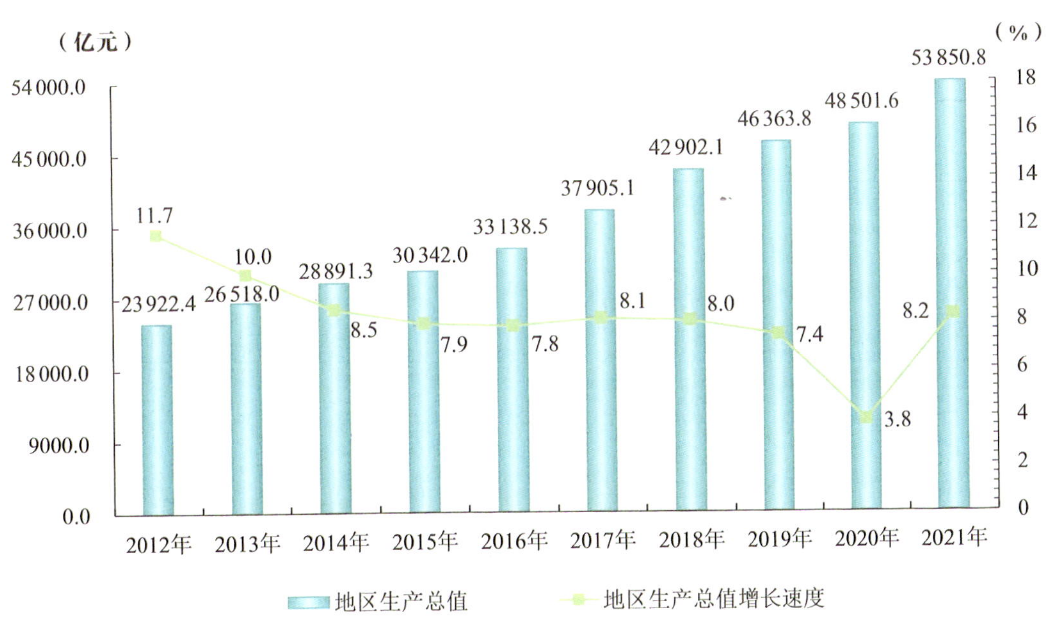

地区生产总值构成

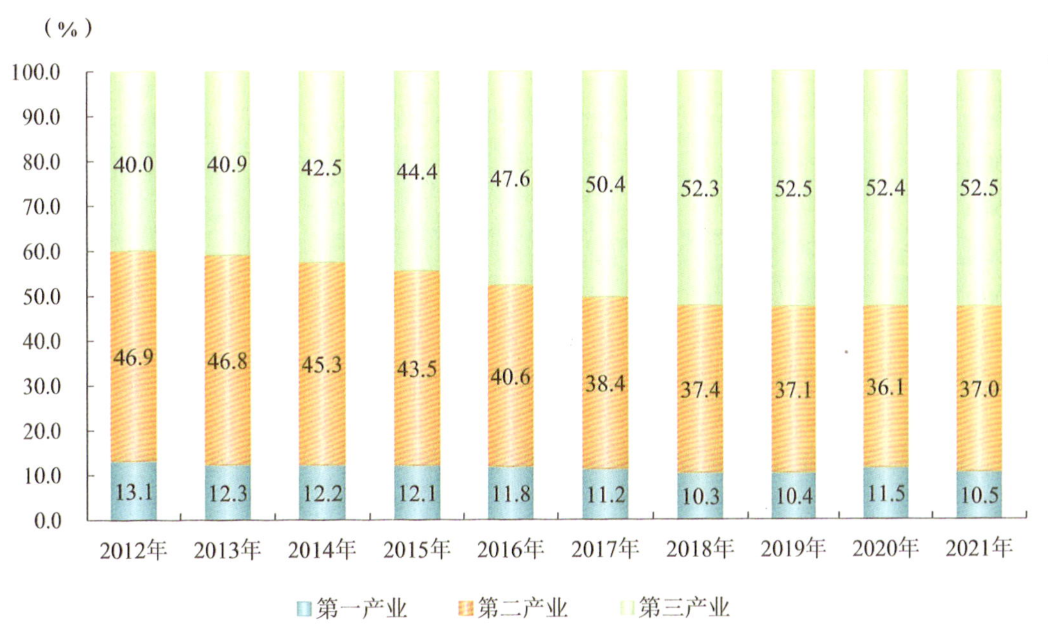

人均地区生产总值

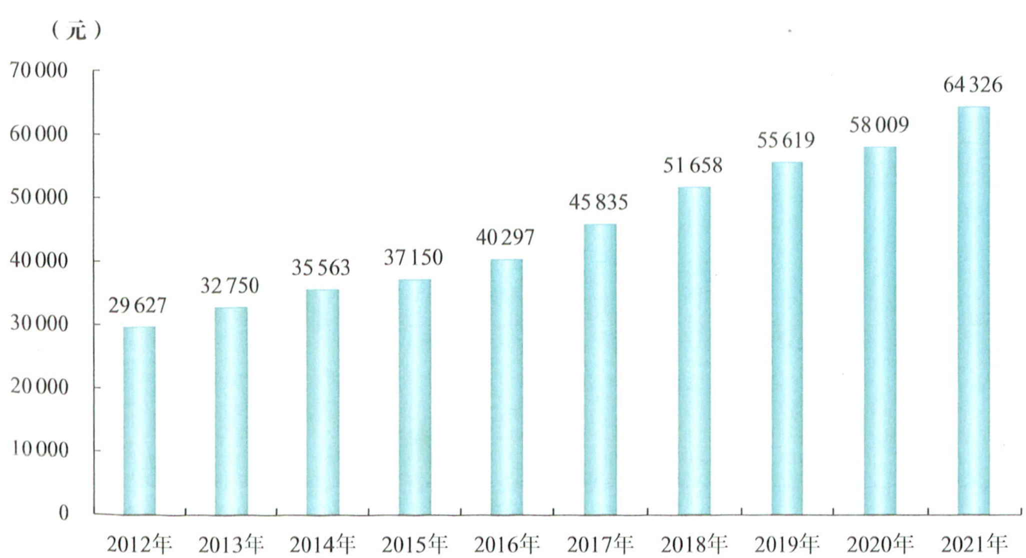

农林牧渔业总产值

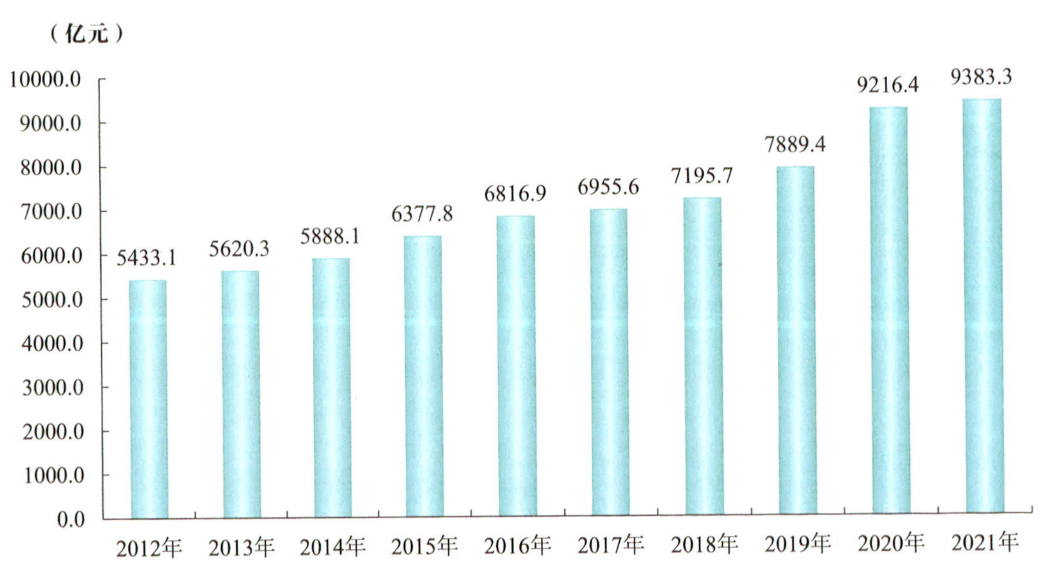

粮食作物和油料作物播种面积

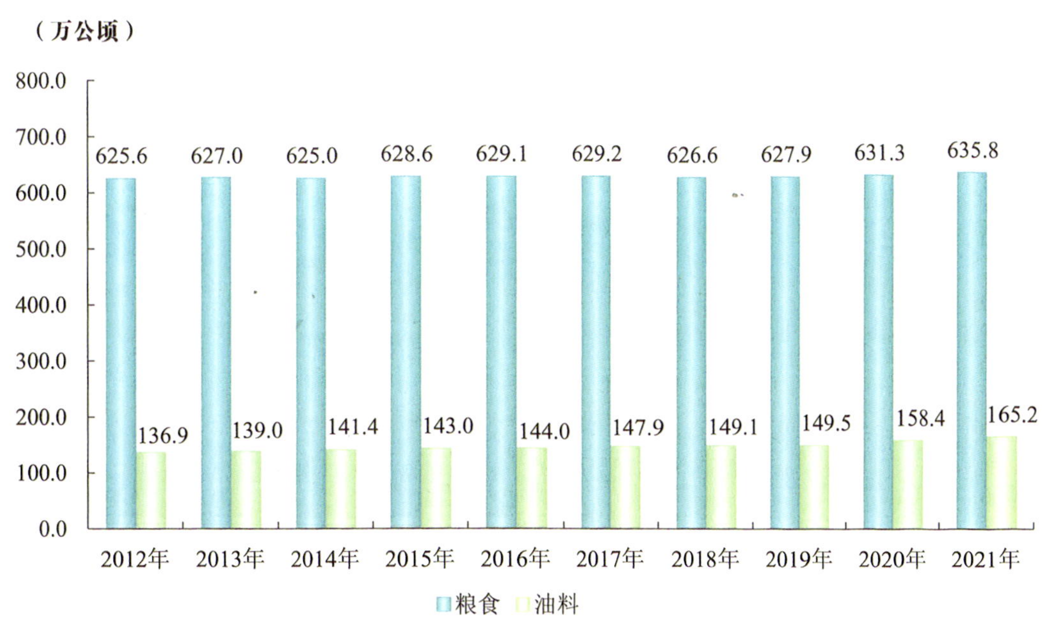

粮食产量和油料产量

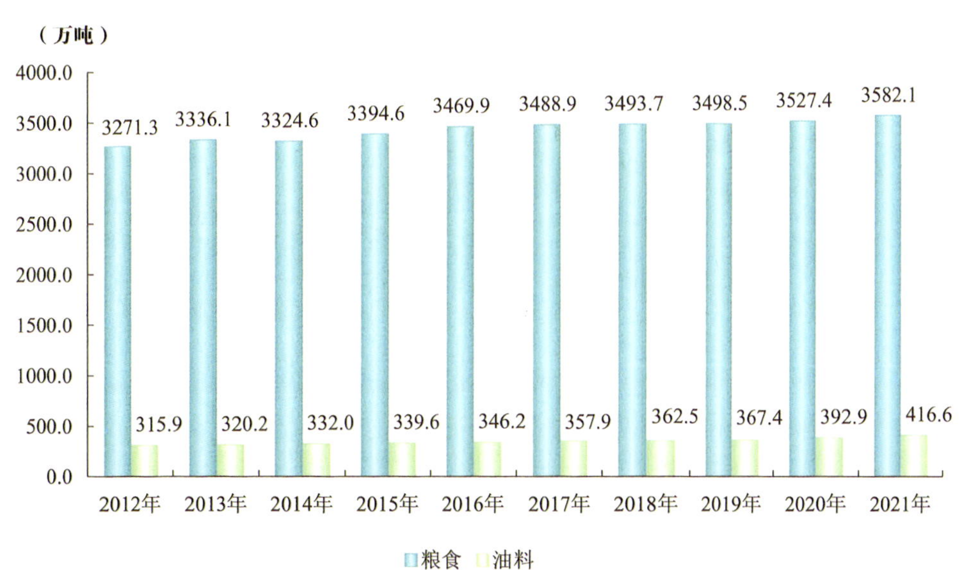

肉类总产量

（万吨）
800.0
700.0
600.0
500.0
400.0
300.0
200.0
100.0
0.0
663.2
682.3
704.1
694.3
680.4
653.8
664.7
559.5
597.9
664.0
2012年
2013年
2014年
2015年
2016年
2017年
2018年
2019年
2020年
2021年

化肥施用量

（万吨）
300.0
250.0
200.0
150.0
100.0
50.0
0.0
252.8
251.1
252.1
252.1
249.0
242.0
235.2
222.8
210.8
207.2
2012年
2013年
2014年
2015年
2016年
2017年
2018年
2019年
2020年
2021年

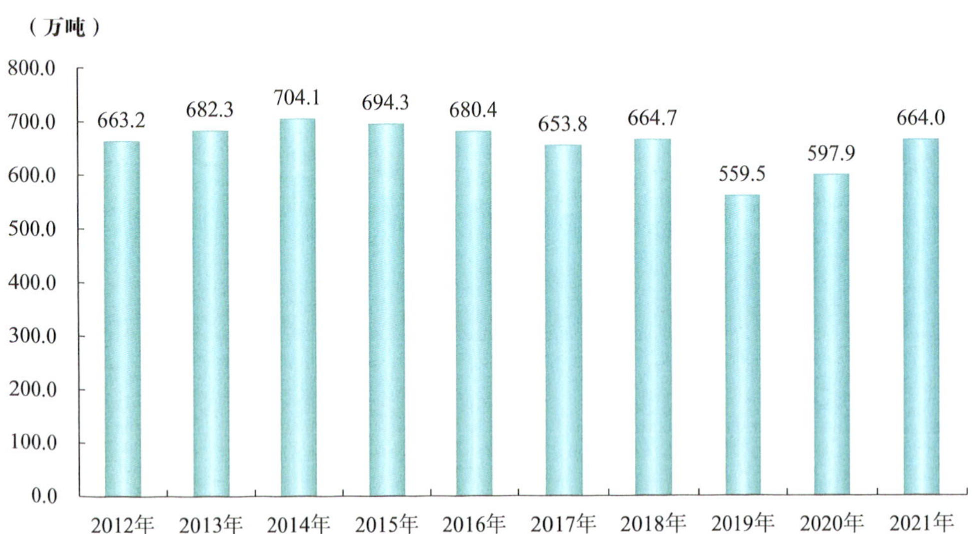

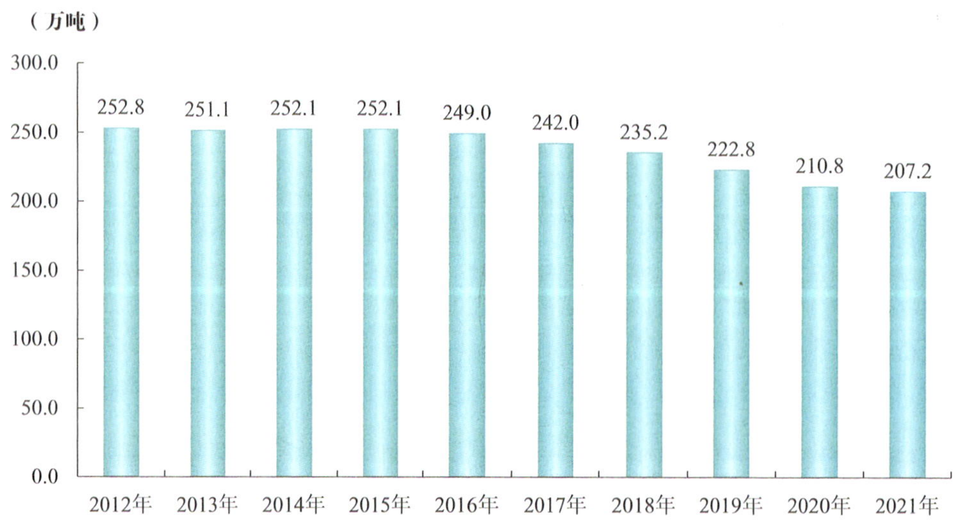

农村用电量

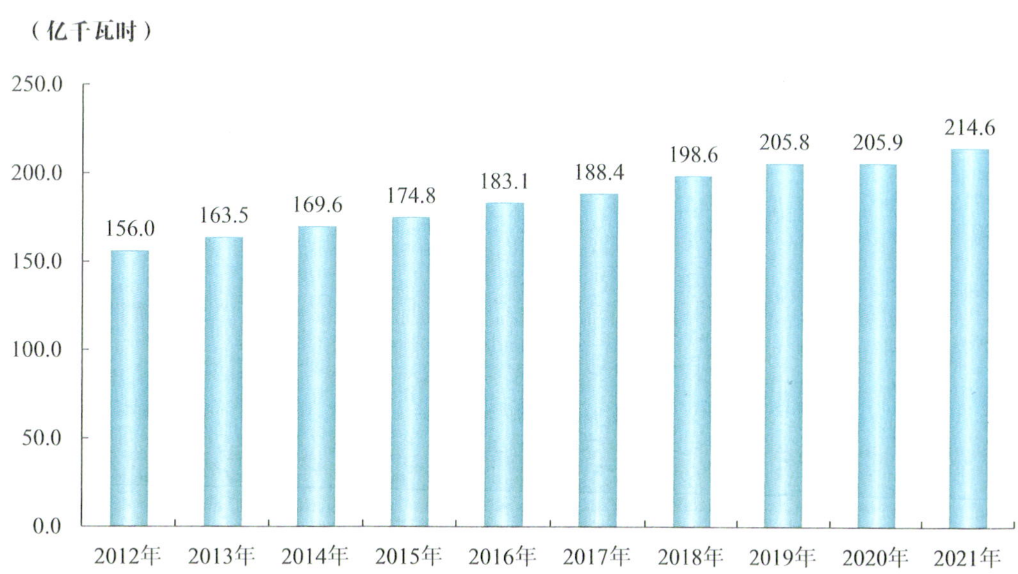

居民消费价格涨跌情况

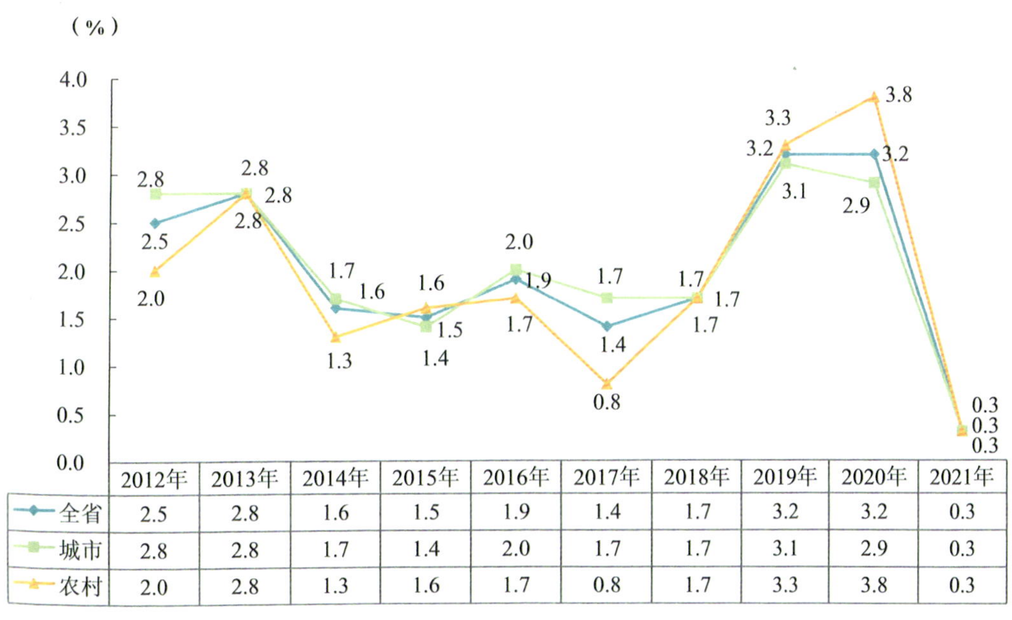

	2012年	2013年	2014年	2015年	2016年	2017年	2018年	2019年	2020年	2021年
全省	2.5	2.8	1.6	1.5	1.9	1.4	1.7	3.2	3.2	0.3
城市	2.8	2.8	1.7	1.4	2.0	1.7	1.7	3.1	2.9	0.3
农村	2.0	2.8	1.3	1.6	1.7	0.8	1.7	3.3	3.8	0.3

城乡居民人均可支配收入

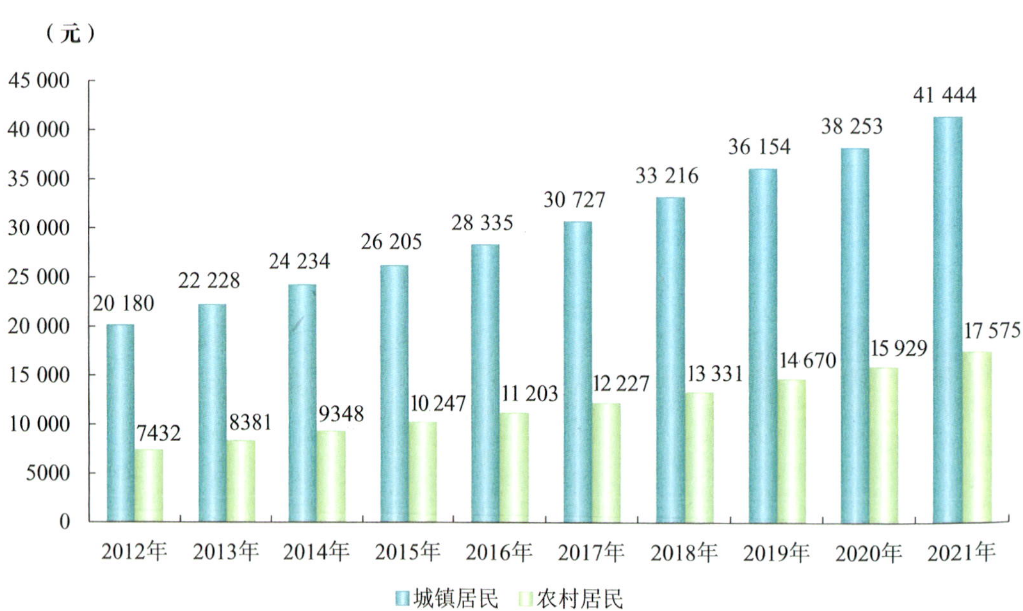

城乡居民人均消费支出

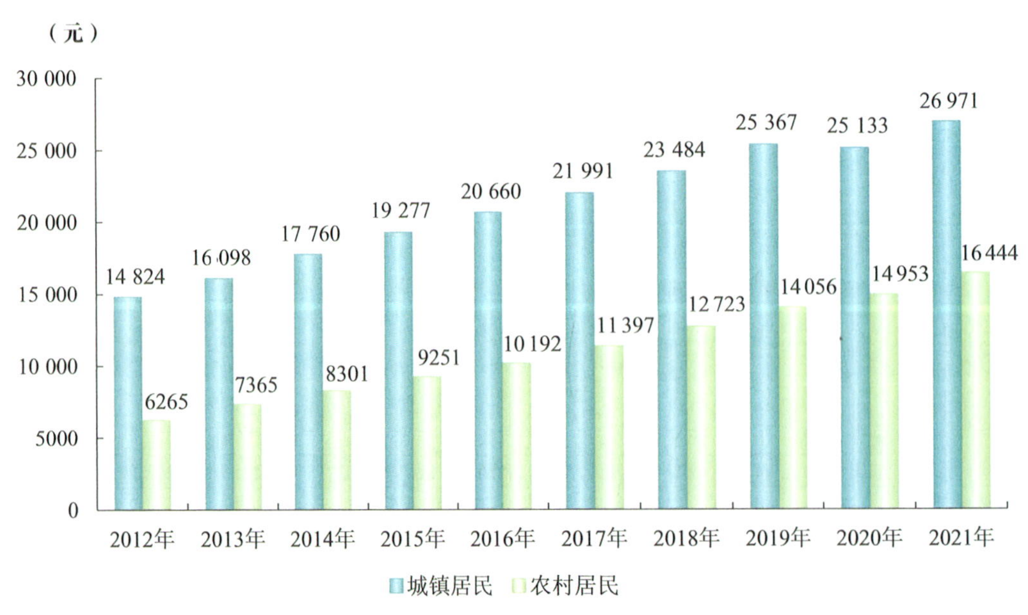

特载

TE ZAI

中共四川省委　四川省人民政府 关于全面实施乡村振兴战略开启农业农村现代化建设新征程的意见

（川委发〔2021〕号　2021年3月1日）

为全面实施乡村振兴战略，促进农业高质高效、乡村宜居宜业、农民富裕富足，开启农业农村现代化建设新征程，根据《中共中央　国务院关于全面推进乡村振兴加快农业农村现代化的意见》精神，结合我省实际，现提出如下意见。

一、总体要求

（一）指导思想。坚持以习近平新时代中国特色社会主义思想为指导，全面贯彻党的十九大和十九届二中、三中、四中、五中全会精神，深入学习贯彻习近平总书记对四川工作系列重要指示精神，认真落实中央和省委、省政府决策部署，坚定不移贯彻新发展理念，坚持稳中求进工作总基调，坚持加强党对“三农”工作的全面领导，坚持农业农村优先发展，做好巩固拓展脱贫攻坚成果同乡村振兴有效衔接，以园区建设为抓手加快构建“10+3”现代农业体系，实施“美丽四川·宜居乡村”建设行动，深化农业农村改革，促进农民全面发展，推进乡村全面振兴，加快农业农村现代化，为推动治蜀兴川再上新台阶提供有力支撑。

（二）目标任务。2021年，粮食播种面积达到9500万亩以上，粮食产量达到350亿千克以上，生猪出栏量稳定在5800万头左右，全省农民收入平均增长高于城镇居民和全国农民收入平均增长。脱贫攻坚成果持续巩固，农业农村现代化规划启动实施，“美丽四川·宜居乡村”建设行动全面启动，农村改革深入推进，乡村社会保持和谐稳定。到2025年，乡村振兴取得重要进展。农业生产经营服务体系不断优化，构建起符合四川实际的现代农业园区梯级发展体系，带动小农户进入现代农业发展轨道，形成乡村一二三产业融合发展新态势。农业基础设施现代化迈上新台阶，高标准农田建设取得突破，粮食、生猪等重要农产品供给保障能力明显增强。“美丽四川·宜居乡村”建设行动取得重要进展，农村生活设施便利化初步实现，城乡基本公共服务均等化水平明显提高，乡风文明程度得到新提升。脱贫攻坚成果巩固拓展，全省城乡居民收入差距持续缩小。

二、实现巩固拓展脱贫攻坚成果同乡村振兴有效衔接

（三）建立健全巩固拓展脱贫攻坚成果长效机制。脱贫攻坚目标任务完成后，对摆脱贫困的县，从脱贫之日起设立5年过渡期。过渡期保持现有主要帮扶政策总体稳定，并逐项分类优化调整，逐步实现由集中资源支持脱贫攻坚向全面推进乡村振兴平稳过渡，推动“三农”工作重心历史性转移。省直有关部门要抓紧完善政策优化调整的具体实施办法。健全防止返贫动态监测和帮扶机制，对易返贫致贫人口及时发现、及时帮扶，守住防止规模性返贫底线。巩固“两不愁三保障”成果，落实行业主管部门工作责任。

（四）健全农村低收入人口常态化帮扶机制。以现有社会保障体系为基础，对农村低收入人口开展动态监测。完善农村低收入人口认定办法。对脱贫人口中丧失劳动能力且无法通过产业就业获得稳定收入的人口，按规定纳入农村低保或特困人员救助供养范围并及时开展救助。

（五）加强易地扶贫搬迁后续扶持。完善易地扶贫搬迁后续扶持政策体系，持续加大就业和产业扶持力度，巩固易地搬迁脱贫成果。分类研究县城安置、场镇安置、跨村聚居点安置等搬迁群众的社会保障、集体经济组织成员权益保护、安置住房确权颁证等问题。完善集中安置区配套基础设施、公共服务设施，提升安置区社区管理服务水平，实施“彝路相伴”三年行动计划、“牵手伴行”三年行动计划。

（六）加强扶贫项目资产管理和监督。分类摸清各类扶贫项目形成的资产底数，分级确定县、乡、村、户资产权属，实行台账管理。

（七）接续推进脱贫地区乡村振兴。推动明确一批国家乡村振兴重点帮扶县，确定一批省级乡村振兴重点帮扶县。指导市县自主确定一批乡村振兴重点帮扶村，进行集中支持。优化对大小凉山彝区的扶持政策，支持凉山州按规定开展巩固拓展脱贫攻坚成果同乡村振兴有效衔接示范工作。支持涉藏州县、革命老区巩固拓展脱贫攻坚成果、推进乡村振兴。

（八）优化调整帮扶工作机制。深化东西部协作，配合中央单位开展定点帮扶。调整完善党政机关和企事业单位定点帮扶关系、职责任务和工作重心，深化省内对口帮扶工作。从已脱贫村、党组织软弱涣散村、集体经济薄弱村、乡村振兴重点帮扶村、易地扶贫搬迁集中安置点所在村中，确定一批巩固拓展脱贫攻

坚成果和乡村振兴任务重的村，根据需要继续选派驻村第一书记和工作队。组织选派新一轮省内对口帮扶干部人才。调整优化凉山州综合帮扶。落实脱贫攻坚帮扶干部人才关心激励政策。

三、保障粮食和重要农产品安全

（九）稳步提高粮食产量。各级党委、政府要切实扛起粮食安全政治责任，实行粮食安全党政同责。落实藏粮于地、藏粮于技战略，提升粮食主产县综合生产能力，划定非主产县粮食面积、产量和自给率底线，分类压实粮食生产责任，确保粮食播种面积和产量只增不减。健全产粮大县支持政策体系。选择部分粮食主产县，支持其整县推进农业现代化示范区建设。推进“优质粮食工程”，深化“天府菜油”行动，建设一批“鱼米之乡”。开展厉行节约制止餐饮浪费系列行动。推动出台四川省粮食安全保障条例。严格开展粮食安全责任制考核。未能完成粮食生产目标任务的县（市、区）不得参加涉农工作评优。按程序开展四川省“稻香杯”暨农业丰收奖评选。

（十）保障生猪等“菜篮子”产品供给。深入落实“菜篮子”市长负责制。加强非洲猪瘟等重大动物疫病防控，落实生猪生产扶持政策，加快生猪产业转型升级，2021年，生猪生产基本恢复到常年水平。稳定蔬菜、水果生产面积，推进牛羊、小家畜禽和水产健康养殖。建立健全重要农产品市场预测预警机制。

（十一）坚决守住耕地红线。采取“长牙齿”的硬措施，压实耕地保护主体责任，落实最严格的耕地保护制度。严禁违规占用耕地和违背自然规律绿化造林、挖湖造景、超标准建设绿色通道，严格控制非农建设占用耕地，严格控制耕地转为林地、园地等其他类型农用地，严禁占用永久基本农田扩大自然保护区，深入推进农村乱占耕地建房问题整治行动，坚决遏制耕地“非农化”、防止“非粮化”，对有令不行、有禁不止、失职渎职的严肃追究责任。永久基本农田重点用于粮食特别是口粮生产，一般耕地主要用于粮食和油、菜、果等农产品及饲草饲料生产。实施高标准农田建设工程，全省2021年新建高标准农田470万亩，“十四五”期间新建1000万亩以上。加大高标准农田建设补助力度，确保中央和省市县财政补助资金每亩共计不低于3000元。对建成的高标准农田要划为永久基本农田，实行特殊保护，任何单位和个人不得损毁、擅自占用或改变用途。高标准农田建设中增加的耕地作为占补平衡补充耕地指标在省域内调剂，所得收益用于高标准农田建设。实施耕地质量保护与提升行动，推广保护性耕作模式。规范耕地占补平衡，严格新增耕地核实认定和监管，占优必须补优。健全耕地数量和质量监测监管机制，加强耕地保护督察和执法监督，开展“十三五”时期耕地保护责任目标考核。开展农村撂荒地专项整治，禁止闲置、荒芜永久基本农田，对“非粮化”和耕地撂荒趋势恶化的市县按规定进行通报约谈。

（十二）加强农村水利设施建设。加快推进重大水利工程建设及前期工作，2021年，开工青峪口水库、米市水库。实施“十四五”大型灌区续建配套与现代化改造。加快推进乐山市沫江堰灌区等重点中型灌区续建配套与节水改造，全面启动射洪市前锋渠灌区等中型灌区改造。推进小型水源工程建设。

（十三）打好种业翻身仗。实施新一轮现代种业提升工程，加快推进四川省种质资源中心库建设，科学布局建设一批种质资源圃（场、区）。大力培育现代种业园区，支持成都建设国家区域农作物种业创新中心、绵阳建设国家区域畜禽种业创新中心，支持建立育种创新联合体。加大应用现代生物和信息技术开展育种攻关力度。推进国家级育种制种基地建设，支持一批省级优势种业基地加快发展。扶持一批领军型种业企业，支持育繁推一体化大型种业企业发展。实施生猪种业提升行动，培育“川系”种猪品牌。鼓励和支持建设种业强市、强县。

（十四）强化科技和装备支撑。坚持农业科技自立自强。实施优势特色产业瓶颈技术创新工程。加快推进成都国家现代农业产业科技创新中心、西南农业智能装备科技创新中心、西南作物基因资源发掘与利用国家重点实验室建设。支持有条件的市（州）创建国家农业高新技术产业示范区。加强农业科技社会化服务体系建设，深入推行科技特派员制度。实施农业机械化和信息化技术创新工程，加强丘陵山区农机装备研发。实施新一轮农机购置补贴政策，开展以“五良”融合为牵引的全程机械化技术集成行动，推广应用现代化农业新装备新技术，到2025年，全省主要农作物耕种收综合机械化水平达到70%以上。推进田头小型仓储保鲜冷链设施、产地低温直配中心建设，加快构建农产品烘干冷链保鲜设施体系。

（十五）保障农产品质量安全。健全化肥、农（兽）药等农业投入品减量使用制度。强化农用地土壤污染风险防控。严格落实农产品质量生产经营主体责任。深化国家和省级农产品质量安全监管示范市县建设。大力发展绿色、有机和地理标志优质特色农产品，培育发展“川字号”农产品区域公用品牌及产品品牌。

四、以园区建设为抓手构建“10+3”现代农业体系

（十六）推进现代农业产业集聚发展。围绕粮油等大宗农产品，加强现代农业园区建设，健全管理机制，实行“园长制”。研究制定四川省现代农业园区管理条例。到2025年，创建国家和省级现代农业园区300个以上、市县级现代农业园区3000个以上。实施现代农业产业提升工程，建设农业产业强镇、优势特色产业集群、特色农产品优势区。

（十七）推动农产品加工业提档升级。实施农产品产地初加工惠民工程，

建设一批产地初加工设施。培育一批优质白酒、粮油、肉制品、精制茶、果蔬、中药材等农产品加工产业集群，建设一批省级特色农产品加工园区。实施农产品加工企业提升行动，培育一批行业领航企业，开展农产品加工中小企业梯度培育。

（十八）构建农村现代流通体系。加快发展乡村现代物流业。按部署开展电子商务进农村综合示范工作。推进农产品产地市场体系建设，发展农产品从产地到销地的直销和配送。实施“互联网+”农产品出村进城工程。改造提升农产品市场。加强县域乡镇商贸设施和到村物流站点建设。加快发展乡镇生活服务业，支持建设立足乡村、贴近农民的生活消费服务综合体。组织开展流动售“货车下乡”“汽车下乡”“家电下乡”“大宗商品以旧换新”等活动。

（十九）丰富乡村经济业态。推进现代农业园区景区化建设，建设一批乡村旅游特色景区和重点村。推进美丽休闲乡村建设，培育省级农业主题公园和休闲农庄。发展森林康养、田园养生、乡村民宿、中医药旅游、会展博览等新产业新业态。

（二十）因地制宜发展现代林竹产业。支持发展竹、花卉苗木、木本油料、林草中药材、工业原料林等特色林竹产业，加快建设一批现代林草产业园区。推进林下生态种植、养殖、采集等复合经营。推进美丽乡村竹林风景线建设。到2025年，全省新增市（州）级以上林草产业园区33个，竹林面积稳定在1800万亩以上，竹加工转化率达到80%。

（二十一）扎实做好农民工工作。加强农民工技能培训，发展“川字号”劳务品牌，稳定和扩大外出务工规模。完善回引优秀农民工返乡创业政策。深入贯彻《保障农民工工资支付条例》，全面落实实名制管理、农民工工资专用账户、总承包单位代发农民工工资、按时足额发放农民工工资等制度。严格落实农民工欠薪工作属地责任制，将其纳入对本级政府有关部门和下级政府的目标绩效考核，对根治欠薪工作推进不力、欠薪问题严重的按规定进行通报。

（二十二）加快建设成渝现代高效特色农业带。联合重庆市共同编制成渝现代高效特色农业带建设规划，启动实施一批重大工程项目。建设国家优质粮油保障基地、国家重要的生猪生产基地、渝遂绵优质蔬菜生产带、优质道地中药材产业带、长江上游柑橘产业带和安岳柠檬产区、渝南绵蚕桑产业带、长江上游生态渔业产业带，打造全球泡菜出口基地和川菜产业、茶产业、竹产业基地。加快成德眉资都市现代高效特色农业示范区建设。

五、实施“美丽四川·宜居乡村”建设行动

（二十三）加强乡村规划编制工作。2021年，基本完成县级国土空间规划编制工作，全面加快乡镇国土空间规划编制，积极有序推进“多规合一”实用性村规划编制。对暂时没有编制村规划的村，严格按照县乡国土空间规划中确定的用途管制和建设管理要求进行建设。加强乡村建设规划许可管理，完善审批和管理制度，依法严肃查处违规乱建行为。加强对乡村风貌的管控和引导，系统保护自然风光、田园景观和传统村落、历史文化名村名镇及历史文化资源。

（二十四）加强乡村公共基础设施建设。推进“四好农村路”示范创建提质扩面。有序推进较大人口规模自然村组通硬化路建设，实施撤并建制村畅通工程和乡村振兴产业路旅游路工程。全面实施“路长制”。强化农村道路交通安全监管。实施乡村运输“金通工程”和平安渡运工程。加强农村集中式饮用水水源保护管理，实施农村供水保障工程，有条件的地方推进城乡供水一体化，到2025年全省农村集中供水率达到88%以上。深入推进农业水价综合改革。实施乡村电网巩固提升工程。持续推动天然气供气设施向农村延伸。实施数字乡村建设发展工程。推动农村光纤宽带和4G网络深度覆盖、5G网络向农村延伸。推动“智慧广电”网络乡村全覆盖。

（二十五）实施农村人居环境整治提升五年行动。继续实施农村人居环境整治重点县和农村“厕所革命”重点县项目，分类有序新（改）建农村无害化卫生厕所。健全农村生活垃圾收集、转运和处置体系，到2025年，力争实现行政村生活垃圾收集设施全覆盖、村民小组专职保洁员全覆盖。深入推进农村生活污水治理，加强乡政府驻地和被撤并乡政府驻地生活污水处理设施建设，加大黑臭水体治理力度。持续开展水美新村建设。推进村庄清洁行动常态化。加大农村危旧房屋排查和改造力度，按时完成改造任务。加大地质灾害避险搬迁政策支持力度。逐步推行农村住房建设全过程管理，推进“数字农房”建设，提升农房建设质量和乡村宜居水平。

（二十六）加强农村生态建设。统筹实施青藏高原生态屏障区、长江上游重点生态区生态保护和修复等国家重大生态工程，加强山水林田湖草系统治理，持续推进矿山生态修复。加强以国家公园为主体的自然保护地体系建设。深入开展国土绿化行动，继续实施天然林保护、退耕还林还草、退牧还草等重点生态建设工程。加强水土流失治理。推进森林草原防灭火专项整治。全面推行林长制。深化河湖长制，推进农村河湖“清四乱”工作常态化、规范化。全面实施节水行动。深入推进畜禽粪污、秸秆和废旧农膜等资源化利用。加强长江流域重点水域渔政执法监督，落实长江十年禁渔措施。

（二十七）提升乡村基本公共服务。推进义务教育教师“县管校聘”管理改革，健全县域内教师交流轮岗机制，引导优秀校长和骨干教师向农村学校流动，职务（职称）评聘向乡村教师倾斜。推进城乡教育联合体和紧密型县域医疗卫生共同体建设。对在农村基层工作的卫生专业技术人员，在职称晋升等方面按规定给予适当政策倾斜。新进入村卫生室从事预防、保健和医疗服务的人员，应具备执业医师或执业助理医师资格。实施基层公共文化服务设施补短板工程。完善气象防灾减灾综合服务。推动公共就业服务机构向乡村延伸。完善统一的城乡居民基本医疗保险制度，合理提高政府补助标准。逐步提高城乡居民基本养老保险基础养老金最低标准。发展农村普惠型养老服务和互助性养老，提升敬老院照护服务能力，完善县乡村衔接的三级养老服务网络。加强对农村留守儿童和妇女、老年人及困境儿童的关爱服务。支持建设乡镇社会工作服务站点。加强农村殡葬基础设施建设。

（二十八）加强和创新乡村社会治理。充分发挥农村基层党组织领导作用，增强政治功能、提升组织力。有序开展乡镇、村集中换届，选优配强乡镇领导班子、村“两委”成员特别是党组织书记。持续整顿软弱涣散村党组织。做好乡镇行政区划和村级建制调整改革“后半篇”文章，推动优化资源配置、提升发展质量、增强服务能力、提高治理效能。将减轻乡镇党委、政府和村级组织不合理负担作为省委为基层减负督查重点内容。统筹推进乡村综治中心、基层派出所、司法所、基层法庭建设。常态化推进农村地区扫黑除恶，深化“六无”平安村建设。深入开展农村安全专项整治。

（二十九）提升新时代农村社会文明程度。弘扬和践行社会主义核心价值观，深入学习贯彻习近平新时代中国特色社会主义思想学习教育。在乡村深入开展“听党话、感党恩、跟党走”宣讲活动。拓展新时代文明实践中心建设。建强用好县级融媒体中心。深入开展群众性精神文明创建活动。推进农村移风易俗。实施乡镇公共文化服务提质增效工程，推进乡村文化振兴“百千万”工程。积极探索构建文化传承体系，促进优秀传统农耕文化创造性转化、创新性发展。开展农村生产生活遗产和民俗文化保护传承工作。

六、全面深化农业农村改革

（三十）创新发展新型农村集体经济。按部署完成农村集体产权制度改革任务。全面规范建立农村集体经济组织，依法赋予市场主体资格。推动农村集体经济组织制定完善章程，建立健全法人治理机制。建立农村集体经济运行新机制，充分发挥农村集体经济组织管理集体资产、开发集体资源、发展集体经济、服务集体成员等作用。以县（市、区）为单位，建立工作机制，完善政策举措，支持农村集体经济组织通过多种方式与各类经营主体开展合作，共同开发利用集体资产资源，探索股份合作、资源合作、资金入股、租赁经营等新型集体经济有效实现形式。把发展村级集体经济与农村承包地、宅基地和集体资产资源“三权分置”改革及扶贫资产、合并村资产盘活等结合起来，推动资源变资产、资金变股金、农民变股东。探索推进合并村集体经济融合发展，到2025年基本实现合并村集体经济完全融合发展。推动出台四川省农村集体经济组织条例。

（三十一）深化农村土地制度改革。深入推进第二轮土地承包到期后再延长30年试点。适时开展农村宅基地管理地方立法。做好房地一体的宅基地确权登记颁证工作。各地县乡级国土空间规划应安排不少于10%的建设用地指标，土地利用年度计划应安排至少10%的新增建设用地指标，保障乡村产业发展和村民住宅建设用地。稳慎推进农村宅基地制度改革试点。探索开展闲置农房盘活利用和农村公路确权工作。实施农村土地综合整治，盘活存量农村集体建设用地。按中央部署依法有序推进农村集体经营性建设用地入市。完善城乡建设用地增减挂钩工作机制。建立土地征收公共利益用地认定机制。

（三十二）持续深化供销合作社综合改革。完善供销合作社行业指导体系。深入实施供销合作社农业社会化服务惠农工程，拓展农业生产托管服务，加强农产品现代流通网络建设。加快社有企业市场化改革。分类改造提升基层供销社，推进供销合作社、农村集体经济组织、农民合作社“三社”融合发展。

（三十三）培育多元化农村市场主体。实施家庭农场培育行动，扶持更多小农户发展现代农户家庭农场，到2025年，基本实现每个村民小组有一个家庭农场。开展农民合作社发展质量提升行动。积极发展农业产业化联合体。发展多种类型农业社会化服务主体，将先进适用的品种、技术、装备、设施导入小农户。支持各类农村市场主体建设区域性农业展示推广服务中心。支持有条件的市县设立国有乡村振兴投资企业。

（三十四）强化农业农村优先发展投入保障。把农业农村作为一般公共预算优先保障领域。实施财政乡村振兴资金专项库款保障管理，确保专款专用。持续加大公共财政对乡村振兴的投入，确保投入力度不断增强、总量不断增加。省市县预算内投资进一步向农业农村倾斜。制定落实提高土地出让收益用于农业农村比例考核措施，确保到“十四五”期末用于农业农村比例提高到50%以上。各地要按规定逐步提高一般债券支出中用于支持乡村振兴的比重，有序扩大用于支持乡村振兴的专项债券发行规模。发挥财政投入引领作用，支持市县以市场化方式设立乡村振兴基金。支持发行“三农”专项金融债券。建立涉农主体信用“白名单”制度。支持市县建设域内共享的涉农主体信用信息数据库，加强新型农业经营主体信用体系建设。推行乡村振兴农业产业发展贷款风险补偿金制度，逐步扩大规模。支持发展政府性农业融资担保，合理降低担保费率。引导银行保险机构探索开发信用类金融支农产品和服务。推广以奖代补做法，支持各地扩大优势特色农产品保险范围和规模。推进“保险+期货”创新。

支持符合条件的涉农企业挂牌上市、发行债券。

（三十五）创新职业农民培养机制。实施高素质现代农民培育工程、农村实用人才培养计划。按部署将农民工、高素质农民和在岗基层农技人员纳入高职扩招范围。积极办好职业院校涉农专业。实施卓越农林人才教育培养计划2.0，大力发展“新农科”，建设一流涉农专业和课程。制定四川省新型职业农民教育总体规划，建立新型职业农民教育培训体系。积极探索职业农民制度。探索在具有一定基础的农民中培养社会工作人才。

（三十六）加快县域内城乡融合发展。把县域作为城乡融合发展的重要切入点，加快打通城乡要素平等交换、双向流动的制度性通道。推进以县城为重要载体的城镇化建设，有条件的地方按照小城市标准建设县城。加快小城镇发展，把乡镇建成服务农民的区域中心。深入开展省级百强中心镇培育，建设一批省级特色小镇。积极推进农业转移人口在县城内就近就业落户城镇。持续推进成都西部片区国家城乡融合发展试验区建设，深化城乡融合发展综合改革。

（三十七）扩大农业开放合作。建设一批农产品出口示范基地，加大四川农产品出口主体培育力度。推动中国（成都）国际农产品加工产业园和成都市青白江区农业对外开放合作试验区建设，有序推进境外农业合作示范区建设。建好中法、中智等农业产业园。加快建设中国天府农业博览园，办好四川农业博览会。

七、坚持和加强党对农村工作的全面领导

（三十八）强化五级书记抓乡村振兴工作机制。深入贯彻落实《中国共产党农村工作条例》，建立健全上下贯通、精准施策、一抓到底的乡村振兴工作体系。全面实行市县党委、政府主要负责人和农村基层党组织书记抓乡村振兴责任制。市县党委要定期研究乡村振兴工作，县委书记主要精力要抓“三农”工作。把市县党委、政府主要负责人和农村基层党组织书记抓乡村振兴工作情况作为经济责任审计的重要内容。建立乡村振兴联系点制度，市县党委、政府负责人及部门（单位）都要确定联系点。开展县、乡、村三级党组织书记乡村振兴轮训。加强党对乡村人才工作的领导，将乡村人才振兴纳入党委人才工作总体部署，健全适合乡村特点的人才培养机制，强化人才服务乡村激励约束。加快建设政治过硬、纪律过硬、作风过硬的乡村振兴干部队伍，选派优秀干部到乡村振兴一线岗位，把乡村振兴作为培养锻炼干部的广阔舞台，对在艰苦地区、关键岗位工作表现突出的干部优先重用。开展实施乡村振兴战略考评激励。

（三十九）加强党委农村工作领导小组和工作机构建设。充分发挥党委农村工作领导小组牵头抓总、统筹协调作用，成员单位出台重要涉农政策要征求党委农村工作领导小组意见并进行备案。强化党委农村工作领导小组办公室决策参谋、统筹协调、政策指导、推动落实、督促检查等职能，每年分解“三农”工作重点任务，落实到各责任部门，定期调度工作进展。有关部门每年年初和年底要向同级党委农村工作领导小组报告本部门落实农业农村优先发展的工作计划和执行情况。加强党委农村工作领导小组办公室机构设置和人员配备。

（四十）健全乡村振兴考核落实机制。各市（州）党委、政府每年向省委、省政府报告实施乡村振兴战略进展情况。严格落实《四川省市县党政和省直部门（单位）领导班子领导干部推进乡村振兴战略实绩考核办法（试行）》，加强考核结果运用。强化乡村振兴督查，创新完善督查方式，推进政策措施落地落实。健全“三农”统计调查体系，开展乡村振兴进展情况监测评估。稳步推进反映全产业链价值的农业及相关产业统计核算。

（四十一）引导社会力量共同推进乡村振兴。制定引导和鼓励工商资本投资乡村振兴的政策措施。发挥统一战线资源、智力等优势，助力推进乡村振兴。发挥工商联桥梁纽带作用，实施乡村振兴“万企兴万村”行动。引导慈善资源进一步向农村地区、农村人口倾斜和汇聚。加大以工代赈项目实施力度，在农业农村基础设施领域推广以工代赈方式。建立乡村振兴荣誉制度，按规定适时申报表彰为乡村振兴做出突出贡献的集体和个人。加强乡村振兴宣传工作，在全社会营造共同推进乡村振兴的浓厚氛围。

农村经济和社会发展报告

四川省社会科学院农村发展研究所

2021年，在不确定的外部环境与疫情防控常态化的状态下，四川省扎实做好“六稳”“六保”工作，稳定经济社会发展大局，全力推进巩固脱贫攻坚成果同乡村振兴有效衔接，实施乡村振兴战略；加快推进农业现代化发展，提升农民

生活水平，推动共同富裕。同时，大力推动成渝地区双城经济圈建设，加快形成区域协调发展格局，实现“十四五”良好开局。

一、2021年四川省农业农村发展现状

2021年，全省坚持稳中求进的工作基调，为巩固脱贫攻坚“四个不摘”政策投入210亿元，为推动农业农村现代化、乡村全面振兴，全省共投入1336亿元用于保障“三农”领域稳定发展。

（一）乡村全面振兴实现良好开局

1.推进巩固拓展脱贫攻坚成果同乡村振兴有效衔接

随着我国全面打赢脱贫攻坚战，四川省也同步消除了绝对贫困和区域性整体贫困，但是脱贫后面临着新的问题与风险，在疫情反复的情况下，仍然存在因病返贫、因灾返贫等风险。虽然我国已经取得脱贫攻坚的全面胜利，但是全省仍有8.2万人存在返贫风险。为实现巩固拓展脱贫攻坚成果同乡村振兴有效衔接，首先是设立了5年的过渡期。四川省委、省政府印发《关于实现巩固拓展脱贫攻坚成果同乡村振兴有效衔接的实施意见》，明确建立健全巩固拓展脱贫攻坚成果长效机制、健全农村低收入人口常态化帮扶机制、接续推动脱贫地区发展、汇聚巩固拓展脱贫攻坚成果同乡村振兴有效衔接的强大合力4个方面21项重点工作任务。其次，四川省建立了返贫监测和帮扶预警机制，对脱贫监测户和边缘户进行重点监测。

2.乡村振兴成效显著

全省建立了县（市、区）实施乡村振兴战略分类考评激励，在继续开展乡村振兴先进县（市、区），先进乡（镇）和示范村考评激励的同时，新设置乡村振兴成效显著县（市、区），乡村振兴重点帮扶优秀县（市、区）和乡村振兴重点帮扶优秀村考评激励。通过2021年的考评，确定了四川省乡村振兴先进县（市、区）11个，成效显著县（市、区）15个，重点帮扶优秀县（市、区）10个，先进镇50个，示范村500个，重点帮扶优秀帮扶村200个（见表1所列）。

（二）农业生产总体稳定

1.粮食产量持续增加

2021年，全省粮食作物播种面积9536.6万亩，比2020年增长0.7%。从季节上看，夏粮播种面积减少0.4%，但单产同比提高1.1%，夏粮产量实现稳定增产；秋粮播种面积稳定增长1%，单产提高0.7%，产量增长1.7%，实现秋粮丰收。从整体上看，2021年，四川省粮食产量再创历史新高，夏粮和秋粮一共产出3582.1万吨粮食，全年产量比2020年增加54.7万吨，全省粮食总产量仍保持在全国第9位（见表2所列、图1）。

表1　四川省乡村振兴考评结果情况

单位：个

先进县（市、区）	11
成效显著县（市、区）	15
重点帮扶优秀县（市、区）	10
先进镇	50
示范村	500
重点帮扶优秀帮扶村	200

（数据来源：四川省农业农村厅）

表2　2021年四川省夏粮、秋粮生产情况

单位：万亩、千克/亩、万吨

—	播种面积	单产	粮食产量
夏粮	1635.6	262.4	429.2
秋粮	7901.0	399.1	3152.9

（资料来源：《2021年四川省国民经济和社会发展统计公报》）

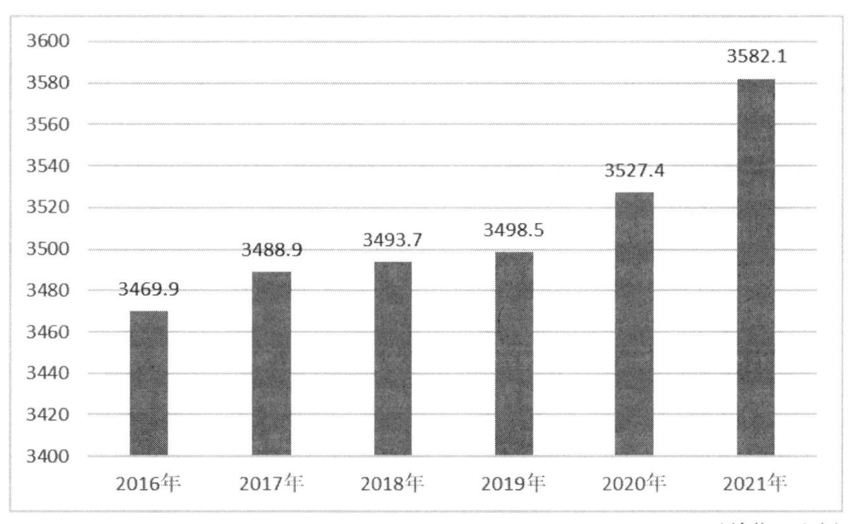

（单位：万吨）

图1　2016—2021年四川省粮食产量

（资料来源：《2022年四川省国民经济和社会发展统计公报》和《2021年四川省国民经济和社会发展统计公报》）

2.经济作物持续增产

2021年，全省经济作物产量稳步提高。据四川省统计局统计，全年油料作物产量达到416.6万吨，与2020年相比增产23.7万吨；中药材产量比2020年增长4.9万吨，达到57.6万吨；蔬菜及食用菌产量达到5050.4万吨，比2020年增长237万吨，同比增长4.9%；茶叶产量达到37.5万吨，同比增长8.9%；水果产量达到1154.2万吨，同比增长6.5%（见表3所列）。

3.畜牧业生产形势总体良好

2021年，全省猪（牛、羊、禽）肉总产量达到640.4万吨，比2020年增长65.5万吨。为调整非洲猪瘟爆发以来生猪的供给，四川省对生猪和猪肉加强管控，全年出栏生猪6314.8万头，比2020年增长12.5%，超额完成出栏目标；生猪供给快速增长，猪肉产量增长显著，达到460.5万吨，比2020年增长16.6%，生猪产能完全恢复。牛、羊、禽生产稳定增长，与2020年相比，牛、羊、禽产量变化幅度不超过1%（见表4所列）。但是居民对禽蛋、牛奶这类产品的需求有所增加，禽蛋和牛奶的产量稳中有增，消费需求得到保障。

4.林草产业高质量发展

2021年，全省林草产业总产值超过4300亿元，与2020年相比增加300亿元；为了提高森林覆盖率，全年完成营造林607.5万亩，通过科学的草原生态修复方法治理1147万亩，增加了四川省的森林面积。林草产业发展方面，全省共认定省级培育园区20个、重点龙头企业56家、示范社21家；新认定竹产业高质量发展县4个、现代竹产业园区6个，现代竹产业基地突破1000万亩，竹产业综合产值超过900亿元。

5.推进渔业绿色高质量发展

财政厅、农业农村厅下达2021年中央财政成品油价格调整对渔业补助资金17 080万元，用于支持水产养殖业绿色发展、渔业资源养护和渔政执法能力提升等。2021年，全省水产养殖面积达290万亩；水产品产量166.5万吨，比2020年增加6.1万吨；实现渔业经济总产值621亿元，比2020年增加84.72亿元；全省农民人均渔业收入1070元，增收130元。2019—2021年渔业经济总产值见表5所列。

表3　2020年、2021年四川省主要经济作物产量

单位：万吨

经济作物	2020年产量	2021年产量	2021年增速（%）
油料	392.9	416.6	6.0
中草药材	52.7	57.6	9.3
蔬菜及食用菌	4813.4	5050.4	4.9
茶叶	34.4	37.5	9.0
园林水果	1083.6	1154.2	6.5

（资料来源：《2020年四川省国民经济和社会发展统计公报》和《2021年四川省国民经济和社会发展统计公报》）

表4　2019—2021年四川省猪（牛、羊）和家禽出栏量

单位：万头、万只

—	2019年	2020年	2021年
猪	4852.61	5614.36	6314.8
牛	291.66	296.44	293.1
羊	1780.20	1792.10	1766.2
家禽	78 756.59	77 444.49	77 467.3

（数据来源：《2021年四川统计年鉴》和《2021年四川省国民经济和社会发展统计公报》）

（三）现代农业发展情况

现代农业的发展是一个与时俱进的动态发展过程，全省将农业现代化和农村现代化一体设计、一并推进，统筹考虑区域差异、发展基础等因素，因地制宜研究制定推进农业农村现代化的实现路径。

1.现代农业发展基础稳定

农业基本盘的稳定是农业现代化发展的基础条件。首先，落实"藏粮于地"战略。四川是全国13个粮食主产省份之一，确保粮食安全就要守住四川的9400余万亩耕地红线，为了守好耕地红线、提升耕地质量，全年完成土地整理项目304个，新增耕地指标19.35万亩，有序推进耕地占补平衡指标流转，保质保量完成新建470万亩高标准农田建设任务。其次，全省高度重视粮食生产。在严格落实耕地保护制度的基础上，多措并举推进粮食生产，从粮食播种面积、总产量、粮食综合单产三方面来看，农业生产保持稳中有进。

2.新型农业经营主体蓬勃发展

全省积极培育新型农业经营主体，在构建完善的新型农业经营体系上取得了一定成效。第一，家庭农场数量明显增加。2021年，全省新增家庭农场1.1万家，共有350家家庭农场获评省级示范场。第二，农民合作社发展迅速。全省将新增质量提升整县，推进省级试点县60个。第三，农业龙头企业实力增强。截至2021年年底，四川省形成以国家级农业龙头企业为核心和省级、市级企业协同发展的新格局。其中，有国家级农业产业化重点龙头企业96家、省级重点龙头骨干企业902

家、市级龙头企业近3000家。

3.农业现代化程度提高

农业机械化程度是衡量农业农村现代化发展的重要指标，对于转变传统的农业生产方式和提高农村生产力具有重要作用。2021年，全省有效灌溉面积300.8万公顷，累计综合治理水土流失面积为1146.7万公顷，年末农业机械总动力4833.9万千瓦。2021年主要取得以下三个方面的成效：一是推动农机应用。针对四川复杂的地形地貌特征，将中小型农机与适度规模化经营结合才能够最大程度地实现规模效益。四川主要农作物综合机械化水平比2020年提高2个百分点，完成主要农作物机耕、机播、机收面积1.4亿亩次以上。二是推动全程机械化建设行动。以"良机"为牵引，开展良田、良种、良法、良制"五良"融合全程机械化建设行动，建成1000亩以上宜机化改造示范区25个，农机作业通达率达到100%。三是推动"科技服务下乡"。乡村地区的农民耕作方式传统，学习新科学技术能力有限，通过派遣科学技术宣传员下乡，能够让农民在新的技术下实现种植技术、养殖方式的更新。四川省2020年和2021年现代农业基础指标对比（见表6所列）。

（四）全面深化农业农村改革

1.农村集体经济发展壮大

农村集体产权制度改革是发展农村集体经济的前提和基础。自2017年开始农村集体产权制度改革以来，为了准确清理资产的权属关系和成员的身份，持续对集体资产清产、集体成员身份等进行核实，成立农村集体经济组织。截至2021年年底，全省农村集体资产总额2397.8亿元，其中经营性资产448.亿元、非经营性资产1949.8亿元；集体土地4.81亿亩，5年农村集体经济组织总收入140.87亿元，全省基本完成集体资产清产核资、成员确认、集体资产份额（股份）量化、农村集体经济组织登记赋码发证等农村集体产权制度改革阶段性任务，村级集体经济组织全面建立，新型农村集体经济发展取得显著成效。

2.农村土地制度改革持续深化

为稳定土地承包关系，第二轮土地承包到期后再延长30年；在宅基地使用权方面，四川省全面推进进城落户子女依法继承父母所有农房，并持续探索了农村宅基盘活方式方法，成都市郫都区等新一轮宅基地制度改革试点地区对推动土地、劳动力、资本、技术、数据等要素进行改革探索，促进宅基地使用权通过出租、入股、置换等形式转让，提高土地尤其是闲置宅基地利用效率和效益。同时，四川省依法有序推进集体经营性建设用地入市，持续完善城乡建设用地增减挂钩工作机制，建立土地征收公共利益认定机制，有助于优化建设用地资源配置。按照省委"一号文件"，将村集体经济和农村土地改革有机结合，既充分利用农村集体资产，又促进农民增加收入。

（五）加快"美丽四川·宜居乡村"建设

1.乡村规划编制工作稳步推进

2021年，全省着力优化国土空间结构和布局，国土空间规划编制工作有序推进，高质量开展省级"1+1+5"国土空间规划编制。成渝地区双城经济圈国土空间规划已通过四川省决策咨询委员会（简称省规委会）审议、全国专家审查会审查。省级国土空间规划已通过省决咨委论证、四川省决策咨询委员会（简称省规委会）审议，全省五大片区国土空间规划已通过专家技术评审。稳步推进省级以下国土空间规划编制，21个市（州），需编制国土空间总体规划的163个县（市、区）已形成规划初步成果。11个试点县（市）、乡（镇）级国土空间规划和村规划编制工作稳步推进。

2."美丽四川·宜居乡村"建设成效明显

实施"美丽四川·宜居乡村"建设行动，设立100亿元乡村振兴投资引导基金，进行农村危房改造和农房抗震改造，2021年，新（改）建农村公路1.7万千米，新创建"四好农村路"全国示范市1个、示范县10个，12个乡（镇）、119个村

表5　2019—2021年四川省渔业经济总产值情况

单位：亿元、%

年份	渔业经济总产值	增速（±）
2019年	504.15	14.12
2020年	536.28	6.37
2021年	655.27	22.19

（数据来源：四川省水产局《2021年四川渔业经济统计概况》）

表6　2020年、2021年四川省现代农业基础指标对比

单位：万公顷、万千瓦

—	2020年	2021年
年末有效灌溉面积	296.2	300.8
累计综合治理水土流失面积	1094.0	1146.7
年末农业机械总动力	4753.6	4833.9

（资料来源：《2020年四川省国民经济和社会发展统计公报》和《2021年四川省国民经济和社会发展统计公报》）

被认定为全国乡村治理示范镇村，评选“最美古镇”20个、“最美村落”30个、“水美新村”316个。全省已完成农村厕所革命专项清查，落实中央和省级资金6亿元完成农村户用厕所建设47.8万户，累计新（改）建农村户用厕所217.2万户，农村卫生厕所普及率达87%。实施农村生活垃圾治理专项提升行动，生活垃圾处理体系覆盖率达96%。

3. 乡村数字化加速推动

随着数字技术应用范围的推广，企业以及政府的数字化意识不断提高，同时，乡村也有广阔的数字化应用空间。四川作为农业大省，推动物联网、大数据等技术应用于农业生产，已经实现乡村4G信号全覆盖、5G信号重点覆盖；建设益农信息社3.7万个，全面实现“快递下乡”；加快对蒲江丑柑、郫县豆瓣、眉山泡菜等川果、川猪、川茶、川酒等优势农产品全产业链的数据资源进行整合，逐步实现“以产定销”到“以销定产”，促进农业提质增效。

（六）农民生活水平不断提高

2021年，全省农村居民人均可支配收入达到17 575元，较2020年增加1646元，同比增长10.3%。扣除价格因素实际增长10%，两年平均增长9.5%。从收入组成看，人均工资性收入达到5514元、经营净收入达到6651元、财产净收入达到587元、转移净收入达到4823元，其中工资性收入、财产净收入和转移净收入的增长幅度均超过10%（如图2所示）。

2021年，全省城镇居民人均可支配收入达到41 444元，城乡居民收入比为2.36 ∶1，城乡居民收入差距持续缩小，与2020年相比降低0.04，比2019年降低0.1（见表7所列）。

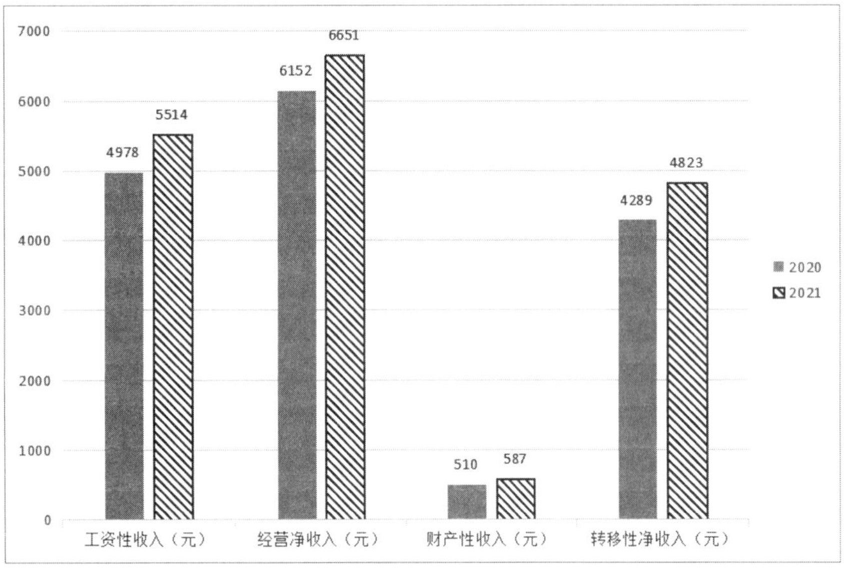

图2　2020年与2021年农村人均可支配收入来源结构对比图

（资料来源：《2020年四川省国民经济和社会发展统计公报》和《2021年四川省国民经济和社会发展统计公报》）

表7　2019—2021年四川城乡居民人均可支配收入对比情况

年份	农村人均可支配收入（元）	城镇居民人均可支配收入（元）	城乡居民收入比
2019年	14 670	36 154	2.46
2020年	15 929	38 253	2.40
2021年	17 575	41 444	2.36

（资料来源：2019—2021年四川省国民经济和社会发展统计公报）

二、存在的主要问题和挑战

2021年，全省既面临着复杂严峻的外部环境和疫情常态化的宏观形势，也面临着《成渝地区双城经济圈建设规划纲要》正式印发等发展机遇，还面临巩固拓展脱贫攻坚成果、防止规模性返贫等艰巨任务，在发展中面临着一些需要高度重视的问题和挑战。

（一）脱贫攻坚成果与乡村振兴的衔接程度需要深化

虽然通过脱贫攻坚消除了绝对贫困，但部分脱贫群体容易因病、因灾等返贫，甚至存在发生贫困地区大规模返贫的风险，尤其是一些脱贫边缘户、缺乏稳定生计来源的易地扶贫移民搬迁户、掉边掉角户存在较高的返贫风险。为了使脱贫攻坚成果经得起历史检验、走向现代化和共同富裕，还需要继续深化推进脱贫攻坚与乡村振兴有效衔接，在消除绝对贫困的基础上，激发脱贫户、低收入农户内生动力，构建增收致富的长效机制。

（二）现代农业“10+3”产业支撑体系有待完善

四川是种业大省和种质资源大省，水稻、油菜种子生产在全国具有比较优势和重要战略地位，但四川的特色产业全产业链发展还不够完善，农业研发、生产、加工、运输、销售等过程仍然存在一些不足，产业间融合发展深度不够，支撑发展的系统化体系不够健全。一是农业科技创新体系不健全，农业研发投入不足，核心创新能力不够强；二是现代农业装备不足，全省农业装备有效供给不充分、农机农艺融合不密切、农业机械化作业配套不到位等问题比较突出；三是全省农产品冷链物流体系起步晚、基础弱，农产品从产地到销地的销售和配送支持体系还需要进一步完善；四是农民在全产业链各环节中的参与受益不足。因此有必要完善四川十大优势特色产业全产业链融合发展与现代种业、农业装备、冷链物流作支撑的“10+3”产业体系。

（三）成渝地区产业联动发展亟待增强

在国内经济下行的压力下，国家对成渝地区释放政策红利，重视双城经济圈发展，而且成渝地区有着特殊的地理环境，自然资源均较丰富，农业人口众多，但是成渝地区的农村发展不平衡问题均较为突出。一是成渝地区双城经济圈极化效应带动边缘地区发展的能力不足，2021年，成都常住人口城镇化率达79%，重庆市的城镇化率为69.46%，而位于双城经济圈内部的资阳等城市，城镇化率为41.3%，核心城市经济辐射的带动能力还未充分显现。二是成渝地区产业发展面临同质化挑战，放在全国范围来看，四川省具有比较优势的产业有19个，重庆市有12个，但是有9个产业重叠，毗邻地区在农业上存在同质化竞争和资源错配现象，尚未形成完善的跨区域产业联动协同发展模式。

（四）耕地保护压力加大

四川省是农业大省，全省的耕地问题关系到国家的粮食安全、经济发展和社会稳定。耕地基础地力对粮食生产的贡献仅在50%左右，比发达国家低20%～30%，2021年全省9536.6万亩的粮食作物平均单产达到375.6千克/亩，低于全国粮食单产387千克/亩的水平；而且全省人均耕地面积也低于全国平均水平，耕地质量不高，保护耕地实现“藏粮于地”尤其重要。第三次国土调查数据显示，全省耕地面积为7840.75万亩，与第二次国土调查数据相比，10年间全省减少耕地2239.25万亩，减幅达22.21%，大幅超过全国耕地减少比例，坚决制止耕地“非农化”和有效防止耕地“非粮化”的压力较大。

三、2022年四川省农业农村经济形势预测与展望

2022年，《中共中央　国务院关于做好2022年全面推进乡村振兴重点工作的意见》中明确我国“三农”的主要工作，也是党中央连续十九年聚焦“三农”问题。全省将以中央“一号文件”、省委“一号文件”精神为指引，结合中央农村工作会议、省委农村工作会议精神，稳步推进全省“三农”重点工作。2022年，全省农业农村发展仍是机遇与挑战并存的一年。伴随着惠农政策的深入，面对依然复杂的国内外经济社会环境，要继续稳定农业在全省的基础地位，抓住机遇快速发展，主动迎接挑战，发挥“三农”在全省经济与社会发展中压舱石的作用，为全国“三农”发展做出四川贡献。

（一）发展机遇

1.“三农”政策持续支持

2020年，我国脱贫攻坚全面完成，2021年，巩固拓展脱贫攻坚成果同乡村振兴有效衔接，2022年，将接续过去成果开启全面乡村振兴工作。2022年，中央“一号文件”明确本年度全面推进乡村振兴重点工作，包括抓好粮食生产和重要农产品供给、强化现代农业基础支撑、坚决守住不发生规模性返贫底线、聚焦产业促进乡村发展、扎实稳妥推进乡村建设、突出实效改进乡村治理、加大政策保障和体制机制创新力度、坚持和加强党对“三农”工作的全面领导等八个方面的重要内容。2022年，省委“一号文件”正式发布后，强化四川粮食大省的责任落实和政策支持，紧紧围绕中央提出的八个方面的重要工作开展部署。

2.“一极一源”国家定位确立

中共中央、国务院于2021年10月正式印发《成渝地区双城经济圈建设规划纲要》，成渝地区双城经济圈将被打造成为带动全国高质量发展的重要增长极和新的动力源。“一极一源”的最新定位为未来一段时间内的成渝地区双城经济圈建设和成渝地区双向发展提供了根本遵循和重要指导，也给未来成渝地区发展带来了重大的战略机遇。一方面，将大力推进成渝双城相向发展，推动双城间的城镇化进程，加快农村与两大城市的城乡要素双向流动，提升农村经济发展速度；另一方面，为深化四川农业农村改革带来重大发展机遇。

3.国家战略支持下城乡融合深入推进

2022年，四川城乡融合发展将面临重大机遇。2021年11月，国家发展改革委正式批复《成都都市圈发展规划》，是继南京都市圈、福州都市圈后，国家层面批复的第三个都市圈规划，也是中西部唯一正在规划建设的都市圈。都市圈是加速推动城市群高质量、融合发展的“加速器”，将接续四川省委、省政府成德眉资同城化战略。2022年3月，国家发展改革委、自然资源部、住房和城乡建设部联合印发《成都建设践行新发展理念的公园城市示范区总体方案》，从国家层面支持成都建设践行新发展理念的公园城市示范区，为超大城市周边乡村的发展带来机遇，重大国家级战略将极大推动以省会成都为中心的城乡融合，并以此为圆心惠及四川全域的城乡融合发展进程推进。成都周边城乡融合发展是全川最快的区域，是四川乡村振兴的示范标杆，其探索、创新和先行先试将为全省其他地方乡村的全面振兴指明方向。全省将在城乡融合全面加速的背景下，逐步构建统一开放的市场体系，协力打造供应四川的“米袋子”“菜篮子”保供基地，合力打造区域协作高水平样板，最终实现提升农村人居环境、实现农村居民增收等全面振兴乡村的多重目标。

4.农村绿色低碳高质量发展转型

2021年10月，《中共中央　国务院关于完整准确全面贯彻新发展理念做好碳达峰碳中和工作的意见》发布，为全面贯彻新发展理念，做好碳达峰、碳中和工作提出指导意见。省委十一届十次全会审议通过了《中共四川省委关于以实现碳达峰碳中和目标，为引领推动绿色低碳优势产业高质量发展的决定》，农村绿色低碳发展转型面临国家战略加持

的机遇。农业农村工作紧抓节能减排、增效降碳，推动全省农业农村向生态绿色发展。未来四川农村将在双碳背景下大力推动产业绿色低碳转型结构升级优化，发展绿色低碳循环农业，促进农业固碳增效，实施化肥农药减量替代计划、耕地质量保护与提升计划，加强农作物秸秆和畜禽粪污资源化利用。

（二）面临的挑战

纵观国际形势，国际贸易摩擦加剧、局部战争爆发。从国内来看，2022年，四川农业农村发展仍面临诸多挑战。四川作为我国13个粮食主产区之一，要承担肩负我国粮食安全的主要责任的压力，确保全省“三州”脱贫地区不发生规模性返贫的防范工作也有很大挑战。2022年，“饭碗主要装中国粮”和稳固脱贫攻坚成果防止规模返贫对四川农业农村工作提出严格的要求。

1.复杂严峻外部因素影响经济复苏

国际形势仍不明朗。《中国社会科学院国际形势报告(2022)》认为2022年全球经济向中低速增长回归，人口结构变化的累积影响日益凸显，关键初级产品的稀缺性上升，国际货币体系多元化进程持续，消除全球治理赤字的难度持续加大，我国经济形势也将受到国际形势冲击而导致增速放缓。而发达国家贸易保护主义政策屡屡抬头、俄乌战争爆发等潜在的影响都给我国粮食进出口、稳定农业和农产品的产业链和供应链，以及增强出口供给能力和扩大进口需求等带来压力，尤其是恢复和拓展国外市场的难度更大。

2.粮食安全保障面临挑战

我国粮食安全面临巨大现实挑战，粮食安全保障仍存在压力。长期来看，人口的增加和消费水平的提升使我国粮食需求长期保持增长水平。四川作为西部粮食主产区，肩负粮食安全的重责，而城镇化扩张带来“非粮化”问题突出，耕地的粗放经营仍然严重，生态环境被破坏带来的耕地质量下降等风险，严重影响着四川粮食安全的保障能力。我国的耕地面积目前约为19.2亿亩，对比10年前的第二次全国国土调查显示数据20.3亿亩而言，耕地面积减少1.13亿亩。四川农业同样面临着耕地数量有限和利用效率较低的矛盾，规模经营主体发展能力不足，带动性不强，种粮大户的耕地保护补偿制度不到位等突出问题。以四川省城镇化率最高的成都市为例，2021年，成都市仅有不到20%的流转土地用于种植油料和粮食，成都耕地“非粮化”比例明显高于全国大部分粮食主产区。随着四川城镇化进程推进，保障耕地数量和质量将是未来四川在保障粮食安全基础上实现发展的主要挑战。

3.防止规模性返贫压力大

四川在巩固脱贫攻坚成果，防止规模性返贫方面主要的压力表现在：一是后续支持政策的稳定性。一方面要确保落实财政资金继续向脱贫地区倾斜，要保持脱贫人口和低收入人口的稳定就业，落实统筹以工代赈、生态护林员和部分公益岗位等政策的稳定性和持续性等任务难度大；另一方面易地搬迁地区的后续帮扶工作、省内对口帮扶工作、防止返贫监测机制、现代产业园建设、农村集体经济发展壮大等行动实施的时间跨度大、成效慢，政策的实施难度大耗时长，刚刚脱贫地区易出现返贫现象。二是产业扶持难度大。推动脱贫地区特色产业提升行动、支持当地产业发展均具有长期性，短期效果不明显致使返贫压力加大。三是技能培训压力大。对贫困人口的技能培训包括促进脱贫人口稳岗就业增收、在岗培训、劳务协作等多项工作，有供需对接不畅带来的专业培训针对性不强的问题，影响到贫困人口的产业发展和外出就业选择。四是新冠疫情背景下农民就业机会锐减。受新冠疫情和国内外经济下行影响，沿海部分行业、企业持续低迷，特别是中小型企业，抗风险能力弱、企业用工量减少、工资水平下降，影响外出务工的农民收入和稳定就业。乡村旅游业也受到较大冲击，依赖旅游业收益的贫困人口群体受影响较大。

4.农民种粮积极性受多方因素影响

一是农业成本提高影响农民种粮积极性。种植业上的农资投入和劳动力投入成本逐渐提高，务农收入不如务工收入，经营种粮的盈利空间进一步受到挤压，大大打击了农民的种粮积极性并促使专业农民向兼业发展。二是自然灾害频繁影响农民种粮积极性。2021年，全省全年农作物受灾面积达到266.3千公顷，绝收面积达42.2千公顷。自然灾害的频繁发生、农作物产量的降低严重影响农民的种粮积极性。三是城乡收入差距明显影响农民种粮积极性。目前，我国城乡居民收入差距虽然呈现出缩小态势，但农村居民人均可支配收入仍远远落后于城镇居民人均可支配收入。《2021年四川省国民经济和社会发展统计公报》显示，全省城镇居民2021年人均可支配收入达到41 444元，相较上年增加3191元，相比上一年增长8.3%；而全省农村居民2021年人均可支配收入达到17 575元，相较上年增加1646元，相比上一年增长10.3%。从数据上看来，虽然2021年的全省农村居民人均可支配收入增速大于城镇居民人均可支配收入增速，但是绝对数据上的城乡收入差距还没有得到明显的缓解，这不但影响农民种粮的积极性，造成农村劳动力外流，也影响到共同富裕目标的持续推进。

5.农村人口老龄化程度加深

全省的城镇化进程推进很快，人口加速向城市群周边集聚。全国范围内，2021全年城镇新增就业1269万人，比上年多增83万人。全国农民工总量29 251万人，比上年增长2.4%，其中外出农民工17 172万人，增长1.3%。《2021年四川省国民经济和社会发展统计公报》显示，全省有城镇人口4840.7万人、乡村人口3531.3万人，常住人口城镇化率57.8%，比上年末提高1.1个百分点。随着城镇化的加快,农村人口向城镇流动,农村面临着巨大的劳动力流失及人口老龄化危机。农村常住人口的持续减少和老龄化的加剧,均是未来较长时期内乡村振兴必须要解决的重要难题。

（三）2022年预测与展望

综合2021年全省农业农村发展的基本情况、面临的机遇与风险,结合我国和全省“三农”的纲领性文件的重点工作安排和部署,研判2022年全省农业农村将朝持续、稳定向好的趋势发展,主要体现在以下几方面:

1.经济将持续增长

2021年,我国积极应对疫情影响,经济发展趋势从复苏迈向高质量增长,GDP增长已超过疫情前的水平。四川地区预计2022年生产总值增长6.5%左右,社会消费品零售总额将增长8%,全社会固定资产投资将增长8%,进出口总额增长将会高于经济增速。2022年,我国居民可支配收入预计将突破4万元,其中农村居民可支配收入超过2.03万元,初步估计同比增长8%,比城镇居民高2个百分点。农村居民平均消费支出约为1.5万元,比2021年增长6.8%,比城镇居民高2.4个百分点。四川居民消费价格指数控制在103左右且居民人均可支配收入预计将会稳步增长,预计城镇新增就业人数达85万人。

2.“三农”“压舱石”作用持续发挥

2022年,全国预计农业增加值增长速度为5.67%,保持较快且稳定的增速。全省2022年确保粮食总产量在355亿千克以上并确保播种面积稳定在9500万亩以上。保护耕地资源、有序退还耕地、加强高标准农田建设、强化现代农业基础支撑等仍是今年的重点任务。在此基础上,必须全力抓好粮食生产和重要农产品保供,严守耕地红线、调整农业结构、大力确保粮食播种面积稳定、健全“菜篮子”主要产品价格监测和预警机制等各项重点工作,最后要扩大大豆和油料生产规模,并且开展玉米大豆带状复合种植的全程机械化试验推广和建设一批大豆科技自强县。在畜牧业方面,确保生猪出栏数量稳定在6000万头左右。农业农村厅于2021年年底发布《四川省生猪产能调控实施方案(暂行)》,明确了要分级建立生猪产能调控基地,强化响应及时、上下联动的调节措施,构建生猪生产逆周期调控机制,保持生猪产业的持续平稳健康发展,逐渐提高猪肉供应的安全保障能力。

3.现代农业支撑继续得到强化

一是加强基础设施建设,预计新建高标准农田450万亩,每亩补助不低于3000元,高效节水灌溉面积40万亩,确保耕地数量不减少并且质量提高。二是落实多项补贴政策,实施农机购置与应用补贴政策,主要农作物耕种收综合机械化水平在2022年将提高2个百分点。在吸引资金入驻乡村时灵活采取补贴激励方式,引导金融、社会资本和新型农业经营主体投入,并将建立健全农户的参与机制,积极调动农户参与农田建设和保护的积极性。三是种业现代化建设,将加快建设2个种质资源库、2个种业创新中心、3个现代种业园。一方面建设种质资源保护利用、品种创新培育、检测展示评价和良种繁育推广“四大体系”,大幅度提升现代种业发展的基础支撑条件。同时,提高粮食生产能力,规范种业市场秩序,拉动农产品加工、物流相关产业发展,增加劳动就业岗位。另一方面,选育、示范、推广一批优良品种,不断提高单位产量实现农业增收,有效提高种粮农民收入。同时保存优质种质资源,有利于避免物质资源衰竭,保障农业生态安全。四是强化现代种业基础支撑,多种方式深化产教融合一体推进技术攻关、学科建设和专业人才培养。

4.乡村全面振兴持续加快

一是将要大力推动乡村现代产业发展。2022年,全省预计创建2个国家现代农业园区和3个农业现代化示范区,发展“一村一品”“一乡一业”,布局“一片区一主业一特色”新格局,培育壮大脱贫地区乡村特色产业。二是金融支持培育农村农业经营主体。2022年,省农村信用社联合社、农业农村厅联合印发《关于金融支持农业经营主体发展助力乡村振兴的通知》,明确在四川省制定金融支持政策扶持各类农业经营主体。一方面为解决小农户贷款难题开展“整村评级授信”,落实免抵押、免担保、利率优惠“两免一优”等多项措施;支持适度规模家庭农场发展,推进“家庭农场信贷直通车”“农信快贷”以及家庭农场的“批量授信”。另一方面,针对农民合作社和龙头企业,将推广特色信贷产品,以及采用多种增信方式,为农业产业化龙头企业技术创新等资金需求提供项目贷款。三是建立健全易返贫致贫人口动态监测预警和帮扶机制,建立欠发达地区和农村低收入人口的帮扶长效机制,衔接巩固拓展脱贫攻坚成果。最后,打造农村金融综合服务站,将“金融+政务+村务+电商+民生+物流”功能服务合为一体,为农村各类经营主体和居民提供一站式综合服务。

5.“双圈”建设加快城乡融合速度

伴随成渝地区双城经济和成都都市圈的建设,在“双核引领,区域联动”背景下,四川城乡融合速度会进一步加快。2022年,全省将围绕成渝地区双城经济圈建设,以及加快建设成渝中线高铁等项目,培育发展现代化都市圈。成都都市圈将作为核心重点支撑带动区域全面向集约高效的格局提升,打造成德临港经济产业带、成资临空经济产业带、成眉高新技术产业带,推动成都东进并促进制造业高质量发展,将成都东部新区打造成与重庆双联动发展的重要支点。加速成德眉资同城化进程。《成都都市圈发展规划》提出,成都都市圈到2025年,成德眉资四地经济总量要突破3.3万亿元,常住人口城镇化率达75%。双圈建设将有力地推动城乡要素高效配置,促进城乡人口有序流动、推动城乡公共资源均衡配置，推动“多规合一”、城乡基础设施一体化和城乡基本公共服务均等城乡融合进程，以及推动农村集体经营性建设用地、承包地经营权、宅基地使用权、集体林权等依法流转和高效配置等改革深化的进程。

6.成渝现代高效特色农业带建设持续推进

2021年11月，四川省人民政府办公厅与重庆市人民政府办公厅联合印发《成渝现代高效特色农业带建设规划》，范围包括重庆市中心城区及万州、涪陵等29个区（县），四川省的成都、自贡、泸州等15个市，总面积18.5万平方千米，推动成渝地区农业农村现代化，打造现代农业区域协作样板。一是特色农业带优化产业布局。围绕成渝地区双城经济圈的目标定位和布局，综合考虑两地农业的原始资源禀赋、产业发展基础和未来发展潜力，一方面从原材料生产、农产品深加工到特色都市农业均建设农业经济带；另一方面强化现代农业支撑，将从建设特色作物种质资源库和推动畜禽遗传资源保护利用两个大维度展开农业基因的优选，提升种粮优化程度。二是特色农业带共建合作园区打破行政区划壁垒。2021年6月，川渝两省（市）率先构建了3个跨省农业合作园区。2022年将围绕双城经济圈建设推进160个共建重大项目。大力拓展农产品市场，利用农产品认证、做强地理标志产品、强化农产品分拣及发展农村电商等多种方式；协调两地的资源要素合理配置，共同做大做强产业，充分发挥成渝地区特有的乡村资源优势，盘活农村闲置资源资产，打造世界休闲农业和乡村旅游示范区域。

7.农村能耗向绿色清洁发展

“十四五”期间，四川能耗强度目标将完成国家下达节能减排和环境保护指标任务。一是将构建绿色低碳发展区域布局。一方面，践行新发展理念构建有利于碳达峰、碳中和的国土空间开发保护新格局，建设公园城市示范区，促进成都平原经济区、川南经济区、川东北经济区以及攀西经济区的绿色低碳高质量发展；另一方面，推动川西北生态示范区向绿色生态发展，将其建设成为国家生态文明建设示范区和国家全域旅游示范区。二是支持绿色低碳农业向高质量转型发展。构建立体种养、高效利用、固碳减排以及资源节约的复合生态系统的生产模式，打造技术密集、高效循环、科技创新、产业升级以及科技示范的高效循环农业的园区模式；结合“美丽四川·宜居乡村”建设，开展农村人居环境整治提升五年行动，推进农村绿色低碳发展；率先开展生态价值转换试点，构建完善的绿色金融体系，完善生态补偿机制，推动生态权益的交易，提升生态产品价值。

8.美丽乡村建设持续加强

一是“十四五”期间，全省将培育创建100个“经济发达、配套齐全、治理完善、环境优美、文化厚重、辐射广泛”的省级百强中心镇。二是2022年将推动“智慧广电”网络乡村全覆盖，推进农村生活污水治理“千村示范工程”以及新建农村无害化厕所60万户以上。三是2022年将率先支持创建“四个一批”，即支持创建一批国家农业产业强镇，培育壮大一批对乡村振兴带动效果明显的农产品加工园区，认定一批休闲农业重点县，支持打造一批川渝毗邻地区现代农业合作园区和成德眉资都市现代高效特色农业园。四是高质量开展农村人居环境整治“五大提升行动”，加强传统村落保护开发利用。强抓农村供水工程建设，甘孜州全面实施1674处农村供水工程维修养护，解决农村供水保障不够稳定、长期季节性缺水以及水质不达标等问题。四是支持乡村人才培育政策。“十四五”期间，将实施千名紧缺专业人才顶岗培养计划，每年选拔一批乡村振兴重点领域及特色产业技术骨干赴外研修培养，让脱贫基础更加稳固、成效更可持续。最后加强党的领导，全面推进乡村振兴，健全建强农村党组织工作机构，发挥农村基层党组织的堡垒作用。

大事记
DA SHI JI
SICHUAN

一　月

【1月8日】 受省委书记彭清华、代省长黄强委托，省委常委、副省长罗文带领省直相关部门负责人到甘孜州现场督导稻城县“1·7”森林火灾扑救及后续处置工作，对森林草原防灭火工作进行再安排、再督促、再落实，强调要坚决贯彻习近平总书记重要指示批示精神和省委、省政府部署要求，进一步深化认识，补齐短板、落实责任，扎实做好森林草原防灭火工作。

【1月12日】 凉山州最后脱贫“摘帽”7个县的乡（镇）行政区划调整方案获得四川省政府批复，至此，该轮全省乡（镇）行政区划调整改革全部完成。本轮全省乡（镇）行政区划调整改革中，第一批乡（镇）行政区划调整改革减少乡（镇、街道）1170个，第二批减少乡（镇、街道）210个，第三批减少乡（镇）129个，全省共计减少乡（镇、街道）1509个，减幅为32.73%。

【1月18日】 国家统计局四川调查总队发布2020年度四川省主要民生数据。2020年，全省牢牢稳住经济基本盘，民生福祉得到有力保障，主要指标稳中向好：全年粮食再获丰收，生猪产能稳步恢复，居民收入保持增长，价格运行趋于平稳。

【1月19日】 在成都市举行的2020年度农产品质量安全及投入品安全情况新闻发布会上，农业农村厅通报：全省大宗农产品例行监测总体合格率99.3%，位居全国前列。

【1月20日】 省委农村工作领导小组2021年第一次会议在成都市召开。会议深入学习贯彻习近平总书记关于“三农”工作的重要论述，传达学习习近平总书记重要指示批示精神，认真落实党中央、国务院和省委、省政府决策部署，研究推动全省“三农”工作开好局、起好步。省委副书记、领导小组组长邓小刚主持会议并讲话。省委常委、省直机关工委书记曲木史哈，副省长尧斯丹、李云泽出席会议。

【1月25日】 人力资源社会保障厅通报，2020年，四川农民工转移就业实现劳务收入5673.6亿元，截至2020年年底，返乡创业实现产值6475.9亿元，“农民工经济”总量超过1.2万亿元，首次突破万亿元大关，全省农民工转移输出数量和劳务收入、返乡创业人数和创业产值均创历史新高。

二　月

【2月1日】 省政府召开研究进一步做好春节前后农民工服务保障工作专题会议，深入学习贯彻习近平总书记关于做好农民工工作的重要论述，传达省委书记彭清华关于做好春节前后农民工服务保障工作的批示精神，研究部署下一步工作。副省长曹立军主持会议并讲话。

【2月18日】 内江荣昌现代农业高新技术产业示范区2021年第一批重大项目集中开工仪式在重庆市荣昌区、内江市两地举行。内江荣昌“双昌”产业大道、川渝毗邻地区产业合作示范园区·荣昌隆昌产业合作示范园项目、国家优质商品猪战略保障基地产业集群、川渝稻渔综合种养产业带及融合发展示范区、内江·荣昌长江上游晚熟柑橘示范带、川南渝西特色农牧产品生产加工项目等6个重大项目、近30个子项目在川渝两地同步开工。

【2月19日】 省委农村工作会议在成都市召开，省委书记彭清华出席会议并讲话。省长黄强主持会议，省政协主席柯尊平、省委副书记邓小刚出席。会议传达了中央农村工作会议精神，邓小刚宣读了《关于命名2020年度四川省乡村振兴先进县（市、区）、先进乡镇、示范村的决定》《关于命名2020年度四川省星级现代农业园区的决定》《关于表扬2020年度全省农村改革和农民增收工作先进县（市、区）的通报》。彭清华、黄强、柯尊平、邓小刚等向获得命名和表扬的先进代表授牌。

【2月22日】 由华为四川公司牵头，省林草局、应急管理厅参与研发的四川省森林草原火情监测即报系统正式投入使用。

【2月23日—28日】 2000名川籍农民工免费乘坐20架返岗专机前往北京、上海、广东等地务工，这是四川省首次大规模集中组织专机运送农民工返岗，在全国范围也属首次。

【2月25日】 全国脱贫攻坚总结表彰大会在北京市举行。凉山州三岔河镇三河村被授予“全国脱贫攻坚楷模”称号。此外，全省98名个人被授予“全国脱贫攻坚先进个人”称号，74个集体被授予“全国脱贫攻坚先进集体”称号。

三　月

【3月2日】《四川省“5+1”重点特色园区培育发展三年行动计划(2021—2023年）》（以下简称《行动计划》正式印发。《行动计划》提出，到2023年年底，全省将建设100个左右贯彻新发展理念、优势突出、创新功能完备的重点特色园区。根据《行动计划》，每个特色园区的主导产业营业收入占比超过70%，高新技术产业营业收入占比超过25%，每个特色园区至少建成1个省级以上创新平台，亩均营业收入年均增长7%左右，形成较完善的专业化、市场化运营服务体系。

【3月10日】 省农田水利局提供的数据显示，截至2月底，全省各类水利工程总蓄水量为84.64亿立方米，占汛末蓄水计划的95.34%。尽管蓄水总体情况良好，但不均衡，攀枝花市、广安市、

达州市、凉山州蓄水量均在计划的90%以下，攀枝花市山坪塘蓄水量仅占计划的53%。

【3月15日】 省森林草原防灭火指挥部办公室、省委宣传部、省林草局联合印发《四川省森林草原防火宣传月实施方案（试行）》，明确每年3—4月为森林草原防火宣传月。宣传月期间，全省各地各单位将结合防火工作实际，在各级林草系统职工、林牧区乡（镇）村（组）干部、生态护林员中重点培养一批专职宣传员、一线宣传职工、村（组）义务宣传员等宣传队伍，宣传《森林防火条例》《草原防火条例》和森林草原防灭火专项整治内容。

【3月18日】 省委办公厅、省政府办公厅印发《四川省市县党政和省直部门（单位）领导班子领导干部推进乡村振兴战略实绩考核办法（试行）》并发出通知，要求各地、各部门认真遵照执行。《办法》明确，考核对象为各市（州）、涉农县（市、区）党委、政府和省直涉农部门（单位）的领导班子和领导干部，考核工作在省委、省政府领导下，由省委农村工作领导小组统筹负责，每年开展1次。

【3月19日】 省委办公厅、省政府办公厅印发《关于做好乡镇行政区划和村级建制调整改革“后半篇”文章的实施方案》，并发出通知要求各地、各部门结合实际认真贯彻落实。

【3月22日】 四川省长江流域重点水域禁捕和退捕渔民安置保障工作领导小组办公室印发《四川省2021年长江禁捕工作意见》，对2021年的长江禁捕工作进行安排部署。当前，全省长江流域水生生物保护区已全面禁止生产性捕捞，“一江五河”（长江干流，岷江、沱江、赤水河、嘉陵江、大渡河）等重点水域于1月1日零时起实行暂定10年的常年禁捕，退捕任务已完成，转段进入禁捕新阶段。

【3月25日】 全省“科技下乡万里行”活动正式启动。活动共组建119个专家服务团，将为各市（州）提供327个团次服务。省委常委、组织部部长于立军出席启动仪式并讲话。

【3月26日】 在省委网信办的指导下，由省应急管理厅、省森林消防总队、川观新闻联合发起的四川省“无人机喊话”森林草原防灭火主题宣传活动正式启动。

同日 四川省第十二届（春季）乡村文化旅游节在泸州市江阳区开幕。乡村文化旅游节以“安逸四川·春暖江阳”为主题，文化和旅游厅发布推荐泸州市江阳区董允坝村、成都市郫都区战旗村、成都市崇州市道明竹艺村、眉山市丹棱县顺龙乡幸福古村、成都市大邑县安仁镇南岸美村、德阳市绵竹年画村、攀枝花市米易县新山傈僳族乡新山村、凉山州西昌市安哈镇长板桥村、甘孜藏族自治州丹巴县聂呷乡甲居二村、阿坝州理县桃坪羌寨桃坪村10个春季出游村落。同时，泸州市江阳区向承办四川省第十二届（夏季）乡村文化旅游节的万源市交换会旗。

同日 四川省十三届人大常委会第二十六次会议表决通过《四川省粮食安全保障条例》，这是四川历史上出台的保障粮食安全的第一部地方性法规。

四月

【4月1日】 全省已建成生态环境监测点位2.8万余个，其中环境质量监测点位近2.5万个、生态质量监测点位100余个、污染源监测点位3000余个，基本完成全省生态环境监测网络建设三年目标任务，实现了市（县）城市、主要干支流监测点位全覆盖。

【4月2日】 省委农业农村改革和发展新型集体经济专项工作领导小组会议在成都市召开。会议深入学习贯彻习近平总书记关于“三农”工作的重要论述和全面深化改革的系列重要指示批示精神，认真落实党中央和省委决策部署，研究落实全省农业农村改革和发展新型集体经济工作，为全面实施乡村振兴战略、在全国率先实现农业农村现代化提供强有力的改革动力和支撑。省委副书记、领导小组组长邓小刚主持会议并讲话。

同日 深化精制川茶产业培育暨2021年春茶生产形势座谈会在成都市举行。会上通报，全省春茶产量达12万吨，增长6.1%；产值达142亿元，增长10.9%。全省茶叶呈现“开采提早、产销两旺”的特点，实现面积、产量、产值三增长的良好态势。

【4月7日】 省民营经济和中小企业发展领导小组办公室和省根治拖欠农民工工资工作领导小组办公室联合下发《关于建立清理拖欠中小企业账款与根治拖欠农民工工资工作联动机制的通知》，标志着全省在维护市场主体合法权益方面迈出新的一步。《通知》要求，两个领导小组办公室将建立清理拖欠中小企业账款与根治拖欠农民工工资工作联动机制，加强部门协作，建立案件通报制度，降低市场主体维权成本，解决信息不对称导致的债务纠纷。

同日 截至3月底，全省各类水利工程总蓄水量超81亿立方米，约占汛末蓄水计划的92%。蓄水总体情况良好，较多年同期增加3.04亿立方米，较上年同期增加2.86亿立方米。

【4月8日】 省农民工服务中心公布2021年全省农民工及企业家返乡入乡创业项目202个，总引资额达756.84亿元，这是全省继上年首次整体推出农民工及企业家返乡入乡创业项目后再次为农民工及企业家推出的返乡入乡创业项目，项目数量、投资规模均远超上年。

【4月9日】 10时30分，满载1250吨四川茶叶的专列从成都国际铁路港出发，启程前往乌兹别克斯坦首都塔什干，这是全省发出的首趟茶叶国际专列。按照计划，专列将在4月底抵达塔什干。首发专列共50柜，均为乐山市夹江县所产绿茶。

【4月11日】 民政厅印发《关于建立健全村规民约（居民公约）"红黑榜"的通知》，以此探索基层群众自治的创新路径。《通知》明确要求，建立健全村规民约（居民公约）"红黑榜"要准确把握自治原则，坚持党的领导贯穿始终，尊重群众主体地位，广泛发动群众有序参与，发挥正确舆论导向作用。

【4月12日】 财政厅、农业农村厅联合下达2021年省级财政乡村振兴转移支付资金。共下达乡村振兴先进县、乡、村奖补资金11.5亿元，星级园区奖补资金5亿元。

【4月13日】 全省举行党的十九大以来"依法治农、依法兴农"十大法治案例新闻发布会。农业农村厅、司法厅联合发布的十个典型案例涵盖乡村治理、农业综合执法、涉农领域司法审判、农业农村法律服务等领域。

【4月22日】 四川省脱贫攻坚总结表彰大会在成都市举行，省委书记彭清华出席并讲话。彭清华强调，要深入学习贯彻习近平总书记在全国脱贫攻坚总结表彰大会上的重要讲话精神，总结用好脱贫攻坚经验启示，大力弘扬伟大脱贫攻坚精神，真抓实干、埋头苦干，在新的起点全面推进乡村振兴，加快实现农业农村现代化，为全面建设社会主义现代化四川不懈奋斗。省长黄强主持会议，省政协主席柯尊平、省委副书记邓小刚出席会议。

【4月25日】 全省183个县34 344个村（社区）完成"两委"换届任务。

【4月27日】 由省国资委主办、川投集团承办的"四川国企十大扶贫人物"发布主题活动在成都市举行，"四川国企十大扶贫人物"名单正式揭晓，李四方、张大海、杨强、马庚等10名国企驻点帮扶干部榜上有名，他们是四川国资国企助力脱贫攻坚的1061名驻点帮扶干部的代表。

同日 四川省生态环境保护督察工作领导小组办公室公开通报全省第二轮第四批省级生态环保督察进驻以来的首批典型案例，分别是"自贡市乡（镇）生活污水处理设施建设管理不规范，治污效果打折扣"和"成都东部新区工地长期管理失控，扬尘污染严重"案件。

【4月28日】 以"献礼奋斗百年路　启航美好新生活"为主题的四川省首届乡村文化振兴魅力乡镇竞演大赛活动在内江市市中区永安镇启动，并举行首场现场竞演大赛。大赛由省委宣传部、农业农村厅、文化和旅游厅、省体育局、省广播电视局主办，四川日报报业集团等承办。

【4月29日】 第十届四川国际茶业博览会在成都市开幕。省委副书记邓小刚宣布开幕并参加巡展。在茶业博览会上，雅安市举行了蒙顶山茶推介会，对蒙顶甘露和雅安藏茶进行了重点推介。

五　月

【5月1日】 四川省首部保障粮食安全的地方性法规《四川省粮食安全保障条例》正式实施，给出了端牢"天府饭碗"的新举措。《条例》进一步厘清了粮食安全"谁来管、怎么管、管什么"，重点是压实粮食安全省长责任制、强化粮食安全责任制考核，并明确县级以上地方政府要建立粮食安全保障机制。

【5月8日】 首次西南区非洲猪瘟等重大动物疫病分区防控工作协调会在成都市召开，四川、重庆、湖北、贵州、云南、西藏等6省（区、市）将强化区域联防联控，加强生猪调运和屠宰环节监管，提升动物疫病防控能力。

【5月10日】 国务院办公厅印发通报，对2020年落实有关重大政策措施真抓实干、取得明显成效的地方予以督察激励，四川省共获得17项督察激励。2017年、2019年、2020年、2021年，四川先后4次入选易地扶贫搬迁工作积极主动、成效明显的省份，是全国入选次数最多的省份，其次是贵州省、河南省3次入选。

同日 国务院办公厅印发通报，对2020年落实有关重大政策措施真抓实干、取得明显成效的地方予以督察激励，四川省入选2020年脱贫攻坚成效考核中认定为完成年度计划、减贫成效显著、综合评价好的省份。四川省在脱贫攻坚成效考核中，已连续5年综合评价被认定为好。在全国范围来看，连续5年该项评价为好的仅5个省份，分别是四川省、湖北省、广西壮族自治区、贵州省、西藏自治区。

【5月15日】 全省农业援外工作座谈会在成都市举行，这是四川首次对外公布全省农业援外"成绩单"。自1967年至今，四川省农业专家及技术人员800余人次参与对外援助，占全国派出总量的近10%，是全国农业援外历史最长、派出专家最多、取得成效最大的省份之一。

【5月20日】 农业农村部农业重大技术协同推广试点四川省花椒番茄绿色优质高效技术推广应用项目推进会暨关键技术培训在荣县举行。2021年，全省将在米易县、峨眉山市、汉源县、南充市高坪区、荣县、广汉市、小金县、茂县、资中县、营山县等10个花椒、番茄主产地推广绿色优质高效关键技术。

【5月23日】 中国·泸州"国际茶日"

暨泸州市第二届全民饮茶日活动在泸州市纳溪区举行。开幕式上，纳溪区政府与全国茶叶交易市场运营商浙南茶叶市场公司签署合作协议，共同打造“茶酒小镇”。

同日 汉源·2021山区县乡村振兴峰会在汉源县举行，来自省内外的“三农”知名专家、学者以“合作·赋能·共享”为主题交流成果、碰撞思想，推动山区县为乡村振兴做出更优探索和更好示范。

【5月24日】 四川省人民政府与国家粮食和物资储备局在成都市签署战略合作协议，共同保障国家粮食安全，推进粮食和物资储备事业高质量发展。省长黄强、国家粮食和物资储备局局长张务锋出席签约仪式。

同日 为发挥全省工业和信息化助推乡村振兴作用，经济和信息化厅出台《工业和信息化助推乡村振兴工作方案(2021—2025年)》。《方案》明确，到2025年，全省培育50个乡村振兴特色产业加工园区、50家省级以上农机装备“专精特新”企业、100家乡村振兴带动标杆企业，努力实现农产品加工营业收入突破1.8万亿元，打造全国丘区农机装备创新研制示范区和国内领先的农产品精深加工高质量发展先行区。

【5月28日】 四川省乡村振兴局正式挂牌。省委副书记邓小刚，省委常委、组织部部长于立军，副省长尧斯丹出席揭牌仪式并共同为省乡村振兴局揭牌。尧斯丹在揭牌仪式上讲话。

同日 全省“万企帮万村”精准扶贫行动总结表彰暨“万企兴万村”行动动员部署大会在成都市召开。会议指出，“万企帮万村”精准扶贫行动的成功实践充分展现了民营企业家听党话、感党恩、跟党走的行动自觉和责任担当。在脱贫攻坚“万企帮万村”行动中，广大民营企业经受了扶贫大考，成绩斐然。

六 月

【6月2日】 省委书记、省总河长彭清华主持召开2021年省总河长全体会议并讲话。彭清华强调，要深入学习贯彻习近平总书记生态文明思想，完整准确全面贯彻新发展理念，胸怀“国之大者”、保持战略定力，树牢上游意识，抓实抓细河湖长制各项工作，促进全省河湖水质和生态持续改善，确保出川清水向东流。省长、省总河长黄强出席会议并讲话，省副总河长邓小刚出席。

同日 民政厅印发通知，在全省部署开展为期一年的农村低保专项治理巩固提升行动，加强监督管理长效机制和规范化建设，进一步提升基层经办能力和服务水平，推动社会救助高质量发展，为实现巩固拓展脱贫攻坚兜底保障成果同乡村振兴有效衔接提供重要保障。

【6月7日】 根据省委组织部等7部门联合印发的《四川省乡村人才振兴五年行动实施方案(2021—2025年)》要求，全省将连续五年统筹实施一批重点人才项目，推动人才智力向产业发展、乡村建设、基层治理一线集聚，为全面开启“十四五”乡村振兴新征程提供人才支撑。

【6月11日】 省委办公厅、省政府办公厅印发《四川省党政领导干部森林草原防灭火工作责任制规定(试行)》《四川省森林草原防灭火工作考核办法(试行)》，明确全省森林草原防灭火工作必须坚持“党政同责、一岗双责、齐抓共管、失职追责”的原则，并对党政领导干部森林草原防灭火工作责任及考核办法做出具体规定。

【6月10日—11日】 全省巩固拓展脱贫攻坚成果同乡村振兴有效衔接工作推进会议在凉山州召开，省委书记彭清华出席并讲话。彭清华强调，要深入贯彻习近平总书记关于“三农”工作的重要论述和对四川工作系列重要指示精神，全面落实党中央决策部署，大力弘扬伟大脱贫攻坚精神，继续保持攻坚克难的优良作风，锐意进取、拼搏实干，紧扣实际不断巩固拓展脱贫攻坚成果，接续推进乡村全面振兴，奋力推动全省农业农村现代化建设，加快实现由农业大省向农业强省跨越。省长黄强主持会议，中央农办副主任、农业农村部党组副书记、副部长刘焕鑫到会指导并讲话，省委副书记邓小刚出席会议。

【6月18日】 全省农业种质资源普查部署电视电话会议召开。会议通报，从2021年起，全省将利用3年时间在全省范围内组织开展农业种质资源普查、收集、鉴定、保存，实现普查全覆盖，全面摸清四川农作物、畜禽和水产种质资源家底。

【6月25日】 西南区非洲猪瘟等重大动物疫病联防联控第一次联席会议在成都市召开。会上，作为西南区首轮轮值牵头省份，四川与重庆、湖北、贵州、云南和西藏达成一系列协议，明确携手共建联防联控工作体系，逐步实现区域内控制并净化非洲猪瘟等重大动物疫病。这标志着西南区联防联控工作进入全面落实阶段。

同日 四川省扶贫基金会社会扶贫总结表彰大会在成都市举行。会上，省扶贫基金会授予三峡集团公益基金会、中国烟草总公司四川省公司等141家单位“社会扶贫突出贡献奖”，授予中国人寿保险股份有限公司四川省分公司、中国人民财产保险股份有限公司四川省分公司等533家单位“社会扶贫奉献奖”。

【6月28日】 2021年，省水保委(扩大)会暨全省水土保持工作视频会通报，“十四五”期间，全省将治理水土流失面积2.57万平方千米，其中2021年全省需完成5130平方千米的治理任务。

七　月

【7月6日】 四川省非洲猪瘟防控与恢复生猪生产指挥部印发《四川省稳定生猪生产十条措施》，提出确保圆满完成省委、省政府年初下达的4000万头存栏任务和5800万头出栏调度目标。

【7月7日】 全省巩固拓展残疾人脱贫攻坚成果同乡村振兴有效衔接工作推进视频会议在成都市召开。会议结合实际，全省进一步将残疾人作为重点群体纳入工作大局，做好巩固拓展残疾人脱贫攻坚成果同乡村振兴有效衔接各项工作，严守残疾人口不发生规模性返贫底线，为促进新时代残疾人事业高质量发展打下坚实基础。

【7月9日】 四川省金融服务与文旅企业恳谈对接会暨文化和旅游产业专项债券及投资基金融资对接交流活动（乡村振兴专场）在广安市举行。会上，广安市、县两级文旅部门与农行广安市分行、四川农信广安办事处等签订战略合作协议5个，金额达56亿元；广安市翰林小镇等10个乡村旅游项目与金融机构签约，金额达27.15亿元。

【7月16日】 在以“品味川茶，礼敬北京”为主题的“四川天府龙芽品质川茶”北京推介会上，川茶省级区域公用品牌“天府龙芽”携“四川工夫红茶”“犍为茉莉花茶”及50家地理标志川茶企业抱团拓展华北市场。

【7月29日】 省政府印发《四川省“十四五”推进农业农村现代化规划》。作为“十四五”时期四川省推进农业农村现代化的指导性文件，《规划》勾勒出今后五年四川省推动农业农村现代化的“路线图”。《规划》提出，四川省将通过五年努力，争取到2025年，农业基础更加稳固，乡村振兴战略全面推进，农业农村现代化取得重要进展，脱贫地区实现巩固拓展脱贫攻坚成果同乡村振兴有效衔接。四川省要实现粮食等重要农产品供给保障更加有力，农业质量效益和竞争力明显提高，“美丽四川・宜居乡村”建设行动取得明显成效，农民全面发展取得重要进展，脱贫攻坚成果得到巩固拓展。其中，全省粮食作物播种面积要稳定在9500万亩以上，产量稳定在3540万吨以上；生猪存栏稳定在4000万头以上，出栏稳定在6000万头左右。全省现代农业“10+3”产业体系基本形成，构建起符合四川实际的现代农业园区梯级发展体系，带动小农户进入现代农业发展轨道，形成乡村一二三产业融合发展新态势。

同日　截至6月底，国家移交四川省的3批共62个长江经济带生态环境问题已整改完成46个，其余问题有序整改。

【7月30日】 四川省地质灾害指挥部办公室印发通知，从即日起至8月12日开展主汛期地质灾害隐患大排查，这是入汛以来的第三轮全省地质灾害隐患大排查。排查对全省175个地质灾害易发县（市、区）实行全覆盖，重点突出排查汶川地震灾区、芦山地震灾区、攀西地区、秦巴山区、乌蒙山区等地质灾害重点防范区域的极端天气防大灾、防巨灾责任和措施落实情况。

八　月

【8月10日】 省发展改革委、省粮食和物资储备局等部门联合印发《四川省粮油品质提升行动实施方案》，明确今后三年全省将持续推动粮食产购储加销各环节优化升级，最终实现全省粮食质量安全检验监测体系健康运行、全产业链自主可控能力显著提升、粮油产品供给水平全面提升。

同日　省委农村工作领导小组印发《关于印发国家和省乡村振兴重点帮扶县名单的通知》，公布25个国家乡村振兴重点帮扶县、25个省乡村振兴重点帮扶县名单，要求相关市（州）和领导小组成员单位结合工作实际，强化政策倾斜，加强监测评估，集中支持做好巩固拓展脱贫攻坚成果同乡村振兴有效衔接工作。

【8月18日】 省委农村工作领导小组办公室印发《关于公布乡村振兴重点帮扶村名单的通知》，公布全省3060个乡村振兴重点帮扶村名单。

【8月19日】 水利厅印发《关于组织开展2021年度第一批乡村水务试点县申报工作的通知》。《通知》要求在全省范围内启动乡村水务建设县试点。

【8月23日】 国家自然科学基金委员会公布2021年国家自然科学基金申报项目评审结果，由西南作物基因资源发掘与利用国家重点实验室陈学伟教授担任学术带头人，李仕贵、王文明、王静、李伟滔教授为核心骨干成员共同申报的“水稻分子遗传与应用”项目获得创新研究群体项目资助，资助直接经费1000万元。

【8月27日】 省政府网站公布《四川省地方粮食储备管理办法》。《办法》提出地方粮食储备的计划、储存、轮换、动用、监督管理等新规定，明确加强地方粮食储备管理，提升地方粮食储备市场调控和应对突发事件能力，保障区域粮食安全。

【8月28日】 宁波汉鹏农科实业凉山州乡村振兴综合体项目暨彩乃村产业项目在凉山州普格县螺髻山镇彩乃村1号营地启动建设，这是宁波凉山东西部产业协作首个乡村振兴综合体项目。

【8月31日】 全省精制川茶产业培育现场推进会议在乐山市召开。会议通报，上半年，全省毛茶产量达21万吨，毛茶产值245亿元，比上年同期分别增长5.5%、11.9%。全省有规上企业179家，

实现营业收入144亿元，增长11.7%；利润10.4亿元，增长20.9%。省政协副主席祝春秀出席会议并讲话。

九 月

【9月8日】 首届天府国际种业博览会在邛崃市天府现代种业园拉开帷幕。在为期一周的会议期间，来自海内外的数百名专家学者、高校院所代表和种业企业负责人共同为川种振兴和助力端牢天府饭碗“把脉问诊”。

【9月12日】 省委农村工作领导小组印发《成德眉资都市现代高效特色农业示范区总体规划》。《规划》提出，“十四五”期间，要以交界地带融合发展为示范引领，以协同供应保障、协同价值输出、协同要素配置“三协同”为发展路径，打造成渝乃至国内城市群地区农业农村高质量发展典范。

【9月14日】 “万企兴万村”行动推进会暨“川茶兴千村”启动仪式在宜宾市举行。会议聚焦巩固帮扶成果、培育壮大现代农业“10+3”产业体系以加速乡村振兴，标志着四川省全面启动“万企兴万村”行动。

【9月16日—17日】 中共中央政治局委员、国务院副总理胡春华在四川督导乡村振兴重点帮扶县巩固拓展脱贫攻坚成果工作。胡春华强调，要深入贯彻习近平总书记重要指示精神，按照党中央、国务院决策部署，加大对乡村振兴重点帮扶县的集中支持力度，全面巩固拓展脱贫攻坚成果，确保脱贫基础更加稳固、成效更可持续。胡春华先后来到国家乡村振兴重点帮扶县中的甘孜县、新龙县和炉霍县，到脱贫乡村、搬迁安置点、产业园区和学校医院实地调研巩固脱贫成果、乡村产业发展和农村人居环境整治等工作进展。

【9月22日】 以“仰望百年丰碑、诗歌丰收大地”为主题的2021中国农民丰收节诗歌大会暨“中国·罗江诗歌节”在德阳市罗江区开幕。省委副书记、省委农村工作领导小组常务副组长邓小刚出席开幕式，农业农村部总畜牧师、农村合作经济指导司司长张天佐宣布开幕。

【9月23日】 2021年中国农民丰收节（四川）群众联欢活动在广汉市三星堆镇举行。省委副书记、省委农村工作领导小组常务副组长邓小刚传达习近平总书记重要指示精神并致辞，农业农村部总畜牧师、农村合作经济指导司司长张天佐出席活动并致辞。

【9月26日】 省应对农村地区新冠肺炎疫情应急演练暨农村地区疫情防控和安全生产调度会在眉山市彭山区召开。

【9月27日】 省十三届人大常委会第三十次会议第一次全体会议举行，会上提请审议《四川省河湖长制条例（草案）》。受省政府委托，水利厅厅长郭亨孝对草案进行说明时表示，五年来，全省各级各地深入推进河（湖）长制，积极探索、创新实践，在落实河（湖）长职责、河（湖）长制统筹运行、跨界河流联防联控等方面积累了许多宝贵经验和做法。同时也存在一些基层河湖（长）履职不到位、部分河湖问题整治不规范、个别职能部门推动河（湖）长制“六大任务”不到位、主动作为不足等问题。为深化河（湖）长制工作，巩固已有成效，发挥法治在河（湖）长制和河湖管理保护中的重要作用，加快推动从“有章可循”向“有法可依”转变，制定《四川省河湖长制条例》十分必要。

【9月29日】 2021年交通强国建设试点四川省乡村运输“金通工程”现场推进会在江安县召开。会议总结交流了“金通工程”工作成效，安排部署下一阶段工作。副省长曹立军出席会议并讲话。

十 月

【10月5日】 党的十九大以来四川省农业农村改革十大优秀案例公布。十大优秀案例分别是：成都市的《创建“农贷通”平台打通农村金融服务“最后一公里”》、泸县的《闲房荒宅变资源民富村美强支撑》、广汉市的《创新“四化”举措培育“四有”农民》、三台县的《下好闲置资产盘活棋巧变“包袱”为“财富”》、广元市朝天区的《三村联盟活资源协同发展享红利》、资中县的《强化多元投入保障“小血橙”变“大产业”》、开江县的《创新“稻田+”产业模式打造蜀地“鱼米之乡”》、巴中市巴州区的《聚焦“三个衔接”推动“三个转变”交好脱贫攻坚到乡村振兴“接力棒”》、汉源县的《小农户“嵌入”大农业花果山变成“聚宝盆”》、青神县的《构建三个一体化机制探索县域城乡融合发展路径》。

【10月14日】 省委农村工作领导小组印发《四川省县（市、区）实施乡村振兴战略分类考评激励办法》，明确在开展乡村振兴先进县（市、区）、先进乡（镇）和示范村考评激励的同时，新设置乡村振兴成效显著县（市、区）、乡村振兴重点帮扶优秀县（市、区）和乡村振兴重点帮扶优秀村考评激励。新增3个项目后，今后四川将每年评定成效显著县（市、区）15个、重点帮扶优秀县（市、区）10个、重点帮扶优秀村200个。

同日 国家乡村振兴局、四川省人民政府、中国农业银行共建乡村振兴金融创新示范区启动仪式在成都市举行，中央农办副主任、国家乡村振兴局局长王正谱，省委副书记邓小刚，中国农业银行董事长谷澍出席并致辞。

【10月14日—15日】 国际山地农业科技创新联盟成立大会暨第三届国际山地农业研讨会在九寨沟县举行。会上，

国际山地农业科技创新联盟正式成立，这是全球首个国际化非政府、非盈利、开放的山地农业多边合作平台，标志着国际山地农业交流合作开启新篇章。

【10月19日】 第十一届中国竹文化节暨第二届中国（宜宾）国际竹产业发展峰会（竹产品交易会）开幕式在宜宾市国际会展中心举行。中国竹文化节是全国规模最大、规格最高、影响最广的国家级竹业盛会，宜宾市成为迄今为止唯一一个两次举办竹文化节的城市。

【10月20日】 第五届四川“村长”论坛暨首届乡村振兴县委书记峰会在崇州市白头镇五星村举行。省委常委、组织部部长、省委农村工作领导小组副组长于立军出席开幕式并讲话，强调要深入学习贯彻习近平总书记关于“三农”工作的重要论述和对四川工作系列重要指示精神，认真落实党中央和省委决策部署，加快发展壮大新型农村集体经济，全面推进乡村振兴，促进农民农村共同富裕。

同日 全省高标准农田建设“百日会战”暨耕地培肥工作会议召开，会议宣布正式启动全省高标准农田建设“百日会战”。

【10月25日】 2021年世界粮食日和全国粮食安全宣传周四川主会场（广元）活动暨“广元造”特色农产品展销会在广元市举行，四川省广元市、陕西省汉中市和甘肃省陇南市签署粮食和物资储备安全区域战略合作协议。根据协议，三市将开展粮食安全区域战略合作，共同构建川、陕、甘三省毗邻地区粮食和物资储备安全保障新机制。

【10月27日】 全省小春生产暨红火蚁秋季防控视频会召开。会议通报，四川秋粮收获接近尾声，小春生产正从北向南全面展开，预计全年粮食产量达3552.8万吨，增产25.5万吨，超额完成国家下达目标任务，粮食生产再夺丰收基本成定局。

【10月28日】 由省农民工工作领导小组主办的“川字号”特色劳务品牌推介会在岳池县举行。推介会上现场推介了“岳池输变电工”“果城月嫂”“自贡彩灯工匠”“川筑劳务”“金堂焊工”5个劳务品牌，这是全省首次集中推介劳务品牌，标志着全省纵深推进农民工工作实现品牌化发展。

十一月

【11月1日】 统筹推进全省乡村国土空间规划编制和两项改革“后半篇”文章工作会议在成都市召开，省委书记彭清华出席会议并讲话。彭清华强调，要坚定以习近平新时代中国特色社会主义思想为指导，全面贯彻落实党中央大政方针和省委决策部署，统筹发展与安全、开发与保护，紧扣“按实际划分片区，按片区编制规划，按规划优化布局、配置资源”的方向路径，科学编制乡村国土空间规划，做深做实两项改革“后半篇”文章，大力推动乡村全面振兴和县域经济高质量发展，为新型城镇化奠定重要基础，不断提升全省基层治理体系和治理能力现代化水平。省长黄强主持会议，省政协主席柯尊平出席会议。

【11月5日】 全省抓党建促乡村振兴电视电话会议在成都市召开。省委常委、组织部部长于立军出席会议并讲话，强调各级组织部门要深入学习贯彻习近平总书记系列重要指示批示精神，认真贯彻落实中央、省委有关部署要求，以组织路线服务保证政治路线的高度自觉，在全面推进乡村振兴中展现新担当新作为。

【11月7日】 由四川省畜牧科学研究院培育的“川乡黑猪”新品种通过国家审定，按程序向社会公示，该新品种的育成填补了全国无自主知识产权父本新品种的空白。“川乡黑猪”新品种由四川省畜牧科学研究院研究员吕学斌领衔，利用全国特有的珍贵遗传资源藏猪和引进猪种杜洛克猪作为育种素材，历经12年攻关培育而成。

【11月8日】 全省绿色种养循环农业试点工作推进会暨项目技术培训会召开。会议通报，自2021年起，四川省正式在全省24个畜牧大县启动实施绿色种养循环农业试点工作，计划用5年时间，以整县推进的方式每年在各县打造种养循环示范区10万亩，带动试点县畜禽粪污资源化利用率达90%以上。

同日 省委办公厅、省政府办公厅印发通知，明确由省委书记、省长担任总林长，由省委专职副书记担任副总林长，由省委、省人大、省政府、省政协和省检察院等省级领导人担任省级林长，省林长制办公室设在省林草局，由省政府分管负责人担任办公室主任，省林草局主要负责人任办公室副主任。

【11月18日】 全省川菜产业发展暨“菜篮子”产品稳产保供视频会议召开，提出四川今后五年川菜产业发展“路线图”。到2025年，川菜种植面积将达2900万亩，实现综合产值3500亿元。省人大常委会副主任、川菜产业联系省领导王菲主持会议，副省长尧斯丹出席会议并讲话。

【11月22日】 2021年度全省市（县）党政和省直部门（单位）领导班子领导干部推进乡村振兴战略实绩考核暨巩固脱贫成果后评估视频动员培训会在成都市召开，会议对推进乡村振兴战略实绩考核、巩固脱贫成果后评估、县（市、区）分类考评和现代农业园区考评四项考核工作做出动员部署。省委常委、组织部部长、省委农村工作领导小组副组长于立军出席会议并讲话，副省长、省委农村工作领导小组副组长尧斯丹主持会议。

【11月30日】 省农田水利基本建设

指挥部2021年全体会议审议通过《四川省高标准农田建设规划(2021—2030年)》,划定全省今后十年高标准农田建设的路线图。到2030年,四川高标准农田保有量将达6353万亩,总规模位居全国前列。

十二月

【12月3日】 四川省2021年习近平生态文明思想巡回宣讲乡村行首场活动在丹棱县举行。

【12月4日】 龙泉山脉首个乡村文学主题书院“茂昭书院”成立。书院将打造“诺奖书舍”“茅奖书舍”“川籍作家书舍”“精英荟萃书舍”“国学讲堂”5个阅读学习空间。

【12月6日】 四川省水土保持委员会印发《关于推进新时代水土保持高质量发展的意见》。根据生态环境背景和水土流失状况,《意见》将全省划分为5个防治区域,分析水土流失原因,明确水土流失防治模式。

【12月9日】 四川省文学扶贫“万千百十”活动总结大会暨乡村振兴主题文学创作活动启动仪式在成都市举行,副省长罗强出席会议并讲话。

【12月13日】 四川省首期河(湖)长制督查暗访专家专题培训班在成都市开班。培训为期4天,培训内容涉及河(湖)长制督查暗访要点技能、河湖水域岸线保护、河道采砂督查重点、水电站下泄生态流量管理、农业面源污染、流域污染防控、长江水生态保护等,培训对象来自水利系统、生态环境、住建、农业农村、林业草原等部门和有关高校、科研院所、企(事)业单位等行业的技术、业务骨干和行业精英。

【12月16日】 2021年全国“宪法进农村”主题活动在蒲江县甘溪镇明月村举行。活动由农业农村部、司法部主办,农业农村厅、司法厅、成都市政府协办。

同日 应急管理部国家自然灾害防治研究院城市灾害研究中心、四川省应急管理学院在西华大学挂牌成立,国家林业草原西南森林与草原生态防火工程技术研究中心、四川省林草学院在四川农业大学挂牌成立,副省长罗强为两个学院授牌。

【12月20日】《四川省驻村第一书记和工作队管理办法》印发,《办法》围绕“第一书记”的管理责任、工作职责、管理服务、考核评价、激励保障、纪律约束等方面制定了具体措施。

【12月21日】 由省委宣传部、农业农村厅、省总工会、团省委、省妇联主办的四川省2021年“农民读书月”活动在大英县隆盛镇望龙村启动。当地群众用舞蹈、诗歌朗诵等文艺作品表达“书香”带给乡村的变化。

【12月24日】 2021年四川省实行最严格水资源管理制度考核工作领导小组会议在成都市召开。会议通报,全省“十三五”水资源考核结果出炉,9个市(州)达到优秀等级,12个市(州)达到良好等级。

【12月25日】 四川省政府驻北京办事处联合四川省直有关部门、市(州)驻京机构及在京商会主办的“天府风物·品味四川”四川特色优势农产品展销暨天府旅游美食北京推广季活动在北京市四川五粮液龙爪树宾馆开幕。十二届全国政协副主席刘晓峰宣布活动开幕,省委常委、常务副省长罗文致辞。

【12月27日】 2021年度巩固拓展脱贫攻坚成果同乡村振兴有效衔接考核评估四川省工作对接会在成都市召开,省委书记彭清华会见国家考核评估组一行,省长黄强主持会议并作表态发言。国家考核评估组综合核查组组长、国家发展改革委副秘书长苏伟介绍考核评估工作有关安排。

【12月28日】 经两省(市)政府同意,四川省政府办公厅、重庆市政府办公厅联合印发《成渝现代高效特色农业带建设规划》。《规划》明确了主要目标:到2025年,农业质量效益和竞争力显著提升,实现第一产业增加值7100亿元以上,粮食播种面积稳定在9600万亩以上,粮食总产量稳定在3600万吨以上,生猪出栏稳定在6850万头左右,蔬菜产量达到5700万吨,绿色、有机、地理标志农产品认证数量达到4500个以上,农村居民人均可支配收入达到2.3万元以上;到2035年,率先在西部地区基本实现农业农村现代化,基本实现农业高质高效、乡村宜居宜业、农民富裕富足。

四川概况
SICHUAN GAIKUANG
SICHUAN

自然资源

【基本情况】 四川省地处中国西南腹地、长江上游，介于东经97°21′～108°33′、北纬26°03′～34°19′。南北跨度为916千米，东西跨度为1062千米。东连重庆市，南邻云南省、贵州省，西接西藏自治区，北接青海省、甘肃省和陕西省。

【土地资源】 四川省辖区面积48.6万平方千米，占全国辖区面积的5.1%，居全国第5位。但人均国土面积低于全国平均水平，人多地少的矛盾十分突出。

四川省地貌复杂多样，有山地、丘陵、平原和高原4种地貌类型，分别占全省辖区面积的77.1%、12.9%、5.3%和4.7%。土壤类型丰富，据第二次土壤普查，全省土壤类型共有25个土类、66个亚类、137个土属、380个土种，土类和亚类数分别占全国总数的43.48%和32.6%。

据第三次全国国土调查，四川省土地利用类型共分为9个一级利用类型（见表1所列）。全省土地利用以林草地为主，主要集中于盆周山地和西部高山高原，占辖区面积的72.22%，其中甘孜、阿坝、凉山三州地区占全省林地面积的60.25%，占全省草地面积的94.43%；湿地是"三调"新增的一级地类，主要分布在甘孜、凉山、阿坝三州地区，占全省湿地面积的98%；耕地集中分布于东部盆地和低山丘陵区，凉山、南充、达州3个市（州）耕地面积较大，占全省耕地面积的27.68%；园地主要分布在凉山、成都、眉山3个市（州），占全省园地面积的39.85%；甘孜、凉山、阿坝三州地区水域面积较大，占全省水域面积的33.5%。

【气候资源】 四川省气候复杂多样，且地带性和垂直变化十分明显。根据水热条件和光照条件的差异，全省分为三大气候区。

四川盆地中亚热带湿润气候区。该区热量条件好，全年温暖湿润，年均温16℃～18℃，积温4000℃～6000℃，气温日差较小，年差较大，冬暖夏热，无霜期230～340天。盆地云量多，晴天少，年日照时间较短，仅1000～1400小时，比同纬度的长江流域下游地区少600～800小时。雨量充沛，年降水量1000～1200毫米，50%以上集中在夏季，多夜雨。

川西南山地亚热带半湿润气候区。该区全年气温较高，年均温12℃～20℃，日差较大，年差较小，早寒午暖，四季不明显。云量少，晴天多，日照时间长，年日照时间为2000～2600小时。降水量较少，干湿季分明，全年有7个月为旱季，年降水量900～1200毫米，90%集中在5—10月。河谷地区受焚风影响形成典型的干热河谷气候，山地形成显著的立体气候。

川西北高山高原高寒气候区。该区海拔高差大，气候立体变化明显，从河谷到山脊依次出现亚热带、暖温带、中温带、寒温带、亚寒带、寒带和永冻带。总体以寒温带气候为主，河谷干暖，山地冷湿，冬寒夏凉，水热不足，年均温4℃～12℃，年降水量500～900毫米。天气晴朗，日照充足，年日照1600～2600小时。

总的特点是：季风气候明显，雨热同季；区域间差异显著，东部冬暖、春早、夏热、秋雨、多云雾、少日照、生长季长，西部寒冷、冬长、基本无夏、日照充足、降水集中、干雨季分明；气候垂直变化大，气候类型多；同时伴随气象灾害种类多，发生频率高，范围大，主要是干旱，其次是暴雨、洪涝和低温等。

【水资源】 四川省水资源丰富，居全国前列。全省多年平均降水量约为4889.75亿立方米。水资源以河川径流最为丰富，境内共有大小河流近1400条，号称"千河之省"。全省水资源总量共计约为3489.7亿立方米，其中多年平均天然河川径流量为2547.5亿立方米，占水资源总量的73%；上游入境水942.2亿立方米，占水资源总量的27%。地下水资源量约546.9亿立方米，可开采量为115亿立方米。境内遍布湖泊冰川，有湖泊1000余个、冰川200余条，在川西北

表1　四川省土地资源利用现状

土地利用类型	辖区	耕地	园地	林地	草地	湿地	城镇村及工矿用地	交通运输用地	水域及水利设施用地	其他用地
面积（万公顷）	4861.16	522.72	120.32	2541.96	968.78	123.08	184.12	47.39	105.32	247.47
比例(%)	100.00	10.75	2.48	52.29	19.93	2.53	3.79	0.97	2.17	5.09

和川西南还分布有一定面积的沼泽，湖泊总蓄水量约15亿立方米，加上沼泽蓄水量，共计约35亿立方米。

总的特点是：总量丰富，人均水资源量高于全国，但时空分布不均，形成区域性缺水和季节性缺水；水资源以河川径流最为丰富，但径流量季节分布不均，大多集中在6—10月，洪旱灾害时有发生；河道迂回曲折，利于农业灌溉；天然水质良好，但部分地区也有污染。

【生物资源】 四川省生物资源十分丰富，保存有许多珍稀、古老的动植物种类，是中国乃至世界重要的生物基因宝库。

全省动物资源丰富，有脊椎动物近1300种，占全国总数的45%以上，兽类和鸟类约占全国的53%。其中，兽类217种、鸟类625种、爬行类84种、两栖类90种、鱼类230种。有国家重点保护野生动物145种，占全国的39.6%，居全国之首。据第四次全国大熊猫调查，四川省野生大熊猫种群数量达1387只，占全国野生大熊猫总数的74.4%，其种群数量居全国第一位。雉类资源也极为丰富，雉科鸟类达20种，占全国雉科总数的40%，素有"雉类的乐园"之称，其中有许多珍稀濒危雉类，如国家一类保护动物雉鹑、四川山鹧鸪和绿尾虹雉等。全省动物中可供经济利用的种类占50%以上，其中毛皮、革、羽用动物200余种，药用动物340余种。

全省植物资源种类繁多，有高等植物1万余种，占全国总数的1/3，仅次于云南。其中，苔藓植物500余种，维管束植物230余科、1620余属，蕨类植物708种，裸子植物100余种（含变种），被子植物8500余种，松、杉、柏类植物87种（居全国之首）。列入国家珍稀濒危保护植物的有84种，占全国的21.6%。有各类野生经济植物5500余种，其中药用植物4600余种，所产中药材占全国药材总产量的1/3，是全国最大的中药材基地；有芳香及芳香类植物300余种，是全国最大的芳香油产地；野生果类植物达100余种，其中以猕猴桃资源最为丰富，居全国之首，并在国际上享有一定声誉；菌类资源十分丰富，野生菌类资源达1291种，占全国的95%。截至2021年年底，森林覆盖率达40.2%，比上年末提高0.2个百分点。

【能源资源】 四川省能源资源十分丰富，主要以水能、煤炭和天然气为主，水能资源约占75%，煤炭资源约占23.5%，天然气及石油资源约占1.5%。全省水能资源理论蕴藏量达1.43亿千瓦，占全国的21.2%，仅次于西藏，其中技术可开发量1.03亿千瓦，占全国的27.2%；经济可开发量7611.2万千瓦，占全国的31.9%，均居全国首位，是中国最大的水电开发和西电东送基地。全省水能资源集中分布于川西南山地的大渡河、金沙江、雅砻江三大水系，约占全省水能资源蕴藏量的2/3，也是全国最大的水电"富矿区"，其技术开发量占理论蕴藏量的79.2%以上，占全省技术开发量的80%。煤炭种类比较齐全，有无烟煤、贫煤、瘦煤、烟煤、褐煤、泥炭。全省保有煤炭资源量122.7亿吨，主要分布在川南，位于泸州市和宜宾市的川南煤田赋存全省70%以上的探明储量。油、气资源以天然气为主，石油资源储量很小。四川盆地的天然气资源十分丰富，是国内主要的含油气盆地之一，已发现天然气资源储量达7万余亿立方米，约占全国天然气资源总量的19%，主要分布在川南片区、川西北片区、川中片区、川东北片区。生物能源也比较丰富，每年有可开发利用的人畜粪便3148.53万吨、薪柴1189.03万吨、秸秆4212.24万吨、沼气约10亿立方米。此外，太阳能、风能、地热资源也较为丰富。

【矿产资源】 四川省矿产资源丰富，矿产种类比较齐全，矿产资源蕴藏量极为丰富，矿产资源供应能力较强，是中国西部乃至全国的矿物原材料生产加工大省。拥有世界级的钒钛、锂、稀土等重要矿产资源，钛储量占全国总量的93%，位列全球第一；钒储量占全国总量的63%，位列全球第三，钒钛原料产量占全国总量的65%以上。具有查明资源储量的矿种92种（亚矿种123种），有33种矿产排位进入全国同类矿产查明资源储量前三位，天然气、钒、钛、二氧化碳气、锂矿（Li_2O）等共14种矿产在全国查明资源储量中排第一位，铁矿、铂族金属、稀土矿（稀土氧化物）等共10种矿产在全国查明资源储量中排第二位。

四川省矿产资源的特点：一是资源总量丰富，但人均占有量低于全国水平；矿种齐全，但多数矿种储量不足。除钒钛磁铁矿、岩盐、芒硝、铅锌、硫、铁矿、石棉、云母、金、磷、水泥灰岩等储量可满足开发需要外，多数矿产资源都存在资源数量不足、质量差、探明矿山不足的问题。二是大型或特大型矿床分布集中，区域特色明显，有利于形成综合性的矿物原料基地。矿产集中分布在川西南（攀西）、川南、川西北三个区，并各具特色：川西南以黑色、有色金属和稀土资源为优势，其他矿产也很丰富且组合配套好，是全国冶金基地之一；川南以煤、硫、磷、岩盐、天然气为主的非金属矿产种类多，蕴藏量大，是全国化工工业基地之一；川西北稀贵金属（锂、铍、金、银）和能源矿产（铀、泥炭）资源丰富，是潜在的尖端技术产品的原料供应地。三是部分重要矿产以贫矿和低品质矿为主，富矿不足。除铅、锌、镉、银、岩盐、钙芒硝等品质稍高外，其他矿产多为中、贫矿。四是矿床的共生、伴生矿多，具有重要的综合利用价值，但增加了采矿和选冶工艺难度。如攀西的钒钛磁铁矿为铁、钒、钛共生，川南的煤矿为煤、硫共生，川西北的锂矿为锂、铍共生。

【旅游资源】 四川省旅游资源极其丰

富，具有数量多、类型全、分布广、品位高的特点，其资源数量和品位均在全国名列前茅。

四川省拥有世界遗产5处，其中世界自然遗产3处（九寨沟、黄龙、大熊猫栖息地）、世界文化与自然遗产1处（峨眉山—乐山大佛）、世界文化遗产1处（青城山—都江堰）。列入世界《人与生物圈保护网络》的保护区有4处（九寨沟、黄龙、卧龙、稻城亚丁）。有"中国旅游胜地40佳"5处（峨眉山、九寨沟—黄龙、蜀南竹海、乐山大佛、自贡恐龙博物馆）。有中国优秀旅游城市21座、国家历史文化名城8座。有A级景区804家，其中5A级景区15家，在全国排名第四位。有自然保护区165个，面积8.03万平方千米，占全省辖区面积的16.5%，其中国家级自然保护区32个。有湿地公园55个，其中国家级湿地公园（含试点）29个。有国家级风景名胜区15处、省级风景名胜区79处。有森林公园137处，总面积232.48万公顷，占全省辖区面积的4.78%，其中国家级森林公园44处，森林公园总数位列全国前十。由于地质构造复杂、地质地貌景观丰富，地质遗迹类型多样，已发现地质遗迹220余处，有世界级地质公园3处、国家级地质公园19处，其数量居全国前列。共有博物馆263个、全国重点文物保护单位262处、省级文物保护单位1215处，国家级非物质文化遗产名录153项、省级非物质文化遗产名录611项。四川省还是全国红色旅游资源大省之一，点多面广、类型丰富，有红色旅游重要景区（景点）120余个，分布在全省80%以上的市（州），包括战争或重大事件的发生地、重要会议会址、各种重要机构的办公地旧址、杰出人物的故居或纪念堂、革命烈士陵园、纪念馆和各类革命建筑文物类型。拥有全国红色旅游经典景区9处，其中包括"5·12"汶川特大地震抗震救灾系列景区（四川省主要资源及其地位见表2所列）。

表2　四川省主要资源及其地位

资源类型		地位
土地资源	辖区面积	全国第5位，西部第4位
	耕地面积	全国第6位，西部第1位
	林地面积	全国第2位，西部第1位
	牧草面积	全国第5位，西部第4位
森林资源	森林面积	全国第4位
	森林蓄积	全国第3位
生物资源	高等植物种类	全国第2位
	蕨类植物种类	全国第2位
	裸子植物种类	全国第1位
	被子植物种类	全国第2位
	药用植物种类	全国第2位
	芳香油植物	全国第1位
	野生果类植物	全国第1位
	菌类资源	全国第1位
	国家重点保护野生动物种类	全国第1位
	陆生野生动物种类	全国第2位

续表

资源类型		地位
生物资源	野生大熊猫种群数量	全国第1位
	鸟类	全国第2位
水能资源	理论蕴藏量	全国第2位
	技术可开发量	全国第1位
	经济可开发量	全国第1位
旅游资源	世界自然文化遗产数量	全国第2位
	5A级景区数量	全国第4位
	地质公园数量	全国第1位
矿产资源	天然气等14种矿产查明资源储量	全国第1位
	铁矿、铂族金属等10种矿产查明资源储量	全国第2位

四川省自然资源科学研究院编写组

气候状况

【基本情况】 2021年，全省平均气温15.6℃，较常年偏高0.7℃，与1998年、2007年、2009年和2017年并列历史第3高位；全省平均降水量1070.5毫米，偏多12%，位居历史第6多位。汛期暴雨偏多，分布范围广，局地降水强度大；秋雨期间出现3次区域性暴雨天气过程，秋汛偏重；四川秋雨于8月22日开始，11月4日结束，雨期长度为74天；秋雨量历史最多，秋雨综合强度为历史最强。全省春旱和夏旱范围广，局地旱情偏重，伏旱不明显，总体为中旱年。年内高温日数多，盆地15县站出现极端高温天气；冷空气活动次数接近常年，强度一般。年内大风冰雹灾害局地较重。全省平均雾日数较常年偏多，秋冬季盆地区域性雾或霾天气过程较上年偏多。

【暴雨】 2021年，四川省暴雨天气范围广，发生站次多，属暴雨偏多年。全省有140站出现了暴雨天气，共计发生暴雨523站次，排历史第2多位，其中大暴雨79站次、特大暴雨1站次。绵竹9月12日—14日的暴雨过程雨量达366.2毫米，为年内全省暴雨过程最大雨量。理县、壤塘、大竹、开江、渠县、色达、三台、阆中、攀枝花市仁和区9县（市、区）站出现了排本站历史前3位的暴雨过程降水。三台县9月15日降水量为272.9毫米，为全省县站最大日降水量。大竹、开江、会东、黑水、松潘、渠县、会理、三台、仁和、射洪、宝兴、壤塘、木里13县站最大日降水量排本站历史前3多位。全年共出现5场区域性暴雨天气过程，7月和9月各有2次，8月1次；区域性暴雨次数接近常年，首场区域性暴雨出现时间偏晚。

【干旱】 2021年，四川省春旱和夏旱范围广，局地旱情偏重，伏旱不明显，总体为中旱年。

春旱。全省共有84站（盆地48站）发生了春旱，其中轻旱30站（盆地25站）、中旱25站（盆地20站）、重旱10站（盆地3站）、特旱19站（盆地0站）。中度以上干旱主要分布在盆地中部、甘孜州和攀西地区大部。春旱发生范围广，重旱以上县站主要集中在甘孜州南部和攀西地区，局地旱情较重，综合评价为中旱年份。

夏旱。全省共有128站（盆地95站）发生了夏旱，其中轻旱49站（盆地38站）、中旱33站（盆地27站）、重旱32站（盆地19站）、特旱14站（盆地11站）。中旱以上的区域主要分布在盆西北、盆西南、盆南及攀西地区。夏旱发生范围广，重旱以上的县站较多，综合评价为偏重旱年份。

伏旱。全省共有54站（盆地34站）

发生了伏旱，其中轻旱50站（盆地39站）、中旱4站（盆地3站），无重特站。伏旱发生范围小，持续时间短，旱情偏轻，综合评价为轻旱年份。

【高温】 2021年，四川省高温天气总体为偏强年。全省共有123站出现高温天气（日最高气温大于等于35℃）。全省有80站日最高气温大于等于38℃，分布于盆地除西部沿山一带的大部和攀西地区局地，其中23站日最高气温在40℃及以上，兴文日最高气温42.4℃，为全省最高。内江、隆昌、泸县、普格、富顺、马边、彭州、犍为、郫都、宝兴、彭山、新都、广汉、邛崃和绵竹15站日最高气温突破历史记录。全省平均高温日数为10.4天，较常年偏多4.1天，位列历史第12多位(2006年23.8天，历史最多)。全省共有18站高温日数在20天以上，其中盐边、古蔺、米易、宁南、攀枝花、合江、兴文和邻水8站高温日数超过30天，盐边高温日数55天为全省最多。宝兴和得荣2站高温日数破历史纪记录。

【秋雨】 根据华西秋雨监测指标，2021年，四川秋雨于8月22日开始，11月4日结束，雨期长度为74天。开始日期较常年偏早8天，结束日期偏迟5天，整个雨期长度偏长13天。秋雨综合强度指数2.7，为历史最强秋雨年份。

秋雨期间全省平均降水量395.9毫米，较常年同期偏多61%，位列历史同期第1多位。全省平均降水日数43.4天，偏多5.7天，排历史同期第8多位。盆东北的4市（达州、广安、巴中、南充）、盆中的3市（遂宁、资阳、内江）及广元、绵阳、德阳、乐山、眉山、阿坝6市（州）共有27县站降水量创本站历史同期最多纪录。秋雨期间出现了3次区域性暴雨天气过程，分别是8月21日—23日、9月3日—5日、9月13日—16日。

【大风冰雹】 2021年，全省大风和冰雹发生较为频繁，部分地方灾情损失较重，据四川省减灾中心统计，大风冰雹灾害共造成28.2万人受灾，因灾死亡、失踪4人，农作物受灾面积2.1万公顷，绝收面积0.3万公顷，造成直接经济损失5.7亿元，为近年来偏重发生年份。

5月2日，梓潼县出现雷电、短时阵性大风、短时强降水、冰雹等灾害性天气，初步统计，该次大风冰雹灾害共造成梓潼县6821人受灾，农作物受灾面积1112公顷，造成直接经济损失2838.5万元。

5月2日，岳池、广安市广安区、华蓥以及邻水等地出现强对流天气，伴有7～8级阵性大风，个别地区出现冰雹，此次风雹灾害造成51568人受灾，农作物受灾面积3228.2公顷，倒塌房屋间数24间，严重损坏房屋间数1185间，造成直接经济损失4749.7万元。

11月6日—7日，受北方冷空气影响，四川盆地普遍出现了6～8级偏北大风，局地风力达9级以上。11月7日，广元市受大风影响，造成房屋损坏1230间，农作物成灾面积326.89公顷，造成直接经济损失4413.53万元。

【雾】 2021年，四川省平均雾日数为41天，较常年偏多10.8天。除1月、12月雾日数较常年分别偏少0.4天、0.8天外，其余各月雾日数均多于常年，11月全省平均雾日数最多，较常年同期偏多2.2天。盆地区域性雾或霾天气过程共出现16次，除5月、8月无区域性雾或霾天气过程外，其余月份均发生区域性雾或霾天气过程。盆地出现范围超过30站的区域性雾或霾天气全年共计66天，其中范围超过45站的区域性雾或霾天气全年共计21天，范围超过50站的区域性雾或霾天气全年共计9天，2月14日、12月5日、12月21日雾或霾天气发生范围均达62站，2月12日雾或霾天气发生范围达到72站。

四川省气象局编写组

行政区划及变更

【基本情况】 2021年1月，省政府批复同意普格县等7个2020年脱贫“摘帽”县乡（镇）行政区划调整改革方案，并于2月底完成涉改乡（镇）挂牌运行，至此，全省乡（镇）行政区划调整改革“前半篇”文章收官，全省乡（镇）数量从4610个减少到3101个，减少1509个，减幅32.7%；乡（镇、街道）平均面积从106平方千米增至156平方千米，平均户籍人口从1.8万人增至2.93万人，实现面积扩大、人口集中、资源整合、要素聚集的目标任务。

截至2021年年底，全省辖21个市（州）183个县（市、区），其中市辖区55个、县级市19个、县105个、自治县4个；共有乡（镇）级行政区划单位3101个，其中乡626个、镇2016个、街道459个（见表1所列）。全省镇和街道数量达到乡级行政区划单位总数的79.8%，比上年(75.4%)提高4.4个百分点。

【县以上行政区划变更】 撤销会理县，设立县级会理市，以原会理县的行政区域为会理市的行政区域，会理市人民政府驻城北街道县府街50号。会理市由凉山彝族自治州管辖。

表1　四川省行政区划统计表

序号	市(州)	县(市、区)					乡(镇、街道)				
		合计	市辖区	县级市	县	自治县	合计	乡		镇	街道
								小计	其中民族乡		
全省		183	55	19	105	4	3101	626	83	2016	459
1	成都市	20	12	5	3	—	261	—	—	100	161
2	自贡市	6	4	—	2	—	90	2	—	63	25
3	攀枝花市	5	3	—	2	—	49	15	10	23	11
4	泸州市	7	3	—	4	—	126	8	8	92	26
5	德阳市	6	2	3	1	—	84	4	—	67	13
6	绵阳市	9	3	1	4	1	166	31	14	122	13
7	广元市	7	3	—	4	—	142	23	2	112	7
8	遂宁市	5	2	1	2	—	95	3	—	72	20
9	内江市	5	2	1	2	—	83	—	—	70	13
10	乐山市	11	4	1	4	2	132	18	2	103	11
11	南充市	9	3	1	5	—	242	38	1	162	42
12	宜宾市	10	3	—	7	—	136	17	12	105	14
13	广安市	6	2	1	3	—	124	10	—	99	15
14	达州市	7	2	1	4	—	200	30	4	149	21
15	巴中市	5	2	—	3	—	139	6	—	116	17
16	雅安市	8	2	—	6	—	96	29	13	57	10
17	眉山市	6	2	—	4	—	80	5	—	62	13
18	资阳市	3	1	—	2	—	89	13	—	67	9
19	阿坝藏族羌族自治州	13	—	1	12	—	174	92	1	82	—
20	甘孜藏族自治州	18	—	1	17	—	289	177	3	110	2
21	凉山彝族自治州	17	—	2	14	1	304	105	13	183	16

四川省民政厅编写组

人口情况

【户籍人口基本情况】 截至2021年11月30日，全省户籍总人口为9094.48万人，共3161.86万户，比上年户籍人口增加12.89万人；人口增长率为0.14%，其中男性4658.44万人、女性4436.03万人，男女性别比为105.01∶100。全年出生登记77.63万人，死亡注销59.48万人。全年省外迁入15.98万人，迁往省外21.43万人；省内迁入57.89万人，省内迁出57.7万人。

【户籍人口城镇化进程】 截至2021年11月30日，全省乡村地区登记的户籍人口5598.36万人，占全省户籍总人口的61.56%。全省183个县(市、区)中，城镇化率超过50%的县(市、区)共有35个，占比为19.13%，其中成都市20个县(市、区)中；城镇人口超过50%的县(市、区)有15个，与上年持平，占全省超过50%城镇化率县(市、区)总数的42.85%。

2021年，全省乡村人口转移城镇人口达83.99万人，比上年减少255.81万人，其中按照来自地区统计，"来自本地市"共71.4万人，占乡村人口转移城镇人口的比例为85.01%；"来自本省外地市"共9.95万人，占乡村人口转移城镇人口的比例为11.85%；"来自外省"共2.64万人，占乡村人口转移城镇人口的比例为3.15%。从统计分析情况来看，因2020年全省乡(镇)级行政区划调整及村级建制调整改革，人员户籍地城乡属性因"镇改街道、乡(镇)合并、村改社区"而发生较大变化，因此2021年全省乡村转移人口数量相较上年明显减少。同时，各地城镇化进程中还有一些突出问题未解决，如一些地方已拆迁安置的农村居民户籍仍登记在已拆迁安置村(组)中；一些地方为完成户籍城镇化率任务将城乡分类代码修改，导致部分农村人口被统计为城镇居民。

【户籍人口流动趋势】 常住人口人户不一致现象普遍存在。随着"两化"建设全面加快，在本县(市、区)范围内，常住人口因就业、婚嫁、子女上学等各种原因在户籍地址房屋以外新购房屋、租借房屋居住现象日益普遍，但其户籍并未迁移到实际居住地，导致其实际居住地址与户籍登记地址不一致现象普遍存在，且比例日益增加，截至2021年年底，全省实际居住地址和户籍登记地址不一致的人口占实有人口总数的比例约37.77%左右。在经济越发达的地区和新建房屋越多的地方，往往人户不一致比例越高。

人口流动区域性、多样性特征日趋明显。主要呈现由农村向城镇流动、小城市向大城市流动、欠发达地区向发达地区流动的趋势，省内流动人口主要集中在大中城市。截至2021年年底，全省各市(州)实有人口和流动人口最多的均是成都市，实有人口已达2350.08万人，占全省实有人口比例的30.03%，其中46.09%都是流动人口。除成都市外，流入人口较多的市(州)有：绵阳市100.68万人、泸州市54.7万人、南充市53.7万人、宜宾市52.52万人。

局部区域已经出现人口比例"倒挂"。全省大城市城区及城郊接合部、新兴乡(镇)因产业聚集，流入人口数量剧增，一些近郊乡(镇、街道，工业园区，开发新区等局部区域已出现户籍人口与流动人口"倒挂"现象，呈现出东部发达地区流动人口特点。

向省外流动人口总量大，但回流趋势明显。四川省是劳务输出大省，农业剩余劳动力大量向省外发达地区流动一直是全省流动人口一大特点，全省每年流出省外务工人员均在1000万人以上。2021年，全省户籍人口流出去往地主要集中在珠三角、长三角等南方经济发达地区，流出到北方地区相对较少。近年来，随着全省经济社会发展全面加快，产业聚集能力增强，加上沿海地区发展转型，全省在外务工人员回流趋势日趋明显，由外省回乡创业的人员逐年增多。

农民工群体"半城镇化"状态比较突出。在整个流动人口中，农民工群体数量最大，是流动人口的主力军。随着全省"两化"建设加快，大量农民工进入城镇从事二、三产业，近千万农民工群体虽然在城镇工作生活，但未将户籍迁移到城镇，处于"半城镇化"状态，在城乡之间两栖流动。许多农民工平时在城市务工经商，周末和节假日回到农村老家，城市近郊的一些农民工白天进入城镇务工，夜晚回农村住宅居住，处于"离乡不离土"状态。

四川省公安厅编写组

农业发展概况
NONGYE FAZHAN GAIKUANG
SICHUAN

种养殖业

综　述

【基本情况】 2021年,全省粮食作物播种面积6358万公顷(9536.6万亩),比上年增加4.5万公顷(67.7万亩),增长0.7%。全年粮食综合平均单产5634千克/公顷(375.6千克/亩),比上年提高46千克/公顷(3.1千克/亩),提高0.8%。全省粮食产量3582.1万吨(358.2亿千克),比上年增产54.7万吨,增长1.6%,继2020年粮食总产量时隔二十年突破3500万吨大关后,2021年再创历史新高,居全国第9位。分季节看,夏粮播种面积109万公顷(1635.6万亩),减少0.4%;单产3936千克/公顷(262.4千克/亩),提高1.1%;夏粮产量429.2万吨(42.9亿千克),增长0.7%。秋粮播种面积526.7万公顷(7901万亩),增长1%;单产5986千克/公顷(399.1千克/亩),提高0.7%;秋粮产量3152.9万吨(315.3亿千克),增长1.7%。秋粮产量占全年粮食产量的88%,秋粮增产量占全年粮食增产量的94.7%。全省谷物播种面积446.3万公顷(6695万亩),比上年增加19千公顷(28.5万亩),增长0.4%;谷物产量2879.4万吨(288亿千克),增长1.5%。受比较效益低的影响,小麦播种面积58.3万公顷(874.4万亩),比上年减少1.4万公顷(20.9万亩),减少2.3%。豆类播种面积615.2千公顷(922.8万亩),增加1.6万公顷(23.7万亩),增长2.6%;豆类产量143.5万吨(14.3千克),增长3.4%。薯类播种面积127.9万公顷(1919万亩),扩大1万公顷(15.6万亩),扩大0.8%;薯类产量559.2万吨(55.9亿千克),增长1.3%。全年谷物、豆类、薯类面积全面增长,种植结构不断调整优化。全省蔬菜及食用菌产量5039.1万吨,比2016年增加921万吨,平均增长4.1%;茶叶产量37.5万吨,增加11万吨,增长7.2%;水果产量1290.9万吨,增加209.5万吨,增长3.6%;药材产量56.6万吨,增加20.3万吨,增长9.3%。推进“天府菜油”行动,推动油料作物扩大种植面积,2021年油菜籽产量达338.7万吨。

全年生猪出栏6314.8万头,较上年增加700.4万头,增长12.5%;生猪存栏4255.1万头,比上年末增加379.7万头,增长9.8%,生猪产能完全恢复。能繁母猪存栏405.2万头,同比增长8.9%。牛存栏830.5万头,同比减少5.7%;牛出栏293.1万头,同比减少1.1%。羊存栏1511.7万只,同比减少0.9%;羊出栏1766.2万只,同比减少1.4%。家禽存栏45 682.6万只,同比增长5.2%;家禽出栏77 467.3万只,与上年基本持平。全省猪(牛、羊、禽)肉类总产量640.4万吨,较上年增长11.4%,其中猪肉产量460.5万吨,同比增长16.6%;牛肉产量36.9万吨,同比减少0.5%;羊肉产量27.1万吨,同比减少0.8%;禽肉产量116万吨,同比增长0.2%。禽蛋产量169.2万吨,同比增长0.8%;牛奶产量68.3万吨,同比增长0.5%。兔出栏16 971.5万只,兔肉产量22万吨,分别增长2.5%、3.6%,分别占全国总量的48.7%、42.9%。全省蜜蜂饲养规模165万群,与2016年145万群相比,增长13.79%,其中中蜂94万群、西蜂71万群;全省蜂蜜产量5.6万吨,与2016年4万吨相比,增长40%,其中蜂王浆450吨、蜂花粉1200吨,养蜂直接产值60亿元左右。全省畜牧业年产值3283.36亿元,占农林牧渔比重的34.99%,占农牧渔业比重的36.58%。

全省水产品产量166.49万吨,渔业经济总产值655.27亿元,同比分别增长3.79%和22.19%。全省稻渔综合种养产量46.56万吨,稻渔综合种养面积32.1万公顷,同比分别增长7.92%和6.94%,均居全国第4位。养殖品种中,鲇鱼产量7.24万吨、鮰鱼产量9.15万吨、长吻鮠产量1.12万吨,均居全国第1位。全省渔民年人均纯收入达22 152元,同比增长11.17%。

2021年,全省农林牧渔业总产值9383.3亿元,比2016年增加2566.4亿元,按可比价计算,平均增长4.6%。其中,第一产业产值9131亿元,比2016年增加2474.5亿元,平均增长4.5%。农、林、牧、渔及相关活动均衡发展,由2016年的全国第4位上升至2021年的第2位。全省菜、茶、果、药、鱼5个产业共实现产值3569.1亿元(第一产业部分),比2016年增加1042.6亿元,对第一产业产值的增长贡献率达42.1%。

【农作物新品种选育】 全省全年审定通过274个主要农作物品种,其中水稻品种中优质率达85.6%,增长12.6%。完成12种非主要农作物194个品种登记初审,认定通过非主要农作物新品种33个。组织水稻、玉米、小麦、大豆、棉花、油菜、青稞、荞麦共522个新品种试验。

【畜禽新品种选育】 截至2021年年底,全省已培育15个畜禽新品种(配套系),包括天府肉猪配套系、川藏黑猪配套系、川乡黑猪、蜀宣花牛、南江黄羊、简州大耳羊、凉山半细毛羊、雅安奶山羊、天府肉鸡配套系、“大恒699”肉鸡配套系、“大恒799”肉鸡配套系、温氏青脚麻鸡2号配套系、天府肉鹅配套系、川白獭兔、“蜀兴1号”肉兔配套系。其中,“川乡黑猪”新品种于12月1日获得国家畜禽新品种证书，这是全国首个具有完全自主知识产权的突破性父本新品种，也是全省培育的第一个猪新品种。全省已建立部、省畜禽核心育种场40家，其中国家级畜禽核心育种场13家、猪核心育种场20家、牛核心育种场2家、羊核心育种场6家、禽核心育种场9家、兔核心育种场3家、蜂核心育种场1家。

【粮食储备】 全省全年共收购粮食281万吨、油菜籽46万吨，销售粮食1582万吨、食用油288万吨。健全粮油应急体系，全省应急成品粮油规模达24万吨，实现21个市（州）成品粮油应急储备全覆盖、183个县（市、区）原粮储备全落实。确定应急保障企业4819家，最大日供应能力6.56万吨、日运输能力3.2万吨。结合乡（镇）行政区划调整，优化应急网点布局，建成涵盖储存、配送和供应的粮油应急保供骨干网点3938个。实施“绿色仓储示范”“质检卫士”“粮油品质提升”行动，新建仓容33万吨，维修、改造仓容22万吨，实施“仓顶阳光”项目12个，累计建成绿色低温粮库约570万吨、智能粮库项目670个。开展粮食质量安全监测约3万批次。

【粮食安全】 颁布实施全省首部保障粮食安全的地方性法规和规章——《四川省粮食安全保障条例》《四川省地方粮食储备管理办法》，修订完善《四川省省级储备粮管理暂行办法》，出台《关于建立粮食加工企业社会责任储备的指导意见（试行）》，为全省粮食安全提供了坚强有力的法治保障。开展“亮剑2021”专项执法行动，严厉查处涉粮违纪违法行为。《四川省粮食安全保障条例》自2021年5月1日实施以来，全省各地各部门将贯彻条例作为落实国家粮食安全战略的重要抓手，加强粮食安全责任制考核，不断加强粮食生产能力、储备能力、流通能力和应急能力建设，推进粮食产业高质量发展和粮食安全保障体系建设，全省粮食安全保障水平明显提升。

【现代农业园区建设】 截至2021年年底，全省共创建国家级园区13个，数量居全国前列；建成省星级园区107个，国家、省、市、县累计梯次建成各类农业园区1178个，四级现代农业园区梯次发展体系已初步构建。

【农业机械化】 全年新增农机总动力60万千瓦，完成主要农作物机耕、机播、机收面积1.4亿亩次以上，主要农作物综合机械化水平提高2个百分点。围绕水稻机械化插秧、玉米籽粒机收、马铃薯机播机收、秸秆粉碎还田等薄弱环节，分区域组织开展培训指导和示范推广活动。组织各地开展机械化生产需求摸底调查和情况会商，加强机手作业技术培训和农机具调试检修指导，提前做好农机供给、维修服务、优先优惠用油准备。优化完善省级农机购置补贴综合奖补平台，推出农机服务精细化管理。提前发放跨区作业证，会同有关部门做好跨区作业气象预警、作业车辆顺畅通行、作业秩序维护及突发事件处置等。加强粮食机播、机收技术指导，参与制修订水稻、小麦精量播种、机收减损技术指导意见和操作规范。制定《丘陵山区农田宜机化改造技术规范》，启动实施“五良”融合产业宜机化改造项目。实施以“良机”为牵引，良田、良种、良法、良制“五良”融合全程机械化建设行动，推广提灌、秸秆还田离田、化肥农药精施、残膜回收等绿色高效机械化技术装备，实现“一控两减三基本”，选育一批“宜机化”作物品种，推广一批“宜机化”栽植方法，总结示范一套“宜机化”经营机制，形成一批可复制、可推广的宜机化改造典型案例和“五良”融合全程机械化典型案例。全年建成1000亩以上宜机化改造示范区25个，农机作业通达率达100%。

【农药化肥减量】 农业农村厅制定了《四川省2021—2025年农药科学安全使用指导意见》，全面推进化肥农药减量化，提高科学用药水平，保障农产品质量安全。全面实施“百县千乡万户”农药科学安全使用培训行动，在135个县以果菜茶优势区和粮食生产县为重点，开展省级培训215期，培训种植大户、专业化防治服务组织技术骨干和农民带头人1万人次以上，带动市（州）培训4000场，培训50万人次以上。以主要粮油作物为重点，在全省20个粮油生产大县实施化肥减量增效示范，集成创新、推广应用技术模式，建设一批化肥减量增效技术服务示范基地，确保全省三大粮食作物化肥利用率稳步提升。在全省21个市（州）的粮油、经济作物大县建设化肥减量增效定位监测点和肥料使用量调查点监测化肥减量化主推技术模式的减量增效情况、调查种植户的肥料使用情况和有代表性的经销门店肥料销售情况，指导市、县建立常态化调查监测网络。在粮食作物和经济作物上开展绿色农药试验示范。加大农药减量增效推广力度，推进农药减量。通过现场示范、培训等方式，推广带药移植、种子包衣等农药减量增效技术。在67个县建立农药使用量固定监测点5025个，在21个县建立农药面源污染固定监测点，指导市、县建立常态化全覆盖调查监测网络。实施生物农药替代化学农药行动，组织开展病虫害统防统治。截至2021年年底，全省创建标准化农药经营示范门店100家。推进农业面源污染治理，统筹开展农药包装废弃物处理等工作。

【惠农措施落实】 落实新型农业经营主体规范化发展、农村土地“三权分置”、支农惠农补贴、脱贫攻坚、高标准农田建设等一系列政策措施，推进农业现代化发展政策体系建设，协调中央和省级财政转移专项资金投入农村基础条件改善和农业产业发展，农业领域资金投入继续加大。2021年，全省建成高标准农田470万亩、高效节水灌溉面积52万亩，复耕撂荒地67.7万亩，发放乡村振兴考核考评奖励资金。落实近90亿元耕地地力保护补贴、稻谷补贴、种粮一次性补贴和种粮大户补贴，保障种粮农户合理收益。在畜牧业转型发展等政策促进下，全省第一产业固定资产投资规模扩大，第一产业固定资产投资占全社会投资的比重由2016年的3.8%提高至2021年的4.7%。

【耕地保护】 各地严格落实永久基本农田保护、耕地占补平衡制度，开展农村撂荒地专项整治，坚决遏制耕地"非农化"、防止"非粮化"，取得了良好效果。2021年，全省农作物总播种面积14 999.9万亩，比2016年增加759.3万亩，平均增长1%，其中，粮食作物播种面积9536.6万亩，比2016年增加99.6万亩，平均增长0.2%；经济作物播种面积5463.3万亩，比2016年增加659.7万亩，平均增长2.6%。

【现代农业园区建设】 为加快推动由农业大省向农业强省跨越，全省以现代农业园区建设为重点推动农业高质量发展，出台《关于加快建设现代农业"10+3"产业体系推进农业大省向农业强省跨越的意见》。截至2021年年底，全省创建国家产业园13个，数量居全国前列；建成省星级园区107个，其中三星级48个、四星级32个、五星级27个，园区涵盖粮油、猪、茶、菜、果等10大优势产业。

《四川农村年鉴》编辑部

中药材产业

【基本情况】 2021年，全省中药材种植面积831.5万亩，产量280.45万吨，实现总产值312.05亿元。全省林草中药材面积达370.14万亩，产值66.1亿元，其中木本药材285.49万亩(不含花椒、油樟)，产值22.69亿元；林下药材79.19万亩，产值42.26亿元；草原(高原)植物药材5.41万亩，产值1.13亿元(不含虫草等野生药材)。驯养动物保存7万余只(头)，产值1.55亿元。全省规模以上中药企业236家，营业总收入581亿元，其中规模以上中药饮片加工企业146家，营业收入300.7亿元，同比增长11.8%；利润总额18.6亿元，同比增长17%。规模以上中成药企业90家，营业总收入280.3亿元，同比增长6.7%；利润总额41.2亿元，同比增长32.5%。

【加强机制建设，形成发展合力】 1月，省政府印发《四川省中医药强省建设行动方案(2021—2025年)》，特别是1月27日，省委、省政府召开全省中医药传承创新发展大会，是四川省中医药发展历史上最高规格的一次会议，进一步指明了全省中医药发展路径。会后，成立省委、省政府分管领导任双组长的全新的推进中医药强省建设工作领导小组。3月4日，会同农业农村厅、经济和信息化厅等部门制定《2021年川药产业工作要点》。5月14日，中医药强省建设工作领导小组召开2021年度第一次会议，全面落实《四川省中医药强省建设行动方案(2021—2025年)》，推进国家中医药综合改革示范区创建，安排部署2021年领导小组工作及中医药强省建设2021年重点任务。9月9日，召开2021年川药产业发展专题研究会，分析研判2021年川药产业发展形势，推进川药产业发展。

【加快园区建设，打造规范化生产基地】 推进中药材溯源试点建设，将彭州、大邑、三台、兴文等16个县(市)纳入全省中药材溯源试点县，并安排资金1600万元给予支持；组织召开全省溯源试点培训暨启动会，印发《四川省中药材追溯体系建设推进方案》，完成省级溯源平台搭建，加快推进各试点县建设。以园区建设为抓手推动标准化基地建设，各级发展川药现代农业园区117个，其中认定省级星级现代农业园区5个，三台麦冬、南江金银花被纳入国家现代农业产业园创建体系。省林草局安排资金3600万元，新培育乐山市沙湾区、大英县、芦山县3个省级农业园区，广元市昭化区、北川县、合江县等5个省级中药材林业园区。安排资金2100万元，支持北川县、宣汉县、宝兴县等9个县的林草中药材规范化基地建设。探索开展产地加工(趁鲜切制)试点，组织召开专题研讨会，探索建立适合产地加工(趁鲜切制)的中药材品种目录，拟制定趁鲜切制加工指导原则，支持中药饮片、中成药生产企业在产地自收自制或协议委托产地中药材种植企业趁鲜切制。推广道地中药材生态种植技术，示范推广川芎、丹参、佛手等道地中药材生态种植技术，建立生态种植示范基地10个，核心示范基地面积1000余亩，辐射带动10万余亩。开展林下仿生种植，支持广元市、阿坝州、盐边县、华蓥市、黑水县开展林下天麻、林下大黄、铁皮石斛林下仿生、林下白及、羌活仿生等新成果、新技术推广示范项目5个。研究防火隔离带种植药材可行性，组织专家到凉山州就研究利用森林防火隔离带空地种植适宜中药材的可行性开展调研，拟编制可行性调研报告。

【推进良繁建设，推动品种培优】 组织开展资源普查验收。召开四川省2021年中药资源普查工作推进会，制订2021年普查工作方案，组织召开中药资源普查省级验收会。从省级林业改革发展专项资金中安排2100万元，支持北川县、宣汉县、宝兴县、广元市昭化区等9个重点县的林草中药材规范化基地建设。在中央科技推广示范项目中安排357万元支持广元市、阿坝州、盐边县、华蓥市、黑水县开展林下天麻、林下大黄、铁皮石斛林下仿生、林下白及、羌活仿生等新成果、新技术推广示范项目5个。此外，北川厚朴现代林业园区等5个中药材园区被评为省级现代林业产业培育园区，对其中的北川厚朴现代林业园区、广元昭化区林下中药材现代林业园区分别给予300万元的资金支持。

加强良繁基地建设。在崇州市、乐山市沙湾区、红原县等15个县（市、区）布局建设药用植物种质资源圃；在彭州市、中江县、松潘县、康定市等地布局建设10个省级中药材提纯复壮及良种繁育基地；在眉山市、巴中市、南充市、甘孜州等地建设10个市级中药材良种繁殖基地；培育中药材种子种苗繁殖企业20家，实现20个重点中药材品种良种繁殖规范化。安排资金2000万元，支持内江市东兴区、遂宁市船山区建设中药材种子示范试验基地重点县。

加强良繁创新研究。开展“突破性道地中药材育种材料和方法创新及新品种选育”联合攻关，以川贝母、川芎、附子等道地中药材为研究对象，围绕珍稀资源收集、新品种选育、创新配套技术开展系统研究。开展中药材新品种繁育和种子种苗繁殖技术研究，形成丹参、白及等中药材组织培养快繁殖体系。

支持构建川桂药用菌种质资源库。在川、桂两地收集和整理灵芝、云芝、红椎菌等野生药用菌种质资源，建立川桂药用菌菌种保藏库，同时采用网络和数据库技术建立动态可更新的川桂药用菌种质资源信息共享数据库。

【加强科技支撑，推动全产业链发展】 推进标准国际化，川芎、姜黄2项国际标准研究获得国际标准化组织（ISO）正式立项，编制麦冬、栀子、黄精的欧洲、英国、日本等国药典标准草案。推进省级地方标准工作，发布《四川省藏药材标准》（2020年版），为全省藏药材生产、经营、使用、检验和监督管理提供了参考依据；召开省地方标准立项项目评审会，发布省级地方标准4项；发布14个新增药材（饮片）标准；修订（含勘误）14个药材（饮片）品种的地方标准。开展川产道地药材品质评价关键技术装备、川芎种床精细装备、川芎苓种高效栽植关键技术与装备、麦冬收获机、农产品冷藏库智能管理及数字化装备技术等研究，推动川药生产智慧和智能化。开展经典名方颗粒制剂研发关键技术及产业示范研究。建立经典名方颗粒制剂的生产技术体系，开展医院中药验方“五子膏”、柴黄清胰活血颗粒等院内制剂研究，为新药开发提供基础。加强大健康产品开发，以花椒、麦冬、川芎、川木香等为研究对象，开发大健康产品，创新拓展川药应用范围，促进川药产业发展。开展中兽药及饲料添加剂的全产业链开发。研发2类预防治疗蛋鸡疾病（输卵管炎和大肠杆菌）的饲料添加剂。推进实施川产道地药材全产业链管理规范及质量标准提升示范工程。完成“示范工程”备案平台建设，给予意向申报的单位技术指导。推进食药物质工作，印发《四川省开展天麻、铁皮石斛、灵芝按照传统既是食品又是中药材物质管理试点方案》，推进食药物质试点，促进食药物质产业健康发展；开展食药物质功能产品开发研究，开发天麻、黄精、青梅、赶黄草等产品7个。促进农文旅体养融合，推广“中草药+”模式，举办中江芍药花节、达川乌梅赏花节等活动，推动实现“药园变公园”。安排资金3000万元，按照全产业链建设思路新培育中药材产业强镇3个，已累计培育中药材产业强镇8个。

【加强市场主体培育，促进产业发展】 完善培育机制。依托现代农业园区，完善“龙头企业+农户”“合作社+农户”等发展模式，协同发展定制药园、订单药业，建立“六金一利”利益联结机制，培育中药材产业化联合体20个。开展新技术改造。推动华润三九（雅安）“中药注射液全产业链数字化制造技术项目建设”等试点示范项目建成达产，引导好医生中成药智能工厂建设，提升中成药企业生产运营和质量水平。推动项目落地见效。持续对全省的重点中医药产业和生产动员能力建设项目给予重点支持，抓好新绿色药业现代中药高科技产业化基地、千方药业中药饮片技改扩能、好医生西昌中药综合项目等项目建设。抓好龙头企业培育。培育好医生、新绿色、新荷花等重点企业，全省中药材农业产业化国家级重点龙头企业达5家、省级重点龙头企业达41家，省级及以上中药材示范社74家、示范场17家。

在省委组织部组织开展的“科技扶贫（下乡）万里行”活动中，专门设置组建4个林草中药材专家团对阿坝、甘孜、雅安、绵阳、广元、巴中等市（州）开展智力支持和科技培训服务。依托科技厅现代林业产业体系技术培训项目，组织专家到广元、绵阳等生产一线开展专题培训。省林学会、科技站、省林科院等组织开展林草中药材种植专项培训。联合省中医药管理局、农业农村厅举办全省中药材生产技术骨干培训班，先后培训各类中药材种植技术人员500余人次。同时，在向国家林草局推荐种植2021年第三批“乡土专家”中，有3名为中药材种植技术人员。

【加强宣传推广，擦亮川药品牌】 加强品牌培育和市场推广。组织国药集团、上药集团、阿斯利康等国内外知名医药企业参加2021中外知名企业四川行系列活动；依托第6届中国（成都）医药产业博览会暨第27届医疗健康博览会、第18届西博会、第3届四川省中药产业产销用对接洽谈会等展览展会，拓展国际国内市场，畅通中药流通渠道，提升川药品牌影响力。加强“互联网+道地药材”交易市场建设，加快建设以成都荷花池中药材专业市场为依托的集中药材产品交易、结算、物流配送等多种功能的全国中药材交易中心和主产区专业市场；建设一批中药材产业贸易与服务平台，支持成都中药材天地网在全国各药材主产区设立300个集中药材信息收集、电子交易、仓储、初加工和金融服务于一体的中药材产区电子商务基地，提升“中药材天地网”信息和电商服务能力。推进国家中医药服务出口基地建设，实地调研督导西南医科大学附属中医医院国家中医药服务出口基地建设，推动医院与新绿色药业签署战略合作协议，助推基地高质量发展。

【加大保障力度，为产业发展提供强力支撑】 持续完善融资对接推动机制，实施“金融顾问”服务，引导金融机构加大对川药产业的信贷、资金支持，农行四川省分行对国家级龙头企业四川逢春制药有限公司投放1.58亿元支持贷款，为“订单农户”发放惠农卡上千张，发放小额农户贷款610余万元。推进中药材种植保险，各保险机构发展中药材大户经济，为规模种养殖提高抗衡风险能力，中华财险通过开办中药材特色种植保险、养殖保险为企业提供车辆、财产与责任保险。做好川药数据统计，在《四川省健康产业统计监测报表制度》二、三产业中单列中医药产业，梳理中医药产业统计监测体系建设主要工作事项清单，从工作机制、制度建设、指标体系等多个环节明确工作内容和牵头单位，运用统计学方法综合测算与川药产业有关的多个行业产值。

四川省林业和草原局编写组

四川省中医药管理局编写组

水 产 业

【基本情况】 2021年，全省水产品产量166.49万吨，渔业经济总产值655.27亿元，同比分别增长3.79%和22.19%。全省稻渔综合种养产量46.56万吨，稻渔综合种养面积32.1万公顷，同比分别增长7.92%和6.94%，均居全国第4位。养殖品种中，鲇鱼产量7.24万吨、鮰鱼产量9.15万吨、长吻鮠产量1.12万吨，均居全国第1位。全省渔民年人均纯收入达22 152元，同比增长11.17%。

【长江禁捕退捕】 印发《关于健全四川省长江流域禁捕长效管理机制的意见》《四川省2021年长江禁捕工作意见》《四川省长江“十年禁渔”工作约谈办法（试行）》《关于建立完善长江流域禁捕水域网格化管理体系》等文件。开展执法监管，健全完善禁捕执法联席会议制度，印发《四川省非法捕捞案件行政执法与刑事司法衔接工作指引》，推动两法衔接，和公安、市场监管等部门联合开展两个“打非”和“中国渔政亮剑2021”“护渔百日联合执法”等行动，合力斩断非法捕捞水生野生动物利益链。全省全年共查办各类涉渔违法违规案件4650件，破获涉渔刑事案件839件，打掉非法捕捞团伙77个，检查市场、商超和餐饮等场所60万个次，监测电商平台（网站）7万个次。根据人力资源社会保障部《关于进一步加强我省长江流域退捕转产渔民生活保障工作的通知》要求，开展退捕渔民岗位推介、技能培训等服务，加大公益性岗位开发和发展农渔业产业带动就业力度，落实退捕渔民养老保险政策，实现“应帮尽帮、应保尽保、应补尽补”。组织开展“十省百县千户”长江退捕渔民调研，把符合条件的退捕渔民纳入防止返贫动态监测对象，全省退捕渔民中有劳动能力和就业意愿的12 844人已全部转产就业，符合参加养老保险条件的16 318人已全部参保。3月底，连同相关厅局联合召开全省禁捕工作情况新闻发布会，在四川广播电视台滚动播放长江禁捕公益广告，广泛宣传《长江保护法》和《最高人民法院最高人民检察院 公安部 农业农村部依法惩治长江流域非法捕捞等违法犯罪的意见》等法规政策。全省共开展媒体宣传22万余次，印发宣传资料117万余份。

【园区建设】 全年投入财政资金1亿元整县建设合江县、富顺县、资阳市雁江区、西充县、剑阁县、平昌县、中江县、大竹县、射洪市、宜宾市翠屏区等10个“鱼米之乡”。新增培育江安县和武胜县2个水产现代农业园区，全省已建成现代水产农业园区12个，其中五星级2个、四星级2个、三星级4个、省级培育园区3个、水产种业园区1个。指导隆昌市、开江县争创并被纳入国家现代农业产业园区培育。引导川渝毗邻县（市、区）加强合作、统筹规划，隆昌市与重庆市荣昌区签订共建40万亩稻渔产业示范带合作协议。隆昌、荣昌、大足、安岳、开江、梁平现代农业合作示范园区稻渔综合种养示范基地建设稳步推进。

【绿色发展】 完成养殖水域滩涂规划编制，依法划定禁养区、限养区和养殖区。推广池塘健康养殖、稻渔综合种养、水库生态养殖、流水养殖、设施渔业及循环水养殖等健康养殖模式，发展休闲渔业，构建资源节约、环境友好、质效双增的现代渔业，邛崃市、盐亭县创建为2021年国家级水产健康养殖和生态养殖示范区。落实财政资金1.57亿元，对全省8.66万亩养殖池塘进行标准化改造和养殖业尾水达标治理。争取省级资金910万元用于现代水产种业提升，支持符合条件的水产原（良）种场改善基地基础设施、完善产孵设施设备、更新水产优质亲本。印发《农业农村厅关于进一步加快推进水产养殖种质资源普查工作的通知》，推进水产养殖种质资源普查。

【品牌建设】 做好水产品“三品一标”认定登记，截至2021年年底，全省共认定无公害水产品627个、绿色水产品3个、有机水产品9个，登记水产品地理标志12个。在四川科教频道《田园四川》栏目对"资中鲇鱼"和"梓江鳜鱼"进行品牌展播，在全国品牌推介活动中推介"两湖有机鱼"等。

【质量安全监管】 完成水产出证平台与省政务一体化平台对接，实现检疫证明"一网通办""全程网办"，全年共开具水生动物检疫合格证明3203份，检疫苗种16.01亿尾；完成部下达全省疫病监测任务，结果均为阴性。做好药物残留监控，组织完成部级和省级水产品质量安全监测，全省水产品质量合格率在99%以上，并完成福建省、宁波市产地水产品质量监测，抽检样品126批次；完成全省规模水产养殖基地(50亩以上)水产品质量安全快速检测，共抽检样品4253批次。印发《四川省水产养殖用投入品专项整治三年行动方案》(川农发〔2021〕36号)，重点整治查处生产、经营和使用假兽药、逃避兽药监管的违法行为；印发《四川省食用农产品"治违禁控药残促提升"三年行动方案》，开展全省"四条鱼"(大口黑鲈、乌鳢、鳊鱼、大黄鱼)生产经营过程中存在的隐患问题及治理管控对策专项调研，编制"四条鱼"常见疾病及防控技术方案。全年新增立项标准5项，完成终审评定并颁布实施省级水产地方标准6项，全省现行有效的水产地方标准达91个。

【资源养护】 开展长江流域重要水生生物栖息地专项检查行动，对全省水生生物保护区涉渔工程渔业资源补救措施落实情况进行检查，全省共计梳理涉渔工程建设项目313个。截至2021年年底，全省共建有水产种质资源保护区39个，其中国家级31个、省级8个。加快建设长江上游流域性的水生生物资源及栖息地监测网络，构成系统完善的监测体系，在全省长江流域重点水域科学设置132个水生生物监测点位，监测水域覆盖60%以上的水生生物关键栖息地，提高资源监测信息化水平，不断适应长江"十年禁渔"新形势、新要求。科学开展增殖放流，建设农业农村部长江鲟保育中心，组织放流长江鲟100余尾。开展川陕哲罗鲑的人工驯养繁殖研究，复核并公布全省水生生物增殖放流经济物种苗种供应单位名单，全年争取落实渔业资源保护资金1387万元，在全省放流水生生物经济物种及濒危物种共计5234.83万尾。截至2021年年底，省级共办理水生野生动物驯养繁殖许可证192件、经营利用许可证409件、禁渔期专项(特许)捕捞许可证135件、特许捕捉证5件、重要经济价值的苗种或禁捕怀卵亲体的捕捞许可证5件、水产苗种进口及水生动物特许利用初审9件。全年省级渔业行政主管部门共完成涉渔工程项目审查和审批45个。

【科技与推广】 "稻渔生态种养提质增效关键技术创新与应用"获得2020年度省科技进步奖一等奖，"鲟鱼高效健康养殖及鱼子酱加工技术创新与应用"等4项成果分别获得省科技进步奖二等奖、三等奖。推进水产绿色健康养殖技术推广"五大行动"，建成"五大行动"骨干基地82个。全面推进水产苗种产地检疫，在全省建立渔业官方兽医队伍522人，建立水生动物检疫申报点121个，检疫水产苗种16.01亿尾。在全省19个市(州)共24个渔业大县的121个测报点对草鱼等20个品种开展水产养殖动物病害测报，监测面积2.9万亩。开展"水产养殖规范用药科普下乡"活动，派出技术专家642人次，指导渔民22 582人次；举办培训班51次，参加培训人数7680人，发放宣传资料119 000份。

【河(湖)长制工作】 牵头完成2020年农业农村系统河(湖)长制考核，完善农业农村厅河(湖)长制工作协调机制，召开2次河(湖)长制工作推进会。印发《2021年度河湖长制责任分工方案》。组织干流5个市(州)编制2021年四张工作清单和《长江(金沙江)一河一策管理保护方案(2021—2025)》。6月24日，协助省级河长在泸州市召开巡河督导并召开长江(金沙江)河(湖)长制工作推进会。联合川滇两省河长办制发2021年川滇长江(金沙江)保护治理工作清单，7月16日在溪洛渡电站召开长江(金沙江)河(湖)长制联席会议。向省河长办推荐河湖暗访督查专家8人，分别在2月、4月、5月和10月组织人员采取"四不两直"的方式开展4次暗访督查，现场复核宜宾、自贡等5市的98个河湖问题整改情况，新增发现问题18个，逐一录入河长制工作平台。组织观看河湖长制暗访警示片，督导涉农问题整改。农业农村厅种植业与农药肥料处向婉琳、省动物卫生监督所熊浩山被省河长办评为"省级河(湖)长制督查工作先进个人"。完成"十三五"涉农河湖治理工作评估。

四川省水产局编写组

生猪价格波动体系监测

【基本情况】 2021年，全省饲养类价格涨跌幅平均水平呈现出M字形的明显下跌走势，除1月、10月上涨外均下跌，年底涨跌幅平均水平较上年底下跌23.05%，同比下降37.96个百分点。涨跌幅平均水平6月最低(-11.82%)，11月最高(7.3%)。饲料价格上涨，猪类价格大幅下跌。

【饲料类价格分析】 全年饲料类平均价格呈现出N字形上涨的走势，只有8—10

月略跌。年底饲料类平均价格3.14元/千克,较上年底上涨0.21元,涨幅6.93%,同比下降4.73个百分点;价格1月最低(3元/千克),6月、7月最高(3.16元/千克);涨跌幅9月最低(-0.85%),2月最高(2.78%)。其中,玉米价格3.13元/千克,较上年底上涨0.34元,涨幅12.19%,涨幅最大;只有7-10月下跌;价格1月最低(2.91元/千克),5月、6月最高(3.21元/千克);涨跌幅9月最低(-1.57%),2月最高(6.53%)。麦麸价格2.39元/千克,较上年底上涨0.1元,涨幅4.37%,涨幅最小;只有9月、10月下跌;价格1月最低(2.33元/千克),12月份最高;涨跌幅10月最低(-1.26%),1月最高(1.75%)。

12月,饲料类平均价格较上月上涨0.01元,涨幅0.11%。其中,玉米价格与上月持平;麦麸价格较上月上涨0.02元,涨幅0.84%;猪饲料价格3.89元/千克,较上月下跌0.01元,跌幅0.26%。

【生猪及仔猪价格分析】 全年猪类价格涨跌幅平均水平呈现M字形的大幅下跌走势,除1月、11月上涨外均下跌,涨跌幅平均水平较上年底下跌53.05%,同比下降71.59个百分点;涨跌幅6月最低(-27.08%),11月最高(17.84%)。生猪价格呈现出波动大幅下跌的走势,年初两节节日对猪肉需求增大影响,价格有所上涨。节后随着需求减弱,价格开始下跌,期间虽有短暂上涨,但全年总体呈下降态势。从供应方面来看,生猪产能持续恢复并超过非洲猪瘟疫情前水平,出栏增加,产能持续释放;从需求方面来看,市场供应丰富,满足市民消费多元化需求,加之新冠疫情多点散发,需求逐渐放缓。从价格来看,6月底,生猪价格已低于大幅上涨前2019年7月的价格水平。价格9月最低712元/50千克,1月最高1861元/50千克。涨跌幅6月最低(-24.33%),11月最高(29.95%)。年底生猪平均收购价格931元/50千克,较上年底大跌860元,跌幅48.02%,同比下降46.26个百分点。

仔猪价格受生猪价格持续下跌影响,呈现出波动大幅下跌的走势。除1月、2月、11月上涨外均下跌。年末仔猪平均价格27.78元/千克,较上年底大跌37.74元,跌幅57.6%,同比下降100.62个百分点。价格10月最低26.14元/千克,2月最高69.06元/千克;涨跌幅6月份最低(-29.73%),11月最高(6.85%)。

12月,猪类价格涨跌幅平均水平较上月下跌3.04%。其中,生猪受老百姓灌制腌腊制品高峰期结束,需求下降影响,价格较上月下跌54元,跌幅5.48%。仔猪价格较上月下跌0.15元,跌幅0.54%(如图1所示)。

全年猪粮比价平均值为6.85∶1,较上年下降7.53点,饲养户养猪收益较上年大幅下降;猪粮比价9月最低4.55∶1,1月最高12.79∶1。全年猪料比价平均值为5.56∶1,较上年下降4.43点;猪料比价9月最低3.7∶1,1月份最高9.9∶1。12月,全省猪粮比价5.95∶1,较上月下降0.34点,进入过度下跌情形的三级预警状态,全省生猪饲养户收益由盈转亏。猪料比价4.79∶1,较上月下降0.26点。(全省生猪价格、猪粮比情况见表1所列)。

四川省发展和改革委员会编写组

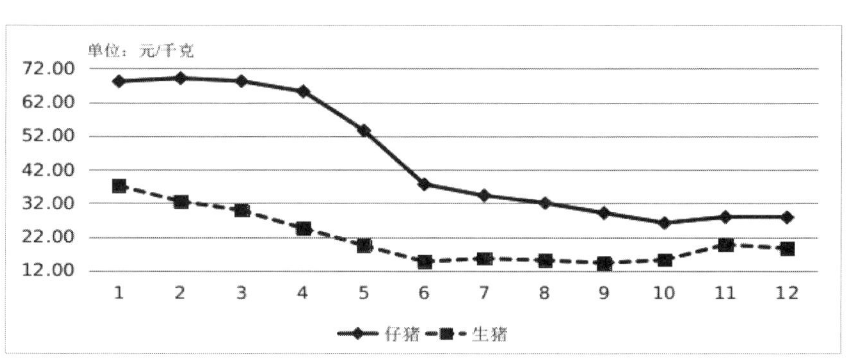

图1 仔猪和生猪价格走势图

(数据来源:四川省价格监测局)

表1 2021年全省生猪价格、猪粮比情况统计

—	1月	2月	3月	4月	5月	6月	7月	8月	9月	10月	11月	12月
生猪	1861.00	1624.00	1492.00	1226.00	970.00	734.00	779.00	753.00	712.00	758.00	985.00	931.00
环比(±%)	3.91	-12.74	-8.13	-17.83	-20.88	-24.33	6.13	-3.34	-5.44	6.46	29.95	-5.48
同比(±%)	-1.78	-19.48	-19.31	-30.97	-37.09	-57.35	-59.30	-61.80	-62.05	-54.91	-38.74	-48.02
猪粮比价	12.79	10.48	9.35	7.66	6.04	4.57	4.87	4.74	4.55	4.89	6.29	5.95
猪料比价	9.90	8.52	7.77	6.37	5.01	3.78	4.01	3.89	3.70	3.93	5.05	4.79

(数据来源:四川省价格监测局)

林业和草原

综　述

【基本情况】 2021年，全省林草系统围绕筑牢长江黄河上游生态屏障，突出生态保护、生态发展、生态安全，落实省级以上财政资金87.4亿元，完成营造林607.5万亩，治理退化草原1147万亩，森林覆盖率提高到40.23%，森林蓄积增加到19.34亿立方米，草原综合植被盖度提高到85.9%，林草产业总产值超过4300亿元，实现了"十四五"良好开局。

【生态治理修复】 实施人工造林和退化林修复155万亩、封育和新造管护171万亩，退耕还林还草8.28万亩，新建翠竹长廊（竹林大道）16条、200余千米，建设国家储备林5.6万亩，义务植树1.2亿株。龙泉山被纳入国家国土绿化试点示范，"包山头"提升森林质量8000亩。实施草原改良164.9万亩、人工种草119.8万亩，治理黑土滩和毒害草17.8万亩。治理沙化土地10万亩、干旱河谷1.2万亩、岩溶地区1.7万亩，修复湿地退化植被10.5万亩。

【保护地体系建设】 大熊猫国家公园体制试点任务全面完成，习近平总书记宣布正式设立大熊猫等首批5个国家公园，国务院批准设立方案。研究形成大熊猫国家公园四川片区管理机构设置方案。编制形成总体规划和过渡期间管理办法，印发矿业权分类退出办法，出台小水电清理退出方案和省级财政奖补政策。加强基础工作，退出小水电97座，全面关停矿业权200宗，建设大熊猫栖息地、生态廊道等8.4万亩。争取国家林草局支持，加强与甘肃省的沟通协调，加快创建若尔盖国家公园，"一方案两报告"申报要件获得省委、省政府审议通过并上报国家。拟建园区内启动黄河上游水源涵养补给区综合治理项目。自然保护地整合优化预案通过国家审查封库。制定国家级自然保护区建设项目审批报告制度，修订自然保护区建设项目影响评价技术规范，启动《四川省世界遗产保护条例》修订，批复自然保护地总体规划11个、范围和功能分区调整8个。

【林草产业发展】 认定省级培育园区20个、重点龙头企业56家、示范社21家。新认定竹产业高质量发展县4个、现代竹产业园区6个，全省现代竹产业基地突破1000万亩，竹产业综合产值超900亿元。发展木本油料、花卉等特色产业，核桃、油橄榄、油茶种植面积超过1800万亩，新增花卉优质生产基地2万亩、设施栽培22万平方米。出台加快推进森林康养产业发展意见，新评定省级自然教育基地34处，举办花卉果类等生态旅游节40余场。印发全国首个省级林草碳汇行动方案，林草碳汇项目开发规模达800万亩。

【林业资源保护管理】 常年管护森林2.8亿亩，实施公益林生态效益补偿8162.65万亩、天然商品林停伐管护补助1811.62万亩。建成启用古树名木信息管理系统，新建省级古树公园10个。严格林地用途管制，川藏铁路等200余个国、省重点项目和2400余个建设项目使用林地定额15余万亩，争取使用林地定额居全国首位。启动松材线虫病防控五年攻坚行动，除治病（枯）死松树116万株，防治草原鼠害619万亩、虫害146万亩。开展专项执法行动，办理林草行政案件5039件，挂牌督办非法占用林地案28件，督导查处重大毁林案件81件。迎接中央生态环境保护督察，涉林草生态环境问题整改有序推进。

【森林草原防火】 夯实"人防"根本，建立"十户联保"8.9万个，组建地方专业扑火队117支、10 531人，乡（镇）半专业扑火队2534支、92 561人，增配装备10.3万套，新（改）建营房15.6万平方米。加强"物防"保障，新（改）建防火通道2.6万千米、隔离带5万千米、瞭望塔418座。整治风险隐患9.1万个，实施计划烧（清）除550万亩，火灾风险普查有序推进。提升"技防"能力，研发投用火情监测即报系统，发现并核查热点671个、各类火情119起。全省发生森林草原火灾23起，同比下降77.9%，守住了"两个确保"底线。

【林草重点改革】 省、市、县、乡、村五级林长体系基本建立。省委办公厅、省政府办公厅印发《关于全面推行林长制的实施意见》，市（州）、县（市、区）全面印发实施方案。印发省林长制运行规则和巡林、信息、督查、考核等5项制度，省委书记、省总林长彭清华，省长黄强主持召开第一次省林长制全体会议。省林草局设立林长制工作处。全省设立省级林长38人、市级林长435人、县级林长3894人、乡级林长21 641人、村级林长57 102人，国有林草保护经营单位设立林长814人。深化集体林权制度改革，印发林权抵押贷款管理办法，规范林业不动产登记与管理衔接，成都市被纳入全国林业改革发展综合试点市。国有森工企业持续转型发展，四川林业集团筹组工作基本完成。林草"放管服"改革持续深化，调整行政权力132项，赋权乡（镇、街道）权力20项，许可事项全程网办率、

"最多跑一次"率均达100%。

【林草发展支撑保障】 印发实施《四川省林业草原发展"十四五"规划》，编制形成森林草原防火等专项规划。林草"一张图"更新和公益林优化通过国家验收。落实地方政府专项债券林业项目17个、17.67亿元。国家储备林项目融资实现突破，10个项目获得政策性银行授信180亿元。通过世界银行贷款的长江上游森林生态系统恢复项目报账提款4.77亿元。政策性森林保险参保公益林2.2亿亩、商品林3584万亩。中央和省级主流新闻媒体报道林草新闻900余篇（条），局网站和微博、微信等政务新媒体发布信息4000余条。成都大熊猫繁育研究基地入选全国自然教育绿色营地首批试点单位。获批国家林草工程技术研究中心1个、国家林草长期科研基地1个、国家级林草科技创新团队2个、国家和省科技进步奖11项，63项成果进入国家林草成果库，5项成果被列入全国重点推广项目，32项林草地方标准获批立项，新建科技示范基地1.1万亩。数字熊猫监测即报系统获得第二届国际"探路者奖"。新审（认）定林木良种6个，主要造林树种良种使用率提高到71%。

四川省林业和草原局编写组

森林资源保护管理

【基本情况】 针对国家严管林地新形势，坚持开源节流，争取国家林地定额，实行分类分级管控，全年使用林地定额超过1万公顷，高居全国第一位，保障了川藏铁路等200余个"能交水"国家、省重点项目和2400余个其他建设项目使用林地。全省征收植被恢复费超过16亿元。

【打击毁林专项行动】 及时召开全省视频会议，印发工作方案文件，公布社会举报电话，打击范围和力度前所未有。拓宽线索案源渠道，组织技术人员判读多期历史遥感影像，移交省级遥感疑似线索2.2万条，涉林面积2.01万公顷。依托全国林政执法案件系统，梳理并在线上传2013年以来森林资源案件线索20万余条。全省累计查处违法毁林案件6842件。

【妥善处置挂牌曝光案件】 按照案件查处、林地回收和追责问责"三到位"要求，全程督导国家挂牌督办宣汉县和剑阁县毁林案件，及时申请国家销号，并在全省进行通报。参与央督曝光黑龙滩水源地事件督导，对其中88件毁林案件进行全面调查和专项评查，印发书面审核意见，坚决纠正存在的拆分案件、主体错位、定性不准等问题，坚决落实经营性项目使用林地限批措施。参与局环督专班，受理和核实涉林举报20件。汲取宣汉挂牌和黑龙滩曝光教训，印发并落实省政府第83次常务会审议方案，推动打击毁林专项行动，开展重点督导10余次，定期调度通报3次，倒逼基层建立执法队伍。联合国家林草局驻专员办警示约谈问题突出县（市、区）9个，挂牌督办非法占用林地案9件，督导查处重大毁林案件81件，监督检查行政许可建设项目20个。实施部门联合惩戒，向省级监管平台推送违法企业信息41条。

【加强采伐经营管理】 历时两年编制完成全省《"十四五"期间年森林采伐限额》，通过国家林草局审核和省政府批复，及时向市（州）政府公布。通过专用系统发放采伐许可证11余万份，依法批准采伐360余万立方米，既有效控制了森林资源消耗，又充分保障了基层商品林采伐、排危采伐、灾害木清理等需要。推进雅安市雨城区、洪雅县国有林场、长江造林局等5个全国森林经营试点项目建设。组织实施集体林森林抚育项目85.29万亩，落实补助资金1.7亿元。

【抓实管理基础】 首次整合启动全省林草湿沙生态综合监测，牵头组织对接融合国土"三调"数据上亿条，同步优化整合公益林2.54亿亩，野外实测调查样地2319个、遥感判断样地8893个，工作组织获得国家林草局资源司书面表扬，监测成果通过国家验收。历时半年，组织21个市（州）178个县开展2021年国家移交的森林督查3.4万个图斑现地核实和调查取证，完成全省林地"一张图"数据库年度更新，形成全国最大的省级林地"一张图"。出台公益林调进与退出、"一张图"纠错调整制度，明确具体对象、条件和程序，有序管理林业基础数据成果。

四川省林业和草原局编写组

草原资源保护管理

【基本情况】 全年落实下达中央、省财政生态保护修复资金和中央预算内投资共计60 610万元，其中中央、省财政生态保护修复资金40 960万元、中央预算内投资19 650万元。下达人工种草、天然草原改良等草原生态修复治理任务236万亩、草原鼠虫害防治任务800万亩、乡土草种基地建设任务0.9万亩、围栏封育任务100万平方米。其中，黄河流域5县下达中央、省财政生态保护修复资金和中央预算内投资16 391万元，下达人工种草、天然草原改良等草原生态修复治理任务71.9万亩，草原鼠虫害防治任务507万亩，乡土草种基地建设任务0.6万亩，围栏封育任务31万平方米。

【退牧还草工程】 全年完成中央预算内投资15 487万元，完成草原围栏建设80万亩、退化草原改良88万亩、人工种草26.7万亩、黑土滩治理4.8万亩、毒害草治理13万亩。其中，黄河流域5县完成中央预算内投资4444万元，完成草原围栏建设19万亩、退化草原改良35万亩、人工种草5.4万亩、黑土滩治理1.9万亩、毒害草治理2万亩。

【草原生态修复治理项目】 全年完成中央、省财政投资30 534.8万元，完成乡土草种基地（新建）0.3万亩、人工种草31.76万亩、天然草原改良138.2万亩、鼠害防治619万亩、虫害防治146万亩，新建监测站（点）27个。其中，黄河流域5县完成中央、省财政投资11 456.17万元，完成乡土草种基地（新建）0.3万亩、人工种草12.2万亩、天然草原改良37万亩、鼠虫害防治505万亩，新建监测站（点）2个。

【退耕还草工程】 全年完成退耕还草项目投资2274.63万元，涉及巴中市、凉山州的6个县（区），实施面积3.8万亩。

【草原有害生物监测防控】 加强草原鼠虫害防控。全年下达草原鼠虫害防治任务800万亩。组织开展全省草原鼠虫害发生趋势分析会，编制《2021年四川省草原有害生物发生趋势分析报告》。印发《关于做好2020年草原生物灾害发生情况统计和2021年草原有害生物监测预警工作的通知》，编制印发《2021四川省草原有害生物监测预警方案》《草原鼠虫害绿色防控计划》。实行草原虫害24小时值班和周报告制度，向国家林草防治总站上报草原虫害周报数据12期。

有序推进草原有害生物普查。按照国家林草局的安排部署，2021—2023年在全省范围内组织开展草原有害生物普查，印发《开展省草原有害生物普查工作的通知》，编制印发《草原有害生物普查实施方案和技术方案》，成立领导小组和专家团队，举办全省草原有害生物普查培训班，对草原有害生物普查工作做出具体安排部署，对草原有害生物普查工作进度实行周报制度。全省草原有害生物普查前期准备工作已全面完成，拟于2022年5月—10月开展外业调查。

举办四川黄河流域草原鼠害防治专题研讨会。9月，在若尔盖县举办四川黄河流域草原鼠害防治技术专题研讨会，对川西北草原鼠害防治的总体情况、存在的问题、需解决的关键技术及对策建议进行研讨，为破解草原鼠害防治难题努力寻求途径及方法和措施、助推四川省草原鼠害防治工作取得新的成效。

四川省林业和草原局编写组

野生动植物保护

【夯实保护基础】 根据国家新公布施行的《国家重点保护野生动物名录》《国家重点保护野生植物名录》，梳理公布全省国家重点保护野生动物297种、国家重点保护野生植物231种，并完成四川省重点保护陆生野生动物物种修订建议名单61种。组织编制《四川珍稀植物简介》等工具性图书。组织开展《四川省〈中华人民共和国野生动物保护法〉实施办法》立法调研，召开座谈会，完成修订草案起草。完成《四川省陆生野生动物致害补偿办法（征求意见）》起草，在平武、宝兴等13个县（区）开展野生动物致害补偿保险试点。

【推动联合执法】 推动建立打击破坏野生动植物资源违法犯罪厅际联席会议制度，监督配合成都海关完成4350件走私象牙制品及野生动物兽皮等移交。联合农业农村厅、省委政法委、公安厅等7部门开展打击野生动物非法交易“清风行动”，会同开展“网剑行动”，检查各类场所52 800处，查办涉及野生动物保护案件1249起，打掉犯罪团伙13个，打击处理违法犯罪人员792人；收缴野生动物9120只（头、尾）、野生动物制品145件678千克、非法猎具渔具2910个（张、台），没收违法所得17.29万元，处以罚款87.4万元。

【推进野猪种群调控】 印发《关于做好野猪种群调控处置工作的通知》，确定北川、通江、青川、广元市朝天区4个县（区）为全国野猪种群调控试点县，并采取多种方式进行调控。4个试点县（区）共投入保费165万元，已受理429件，已理赔24万元。截至2021年年底，全省已组建猎捕队伍6支，全省已猎捕野猪193头。

【开展种群调查监测】 组织完成全国第二次陆生野生动物资源调查和兰科植物专项调查，反映包括国家常规调查物种名录以及四川部分新增物种中的两栖类、爬行类、鸟类、兽类等四个类群共246种野生动植物以及兰科植物基本情况现状，发现并正式命名2个兰科植物新种。组织开展鸟类重要迁飞地、栖息地调查，总结全省已记录野生鸟类24目87科340属757种。持续开展猫科动物监测，新龙县从2016年开始实施三期猫科动物监测，共记录7种猫科动物。组织开展川西高原草原狼野生种群调查。

【极小种群野生植物拯救保护】 在全省范围内开展自然保护地外珍稀濒危野

生植物原生境保护小区(保护点)基本情况调查。继续推进极小种群野生植物的就地保护、人工培植和野外回归,实现峨眉拟单性木兰和距瓣尾囊草的野外回归,建立起新的野外种群。五小叶槭、圆叶玉兰、崖柏的人工培植苗木生长良好,为下年春季野外回归准备了条件。实施疏花水柏枝野外保护,种群数量保持稳定。

【人工种群精细化管理】 依托各地救护点和自然保护区开展野生动物救护,全年救护野生大熊猫4次。全省共救护野生动物4446只(头、条),其中兽类675头、鸟类2778只、爬行类941条,已放归2748只(头、条)。主动作为,以结合实际、可操作性强的具体措施落实宠物鸟饲养管理政策。

四川省林业和草原局编写组

森林和草原防(灭)火

【基本情况】 2021年,全省抓好专项整治和防火基础,推动扭转全省火灾多发频发的不利局面,全省全年共发生森林草原火灾23起,较上年度下降77.9%,未发生重大人为森林草原火灾和人员伤亡,未发生重特大安全生产事故。

【防火基础工作】 筹办以省政府名义召开的重点地区强化森林草原防火基础工作电视电话会,系统对巩固专项整治成果、常态化抓好今冬明春森林草原防火工作做出安排部署。组织召开全省推进森林草原防灭火常态化工作座谈会,就常态化抓好防火工作听取各地和部分高火险县、乡的建议意见。完善《护林员履行防火责任的管理办法(试行)》《森林草原防火区施工作业履行防火责任的规定》,配合省森防指办修订《关于认真组织开展森林草原可燃物计划烧(清)除工作的通知》《四川省森林草原防灭火指挥部工作规则(试行)》《2022年省森防指成员单位包县联系督导工作方案》等文件。加强防火监测预警,整合高分卫星、气象、瞭望塔、护林员等监测资源,推广运用"四川省森林草原火情监测即报系统",核查热点671个、各类火情119起,参与火险趋势会商200人次,形成分析报告260余份。

【加强野外火源管控】 按照省森防指统一安排,指导各地参照省政府防火命令及时制定本地"防火令""禁火令",协同公安机关查处违规用火案件5076件,拘留1761人。在全省防火期推动设置检查卡点1.3万余个、防火码点位8990个,扫码达262余万人次,高火险期封闭进山路口4136处,劝阻进山入林和违规野外用火7.1万余人次。督促各地制定农事用火管理办法,135个县依法依规审批农事等生产用火10 513件。推广"十户联保"责任制,建立联保责任区15.4万个、"联保体"8.9万个,2.5万余个村将森林草原防火纳入《村规民约》。

【风险隐患排查整治】 按照专项整治要求,紧盯"五周五缘"排查整治风险隐患9.1万个,其中重点目标和重要设施风险隐患1535个。将55.1万户林牧区散居农户、自发搬迁户和未成年人、智力障碍等特殊人群纳入重点监管,落实"一对一"监管责任。对人为活动频繁、具有较大森林草原火灾隐患的区域实施计划烧(清)除550万亩。排查林牧区施工作业单位919个,审批施工作业1654次,严格落实生产活动主体防火责任。对专项整治期间"在册"隐患开展"回头看",完成林牧区输配电设施隐患排查整治3.6万千米。

【完善防火基础设施建设】 争取财政支持,累计落实资金20.67亿元,支持"三州一市"等重点地区完善防灭火基础设施建设。实行"清单制+责任制"推进项目建设,新(改)建防火通道2.6万千米、消防蓄水池3.2万个,开设防火隔离带5万千米,新建直升机停机坪95个、航空取水点573个、瞭望塔418个。

【加强专业队伍建设】 督促各地按照高危区、高风险区分别不低于100人、50人的标准组建地方专业扑火队伍117支10 531人、乡(镇)半专业扑火队伍2534支92 561人,完成防灭火技能培训1492批次19.4万人次。统筹落实资金3.27亿元,增配灭火装备7.8万套、单兵装备2.5万套、防灭火车辆773辆。推动改善地方专业扑火队员待遇,年平均收入达4.8万余元,新(改)建营房15.58万平方米。

【防火宣传教育】 争取将"开学第一课·森林草原防灭火"主题教育作为永久性制度安排,每年3月、4月被确定为"森林草原防火宣传月",3月30日被设立为全省"森林草原防灭火警示日"。聚焦重点区域,增设宣传标识标牌12.3万个,张贴标语、拉设横幅87.6万条(幅)。推动各地联合宣传部门制作《防火于未"燃"》等警示教育片100余部,曝光违法野外用火行为300余起,报道典型案例120件。

【火灾风险普查】 加强组织领导,成立专项工作领导小组、工作专班和技术专家组,通过下发文件、召开多层次会议及时部署安排火灾风险普查工作。按照全国、全省普查工作安排,组织金堂、芦山、康定3个县(市)开展试点,并组织省林草规划院全程参与技术服务。及时培训并组建普查队伍,对463名技术人员开展专题培训,对全省21个市(州)175个县(市、区)的林草主管部门人员进行管理培训。

四川省林业和草原局编写组

森林和草原病虫害防治

【基本情况】 2021年，全省主要林业有害生物统计发生面积936.36万亩，减少64.97万亩，发生率2.52%。其中，轻度发生612.44万亩、中度发生222.19万亩、重度发生101.73万亩。按发生类型统计：病害发生196.31万亩，虫害发生696.21万亩，鼠（兔）害发生43.58万亩，有害植物发生0.26万亩。全省林业有害生物成灾面积96.71万亩，成灾率2.58‰，完成国家下达的控制指标。

【启动松材线虫病防控攻坚行动】 召开全省林草系统松材线虫病防控电视电话会，对攻坚行动进行安排部署。制定印发《四川省松材线虫病疫情防控五年攻坚行动方案》《关于进一步规范松材线虫病疫情防治工作的通知》。将疫情情况向各市（州）及县级疫区党委、政府和指挥机构进行通报，向涉疫的14个市（州）、42个县级疫区党委书记发提醒函。开展疫木集中除治，累计除治病（枯）死松树125万株，清理面积98.65万亩，除治小班2.3万余个。针对国家林草局蹲点暗访市场省松材线虫病防治工作反馈的问题，约谈1个疫区政府，并派工作组到各地督促，对整改情况进行“回头看”。开展防治成效省级评估，抽查1361个疫木除治小班、4132个伐桩、334户周边居民、273家涉木单位。召开全省松材线虫病疫情防控重点预防区工作座谈会，制定印发《四川省林业和草原局关于加强松材线虫病重点预防区疫情防控工作的通知》。

【提升监测能力】 加强中心测报点的骨干和辐射作用，国家级、省级中心测报点共发布监测预警信息2140条。联合省气象局农气中心在四川电视台发布2021年主要林业有害生物发生趋势预报。根据日常监测情况，及时发布半年、季度趋势预报信息，在有害生物发生重要时节发布蜀柏毒蛾、红火蚁警示通报2期。开展松材线虫病春、秋季普查，应用松材线虫病防控大数据平台对枯死松树实行精准定位管理。严格执行松材线虫病疫情监测报告制度，在规定时限内向国家林草局、省政府上报疫情发生情况。

【加强检疫阻截】 发布《2021年全省检疫性林业有害生物疫区公告》《2021年全省松材线虫病疫点公告》《四川省红火蚁发生县、乡行政区名录》。推进行政事务便利化，委托125个市及县级单位办理省际调运林业植物检疫业务。对广安市广安区锈色棕榈象疫区、汉源县松疱锈病菌疫区开展撤销查定工作，撤销广安区锈色棕榈象疫区和汉源县松疱锈病菌疫区。全面落实四川省林业和草原局、重庆市林业局《筑牢长江上游重要生态屏障助推成渝地区双城经济圈建设合作协议》以及《川渝重大林业有害生物联防联治合作协议》各项工作，推进川渝两地检疫“一网通办”事项，联合开展检疫执法专项行动。承办国家秦巴山区联防联控工作推进会，组织召开四川秦巴山区联防联控协作会。

【控制灾情危害】 会同农业农村厅制定植物生物灾害防控应急预案，规范林业有害生物应急处置工作。安排春季防治工作，指导各地安全使用林用农药，推广无公害防治。在古柏廊道、城市周边、森林公园等重点区域组织实施药物防治159.6万亩（其中飞机防治84.6万亩、人工地面防治75万亩），降低蜀柏毒蛾、云南松毛虫、松褐天牛等主要林业有害生物危害程度。加强红火蚁防控，联合农业农村厅制定《关于切实做好红火蚁阻截防控工作的通知》《四川省红火蚁监测防控技术方案》，对成都市、绵阳市、攀枝花市、凉山州等地的红火蚁防控工作进行调研指导。

【增强支撑保障】 落实中央和省级林业有害生物防控资金10 251万元，在达州、巴中、广元、广安实施防控基础设施建设二期工程项目。针对广元市朝天区与陕西省交界部分区域、凉山州西昌市和喜得县毗邻疫情情况利用无人机低空遥感监测技术进行监测。完成157名新增检疫员上岗培训考核。全年在省级林业和森防宣传平台发布信息690条，被中国林草防治网采用53条，被国家林业和草原信息网采用37条。编印《红火蚁防控宣传手册》2万余册，广泛宣传红火蚁防控知识。组织参加全国林业有害生物防治员职业技能竞赛，获得优秀组织奖。

四川省林业和草原局编写组

林草产业发展

【基本情况】 2021年，全省新（改）造核桃、油橄榄、油茶等木本油料基地56.6万亩，全省木本油料种植面积达1900余万亩；培育优质花卉生产基地2万亩；新增现代林业产业基地100万亩，全省总面积超过3300万亩。新认定命名第二批省级竹产业高质量发展县4个、现代竹产业园区6个、竹林小镇7个；竹浆造纸产能达173万吨，占全国竹浆产能的70%。全年实现竹产业综合产值900亿元，较上年增长约24.8%；实现木本油料产值173.5亿元，较上年增长6.6%。

【园区建设】 按程序开展省级培育园区评选，将20个市（州）级园区纳入省级园区培育范畴并公布名单。组织7个园区申报国家现代林业产业示范园区，并配合国家林草局完成现场审核，7个园区全部进入拟认定名单并通过公示。10月底，启动第一批省级园区和第二批省级培育园区申报认定，已完成各申报园区的数据和资料审查，并开展现场核验。

【出台指导文件】 印发林业园区高质量发展实施意见和认定管理办法，不断规范林业园区认定管理。编制印发《四川省竹产业“十四五”发展规划》，并在年初印发的“十条措施”基础上，以省委农办名义出台了进一步深化提升竹产业发展的32条措施。会同省发展改革委等部门印发增强油料供给保障能力实施方案，将木本食用油纳入保障措施体系。把相关林业特色产业发展目标和任务纳入《四川省“十四五”推进农业农村现代化规划》。

【组织考核】 召开现场推进会。在沐川县召开竹产业重点培育县推进会，在广元市朝天区召开全省林业园区建设现场推进会，统一思路，推进林业产业发展。筹备召开2021年全省竹产业高质量发展现场推进会。

开展专题调研。先后完成2021年度省委“三农”重大课题——“我省现代竹产业发展问题研究”，完成全省油茶产业发展情况报告。指导省花协完成全省花卉产业发展调研报告，以林草要情形式报送省领导。

开展现场督导。下发川竹（花卉）产业2021年工作要点和重点任务清单，将任务分项明确到各市（州），并对认定的竹产业高质量县、园区等进行监测和督导，对存在的问题采取“发点球”方式督促整改。

开展乡村振兴涉林草指标考核。将林业产业有关指标纳入乡村振兴对市（州）领导班子的考核内容，并按照评分细则要求开展考评打分。

【培优经营主体】 组织开展国家级、省级龙头企业的认定和监测，推荐6家企业申报国家级林业龙头企业，新认定省级林草龙头企业56家。召开省级林草产业化重点龙头企业监测管理培训暨企业负责人座谈会。组织开展第十三批农民合作社省级示范社（林草类）申报推荐，21家林草类专合社进入本次省级示范社拟认定公示名单。组织申报并创建4个国家林下经济示范基地，同时对林下经济示范基地进行运行监测。联合建行四川省分行开展建行善融商城“四川林特产品馆”建设，推荐环龙、川珍等林业龙头企业入驻。

【举办节会】 指导宜宾市举办第十一届中国竹文化节。指导金堂县举办天府油橄榄节，该节会被纳入2021年农民丰收节活动，并作为国家林草局重点经济林节庆活动之一。指导完成上海第十届中国花博会四川展园布展（四川室内、室外展区分获组委会金奖和银奖）。指导各市（州）申报花卉（果类）生态旅游节分会场。

【发展林草碳汇】 围绕碳达峰碳中和目标，研究印发全国第一份省级林草碳汇行动方案。联合生态环境厅等部门印发《四川省积极有序推广和规范碳中和方案》。依托省林草规划院组建四川林草碳汇研究中心，开展碳计量监测、碳普惠方法学等研究，初步完成林草碳汇发展潜力评估。通过“绿色中国行”活动向社会宣传四川林草碳汇发展优势和潜力。组织开展全省范围碳汇专题培训2次、重点片区培训4次，累计培训林草碳汇管理人员和业务骨干近400人次。

四川省林业和草原局编写组

生态修复

【推进国土绿化】 印发《关于切实抓好2021年春季造林绿化工作的通知》，指导各地实行计划任务和完成“任务上图”管理。落实国办《关于科学绿化的指导意见》精神，起草形成《四川省人民政府办公厅关于科学绿化的实施意见（送审稿）》并报省政府。组织完成全国国土绿化先进集体、个人等推荐工作。协调落实中央、省政府造林绿化资金约9亿元，开展长江廊道、秦巴山区等重点区域生态修复、森林质量提升等。指导成都市实施全国国土绿化示范项目，已完成设计批复和施工招标。全省全年完成营造林607.5万亩，为全年目标任务的110.5%。

【全民义务植树活动】 组织开展2021年省和成都市党政军领导义务植树活动。会同省直机关工委印发《四川省直机关、高校、企业、金融机构龙泉山城市森林公园“包山头”植树履责活动2021年度实施方案》，组织200家履责单位约1.4万名职工到龙泉山开展春季植树及抚育管护活动，完成森林质量精准提升8000亩。省委办《四川认真贯彻落实习近平生态文明思想持续开展龙泉山公园“包山头”植树活动》专报获得新华社、人民网、“学习强国”等多家媒体报道。指导成都、遂宁等地启动市级“包山头”履责活动。全省全年义务植树1.2亿株。

【古树名木保护管理】 建成并启用古树名木信息管理系统，注册运行“天府古树”微信公众号。拍摄制作“古树名木就是乡愁记忆”宣传片。全面完成2021

年度新增235株古树名木鉴定审核及认定公布，其中新增一级古树117株、名木5株，由省政府认定公布；新增二级古树11株、三级古树102株，涉及9个市（州）16个县（区、市），并均已完成认定公布。落实省级财政资金400万元，支持剑阁、梓潼、北川等10个县（市）开展一级古树保护复壮试点。支持省绿化基金会建设省级古树公园10个，上线“保护古树名木助力乡村振兴”公募项目。印发《古树名木抢救复壮典型案例（第一批）》，会同文化和旅游厅编制《蜀道翠云廊古柏保护利用工作方案》并报省政府。配合省人大开展《四川省古树名木保护条例》执法检查。

【森林城市建设】 完成《四川省森林城市建设标准》编制，已报送省市场监管局待评审批复。指导达州市、天全县完成申请国家森林城市命名所需的文件资料准备。指导峨眉山市完成国家森林城市创建备案。指导遂宁市、雅安市启动森林城市创建。配合国家局完成泸州市、西昌市2个国家森林城市的动态监测和评估。

【生态脆弱区治理】 抓好实施省级财政防沙治沙项目，完成沙化土地治理10.03万亩。推进石漠化综合治理，下达岩溶土地林草植被恢复治理任务11.33平方千米。加强干旱河谷生态治理，推进防护林带、生态隔离带、生态景观林带建设，完成治理面积1.2万亩。全省第六次荒漠化和沙化监测、岩溶地区第四次石漠化调查、2021年度脆弱区治理成效省级监测等基本完成，并形成初步成果。

四川省林业和草原局编写组

自然保护地建设管理

【优化自然保护地体系】 完善《四川省自然保护地整合优化预案》，并通过自然资源部、国家林草局联合专班审查。完成62个自然保护地保护价值再调查再评估，启动编制全省自然保护地发展规划和修订《四川省世界遗产保护条例》，协助完成9个自然保护地自然资源资产确权登记，配合做好全国人大常委会、中央改革办来川调研督察。

【环保督察问题整治】 汇总提供中央环保督察组调阅资料13批次共106份，牵头制订138个省级移交问题整改方案，下沉人员12批次蹲点督导泸沽湖、贡嘎山、峨眉山等重点区域问题整改，约谈地方政府和责任单位4次，印发督办通知14份。

【夯实管理基础】 研究制定国家级自然保护区建设项目审批报告制度，修订《建设项目对自然保护区自然资源、自然生态系统和主要保护对象影响评价技术规范》，印发《关于做好我省世界遗产保护管理工作的通知》《关于进一步加强地质公园保护管理工作的通知》《关于风景名胜区内森林草原防火设施建设审批权限的通知》《关于开展全省国家级和省级自然保护区中央和省级资金使用情况清理的通知》等。组织举办世界遗产和风景名胜区管理座谈培训，组织参加第44届世界遗产大会和2021年“文化和自然遗产日”暨川渝首届风景名胜区和自然公园科普宣传周活动。落实跨区域协作保护要求，与重庆市林业局签订《自然保护地保护管理合作协议》。

【加强日常监管】 批复自然保护地规划11个、范围或功能区调整8个，其中公布7个自然保护区调整后的范围和功能区。推进大熊猫栖息地世界自然遗产范围调整和规划修编，组织申报第十二批世界地质公园。安排资金6310万元，支持41个自然保护区提升保护能力。推动实施栗子坪国家级自然保护区生态监测体系建设项目。制订自然保护地森林草原防灭火专项整改方案，批复防火设施项目28个。研究制定长江经济带小水电清理整改涉自然保护地政策，审查整改类小水电30个。指导完成九寨沟灾后恢复重建，获评“‘省“8·8’九寨沟地震灾后恢复重建先进集体”。配合完成“绿盾2021年”自然保护地强化监督、长江禁捕督导、长江经济带小水电整改销号验收、森林督察整改督导等执法检查。

【协调保护与发展】 支持国家、省重点项目建设，建立提前介入、全程服务、容缺受理、依法加快工作机制，通过向国家争取特殊政策、提前组织专家评审、出具项目路径核实意见、指导纳入自然保护地规划等方式推动川藏铁路、成渝中线高铁、宜彝高速、白鹤滩输电工程、金沙江拉哇水电站、亭子口灌区工程等国家、省重点项目建设，全年共批复重点项目26个。组织开展自然保护地专项整治，开展全省自然保护地自查自纠和明察暗访，实现市（州）、自然保护地全覆盖，发现并督促整改问题437个，扭转了部分自然保护地违规建设突出的不利局面，自然保护地生态环境持续优化，为迎接中央环保督察奠定基础。及时办理川藏铁路、夹金山隧道等国家、省重大项目准入手续，核实成渝中线高铁等重点项目与自然保护地位置关系40个，提出风景名胜区内煤矿处置意见并支持电力电煤保供，批复自然保护地内基础设施、社会事业、民生改善等建设项目174个。

四川省林业和草原局编写组

林草旅游资源

【基本情况】 四川素有“天府之国”“大熊猫故乡”之称，是长江上游生态屏障建设的重要战略高地，也是全国生态旅游资源最为丰富的省份之一。2021年，全省林草生态旅游接待游客人数约3.2亿人次，直接收入约1700亿元。

【完善机制】 联合民政厅、省卫生健康委、省中医药管理局、自然资源厅、文化和旅游厅、省体育局、省总工会等7家省级部门共同印发《关于加快推进森林康养产业发展的意见》（川林发〔2021〕18号），由省级8个部门联合推进森林康养产业发展，在全国尚属首例，为全省森林康养产业奠定发展基础。组织研究完成《四川生态旅游发展报告2021》，提出了四川生态旅游的共识和行动方案。组织研究林草生态旅游区创建试点，培育林草生态旅游品牌。

【提升节会品牌】 按照《四川省节庆活动管理实施细则》要求，规范全省花卉（果类）、红叶、成都森林文化旅游节等生态资源节会活动。全年支持并指导全省举办花卉（果类）、红叶生态旅游节共41场，全年发布赏花、红叶观赏指数8期。节会活动在加强生态保护、活跃地方经济、推动乡村振兴、增进民族团结等方面效果明显，亮点突出，收到较好的生态效益、经济效益和社会效益。

【发展森林康养】 印发《四川省林业和草原局办公室关于开展省级森林康养基地复查评估的通知》，要求各市（州）针对森林康养基地规划编制以及规划实施情况、是否存在以生态旅游或森林康养名义违规开发房地产等问题、林地征占用情况等方面进行自查。启动重新修订《四川省级森林康养基地评定办法》，对前6批省级森林康养基地进行评估复核，对不符合标准的32家省级森林康养基地按照程序取消其称号。实行川渝互动、联合推介，全省28处省级森林康养基地参与成渝推介展播。联合眉山市政府组织和筹备2021年森林康养年会（推迟举办）。对接省发展改革委完成四川省已命名特色小镇审查，按照相关要求，将原森林小镇更名为“森林乡镇”。编制出台《四川省森林乡镇评定管理办法（试行）》。指导市（州）交叉进行“森林乡镇”、四星级森林人家复核评估。

【发展自然教育】 推进全民自然教育，启动首届四川“自然教育周”主题宣传，带动全省各地积极响应。新评定省级自然教育基地34处，全省自然教育基地总数达159处。与教育厅等14部门联合印发《关于进一步推进中小学生研学旅行实践工作的实施意见》，评定45处地学研学基地和112处红色研学基地。评定评选20名“最受欢迎自然教育导师”，联合团省委、关工委举办并在全省遴选303名“绿色小卫士·熊猫少年”。推动全省近20家自然保护地、自然教育机构参与中国林学会“千园千校”自然教育活动，举办活动20余场。指导开展2021自然笔记大赛。在全省启动实施数字“熊猫科普行动”，平均1月举办1期、为期一年共10期的“熊猫1000问”网络知识竞答，全面普及大熊猫及大熊猫国家公园科普知识，繁荣大熊猫科普文化。举办红外相机摄影大赛、自然保护地（大熊猫国家公园管护总站）巡护技能大赛，弘扬四川生物多样性保护事业。

四川省林业和草原局编写组

湿地资源保护管理

【湿地资源状况】 全省湿地总面积为2621.7万亩（不计水稻田），居全国第8位，占全省总面积的3.6%，其中自然湿地面积为2498.4万亩（河流678.45万亩、湖泊55.95万亩、沼泽1763.85万亩），占全省湿地总面积的95.29%；人工湿地面积为123.3万亩（库塘119.7万亩，运河、输水河1.65万亩，水产养殖1.95万亩），占全省湿地总面积的4.71%。

【若尔盖国家公园创建】 成立若尔盖国家公园创建工作推进领导小组和工作推进专班，编制完成《若尔盖国家公园四川片区设立方案》《若尔盖国家公园四川片区科学考察与符合性认定报告》《若尔盖国家公园四川片区社会影响评估报告》（以下简称“一方案两报告”）送审稿。12月7日，省政府正式将“一方案两报告”报送国家林草局。

【湿地资源管控】 对接自然资源厅，做好与“国土三调”成果的对接融合；根据即将施行的《湿地保护法》，启动修订《四川省湿地保护条例》前期调研。完善内控制度，制定《工程建设占用湿地公园分类审查流程》，审查16个国家重大工程和民生工程进入湿地公园。对全省87处国家湿地公园疑似违规建设等问题进行调查、核实，要求4处立即整改，6处开展生态影响评估，77处不作为违建处理。

【湿地公园及重要湿地建设】 红原嘎曲、隆昌古宇湖、沙湾大渡河、炉霍鲜水河、白玉拉龙措、广安白云湖、雷波马湖等7处试点国家湿地公园通过国家验收；新建遂宁大英郪江省级湿地公园。各市（州）共申报省级重要湿地11处，其中专家审核通过8处。

【湿地保护与修复】 继续推进湿地保护修复工程，全面完成若尔盖国际重要湿地保护与恢复工程，继续实施甘孜州海子山湿地和石渠长沙贡玛湿地保护与修复工程。争取中央财政资金1000万元、省级财政资金300万元，实施湿地保护修复项目7个。争取中央财政3000万元、省级财政2205万元，继续实施湿地生态效益补偿。

【泥炭沼泽碳库调查】 在外业调查基础上，全省共分析测试153个有效采样点3201份样品的7组理化指标数据，最终获得5980个有效实测数据。配合国家完成外业验收和成果初步审查。

【河（湖）长制工作】 协助省级河长开展巡河督查和召开调度会议。协助省级河长做好2020年度河（湖）长制工作考核。完成2021年黄河（含若尔盖湿地）、青衣江河（湖）长制“四张清单”编制，并报省河长制办公室印发。指导编制《青衣江一河（湖）一策管理保护方案（2021—2025年）》和《黄河流域（含若尔盖湿地）一河一策管理保护方案（2021—2025年）》，经评审后的成果已报省级河长同意后印发。配合河长制办公室完成2021年度两轮暗访督查及河（湖）长制突出问题大排查。

四川省林业和草原局编写组

大熊猫国家公园

【基本情况】 2021年，全省大熊猫国家公园体制试点任务全面完成，习近平总书记宣布正式设立大熊猫等首批5个国家公园，国务院批准设立方案。

【完成试点任务】 落实设立范围划定，全面梳理四川试点区内永久基本农田、人工商品林、建制村镇等矛盾冲突，配合国家林草局优化面积849.84平方千米，划定设立范围。全面总结试点经验，形成典型经验材料报省委改革办。配合省政府研究室完善《大熊猫国家公园建设调研报告》，及时向省长黄强报告推进落实情况。推进设立相关工作，起草四川省《贯彻落实习近平总书记关于建立以国家公园为主体的自然保护地体系学习情况报告（代拟稿）》，向省政府提出《大熊猫国家公园设立方案》《建立以国家公园为主体的自然保护地体系落实情况督察反映问题整改措施》修改建议，配合国家林草局做好大熊猫国家公园正式设立相关工作。

【统筹过渡期重点任务】 协调推进总体规划编制，组织编制完成四川片区总体规划，并完成省级相关部门，铁塔、电网等相关企业和各分局征求意见工作。协助国家总规编制组完成三省总规合稿，协调陕西、甘肃两省，牵头组织专家论证和再次征求意见工作。统筹落实省政府重点工作任务，配合省发展改革委和财政厅摸清小水电底数，研究出台小水电清退实施方案和省级奖补方案。配合自然资源厅摸清矿业权底数，研究矿业权分类退出办法和指导意见。组织研究破解基层一线困难，配合省政府督查室梳理四个方面11个“基层最急需、省上有权限、体现获得感”的具体问题，会同相关部门研究提出具体落实方案。

【推进机构建设】 配合省委编办，按照中编委《统一规范国家公园机构设置的指导意见》文件精神和中编办视频会议要求，起草《大熊猫国家公园四川片区机构设置方案（沟通稿）》。会同省委编办到管理分局和基层管护站点开展公园管理机构和人才队伍建设专题调研，细化大熊猫国家公园基层保护站机构设置和建设方案。

【推进大熊猫国家公园立法】《四川省大熊猫国家公园管理条例》（以下简称条例）被列入省十三届人大常委会立法规划和省政府2018年、2019年、2020年、2021年立法调研论证计划。6月，开展汶川、北川立法调研，快速启动立法工作；7月，起草《四川省大熊猫国家公园管理条例（初稿）》，并已经征求相关处室和各分局意见建议；8月，协议委托西南财经大学法学院承担立法项目，起草《条例》草案、立法说明、征求意见及采纳情况报告、相关依据的梳理总结、立法评估报告等，11月初邀请司法厅和省人大开展立法调研，完成需要纳入明年立法计划五要件文本，11月上旬，已提交报送司法厅；12月3日，司法厅召集专家召开政府立法计划立项论证会，《条例》有望纳入2022年立法制定类计划。

【研究过渡期管理办法】 10月中旬，组织起草《四川省大熊猫国家公园管理办法（草案）》并征求各处室的意见，于10月19日、10月20日两次召开各处室参加的征求意见现场会议；10月22日—30日，征求成都市、德阳市、绵阳市、雅安市、眉山市、广元市、阿坝州等七个大熊猫国家公园管理分局的意见，同时广泛征求20个厅局意见。11月1日—4日，邀请省人大城环资委、司法厅到绵阳市、成都市、雅安市结合《管理办法》开展《管理条例》立法调研，广泛听取了各部门、基层干部和人大代表的意见和建议。

11月12日，在吸纳各省级部门、分局及立法调研成果的基础上，在本局内部广泛征求意见，召开修改审查会，充分吸收建设性意见和建议。11月16日，第32次局党组会审议通过了《办法》，11月19日，在门户网站向社会公众征求意见，收到72位群众的意见建议，采纳合理意见23条。11月23日，通过专家咨询论证；12月8日，专报副省长曹立军审查；12月10日，第二次征求20个省级部门意见，修改完善并通过局党组会再次审议后，12月29日，形成送审稿呈报省政府。

【开展打桩定标试点】 根据省大熊猫国家公园体制试点工作推进领导小组审定的《大熊猫国家公园勘界打桩定标工作方案》，完成眉山洪雅、绵阳安州大熊猫国家公园打桩定标试点，共设置界碑界桩436个，其中界碑4个、边界桩219个、功能区桩213个；崇州、荥经、芦山、石棉、卧龙等片区启动勘界和打桩定标试点。

【开展栖息地修复】 持续开展廊道建设和栖息地修复，恢复栖息地植被、新建主食竹基地、建设生态廊道等8.4万亩。严格管控生产经营等人为活动，做好建设项目准入管理。组织专家对7个重大工程项目开展生态影响评估专题论证。坚持常态化巡护监测，指导各地建立网格化巡护监测体系，全年开展巡护20余万人次，整理监测信息100余万条，救护大熊猫、黑熊、黑颈鹤等国家重点保护野生动物80余只。加强设立后保护管理工作，召开四川大熊猫国家公园建设管理工作推进视频会，部署安排阶段重点任务。印发关于进一步加强保护管理工作的通知，指导地方做好严格保护、建设管理、安全稳定等工作。

【落实建设项目】 中央累计投入全省大熊猫国家公园项目建设资金3.5942亿元，其中中央财政国家公园补助项目资金2.6142亿元(含2020年9000万元)，全部按因素法测算下达到7个管理分局和卧龙、唐家河2个直属单位，由各分局和单位组织实施；中央预算内文保传承利用工程国家公园项目8个、中央资金0.98亿元，由项目县(单位)组织实施。加强谋划包装，配合省发改委，完成“十四五”文化保护利用传承工程国家公园项目库建设，储备大熊猫国家公园重点项目51个、总投资8.52亿元，主要支持大熊猫国家公园保护管理、科普宣教和配套基础等三类设施建设。指导各管理分局组织申报2022年文保传承国家公园项目5个、中央资金0.72亿元。牵头测算并组织申报中央、省财政国家公园资金需求3次，累计申报项目资金需求137.9亿元。

【加强资金项目管理】 规范项目管理，根据财政资金管理办法，建立各分局资金项目备案审查制度，确保资金使用方向、程序和建设内容符合规定。加强行业监管，重点落实文保传承工程国家公园项目行业指导和监管责任，组织开展国家公园项目资金使用绩效调研并完成调研报告，召开项目管理调研座谈会。做好审计整改，配合完成国家林草局组织的国家公园体制试点项目专项审计，针对审计提出的问题，各项目单位进行了认真整改，向国家林草局基金站报送了审计整改报告。

【资源环境综合执法试点】 雅安分局开展资源环境综合行政执法试点，加挂“大熊猫国家公园雅安管理分局资源环境综合执法支队”牌子，建立资源环境联合执法机制。根据《严厉打击破坏自然资源环境综合执法专项行动实施方案》，指导管理分局联合自然资源、生态环境、农业农村、林业草原等部门在四川试点区开展联合执法。协助国家公园局完成分散在自然资源、生态环境、农业农村、水利、林草部门85项资源环境管理行政权力清理。在成铁分局第二法院设立四川大熊猫国家公园生态法庭，集中管辖大熊猫国家公园四川片区内司法执行案件。制订《关于规范建立四川省大熊猫国家公园行政综合执法体系的实施方案》，拟规范建立资源环境综合执法队伍。

【严格执法】 7个分局组织人力、物力开展巡察，联合执法成员单位，加强信息沟通和工作衔接，通过联合执法、专项行动、联合检查、会议、函件等方式，发现大熊猫国家公园范围内的违建问题并全部完成整治整改，依法查处涉林、涉农案件，清理核查2017年以来生态环境突出问题，破获大熊猫国家公园范围环资类刑事案件，依法查处非法采砂、侵占河道、乱倒弃渣等违法行为。各分局严格落实联合执法工作要求，对大熊猫国家公园实施最严格的保护，加大资源环境执法力度，依法履行行政执法责任。全年全省依法共开展行政许可33件、行政处罚36件，罚没金额159.9万元，行政检查169次。严格开展行政执法行为监督，评查行政处罚案卷18件、评查行政许可案卷12件、重大行政处罚备案9件，登记立案行政执法监督案件12件；按程序移交刑事案件6件。

【深化集体资源合作管护】 编制完善《大熊猫国家公园(四川园区)社区发展专项规划》，细化社区协调发展项目、资金，为后续做好社区工作奠定基础。深化集体资源合作保护协议，安排50万元中央财政国家公园补助资金，在雅安芦山大川镇、太平镇、宝盛乡、铜厂河林场等地聘请原住民和铜厂职工对划入国家公园的12.9万亩集体林承担专职管护职责，通过参与生态保护解决就业和增加收入，绵阳市对新划入国家公园的集体林开展协议保护，签订率达95.7%。在唐家河片区探索管护站与村集体签订资源管护协议，安排管护补助资金，村集体轮流安排当地居民参与国家公园资源保护管理，村民参与率达80%以上。拓展当地居民参与国家公园巡护监测范围，绵阳、德阳、阿坝等区域共计吸纳1000余名当地民定期或不定期参与国家公园保护监测管理，增加社区居民的参与度和获得感。

【发展周边社区】 印发《大熊猫国家公园（四川）友好示范社区建设指南》，推动各管理分局与所在乡（镇）、村组建设共建共管委员会，实现共管率达50%以上。制定印发《集体资源和社区人为活动监测指南（试行）》，组织社区开展监测管理，规范特许经营管理，禁止未批先建特许经营项目。协调大熊猫国家公园成都市崇州市片区核心区11户52人实施地质灾害搬迁。绵阳市进一步探索共管理事会机制建设。荥经县试点建成社区共管共享中心1个，并探索组建共管委员会。推动社区原生态产品品牌建设，制定大熊猫国家公园（四川）原生态产品建设指南（试行），组织遴选社区种植、加工类12支生态产品进入“大熊猫国家公园原生态产品”系列，特许授权使用大熊猫国家公园标识。打造推广“熊猫茶、熊猫蜜、熊猫山珍、食笋兽、生态诚品、红石河蜂蜜、山水伙伴”等国家公园社区生态产品，成都分局组织国家公园相关产品进入大熊猫繁育研究基地销售，年销售额达3000万元。

【大熊猫科研】 编制印发《大熊猫国家公园（四川）科研指导意见》。与大自然保护协会（美国）北京代表处(TNC)合作，举办大熊猫九顶山小种群保护与发展学术研讨会，推动成立“大熊猫九顶山小种群保护联盟”，实施大熊猫小种群科学巡护监测联合战略行动、大熊猫小种群栖息地修复与廊道建设、大熊猫小种群保护地网络建设、大熊猫小种群信息库建设、大熊猫国家公园友好社区共建、大熊猫国家公园科普宣教体系建设、大熊猫国家公园志愿者服务体系建设等七大战略行动，推动大熊猫小种群科学保护与发展，提升野外大熊猫种群生存力。指导省熊猫研究院圆满完成全球环境基金(GEF)国家公园项目实施。持续指导推进大熊猫国家公园运用红外相机监测技术构建生物多样性观测网络体系建设。开展对大熊猫生态廊道有效性评估和功能优化改造、围绕国家公园管理与生态价值转换系列课题研究，以及通过人为干扰消减方法和利用地上地下部之间内在生态联系开展大熊猫退化栖息地恢复和生态功能提升的生态恢复模式研究。

【组织专题宣传】 制订《大熊猫国家公园设立四川宣传方案》，《人民日报》、新华社、《光明日报》等30家中央和省级媒体推出各式报道200余篇（次）及《四川日报》等专版、专题报道24篇。通过省委宣传部在全省21个市（州）依托机场、重点车站、码头和相关高（地）铁投放《大熊猫国家公园》及《国家公园》90秒公益广告。编印《大熊猫国家公园正式设立》宣传海报10 500张并发放到7个分局、20个管护总站张贴。在成都大熊猫繁育研究基地推出《大熊猫国家公园体制试点成果展示》。支持华为公司举办“咖啡对话：科技守护大熊猫栖息地”。大熊猫国家公园百度文献数达64.6157万条，“科技守护大熊猫栖息地”视频海外播放量2000万次。

四川省林业和草原局编写组

国有林场改革

【加强资源管理】 组织全省14个市（州）的22个国有林场开展深化国有林场改革推进绿色发展问卷调查，巩固提升改革成效，谋划推进国有林场绿色发展。收集全省国有林场护林人员名单情况，督促国有林场使用护林（草）监测即报系统（熊猫护林员APP），更好为资源巡护、保护和管理服务。指导各国有林场加强森林防灭火专项整治、有害生物防治等，加强责任落实、值班值守、联防联控，确保林场资源安全、林区稳定。全省国有林场实施森林（草原）资源管护、经营4300余万亩。发文部署在全省开展国有林场边界数据矢量化工作，并开展技术培训，督导工作推进。

【加强林场管理】 沟通协调省档案局（省委办公厅）转发国家《国有林场档案管理办法》至各地实施，规范和加强国有林场档案管理。调查了解《国有林场职工绩效考核办法》《国有林场（苗圃）财务制度》落实情况，督促加强国有林场职工绩效考核、财务制度管理。组织4个林场的负责人参加国家林草局林场种苗司国有林场GEF项目培训；组织推荐国有林场3位负责人参加国有林场场级干部挂职锻炼，接受外来场级干部在洪雅、广元等林场挂职锻炼；组织参加林场协会森林康养专委会在洪雅林场召开的2021年年会等。加强国有林场基础设施建设，新建及改造国有林场林区公路、林道、防火线、输电线路、通信线路等8500千米、房屋4.68万平方米。统筹做好国有林场造林营林、林木种质资源收集保存、良种选育、种苗培育、生态旅游等生产建设、产业发展，完成人工造林、低产低效林改造、森林抚育等营造林68万亩。全年接待生态旅游820万人次。

【示范林场建设】 印发《关于实施四川省示范国有林场建设的通知》，邛崃市国有林场等10个国有林场被确定为四川省示范国有林场首批建设单位并予以公布，包括绿色型、科技型、文化型、智慧型以及综合型示范林场，并就实施省示范林场建设提出明确意见、要求；指导编报省示范林场建设提升实施方案。广元市利州区天曌山国有林场、宣汉县五马归槽国有林场获得中国林场协会2021年度“全国十佳林场”称号。

【欠发达国有林场巩固提升】 及时下达2021年度中央、省财政欠发达国有林场巩固提升专项资金共计4884万元，共涉及14个市（州）37个县的44个国有林场。省林草原局印发《关于做好2021年度欠发达国有林场巩固提升项目实施工作的通知》，就切实做好项目实施工作提出明确意见和要求。指导有关地方、国有林场做好衔接乡村振兴欠发达国有林场巩固提升项目建设，巩固国有林场脱贫成果。向国家林草局报送四川省相对欠发达国有林场名单、“十三五”时期贫困国有林场扶贫资金使用管理情况报告。配合做好国家考评组来川考评2021年度衔接推进乡村振兴绩效考评涉及欠发达国有林场巩固提升任务有关各项工作。

【林场信息宣传】 发布国有林场绿色持续发展策略思考、森林草原防灭火专项整治、巡回宣讲、培训学习、联合演练、综合巡护、交叉检查、无人机巡山护林、党史学习教育、“我为群众办实事”和慰问老党员等活动，松毛虫等有害生物防治，道路和输电线路升级改造项目建设以及防汛减灾等方面信息数百条，其中由林场种苗处直接把关推送在省林草局网站发布的信息达104条，为近几年之最。组织洪雅林场等参与《中国绿色时报》、林场协会有关“生态脊梁”的宣传。

四川省林业和草原局编写组

农业气象服务

【农村气象防灾减灾建设】 提升农村气象灾害监测覆盖面。新建、迁建2部新一代天雷达，新建3部X波段天气雷达，新建和升级改造300余个区域站观测站、42套三维闪电监测仪。开展四川智能数值预报“一张网”建设，国家分钟级降水预报产品率先在四川落地应用，自主研发的3类18种智能网格预报产品全面上线。雷暴大风、短时强降水、雷电等强对流概率预报向确定性预报转化，预警信号精细到乡（镇）。拓展气象灾害预警信息发布手段，联合省通信管理局推进气象灾害预警短信精准靶向发布试点建设，与省移动公司开展气象灾害预警短信精准靶向发布合作，完善基层气象防灾减灾气象服务平台，推进农村“大喇叭”共享共用，采取多种手段和措施推动预警信息到村到户到人。摸清全省气象灾害风险底数，开展气象灾害风险普查。处理下发全省180个县（市、区）暴雨等7个气象灾害致灾因子统计数据1000余万条，审核上报37.9万条气象灾害致灾因子数据。

【智慧农业气象服务】 以“乡村振兴”气象服务专项为依托，加快推进智慧农业气象能力建设。完成四川省农业气象综合业务平台升级，实现格点预报资料在自动生成为农服务逐日指导产品中的应用。完成全省主要农作物分布底图和四川省农业气象基础信息数据库制作。基于CAgMSS系统，研发多方法多模型集约的省级一季稻、冬小麦产量预报系统。四川农业气象总产量预报准确率达99.2%，单产预报准确率达99.7%，作物产量预报和客观评价技术水平居全国前列。四川E农客户端功能更加完善，完成“乡村振兴特产馆”网站改造，实现朝天核桃、九龙花椒和乐山熊猫蜜等88个优质特色农产品在线展示。作为全国6个种业气象保障服务试点省之一，按照“构建一个体系，把握两个重点，强化三个支撑”进行水稻制种气象保障试点布局。

以蒲江猕猴桃气象服务为试点，探索形成“AI智能观测+格点智能预报+智能精准服务”的智慧特色农业气象模式。联合多部门建设眉山晚熟柑橘智慧气象数字试验基地。川渝两地气象部门共同开展花椒、柠檬等双城经济圈特色农业气象服务能力建设。组建猕猴桃、晚熟柑橘、芒果等科研团队对特色农业气象服务关键技术进行攻关。开展设施农业、茶叶晚霜冻、中稻连阴雨等10项气象灾害指标研究。将“攀枝花芒果花期低温冻害指标试验研究”等8项农业气象课题纳入2021年度高原与盆地暴雨旱涝灾害四川省重点实验室科技发展基金项目。完成四川热区的农业气候资源区划、主要农业气象灾害风险区划。

【人工影响天气服务】 全年开展有人驾驶飞机人工增雨(雪)作业56架次,影响面积约26万平方千米;开展地面增雨作业2310批次,影响面积约8.1万平方千米;开展防雹作业4000余批次,保护面积约4.15万平方千米,在服务乡村振兴、生态文明建设等方面发挥了积极作用。

森林防灭火专项服务。1—2月,紧急协调外省飞机在攀西开展增雨作业4架次,降低森林火险等级。4—5月,3次调派飞机进驻西昌青山机场,实施增雨作业7架次,帮助扑灭森林火灾。

重大活动保障专项服务。组织空地联合作业,支援西安十四运会开(闭)幕式保障。协调雅安等5个市(州)人员作业力量,保障了"应急使命,2021"演习活动的举行。

应对污染天气专项服务。积极应对秋冬季盆地出现的污染天气,实施飞机作业27架次、地面作业889批次。特别是在冬季首次大范围污染天气过程中,全省上下联动、飞机地面联合作业,效果显著。在除夕、春节期间,开展飞机作业1架次、地面作业100批次,有效改善了空气质量。

开展大型无人机人影作业。按照2021年工作计划,经过多次沟通协调,成都地区空管协调委办公室组织西部战区空军航管处、民航监管、民航空管、机场等部门对无人机作业的相关事项进行了协调和明确,初步形成无人机作业空域管制流程,为构建有人驾驶飞机与无人机相互配合的空中作业模式奠定了基础。

四川省气象局编写组

农业合作与交流

农业对台合作与交流

【基本情况】 2021年,全省对台工作持续落实习近平总书记关于四川"擦亮农业金字招牌"的重要指示精神及省委关于以现代农业园区建设为重点推进农业农村现代化的部署要求,出台四川省落实"农林'22条措施'操作指南",全面实施《川台农业合作助推乡村振兴星晖计划》,推动台资农业企业参与乡村振兴战略。截至2021年年底,全省有2家国家级台湾农民创业园、30家省级川台农业合作示范基地,近300家台资农业企业投资总额超过150亿元,企业园区保持稳中有进发展态势。

【加强川台农业合作政策支持和机制保障】 3月17日,国台办等11个国家部委联合出台《关于支持台湾同胞台资企业在大陆农业林业领域发展的若干措施》(以下简称"农林22条")。3月25日,省委台办组织召开贯彻落实"农林22条"措施座谈会,相关部门围绕"农林22条"措施,研究全省落实举措,交流促进川台农业合作经验做法。6月30日,为深入贯彻落实"农林22条"措施,支持广大在川台农台企深度参与乡村振兴战略,更好融入新发展格局,省委台办、财政厅、农业农村厅、自然资源厅和省发展改革委等11个省直相关部门(单位)结合全省实际,研究出台《四川省贯彻落实〈关于支持台湾同胞台资企业在大陆农业林业领域发展的若干措施〉操作指南》(简称落实"农林22条"操作指南),细化措施、明确责任,推动政策在全省落地。12月9日,省委台办组织召开全省涉台产业园区建设工作推进会,总结安排全省涉台产业园区建设工作,明确要进一步加强川台农业合作示范基地建设。全省各级各部门通过政策保障、资金支持、落实惠台利民政策为川台农业合作示范基地和台资农业企业提供良好的发展环境,涉台农业产业园区已成为深化川台农业交流合作强引擎、优平台的重要载体。

【举办多场川台农业交流活动】 落实常态化疫情防控要求,主动搭建交流合作平台,助力在川台资农业企业融入新发展格局,参与成渝地区双城经济圈建设和乡村振兴战略。

1月14日,由商务部台港澳司、国台办经济局指导,海贸会、全国台企联、商务厅、省委台办联合主办的"台企拓内销·两岸一起来"线上推介对接(四川专场)活动在成都市举行,为在川台资农业企业搭建"云端"交流合作平台。活动中,在川台资农业企业与经销商线上洽谈合作,推销特色农副产品。

4月13日,由省委台办、建设银行四川省分行主办的建设银行四川省分行服务台胞台企专场对接会暨"四川台资企业名品馆"开馆仪式在成都市举行,旨在通过构建政银企对接服务长效机制,增强全省金融系统服务台胞台企的针对性和时效性,为台资农业企业发展解决融资难、融资贵的问题和搭建产品销售平台。四川冕宁元升农业科技有限公司等台资农业企业入驻名品馆，并进行首场网络直播。

6月17日，省委台办、农业农村厅联合举行“台资农业企业委员会服务基层面对面—川东北行”活动，组织在川台资农业企业家前往广元、巴中、达州、广安市的5个川台农业合作示范基地考察调研当地农业农村现代化发展成就，寻找川台农业合作新机遇。省人大港澳台事务工作委员会参加考察并调研检查各地落实四川省《中华人民共和国台湾同胞投资保护法》实施办法、服务台胞台企的有关情况。

7月22日，由国台办经济局主办、省委台办承办的台资农业林业企业发展经验交流会在成都市举行。活动宣介解读了“农林22条措施”，搭建政企对接平台，交流各地措施落地落实情况，增强台胞台企对大陆巩固拓展脱贫攻坚成果与乡村振兴战略有效衔接的了解和信心，15家在川台资农业企业在会场外布展，展示特色农林产品。

【加快吸引台资农业企业投资】 全省各地及涉台农业产业园区优化营商环境，提升服务水平，吸引台资农业企业入驻，服务全省农业现代化建设和成渝地区双城经济圈建设。

组织多场川台农业交流考察。成都市台商协会到彭州市考察中医药文化旅游产业发展情况，推动台湾优质农文旅文创企业入驻彭州；江西台资农业企业花堡农业开发有限公司等到自贡、广元等地考察特色农作物种植、乡村休闲旅游等产业，与当地台资农业企业达成合作意向；厦门跨境电商台资企业到泸州现代农业示范基地考察，双方在农业科技众创空间、智慧农业平台建设方面展开合作；台湾川渝同乡理事会到广安市参访考察广安区龙安柚现代农业园区、台资农业企业广安市农业开发有限公司等，促进合作。

地方政府主动开展招商引资。眉山市经济考察团到江苏和上海考察台资企业，开展对台招商活动，重点推介眉山区位优势、台商投资环境、对台优惠政策和农产品及食品加工等行业，与当地台资企业达成多个合作意向。

【推动同等待遇落地落实】 持续制定和落实各项惠台利民措施，推动台胞台企享有同等待遇，提升其获得感、荣誉感，帮助广大台胞台企在川实现更大发展。

将在川台资农业企业纳入全国供销合作总社“832”平台，帮助其参与国内优质农产品产业链供应链建设，拓展在川台资农业企业产销渠道。川台农业合作示范基地——广安农丰农业开发有限公司入选全省粤港澳大湾区“菜篮子”基地。台企冕宁元升农业科技有限公司参与起草地方标准《油橄榄密植丰产栽培技术规程》，公司产品“奥利欧”牌橄榄油获评“2021中国农产品百强标志性品牌”。台企达州清云河生态农业专业合作社被农业农村部、国家发展改革委等部委评为“国家农民合作示范社”。成都钧乔农业科技开发有限公司负责人胡淑美获得“四川省三八红旗手”称号，成为全省首位获此荣誉的台湾同胞。台湾农技专家詹富翔获得达州市通川区“五一劳动奖章”。

【加强川台农业合作调研】 全省对台工作系统开展“服务台胞台企提质增效年”活动，重点围绕“农林22条”措施落地落实和川台农业交流合作开展调研指导，促进台资农业企业和涉台农业园区发展。

3月11日，省委台办主任罗治平带队到成都市双流区调研川台农文旅合作项目和台资农业企业经营情况，宣传全省实施乡村振兴战略，鼓励企业加强与省内农业科研机构合作，进一步提升农作物品质，助力四川农业高质量发展。

5月18日—21日，省委台办主任罗治平带队到凉山州和攀枝花市宣讲“农林22条”措施，调研推动川台农业合作示范基地和台湾农民创业园建设，鼓励台资农业企业坚定发展信心，抢抓战略机遇，用好政策措施，实现更大发展。

7月23日—24日，国台办经济局局长张世宏带队到凉山州冕宁元升农业科技公司调研贯彻落实“农林22条措施”和川台农业合作情况，推动台资农业企业发展。

10月29日，省委台办主任罗治平到资阳市走访调研全省首批川台农业合作示范基地——资阳绿能农业科技公司，宣传宣讲“农林22条措施”，要求地方政府加强与川台农业合作示范基地、台资农业企业委员会等涉台平台联动，支持台资农业企业积极参与乡村振兴战略。

中共四川省委台湾工作办公室编写组

涉农招商引资

【基本情况】 2021年，省经济合作局克服疫情重压和挑战叠加的特殊困局，以现代农业“10+3”产业重大项目招引为抓手，促进一二三产业联动融合发展，为乡村振兴战略做出应有贡献。

【以重大活动为抓手，搭建项目招引平台】 为全面推进现代农业和食品饮料产业融合招商，5月下旬，由省经济合作局协同经济和信息化厅、农业农村厅、遂宁市政府共同指导，由宜宾五粮液股份有限公司、中国食品发酵工业研究院等在成都市举办2021国际传统发酵食品产业发展大会。作为省委提出着力培育“5+1”现代产业体系后举行的首个食品饮料产业省级专题平台活动，吸引了来自国内外90余所高校院所、150余家龙头企业负责人踊跃参会，主要嘉宾包括科技部中国农村技术开发中心主任邓小明，中国工程院院士孙宝国、朱蓓薇，百威中国区副总裁高源、保利集团总经理助理张万顺、伊利集团副总裁刘刚等。会上发布了全省首个现代农业与食品饮料产业投资合作机会清单，18个市（州）共推出68个5亿元以上投资合作项目，总投资额达1078.4亿元。会后组织近400位重要客商到眉山、邛崃等地开展投资考察。活动期间共有20余家主流媒体30余名记者到会采访，累计推出原创报道50余篇（条），百度搜索引擎共有40余万个相关页面，《四川新闻联播》栏目当天报道了会议相关情况，省政府网站次日转载了会议相关报道。此外，利用好“进博会走进四川”国家级平台活动，做好正大集团、美国泰森、大洋洲乳业等食品饮料企业在川参会及投资考察“一对一”服务工作。

【以市（州）联动为基础，促成重大项目签约】 分析和抓住疫情防控窗口有利时机，着力全省食品饮料产业重点特色园区培育发展三年行动计划，联动相关市（州）及重点特色产业园区，分析目标企业发展计划、研判企业可能诉求，带着规划地块、优惠政策、支持措施登门拜访，推动企业来川考察和投资兴业。全省全年共签约现代农业产业重大项目167个，投资金额813.9亿元，主要包括投资50亿元的海南三亚众慧置业有限公司（泸州）四川先市酿造传承基地项目、投资35亿元的西藏新好科技（广安）80万头生猪养殖项目、投资32亿元的江西正邦集团（南充）现代肉类食品全产业链项目等。其中，川猪产业项目32个，投资金额236.4亿元，包括投资32亿元的江西正邦集团（南充）现代肉类食品全产业链项目、投资30亿元的上海东方希望畜牧（凉山）冕宁现代化生猪养殖循环产业链项目、投资35亿元的西藏新好科技（广安）80万头生猪养殖项目等；川茶产业项目8个，投资金额8.41亿元，包括投资3亿元的重庆客商龙顺会（广安）华蓥市石榴茶项目、投资1.5亿元的福建正山堂茶业有限公司（广元）剑门蜀道·茶叶全产业链项目等；川菜产业项目5个，投资金额40.9亿元，包括投资25亿元的重庆客商（自贡）荣县智慧健康食品产业园项目、投资10.5亿元的香港雄信资本（南充）高端豆制品加工项目等；川酒产业项目8个，投资金额59亿元，包括投资30亿元的河北丛台酒业股份（泸州）中高端白酒一体化项目、投资10亿元的重庆宽瑞商贸（自贡）啤酒生产线项目等；川竹产业项目3个，投资金额13亿元，包括投资10亿元的福建祥恒创意、吉特利环保（宜宾）兴文县竹纸浆模塑餐具及包装产品生产项目等；川果产业项目3个，投资金额12.2亿元，包括投资10亿元的广西田野创新股份有限公司（攀枝花）农产品加工项目等；川药产业项目9个，投资金额45.72亿元，包括投资10.32亿元的上海一俊生物（绵阳）红豆杉产业集群项目、投资18亿元的安徽交航（内江）东兴区乡村振兴产业融合发展及配套项目、投资5.2亿元的河南新天地药业（达州）中药材加工生产基地建设项目；川牛羊产业项目7个，投资金额8.95亿元，包括投资2.3亿元的贵州大肥牛公司（广元）肉牛养殖产业项目、投资1.7亿元的重庆康诚（达州）蜀宣花牛养殖项目等；川鱼产业项目7个，投资金额56.42亿元，包括投资5亿元的浙江星光渔业（南充）数字化工厂养鱼观光项目、投资24亿元的上海壹佰米网络（资阳）叮咚买菜基围虾西南基地建设项目等；现代农业装备业项目40个，投资金额188.55亿元，包括投资50亿元的海南三亚众慧置业有限公司（泸州）四川先市酿造传承基地项目等。

【线上线下融合，推介产业发展政策】 评估新冠疫情新常态的危与机，结合成渝地区双城经济圈建设、新一轮西部大开发等战略机遇，一方面通过微信、电话等“点对点”方式，微博、公众号、抖音等点对面方式紧密联系跟踪重点企业和重大项目，及时通报疫情最新情况，宣传四川新出台的支持措施和优惠政策；另一方面，拜访正大集团、益海嘉里、融通集团、中粮集团、牧原股份、凤集食品集团等国内外现代农业龙头企业，了解企业增资扩产需求，协调解决企业所面临的难题。

【以联系机制为支点，推动重大项目建设】 借力省领导联系指导现代农业产业机制，推动重大项目招商引资；协同农业农村厅、经济和信息化厅等成员单位，共同服务重大项目落地；协同经济和信息化厅、农业农村厅发布全省首个现代农业与食品饮料产业投资合作机会清单，涵盖全省18个市（州），总投资额达1078.4亿元；报请省政府主要领导会见新希望等现代农业龙头企业；做好省主要领导会见座谈正大集团、美国泰森、大洋洲乳业等“进博会走进四川”现代农业企业相关活动等。

四川省经济合作局编写组

基础设施
与公共服务体系建设
JICHU SHESHI
YU GONGGONG FUWU TIXI JIANSHE
SICHUAN

基础设施建设

水利建设

综述

【基本情况】 2021年，四川水利围绕新时期四川水利高质量发展“3226”总体工作思路，坚持系统思维、全局观念，以重大水利工程建设为“牛鼻子”和突破口，攻坚克难、赶考奋进，完成“一年打基础”各项目标任务，加快推动四川水利实现大突破、大发展。

【骨干水网建设提升新速度】 科学谋划“一主四片”水生产力布局，重点推进引大济岷等骨干水网工程，加快构建四川水网主骨架和“大动脉”。引大济岷工程取得重大进展，省委书记、省长先后在省委常委会会议等重要会议上强调安排，在水利厅专报上作重要批示，亲自主持专题会议研究部署并形成会议纪要；常务副省长和分管副省长牵头推进，水利厅聚焦重点环节和关键问题12次组织专题研究，抽调20余名业务骨干组建实体化实战化指挥部专班专职专责推进，水规总院批复中线方案。在建骨干水网工程全面提速，新开工威远县大石包水库和宁南县竹寿水库扩建2处中型水利工程；加快推进向家坝灌区一期一步等55个在建大中型工程；基本建成黄石盘等15处大中型水利工程，整治堤防护岸252千米，治理中小河流650千米。储备项目前期工作加快推进，统筹优化长征渠引水工程与毗河供水二期工程，有序推进青峪口水库、米市水库、三坝水库等重点项目前期工作，启动罐子坝水库工程方案（规划）编制，推进攀枝花市水资源配置和亭子口灌区二期等项目前期论证。全年落实各类水利投资315亿元（不含移民资金），较上年增加50亿元。

【水生态保护呈现新变化】 深化实化河（湖）长制工作。从激励、考核、暗访、进驻式督查、聚焦“5+9”重点问题整治、建立长江保护法省级协调机制等6个方面突破性深化体制机制建设。全面加强水域岸线管理保护，建立189个重点河段和敏感水域河道采砂管理“四个责任人”制度，完成长江干流岸线利用项目清理整治，常态化规范化推进河湖“清四乱”，首次以总河长令发布《2021年四川省全面深化河湖长制工作要点》。推进小水电清理整改，全年拟退1384座，已退1223座，其中阿坝州金川县八一电站已全部拆除并恢复生态，处理情况已上报党中央同意，被作为全国长江经济带整改的正面典型案例予以肯定；国、省生态流量考核断面总体达标率达98%以上，实现岷江向沱江枯水期常态化生态补水12亿立方米。开展水土流失综合治理，印发《关于推进新时期水土保持高质量发展的意见》，编制《四川省水土保持“十四五”规划》，全年联合农业农村、自然资源等部门治理水土流失面积5130平方千米；检查项目7437个，查处871起，征收水土保持补偿费近10亿元（其中省级入库3.6亿元）。

【水旱灾害防御取得新成效】 构建水旱灾害防御新格局。全面理顺与应急管理部门的职能职责边界，提升水旱灾害防御总指挥为省、市、县行政“一把手”，明确日常工作由分管水利的副省长任指挥长，水利厅挂防汛抗旱指挥部办公室（水利）牌子，主动承担三级及以下应急响应工作。开创水旱灾害防御新局面。省委书记彭清华、省长黄强坐镇指挥、一线督导，水利厅成立水安中心，成建制支撑水旱灾害防御工作；修订应急预案，举行实战演练；谋划水文监测预警、山洪灾害防御、水库安全运行管理、堤防建设四大能力再提升行动，推动流域水旱灾害联防联控、“大水调”、成都市极值暴雨下水工程调度3项工作机制建设。水旱灾害防御取得新成效。修复水毁项目，开展隐患排查和防汛督导，累计督查21个市（州）183个县（市、区）1000余处点位，整改问题1036个。成功应对“7·10”渠江流域第1号洪水、“10·5”涪江嘉陵江有记录以来10月最强秋汛等16次明显降雨过程。统筹防汛与抗旱，应急解决2.82万人生活用水问题，保障56万亩耕地果林春灌用水，提前一个半月完成340亿立方米蓄水目标。

【农村水利发展迈开新步伐】 联合省委农办出台《关于加强新时期农村水利工作助力乡村振兴发展的指导意见》，印发《四川省新时期农村水利工作“十四五”规划》等文件10余份；启动60个乡村水务试点县建设，完成第一批乡村水务22个试点县、10个备选县有关工作。新（改、扩）建供水工程4289处，受益人口558.3万人；开工千吨万人以上工程24处，受益人口255万人；维修集中工程9340处，覆盖供水人口1470万人；全省集中工程水费收缴率达98%以上。如期完成乐山市沫江堰等11处重点中型灌区节水配套改造，启动遂宁射洪市前锋渠灌区等19处中型灌区节水配套改造，整治渠道506千米、渠系建筑物2097座。完成纳入2021年“我为群众办实事”

事项的388座小型水库除险加固任务，新建小型水库雨水情测报设施870处。创建“水美新村”316个、国家水利风景区3个、省级水利风景区10个等。

【水资源节约集约利用达到新水平】 加强政策支撑，完成《四川省河湖长制条例》立法和《四川省水利工程管理条例》修订；加快推进《四川省水资源条例》《四川省水文条例》立法和《省政府调水管理办法》修订，两年5个法律法规立项，创历年之最；出台《四川省节约用水办法》《四川省用水定额》等文件，加强水利法治建设。抓实载体建设，完成98个建设项目水资源论证，核发取水许可证5015宗；构建“5+20”大节水工作格局，创建节水型主体139家。加强监督管理，检查节水型社会达标县15个，对360家重点监控用水单位实现监督检查全覆盖；处理水事违法行为1402起，立案查处418件。打造宣传亮点，2021年，全国节水知识大赛被水利部和中国宋庆龄基金会联合评为特别组织单位；参加水利部“节水中国　你我同行”主题宣传联合行动；开展“县委书记谈节水”等宣传活动，提升社会节水意识。

【水利水电移民工作进入新阶段】 抓移民规划，聚焦引大济岷等重大工程，做好工程建设征地移民安置规划前期工作；严格移民安置规划审核（审批），先后办理停建通告、规划大纲等51个，涉及项目93个。抓移民安置，拨付省管水利水电工程移民资金117.63亿元，启动5座水利水电工程移民安置；化解乌东德、溪洛渡等8座大中型水利水电工程移民安置突出问题，推进金沙江下游4座水电站及白鹤滩水电站审计发现问题整改；推动白鹤滩水电站提前14个月完成蓄水阶段移民安置，基本完成51 234名移民搬迁任务。抓后期扶持，投入移民后期扶持资金33亿元，兑现大中型水利水电工程移民后期扶持政策114.75万人，实施基础设施等后期扶持项目2469个，建成“美丽移民村”205个。抓矛盾化解，及时办理移民群众来信来电来访，水利厅机关接待来访146人次，办理水利水电工程移民信访111件。

【水利体制机制改革实现新突破】 完成农水中心、河湖中心、水文中心、都发中心更名，四个单位的机构规格明确为副厅级；完成水规院二次改革，优化水利厅直系统单位人才资源配置。完成都江堰灌区物理整合，加快“国际知名、国内一流”灌区榜样建设；推动武都引水、升钟水库和毗河一期等已有水网工程和陆续竣工骨干水网工程管理一体化改革。建立由水利厅牵头，地方政府、金融机构和建设单位参与的水利投融资“1+3”四方合作模式，与农发行四川省分行等6家金融机构签署战略合作框架协议；建立工程立项、建设、管理运行机制和规划建设委员会“3+1”工作机制，构建跨市（州）重大水利工程建设新模式，推动由省水发集团作为跨市（州）重大水利工程中央预算内投资出资人代表，在亭子口灌区一期工程投融资模式选择中发挥“1+3”四方合作框架作用，制订“股权投资+EPC”实施工作方案，争取政府安排一般债券支持跨市（州）重大水利工程。组建厅党组领导下的水权水价改革专班，抽调力量专职推进，制订《深入推进水权水价改革课题研究工作方案》，细化明确改革的路径方向、体制机制和试点类型。

四川省水利厅编写组

水资源管理

【水资源刚性约束指标体系初步建立】 截至2021年年底，四川省已在全国率先完成流域套县级行政区域的水量分配工作，确立557个流域县级行政区水量管控目标，44个国、省级水量分配断面，81个国、省级生态流量考核断面，216个省级水资源调度断面，186个地下水水量与19个地下水水位管控指标，水资源刚性约束指标体系初步建立。

【水资源精细化管理基础持续加强】 截至2021年年底，全省39条重点河湖75个生态流量考核断面、13大流域240个水资源调度管控断面、130个重要地下水水位、2200处重点取水户取水量、66个重要水源地水质实现在线监测。

【水资源强监管不断实化】 全面贯彻“四水四定”要求，加强各类产业布局、经济开发区、城市新区等规划水资源论证，严格建设项目的水资源论证和节水评价，实行用水总量和用水效率双控。全年省本级审查规划水资源论证22个，全省核发取水许可证5015宗。完成2020年47个涉嫌违法取水问题行政处罚，完成2021年55个涉嫌违法取水问题立案。建立水资源调度联席会议机制，严格断面预警处置，国、省断面总体达标率均达92%以上。

【水资源管理信息化取得突破】 四川省水资源管理与调配系统一期开发完成并投入运行，涵盖“一张图，政务服务，资源配置，调度决策，保护考核”等多项功能，127个模块全部上线，初步实现了取用水、监测预警、调度全过程管理。在全国率先实现取水许可电子证照全量核发。在全国率先实现90%以上的河道内外取水户在线取水总结和计划申报。

【水资源改革创新逐步破题】 水资源税收稳步提升，全年完成征收27.5亿元。推进水权改革课题研究，出台水权水价改革工作方案，全面启动水权改革试点。9月，省委编办同意成立“大水调”专项工作小组，省级层面已建立由分管副省长牵头，覆盖发展改革（能源）、生态环境、水利、农业农村、气象等部门的常态化会商决策和工作协调机制。开展流域水工程联合调度，统筹解决水工程防洪、供水、发电、航运、生态等调度矛盾。

四川省水利厅编写组

水利工程建设与管理

【“172”“150”重大水利工程建设】 四川省在建大型水利工程15处（不含大型灌区续建配套），其中武引二期灌区、升钟水库灌区二期、毗河供水一期3处工程已处于工程完建期，进入扫尾阶段；黄石盘水库工程基本建成，红鱼洞水库枢纽完成正常蓄水位验收，李家岩水库城乡供水系统供水洞全线贯通，蓬溪船山灌区白鹤林水库主体工程基本完成，土溪口水库大坝上、下游施工围堰已完成；大桥水库灌区二期、向家坝灌区一期、龙塘水库及灌区、江家口水库工程均按计划推进，固军水库初设报告报水利部审查审批，亭子口灌区一期工程初步设计报告已批并进入施工招标阶段；邛海流域水生态修复与治理工程已完成绿化造林、生态治理、泸山森林火灾植被恢复等部分工程。全年下达投资计划64.2亿元（涉及项目11处），完成年度投资65亿元，年度投资完成率101%。

【中型水利工程建设】 全年下达投资计划12亿元（涉及项目7处），已完成年度投资10.74亿元，年度投资完成率90%。全年已完工枢纽工程25处，在建枢纽15处；已完工渠系1处，在建渠系38处，未开工渠系5处。

【小型水库建设】 全年下达投资计划4.15亿元（涉及项目6处），已完成年度投资3.97亿元，年度投资完成率96%。全年在建的38处小型水库包括38处枢纽和29处渠系已完工枢纽工程28处，在建枢纽10处；已完工渠系14处，在建渠系12处，未开工渠系3处。

【大中型病险水库（水闸）除险加固】 全省在建大中型病险水库（闸）共计5处，总库容1.03亿立方米，设计灌溉面积2.11万亩。全年病险水库除险加固累计下达投资1.63亿元，已完成投资1.14亿元，年度投资完成率70%。

【小型水库除险加固】 出台《四川省人民政府办公厅关于切实加强水库除险加固和运行管护工作的通知》（川办发〔2021〕63号），围绕“消除存量隐患，实现常态管理”总要求，分四批下达小型水库除险加固任务678座。将水库除险加固纳入河（湖）长制工作考核和对市、县党委、政府的乡村振兴实绩考核，作为全省农田水利建设和农业农村经济运行重点工作由省政府调度，共完成小型水库除险加固388座，其余290座按期有序推进。

【河道治理】 全年下达主要支流治理投资计划46.16亿元，已完成年度投资计划41.76亿元，年度投资完成率90%，涉及21个市（州）共107个项目，治理河长192千米；下达中小河流治理投资计划21.25亿元，已完成年度投资计划17.9亿元，年度投资完成率84%，涉及21个市（州）共108个项目，治理河长543千米。

【创新建设管理机制模式】 深化建设组织模式创新，龙塘水库和江家口水库2处重大水利工程分别试点设计牵头和施工牵头的工程总承包建管模式，成为全国水利行业工程总承包试点样板。全面落实“直管项目直接监管、重大项目重点监督、面上项目行业监督”三类监管方式，全面启用四川省水利建设项目监管系统，全省纳入试点范围的386处项目已全部被纳入平台管理，“周跟踪、月调度、季督办、年评估”的监管机制基本建立。聚焦当前突出问题，全面开展四川省水利工程建设质量提升专项行动，组织21个市（州）开展排查和交叉检查，并对所有重大水利工程和部分市（州）抽查23次，已累计排查项目352处，共排查问题544处，完成整改509处。

四川省水利厅编写组

防汛抗旱

【安排部署】 省委、省政府坚持高位推动，省委常委会会议、省政府常务会议逢会必强调，省委防汛工作专题会议、省防指全体会调度会专题会多次安排部署；省委书记彭清华、省长黄强坐镇指挥、一线督导，以问题为导向密集调度雨情汛情6次，实地调研5次，做出批示13次；常务副省长罗文和副省长尧斯丹调度11次、召集省防指专题会10次；建立责任落实“三单一书”和责任督促“两书一函”机制，逐级公示各类责任人，抽查责任人8000余人次，压实责任到最小工作单元。

【调整体制机制】 推动防汛抗旱工作体制机制调整到位，修订工作规则、完善运行机制，水利部门主动承担三级及以下应急响应工作，省、市、县三级完全对应上下一致；调整省、市、县防指，由政府主要负责同志任总指挥、负责常务和分管工作同志任指挥长。践行新时期四川水利高质量发展“3226”工作思路，坚决守住水旱灾害防御底线，立足防大灾巨灾，抓好水文、水安全等四大基础工作，完成省防指部署的“监测预警能力再提升、风险隐患再排查、宣传教育再深化、责任再压实”四大任务，谋划推动重点江河动态洪水风险图编制、岷江流域水库群联合调度方案编制与运用管理、山洪灾害高风险区标准化示范试点建设、重点江河湖库抗旱应急水量调度预案及旱限水位（流量）确定、水安全信息化建设“4+1”基础工作和水文监测预警、山洪灾害防御、水库安全运行管理、堤防建设、流域水旱灾害联防联控机制、“大水调”机制、成都市极值暴雨下水工程调度机制7个方面基础能力再提升行动。

【灾害防治】 落实每日会商制度，调度市（县）35次，开展“1天预报、3天预测、3天展望”水情测报和山洪短历时风险预警，省级发布山洪风险预警39期、山洪短临风险预警1819次、提醒短信7000余万条，各地发布洪水预警预报7668站次、山洪临灾预警近6万次。推动水旱灾害风险普查，完成181个县干旱灾害致灾和洪水灾害隐患调查；专项开展泸县6.0级地震震损水利工程排查，集中开展为期15天的防汛安全隐患大排查，排查点位100余万处，整治隐患7.2万余处。推行全域群测群防，刚性执行“三个避让”“三个紧急撤离”要求，全省避险转移123.3万人。汛前开展备汛督导，汛期开展专项督查和暗访督查以及水库防洪调度运用和山洪灾害防御检查，省级累计督查183个县1000余处点位，发现并整改问题1036个，推动形成全域防灾高压态势。

【科学调度水工程】 综合运用拦、泄、蓄、滞等措施科学精准调度江口、双滩、紫坪铺、亭子口等水库，预留防洪库容56.5亿立方米、拦蓄洪水11亿立方米，渠县县城段洪峰由30年一遇降为20年一遇，沿江城镇减淹近2米。特别是面对“10·5”嘉陵江复式洪峰洪水，持续对宝珠寺、亭子口等水库开展小时级精细化联合调度，削峰3000立方米/秒，使第一个洪峰通过时嘉陵江干流全线不超保证水位、第二个洪峰通过时嘉陵江流域全线不超警戒水位，沿江城镇减淹1.2 ~ 1.8米。

【抓好备汛备战】 修复949个水毁项目。修订四川省防汛抗旱应急预案，启动水旱灾害防御应急预案编制，做好大中型水库水电站汛期调度运用计划编制审批。落实抢险队伍27.3万人和物资2.71亿元。举行安宁河流域防御超标洪水调度演练和近年最大规模最贴近实战的山洪灾害防范应对演练，全省组织演练3万余场次。

【开展抢险处置】 先后派出25个工作组到一线，安排中央、省水利救灾资金2.87亿元。根据汛情变化，分别启动防汛四级、三级应急响应10次、3次，成功应对“7·10”渠江流域2021年第1号洪水、“10·5”涪江嘉陵江有记录以来10月最强秋汛，有效处置江油苏家堰水库大坝外滑坡险情，成功应对山洪灾害202起，避免6302人因灾伤亡。全年减少受灾人口21.65万人，减淹耕地12 890公顷，实现减灾效益17.69亿元。

【开展抗旱减灾】 3月，印发《关于做好2021年防汛抗旱准备工作的通知》《关于抓好当前防旱抗旱有关工作的通知》，压实抗旱责任，做好抗旱减灾。督促攀枝花市及相关县（区）、乡（镇）继续开展应急调水、打井、管网延伸及拉水送水等各项抗旱应急保供水措施，妥善解决旱区群众饮水问题、耕地果林灌溉问题。持续督导旱区结合蓄水、降水、工程、抗旱实情等对抗旱预案进行完善修订，实行旱情统计旬报制及全省蓄水、旱情分析月报制，分析研判旱情发展趋势，深化抗旱保供水各项措施。加强旱情监测会商，及时掌握旱情动态，先后5次派出工作组到旱区指导，累计投入抗旱资金0.36亿元，解决2.82万人基本生活用水问题，抗旱浇地面积20 500公顷，保障3.73万公顷耕地果林春灌用水，挽回经济损失0.58亿元。同时，提前细化工作方案，统筹抓好蓄水保供，提前一个半月完成340亿立方米水电水利蓄水目标，除乌东德、白鹤滩水库外，其余水库较多年同期增蓄10亿立方米，其中水利水库总蓄水量93.51亿立方米，占汛末蓄水计划的105.33%，较多年同期增加6.01亿立方米。

四川省水利厅编写组

水文工作

【水文基本建设】 全省水文中央预算内投资计划项目包括四川省量水设施设备计量检测中心，泸州、宜宾、遂宁水文巡测基地建设，广元水质监测分中心建设，潼川、河溪水文站测流能力建设工程，项目总投资11 061万元，其中中央补助7371万元、省级配套3690万元。全面启动四川水文基础能力提升建设，内容包括优化完善提升改造水文监测站网，规划新建改造335处站点，其中77个水文站、174个水位站、438个雨量站；加强新建机构水文测报能力建设，规划开展5个水文中心巡测基地（含水质分中心）、3个水文中心水质实验室、63处县级测报中心建设，项目规划投资近4亿元。

【水文体制机制改革】 省委编委印发《四川省水文水资源勘测中心编制事项规定》，省级水文机构被明确为公益一类事业单位、副厅级单位，内设部门和地区中心均明确为副处级，地区水文中心调整为四川省水文水资源勘测中心的分支机构，实行多机构一体化管理模式。12月，正式挂牌更名为“四川省水文水资源勘测中心”。

【水情预警、预报】 全省先后经历16轮强降雨过程，暴雨洪水具有强降雨持续集中多发，降雨量东多西少，主雨区稳定少动，中小河流洪水突出，秋汛范围广、时间长、量级大等特点。全省共97条河流206站次发生超警戒水位洪水，其中41条河流56站次发生超保证水位洪水。渠江和青衣江均发生两次编号洪水，10月上旬涪江、嘉陵江（四川段）发生编号洪水，为有历史记录以来的最强秋汛。四川省水文水资源勘测中心接收水雨情信息共1.5亿条，向各级防汛部门报送水情信息4387万条，发送水情预报短信33.4万条，发布水情简报、快报1145期，全省平均30分钟到报率为99.5%。制作发布过程洪水预测3540站次，周、月洪水趋势预测477份，常态化预报622站次，短期洪水预报235站次，洪水预警3012站次，短期预报合格率达90%以上，为全省水旱灾害防御提供了技术支撑。完成四川省水旱灾害防御决策支持系统、多终端开发应用和274处节点预报方案录入，完成新系统河系预报体系构建，初步实现预警预报自动化、预报调度一体化。

【水旱灾害防御】 在暴雨洪水过程中，四川省、市水文中心持续对重点大型控制性水库提供小时级精细化联合调度建议40余次，削峰滞洪效果显著，减少受灾人口21.65万人，实现减灾效益17.69亿元。其中，在“7·10”过程中，持续研判渠江流域红鱼洞、双滩、江口入库洪量并提供水库群联合调度建议，实现滞洪近2亿立方米，干流削峰约2000立方米每秒，三汇站洪峰由“30年一遇”降为“20年一遇”，下游沿江城镇减淹近2米；在“10·5”过程中，从9月29日起组织相关流域省、市两级预报员对国庆假期雨水情趋势进行预测分析，并就10月

3日—7日强降雨过程提前采取应对措施，在汛末水库蓄水情况良好的情况下，对嘉陵江亭子口、宝珠寺两座水库提出预泄腾库的调度建议。强降雨过程中，面对嘉陵江复式洪峰，统筹上下游、左右岸，持续对宝珠寺、亭子口、升钟等流域重点大型控制性水库开展小时级精细化联合调度，削峰3000立方米每秒，确保嘉陵江干流全线不超保证水位，实现沿江城镇减淹1.2～1.8米，减少转移群众5万人。伏旱期提供主要江河控制站中长期径流量预报18站次，定制化预报20余次，为蓄水保供工作提供了数据支撑。提供2022年主要江河径流量预报288站次，为2022年“大水调”工作开展提供了决策依据。

【水资源监测与评价】 编制全省“十四五”水资源监测体系建设规划。实现75个生态流量及240个水量管控断面、130个重要地下水站、2200个取水计量站及66个重要水源地水质站在线监测；推进取用水计量，印发取水计量指导意见，1万家取水单位实现水量在线核定。建设完成省、市、县三级及取水单位共用通用的水资源管理与调配系统一期。构建取水“审批、监测、监管”全流程“一站式”办理的新体系，全省累计1万余户实现业务数据在线办理。完成全省183个县域取水许可审批超载分析，为划定全省水资源超载地区、划定压减审批水量提供了监管依据。组织开展超许可取水技术复核工作，向14个市（州）移交53个涉嫌违法取水问题线索，累计处罚144万元。

【水质水生态监测】 全面开展全国重点水质站、重要饮用水水源地、大中型及重要小型水库和地下水水质监测。组织开展52个重要河流市（州）、县（区）行政断面水质监测，14个沱江生态断面枯水期水质监测与评价，赤水河、邛海、泸沽湖等重点水域水生态监测。组织开展河湖健康评价体系研究，完成青衣江、安宁河河流健康评价。完成450余个常规水质监测断面水质监测与评价，监测评价范围覆盖170个全国重点水质站、41个全国重要饮用水水源地、160余座大中型和人饮功能的重要小型水库，80余座地下水监测井，52个市（州）、县（区）交界断面和14个沱江流域枯水期生态调水控制断面。指导各市（州）开展全国重要饮用水水源地安全保障达标建设评估，完成《全国重要饮用水水源地安全保障达标建设评估报告》（四川部分）。试点开展赤水河、邛海、泸沽湖等重点水域共8个点位水生态监测。加强检验检测机构资质认定管理，完成全省9个实验室监督检查和管理体系内审与管理评审。按照《四川省生态环境监测网络建设规划(2019—2020年)》方案推进水质监测信息共享，水资源质量分析评价平台建成投入运行、实验室信息管理系统稳步推进，实验室管理信息化、自动化迈上新台阶。

四川省水利厅编写组

饮水民生工程

【推进农村供水工程建设】 推进规模化供水工程和城乡一体化供水工程建设，加强小型集中供水工程标准化升级改造，提高农村供水保障能力。全年完成农村供水保障工程投资44.7亿元，建成供水工程4382处，受益人口558.6万人，其中，开工建设规模化供水工程24处，覆盖人口255万人，农村自来水普及率达84%，规模化供水工程覆盖农村人口比例达57%。

【开展“乡村水务”试点】 按照“示范引领、先行先试”的原则，全省拟于2021—2023年遴选60个试点县以农村供水为突破口，协同推进农业灌溉、水库及其渠道、“水美新村”建设等四大板块工作。2021年度经县级申报、市级推荐、省级遴选已确定第一批22个乡村水务试点县和10个备选县，首批试点县乡村水务项目三年计划总投资136.9亿元，已落实资金93.2亿元，已完成投资26亿元，试点工作进入“强推进”阶段。

【推进农村供水工程规范化管理】 印发《四川省水利厅关于做好2021年村镇供水规范化管理工作的通知》，修订完善《四川省村镇集中供水工程规范化管理评价办法》，全年共完成5695处集中供水工程规范化管理达标任务。

【实施农村供水维修养护项目】 落实农村饮水维修养护中央、省补助资金1.99亿元，对106个县9349处工程进行维修养护。截至2021年年底，完成农村饮水维修养护项目投资2.25亿元，维修养护工程9390处，覆盖供水人口1488.64万人。

四川省水利厅编写组

水利科技

【科技政策及科研项目】 全省水利行业省级科技项目结题17项，其中科技厅12项、教育厅2项、行业科技3项；新增立项24项，其中科技厅6项、教育厅2项、行业科技16项；有序推进的各类科技项目121项。

【试点示范】 四川省科研院所科技成果转化项目“水库大坝白蚁监测诱杀一体化技术转化项目”在简阳市龙安7个水库开展白蚁综合防治应用示范。在人民渠五期、六期、七期进水枢纽实施“闸门自动调节系统”试点，达到预期效果。

【应用推广】 组织编制四川省2021年水利科技推广目录，推广质量检测与计量检定、农业节水技术、一体化测控闸门、土石坝生物病防控技术、复合式活水提质装备、面源污染防治相关成果的应用。“封闭式智能集成闸井系统(技术)”入选水利部2021年度水利先进实用技术重点推广指导目录。科技创新项目“节水型自动喷灌系统及节能配套设施”“闸前水流干扰防淤堵装置”和“科技信息设备运维管理系统”通过水利厅评审，并进行推广应用。

【成果奖励】 全省水利系统及科研院所在国内外学术期刊上共发表论文229

篇(其中SCI数据库收录3篇、EI数据库收录2篇、中文核心期刊46篇),共获得专利授权、软件著作权登记58项。“河道弃渣岸坡生态修复技术”和“水库大坝白蚁监测诱杀一体化技术”入选首届“科创中国·天府科技云服务大会”60项重点高新技术推广项目。

【技术标准】 召开四川省水利标准化技术委员会成立大会暨第一届委员会第一次全体会议,讨论通过了标委会相关规章制度。申报地方标准22项,获批立项7项。完成《四川省用水定额》修订,省政府以川府发〔2021〕8号文印发实施。

【国际合作、技术交流】 与水利部科技推广中心在成都市联合举办长江流域保护治理水利技术交流会。承办2021年水库大坝生态发展研讨会。与中电科二十九所蓉威公司、中建八局西南建设工程有限公司等签署战略合作框架协议,在水利信息化、水利行业安全监测预警、病险水库加固技术及水患灾害防治等领域开展战略合作。9月,水利厅、人力资源社会保障厅、省总工会联合主办四川技能大赛—水利行业职业(河道修防工)技能竞赛。

四川省水利厅编写组

流域治理

【基本情况】 2021年,全省清理整治河湖“四乱”问题586个,基本实现动态清零。完成全国水利普查名录内河湖划界成果复核和数据提交任务,完成长江干流岸线利用项目清理整治234个、黄河岸线利用项目清理整治24个。加强黄河干流四川段河岸治理。推进若尔盖县唐克镇、辖曼镇河岸应急处置工程建设,12月23日,四川省河湖“清四乱”工作在国新办新闻发布会上被水利部点名表扬。

【岸线规划编制】 全面完成长江(金沙江)、黄河、岷江、沱江、雅砻江、嘉陵江、大渡河、涪江、渠江、青衣江、安宁河、泸沽湖等省级12个重要河湖的岸线保护与利用规划编制,基本完成全省流域面积1000平方千米以上河流和常年水面面积1平方千米以上湖泊的岸线保护与利用规划编制。

【河湖“清四乱”常态化、规范化】 1月,对各地已上报整改销号的“四乱”问题整改情况进行省级抽查复核。印发《四川省河长制办公室关于继续深化河湖“清四乱”常态化规范化的通知》(川河长制办发〔2021〕22号),常态化规范化开展河湖“清四乱”。

【岸线利用项目清理整治】 持续推进长江(金沙江)、黄河、赤水河治理保护,完成长江岸线利用项目小石盘渡口拆除取缔;清理整治黄河岸线利用项目24个、金沙江下游岸线利用项目27个,拆除取缔非法矮围1处,经省级复核均已达到整改要求。印发《四川省总河长办公室关于开展赤水河干流岸线利用项目排查整治的通知》(川总河长办发〔2021〕28号),启动赤水河岸线利用项目排查整治。

【涉河建设项目管理】 开展2021年度涉河建设项目“双随机”检查,利用河湖“清四乱”、河湖划界和岸线规划等工作成果研发填录系统,组织各地全面复核清理码头工程、跨江设施、穿江设施、防洪护岸整治工程、生态环境整治工程、造(修、拆)船项目以及规模以上取排水设施等已建、在建涉河建设项目。开展涉河建设项目清理入库,清理填报涉河建设项目2.3万余个,实现涉河建设项目排查成果台账化、可视化。

四川省水利厅编写组

河(湖、库)管理

【基本情况】 2021年,省委书记、省长共同签署省总河长第1号令,颁布《2021年四川省全面深化河湖长制工作要点》;24位省级河湖长认真履职,全年开展巡河巡湖54次,全省近5万名各级河(湖)长巡河巡湖360万余次,整治各类河湖问题37万余个,推动全省河湖面貌持续向好。11月25日,省第十三届人大常委会第31次会议表决通过《四川省河湖长制条例》,自2022年3月1日起施行。截至2021年年底,全省水环境质量稳中向好,203个国考断面中有195个达到Ⅲ类以上,优良断面占比96.1%,Ⅴ类和劣Ⅴ类断面全部消除,主要河流出川断面水质全部达到优良。

【河湖管理范围划定】 2月,印发《四川省水利厅关于进一步巩固河湖管理范围划定工作成果的通知》(川水函〔2021〕318号);4月,印发《四川省水利厅关于加快复核全省河湖管理范围划定工作成果的通知》(川水函〔2021〕631号),完成全省3055条河流、171个湖泊划界成果完整性、合规性和准确性复核,开展数据成果入库。

【小型水库运行管护】 推进水库管理体制改革样板化示范,指导广安市岳池县、资阳市雁江区、泸州市泸县、达州市大竹县创建为第二批全国深化小型水库管理体制改革样板县,数量位居全国第二。同步培育省级深化小型水库管理体制改革15个。推进水库运行管护购买服务试点,在全国率先出台向社会购买水库物业化管护服务的相关指导意见和技术规程,探索出水库管养分离“物业化”、专人专岗“专职化”、远程监测“智能化”等富有四川特色的水库标准化管理之路。推进水库信息化管理,加强与省水文中心等的协作配合,按照统一标准,在全省推进水库雨水情测报系统改造升级,将重要中小型水库雨水情与水资源监测设施建设项目纳入水利厅“4+1”工作推进内容。推进依法治水,完成《四川省水利工程管理条例》修正,于9月29日通过省十三届人大常委会第三十次会议审议;完成《四川省升钟水库生态环境保护条例》立法调研。

【河湖公园建设】 经景区单位自愿申报、地方政府同意、市级水利部门初审、省级专家实地评估并报省水利风景区建设与管理工作领导小组审议通过,认定德阳市中江县凯江、广安市武胜县龙女湖、达州市万源市后河、遂宁市大英县郪江、阿坝州汶川县寿溪河、内江市隆昌市古宇庙水库6处河湖公园，全省累计建成河湖公园（试点）18家。

【建立“五大体系”】 建立完备的河湖名录体系。将全省各类河流、湖泊、天然湿地、水库和重要渠道纳入河（湖）长制管理，实现各类水体的全覆盖。

建立明晰的河长责任体系。全省设立省、市、县、乡、村五级河湖长共48 854名。省委书记、省长担任省总河长，省委副书记担任省副总河长；在14个主要河湖设立省级双河（湖）长，分别由一位省委常委和一位副省长或省人大常委会副主任、省政协副主席担任。设立省总河长办公室和省河长制办公室，负责具体协调河（湖）长制日常工作。

建立系统的政策制度体系。出台《四川省河湖长制工作条例》，制定制度30余项，形成“1+30”的河（湖）长制政策制度体系。在全国率先出台河长制提示约谈通报制度。

建立科学的河湖治理体系。构建形成省总河长谋划部署，省级河（湖）长牵头落实、市级河（湖）长常态督促、基层河（湖）长具体实施、河长制办公室分办督办、各级各部门积极参与的治理体系。

建立现代的技术支撑体系。滚动编制“一河（湖）一策”管理保护方案，建成河长制基础信息平台和河湖“一张图”及相关数据库，为河湖治理提供技术指引，提高河（湖）长制工作信息化水平，并接入省政府指挥大屏展示系统。

【深化完善体制机制】 打造村级河湖管护“解放模式”。打造雅安市名山区解放村村级河湖管护“解放模式”，受到水利部的肯定，并被纳入中国干部网络学院“强化河湖长制网上专题班”培训课程内容，向全国学习推广。

加强督查质效。组建暗访督查专家库并制定印发专家库管理办法，采用“四不两直”方式持续组织开展年度两轮省级河（湖）长制暗访督查，并制作典型问题警示片。

聚焦重点工作。紧盯水资源管理保护、河湖“清四乱”、采砂管理等河（湖）长制“5+9”等重点工作，出台《四川省省级河长联络员单位联席会议制度》并开展季调度，不断形成“大联动、大治理、大融合”的河湖管护新格局。

贯彻《中华人民共和国长江保护法》。出台《四川省水利厅贯彻实施长江保护法工作方案》，明确水利厅牵头负责15项具体工作，并配合其他部门参与实施19项工作。

【推进治理】 加强水域岸线管理保护。清理整治违法违规岸线利用项目285个。常态化规范化排查整治河湖“四乱”问题4700余个。完成河湖管理范围划定，基本完成规模以上河湖岸线保护规划编制。加强监管，完善涉河建设项目管理制度，清理排查涉河建设项目2.3万余个。

加强水污染防治。长江流域9个劣V类国考、省考断面全部消除。1824个建制镇已具备污水处理能力。农村生活垃圾收运处置体系覆盖96%的行政村。纳入“全国城市黑臭水体整治监管平台”的105个黑臭水体已全部治理竣工。

加强水环境治理。134个省级及以上工业园区建成污水集中处理设施。实施“新三推”方案，新（改）建污水处理设施，累计新增日处理能力691万立方米。推进农村生活污水治理，启动农村生活污水治理“千村示范工程”，推进建制村的环境综合整治。

加强水生态修复。全省新增河湖生态治理面积4000余平方千米，完成河湖公园建设改革试点9个，建成水美新村1000个。实施若尔盖国际重要湿地保护与修复工程，修复退化湿地6400公顷。全省5131座小水电站被纳入清理整改范围，累计退出电站1233座，全面完成目标任务。

加强执法监管。严厉打击水环境违法行为，水利部门、检察机关、公安等部门联合处理涉河湖公益诉讼案件132件；联合开展采砂综合整治和打击“砂霸”行为，破获河道非法采砂刑事案件75起，移送审查起诉160人。

【联防联控，全域治理】 注重上下游、左右岸、干支流协同治理，累计签署779个联防联控协议。设立全国首个跨省河长制联合推进办公室，联合开展跨界河流暗访，“川渝打造跨省河流联防联控联治合作”获评全国“2020基层治水十大经验”，被中央改革办《改革情况交流》采编。川、滇、黔三省联合制定加强赤水河共同保护的决定和条例，与云南省共同出台《共同保护治理泸沽湖“1+3”方案》。川、陕、甘三省协调解决嘉陵江上游白龙江水面垃圾防控处置问题。成都、阿坝等6个市（州）签署岷江、沱江协调联动推进流域水生态治理保护合作协议，实现流域共治。完善行政执法和刑事司法衔接机制，与检察院在黄河流域开展“携手清四乱　保护母亲河”专项行动，通过提出检察建议、开展公益诉讼等方式基本实现问题整治动态清零。

【开展河湖健康评价】 制定规范评价体系，首批224条河湖有了“健康档案”。搭建水生态基础“七库四规、一图多站”总体框架，编制实施方案，提升河湖保护和监管能力。开展数字孪生河湖建设，选取青衣江、琼江进行省级试点。开展河（湖）长制“七进”等系列宣传活动，全社会共同护河治河格的良好氛围日益浓厚。

【筑牢长江黄河上游生态屏障】 省委书记、省总河长彭清华主持召开2021年省总河长全体会等会议，要求各级各部门完整、准确、全面贯彻新发展理念，保持战略定力，促进河湖水质和生态持续改善。省长、省总河长黄强主持召开全省防汛抗旱地质灾害防治和河（湖）长制推进工作电视电话会等会议，要求强调统筹推进山水林田湖草沙系统治理，坚决筑牢长江黄河上游生态屏障。两位省总河长共同签署省总河长第1号令，颁布年度河（湖）长制工作要点；24位省级河（湖）长切实履职，带动全省上下近5万名河（湖）长巡河巡湖360万余次，整治各类河湖问题37万余个，推动全省河湖面貌持续向好。

【骨干水网建设】 完成全省“十四五”水安全保障规划，谋划四川“一主四片”水生产力和骨干水网布局；推进引大济岷、长征渠引水等骨干水网工程建设，基本确定引大济岷工程总体方案和引水线路；加快向家坝灌区一期、亭子口灌区一期以及大桥水库灌区二期等工程建设；创新“投建运”机制，推进一体化管理，支撑骨干水网建设运行。

【水资源综合调度】 建立健全“大水调”协调机制，组建由分管副省长牵头、多部门组成的常态化会商协调机制，在水利水电蓄水保供中发挥重要作用。制订金沙江、赤水河、黄河等5条江河流域水资源调度方案，常态化开展8条重点江河流域年度水量分配和实时调度，保障重点河流上下游、左右岸生产生活生态用水需求。

【水资源刚性约束】 贯彻“四水四定”原则，全省2.1万余个取水项目基本实现持证取水、按证取水、计量取水，全省用水总量控制在321.64亿立方米以内；完成42个全国重要饮用水源地安全保障达标建设；完成水权水价改革工作方案编制，《四川省水资源条例》已通过省人大常委会第二次审议。

【全面实施“节水行动”】 省政府发布《四川省节约用水办法》《四川省用水定额》，印发《四川省“十四五”节水型社会建设规划》，制订《四川省黄河流域深度节水控水行动实施方案》，开展节水型灌区、节水型高校、节水型企业、节水型公共机构等载体创建，建成45个全国节水型社会达标县。

【持续开展重点领域污染防治】 印发《四川省入河排污口排查整治工作方案》，完成长江干流、岷江、沱江、嘉陵江、赤水河等流域入河排污口溯源8879个，整治612个，审批入河排污口308个；完成136家“三磷”企业整治和核查验收；完成9个市33条城市黑臭水体现场抽查和暗访，并将相关问题移交属地政府推动整改。

【加强集中式饮用水水源地保护】 修订《四川省饮用水水源保护管理条例》，出台《四川省老鹰水库饮用水水源保护条例》；开展饮水源地保护工作“回头看”专项行动，发现问题488个，已基本整改到位；加强农村集中式饮用水水源地环境问题排查整治，排查问题958个，已整治完成95%；对水质不达标的78个水源地落实“一源一策”水质达标方案开展治理整治。

【严格开展岸线管控】 完成2816条河流和29个湖泊的划界成果复核和数据提交任务。清理整治河湖“四乱”问题586个，基本实现动态清零。完成长江干流岸线利用项目清理整治234个、黄河岸线利用项目清理整治24个。建立189个重点河段、敏感水域河道采砂管理“四个责任人”制度，发放采砂许可证728个。加强黄河干流四川段河岸治理，推进唐克镇、辖曼镇河岸崩塌应急处置工程。

【巩固小水电站清理整改成效】 全省5131座小水电站纳入清理整改范围，其中保留239座、整改3508座、退出1384座，退出电站总数和占比位居全国第一；已退出电站1186座，全面完成年度任务；完成阿坝州金川八一电站整改验收销号并上报党中央；赤水河流域退出小水电74座，超额完成年度任务；省级财政安排以奖代补资金3.4亿元。

推进长江黄河流域生态修复。加快推进黄河干流四川段冲刷险段修复和若尔盖国家公园创建，实施甘孜州海子山和长沙贡玛湿地保护与修复工程，建成小型拦水坝2座和微型拦水坝104座，修复湿地周边退化植被7000余公顷，治理冲蚀沟22千米；培育“水美新村”300个；实施50个县（市、区）水土保持重点工程建设，完成水土流失综合治理面积5130平方千米。

加强河湖生态流量保障。印发《四川省第二批重点河湖生态流量保障目标（试行）》，国、省生态流量考核断面总体达标率达98%以上，实现岷江向沱江枯水期常态化生态补水约12亿立方米；加强小水电下泄生态流量监管，对违反下泄流量规定的19座电站进行行政处罚，82座电站进行解网，26座电站暂停结算电费。

开展水生动植物保护。全面落实长江流域禁捕禁渔，建立完善长江流域禁捕网格化管理体系，查办违法捕捞案件4020件，起诉非法捕捞水产品案件561件，在黄河流域建立各类自然保护地23处（总面积达3375万亩），完成黄河上游特有鱼类国家级水产种质资源保护区若尔盖段勘界立标。全省增殖放流重要水生生物物种及濒危物种5235万尾。

推进河湖管护法治化。全面贯彻落实长江保护法，川、滇、黔三省联合制定加强赤水河流域共同保护的决定和条例，正式颁布《四川省河（湖）长制条例》，出台《四川省嘉陵江流域生态环境保护条例》等10余部河湖管理法规制度，为构建河湖管理保护长效机制、强化落实河（湖）长制提供坚实的法治保障。

加强激励河长制工作考核约束。建立激励机制，安排省本级财政资金对年度考核排名靠前的市（州）进行一次性资金奖励，调动河（湖）长工作积极性；优化河（湖）长制考核，调整完善考核评价因素和程序，将优秀率控制在50%左右，“考”出干事创业的精气神。

加强河（湖）长履职监督检查。持续开展“四不两直”暗访，组建河（湖）长制工作暗访督查专家库，查找河湖治理问题，并对河湖问题突出和问题整改不力的进行约谈通报，全年累计开展约谈432人次，通报934人次；拟定《四川省河（湖）长制进驻式督查工作办法》，探索开展进驻式督查，倒逼责任落实。

【推动河湖流域合作“共治”】 推动建立长江、黄河流域省级河（湖）长联席会议机制，省长、省总河长担任四川省联席会议召集人；川渝签订《长江流域川渝横向生态保护补偿协议》，每年共同出资3亿元作为川渝流域保护治理基金，打造全国首个长江干流生态保护跨省补偿机制样板；川甘两省建立黄河流域横向生态补偿机制，共同出资1亿元用于黄河流域保护治理。

【推动区域合作“联治”】 全省累计签署跨界河湖合作协议779个，联防联控联治不断向中小河湖、农村河湖延伸。沱江省级河长牵头研究制订新一轮《沱江流域水环境质量及治理能力现代化水平巩固提升三年行动计划(2021—2023年)》，各地各级共同打造沱江流域水污染防治攻坚“2.0版”；川、陕、甘三省联合开展嘉陵江上游（白龙江）水面垃圾防控处置，垃圾入侵问题得到有效改善。

推动行业合作“同治”。持续深化“河长+”工作机制，与检察机关联动协作，全年办理各类涉河湖公益诉讼案件132件；水利、交通、公安等部门联合开展采砂综合整治和打击“沙霸”行动，侦办河道非法采砂刑事案件75件，移送司法160人。

加强河（湖）长制信息平台建设。持续完善河（湖）长制“一张图”数据库、基础信息平台，开发长江禁捕管理模块，充实河湖管理范围划定成果、岸线保护利用规划、采砂管理规划、“一河（湖）一策”等内容，基本实现省、市两级河（湖）长制信息互联互通及数据融合。

【完善监测监控体系】 迭代优化河（湖）长巡河APP，综合利用遥感、空间定位、卫星航片、视频监控、自动监测等科技手段对水文、水资源、水环境、水生态、水域空间、河道采砂进行动态检测监控，成都、绵阳等地初步构建起“天上看、地上查、河上巡、网上管”的现代化科技化立体监管模式。

【充实河湖基础数据】 基本编制完成全省重要河湖岸线保护利用规划；编制14个省级河湖和21个市（州）辖区内河流湖泊“一河（湖）一策”管理保护方案(2021—2025年)》；建立河湖健康档案，完成224条河流（湖库）健康评价试点。

【优化宣传引领，推动全民治水】 在省政府门户网站推出河（湖）长制工作宣传专栏，对接中央电视台、《人民日报》等知名媒体开展“川流不息”——行走长江黄河四川段主流媒体第二阶段采访，改版升级“四川河湖”微信公众号，推出“回眸河长制五周年——美丽河湖巡礼”“全面推行河（湖）长制 建设人民幸福河湖”等专题栏目6个，“四川河湖”关注量达14万人，阅读量达3400万余次，河（湖）长制工作影响力不断提升。创新开展河（湖）长制“七进”宣传活动，到公安厅、国网四川公司、成都市委党校等七类10个单位开展宣传，覆盖21个市（州）177个县（区）400余万人次，撰写各类简报和动态信息1311条，其中被水利部、人民网、新华网等网站、报刊采用70余条，全方位宣传河（湖）长制的格局逐步形成。

四川省水利厅编写组
四川省地方电力局（四川省河湖保护局）编写组

水土保持

【基本情况】 2021年，水利厅承办长江上游水土保持委员会第十八次会议，在全国率先出台《关于推进新时代水土保持高质量发展的意见》，谋划部署新时代水土保持工作。在国家7部委联合开展的2020年度全国水土保持规划实施情况评估考核中，四川省获得“优秀”等次。

【重点治理】 加强国家水土保持重点工程建设，综合治理水土流失面积856平方千米。创建国家水土保持示范县2个、国家水土保持科技示范园2个、国家水土保持示范工程3个，占全国总数的近8%，名列全国前茅。生态清洁小流域建设成果得到水利部总结推广。

【水土保持方案审批】 将水土保持行政许可事项列入“一体化”政务服务平台，推行“最多跑一次”改革，简化审批程序，省、市压缩审批时间30%～50%，全省全年共审批生产建设项目水土保持方案9228个，审批办结率100%。向成都、泸州、德阳、绵阳、乐山、南充、宜宾、达州等8个区域中心城市下放省级水土保持方案审批权限，并配套出台实施细则。

【建设项目监督管理】 全年共检查生产建设项目10 310个，查处违法案件1255起；全面完成黄河流域水土保持专项整治行动。水土保持补偿费征收加强，全省征收金额13.22亿元，其中省级入库3.6亿元。

【监测与信息化】 完成《四川省2020年度水土保持公报》编制。完成水土流失动态监测与消长分析评价，全省20个监测站点正常运行。采用遥感、无人机和移动终端对国家水土保持重点工程和生产建设项目进行信息化监管。

【宣传教育】 省级机关党校、21个市（州）党校、部分县级党校把水土保持列入干部培训内容。教育部门利用“世界地球日”“节能宣传周”“中国水周”等关键时间节点开展水土保持宣传教育，让“水土保持　人人有责”的理念进校园、进课堂。泸州市纳溪区清溪河小流域、德阳中江县小流域治理等项目被《人民日报》、新华社、中央电视台等中央媒体宣传报道。

【构建联动机制】 建立省、市、县三级水保委机制，首次召开省、市、县三级同时参加的省水土保持委员会（扩大）视频会议。发挥地方党委、政府、人大、法检等多部门联动作用，全省21个市（州）人大常委会开展对区（县）全覆盖的《水土保持法》执行情况的检查和调研。

四川省水利厅编写组

交通建设与管理

【路网建设】 全省新(改)建农村公路1.7万千米,完成投资257.6亿元,较上年同期增加约60亿元,增长比例超过30%,超额完成年度目标任务。其中,建成撤并建制村畅通工程6926千米,占年度目标的153.9%;建成乡村振兴产业路旅游路工程953千米,占年度目标的105.9%。建成渡改公路桥26座,占年度目标的123.87%;实施危旧桥梁改造155座,占年度目标的155%。

【示范创建】 全年新创建"四好农村路"全国示范县10个、省级示范县25个、省级示范市2个,遂宁市被评为"全国市域示范创建突出单位"。累计创建"四好农村路"省级示范市3个、省级示范县95个、全国示范县20个、全国示范市1个,全国示范县数量与江苏省并列全国第一,"示范引领、四好并进、提质扩面"的农村公路协调可持续发展格局逐步形成。

【加强组织领导,加强政策保障】 加强组织领导,坚持把乡村振兴作为"三农"工作总抓手,成立交通运输厅主要领导为组长、交通运输厅领导班子成员为副组长、相关单位(处室)为成员的交通运输服务乡村振兴战略领导小组,建立完善议事制度。加强政策保障,聚焦支撑乡村振兴,完成全省农村路网规划调整,推动农村公路对乡村行政经济、文化旅游、产业园区等节点全覆盖;印发《四川省交通运输支撑服务乡村振兴的实施意见》和《提升农村交通运输服务水平"三项工程"推进方案》,建立撤并建制村、产业路旅游路等项目库,提升农村路网服务乡村振兴发展能力。加大资金投入,加强与交通运输部和财政厅的沟通协调,争取部、省补助资金支持,落实到位中央车购税补助资金26亿元、省级交通专项资金34亿元,保障项目建设。

【加大监管力度,规范项目管理】 细化工作目标。将年度目标任务按市(州)细化分解到地区、到项目,对重点项目实行"红黑榜"看板管理,对目标完成情况按月跟踪,通过"发点球"形式函告市(州)党委、政府,压实地方政府责任,保障目标完成。"两项改革"交通重点项目每月形成专题报告并报送省政府,做到"月月有分析、季度有通报"。

加强质量监管。结合项目推进情况、历年质量抽检结果,选取部分地区的农村公路分片区开展质量抽检,重点对项目实体、一般原材料等进行检测,及时将发现问题通报至项目业主和交通运输部门,督促问题整改。此外,在组织45个志愿检测机构开展农村公路项目质量抽检的基础上,委托第三方检测机构实施重点检测,加强监督管理,形成质量监管高压态势。

加强督促指导。建立"领导带队、片区负责、市县配合"的工作机制,开展现场指导,加强一线帮扶。继续落实专人,加强项目进度跟踪管理。针对重点项目,选派精干力量常态化开展现场督导,及时帮助解决存在问题。定期召开专题会议,形成工作通报,并将年度任务完成情况抄报市(州)政府,加强督查督办,确保项目加快实施、按期完成。

【推进体制改革,提升管养水平】 推行路长制。推动省综合交通建设和运输协调领导小组印发《关于进一步加强农村公路路长制工作的通知》(川交协调办〔2021〕1号),建立省级层面路长制领导机构,推动市级完善专门组织,形成路长制"自上而下"推进动力,农村公路路长制基本实现县(市、区)全覆盖。印发《四川省农村公路养护管理办法》,加强农村公路养护管理,构建农村公路协调可持续发展长效机制。

加强信息化管理。推广遂宁市和蒲江县等地农村公路信息化建设经验。开展农村公路重点桥梁简易安全监测、轻量化设备路况检测评定、"金通工程"车载视频智能公路巡查等应用技术研究,提升农村公路信息化管理水平。

健全考核体系。会同财政厅印发《四川省农村公路管理养护绩效考核办法》,以路况水平、能力建设、资金保障等为重点开展省对市的绩效考核,并将考核结果与养护资金分配挂钩,压紧压实地方农村公路管养工作责任。

四川省交通运输厅编写组

农田水利建设

【大型灌区建设】 在都江堰灌区实施1个续建配套与节水改造项目,总投资1.63亿元(其中,中央投资1.3亿元,地方投资0.33亿元),对18处渠系建筑物进行了配套改造,改善灌溉面积150万亩,新增节水能力1500万立方米,新增粮食产能50万千克。

【中型灌区建设】 全年完成总投资7.08亿元,整治渠道506千米,建设渠系建筑物2097座。完成乐山市沫江堰灌区等11处重点中型灌区续建配套与节水改造,总投资22 708万元,新建、整治渠道232.4千米,新建、整治、改造渠系建筑物1765座,新增(恢复)灌溉面积6.72万亩,改善灌溉面积24.26万亩,新增粮食生产能力4499万千克。全面启动遂宁射洪市前锋渠灌区、宜宾市南溪区马耳岩水库灌区和资阳市安岳县书房坝水库灌区等19处2021—2022年中省水利发展资金中型灌区改造。

【太阳能光伏泵站建设】 落实省级水利发展资金4500万元，分别在得荣县、乡城县、丹巴县、德格县、巴塘县、白玉县、稻城县、炉霍县8个县开展太阳能光伏泵站建设，总装机功率1125千瓦。

四川省水利厅编写组

农村信息化建设

农村通信工作

【基本情况】 2021年，全通信行业累计完成电信业务总量（上年不变单价）936.7亿元，同比增长30%；实现电信业务收入703.4亿元，同比增长6.3%；固定资产投资额累计完成191.7亿元。全省电话用户总数1.1亿户，固定宽带用户3220.9万户，移动互联网用户7990.8万户，IPv6活跃连接数8463万户，IPTV用户2924万户。全省4G基站达30.8万个；建成5G基站6.6万个；光缆长度达374.9万皮长千米，光纤接入端口占比达97.9%。全省农村宽带用户1207万户，全省行政村光纤和4G通达率均为100%。

【加强规划引领】 发布《四川信息通信行业“十四五”发展规划》，谋划部署“十四五”期间信息通信业发展路径，持续提升农村边远地区“光纤+4G”网络覆盖，加快5G网络向农村地区延伸。

【巩固脱贫攻坚成果同乡村振兴有效衔接】 有序推进电信普遍服务和民生实事。建成1429个4G基站，覆盖1403个行政村。加快5G基站建设，实施5G网络“强镇兴乡”工程，支持在全省1107个乡（镇）建成5G基站1781个。坚持脱贫户优惠资费不变，坚持脱贫户享受优惠套餐资费比城市同等服务套餐资费低35%以上政策不变，部分套餐低至五折，累计惠及176万名贫困人口，降费金额达2.3亿元。推广农村信息化应用，全面普及“互联网+教育”，实现全省具备条件的农村中小学（含教学点）100%宽带网络覆盖；建成3.96万个益农社，覆盖85%以上的行政村，农村电商平台交易金额累计超过244亿元。在有明确应用场景的农村地区推动“5G+智慧旅游、智慧医疗、智慧教育、智慧农业”等应用，培育乡村振兴新动能。加速5G应用孵化，发布5G典型应用场景，推进5G与农业融合发展，推动5G应用从“样板间”向“商品房”加速转变。

【纵深推进提速降费】 宽带网络不断提档升级，实现“百兆入村”。全省百兆以上宽带用户占比90.4%，千兆宽带用户达238万户，全国排名第七，移动宽带用户普及率94.5%。完成IPV6规模部署三年行动计划，IPv6网络性能全国排名靠前。推动资费持续下降。推动企业宽带和专线平均资费水平降低16.6%，惠及企业89万家，累计降费近2亿元。加大扶贫助残力度，推动企业推出残疾人专属优惠资费。

【电信监管】 精简行政审批，优化办理事项。四川增值电信企业数量在2020年年底达6491家，2021年，共办理2017家，同比增长43.66%。

【维护用户权益】 健全网络安全防护体系。加强行业网络安全管理，确保重大活动网络安全保障。组织开展四川省信息通信行业行风建设暨纠风工作，全面提升服务质量，提高用户满意度，2021年度四川省电信服务质量用户满意度指数为82.68，农村用户满意度指数为83.41，均达“满意”水平。加强农村通信基础设施运行维护，提升通信服务质量，开展川渝通信服务一体化，在川渝两地推出亲情号跨区互设、跨区缴费等8项跨区通信服务。开展通信行业适老化服务专项工作，督促基础电信企业持续落实老年用户“一键接入”人工客服服务，2000余家电信营业厅设置了爱心台席，近1000家电信营业厅设置了老年人服务专区。健全电信用户申诉举报定期通报机制，溯源整治热点难点问题，做到“件件有落实，事事有回音”。依法查处电信企业违规行为，行政处罚9家、行政处理55家次，营造公平有序的信息通信消费环境。加速推进跨行业共建共享，发挥信息通信行业资源优势，变“通信塔”为“数字塔”，向各行业开放铁塔、机房、电力等基站配套站点资源超过1万个。完成《四川省建筑物通信基础设施建设标准》《四川省智能杆塔技术标准》编制，截至2021年年底，四川通信杆路、管道共享率达90%以上，杆路、管道共建率达80%以上。

【提升应急通信保障能力】 全力支撑疫情防控，全年累计向各市（州）区域协查专班发送区域协查数据1896万条，为快速研判疫情、精准追踪涉疫人群、有效隔离管控提供数据支撑；加强数据融合运用，支撑“关口前移”；建立短信发送机制，全年累计向各类人员发送疫情防控提醒短信1.38亿条，配合公安、卫健、疾控、大数据等部门发送入（返）川人员提醒短信、疫情防控公益短信3亿余条；“专用号卡”助力基层排查，组织基础电信企业向全省各市（州）紧急配发2万余个加注疫情防控来电显示标识的区域协查“专用号卡”，提高基层排查工作效率，确保排查工作有序开展。夯实应急基础，提升应急通信保障能力。坚持“人民至上、生命至上”，提高思想认识，加强责任担当，坚决扛起防灾减灾政治责任，时刻绷紧防灾减灾这根弦，补齐安全风险防范化解短板弱项，建立高效有序的应急体制，夯实应急基础；加强应急通信装备物资储备和预置，推动新技术、新装备在应急场景下的应用，解决“三断”（断电、断路、断网）场景下应急通信保障难点问题；建立健全应急预案体系，及时编制、修订、完善应急预案，结合预案有针对性地组织开展应急演练，提升应急通信保障能力。

四川省通信管理局编写组

四川农村信息网建设

【基本情况】 四川农村信息网（原四川农经网www.scnjw.com）是由四川省人民政府主办、四川省气象局承办的农村经济综合信息网站。网站于2001年7月18日开通，开展农村经济综合信息和气象信息服务。四川农村信息网建有1个省级信息中心、20个市（州）信息分中心和分布全省的23个市场价格信息采集点。网站涵盖主站、20个市（州）分站、农产品价格供求发布系统、“四川e农”和农产品气候品质认证溯源等多个平台，开设有气象、政策、科技、教育、减灾、休闲和市场等主要栏目，助力农民增产增收，为政府提供农经综合信息和气象决策服务。

四川农村信息网全年组织发布农业科技、涉农法律政策和市场分析等各类农经信息2.33万余条、农产品价格信息14.94万余条、供求信息1.64万余条。通过网站的农产品价格供求模块完成全省及全国范围内农产品价格行情信息和供求信息的采集、编辑和发布，采集粮油、蔬菜和农资共25个种类的农产品市场行情信息，定期向公众及政府决策部门发布《农产品价格供求情况分析》12期。面向农业经营主体的“四川e农”手机APP广泛应用于“直通式气象服务”，把气象服务延伸到乡（镇）、社区、专合组织和种养殖大户，覆盖全省65.2%的新型经营主体。

【乡村信息员队伍建设】 开展气象信息员队伍建设和管理工作，截至2021年年底，全省气象信息员总数达23 997人，乡（镇）覆盖率达100%。分发预警信息24 971条，在线培训12 544人次，灾情上报114条，活跃度达48.82%，居全国第二位。

【“气候好产品”】 推进国家和省级生态气象品牌创建，创建“中国天然氧吧”5个、“中国气候好产品”1个，授牌“巴蜀气候标志地”5家。创建“中国气候宜居城市”3个。攀枝花市完成全域创建“中国气候宜居城市”。开展特色旅游气候资源调查评估，挖掘乡村旅游气候资源潜力，逐步形成“气候小镇+农产品”“气候小镇+民宿”等乡村旅游产品，地方优势生态资源、产品效益转化明显。

四川省气象局编写组

农村邮政事业

综　　述

【基本情况】 2021年，中国邮政集团有限公司四川省分公司围绕乡村振兴战略，立足农村，发挥邮政商流、物流、资金流、信息流“四流合一”的资源禀赋优势和“直达源头”的渠道优势，主动融入党和国家发展战略，主动服务地方经济发展，担起央企经济责任、政治责任和社会责任。围绕省委、省政府构建“10+3”现代农业体系、“美丽四川·宜居乡村”建设行动、全面深化农业农村改革、构建农村现代流通体系等重点，探索邮政惠农服务创新模式。渠道建设稳步推进，平台运营提质增效，协同发展实现突破，普遍服务质量提升，农村电商守正创新。

【一体推进乡村振兴】 发挥协同优势，聚合内外资源，推动邮政服务乡村振兴落地见效。21个市（州）178个涉农县（区）政企全对接，14个市（州）44个县分公司参与电商进农村项目，累计签约资金1.59亿元，带动沉淀农户资金298亿元，分别拉动农品、农资销售2.4亿元、1.04亿元，分别较上年增长86.7%、22%；收寄极速鲜农产品555万件，收寄惠农易邮箱4857万件。在农村布放金融机具1.2万台，累计评定信用村9670个、信用户25万户，发放“三农”贷款453亿元。建成惠农合作标杆县40个、农产品基地70个；走访农民合作社10.7万家、农户82.7万户，新增农户会员70.31万户。政邮携手，与交通运输厅、商务厅开展战略合作，交邮强国建设试点“金通工程·天府交邮通”品牌获得省政府肯定；与农业农村厅共同助力农民合作社高质量发展。开展惠农项目、农肥优惠购，提供农技服务，销售农肥4.1万吨；拓展惠农服务范围，全年累计建设“天府·税邮驿站”2085个，市（州）和县（区）覆盖率达100%，乡（镇）覆盖率达80%。

【聚焦农产品上行】 助力农产品销售，全省累计开展直播带货140余场，参与人数超过40万人次，直播销售额超过800万元。持续推进团购活动，开展米易西红柿、茂名荔枝、汉源甜樱桃、攀枝花芒果及“9·19”电商节、“双11”购物节等专项团购活动，累计实现团购销售额约800万元。以各类主题活动（年货节、“女神节”“6·18”“9·19”）为抓手，组织邮乐小店店主开展分享营销，每日开展爆款推荐、集赞、满立减等活动。全省邮乐小店日均活跃用户数7686人。围绕工会普惠系列项目搭建会员服务场景，持续开展“川工带川货·会员享实惠”和“普惠到家”活动，通过邮乐平台搭建活动专区，并辅以“易邮铺”微信公众号进行活动宣传，带动分销收入近900万元，寄递量21万余件。通过全渠道业务推广，带动惠农基地农产品进城，累计销售农产品2.35亿元，尤其是生鲜农产品类销售规模突破1亿元，较上年增长37.56%。

中国邮政集团有限公司四川省分公司编写组

农村邮政综合服务体系建设

【基本情况】 2021年，四川邮政作为寄递物流行业的“国家队”，坚决贯彻落实省委、省政府《加快建设交通强省的实施意见》，把三级寄递物流体系建设作为服务乡村振兴的总抓手，系统谋划、一体推进，更大程度开放邮政寄递物流网络，切实担当邮政企业的政治责任和社会责任。

【乡村普遍服务】 坚持法定义务标准，建制村周三投递频次达标率100%；《人民日报》当日见报率提升1.06个百分点。推进转型网点3847处，叠加便民业务超百种，办理政务服务19万笔；“提升邮政服务能力”作为完善镇村便民服务体系的重要内容纳入省委、镇村两项改革“后半篇”文章。全省营业服务达标率为100%，绿色邮政新型面单推广率达99.99%。

【农村电商渠道建设】 坚持以商超型邮乐购站点建设为主，以支局（所）为“圆心”的渠道拓展方向，提升站点建设质量。全省累计建设邮乐购站点2.99万个，其中商超型站点2.43万个，占比83.93%；建设“1+N”优质站点7280个；累计信息完善站点1.9万个。分类打造三类站点，活跃站点突出业务叠加和交易频次，批销站点突出批销交易额和会员发展，优质站点突出业务协同。全省活跃站点共计16 737个，批销活跃站点达标11 438个，优质批销活跃点达标个数8389个。构建“支局+站点”双引流场景，全省通过客户转介系统和金融生态圈实现支局、站点客户双向引流。全省累计发展会员27.5万个，累计转介业务12.98万笔。

【乡村综合物流体系建设】 打破行政区划组网，优化节点布局，成都省际中心对成都20个县（区）所辖揽投部、17个本地中心以及广汉、安岳、九寨沟、松潘等地实施直分直发，省际中心分拣至县和投递部邮件占比60%以上。在52个重点县打造四类特色县，建成县级节点54处、乡（镇）节点895处、村级站点8347个，涉农仓储扩至7万平方米、气调库（含冷仓）近1万平方米。对外与交通运输厅合作，对内优化邮路组织、运力资源共享、优化作业流程，17个市（州）192个乡（镇）交邮融合，代运代投邮件突破150万件，与交通客运站共用场地2万平方米。邮快合作市域全覆盖，下沉延伸至2162个乡（镇）、20 071个建制村，建制村覆盖率达77%，年代投3899万件，日均业务量10.6万件。在10 042个站点叠加邮件代收自提，代寄邮件100.24万件，自提邮件3188.19万件。

中国邮政集团有限公司四川省分公司编写组

农村生活污水治理

【基本情况】 自2019年全省农村生活污水治理任务交由生态环境部门负责以来，四川省生态环境厅积极担当作为，严格贯彻落实省委、省政府关于农村人居环境整治决策部署，不断加大工作力度，强化工作举措，初步建立省级督导、市级指挥、县级实施的三级管理体系，持续推进农村生活污水系统治理并取得积极成效。截至2021年年底，全省63.33%的行政村（含涉农社区）生活污水得到有效治理，其中资源化利用率占比38.48%，治理比例较2019年大幅提升。

【完善体系】 谱好“规划方案、排放标准、参考读本、运维办法”四部曲，搭建好全省农村生活污水治理总体框架，着力构建系统治理体系，初步建立“规划、建设、运营、监管”一体化的全链条工作机制。组织编制四川省农村生活污水治理实施方案，系统谋划全省“十四五”期间农村生活污水治理目标任务，指导地方因地制宜、分区分类推进农村生活污水治理。印发四川省《农村生活污水处理设施水污染物排放标准》，为农村生活污水处理设施建设提供了标尺。组织编制《四川省农村生活污水治理业务知识参考读本》，指导各地选择适宜的工艺模式，着力解决盲目治理的问题。印发实施《四川省农村生活污水处理设施运行维护管理办法（试行）》，指导全省农村生活污水处理设施规范运维。

【多元投入】 打好政策资金“组合拳”，建立政府奖补、社会参与的资金统筹机制，以农村污水收费权质押向银行融资，解决农村污水治理资金短缺问题。2019—2021年，省级财政支出“以奖代补”资金13亿元，实施农村生活污水治理“千村示范工程”建设项目；其中，2021年，安排省级财政资金5亿元，支持1040个行政村开展农村生活污水治理。与省农行、省农发行签订合作协议，重点支持生态环境基础设施补短板和环保产业升级重大项目建设。指导地方加强项目包装储备，积极纳入国家、省项目库，获得中央、省级财政资金支持，进一步解决农村地区突出生态环境问题。

【突出示范】 指导各地加强分区分类推进农村生活污水治理，突出抓好5个全国农村生活污水治理综合试点县工作指导。推动广元市入选全国农村黑臭水体治理试点，积极探索可推广、可复制、可借鉴的治理模式。从全省平原、山地、丘陵、缺水、高寒和生态环境敏感等典型地区优选试点村庄，分类探索农村生活污水治理模式和管理模式。指导金沙江干热河谷及川南干旱地区探索建立“污水治理+农业水资源统一配置”模式；川东北地区探索建立农村改厕、生活污水治理和黑臭水体整治协同推进模式；川西北地区探索建立适用于高寒高海拔地区的污水资源化利用模式。组织召开全省农村生活污水治理现场会，积极推广试点成熟经验。

【强化运维】 加强农村生活污水处理设施运行维护管理，细化各部门职责分工，明确运维管理模式、资金保障和监督考核要求，推动建立有制度、有标准、有队伍、有经费、有监督的运行管护机制。指导各地统筹考虑设施建设和运行维护问题，因地制宜制定县级农村生活污水运维管理办法，探索符合当地实际的农村生活污水运维管理模式，确保农村生活污水处理设施“建得起、管得好、能运行”。组织开展已建农村生活污水处理设施排查整改专项行动，督促地方按照“清单制+责任制+销号制”要求强力推进问题整改，推动设施规范运维。

【严格监督】 开展已建农村生活污水处理设施基础信息排查，推进农村生态环境保护信息管理系统建设，进一步提升农业农村生态环境信息化监管水平。建立农村生活污水治理进展月调度机制，日处理量20吨及以上的农村生活污水处理设施纳入地方环保例行监测。将农村生活污水治理工作纳入生态环境保护党政同责考核、乡村振兴实绩考核和省级生态环境保护督察范畴，确保设施充分发挥效益。

四川省生态环境厅编写组

公共服务体系建设

农村教育事业

综　述

【基本情况】 2021年，全省有农村幼儿园8316所，在园幼儿148.04万人，专任教师7.38万人；有农村小学4323所，校舍面积（含教学点）2962.92万平方米，在校学生337.08万人（含在读农村留守儿童75.47万人），专任教师23.04万人，生师比为14.63∶1；有农村初中学校2828所，校舍面积2840.13万平方米，在校学生178.49万人（含在读农村留守儿童45.16万人），专任教师14.78万人，生师比为12.07∶1；进城务工人员随迁子女义务教育阶段在校学生52.13万人，在小学就读学生37.22万人，在初中就读14.91万人。

【推进两项改革教育“后半篇”文章】 按照省委、省政府的部署，组建两项改革教育“后半篇”文章工作专班，指导各地科学制订学校布局调整工作方案。按照“学前教育就近就便入学、小学主体向乡（镇）集中、初中主体向中心镇集中、高中主体向县城集中、资源主体向寄宿制学校集中”的思路，转化利用闲置资源，调整优化基础教育学校布局，重点推进“空心学校”、涉及乡（镇）撤并的学校、生源萎缩小规模学校及教学点撤并整合，解决“城里挤，乡里弱，村里空”问题，做深做实两项改革教育“后半篇”文章，全年分三期对全省21个市（州）和183个县（市、区）教育行政部门主要负责人进行做好两项改革教育“后半篇”文章专题培训，指导督促各地科学有序开展基础教育学校布局调整。12月15日—16日，全省乡村国土空间规划编制和两项改革教育“后半篇”文章工作现场推进会在绵阳市召开，参会人员分组到绵阳市北川县、三台县、绵阳市安州区和游仙区进行现场观摩，绵阳市、德阳市、荥经县、洪雅县、蓬安县在主会场作交流发言。

【教师队伍建设】 按照人才工作先行区建设和《四川省乡村人才振兴五年行动实施方案（2021—2025年）》的要求，实施急需紧缺专业本科生定向培养项目，采取定向招生、定向培养、定向上岗的方式，为基层培养一支留得住、干得好的专业人才队伍。实施乡村振兴专项招生计划，17所本科院校共招收急需紧缺专业学生270人；实施省级公费师范生计划，共录取3000人，由四川师范大学等11所高校为农村公办义务教育阶段学校、幼儿园和特殊教育学校定向培养。招聘上岗特岗教师1639人，为德阳市、凉山州等10个市（州）44个县（区）补充乡村教师。实施2021年“国培计划”，通过农村骨干教师能力提升培训项目、农村校园长领导力培训等6类培训项目共培训农村中小学、幼儿园教师和校（园）长113 130人次。

【城乡“校联体”建设】 根据省委组织部等五部门印发的《关于鼓励内地优质学校与深度贫困县学校建立紧密型“校

对校”教育联合体的实施意见》的要求，持续推进城乡“校联体”建设，引导内地优质学校与原深度贫困县中小学校建立紧密型“校对校”教育联合体。通过在教师交流、学科建设、教师培训、教学研究等方面的互助联动，实现城乡优质资源共享、优势互补，全面提升原深度贫困县教育自给能力。截至2021年年底，全省已建成城乡“校联体”98个。

【教育资源平台服务农村教育】 按照“组建联盟、多对众多、同步教研、同步授课、资源共享、共同提升”的模式，创建“四川云教”网络教学平台，推动公益性在线教育发展。截至2021年年底，“四川云教”已组建43个不同类型的远程教学联，成型课程36 875节，实现基础教育全学段全学科全覆盖。通过直播教学，辐射省内民族地区、边远地区学校1195所，惠及教师近2万人、学生23万余人。通过举办教学竞赛、活动征集等方式，教育资源公共服务平台已汇聚各类课程资源224万余节；依托名师鼎兴工作室系统，研发优质课程资源8000节、民族地区教师教材教法资源2719节；完成民族地区小学英语教学远程教学资源和培训资源200节；推进民族地区藏汉双语资源建设、职业教育课程等资源建设。

【教育帮扶】 贯彻落实《四川省省直部门和有关单位定点帮扶工作方案》和《2021年省直部门和有关单位定点帮扶工作要点》要求，制订《教育系统帮扶凉山工作队组建方案》，选派169名综合帮扶干部和151名定点帮扶人员，推动脱贫攻坚与乡村振兴有效衔接。发挥高校教育、科技、人才等优势，组织79所高校继续定点帮扶68个脱贫县。全省高校自筹和协调资金11 694万元，实施帮扶项目987个；派出教育、科技等专家1200余人次，设立大学生实践基地、社会工作服务基地及研究生工作站等志愿服务基地11个；开展教育、医疗、种养殖和基层干部队伍建设等专题培训共计19 000余人次，提升干部群众学历共计4600余人次。省委教育工委、教育厅是省直部门（单位）定点帮扶雷波县的牵头单位，连续6年被省委、省政府表彰为“省直部门定点扶贫先进单位”。制订《中共四川省委教育工作委员会 四川省教育厅定点帮扶雷波县五年工作规划(2021—2025年)》和《2021年定点帮扶雷波县工作实施方案》，选派3名干部在雷波县开展定点帮扶，结对帮扶黄琅镇大杉坪村和马颈子镇牛龙村2个已脱贫村。省委教育工委、教育厅主要负责人、分管领导和基层党组织党员结对脱贫不稳定户、边缘易致贫户7户。四川大学等14所高校为雷波县中小学提供技术和人才支持，成都石室联合中学等优质教育资源与雷波县有关学校结对帮扶。作为教育厅确定的2021年定点帮扶雷波县教育帮扶项目重要举措之一，省教育评估院于10月下旬对雷波民族中学等30所中小学进行义务教育质量监测现场测试，以利于有针对性地实施义务教育薄弱学校质量改进和教师专业能力提升计划。

【实施农村教师生活补助政策】 按照《四川省人民政府办公厅关于实施集中连片特殊困难地区和国家扶贫开发工作重点县农村教师生活补助政策的通知》的精神，继续实施农村教师生活补助政策。投入中央综合奖补资金28 330万元、省级专项补助资金46 318万元，惠及“四大片区”88个县农村教师17.54万人。

【开展乡村教师发展调查研究】 作为省级立项课题，开展全省教师专业发展调查研究，形成多项调研报告。其中，《四川省乡村教师发展及对策研究报告》《民族地区乡村教师发展调查报告》《义务教育阶段乡村教师调查报告》《成都市乡村教师发展调查报告》根据乡村教师的实际状况提出了有针对性的意见与建议。

四川省教育厅编写组

农村基础教育

【学前教育】 根据省委办公厅、省政府办公厅印发的《四川省学前教育深化改革规范发展实施方案》精神，把发展农村学前教育作为乡村振兴战略的重要内容，办好乡（镇）中心幼儿园，依托乡（镇）中心幼儿园举办分园、村独立或联合办园，鼓励城区示范性幼儿园结对帮扶农村幼儿园，提高农村幼儿园的办园水平。利用“两项改革”学校布局调整后农村中小学闲置校舍，改建幼儿园145所，满足农村适龄儿童就近入园需求。

【改善农村义务教育学校办学条件】 实施“义务教育薄弱环节改善与能力提升”“校舍安全保障长效机制”“优化义务教育资源配置财政奖补机制”等教育重大工程。全年累计投入中央和省级补助资金48亿元，带动地方投入约20亿元，建设校舍140余万平方米、运动场60余万平方米，购置仪器设备60余万件（台、套），农村地区义务教育学校办学条件得到改善。

【实施农村义务教育学生营养改善计划】 作为2021年度全省30件重大民生工程之一，在全省119个县的9282所农村义务教育学校实施学生营养改善计划。从2021年秋季学期起，营养膳食补助标准由每生每天4元提高至5元。全年共投入资金23.56亿元，惠及农村义务教育阶段学生340.71万人，完成目标任务的109.91%。

【实施四川省“义务教育教师安身工程”】 教育厅、省发展改革委、财政厅、自然资源厅、住房和城乡建设厅五部门印发《四川省义务教育教师安身工程实施方案》，全面启动“义务教育教师安身工程”。通过建设、租赁等方式解决教师住房问题，让更多教师扎根乡村、安身从教。全年计划投资1.5亿元，建设农村义务教育教师周转宿舍1870套，已竣工1100套，受益教师1000余人。

【控辍保学】 平稳有序优化调整中小学和幼儿园2105所、教学点2070个，办学集约化规模化效益初显。健全义务教育有保障长效机制，用好控辍保学动态系统，对阿坝、甘孜、凉山三州地区建立月报制度，督促指导州、县按照化解存量、杜绝增量的要求制订儿童少年清退复学方案，明确工作任务，保持控辍保学政策不变、力度不减，全省脱贫家庭子女失辍学保持“清零”状态，教育部控辍保学台账劝返核减完成率99.99%。

【“乡村温馨校园”建设】 根据《教育部办公厅关于推进乡村温馨校园建设工作的通知》的要求，经遴选推荐、评审，武胜县万善小学校、什邡市禾丰镇禾丰小学、理县薛城初级中学校、攀枝花市仁和区平地镇中心学校被教育部评为第二批“乡村温馨校园”建设典型案例学校。

【“全国乡村优秀青年教师培养奖励计划”】 教育部教师工作司、中国教师发展基金会继续实施“全国乡村优秀青年教师培养奖励计划”，在全国范围内遴选300名乡村优秀青年教师，通过培养和奖励相结合的方式，帮助其专业成长，造就一批“下得去，留得住，教得好”的乡村骨干教师。经推荐、审核，四川省有古蔺县皇华初级中学校彭龙等18名教师入选。

【“最美教师”评选活动】 在教育厅举办的2021年度“最美教师”评选活动中，共评选出10名“最美教师”。作为农村教师的代表，从教32年的马边彝族自治县三河口镇初级中学彝语文教师曲别阿布获评“2021年度四川省最美教师”称号。

四川省教育厅编写组

农村职业教育及成人教育

【服务乡村振兴战略】 全省共有41所高职院校定点帮扶68个脱贫县、92个村，选派帮扶干部165人，自筹资金4150万元，协调行业企业等投入资金4900万元，实施帮扶县项目154个，实施帮扶村项目304个。组建涉农职教集团4个，在31所涉农高职院校中，开设农林牧渔大类专业24种，专业布点123个，在校学生1.8万人；在93所涉农中职学校中，开设涉农专业21种，专业布点133个，在校学生2.2万人。制订《四川省“组团式”帮扶乡村振兴重点帮扶县高中阶段学校实施方案》，向国家和省乡村振兴重点帮扶县的5所职业高中选派帮扶人员，落实职业教育人才“组团式”帮扶，形成一批“校联体”。根据农业农村部、教育部关于推介乡村振兴人才培养优质校的要求，四川农业大学、成都农业科技职业学院、眉山职业技术学院、宜宾职业技术学院、南江县小河职业中学、四川省农业广播电视学校6所院校入选农业农村部、教育部确定的“乡村振兴人才培养优质校”推介名单。遴选四川省乡村振兴人才培养优质校14所，其中职业院校8所。依托国家级重点职业中学南江县小河职业中学师资、场地举办的巴中村政学院被党中央、国务院授予“全国脱贫攻坚先进集体”称号。

【实施推普助力乡村振兴计划】 协同相关行业部门共同推进“职业技能+普通话”教育培训，在民族地区、农村地区开展青壮年农牧民、基层干部普通话应用培训。在脱贫攻坚示范村举行“乡村振兴战略宣讲暨青壮年农民工普通话培训”现场观摩等多种线上线下活动。在2021年四川省大中专学生志愿者“三下乡”社会实践活动中，组建50支普通话推广省级重点实践团队与100个乡（镇）、村（社区）进行结对，建立大学生乡村振兴实践基地，常态化开展普通话推广教学、义务宣传普及等工作。获得教育部专项工作经费58万元，支持甘孜、阿坝、凉山三州开展青壮年农牧民、基层干部普通话应用培训和“经典润乡土”活动。

【“9+3”免费职业教育】 实施完善“9+3”免费职业教育计划，将其纳入中等职业教育常规管理，提高教育教学质量。调整优化“9+3”计划实施学校和招生专业。全年内地95所优质中职学校面向涉藏地区、彝区招收“9+3”学生9318人。通过“9+3”高职单招招收民族地区“9+3”新生0.4万人。

【社区教育与老年教育】 截至2021年年底，全省共建立省级社区教育服务指导中心1个、市（州）级社区教育管理机构15个、县（市、区）社区学院61个，乡（镇、街道）建立社区学校1238个，村（社区）建立社区教育工作站（社区教育学习中心）11 139个，参与全省各类农村社区教育活动的人员达18万人次。“四川终身学习在线”网络平台“云上课堂”设有农业技能、家庭学堂、文化休闲、公民素养等栏目，农业教育课程资源300讲，主要涉及农业基本理论知识与农业实践知识，在农业种植与养殖等方面提供专业的技术指导，帮助提高农民的专业技能水平，实现增产增收。开展“智慧助老”工作，通过培育建设“优质工作案例”“优质教育培训项目”“优质课程资源”等，为农村老年人跨越“数字鸿沟”提供社区教育支持服务，不断增强农村老年人的获得感、幸福感和安全感。在全省农村地区培养遴选出合江县白鹿镇两重村党总支副书记杜冰和德阳市洛水镇家灵村名誉村主任 李敏2名“省级百姓学习之星”。

四川省教育厅编写组

民族地区教育

【基本情况】 2021年，全省民族自治地方51个县（市、区）共有中小学和幼儿园3869所，在校学生173.69万人，专任教师9.12万人；学前毛入园率89.14%，小学净入学率99.9%，初中净入学率99.74%，九年义务教育巩固率88.46%；高中阶段毛入学率89.62%，义务教育基本均衡全面完成，适龄儿童少年应读尽读，各级各类教育协调发展、“义务教育有保障”的目标全面实现。

【制定民族地区教育发展政策】 为巩固脱贫攻坚成果，促进民族地区教育高质量发展，先后制定《四川省民族地区教育发展十年行动计划（2021—2030年）》《大小凉山义务教育学校办学条件提升工程（2021—2025年）》《四川省民族地区教师转型提升培训规划(2021—2025)》《巩固拓展凉山州学普用普成果三年行动计划》等文件，分别对铸牢中华民族共同体意识、健全国家通用语言文字教育机制、巩固提升控辍保学成果、推进寄宿制规模办学、加强专业化教师队伍建设、提升教育信息化水平、深化教育对口支援、深入推进“学前学会普通话”行动等重点工作提出了具体的目标任务。

【义务教育基本均衡发展国家督导评估】 经国家教育督导检查组的实地督导检查，在国务院教育督导委员会公布2021年通过义务教育均衡发展国家督导评估认定的县(市、区、旗)名单中，四川省有18个县被认定为义务教育基本均衡发展，其中包括民族地区的15个县，分别是峨边县、马边彝族自治县、新龙县、德格县、石渠县、普格县、布拖县、金阳县、昭觉县、喜德县、越西县、甘洛县、美姑县、雷波县、木里县。至此，全省实现义务教育基本均衡发展全覆盖。

【提升民族地区教育保障水平】 全年共安排8.5亿元资金实施“十年行动计划”“办学条件提升工程”和中央“特补资金”项目。截至2021年年底，年度批准的165个基建项目已开工项目91个，竣工项目49个，完成建设面积8.3万余平方米。作为省政府确定的2021年民生实事，民族自治地方51个县(市)在义务教育、中职教育免费的基础上，投入资金4.36亿元，免除36.44万名幼儿保教费，完成目标任务的113.88%；免除10.99万名普通高中学生的学费和教科书费，完成目标任务的109.9%。投入资金4.02亿元，为“一村一幼”辅导员发放劳务报酬补助，全省民族地区8381个行政村实现村级学前双语教育全覆盖。

【创建“民族团结进步示范学校”】 省委宣传部、省委统战部、省民族宗教委联合发文，命名160个地区和单位为“2021年度第六批四川省民族团结进步示范区示范单位”，其中宝兴县硗碛藏族乡九年一贯制学校等29所学校被命名为“民族团结进步示范学校”。

【召开“学前学会普通话”行动试点总结评估座谈会】 10月19日，“学前学会普通话”行动试点总结评估座谈会在西昌市召开，第十三届全国政协农业和农村委员会副主任、中国扶贫志愿服务促进会会长刘永富、副省长尧斯丹及教育部、国家乡村振兴局、国家民族事务委员会、凉山州委等领导出席座谈会。会上，通报了协调推进“学前学普”行动试点的相关情况，发布了试点工作综合评估报告，并宣读《关于表彰“学前学会普通话”行动试点优秀工作人员的决定》，表彰土比日呷等260人为优秀辅导员(幼儿园教师)、蔡娟等40人为优秀督导员、赵云娣等50人为优秀工作人员。自2018年原国务院扶贫办、教育部在凉山州启动“学前学会普通话”行动试点三年来，共覆盖大小凉山地区20个县(市、区)的3996个幼教园点，累计有43.6万名彝族学前儿童受益。

【民族语言文字教材建设】 按照教育部制定的《中小学少数民族文字教材管理办法》，在配合青海省教育厅做好《藏语文》教材替换工作的基础上，整合两套《彝语文》教材，停止使用原供彝语文二类模式学校使用的《彝语文》教材。对中小学《彝语文》(共24册)教材进行全面修订，并翻译为国家通用语言文字版。邀请国家教材委员会专家、省委宣传部出版审查专家等100余人次先后3次对中小学《彝语文》教材(共48册)进行审查，删减课文185篇，新增课文80篇，替换插图376幅。

【教育对口帮扶】 组织15所师范类高校学生3865人到凉山州11个原深度贫困县顶岗实习支教，缓解凉山州义务教育阶段教师不足的问题。组织1150余所学校结对帮扶民族地区1280余所学校，选派2500余人次教师支教。组织1700余名教师到帮扶优质学校跟岗学习、挂职锻炼，招收3500余名学生异地插班就读。通过“四川云教”等优质平台共享省内优质学校教育资源，惠及民族地区523所学校2569个班级、近12万名师生。

【举办四川省第六届汉彝双语演讲比赛】 9月28日，由省民宗委、教育厅、凉山州政府主办的四川省第六届汉彝双语演讲比赛决赛和颁奖典礼在凉山州举行。比赛以“铸牢中华民族共同体意识·团结共奋进永远跟党走”为主题，分为汉语普通话组和彝语标准音组，来自3个市(州)的43名汉族、彝族选手分别参加决赛，评选出彝语标准音组一等奖1名、二等奖1名、三等奖1名，汉语普通话组一等奖1名、二等奖2名、三等奖3名。

四川省教育厅编写组

农家书屋改革

【基本情况】 2021年，全省围绕推动农家书屋改革创新提质增效不断深化改革，在保障覆盖面的基础上提高使用率，书屋有人管、有书读、有阅读活动，服务效能得到持续提升，聚人气、有活力、可持续的生动局面进一步形成。

【加强组织领导】 贯彻落实《农家书屋深化改革创新提升服务效能实施方案》的通知(中宣发〔2019〕9号)精神，贯彻落实《四川省农家书屋深化改革创新提升服务效能工作方案》(川新出〔2019〕128号)，结合乡(镇)行政区划和村级建制调整改革“后半篇”文章，坚持目标导向、问题导向，持续推进农家书屋改革创新提质增效11项工作任务落地落实。发挥省农家书屋领导小组成员单位资源力量和协调优势，完善党委、政府组织领导，宣传部门统筹推动，相关部门协同配合的农家书屋工作机制；持续推动市、县、乡三级党委、政府履行主体责任，村“两委”履行直接责任，上下联动、齐抓共管的农家书屋工作格局进一步形成。推动农家书屋单纯由新闻出版行业运维管理向与相关公共文化服务项目共建共享转变，从单纯依靠政府的事业投入向政府主导、各界参与、农民自主管理的现代农村公共文化服务运行机制转变，从较为单纯的出版物供给向丰富多彩、质高价廉的文化服务项目建设转变，从单一书籍阅读场所建设向搭建农村思想文化高地转变。

【深化工作举措】 围绕《农家书屋深化改革创新提升服务效能实施方案》，结合全省实际，提出了“紧紧围绕新时代文明实践中心建设做好农家书屋工作”等11项重点任务，并加以推进。在资源整合、管理使用、内容供给、运行机制等方面改革创新，探索农家书屋改革发展的新路径和新模式。围绕新时代文明实践中心建设，将农家书屋建设作为村级新时代文明实践站建设的重要组成部分进行提升打造。结合地域文化，确定特色品牌农家书屋示范点重点打造。探索使用公共文化服务体系建设资金对管理志愿者进行补贴的新路径，使农家书屋的管理和使用真正落到实处。制订《农家书屋提升服务效能阶段性工作方案》，由省委宣传部分管部领导带队，组织开展实地调研、召开专题调研座谈会，发挥农家书屋领导小组成员单位协同作用，到崇州、金堂、广汉等市（县）进行专题调研。选取大英县隆盛镇的农家书屋作为“我为群众办实事”实践活动示范点，加强调研指导，发挥引领带动作用。组织基层管理部门以交叉检查的方式对农家书屋的建设、管理、使用情况进行实地量化考核，主动发现问题、思考对策破解问题。

【丰富内容供给】 及时为农家书屋配备《论中国共产党历史》《毛泽东邓小平江泽民胡锦涛关于中国共产党历史论述摘编》《习近平新时代中国特色社会主义思想学习问答》《中国共产党简史》等党史学习教育指定教材和《中国共产党的一百年》等重点参考材料，在书屋开辟红色阅读角、党史阅读角，设立红色书架、党史书架，方便群众学习。改进优化出版物推荐目录征集制定和补充更新工作，把《习近平谈治国理政》（第三卷）等党的创新理论著作纳入推荐目录，为农家书屋配备学习贯彻习近平新时代中国特色社会主义思想主题教育的系列出版物，配好宣传全省改革开放经济社会发展成就的最新出版物，配好体现四川历史文化、民族文化和红色文化的优秀出版物，让农民群众想看的书、需要看的书进入推荐目录，确保出版物补充更新实效性。

【优化服务模式】 整合线上线下资源，推动农家书屋与“乡村学校少年宫”“儿童之家”“妇女之家”“青年之家”等共建共享，推进农家书屋延伸服务。在特色景区、乡（镇）集市、学校、村民聚居点等人口相对密集地区设置多种形式的农家书屋延伸服务点，解决农家书屋服务“最后一公里”问题。加快推进农家书屋和县级图书馆总分馆制建设，将农家书屋作为县级图书馆村级分馆统筹管理、综合使用，实行总馆主导下的出版物统一采购、统一编目、通借通还和人员的统一培训，让闲置的农家书屋图书漂流起来。因地制宜推进数字农家书屋建设，加快推进数字化“云图书”互联互通，利用网络平台建立图书流动网络，与县级图书馆、乡（镇）文化站、社区书屋等建立网上共享阅读系统，同时开通电子书下载等功能，让群众足不出户就能读到自己想读的书，截至2021年年底，全省已建成数字农家书屋1.35万个，自贡、泸州、绵阳、资阳等市已基本实现全覆盖。

【广泛开展活动】 依托农家书屋广泛开展“农民读书月”“我的书屋·我的梦”“新时代乡村阅读季”“学党史·感党恩·跟党走”等一系列丰富多彩的阅读活动。利用书屋平台开展农技培训、电商培训、农民阅读大赛、残疾人阅读竞赛等，组织大学生、志愿者等到农家书屋开展阅读推广志愿服务，拓展活动形式。结合扶贫活动、党日活动等联系组织帮扶部门和所属村农家书屋结对共建开展阅读活动。组织城区学生和农村学生开展“大手牵小手”结对帮扶活动，以“我当农家书屋管理员一天”“书香溢农家”“阅读实现梦想”为主题开展读书演讲比赛。结合乡村振兴，开展“送法律送技术下基层”“图书进乡镇”等活动，为广大农民群众提供维权知识和技术培训。全年农家书屋开展活动10万余场次，群众参与数近千万人次。

【取得显著实效】 全省依托农家书屋营造出“爱读书、善读书、读好书”的浓厚氛围。以“农家书屋·脱贫奔康”为主题，开展“农民读书月”读书征文活动，共征集投稿征文作品160余篇，评选出优秀作品38篇。开展2021年“我的书屋·我的梦”农村少年儿童阅读实践活动2200余场次，向国家新闻出版署上报征文、绘画、手抄等优秀作品270篇（幅）参与全国评审。开展“我爱阅读100天”读书打卡活动，全省8.72万名读者和书屋管理员参与。举办2021“新时代乡村阅读盛典”，集中展示了2021“新时代乡村阅读季”的丰硕成果。省委宣传部印刷发行处在中宣部印刷发行局等部门组织的2021“新时代乡村阅读季”活动中获得优秀参与单位奖，并与广安市、邻水县等8个市、县（区）党委宣传部获得中宣部颁发的“我爱阅读100天”读书打卡活动优秀组织奖，德阳市旌阳区高槐村高槐书院创办者舒銮兵获得全国“乡村阅读榜样”称号。

中共四川省委宣传部编写组

农村体育工作

【健身场地建设迈出新步伐】 围绕推动全民健身场地设施补短板，支持、引导尚未建有乡（镇、街道）级健身场地设施的乡（镇、街道）配置完善全民健身场地设施，推动解决群众“健身去哪儿”的难题。争取到中央公共文化服务体系建设补助资金2560万元，按照每个项目补助20万元的标准建设形成室外健身场地面积不小于700平方米的多功能运动场，共补助实施128个多功能运动场项目。

【全民健身引领新风尚】 围绕推动全民健身赛事活动全域化开展，创新工作载体、丰富赛事活动内容，推动全民健身赛事活动铺天盖地。一是举办第二届全民健身运动会暨“我要上全运”社区运动会。该届运动会设足球、篮球、气排球等32个大项、630个小项，足球、广场舞等集体项目首次设农村乡（镇）组，共吸引2万余人参与。二是举办第三届川籍农民工运动会（云健身）。11月1日—25日，省体育局与人力资源和社会保障厅联合举办第三届川籍农民工运动会（云健身），共吸引42.5万名川籍农民工报名参赛，在抖音端参与运动燃烧打工魂视频共50 724个，累计获赞59万余次、分享20余万次、播放量3.6亿次。三是举办全民健身十大赛事活动。春节期间，以“体育大惠民，欢乐过牛年”为主题，联动开展十大迎新春惠民活动，参加人群涵盖幼儿、青少年、老年等各个年龄段及家庭，并动员在川就地过年的农民工和未返乡的川籍农民工家庭参与到春节体育活动中，共吸引660余万人次直接参与。同时，春节期间，全省222个公共体育场馆开放服务超过87万人次，其中免费开放服务农民工7.5万人次，传递了各级党委、政府和体育部门对农民工的特殊关爱。四是打造“百城千乡万村·社区”品牌赛事。组织开展“百城千乡万村·社区”系列赛事活动，共开展624项、3.8万余场次赛事活动，覆盖182个县（市、区）、2000个乡（镇、街道）、20 674个村（社区），460余万人次直接参与，把群众喜闻乐见的赛事活动办到田间地头。

【青少年体育彰显新活力】 开展2021年“奔跑吧·少年”儿童青少年主题健身活动。举办四川省青少年体育关爱夏令营活动，设置足球、篮球、乒乓球、羽毛球4个项目，参加青少年达240余人。在活动期间，组织观看励志影片《夺冠》，帮助儿童青少年塑造拼搏精神、树立远大理想。修订完善《四川省体育助学金管理办法》，规范体育助学金分配和管理，每年资助1500名青少年运动员。

【体育帮扶】 省体育局开启新一轮定点帮扶工作，作为省直定点帮扶部门牵头帮扶盐源县，选派3名优秀驻村干部保障帮扶力量。推进帮扶项目建设，投入300万元用于受扶县、村两级多功能运动场建设，村级基础设施维护和升级建设，中小学体育场地升级改造和体育人才培训。动员体育系统各单位开展“以购代扶”活动，“以购代捐”总额达11.57万元。

四川省体育局编写组

农村未成年人思想道德建设

【基本情况】 2021年，全省未成年人思想道德建设工作坚持以社会主义核心价值观为引领，围绕庆祝中国共产党成立100周年主题主线，突出价值引领，注重以文化人，坚持立德树人，推进文明培育。

【坚持突出价值引领】 选树在爱党爱国、孝老爱亲、自强自立、热心公益、创新发明等方面事迹突出的未成年人先进典型，评选四川省“新时代好少年”30名，1人被评为全国“新时代好少年”。

【深化“扣好人生第一粒扣子”主题教育实践活动】 组织全省未成年人以“童心向党”为主题，广泛开展“我向党旗敬个礼”“党的故事我来讲”“文明实践展风采”等形式多样的学习实践，发布四川省“童心向党”主题MV，制播“童心向党　筑梦起航”四川省未成年人庆祝中国共产党成立100周年主题晚会，组织“学党史　颂党恩　听党话　跟党走”四川省万名青少年夏令营，掀起了青少年“四史”学习教育高潮，树立其从小热爱党、听党话、跟党走的情感信念。

【拓展未成年人思想道德阵地建设】 新建乡村学校少年宫中央项目126个、省级项目21个。根据中央文明办安排部署，推进乡村“复兴少年宫”建设，绵竹市等5个试点县（市、区）作为全省全国乡村“复兴少年宫”建设试点，示范带动全省各地建成乡村“复兴少年宫”1800余个。举办5期全省乡村学校少年宫和全省未成年人心理辅导（指导）中心骨干辅导员培训班，召开乡村学校少年宫建设工作推进会暨新建项目负责人培训会，招募4200余名高校青年和返乡大学生开展“圆梦工程”助力乡村学校少年宫志愿服务专项行动，推广“同心圆”心理健康服务、“博悟少年”社会实践活动等项目，丰富了未成年人思想道德建设平台载体。

【丰富青少年文化传习活动载体】 推进四川省青少年优秀传统文化传习基地建设，推动川剧曲艺、中国书法、传统武术等进校园、进课堂，举办小学生诗词大会、川剧传习普及展演、学生武术锦标赛、优秀童谣征集评选和青少年优秀传统文化传习基地（武术）成果展等系列活动，帮助未成年人在文化传习中增进道德情感，加深其弘扬中华传统美德的认知认同和自觉自信。

中共四川省委宣传部编写组

农村广播电视工作

【基本情况】 2021年，全省农村广播电视工作深入学习贯彻习近平新时代中国特色社会主义思想主题教育，以庆祝中国共产党成立100周年为主线，围绕全面建成小康、新冠肺炎疫情防控、森林草原防灭火等宣传重点，统筹联动全省广播电视、视听新媒体和应急广播、“村村响”大喇叭等宣传平台，宣传贯彻落实党中央大政方针和省委、省政府决策部署，持续推进农村广播电视公共服务体系建设，提升广播电视节目制播能力，把宣传工作触角延伸到农村基层，把党和政府的声音传播到千家万户，努力为推动新时代治蜀兴川再上新台阶，全面建设社会主义现代化四川凝心聚力、营造浓厚氛围。截至2021年年底，全省广播综合覆盖人口达9017.86万人，广播覆盖率由2020年年底的98.87%提高到99.16%，其中农村广播综合人口覆盖率98.95%，比2020年提高0.48个百分点。全省电视综合覆盖人口达9055.53万人，电视覆盖率由2020年年底的99.33%提高到99.57%，其中农村电视综合人口覆盖率99.49%，比2020年提高0.25个百分点。全省农村广播节目制作4.05万小时，比2020年减少0.23万小时，同比下降5.37%，占广播节目制作总时长的13.66%。全省农村广播节目播出时间19.64万小时，比2020年增加0.26万小时，同比增长1.34%，占公共广播节目播出总时长的26.63%。全省农村电视节目制作2.49万小时，比2020年减少0.32万小时，同比下降11.39%，占电视节目制作总时长的17.72%。全省农村电视节目播出时间24.08万小时，比2020年减少1.31万小时，同比下降5.16%，占公共电视节目播出总时长的19.82%。

【广播电视宣传】 指导协调全省广播电视和网络视听媒体首页首屏首条推送习近平新时代中国特色社会主义思想和习近平生态文明思想，宣传省委、省政府农业农村工作决策部署，围绕农村地区疫情防控、“厕所革命”、生态环境保护、森林草原防灭火、农民工工作、农民丰收节、禁毒等重点内容开展全方位、多视角、立体性主题宣传活动，开设“乡村振兴进行时”“共绘乡村振兴美丽画卷”“乡村振兴之路”“聚力乡村振兴”“我们的小康”等专题专栏，开展庆祝中国共产党成立100周年优秀电视剧和主题公益广告集中展播、“精彩短视频百年映初心”短视频创作传播、“弘扬社会主义核心价值观　共筑中国梦”原创网络视听节目征集评选、乡村文化振兴魅力乡镇竞演大赛等活动，关注乡村特色产业发展、乡村旅游资源推荐、民风民俗改变等内容，传递乡村振兴工作的新思路、新举措，展现美丽乡村新风貌、新风尚，营造出“乡村振兴持续发力”的良好氛围。鼓励支持广播电视制作机构创作反映农村题材的文艺作品，推进乡村题材电视剧《天地颂》《县委来了新书记》《庄严承诺》《蜀乐颂》《太阳出来喜洋洋》等的创作播出。开展“时代光影　百部川扬”网络视听作品征集传播活动，用短视频描绘乡村之美，展现四川在全面推进乡村振兴战略过程中取得的显著成效和突出成绩，广播剧《绿水青山》入选中宣部、广电总局庆祝建党100周年优秀广播剧展播，并在央广中国之声三次播出。

【广播电视公共服务体系建设】 广电总局批复四川开展全国应急广播试点示范，全国县级广播电视基本公共服务标准化建设在简阳市、巴中市恩阳区试点，走在全国前列。制定完善《四川广播电视公共服务标准和规范》，梳理了乡（镇、街道）广播电视公共服务网点工作职责和服务要求，明确了“9个1”网点优化标准（即一个窗口、一张屏、一套台账、一组专柜、一套标识、一张图、一张明白卡、一套工具、一批备品），坚持以标准化促均等化解决基层资源闲置、布局不合理、服务不规范等问题，全省广播电视公共服务网点已入驻乡（镇）便民服务中心261个、乡（镇）综合文化服务中心1059个，四川经验做法被“学习强国”、广电总局简报、CCBN公共服务论坛等推介。智慧广电示范区、乡村振兴信息化治理平台等建设取得新进展。实施第六期涉藏州县寄宿制学校广播电视全覆盖工程，惠及偏远的寄宿制学校师生6114名。开展第二届全省“广电惠民服务月”活动，完成900余个农村广电网络升级，打造“智慧广电超高清”示范，推进4K超高清和千兆宽带入户，惠及56万余户农村用户。启动百万用户升级工程，升级宽带107万余户、升级标清高清213700户，惠民成效显著。

【广播电视民生工程】 推进涉藏州县广播电视节目覆盖工程建设、涉藏六项民生工程等项目建设力度，涉藏州县节目覆盖工程全面完成。完成广电总局在川举办的援藏培训班，完成对口援藏捐赠5G智慧电台服务、人工智能手语电视播报系统的安装，提升了民族地区内容制播和运维智慧化水平。完成“三区三州”市级广电融合提升项目编制、评审、论证和入库等年度任务。高山台站改造和直播能力提升项目有序推进，欠发达地区广播电视基础设施得到提升。全面完成省委、省政府30件民生实事中的广播电视“户户通”运行维护任务，全省拨付广播电视“户户通”运行维护民生实事资金1.53亿元，全年共出动维护人员25.1万人次，维修维护电视接收终端103.5万台、村级广播前端4.3万套、收扩机6.5万台、高音喇叭音柱10.1万个，全面完成26万个自然村广播电视设备设施的运行维护工作，任务完成率100%，基层服务效能大幅提升，安装维护及时率达97%，广电用户满意度达96%以上。推进广播电视数字乡村建设，截至2021年年底，已在7个市（州）18个县（区）开展项目数字乡村建设，完成24个镇（社区）“一镇一屏（平）”平台建设，覆盖用户约138万户。宜宾市作为试点市，全域纳入数字乡村建设，全域已经完成13个镇（社区）试点建设，覆盖当地用户约78万户。简阳市、合江县、万源市、西充县、米易县、南江县、平昌县通过宣传“一镇一屏（平）”数字乡村建设，各地方党政部门、基层干部、群众对新平台支持“广播电视进手机、地方节目随时看、本地视频大家看”等给予了肯定，拉近了政府与群众的距离。

【广播电视行业帮扶和定点帮扶】 落实全省定点帮扶工作部署，省广电局被评为2020年度全省“五个一”帮扶先进集体，3名个人获得省委、省政府通报表扬表彰。及时选派帮扶干部召开联席会议，协调四川广播电视台、成都市第一人民医院、成都工业职业技术学院、中石油川庆钻探工程公司制订帮扶计划，开展新一轮帮扶石渠县工作，新增投入76万余元，实施帮扶项目3个。省广电局出资42万元帮扶石渠县呷依乡扎绒村发展牦牛养殖、支持石渠县呷依乡“生态家庭牧场+合作社”示范建设，局主要领导到县、到村调研并宣讲了习近平总书记“七一”重要讲话和党的十九届五中全会精神。

【应急广播项目建设】 举办全省应急广播项目建设培训班，建立“周报制+台账制”，督促各地加快项目建设。45个深度贫困县应急广播工程验收率100%、资金拨付率98.61%，达到广电总局确定绩效目标。中央、省、市、县财政共计投入近1亿元支持四川省县级应急广播项目建设，截至2021年年底，全省累计建成1个省级、2个市级、125个县级应急广播平台和26.2万个大喇叭终端。全省基层应急广播建设可圈可点，其中三台县争取各级财政投入2800万元在全省建成首个全域覆盖的智慧应急广播体系，有县级平台1个、乡（镇）平台33个、村（社区）前端462个、终端7478套和县、镇、村视频调度会议系统496套、城区防洪应急广播40套，功能拓展具有平台融合加“智慧”、资源整合加“项目”、试点应用加“内容”三大特点，对接“雪亮工程”、天网监控、地质灾害、防洪度汛、森林防火、智慧农业等已建系统，为整合全县资源实现综合应急调度打下基础，并有效探索“两项改革”后基层综合治理新途径，投建规模、智慧应用水平和实际治理效果全省领先；南充市嘉陵区探索城镇应急广播建设，投入300余万元建成3个街道、首批500户以上居民小区193个应急广播终端。各地积极打通舆论宣传和综合应急信息在基层“最后一公里”，应急广播被基层称为“扎根基层宣传队、应急救灾警报器、社会治理大平台、农村抗疫新武器、科普教育小黑板、乡风文明播种机、文化娱乐大舞台”，是“书记的嘴，干部的腿”。

四川省广播电视局编写组

农村居民家庭生活

【基本情况】 2021年，全省统筹疫情防控和经济社会发展，做好“六稳”“六保”工作，加快乡村振兴步伐，农村社会经济实现平稳较快发展，农民收入稳步增长，生活不断改善。全年全省农村居民人均可支配收入17 575元，较上年增长10.3%，扣除价格因素，实际增长10%；人均消费支出16 444元，比上年增长10%，实际增长9.7%。

【农村居民收入稳步增长】 增速创近三年新高。全省农村居民收入名义增速10.3%，比2019年增速10%高0.3个百分点，比2020年增速8.6%高1.7个百分点，创近三年来的新高。与2019年相比，四川省农村居民收入两年平均增长9.5%，比全国两年平均增速(8.7%)快0.8个百分点，居全国31个省（区、市）第二位。

城乡居民收入差距继续缩小。2016—2020年，四川省城乡居民收入比由2.53下降到2.4，五年间下降了0.13。2021年，四川省城乡收入比为2.35，比2020年下降0.04，表明了四川省城乡居民收入相对差距不断缩小。

四项收入全面增长。稳岗就业，整治欠薪，工资性收入稳步增长。全省农村居民工资性收入5514元，较上年增长10.8%，与2019年相比，两年平均增长8.8%，拉动农村居民人均收入增长3.4个百分点。由于宏观经济的持续恢复，稳岗就业、基层村（社区）干部工资调整、欠薪整治等政策的落地落实带动农村居民工资性收入稳步增长。

三产恢复，旅游回暖，经营净收入稳中有升。全省农村居民经营净收入6651元，较上年增长8.1%，占比37.8%，为四大项收入中占比最高。其中，人均第三产业经营净收入增长28.6%，成为拉动经营净收入增长的主力军。由于全国疫情形势趋于平缓，全省旅游业与2019年相比基本恢复，2021年五一、国庆等重大节日期间，短途游、近郊游成为广大群众的首选，加之住宿餐饮、批发零售等行业迅速回暖，成为促进农民家庭经营收入的主要动力。

多元理财，土地流转，财产净收入增长最快。全省农村居民人均财产净收入587元，增长15%，增速居四大项收入首位。财产净收入快速增长的背后，主要是农村居民更加注重家庭理财、投资，收入多元化格局初步形成。同时，农村供给侧结构性改革稳步推进，农村土地流转步伐加快，也是助推财产净收入增长的重要因素。

政策支持，优化保障，转移净收入持续向好。全省农村居民人均转移净收入4823元，较上年增长12.5%；与2019年相比，两年平均增长11.1%。从分项看，人均养老金或离退休金收入增长11.3%、人均社会救济和补助收入增长28.8%、人均家庭外出从业人员寄回带回收入增长12.4%。省委、省政府高度重视民生问题，通过调整基本养老金、加大惠农政策补贴力度、强化社会保障、优化农民工务工条件等举措进一步促进转移性收入有力增长(2021年四川省农村居民人均可支配收入情况见表1所列)。

【农村居民消费持续回暖】 农村居民消费支出增速快于城镇。农村居民年人均消费支出16 444元，增长10%，比城镇居民消费增速快2.7个百分点，恢复程度好于城镇居民。从城乡消费比来看，四川城乡居民消费比值由2020年的1.68缩小至2021年的1.64，城乡居民消费差距持续缩小。

服务性消费增长强劲。全省农村居民人均服务性消费支出6086元，增长11.5%，占消费支出的比重为37%，占比较上年提高0.5个百分点。其中，食品烟酒中饮食服务消费支出增长25.8%，交通通信中通信服务消费支出增长8.7%，教育文化娱乐中文化娱乐服务消费支出增长13.7%。由于农村居民收入的不断提高、消费观念的逐步转变，在满足日常生活的同时农村居民也更加热衷于对高品质、高质量生活的追求。

医疗保健支出大幅提升。全省农村居民人均医疗保健类支出1877元，较上年增长13.8%。从分项消费来看，农村居民人均医疗器具及药品消费支出增长12.6%，人均医疗服务消费支出增长14.1%。从报销医疗费用来看，农村居民人均报销医疗费用增长17.5%。全省通过统一制度、完善政策、健全机制等方式加快健全覆盖全面、统筹城乡、可持续的多层次医疗保障体系，同时农村居民更加注重自身身体健康，对养生、保健服务需求有所上升。

交通通信支出明显回暖。全省农村居民人均交通通信类消费支出2135元，较上年增长10.3%；与2019年相比，两年平均增长8.7%。近年来，伴随着全省农村地区基础设施的不断完善，宽带网络覆盖率的有力提升，以及农村居民收入的快速增长，农村居民对信息网络、电子产品、通信服务等方面的热衷程度越来越高，加之新能源汽车补贴、宽带提速降费等政策的实施在一定程度上促使农村居民交通通信消费快速增长。

农村居民居住环境不断优化。一是居住条件显著改善。农村居民住在钢筋混凝土或砖混材料结构住房的户比重为74.2%，比上年提高4.6%；居住在砖瓦砖木或竹草土坯结构住房的户比重为24.2%，比上年减少1.4个百分点。二是基础设施和公共服务更加完善。居住地所在村水泥或柏油路面的户比重为94.9%，比上年提高0.4个百分点；所在村内有健身器材的户比重为79.3%，比上年提高1.2个百分点；所在村能够做到垃圾集中处理的户比重为92.2%，比上年提高2.3个百分点；有卫生站(室)的户比重为97.8%，比上年提高2.7个百分点；已通宽带的户比重为97.6%，比上年提高1个百分点。三是大件商品消费数量稳定增加。农村每百户空调拥有量、每百户电冰箱(柜)拥有量、每百户洗衣机拥有量、每百户彩色电视机拥有量、每百户移动电话拥有量分别为78.2台、107台、97.5台、117.1台、266部，较上年分别增长21.8%、4.4%、1.6%、0.6%、2.6%。

【需要关注的问题】 城乡居民收入绝对差距继续扩大。从近三年来看，四川省城乡居民人均收入绝对差距逐年扩大，2019年、2020年、2021年分别为21 484元、22 324元、23 869元，2020年比2019年增加840元，2021年比2020年增加1545元，三年累计扩大2385元，四川城乡居民人均收入绝对差距逐年扩大，应加以重视。

农资价格上涨，农业经营出现波动。四川省农村居民人均第一产业经营净收入4008元，较上年下降3.2%，占经营性净收入的比重为60.2%，占比较上年同期下降7.1个百分点，降幅较大。由于化肥、种子、农药等农业生产资料价格上涨，而生猪价格市场价格出现大幅下跌，

表1　2021年四川省农村居民人均可支配收入情况

指标	2021年水平(元)	比上年增长(%)	两年平均增速(%)	占比(%)	贡献率(%)	拉动增长(%)
可支配收入(元)	17 575	10.3	9.5	100.0	100.0	10.3
工资性收入	5514	10.8	8.8	31.4	32.6	3.4
经营净收入	6651	8.1	8.6	37.8	30.3	3.1
财产净收入	587	15.0	13.4	3.3	4.7	0.5
转移净收入	4823	12.5	11.1	27.4	32.4	3.3

加之受季节、天气状况、种植环境等因素叠加影响，导致农业经营收入难以保持稳定增长。

疫情反复对增收带来不确定性。在疫情常态化防控的当前，面对局部高度聚集、全国多点散发的疫情形势，相关娱乐场所、教育机构、大型商超、酒店餐饮等消费场所势必会积极落实暂时性的关门停业、错峰限流等措施，进而给农村居民外出务工、生产经营、多元化消费等带来不确定性，增收工作面临挑战。

【意见建议】 稳定政策支撑，加强民生保障。持续推进乡村振兴与脱贫攻坚有效衔接，继续落实对乡村振兴重点帮扶县、重点帮扶村的政策支持，紧盯脱贫边缘户生活状况，做好防止返贫动态监测和帮扶工作，加大涉农资金投入力度，千方百计提升农民收入水平。

稳定农资价格，降低种植成本。做好种子、化肥、农药等农业生产资料保供稳价工作，合理降低生产成本。同时，适度扩大惠农补贴的受众范围，降低准入门槛，积极推广涉农保险，降低农业风险，不断激发农民种养殖积极性，促进农民致富增收。

推动产业发展，提升增收动力。结合各地区优势特点，坚持因地制宜发展符合本地区实际情况的特色产业，打造一批具有地方特色的绿色优质农产品品牌。同时，加快构建乡村特色产业集群，完善利益联结机制，盘活闲置资源，推动一二三产业融合发展，增强抵御风险能力；发展乡村旅游，拓展农业社会化服务，推动农业单项生产环节向全产业链持续增收方向发展，确保农民增收有保证。

国家统计局四川调查总队编写组

农村居民生活保障

【持续巩固拓展脱贫攻坚兜底保障成果】 坚持“摘帽不摘责任”，出台《关于巩固拓展民政领域脱贫攻坚成果同乡村振兴有效衔接的实施意见》，压紧压实全省民政系统保障困难群众基本生活的政治责任；坚持“摘帽”不摘政策，印发《巩固拓展脱贫攻坚成果 做好社会救助兜底保障工作的实施方案》，保持社会救助兜底保障政策总体稳定；坚持“摘帽不摘帮扶”，印发《关于开展巩固社会救助兜底脱贫攻坚成果“回头看”的通知》，对易返贫致贫对象开展动态监测；坚持“摘帽不摘监管”，在全省部署开展农村低保领域专项治理巩固提升行动。全省全年脱贫人口中新增低保兜底12.9万人，全省救助金全部被纳入社会保障卡“一卡通”发放范围，形成资金发放全流程在线监管闭环。会同住房和城乡建设厅、省医保局等部门完善对低收入人口分类救助政策，农村危房改造等补助范围拓展到易返贫致贫人口和支出型困难家庭。

【建立健全城乡低收入人口救助机制，动态监测预警体系初见成效】 编印下发《四川省低收入人口动态监测和常态化救助帮扶工作指南（第一版）》，构建低收入人口“信息采集—动态监测—预警核实—救助帮扶—数据归集”闭环机制。印发《关于加强社会救助省市数据交换工作的通知》《四川省社会救助数据交换规范》，提高数据采集质量，加强个人信息保护。建成省级低收入人口资源库动态监测预警基础支撑平台，动态监测城乡低收入人口540万人，完成民政部分阶段目标任务。

【持续增强社会救助服务能力】 改革完善社会救助制度，加快构建分层分类、城乡统筹、兜底保障功能有效发挥的新社会救助体系。建立低收入人口动态监测平台，动态监测500余万名低收入人口。下达困难群众救助补助资金114.9亿元，全省农村低保标准低限提高到415元/月，惠及300余万名低保对象；实施临时救助37万人次。县（区）普遍建立县级留守老人和分散供养特困老年人巡访制度，农村特困人员供养标准达540元/月。投入3亿元用于保障全省4万余名孤儿、事实无人抚养儿童基本生活保障金；新增纳入事实无人抚养儿童保障1.2万余人。开展“解忧暖心传党恩”行动，走访困难群众48万余人次，发放慰问物资折合近2600万元。

【提升残疾人福利水平】 全省发放残疾人两项补贴共计19.1亿元，惠及全省82万名困难残疾人和106万名重度残疾人。推动精神康复服务从城市逐步向农村地区延伸，共建成试点社区康复站点200个，服务人数超过10万人。在绵阳、自贡、巴中3市开展贫困重度残疾人照护试点。累计投入资金1485万元，实施“福康工程”“晚晴行动”“索玛花开”助残项目，为全省困难残疾人安装各类辅具8366具，为困难残疾家庭实施白内障复明手术1942例。

【农村养老统筹发展】 农村养老服务在发展定位、服务对象、内容形式、运行方式上实现“四个转变”，农村三级养老服务网络加快推进，探索形成农村养老“四川模式”。结合乡（镇）行政区划调整，绘制农村养老服务地图，实施农村敬老院布局调整和功能提升，投入资金3.1亿元，建设6个农村区域性养老服务中心、5个县级失能照护中心，提升改造34个农村敬老院。特困人员供养标准提高到低保标准的1.3倍。110个县（区）建立县级留守老人和分散供养特困老年人巡访制度。全省农村公办养老机构（敬老院）达2000余个，有床位21.9万张，47.3万名特困人员全部被纳入救助供养。

四川省民政厅编写组

农村财政、金融与
市场监管
NONGCUN CAIZHENG JINRONG YU
SHICHANG JIANGUAN
SICHUAN

农村财政与金融

农村金融工作

综　　述

【持续加大信贷投放力度】 四川银保监局印发《关于2021年银行业保险业高质量服务乡村振兴的通知》，专项部署"三农"金融服务工作，支持农业农村优先发展，推动辖内银行业保险业服务，全面推进乡村振兴战略部署。加强监管考核引领，按季监测通报涉农贷款投放进度，引导银行业金融机构持续加大对三大主粮生产和"菜篮子"工程金融服务供给。围绕"10+3"农业产业体系，加大信贷供给力度，重点支持县域优势特色产业，创新支持新型农业经营主体和小农户，支持国家级制种基地建设，在政策性粮油收储、粮油全产业链上下功夫，合理增加与需求相匹配的中长期信贷供给。截至2021年年底，四川省银行业金融机构涉农贷款余额2.09万亿元，比年初增加1925.31亿元，增速为10.14%，实现连续7年持续增长。

【提升县域资金适配性】 四川银保监局将存贷比在50%以下的40个县作为重点监测县，按照"一县一策"的原则分析县域有效信贷需求，逐县逐行分解任务。通过按月监测、按季通报、现场督导等监管措施，督促银行业金融机构加大县域信贷投入力度，缓解地区信贷供给不平衡问题，激发县域经济活力，助推全省城乡融合发展。截至2021年年底，全省128个县（含县级市、自治县）平均存贷比较年初提升5.82个百分点，其中40个重点监测县存贷比较年初提升7.41个百分点。

【创新特色涉农金融产品】 鼓励并指导辖内银行业金融机构立足地区资源禀赋特点，围绕省委、省政府打造的"10+3"农业产业体系，实施金融创新，打造特色金融产品。支持"川字号"优质农产品品牌建设，培育"川酒""川菜""川茶""川果""川药""川猪""川烟""川油（油菜籽）"等知名品牌。辖内银行机构推出"第一书记振兴贷""农旅贷""专合贷""家庭农场贷"、生猪活体贷、肉牛贷等系列特色信贷产品，发行省内首笔"革命老区＋乡村振兴"双标债券。

【持续提升农村基础金融服务质效】 到"三州"等偏远地区实地调查督导，有针对性地下达2021年度空白乡（镇）银行网点覆盖任务，明确责任机构和分阶段计划。采取"挂图作战"、定期监测的方式，持续督导相关银保监分局和银行业金融机构抓好银行网点建设，全年共完成86个空白乡（镇）银行网点设立。同时，主动适应四川"两项改革"后农村基础金融服务新变化，开展基础金融服务"回头看"、专项调研等工作，避免出现"先建后撤"、金融服务"有名无实"等现象。截至2021年年底，全省银行网点空白乡（镇）覆盖率达96.81%，较年初提升2.78个百分点，全省乡（镇）保险服务覆盖率和行政村银行服务覆盖率均达100%。

中国银行保险监督管理委员会四川监管局
编写组

金融体制改革

【稳步推进四川省联社改革转型】 重点推进四川省联社深化改革和规范履职，不断优化完善全省农村信用社深化改革总体方案，督促四川省联社在改革方案落地前持续规范自身履职，按照"加强五个垂直管理"的要求加强行业管理和服务职能。指导四川省联社完成理事会换届，多渠道充实行社高管队伍。公开选拔122人充实审计力量，完善"1+5"审计监督组织体系。

【农商行改制工作取得阶段性成效】 批复同意绵阳、乐山城区农商银行开业和宜宾农商银行吸收合并金江农商银行，经过7年努力，全面完成全省城区农合机构整合，初步搭建起全省"三级法人、两级控股"的行业管理架构。全年新组建县级农商银行4家。开业农商银行75家，占比达80%。全面启动剩余农信社改革工作。

【多渠道补充资本落地见效】 推动发行专项债补充资本，配合推进方案落地，农合机构申请的专项债资金已全部到位，并以"转股协议存款"方式注入17家农合机构，17家机构平均资本充足率上升2.54个百分点。

中国银行保险监督管理委员会四川监管局
编写组

小额贷款公司

【基本情况】 截至2022年6月底，全省在营小额贷款公司205家，实收资本408.19亿元，同比下降2.83%；净资产425.7亿元，同比下降3.3%；贷款余额458.3亿元，同比下降0.11%；不良率

12.8%，同比提高2.08%，实收资本和贷款余额全国排名同比分别上升1位。

【完善行业监管配套措施】为指导各市（州）金融工作局对属地小额贷款公司现场检查工作更加规范化、科学化、制度化，在参考银保监部门相关规定的基础上，省地方金融监管局草拟《四川省小额贷款公司合规经营现场检查工作指引》，统一操作流程、检查标准和文档制式。健全小额贷款公司退出制度，指导小额贷款公司依法全面、有效退出小额贷款公司试点，草拟《四川省小额贷款公司申请退出小额贷款公司行业工作流程指引（试行）》。重点借鉴吉林、广东、重庆等省（市）监管经验，在两次征求行业协会、部分优质小额贷款公司意见的基础上草拟《四川省支持优质小额贷款公司发展指引》，明确了支持审批优质小额贷款公司的标准要求。

【指导优化开展行业评级】先后三次征求全省小额贷款公司代表意见，抽取公司数据采样进行测试校验，对评级指标进行完善优化，优化后的评级指标更倾斜关注小微企业、"三农"领域的聚焦情况，提高小贷公司社会责任承担和业务运营情况衡量的准确度。发布修订后的评级办法和评级通知，有序组织全省小额贷款公司参加评级。

四川省地方金融监督管理局编写组

中国农业发展银行四川省分行涉农工作

【基本情况】农发行省分行始终扎根"三农"，坚守政策性银行职能定位，以服务乡村振兴统揽支农业务全局，聚焦国家粮食安全、巩固拓展脱贫攻坚成果同乡村振兴有效衔接、农业现代化、农业农村建设、区域协调发展和生态文明建设"六大领域"，持续发挥"当先导、补短板、逆周期"作用，为四川经济社会高质量发展做出农业政策性金融贡献。2021年，农发行省分行下辖113个分支机构，包括省分行机关、省分行营业部、21个市（州）分行、2个处级直属支行和89个县级支行。全年发放贷款1063亿元，首破千亿元，同比多放137亿元；余额净增540亿元，增长18%，净增额连续两年保持全系统第一位。信贷资产质量持续优化，财务可持续能力不断增强，全年让利客户超过3亿元。

【服务国家粮食安全保根基】在政策性粮油收储、粮油全产业链、战略合作客户上下功夫，全年发放粮油贷款183亿元，同比多放25亿元；余额456亿元，比年初增加34亿元。粮油收购信贷主渠道地位稳步提升，市场份额达87%。

【巩固拓展脱贫攻坚成果同乡村振兴有效衔接】成立乡村振兴处，在全系统率先完成业务划转，派驻"乡村振兴党员先锋队"入驻凉山接续帮扶。全年发放贷款417亿元，其中向66个国定脱贫县发放贷款227亿元，向25个国家重点帮扶县发放贷款16亿元。

【服务农业现代化】围绕全省"10+3"农业产业发展，发放农业产业贷款221亿元，同比多放67亿元；余额441亿元，净增156亿元。落实惠普金融政策，支持普惠小微企业269家，净增2.28亿元。

【服务农业农村基础设施促发展】聚焦城乡一体化、水利建设、农村路网、人居环境改善等重点领域重大项目，全年发放贷款659亿元，同比多放61亿元；余额2471亿元，净增369亿元。

【服务区域协调发展】促成农发行总行出台《关于支持成渝地区双城经济圈建设的实施意见》，推动总行与四川省政府签订《"十四五"战略合作框架协议》，探索支持成德眉资同城化发展，支持川渝合作共建重大项目7个、57亿元。

【服务生态文明建设当先锋】促成生态环境厅出台绿色信贷贴息政策，16个支持项目获得贴息，居省内金融机构首位，已支持污染防治、生态保护与修复、国家储备林建设等绿色信贷项目290个、552亿元。

中国农业发展银行四川省分行编写组

新型农村金融机构

【基本情况】截至2021年年底，全省新型农村金融机构共56家，其中村镇银行53家、贷款公司2家、农村资金互助社1家；设立网点304个，比年初新增1个。

【持续加强市场定位监管】截至2021年年底，全省新型农村金融机构资产总额825.33亿元，其中村镇银行资产总额824.53亿元，比年初增加18.25亿元，增长2.26%；各项贷款余额521.77亿元，其中村镇银行各项贷款余额521.44亿元，比年初增加38.04亿元，增长7.87%；负债总额733.92亿元，其中村镇银行负债总额733.36亿元，比年初增加16.37亿元，增长2.28%；各项存款余额633.03亿元，其中村镇银行各项存款632.76亿元，比年初增加9.36亿元，增长1.5%。从结构上看，存款稳定性不断增强，储蓄存款433.59亿元，比年初增长10.37%，占负债总额的59.12%，比年初上升4.33个百分点。全省村镇银行支农支小指标持续优化，村镇银行农户和小微企业贷款比年初增加30.61亿元，农户和小微企业贷款占比90.94%；单户500万元以下贷款占比为83%，比年初上升0.51个百分点；新增可贷资金用于当地比例超过100%。

【合规意识和风险意识不断增强】 四川银保监局督促新型农村金融机构坚持支农支小市场定位，加快转型发展，加强风险防控，推动其发挥乡村振兴金融服务生力军作用。

完善公司治理体系。推动落实“双向进入、交叉任职”机制，推进党建和公司治理深度融合。创新设计监事长履职评估表，提升监事长履职能力。印发《关于进一步强化与辖内村镇银行主发起行联动的通知》，建立与主发起行的日常沟通、联席会议、监审联动等机制，督促主发起行尽职履责。

防范化解金融风险。实施分类监管，推动机构实现达标升级，村镇银行监管总体评级结果较上一年度有进步。推动风险处置，1家机构“摘帽”，主要监管指标良好。通过清收、核销、转让等方式化解不良资产，信用风险压降效果明显。

加强市场定位监管。通过监测分析、现场督导、监管约谈、定期通报等方式，全省新型农村金融机构坚守本位、回归主业的意识不断增强，全省村镇银行整体完成小微贷款“两增”目标和涉农贷款持续增长目标。

中国银行保险监督管理委员会四川监管局
编写组

涉农保险

【基本情况】 2021年，全省农业保险实现保费收入45.03亿元，增长36.29%；为1527.98万户次农户提供风险保障2427.79亿元，向317.25万户次农户支付赔款38.09亿元。全省农险市场稳中向好，服务能力持续提升。

【推动农业稳产保供】 继续推广水稻、玉米、小麦三大主粮作物保险。全省全年三大主粮保险保费收入6.43亿元，增长46.14%；承保面积3157.49万亩，增长25.52%。在全省41个产粮大县试点开展三大主粮完全成本保险。抓好生猪养殖保险，推动出台《四川省稳定生猪生产十条措施》《关于开展病死猪无害化处理与保险联动机制建设试点工作的通知》等政策文件，支持行业勇担稳产保供任务。在部分县（区）试点生猪价格保险，积极应对生猪市场行情波动，推动农业保险防范自然灾害和市场变动双重风险。全省保险机构全年共为172.31户次生猪养殖户提供风险保障343.59亿元，承保生猪3696.45万头；为115.42万户次农户支付赔款19.41亿元，赔款支出规模位居全国第一。优化特色农产品保险政策，将《四川省2020年度中央财政优势特色农产品保险以奖代补试点实施细则》中的川菜明确为花椒，川果明确为柑橘，川菜、川果中其他品种均作为“未纳入中央补贴地方优特农产品”进行奖补申报，推动优势特色农产品保险，为打造四川重要农产品品牌提供重要支撑。

【夯实农业保险基础】 把好农险业务经营资质关。联合出台《关于做好政策性农业保险承保机构遴选工作的通知》，规范四川省政策性农业保险承保机构遴选工作。制定《四川保险公司农业保险经营综合考评办法（试行）》，从经营制度、组织架构、经营行为、合规性、经营指标等方面对公司年度农险经办情况进行考评。

规范农险业务经营真实性。联合印发《关于进一步加强和改进农业保险保费补贴资金管理的通知》，明确保险机构按季申请政策性农险保费补贴，并提供保单级数据信息进行查验。联合印发《关于推进全省社会保障卡支付农业保险赔款试点的通知》，在全国率先实现农业保险赔款直接支付到农户社保“一卡通”，有效降低“冒领”“滴漏”风险。修订《四川省政策性农业保险工作费用管理办法》，明确规范发放、费用浮动等方面的具体规定。

发挥行业自律作用。指导四川省保险行业协会建立农业保险专委会，统一应收清收机制，制定牦牛养殖保险、生猪养殖保险及川菜、川果种植保险等11个行业示范条款，统一承保理赔操作规范。

【推进农业保险线上化建设】 四川银保监局指导四川省保险行业协会建设四川省农业保险综合信息平台，对接农险经办机构系统，实现农险经营数据的实时归集、动态监测。鼓励农险经办机构在承保验标、查勘定损中加强科技手段应用，提升农险经营质效。

中国银行保险监督管理委员会四川监管局
编写组

管理与监督

涉农物价管理

【落实粮食价格政策】 及时公布2021年国家稻谷、小麦最低收购价格政策，稳定全省农业生产和农民增收。早籼稻、中晚籼稻和粳稻最低收购价格分别为每50千克122元、128元、130元，小麦最低收购价格为每50千克113元。对全省稻谷生产、储备、销售以及价格等相关情况进行专题调研，针对粮食生产、储备、消费等方面出现的新问题、新情况向国家提出了小幅上调粮食最低收购价的工作建议。

【加强农资价格监管】 为保障全省春耕化肥等农资供应和价格稳定，在调查研究的基础上，联合印发《关于做好2021年春耕化肥生产供应和价格稳定工作的通知》，要求相关部门和地区积极采取提高春耕化肥生产能力、畅通干线运输和末端配送、做好化肥储备和投放、加强春耕化肥市场监管、提升农化服务水平等措施，保障春耕化肥生产供应充足和价格相对稳定。针对今年化肥价格持续上涨的情况，做好下半年化肥保供稳价工作。

【加强农产品价格调控】 为应对非洲猪瘟疫情影响，研究出台全省做好2021年“两节”两会期间民生领域保供稳价、做好价格补贴联动机制、重要民生商品价格重点工作等保供稳价文件，对粮油肉蛋菜等重要民生商品价格监测、预警、调控等工作进行安排部署，组织召开全省蔬菜等重要民生商品保供稳价工作视频会议，及时通报各地重要民生商品价格情况。

【做好猪肉市场保供稳价】 印发《生猪猪肉市场价格调控预案》以及开展政府冻猪肉收储工作等文件，做好生猪猪肉市场价格调控、政府冻猪肉收储等工作。组织召开研究政府冻猪肉收储、研究政府猪肉常规储备规模等专题会议，及时向国家发展改革委上报冻猪肉储备情况和投放方案，保障生猪生产相对稳定、猪肉市场有效供给和价格总体平稳。

【聚焦农业“10+3”产业体系，开展农业特色产业成本调查】 组织11个市（州）共同开展茶叶产业成本调查，形成专题成本调查分析报告。会同重庆市开展柠檬产业成本调查，形成柠檬产业调查报告，服务成渝现代高效特色农业带建设。联合开展奶牛生产成本调查、设施蔬菜等生产成本调查。指导各地开展地方特色产业成本调查，形成酿酒高粱、猕猴桃、奶牛等特色农产品生产成本调查报告，推动农业特色产业发展。

【聚焦“三农”，全面完成农产品成本常规调查】 完成国家级37项、省级12项农产品生产成本常规调查和流通环节成本调查任务，为国家制定主要粮食作物、生猪、蔬菜等宏观调控政策提供了客观准确的数据。受国家发展改革委价格司委托，承办全国2020年下半年生猪和2021年中籼稻直报调查会审会议，并牵头完成会审任务。

【聚焦民生保障，开展应急成本调查】 全面开展生猪生产成本应急调查，印发简报、信息各11期，提供三性分析材料4篇。对疫情防控期间农村生产生活物资供应、储备保障、生产生活成本等情况开展应急调查，为国家发展改革委准确研判疫情防控期间“三农”工作形势提供基础支撑。开展全省中籼稻、玉米、小麦等主要粮食作物种粮成本和收益等情况应急调查，为国家研判价格趋势、实施价格调控提供参考。对省内及周边省（市）粮食生产成本价格情况开展调查，为全省粮食购销领域专项巡视巡察工作提供基础数据。

【加强价格形势分析研判】 紧盯农产品价格变化，高度关注农产品价格、猪肉价格等因素对物价运行的影响，密切跟踪CPI、PPI等指数变动情况，坚持价格形势会商制度，定期牵头组织省级相关部门召开价格形势分析会，研究形成月度、季度、半年及年度价格运行情况分析报告，适时提出调控政策措施建议，为省委、省政府决策提供参考。

【紧盯热点，加强监测分析预测】 紧盯新冠疫情，雅安、阿坝地震以及重要敏感时段，围绕民生关切和党委、政府关注的热点及时启动日监测制度，着力发挥价格监测的重要基础作用。全省全年共监测1300个重要品种市场价格，采集、审核、处理监测数据40余万条，上报各类监测报表962份，形成应急日报120期、主副食品周报54期、重要商品和服务月报12期60篇。

【瞄准痛点，拓展价格监测维度】 针对大宗商品及民生价格突发异常波动愈加频繁、预测难度加大、部分商品出现“抢购”现象等新形势，结合全省实际，及时拓展价格监测领域和维度，对粮食、猪肉、蔬菜、食用油、农资等部分重要民生商品的产销供进行市场巡视和调查。及时发布生猪价格过度下跌一级预警，为养殖户生产和政府物资储备提供重要参考，为合理引导市场预期做出贡献。

四川省发展和改革委员会编写组

涉农审计工作

【基本情况】 2021年，审计厅组织实施易地扶贫搬迁后续扶持、巩固脱贫攻坚成果、高标准农田建设管理、国有土地使用权出让收支4个农业农村审计项目，并推动审计成果转化为治理效能，为持续擦亮四川农业大省金字招牌发挥重要作用，审计厅农业农村审计处被省委、省政府表彰为“四川省脱贫攻坚先进集体”。

【紧盯重点领域，推动巩固拓展脱贫攻坚成果】 为促进易地扶贫搬迁后续扶持相关政策措施落实，推动巩固拓展脱贫攻坚成果，牢牢守住不发生规模性返贫的底线，审计厅于1—3月组织人员对4个市（州）29个县易地扶贫搬迁资金项目及后续扶持情况进行了专项审计，29个县实施易地扶贫搬迁共涉及群众74.35万人，占全省总规模的56.65%；投入搬迁资金428.04亿元，占全省总投入的54.99%；于7—9月组织对任务较重的5个市（州）45个县巩固拓展脱贫攻坚成果情况进行了专项审计。审计深入揭示了产业、就业、动态监测等帮扶政策措施尚未得到有效落实，饮水、消防、排污等配套设施和公共服务不够完善，资金管理使用制度未严格落实等问题。《关于29个县易地扶贫搬迁资金项目及后续扶持审计情况的报告》《审计反映我省易地扶贫搬迁产业扶持需进一步加强》得到省委书记、省长等多位省领导的圈阅和肯定性批示。审计厅将有关情况函送省级相关主管部门，省发展改革委、省乡村振兴局、省委组织部、农业农村厅等相关部门结合审计成果，联合印发了《关于加强易地扶贫搬迁后续扶持巩固拓展脱贫攻坚成果的实施意见》，省乡村振兴局印发《四川省巩固拓展脱贫攻坚成果风险提示清单》，完善了全省行业性管理制度。各地加强整改，追责问责84人，新增安排财政资金1.8亿元，通过收回盘活、节约或挽回损失等方式提高41.7亿元资金效益，研究制定完善相关制度办法157项。

【聚焦关键环节，助力提升粮食安全保障能力】 为巩固提升全省粮食生产能力，夯实保障国家粮食安全的基础，审计厅于3—5月组织对18个市（州）126个涉农县“十二五”以来高标准农田建设管理和利用情况进行了系统性审计。2011—2020年，126个县共投入财政资金644.82亿元，建设高标准农田项目6400个，面积4449.4万亩，占全省高标准农田建设总面积的92%。审计深入揭示了部分地区存在高标准农田质量不高、工程建设领域管控不到位、资金投入保障力度不足、部分农田未优先种植粮食作物等6个方面17类问题，并建议各地新建和提质改造高标准农田并重，健全引导耕地种粮的政策体系，压实建设管理责任保障资金安全和项目质量，加强高标准农田管护。《关于126个县高标准农田建设管理审计情况的报告》得到省委书记等省领导的肯定性批示，要求相关部门和地区落实审计整改。省委农村工作领导小组将审计整改情况纳入2021年度市（州）党政领导班子领导干部推进乡村振兴战略实绩考核，省人大将整改情况纳入跟踪监督和审议，省委督查室将整改工作纳入日常督办、跟踪问效。省委农办印发《关于落实省委、省政府领导批示精神切实抓好高标准农田建设管理审计问题整改的通知》，在全省开展高标准农田建设管理行业整治。农业农村厅出台了坚决防止高标准农田“非粮化”和加强项目现场管理的多项制度，自然资源厅研究制定土地整治项目规划设计导则和管理办法，省级财政提高种粮大户补贴测算标准近2倍，下发专项资金2.49亿元，推动提升全省粮食适度规模经营水平。18个市党委、政府高度肯定审计发挥的宏观治理作用，80余次签批意见，40余次专题研究部署整改工作，各地追责问责208人，推进302个项目278.9万亩高标准农田加快建设，新增安排财政资金19.62亿元，通过收回盘活、节约或挽回损失等方式提高23.99亿元资金效益，研究制定完善相关制度办法600余项，从规划布局、投入保障、工程质量以及管护利用等多方面促规范、强管理、重效益、防风险。

【围绕重大政策，促进增强乡村振兴投入保障】 为推动规范国有土地使用权出让收支管理，促进中央和省委关于提高土地出让收入用于农业农村相关政策措施更好落实，审计厅于7—9月组织对8个市（本级）及所属的30个县2018—2020年国有土地使用权出让收支情况进行了专项审计。审计深入揭示了土地出让收入征管工作需要加强、城市地下空间出让管理制度不健全、被征地农民社保预存款闲置与社保欠缴并存、违规安排使用土地出让收入问题较为突出等问题。

向省委办公厅、省政府办公厅报送《审计反映我省土地出让收支管理亟需加强》的工作专报，自然资源厅研究起草全省城市地下空间国有建设用地使用权配置指导性文件，严格执行将“养老保险预存款进账单”作为建设用地报批必要件进行审查，未按规定足额缴纳养老保险补偿费的，不予审查通过。各地向纪委监委等部门移送违纪违法案件线索4件，催收到位62宗土地、38.95亿元土地出让收入，催收到位违约金和滞纳金2.53亿元，清退社保预存款结余资金和沉淀资金3.05亿元，并研究制定完善相关制度办法。

四川省审计厅编写组

乡村振兴

XIANGCUN ZHENXING

SICHUAN

四川省巩固拓展脱贫攻坚成果同乡村振兴有效衔接

【基本情况】 2021年，全省严格落实“四个不摘”要求，推进政策、机制、责任和工作衔接，完成省、市、县三级乡村振兴机构重组，推动机构平稳转型、人员平稳过渡、任务平稳转换。先后6次召开全省性会议，推动巩固拓展脱贫攻坚成果同乡村振兴有效衔接工作。全省脱贫地区农村居民年人均可支配收入14 909元，增长12.6%；脱贫户家庭年人均纯收入11 073元，增长16.8%，增速均高于全省农村平均水平。开展脱贫攻坚总结表彰，74个先进集体、98名先进个人获得党中央、国务院表彰，900个先进集体、1400名先进个人受到省委、省政府表彰；在全国巩固拓展脱贫攻坚成果同乡村振兴有效衔接考核评估中被评为“好”的等次，成为全国连续6年被评价为“好”的4个省份之一。

【政策体系】 构建“1（有效衔接实施意见）+37”政策体系，其中对应国家政策措施出台具体细化调整的“1+31”个政策文件，结合四川实际制定乡村振兴重点帮扶村指导意见等6个政策文件。量身定制出台《关于支持凉山州做好巩固拓展脱贫攻坚成果同乡村振兴有效衔接的若干措施》，明确了9个方面25条具体措施。

【衔接资金投入】 全年中央、省级衔接资金总规模209.71亿元，较上年增加10.19亿元，增长5.11%，其中省级衔接资金82.48亿元。中央、省级衔接资金单独给予国家乡村振兴重点帮扶县每县8000万元、省级乡村振兴重点帮扶县每县4000万元的倾斜支持。50个乡村振兴重点帮扶县中央、省级衔接资金达108.78亿元，占全省的51.87%。

【资金项目资产管理】 出台《关于加强扶贫项目资产后续管理的实施意见》，储备衔接项目5万个，预算总投资800亿元；实施项目3万余个，投资500亿余元。开展2013—2020年扶贫资金项目资产清理，建立《扶贫项目资产概览》，完成扶贫项目资产确权登记、移交和系统录入，分级分类落实后续管理主体和责任，全省清理形成扶贫项目资产2900亿元。

【防止返贫监测帮扶】 制定出台《四川省健全防止返贫动态监测和帮扶机制办法（试行）》，推进行业部门数据互通共享，坚持全覆盖集中排查、全方位动态监测、全过程精准帮扶，做到“应排尽排、应纳尽纳、应帮尽帮”。4月、6月先后2次开展防返贫集中排查，及时将符合条件的群众纳入监测对象，全部落实有针对性的帮扶措施，做到“早发现、早干预、早帮扶”。

【巩固“三保障”及饮水安全成果】 持续加强控辍保学，实施家庭经济困难学生资助、民族地区教育帮扶等政策；统筹发挥基本医疗保险、大病保险、医疗救助综合梯次减负功能，继续对脱贫户实施基本医保参保个人缴费部分财政全额代缴；下达农村危房改造和农房抗震改造资金20.7亿元，有效解决脱贫地区因灾住房受损等问题；农村饮水安全成果有效巩固。

【农村基础设施建设】 启动实施新一轮农村人居环境整治提升五年行动，完成农户无害化卫生厕所新（改）建60万户，全省农村卫生厕所普及率达87%；完成1040个行政村农村生活污水治理“千村示范”工程建设，全省63.3%的行政村（含涉农社区）农村生活污水得到有效治理；优化农村生活垃圾收转运处置体系，覆盖率达96%。实施农村供水保障工程，84%以上的农村人口喝上“自来水”；实施乡村电网巩固提升工程，农村供电可靠率达99.7%；推进“四好农村路”建设，新（改）建农村公路1.7万千米，所有镇和行政村通硬化路。

【乡村振兴重点帮扶县帮扶】 在确定25个国家乡村振兴重点帮扶县的同时，结合四川涉藏地区、彝区和连片脱贫地区实际，再确定25个省级乡村振兴重点帮扶县和3060个乡村振兴重点帮扶村。出台《四川省支持乡村振兴重点帮扶县实施意见和乡村振兴重点帮扶村指导意见》，在人力、物力、财力上予以重点倾斜。

【易地搬迁后续扶持】 从构建系统性后续扶持政策体系入手，以集中安置点为重点，统筹抓好促农增收、配套基础设施和服务设施建设、社会治理等工作，确保全省6322个安置点、136.05万名搬迁群众安居乐业。依托省内外对口帮扶和当地产业发展等，转移输出搬迁劳动力11.02万人，吸纳5.02万名搬迁劳动力就近就业。全面完成36.39万套搬迁安置住房不动产登记。探索社区治理服务，形成“党建引领+综合服务+综治保障”社区治理新模式，在凉山州创新实施“彝路相伴”三年行动计划。创新实施易地搬迁脱贫村掉边掉角农户搬迁工作，系统解决易地搬迁脱贫村发生规模性返贫风险问题，截至2021年年底，全省3101户掉边掉角农户住房建设全部启动，搬迁入住率达47%。

【产业帮扶】 出台《关于推动脱贫地区特色产业可持续发展的实施意见》，明确过渡期的产业帮扶目标任务和政策举措。推动脱贫地区产业发展，支持培育家庭农场3000家，累计培育新型经营主体3.65万个，有效带动农户融入产业链利益链。新增发放脱贫人口小额信贷11.59亿元，帮助3.2万户脱贫人口及边缘易致贫户发展产业，中央、省级衔接资金用于产业发展的占比达55.8%。在脱贫地区支持培育国家级现代农业产业园区2个、省级现代农业园区26个、成渝现代高效特色农业带合作园区5个，支持58个省星级现代农业园区提档升级。出台《四川省农村集体经济组织条例》，全省“两项改革”后以行政村为单位登记的村级集体经济组织达1.99万个，占行政村总数的73.7%。

【就业帮扶】 抓好外出务工、就近就业、创业带动、培训提能、公岗安置“五个一批”，广泛推行以工代赈方式、“帮扶车间”模式，开展“春风行动”“点对点、一站式”直达服务，全年脱贫劳动力外出务工人数226万人，比上年高2.5个百分点，其中25个国家乡村振兴重点帮扶县脱贫劳动力务工人数均超过2020年。

【消费帮扶】 全省“四川扶贫”公益性集体商标用标主体3276个，用标产品7646个，建成销售渠道1.8万余个。全省入驻832销售平台供应商1736家，上架产品52 071个，累计销售脱贫地区农产品9.2亿元（全国排名第三位），完成采购总额6.3亿元（全国排名第四位）。消费帮扶全年销售脱贫地区农产品199.4亿元，同比增长23.1%。

【“雨露计划”】 制发《关于继续做好“雨露计划”支持脱贫家庭新成长劳动力接受职业教育工作的通知》，不断提高“雨露计划”管理精准化、科学化、规范化水平，全年补助学生26万人次，发放补助资金4.7亿元。

【“以工代赈”】 鼓励和支持各地乡村振兴部门推广“以工代赈”方式实施项目建设。全年通过衔接资金采取“以工代赈”方式实施项目629个，总投资7.06亿元（其中财政投入6.5亿元），带动群众就业18 410人，其中本县劳动力16 017人、易地搬迁劳动力1211人；发放劳务报酬5760.92万元，其中本乡（镇）劳动力4402万元、易地搬迁安置群众333.16万元。

【定点帮扶】 在川定点帮扶的24个中央单位共直接投入帮扶资金13.82亿元、实施项目374个，帮助引进帮扶资金4.36亿元、实施项目164个；培训基层干部24 539人次、乡村振兴带头人4346人次、专业技术人才30 024人次；购买脱贫地区农产品1.28亿元，帮助销售脱贫地区农产品2.29亿元。342个省直部门（单位）直接投入帮扶资金3.96亿元、实施项目1116个，帮助引进帮扶资金4.6亿元、实施项目283个；培训基层干部6027人次、乡村振兴带头人1755人次、专业技术人才19 852人次；购买脱贫地区农产品1.01亿元，帮助销售脱贫地区农产品1.53亿元。

【东西部协作帮扶】 浙江省11市62县结对帮扶四川省12市68县，推动两省村企、学校、医院等结对2101对，1229名浙江省选派干部人才全部到位，财政年度帮扶资金达34.05亿元，实施帮扶项目776个，共建产业合作园区60个，新引进浙江省企业565家、投资额479.8亿元。5月，省委、省政府主要领导率党政代表团到浙江省、广东省考察学习，召开浙川、粤川高层联席会议，签署浙川东西部协作框架协议和粤川深化合作战略协议。承办全国东西部协作培训班。

【省内对口帮扶】 印发《2021年省内对口帮扶工作重点任务清单》，50个帮扶对子全部编制完成《2021—2025年对口帮扶规划》，全年共投入帮扶资金11.38亿元，实施项目967个。统筹选派1386名干部人才挂职帮扶。共建成医联体97个、“校联体”256个，协调引入社会捐助资金1.83亿元，协调社会组织开展志愿服务670余场次。

【驻村帮扶】 出台《四川省驻村第一书记和工作队管理办法》《四川省驻村第一书记和工作队帮扶工作指引》，按照“脱贫村中的重点帮扶村3～5人，其余脱贫村、规模较大的易地扶贫搬迁集中安置点所在村（社区）、乡村振兴任务重的村一般3人”的原则，调整轮换驻村干部3.4万余名。

【企业和社会各界帮扶】 全年省扶贫基金会共募集社会帮扶资金1.53亿元、物资价值0.63亿元，实施教育帮扶、健康帮扶、产业帮扶、抗洪救灾、抗震救灾、疫情防控等公益项目。省老促会创建“四川老区建设网”，组织开展革命老区农村妇女技能培训6000人次，《四川老区》杂志连续14年获得全国老区宣传工作特等奖。四川西部扶贫开发中心跟踪落实2018级百工技师工程受助学生毕业就业367人，全年新录取受助学生143人。省扶贫开发协会募集资金、物资2284万元，开展教育振兴、卫生健康振兴、文化振兴等公益活动。印发《关于开展“万企兴万村”行动的实施意见》，接续推动“万企兴万村”行动；召开全省“万企帮万村”精准扶贫行动总结表彰暨“万企兴万村”动员大会。

【光伏帮扶】 组织对光伏帮扶电站进行全面清理，形成《2021年度光伏帮扶电站概览》，全省共有光伏帮扶电站91座，其中村级（含联村）电站80座、集中电站11座，涉及6个市（州）31个县，建设规模32.4万千瓦，关联脱贫户2.03万户。加强收益使用监管，落实至少60%的光伏收益用于支付公益岗位和公益性事业建设劳务工资，全年累计获得发电收入7409.76万元，结算结转至村集体2381.13万元；累计设置公益性岗位4760个，支付公益性工资和劳务费用2847.92万元。

【考核制度】 把推进有效衔接纳入脱贫地区市（县）党政领导班子和领导干部推进乡村振兴战略实绩考核范围，制定《四川省县（市、区）实施乡村振兴战略分类考评激励办法》，实行资金及政策综合奖励，对乡村振兴先进县一次性给予6000万元的财政资金补助，对乡村振兴成效显著县和乡村振兴重点帮扶优秀县一次性给予4000万元的财政资金补助。制定完善《四川省巩固脱贫成果后评估办法》，每年开展一次后评估。

【全覆盖开展巩固脱贫攻坚成果“回头看”】 在全省开展巩固脱贫攻坚成果“回头看”，围绕户看收入和“六有”（有义务教育、基本医疗、住房安全、饮水安全、生活用电、广播电视），村看“五有”（有村集体经济、通村硬化路、文化室、卫生室、通信网络），乡看“三有”（有中心校、卫生院、便民服务中心），县看“四个不摘”，市看防返贫监测帮扶机制，完成21

个市（州）、176个涉农县、3135个乡（镇）、32 238个行政村的全覆盖“回头看”排查。

【巩固拓展脱贫攻坚成果同乡村振兴有效衔接宣传】 围绕“巩固拓展脱贫攻坚成果、全面推进乡村振兴”主题，开展多层次、全方位、立体式宣传，举办全省脱贫攻坚总结表彰大会“跨越历史的答卷”——四川省脱贫攻坚专题展；在《四川日报》、四川广播电视台等主流媒体推出“川越贫困　蜀写传奇”系列综述报道、典型宣传报道等；推出“决战脱贫攻坚　决胜全面小康”——四川脱贫攻坚成果网络展，客户端浏览量高达180万次；指导凉山州做好脱贫攻坚全域实景展示建设，协助香港无线电视台（TVB）拍摄脱贫攻坚专题片《无穷之路》，在井研县举行2021年四川省“美丽乡村健康跑”活动。

四川省乡村振兴局编写组

新型城镇化建设

【基本情况】 2021年，全省坚持以成渝地区双城经济圈建设为引领，统筹推进新型城镇化和“一干多支”发展，城镇化发展质量和水平不断提升，城乡融合发展持续深化，全省常住人口城镇化率达57.8%，同比提高1.1个百分点。

【城镇化规划政策体系不断健全】 组织编制《四川省新型城镇化中长期规划》，提出到2035年全省城镇化发展的主要目标、空间格局、重点任务和政策举措。争取国家发展改革委批复《成都都市圈发展规划》，成为全国第三个、中西部第一个获批的都市圈发展规划；制订《成德眉资同城化综合试验区总体方案》，获得省政府批复。争取国务院批复成都建设践行新发展理念的公园城市示范区，国家发展改革委、自然资源部、住房和城乡建设部印发实施示范区总体方案。落实国务院促进特色小镇规范健康发展的意见，制定全省实施意见，并以省政府名义印发。

【城镇体系结构持续优化】 极核主干引领作用不断增强，成都市经济总量近2万亿元，共有常住人口2120万人，在全国城市中分别居第7位、第4位；成都都市圈同城化发展步伐加快，经济总量达2.5万亿元，常住人口达2989.4万人，以全省6.8%的土地面积承载了35.7%的人口。大中小城市和小城镇协调发展，绵阳、南充、宜宾等Ⅱ型大城市加快建设，泸州、达州、自贡、遂宁、乐山等中等城市功能不断完善，金堂、绵竹等5个国家县城新型城镇化示范县建设深入推进。实施中心镇“六大提升工程”，认定首批省级百强中心镇58个。两项改革“后半篇”文章有序推进，全面完成县域内片区划分，划定形成809个乡（镇）级片区、6812个村级片区。

【城市综合承载力不断提升】 构建工业“5+1”、服务业“4+6”、农业“10+3”现代产业体系，加快促进产城融合、职住平衡，城镇新增就业105万人，城市吸纳就业能力不断增强。实施“百万安居工程”建设行动，新开工城镇老旧小区改造项目6245个，筹建保障性租赁住房6.34万套（间），城市居住条件显著改善。新增城市道路1366千米，城市公共交通覆盖率达99%，成都城市轨道交通运营里程达558千米（居全国前列），市民出行更为便利。累计新（改）建城市污水管网3213千米，污水集中收集率达51%，设区城市生活垃圾回收利用率达33%，地级以上城市建成区基本消除黑臭水体，城市建成区绿化覆盖率42.5%，人居环境质量不断提高。推进第二批城乡社区治理试点示范，网格化服务管理全面推行，城市治理水平持续提升。

【农业转移人口市民化加快推进】 户籍制度改革不断深化，成都双轨并行落户政策不断完善，其他城市“零门槛”落户有序推动，促进在城镇稳定就业生活的农业转移人口落户，新增城镇户籍人口约21万人，户籍人口城镇化率提高到38.4%。常住人口享有更多更好的城镇基本公共服务，统筹中央、省级资金30.5亿元支持各地改善义务教育阶段学校办学条件，累计发放电子健康卡4654万张，农民工基本养老保险参保2019万人（参保率76%），农民工参加技能培训157万人次。市民化配套政策有效实施，省财政下达市民化奖励资金27.4亿元，不断提高市、县吸纳农业转移人口落户的积极性。

【城乡融合发展提质增效】 城镇基础设施加快向乡村延伸，新（改）建农村公路1.7万千米，新创建“四好农村路”全国示范市1个、示范县10个，农村卫生厕所普及率、生活垃圾处理体系覆盖率分别达87%、96%。城乡基本公共服务加快接轨，统一的城乡居民养老保险、基本医疗保险、大病保险制度基本建立，基本养老保险参保率达92%，基本医疗保险参保率稳定在98%以上，城乡居民基本医疗保险人均财政补助标准提高30元。城乡融合发展体制机制不断完善，农村土地“三权分置”改革稳步推进，探索开展合并村集体经济融合发展试点，新增家庭农场1.1万家。推进成都西部片区国家城乡融合发展试验区建设，启动县域内城乡融合发展改革试点。

四川省发展和改革委员会编写组

乡村治理

农村基层治理

【全面完成换届选举工作】 按照中央和省委、省政府统一部署，全省第十一届村（居）民委员会换届选举工作推进顺利，含凉山州第三批脱贫“摘帽”县村级建制调整改革新设建制村（社区）在内的全省34 350个村（居）民委员会换届工作完成。各地坚持干中选、选中干，把愿干事、真干事、干成事的优秀人才选进“两委”班子，实现总量下降、年龄下降和学历提升、能力提升“两降两升”正向变化。从总量上看，村（居）“两委”干部总量155 440名，比上一届减少64 560名，“一肩挑”比例达97.5%，相比换届前提升52.8个百分点；从年龄上看，村（社区）党组织书记（主任）平均年龄44.7岁，较上届下降1.8岁；从学历上看，村（居）委员会高中及以上文化村（居）民委员会成员比例达76.2%，较上一届提升27.8%；从来源渠道上看，“两委”班子中优秀农民工占40.7%，致富带头人占28.2%，退役军人占8.5%，返乡大学毕业生占6.7%。

【创新基层群众自治实践】 按照省委十一届六次全会部署，特别是针对两项改革后基层治理新形势，持续开展基层群众自治实践。完善村级民事代办制度，会同农业农村厅、省政务服务和资源交易服务中心印发《关于加强村级民事代办制度建设的指导意见》，通过明确哪些事可以办、如何办、由谁办提高村级民事代办服务质量和效率。健全村规民约“红黑榜”，印发《四川省民政厅关于建立健全村规民约（居民公约）“红黑榜”的通知》，明确村规民约群众自治的基本原则，通过“知榜、评榜、管榜”的运行流程建立激励约束机制，探索基层群众自治的创新路径。推进城乡社区协商工作，印发《四川省民政厅关于进一步做好城乡社区协商工作的通知》，发挥城乡社区协商在密切党群干群关系、化解矛盾纠纷风险、维护社会和谐稳定等方面的积极作用。建立城乡社区工作事项准入备案制度，会同省委组织部、财政厅、农业农村厅印发《关于建立城乡社区工作事项准入备案制度的指导意见》，通过制定城乡社区依法履职、协助办理、工作负面事项指导“三项清单”从制度层面推动实现基层事情基层办、基层权力给基层、基层事情有人办。

【补齐社区综合服务短板】 按照社区治理“党建引领+综合服务+综治保障+科技赋能”新框架要求，发挥民政部门在“综合服务”中的集成作用。积极出台政策文件。会同省委组织部、省发展改革委、财政厅、住房建设厅、自然资源厅联合印发《城乡社区综合服务设施“补短板”达标工程实施方案》，综合采用新建配建、改建扩建、购置租赁、合作共建等多种方式加快补齐社区综合服务设施短板，着力构建布局科学、功能完善、全面覆盖的城乡社区综合服务供给体系。争取财政资金投入，结合乡（镇）行政区划调整改革“后半篇”文章要求及各地村（社区）合并实际，争取财政资金8440万元，按照每个村（社区）40万元的补助标准，支持一批特色村（社区）、易地扶贫搬迁安置点社区、服务设施面积不达标村（社区）、因灾受损村（社区）项目建设，着力改善城乡社区服务设施、提升服务质量。

【编制城乡社区发展治理“十四五”规划】 按照省政府办公厅《关于做好“十四五”规划编制工作的通知》要求，在前期制定《四川省城乡社区治理调研报告》的基础上，再次走访村（社区）“两委”成员、专职社区工作者、村（居）民小组长和志愿者、社会组织、社工机构等各类群体，广泛收集意见建议，编制完成《四川省“十四五”城乡社区发展治理规划（征求意见稿）》，并先后两次书面征求21个市（州）和省直相关部门意见，面向社会征求意见30天。期间，针对一些关键内容、关键环节、关键指标等组织有关省直部门和市、县（市、区）召开意见征求座谈会以及专家评审会，对《规划（征求意见稿）》进行修改完善，并通过合法性审查，12月经省政府审批印发。

【推进社区治理试点示范】 持续实施城乡社区治理试点示范三年行动计划，将城乡社区治理试点示范纳入民政大事着力推进。按程序确定第二批试点单位，通过“县级申报、市级把关、省级审核”等程序，坚持“统筹兼顾、优中选优”原则，并征求省委组织部、财政厅意见后确定推荐40个县（市、区）、43个镇（街道）、150个社区为全省第二批城乡社区治理试点单位，并会同财政厅印发《关于确定成都市成华区等40个县（市、区）为全省第二批城乡社区治理试点单位的通知》，省级财政下达补助资金12 300万元，支持第二批试点单位开展试点示范。全面完成第一批试点单位绩效评价。根据《城乡社区治理试点示范工作绩效评价办法》《城乡社区治理试点示范工作绩效评分表》，印发《关于开展2020年城乡社区治理试点单位绩效评价的通知》，采用试点单位自评、第三方机构评估和省厅抽查的方式进行绩效评价，按照竞争性磋商方式选定第三方评估机构成都市社会组织联合会，与第三方机构共同完善细化绩效评价方式、流程以及评估标准，组织第三方机构对2020年开展城乡社区治理试点的44个县（市、区）进行绩效评价，推动试点社区“硬件上有改观、软件上有提升、服务上有亮点、场景上有呈现”。召开全省城乡社区治理试点培训会，通过专家授课、现场参观、经验交流、工作部署等，教经验、讲方法、做安排，引导和促进第二批试点单位治理思路更加清晰、治理目标更加明确、治理手段更加丰富，遴选一批社区治理理论创新、实践创新和制度创新实践成果编印100个案例的合集。确定2020年全省基层治理示范街道示范社区。通过试点单位自评、第三方机构评估、省厅抽查、征求意见、公示等程序，最终确定成都市锦江区官驿街道等30个乡（镇、街道）为省级基层治理示范乡（镇、街道），成都市武侯区玉林街道玉林北路社区等100个社区为省级基层治理示范社区。同省委组织部联合印发《关于确定2020年全省基层治理示范街道示范社区的通知》；召开全省加强和创新城乡社区治理工作会，总结部署相关工作，会议通报了2020年全省城乡社区治理试点单位绩效评价结果、2020年全省基层治理示范街道示范社区名单，并对2020年全省基层治理示范街道、示范社区代表进行了授牌。

四川省民政厅编写组

农村民主法治建设

农村政法工作

【基本情况】 2021年，全省政法系统深入学习贯彻习近平法治思想、习近平总书记“七一”重要讲话及习近平总书记对四川工作、政法工作重要指示精神，从严从实抓好农村政法工作，为巩固脱贫攻坚成果、全面助力乡村振兴提供坚强政法动能。

【配齐配强乡（镇、街道）政法委员】 坚持党对政法工作的绝对领导，坚决贯彻落实《中国共产党政法工作条例》及全省实施细则，发挥乡（镇、街道）政法委员作用，加强对乡（镇、街道）政法工作的领导管理，提升谋全局、抓统筹、促落实的能力，截至2021年年底，全省21个市（州）3101个乡（镇、街道）共配备政法委员3086名，配备率达99.52%，基层政法体系更加富有活力和效率。

【完善农村司法体系建设】 围绕做好两项改革“后半篇”文章，优化调整全省“两所一庭”布局，派出所数量由4461个整合为2244个，司法所数量由4607个优化调整为3116个，法庭数量由922个优化调整为823个，基层服务管理单位“多、散、弱”等问题逐步解决，服务乡村振兴、基层综合治理功能不断拓展。

【严厉打击突出违法犯罪】 针对农村社会“空心化”“空巢化”“空壳化”易引发的各类犯罪问题，加强执法司法保护力度，有力提升群众的幸福感、安全感、获得感。推动依法快侦快破一批影响大、关注度高的典型案件，延伸治理侵害老年人合法权益涉诈乱象问题。严厉打击侵害妇女、未成年人特别是农村留守儿童权益的各类犯罪，强力打击利用未成年学生实施黑恶犯罪和校园霸凌、性侵未成年人等违法犯罪行为。常态化排查整治黑恶、宗族恶势力犯罪、非法宗教和邪教活动。全面深化“民转刑”命案防控，主动排查化解易引发“民转刑”命案的婚姻、家庭等矛盾，严管严控扬言报复社会、严重精神障碍患者等重点人，加强社会心理服务和危机干预。

【深化矛盾纠纷多元化解】 坚持和发展新时代“枫桥经验”，推动开展“枫桥式公安派出所”“枫桥式司法所”创建，全省乡（镇、街道）矛盾纠纷多元化解协调中心覆盖率达89.8%。发挥村（社区）“两委”、矛盾纠纷多元化解组织等基层力量，加强建党100周年重要时段、“民转刑”案件和农村地区矛盾纠纷排查化解工作，全年化解矛盾纠纷85.1万余件，成功率达99%，确保“小事不出村、大事不出镇、矛盾不上交”。

【持续抓好基层平安创建】 组织召开平安创建专题座谈会，制发《平安四川建设领导小组关于进一步深化平安四川系统创建工作的指导意见》，以“六无”平安村（社区）创建为载体，加强对违法犯罪、治安乱点、毒品问题、公共安全事故、邪教活动等突出问题的源头防控，推进平安四川创建向高标准、宽领域、大范围、多层面发展。全省已创建省级“六无”平安村（社区）1800个，推动形成“全民参与、平安有我”的局面。

【推进综治中心实体实战化建设】 印发《全省综治中心实体实战能力提升工作方案》《四川省综治中心规范化管理办法》，加大农村地区综治中心建设力度，推动综治中心与网格化服务管理中心、矛盾纠纷多元化解中心、关爱中心、社会治理中心等一体化运行，着力提升指挥调度、信息汇聚、分析研判、分流督办能力，统筹公安派出所、司法所、人民法庭和网格员、平安志愿者等群防群治力量积极参与基层综治工作，适应新时代基层社会治理新需求。截至2021年12月，全省3101个乡（镇、街道）均建成综治中心，实现综治中心全覆盖。

【做强基层智能化建设应用】 持续项目化推动“雪亮工程”建设，全省31 867

个村完成建设任务，覆盖率达92%。采取“政府引导+企业服务+群众自愿”共建模式推进“慧眼工程”建设，惠及群众220余万户，拓展了群众参与基层平安建设途径。针对摩托车、电瓶车侵财案件高发问题，按照“政府+保险+车主”模式推行安装“两车卫士”119万辆，治安防控智能化水平明显增强。推进智能化平台联网共享应用，拓宽应用领域、发挥综合效应，让数据“跑腿”、用科技赋能，不断提升基层治理智能化水平。

【加强基层网格化服务管理】 聚焦解决基层社会治理“神经末梢”梗阻等问题，统筹开展网格调整划分设置，持续深化网格化服务管理，推动建立全域覆盖、全网整合的网格工作大体系，做细做实基层治理单元，打通服务管理“最后一米”。截至2021年12月，全省共配备专兼职网格员30万人；增配专职网格员2.1万人，增长达59.5%。在疫情防控工作中发挥网格化服务管理体系优势，组织专兼职网格员积极投入疫情防控工作，及时排查处置不稳定风险和治安隐患，劝调矛盾纠纷，协助封控管理，为全省坚决打赢疫情防控战提供有力支撑。

【提升农村政法公共服务供给】 着力完善农村司法体系，加强基层综治中心和公安派出所、社区警务室、人民法庭、司法所等基层阵地建设，乡村公共法律服务体系和能力得到不断优化提升。推动在乡（镇）、村（社区）广泛设立诉讼服务站（点），推广“车载法庭”“院坝法庭”等巡回审判方式，将司法服务送到群众家门口。在民族地区推广“石榴籽”调解室，设立“扁担法庭”“柠檬法庭”等特色法庭，将人民法庭嵌入基层治理新格局。持续深化政法服务“一网通办”，加快推进诉讼服务、户政管理、公共法律服务等“一网通办”前提下的“最多跑一次”改革，加快便民服务体系标准化、规范化、便利化建设，“放管服”改革效益向农村地区延伸。推动开展司法助力巩固拓展脱贫攻坚成果助推乡村振兴专项活动，发放司法救助金近5000万元，为农民工挽回经济损失4.6亿元。实施“法治明白人”培养工程和“一村一法律顾问”工程，以群众喜闻乐见的形式持续开展“法律七进”活动。加强对赌博、高额彩礼、厚葬薄养等陈规陋习的规范引导，引领农村群众尊法学法守法用法，为在法治轨道上推动乡村全面振兴贡献力量。

中共四川省委政法委员会编写组

农村检察工作

【基本情况】 2021年，全省检察机关深入贯彻落实《中共中央关于加强新时代检察机关法律监督工作的意见》，全面履行刑事、民事、行政、公益诉讼检察职能，积极融入、服务、保障国家乡村振兴大局，扎实办好检察为民实事。

【维护农村安全稳定】 持续推动农村地区常态化“扫黑除恶”斗争有序开展，助力农村平安建设。省检察院制定《关于常态化开展扫黑除恶斗争推进平安四川建设 服务保障乡村振兴战略的意见》，从准确把握检察机关职责定位、聚焦乡村振兴战略重点领域、健全完善相关配套机制、增强示范引领等四个方面提出21条具体措施。各地检察机关与同级纪委监委、公安机关等部门会签提前介入、办案协作、惩治“保护伞”等工作机制，细化实化措施，全省检察机关共起诉农村涉黑案件14件、农村涉恶案件25件。依托电视、报纸、“两微一端”等媒体平台和12309检察服务中心、“扫黑除恶”举报热线等途径加强宣传发动，广泛征集涉黑恶违法犯罪线索，严格落实线索核查反馈制度，激发群众参与专项斗争的积极性。注重结合办案运用检察建议推动社会治理，广元市检察院组织开展涉黑恶案件“每案必建议回访”专项活动，对重点涉黑涉恶案件检察建议落实情况实地走访，就如何持续防范和整治“村霸”与部分村干部和群众代表召开了座谈会。依法惩治农业领域犯罪活动，依法打击非法占用农用地，生产、销售假种子、假化肥、假农药等犯罪，起诉105人，为农业发展创造了良好环境。依法严惩侵害农村国有资产和集体财产安全的职务犯罪，办理相关案件33件36人。对发生在农村的婚姻家庭、邻里矛盾等纠纷，根据主观恶性、犯罪后果和社会危害性等，落实认罪认罚从宽制度，通过矛盾化解修复社会关系，依法少捕、慎诉、慎押。

参与农村禁毒整治。在严惩涉毒犯罪的同时，多地检察机关通过定点包片乡镇、参与重点涉毒场所整治、参与农村涉毒专项活动、推动禁毒网格化管理、开展禁毒宣传等为相关地区扭转毒情形势贡献了检察力量。全省检察机关选派20名工作人员参加凉山州新一轮对口帮扶，服务当地法治宣传、禁毒防艾工作。组织开展“云端微普法”主题宣传和第九次“三级联动‘6·26’禁毒宣传周”活动，全省检察机关创作禁毒“微普法”音（视）频142件，推送覆盖师生、群众250万余人。开展以“防范新型毒品危害青少年”为主题的检察开放日活动103场次。九寨沟县、南部县等地检察院就办案发现的毒品犯罪由城市转向乡村问题，向有关乡（镇）党委、政府发出检察建议，促进对涉毒人员加强管控。

【保护农村生态环境】 发挥刑事检察和公益诉讼检察职能，保护广大农村地区生态环境和国有、集体土地权益，保护人民群众赖以生存的绿水青山。

依法严惩破坏生态环境犯罪。全省共起诉破坏环境资源犯罪1483件、2411人。落实长江“十年禁渔”，开展长江流域非法捕捞专项整治，与重庆市检察院会签《关于办理非法捕捞刑事案件加强协作的意见》，雅安市雨城区检察院办理的有关人员非法捕捞水产品案被最高人民检察院评为“依法惩治长江流域非法捕捞水产品犯罪典型案例”。开展打击危险废物环境违法犯罪行为、整治破坏稀土环境资源违法犯罪等专项行动。

加强生态环境公益诉讼检察。全年共立案办理生态环境领域公益诉讼案件5090件，通过案件办理督促修复林耕地等1.77万亩，清除生活垃圾、固体废物16.8万吨。服务以国家公园为主体的自然保护地建设，在56个国家级和省级自然保护区设立检察联络站，立案办理自然保护区公益诉讼案件48件；加强野生动植物资源保护，立案办理案件368件。广元剑阁古柏树保护案被最高检作为生物多样性保护中国经验在联合国《生物多样性公约》第十五次缔约方大会上展示。落实《生物安全法》，维护本土生物安全，立案办理外来物种入侵案件17件；眉山、绵阳市检察机关针对福寿螺、三裂叶豚草入侵开展专项整治；阿坝州检察机关保护川西高原生态，开展外来物种虹鳟鱼清理整治。落实《长江保护法》《"十四五"长江经济带发展规划实施方案》，围绕"四水一岸"保护，立案办理涉长江干支流水体、大气污染案件595件；重点关注"电毒炸"等灭绝性捕捞行为，立案办理非法捕捞水产品公益诉讼案件565件，增殖放流964.11万尾。开展黄河流域内乱占、乱采、乱堆、乱建问题整治，加大对黄河流域倾倒生活垃圾、丢弃死亡牲畜、非法采挖河道砂石等案件的办理力度。突出保护世界上最大的高寒泥炭沼泽湿地若尔盖湿地，阿坝州检察机关办理盗挖湿地泥炭公益诉讼案件8件，保障了高原泥炭沼泽地生态功能。推行"专业化法律监督+恢复性司法实践+社会化综合治理"生态检察模式，结合办案督促修复被污染、破坏的林耕地、湿地、草原59.8亩，督促清理若尔盖湿地内乱堆乱倒的生活建筑垃圾1600余吨。

【融合开展司法救助】 按照最高检部署，开展司法救助助力巩固拓展脱贫攻坚成果助推乡村振兴专项活动，找准乡村振兴与司法救助工作的结合点，做到精准识别、精准救助、精准帮扶，实现司法救助与乡村振兴双赢共赢，全省司法救助工作在全国检察机关司法救助助力乡村振兴会议上做经验交流。准确把握救助对象和工作目标，各地围绕乡村振兴战略规划，深化拓展司法救助，做到农村地区贫困当事人应救尽救，实现检察办案环节全覆盖。全年全省检察机关对符合国家司法救助条件的229户404名脱贫不稳定户、边缘易致贫户进行国家司法救助，共发放救助金429.6万元。提升救助效果，各地注重机制建设，推动司法救助与乡村振兴的深度融合，省检察院与省乡村振兴局会签《关于检察机关国家司法救助助力巩固拓展脱贫攻坚成果同乡村振兴有效衔接实施办法（试行）》，重点对准农村地区脱贫不稳定户、边缘易致贫户。各地与政府相关部门也先后出台了一系列会签文件，拓展了救助渠道，建立了多元化的救助工作机制，为巩固拓展脱贫攻坚成果助推乡村振兴发挥了积极作用。全年全省检察机关共办理司法救助案件1146件，同比上升1.51%；救助1837人，同比上升8.83%；发放救助金1971.0833万元，同比上升17.2%。

【维护农村弱势群体合法权益】 助力解决拖欠农民工工资难题，起诉拒不支付劳动报酬犯罪75人，支持农民工起诉1486件，同比增长22.2%。省检察院督促指导基层检察院高度重视支持起诉案件办理，加大对弱势群体的保护。开展支持起诉纠纷诉前化解，在办理支持起诉案件中促成和解287件。乐山检察机关开展保障农民工工资专项检查活动，帮助农民工追回工资90余万元。阿坝州检察院与州公安局、司法局、人社局会签《关于进一步维护农民工合法权益实施意见》，依法保障农民工工资支付。广元市检察院与市公安局、市人社局会签《处置拖欠农民工工资线索协调配合办法》，创新提出"检察正告制度"，实行"专单'收'—电话'核'—正告'督'"的流程，农民工追索劳动报酬效率提升80%以上，同时向河北等五省用工企业发出《拖欠农民工工资法律风险告知书》，帮助21名广元籍农民工讨薪成功。加强未成年人司法保护。连续两年在全省检察机关部署开展"打击侵害未成年人犯罪专项行动"，并推动省委政法委牵头联合省检察院、省委宣传部、网信办、省法院等12家单位开展全省防范打击侵害未成年人违法犯罪关爱保护未成年人健康成长专项行动，加强农村留守儿童司法保护，省检察院第九检察部获评"全国农村留守儿童关爱保护和困境儿童保障工作先进集体"。省检法"两长"同庭履职，依法办理一起严重暴力性侵留守女童抗诉案，以强奸罪改判死刑立即执行，极大震慑了性侵未成年人犯罪。开展家庭教育指导，督促农村留守儿童监护人履行家庭教育职责。开展校园安全整治，推进检察官担任法治副校长和法治辅导员，开展"法治进校园"活动1200余次。

【提升检察服务质效】 各地不断完善12309检察服务中心实体大厅建设，接待场所工作区域、功能区域配套设施更完备，让群众控告有门、申诉有路。在配套完善好12309检察服务中心实体大厅职能的基础上，发挥"智慧检务"优势，将传统的接待方式与现代信息科技手段相结合，形成全方位、全覆盖、立体式的"一站式、综合性"的检察为民服务平台，将检察服务触角延伸到人民群众需要的每一个角落，实现让窗口更靠前、让群众更方便、让工作更高效的服务效果。全年全省22个检察院被最高检评选为第十届全国检察机关文明接待室，数量位列全国第一。做到"群众信访件件有回复"，规范群众信访接收、回复、办理和答复等各个环节工作，各地对群众信访事项全部录入网上信访信息系统办理，并实行全流程监控，随时了解掌握各部门回复答复情况，确保群众信访七日内程序性答复、三个月内实体性答复落实到位。全年全省检察机关集中力量开展"治重化积"专项行动，共办理信访2.7

万件，成功化解一批群众长期反映、矛盾突出、反映强烈、化解难度大的“钉子案”“骨头案”，刑事申诉息诉率位居全国第一。

四川省人民检察院编写组

农村审判工作

【基本情况】 2021年，全省法院紧扣“努力让人民群众在每一个司法案件中感受到公平正义”目标，坚持服务大局、司法为民、公正司法，忠实履行宪法法律赋予的职责，推动“六个实质化”由“深”到“固”，充分发挥审判职能作用，为全面推进乡村振兴、加快农业农村现代化提供有力司法服务和保障。

【服务保障农村高质量发展】 服务全面推进乡村振兴。全省法院围绕接续推进全面脱贫与乡村振兴的有效衔接，精准对接脱贫地区司法需求，聚焦“两不愁三保障”巩固情况，立足司法职能，完善服务举措，依法审理搬迁、就业、医疗、教育等民生领域案件。依法惩治生产销售假种子、假化肥、假农药等违法犯罪，保障农资产品供应安全，侵害绿丹至诚公司植物新品种权赔偿案入选最高法院首批种业司法保护典型案例。审理农村土地流转、集体收益分配等案件2282件，切实保护农民、乡村投资者享受产业增值收益。加大川果、川菜、川酒、川茶的商标和地理标志保护，依法审理“郫县豆瓣”案，打击“搭便车”“傍名牌”行为，妥善处理“青花椒案”，依法认定经营者正当使用不构成侵权，服务产业兴农。

用心守护蓝天碧水净土。深入践行“两山”理念，审理环境资源案件7282件。成立大熊猫国家公园生态法庭，集中管辖7地20县相关案件。建立审判咨询专家库，提升环资审判专门化水平。深化省内外司法协作，推出沱江流域“纽扣法庭”、峨眉山“云上金顶”等品牌，参与长江“十年禁渔”行动，严厉打击在若尔盖国家公园乱采滥挖珍稀泥炭行为，推进长江黄河上游一体化保护。与四川联合环境交易所等探索碳达峰、碳中和法治保障机制，服务绿色低碳发展。积极维护环境公共利益，引导大气污染公益诉讼案被告成渝钒钛公司自愿承担损害赔偿金1038万余元。贯彻恢复性司法理念，建立63个司法修复实践基地，引入“削填引种”、劳务代偿等模式，最大限度地修复被破坏的生态环境，判决非法猎捕麂鹿的付某某义务巡山125日，让捕猎者变成守护人。

营造法治化营商环境。推动天府中央法务区建设，入驻运行天府新区法院和金融、互联网法庭等审判机构。成功争取最高法院增设第五巡回法庭成都审判点和国际商事法庭，集聚“一点”“五院+”“五庭+”高能级司法资源，助力打造国际化一流法律服务高地。出台司法保障创新驱动引领高质量发展的意见，依法审理侵犯专利权、商业秘密等案件1.92万件，同比上升26.83%；在天府软件园、绵阳科技城等设立12个知识产权巡回法庭，保护社会创新成果。高效化解商事合同纠纷案件38.81万件，依法打击恶意违约、拖欠债款行为，培育市场主体契约精神。着力防范化解金融风险，依法审理涉金融借贷、证券、期货等案件11.03万件，标的额913.96亿元，其中全国首判操纵证券市场的大股东赔偿股民损失案件保障了中小投资者合法权益。推动成立四川省破产管理人协会，依法审理破产案件536件，帮助88家企业重生。

保障成渝地区双城经济圈建设。争取最高法院出台司法保障意见，联合发布典型案例46件，建设“云上共享法庭”，开展跨域立案、代为送达、委托执行5.01万件次，联动化解川渝高竹新区涉企纠纷，双城协同提高司法服务效能。探索统一建设工程领域法律适用，妥善审理成渝中线高铁、天府国际机场等重大项目建设案件2.30万件，标的额680.2亿元，双翼护航“蜀道难”变“巴蜀通”。依法审理涉成渝中欧班列、跨境电商等涉外商事案件459件。举办西部自贸司法协同创新论坛，共同制定自贸区货物买卖合同纠纷诉讼指引，“双圈”助力打造内陆开放新高地。

【推进基层社会治理和“平安乡村”建设】 基层人民法院建设。按照第四次全国人民法庭工作会议安排，坚持重心下移、力量下沉，为基层干警干事创业创造更好条件。根据“两项改革”后辖区人口、面积和案件量变化，将全省人民法庭优化调整为823个。紧扣“三农”发展趋势建设民俗经济、休闲农业等特色法庭，成立“驻村法官工作站”1295个，增强乡村司法供给。发挥人民法庭职能作用，紧扣市域、县域治理需求，参与城乡基层社会治理，推动加强和创新社会治理，深入推动“平安乡村”建设。

纵深推进诉源治理。落实全省纠纷多元化解条例，推动建立诉源治理中心109个，与省工商联建立商会调解机制，联合综治中心、司法所等打造无讼乡村（社区），做实矛盾纠纷源头预防和前端化解，全省法院一审民事、行政案件万人起诉率较全国平均水平低13.22%，诉源治理做法在全国法院作经验交流。会同省民族宗教委、司法厅等推广建立“石榴籽”调解室117个，配备专（兼）职调解员513名，高效化解纠纷6080件。在全省民族地区创建一批调解品牌，维护民族地区社会和谐。完善判前沟通、判后答疑机制，成都法院建立司法释明中心，绵阳法院常态化走访败诉当事人，帮助理解裁判内容，促进案结事了人和，全省法院一审案件服判息诉率90.96%。按照依法治省办安排，联系武胜县开展全面依法治县示范试点，助力获得平安中国建设最高奖“长安杯”。

维护社会稳定，推动“平安四川”建设。依法从严惩处煽动分裂国家等犯罪，坚决捍卫国家政治安全。严惩故意杀人、抢劫等严重暴力犯罪和电信网络诈骗、非法集资等涉众型犯罪，审理案件9852件17 473人，保障社会安全稳定。依法审理涉案金额逾1.4亿元的“5·9”特大跨境电信网络诈骗案，590名被告人被判处刑罚。常态化开展扫黑除恶专项斗争，持续“打伞破网”“打财断血”，审理涉黑、涉恶及“保护伞”犯罪案件228件2217人，重刑率达51.87%，依法判处泸州王氏集团涉黑案主犯王德彬无期徒刑。审理毒品犯罪案件5350件7614人，对多次运毒且数量巨大的马比拉曲依法判处死刑，破除“运毒不会判死刑”侥幸心理。审理贪污贿赂、渎职等犯罪案件848件1041人。

推动法治政府建设。全面监督依法行政，审理行政案件1.39万件。稳妥处理凉山白鹤滩水电站征地搬迁等案件，保障国家重点工程投产落地，同时维护库区移民合法权益。深化“府院联动”，定期发布行政审判白皮书和违法行政典型案例，向行政机关发出司法建议208份，促进房屋拆迁、土地征收等领域行政执法规范化。提出职工工伤保险待遇不受医疗费用之外第三人赔偿影响的司法建议，工伤保险条例实施办法被采纳。推动行政争议实质化解，推行行政案件先行调解，设立行政争议调解中心、调解工作室52个，资阳法院实行“一案一座谈”，确保群众能“见官问政”，更能“信官息诉”。

【为民服务解难题，让群众感受公平正义】 升级一站式多元解纷和诉讼服务体系。坚守人民立场，全面推进诉讼服务中心实质化，及时回应多元司法新需求，让群众有保障、有遵循、有温暖。健全诉讼服务大厅、诉讼服务网、12368热线、巡回办理“厅网线巡”立体化诉讼服务渠道，集齐立案、保全、委托鉴定等多项诉讼服务，实现“一站式全办”。整治拖延立案、以调代立等问题，让“年底不立案”成为历史。完善“互联网+诉讼公共服务”体系，全省法院网上立案46.47万件、网上送达91.93万件，52个法院推出24小时自助诉讼服务，实现诉讼服务“零时差”。集成律师、仲裁等调解资源，建强速裁快审团队，完善道路交通、物业纠纷等类型化调解机制，实现“集约化解纷”。全省法院调撤案件49.36万件，速裁简案72.56万件。眉山法院联合医疗、保险等机构协同化解纠纷获得最高人民法院院长周强肯定。

保障民生权益。准确适用《中华人民共和国民法典》，审理涉婚姻家庭、房屋买卖、校外教培等民生案件28.04万件，加强司法便民利民举措，彰显法律温度。全年发出妇女、儿童人身安全保护令131份，判处利用投资养老公寓诈骗老年人钱财的孟某有期徒刑十三年，判处性侵、残害两名留守女童的蒋先亮死刑，判处杀害前妻“网红拉姆”的唐路死刑，让老弱妇孺得其安。全年审理劳动争议案件2.84万件，开展“零欠薪”司法专项行动，帮助追回“血汗钱”46.47亿元，让劳者乐其业。及时为困难当事人发放司法救助金4907.21万元，加强对涉诉残疾人的关怀，让弱者有其助。加强军人军属、退役军人权益保障，全年审理涉军案件263件。

发挥司法裁判价值导向作用。将社会主义核心价值观融入司法裁判，引领社会向上向善。依法判处驾驶机动车袭警的李林有期徒刑三年，执法权威不容践踏。依法判处家族式“以房抵债”虚假诉讼案五被告人有期徒刑，诚信底线不可突破。依法惩治高空抛物危险行为，入刑19人，居高者不可任性。余某某酒后回家途中坠桥死亡，依法判决已尽义务的交通局、镇政府免责，自身过错不能他人买单。李博伦等人以回馈小礼品引诱获取、贩卖个人信息被依法判刑，公民信息不受侵犯。煽动网络暴力造成“安医生”自杀死亡的常某等三人被依法判刑。

【权益兑现出实招，解决“执行难”问题】 深化执行联动。巩固拓展“基本解决执行难”成果，畅通实现公平正义“最后一公里”。配合省人大常委会出台推动切实解决执行难的决定，明确执行联动单位职责，通过人大执法检查、监委监察调查等方式监督落实，在全国率先实现执行工作联动职责法定化。与自然资源厅、住房和城乡建设厅等11家省级单位联动实现全省不动产、住房公积金线上查询，与省内所有商业银行对接，实现银行存款网络查冻扣，与公安部门共建机动车在线查封服务站21个，基本实现对被执行人主要财产信息的有效覆盖，查控系统建设居全国前列。健全“执行+网格”工作机制，全省网格员协助执行案件6.95万件，查找到被执行人及财产信息1.28万条，系统发起量位居全国第一。

加强执行力度。开展“我为群众办实事”高效为民执行专项活动。持续推进“司法大拜年”专项行动，开展涉金融、涉黑涉恶等执行案件集中攻坚，全省法院执结各类案件42.68万件，执行到位881.45亿元。加强智慧执行，创新不动产在线冻结过户、“电子封条”远程查封等执行举措，执行效率有效提升。突出执行工作强制性，发布失信被执行人名单12.24万例，限制高消费35.82万人次。加大拒执行为惩处力度，与省检察院、公安厅联合出台实施意见，判决拒执犯罪173人，同比上升166%。被执行人甘某多次在娱乐平台打赏主播却拒不执行生效判决，被判处有期徒刑六个月并处罚金。

优化执行效果。构建执行指挥中心实质化运行、法院各部门协同推进、上下级法院一体落实的执行工作体系，聚力提升执行质效，实际执行到位率、执行完毕率等6项执行指标实现数据和全国排名双提升，相关做法被最高法院在全国推广。加强善意文明执行理念，出台防止超标的保全规定，统筹采取暂缓执行、临时解除限制措施等方式，最大限度减轻对企业经营的影响，对德昌祥药业公司1500余万元存款及时解冻，促成双方当事人达成执行和解，保障防疫重点药企正常运转。开展信用承诺和信用修复试点，引导自动履行11.96万件189.83亿元，最大程度激发失信主体守信意愿。

【改革创新，推进审判体系和审判能力现代化】 司法责任制改革。推进法官遴选制度改革,实施法官员额统筹管理、动态调整,全省三级法院跨地域、跨审级遴选员额法官,审判资源配置持续优化。加强审判权力监督制约,细化审判人员权责清单,开展"万案大评查",纳入"四类案件"监管8.4万件,同比上升33.25%。推进裁判尺度统一,建立法律适用分歧解决机制,加强类案及关联案件强制检索和结果运用,检索数量同比上升128.29%。严格案件审限管控,加强顺畅收案、均衡结案,促进法定审限内快速结案。严格审判责任追究,专设法官惩戒委员会,首批惩戒违反审判职责法官5人,确保有序放权、有效监督。成都中院构建的"责任、监管、支撑"审判权力运行新机制获得首届人民法院改革创新奖。

做实重大试点改革。作为全国首批12个省(市)之一,开展四级法院审级职能定位改革试点,完善案件级别管辖、提级管辖、再审程序改革,加强上级法院监督指导职能,推动矛盾纠纷层级化解。深化民事诉讼程序繁简分流改革试点,小额诉讼"立审执监"一体化办理等做法获得最高法院肯定,14条修法建议被《中华人民共和国民事诉讼法修正案》吸纳。巩固以审判为中心的刑事诉讼制度改革成果,严格落实庭审实质化要求,死刑案件二审全面开庭审理,推动律师参与辩护全覆盖,适用认罪认罚从宽案件3.68万件,依法宣告22名被告人无罪,坚决防范冤错案件。

提升智慧法院建设水平。编制全省法院信息化建设五年发展规划,推进智慧法院迭代升级。在常态化新冠疫情防控背景下,广泛应用"非接触式"诉讼服务,完善四川"微法院"功能,建成科技法庭2650个,全省法院在线庭审6.43万件次、网上调解15.61万件,"指尖诉讼"更加便利。完善律师服务平台,开庭排期冲突自动避让2.6万次、证据提交一键上传19.42万份,司法服务更加人性化。深化司法大数据研究运用,形成中医药产业法律保护建议等报告242份,为科学决策提供参考。加强成都互联网法庭建设,研发全自助诉讼5G"微法亭",打造"一人云庭审"在线诉讼模式,获评"2021全国政法智能化建设创新案例"。全省法院94个集体、151名个人获得党中央,国务院,中央政法委,最高法院,省委、省政府等表彰。

四川省高级人民法院编写组

农村社会治安综合治理

【基本情况】 2021年,全省公安机关充分发挥职能作用,抓好服务保障"三农"工作各项措施落地落实,不断加强农村社会治安综合治理,为推进乡村振兴战略营造安全稳定的政治社会环境。

【加强组织领导,高站位谋划部署】 副省长、公安厅厅长叶寒冰高度重视护航乡村振兴工作,多次召开党委会传达学习习近平总书记在中央农村工作会议上的重要讲话和省委农村工作会议关于深入推进乡村振兴战略系列部署要求,结合公安机关职能职责亲自部署、亲自安排,从打击防范、服务保障、挂联帮扶等多方面研究贯彻落实意见和具体工作措施。公安厅按照乡村社会治理工作目标和任务,制定下发《关于明确推进乡村振兴战略实绩考核相关考核内容标准的通知》,明确各级公安机关推进乡村振兴和乡村社会治理工作的任务要求,确保为全面推动乡村振兴战略营造安全稳定的政治社会环境。

【加强基层基础,为乡村振兴提供保障】 持续推动重心下移。树牢"大抓基层、大抓基础"的导向,围绕全省两项改革"后半篇"文章总体部署,持续优化农村派出所警力布局,推动"一村一辅警(警务助理)",建立健全警种部门支援农村派出所机制,全面加强农村派出所工作。优化农村派出所和警务室设置,因地制宜设立中心派出所,在人口少、治安好的乡(镇)改设警务室,同时推进驻村警务室与村委会、村党群服务中心同址办公。调整充实农村警务力量,初步构建同农村治理体系相适应的公安基层社会治理格局,为全面开展农村社会治安综合治理提供有力保障。全省34 195个村(社区)已实现城市社区"一区一警两辅"和农村"一村一辅警(警务助理)"配置。

融入基层治理。依靠乡村基层党组织,推动农村警务与乡村治理深度融合。推进农村派出所所长进乡(镇)党政班子、驻村民警进村"两委"班子,探索建立农村警务与村级事务管理联动机制,合力做好人口信息维护、矛盾纠纷排查化解等工作;加强未成年人保护和犯罪预防;推动加强农村治保会建设,提升农村群防群治工作水平,与基层政法综治中心、司法所、民政所协作配合,广泛开展法治宣传教育。

完善基础信息采集更新。公安厅组织全省公安机关按照两项改革后确定的乡(镇、街道)、村(社区)名称及管辖范围,对全省村(社区)城乡分类情况进行摸排清理。以"一标三实"(即标准地址、实有人口、实有房屋、实有单位)信息采集为依托,建立户籍地和实际居住地公安机关人口双向服务管理协同协作机制,采取大数据"精准滴灌"赋能等手段途径,持续动态对全省人口数量、分布和居住就业情况进行清理登记,及时摸清、及时掌握人口跨区域流动情况,变传统的户籍登记管理为现代的居住登记管理,夯实城乡基层治理根基。

【维护农村地区社会稳定】 推动建立公安大数据资源，精准赋能乡村治理机制。打通公安网、政务网、互联网信息应用通道，在互联网端研发“四川e治采”微信小程序，建立农村地区重大风险隐患信息推送、分流处置、结果反馈机制。开发“四川e治采”流调溯源系统，立足公安大数据基座，建立流调溯源工作新机制，精准赋能流调溯源风险研判，推动大数据赋能到一线流调溯源人员，解决大数据赋能流调“最后一公里”难题。

开展农村地区反渗透反颠覆斗争。依法打击查处别有用心人员插手涉农敏感案事件、在农村宣扬错误敏感思想等问题，依法打击农村地区非法宗教活动，从严审核把关境外非政府组织涉“三农”领域项目活动，在县乡人大代表和村委会选举中配合加强背景审查。

排查化解农村地区矛盾纠纷和风险隐患。以“枫桥式公安派出所”创建活动为契机，开展“百万警进千万家”“六进六边”活动，组织全省公安民（辅）警沉入田间地头、走进千家万户，广泛摸排各类矛盾风险，及时疏导化解风险苗头，确保矛盾纠纷和风险隐患发现在早、处置在小，严防发生“民转刑”等重大问题。

【严厉打击农村地区违法犯罪】 依法严厉打击非法占用耕地犯罪活动。制发《全省公安机关“昆仑2021”专项行动工作方案》《关于加强非法占用农用地和破坏自然保护地犯罪案件侦办工作的通知》等重要文件，组织召开“昆仑2021”专项行动动员部署会议，集中安排部署非法占用农用地（耕地）犯罪打击工作。全年涉耕地刑事案件立案31起，涉案面积1501.7亩（其中涉及基本农田15起，涉案面积698.32亩），侦破21起，移送审查起诉14起、18人。

加强长江流域重点水域渔政执法监督，落实长江十年禁渔。先后召开服务保障长江经济带高质量发展联席会、推进会及新闻发布会，举办全省公安机关执法能力培训班，推动工作取得成效。全年共破获涉渔案件805起，抓获犯罪嫌疑人1428人，打掉犯罪团伙66个，查扣船舶35艘、非法捕捞工具1295套、渔获物2734千克，成功侦办公安部督办案件15件。

常态化推进农村地区扫黑除恶。建立完善公安机关扫黑除恶“1+5”工作机制体系，印发《2021年全省公安机关常态化扫黑除恶斗争工作要点》，制订打击砂霸、矿霸、村霸等专项整治方案，严厉打击侵犯农村妇女儿童人身权利等违法犯罪行为。全年共收集受理黑恶线索2915条，核查办结线索2356条，新增侦办城乡接合加农村地区涉黑案件3起、恶势力集团案件29起，全省农村地区扫黑除恶工作取得实效。

打击治理农村毒品问题。省禁毒办下发《关于深入推进农村毒品问题治理的通知》，明确任务要求、部署具体工作。全省21个市（州）确定73个县（市、区）154个乡（镇、街道）为重点地区开展农村毒品问题专项治理。持续巩固凉山州“17县（市）+15省（市）”双向整治工作机制，全国破获凉山籍人员参与毒品刑事案件数量大幅下降，凉山籍外流贩毒人数较高峰时期下降98%。创新禁毒宣传，将禁毒工作纳入省委党校干部培训计划；组织开展五届大学生禁毒文化节，覆盖群众7000余万人次。

【加强农村地区公共安全治理】 全面开展农村地区安全隐患大排查。排查整治农村地区中小学、幼儿园及周边治安突出问题；加强农村地区枪爆危化物品安全监管；开展森林草原火灾隐患排查。加强农村刑满释放人员、严重精神障碍患者等重点人群管理服务，严密乡村全域旅游安全管理。配合开展农村地区新冠肺炎疫情防控。开展农村安全专项整治，持续加大对农村“黄赌毒”违法犯罪活动的打击力度，有效解决农村治安毒瘤问题。

开展农村地区道路交通安全整治。部署开展深化农村交通安全固本强基攻坚行动、农村地区公路隐患突出路段交通安全提升行动等专项行动，成立以交警总队长为组长的专项行动领导小组，从集中排查治理农村源头交通安全隐患、提升路面交通违法劝导查纠效能、开展农村道路交通安全宣传教育等方面发力，提高农村地区交通安全管控效能，全年共查处农村地区客车超员、货车拖拉机违法载人违法行为12.8万余起。

推动农村地区智能防控全覆盖。深化“雪亮工程”建设，全面铺开农村地区公共区域视频监控建设。加快以居民小区、学校、医院为重点的智能安防社区建设。加强农村治安要素信息的采集汇聚，依托公安大数据开展比对研判，为农村警务提供有力支撑。

【优化农村地区公安服务】 不断深化户籍制度改革。全省公安机关实行两级分类、全面放开、区域调控的落户政策，引导农业转移人口在全省大中小城市均衡落户，重点在县域内城镇落户，特别将新生代农民工、农村籍大中专学生等作为率先转户的重点，引导已脱离农业生产的农村居民和失地农民在县域内落户城镇，推进农村集中居住地居民自愿就近转移为城镇居民。全省全年农业转移人口在县域内落户城镇共计34.52万人。

主动加强利民惠农服务。逐步增加农村受理点、扩大在农村的覆盖面，推行就近办、自助办、网上办，让出行不便的群众办事尽量少跑路、争取不出村。

持续巩固脱贫攻坚成果。继续运行好防止返贫监测和帮扶机制，做好帮扶项目管理维护，解决“两不愁三保障”方面的新增和突发问题。在有易地扶贫搬迁集中安置区的地方，根据安置点规模和治安状况合理设置警务室。健全基层党员民警关爱联系制度，公安厅研究制订《公安厅2021—2025年定点帮扶道孚县工作规划》《2021年公安厅定点帮扶甘孜州道孚县及沙江村、河垭村工作计划》，精准实施定点帮扶。

四川省公安厅编写组

市（州）、县（市、区）
农村工作概况
SHI（ZHOU）XIAN（SHIQU）
NONGCUN GONGZUO GAIKUANG
SICHUAN

成 都 市

【基本情况】 2021年，全市辖12区5市3县，辖区面积1.24万平方千米。

2021年，全市第一产业增加值582.79亿元，增长4.8%。农村居民年人均可支配收入达29 126元，增长10.2%，城乡居民收入比缩小到1.81∶1。新签约引进农业农村项目90个，协议投资额561.8亿元。

【农业政策措施制定及落实】 2月20日，市政府办公厅印发《成都市防止耕地“非粮化”稳定粮食生产工作方案》（成办发〔2021〕15号），对防止耕地“非粮化”、稳定粮食生产做出具体安排。全市严格落实“非粮化”10条具体措施，明确全市耕地优先序列、良田粮用管控等方面的重点工作任务，对业主流转土地使用情况进行严格审核。7月，市委、市政府印发《关于深入推进城乡融合发展努力在乡村振兴中走在前列起好示范的意见》，对做优公园城市乡村表达、推进农业生产经营体系建设、深化农商文旅体融合发展、强化项目植入、提升城乡一体基础设施和公共服务水平、深化城乡融合发展改革试验和以农业农村现代化为目标发挥“一干”作用等方面提出了具体工作举措，为全市增强农业农村发展动能筑牢基础。

【强农惠农政策落实】 耕地地力保护补贴。全市耕地地力保护补贴核实面积为6 555 337.3816亩，补贴标准为95.7元/亩，补贴资金627 873 918.89元，惠及3070个村、34 051个社区、2 690 949户农户、8 813 388人。

农机购置补贴。继续实施好国家购机补贴和市级农机购置累加补贴政策，在省级定额补贴30%的基础上，市级累加20%补贴额，全年实施中央农机购置补贴资金4382万元，市级累加补贴资金1310万元，撬动社会资金投入8089万元，购买农机具3426台（套），实现购机补贴辅助管理系统常年不间断开放。在全市范围内开展购机贷款贴息、农机报废更新补贴。

【农业金融保险政策落实】 根据生产需要，及时调整和修改政策性农业保险方案，发挥全市政策性农业保险保障功能。推动全市蔬菜产业健康发展，提高全市政策性蔬菜价格指数保险的保障水平，将蒜薹、菠菜、西葫芦、生菜4个蔬菜品种纳入蔬菜价格指数保险品种。开展水稻收入保险、“鸡蛋+期货”保险试点，推进全市特色产业健康发展。全市全年政策性农业保险新增签单保费8.11亿元，理赔19.89万户5.22亿元，累计为全市提供风险保障1471.59亿元。

【农业金融服务创新】 “农贷通”金融综合服务能级提升。发展金融新业态，不断优化“农贷通”线上平台和线下站点建设，制定和不断完善“农贷通”贷款风险补偿和贴息等相关配套政策文件。为农业经营主体发展提供金融支持服务，助力农业经营主体缓解资金困难，全年“农贷通”平台新增贷款5396笔、金额82.12亿元，截至2021年年底，累计放款23 130笔、金额360.72亿元。组织开展2021年“农贷通”平台贷款贴息项目申报，为1291个涉农贷款项目完成在线贴息，贴息金额1847.84万元，其中市级贴息1069.24万元、县级贴息778.6万元。

乡村振兴基金助力产业发展。乡村振兴基金在乡村生态价值转化、农业园区重大项目落地、区域乡村振兴基金群、粮食安全、种业振兴等核心领域已实现落地项目3个，实施中项目3个，推动项目储备近30个，涉及基金总投资额近30亿元，募集撬动社会资本近200亿元，包括各类行业子基金9支、县（市、区）子基金4支，涉及直接股权投资企业18家，覆盖大成都及成德眉资同城化区域近12个县（市、区）。

【新型农业经营主体培育】 推进家庭农场培育计划，新培育家庭农场3589家，累计达12 331家。实施农民合作社规范提升行动，新培育农民合作社482家，累计达11 076家。温江区、金堂县、蒲江县获批农民合作社质量提升整县推进第三批国家级试点。加强示范引领，新获评国家级示范社9家、省级示范社10家，市级以上示范社达552家；新评定省级示范场44家，市级以上示范场达625家。金堂县官仓果蔬专业合作社和邛崃市蟲鑫蜂业专业合作社入选“2020年度国家农民合作社示范社发展指数300强”。

龙头企业培育。建立健全市、县两级精准高效服务企业工作机制，完善相关帮扶政策。中粮（成都）粮油工业有限公司、四川饭扫光食品集团股份有限公司两家本土企业获评国家级重点龙头企业；新评定市级农业产业化重点龙头企业15家。全市共有市级及以上龙头企业445家，其中国家级龙头企业30家、省级龙头企业128家、市级龙头企业287家；市级以上农业产业龙头企业总资产4526.82亿元，增长17.47%；销售收入或交易额3502.61亿元，增长20.6%；税后利润120.51亿元，减少42.56%。

【农业适度规模经营】 落实农业农村部《农村土地经营权流转管理办法》，推广应用农业农村部农村土地经营权流转合同示范文本，指导县（市、区）建立健全工商资本租赁农地资格审查、项目审核和风险防范制度，引导土地经营权规范有序流转，发展多种形式的农业适度规模经营。截至2021年年底，全市农业适度规模经营率达73.17%。

【农商文旅体融合发展】 坚持“景观化、景区化，可进入、可参与”理念，探索“特色镇、川西林盘、农业园区（景区）”多元融合模式，贯彻落实疫情防控要求，克服困难挖掘潜力增加项目，保证发展。全市休闲农业接待游客总数为1.4亿人次，增长46%；营业总收入392.18亿元，增长10.75%。

打造乡村消费新场景。坚持在着力发展农业现代化的基础上，围绕产业功能区（园区）、林盘绿道、美丽乡村，加快推动形态塑造、场景营造、产业再造，促进农业与加工流通、旅游康养、文化体育、电子商务等产业的深度融合，打造乡村消费新场景。全市新增“西花町林盘”“宝山风景区（云上餐厅）”等具有农商文旅体融合发展特点的乡村消费新场景309个，累计达1469个，其中协助市体育局完成“明月村”等70处体育消费新场景打造。

建设休闲农业新亮点。紧扣“农业高质高效、乡村宜居宜业、农民富裕富足”目标，发挥农业农村食品供给、生态涵养、休闲体验、文化传承等功能，推进具有资源独特、设施完备、业态丰富、创新活跃、联农紧密的休闲农业重点县示范建设。蒲江县被农业农村部确定为首批全国休闲农业重点县建设；彭州市、崇州市获评“四川省休闲农业重点县建设”；简阳市荷桥村被授予“中国美丽休闲乡村”称号，全市累计达12个。截至2021年年底，全市已打造建设新希望种子乐园、三河理想村等224个农业文创（康养）融合发展基地。

宣传推介新线路。围绕美丽乡村、农业主题公园、休闲农庄、精品民宿、星级林盘等农商文旅体融合发展新业态，设计近百条休闲农业乡村游线路，通过成都商报“YOU农旅”“今日头条”“成都发布”等新闻媒体和平台在元旦、春节、“五一”、端午、国庆等节假日期间向社会进行宣传推介，点击量超百万次。向农业农村部、农业农村厅推荐“春夏秋冬”四季成都休闲农业和乡村旅游线路48条。联合市文广旅局推出成都市“雪山下的公园城市”国庆假期10条畅游之旅，涵盖红色文化、都市休闲、乡村度假、亲子游玩等内容。

【农民负担监管和权益维护】 开展农民负担专项治理，加强农民负担监管，维护农民合法权益。开展村级组织负担专项治理，清理整顿村级组织乱收费现象，重点围绕对应由政府承担公益事业建设项目向村级组织转嫁资金缺口、要求村级组织出工出钱出物的达标升级活动、对村级组织摊派报刊等出版物等问题开展治理，纠正和查处违规收费和摊派行为。开展涉农乱收费乱摊派专项治理，对涉农价格和收费问题逐一进行排查，重点针对各类农业经营主体以及农村义务教育、农民建房、农业用水用电、殡葬服务、计划生育等涉农收费领域，并对非法集资风险隐患进行排查。发放农民权益义务监督手册，通过发放《农民权益义务监督卡》和《农民权益义务监督手册》宣传国家强农惠农政策，加强农民负担监督检查，明确农民权益义务，普及农业科技知识，提供与农民生产生活相关信息。全市全年农民负担情况较好，没有乱收费、乱摊派和任何违纪、违规情况，农民权益得到有效保障。

【农民增收促进工程】 推进城乡居民收入水平提升工程建设，围绕农民工资性、经营性、财产性、转移性四部分收入扩宽农民增收渠道。一是实施高素质农民培育工程，提高农民就业创业本领，开展农业产业化重点龙头企业壮大工程、家庭农场培育计划、农民合作社规范提升行动，促进农民就地就近就业，依法维护农民工权益，营造良好的就业创业氛围，稳定农民工资性收入。二是实施“米袋子”“菜篮子”强基行动，印发实施《成都市推进乡村特色产业发展工作方案》，推进一二三产业融合发展，发展“农业+”新产业新业态，提高农民经营净收入。三是深化农村产权制度改革，全面完成农村集体产权制度改革阶段性任务，做好两项改革“后半篇”文章，印发《成都市开展合并村集体经济融合发展工作方案》，推动资源变资产、资金变股金、农民变股东，增加农民财产净收入。落实种粮补贴、农机购置补贴、农业保险补贴等各项涉农补贴，保障农民转移净收入。全市农村居民人均可支配收入达29 126元，增长10.2%，城乡居民收入缩小为1.81∶1。

【成都都市圈农业农村同城化发展】 1月，组建由副市长刘旭光任召集人，德阳、眉山、资阳三市相关副市长为副召集人，成都市农业农村局为组长单位，德阳、眉山、资阳三市农业农村部门为副组长单位，四市规划和自然资源、文旅等有关部门为成员单位的成德眉资都市现代高效特色示范区专项合作组，并制定《成德眉资都市现代高效特色农业示范区专项合作组工作规则》及《成德眉资都市现代高效特色农业示范区专项合作组实施细则》。专项合作组办公室共召开3次全体会议和11次专题会议。2月，农业农村厅发布《成德眉资都市现代高效特色农业优势产业目录》，包含粮油、蔬菜及食用菌、晚熟柑橘、伏季水果、中药材、茶叶、高端种业、农产品加工业等10大类20项成德眉资农业特色优势产业目录。4月16日，省推进成德眉资同城化第三次领导小组会上审议通过《成德眉资都市现代高效特色农业示范区总体规划（2021—2025年）》，并于8月31日正式印发。5月18日，德阳市国合农产品经营有限责任公司（“蜀道”品牌运营商）与天府源品牌营销策划有限公司在基地共建，市场、资源共享，企业经营管理，品牌联展等方面达成共识。7月23日，在西宁市举办的第九届西宁—德阳农产品合作洽谈会上，德阳、西宁、重庆、南京、兰州等城市签署城市农产品公用品牌合作协议，成立品牌联盟。金堂—中江蔬菜（食用菌）产业建设合作示范园区获得农业农村厅2021年度成渝现代高效特色农业带合作园区试点项目支持。成立彭什川芎现代农业产业园工作领导小组，发布《彭州市—什邡市交界地带融合发展实施方案》，推动彭州、什邡两地共建彭什川芎现代农业园区，园区连片种植面积达10万亩，辐射带动面积超过20万亩，川芎药材年产量3.3万吨，年产值8.2亿元，在全国的市场占有率达75%以上。推进蒲丹晚熟柑橘现代农业产业园建设，两县已签订合作协议，集中开展绿色防控、土壤改良、水肥一体化等工作。简阳市、雁江区、乐至县政府共同签订《简雁乐农旅融合发展示范点推进建设协议》，编制完成《简雁乐交界地区融合发展规划（修订稿）》，划定以简阳市施家镇的信义村和清水村、雁江区老君镇的大溪村和龙星村、乐至县高寺镇的高寺社区和清水村为核心区（起步区），推进“秋千小镇”招商引资项目落地。制定《简雁乐农旅融合发展示范区2021年度任务清单》，启动雁江区老君镇乐道田园、水龙灵温泉度假区和乐至县高寺镇“秋千梦幻岛”、父母代生猪繁育场等项目建设。

落实《成德眉资同城化粮食生猪蔬菜区域生产保供合作协议》内容，成都市农业农村局会同益民集团整合支持同城化及“菜篮子”建设相关资金，在安岳县乾龙镇建设成都益民集团“菜篮子”乾龙保供（试点）基地。开展仓储服务业务和粮食贸易，与彭州市濛阳镇、资阳市乐至县大佛镇等地新签订农产品供销战略合作协议和蔬菜订单种植协议29个。会同德阳市农业农村局形成《成德临港经济产业协作带建设方案（2021—2025年）推进农业产业园区协同建设任务实施内容》，明确成德地区粮食、蔬菜、生猪保供能力明显增强的发展目标，通过培育特色农业高能级企业、共建省级以上现代农业产业园区、强化区域科技协同水平等方面推进成德区域农业农村同城发展。梳理成德临港经济产业农业协作园区建设重大项目4个。眉山市彭山区、新都区两区农业农村局签订现代农业协同发展合作协议。广汉市与青白江区共同建立联席会议制度，合作共建农产品冷链物流、农产品加工园区、花椒与火锅食材交易中心等项目，推动广汉市与青白江农产品加工业协同发展。加强德眉资区域公用品牌与“天府源”合作，以所属天府源公司为主体，与德阳“蜀道”区域公用品牌、资阳“资味”区域公用品牌开展共建，推出“华通柠檬”等品牌产品5款，定向准入德眉资三市生产基地3个。

【农业对外交流与合作】 以“国内国际双循环”新发展格局为契机，开拓农业对外开放新局面。持续加强向国家部委和省级部门对接争取力度，包装策划对上争取项目193个，涉及投资额153.9亿元；加快筹建中国（成都）国际农产品加工园，争创国家级农业对外开放试验区。举办全国农业国际合作工作交流会暨农业国际贸易高质量发展基地启动会，来自全国农业系统200余人观摩团先后参观了青白江区丰科国际（蓉欧）食药用菌产业项目、我的田园中智（四川）农业科技示范园项目以及成都国际铁路港、冷链物流园，取得良好效果；青白江区成都自贸通供应链服务有限公司联合体申报成为全市第一个国家级农业国际贸易高质量发展基地；温江区、郫都区、彭州市申报为第二批省级对外开放合作试验区；市农业农村局被农业农村厅授予“四川农业援外工作优秀组织单位”称号。

【乡村振兴战略实施】 全市统筹推进乡村产业、人才、文化、生态、组织“五大振兴”，加快推进城乡融合发展，促进农业高质高效、乡村宜居宜业、农民富裕富足。2021年，全市实现一产业增加值582.79亿元，增长4.8%；农村居民人均可支配收入29 126元，增长10.2%；城乡居民收入比缩小到1.81：1。

乡村产业振兴。加强“米袋子”“菜篮子”工程建设，落实最严格的耕地保护硬措施，开展遏制“非农化”、防止“非粮化”等专项整治，划定粮食生产功能区、重要农产品生产保护区335万亩。设立粮食规模化经营补贴政策，按照每亩200元的标准对水稻、小麦规模化生产经营者进行奖补。建成高标准农田32.8万亩。全市粮食作物播种面积572.8万亩，增加4.3万亩；产量230.6万吨，增产2.7万吨。全年出栏生猪417万头。推进都市现代农业建圈强链，围绕全省“10+3”现代农业产业体系，按照建设产业功能区、构建产业生态圈的理念，因地制宜布局崇州优质粮油、蒲江特色水果、新津天府农博、邛崃现代种业等特色鲜明、链条健全、高质高效的现代农业园区（功能区），创建国家现代农业产业园2个，省、市级星级园区32个。截至2021年年底，全市市级以上农业产业化重点龙头企业达445家，农民专业合作示范社、家庭农场示范场达1177家。推进农业科技创新推广，获批建设国家现代农业产业科技创新中心，到2021年全国农业科技成果转化服务中心成都分中心已建成运转，争取全国农业科技成果转化大会永久落户成都。发起设立天府种业振兴基金，以天府现代种业园为核心，建设国家区域农作物种业创新中心和中国南方蔬菜种业创新中心，获批省部共建西南作物基因资源发掘与利用、西南特色中药资源2个国家重点实验室和中国—新西兰猕猴桃“一带一路”联合实验室，成都农业科技职业学院选育的“黑甜玉米8号”系列品种达到国内领先、国际先进水平。落实农业科技推广专项资金2000万元，推广农业新技术、新品种1000余项，全市农业科技进步贡献率达62%，主要农作物耕种收综合机械化率达81.5%。

乡村人才振兴。健全专业人才引培机制，引导各类优秀人才服务乡村振兴，创新实施产业生态圈人才计划，引进“两院”院士等高层次农业科技人才68

人。市政府与农业农村厅建立高素质农民“市厅共建”机制，近年来累计培训农技带头人、乡村工匠、新型职业农民等专业人才1.3万余人。持续增强农民就业创业能力，创建农业职业经理人推荐选拔、培训认定、考核晋级、政策支持体系，全市持证农业职业经理人达1.8万人，获批“探索建立新型职业农民制度”国家级试点。促进农民工返岗就业，组织开展劳务品牌培训1.28万人，引导返乡创业就业1.12万人，农村实用人才队伍扩大到36万人。健全返乡创业激励机制，制定扶持返乡下乡创业15条措施，实施优秀农民工定向回引工程和返乡创业激励计划，开展“乡村振兴典型农民工回乡创业项目巡诊”活动，全年组织返乡创业培训5000余人，引导返乡创业就业1.03万人，发放创业担保贷款2.36亿元。

乡村文化振兴。推进乡风文明建设，实施乡村文化振兴“百千万”工程，建成首批市级样板村镇44个，大邑县安仁镇、郫都区战旗村等8个镇（村）入选首批省级样板镇村。持续开展“风尚新美、环境秀美、生活富美”三美示范村创建，广泛开展“文明之星”“道德之星”“文明户”等评选活动，村民参与率超过90%。加强农村公共文化供给，推进乡（镇）公共文化设施亲民化改造和提档升级，新打造基层综合性文化服务中心示范点46个，完善基层全民健身服务站点528个，全面实现镇有文化服务中心（站）、村有文化活动室。开展文化惠民演出等群众性文化活动4万余场次，惠及群众500余万人次。打造“天府农耕”文化品牌，开展“礼赞奋斗百年路·启航美好新生活”乡村文化振兴魅力乡（镇）竞演大赛，打造“十里八乡·蜀你最牛”等乡村文化代言活动品牌。深度挖掘都江堰水文化、水旱轮作农耕文化等文化元素，梳理形成12个成都乡村旅游系列故事并进行推广，崇州市（道明竹编）等被命名为“中国民间文化艺术之乡”。

乡村生态振兴。推动乡村国土空间规划编制，统筹推进市、县国土空间总体规划编制，完成自然资源部确定的省级试点“三区三线”第一轮、第二轮试划工作。推进以片区为单元的乡村国土空间规划编制，全市初步划分镇级片区55个、村级片区431个，初步确定中心镇36个、中心村385个。提升农村基础设施建设水平，创建国家级“四好农村路”示范县5个、省级示范县12个。全市农村自来水普及率达86%，行政村天然气覆盖率超过80%，电网供电可靠率99.8%，建成覆盖城乡的5G基站4.7万个。推进农村人居环境“三大革命”，启动实施新一轮整治提升五年行动，全市农村户厕无害化普及率达93.9%，行政村生活污水有效治理率达87.7%，农村生活垃圾无害化处理率达99%以上。推进生态保护和价值转化，全面落实河（湖）长制，推进“林长制”，编制《成都市公园城市生态保护修复专项规划(2021—2035)》，实施净排水一体化工程，全市新增绿地2.7万亩，启动川西林盘保护修复794个，策划推出大邑“南岸美村”、蒲江“铁牛水乡”、崇州“幸福里”等体验场景2000个。

乡村组织振兴。选优配强镇（村）领导班子，全市100个镇党委、3039个村（社区）“两委”完成换届，选拔115名“五方面人员”（镇事业编制人员、优秀村党组织书记、到村任职过的选调生、“第一书记”、驻村工作队员）进入镇领导班子，选拔3435名“85后”年轻干部进入村“两委”。加强基层“三农”工作队伍建设，制定《在体制机制改革中全面加强村（社区）班子建设的实施意见》。全面启动全市乡村振兴主题培训，把换届后的1292个村党组织书记作为重点培训对象，覆盖县、镇、村各级“三农”干部、各类新型农业经营主体、高素质农民等共约5万人。加强社区发展治理，健全完善“党建引领、双线融合”机制，持续推进“四个一”管理机制试点改革。加快构建乡村集中居住区现代化治理机制，深化社区专职工作者职业化改革，落实城乡社区专职工作者职业化管理办法和岗位薪酬制度。推动建立基本公共服务清单管理和动态调整制度，农村教育、医疗卫生、社会保障、法律服务等“七有两保障”九大类25小类、104项基本公共服务实现城乡标准统一、制度并轨。

【川西林盘保护修复】 坚持保护修复理念，重塑林盘生机。全市先后出台《成都市川西林盘保护修复利用建设技术导则》《成都市川西林盘保护修复利用规划》《川西林盘生态保护修复与景观提升导则》《成都市川西民居建筑规划设计导则和图集》等引导性文件，通过有序进行生态修复更新、自然空间营造和农房风貌改造等再现“岷江水润、茂林修竹、美田弥望、蜀风雅韵”的川西田园风光。

突出资源要素整合，培育多元业态。依托川西林盘“田、林、水、院、路”的田园景观要素，挖掘地域农耕文化，通过现代化的基础设施建设和公共服务设施建设，引进社会资本参与打造精品民宿、休闲观光、非遗文创、特色餐饮、亲子游学、户外拓展等消费场景，探索“林盘+”的业态、形态、文态机制发展。全市可保护修复的林盘有8000余个，计划保护修复林盘1000个，全市累计投入财政资金15.5亿元，引导社会资本投入38.84亿元，启动保护修复川西林盘795个，打造形成幽篁别院、半亩方塘、七里诗香等168个精品林盘。同时，灵官林盘、驿道茶歌林盘、幸福里林盘等12个林盘被纳入第二届成都市特色镇建设和川西林盘保护修复规划设计方案全球征集活动征集对象，为下一步打造“天府味·国际范”林盘、助推生态价值转化为乡村振兴动能奠定基础。

建立多方合作机制，持续促农增收。把居住在林盘里的村民作为川西林盘保护修复首要服务对象，调动村民参与农村人居环境整治提升、农房风貌改造的积极性，坚持自下而上、村民自治、多元参与的实施机制，构建“财政资金基础设施配套+社会资本招引+集体经济组织参与”的联动发展模式。全年市级财政专项资金投入1.45亿元支持各县（市、区）川西林盘基础设施建设和生态环境打造项目95个。通过财政资金建设形成的资产有序通过相关程序交付当地集体经济组织管护，鼓励村集体经济组织、村民通过租赁、参股、联营、劳务等方式参与川西林盘项目开发运营，确保项目建成资产有效保值增值、集体经济组织成员增收。华侨城集团、成都演艺集团等一批社会资本参与邛崃市川西林盘保护性开发，全市已建成运营林盘年营业额超4亿元，带动林盘就业人数9980人。

【特色镇（街区）建设发展】 推进特色小镇规范健康发展。根据《国务院办公厅转发国家发展改革委关于促进特色小镇规范健康发展意见的通知》（国办发〔2020〕33号）关于对特色小镇实行清单管理的要求，省政府确定郫都川菜特色小镇、郫都菁蓉特色小镇、大邑博物馆特色小镇、温江三医特色小镇、邛崃种业特色小镇、天府基金特色小镇等6个小镇为“四川省特色小镇”，彭州航空动力特色小镇、新都天府沸腾特色小镇、邛崃邛窑特色小镇、崇州国医特色小镇、双流生物医药特色小镇等5个小镇为四川省特色小镇创建对象。按照省政府办公厅《转发省发展改革委关于促进特色小镇规范健康发展实施意见的通知》（川办函〔2021〕88号）要求，市农业农村局、市发展改革委会同有关市级部门加大对特色小镇建设和创建工作的指导力度，完成清单外小镇清理，协调解决特色小镇在发展中遇到的重大问题，加快完善支持特色小镇发展的政策措施，指导各特色小镇准确把握发展定位，聚焦培育主导产业，加快产城人文融合，推动公共服务、环境卫生、市政公用、产业培育设施提级扩能，促进特色小镇发展。

【农业和农村改革】 统筹推进全国第二批农村改革试验区、国家统筹城乡配套改革试验区、成都西部城乡融合发展试验区建设，围绕农业生产要素配置、农业生产方式变革、农村公共服务提升、乡村生态价值转化等重点领域，瞄准制约农业农村经济社会发展的突出问题，不断加强农业农村领域的改革理论创新和制度机制探索，探索破解妨碍农村经济社会发展机制梗阻的政策办法，部署落实全市17项改革重点工作、45项具体任务，为加快建设成渝地区双城经济圈和建设践行新发展理念的公园城市示范区提供基础支撑。全年农村资产抵押融资、人才加入乡村制度、农村集体产权制度改革、探索创新基层治理体制机制等12余项做法经验在全国进行推广。

全国农村改革试验区建设。成都市自2014年11月获批第二批全国农村改革试验区以来，累计承担试验任务23项。2021年“深化集体林权制度改革（拓展）”试验任务于6月通过专家组实地考评验收，新获批“拓宽新型农村集体经济发展路径”“加强‘三社’合作促进村级集体经济发展”“合并村集体经济组织产权管理和融合发展”“探索合村并居后集体经济融合发展”4项拓展试验任务，“探索农村集体经济新的实现形式和运行机制”“探索农村互联网金融运用新模式”“探索农业产业化联合体经营机制”“农村闲置宅基地和闲置农房盘活利用试验”4项试点任务于12月完成试验任务。持续推进“拓宽新型农村集体经济发展路径探索”“合村并居后集体经济融合发展”2项拓展试验任务，“农贷通平台建设”“新型农业职业经理人制度试点”“邛崃市实施探索农业产业化联合体经营机制”“崇州市构建农业社会化服务体系”等8项改革做法获得农业农村部宣传推广。

农村集体产权制度改革。在全面完成确权颁证的基础上，推进农村集体资产清产核资、巩固确认成员身份和落实资产股份权利等农村产权改革。《农村集体产权制度改革的郫都实践》被农村改革试验区办公室纳入《2021年农村改革试验区改革实践案例集》，《彭州市龙门山镇探索集体经济联营制有效释放农村经济发展活力》于10月被农业农村部《农村改革动态》（第27期）刊发。推进农村集体产权制度改革，全面完成农村集体产权制度改革阶段性任务。一是落实农村集体资产年度清查制度，按期完成数据填报，截至2021年年底，全市有农村集体资产342.88亿元、资源性资产1364.7万亩。二是全面开展并完成农村集体经济组织成员信息填报，全市共登记农村集体经济组织成员735.15万人。三是推进村级集体经济组织登记赋码，实现2289个村（涉农社区）集体经济组织登记赋码全覆盖。四是开展并完成探索农村集体经济新的实现形式和运行机制试验，探索总结农业共营型、集体联营型、村企联合型、生态转化型、人文兴业型、接二连三型、物业经营型等7种集体经济发展模式，打造形成温江区岷江村、简阳市尤安村、崇州市大雨村、大邑县新福社区等一批集体经济发展典型。

农村集体“三资”监管。贯彻落实《四川省农村集体经济组织条例》，严格规范农村集体经济资金、资产、资源管理，加强监管。指导农村集体经济组织建立健全集体资产登记、使用、保管、处置等制度，实现集体资金、资产、资源有效管理。指导县（市、区）完善农村财务收支、财务审批、财务公开、票据管理等财务制度，加强农村村级财务公开，让集体“三资”在阳光下运行。加强成都市农村集体“三资”监管系统建设，将2020年度农村集体经济资产资源情况全部导入“三资”系统，实现监管规范化、信息化。

土地承包制度改革。衔接落实好第二轮土地承包到期后再延长三十年政策，组织开展农村承包地“回头看”更新数据汇交，更新承包数据16 856条，确保承包关系稳定并长久不变。推进承包地“三权分置”，放活土地经营权，启动修订

《成都市农村土地经营权流转管理实施办法》。建立健全全市工商资本租赁农地资格审查、项目审核和风险防范制度，引导土地经营权进入农村产权交易市场，规范有序向家庭农场、农民合作社、农业企业等新型农业经营主体流转，并发展多种形式的农业适度规模经营。截至2021年年底，全市农业适度规模经营率达73.17%。指导郫都区按照宅基地制度改革试点方案推进宅基地“三权分置”，并按照全国宅基地基础数据预调查县工作要求开展宅基地基础信息数据库建设，完成全区9.2万宗宅基地（其中散居宅基地6.3万宗）基础信息调查。指导崇州市稳妥开展农村闲置宅基地和闲置住房盘活利用试点，鼓励多元主体参与，采取农民自营、集体经营、合作共营等方式，利用闲置宅基地和闲置住房发展酒店、民宿、乡村产业等。

农产品价格形成机制和收储制度改革。以深刻践行“两山”理念为指引，坚持“政府主导、企业主体、商业化逻辑”，鼓励社会资本盘活闲置农房等资源，创新“投资公司+村集体经济组织+村民”“合作社+社会资本”等合作模式，推动农商文旅体融合发展，植入以乡村旅游、电子商务、运动康养、文化创意为代表的新产业新业态，将优质生态资源转化成为高质量生态产品，把良好的生态资源转化为发展优势，打造出邛崃邛窑公园、蒲江县明月村、都江堰川西音乐林盘等一批探索生态价值创造性转化的代表之作，其中都江堰音乐林盘以音乐为主题，培育出城里人向往的未来乡村生活美学和游客青睐的旅游消费场景，年接待游客超过20万人，旅游收入超过1000万元。全市稻谷目标价格补贴面积共计1 345 142.861亩，补贴标准为54.01元/亩，补贴资金7265.1165万元，惠及17个县（市、区）、182个乡（镇）、1738个村（社区），补贴户数375 966户。

农村金融服务综合改革。创建“农贷通”金融综合服务平台，打通农村金融服务“最后一公里”，构建“网站+村站”“线上+线下”融合模式，搭建集信用信息共享、融资供需对接、产权流转服务、农业政策咨询、金融风险分担等多功能于一体、线上线下相结合的农村综合性金融服务平台。“农贷通”平台全年新增注册用户37 696户，新增贷款80.27亿元。持续加强农村信用体系建设，构建涉农供应链金融服务场景，发挥政策性农业保险保障功能，开展传统农险12个、特色农险14个。全市政策性农业保险新增签单保费8.11亿元，理赔19.89万户5.22亿元，累计为全市提供风险保障1493.32亿元。首次与锦泰保险合作开展中药材保险试点，完成承保金额1614.41万元，覆盖面积6.51万亩。

乡村治理制度改革。农业供给侧结构性改革。全面落实最严格的耕地保护制度，坚决遏制耕地“非农化”、防止“非粮化”。建成“旱涝保收、稳产高产、宜机作业”的高标准农田32.8万亩。创新实施低效苗木恢复水稻种植试点2.5万亩，全市粮食作物播种面积达572.8万亩，产量达230.6万吨。持续抓好生猪稳产保供，开展非洲猪瘟等重大动物疫病防控，全市生猪出栏416.88万头、存栏278.8万头。加强“菜篮子”工程建设，加快补齐农产品产地仓储保鲜冷链设施短板，全市主要农产品例行监测合格率达98.7%。推进现代农业产业园区建设，创建国家、省、市、县四级农业园区93个。蒲江县获批创建国家农业现代化示范区。实施家庭农场培育计划和农民合作社规范提升行动，新培育农民合作社482家，累计达11 076家；新培育家庭农场3589家，累计达14 031家。实施乡村人才培育工程，新培育高素质农民7051人、农业职业经理人2500人。加快发展农业社会化服务，全市有农业社会化服务组织3772家，托管服务面积超过300万亩。

宅基地制度改革。探索宅基地所有权、资格权、使用权分置有效实现形式，重塑城乡土地权利关系，鼓励农村集体经济组织及其成员盘活利用闲置宅基地和闲置农房。在郫都区开展全国新一轮宅基地制度改革试点，出台《深化农村宅基地制度改革推进美丽乡村建设总则》《农村住房及宅基地使用权流转管理暂行办法》等指导性制度文件。全区完成农房及宅基地一并抵押55宗，抵押宅基地面积37.5亩，抵押金额5651.59万元。

国家城乡融合发展试验区。2月，国家发展改革委批复《四川成都西部片区国家城乡融合发展试验区实施方案》，同意成都市西部片区8个县（市、区）围绕建立城乡有序流动的人口迁徙制度、建立农村集体经营性建设用地入市制度、完善农村产权抵押担保权能、搭建城乡产业协调发展平台和建立生态产品价值实现机制五项重点任务探索构建促进城乡融合发展的体制机制和政策体系。《郫都区探索城乡资源共享推动城乡有序流动人口迁徙制度》于8月被国家发展改革委办公厅《关于推广第三批国家新型城镇化综合试点等地区经验的通知》（发改办规划〔2021〕668号）推广。农村资产抵押融资、人才加入乡村制度、农村集体产权制度改革、探索创新基层治理体制机制等10余项做法经验在全国进行推广。

国家统筹城乡配套改革试验区。坚持以建设践行新发展理念的公园城市示范区为统领，以缩小城乡差距为目标，实施乡村振兴战略，统筹推进国家城乡融合发展试验区建设。围绕土地、金融、人才和科技等要素促进城乡要素自由流动、平等交换和公共资源合理配置，为建立健全城乡融合发展的体制机制和政策体系注入新动力，特别是在乡（镇）行政区划和村级建制调整改革“后半篇”文章中聚焦市民对户外消费健康生活的新需求，推进农商文旅体产业跨界融合，加快推动城乡融合发展。

【农业展会活动】 四川国际茶业博览

会。组织参展第10届四川国际茶业博览会，成都展区人流突破4万人次，专业采购商1000余人次，意向合作商30余家，参展企业现场销售60万元，现场协议订单金额达463万元。期间召开成都茶业产销对接推介会，都江堰灌城联和茶业、四川天府龙芽等9家企业围绕品牌推广、产业项目、产销对接等进行产品推介，四川利东农牧股份有限公司与中海洋蓝海城建集团就建设四川简阳茶世界产业园项目签约，协议投资额达50亿元；20余家企业达成购销合作意向，协议金额达千万元。

中国农民丰收节（成都）庆丰收活动暨中国·成都第三届天府大地艺术季。9月23日—10月31日，2021年中国农民丰收节（成都）庆丰收活动暨中国·成都第三届天府大地艺术季在新津天府农博园举办。在天府农业博览园农博岛举办的“金秋消费季”农博生活展以呈现独特沉浸式田园生活艺术体验场景为主要内容，展示“数字农业+农博生活”，利用“沉浸式农业体验+抖音平台直播带货+创新农副产品展示+文化活动”，打造集展、购、游、学于一体的农旅融合自然休闲空间，让市民丰收美好生活。

【种植业】 全市粮食作物播种面积572.8万亩，增加4.3万亩，增长0.76%；产量达272.6万吨，增加2.7万吨，增长1.18%；单产402.6千克/亩，提高1.8千克/亩，增长0.45%。水稻栽插面积223.5万亩，增加0.6万亩，增长0.27%；产量120.2万吨，增加1万吨，增长0.84%；单产537.7千克/亩，增加2.6千克/亩，增长0.49%。玉米播种面积144.9万亩，增加0.6万亩，增长0.42%；产量57.7万吨，增加0.7万吨，增长1.2%；单产397.9千克/亩，增加3.1千克/亩，增幅0.78%。小麦播种面积51.9万亩，减少2万亩，减少3.7%；产量16.4万吨，增长0.1万吨，增长0.6%；单产315.1千克/亩，增加13.1千克/亩，增长4.3%。油菜种植面积180.2万亩，减少0.1万亩，减少0.06%；产量30.5万吨，增加0.1万吨，增长0.3%；单产169.26千克/亩，增加0.46千克/亩，增长0.27%。马铃薯种植面积36.1万亩，减少0.6万亩，减少1.6%；产量10.52万吨，减少0.18万吨，减少1.7%；单产291.4千克/亩，提高0.1千克/亩，增长0.03%。甘薯种植面积52.28万亩，增加1.68万亩，增长3.3%；产量15.78万吨，增加0.68万吨，增长4.5%；单产301.77千克/亩，增加3.07千克/亩，增长1%。全市有小麦、水稻50亩及以上的规模化生产新型经营主体1774个，补贴面积105.8万亩（小麦42.4万亩、水稻63.4万亩），补助资金2.1亿元。全市主要经济作物播种面积523.1万亩，减少0.3%。全市有“彭州大蒜”“金堂羊肚菌”等6个省级特色农产品优势区。全市蔬菜种植面积266.3万亩，增长1.7%；产量630.6万吨，增长3.3%。全市茶园面积24.76万亩，产量2.34万吨。有市级以上龙头企业13家，其中产值达1亿元以上4家、5000万元以上7家。中药材种植面积20.19万亩，其中彭州市14.13万亩，约占全市总量的70%；总产量6.51万吨，与上年基本持平；年产值约13.24亿元。7月，国际标准化组织（ISO）正式批准四川《传统中医药——川芎》国际标准立项，标志着四川省在中医药国际标准领域取得首次突破。花生种植面积21.4万亩，与上年持平；总产量4.1万吨。糖类作物种植面积0.3万亩，减少7.5%；总产量0.9万吨。烟叶种植面积0.14万亩，减少11.1%；总产量344吨。

种业发展。启动成都市“十四五”现代种业发展规划编制，对全市种业产业“十四五”发展目标和路径进行顶层设计。全市农作物种业产业稳步发展，种子种苗制（繁）种基地发展到约30万亩，其中杂交水稻、玉米制种基地3.1万余亩，增加1.1万亩以上，生产杂交水稻、玉米种子约600万千克；持证种子企业发展到111家，其中选育生产经营相结合、有效区域为全国的A证企业2家，生产经营主要农作物杂交种子及其亲本种子的B证企业41家，生产经营主要农作物常规种子的C证企业2家，生产经营非主要农作物种子的D证企业69家，从事农作物种子进出口贸易的E证企业5家；有全国种业信用骨干企业1家、国家级龙头企业1家、省级龙头企业3家、市级龙头企业7家；省级农作物种子优势企业5家、省级农作物种子科技型成长企业4家，数量居全省第一位。

种植业品种资源保护。开展农作物种质资源保护和利用，支持种质资源圃和种质资源库建设，截至2021年年底，全市共建成农作物种质资源圃27个，国内首个省级综合性种质资源库——四川省种质资源中心库在成都邛崃天府种业园区稳步建设。

种植业新品种引进和推广。全市共安排小春（小麦、油菜）和大春（水稻、玉米）新品种试验点位15个，展示评价新品种127个，其中水稻30个、玉米20个、小麦10个、油菜24个。分春、秋两季举办第七届成都种业博览会，吸引全国各地（含港澳台地区）知名种业企业300余家次的2400余个蔬菜新品种参展，线上线下共接待观众3万余人次，为参展企业创造经济价值超过1亿元；举办第八届“鱼凫杯”优质稻米品鉴活动，征集到国内科研单位、企业和专业合作社共82家单位的124个参评品种，其中国标2级以上的水稻品种占比达92%以上，活动最终评选出“泰优1750”“泰香优稠珍”“川优1611”等20个获奖优质水稻品种。

种子质量鉴定。全市系统构建以农业综合执法总队为牵引、8个农业综合执法大队为重点、3个农作物种子质量检测中心为支撑的农作物种子质量监管体系。完成对36家种子企业的345个样品海南种植鉴定，其中水稻169个、玉米123个、蔬菜53个；完成入库种子风险预警抽检，抽取种子样品340个，其中水稻180个、玉米120个、蔬菜40个，并在海南省进行田间纯度种植鉴定。对全市

12个县（市、区）841个主要农作物品种自主试验进行全覆盖检查，其中包含试验组别135组、水稻品种509个、玉米品种332个、承试单位49个。在杂交玉米、水稻制种花期对辖区内3.1万亩制种基地进行巡查及农业转基因生物监管专项检查。

制（繁）种基地建设。引导种子企业探索创新种子基地生产运行机制，以“公司+农户”“土地流转+公司+农户（制种大户）”等模式开展种子生产。全市建成水稻、小麦、玉米、油菜、蔬菜、食用菌、茶叶、伏季水果等农作物种子种苗制（繁）种基地77个，总面积约30万亩。

新品种审定和保护。主要农作物通过审定的214个，其中通过国家级农作物品种审定的55个（水稻27个、玉米25个、小麦2个、大豆1个）、省级农作物品种审定的159个（水稻67个、玉米73个、小麦13个、大豆3个、棉花3个）；获得农业农村部植物新品种权授权（含共同品种权人）34个。

【畜牧业】 全年生猪出栏416.9万头，增长4.12%；存栏278.8万头，增长7.23%。猪肉产量30.2万吨，增长7.35%。持续稳定和恢复生猪生产，新（改、扩）建规模猪场30个，新增种猪规模存栏能力1万头、育肥猪存栏能力17万头。全年家禽出栏7319.23万羽，下降4.34%；存栏3218.18万只，下降4.98%。禽肉产量11.35万吨，下降7.39%；禽蛋产量18万吨，下降2.25%。全市有祖代种禽场2家。牛出栏3.85万头，增长1.24%；牛肉产量0.49万吨，增长2.53%。肉羊出栏74.63万只，下降10.05%；羊肉产量1.11万吨，下降10.55%。全年存栏奶牛1.67万头，增长2.76%；牛奶产量7.91万吨，减少1.32%。有标准化生鲜乳收购站6个。全年通过部级标准化场认定2家、省级标准化场认定24家、市级标准化场认定8家。

种业发展。全市有种畜禽场50家（生猪30家、羊7家、兔2家、蜂1家、禽7家、牛3家），其中国家级核心育种场2家、省级核心育种场10家、省级区域性种公猪站1家。建有优良地方畜禽品种保种场5家，其中国家级2家、省级3家。

畜禽养殖污染综合治理。严格落实畜禽禁养制度，按照“以种定养、以养促种、就地消纳、种养循环”发展思路规范新建畜禽养殖场选址，促进养殖规模与资源环境相匹配；完善禁养区划定方案，全市共划定禁养区736个，面积5389.12平方千米，占全市总面积的37.6%。坚持把畜禽粪污资源化利用作为畜禽养殖污染防治工作的抓手，推进中央、省环保督察反馈意见整改、长江经济带生态环境问题整改和移交信访案件办理；加强常态化监管，组织开展农业农村生态环境问题全面排查整治、农业面源污染治理百日攻坚等专项工作，通过日常检查和专项整治相结合，对畜禽养殖污染开展排查整治；加强项目资金整合，在大邑县、蒲江县实施中央财政绿色种养循环农业试点项目，在都江堰市实施2021年畜禽产业绿色发展项目，支持规模养殖场完善配套设施建设和第三方主体开展粪肥收集、处理、利用、施用服务。截至2021年年底，全市规模养殖场粪污处理设施装备配套率达100%，畜禽粪污综合利用率达98.15%。

动物疫病防控。落实生猪屠宰环节“两项制度”，完善“3+1”网格化监管体系。按照“集中+日常”相结合的方式，持续开展“大消毒、大宣传、大培训”专项行动。全年完成非洲猪瘟样品检测共计4.47万份，查处生猪违法违规调运案件共计42起，全市非洲猪瘟防控形势平稳。全年共免疫家畜口蹄疫911.07万头份、免疫禽流感6333.92万羽、免疫猪瘟696.3万头份、免疫羊小反刍兽疫30.29万只份，重大动物疫病应免畜禽免疫密度达100%，抗体合格率达70%以上。全年完成疫病监测任务33项，共计检测样品11.43万份，重点开展禽流感H7N9Re-2抗体、牛（羊）O型和A型口蹄疫抗体、牛（羊）布病抗体、猪瘟抗体等检测，全市重大动物疫病抗体水平全部超过农业农村部要求。全年共免疫狂犬病犬只80.16万只，免疫密度达95%以上。病原学检测4400只次，血清学抗体检测533只次，病原学检测未发现阳性，血清学免疫抗体监测合格率超过农业农村部规定要求。全市共监测羊布病16 191只次，监测牛布病8129头次，共监测牛结核病8354头次，复检阳性畜已按要求全部扑杀和无害化处理。全年产地检疫生猪368.77万头、牛（羊）2.51万头（只）、禽类11 743.11万羽、水产苗种1158.63亿尾；屠宰检疫生猪664.71万头、牛（羊）14.2万头（只）、禽类5969.21万羽，对检出的病害动物及其产品按要求进行无害化处理。全市在册官方兽医944人。全年全市共计培训教育官方兽医3552人次，发放宣传资料3万余份。完成1537辆生猪运输车辆电子信息备案。全年受理审批跨省引进种猪0.43万头、种蛋3160万枚。

病死畜禽无害化处理监管。建立和完善病死畜禽集中无害化处理监管手段，实现从收集、运输、处理和产品流向全程可控、可追溯。全年养殖环节集中无害化处理病死猪41.68万头、牛400头、羊996只、禽（兔）229.53万千克、鱼86.54万千克，无害化处理犬猫等小动物3907只；屠宰环节集中无害化处理病害猪及产品折算共计2.32万头，处理其他病害畜禽及不可食用产品10.55万千克。

畜禽屠宰监管。贯彻落实新修订的《生猪屠宰管理条例》，督促生猪定点屠宰企业落实质量安全主体责任、重大动物疫病防控主体责任和安全生产主体责任。加大对畜禽屠宰场冻库的监督检查，严格开展畜禽屠宰场进口冷链食品监管。组织开展“打击生猪违法违规行为‘百日行动’”“非洲猪瘟等重大动物疫病防控‘百日阻击战’”“生猪屠宰环节质量卫生专项督察”等专项行动，全市累计查处生猪屠宰违法案件28件，移送公安机关8件，共计罚没款51.528万元，捣毁私屠滥宰窝点22个。

兽药监管。截至2021年年底，全市共有兽药生产企业37家（其中兽用生物制品生产企业5家）、兽药经营企业（含零售）613家。全年完成农业农村厅下达的兽药质量监督抽检任务70批次。组织开展兽药产品批准文号现场核查34批次，抽样产品311个。印发《成都市兽用抗菌药使用减量化行动工作方案（2021—2025年）》。组织开展对部、省通报不合格兽药产品的查处以及严厉打击非洲猪瘟假疫苗有关违法行为、兽药领域重点任务自查等专项行动。组织开展省级行政职权委托事项“生物制品类兽药经营许可证核发”的办理，四川省民生药业有限责任公司成为首家通过全市生物制品类兽药GSP检查验收的企业。开展“春雷行动”“创安2021”“农资打假”专项治理行动等执法检查行动。按计划完成70个兽药监督抽检任务，合格率100%；完成634个饲料监督抽检任务，合格率99.53%；组织招标采购二维码瘦肉精检测卡13 600套，完成瘦肉精监测224 701份（其中养殖环节58 818份、屠宰流通环节165 883份），监测结果均为阴性。检打联动及时受理投诉举报，全市共查处兽药、饲料、畜禽业案件42件，移送司法机关案件2件，受理投诉举报25起，结案率达100%。

饲料和饲料添加剂管理。开展饲料质量安全监督抽检，共抽取饲料产品252批次，其中生产环节抽检饲料产品231批次，经营、养殖和使用环节抽取饲料产品21批次，抽检合格率99.9%。开展饲料标签专项执法检查，共检查饲料企业86家，抽取饲料标签749个，合格率92%；对取得农业转基因生物加工许可证的饲料生产企业开展农业转基因生物安全专项检查，检查率100%；开展“双随机、一公开”监督抽查，检查覆盖率100%。

【水产业】 全市水产品养殖面积11 815公顷，增加161公顷，增长1.38%；总产量148 031吨，减少1433吨，下降0.96%；实现渔业经济总产值2 038 812.05万元，增加695 322.66万元，增长51.75%。有水产品加工企业5家，水产品加工量2452吨；有休闲渔业基地78个、苗种生产场站27个、水产专业合作社262个、水产专业协会7个、家庭渔场72个。

现代渔业发展。依托现有的1个国家级水产原种场、1个国家级水产良种场、4个省级水产良种场抓好良种体系建设，不断壮大产业基础。发挥现有的1个国家级水产健康养殖和生态养殖示范区、13个国家级水产健康养殖示范场、81个省级水产健康养殖示范场的示范带动作用，以发展绿色生态渔业为主导，以渔业科技创新为核心，以水产品质量安全管控为抓手，推广绿色健康养殖技术，推动全市渔业从传统渔业向生态渔业、绿色渔业、质量渔业转变，拥有1个省级美丽渔村、1个国家地理标志产品——新津黄辣丁。引导企业和社会资金投入水产品加工、流通、服务环节，加强政策和规划服务，推动养殖、加工、物流业等一二三产业相互融合、协调发展，延伸产业链，提高价值链。

水产养殖基地建设。利用中央、省级财政资金1052.37万元，对7000余亩集中连片内陆养殖池塘通过池塘鱼菜共生综合种养模式、池塘底排污生态化改造模式、多级人工湿地模式、池塘工程化循环水养殖模式、生态沟渠净水模式、多级沉淀池和资源化利用等方式进行标准化改造和尾水治理。

稻渔综合种养。依托现有的1个国家级稻渔综合种养示范区，推进农业供给侧结构性改革，截至2021年年底，全市共有稻渔综合种养面积6万亩，稻田养殖水产品产量6208吨。

水产科技推广应用。实施“生态健康养殖模式推广行动”“养殖尾水治理模式推广行动”“水产养殖用药减量行动”“水产种业提升行动”，推动水产转型升级。加大对渔业法律法规、水产养殖科学用药知识、养殖尾水治理等技术的研究和推广，印发宣传资料10 000余份，推进水产绿色健康发展。落实2020年长江经济带生态环境警示片披露问题整改。发布《稻鱼菜立体生态种养技术规范》《成都鳜驯养技术规范》2项成都市地方标准，促进全市水产养殖业规范化、标准化及健康可持续发展，以及更好地保护本土珍稀特有鱼类资源。完成第一次成都市水产养殖种质资源基本情况普查，基本摸清全市水产养殖种质资源家底。

水产品质量安全。全市完成水产品质量监督抽检305个样，不合格2个，合格率99.34%；不合格产品均已立案查处，结案率达100%。

【农业项目及品牌推进】 农业项目财政投入。各级财政共投入农业项目资金36.48亿元，其中中央资金15.04亿元、省级资金7.77亿元、市级资金13.67亿元。贯彻中央、省、市关于实现巩固拓展脱贫攻坚成果同乡村振兴有效衔接的安排部署，各级投入财政衔接推进乡村振兴补助资金0.9亿元；贯彻落实耕地地力保护政策，中央财政投入耕地地力保护补贴资金6.09亿元；为建设“集中连片、旱涝保收、节水高效、稳产高产、生态友好”的高标准农田，各级财政共投入5.99亿元；为促进都市现代农业可持续发展、推动农业供给侧结构性改革，市级财政投入都市现代农业发展专项资金5.05亿元，用于市级现代农业园区奖补、成都市实施乡村振兴战略推进城乡融合发展考评激励、畜牧业绿色发展项目、农业标准化品牌化建设等重点项目建设；加快推进特色镇（街区）建设和川西林盘保护修复，推动农商文旅体融合发展，探索成都特色城乡融合发展之路，市级财政投入资金3.45亿元。

农业重大项目投资促进建设。突出强链补链和差异化发展，动态完善7个农业产业功能区“两图一表”，制作《成都市农业招商引资指南》，开展成都都市现代农业投资环境分析课题调研；开展项目招引攻坚活动，牵头举办成都都市农业和食品产业生态圈项目集中签约仪式、成都都市现代农业产业化项目签约仪式等，全市举办各类投资推介活动、集中签约仪式20余场，策划包装全产业链项目134个。

农产品品牌培育与发展。按照“立足成都、服务全川”的思路，打造农产品品牌孵化服务平台。完成“天府拾味”四川特色农产礼包的开发，“天府源”市级农产品区域公用品牌累计准入基地数量已达120个，累计准入产品品类达225个。

农业“天府源”品牌打造。用市级公用品牌优势资源搭建小微企业、民营企业品牌孵化培育平台，打造代表成都特色的优质“拳头产品”，提高合作主体产品品牌市场竞争力和影响力；开展产品品质对标、包装文创提升、活动营销推广等相关服务，提高合作主体产品市场竞争力；策划开展“进公园绿道、进景区、进机关”等不低于50场次品牌产品推介等展示展销活动；开放“天府源”品牌线上线下营销渠道，帮助企业搭建城市关键大型卖场、精品生活超市、新零售场景等品质农产品销售通路。

【农产品质量安全监管】 全市主要农产品例行监测合格率达99%，未发生重大农产品质量安全事件。

国家农产品质量安全市建设。按照农安市“五化”“五率先”要求，深化示范创建成果，持续加强生产经营主体和属地政府部门责任，健全完善生产管理和行政监管制度，优化完善监管、检测、追溯体系，增强执法监督力度。通过落实产地环境管理、生产过程管控、农业品牌发展、应急处置等工作措施，着力提升农产品质量和监管水平。简阳市被纳入国家农产品质量安全县创建，温江区、双流区、郫都区、新都区、蒲江县通过复审。

农产品质量安全监管与监测体系建设。健全市、县、镇、村四级农产品质量安全监管体系，配备专（兼）职人员2065名，并运用网格化监管系统APP实时将日常监管巡查记录上传至市监管检测溯源平台，实现对基层关键环节和点位的远距离监控、零距离巡查和突发事件智能应急处置，全年上传监管数据19.1万余条。健全市、县、镇、村四级农产品质量安全检测体系，建成市级农业质量监测中心1个、县级检测站（中心）15个、镇级快检室182个、村级检测室970个。结合全市食用农产品生产布局，组织开展全市生产环节食用农产品质量安全监测，全年市级农产品质量安全例行监测2300批次，合格率达99%。

农产品质量安全溯源体系建设。通过成都市农产品质量安全检测监管溯源平台全面开展手机移动监管、抽样检测数据实时采集分析、主体信用档案和生产经营单位信息录入更新，实现生产数据统计分析、监管信息实时传递和应急指挥智能化，纳入平台监管主体7112家。发挥“成都智慧动监”平台效能，实现生猪追溯全覆盖，1094家规模化畜禽养殖场、32家生猪定点屠宰场纳入监管。运用国家级、省级追溯平台开展追溯管理，全市生产经营主体录入生产及销售批次信息30万条，助推农产品从生产到市场全程可追溯。

农产品“三品一标”认证。引导鼓励生产主体开展绿色食品、有机农产品认证和农产品地理标志登记，全市有“三品一标”农产品1370个。组织实施10个市级农产品地理标志核心保护区建设，创建农产品地理标志培育样板。

食用农产品合格证制度推行。推进食用农产品承诺达标合格证制度。建立全市合格证主体名录库，食用农产品生产企业、农民专业合作社、家庭农场等生产主体入驻名录库达9110家。累计开具合格证3300余万张，附证产品390余万吨；培育食用农产品承诺达标合格证标杆企业（基地）434家；创建“追溯+合格证”示范企业83家。

农产品质量安全专项整治。组织全市开展农产品质量安全专项整治行动，严厉打击坑农害农违法行为，维护农业生产安全和农产品质量安全。全年累计开展执法检查41 061人次，检查市场主体21 195个；宣传4673次，发放宣传资料325 834份；办理案件471件，罚没款719.69万元，没收违法物品20 019千克。

推进“治违禁　控药残　促提升”三年行动。针对禁限用药物违法使用、常规农兽药残留超标等问题和突出品种，研究制订并印发《成都市食用农产品“治违禁　控药残　促提升”三年行动实施方案》《都市食用农产品“治违禁 控药残 促提升”三年行动精准治理方案》和《食用农产品“治违禁　控药残　促提升”三年行动执法监督方案》，明确目标、重点任务及推进管控措施，采取“一个问题品种、一张整治清单、一套攻坚方案、一批管控措施”的“四个一”精准治理模式实施三年专项治理行动，在部、省确定的治理品种的基础上，增加葡萄、草莓、猕猴桃、青脚麻鸡、叉尾鮰5个品种。

【农村科技】 结合成都特色，加快推进数字农业农村建设，以数字农业农村建设促进全市都市现代农业转型升级，推动农业供给侧结构性改革不断深入，实现农业增效和农民增收。

成都国家现代农业产业科技创新中心创建。与中国农科院都市研究所密切合作，完善建设规划，推动成都农业科技中心项目建设，核心区一期工程已建设完成，核心区二期工程按照规划拟于2022年有序实施。配合成都农业科技中心申报农业农村部重点实验室，成都农业科技中心申报的《都市园艺智能装备重点实验室建设项目》已作为农业科技创新能力条件建设项目列入2021年中央预算内投资计划，投资1500万元，该项目已批准启动实施。在团队支撑方面，以创建世界一流研究所为目标，根据成都中心总体规划关于学科团队的布局要求,立足中心的功能定位和目标任务,在都市农业、智慧农业、功能农业3个新兴学科领域,生物质能源、动植物医学2个服务区域发展的学科领域构建以固定科研团队为核心、柔性引进团队为重要力量的科研创新团队体系,重点打造科企融合、科产融合的“三创一体”团队,已陆续引进组建22个创新团队开展科研,为成都中心科技创新工作奠定坚实基础。按照全市高品质科创空间重点布局及年度建设任务,协调温江、新津、邛崃等县(市、区)加快推动温江农高园高品质科创空间、天府现代种业园区高品质科创空间、天府农博园高品质科创空间等建设,结合高品质科创空间的内涵特征和功能区产业特色,指导编制完善高品质科创空间规划,对高品质科创空间的产业、功能、配套、形态风貌等进行明确。发挥农业科技创新服务平台作用。按照市委关于打造服务全川“七大共享平台”的安排部署,高效运行农业科技创新服务平台和成都服务全川农业科技创新联盟,面向全省开展关键共性技术研发攻关创新、新品种新技术引进示范推广、科技成果转化交易和产业孵化、农业人才培训培养等,推动聚集整合省内外和国内外农业科技高端资源和优质龙头企业,促进全省农业科技创新能力整体跃升和现代农业高质量绿色发展。成都服务全川农业科技创新联盟按照年度工作方案加强农业科技创新服务。发挥与成都农业科技职业学院、成都农林科学院等共同组建的成都农业创新创业联盟的作用,通过举办农业“创客”沙龙、资源对接、科技成果发布等17场活动将科研院校所与成都市涉农科技企业、经营主体紧密连接起来,为科技成果研发、转化、应用推广畅通了渠道、创造条件,同时将成都农业职业经理人与全省各区县(市、区)农业产业发展带头人连接起来,发挥成都的“主干”作用。

基层农技推广体系改革与建设。基层农技推广体系改革与建设补助项目。按照农业农村部、农业农村厅的要求,稳步推进基层农技推广体系改革与建设补助项目实施。打造农业科技示范展示平台,在16个项目县建立农业科技示范基地36个,培育农业科技示范主体282个。示范推广先进适用技术,依托示范基地和示范主体推广优质绿色高效技术模式160项,示范推广农业优质绿色高效技术240项,农业主推技术到位率达96.3%。开展农技指导和培训服务,农技人员对接指导服务农户32 083户,服务对象满意度达95.62%。提升农技推广队伍能力素质,组织开展基层农技人员培训1235人,其中省级调训37人、市级培训1198人。联合高校院所在新津区、简阳市和大邑县开展农业重大技术协同推广,在7个县(市、区)开展基层农业硕士、博士科技创新服务试点。

农业科技推广应用。成都市农业技术推广总站以落实省长粮食安全责任制为抓手,围绕农业绿色高质量发展,依托“粮经产业提质增效技术推广与应用”项目,持续开展农业绿色高效生产技术的试验示范和推广,推广水稻机械化育插秧关键技术集成示范。在西部稻麦(油)轮作区、北部稻菜轮作区与东部丘陵区开展水稻机械化育插秧关键技术集成示范,建立示范片6个,示范面积1450亩,示范机械化流水线硬盘基质育秧、暗化催芽、无纺布覆盖育秧、机械化栽插、钾肥中移、无人机追肥等技术,助推水稻规模化集中育秧及机械化栽插水平稳步提升,推广水稻示范片经专家测产验收示范效果显著,其中彭州200亩“川种优3877”示范片平均亩产780.6千克,邛崃示范片“荃优822”平均亩产724.5千克,新都示范片150亩“荃优1606”平均亩产666.8千克,简阳示范片“雅7优2117”平均亩产573.2千克亩。在金堂县开展玉米机械化绿色高效生产技术示范,在高板街道建设150亩玉米机械化绿色高效生产技术示范基地,推广玉米机直播、无人机病虫害防治、机械化收获等技术措施,推广玉米新品种“仲玉3号”“康农玉999”。在邛崃市推进稻茬小麦翻旋浅覆栽培技术示范,在固驿镇开展稻茬小麦翻旋浅覆栽培技术示范,建设示范片150亩,解决土壤黏重地区小麦“播前湿,播后干”和旱地肥料深施提高肥料利用率的问题,并推广新品种“川麦104”“川辐14”“川麦1247”,其中“川麦104”平均亩产455.9千克。

农业农村创新创业。推进农业农村创新创业,做强乡村产业振兴科技支撑。围绕即将召开的市委十三届九次全会内容,配合市政府草拟《中共成都市委关于全面推进科技创新中心建设加快构建高质量现代产业体系的决定》,重点在“打造高能级农业科产融合创新平台、建设现代种业创新集聚区、加速绿色智能生产技术研发与推广”等方面明确发展方向、发展路径和发展目标。落实支持返乡创业政策措施,贯彻落实《关于加快推进农业农村创新创业的实施意见》,引导返乡农民工、大学生等各类人才返乡创业;继续深化农业科技体制机制改革试点,推动落实职务科技成果所有权改革、科技人员兼职取酬、保留人事关系离岗转化科技成果和领办创办科技型企业等政策措施,引导城乡农业人才向农村转移,推动农业产业发展。依托“双创”平台推动返乡创业。一是不断完善市级现代农业创新创业孵化基地和涉农创业苗圃、孵化器、加速器的农业创新创业孵化基地服务功能,为返乡创业者提供项目辅导、技术指导、场地租金、品牌设计、产品营销等优惠扶持。二是依托成都农业创新创业联盟的农业“创客”沙龙等线下活动平台和“农创通”线上服务平台,为返乡下乡农业创客提供交流合作、金融支持、创业辅导、技术支撑和人力资源等服务。举办主题“创客”沙龙、“三农”专场人才招聘会等各类活动17场,现场解决创业融资、农业技术、产品销售等困难和问题200余项。

农业职业经理人培育。加大农业职业经理人培育。坚持理论培训与现场技术培训相结合，着眼产业前沿技术及发展方向、农业政策、农业法律法规、农产品市场营销（包括电子商务、品牌创设等）、农产品质量安全、农业信息化、农业创意设计、农业外来有害生物防控、农业安全生产和消防安全等，根据基层和农民需求组织相关培训，提高培训质量和实际成效。全市持证农业职业经理人达18 402人，其中高级551人、中级8820人、初级9031人。推进校院地企合作，深化与中国农科院、中国农业大学、省农科院、川农大等涉农科研院校的紧密合作，聚焦全川“10+3”特色先导产业发展关键共性技术问题以及农商文旅体融合发展需要，围绕区域产业发展需求，整合优势资源，构建“校院地企”合作模式，促进科技创新成果在县（市、区）大面积推广应用。根据四川省人民政府与中国农业大学签署的战略合作协议以及四川省农业农村厅、成都市农业农村局、成都市新津区人民政府、中国农业大学签署的《共建中国农业大学四川成都现代农业产业研究院（新津）合作协议》，加快推进四川成都中农大现代农业产业研究院组建工作，11月1日，市政府已批复同意，由四川成都中农大现代农业产业研究院开展登记注册。

新型职业农民制度试点深化。开展新型职业农民培训。探索建立完善新型职业农民推荐选拔、培训培养、认定管理、人才服务和政策扶持等方面互相衔接配套的新型职业农民培育制度体系，继续在成都市17个县（市、区）全面开展新型职业农民制度试点。全市开展新型职业农民培训5000人。

农业信息化。搭建数字农业农村标准体系，指导数字农业农村建设，引领成都市农业农村向规范化、标准化的方向发展，用标准化手段助力农业发展方式转变，探索研究农业全产业链标准化，研究标准实施机制，推进农业农村优化升级，加快都市现代农业高质量发展。通过整合现有系统、对数据进行梳理，建设成都市农业农村大数据平台，实现大数据平台与局现有重要业务的系统对接、业务迁移和业务建模，将相互孤立、标准不统一的数据进行有效融合，实现数据共建共享，通过数字采集、数据分析、数据建模实现目标管理可视化、问题定位精准化、转型成效数字化。

【农业产业功能区】 园区梯次培育有序推进，已建成93个国家、省、市和县四级现代农业园区，其中崇州粮油农业园区被认定为国家级现代农业产业园，大邑县粮油现代农业园区等5个农业园区被认定为四川省星级现代农业园区，蒲江县入选2021全国农业现代化示范区。

农业产业功能区建设推进。科技创新赋能不断增强。建设成都国家现代农业产业科技创新中心、天府现代种业园“一库一院五中心”等重大功能平台，累计引进农业科研机构、团队70个，建设国家级重点实验室2个，建成省部级农业工程技术研究中心7个、产学研联合实验室20个。都市现代农业持续发展，全市新建高标准农田32.8万亩。农作物秸秆综合利用率达98.4%。培育品牌农产品1976个，其中省级品牌634个。共有国家级龙头企业30家、省级龙头企业128家，在15个副省级城市中排名第一位。多元产业融合势头强劲，坚持一二三产业融合发展，推动“现代农业园区+川西林盘”的多元融合模式，开展“天府大地艺术季”等旅游活动，建成休闲农业乡村旅游农业主题公园20个、乡村绿道442.3千米。

【农业机械化】 全市农机总动力达419万千瓦，农机总数量达32万台（套），主要农作物耕种收综合机械化水平达81.5%，完成机械化作业面积2595万亩，其中机耕818万亩、机收467万亩、机械化种植397万亩。全国主要农作物生产全程机械化示范县达9个。

智能农机。着力智能化数字化建设，提升农机作业水平。运用四川省农机购置补贴综合奖补辅助管理系统，在农机加装定位终端设备，开展农机作业补贴监测。在郫都区、蒲江县建立数字化平台，实现农机监测、信息互通、数据共享等功能。运用国家农机购置补贴资金，在5个县（市、区）持续开展薄弱关键环节机械化作业补贴。

农机购置补贴。继续实施好国家购机补贴和市级农机购置累加补贴政策，在省级定额补贴30%的基础上市级累加20%补贴额。全年实施中央农机购置补贴资金4382万元，市级累加补贴资金1310万元，撬动社会资金投入8089万元，购买农机具3426台（套），实现购机补贴辅助管理系统常年不间断开放。在全市范围内开展购机贷款贴息、农机报废更新补贴。农机新技术新机具推广。着力试验示范，推广先进的农机化技术。联合农业农村部南京农机所、成都市农林科学院、四川农业大学等相关科研单位，四川川龙公司、吉峰农机等农机制造流通企业，在市级以上农民合作社开展农机试验示范，实现部分园艺作物生产全程机械化。示范推广水稻机械化育秧、水稻密苗移栽及侧深施肥、油菜两段式收获、水肥一体化、无人机植保等农机化新机具新技术。

农村机电提灌站建设。持续发展农村机电提灌站。着力推进标准化提灌站建设，加快老旧提灌站升级改造，统筹安排，分批解决。争取省级资金120万元，用于简阳市农村机电提灌站建设、金堂县农村机电提灌站建设。安排市级资金212万元，用于简阳市农村机电提灌站建设。

农机合作社培育。农机生产经营主体培育。围绕“全程机械化+综合农事”服务中心建设，鼓励农机合作社延长农机产业服务链，拓展服务内容。利用协会、培训等平台，加强农机合作社与其他农业生产经营组织的衔接,推广订单式、托管式、跨区式等成熟的经营模式。在农机购置补贴政策、综合奖补项目、农机试验示范项目等要素上优先支持,促进农机合作社做大做强。创建省级“全程机械化+综合农事”服务中心5个,创建省级“五良”融合全程机械化示范区6个。

农机安全生产。落实农机监管职责,加强农机安全源头管理。按照农业农村厅要求,督促指导各县(市、区)严格规范做好农机监理业务工作,加强农机牌证管理,做好农机安全源头管理工作。加强农机安全宣传培训。组织开展农机安全生产月及“安全生产月咨询日”活动,开展“6·16”农机安全宣传咨询日活动。开展农机安全检查和宣传督导,加大农机执法检查力度。组织开展农村道路安全隐患大排查、农机“创安2021”监管执法专项行动,配合公安部门组织开展常态化联合执法。推进变型拖拉机报废清零,全市共注销报废变型拖拉机2262台,实现全市变型拖拉机全部清零,提前完成清零任务。

农业建设与灌溉。全市贯彻落实国家“藏粮于地、藏粮于技”战略,以高标准农田建设为抓手,以确保粮食安全、提升粮食综合产能、推动现代农业高质量发展为目标,加快补齐农业基础设施短板,加强组织领导、优化建设布局、强化资金保障、严格质量管控,推动全市农田建设工作,顺利完成年度建设任务。

耕地质量管理。以保障粮食安全、农产品质量安全和农业生态安全为目标,落实最严格的耕地保护制度,树立耕地保护“质量并重”和“用养结合”的理念,坚持因地制宜、综合施策,推进工程、农艺、农机等措施相结合,构建耕地质量保护与提升长效机制。完成省下达727个耕地质量调查点和75个耕地质量监测点调查监测,同步开展市级114个土壤环境监测点监测分析,并完成耕地质量等级年度更新评价。

高标准农田建设。建立健全“政府领导、农业农村部门牵头、相关部门协作、上下联动”的农田建设管理长效机制,落实“定期调度、分析研判、通报约谈、奖优罚劣”制度,按照统一规划布局、建设标准、组织实施、验收评价、上图入库的“五统一”要求,坚持“集中连片、规模建设”的原则,重点在永久基本农田和“两区”布局,集中投向粮食生产功能区,支持“口粮田”建设,实行“田、土、水、路、林、电、技、管”综合配套,有效促进生产、生活、生态“三生融合”。全市投入资金11.35亿元,建成“能排能灌、旱涝保收、宜机作业、稳产高产、生态友好”的高标准农田32.8万亩,全面完成年度建设任务。

高效节水灌溉。坚持以促进农业发展方式转变为抓手,将高效节水灌溉作为优化水资源配置、推动农业用水结构调整、确保水资源供给的有效举措,结合高标准农田建设,因地制宜发展以管道输水灌溉和微灌、喷灌为主要灌溉措施的高效节水灌溉,提高水、肥、药利用效率,有效减轻农业面源污染,促进生态环境可持续发展。全市建设高效节水灌溉面积7.36万亩,为都市现代农业发展创造了优良的产业发展基础,为美丽乡村建设提供了资源节约、生态高效的技术支撑,为项目区农业增产、农民增收注入了动力。

【乡村振兴法治保障】 严格落实“三重一大”决策制度,推动出台《成都市农业农村局关于进一步加强重大行政决策工作的通知》,确保行政决策科学化、民主化、法治化。全面推行“免罚清单”制度,修订《成都市农业农村局行政处罚“三张清单”》,开展柔性执法、劝导执法等,维护全市农业农村各类经营主体合法权益和营商环境。加强规范性文件监督管理,加强备案管理,修订并按程序完成《成都市农业农村局行政处罚“三张清单”》备案。抓好法规、规章和规范性文件专项清理,针对与《中华人民共和国长江保护法》不一致的地方性法规,及时提出修改建议。建立健全重大行政决策过程记录制度,实现重大行政决策目录事项全部立卷归档,做好重大行政决策跟踪反馈和评估。加强法律顾问管理,发挥法律顾问在合法性审查中的作用。严格落实《党组会议议事规则》《机关文件合法性审核工作细则》,并制定《成都市农业农村局加强重大行政决策工作的通知》,规范行政决策程序,开展文件合法性和行政执法案件法制审核,共审核合同53份、文件30件、政府采购文件34件、重大行政处罚决定16件。对涉及市场主体经济活动的重大行政决策事项,全面落实公平竞争审查制度,自觉接受党内监督、人大监督、民主监督、行政监督、监察监督、司法监督、群众监督等。规范办理行政复议诉讼,全年办结行政复议5件,在具体案件办理过程中做到“以法为据、以理服人、以情感人”,复议案件达到零诉讼。为建强队伍、发挥执法护农兴农作用,举行重庆、武汉、成都、贵阳、昆明、拉萨六市农业综合行政执法联动合作启动仪式和成都市农业综合行政执法队伍形象展示活动。

【农业行政审批】 推进“放管服”改革,开展政务服务“一网通办”“一窗受理”百日攻坚行动。整合《动物防疫条件合格证》和《种畜禽生产经营许可证》办理流程,推动“办理种畜禽生产经营一件事”审批改革。率先在全市启动电子证照应用与共享,已完成12类电子证照上线运行,市农业农村局“6+1”政务服务事项“网上可办率”“最多跑一次”“一窗受理”事项占比均达100%,全程网办事项占比达85%,“马上办”事项占比达58%,承诺办理时限比法定时限平均减少85%。全年完成6334件行政审批办件,共受理群众电话、窗口咨询3553次,政务服务好评率达100%。开展“局长进大厅”活动,市农业农村局领导定期值守市政务服务中心农业农村局窗口,与群众就政务服务情况进行交流。严格落实《成都市推行“证照分离”改革全覆盖进一步激发市场主体活力工作方案》要求，结合工作实际，制定《成都市农业农村局关于贯彻落实“证照分离”改革全覆盖进一步激发市场主体活力的通知》，推动照后减证和简化审批，创新和加强事中事后监管，优化营商环境，激发市场主体发展活力。

【农村人居环境整治提升】 践行“绿水青山就是金山银山”理念，聚焦建设全面体现新发展理念的公园城市示范区，突出“美丽四川·宜居乡村”建设主题，全面提升农村人居环境水平。截至11月底，各项年度任务基本完成，农村垃圾、污水、厕所管护长效机制全面建立。完成农村户厕无害化改造16 230户，无害化卫生厕所普及率达94.05%；农村生活污水得到有效治理率达87.7%，20户以上农民集中居区污水处理设施覆盖率达89.8%，367个常住人口600人以上的聚居点（区）生活污水得到有效治理；99%以上的村（社区）生活垃圾得到有效治理，农村生活垃圾无害化处理率达99%以上，农村生活垃圾收储设施覆盖率达100%。

系统谋划，持续优化完善政策体系。市委、市政府把农村人居环境整治提升五年任务纳入两项改革“后半篇”文章统一部署、一体推进，出台《成都市农村人居环境整治提升工作方案》。结合省上的最新要求，制订《成都市农村人居环境整治提升五年行动方案》，推进“十四五”期间农村人居环境持续提升。开展专项试点。市委改革专项小组审议通过《成都市优化农村人居环境治理和维护机制试验实施方案》，在青白江区、双流区、郫都区、彭州市、蒲江县5个县（市、区）开展农村人居环境治理和维护机制试点，探索推广可借鉴、可复制的经验。主动探索创新，组织专业机构研究全市农村人居环境长效管护机制，参照国内国际先进做法，总结适宜全市实际的经验做法。组织专业机构研究制订农村公厕五年行动方案，全面分析全市农村公厕现状，制订查漏补缺、巩固提升方案，不断提升全市农村公厕服务水平。

秸秆综合利用和焚烧。按照市委、市政府秸秆禁烧和综合利用安排部署，各县（市、区）、市级相关部门采取措施抓好工作落实，完成全年秸秆禁烧和综合利用工作各项任务，推动环境空气质量改善，促进农业废弃物资源化利用。全市秸秆综合利用率稳定在98%以上。健全工作体系，落实《成都市2021年秸秆禁烧和综合利用工作实施方案》《成都市人民政府关于禁止露天焚烧农作物秸秆的通告》等，明确各级党委、政府禁烧主体责任和生态环境、农业农村、发改、气象等市级部门的工作职责，以及在全年、全域、全时段禁止露天焚烧的要求，健全禁烧工作体系。完善禁烧网络，完善工作联动、暗访督察、会商研判、宣传引导、违法惩处和责任追究等秸秆禁烧工作推进机制，细化完善禁烧网格化管理，落实市、县、镇、村、组、户六级秸秆禁烧责任。各县（市、区）建立区域联防联控机制，加强区域联动禁烧。落实同责机制，对各级环保督察发现焚烧点位的县（市、区）进行全市通报，对累计被通报2次以上的县（市、区）取消当年“三农”工作先进县（市、区）和乡村振兴先进单位的评选资格，并将工作整体开展情况纳入党政同责、一岗双责和年度生态环境保护工作目标考核体系进行综合评价。将秸秆禁烧和综合利用工作与粮食规模化经营奖补，国家、省、市级先进示范项目申报等农业产业发展扶持政策挂钩。坚持疏堵并举，推动长效促禁。推动秸秆综合利用，以肥料化、饲料化、燃料化、基料化、原料化利用为主攻方向，各县（市、区）因地制宜结合当地产业发展方向，探索创新发展秸秆综合利用模式。加大秸秆综合利用实用技术推广和从业人员培训力度，提高技术普及率和秸秆综合利用技术应用能力。全面厘清家底，推进全市秸秆资源平台建设，全面摸清年度农作物秸秆的产生量、还田量、离田利用量等基础信息，将农作物秸秆资源纳入规范化管理，为秸秆工作决策部署、项目申报储备提供重要依据。项目示范带动，开展简阳市、金堂县2个秸秆综合利用重点县建设，对参与秸秆还田、离田、加工利用的社会化服务主体进行补贴，壮大综合利用主体，探索肥料化、饲料化、燃料化等多元利用模式，带动全市秸秆综合利用率稳步提升。持续巩固成都平原经济区区域合作。牵头召集德阳、绵阳等成都平原经济区七市召开成都平原经济区秸秆禁烧联防联控和综合利用区域合作联席会议，共同签订《秸秆禁烧联防联控和综合利用区域合作工作协议》，确保实现“不见烟雾，不见火光，不见黑斑”的工作目标，为继续深化成都经济区秸秆禁烧联防联控和综合利用区域合作打下基础，为成都平原经济区群众营造拥有更多更优质清新空气的环境。

沼气安全管理体系建设。围绕农村沼气利用实现规范化、高效化、安全化的发展目标，统筹推进农村沼气各项管理，通过省政府有关农村沼气、畜禽粪污化粪池安全生产的省级督察，环保处被四川省农村能源发展中心评为“2021年度全省农村能源安全生产先进单位”。规范安全管理细节，筑牢安全生产防线。重点通过县（市、区）自查、市局核查、专业机构现场点位检查和整改销号四个环节加强细节指导，实现隐患排查闭环管理。邀请市农林科学院共同编制《成都市沼气工程企业安全生产清单制管理工作手册》，规范全市沼气工程清单制管理制度，形成“常态研判、动态管控”管理机制，确保全市农村沼气安全生产形势稳定。摸清底数现状，系统开展沼气池清理。根据全市沼气池保有量大、分布较广、使用情况复杂的特点，通过三次摸排统计建立《2021年成都市农村户用沼气池用户档案》《2021年成都市沼气工程有限空间台账》。做好网格化数据管理，确保将安全生产责任落实到最小工作单元。全市共有大中型沼气工程2530座、户用沼气池12.69万口。抓好宣传培训，提高安全意识和应急处置能力，通过开展安全宣传"进农村"、农村沼气"安全生产月"等活动累计发放资料25.33万份，广播宣传和视频播放累计超过7000次；组织开展形式多样的主题宣讲、警示教育、应急演练等活动，参与人数超过2.5万人。加强项目监管指导，确保农村沼气池运维管护项目顺利实施。在青白江区、简阳市、都江堰市、邛崃市、金堂县和蒲江县实施2021年成都市沼气池运维管护先行示范项目，总投资190.7万元，完成老旧沼气池用户维修服务2025户，更换安全警示牌33 850块，培训养殖场安全管理人员2174人。

生态宜居美丽乡村建设。持续开展示范建设，全面启动美丽宜居村庄、美丽示范庭院创建活动，建成34个农村人居环境整治提升示范村。依托全市独有的川西林盘资源打造农村人居环境示范典型，探索绿水青山向金山银山的转化路径，全年实施246个川西林盘保护修护项目，投入市级财政资金1.45亿元。开展专项治理，持续推进村庄清洁美化提升行动，启动实施以"清理生活垃圾、清理厕所便池、清理水源水体、清理畜禽粪污、清理农业生产废弃物"为重点的农村"脏乱差"治理"五清"行动，并开展为期三个月的专项行动，全面消除农村"脏乱差"。全市各级共计开展农村"脏乱差"治理行动9.4万余次，参与群众超过105万人次，共清理生活垃圾10.3万吨，清理畜禽粪污16万吨，清理农业生产废弃物1.9万吨。推进农业面源污染治理。结合中央、省环保督察专项行动，加强农业面源污染治理，畜禽粪污综合利用率达90%以上，规模殖场粪污设施配套率达98%以上，秸秆综合利用率达98%，农膜及农药包装物回收体系初步建立。健全村容村貌维护长效机制，加强农村建房管理和建筑风貌管控，建立完善县(市、区)领导包镇、镇领导包村、村干部包组、党(团)员联系发动群众、农户(企业)门前"三包"的全覆盖无死角网格化管理机制，加强大数据、物联网等信息技术在村容村貌管护上的运用，不断净化、美化村容村貌。

农村卫生厕所普及。巩固提升，夯实农村"厕所革命"成果。持续推进农村"厕所革命"。全市组织对农村户厕持续进行细致摸排、政策宣传、群众动员、查漏补缺，对新增符合改厕条件农户16 230户实施户厕改造，年度落实市级专项资金6999.98万元，全市农村户厕无害化普及率达94.05%。同时，整合政策资金，完成34座农村独立公厕建设提升试点，不断提升农村公厕建设水平。开展问题户厕排查整改。落实农业农村部、国家乡村振兴局，农业农村厅、省乡村振兴局关于农村问题户厕排查工作的各项要求，组织对2013年以来各级财政支持改造的54.38万户农村户厕进行全覆盖问题摸排，按照分类整改、限时销号的要求，10月中旬已全面已完成发现的1387户问题户厕的整改。建立完善长效管护机制，坚持农户自主管护与政府提供公共服务支持相结合，探索政府整合资金购买服务、农户投工投劳自主参与、农户适当付费市场化运营等运营模式，推广就地消纳、异地循环等粪污资源化利用模式。委托第三方机构开展农村户厕改造后续长效管护机制专题研究，总结借鉴先进经验做法，探索创新适合全市实际的管护机制。加强先进信息技术在农村厕所管护上的运用，鼓励技术创新、科技创新，不断提高数字化管护水平。

农村生活污水治理。分类处置，提升农村生活污水治理能力。分类治理生活污水，对临近市政管网的20户以上农民集中居住区，接入市政管网输送污水处理厂(站)处理生活污水；对距市政管网较远的20户以上农民集中居住区，采取建设污水处理设施、"集水池+转运"、资源化利用等方式处理生活污水；对散居农户采取还田还林资源化利用方式处理生活污水。推广低成本、低能耗、易维护、高效率处理技术工艺，不断提升治理效能。全年市级财政投入专项资金1.3亿元，建成农村污水治理"千村示范"工程示范村30个。完善长效运维机制。健全镇(街道)负责、政府平台公司运维、职能部门监督指导，有制度、有标准、有队伍、有督察的管理体系，推广农村生活污水设施"政府平台公司+"的管护模式，优化完善乡(镇)污水处理厂、农村污水处理设施、人工湿地和集水池的运行、维护、监测机制，持续提升设施运行效率和出水水质达标率。

农村生活垃圾分类及无害化处理。优化机制，提升农村生活垃圾治理水平。持续优化运行机制。农村生活垃圾"户分类、村收集、镇转运、市(县)处理或片区处理"机制不断优化，城乡生活垃圾收运实现市场化。推广"二次四分法"，实施农村生活垃圾就地分类，实现生活垃圾源头减量和资源化利用。全市开展生活垃圾分类的农村集中居住区达2750个，占全部农村集中居住区的99.1%。持续提升设施建设，按照"上加顶、内设桶(桶底密闭)、地面做防渗"要求，新(改)建农村垃圾收集设施2300余座。全市农村生活垃圾收集站、转运站"噪声、粉尘、臭气、污水"整治全部达标。加强环卫运输管理，所有行政村和镇(街道)均配齐垃圾收集运输车辆。建成环保发电厂9座，实际处置能力达1.85万吨/日，农村垃圾处置能力不断提升。加强村庄保洁工作，通过规范村内公共区域保洁制度、提高农村专职保洁员比例、规范第三方委托保洁员工作流程等不断提升村内公共区域保洁服务水平。全市共配备农村保洁员2.7万余名，保洁员覆盖率达100%。

【脱贫攻坚成果巩固】 严格落实"四个不摘"和5年过渡期要求，保持主要帮扶政策总体稳定，健全防止返贫动态监测和帮扶机制，启动实施"百村帮扶提升行动"，精准精细推动责任、政策和工作“三落实”。截至2021年年底，全市172个乡村振兴重点村（含86个脱贫村）经济社会加速发展，人均可支配收入达21 244元，同比增幅超过12%；23 166户66 724名脱贫人口和91户241名防止返贫监测对象（动态管理）生产生活条件持续改善，全年家庭人均纯收入达14 352元，同比增幅超过13%。

防止返贫监测和帮扶机制健全。健全防止返贫动态监测和帮扶机制。制定《四川省健全防止返贫动态监测和帮扶机制办法（试行）》，贯彻落实措施，将全市监测范围调升至当地低保标准，监测对象覆盖市内17个涉农县（市、区）。加强农村低收入人口帮扶，将收入低于城乡低保标准200%且家庭财产符合相关规定的认定为农村低收入家庭，建立动态监测信息库，分层分类实施帮扶和救助。加大资金投入，集聚要素资源，全年共安排落实各级财政衔接推进乡村振兴补助资金1.95亿元，实施产业发展、基础建设等项目243个，其中市本级预算安排5000万元，为监测户每人落实5000元到户项目扶持资金，并按照每村20万～40万元标准分类分档支持重点村产业发展。完善脱贫人口小额信贷政策，累计发放7135户次1.43亿元，逾期率控制在全省平均水平以下。加强扶贫项目资产管理，共清理扶贫资金36.96亿元，形成资产原值28.93亿元，全面完成确权登记和资产移交。汇聚各方力量，拓宽帮扶格局，以市内86个脱贫村等为重点，识别确定乡村振兴重点村172个（省级17个、市级100个、县级55个），逐村编制帮扶规划，部署开展集中扶持和衔接示范创建，简阳市创建为2021年度全省乡村振兴成效显著县（市、区），简阳市禾丰镇连山村等3个村创建为全省乡村振兴重点帮扶优秀村。延续定点结对帮扶，35位市级领导联系指导29个重点镇（街道）、挂点35个重点村，120余个市级部门（单位）定点帮扶重点村，14个中心城区结对帮扶成都东部新区和简阳市，实现重点村及所在镇（街道）联系领导和帮扶单位全覆盖。健全常态化驻村帮扶制度，为乡村振兴重点村等轮换选派驻村干部553人（含脱贫村258人），确保脱贫不脱帮扶。

脱贫成果巩固。完善顶层设计，靶向精准发力。出台《关于深入推进城乡融合发展努力在乡村振兴中走在前列起好示范的意见》《成都市实现巩固拓展脱贫攻坚成果同乡村振兴有效衔接实施方案》，将巩固衔接重大举措和工程项目纳入成都市“十四五”推进农业农村现代化规划、县（市、区）“十四五”经济社会发展规划和相关专项规划。完善政策体系，增进民生福祉，全面落实教育资助政策，深化健康帮扶，持续实施农村住房安全动态监测，加强饮用水水源保护和农村水质监测，配套制定落实教育、医疗等专项衔接政策30个。做好农村养老保障和低保户、特困供养人员等农村重点群体关爱服务，实现凡困必帮、有难必救。深化搬迁后扶，建设宜居家园。完善易地扶贫搬迁后续扶持措施，持续做好全市925户2654人易地搬迁户产业培育和就业扶持，实现685户有劳动力的搬迁家庭1户至少1人就业。深化乡村农民新型集中居住区治理，将49个集中搬迁安置区纳入综合治理范畴，完善安置区公共基础设施和配套服务功能，统筹提升社区治理和服务保障水平。

扶贫产业持续发展。促进产业园区引领，打造乡村消费场景。推动产业园区化发展，整合提升成都东部新区和简阳市原扶贫产业园功能效益，建成成都市星级农业园区2个、县级农业园区5个，纳入省级园区培育1个，发展特色产业32万亩，打造中国西南红酒奥特莱斯田园综合体等乡村消费场景。壮大农村市场主体，推动农民增产增收。培育成都市级以上农业产业化龙头企业19家、专合社1639家、家庭农场2250家，稳固带农增收利益联结机制。实施“互联网+就业服务”，统筹发挥19家帮扶龙头企业和5个“帮扶车间”引领带动作用，用好用活乡村公益性岗位，推广涉农领域以工代赈模式，动态消除“零就业”家庭。集聚“三农”人才队伍，激发农业活力动能。完善城市人才入乡激励政策，拓宽定向聘岗、人才招引、返乡创业等聚人引流渠道，全年共举办招聘会91场，提供岗位4.36万个，实现27 708名脱贫劳动力外出务工稳定就业，重点村共引进乡村振兴急需紧缺专业人才及各类返乡创业人员200余人。加强高素质农民培养和服务，共培训农技带头人、乡村工匠、新型职业农民等专业技术人才1.3万余人，促进“三农”人才队伍知识结构优化、能力素质提升。

【农产品销售】 优化市场流通体系。制订《成都市农产品流通体系建设“十四五”发展规划》，加快构建以大型综合批发市场、区域批发市场、专业（产地）批发市场为三级支撑的农产品批发市场空间布局，夯实900余个菜市场、2000余家生鲜连锁、5000余家社区便利店交织成网的零售市场体系，提升农产品流通效率和水平。

农产品供应。濛阳、白家两大批发市场全年交易总量达640万吨，“5+2”中心城区标准化菜市场达标率超过75%。发挥成都益民集团国企带头增量保供作用，夯实15万亩多圈层保供基地群，打造“从田间到餐桌”的农产品全产业链，以外埠基地为支撑实现季节性补充调剂，以国资入股的大型批发市场为抓手拓展产品调配辐射能力，以城区菜市网点、直采直销专区为端口提升城市服务水平。

【农业农村电子商务发展】 创新农产品流通模式。履行“主干”责任，加强与省内市（州）的区域协作，推进产销对接、通道共建、协同合作机制，构建服务市（州）农产品销售体系，形成“买全川、卖全球”的市场共融格局。支持创新流通模式发展，“农商”“农超”“农社”直采直销、社区团购、社区定制及电商直播平台直销配送、微型菜市场、生鲜超市、社区菜店、网上菜市场、限时菜市场、周末蔬菜直供点等多种经营方式快速发展，交易占比达流通渠道的近30%。发展农业农村电子商务，全年农产品网络零售额达226.23亿元，增长37.14%。

【农产品冷链仓储物流体系建设】 加快发展农产品产地冷链物流。贯彻落实中央、省、市关于实施城乡冷链物流设施建设等补短板工程的部署要求，结合全省现代农业"10+3"产业体系和现代农业园区布局，推进农产品产地冷藏保鲜设施项目建设，从源头加快解决农产品出村进城"最初一公里"问题。全年争取中央、省财政资金3685万元，安排市级财政支农资金650余万元，支持以农民合作社、家庭农场、村集体经济组织为主的各类农业主体新建农产品产地冷藏保鲜设施70余个；金堂县、邛崃市获批国家鲜活农产品产地冷藏保鲜设施和省级现代农业烘干冷链物流试点县。全市果蔬产地冷藏保鲜设施静态总容量约49万吨，低温处理率达30%，降低了农产品产后损耗，提升了农产品商品化率和供应品质，实现农产品周年均衡上市，增加农产品附加值和效益，促进农民增收。

【供销合作经营】 全市供销社系统销售总额110亿元，增长9%；系统全资和绝对控股社有企业实现利润总额1.05亿元，下降7.3%；资产总额33.17亿元，增长10.5%。

为农基层组织体系建设。聚焦夯实基层基础，抓好组织体系建设。抓好统筹协调，将加强基层供销社建设工作纳入两项改革"后半篇"文章统一部署，制订加强基层供销社建设工作方案，将相关任务列入全市供销合作社2021年工作要点，并细化分解到每个县（市、区）。落实"周跟踪、月研判、季考核、年评估"工作推进机制，督促县（市、区）全面完成基层社建设目标任务。加强基层社示范社建设，择优选择一批具备一定经济实力和服务能力的基层社按照省社提出的基层社示范社建设内容及标准提升建设简阳市小湾村供销社、青白江区界牌村等基层社示范社81个，打造龙泉驿区洛带供销合作社、金堂县淮口供销合作社等为农服务综合体5个，青白江区供销社为农服务中心、金堂县赵镇街道供销社为农服务中心等区域性为农服务中心3个。突出村（社区）共建村级社，在全市广泛推行"村社共建"村级社方式，吸纳村集体经济、各类新型农业经营主体及农民参与，通过党建引领、股权链接、业务融合等方式，推动"三社"融合发展，提升基层社服务能力。截至2021年年底，全市通过"村社共建"方式新建村级基层社项目24个。

完善联合社治理机制。加强组织领导。市委、市政府将供销合作社工作作为乡村振兴战略重要内容，写入市委、市政府深入推进城乡融合发展意见，纳入全市乡村振兴实绩考核，写入全市"十四五"农业农村现代化规划，全年安排市级财政专项资金3000万元用于支持供销合作社培育壮大。推动全面从严治社。开展党史学习教育系列活动和庆祝中国共产党成立100周年活动。召开全市供销社全面从严治社工作视频会议，印发《关于加强供销合作社全面从严治社工作的实施意见》，市供销社理事会主任、市纪委监委派驻纪检监察组组长与市属社有企业主要负责人进行集体廉政谈话。自总社从严治社会议召开以来，全市系统新制定制度40余个，新修订制度80余个，挽回各类资金4973万元。持续完善联合社"三会"制度。召开市供销合作社第五次代表大会，选举产生市供销社新一届理事会、监事会主任、副主任，修订《成都市供销合作社联合社章程》。持续加强监事会监督职能，全市监事会系统围绕贯彻中央和省、市关于深化供销合作社综合改革精神，落实省、市两项改革"后半篇"文章，全面从严治社、财政资金项目落地落实等重点工作，累计开展调研30余次，形成调研报告近20篇。

提升综合性服务能力。开展农业全程社会化服务，加强绿色农资供应，全市系统建成龙泉驿区等7个县级农资配送中心，有各类农资销售网点达1699个，年实现农资销售额约22.2亿元。投入市级财政资金674万元支持供销合作社围绕"米袋子""菜篮子"保供需要，开展耕、种、防、收等多环节的土地托管服务，全年全系统新增土地托管面积12.42万亩，增长39.2%。主动服务乡村绿色生态，牵头实施市级农业生产废弃物回收处置项目，通过项目累计回收农药包装废弃物超过660吨、废旧农膜1034吨。简阳市、郫都区等地为农服务公司创新开展代理记账、行业管理等代理代办服务。拓展城乡居民消费服务，持续拓展再生资源回收、日用消费品连锁、农贸市场、汽车租赁等城区经营网点和服务功能，双流区、龙泉驿区等地联合社区"两委"建设"共享超市"，探索形成共建共治共享共融的消费合作模式。崇州市、龙泉驿区、金牛区等地主动参与元通古镇、洛带古镇、海椒市串串香等城乡居民消费场景打造，推动一二三产业融合发展。拓展城乡流通服务，通过项目支持、参股共建、开放办社等形式，加强对白家、濛阳等大型批发市场和八里庄、龙泉西河、柏合等农贸市场的建设管理，在濛阳市场开辟供销社农产品销售专区。发展大邑县"邑方良品""金堂供销e家"和新都"蠢都味"等供销电商平台，探索开展网络直播带货等新模式，拓宽县域优质农副产品网上销售渠道，仅"邑方良品"就入驻商家162家，年交易总额达200万元。新都等地主动入驻"832平台"，推广销售脱贫地区农特产品，全年实现销售额240余万元。

加强联合合作。开展"三位一体"综合合作试点，争取全省系统生产、供销、信用"三位一体"综合合作试点，明确金堂县、彭州市、温江区作为试点县

（市、区），编制专项试点方案上报。同时，鼓励其他县（市、区）开展"三位一体"综合合作，全市共有龙泉驿、青白江等5个县（市、区）共计47个基层社开展"三位一体"综合合作。推动成德眉资供销系统协调发展，主动服务全省成德眉资同城化发展大局，主动承担成德眉资供销系统联席会议办公会职责，牵头制订《关于推动成德眉资供销合作社融合协同发展的实施方案》，牵头组织召开第一次联席会议，签订"四市"供销社《融合协同发展战略合作框架协议》。推动与省外供销系统交流合作。加强同陕西商洛、甘肃陇南等地供销社的交流对接，配合开展"陇货入蓉"产销对接活动、2021商洛名优农产品（成都）展销推介会，与商洛市供销社共同签署战略合作框架协议，推动两地供销系统共建农特产品营销平台、共推产业协作融合。

【水(野)生动物保护】 贯彻落实《国家重点保护野生动物名录》，加强水生野生动物保护管理，开展水（野）生动物宣传、保护和救助，布置展览宣传展板6块，印发宣传资料1000余份，救助国家二级保护动物6尾。开展淡水鱼类增殖放流活动，放流苗种235.8万尾，补充淡水经济鱼类种群，修复水域生态环境。全面建成成都市水生野生动物保护宣教馆，依托成都市水生野生动物保护基地开展水生动物救助、渔业资源保护宣传教育、珍稀濒危物种研究等相关工作，全面完成四川省重点保护动物、成都市特有种——成都鱲的相关研究。为系统掌握全市水生生物资源状况，科学评估开始长江十年禁捕后水生生物资源恢复效果，启动2022年成都市水生生物监测调查项目。

【春季禁渔】 加强长江水生生态资源保护，推进水域生态修复，依法严惩非法捕捞等危害水生生物资源和生态环境各类违法犯罪行为，全市开展"护渔百日联合执法行动"和"中国渔政亮剑2021"系列专项执法行动，部门联动机制顺利建成，禁捕管理网格初步形成，捕联合执法机制逐步完善，打击效果明显。

【长江流域重点水域禁捕退捕】 加大"十年禁捕"、《中华人民共和国长江保护法》等政策法规的宣传，提升全社会的护渔意识，及时将成都经验梳理总结，形成《十年禁捕，做好"五字"文章》《多措并举，扎实开展"中国渔政亮剑2021"专项执法行动》两篇文章，并通过中国渔政平台予以报道；为成都998法制大讲堂组稿，4月19日以《十年禁捕，这些事不能做》为题进行直播报道。全市共印发宣传材料128 762份，媒体宣传213次，电视、报纸等传统媒体宣传77次，新媒体宣传138次，国家及省、部级媒体宣传2次。在沿河、沿湖重点水域树立永久性宣传牌247块，悬挂标语横幅4367幅（张），出动宣传车、船3086台（艘）次，出动渔政宣传人员9873人次。全年共开展跨区域、跨部门、跨行业等形式的联合执法行动492次，出动执法人员21 067人次，出动执法车辆6654辆次，出动执法船艇363艇次，水上巡查里程6990千米，清理违规网具155张（顶），查办违法违规案件190件（其中简易程序案件139件、一般程序案件51件），查获涉案人员206人，涉案渔获物重量117千克，行政处罚金额3.995万元；追究生态损害赔偿责任案件16件，处理投诉举报285件。全市移送公安机关涉渔违法34件，其中线索移交4件、立案移交30件。扩充渔政执法队伍，增加渔政执法装备，新组建渔政巡护队伍39支，新增渔政巡护队员632人，新增执法艇4艘、执法车辆15辆、无人机9架、执法记录仪72台、视频监控设备41台，夯实渔政执法基础，提高渔政执法办案能力。

【农业区域合作】 与省内市（州）农业区域合作。以省、市重点项目为牵引，开展项目促建。贯彻落实全市重大项目推进会精神，加强农业农村投资促进工作机制建设，完善局领导、处室分片联系产业功能区、省（市）重点项目制度，围绕经济目标任务，制定《关于贯彻落实全市重大项目推进会议精神加快推动农业农村重大项目建设的具体措施》；加强信息报送，动态完善重点目标企业走访、在谈项目、签约项目、开工项目工作台账，实时更新促建项目库，重点督导重大项目开工和履约进展情况，每月召开全市农业农村投资促进调度会，全年计划投资106.5亿元，完成投资119.7亿元，超额完成投资计划；完成一产业固定资产投资179.5亿元。

与省外城市农业区域合作。锁定国家级农业产业化龙头企业，拜访重点目标企业80余家，跟踪洽谈农业农村项目153个，新签约蓉欧对外开放农业示范园、蓉欧冷链蒲江基地、河南牧原食品农牧科技园等农业农村项目90个，协议投资额516.8亿元，浙江乐活文旅集团、牧原实业集团等一批行业领军企业落户产业功能区。

农业区域合作平台建设。以发挥"主干"功能为核心，推动区域合作。依托益民集团围绕园区开发、项目合作、基地联建、品牌联育、金融服务等方面，与省内甘孜、阿坝、凉山、攀枝花、绵阳、巴中等7个市（州）开展合作，共推进合作项目近40个；按照成都市2021年度区域合作任务清单要求，推动与相关市（州）农业产业深度融合发展，协同促进成都中翔宏信（达州）大竹现代农业综合园项目，共建优质特色农产品供给基地和乡村休闲农业旅游目的地；协同促进四川新北大弘置业集团有限公司在广元市川陕甘国际农产品批发交易中心项目完成建设，并正式投入运营；协同促进四川波米尔农业科技有限公司投资南充市江陵镇中法农业科技园，配套晚熟柑橘特色产业项目加快建设。加大与农业农村厅的对接力度，依托青白江成都国际铁路港，联合省、市两级农业农村部门，协同共建四川农产品出口联盟、四川农产品外贸企业联盟。

【疫情防控】 2021年，全市农村地区按照市疫情防控指挥部的统一部署，健全工作机制，压实防控责任，充实防控力量，落实防控措施，防止疫情向农村地区扩散。

织密织牢农村疫情防线，快速排查重点人群。运用“大数据+网格化”手段，对农村回乡、来乡、返乡三类重点人群开展排查，截至2021年年底，全市农村地区共排查出12月1日以来返乡人员42 631人（其中中高风险地区返乡人员6029人），并按要求落实管控措施。精“准”管理重点场所，重点加强对375个场镇农贸市场、4846家农家乐以及2万余个麻将馆、棋牌室的严格管理，落实亮码扫码、测温、戴口罩等防控措施，针对督导发现的共性和个性问题督促加强整改。严格管控重点环节，提倡“喜事缓办、白事简办、宴会不办”，严控举办各类农村坝坝宴和集会节庆活动，12月1日以来共劝导农村坝坝宴停缓办781场次、缩小规模1334场次，涉及11.9万余人。围绕元旦、春节等重要节庆节点，针对返乡农民工等重点工作制订出台专项工作方案，保障群众安全。组织开展全市农村地区疫情防控全要素演练，印制具体工作手册，提升一线防疫人员应急状态下的工作能力。

加强疫情防控宣传引导。从细处着眼，采取“传统+现代”相结合的方式，利用宣传车、“村村响”和手机短信、微信等多种形式对农村不同年龄结构的群体开展针对性防疫宣传；从小处着手，推行“线上+线下”相结合，利用APP、明白卡等方式，对群众关注的各类防疫细节问题征集意见，释疑解惑。12月1日以来，全市累计开展各类宣传活动20余万场次，累计印发疫情防控指南、宣传画、宣传册等宣传资料74.8余万份（册）；从“实”处着力，针对外出务工群体、新型经营主体等不同需求，精准推送3万余条疫情防控信息。加强疫苗接种宣传，全市农村地区第二剂疫苗接种任务完成率达107%。

完善疫情防控网格单元制度。按照散居30 ~ 100户、农民集中居住区100 ~ 300户划分一个网格单元的原则，综合生产生活习惯、居住实际距离、不同地形地貌等实际情况，精细划分农村地区2.4万余个疫情防控网格；落实五级分包制度，依托现有的村（社区）干部、楼栋长、党员、社会服务组织、志愿者等，确定村级疫情防控网格员3.7万余人。精准落实人员排查、防疫宣传、应急处置等工作，建立“一对一”联系制度，实现疫情防控不漏一户、不少一人，夯实农村疫情防控第一道防线。

组织开展暗访督察。制订《全市农村地区疫情防控工作暗访督察方案》，成立由局领导任小组长的10个暗访督导小组，下沉到镇（街道）、村（社区）一线开展农村地区疫情防控暗访督导。明确暗访督察“四不两直”开展方式和要求，“八大重点问题”“十大重点工作”“四个到位落实”情况工作等核心任务，对暗访督察时发现的问题现场指出并要求立即整改，同时在全市范围内进行通报，截至2021年年底，共通报移交问题清单八批次，涉及各类具体问题192项。

推进农村人居环境整治。针对农村“脏乱差”现象，启动实施以“五清”为重点的农村“脏乱差”治理行动，并将其作为农村地区疫情防控的重要内容，作为常态化精准疫情防控的重要措施全力推进，从源头上控制疫病流行，不断提升农村卫生健康水平，培养农民群众良好生活习惯。截至2021年年底，全市农村地区累计清理生活垃圾6.97余万吨，清理畜禽粪污0.93余万吨，清理农业生产废弃物2400余吨，清理厕所便池31.4余万座，清理水源水体12 800余千米，村庄环境整治覆盖面达100%，基本消除农村“脏乱差”现象。

【主要领导人】 市委书记：施小琳；市人大常委会主任：李仲彬；市长：王凤朝；市政协主席：张剡；分管农业副市长：刘旭光。

成都市编写组

锦江区

【基本情况】 2021年，全区辖11个街道，辖区面积62平方千米，常住人口90.89万人。

【扶贫攻坚】 全区围绕巩固拓展脱贫攻坚成果、全面推进乡村振兴等工作任务，支持甘孜炉霍县群众因地制宜发展特色产业，激活产业发展潜能，提升乡村资源价值，不断拓宽当地群众增收致富路径。自5月锦江区第六批对口支援工作队到炉霍县上岗履职以来，锦江区第六批对口支援工作队坚持以培育产业体系为着力点，结合炉霍县“宜农则农、宜牧则牧、宜林则林”立体循环的产业结构布局，因地制宜、科学组织、分类施策，为炉霍县全面推进乡村振兴实现新发展贡献更多力量。全区投入资金600万元，结合锦江区“飞地+众筹”贫困村产业扶贫模式，在实施民宿旅游接待点提档升级项目时，实行88个贫困村旅游“飞地”效益分红机制，充分发挥集体经济发展模式作用，让其“钱袋子”鼓起来。同时，投建200万元，对虾拉沱镇瓦达村等基础设施进行改善，挖掘优秀乡土文化、农耕文化资源，为当地整合开发藏寨、花海、绿色农业等资源，建强配套设施，因地制宜发展乡村休闲、乡村度假等产业。

【文化惠民活动】 完成提升打造三圣、锦华路街道2个综合性文化服务中心示范性建设；完成“文化四季风”活动4场、走基层文化惠民活动演出40场；完成高品质公服倍增工程2021年责任清单和项目清单年度目标任务。广泛开展庆祝建党100周年系列文化活动，组织开展“好戏连台　我在锦江等你”戏剧音乐周、春熙放歌快闪活动、“奋斗百年路·启航新征程”——锦江区庆祝中国共产党成立100周年文艺演出等文化惠民活动1400余场；举办2021年市民学校公益培训班4期，涵盖非遗、书法、舞蹈、戏曲等21个项目909个班次，免费培训3万余人次；开展各类线上文化活动430场次，各平台总访问量达500万余人次；在全区流转图书7万余册。持续深化总分馆制建设探索，新建音乐表演馆、形体表演馆、数字美术馆3个特色艺术分馆，获评“全市文化馆图书馆总分馆制建设组织实施先进单位”；城市楼宇“一楼文化”入选全省文旅公共服务高质量发展优秀品牌。

【疫情防控】 对辖区内文化、旅游、体育领域的疫情防控工作做出周密安排部署。制订《全区文体旅行业市场主体全覆盖巡查方案》，持续开展对宾馆、酒店、网吧、歌舞娱乐场所、游戏游艺场所、营业性演出场所的疫情防控工作大检查，全面督促经营单位落实主体责任，加强对中高风险地区人员的排查，严格落实扫码、测温等疫情防控措施，同时加强员工疫情防控培训和应急演练。截至11月18日，共出动检查人员1100人次，检查文体旅市场主体1346家次，共发现问题649个，大部分问题当场完成整改，剩余问题责令市场主体限期整改并持续监督直至整改完毕。

加强日常监管与专项整治相结合，规范文体旅市场经营秩序，构建完善现代市场监管体系。加强执法队伍培训，提高办案水平和综合素质。加强文体旅行业领域的安全生产和消防安全，到经营单位排查隐患，确保建党100周年大庆期间行业安全稳定。

【主要领导人】 区委书记：陈志勇；区人大常委会主任：王宏斌；区长：缪晓波；区政协主席：潘雪松；分管农业副区长：张敏。

锦江区编写组

青　羊　区

【基本情况】 2021年，全区辖12个街道67个社区居委会(其中涉农街道5个、涉农社区26个)，辖区总面积66平方千米(其中永久基本农田面积188公顷)。年末常住人口97.1万人，户籍人口75.7万人，人口自然增长率5.66‰；全区绿化覆盖率46.27%。有2个国家级产业园区(青羊绿舟国家级文化产业示范园、中国成都人力资源服务产业园)、1个省级工业开发区(青羊工业集中发展区)、2个省级服务业集聚区(骡马市省级金融服务业集聚区、金沙·中坝现代服务业集聚区)、1个省级文化产业基地(文殊坊四川省文化产业示范基地)、2个市级产业功能区(少城国际文创谷、成都工业创新设计功能区)、6个市级文创产业园(少城视井、草堂文博、峨影、西村、绿舟、明堂)。获得“全国幸福百强区”“全国计划生育优质服务先进单位”“全省维护社会稳定先进区”“全省平安建设先进区”“全省去冬今春农民工服务保障工作先进单位”等称号。

2021年，全区GDP1454.9亿元，增长8.1%。一般公共预算收入94.6亿元，增长9.1%；一般公共预算支出60.9亿元，增长3.4%，落实减税降息政策21.7亿元。固定资产投资同比增长10.8%。社会消费品零售总额1051亿元，增长10.9%。招商引资实际到位内资173.54亿元，实际利用外资31.28亿元。城镇居民人均年可支配收入达55 322元，增长7.8%；城乡居民基本养老保险覆盖率95%、基本医疗保险参保率98%以上。全年城镇新增就业16 042人，吸纳大学生就业创业4641人，失业率控制在4%以内。

有区属普通小学34所，在校学生6.68万人；普通中学17所，在校学生2.45万人；普通中等专业学校1所，在校学生2057人；学龄儿童入学率100%。有医疗卫生机构811家，病床位15 104张。新增工程技术(研究)中心1家、市级企业技术中心6家，全社会研发投入66.9亿元，全年技术合同成交额126亿元，每万人高价值发明专利拥有量8件，航空高新技术企业主营业务收入突破500亿元。有区属图书馆、文化馆、有线电视台各1个，省、市属科技馆、图书馆、美术馆、博物院、剧场、体育中心等公共文化设施12个，有A级景区4个、文物保护单位43家，另有道教、佛教、伊斯兰教、天主教、基督教宗教场所5个。

【农业产业化发展】 帮扶农业产业化企业发展，优化申报市级财政专项资金和农业标准化品牌化奖补资金的服务工作，为四川菊乐、四川蜀荼等农业企业及时拨付财政奖补资金141.78万元；组织动员涉农龙头企业申报国家级龙头企业，向成都市农业农村局上报推荐四川省农业生产资料集团有限公司为国家级龙头企业；支持企业申报2022年度重大科技应用示范项目，推荐四川菊乐、天豫兴禾公司申报项目获补资金200万元。

【农村集体资产股份化改革】 加大涉农街道和社区督促指导力度，加快推进农村集体资产股份化改革，完成农村集体经济组织登记赋码、改革销账评估和建立集体经济组织管理台账等具体工作；

全区建立21个由社区书记担任法人、以股份经济联合社为形式的村级农村集体经济组织以及150个组级集体经济组织，涉及成员17 332户53 653人，颁发《农村集体经济组织登记证》21份，明确集体经济组织的市场主体地位。健全完善集体资产管理机制，全区农村集体资产总额3.06亿元，其中村级资产2.58亿元、组级资产0.48亿元。

【乡村振兴战略实施】 注重与实施青羊幸福美好生活十大工程紧密结合，制发《青羊区实施乡村振兴战略2021年工作方案》，明确总体目标工作任务以及保障措施，形成政府主导、主管部门主抓、相关单位协同的工作推进机制，推动涉农区域均衡发展，推进城乡深度融合落地落实；优化涉农区域产业布局，依托成都航空航天产业生态园龙头企业聚集优势，按照区第八次党代会确立的“人文青羊·航空新城”发展定位，顶层规划涉农区域（西三环路外侧区域），打造“航空新城”，建设中国航空产业核心承载区和军民融合发展高地，启动《青羊区航空新城“十四五”航空产业发展专项规划》编制，组织举办招商推介活动16场，引进产业重大项目34个（计划总投资111.7亿元），建设航空整机基地二期等高端产业载体118.5万平方米，截至2021年年底，“航空新城”设立航空领域院士（专家）工作站4个、工程技术研究中心2个、企业技术中心59个，全年航空产业实现主营业务收入500亿元；完善“航空新城”基础设施和公建配套建设，建成文兴北路等4条市政道路、13条26千米道路自行车优先道以及树德实验中学蔡桥校区、清波社区生活服务中心等36个公建配套项目，助力马厂坝TOD综合体开建；深化要素供给和拆迁安置，调迁蛟龙工业港不符合产业规划企业40家，综合整治万家湾社区“城中村”、快活中心村，拆迁整理土地60公顷（上市29.3公顷），拆迁农户246户、企业67家，征集征地农转非项目预存款3.99亿元，办理征地农转非人员参保缴费913人，征收养老保险、医疗保险和失业保险“三基金”26 156.97万元，同时对有就业意愿征地人员采取企业吸纳、岗位推荐、托底安置、灵活就业等方式实现就业，零就业家庭动态清零；提升涉农社区发展治理水平，持续坚持党建引领，创新营造社区美空间，塑造社区商业消费场景，打造“15分钟便民生活服务圈”，清源社区获评“全国一刻钟便民生活圈示范工程”，清波社区获评“成都市智慧应用场景示范社区”；推进涉农区域公共服务优质均衡发展，持续实施名校集团办学，全区城乡教育实现优质均衡，新建标准化中小学幼儿园16所，增加学生11 370人；办理中小学随迁子女入学18 877人，落实“五项管理”，构建教育良好生态；优化医疗健康服务，提高社会保障水平，城乡居民基本医疗保险参保登记率98%，城乡居民养老保险参保覆盖率95%。

【农业面源污染防治】 加大农业面源污染防治工作力度，开展秸秆焚烧、畜禽禁养畜禽禁宰重要性宣传，把“三禁”工作纳入涉农社区治理，落实长效监管工作责任；组织工作专班，健全工作机制，采取网格化管理模式，对辖区秸秆焚烧、禽畜禁养、禽畜禁宰等污染源实行常态化巡查，发现问题及时处置，全年实现“不见烟雾、不见火光、不见黑斑”的工作目标；组织农技人员到社区开展技术指导培训，推广肥料化秸秆综合利用和农药化肥减量增效技术，促成种植户将秸秆堆沤在田边地角，沤熟还田作肥料，减少农药、化肥对水体的污染。

【农村人居环境整治】 持续加强涉农人居环境整治，印发《涉农区域人居环境整治提升工作方案》，明确工作任务和责任单位，形成整治工作合力，持续推进“厕所革命”、垃圾治理、污水治理等工作，推动整治任务落到实处；突出整治重点点位，清理道路两旁、公共活动区域、拆迁闲置空地、房前屋后等重点部位垃圾，清运5个涉农街道生活垃圾333处748吨，涉农区域生活垃圾无害化处理率达100%；抽组力量清理厕所便池，出动人员201人次，对涉农区域内厕所问题进行排查巡查555次座，促使区域内涉农公厕达到“四净三无两通一明”的标准；清理水源水体，以实施河长制管理为抓手，严格落实河长制责任，加强涉农区域河道沟渠长效管理，完成全区2446个排水户内部排水管网普查检测，实施苏坡排洪河、文家排洪河、苏坡支渠等河渠清淤疏掏，合计清淤8.917千米、26 553立方米，打捞河渠漂浮物216吨，清理各类垃圾158吨；坚持落实畜禽禁养规定，组织涉农社区250人次开展畜禽禁养巡查，指导社区居民有效处置病死动物，及时清扫动物粪污，减少人畜共患病传播风险，未发现违规畜禽饲养行为；清理农业生产废弃物，全年清理涉农区域农田中废旧农膜、农药废弃包装袋等农业生产废弃物4.9吨。

【农业会展活动】 组织动员农业企业参加第十八届中国西部国际博览会、第十九届中国国际农产品交易会、第四届中国国际进口博览会、第二十三届中国中部（湖南）农业博览会等大型会展活动，提升企业影响力。区域农业龙头企业四川省蜀茶集团有限公司参加第10届四川国际茶叶博览会，举办第一届蜀茶杯“茶+”创新创意大赛暨首届“茶+科技消费”论坛活动，区发改局获得第十届四川国际茶叶博览会优秀组织奖。

【“菜篮子”保供稳价】 涉农部门和街道加强耕地保护和巡查管理，全年清理撂荒、闲置耕地110公顷，及时复耕复种蔬菜，产量达1534吨，完成目标任务；区发改局、区商务局加强沟通协调，稳步推进新建及现有农贸市场标准化改造，促成龙嘴社区综合体新建工程和贝森南路农贸市场改造工程按期完工营业；协调益民集团、相关街道和区属国有公司建立三方合作关系，推动金沙街道龙嘴社区、苏坡街道培风社区农贸市场移交，助力招商入场并按期开业，方便社区群众就近购物，丰富“菜篮子”；区发改局、商务局联合走访全区农贸市场经营主体，征求农贸市场改造提升意见，落实农贸市场标准化改造建设规划，制定《青羊区“菜篮子”和农贸市场专项资金使用细则（暂行）》，确保专项资金使用法治化、规范化。

【**动物疫病防控及防疫监管**】 按照街道社区动物饲养分布情况，合理布局动物疫病防控免疫点37个，开展动物疫病防控知识宣传，增强群众动物疫病防控意识，全年累计免疫犬只狂犬病12 713只，犬只狂犬病检测230只份（合格率100%）；开展产地检疫，严格检疫申报制度，全年累计受理犬、猫检疫申报161起；做好非洲猪瘟防控，严格落实国家、省、市对非洲猪瘟防控要求，完善全区非洲猪瘟防控措施，加大涉农街道巡查排查力度，全年全区无非洲猪瘟疫情发生；加强动物诊疗机构监管，严格职业兽医备案，全年备案兽医师152人，全区全年无一例重大动物疫情发生。

【**林业与野生动物保护**】 着力成都建设践行新发展理念的公园城市示范区，深化保护发展林业园林资源责任，落实林长制，制发《关于全面推行林长制的实施意见》《青羊区林长制运行规划》等文件，设立区、街道、社区三级林长，形成以党政领导负责为核心的林业园林资源保护发展责任体系，促进全区林业园林资源保护发展目标责任落到实处；加强古树名木保护，全年处理违法占用古树保护范围案件1件、审核古树名木就地保护方案1项、通过古树移栽审批1项，对古树进行排危修枝4次；做好林业有害生物防控，整治菟丝子侵害，实施菟丝子专项整治，开展药物除治，向林木属地街道发放相应药物进行除治，喷洒农药300车次，将林业有害生物成灾率控制在3%以内；全面抓好野生动物管控，严管野生动物交易，10次到西部花鸟园宣传野生动物保护知识、张贴海报，并联合森林公安进行爱鸟护鸟法律知识宣传3次，发放相关宣传资料5000份，区公园城市建设和更新局、区公安分局、区市场监管局开展联合整治行动，查获违法售卖画眉42只，严厉打击野生动物违法交易。

【**公园绿地建设**】 推动绿色可持续发展，实施生态建设示范工程，助力环城生态公园建设，向成都天府绿道公园转交生态公园建设用地42.7公顷，全区交地率达90%，配合天府绿道公司建设环城生态公园青羊段绿道8.4千米；推动成都市“百个公园”示范工程建设，建成清水河绿道清波段、蔡桥公园2个“百个公园”示范工程；完成高坎、青羊总部基地等3个小游园微绿地建设，打造金沙滨河公园滨水紫叶李种植带等3个公园城市“红点”“奇景”网红打卡地，实现增绿提质，打造“金角银边”点位9个。全年新增绿地50公顷，立体绿化1.4万平方米，全区绿化覆盖率达46.27%。

【**对口帮扶**】 对口帮扶得荣县。按照省规定标准投入帮扶得荣县财政资金2200万元，实施帮扶项目13个，选派第六批援得干部25人到得荣县开展挂职帮扶；按照省、市安排部署，编制《成都市青羊区对口帮扶甘孜州得荣县规划（2021—2025年）》和分年度实施方案；加强青羊区、得荣县“四大班子”主要领导互访和区（县）级部门互动交流，12月25日，区长冯胜和区委常委、统战部部长邹华率青羊区工作组一行到得荣县开展调研考察和慰问活动，全区12个街道、18个部门、12所学校、2所医院、20家企业与得荣县签订帮扶协议，开展结对帮扶活动20场次，协调争取社会帮扶资金和物资100余万元，举办各类业务培训班13期，培训人员共计2863人次；“扶贫日”全区认购“扶贫爱心礼包”405份、共计10万元，收到捐款23 631元。

结对帮扶简阳市。全区按照《成都市青羊区关于实施三年巩固提升行动进一步打好精准脱贫攻坚战的实施意见》要求，继续对口帮扶简阳市（东部新区）武庙乡团堡村、贾家镇快乐村、壮溪乡高产村和工农村。全年安排落实专项财政资金80万元，实施帮扶项目4个，支持主导产业和集体经济发展；继续实施堰塘清淤、塘沙河桥重建等基础项目建设；持续开展发展产业扶贫活动，培育形成桃子、李子、樱桃等主导产业；升级改造青脆李、黄金梨水果产业园区，发展“快乐老家”农家乐等旅游项目；采取“以购代捐”形式帮助村民销售樱桃、枇杷、李子等当季水果，提高村民收入。

【**主要领导人**】 区委书记：戴志勇（5月止），何勋（5月始）；区人大常委会主任：蔡祯文（12月止），戴夔（12月始）；区长：蒋蔚炜（10月止），冯胜（10月始）；区政协主席：沈萍（12月止），陈赋（12月始）。

青羊区编写组

金 牛 区

【**基本情况**】 2021年，全区辖13个街道，辖区面积108平方千米。

【**对口帮扶**】 石渠县与金牛区深化区域协作，编制了《“十四五”对口帮扶规划》，共计划安排项目29个，帮扶资金1.4亿元，全年实施项目10个，投入帮扶资金2660万元，已完成投资2563万元。其中，石渠县现代畜牧产业园一期建设项目将通过种养结合循环畜牧业和牧旅观光形成集“现代畜牧业、特色餐饮、游牧生产生活体验、产品展销、观光摄影、休闲娱乐”于一体的产业链条新模式，形成产业“规模化”“品牌化”“市场化”。

【河长制工作】 完成省、市、区级部门对街道河长制工作的多次检查。3月，省河长制办公室对2020年10月的暗访点位（沱江河流域西华辖区金罗苏家碾桥、富家3组段）验收合格，成功销号。完成“198区域”曹家堰雨污分流整改，完成制作新的河长公示牌32块、标语80幅、警示牌42块。河长制工作有序推进。

【下河排污口、黑臭水体治理】 加强下河排水口管控。治理下河排污口11个，其中取缔华侨城生活广场1个非法取水点位；治理病害污水井1口（地铁6号线兴盛站G出口）；拆除临渠公共旱厕2处、直排厕所3处（金罗3处、青杠2处），另选址新建2处；按河道管理规定拆除临河垃圾池1个（富家沱江河边）；安装安全护栏16米，修复排污管道近300米（富家2组）；新建排污管道近900米（富家、兴盛、青杠）；加强对辖区4个污水提升泵站严格巡查管控。及时修复破损闸门、提水泵房和末端污水收集处理设施设备；新建污水提升泵3个（富家1个、青杠2个），有效解决污水不下河问题；采取疏堵结合，对偷设、私设的排口、暗管等采取立即封堵和拆卸、工程处理；加快实施“198区域”末端截流工程、黑臭水体集中整治。曹家堰末端临时截污工程全面竣工并投入使用；6月24日开始在涉农区域全面展开黑臭水体集中整治，在富家社区成立水环境综合整治指挥部，通过抽、排、堵、清、盖、建等方式全方位、全覆盖、全面对河、支、斗、毛、边沟等进行整治，于8月中旬前完成治理，该区域的黑臭水体治理取得明显效果；协调解决西苑小区雨水管网排放问题。加强督促监管，对区管河道第三方公司负责人进行了约谈，建立了督办考核机制。

【秸秆禁烧】 小春禁烧期间出动巡查人员300人次，巡查面积11000余亩；大春禁烧期间出动巡查人员200人次，巡查面积8000余亩；冬季战役秸秆禁烧工作有序推进，达到“不见火光，不见烟雾，不见黑斑”的工作目标。

【“民间文化艺术之乡”创建】 全区坚持以民间艺术涵养城区民间文化、丰富市民美好生活、推动文旅融合发展，专门制定《中国民间文化艺术（摄影）之乡三年规划》和《中国民间文化艺术之乡（文学）发展计划》，打造既具有国际范又有生活味的文创产业园区和具有天府文化特色的经典文学作品。沙河源街道再次被文化和旅游部命名为2021—2023年度“中国民间文化艺术之乡（摄影）”，西华街道被文化和旅游厅命名为2021—2023年度“四川省民间文化艺术之乡（文学创作）”。

【主要领导人】 区委书记：金城；区人大常委会主任：何维楷；区长：周德强；区政协主席：岳李；分管农业副区长：袁明。

金牛区编写组

武 侯 区

【基本情况】 2021年，全区辖11个街道71个社区，辖区面积75.36平方千米。

【公共文化服务体系建设】 推动区、街道、社区三级公共文化服务设施实现免费开放，区文化馆、图书馆共接待群众50万余人次。推动打造市级基层综合性文化服务中心示范点2个。建成区图书馆特色分馆2个、区文化馆特色分馆4个、社区运动角3个，新建、完善社区全民健身服务站点22个。参与推动来凤一路图书馆、智达二路综合运动场等13个公共文体设施项目建设。

【文化活动】 开展品牌群众文化活动5000余场次，线上线下参与群众40万余人次。牵头组织实施市委、市政府举办的“2021年成都市一环路市井生活圈开街”“点亮锦江”春节系列活动2项。组织实施区委、区政府主办的第三十一届“武侯闹春”“颂歌献给党”庆祝中国共产党成立100周年群众歌咏会，受到新华网、人民网、《四川日报》、四川电视台等20余家中央、省、市主流媒体报道。

【产业融合发展】 牵头编制《成都市武侯区人民政府办公室关于印发〈成都音乐坊产业发展专项扶持政策〉的通知》和《成都音乐坊产业发展专项扶持政策实施细则》。重点培育华录新媒、摩登天空等主营业务突出的骨干文创企业，协助30个项目（企业）申报省、市、区级产业专项资金2000余万元。主导推动成都音乐坊项目入选2021年四川省文旅融合示范项目，协助三国创意设计产业功能区入选第二批国家文化出口基地，创建国家级夜间文旅消费集聚区。

【疫情防控】 制订《武侯区文化体育和旅游局关于常态化开展文体旅行业疫情防控督导防控工作方案》，持续开展“旅安委”部门联动重点巡、各街道常态巡、企业主体自己巡，及时向企业主体张贴告知书、签订承诺书、发起倡议书，压实企业主体责任，常态化落实疫情防控措施，累计出动巡查人员5000余人次，检查文旅行业企业2万余家次，约谈履行防疫措施不力的经营单位16家，停业整改10余家。

【主要领导人】 区委书记：陈麟；区人大常委会主任：李燎；区长：景波；区政协主席：伍本康；分管农业副区长：刘莉。

武侯区编写组

成华区

【基本情况】 2021年，全区辖11个街道，辖区面积109.3平方千米。

【农村生态建设及环境保护】 持续开展河流沿岸下河口排查整治，加强日常巡查监管，抓好污染源治理，保证污水不下河；加快推进河流流域排水户内部地下管网病害治理，加强河道管护并推进河岸景观改造，不断改善河流水生态环境。完善河长制责任体系，构建流域统筹、区域协同、部门联动、社会参与的河湖管理保护格局，确保成华水环境持续改善；加强水生态综合治理，坚持治标与治本并重，持续抓好锦江水生态提升，纵深推进沙河、东风渠等主要河道水生态保护工作；进一步抓好“三水共治”，全面开展排水户管网普查勘测，加快启动全区住宅类、非住宅类排水户内部排水管网病害治理；进一步推动水生态价值转化，统筹推进水环境、水生态、水文化建设，筑牢公园城市示范区发展之基，努力实现“河畅、水清、岸绿、景美、人和”。坚持科学治土，重点做好“三项工作”。实施污染地块治理修复，严格按照“三线一单”要求，推进土壤污染调查，加强土壤环境保护；加强土壤监测监管，持续开展重点地块监测工作，跟踪监管饮用水源、重点单位、工业园区、污水处理厂周边土壤环境质量；加快推进垃圾分类管理，全面推行垃圾分类和垃圾减量化、资源化，建立分类投放、回收、运输、处理相衔接的全过程管理体系。

【公共文化服务体系建设】 建成成华区文化馆、四川福宝美术馆2处四川省全民艺术普及示范基地；毛边书局·桃蹊书院获评“四川省文旅公共服务高质量发展‘四个一批’优秀品牌”；和美社区获评“城市社区公共文化服务示范点”；桃蹊书院、区文化馆、几何书店和猛追湾城市更新入选“2021长三角及全国部分城市优秀公共文化空间案例”，东郊记忆·成都国际时尚产业园获评“百佳公共文化空间奖”。新增及更换全民健身路径点位59处、街头篮球场3处、室内健身设施点位2处，提档升级11个街道综合文化服务中心，成华区为五城区唯一一个所有街道综合性文化活动中心全部达到“市级一级站”标准的城区。推动“智慧+文化”新型服务方式。创新打造“熊猫·云书房”网借平台，成为四川省首家实现网上图书借阅免费服务的公共图书馆。全区公共文化服务优秀案例在《中国文化报》上发表。

【主要领导人】 区委书记：赵春淦；区人大常委会主任：刘鸿；区长：袁顺明；区政协主席：周万生；分管农业副区长：韩际舒。

成华区编写组

龙泉驿区

【基本情况】 2021年，全区辖7个街道3个镇，辖区面积556.98平方千米。

2021年，全区实现GDP1504.4亿元，增长7.2%，其中第一产业增加值29.8亿元，增长4%；第二产业增加值948.9亿元，增长7.3%；第三产业增加值525.6亿元，增长7.1%。

【农村社会保障】 民生短板加快补齐，新（改）建成向阳桥第二幼儿园等8所学校，新增学位1.1万个。区疾控中心标准化建设等7个医卫项目建成投用，组建“成都中医大附属医院—区中医院”医联体，区妇幼保健院创建为“三甲”医院。社会保障不断完善，新增城乡就业1.5万余人，城乡居民基本养老保险、基本医疗保险覆盖率分别达95.8%、99.3%。9个安居工程、3个人才公寓加快建设，新增保障性租赁住房1525套。

【高标准农田建设项目】 区农业农村局组织开展四川省成都市2021年龙泉驿区高标准农田建设项目区级验收。验收会分别从核查项目档案资料及现场验收两方面进行成果检验。会上，验收组听取了项目镇（街道）情况汇报，审查了项目管理档案材料和财务管理档案材料，实地查验了东安街道蒲草村、洪河村，西河街道两河村项目建设任务完成情况，同时随机抽查农户进行项目满意度问卷调查。经实地查验后，验收组及相关人员交换意见，对验收结果的评定实行“优秀”“良好”“合格”三级打分制，针对验收不合格的地方，区农业农村局下达整改通知书，整改到位后将再次组织复核。

【农村生态建设及环境保护】 提高站位，坚决推进生态环境问题整改。推进生态环境问题排查整治；加强督促检查，确保生态环境问题整改取得实效；开展“回头看”，确保已完成整改的生态环境问题不反弹。打好污染防治攻坚战。区生态环境局牵头进一步强化以扬尘、臭氧污染防控为重点的大气污染防治工作；区水务局牵头进一步强化河长制工作，推进水环境问题整改。强化督导，提高环保工作实效。区环督办全面实施督察检查，建立健全暗访通报机制，每月拍摄暗访警示片在常务会上播放，严格逗硬生态环境保护目标考核，确保工作取得实效。巩固提升，持续改善锦江流域水生态质量。进一步落实市河长办《锦江流域水生态质量持续改善工作方案（征求意见稿）》，抓紧制定全区实施方案，推进控源治污攻坚、净水能力提升攻坚，巩固提升芦溪河、陡沟河、秀水河水质。

【公共文化服务体系建设】 承办庆祝中国共产党成立100周年系列文艺展演活动，组织开展“文化四季风”惠民演出、仙人掌音乐节等各类演出100余场。区图书馆获评2021年度成都市总分馆体系建设先进单位，区文化馆在第五次全国文化馆评估定级中被评为一级馆，“龙泉驿区文化小康指标体系”获评文化和旅游厅关于全省文旅公共服务高质量发展“四个一批”推荐活动“优秀案例”；柏合街道长松村、同安街道红旗村、山泉镇桃源村被评为“首批成都市乡村文化振兴样板村镇”。

【主要领导人】 区委书记：杜海波；区人大常委会主任：任闻宇；区长：周健；区政协主席：孙波；分管农业副区长：王旭涛。

龙泉驿区编写组

青白江区

【基本情况】 2021年，全区辖5镇2个街道，辖区面积378.94平方千米。

【种植业】 出台《成都市青白江区防止耕地“非粮化”稳定粮食生产工作方案》，印发《成都市青白江区2021年粮食生产指导意见》，进一步明确永久基本农田重点用于粮食生产，保障水稻、小麦、玉米三大谷物种植面积。上半年小春粮食作物播种面积3.9万亩，总产量同比增长9%；大春粮食作物播种面积12.7万亩。经济作物9.48万亩，同比增长0.34%。低效果木腾退种植水稻180亩，新增果树间种大豆0.4万亩。有序推进高标准农田建设，已建成高标准农田15 000亩。

【农业机械化】 加快农业机械化普及，落实农机购置补贴政策，加强技术指导培训，完成机收小麦1.4万亩、油菜5.78万亩，水稻机插秧4.4万亩，机播玉米0.2万亩，发放跨区作业证10份，兑付第一批农机购置补贴资金140.063万元。

【农村生态建设及环境保护】 以环保督察迎检准备为契机，联合区级相关部门、各镇（街道）开展化肥减量增效工作，规范农药经营进销货、粪污产生和利用等台账管理，有序推进水产绿色健康养殖，以及农药包装废弃物回收处置、废旧农膜回收利用等工作。

【“品牌强农”行动】 授权17家经营主体20个品类产品为“青溯”区域公共品牌。新建“青溯”品牌馆1个。指导清泉李申报农产品地理标志保护产品，益海嘉里、逸明家庭农场等经营主体开展绿色食品认证，欧滋、福泉等认证企业开展绿色食品续展，三元油桃申报全国名特优新农产品。

【主要领导人】 区委书记：池勇；区人大常委会主任：张丽；区长：王林；区政协主席：范维；分管农业副区长：张彬。

青白江区编写组

新都区

【基本情况】 2021年，全区辖9个镇（街道），辖区面积496平方千米。

【乡村振兴】 新都区乡村振兴局正式挂牌成立.推进集体资产股份合作制改革加快推进，已完成87个农村集体经济组织登记赋码；推进农村土地经营权、闲置（房屋、集体建设用地）资源流转，1—8月已办理155宗，累计流转面积2.3万亩，交易金额11.72亿元，成都市首宗超500亩集体经营性建设用地流转项目在新都区成交。

【对口帮扶】 自新一轮对口帮扶工作启动以来，新都区高度重视，坚决贯彻落实中央、省、市关于巩固脱贫攻坚成果同乡村振兴有效衔接的各项决策部署，精准实施帮扶行动，确保把工作做到“点子”上、把力量用在“刀刃”上，不断巩固脱贫成效，实施乡村振兴战略，编制《2021—2025对口支援专项规划》，总计划投入帮扶资金1.08亿元。在新都区的对口帮扶下，理塘县甲洼镇共建设球盖菇种植基地150亩、羊肚菌种植基地120亩，大棚共计420个，预计球盖菇产量达20万千克，羊肚菌产量达3万千克，年产值可达1000万元以上，4—11月期间日常用工需求达50余人。该基地已流转土地1400亩。新都区第六批对口帮扶工作队坚持把培育“有根企业”作为新一轮产业帮扶的方向和突破口，多次组织辖区优质企业到理塘县考察，对接甘孜州理塘县产业发展需求，把新都的产业、市场、管理等优势与理塘的资源、潜力优势紧密结合起来，运用市场手段，构建互利共赢跨区域产业生态，在产业合作、农特产品销售等方面寻求新突破，重点推进高原反季节菌类种植基地、高原云仓、呷洼乡高原蜜蜂养殖基地、马背慢游理塘等23个产业发展项目和集体经济项目，提升理塘县“造血”功能，增强高质量发展的内生动力，拓宽当地群众增收渠道，两地携手走向共同富裕。

【乡村旅游】 全年累计投入专项资金686.9万元，完成花香果居景区“水磨匠心”沟渠、医务室等设施建设，夏河溪景区游步道及路面提升、游客汀步道修复、景区指示牌更换和接待展示中心及停车场改建。借助《四川日报》、成都电视台、区融媒体中心、腾讯、百度、抖音、快手等平台推广全区文旅资源。截至11月，全区累计接待游客1638.73万人次，其中乡村旅游接待游客1062.6万人次；实现旅游收入61.76亿元，其中乡村旅游收入20.08亿元。

【农村社会保障】 全年为7700名重度残疾人发放护理补贴，为1900名困难残疾人发放生活补贴，为3400名低保对象发放低保救助金；为1100名符合条件的特困人员发放特困供养金，有意愿且符合条件的特困人员集中供养率达100%；为900名经济困难老年人提供基本养老服务；为符合救助条件的流浪乞讨人员给予救助。实施事实无人抚养儿童生活保障，促进其健康成长；符合条件的困难人员城乡居民基本养老保险政府代缴率达100%。成立红十字助医助学专项资金，为200名困难重病家庭和贫困大学新生提供资助。

【就业创业】 新增农村富余劳动力向非农产业转移就业5000人。完成农村建筑工匠培训100人，新增农业职业经理人培训80人。引入2家以上退役军人企业入驻创业园（孵化基地）。

【主要领导人】 区委书记：许兴国；区人大常委会主任：戴军；区长：王忠诚；区政协主席：方正行；分管农业副区长：张文豪。

新都区编写组

温 江 区

【基本情况】 2021年，全区辖9个镇（街道），辖区面积277平方千米。

【年度农业和农村经济运行】 2021年，全区实现一产业增加值23.73亿元。农民年人均可支配收入达35 637元，同比增长9.2%，城乡居民收入比缩小至1.51∶1。

【新型农业经营主体培育】 全年新培育农民专业合作社30个、家庭农场75家，新培育省级家庭农场1家。截至2021年年底，全区存续农民专业合作社234个，其中市级以上示范社17个；家庭农场159家，其中市级以上示范家庭农场4家。

【农村改革】 深化农村集体产权制度改革，制定并印发《成都市温江区关于进一步做好农村集体经济组织成员管理的指导意见（试行）》，创新提出通过投资和人才引入经一定程序后可成为集体经济组织成员模式。深化农村宅基地“三权分置”改革，制定出台《成都市温江区农村宅基地审批和住房建设管理实施办法（试行）》，规范农村宅基地申请、审批程序和住房建设管理；制定出台《成都市温江区关于进一步鼓励与支持盘活利用闲置宅基地及闲置农房的指导意见（试行）》，鼓励支持通过自营、出租、合作、出资（作价入股）四种路径盘活闲置宅基地及闲置农房。

【乡村振兴战略实施】 建成寿安镇天星村、岷江村2个“水美乡村”，依田桃源林盘等9个案例获评成都市第四届乡村振兴“十大案例”，寿安镇岷江村被确定为全国村级议事协商创新实验试点单位。温江区被命名为“2021年度成都市实施乡村振兴战略推进城乡融合发展先进县（市、区）”；万春镇先锋村、金星村，和盛镇石牛村、李义村、綦临社区被命名为“2021年度成都市实施乡村振兴战略推进城乡融合发展示范村（社区）”；万春镇鱼凫村和盛镇玉河村被命名为“2021年度四川省乡村振兴示范村”。

“一村一品”。扩大温江花木、大蒜、稻米、酱油、肥儿粉、桂花食品等特色农产品的社会知名度和美誉度，举办北林环线第二届花卉美食节、和盛“紫薇含韵 幸福花开”第五届成都温江紫薇节、寿安第二届百花盆景艺术节、秋季花卉苗木供需对接会暨温江都市现代农业投资推介会、万春第七届成都开秧门农耕文化节、“庆丰收·感党恩”温江区农民丰收节、温江蒜薹采收节暨温江大蒜发布会、“鱼凫杯”稻米品鉴、玫瑰节等休闲农业与乡村旅游活动。万春镇高山村、和林村入选成都市2021年“一村一品”示范村。

农产品品牌建设。重塑“温江肥儿粉”形象和品牌，参加成都市幸福美好生活十大工程社区发展治理专场项目发布会、成都市第八届创意周、第五届四川村长论坛暨首届乡村振兴县委书记峰会以及农民丰收节、五天消费节、社区运动节嘉年华等展示展销活动10余场次；在大型社区开展产品宣传、地推和户外广告、公益电影及电影院投放广告活动1000余次；节假日在碧落湖公园、幸福田园等人流量大的重要地点开展促销活动50余次；制作的微电影《忘得了时光 忘不了你》在公众号进行宣传推广。“温江肥儿粉”被评为成都市温江区第五批区级非物质文化遗产代表性项目，获得“温江礼物”特色旅游商品、“儿童友好合作单位”等称号。农产品加工业协会及企业参加“高速买年货满载归家乡”农产品进加油站活动，在第五届四川“村长”论坛暨首届乡村振兴县委书记峰会、成都市第八届新米品鉴会、第七届成都开秧门农耕文化节、农民丰收节等活动上展示展销。

花木产业。温江区作为全国花木四大产销区之一、全省6个川派盆景盆花产业带之一、全省2个特色观赏苗木产业带之一、全市西部花木生产贸易集散中心，花木产品特色鲜明，形成了桂花、银杏、紫薇三大特色品种；产业体系完整，形成了研发、生产、管理、交易、服务的完整产业链；市场交易活跃，形成了中国西部花木交易中心、信息中心和价格中心；出口成效凸显，基本掌握了市场的主导权、定价权。全区花木资产约300亿元，全年花木销售额达23.3亿元，出口额累计达2520万美元。

【扶贫开发】 做好防止返贫动态监测。制定并印发《温江区防止返贫动态监测和帮扶工作实施意见》，6月，以6000元为监测范围，集中排查农户60 335户145 094人，均未识别出边缘易致贫户和突发严重困难户；9月，以温江区最低生活保障标准(2021年温江区标准10 200元）为监测范围，逐月排查农村边缘易致贫户和突发严重困难户，无新增帮扶对象。开展区级乡村振兴重点提升村的识别工作，印发《成都市温江区城乡扶贫开发工作领导小组办公室关于开展小康提升村识别工作的通知》，安排部署区级乡村振兴重点提升村识别，将金马街道刘家濠社区、和盛镇石坝村、寿安镇汪家湾社区、万春镇永和社区4个涉农社区识别为全区县级乡村振兴重点提升村。

【新村建设】 特色镇建设和川西林盘保护修复。实施“整田、护林、理水、改院”，推进以林园、水系、农田有机组合的川西林盘保护修复项目建设14个，建成万春幸福艺术博物馆、鲁家滩湿地公园等农旅农养高品质消费场景16个，惠美花境、半亩方塘等4个场景入选成都市旅游目的地。

村庄美化提升行动。以巩固“厕所革命”成果、提升村容村貌为重点，完成农村户厕改造19户，无害化卫生厕所普及率达94%。

农业安全生产。承办成都市生猪屠宰企业液氨泄漏事故应急演练、温江区农村沼气事故应急演练。重点对农机、农村沼气、生猪屠宰、饲料、农（兽）药生产、休闲农业等领域开展隐患排查整治，全年未发生农业安全生产事故。

【农村金融服务】 活跃农村金融抵押市场。构建以“借款人+农村产权+处置企业+金融机构”的市场化为主导的农村产权融资模式，探索农村产权抵押融资“贷款申请—交易鉴证—价值认定—抵押办理—贷款发放—资产备案—资产处置”的金融服务闭环，形成农村金融服务闭环机制，农村承包土地经营权、集体经营性建设用地使用权、集体资产股权抵押贷款等取得突破，累计投放农村产权抵押贷款26.93亿元。

率先实现集体资产股权质押融资。寿安镇岷江村股份经济合作联社以本集体经济组织的集体资产股权提供反担保，向农业银行成都温江支行申请“强村贷”200万元用于合作联社生产经营，率先在全 省实现集体资产股权质押融资，成为温江区农村产权抵押融资的又一次创新探索。

建立金融风险补偿分担机制。建立乡村振兴农业产业发展贷款风险补偿资金制度，设立500万元的风险基金，区内金融机构与省农担公司合作，形成合作规模1亿元的贷款资金池，全年累计实现放贷3110.3万元。

【农业招商引资】 签约七彩林科品种与种苗创新中心、重庆美村农产品数字流通基地等产业化项目13个，协议总投资30.2亿元。举办“共筑新格局　共建经济圈”都市现代农业投资推介活动4场，推介投资机会清单20个。提升农高创新中心一期管理运营水平，入驻农业科技企业45家，推动川农牛科创农庄建成投运。温江区获评省级农业对外开放合作试验区。

【重点项目建设】 全年实施重大项目24个，推动农业双创园人居环境改造提升项目、数字农业“五新”双创园等8个项目竣工，促进呆住天鹅湖、半称心盆景主题民宿等4个项目开工，推进花木（农产品）进出口园区、农高创新中心综合服务体等12个项目建设。全年完成第一产业固定资产投资8.5亿元。

【都市现代农业发展】 突出“农高”“农创”重点，新引进憨农生态农业园等农业产业化项目3个，西南作物基因资源发掘与利用等2个国家重点实验室落户温江，建成国家果蔬腌制加工技术集成科研基地。推进农商文旅体养融合发展，完成8个花木园林景观化项目建设，惠美花境、半亩方塘等4个场景入选成都市旅游目的地。坚决遏制耕地“非农化”、防止“非粮化”，实现水稻扩面1200亩，完成农毛渠修复治理50余万平方米。

【林业】 森林资源管理。依托温江区森林资源监测系统，发挥森林资源管理“一张图”的现势性、准确性和时效性，运用“天上看、地上查”执法监管手段，实现森林资源实时监测管理。全年完成森林资源“双增长”任务，森林覆盖率达32.2%。完成全区2021年森林督察国家和省级下发的疑似变化图斑核实以及森林资源管理“一张图”年度更新，52个图斑（含7个省级下发图斑）均为一般变化，无违法情况。

野生动物保护。开展野生动物禁食、禁止转运售卖等宣传，发放野生动物保护宣传资料1300余份。开展陆生野生动物救助，全年救助长耳鸮、赤肩鵟、果子狸、狐狸等野生动物62只，其中国家二级保护动物46只、“三有”保护动物16只。

国土绿化。实施成都全域增绿春季、秋季战役温江行动，完成“百个公园”示范工程1个，新增绿地100.5公顷，新建“老公园新活力”公园点位2个、小游园微绿地5个、行道树增量提质街道15条，新增立体绿化0.91万平方米，建成天府绿道30千米，建成乡村绿道300千米，规划建设“回家的路”50条，建设2个绿道成网成链示范区，打造2个绿道公园，实施公路宜绿里程绿化1.7千米，提升老公园1个，创建省重点公园1个；完成2个特色街区建设；城市道路增绿15条；创建市级园林式单位2个，新增公园城市示范街区3个，创建市级园林式居住小区3个、区级园林式居住小区7个，完成老旧小区园林绿化景观改造试点10个。开展义务植树，栽植桃树、黄花风铃木等观花树木570余株。开展古树名木保护，完成金马街道四友村原四友小学内柿树、万春镇红专社区楠木等的救护工作。温江区金马学校、国家税务总局成都市温江区税务局被成都市绿化委员会评选为成都市级园林式单位。

【畜牧业】 印发《成都市温江区畜禽养殖禁养区划定方案》（温府办发〔2021〕1号）和《成都市温江区畜禽养殖管理办法》（温农发〔2021〕1号）。全区全年存栏生猪2300余头，出栏4370余头；存栏肉羊226只，出栏252只；存栏肉牛39头，出栏37头；存栏家禽31 000余只，出栏71 000余只；畜禽肉产量453吨，禽蛋产量212吨，蜂蜜产量220吨。

畜禽废弃物利用。印发《成都市温江区畜禽水产养殖废弃物资源化利用工作方案》，按照生态友好、产品安全、管理规范要求，指导养殖户做好配套畜禽粪处理污水产尾水治理设施建设，开展畜禽水产养殖户技术培训200余人次，指导养殖户采取种养结合模式开展畜禽废弃物综合利用，确保畜禽粪污不渗漏溢流、尾水不直排。全面完成中央、省生态环境督察，把减量控制和末端治理作为重点，有序推进畜禽水产养殖粪污尾水治理和畜禽养殖废弃物资源化利用，全年畜禽粪污资源化利用率达98%。

饲料饲政。严格按照《饲料质量安全管理规范》对区内10家饲料生产企业进行5大项26个内容专项查验。完成省、市、区监督抽样28个，完成部、省、市对19家饲料兽药生产企业产品质量抽查抽检。开展饲料安全生产检查28次，对查出的问题均责令企业及时进行整改。

兽药药政。开展打非禁抗全覆盖监督检查，对7家兽药生产企业和29家兽药经营企业实现全覆盖《国家兽药产品追溯系统》注册管理。强化兽药生产经营专项整治，规范兽药生产经营行为，严厉打击制售假劣兽药以及违法销售违禁和未经批准使用的兽用抗菌药物，保证兽用抗菌药和生物制品生产使用安全。全年规范兽药生产经营行为专项检查11次、例行检查7次、非洲猪瘟假疫苗检查3次、二维码追溯执法检查6次，有序净化兽药生产经营质量安全。

兽医医政。加强区内42家动物诊疗机构的清查和备案管理；全面加强动物诊疗净化活动和诊疗监督管理。全面加强病死动物的无害化处理管理，出动各类人员120人次开展监督检查规范宠物医院诊所诊疗行为，同时严厉打击动物诊疗机构、执业兽医师和乡村兽医无证经营、违规售药、非法行医、执业行为失范等违法行为，促进动物诊疗市场的健康发展。

严防非洲猪瘟及新冠疫情。严把生猪定点屠宰企业的入场关、静养关、屠宰关、消毒关、无害化处理关等，落实“六符合”和“批批检、全覆盖”要求。针对养殖场、屠宰场等多次开展全面集中检查、突击检查，并采取定期与不定期相结合的巡查制度，全年累计出动检查车辆150余次、人员450余人次，查处违法案件4起，结案4起。生猪定点屠宰企业严格落实新冠疫情防控措施的主体责任，做到进出车辆消毒、人员佩戴口罩、检测体温、亮健康码、扫场所码、如实登记等防控要求。开展非洲猪瘟防控与新《中华人民共和国动物防疫法》暨防疫技能培训和应急桌面推演，发放消毒药品300件。

动物检疫。按照“2211”“六符合”要求，严格生猪入场检疫、屠宰生猪宰前宰后检验检疫，生猪定点屠宰企业（国秀、洪汇）生猪屠宰检疫率达100%。全年入村入户检疫生猪333头，屠宰环节检疫生猪111余万头、出川猪产品282 447千克，处理病害生猪包含生猪产品不可食用部分折合头数2070.78头，检测瘦肉精2.5余万头份；检疫犬只39只、猫60只、鸽子505只、马55匹、肉鸭11 000只、实验用小鼠105 896只、蜜蜂1600群、兔子1只；防疫猪瘟、猪口蹄疫8164头；免疫禽流感42 549羽（其中信鸽24 439羽）；免疫狂犬病犬只21 043只、牛口蹄疫111头、羊口蹄疫598只、羊小反刍兽疫565只，猪口蹄疫、猪瘟、狂犬病等各项动物重大疫病均做到应免尽免，免疫抗体合格率达70%以上。开展非洲猪瘟、狂犬病、口蹄疫、禽流感等多种重大动物疫病和人畜共患疫病监测（3259份），全年无重大动物疫情发生。

【水产业】 持续抓好渔业安全宣传和隐患排查，开展水产用投入品三年专项整治行动，加强鱼用饲料及鱼药使用安全，开展鱼苗来源、病死鱼无害化处理日常监管及水产品质量抽检。加强水产尾水治理整治。开展日常检查9次、专项检查2次，水产品质量风险抽样10个。全年水产养殖产量515吨，实现水产养殖产值1207万元。开展“十年禁捕”专项行动联合执法4次，部门、镇（街道）出动巡查及执法人员近2千人次，收缴违禁捕鱼网具6副，收缴违规垂钓工具5根，劝离、警告、教育违规垂钓人员130余人，处理群众举报13次，及时放生娃娃鱼7条，各涉渔店商承诺杜绝销售、收购、经营水生野生动物。

【农业机械化】 农机购置补贴。实施农机购置补贴政策，落实农机购置补贴农机具96台（套），实施购补资金85.6159万元（中央资金57.6159万元、市级资金28万元）。

农作物全程机械化生产。推广与农艺相融合的农机化作业技术，提升农机作业效率和质量。全年共计完成水稻机械化种植面积1.4008万亩、机收面积1.546万亩，油菜机收面积0.27万亩、机播面积0.24万亩，完成主要农作物机耕面积1.836万亩，全区主要农作物耕种收综合机械化水平达94.82%，获评“四川省农机化工作突出单位”。

新机具试验示范。持续开展大蒜机播机械化技术试验示范推广，全区有各类大蒜机械化生产设备80余台(套),完成大蒜机械化播种4000余亩。在全市率先开展无人智慧农场应用试验,召开温江区智慧农场智能装备现场演示培训会3次,培训人员160人次,现场会的举办标志着全市首个无人农场进入试验阶段,首开四川先例。

完善农机社会化服务体系。优先满足农机社会化服务组织的购机补贴需求、农机项目申报。鼓励农机合作社发展订单式、托管式、预约式、跨区等多种经营模式,开志农机专业合作社成为成都市农职学院实训基地,对该校学生开展农机操作、维修等培训。

农机安全监理执法。全年开展农机安全生产技术培训3次,培训人员300人次;开展农机安全生产专项整治和隐患排查14次,出动检查人员46人次,检查农机经营门市、农机专业合作社28个次,排查隐患13处,整改13处。联合区交警11分局开展上道路行驶拖拉机专项整治6次,检查上道路拖拉机35台,处罚违规违章拖拉机9台;采取多种方式进行宣传动员,9月完成变型拖拉机全部清零任务,全年未发生农机安全责任事故,获评“全省农机安全监理工作突出单位”。

【农产品质量安全监管】 严格执行农药安全间隔期规定,农产品上市一批抽样检测一批。区、镇(街道)两级全年共完成农药残留快速检测12 200个样品;接受市级监督抽样监测33个样品,合格率达100%;完成区级监督检测850个样,合格率达98.5%。开展“控药残　禁违禁　促提升”三年行动,掌握重点整治品种底数,实施重点品种精准治理。重点对区域内生产基地、家庭农场、专业合作社生产的农产品进行严管严控,建立完善生产档案,落实生产经营主体责任、规范农产品生产经营行为。推行农产品承诺达标合格证制度,全区45家生产经营主体合格证开具总张数26 700张。推进生产标准化,新增无公害农产品认证6个。在全市率先探索建立生产经营主体诚信管理平台,已有45家生产经营主体被纳入平台管理。全面做好迎接国家食品安全示范城市创建,重点打造32个迎检样本点位,通过国家农产品质量安全县省级复审。全年通过温江智慧农业平台、温江公众信息网、成都市政府公开目录”等各类网站平台发布工作动态、公示公告、重要文件等各类涉农信息115条(相同内容计1条),通过“温江农业”政务微信公众号、今日头条及新浪微博发布农业动态、新产品新技术、工作动态、政策法规、新农村建设等信息830余条。

【农业从业人员培训】 全年完成高素质农民培训123人。新增农业职业经理人培训60人、新型职业农民精英培训20人、乡村专业人才培训20人、国家成都农业科技中心人才基地培训20人、省级调训农业经理人4人、市级调训农业经理人3人、区级经营管理型培训116人。组织基层农技人员70人参加为期5天以上的脱产业务培训,其中省级调训2人、市级调训68人。

【供销综合改革】 全年供销系统购进总额6.53亿元,同比增长13.36%;销售总额7.5亿元,同比增长12.6%;利润总额28万元,全面完成目标任务。农业社会化服务能力不断增强,土地托管等农业社会化服务面积4080亩;有庄稼医院51个、生产性为农服务中心2个;农村综合服务社97家,行政村覆盖率为100%;领办农民专业合作社44家,其中国家级和省级示范社各11家。基层组织建设不断夯实,建成城武社区村级基层社、北街社区村级基层社、八角社区村级基层社、永盛场社区村级基层社4个。联合社治理机制不断创新,建成三会治理结构,探索建立供销合作社与社有资产管理运营主体统一领导、统一管理、一体化运行的组织架构,加强社有资产监管,确保社有资产保值增值。乡村生态环境治理不断改善,探索构建“市场主体回收、公共财政扶持、专业机构处置”机制,开展农药包装废弃物和废旧农膜回收处置,有效减少农业面源污染,取得良好的社会效益和生态效益。对全区供销系统86家农资放心店开展监督管理。全力做好农资保障,全年组织调运供应各种肥料3万余吨、农药300余吨、农膜100余吨。

【主要领导人】 区委书记:王道明;区人大常委会主任:万雪梅;区长:马烈红;区政协主席:艾志秋;分管农业副区长:景仁志。

温江区编写组

双 流 区

【基本情况】 2021年,全区辖4镇5个街道,辖区面积1067平方千米(实际管辖面积466平方千米)。年末户籍总人口70.43万人(户籍人口),增长4.7%;常住人口149.01万人;人口自然增长率2.47‰。城镇化率77.82%。

2021年,全区GDP1130.56亿元,增长8.7%,其中第一产业增加值14.29亿元,增长4.3%;第二产业增加值385.9亿元,增长11.5%(工业产值345.88亿元,增长15.2%);第三产业增加值730.37亿元,增长7.4%。三次产业结构比为1.8∶27.2∶71。全年接待游客1833.67万人,实现旅游收入154.72亿元,增长19.7%,其中乡村旅游接待游客1005万余人次,实现乡村旅游收入81.69亿元。

公路里程914.38千米。航空货邮吞吐量62.94万吨,增长1.8%;航空旅客吞吐量4011.75万人次,下降1.5%。社会消费品零售总额443.41亿元，增长12.4%。一般公共预算收入完成91.25亿元，增长17.7%；实现全口径财政总收入284.27亿元，增长2.1%；全口径财政总支出247.83亿元，其中一般公共预算支出111.65亿元，增长9.1%。金融机构各项存款余额2165.77亿元，增长14.5%；各项贷款余额1634.64亿元，增长17.7%。全区人寿保险业实现保费收入5.7亿元；财产保险业实现保费收入7.7亿元，其中政策性农业保险收入1151万元。农业产业化龙头企业国家级、省级、市级分别为2家、5家、12家。

有各类学校224所，在校学生179 786人，教职工12 335人，其中普通中学36所，在校学生40 089人；小学24所，在校学生73 957人，学龄儿童入学率100%。全区建有各级创新平台209个，其中国家级33个、省级99个、市级77个。有公共图书馆1个、大中型体育场馆26个、镇（街道）综合文化服务中心（服务站）12个。有卫生机构633家，病床位6139张，卫生技术人员11 180人。全区城乡居民养老保险参保人数7.16万人，参保率达95%；城乡居民基本医疗保险参保人数46.05万人，参保率达99%。

【年度农业和农村经济运行】 2021年，全区实现农业总产值24.17亿元，增长4.7%；全区全年农业增加值达14.29亿元，增长4.3%。农民年人均可支配收入达34 928元，增长9.5%。全区蔬菜、水果农残检测合格率均为98%（主要农产品产量见表1所列）。

【农业产业化发展】 新培育农业市场经营主体30家、市级以上农业龙头企业2家。全区有农民专业合作社240余家、家庭农场680家、农业龙头企业19家（其中省级5家、国家级2家）。双流空港创意现代农业产业园创建为市级三星级现代农业园区。

【农村集体产权制度改革】 深化农业农村改革，做好合并村农村集体产权制度改革衔接，全面核查村集体资产，全区118个村（社区）总收入12 625.3万元，村均收入107万元。全面完成村（社区）财务审计和村级集体经济组织登记赋码，全区由134个村（社区）撤并成118个，共建立集体经济组织并登记赋码127个，并依据《四川省农村集体经济组织条例》指导农村集体经济组织规范运行。坚持商业化逻辑、项目化思维，推行“集体经济组织+社会资本+重大项目”等市场化运营模式，以资源开发型、股份合作型等6种“双流模式”发展壮大集体经济，全区实现年收入100万元以上的村集体经济组织达30个。

【农产品品牌战略实施】 实施品牌生产体系、营销体系、价值体系构建行动，深化双流冬草莓、双流“二荆条”辣椒、双流永安葡萄、双流黄甲麻羊、双流枇杷5个国家地理标志农产品的保护与开发利用，9个品牌进入“天府源”目录，“好人家”“大红袍”“环太”等多个农产品品牌获评“四川名牌”“中国驰名商标”。按照“一村一品”思路，在彭镇、黄水镇率先实施“一村一品”试点，黄水镇花龙村的“牧山脆桃”、彭镇舟渡村的“郁金”等7个村（社区）申报“一村一品”示范村，其中黄水镇花龙村（桃子）获评2021年成都市“一村一品”示范村镇。

【种植业】 粮油生产。全年大春粮油作物播种面积8.71万亩，其中水稻播种面积4.67万亩，亩产555千克；玉米播种面积1.59万亩，亩产401千克；豆类播种面积0.76万亩，亩产191千克；薯类播种面积0.92万亩，亩产310千克；花生播种面积0.77万亩，亩产240千克。小春粮油作物播种面积5.4万亩，其中小麦播种面积0.49万亩，亩产318千克；马铃薯播种面积0.55万亩，亩产294千克；豆类播种面积0.13万亩，亩产149千克；油菜播种面积4.23万亩，亩产162千克。

经济作物生产。依托现有产业基础，发挥区位优势，坚持以精品、特色、优质为导向，按照“优势明显、集中连片、高产稳产”原则，因地制宜发展有机蔬菜、绿色水果等优势特色产业，科学布局双流冬草莓、双流永安葡萄等川果、川菜标准化生产基地，种植葡萄、梨、草莓、优质桃、蓝莓等特色水果1.21万亩，产量3.34万吨，实现产值1.86亿元。

【畜牧业】 严格划定适宜养殖区域和禁止养殖区域，加强非洲猪瘟等重大动物疫病防控，加快生猪规模养殖场标准化建设，全区有规模养殖场（户）11家

表1　2021年双流区主要农产品产量

主要农产品	单位	产量	同比增减(%)
粮食	万吨	3.56	-8.0
水稻	万吨	2.59	1.5
小麦	万吨	0.16	0
玉米	万吨	0.64	-1.5
马铃薯	万吨	0.12	-57.0
油菜籽	万吨	0.69	1.5
蔬菜	万吨	31.11	2.6
水果	万吨	3.40	9.6
肉类	万吨	0.16	-54.0
禽蛋	万吨	0.02	-75.0
牛奶	万吨	0.18	63.0

（户），规模化养殖率达51%。开展动物防疫外包服务，生猪、牛、羊、鸡、鸭以及其他禽类应免免疫率均达100%；开展“瘦肉精”检测2125头份，无一例阳性。截至2021年年底，全区生猪、牛、羊、家禽分别存栏1.3063万头、0.0277万头、0.226万只、38.6799万只。

【水产渔政监督管理】 全年在鹿溪河、金马河、白河、成都农产品批发市场及成都浩海立方海洋馆等重点河流及场所开展宣传活动13次，发放宣传资料5300余份，设立禁捕通告公示牌24个，完成8个点位渔政执法智能监控系统建设，广泛发放张贴《关于全区天然水域实施全面禁捕的通告》《长江禁捕 打非断链》宣传海报，在河长公示牌中增加禁捕内容和举报电话；开展打击长江流域非法捕捞和市场销售天然水域非法捕捞渔获物专项行动，对天然水域相关船舶和违规渔具进行清理整治。联合相关部门重点对在天然水域使用禁用渔具或电、毒、炸等禁用方法从事天然渔业资源生产性捕捞行为开展专项执法。全区共出动巡查人员5199人次，开展联合执法21次，行政处罚25起（简易程序），收缴鱼竿127根，劝阻违法垂钓人员654人次，办理公益诉讼1起，立案查处电鱼案件1起。

【乡村振兴】 按照中央、省、市各项决策部署，坚持问题导向和目标导向，出台《金融助力乡村振兴促进城乡融合发展改革试点方案》等系列政策文件7个，服务城乡融合发展的政策机制不断完善，推进乡村振兴落地落实，稳步推进8个省、市乡村振兴激励奖补项目建设，创建省级示范村（社区）2个和市级示范村（社区）5个。

【幸福美丽新村建设】 全区完成幸福美丽新村建设3个，惠及群众3200余人，整理面积1560余亩，节余集体建设用地361亩。聚力解决新村贷款逾期、集体建设用地流转慢等问题，流转集体建设用地500亩，为城乡融合发展资金池增资1亿元。结合幸福美丽新村建设，开展“白+黑”道路改造18.7千米，加快推进农村道路提档升级。按照“景观化、景区化、可进入、可参与”的理念，建设剑南大道延伸段、乡村绿道15千米。农村自来水普及率达100%，完成花龙村、响水村“水美乡村”水利设施整治工程。

【乡村旅游】 举办“丰收美好生活 荣耀璀璨航都”——2021年中国航空经济之都农民丰收节庆祝活动暨第二届国家地理标志双流永安葡萄文化季活动。推进模式、项目创新，促进田园景观与林盘、绿道、新村、公园等有机融合，打造“空港花田+云华新村”“八角水寨林盘+新村”“黄龙溪古镇+欢乐田园”等农商文旅体融合发展消费新场景。坚持“农商文旅体”融合发展思路，全区把产业链、价值链、生态链等现代产业组织方式导入农业，加快发展休闲农业和乡村旅游，不断延伸产业链，加速融合发展。挖掘古镇文化、三国文化、槐轩文化等历史文化资源，培育出空港花田、帅家院子林盘、黄龙溪·欢乐田园等“IP+产业”、场景体验、文化感知等新业态，黄水镇帅家院子林盘获评“成都市乡村振兴十大川西林盘年度消费新场景”，空港花田、欢乐田园获评“十大乡村周末旅游目的地”。全年乡村旅游接待游客1005万余人次，实现乡村旅游收入81.69亿元。

【农业机械化】 全年完成小麦、水稻、油菜、土豆等农作物机播、机耕、机收任务，完成主要农作物耕种收机械化作业面积40.5万亩。新购先进大中型农机具18台（套），全区农业机械化综合水平达89.12%，在全省处于领先水平。按照“自主购机、定额补贴、县（乡）结算、直补到卡（户）”方式，审核拨付农机购置补贴中央、省、市资金96.53万元。

【农村文化】 开展农村精神文明和文化建设，围绕15分钟“公共文化服务圈”，打造“一镇一艺术特色”公共服务品牌，在9个镇（街道）免费为群众提供乐器并免费开展培训达3万人次；镇（街道）每年举办“空港群音荟”“一镇一特色·百姓大舞台”“社区运动节”等文艺演出和体育活动260余场次，惠及群众50万余人。

【农村卫生】 全面深化3家区级医院与华西等部、省级医院合作办医，区妇幼保健院、区一医院创建为“三甲”医院，双流区在全省率先实现区级医院“三甲”全覆盖。继续实施“区管院用”和区镇医联体建设，安排区级医疗机构36名医务人员到镇级医疗机构帮助指导工作1年。全区家庭医生签约服务率为39.42%。

【涉农招商引资】 着力产业融合，加快双流生物医药特色小镇建设，实施川西林盘保护修复12个。包装推介乡村振兴招商项目15个，持续跟进兴川基金·山水原乡等在谈项目3个，推动城投生命健康公园、桃沅岛等已签约项目促建。全年完成农业固定投资7.1亿元。

【农村社会保障】 推进法定人员参保全覆盖，确保城乡居民基本养老保险参保率达95%以上，城乡居民基本医疗保险登记率达99%以上。持续深化社保扶贫，确保低保对象等困难群体“应代缴尽代缴”和“应发放尽发放”率达100%。

【农村生态建设及环境保护】 突出“三生联动”新模式，践行公园城市发展理念，以化肥农药减量化、畜禽养殖污染治理为重点，采取水溶性高效肥替代传统化肥、推广高效低毒低残留农药等治理方式精细化开展农业面源污染防治，实现畜禽粪污综合利用率达98%以上、农作物秸秆综合利用率达98.8%、农药包装废弃物和农膜回收率达81.1%，化肥、农药用量保持零增长。实施生态惠民示范工程，加快推进绿道蓝网体系构建，开展川西林盘保护修复，结合山、水、田、林、湖、草等自然资源和空港观光农业、槐轩文化和古蜀农耕等要素，打造帅家院子、吴家染坊等具有地域文化特色的林盘、农村微景观，构建“城中有田、田中有城”的空港公园城市大美乡村形态。

【农产品质量安全监管】 建成区、镇、村和生产基地四级农产品质量安全检测体系，建成“三品一标”提升、认证、奖励体系，持续推进无公害、绿色、有机认证，全区有“三品一标”认证农产品72个、无公害农产品基地5个、有机农产品基地4个。推动试行食用农产品合格证制度，已对430个农业经营主体实施，共开具74.7万张合格证。农产品追溯应用覆盖面超过80%，随机抽检全区农产品合格率达99.7%。

【主要领导人】 区委书记：鲜荣生；区人大常委会主任：陈琳；区长：袁顺明(7月止)，杨钒(8月始)；区政协主席：李德龙；分管农业副区长：胡劲松(9月止)，薛燕(10月始)。

双流区编写组

郫 都 区

【基本情况】 2021年，全区辖147乡3镇7个街道，辖区面积395平方千米。年末总人口69.63万人(户籍人口)。

2021年，全区GDP724.2亿元，增长8%，其中第一产业增加值26.4亿元，增长4.4%。乡村旅游实现收入19.6万元。农业产业化龙头企业国家级、省级、市级分别为3家、11家、26家。

【年度农业和农村经济运行】 2021年，全区实现农业总产值45.45亿元，增长4.4%。农民年人均可支配收入达33 802元，增长9.4%(主要农产品产量见表1所列)。

【农用地产权制度改革】 截至2021年年底，按照郫都区农村产权流转4大类21小类交易目录，成都农交所郫都农村产权交易有限公司共完成各类农村产权交易131宗，交易额22.6亿元，其中集体经营性建设用地入市73宗，交易额19.5亿元；农用地流转45宗，交易额2.98亿元；集体资产处置3宗，交易额0.0006亿元；农房及宅基地使用权流转6宗，交易额0.011亿元；土地综合整治2宗，交易额0.05亿元；花卉苗木挂牌出售1宗，交易额0.04亿元。

【农村集体产权制度改革】 坚持以改革制度为抓手，围绕“交易规则、交易程序、监管规则”，以“三建三化”(建规则、建制度、建平台和组织化、民主化、市场化)指导完善多方参与监督和重大问题集体研判等机制，出台包括不动产登记、专项规划、入市主体、调节金收取、收益分配等方面的21个配套办法，通过“制度到实践，实践到制度”的反复验证，构建起较为完备的使用与管理制度体系。截至2021年年底，全区共完成集体经营性建设用地地块入市115宗、面积2515亩，收取增值收益调节金5.41亿元，土地成交总额23.79亿元。

【农产品品牌战略实施】 推动“天府水源地”区域公用品牌郫都特色产品打造，通过与外部公司合作，打造出一批公共品牌产品及联名产品，主要包括“天府水源地”钵钵鸡调料、“一桌子川菜”、烧椒酱、矿泉水等。整合郫都区“唐元韭黄”“新民场生菜”“圆根萝卜”“德源大蒜”“郫县豆瓣”“蜀绣”六大地理标志品牌，开展联合品牌推广和运营，有农业合作社、农产品加工品牌100余个。以“天府水源地”区域公用品牌为核心，通过产品研发、品牌传播、产品销售形成完整的品牌打造与运营闭环，品牌整体营收超过1.5亿元。

【现代农业园区建设】 全区规划建设郫都区唐元现代农业韭黄产业园、郫都区天府水源地现代农业园、郫都区德源蒜稻现代农业园三大园区3个现代农业园区。郫都区唐元现代农业韭黄产业园区主导产业韭黄种植规模达6680亩，初步构建起育苗→种植→加工→销售韭黄全产业链，是西南地区最大的韭黄生产基地，全年韭黄产量约12万吨，产值达3.54亿元。郫都区安德天府水源地现代农业产业园区以圆根萝、韭菜、韭黄、生菜等蔬菜为主导产业，入驻经营业主30余家，其中市级以上重点龙头企业3家、省级示范合作社5家、省级示范家庭农场2家，园区全年圆根萝卜、韭菜、韭黄、生菜等产量约90 000吨，产值达4.24

表1 2021年郫都区主要农产品产量

主要农产品	单位	产量	同比增减(%)
粮食	万吨	4.6000	2.90
水稻	万吨	4.0200	—
小麦	万吨	0.1330	—
油菜籽	万吨	0.8426	-3.20
蔬菜	万吨	71.420	1.40
肉类	万吨	0.0550	-19.80
猪肉	万吨	0.0344	-29.70
禽肉	万吨	0.0205	4.90
禽蛋	万吨	0.0115	-6.20
牛奶	万吨	0.0079	-9.70

亿元。郫都区德源蒜稻现代农业园区2021年被纳入省级园区培育名单，以德源大蒜、水稻为主导产业，集中连片种植区域11 000亩，良种覆盖率达100%。园区年产农产品13 000余吨，年产值近1.8亿元，带动就业2500余人，实现农民人均增收3000元以上。

【种植业】 全区粮食作物播种面积92 200亩，粮食总产量45 558.4吨，其中大春粮食作物播种面积85 600亩，产量43 516.6吨；小春粮食作物播种面积6600亩，产量2041.8吨。油菜播种面积47 284亩，总产量8426吨。蔬菜生产面积246 468亩（含复种），减少769亩；总产量714 178吨，增加10 056吨；实现总产值17.82亿元。食用菌总产量22 723吨，实现总产值1.98亿元。

【林业】 全区林地面积0.09万亩（以成都市公园城市建设管理局公布数据为准），占总面积的0.14%；非林地面积65.51万亩，占总面积的99.86%。全区森林面积10.82万亩（以成都市公园城市建设管理局公布数据为准），森林蓄积量33.71万立方米（以成都市公园城市建设管理局公布数据为准），森林覆盖率18.48%（以成都市公园城市建设管理局公布数据为准）。自2008年启动集体林权制度改革以来，全区共颁发《林权证》7162本，颁证面积2420亩；严格按照国家林业和草原局印发的《建设项目使用林地审核审批管理规范》和“使用林地申请表”“使用林地现场查验表”规范执行林地使用的审核和审批，严格保护和合理利用林地，全年无违规使用林地案件发生。

【畜牧业】 严格管控农业面源污染，确保饮用水水源和生态环境安全。依据相关法律法规对辖区内畜禽养殖禁养区范围进行调整，同时调整畜禽养殖适度规模标准，畜禽养殖场基本完成关闭或搬迁。全年出栏生猪4446头，减少2522头，减少36.19%。肉类总产量551.53吨，减少135.76吨，减少19.75%，其中猪肉产量343.7吨，减少145.3吨，减少29.71%；禽肉产量205.1吨，增加9.1吨，增长4.64%。禽蛋产量115.41吨，减少7.59吨，减少6.17%。牛奶产量78.54吨，减少8.46吨，减少9.72%。全区水产养殖面积885亩，水产品总产量902吨，实现渔业总产值1659.68万元。

【乡村振兴】 加快推进全国乡村振兴示范区创建，实施“五大行动”，加快促进农业高质高效、乡村宜居宜业、农民富裕富足，先后获评“全国村庄清洁行动先进区”“省级农业对外开放合作试验区”；唐昌镇平乐村、三道堰镇古城村被评为“2021年度四川省乡村振兴示范村”，三道堰镇被评为“2021年度成都市实施乡村振兴战略推进城乡融合发展先进镇”，德源街道东林村、禹庙村、安德街道永盛村、郫筒街道长乐村、三道堰镇邻城村、秦家庙村、马街社区被评为“2021年度成都市实施乡村振兴战略推进城乡融合发展示范村（社区）”。

【乡村旅游】 加大“特色镇+林盘+产业园”“特色镇+林盘+景区”建设模式应用场景推广，向社会推荐休闲农业和乡村旅游“乡村夜经济”精品村15个、精品线路6条；组织开展“中国·成都第二届天府大地艺术季（春）”、郫都区第四届杜鹃花文化旅游节等各类节会活动；实施中铁文旅、安龙岛·艺术村等农商文旅体新产业新业态示范项目建设，全年休闲与乡村旅游共接待游客约730万人次，实现综合性收入19.6亿元。

【农业机械化】 全年主要农作物机耕作业面积约34.86万亩（复种），其中小麦0.48万亩、水稻8万亩、油菜4.2万亩、玉米0.4万亩；机播面积约13.08万亩，其中小麦0.48万亩、水稻7.2万亩、油菜4万亩、玉米0.1万亩；机收作业面积约12.48万亩，其中小麦0.48万亩、水稻7.9万亩、油菜4万亩、玉米0.1万亩；主要农作物耕种收综合机械化水平达95.07%。

【农村科技】 围绕推动郫都区与省农科院、西华大学、四川农业大学、省林科院、市农林科学院的共建科技引领乡村振兴联合体项目建设、农业科技服务体系建设、农民实用技术培训、科技下乡活动四个方面，全年分四批开展基层农技人员业务培训，共94人在市农林科学院和农职学院培训基地参训；完成金田育苗公司、安唐产研院和四川泰隆公司3个长期农业科技示范基地培训提升建设；组织省农科院专家、区农业农村局等专家到各镇（街道）开展“三下乡”活动8场；协调各街道开展“送科技进社区、进农家”活动，发放宣传品1.2万份、技术资料160余万份，确保覆盖率和知晓度达100%。

【农村生态建设及环境保护】 实施农村户厕改造、“三水共治”及农村“散乱污”治理，完成“三水共治”前端工程改造院落474个、“散乱污”整治整改51家，实现农村垃圾处置覆盖率100%、秸秆综合利用率98.3%，获评“2020年全国村庄清洁行动先进县”。全年开展农村户厕改造提升修建技术专题培训会共计10余次，共完成农村户厕改造2484户，三年累计达33 308户，累计拨付财政奖补资金7438.22万元，无害化卫生厕所普及率超90%，群众不良卫生习惯得到明显改善，粪污无害化处理和资源化利用率不断提升，土壤和水源污染程度逐渐减小。

【农产品质量安全监管】 全区10个镇（街道）、41个村设立农产品质量安全服务站、检测室，实现监管机构（人员）区、街道、村（社区）三级全覆盖。开展农产品质量安全监管暨食用农产品承诺达标合格证培训、食用农产品“治违禁　控药残　促提升”三年行动培训会专题培训会等，共培训农产品质量安全监管人员、农业生产从业人员120余人次。推动农产品质量安全追溯体系建设，推动国家、省级、市级农产品质量安全溯源平台和郫都区食用农产品合格证系统（农检通）运用。

【农村市场体系建设】 全区通过自建新媒体平台、微信公众号、抖音视频号、微视视频号、抖音直播等开展“天府水源地”公用品牌新媒体直播及线下推广活动100余次，拍摄剪辑推广视频42条，曝光量共计30万余次；通过打造电商平台，综合全网平台进店人数超过5000万人次，品牌曝光次数超过2亿人次。截至2021年年底，郫都区“农贷通”平台累计发放贷款694笔、金额30.43亿元；累计发放农房抵押贷款323笔62 412.1万元；通过“农地+”模式盘活经营权，累计发放贷款2502万元。

【主要领导人】 区委书记：杨东升（6月止），辜学斌（7月始）；区人大常委会主任：王洁；区长：刘印勇（6月止），赵继东（7月始）；区政协主席：刘航（6月止），李亦（7月始）；分管农业副区长：黄金龙（6月止），叶茂（7月始）。

郫都区编写组

新 津 区

【基本情况】 2021年，全区辖4镇4个街道，辖区面积330平方千米，其中耕地面积13.87万亩、森林面积8.8万亩、林地面积3.12万亩。年末登记人口41.62万人。森林蓄积量28.7万立方米，森林覆盖率26%。

2021年，全区GDP444.41亿元，增长8.6%，其中第一产业增加值19.43亿元，增长3.4%，农、林、牧、渔及农林牧渔服务业总产值之比为47.6∶0.5∶40.9∶8.3∶2.7；第二产业增加值188.81亿元，增长9.2%（工业增加值159.86亿元，增长11.6%）；第三产业增加值236.17亿元，增长8.6%。

【年度农业和农村经济运行】 2021年，全区实现农业总产值31.49亿元，增长3.6%。农民年人均可支配收入达29 130元，增长10%（主要农产品产量见表1所列）。

【农业产业化发展】 全区市级以上农业产业化龙头企业32家（国家级5家、省级8家、市级19家），其中农产品加工类企业占71.9%、种养类企业占12.5%、休闲农业企业占9.4%、投资型类企业占6.2%；总资产249.84亿元，固定资产总额71.25亿元，销售总收入196.08亿元。新增国家级农业产业化龙头企业1家，即中粮（成都）粮油工业有限公司。

【农村土地规模流转】 加大对工商企业等社会资本流转农地的资格审查、项目审核和风险防范力度，全年共审查1宗、面积260.86亩，实现土地规模经营面积17.98万亩，适度规模经营率达78.72%。依托成都农交所新津分公司，引导集体资产、资源进入农村产权交易所规范有序交易，完成土地经营权交易鉴证15宗，交易面积847.03亩。

【农产品品牌战略实施】 全区共有“三品一标”农产品86个，其中有机产品54个、绿色产品3个、无公害农产品27个、地理标志农产品2个（新津韭黄、新津黄辣丁），新增无公害农产品7个。全区无公害农产品种植面积14 313.13公顷，绿色产品种植面积71公顷，有机产品种植面积87公顷，地理标志农产品（新津韭黄）种植面积7256公顷。

【现代农业园区建设】 新津区稻渔现代农业园区获评2020年度四川省四星级现代农业园区，园区位于天府农博园功能区内，总面积3万亩，其中核心区面积5000亩以上。园区基础设施完善，基本实现路网、渠网、观光网、田网等全覆盖，排灌体系配套完善，全面满足宜机化要

表1 2021年新津区主要农产品产量

主要农产品	单位	产量	同比增减(%)
粮食	万吨	6.3100	0.9600
水稻	万吨	4.8900	0.0100
小麦	万吨	0.8300	0.0200
玉米	万吨	0.4100	0
油菜籽	万吨	0.9800	−0.0300
蔬菜	万吨	22.190	−0.0200
水果	万吨	4.1700	−0.2100
肉类	万吨	2.3900	−0.2800
猪肉	万吨	1.0900	−0.0311
牛肉	万吨	0.0036	−0.1818
羊肉	万吨	0.0063	−0.1711
禽肉	万吨	1.0573	−0.2065
兔肉	万吨	0.1932	−0.1001
禽蛋	万吨	0.7280	−0.2932
水产品	万吨	1.2078	0.2078
牛奶	万吨	0.1018	0.0527

求。园区依托深能、农行田等企业、专业合作社开展稻渔综合种养7800亩，实现“稻在水中养，渔在稻下游”，减少了化肥农药的使用，提升了土地利用率。

【种植业】 全区粮食作物播种面积13.36万亩，总产量6.31万吨，其中水稻播种面积8.98万亩，产量4.89万吨，单产544.5千克；小麦播种面积2.7万亩，产量0.83万吨，单产307千克。油菜种植面积5.64万亩，油菜籽总产量0.98万吨，单产173.3千克。蔬菜以种植叶菜类、根茎类、茄果类、豆类为主，全年蔬菜生产面积6.62万亩，鲜菜总产量22.19万吨，蔬菜总产值5.77亿元。水果主要有柑橘类、梨子、葡萄、西瓜、猕猴桃、草莓等，全年总产量4.17万吨，总产值达3.03亿元。印发《植物病虫情报》14期，重大病虫害预报准确率98%以上。依托国家、省、市农业科研院所，种子种苗企业、农业公司和专合社，开展蔬菜、水果新品种引进、示范、田间展示，其中蔬菜新品种20个、水果新品种8个、粮油新品种30个；示范推广粮油新技术4项、果蔬新技术12项，在蔬菜、水果上示范推广生物农药绿色防控技术3万亩次。

【林业】 全区全年度退耕还林面积1.13万亩，开展退耕还林补助资金和森林抚育补助资金发放，巩固退耕还林成果。开展“爱鸟周”野生动植物保护宣传活动；开展集中打击破坏野生动物资源的“清风行动”；严格管控野生动物驯养繁殖、经营利用；开展野生动物疫源疫病监测，全年未发现生野生动物疫病疫情；开展野生动物救助保护。开展森林防火宣传教育，提高全民森林防火意识，开展野外火源管控和日常巡查管护，开展重点部位隐患排查整治，有序推进全区森林防灭火。对普兴街道、兴义镇2个镇（街道）共387亩国有林进行巡查和管护，对全区7749亩集体公益林进行生态效益补偿，天然林资源保护面积达100%。16名监测人员对全区林业有害生物进行全面监测；完成越冬代虫情调查、春秋两季松材线病普查和全年趋势预测；通过人工、生物等防治方式对松材线虫病媒介昆虫、锈色棕榈象、菟丝子等林业有害生物进行防治，共防治面积6000余亩，无公害防治率为100%，产地检率为100%，成灾率为零。

【畜牧业】 全年生猪存栏7.12万头、出栏14.14万头，家禽出栏763.63万只，兔出栏129.71万只；畜牧业总产值12.87亿元，占农林牧渔业总产值的40.9%。肉类总产量2.39万吨，禽蛋产量0.72万吨，牛奶产量0.1万吨；开展企业安全生产检查80余家次，培训指导企业80余家次，检查指导覆盖率达100%。持续开展规模养殖场标准化建设，全区共有11家规模养殖场创建为标准化养殖场。全区畜禽粪污综合利用率达90%以上，规模养殖场设施配套率达100%。

【水产业】 全区养殖水面8070亩，其中池塘7920亩；水产品产量12 078吨；水产品产值2.6亿元，渔业总产值占农业总产值的8.2%；名特优养殖面积占全区养殖面积的35%。继续推动稻渔综合种养7000余亩，发挥现有稻渔综合种养示范基地的示范带动作用。实施水产绿色健康养殖“五大行动”，开展池塘高低位池、陆基循环养殖、鱼菜共生、稻渔综合种养模式示范与推广，在宝墩镇、永商镇、兴义镇新建陆基循环水健康养殖示范点和高低位池循环水示范点4个。全年完成部、省、市水产品质量安全监测317批次，产地水产品监测合格率达100%。

【农村扶贫和移民工作】 开展防止返贫动态监测和帮扶集中排查，制订《新津区集中排查工作方案》，全面收集区医保、教育、民政等11个行业部门和各镇（街道）返贫风险信息，组织各镇（街道）、村（社区）全面开展集中排查。建立健全防止返贫动态监测和帮扶体制机制，制定《新津区健全防止返贫动态监测和帮扶机制办法（试行）》，召开全区防止返贫动态监测和帮扶培训会。开展巩固拓展脱贫攻坚成果“回头看”，制订《新津区巩固脱贫攻坚成果“回头看”工作方案》，按时完成全国防止返贫监测信息系统行政村信息录入、脱贫户、脱贫村“回头看”等工作。

落实对口支援帮扶资金，推动建设农牧业基础产业项目1个，两河口会议纪念地旅游景区游客中心、津金苹果共享农庄旅游服务品质等文化旅游项目4个，省级现代农业园区（创建）项目2个，州级现代农业园区（创建）项目1个，就业项目2个，产业企业培育项目2个，支援基础公共服务、人才智力、基层治理、全域结对、区域合作联动、规划编制等项目17个。开展第五批、第六批对口支援干部队伍轮换，确保支援工作不断档、不松劲。

【乡村旅游】 围绕“花漾新津”旅游IP，以“花漾新津·幸福生活”为主题，举办第21届梨花节。依托中国农民丰收节、成都天府大地艺术季开展乡村旅游活动，如天府农博帐篷节、幸福乡村音乐节、宝墩镇“蜀源稻作集·踏歌庆丰收”活动等。签约引进湖山春晓、山间花雨·平阳里等乡村旅游项目；促进蓝城沐春风度假村、心道天堂等乡村旅游项目建设。建成当代少年、九莲乐学村、番薯藤TINA庄园等研学旅游基地，成立新津研学旅行产业联盟，搭建“市场共拓、资源共享、品牌共创、产业共兴”的交流合作平台，推动新津乡村研学旅游高质量发展。推进两项改革“后半篇”文章专项工作，推动4个被撤销乡（镇）的场镇文旅植入和活化利用，促进本地文旅资源的价值转化，鹿野秘境、成都希望·奥特莱斯获评2021最成都·生活美学新场景。宝墩镇董林盘获评成都市2A级林盘景区；希望·奥特莱斯、活泼泼热带果园入选成都市第五批“新旅游·潮成都”主题旅游目的地。全年接待乡村旅游游客907.43万人，增长10.17%；实现乡村旅游收入23.47亿元，增长11.76%。

【农村水利】 制发《新津区2021年河长制工作要点及工作清单》，编制南河、金马河（岷江）等四个流域“一河一策”管理保护方案（2021—2025）、《成都市新津区西河健康评价报告》，指导全区河湖保护工作；组织开展河长制“七进”宣传活动，推进农村生活污水收集治理，20户以上农民集中居住区污水设施覆盖率达90%以上，98%的行政村生活污水得到有效治理；全面开展排水管网排查整治，启动全域黑臭水体全面清理整治专项行动，实施林碾沟、葛碾沟片区污水溯源，完成林碾沟瑞通路段黑臭水体治理，实现农村黑臭水体整治动态清零；加强农业节水管理，编制《新津区农业水价综合改革方案》，建立农业用水户协会18个。完成新津区水务发展“十四五”规划编制，完成羊马河防洪治理工程，打造白鹤滩湿地公园绿道，有序推进杨柳河花源段、花桥段防洪治理工程，在兴义镇纪碾村、普兴街道回龙村建成2个“水美乡村”。持续加强河湖生态资源保护，印发《成都市新津区打击整治非法盗采砂石工作方案》《成都市新津区违法采砂整治行动方案》，完善《成都市新津区防汛抗旱应急预案》，编制水库应急预案，细化“防、抢、撤、救”各项措施。完成散居农户自来水安装2400户，全区农村自来水普及率达92%。

【农业机械化】 全区有各类农业机械2.11万台（套），总动力16.6万千瓦，主要农作物综合机械化水平达90.82%。完成农机购置补贴238.481万元，推广先进适用农业机械74台（套）。全区有农机专业合作社22个，农机合作社作业服务面积达67.7万亩。参加年检的拖拉机交强险参保率为100%，农机安全监理上牌发证合法性抽查合格率达100%。到田间地头、合作社开展检查11次，排查安全隐患19处。联合公安交管部门开展执法检查24次，检查车辆17台。

【农村科技】 建立职业农民培训师资库和培训基地库，遴选新型职业农民培训讲师12名、实训基地4个；组织开展新增农业职业经理人培训80人、乡村专业人才培训40人、职业农民精英培训30人、国家成都农业科技中心人才基地培训20人、高素质农民培训93人，评定农业职业经理人68人；组织高级农业职业经理人申报“津英人才”奖励，发放奖励1.2万元；落实农业职业经理人社保补贴政策，共补贴212人83.7万余元。

【农村文化】 持续推动公共文化设施免费开放、错时开放、延时开放，区图书馆全年接待14.94万人次，借阅量15.91万册次；区文化馆全年接待3万人次。完成文化馆国家一级馆评估定级，新打造基层综合性文化服务中心示范点2个，图书馆、文化馆社区分馆2个。组织开展“文化四季风之民俗闹春”和“音乐消夏”“永远跟党走”等系列线上线下各类群众文化活动3252场次，受益群众超过20万人次。推进新型文化空间建设，打造文化街区和天府绿道“沉浸式文化空间”1个。实施“智慧广电+”战略，加强广播电视基本公共服务标准化建设，实现3万户电视“户户通”设施能够正常接收、8个镇（街道）86个广播“村村响”正常播放、6个广播电视公共服务网点的规范服务。结合“我们的节日”等组织志愿者广泛开展文艺队伍辅导、文艺展演等志愿服务活动100次；开展流动图书馆进社区、街道志愿服务120场次，举办“走基层”文化惠民活动40场次。广泛开展非遗保护传承宣传，结合新津非遗特色，按照节庆节点开展“我们的节日”“文化和自然遗产日”等非遗展览展示23场次。挖掘非遗项目，摸排木雕、石雕、衍纸制作、牛儿灯表演、宝墩酒制作技艺5项非遗项目，指导申报区级非遗。

【农村法治建设】 打造永商望江“法治文旅社区法律之家”、五津城东“法治拥军社区法律之家”等特色品牌，营造法治氛围。整合基层宣传力量，在每个村（社区）打造一支专业的、群众身边的普法宣传队伍，凝聚宣传合力，开展各类主题宣传活动120余场次，发放宣传资料和宣传用品10万余份。整合律师、公证、法律援助等资源，构建乡（镇）“15分钟法律服务圈”，打通乡村群众法律服务“最后一公里”。以服务政府为中心，发挥司法所镇（街道）法律顾问的审查职能。健全矛盾纠纷预防化解全链条模式，完善三级调解组织架构，基本实现村、镇级“矛盾不上交”。开展“一村（社区）一法律顾问”工作，创新“五四三”工作方式，实现全区81村（社区）法律顾问全覆盖。全年共接访咨询3150人次，开展法治讲座263场，推送法律资讯2251条，推进基层民主法治建设。

【农村卫生】 全区创建省级卫生单位3个、省级无烟单位4个，创建市级健康街道1个、健康村（社区）9个、健康单位7个、健康企业1家、健康家庭100户，创建市级病媒示范社区1个，《“智慧医养”托起幸福“夕阳红”》健康案例获评“成都市健康城市建设十佳案例”。持续推进基层医疗卫生机构硬件能力提升，完成五津、兴义、花源、永商4个镇（街道）卫生院（社区卫生服务中心）基础设施提升改造项目，完成9个村卫生室公有化、标准化建设项目。

【农村交通】 全面完成兴义镇三合村乡村道路等新（改）建农村公路6.18千米，新开工兴场社区及田渡村农村公路建设项目0.65千米，实施花徐路、徐兴路等乡村公路大中修4.53千米，实施农村公路安全生命防护工程7.615千米，农村公路路面使用性能指数PQI值为88.64。开展公路日常巡查、定期巡查及养护维修，建立巡查台账，及时完善、修复公路设施。更新维护交通指示牌、桥梁限重牌、公示牌等172块，维护路侧护栏176米、中央分隔带护栏68米，维护增设各类道口桩、警示桩等525根，维修桥梁防眩板372片，更新路面标线2119平方米。加强桥梁养护，对前期检查存在病害的51座桥梁进行专项养护。组织实施旧危桥改造,完成方井村无名桥、白马无名桥改造整治。

【涉农招商引资】 推进新希望生猪三产融合数智示范基地、新津区慵也谷新乡村产业项目等项目建设,全区完成农业投资12.3亿元。有市级以上农业产业化龙头企业32家(国家级5家、省级8家、市级19家),其中农产品加工企业占71.9%、种养类企业占12.5%、休闲农业企业占9.4%、投资型企业占6.2%,总资产249.84亿元,固定资产总额71.25亿元,销售收入196.08亿元。新增国家级农业产业化龙头企业1家,即中粮(成都)粮油工业有限公司。

【农村社会保障】 加强对被征地农民社会保障政策的研究解读,精准把握执行口径,通过进村入户开展政策宣讲保证每一个被征地农民"看得明、读得懂",稳步推进被征地农民养老保障。保障社保精准扶贫到位,实时掌握最新的贫困和低保人员信息,做实数据台账动态管理,实现符合条件人员城乡居民基本养老保险政府代缴"应代尽代"、待遇发放"应享尽享"。实施全民参保计划,全面推进城乡社会保障体系建设,落实城乡居民养老保险制度,提升城乡居民基本养老保险参保覆盖率。城乡居民养老保障水平稳步提高,运用全民参保计划扩面专项行动成果推进精准扩面的效果凸显,社保基金规模不断扩大,养老保险待遇每月按时足额兑现。全区城乡居民基本养老保险参保人数约10.61万人,参保覆盖率达90%以上。

【农村生态建设及环境保护】 加快推进农村生活污水治理,开展全区"黑臭水体"摸排,并建立问题台账,推进花源街道、花桥街道、宝墩镇等8个镇(街道)20户以上农民集中居住区生活污水治理。截至2021年年底,全区建成污水处理设施78处(微污站16处、功能性净化池3处、微动力点位1处、功能性生态湿地58处),覆盖行政村70个,覆盖农户91 063户,80%以上的行政村污水得到有效治理。按照"高标准、全覆盖"要求,建立农村生活垃圾"户集、村收、镇运、区处理"集中收运处理机制。通过构建农村保洁长效机制,建立稳定的农村保洁员队伍、科学配置垃圾收集点、引入市场化运输企业、加强日常监管,100%的行政村生活垃圾得到有效治理。运用"新分类、新回收"理念,开展"互联网+垃圾分类"探索,引入成都奥北、绿色地球两家公司建成36座自助投放点位。推行城乡环境卫生一体化、均衡化,将全区所有镇(街道)、重要道路、旅游环线等环卫作业、绿化、水域、公厕统一纳入市场化管护范围。开展"三清三改"村庄清洁美化提升行动、"百日攻坚"行动计划和"公园城市人人建·美丽乡村大家创"主题活动,动员广大群众开展环境卫生大扫除。全面完成农村人居环境整治重点县49个项目建设,有效补齐农村环境设施短板,解决环境长效管护难题。实施特色镇(街区)建设和川西林盘保护修复18个项目,植入特色项目、营造多元场景、激发乡村活力。持续推进水产绿色健康养殖"五大行动",引进通威渔光一体项目和陆基海水全循环智能化养殖项目,新建养殖示范点3个;创建化肥农药减量增效示范区2个,辐射带动面积1.5万亩以上,农药、化肥施用量完成负增长目标;创建标准化养殖场9家,改造规模养殖场10个,畜禽粪污综合利用率达99.6%;开展两次灌溉水抽样检测,结果均符合农田灌溉水质基本控制项目16项指标要求。完成农用地土壤监测点运行使用;开展金马河流域(岷江)水污染治理巡查,对重点点位开展定期轮巡,发现问题及时督办,通过现场研究整改措施有效推进水污染治理。

【农产品质量安全监管】 持续健全农产品质量安全三级监管网络体系,加大农产品质量安全监管力度,在原有44个村级检测点位基础上新增至59个点位。遴选食用农产品合格证制度推行实施主体120家,配备合格证打印设备及耗材,督促做好制度上墙、落实产品质量控制措施;打造食用农产品合格证区级示范点位30个(其中5个为市级),全年累计开具合格证35万余张,附带合格证上市农产品3万吨。完成上市农产品定性快检5.68万批次,合格率达99.96%。全年定量样品监测1020个,其中抽检蔬菜730个、水果170个、食用菌60个、水稻55个、水产品5个,农产品监测合格率达98%以上。

【农村市场体系建设】 组织实施质量强区、食品安全、标准化和知识产权战略,规范和维护市场秩序,营造诚实守信、公平竞争的市场环境。持续打响"春雷行动"执法品牌,推进民生领域案件查办"铁拳"行动,严厉打击各类违法行为;不断推进长江禁捕,督促整改不规范广告、店招、菜单。深化国家食品安全示范城市创建,坚持"政府引导、企业主体、公众参与",全面推进食品安全工作,促进社会共创共治共享,不断提升食品安全治理能力,全年无重大食品安全事故发生。开展食品抽检2110批次、药品抽检57批次,抽检(查)不合格核查处置率达100%。拓展消费维权服务站覆盖面,降低群众消费维权门槛,提升维权服务站消费纠纷调处技能和处理效能,新增12315消费维权服务站3个,消费者投诉举报处理和处置率达100%。

【农村教育】 持续实施农村义务教育学生营养改善计划,落实中职免学费等14项教育资助,资助学生近10 000人次。实施引园引校、建园建校、开园开校、优园优校"四个一批"工程,引入成都市泡桐树小学来津办学,启动石笋街小学新津分校规划建设,完成泰华学校、普兴初中、文井小学教学楼改建工程并投用。新津成外学校、新津一幼希望城园区、龙江路小学新津分校、机关三幼新津分园、五津幼儿园团结岛分园建成投用。完成新津中学校园文化外溢工程及普兴小学等13所学校环境提升工程。成立新津中学五津初中校区,完成安西初中与泰华学校、金华学校初中部与普兴初中撤并工作。推进学科类培训机构联合治理，已关停13家，引导学科类转非学科类19家，压减率57%。建立完善中小学生作业负担和课后服务督察机制，促进学生身心健康和“减负不减质”。

【农村留守家庭(儿童、学生)帮扶】 对全区“留守儿童”情况展开调查，对其学习、生活、心理、安全、健康状况进行调查登记，全面了解“留守儿童”的生存状况和成长需求，建立“留守儿童”档案。在调查研究、掌握第一手资料的基础上，研究制定切实可行的应对措施，增强工作的针对性和实效性。通过对留守儿童问题的调查、分析与研究，找到影响留守儿童健康成长的原因，有针对性地提出行之有效的措施和办法。全面推广“关爱工程”，为留守儿童营造健康、快乐、平等、和谐的成长环境，同时加强领导，建立目标责任制，确保留守儿童入学率、巩固率均达100%。

【劳务开发与返乡创业】 实施跨区域劳务合作，搭建农民工就业平台；落实稳岗补贴等多项惠企政策，发挥企业吸纳农民工作用，加强农民工就业创业指导；开展农民工技能培训，促进农民工就业创业增收。全面启动农民工走访慰问、就业专场招聘、根治欠薪冬季攻坚、各类证照办理、旅途暖冬“五件实事”，走访慰问返乡农民工，及时兑现车船票补助。做好农民工疫情防控监督检查，“一对一”做好中高风险地区返乡农民工摸排。全区开展线上线下主题招聘活动119场，为农民工等重点群体提供岗位4.8万余个。开展劳务品牌培训24期、返乡下乡创业培训10期，促进农村富余劳动力新增转移就业5110人。

【主要领导人】 区委书记：唐华；区人大常委会主任：孙英元；区长：钟静远(11月止)，胡建平(11月始)；区政协主席：蒋莉；分管农业副区长：王胜。

新津区编写组

都江堰市

【基本情况】 2021年，全市辖5镇6个街道，辖区面积1208平方千米，其中耕地面积14.79万亩，比上年(下同)减少0.62%，人均耕地面积0.24亩；基本农田13.0156万亩。年末总人口62.39万人(户籍人口)，增长0.55%；人口出生率5.2‰，减少1.56个千分点；人口自然增长率-1.32‰，减少1.15个千分点。森林蓄积量733.27万立方米，森林覆盖率60.37%。

2021年，全市GDP484.28亿元，增长7.1%，其中第一产业增加值37.77亿元，增长4.3%；第二产业增加值160.23亿元，增长6.1%；第三产业增加值286.27亿元，增长8%。三次产业对经济增长的贡献率分别为5.1%、28.6%和66.4%。劳务输出100 819人，收入321 898.45万元。全年接待游客2850万人，实现旅游收入3 866 000万元，其中乡村旅游收入685 700万元。

公路通车里程2056.57千米。社会消费品零售总额172.1亿元，增长14.1%。地方公共财政预算总收入完成40.38亿元，增长11.5%；公共财政预算总支出53.15亿元，减少7%，其中农业投入44 653万元，占支出的8.4%。金融机构各项存款余额740.78亿元，比上年初增长14.1%；各项贷款余额377.22亿元，比年初增长11.6%。农业产业化龙头企业省级、市级、县级分别为11家、17家、35家。

有各类学校135所，在校学生134 613人，教职工10 166人，其中普通高校5所，在校本(专)科学生48 174人，减少3.1%；普通中学26所，在校学生26 035人；小学25所，在校学生36 920人；学龄儿童入学率100%。有艺术表演团体32个，文化馆1个，公共图书馆1个，博物馆8个。有卫生机构477个，病床位7722张，卫生技术人员7306人。新型农村社会养老保险参保人数14.43人，参保率96%；被征地农民养老保险参保人数2618人，占总人数的3%。

【年度农业和农村经济运行】 2021年，全市实现农业总产值63.05亿元；全市全年农业增加值达40.61亿元，增长4.7%；茶叶、猕猴桃等特色优势农产品产量保持稳定增长。农民年人均可支配收入达28 552元，增长9.9%。全市水产品产量1319吨，实现水产品产值6035万元。防范非洲猪瘟等重大动物疫情，全年生猪出栏22.12万头，超成都市目标47%（主要农产品产量见表1所列）。

【农业产业化发展】 招引现代农业重大项目长江上游水生态科技园、青城·药王长生谷项目2个，协议总投资2.72亿元。全年新注册农民合作社15家、家庭农场49家，完成新型农业经营主体培育任务；新评定县级示范合作社5家、示范家庭农场13家，新申请成都市级示范合作社9家、示范家庭农场25家。

【农村集体产权制度改革】 出台《都江堰市贯彻落〈四川省农村集体经济组织条例〉实施方案》；实现全市集体经济组织登记赋码发证全覆盖，落实“五个一”管理规范(一个标准的集体经济组织名称、一个组织章程、一个治理机构、一本成员名册、一套管理制度)，全面完成130个村级集体经济组织挂牌。开展年度“三资”清查，共清理村级集体资产7.08亿元，其中经营性资产0.86亿元。争取上级资金在4个社区实施发展壮大农村集体经济示范项目。

【供销合作社改革】 完成全市全年供销合作社重点任务，创建基层社示范社

表1　2021年都江堰市主要农产品产量

主要农产品	单位	产量	同比增减(%)
粮食	万吨	10.77 000	0.19
水稻	万吨	9.23 000	2.58
小麦	万吨	0.18 000	-8.00
玉米	万吨	1.38 000	0.65
油菜籽	万吨	2.86 200	1.44
蔬菜	万吨	1.53 200	-6.51
水果	万吨	5.043 700	9.56
肉类	万吨	2.941 255	6.06
猪肉	万吨	1.633 517	1.43
牛肉	万吨	0.046 817	93.46
羊肉	万吨	0.008 838	-44.42
禽肉	万吨	1.130 559	7.12
兔肉	万吨	0.121 500	81.07
禽蛋	万吨	1.029 176	32.40
水产品	万吨	0.131 900	0.45
牛奶	万吨	0.176 083	14.34

4个，改造提升薄弱基层社1个，新建农村综合服务社3个，创建星级农村综合服务社1家，新增基层社社员566人；新建连锁电商网点65个；争取成都市级财政资金222万元，组建龙池镇飞虹社区、青城山镇成青社区2家村级基层社；成立“地礼云集”电子商务有限公司，搭建“都青集”电商平台，完成电商站点升级改造65个，打造景区供销社直播间1个。全面完成2021年农药废弃包装物及废旧农膜回收处置项目。

【现代农业园区建设】 出台《都江堰市促进现代农业高质量发展的政策意见》和配套实施细则，天府源国家级田园综合体高分通过国家验收，获评人民网“2021乡村振兴示范案例”。新认定都江堰市县级现代农业园区3个、成都市三星级现代农业园区1个，晋升2个园区为成都市四星级现代农业园区。

【种植业】 实施都江堰精华灌区恢复水稻种植试点和耕地轮作休耕制度试点，腾退低效苗木7000余亩，新增水稻6300亩，全年粮食作物播种面积和产量实现“双增长”；新建高标准农田1.2万亩；新增“三品一标”农产品9个，“都江堰猕猴桃”获评“2021中国农产品百强标志品牌”。

【林业】 建立市级、镇(街道)级、社区级三级林长制组织体系，完成各级林长、市、镇(街道)林长制办公室和社区监管员设立，全面完成年度目标任务。探索智慧巡山护林，建立“线上+线下”结合的三级林长网格化管理体系，在全省率先使用林长制智能巡护APP。全市采伐林木361起，采伐林木蓄积2442.56立方米。全市净增森林面积1167.3亩，净增森林蓄积35.4万立方米，全面完成森林双增年度目标任务。

【乡村振兴】《全国乡村治理示范村镇典型经验(四川篇)》首篇推出石羊镇《探索“四化同步”推动乡村治理启新篇》，天府源国家级田园综合体高分通过终期验收，《建粮优菜绿猕果花香田园综合体 引领县域乡村全面振兴》入选人民网“2021乡村振兴示范案例”，天马镇金陵等3个社区获评四川省首批乡村治理示范村(社区)，石羊镇获评“四川省首届乡村文化振兴魅力乡镇竞演大赛魅力乡镇”，赵公山获批国际山地旅游联盟(IMTA)首批国际山地徒步旅游示范点。都江堰市入选四川省基层农业博士、硕士科技服务创新试点县，都江堰市获评“成都市级乡村振兴就业创业示范市”，都江堰市通过“党政同责、一岗双责”织牢生态防控网并获得“2021绿色中国特别贡献奖”。

【乡村旅游】 培育灌区映像、天府原乡、拾光山丘、问花村等多个农业新经济示范点位和3个全国乡村旅游重点村，玫瑰花溪谷、茶溪谷获评省级农业主题公园，打造七里诗乡、川西音乐林盘等10个A级川西精品林盘，网红“猪圈咖啡”获评“成都市级十大优秀农创项目”；常态化举办茶马文化节、三月三采茶节等乡村节庆活动，动态发布全域旅游线路、田园休闲旅游精品线路，玫瑰花溪谷入选农业农村部“千山万水赏美景”全国100条秋季乡村休闲旅游精品推介线路，形成涵盖现代农业、稻田景观、生态民宿、农夫集市、农事体验、亲子游乐、研学康养等多业态的乡村产业兴旺新画卷。

【农业机械化】 全市完成农作物机耕面积33 805公顷、机播面积19 573公顷、机收面积23 267公顷，主要农作物耕种收综合机械化率达89.29%。

【农村教育】 开展庆祝建党100周年暨“两优一先”表扬大会。举办“美丽花朵”第三届中小学生合唱比赛、“唱支歌儿给党听”主题活动，到北京市参加中外人文交流活动暨冬奥会倒计时200天庆祝活动。全市公办幼儿园在园幼儿占比达50.6%，普惠性幼儿园在园幼儿覆盖率达80.6%。推进特殊教育学校培智高中部建设，推动特殊教育学校新建教学楼项目。落实“双减”要求，对全市学科类77家、综合类50家、艺体类59家共计186家校外培训机构进行全面排查。有序推进《都江堰市基础教育课程改革实验区建设三年行动计划》，“深度学习”教学改进等13个项目有序推进，新增友爱学校参与“科学技术实践创新实验室”项目，持续开展区域大课题“问道——都江堰育人模式探索”研究。5名教师被评为“成都市特级教师”，4名教师被评为“成都市学科带头人”，4名教师被评为“成都市优秀青年教师”，4名教师被评为“成都市教坛新秀”，1名教师被评为“成都市师德标兵”，1名教师被评为“成都市优秀支教教师”，30名教师被评为“都江堰市学科带头人、优秀青年教师、教坛新秀”，100名教师被评为“都江堰市教书育人楷模”。

【**农村文化**】 全市各级公共文化场（馆）实行免费、延时、错时开放，“15分钟”公共文化设施网络体系逐步完善，共建成图书馆分馆16个、文化馆分馆14个，市级公共文化资源不断向基层转移。开展以“走基层”“文化四季风”“书香都江堰”等为主题的文化惠民活动2000余场次，惠及群众20万人次。打造基层综合性文化服务中心示范点2个。邀请专家、学者、文艺志愿者到村（社区）开展党史学习教育宣讲活动620场、“永远跟党走”主题庆祝活动835场、都江堰市文艺轻骑兵送文艺活动25场、“李冰讲坛”12场。发挥“一约四会”自治作用，推动整治铺张浪费、大操大办、薄养厚葬等不良习俗，不断提升农村地区居民文明素质。

【**农村卫生**】 做好两项改革“后半篇”文章，完成全市7个区域中心卫生院整合，破解基层医疗机构分散、医技能力不足、运行成本高、人才流失等难题，逐步提升基层医疗卫生服务能力，受到省级表扬。推进县域医疗卫生次中心建设，制定《都江堰市医疗卫生次中心设置规划（2021—2025年）》，青城山镇中心卫生院建成省级社区医院，被列为全省首批县域医疗卫生次中心建设单位。推进分级诊疗制度落实，建成2个医联体、4个专科联盟、3个县域紧密型医共体；投入医共体建设资金达210万元；构建“15分钟服务圈”，县域就诊率达90%以上。推进“互联网+医疗健康”建设，完成27家基层医疗卫生机构电子健康卡应用环境改造上线；推进智慧医院建设，建立远程会诊中心。夯实基本公共卫生服务，全市建立家庭医生团队172支，开设家庭医生工作室15个，累计签约30.0278万余人，签约服务率达42.72%，重点人群签约率达81.81%；加强“一老一小”健康服务，孕产妇系统管理率97.19%，儿童系统管理率98.47%。中医药健康服务下基层，邀请国家级、省级、成都市级名老中医通过林盘诊所下沉基层坐诊26次，诊疗人群530人次，提供咨询410人次。

【**农村法治建设**】 夯实农村法治建设基础，出台《都江堰市法治乡村建设实施意见》，全面绘制“未来五年法治乡村建设蓝图”，组织全市130名集体经济组织负责人就土地流转法律风险防控开展专题培训，培养社区“法律明白人”近3000名，逐步形成“法律顾问包村、法律明白人联户”的基层法治新格局。优化公共法律服务供给，依托公共法律服务三级实体平台为农民工、老年人等群体提供免费法律咨询解答5126人次，增设12348法律援助热线人工座席，实现法律专业人员专席服务，全年通过采取扩面降标、全域通办等便民措施为弱势群体和特殊人群提供法律援助服务3981人次，依法受理农民工维权案254件，涉及金额667余万元；推动全市线下开展“一月一主题”普法200余场次，全市社区法治文化阵地实现100%覆盖。有效化解矛盾纠纷，坚持和发展新时代“枫桥经验”，全年调解婚姻家庭、赡养继承、人身伤害等基层矛盾纠纷1900余件，调解成功率达98%。

【**农村社会保障**】 发挥现行社会保险政策作用，完善并落实社会保险扶贫政策，支持帮助困难群体参加社会保险，按照省、成都市关于切实做好社会保险扶贫工作相关要求，与市民政局对接，到各镇（街道）对登记在册年满16周岁及以上年龄的低保对象、特困人员等困难群体开展信息收集，精准核实贫困人员数据，同时对接市财政落实资金为符合条件的贫困人员办理代缴城乡居民养老保险，确保建档立卡贫困人口、低保对象、特困人员等困难群体“应保尽保”，实现困难群体城乡居民基本养老保险“代缴全覆盖”和“待遇全覆盖”。在城乡居民养老保险参保方面，完善基层平台建设，将城乡居民养老保险经办工作职能下移，不断简化经办手续，优化办事流程，设置公示专栏，公示工作职责、办理流程、缴费标准、政策指南等，推动城乡居民养老保险扩面，实现应保人群参保覆盖率96%以上。

【**农村生态建设及环境保护**】 实施“蓝天保卫战”，印发《2021年大气污染防治工作行动》《夏季臭氧污染防控行动》等方案，持续开展2021年环境执法“亮剑行动”和大气污染防治专项执法“一号行动”，完成铸造行业绿色标杆企业打造，持续开展拉法基、长峰钢铁、都钢钢铁3家企业大气污染物超低排放改造。截至2021年年底，全市优良天数312天，优良率85.47%；PM2.5平均浓度31微克/立方米，空气质量持续达到国家二级标准，全面完成目标任务。

实施“碧水保卫战”。编制《都江堰市“十四五”水生态环境保护规划》《都江堰市“十四五”饮用水水源保护实施方案》，完成紫坪铺超级水质自动监测站建设（成都市规模最大），率先在柏条河、徐堰河成都市级饮用水水源保护区及磨儿潭应急水源地安装移动式电子围栏13处。全市被纳入国家、省、成都市考核的11个地表水断面水质均达到Ⅱ类及以上，达标率100%，各集中式饮用水水源地水质达标率100%。

【**农村市场体系建设**】 实施“互联网+

农产品+休闲农业出村进城行动”，益农农业、天赐猕源、青城茶叶等9家企业在京东、淘宝等开设农产品旗舰店，培育天一农业、猪圈咖啡、果美滋等一批直播带货网红主体，实现以活动带流量、以流量促传播、以传播树品牌，提升了都江堰特色农产品和休闲农业知名度。针对融资抵押资产不足、金融创新研究不深、金融政策措施不新、农村产权权属不明等制约农业融资的共性问题，创新可经营性农村产权确权颁证、价值评估、收储处置“三同步”机制，累计已为有融资需求的主体办理农用冻库、养殖用房等农业设施设备所有权证13本，为下一步农村产权在城乡之间自由交易、流动奠定基础；与蚂蚁金服合作的“农村普惠金融”项目数字化、智慧化、快捷化优势不断显现并在农业农村领域持续扩面增量，累计实现线上融资2.06亿元；创新“农业融资信用保证保险”“涉农项目抵贷融资”“集体经济组织信贷授信”等支农融资新方式，缓释农业融资难问题。

【农村留守家庭（儿童、学生）帮扶】 疫情防控期间对困难儿童、特殊儿童累计开展关爱巡访80余次，电话抽查199次；继续开展“合力监护、相伴成长”关爱保护专项行动，通过政府购买专业社工服务链接社会资源持续开展农村留守儿童主题活动和对困难儿童开展个案服务；对儿童督导员、社区儿童主任开展各类培训16次，开展《中华人民共和国未成年人保护法》宣传，督促儿童福利督导员落实巡查机制，确保新增农村留守儿童监护人100%签订《农村留守儿童委托监护责任书》。制定“三类儿童”及高龄老人办理流程，共发放宣传册1200余份。

【特色农副产品】 新增出口植物及产品加工包装存放工厂备案1家，新增备案出境水果果园1家。全年实现外贸出口6批次，出口总量11.562万千克。结合每周气象预报和物候期，持续推出《都江堰猕猴桃农技气象协同服务周报》，实现实时精准指导。全市参与研发的猕猴桃避雨栽培技术先后被列入四川省和成都市农业主推技术。都江堰猕猴桃现代农业园区、科技小院等3个园区入选全国农业创业园区。都江堰猕猴桃科技小院被中国农技协认定为科普教育基地。加快品种更新，增强产业发展能级，引进“金实4号”“瑞玉”等猕猴桃新品种，在全市示范推广，推动品种更新，增强产业发展核心竞争力。举办都江堰猕猴桃采摘节，先后获得“2021中国农产品百强标志性品牌”“2021四川十大美食地标”等称号，继获得国家地理标志产品认证后，又通过农业农村部农产品地理标志认证，成为双地标保护认证品牌。

【劳务开发与返乡创业】 开展“就业都江堰创业天府源”农民工服务保障工作，以均等化公共服务和人性化关心关爱促进劳务开发与返乡创业，获评“去冬今春农民工服务保障工作先进单位”“成都市乡村振兴就业创业示范区、（市）县”，川西音乐林盘创始人宋建明获得“全国优秀农民工”称号。完善平台建设，建立市、镇、社区三级农民工服务平台，建成市级3个、镇（街道）级11个、社区窗口166个，同时发挥农民工服务平台作用，全年为农民工提供社保、就业等服务31.6万人，推动劳务转移输出规模10.08万人，外来务工农民工6.5万人。开展“乡村振兴，技能先行”系列培训活动，打造民宿管家、全域旅游讲解员、康养服务员、乡村厨师特色劳务品牌。建成成都市级技能大师工作室5个、高技能人才培训基地，全年开展各类企业职工提升培训295家，惠及职工14 995人。开展失业人员、创业、劳务品牌等免费培训，培训11 672人，促进农民工稳岗和技能提升。畅通招聘渠道，继续稳定和扩大农民工就业规模，举办人社服务“线上+线下”“春风行动”招聘活动，共举办线上线下招聘会45场，提供就业岗位52 000个，登记求职农民工35 900余人次，向重点企业和项目推荐优秀农民工2860人。

【主要领导人】 市委书记：蒋蔚炜；市人大常委会主任：幸晓斌；市长：张亚丹；市政协主席：钟成基；分管农业副市长：谭凌云。

都江堰市编写组

彭州市

【基本情况】 2021年，全市辖9个镇4个街道，辖区面积1421.36平方千米。

【现代农业园区建设】 秉承产业功能区建设理念，规划建设天府蔬香现代农业产业园，编制园区总体规划和“两图一表”，打造蔬菜研发、生产、加工、物流、会展全产业链。坚持以项目为中心、功能为目标，启动中国（成都）国际农产品加工产业园（彭州）核心区，招引农产品精深加工头部企业入驻园区。培育成都市级以上农业产业化龙头企业30家，引进四川彩食鲜供应链发展有限公司、四川民福记食品有限公司、成都市宁升绿康食品有限公司等蔬菜加工企业53家。依托国际铁路港大港区，加快建设濛阳农副产品专业物流港，做实以商贸物流为核心的产业链后端。按照“补链、强链、优链”的要求，以“四三二一”十大工程为载体，主动在科技创新、基地建设、加工物流、品牌打造、产业融合、主体培育上补齐短板，加快形成具有核心竞争力的产业集群。已建成四川省蔬菜工程技术研究中心、天府蔬菜种苗繁育中心、天府蔬菜社会化服务中心、中国蔬菜博览馆四大核心项目。探索“龙头企业

+合作社+家庭农场+专业大户"现代农业产业化发展模式，培育龙头企业、农民合作社、家庭农场等现代农业产业化新型经营主体，促进农业产业化新型经营主体发展壮大。

【高标准农田建设】 完成在敖平、濛阳、丽春、九尺、隆丰等镇（街道）2.1万亩高标准农田建设，做好彭州市4万亩高效菜粮示范区高标准农田建设项目和彭州市1万亩高效菜粮示范区高标准农田建设项目，提升农业生产条件。

【主要领导人】 市委书记：王锋君；市人大常委会主任：谢扬；市长：陈茂禄；市政协主席：吴石泉；分管农业副市长：龚昌华。

彭州市编写组

邛 崃 市

【基本情况】 2021年，全市辖8镇6个街道，辖区面积1377平方千米，其中农用地179.49万亩、永久基本农田62.6万亩、粮食生产功能区和重要农产品生产保护区"两区"划定37万亩。累计建成并上图入库高标准农田29.62万亩。年末总人口64.94万人（户籍人口），人口出生率6.14‰，人口自然增长率–2.03‰。森林覆盖率49.06%。

2021年，全市GDP386.32亿元，按可比价格计算，增长8.6%，其中第一产业增加值50.75亿元，增长5.7%；第二产业增加值162.18亿元，增长7.8%；第三产业增加值173.39亿元，增长10.4%。三次产业结构比为13.1∶42∶44.9。人均GDP64 040元，增长8.8%。

公路里程2818.1千米，其中等级公路2818.1千米。社会消费品零售总额123.26亿元，增长23.1%。一般公共财政预算总收入完成31.08亿元，增长12.4%；一般公共财政预算总支出58.84亿元，增长8.4%。金融机构各项存款余额579.13亿元，增长4.6%；各项贷款余额344.41亿元，增长20.5%。成都市级以上农业产业化龙头企业42家，其中省级13家、国家级4家。

有各类学校66所，在校学生55 420人，教职工3645人，其中普通高校2所，在校本（专）科学生1886人，减少25.7%；普通中学30所，在校学生23 637人；小学34所，在校学生29 897人；学龄儿童入学率100%。有文化馆1个，公共图书馆1个，博物馆6个。有卫生机构45个，病床位5338张，卫生技术人员4493人。

【年度农业和农村经济运行】 2021年，全市出台了《中共邛崃市委关于全面实施乡村振兴战略加快农业农村现代化建设的意见》。全市第一产业增加值50.75亿元，增长5.7%。全市全年农业增加值达50.75亿元，增长5.7%。农村居民年人均可支配收入达27 054元，增长10.4%。全年主要农产品质量安全监测合格率98%以上，未发生重大农产品质量安全事件。邛崃市入选全国农业科技现代化先行县共建名单，创建为国家级水产健康养殖和生态养殖示范区，获得四川省乡村振兴先进县（市、区）2021年度"回头看"考核"优秀"等次，获得"全省动物卫生监督工作成效显著县""四川省高标准农田整区域推进示范县""成都市农民增收工作先进县"等称号（主要农产品产量见表1所列）。

【新型农业主体培育】 全市有涉农企业261家；成都市级以上农业产业化龙头企业42家，其中省级13家、国家级4家（花秋、文君、金忠、新兴）；新培育农业产业化市级龙头企业2家，累计带动农户16.7万户，全市农业产业化带户面达92%。完成省级合作社质量整县提升试点县项目实施任务。截至2021年年底，全市工商注册合作社981个，其中国家级示范社4个、省级示范社28个、市级示范社22个、县级示范社7个；家庭农场2567家，其中省级家庭农场29家、市级家庭

表1　2021年邛崃市主要农产品产量

主要农产品	单位	产量	同比增减（%）
粮食	万吨	24.35	0.62
水稻	万吨	15.08	—
小麦	万吨	3.16	—
玉米	万吨	4.57	—
薯类	万吨	0.93	—
油菜	万吨	2.80	14.80
蔬菜	万吨	32.75	—
水果	万吨	22.00	—
肉类	万吨	6.74	—
禽蛋	吨	1.49	—
水产品	万吨	1.71	—
牛奶	万吨	4.42	—

农场47家、县级家庭农场91家。不断加强合作社规范建设，形成农业农村部门牵头、各职能部门、镇（街道）协作的农民合作社工作综合协调机制；建立示范社评定监测办法，累计评定本级示范合作社24个；建立示范合作社名录库，建立全市合作社辅导员制度，构建合作社辅导员队伍体系；建立以农民专业合作社、家庭农场为主的邛崃市新型农业经营主体信息管理服务平台并开展示范合作社标识规范及统一账务管理，近三年共争取上级财政资金500余万元支持农民合作社建设发展。

【农用地产权制度改革】 全面落实农村承包土地"三权分置"制度，开展农村产权确权颁证，累计办理各类产权271宗。与市规自局、市不动产登记中心完成《农村土地承包经营权证》信息变更及《农村土地经营权证》确权颁证工作移交。

【农村集体产权制度改革】 持续推进成都市下达全市农商文旅融合暨集体产权制度改革试点项目，鼓励村（社区）集体经济组织运用集体产权制度改革成果，利用资源性资产、经营性资产和财政项目资金，采取全资独营或股权投资"集体经济+"的新机制和"农业+"新模式建设一批依田靠林、沿河傍山，集休闲观光、体验娱乐、科普教育、健体康养、民俗民宿等特色的农商文旅体融合发展项目，并引导集体经济组织建立产权明晰、管理规范、利益共享的运行机制，为发展壮大集体经济、推动乡村全面振兴探索新模式和新路径。

【农产品品牌战略实施】 全年新增"三品一标"农产品认证23个，全市共有"三品一标"农产品103个，其中有机农产品23个、绿色产品13个、无公害农产品61个、国家地理标志保护产品6个（"邛崃黑茶""邛崃黑猪""邛酒""邛崃猕猴桃""邛崃中蜂蜜""邛崃文君茶"）。做强"邛崃黑茶"区域公用品牌，实施"邛崃黑茶"区域公用品牌提升项目，结合白沫江水美乡村EOD项目规划建设天府黑茶公园子项目。文君牌"邛崃黑茶"获评"四川十大名茶"。全市有中国驰名商标2个、四川名牌产品6个、四川省著名商标7个、成都市著名商标10个。2021年中国品牌促进会对邛崃黑茶区域公用品牌价值评估为19.98亿元。制定《供销社农业服务有限公司农产品企业准入标准及退出机制》，健全邛崃市农产品公用品牌"回味吾邛"品牌准入、退出机制。

【现代农业园区建设】 印发《邛崃市现代农业园区考评激励实施方案》，开展2021年邛崃市级现代农业园区评选，新评选平乐骑龙山柑橘产业园、桑园优质粮油产业园、高埂生猪种养产业园为2021年度邛崃市级现代农业园区，邛崃市现代茶产业示范园区被评为成都市四星级现代农业园区，邛崃市平乐骑龙山万亩柑橘现代农业园区、邛崃市桑园优质粮油现代农业园区被评为成都市三星级现代农业园区。

【种植业】 全市粮食作物播种面积56.7万亩，增长0.35%；总产量24.35万吨，增长0.62%；单产达429.45千克，增长0.26%；有50亩以上粮食规模种植户332户，面积达19.39万亩。油菜种植面积15.57万亩，增长14.8%；产量2.8万吨，增长14.8%；单产180千克/亩。水稻播种面积28.21万亩，产量15.08万吨，单产534.6千克/亩。小麦播种面积10.1万亩，产量3.16万吨，单产312.9千克/亩。玉米播种面积11.54万亩，产量4.57万吨，单产396千克/亩。薯类种植面积3.2万亩，产量0.93万吨。豆类种植面积3.56万亩，产量0.58万吨。全市有烘干设施37家、烘干中心17家（日烘干能力200吨以上），日烘干能力达5600余吨。蔬菜种植面积15.54万亩，产量32.75万吨；水果种植面积22万亩，投产面积18.5万亩，产量22万吨，实现产值17.5亿元。茶叶种植面积13万亩（有机茶面积5000亩），投产面积12.8万亩，年产鲜叶5.85万吨，干茶产量1.36万吨（其中黑茶产量3700吨、绿茶产量6800吨、红茶产量500吨、花茶2600吨），茶产业综合产值达16亿元。中药材种植面积1.37万亩，年产量约1.1万吨，年产值约6000万元。食用菌种植面积约3500亩，总产量约7000吨。

【林业】 全市创建省级森林乡（镇）3个、省级森林康养基地3家、省级竹林人家2家、省级森林康养人家4家、省级竹林人家3家、成都市森林人家14家。争取省级财政林业产业发展改革资金1450万元、成都市林业产业发展示范资金965万元，用于森林康养示范县培育和四川省竹产业高质量发展示范县培育。邛崃市竹文化生态产业园区创建为省级竹产业园区，芦沟竹海、竹林飘雪翠竹长廊创建为省级翠竹长廊，平乐镇、临济镇、火井镇竹林基地创建为省级现代竹产业基地。实施林草种子生产经营许可2宗，其中生产经营1宗、仅经营1宗。全市有林草种子生产经营许可证在有效期内的单位共29家。全年共争取到省级资金40万元用于天台山景区和火井镇兴福寺村古树楠木群保护。

【畜牧业】 全市生猪存栏48.44万头，其中能繁母猪存栏4.88万头；牛存栏0.95万头，羊存栏1.19万只。生猪出栏73.48万头，牛出栏0.1万头，羊出栏2.58万只，兔出栏26.51万只，家禽出栏836.12万只。牛奶产量4.42万吨，禽蛋产量1.49吨，肉类总产量6.74万吨。全市具有种畜禽经营许可证的养殖场10个；有4家生猪宰杀加工企业，其中国家级龙头企业1家、省级龙头企业1家。生猪良种面提高到98%以上，年出栏500头以上的生猪规模养殖面提高到65%以上，养殖场粪污综合利用率为98.15%。共创建标准化示范场47个，其中部级畜禽标准化示范场10个（生猪9个、奶牛1个），省级畜禽标准化示范场13个（生猪11个、肉牛1个、蜜蜂1家），市级畜禽标准化示范场24个（生猪17个、奶牛4个、蜜蜂1个、蛋鸡1个、肉牛1个）。有饲料及饲料添加剂生产企业15家，其中配合饲料生产企业10家、单一饲料生产企业4家、饲料添加剂生产企业1家；全年饲料总产量28.61万吨，总产值

12.56亿元。有动物诊疗机构7家(动物诊所5家、动物医院2家)。有兽药生产企业1家、兽药经营企业95家,兽药经营企业全部通过《兽药GSP》验收,并100%建立兽药可追溯系统。

【水产业】 全市渔业面积2.55万亩,其中池塘养殖面积1.49万亩、稻鱼综合种养面积1.06万亩;水产品总产量1.71万吨,总产值5.69亿元,优质水产品产量占65%;建成特色水产养殖基地32家,创建省级水产养殖健康养殖示范场5家、国家级水产健康养殖示范场4家,先后获得国家级稻渔综合种养示范区、"第一批省级稻渔综合种养示范基地"等称号,创建为国家级水产健康养殖示范县。建立水产苗种产地检疫点,申报2022年省级"鱼米之乡"建设项目。培育生态健康养殖模式推广示范基地1个、水产用药减量行动示范基地1个、养殖尾水治理模式示范基地1个。累计开展培训15期1163人次;发放《兽药管理条例》《水产养殖用药明白纸》等资料900余份;累计完成养殖环节水产品质量抽样检测674批次,合格率达99.7%。无害化处置水产品17 585千克;水产投入品废弃物(药瓶、药袋)被纳入农药包装废弃物和废旧农膜回收处置项目,累计开展检查763次。全年完成水产品质量安全快速检测576批次,抽检合格率在99%以上。

【乡村振兴】 出台《中共邛崃市委关于全面实施乡村振兴战略加快农业农村现代化建设的意见》,优化调整市委农村工作领导小组名单,健全领导干部联系指导乡村振兴制度,推进乡村振兴走在前列。开展党政和市级部门(单位)领导班子领导干部推进乡村振兴战略实绩考核,以及乡村振兴考评激励先进镇、示范村(社区)评选,新评定邛崃市级乡村振兴先进镇2个、示范村(社区)13个;获评四川省级乡村振兴先进镇1个、示范村3个,成都市级乡村振兴先进镇1个、示范村(社区)9个。"实施全域'为村'工程,助力乡村发展新动能"入选《全国乡村振兴优秀案例》。

【农商文旅融合发展】 按照"产业功能区+特色镇+川西林盘+乡村旅游环线"建设模式,继续推进种业特色小镇、邛窑特色小镇及蔚崃林盘聚落、归崃林盘、徐上林盘等精品林盘项目,引领特色镇及川西林盘建设,融入文创体验、大地艺术展览、商业会展、研学、培育孵化等消费业态,呈现"椒兰山房""我们的院子""守拙""竹上花楸""天府红谷""源窝子酒庄"等一批精品旅游场景。利用线上线下多种渠道开展项目招引活动,分季度发布《2021年度川西林盘招引机会清单》2次,联合市农交所在线推介《邛崃市2021年度农村闲置资产招商推介清单》1次。邛崃市种业特色小镇、邛窑特色小镇分别入围四川省特色小镇名单及创建名单。夹关镇渡槽记忆林盘、驿道茶歌林盘入选成都市第二届特色小镇和川西林盘保护修复规划设计方案全球征集活动。全市休闲农业及乡村旅游全年接待1212.39万人次,实现综合经营收入81.25亿元。

【农田水利】 全年实施农田水利项目5个,项目总投资3940万元,完成整治渠道15.6千米、引水堰10座、闸门4处。截至2021年年底,全年农田灌溉水有效利用系数达0.57。实施完成邛崃市2020年楠杆堰、徐公堰、八和堰、跃进堰等灌溉水利设施水毁修复工程、邛崃市2020年玉溪河灌区灌溉水利设施水毁修复工程、邛崃市2020年"8·30"雷堰水毁恢复工程4个农田水利水毁修复项目,项目总投资约3842万元。购买农业用水约13 620万立方米,购水费用445.3159万元,保障农业灌溉用水需求。通过多种方式开展水土保持法律法规宣讲教育,提高社会各界水保意识。规范和优化水土保持方案审批和承诺制管理,共审批各类生产建设项目水土保持方案105件;完成水土保持补偿费划转税务部门征收的职能转变,全年征收本级水土保持补偿费入库439.25万元。加强生产建设项目水土保持事中事后监管,督促各生产建设项目单位提高水保法律意识,主动配合水行政主管部门做好项目水土保持监测和水土保持设施自主验收报备;严肃纠正39个生产建设项目存在的违法违规行为并整改销号。推动并完成2021年新增水土流失治理面积5平方千米。配合做好水土流失动态监测,全市水土流失面积变幅为-1.17%。

【农业机械化】 推动良种、良法、良制、良田、良机有机融合的"五良"融合示范区建设,辐射带动全市主要农作物全程机械化生产,提高全市主要粮油作物农机化水平,促进传统农业向现代农业转变。完成机耕作业64.81万亩,常年提水保灌面积18万亩,机械化播种48.16万亩,机收面积53.71万亩,全年主要农作物耕种收综合机械化水平达86.67%。申请农机购置补贴的农户和合作社共144户(家)(其中农民合作社81家、家庭农场12家、农业企业1家、农户50户),补贴农机具205台(套),申请补贴资金522.9032万元,已全部拨付完成,结算率达100%。

【农村科技】 开展130家家庭农场的产业帮扶和260人的技能培训;完善《邛崃市新型职业农民认定管理办法(试行)》。制订《邛崃市基层农业硕士博士科技服务创新试点工作方案》,并遴选17名基层农业硕士、博士人员,包区域开展技术普及、技术咨询等服务。与四川省农业科学院合作共建"全国农业科技现代化先行县";与粮油科技示范基地、水果科技示范基地合作推广基层农技,推广体系改革与建设。制定晚熟柑橘优质高效栽培关键技术、油菜绿色优质高效生产技术、柑橘快速成园技术等技术规程,并推介发布。

培育成都市产业生态圈人才1名、四川省农村致富带头人3名、成都市2021年度"十佳"农业职业经理人1名、成都市2021年度优秀农业职业经理人1名。创业创新案例入选农业农村部第四批全国农村创业创新优秀带头人典型案例名单。建立2个长期稳定的农业科技示范基地。共组织45名农技人员分期分批开展集中脱产培训和能力提升培训,其中骨干培训2人、市级培训43人。多形式、多途径、多内容开展培训100余场,共培训1500余人次。完成高素质农民培训309人,其中经营管理型培训293人、农业产业领军人才培训3人、农业职业经理人省级调训7人、农业职业经理人市级调训6人。

【农村公共文化服务体系建设】 推进城乡基本公共服务标准统一、制度并轨,在对人员、资金等安排中实行城乡全覆盖,在基层综合性文化服务中心示范点打造安排时向农村倾斜。配备48名文化专干保障基层文化阵地常态化运营,完成南宝山镇川王村、桑园镇陈院村2个基层综合性文化服务中心示范点建设;持续开展基层综合性文化服务中心免费开放,每周开放时间达58小时。推进文化馆、图书馆两馆总分馆制建设,市图书馆新增27个村级图书通借通还服务点位,促进公共图书馆服务向城乡基层延伸;市文化馆总分馆制建设采取“市民文化艺术学校总分校”模式在14个镇(街道)和10个分中心设立分校,实现全覆盖。

【农村卫生】 全市累计开展农村“脏乱差”治理行动8463次,参与群众38 627人次,清理生活垃圾1994.2吨,清理厕所便池21 120座,清理水源水体429.6千米,清理畜禽粪污836.8吨,清理农业生产废弃物192吨。完善农村生活垃圾“户分类、村收集、镇街转运、市处理”机制,农村集中居住区生活垃圾分类覆盖率达60%以上,农村生活垃圾收转运处置体系覆盖率100%。农村无害化卫生厕所普及率达95.52%。完成常住人口600人及以上聚居点农村生活污水有效治理26个。推广“就近循环+异地循环”畜禽粪污综合利用模式,全市畜禽粪污综合利用率为98.15%,农作物秸秆综合利用率为99.25%,废旧农膜回收率86%以上。

【农村法治建设】 全面贯彻《中华人民共和国乡村振兴促进法》《中国共产党农村工作条例》《中共中央 国务院关于全面推进乡村振兴加快农业农村现代化的意见》《四川省贯彻〈中国共产党农村工作条例〉实施办法》,坚持农业农村优先发展。定期开展学法、守法、用法培训,提高领导干部法治意识,提升法治水平,被评为“2016—2020年全国普法工作先进单位”。深化产业功能区、村(社区)体制机制改革,注入乡村发展动能;推进土地制度改革,盘活农村资源要素;加快构建协同发展模式,提升农业产业能级。建立内部合法性审查制度,对以局名义签订的合同、卷宗、规范性文件开展合法性审查。探索公平竞争审查机制,在农业项目招标投标、招商引资过程中特别注重对妨碍建立公平统一市场规则的审查。推进“双随机”执法检查,创造公平竞争条件,营造良好营商环境。严格执行行政执法公示制度、执法全过程记录制度、重大执法决定法治审核制度。

【农村公路建设】 建设“四好农村路”,实现通乡通村通硬化路和乡(镇)、建制村通客车“两个100%”的突破,全市农村公路优良中等路率92%、里程333千米;30户以上村民聚集点和村民小组水泥(沥青)路通达率100%。

【农村惠民补贴】 全年发放“农贷通”贷款贴息政策奖励资金216.97万元;发放标准化品牌化奖励补助政策奖励资金167.81万元;发放农村一二三产业用地价格补助政策奖励资金115.65万元;发放农机购置补贴522.9032万元;发放支持耕地地力保护资金5270.02万元;发放粮食规模化奖补资金3886.852万元;发放稻谷补贴769.34万元;发放秸秆综合利用项目补贴资金152.3571万元。

【农村生态建设及环境保护】 通过完善工作机制、加强镇(街道)联动排查、强化巡察督促整改、推动畜禽养殖业转型升级等措施有序推进全市农业面源污染治理,整改完成存在污染的养殖场(户)410家(户),回收利用农膜494.503吨,推广测土配方施肥技术99万亩次。全市畜禽粪污综合利用率达98.15%,秸秆综合利用率达99.25%,农膜回收利用率达87.87%,主要粮食作物绿色防控覆盖率达55%,化肥使用量零增长、农药使用量持续减少。

【农产品质量安全监管】 全年定量抽检农产品样品1002个,其中蔬菜450个、水果231个、稻谷50个、猪肉164个、禽肉26个、禽蛋21个、生鲜乳60个,检测合格率达98%以上。依托7个农业综合服务站的农残快速检测室和59个村级检测室实现主要农产品生产基地抽检全域覆盖,全年共开展快速检测31 498批次,严把农产品产地准出。在全省农产品地理标志暨无公害农产品检查员培训会上作经验交流发言。

【农村市场体系建设】 依托邛茶、生猪、粮油、猕猴桃等产业协会,推广“五统一”标准生产模式,建成规模化标准产业基地66.5万亩、养殖场140家,其中成都市级以上生猪标准化养殖场37家。建成高标准农田5.1万亩,主要农作物耕种收综合机械化水平达86.67%,促进农村土地适度规模经营比重达78.9%。加快推广农业物联网技术在农业生产经营管理中的运用,促进新一代信息技术与种植业、种业、畜牧业、渔业、农产品加工业全面深度融合,推动天府现代种业园申报为2021年度全国农业农村信息化示范基地。完善农村金融服务平台及风险防控机制,用好用活“农贷通”等平台,截至2021年年底,“农贷通”平台累计注册用户2489户,发放贷款1972笔21.31亿元,其中2021年新增贷款502笔,合计6.43亿元。

【主要领导人】 市委书记:王乾(7月止),刘刚(7月始);市人大常委会主任:刘忠(12月止),王瑞平(12月始);市长:王德彰;市政协主席:欧俊波(12月止),肖瑶(12月始);分管农业副市长:代会明(9月止),杨永胜(9月始)。

邛崃市编写组

崇 州 市

【基本情况】 2021年,全市辖6个街道9镇94个行政村78个社区,辖区面积1089平方千米。

2021年,全市GDP442.59亿元,按可比价计算(下同),比上年增长8.7%,其中第一产业增加值41.08亿元,增长5.4%;第二产业增加值220.99亿元,增长10.6%;第三产业增加值180.52亿元,增长7.5%。三次产业对经济增长的贡献率分别为7.7%、57%和35.3%。三次产业结构比为9.3∶49.9∶40.8。全年民营经济增加值238.37亿元,比上年增长6.2%,占GDP的比重为53.9%。深化企业投资项目承诺制改革,行政许可事项集中度达82%,520项审批事项纳入“一窗通办”。全力支持民营经济发展,新登记市场主体7486户。

全市规模以上工业企业中,产值超过20亿元、10亿元、5亿元和1亿元的企业分别有2家、8家、16家和66家,占全部规上工业总产值比重分别为47.3%、62.1%、70.6%和87.6%。龙头企业对全市规上工业实现持续增长起到明显带动作用。全年固定资产投资比上年增长18.6%,民间投资增长12.9%,基础设施投资下降21.7%,公共服务投资增长27.3%。 全年实现社会消费品零售总额138.7亿元,同比增长22.2%。按经营地统计,实现城镇消费品零售额127.1亿元,增长22.3%;乡村消费品零售额11.6亿元,增长21.6%。按消费形态统计,餐饮收入26.8亿元,增长39.8%;商品零售111.9亿元,增长18.7%。全年实现外贸进出口总额37.2亿元,比上年增长14.2%,其中进口额25亿元,增长11.2%;出口额12.2亿元,增长21%。外商投资实际到位完成5.03亿元。

【年度农业和农村经济运行】 2021年,全市实现农林牧渔业总产值64.6亿元,按可比价格计算,比上年增长6.2%,其中农业总产值32.4亿元,增长4%;牧业总产值26亿元,增长15.8%;渔业总产值2亿元,增长1.1%。

【种植业】 小春粮食作物播种面积11.31万亩,同比增加140亩;总产量3.51万吨,同比增长0.4%。小麦播种面积10.43万亩,与上年持平;单产312千克,每亩增加1千克;总产量3.25万吨,同比增长0.2%。油菜种植面积17.11万亩,单产159千克,每亩增加2千克;油菜总产量2.73万吨,同比增长0.6%。大春粮食总产量18.84万吨,增加2616吨,增长1.4%。2021年完成实施“退树还稻”4160亩,全市水稻播种面积31.7万亩,同比增长1.3%;水稻总产量17.3万吨,同比增长1.5%。蔬菜总产量35.01万吨,同比增长7%。开展耕地“非农化”“非粮化”专项整治,建成高标准农田2.5万亩。加强现代农业园区建设,产品初加工、品牌农产品销售占比均突破90%,园区农机化率、信息化水平分别达95%、91%。

【生猪生产】 全市生猪存栏31.64万头,同比增长7.7%;全年生猪出栏45.05万头。完成43家养猪场改(扩)建,推进新建3家养猪场建设。规模养殖场生产经营正常,为2022年生猪生产创造良好的基础。

【乡村旅游品牌创建】 开展第三批天府旅游名县创建,推进街子国家级旅游度假区创建,竹艺村景区获评国家4A级景区。街子镇获评首批天府旅游名镇,竹艺村先后获评四川省乡村旅游重点村及天府旅游名村。吕家林盘、三官旅游新村林盘获评成都市3A级林盘景区。新增“新旅游·潮成都”主题旅游目的地4家,其中云上·自然缘温泉酒店、秋水山房获评康养度假主题旅游目的地,街子陶巴巴家庭农场获评农业创意主题旅游目的地,崇州市缘道家庭农场自驾露营地获评房车露营主题旅游目的地。璞莲山酒店、大木云川入选2021年成都市乡村旅游“四改一提升”示范点推荐名单。

【主要领导人】 市委书记:欧昭;市人大常委会主任:易孔盛;市长:尹念红;市政协主席:杨火清;分管农业副市长:郑宇。

崇州市编写组

简 阳 市

【基本情况】 2021年,全市辖21镇16个街道,辖区面积2213平方千米(含成都市东部新区)。

【乡村振兴】 2021年是“三农”工作重心由脱贫攻坚向全面推进乡村振兴历史性转移的第一年,也是简阳推动农业提质增效、乡村文明进步、农民增收致富的关键年。全市聚焦保持政策延续稳定、推进规划有序衔接、持续壮大产业支撑、促进稳岗就业增收、全面防止返贫致贫等重点,建立健全制度机制,完善《简阳市乡村振兴战略规划(2018—2025年)》,编制完成《简阳市“十四五”农业农村现代化规划(2021—2025年)》,研究制定《2021年简阳市实施乡村振兴战略推进城乡融合发展行动计划》等指导性文件,新选派210名干部开展驻村帮扶,完成70个脱贫村驻村工作队轮换,加快推进由集中资源支持脱贫攻坚向全面推进乡村振兴平稳过渡。同时,围绕退出贫困村、重大工程项目区覆盖村和掉边掉角边缘村，结合简阳市"十四五"期间乡村振兴发展规划、农业产业发展、"掉边掉角边缘村"以及农民人均年收入、低收入人群占比、基础设施条件等因素，确定17个乡村振兴重点帮扶村（含备选3个）、76个成都市小康提升村、5个简阳市小康提升村，加快补齐发展"短板"。全市围绕构建"1+3+N"城镇体系和乡村振兴、城乡互促的融合发展格局，优化城镇功能体系和城乡空间布局，形成"1+3+46"城乡融合片区划分方案，统筹推进镇、村两级乡村国土空间规划和专项规划编制工作等。稳粮保供，实施优质粮油、优质蔬菜、优质生猪等优势特色产业振兴行动，粮食作物播种面积稳定在117.48万亩，产量达39.87万吨，蔬菜产量达39万吨，成功培育川香黑猪国家新品种；现代农业园区蓬勃发展，编制实施《现代农业园区建设总体规划（2021—2025年）》，建成成都市星级园区2个，简州大耳羊现代农业园区被列入省级园区培育，实施农业类重点项目29个，完成投资31.7亿元；农商文旅融合发展成效明显，成都市3A级林盘景区增加至4个。2021年，全市休闲农业和乡村旅游共接待游客985.6万人次，实现旅游总收入25.4亿元。省级乡村振兴示范村、成都市级乡村振兴示范村（社区）分别增加至4个、13个，评选"五美庭院"28个，荷桥村获评"2021年中国美丽休闲乡村"。

【河东污水处理厂及配套管网项目建设】 作为生态惠民示范工程重点项目之一，河东污水处理厂及配套管网项目施工二标段包括污水处理厂工程和污水处理厂进厂管线工程，进场管线长4.5千米。河东污水处理厂工程面积约81 500平方米，总设计污水日处理量9.96万立方米，分两期建设，建成后将主要用于处理河东片区的生活污水，也是简阳市总设计日处理量最大的污水处理厂。污水处理厂桩基工程完成90%，主体工程完成95%，内外墙装饰装修完成95%，土方填筑完成90%。

【主要领导人】 市委书记：詹庆；市人大常委会主任：钟世全；市长：苏呈祥；市政协主席：李崇喜；分管农业副市长：罗胤。

简阳市编写组

金堂县

【基本情况】 2021年，全县辖16个镇（街道），辖区面积1155.62平方千米。

【畜牧业】 新布局构建养殖项目致富链。制定全县地产生猪产业规划，强化土地、资金等要素保障，推进与正大、正邦、温氏、新希望等生猪龙头企业合作，发展"公司+农户"代养模式，加快推进标准化生猪代养场建设。引进上市公司、全国养猪行业领军企业"牧原实业集团"，投资6亿元建设牧原多层生猪养殖场。2021年，全县生猪存栏数32.75万头，累计出栏数53.86万头，存（出）栏数均居全市第二位。

新理念构建种养循环生态链。指导新建规模养殖场落实粪污处理设施同时设计、施工和投入使用，推广"畜—沼—果"等种养结合模式，促进畜禽粪肥还田利用，实现粪污全量化收集和无害化处理。精准设计种养循环路线，打造绿色生态主题园区、粮经产业园等种养循环农业园区。2021年，全县规模养殖场粪污处理设施装备配套率达100%，畜禽粪污资源化利用率超过95%。

新技术构建环节管理智慧链。充分整合物联网控制系统、信息化管理系统"双系统"，实现营养、育种、疾病防疫、空气温湿度等重要信息动态监控，形成从源头到投入、生产、产出"四环节"数据追溯体系，覆盖全县生猪养殖场（户）61.31万家（户）次，保障生猪供应安全稳定；采用自动投喂机、直升电梯等先进设施设备，规范质量控制准则、技术及操作方法，兽医实验室通过省级考核验收，累计开展血清学、病原学检测2.3万余份，以科技手段为生猪养殖做强智慧保障。

【农村生态建设及环境保护】 全县聚焦"守底线、提质量、惠民生"，把握新发展理念，坚持精准、科学、依法治污，抓好中央和省环保督察反馈问题整改，以打赢污染防治攻坚战的"决心"换取广大人民群众享受优质生态环境的"舒心"，完成各项工作任务，县生态环境局获得"全国生态环境保护执法大练兵表现突出集体"等表彰20余项。牵头做好第二轮中央和省生态环境保护督察迎检工作，组织协调办理交办金堂县主办案件61件。与成都市青白江区联合开展上下游突发环境事件跨区域联合应急演练桌面推演。妥善处置群众信访投诉527件，办结率100%。印发《2021年度金堂县水污染防治工作实施方案》，实施重点流域水环境治理等六大行动25条措施，开展入河排污口排查整治，完成沱江干流及其支流414.47千米排查，共计排查1906个排口，完成对所有排口的溯源及命名编码，检测排口401个。3个考核断面水质全面达到考核标准，3个县级集中式饮用水水源地水质达标率100%。开展质量监测、阳化河干（支）流监测等680余次，出具监测数据12 000余个。联合县交警大队检测重型柴油车、非道路移动机械和入户抽检共计3757辆。开展"双随机、一公开"执法检查、专项执法检查、生态环境违法案件查处、群众信访投诉等工作，开展非现场执法300余次，检查排污单位2000余家次，下达处罚决定书66件，处罚金额840余万元；移交公安机关行政拘留1件，查封扣押2件。

【文体惠民】 新建基层综合性文化中心示范点2个，新建、完善社区全民健身服务站点16个，打造社区运动角4处。保障县文化中心、图书馆、各镇（街道）综合性文化服务中心免费开放，完成公共体育场馆免费（低收费）开放，惠及群众21.4万余人次。开展成都“文化四季风”品牌群众文化活动4场、“非遗进社区”活动12场。开展社区全民健身指导服务47场、全民健身活动300余场，已完成国民体质监测人数5246人，培训社会体育指导员114名。

【主要领导人】 县委书记：钟静远；县人大常委会主任：龚亚明；县长：古建桥；县政协主席：尹贤鹏；分管农业副县长：唐毅。

金堂县编写组

大 邑 县

【基本情况】 2021年，全县辖8镇3个街道，辖区面积1327平方千米。全年共接待游客1702.31万人次，同比增长8.56%；实现旅游总收入98.45亿元，同比增长28.87%，其中，共接待乡村旅游游客505.28万人次，同比增长56.2%；实现乡村旅游收入24.32亿元，同比增长66.73%。

2021年，全县GDP317.4亿元，按可比价格计算，比上年增长8.1%，其中第一产业增加值34.05亿元，增长6.1%；第二产业增加值131.35亿元，增长8.4%；第三产业增加值152亿元，增长8.5%。三次产业对经济增长的贡献率分别为11.9%、39.9%和48.2%。三次产业结构为10.7∶41.4∶47.9。按常住人口计算，人均地区生产总值61 679元，增长8.1%。

全社会固定资产投资比上年增长19.6%。分产业看，第一产业投资增长12.1%；第二产业投资增长11.7%，其中工业更新改造投资增长38.4%；第三产业投资增长29.8%。民间投资增长11.4%。全年完成地方一般公共预算收入20.04亿元，比上年增长27.7%，其中税收收入完成11.78亿元，增长20.5%，占一般公共预算收入比重达58.8%。一般公共预算支出完成36.4亿元，增长2.7%。

【年度农业和农村经济运行】 2021年，全县实现农林牧渔业总产值53.24亿元，按可比价格计算，比上年增长6.9%，其中种植业21.09亿元，下降1%；林业1.19亿元，下降11.1%；畜牧业26.3亿元，增长18.1%；渔业2.86亿元，增长0.4%。粮食产量16.5万吨，增长2.5%；水果产量3.75万吨，增长3.7%；蔬菜及食用菌产量23.09万吨，增长2%；油菜籽产量0.88万吨，增长2%。生猪出栏46.44万头，增长6.3%。

【绿色种养循环农业试点项目还田】 全县通过争取，被省、市遴选确定为全省24个绿色种养循环农业试点项目县之一。根据《农业农村部办公厅 财政部办公厅关于开展绿色种养循环农业试点工作的通知》（农办农〔2021〕10号）、《成都市农业农村局关于开展2021年度中央财政专项部分任务项目申报工作的通知》（成农计〔2021〕10号）要求，结合全县实际，编制了《大邑县2021年绿色种养循环农业试点项目实施方案》，经县政府审批同意并上报备案后，8月16日通过大邑县党政网下发各镇（街道）人民政府组织申报。

【文旅市场监管】 坚持日常监管与文化市场整治行动、A级景区及周边秩序专项整治行动、扫黑除恶专项斗争、“扫黄打非”工作等专项行动结合，开展文旅市场执法检查，全年办理案件31件，处理文化旅游市场投诉60余件。

【公共文化服务体系建设】 全年免费对外开放“三馆一站”。完成全县有线电视网络整合发展，新增基层综合性文化服务中心示范点2个。通过线上线下相结合的方式，在全县范围内组织开展庆祝建党100周年系列活动、成都“文化四季风”系列活动、街头艺人、“我们的节日”系列活动、“走基层”文化惠民等群众文化活动100余场（期）。县文化馆获评国家一级文化馆。

【主要领导人】 县委书记：连华；县人大常委会主任：马良清；县长：陈大用；县政协主席：张昌勇；分管农业副县长：李建康。

大邑县编写组

蒲 江 县

【基本情况】 2021年，全县辖2个街道6镇，辖区面积583平方千米。全县推进现代农业产业基地和成都休闲旅游基地建设，打造休闲宜居城市，初步形成了集现代农业观光、康体健身、乡村美食、采摘体验、休闲度假于一体的乡村旅游模式。

2021年，全县GDP2 039 440万元，按可比价格计算，比上年增长8.7%，其中第一产业实现增加值281 680万元，增长4.9%；第二产业实现增加值681 967万元，增长4.9%；第三产业实现增加值1 075 793 万元，增长12.2%。人均地区地区生产总值79 263元，增长 7.9%。三次产业结构为13.8 ∶ 33.4 ∶ 52.8；对经济增长的贡献率分别为7.8%、19.1%和73.1%，拉动经济增长0.7个、1.6个和6.4个百分点。单位 GDP 能耗下降2.4%。全县民营经济增加值1 158 663万元，增长8.9%；民营经济增加值占地区生产总值的比重达56.8%；民营经济中工业增加值完成477 804万元，增长6.9%。

【年度农业和农村经济运行】 2021年，全县实现农业总产值463 036万元，增长5.6%；实现农业增加值 281 680万元，增长4.9%。全县共有中、小型水库18座，蓄水量 2792.8万立方米；农业机械总动力16.67万千瓦。

【种植业】 全县粮食总产量4.84万吨，增长 0.62%，其中水稻总产量1.45万吨，增长2.84%；油菜籽总产量 1.32万吨，下降3%；园林水果总产量42.06万吨，增长4.2%；茶叶总产量9121吨，下降1.1%；蔬菜总产量21.34万吨，下降 2.3%。

【畜牧业】 生猪出栏39万头，增长1.1%；家禽出栏 364.12万只，增长7.3%。肉类总产量35 360吨，增长4.6%。

【公共文化服务体系建设】 编制完成《蒲江县公共文体设施专项规划(2021—2035)》，完成西来镇铜鼓村、大兴镇炉坪村两个基层综合性文化服务中心示范点村史馆展陈设计。开展“4·23”世界读书日、亲子阅读系列活动30余场，吸引3.3万余名读者参与；免费为8.75万名读者提供服务，外借图书2.6万册次。县、镇(街道)公共文体场馆累计向500万人次免费开放。提升服务水平，加强播出监管，提升10个广播电视公共服务网点服务，确保全县1.6万余户电视“户户通”设施、1个地面数字电视补点站、126个“村村响”应急广播正常运行；指导县融媒体中心(县广播电视台)开展建党100周年相关优秀公益广告和国产优秀电视剧播出；加强对县内各广播电视传输播出机构的安全播出监管，实现安全播出“三零”目标。

【主要领导人】 县委书记：蒲发友；县人大常委会主任：安建东；县长：赵钢；县政协主席：杨亚群；分管农业副县长：赵武斌。

蒲江县编写组

自贡市

【基本情况】 2021年，全市辖4区2县2乡63镇25个街道987个村(社区)，辖区面积4381平方千米。

2021年，全市GDP1601.31亿元，按可比价计算，增长8.3%，其中第一产业增加值242.43亿元，增长7.1%；第二产业增加值628.24亿元，增长6.1%；第三产业增加值730.64亿元，增长10.7%。三次产业对全市经济增长的贡献率分别为13.7%、28.3%、58%，三次产业结构比由上年的16.1∶38.8∶45.1调整为15.2∶39.2∶45.6。农村居民年人均可支配收入达20 694元，增长10.1%。

【乡村振兴】 全市脱贫家庭年人均纯收入1.13万元，增长16.68%。在乡(镇)行政区划和村级建制调整两项改革“后半篇”文章中一体实施“1+25+1”工作方案，以片区为单元编制乡村国土空间规划，科学划分4大类、20个片区，全市乡村治理体系发生结构性变化，城乡融合发展格局实现系统性再造，为全面推进乡村振兴夯实了基础。打造“千斤粮万元钱”升级版，“粮豆”套作促增收新模式全国推广。全年生猪出栏比2020年增长13%，生产能力恢复到正常年份水平。推进一二三产业融合发展，49家企业入驻西南自贡食品产业园，新培育全国美丽休闲乡村1个，新获评天府旅游名县、天府旅游名村、天府旅游“名宿”各1个，全国“一村一品”示范镇数量位居全省第一。全年农业增加值比2020年增长7.1%，高于全省增速。加快建设美丽乡村，全市启动“多镇合一”规划编制1个、“镇村合一”规划编制6个、“多村合一”规划编制14个、单村编制村规划42个。持续推进基础设施向村覆盖、往户延伸，新(改)建农村公路612千米，所有建制村实现“两通”(即通硬化路和通客车)，农村自来水普及率高于全省1.5个百分点，供电和通信网络实现全覆盖。推进大规模村庄绿化，常态化开展村庄清洁行动，保洁员覆盖率100%，美丽乡村展现新面貌，农民群众获得感、幸福感不断提升。推动乡村治理上台阶，实施阵地建设，功能、标识标准化改造提升，3年内“老旧小”村(社区)阵地全面规范达标。全市创建为平安中国建设示范市。推进富顺县、荣县全省乡村治理现代化试点，1个镇、3个村创建为全国乡村治理示范镇村，2个镇、17个村创建为全省乡村治理示范镇村。探索“清单制”“积分制”治理模式，“道德银行”入选全国创新典型案例。村集体经济组织、农村工匠队伍承接乡村建设模式属全省首创。

【农村综合改革】 围绕农业农村优先发展、塑造城乡融合发展新格局的总体要求，研究制定《市委农业农村改革和发展新型集体经济专项工作领导小组2021年工作要点及台账》，确定2个方面34项具体改革事项。大安区、沿滩区被表彰为“2020年度全省农村改革工作先进县（区）”，沿滩区、荣县被表彰为“2020年度全省农民增收工作先进县（区）”。推进供销社综合改革，在乡（镇）行政区划和村级建制调整两项改革推进过程中实现新突破；推进农业社会化服务体系建设，实现土地托管服务面积2.47万公顷，服务小农户1.82万户；农产品电商交易5.44亿元，增长35.79%；完成基层社示范社建设20个，新建村级供销社21个；推进供销合作社、农村集体经济组织、农民合作社“三社”融合发展试点，完成30个试点村的试点任务；推进农业水价综合改革，完成省下达改革目标任务4.59万公顷。建立推广“以工代赈”工作常态化沟通协调机制，印发《关于在农业农村基础设施建设领域推广“以工代赈”方式的实施意见》，采用“以工代赈”方式建设项目36个，投入财政资金8746.6万元，累计吸纳就业群众1386人，共发放劳务报酬1596.5万元。

农村集体产权制度改革。出台《合并村集体经济融合发展实施方案》，将融合发展范围扩大到所有合并村。实施集体资产年度清查制度，清查核实年度农村集体资产23.25亿元、集体土地38.08万公顷。建立联镇包村督导工作机制，组建8个调研指导组蹲点包干督导50个省级集体经济融合发展试点村。493个村集体经济组织与村民委员会实现账务分设、独立核算，全市实现集体经济收入2.04亿元，村均收入28.92万元，增长11.87%；34个村集体经济年收入超过100万元。

【农村土地制度改革】 建立工商企业租赁农地的资格审查、项目审核和风险防控制度，防范土地流转风险；推进集体建设用地和农用地分等定级、农村土地基准地价成果转化运用，农村宅基地和集体建设用地登记颁证63.86万本，登记发证率达99.81%。创新农村宅基地五级管理体系，优化审批流程，开展联审联办，推进“三权分置”改革，富顺县作为全省唯一县（区）在2021年全国农村宅基地管理交流培训会上作经验交流。推进土地综合整治试点，获批全域土地综合整治国家级试点乡（镇）1个、省级试点乡（镇）2个。实施深化城乡建设用地增减挂钩项目，完成拆旧复垦366.67公顷。市、县国土空间总体规划形成初步成果，明确乡村振兴专章，安排不少于10%的建设用地计划指标专项用于乡村产业发展和村民住宅建设，全年使用新增建设用地指标41.26公顷，占比22.44%；增减挂钩试点项目按30%的比例预留建设用地指标115.02公顷，保障乡村项目建设。

【新型农业经营主体培育】 配套出台系列新型农业经营主体激励政策，组建农业产业化联合体19个。实施产业化龙头企业培育壮大工程，新增国家重点龙头企业1家（自贡市春兰茶业有限公司）、市级重点龙头企业28家。推进农民合作社质量提升行动，新评定县（区）级示范社71家、市级示范社33家，获评省级示范社11家、国家农民合作社示范社4家。大安区、沿滩区被确定为农民合作社质量提升整县推进省级试点县，荣县被确定为农民合作社质量提升整县推进国家级试点县、农民合作社高质量发展省级示范县。实施家庭农场培育和示范创建工程，创建省级家庭农场示范场24家、市级家庭农场示范场203家，新发展家庭农场620家。开展新型农业经营主体管理人员及返乡农民工培育，新培育高素质农民625人。

【城乡融合发展】 围绕“富荣产城融合带”调整设立13个街道，组团式打造8个中心镇，合并调优现代制造、商贸物流、文化旅游、生态农业等10个特色镇，同步撤并村（社区）363个，增扩产城发展空间180平方千米，经济规模提高到调整前的1.6倍。将4区2县划分为20个经济片区，划定农村片区13个、村级片区168个，设立中心镇17个、副中心镇3个、中心村182个。开展战略发展、区域协同、产业发展、人口与城镇化发展等专题研究，结合“三区三线”（即农业空间、生态空间、城镇空间以及分别对应划定的永久基本农田保护红线、生态保护红线、城镇开发边界）两轮试划成果，形成市、县国土空间规划阶段性成果，启动编制“多镇合一”规划1个、“镇村合一”规划6个、“多村合一”规划14个、村规划42个。启动大安区牛佛镇全国全域土地综合整治试点区域镇村规划编制。

【项目建设与管理】 制定《自贡市农田建设项目管理实施办法（试行）》，对高标准农田建设规划、设计、施工、验收等进行规范。争取中央、省级财政农业资金11.27亿元，到位乡村振兴农业产业发展贷款风险补偿基金7233万元，促进金融机构向农业经营主体贷款2.5亿元。完成农业固定资产投资71.17亿元，大安区长滩河肉鸡现代农业园区、荣县粮油现代农业园区分别创建为省五星级、三星级现代农业园区（全部获评市级及以上现代农业园区见表1所列）。

农田水利建设项目。推进高标准农田建设，2019年立项的8个项目建成7600公顷（高效节水灌溉733.33公顷），完成市级竣工验收；2020年立项的11个项目建成7600公顷（高效节水灌溉833.33公顷），其中4个项目完成市级竣工验收；2021年立项的9个项目建设任务为8486.67公顷（高效节水灌溉693.33公顷），全部实现开工，累计建成高标准农田2313.33公顷，完成年度建设任务的100%。接受高标准农田建设专项审计，建立问题整改台账，106个问题全部完成整改。

【现代农业园区建设】 印发《2021年现代农业产业发展“4+4+1”推进方案》《推进特色产业发展方案》，发展稻粱、柑橘、蔬菜（花椒）、茶叶4个种植类产业及生

表1　2021年自贡市获评市级及以上现代农业园区名单

县(区)	园区名称	园区级别
富顺县	富顺县柑橘现代农业园区	省五星级
大安区	大安区肉鸡现代农业园区	省五星级
荣县	荣县粮油现代农业园区	省三星级
贡井区	贡井区高粱蔬菜现代农业园区	省三星级
沿滩区	沿滩区金银湖花椒现代农业园区	市级
沿滩区	沿滩区九洪花椒现代农业园区	市级
荣县	荣县石笋沟茶叶现代农业园区	市级
荣县	荣县双石生猪种养循环现代农业园区	市级
富顺县	富顺县龙贯山代寺稻粱现代农业园区	市级

猪、肉兔、肉羊、肉鸡4个养殖类产业，培育现代农业园区9个，与内江市共建毗邻地区合作试点园区1个。大安区农村产业融合发展示范园入选第三批国家农村产业融合发展示范园创建名单。自流井区仲权镇(彩灯)、富顺县狮市镇(柑橘)被农业农村部新认定为第十一批全国“一村一品”示范镇，累计达11个，居全省第1位。富顺县柑橘现代农业园区和大安区肉鸡现代农业园区、荣县粮油现代农业园区分别获评省五星级现代农业园区和省三星级现代农业园区。承办全省蔬菜协同推广项目现场会暨关键技术培训会、四川青花椒产业科技创新大会等省级现场会2次。

“4+4”特色产业发展。围绕乡(镇)行政区划和村级建制调整两项改革“后半篇”文章和现代农业“4+4”产业体系建设，推进农业产业基地提质增效。新(改)建稻粱、柑橘、茶叶等特色农业产业基地1.2万公顷以上，超目标任务的12.5%；新(改)建生猪、肉羊等标准化畜禽示范养殖场51个。荣县被纳入川西南早茶优势特色产业集群项目县。新认定县级以上园区13个、市级园区3个，新创建或提标升星园区3个，大安区长滩河肉鸡现代农业园区新晋省五星级现代农业园区。

产业链延伸发展。推进特色产业链条化、融合化、体系化发展，新建旭阳镇马石村、建设镇刘家村等农产品初加工基地10处，实施农产品加工技改项目34个，新增茶叶、柑橘、蔬菜等商品化加工生产线13条，按照“一村一品”“一村一库”配套建设蔬菜、柑橘冷库及茶叶烘干等设施60座。推进休闲农业与乡村旅游“一环一带一中心”建设，开展产业基地景观化建设，推进大安区长滩河柑橘、荣县玉章故里、成佳大头菜等6个农业主题公园建设，新建休闲观景台2个，同时完善园区道路等基础设施建设，扩展休闲服务功能。大安区团结镇朝天村被新认定为“中国美丽休闲乡村”。

产业化发展平台建设。开展市级重点龙头企业监测、申报认定，新培育市级重点龙头企业28家，总数达149家；自贡市春兰茶业有限公司创建为国家级重点龙头企业，总数达3家。组建农业产业化联合体，新培育健康田园等联合体6家，总数达19家。

【种植业】 全市粮食作物播种面积23.51万公顷，比2020年增加1000公顷，增长0.6%；粮食总产量达143万吨，增加2.2万吨，增长1.56%，实现连续15年增长。油料作物播种面积7.42万公顷，增长4%；油料产量16.75万吨，增长5.5%。创建部、省级粮油绿色高质高效示范片3个，省三星级现代粮油园区1个。全年蔬菜种植面积6.61万公顷，增长6%；产量254.4万吨，增长8%。水果果园面积4.94万公顷(柑橘4.18万公顷)，产量52.5万吨，增长5.69%。茶园面积1.32万公顷，增长4.2%；茶叶产量2.14万吨，增长2%。“四三”撂荒地治理工作法在全省推广，“粮豆”套作促增收新模式在全国推广。

粮食种植。围绕全省现代农业“10+3”产业体系，发展“1+4”优势特色产业，扩增粮食播种面积，稳定粮食产量。召开全市大小春工作安排部署会及再生稻、大豆、马铃薯等现场会，出台《自贡市防止耕地“非粮化”稳定粮食生产重点任务清单》《自贡市农村耕地撂荒整治实施方案》《关于印发撂荒地整治考核方案的通知》等文件，实行任务、措施、责任、时限、进度“五合一”台账管理，将粮食扩面增产任务纳入乡村振兴和粮食安全责任制考核，细化8大类、33项重点任务。实施“向治荒要粮、向示范要粮、向减损要粮、向建园要粮、向增量要粮”措施，提升建设特色粮油基地13.33万公顷，规划建设现代粮油示范园区9个，推广“稻薯轮作”“稻菜轮作”“畜沼粮”“稻渔综合种养”等粮经复合、种养循环模式，开展“四新”示范推广和“六良”配套服务。

生产投入品监管。开展化肥、农药、种子等农资市场专项检查，组织检查45次，出动300余人次，检查经销企业或网点216个次，查处经营假劣农资、无证生产、侵权、未审先推、跨区域经营等违法行为。开展种子、化肥、农药生产企业监督抽查和种子质量监督抽检，重点对种子转基因成分、经营备案、标签标识、档案建立、品种审定等进行检查和甄别，检查种子市场15个次、种子门市257个次，抽取杂交水稻、杂交玉米、蔬菜种子样品92个，进行种子净度、水分、发芽率室内3项指标检验和转基因快速检测。建立化肥农药减量化示范点81个，实现涉农乡(镇、街道)全覆盖并制订逐年扩增计划。开展市级“两减”培训会议13次，各县（区）、乡（镇、街道）通过以会带训、专题培训等形式开展宣传培训300次以上；设立村级“两减”知识专栏703个，悬挂宣传横幅1160条，利用报刊、电视等媒体宣传报道18次，组织村广播、流动宣传车等巡回宣传“两减”知识和技术。

种植技术创新。开创旱地玉米或高粱套作大豆耕作模式，实现“玉（粱）不减产，多收一茬豆”。与四川农业大学、四川省农技推广总站等科研院所合作建立研发团队，形成“四改两强化”（改地方品种为选育良种、改春播为夏播、改间作为套作、改等行玉米或高粱为宽窄行玉米或高粱，强化控旺防倒、强化病虫防治）带状套作大豆配套技术体系，使玉米或高粱产量与净作相当且新增粮食（大豆）每亩超过130千克，获得部、省科技成果奖7项，建设大豆基地被列入全市“十四五”规划。建设套作大豆绿色高质高效示范基地3个，形成全国玉米或高粱套作大豆“万亩示范区、千亩展示区、百亩核心区”；建成套作大豆产业基地2.67万公顷，规模居全省第一位；套作大豆生产技术标准被纳入全省主推技术和农业重大技术协同推广计划，由国家大豆产业技术体系团队在四川、重庆、陕西、河南、河北、甘肃、山东等地推广。全国西南大豆带状复合种植现场观摩会于10月21日在自贡市召开，会议由国家大豆产业技术体系主办，四川农业大学、四川省农技推广总站承办，中国农业科学院、四川省农业科学院、四川农业大学等科研院校专家，农业农村厅、相关省（市）及县（区）农技部门负责人等近100人参会。与会人员观摩了自贡市大豆带状复合种植示范现场，听取了玉米（高粱）套作大豆产业发展、高产创建示范基地建设、关键技术和种植效益等情况介绍，对自贡市套作大豆规模化种植、优质化生产、绿色化发展成效给予了肯定。

【畜牧业】 围绕推进生猪生产恢复发展、筑牢动物疫病安全防线等重点工作，推动生猪产能恢复至常年正常水平，市场猪肉量足价稳，全市畜牧经济总体平稳。全年生猪出栏181.38万头，肉、蛋、奶产量分别达24.55万吨、6.48万吨、1.74万吨；畜牧业总产值（现价）99.24亿元，其中非猪牧业产值61.79亿元，占畜牧业总产值的62.26%。

生猪生产恢复发展。全年兑现财政补助资金4622万元，发放生猪养殖贷款1.87亿元，育肥猪和能繁母猪保额分别提高至800元/头、1500元/头。协调解决生猪养殖项目用地、用电、交通等问题，推进生猪养殖项目建设，推动正邦、德康、新希望、巴佑等公司43万头规模养猪项目建设，荣县高山巴佑8万头育肥场、大安区正邦10万头育肥场项目建成投产，荣县乐德德康10万头生猪育肥场、荣县铁厂新希望15万头生猪自繁自养场完工，新（改、扩）建并投产生猪规模养殖场176个、家庭农场1045个单元。

重大动物疫病防控。构建“3448”防控体系，落实属地管理、部门监管和生产经营主体3个责任，配备11 582名网格员并建立县（区）、乡（镇）、村（组）养殖环节及屠宰环节“4+1”网格管理体系，构建防控调度、联合执法、包片督察、应急处置4个工作机制，落实全面排查、封堵源头、泔水禁喂、消毒灭源、流调监测、扑杀补助、宣传培训、执纪执法8项常态化关键措施，分类制定《自贡市生猪规模场（专业户）疫病防控规范》《自贡市高速公路临时动物防疫检查站工作规范》《自贡市屠宰企业管理规范》《自贡市动物无害化处理收集点工作规范》《自贡市生猪散养户疫病防控指南》，开展春季大消毒大培训大宣传“三大行动”、夏季大宣传大培训大清洗大消毒大检测“五大行动”“百日攻坚战”等专项行动。在全市21个高速路口、与外市接壤的33条公路干道设立动物防疫临时检查站以及78个村级动态临时动物防疫检查点，严防疫情输入。市级相关部门负责人带队组成6个“百日攻坚战行动”指导组到7个县（区）开展一线防控工作指导192次，发现并整改问题279个。开展春、秋两季重大动物疫病集中免疫，全市应免动物群体免疫率、免疫标识佩戴率和消毒面均达100%，全年未发生区域性重大动物疫情。动物疫病防控工作先后2次得到市委主要领导的肯定性批示，全市非洲猪瘟防控经验得到四川省重大动物疫病防控工作专班办公室《动物疫情防控专报》推广，自贡德康畜牧有限公司创建为全省4个国家级非洲猪瘟无疫小区之一。依托江苏立华牧业股份有限公司、广东温氏食品集团有限公司等龙头企业，推进3500万羽肉鸡标准化规模化产业化项目，新建肉鸡养殖棚舍23.1万平方米，新增出栏肉鸡730万羽/年产能。将肉兔纳入全市“4+4+1”现代农业产业体系重点发展，推进2000万只肉兔产业化建设项目。全市家禽存栏、出栏比2020年分别增长14.42%、7.7%；肉兔存栏、出栏分别增长12.19%、17.95%，继续保持全省第一位。

畜牧业生产经营方式转变。全市90个乡（镇、街道）、987个村（社区）启动畜禽遗传资源普查，完成《国家畜禽遗传资源目录》33种畜禽遗传资源普查工作任务，普查出猪、山羊、兔、麻鸭4个畜种，川南黑山羊、四川麻鸭等8个品种，群体数量达20 195头（只）。推进标准化规模养殖，新（改、扩）建标准化规模养殖场50个，建成国家级示范场8个、省级示范场84个，带动全市畜禽规模养殖标准化生产面达78%，比2020年增加2个百分点。依托四川德康农牧食品集团股份有限公司、江苏立华牧业股份有限公司等养殖龙头企业，培育发展饲料加工厂、食品加工厂、餐饮和冷链物流，新发展德康30万吨饲料加工产能和100万头生猪屠宰深加工项目。

畜禽养殖污染防治。制订《自贡市畜禽养殖污染专项治理行动方案》《省级生态环境保护例行督察发现问题整改工作方案》等文件，指导全市畜禽养殖污染防治，通过第二轮中央生态环境保护督察组核查。完成第一轮中央生态环境保护督察组，省、市生态环境保护督察组反馈的52个畜禽养殖污染问题整改，以及第二轮中央生态环境保护督察组9个畜禽养殖污染信访交办件办理，整改完成率达100%。全市畜禽粪污综合利用率达91.32%，规模养殖场和养殖专业户粪污处理设施装备配套率达100%，分别超出省下达目标任务的15.32%、4%。

畜产品质量安全监管。开展饲料兽药等投入品的生产经营使用监管，打击使用违禁投入品或不执行兽药休药期和养殖档案管理规定等违法违规行为。开展畜禽屠宰企业清理整顿，按照“市场主导、政府引导”原则实施兼并整合和改造升级，全市保留生猪定点屠宰企业39家。落实屠宰场派驻官方兽医和非洲猪瘟自检“两项制度”，执行产地检疫和屠宰检疫规定。开展生鲜乳生产、运输等重点环节监管及生鲜乳质量安全监测，规范病死畜禽无害化处理，全市未发生畜产品质量安全事故。

【林业】 全市全年新增林业产业基地1466.67公顷。荣县油茶现代林业园区实现省级园区“零”的突破，出口油茶籽140余吨。林竹产业实现综合年产值64.32亿元，增长11.82%。

油茶产业。推进油茶产业发展，编制完成《荣县油茶现代林业园区建设设计方案》，建成油茶品种园，收集优良品种53个。改造提升采穗圃，培育油茶种苗200万株。完成670.33公顷油茶基地建设，配套冷藏、烘干、灌溉、病虫害防治等设施设备和京东农场数字监测系统。建成油茶籽出口备案基地，新增1个油茶品牌，荣县油茶现代林业园区被认定为省级培育园区。

竹林风景线建设。推进竹林风景线建设，建成竹基地2666.67公顷、富顺县红旗水库竹林大道13.7千米。建设富顺县永年镇竹林小镇，配套建设道路、气调库、公共厕所等设施设备。向省林草局推荐评审第三批省级竹林名镇1个（富顺县永年镇）、翠竹长廊1条（富顺县红旗水库竹林大道）、现代竹产业基地3个（富顺县东湖云丰现代竹产业基地、富顺县童寺镇凰凤现代竹产业基地、富顺县永年镇彭庙现代竹产业基地）、竹林人家2家（富顺县永年镇壹家说农家乐、富顺县李桥镇黑凼口）。

【水产业】 开展长江流域重点水域禁捕退捕，促进渔业向规模化、标准化、现代化方向发展。全年水产品产量8.87万吨，比上年增长5.84%。

项目规划与建设。开发渔业保水功能，坚持“以水养鱼、以渔涵水”，将“水元素、渔要件”融入规划中，启动编制“多镇合一”规划1个、“镇村合一”规划6个、“多村合一”规划14个。开发渔业增收功能，把渔业作为现代农业园区建设的重要内容，规划建设现代农业园区48个，建设“鱼米之乡”项目2个，其中荣县赖河坝“鱼米之乡”项目带动项目区农户年人均增收2000余元，完成富顺县“鱼米之乡”项目年度建设任务。开发渔业休闲功能，建设自贡环城60千米乡村旅游产业带和2个县城休闲农业组团，开展摸泥鳅、钓龙虾等趣味活动，拓展渔业经济价值。

渔业生产监管。以养殖规模、尾水治理、资源普查等为重点，组织开展4轮渔业摸底调查，查出池塘养殖50亩及以上规模场276家和50亩以下养殖户11 067户、釜溪河流域沿河池塘养殖户542户、水产养殖种质资源主体1956个。其中，对542户临河水产养殖塘实行“一户一策一责”管理，确定养殖塘位置和范围，实现“图斑锁定”；建立台账，落实主体责任人、监管责任人，设立公示牌，确保责任到人，常态动态监管，推进“图表落实”；分类明确空池置换、尾水集中处置、冬水田暂存净化、尾水农灌等资源化利用方式，建立尾水达标排放申报（检测）管理制度，做到“图文管理”。

渔业转型发展。落实《自贡市养殖水域滩涂规划》，印发《自贡市关于加快推进水产养殖业绿色发展的实施方案》，引导水产养殖规范化、生态化发展，建成省级水产健康示范场304个。推进质量安全监管，开展水产养殖用投入品专项整治、食用农产品“治违禁、控药残、促提升”三年行动，加大检测抽检力度，50个省级例行检测抽检样、226个市级快速检测抽检样全部合格。推广新模式示范，开展陆基集装箱推水养殖新模式试点2个、池塘循环水养殖模式点2处、“零排放”圈养健康养殖模式点1个，创建省级稻渔综合种养示范基地3个。

退捕禁捕。建立健全联席会议制度及跨区域跨部门执法机制，实行“清单制+责任制”管理，推进退捕禁捕工作落实。分别与泸州市、内江市签订《沱江流域退捕禁捕联合监管协议》，在交界水域威远河开展联合执法行动。把禁捕作为河长、段长、点长的巡河内容，全市组建协助巡护队人员总数624人，其中专职巡护人员19人、网格员兼职574人、第三方机构人员31人。推行跨县（区）公安办案、案发地起诉，畅通线索收集、电话举报、执法响应、行刑衔接等渠道，全年办理渔政案件88件、司法移送21件，公安立案查处45件、移送起诉22件29人；设立禁捕宣传点位41个，制作标牌、标语9000余块（幅），印发宣传漫画集5000册、海报2万张，发放宣传资料10万余份；创新河边停留30分钟短信自动提醒机制，推送短信66万余条，营造“水上不捕、市场不卖、餐馆不做、群众不吃”氛围。依托全国“反电鱼”联盟并与其签订购买服务协议，发挥全市1100余名志愿者、40余名核心行动队员作用，延伸网格化管理。转产就业安置退捕渔民总数1229人，转产就业率100%；应参加养老保险1503人全部参保，养老保险补贴资金全部到位，归集养老保险补贴资金5613.75万元。组织开展渔民职业培训177人次，实现100%按需培训。

【乡村振兴】 自贡市乡村振兴局挂牌成立。大安区何市镇和沿滩区沿滩镇詹井村、荣县来牟镇一洞桥村、富顺县狮市镇马安村分别被确定为第二批全国乡村治理示范乡（镇）和示范村。富顺县和荣县分别创建成全省乡村振兴先进县、成效显著县，荣县双石镇、大安区何市镇和自流井区荣边镇尖山村等14个村分别获评2020年度四川省实施乡村振兴战略工作先进乡（镇）、示范村，评选认定全市乡村振兴先进县（区）1个、先进乡（镇）4个、示范村20个。贡井区莲花镇沙溪村、白仓村等全市27个村被确定为全省乡村振兴重点帮扶村（见表2所列）。荣县旭阳镇、富顺县狮市镇和自流井区荣边镇尖山村、沿滩区沿滩镇詹井村分别被确定为首批省级乡村文化振兴样板镇、村。沿滩区永安镇、荣县东兴镇、富顺县童寺镇和贡井区五宝镇自媒体创业者杨上辉、沿滩区永安镇刘家山社区党支部副书记叶明学、荣县旭阳镇乡村美食文化推广人龚向桃（蜀中桃子姐）、荣县河口镇自贡农人科技有限公司创始人龚勋、富顺县长滩镇万氏打铁花第十三代传人万永杰5人分别入选四川省首届乡村文化振兴“100个魅力乡（镇）”和“100名乡土文化能人”名单。

工作体系建设。优化调整设立市委农村工作领导小组，市委、市政府主要负责人担任“双组长”，领导小组下设7个专项工作领导小组，各相关行业部门组建若干工作专班，各县（区）同步建立相应体系，形成“1+7+N”领导机制。全年召开市委农村工作领导小组全体会议3次，学习中央和省委有关会议及文件精神5次，审议重要议题7个。优化政策支撑，市及县（区）先后制定巩固拓展脱贫攻坚成果、推进农业现代化、宜居乡村建设等政策文件100余个，形成“2+N”政策体系。建立乡村振兴联系点制度，33名市领导分别联系1个村，7名市领导指导10个重点产业发展。优化考核考评体系，整合乡村振兴考评激励、县（区）党政和市级部门（单位）领导班子领导干部推进乡村振兴战略实绩考核，结果运用于市委目标综合绩效乡村振兴考核，作为干部选拔任用、评先奖优、问责追责和项目、资金支持的参考。乡村振兴工作被纳入市委、市政府重点工作督导内容，实行“月盘点、月督导、月调度”和“领导干部赛业绩”管理，对突出问题进行挂牌督导、提醒约谈，推动问题整改，确保责任、政策、工作“三落实”。

巩固拓展脱贫攻坚成果。在市委农村工作领导小组下增设巩固脱贫攻坚成果专项小组，推动“1+35”政策落地落实。创新“三色”管理机制，常态化开展跟踪监测和“回头看”“回头帮”，确定脱贫户监测对象1162户3214人，消除风险963户2636人，对2114名重点监测对象开展分层分类社会救助，实现“应纳尽纳、应保尽保”。将85%以上的脱贫户聚集在产业就业链上，脱贫人口人均纯收入1.13万元，比2020年增长16.68%，无“漏测失帮”和一户一人返贫致贫。完成108个脱贫村及34个省、市重点帮扶村五年过渡期规划编制，实施项目370个，投入资金3.51亿元。

产业振兴。编制《自贡市推动脱贫地区特色产业可持续发展工作方案》，推进主导产业向脱贫村延伸。创新利益联结机制，采取“产业化联合体+合作社+脱贫户”“龙头企业+村集体经济+基地+脱贫户”等联结方式，推行土地入股、村集体资产入股、订单收购等利益联结机制，将脱贫户聚集在主导产业链上，促进脱贫户持续稳定增收。推进一二三产业融合发展，国家生猪大数据中心自贡运营中心挂牌运行，全年生猪出栏181.38万头，比2020年增长13%，高于全省0.5个百分点。配套出台系列新型农业经营主体激励政策，新增国家级重点龙头企业1家、省级农民合作社示范社11个，组建农业产业化联合体19个，49家企业入驻西南自贡食品产业园，新培育全国美丽休闲乡村1个，新获评天府旅游名县、名村、“名宿”各1个，累计建成全国“一村一品”示范镇8个，数量居全省第1位。

组织与人才振兴。加强党委农办机构建设和人员配备，市（县）均核增1名党委农办专职副主任，完成县（区）“三定”方案调整。所有乡（镇）统一设立“一办一站一中心”，全覆盖配备乡村振兴专员、兼职党委副书记，选派421人担任“第一书记”或工作队员、330名选调生驻村帮扶。提拔重用“三农”干部52人，占提拔干部的39.69%，县（区）领导班子、市（县）“三农”工作部门班子中具有农业专长和农村工作经验的占比均超过50%。

表2 2021年自贡市入选全省乡村振兴重点帮扶村名单

所在县（区）	村名	数量（个）
贡井区	莲花镇沙溪村、白仓村，五宝镇高林村，成佳镇晏家村，龙潭镇将军村	5
大安区	大山铺镇伍家村、团结镇申家村、何市镇五龙村、牛佛镇青年村、回龙镇庆华村	5
沿滩区	永安镇刘山村、瓦市镇大雁湖村、兴隆镇光辉村、九洪乡三河村	4
荣县	河口镇字库村，度佳镇白坡村，长山镇青龙村，双古镇双古村、平坦桥村，鼎新镇老当村	6
富顺县	古佛镇凤仪村、长滩镇胡观村、骑龙镇大田村、童寺镇老寨村、狮市镇罗寺村、代寺镇丰光村、李桥镇腰塘村	7

宜居乡村建设。新(改)建农村公路612千米，所有建制村实现“两通”。推进向家坝灌区、小井沟灌溉渠系等工程建设，农村自来水普及率达84.5%，高于全省1.5个百分点。推进农村人居环境整治和生态环境保护，农村无害化户厕普及率达49.8%，100%的建制村生活垃圾、63%的建制村生活污水得到治理，畜禽粪污、秸秆综合利用率均超过90%，化肥农药实现减量化。实施新时代乡风文明建设“十大行动”，创建全国第二批乡村治理示范镇1个、示范村3个，省级示范镇3个、示范村17个，建成“美丽四川·宜居乡村”达标村564个。

空间规划与耕地保护。市、县国土空间总体规划形成初步成果，明确乡村振兴专章，安排不少于10%的建设用地计划指标，专项用于乡村产业发展和村民住宅建设，使用新增建设用地指标41.26公顷，占比22.44%。增减挂钩试点项目按30%的比例预留建设用地指标115.02公顷，保障乡村项目建设。完成“三区三线”划定，确定全市耕地保护任务17.49万公顷、永久基本农田保护任务15.76万公顷。开展违法违规占用耕地问题整治，纳入问题整治图斑93个，整改完成68个。实施土地综合整治，整理土地3913.33公顷，新增耕地273.33公顷。开展耕地质量提升行动，提升耕地地力等级6 666.67公顷。

投入保障机制。市本级财政预算安排乡村振兴资金投入3.57亿元，占一般公共预算的5.84%，增长2.42%；各县(区)投入12.91亿元，占一般公共预算的12.27%，增长1.61%；全年实际投入资金36余亿元，增长5.6%。新增乡村振兴专项债7.63亿元，增长39.1%。建立乡村振兴发展风险补偿机制，涉农贷款余额457.9亿元，增长10.45%。实施预算绩效和乡村振兴专项库款保障管理，实现专项调度、封闭管理、安全运行、精准使用。实施盐都未来、卫生健康保障、居民就业服务、现代公共文化、现代体育发展等公共服务“五大工程”，市本级财政预算安排农村教育资金比2020年增长6.3倍，安排农村医疗卫生、社会保障资金分别增长10.94%、13.3%。

自贡市“万企兴万村”行动启动。9月28日，自贡市“万企兴万村”行动启动大会在荣县举行。该次大会由市委统战部、市工商联、市农业农村局、市乡村振兴局、中国农业发展银行自贡市分行、中国农业银行自贡分行、中国建设银行自贡分行主办。会上，部分金融机构、民营企业和相关部门签署服务乡村振兴协议，拟集中优势资源打造一批示范村、示范项目，树立一批特色产业品牌，形成一批典型经验和模式，带动全市“万企兴万村”工作整体推进。

【农村经营管理】 农村集体资产管理。指导县(区)、乡(镇)以村(组)为单位开展2020年度农村集体资产清查，重点清查核实政府投入、减免税费、社会捐赠等形成归集体所有的各类资产，明确权属、规范移交村集体经济组织统一承接、维护、管理和经营。该项工作以2020年12月31日为基准日，清查核实集体资产23.25亿元，其中经营性资产2.52亿元、集体土地38.07万公顷。完善村集体经济组织法人治理结构，探索以出租、入股、合作等方式建立村集体资产所有权与经营权分离的运营机制，推行村集体经济资产收益与村民委员会收入分账管理制度，创新“财政补贴+集体经济组织分摊”做账机制，543个村集体经济组织与村民委员会实现账务分设、独立核算。

农村土地管理。推进农村承包地确权数据平台建设，各县(区)完成数据导入，组织各乡(镇)开展理论和实际操作培训。完善市级指导、县级仲裁、乡村调解的纠纷调处体系。接待承包地政策咨询16人次，解答行风热线问题4个，反映群众满意率100%。开展农村土地经营权流转审查备案，引导流转双方使用省级合同示范文本。

农民合作社规范化建设。修订完善农民合作社市级示范社评定指标体系，开展国家、省、市、县级示范社四级联创，建立健全示范社名录，培育一批服务能力强、产品质量高、民主管理好、引领带动力强的示范社，新评定县(区)级示范社71家、市级示范社33家、省级示范社11家、国家级示范社4家(荣县剑华谷物种植专业合作社、荣县青青源水果种植专业合作社、荣县白岩石油茶种植专业合作社、自贡市九洪蜀江特种水产养殖专业合作社)，11家省级示范社、4家国家级示范社分别获得5万元、20万元的一次性奖励。完成国家农民合作社示范社监测，17个国家农民合作社示范社和荣县高山镇农民用水协会监测结果为合格。争取中央财政农业生产发展培育农民合作社项目资金990万元，其中100万元为荣县农民合作社高质量发展省级示范项目资金，890万元为支持56个县级以上示范社、1个农民合作社联合社改善生产经营条件、延伸产业链条、提高服务能力等建设项目资金。大安区、沿滩区被确定为农民合作社质量提升整县推进省级试点县，荣县被确定为农民合作社质量提升整县推进国家级试点县、农民合作社高质量发展省级示范县。

农村经营管理年报统计。开展2020年度农村经营管理年报统计，按乡(镇)、村采集起报及逐级报送审核为原则，对农业社会化服务、农民专业合作社、农民负担、农经机构队伍、农村宅基地、乡村治理、农村基本情况、农村土地承包经营、农村集体资产负债、农村集体经济收益分配、农村集体产权制度改革、农村集体经济财会和审计、家庭农场等进行年度统计，撰写全市2020年度农村经营管理统计工作总结和年报表分析报告。

村(社区)财务系统治理。按照《中共自贡市纪委自贡市监察委员会关于印发2021年全市“4+2+2”重点行业领域突出问题系统治理重点任务分工方案的通知》《中共自贡市委农村工作领导小组办公室关于印发自贡市深化村（社区）财务管理领域突出问题系统治理重点任务清单的通知》《中共自贡市委农村工作领导小组办公室关于组建“清廉村居”建设工作专班的通知》要求及分工，市农业农村局联合市民政局、市财政局开展为期半年的检查，出台加强和规范村（社区）财务管理、财务公开、集体资产资源资金管理等指导性文件。指导县（区）、乡（镇）、村（组）落实农村集体资产年度清查制度，乡（镇）、村（组）对政府投入、税费减免、社会捐赠等形成的资产建立台账，分类管理。各县（区）、乡（镇）均制定农村集体“三资”管理制度，建立资产审计监督机制。市农业农村局与市财政局、市民政局联合成立检查组，对县（区）2020年村（社区）财务管理系统治理“回头看”情况开展现场核查，对村（社区）财务管理系统治理情况开展年度专项检查，随机抽取23个乡（镇、街道）、49个村（社区）开展现场核查，认定村（社区）财务管理问题152个，督促指导各县（区）按期完成问题整改。自贡市与富顺县、大安区被评为2021年全省农经工作典型地区，其中自贡市被评为2021年全省农经工作典型市，富顺县、大安区被评为2021年全省农经工作典型县（区）。

【农业行政管理】 执法监管与行政决策。落实“三项制度”和“双随机、一公开”等执法监管制度，推进行政执法标准化建设，修订完善行政执法裁量标准，建立行政执法用语标准、流程标准和文书标准，构建行政执法标准体系。在农业农村厅举办的行政处罚优秀案卷评审活动中，全市获得省级优秀案卷2卷，指导大安区、富顺县申请并获得“全国农业综合行政执法窗口单位”称号。推进农业综合行政执法改革，明确市、县两级农业综合行政执法编制、人员、机构，完成农业执法体制改革任务。全市各县（区）执法人员到岗率均达90%以上。全市农业综合执法机构立案查处涉农违法行政案件223件，罚没金额51.68万元，移交司法22件，涉及农业多个领域。开展合法性审查，执行行政决策“五步骤”程序规定，建立行政决策两级审查制度。推进法律顾问制度建设，按《市委市政府法律顾问工作规则》聘请四川海岷律师事务所律师熊永富为常年法律顾问，协助开展法制管理相关工作。组织33人参加执法资格考试，全部考试合格。

行政立法。健全畜禽养殖污染防治地方性法规制度，将畜禽养殖污染防治与管理工作纳入法治化轨道，推动畜禽养殖业健康有序发展。组织《自贡市畜禽养殖污染防治条例》立法起草工作，在调研论证、征求意见的基础上形成草案代拟稿，并经市政府122次常务会讨论通过和市第十七届人大常委会审议通过。

行政审批。推进“一件事一次办”改革，按省政府公布的“省、市、县三级行政审批服务事项目录”和“三集中、三到位”要求，实现审批事项“最多跑一次”和“网上办”率达100%。全年办理行政审批事项4件，接受群众电话和现场咨询289件次。

法治宣传。结合“放心农资下乡”“法律七进”“宪法宣传周”活动宣传农产品质量安全、农资产品辨识假劣、农村宅基地申请知识及涉农法律法规，通过电视、广播、短信、抖音等媒介宣传长江十年禁捕内容。推进机关法治文化建设，通过图文彩页、制作宣传展板或播放视频音频资料、法治宣传片以及组织参观法治漫画展、征文、答题等活动营造法治氛围。

【农产品质量安全监管】 农产品质量安全监管。推进食用农产品“治违禁　控药残　促提升”三年行动，开展春季农资专项执法检查、农资打假暨农产品质量安全专项整治、“瘦肉精”专项整治行动、“染疫水稻种子”专项执法、非洲猪瘟等重大动物疫病防控“百日阻击战”专项执法、水产养殖业执法专项行动以及食用菌生产使用二氯异氰尿酸钠等专项检查，出动执法人员5213人次，检查种子、农药、兽药等农业投入品单位5312个次，检查生猪养殖、屠宰等企业5633家次，办理农产品质量安全案件43件。种养殖环节开展农产品质量监督抽查280个，检测出不合格产品7个，全部立案查处。开展农产品质量安全风险监测，完成种植业产品、畜禽（蜂）产品、水产品等例行抽样662个，合格率99.5%。

农产品质量安全示范创建。巩固省级农产品质量安全监管示范市（县）成果，健全农产品质量安全县、乡、村监管服务体系，推动风险检测和农产品质量安全追溯体系建设，落实农产品质量安全属地管理责任和生产经营主体责任。11月，自贡市和贡井区、大安区通过省级农产品质量安全监管示范县（市、区）复查审核。

农产品品牌培育。截至2021年年底，全市有“三品一标”农产品223个，其中无公害农产品127个、绿色食品94个、地理标志农产品2个（富顺再生稻、贡井龙都早香柚）。组织优秀“三品一标”农产品及企业参加中国绿色食品博览会、中国国际农产品交易会、四川农业博览会、四川国际茶业博览会等。有61家优秀品牌进入区域性公用品牌“自然贡品”目录。

【农业机械化】 截至2021年年底，全市农机装备总动力123.15万千瓦，比2020年提高3万千瓦。全市主要农作物综合机械化水平达66.34%，增长3.7%。全市主要农作物机械化耕作、播种、收割面积分别达18.39万公顷、7.29万公顷、9.68万公顷。

农机购置与作业补贴。制定《自贡市2021—2023年农机购置补贴实施指导意见》，明确有关政策要求和补贴操作程序。组织各级业务人员开展农机购置补贴政策培训256人次，落实农机购置补贴、农机综合奖补、农机报废更新补贴、市级农机购置累加补贴政策、农机作业补贴等政策。全年市级财政划拨农业机械化发展配套资金17万元，录入补贴资金550.07万元（含报废补贴），受益户数5123户，涉及农机具6132台（套），累计申请报废农机具98台（套）。开展农机购置补贴核查清理，入户核查124户，校验农机具136台（套），未发现虚报冒领、套取骗取、违规享受补贴等问题，未发现重领、多领、少领等违规现象。

农村机电提灌设施建设。争取省、市级农村机电提灌站建设资金115万元，新建、改造、维修提灌站7座。全年完成机电提灌设备（机具）维修改造1450台次13 201千瓦，协调组织提灌机械出勤21 988台次，提水7919万立方米，灌溉面积8.72万公顷。

“五良”融合宜机化改造项目。推进“五良”（良田、良机、良种、良法、良制）融合宜机化改造项目建设，荣县率先在全省实施宜机化改造项目，项目区完成旱地改造面积186.89公顷，改造前的1529块地通过梯台陡变平、小并大等方式改造为492块地，减少地块数量达68%，完成项目总投资1667.06万元，其中财政补助500万元。通过实施地块深翻、小并大、短并长、陡变缓、弯变直，修建进出坡道，完善田间道路、蓄排水设施、地力提升等措施，实现旱涝保收、宜机作业，大中型农业机械地块通达率达100%。

农机化技术推广。推广粮油、经济作物机械化生产新技术，市级财政专项投入资金8万元，开展水稻全程机械化及暗化育秧、大头菜生产机械化试验示范，促进农机新型经营主体节本增收。

存量变型拖拉机清零。开展存量变型拖拉机清零行动，全市30台存量变型拖拉机全部清零，并发布清零通告。开展农机牌证自查自纠，对辖区内所有农机监理牌证核发情况进行排查，对重点机具的行驶证、驾驶证、牌照等进行逐台核对核实，清理存量变型拖拉机及拖拉机驾驶员档案基础信息。全市有外地牌照变型拖拉机618台，假牌和超期运行变型拖拉机175台。

【农村新能源建设】 项目建设。按照“宜气则气、宜电则电、宜肥则肥、宜环则环”原则推进农村沼气种养循环综合利用项目建设，新建成农村沼气工程种养循环利用项目1处，总投资81万元，其中省财政补助资金66万元。

沼气使用监管。推行农村沼气工程安全生产清单制管理，6个县（区）分别制定安全监管责任清单，涉及各类农村沼气工程34个。集中开展农村沼气池安全生产专项整治和问题隐患大排查、大整治及“回头看”，发放沼气安全宣传资料10万余份，排查大型沼气工程5处、集中供气工程（沼气工程种养循环利用项目）32处、农村户用沼气29 634处，发现隐患问题5386个，其中完成整改5368个，限期整改18个，强制关停或报废填埋1437处，全年未发生重大安全事故。

【主要领导人】 市委书记：范波；市人大常委会主任：谭豹；市长：何树平（2月止），曾洪扬（2月始）；市政协主席：王蒙；分管农业副市长：鲜光鹏（12月止），龙腾鑫（12月始）。

自贡市编写组

自流井区

【基本情况】 2021年，全区辖3镇9个街道，辖区面积159.28平方千米，其中耕地面积4446.59公顷。年末户籍人口37.75万人，常住人口48.1万人，常住人口城镇化率93.41%；人口出生率2.64‰，人口自然增长率-0.22‰。森林覆盖率36.23%。

2021年，全区GDP397.9亿元，其中第一产业增加值8.37亿元，增长7.2%；第二产业增加值109.77亿元，增长5.9%（规模以上工业总产值147.76亿元，增长12.77%）；第三产业增加值279.76亿元，增长10.7%。三次产业结构比为2.1∶27.6∶70.3。城镇居民年人可支配收入达44 480元，农村居民人均可支配收入达22 655元。全社会固定资产投资增长4.2%。社会消费品零售总额187.72亿元。地方一般公共预算收入完成7.72亿元，一般公共预算支出14.81亿元。

有义务教育学校21所、特殊教育学校1所，在校学生1.54万人。有各类医疗卫生机构178个，病床位4990张，卫生技术人员6242人（执业、助理医师2187人、注册护士3090人、其他技术人员418人）。城乡居民医疗保险参保人数21.88万人。有敬老院等养老福利机构26个。

【种养殖业】 全区粮食作物播种总面积5800公顷，产量3.1万吨。经济作物播种面积6133.33公顷，产量11.8万吨。全年出栏生猪5.53万头、肉牛0.06万头、山羊1万只、家禽105.1万羽，禽蛋产量0.3万吨，牛奶产量0.17万吨，肉类总产量0.73万吨。新建农业科技示范基地2个，培育农业科技示范主体4个，主推技术推广到位率达96.5%。新培育区级示范家庭农场12家、市级示范家庭农场6家。

【统筹城乡建设】 改建东盐都大道—和平家苑路口等3条道路；完成广场建设4个，新建停车位333个；完成珍珠寺老旧小区、鸿鹤坝三供一业、马吃水和三八路伍家坝等片区雨污分流管网改建20余千米。维修直管公房（含公租房）1.61万平方米。开展建筑工地日常巡查和监督检查800余次，移交环保执法函10份，发出责令停工整改通知书42份，发出责令限期改正违法行为通知书21份。完成釜溪河流域两岸150米范围内聚居点、釜溪河6个重点入河排污口、农村黑臭水体排查整治；摸排金鱼河、旭水河沿岸养殖户150户，督促建立尾水治理管控台账、公示牌；摸排畜禽养殖户6户，督促其建立"一场一册"，签订粪污消纳协议；开展"三磷"专项排查整治行动，督促5家涉磷复混肥生产企业建立"一企一策"整治台账。立案调查违法建设52件，拆除历史遗留违建20处，拆除新增违建17处。

【农村文化】 荣边镇第九届生态葡萄采摘节启幕。举办"迎新春·送春联"活动、"颂歌献给党·一路芬芳·弘扬传统文化"曲艺下基层演出、"我们的中国梦·文化进万家"区域交流演出等活动，惠及群众上万人。开展"公益微课堂"线上培训活动10期。卢德铭故居和尖山风景区被纳入市"重温红色历史、传承奋斗精神"和"体验美丽乡村、助力乡村振兴"2条建党百年红色旅游精品线路。举办2021四川省花卉（果类）生态旅游节、自贡市第二十一届自流井·尖山桃花会，接待游客共10万余人次，实现旅游综合收入90万余元。卢德铭故居申报为四川省首批中小学红色教育研学实践基地。

【农村社会保障】 全年救助城乡困难群众57人，发放救助金21.37万元；临时救助困难群众940人，发放救助金67.92万元。发放高龄津贴10.88万人次、377.39万元，发放重度残疾人护理补贴2.64万人次、161.72万元。建成老年人助餐服务点3个，开展老年助餐服务1205人次。为14名孤儿发放生活费15.09万元，为10名事实无人抚养儿童发放基本生活补贴6.03万元，为5名孤儿发放助学工程助学金9.88万元。

【涉农招商引资】 全年举办"相粤未来·贡享机遇"自流井区（广州）投资推介会、"万物自流·西博贡约"自流井区（成都）投资推介会、仲权镇2021年彩灯文化投资推介会、国际陆港临港加工专题推介会等专题招商推介活动9次。9月15日，西南（自贡）国际陆港国家骨干冷链物流基地专题招商推介暨项目签约仪式在成都市举行，推介会上，自流井区推出西南智慧冷链物流港、冷链物流基地公路港、冷链物流基地合作招商3个项目，现场签约西南（自贡）国际陆港新区成片综合开发项目、自贡市京东星谷物流园区、"中欧+"东盟国际班列合作项目、中国移动川南超算中心等8个项目，涵盖冷链物流、园区开发、通信科技、民生服务、文化旅游等领域。

【主要领导人】 区委书记：黄志勇（7月止），黄雪智（8月始）；区长：向军（7月止），万春霞（9月始）；区人大常委会主任：何永海（11月止），刘忠明（11月始）；区政协主席：刘茂常（11月止），黄敏（11月始）；分管农业副区长：贾小龙（11月止），邓航（11月始）。

自流井区编写组

贡 井 区

【基本情况】 2021年，全区辖7镇3个街道，辖区面积413平方千米，其中耕地面积33.55万亩，人均耕地面积1.2亩；基本农田24.58万亩。年末总人口28.03万人（户籍人口），人口出生率7.6‰，人口自然增长率1.7‰。

【乡村振兴】 抓好脱贫攻坚与乡村振兴有效衔接，整合各级资金4470.83万元，持续巩固脱贫攻坚成果。发展特色优势产业，全年粮食作物总播种面积35.6万亩，粮食总产量12.4万吨。推进生猪规模化标准养殖，建成投产正舟、茂霖等生猪标准化规模场6个，全年生猪出栏17.23万头，增长15.6%。推进农村集体经济发展，全年村集体经济年均收入达35万元以上。土地整理项目持续深化，"厕所革命""千村示范工程"有序推进，农村人居环境有效整治，建成高标准农田1.5万亩。成佳镇、龙潭镇入围"省级百强中心镇"入库候选镇名单，桥头镇通过"百镇试点"考核验收。

【现代农业园区建设】 自贡市贡井区高粱蔬菜现代农业园区创建为省三星级现代农业园区。自贡市现代优质杂交柑橘基地建设项目完成土地流转5400亩、土地整理5300亩，栽种定植苗5003亩，完成水利工程8千米、水沟100千米建设；成佳大头菜产业园区新（改）建产业基地0.8万亩，实施坡改梯0.1万亩；莲花彩色生态公园已建成生态停车场、5人制足球场，完成旅游区道路建设5.4千米，环湖栈道、游客服务中心等主体建设。建设集中成片优质酿酒专用粮基地7.5万亩；建立"中稻+再生稻"高产示范片1.5万亩，辐射带动全区建立再生稻基地5.5万亩；建立马铃薯高效示范区5000亩，实现总产值3000万元。

【农业机械化】 依规做好农机购置补贴工作，全年共受理农户151户，补贴农机具165台，补贴使用资金12.488万元。抓好管理促服务，提高农业机械化水平，全年农机总动力达12.755万千瓦，全年完成机耕42.21万亩、机播13.62万亩、机收16.79万亩。推进农机服务领域由传统农业向现代农业拓展，由产中向产前、产后延伸，向薄弱环节种收倾斜。围绕安全生产中心，抓好各项责任措施落实，联合区交警大队、道安办开展农机交通检查整治，安排各镇开展农机安全生产节前检查，坚决遏制重特大农机事故的发生。

【农村人居环境整治】 开展农药化肥减量行动，建立农药、化肥减量增效示范点11个，加强农业面源污染治理。推进畜禽粪污资源化利用，养殖场户配套粪污收集、处理、利用设施，粪污处理设施装备配套率达100%，畜禽粪污资源化利用率达89.68%。聚焦农村户厕改造，完成农户厕所改造1765户。积极应对生态环保督察，完成第二轮中央生态环境保护督察、2021年省督察反馈农业环保问题整改。

【特色产业】 指导成佳镇开展产业强镇申报，起草《推进特色农业产业发展工作方案》，明确构建现代农业“5+2”产业体系。启动省级试点镇、市级示范镇、区级示范村建设。引导组织泰福、自然香、添宝花生参展“自贡特色特产进省政府大院”、农交会等展销会，提高品牌知名度，推动特色农产品销售。

【农村地区疫情防控】 将防控责任自上而下层层分解到镇、村、组、筑牢防控网，全方位、无死角开展前置摸排，严格管理重点地区返区人员，推进疫苗接种，加强联动，发现问题立即联系相关主管部门解决，有效阻断疫情扩散渠道；重点督促农村地区商超、药店、茶馆等重点场所常态化开展双码联查、体温检测台设置、佩戴口罩入场、场所消毒及消毒登记、防控宣传等，对当场反馈的问题要求村立即整改问题，补漏洞、强短板，夯实疫情防控基础；加强股站室联动，向农业经营主体推送重点疫情防控信息和省、市、区针对农业行业防控的重要文件，常态化摸排农业行业从业返区人员，掌握其去向和旅居史，根据要求进行报告、协助管控；推进农业行业从业人员疫苗接种，建立、更新、完善疫苗接种人员信息台账，统计符合接种加强针人员，宣传动员其及时接种加强针，铸牢行业疫情防控线，保障全区农产品的安全供给。

【农村土地制度改革】 实行农村宅基地区、镇、村、组四级管理，落实村级宅基地协管员90名。推进农村土地承包经营权改革，新增市级示范农民合作社5个、市级示范家庭农场3个。

【农业综合行政执法】 严厉打击非法捕捞，共查办违法案件7起，保护渔业资源和水生态环境。严格农资市场监管，对全区96个农资经营网点进行“拉网式”、全覆盖执法检查，维护农民利益。加强动物卫生监督执法，不定期对屠宰场、养殖场及贩运户进行突击检查，不断加强动物防疫检查点管理，全年共查办动监案件9起，处罚金10.06万元。依法开展农产品监督抽检，合格率100%。

【主要领导人】 区委书记：黄劲(7月止)，张洪涛(7月始)；区人大常委会主任：林勇(3月止)，李伟(3月始)；区长：张洪涛(9月止)，方矛(9月始)；区政协主席：罗洪艳(11月止)，李平(11月始)；分管农业副区长：吴正刚(9月止)，胡启宁(10月始)。

贡井区编写组

大安区

【基本情况】 2021年，全区辖9镇6个街道，辖区面积39.75平方千米，其中基本农田24.14万亩。年末总人口28.8947万人(户籍人口)，增长1.6%；人口出生率8.49‰，减少2.51个千分点；人口自然增长率-0.09‰，减少6.45个千分点。本地水资源总量1.27亿立方米，人均占有水资源量434.9立方米。

【年度农业和农村经济运行】 2021年，全区实现农业总产值43.16亿元，增长7.8%；全区全年农业增加值达24.59亿元，增长7%。农民年人均可支配收入达20 410元，增长10.1%。全区农产品质量抽检合格率比年初提高0.05个百分点；建成11个基层农业综合服务站(主要农产品产量见表1所列)。

【农业产业化发展及村集体经济发展】 创新农村集体经济有效实现形式，拓展农村集体经济发展路径。推进合并村集体经济融合发展，做好两项改革“后半篇”文章。探索股份合作、资源合作、资金入股、租赁经营等新型农村集体经济有效实现形式，壮大新型农村集体经济。全区经工商登记在册的农民专业合作社218家，其中2021年新注册7家；注册资金387.95万元，入社成员351人，带动农户420户，入社成员人均年增收1000元，带动农民人均纯收入增收650元。

【农村集体产权制度改革】 全面贯彻实施《四川省农村集体经济组织条例》，发展壮大新型农村集体经济，如期完成农村集体产权制度改革阶段性任务，取得积极进展。持续开展农村集体产权制度改革“回头看”，核查完善集体资产清产核资、成员身份确认、资产权能保障、组织登记赋码等工作，探索推动新型农村集体经济发展。截至2021年年底，全区87个村级集体经济组织全面完成规范挂牌，集体经济组织登记赋码发证实现全覆盖。

【种养殖业】 全年粮食作物播种面积32.24万亩，产量11.37万吨；油料作物播种面积18.58万亩，产量2.7万吨。全年出栏生猪15.34万头、家禽1139.41万羽、肉牛0.84万头、肉兔538.88万只、肉羊7.63万只。推进100万头生猪产业化生态循环经济暨食品加工综合项目。与正邦集团、德康公司等签约新建的生猪养殖场有176个单元已全部建成投产，正邦10万头(100个单元)优质生猪一体化项目建成投产。建设部级、省级、市级畜禽标准化养殖场1个、7个、14个，畜禽规模养殖场粪污设施装备配套率达100%，畜禽养殖废弃物资源化利用率达94.09%。常态化开展非洲猪瘟等重大动物疫病防控，累计排查生猪养殖场14 628场次，排查生猪203.5903万余头次；排查生猪屠宰场1258场次，排查待

表1 2021年大安区主要农产品产量

主要农产品	单位	产量	同比增减(%)
粮食	万吨	11.3700	1.33
水稻	万吨	4.4900	1.83
玉米	万吨	3.1600	0.10
马铃薯	万吨	0.4400	4.26
油菜籽	万吨	1.8300	4.13
蔬菜	万吨	29.800	7.51
水果	万吨	1.3900	5.67
肉类	万吨	3.5445	11.62
猪肉	万吨	0.9935	10.60
牛肉	万吨	0.1109	–3.76
羊肉	万吨	0.1187	8.50
禽肉	万吨	1.6746	11.27
兔肉	万吨	0.5910	22.59
禽蛋	万吨	0.7381	–2.65
水产品	万吨	0.9768	5.76
牛奶	万吨	0.4913	9.54

宰生猪40 710头。对重点环节、重要场点开展持续监测，累计采样1317份，均为阴性，全区未发现有非洲猪瘟疫情发生。在6个街道设立5个犬只狂犬病免疫注射点，确保农村犬只免疫密度不低于85%、城区犬只免疫密度不低于95%。

【水产业】 全年水产品产量0.98万吨，增长5.76%。开展水产养殖尾水治理，推进水产养殖业绿色发展，对全区水产生产主体进行全面调查，共调查渔业生产主体3080户，其中50亩以上规模水产养殖基地66家。加强水产品质量安全监管，完成蛙类专项抽检6批次、50亩以上养殖场抽检22批次、省例行监测抽检6批次，抽检合格率均达100%。摸清家底，开展全区水产种质资源普查，共普查20亩以上养殖主体和村集体165个。引进推广南美白对虾、澳洲龙虾、小龙虾、黄颡鱼、台湾泥鳅等名特优新品种5个，增收效果明显。

【农村水利】 全区已建成各类水利工程4255处，其中中型水库1座，小型水库41座，山坪塘、石河堰2712处，提水工程153处；蓄引提供水能力达0.86亿立方米，有效灌溉面积10.4万亩。

【农业机械化】 全年完成657台农机具补贴，兑现补贴资金39万元。新增农机总动力0.37万千瓦。自贡文豪农机专合社、自贡大山农机专合社分别在何市镇、牛佛镇流转750余亩种植水稻、油菜等农作物，从耕地、播种、病虫防治、收割、烘干等环节实行全程机械化操作，以点带面，辐射带动全区耕种收机械化作业面积达51.45万亩。

【农村文化】 开展“我们的中国梦——文化进万家”大安区2021年下半年文化志愿者服务分队送文化下基层文艺演出12场，满足群众日益提高的精神文明追求。

【农村卫生】 全区157个村卫生室合并为87个行政村卫生室，调整率为44.59%，现无“空白村”，全区形成以区级医院为龙头为中心，次中心为支撑、乡(镇)卫生院为骨干、村卫生室为网底的四级基层医疗服务体系新布局。大安街、马冲口街、和平街、何市镇等4个镇(街道)创建为“四川省卫生乡镇”。

【农村社会保障】 全区城乡居民养老保险参保人数173 710人，为困难群体代缴城乡居民养老保险9394人，完成市下达目标任务的120.44%；区级资金实际拨付93.94万元，100%拨付到位。逢“赶场天”组织人员到各镇(街道)巡回宣传，发放宣传资料5000余份，回应缴与不缴、缴多缴少、缴早缴晚等群众关心的热点问题，教育和引导群众对参保缴费引起关注。全年征收城乡居保3546.43万元，累计发放城乡居民养老保险待遇48.01万人次，发放养老金6772.5万元，追回冒领金167.27万元。

【农产品质量安全监管】 完善区、镇、村三级农产品检验检测体系，建立一支专业的农产品检验检测队伍，区检测中心、镇(街道)检测站均设有专业的检测人员。11个镇(街道)更换检测设备，该设备与智慧监管连接，实现数据实时上传。全区完成定量监测农产品样品数不少于600个，定性检测农产品样品数不少于8000个，“瘦肉精”检测不少于10 000个。每个镇(街道)检测站全年定性检测农产品样品不少于7200个。协助开展每季度例行抽样工作，确保样品合格率达到98%以上。

【劳务开发与返乡创业】 开展“春风行动”“就业援助月”等专题公共就业服务系列活动44场次，其中线上11场、线下33场。累计发放创业担保贷款1390万元，引领6名大学生自主创业，带动就业16人；推荐5家企业参加第五届“中国创翼”创业创新大赛四川赛区自贡选拔赛暨自贡市第七届“盐都杯”创业大赛，其中3家企业获得一、二等奖；推荐1家企业参加“创青春”川渝青年创新创业大赛，获得川南片区三等奖；选树大安区2022年

"返乡下乡创业明星"39人、"优秀企业"4家。通过多种渠道和方式做好创业大赛的宣传动员和组织工作,激发全区活力,打造"双创"新高地。全区城镇新增就业4285人,失业人员再就业1273人,就业困难对象实现就业482人,城镇登记失业率控制在3.9%。开展返乡农民工创业培训129人。对创业的在校大学生和毕业5年内的高校毕业生给予创业补贴创业担保贷款等政策扶持,发放创业补贴6人,兑现奖补6万元,实现"应补尽补"。开发乡村公益性岗位953个,发放农村公益性岗位补贴合计661万余元。

【主要领导人】 区委书记:张昭国(7月止),彭长林(7月始);区人大常委会主任:钟淳(11月止),肖永忠(11月始);区长:黄如贝(11月止),唐小华(11月始);区政协主席:罗旭东(11月止),关义彬(11月止);分管农业副区长:刘勇(11月止),周怡(11月止)。

大安区编写组

沿滩区

【基本情况】 2021年,全区辖9镇1乡2个街道,辖区面积466.71平方千米。年末户籍人口39.27万人,常住人口29.74万人。森林面积1.12万公顷,森林覆盖率23.92%。

2021年,全区GDP250.75亿元,增长10%,其中第一产业增加值26.46亿元,增长7.2%;第二产业增加值143.01亿元,增长10.1%;第三产业增加值81.28亿元,增长11%。三次产业结构比为17.1∶44.1∶38.8。

全社会固定资产投资增长24.7%。社会消费品零售总额65.75亿元。地方一般公共预算收入完成5.52亿元,一般公共预算支出19.22亿元。城镇居民年人均可支配收入达40 041元,农村居民年人均可支配收入达20 475元。

有普通高中1所、初中11所、小学12所、九年制学校3所、独立建制公办幼儿园1所(另有民办幼儿园40所)、特殊教育学校1所、教师进修学校1所、村小学教学点33所,有中小学学生28 557人、在园幼儿7222人、教师1972人。有医疗卫生机构155个;编制病床位1366张,实际病床位1108张;有医疗卫生技术人员1149人、乡村医生210人。全年法定传染病报告发病率306.44/10万,低于全省平均水平。民政社会救助累计支出7624.85万元,增长31.58%。

【种养殖业】 全年农业增加值完成26.74亿元,增长7.2%。全区粮食作物播种面积2.73万公顷,总产量16.7万吨,比2020年增产0.12万吨。全年建成生猪养殖单元24个,生猪年出栏15.62万头,增长12.1%;家禽出栏288.61万羽,增长7%;肉羊出栏4.99万只,增长3.8%。全年肉类总产量12.87吨,增长13.3%;禽蛋产量1.1万吨,增长0.6%。水产品总产量1.5万吨,实现渔业经济总产值4.46亿元,分别增长5.9%、6.1%。

【农村卫生】 建成沿滩区社会心理服务分中心1个、各类心理咨询室102个,以村(社区)为单位的心理辅导室建成率达81.42%。成立自贡市沿滩区家庭医生签约服务指导监督中心,组建家庭医生服务团队138个,共签约24.62万人。

【主要领导人】 区委书记:黄雪智(8月止),刘军(9月始);区人大常委会主任:黄翠梅(11月止),杨冰(11月始);区长:易冬(10月止),廖东(10月始);区政协主席:王朝华(11月止),王丽(11月始);分管农业副区长:曾义刚(10月止),杨文(11月始)。

沿滩区编写组

荣县

【基本情况】 2021年,全县辖19镇2个街道52个社区196个村民委员会,辖区面积1609平方千米。

2021年,全县GDP2 546 311万元,按可比价计算,增长8.4%,其中第一产业增加值823 551万元,增长7%;第二产业增加值818 044万元,增长7.5%;第三产业增加值904 716万元,增长10.6%。三次产业对经济增长的贡献率分别为28.4%、27.8%、43.8%,三次产业分别拉动经济增长2.4个、2.3个、3.7个百分点。三次产业结构比为32.4∶32.1∶35.5。

公路总里程2897.251千米,其中高速公路101.438千米、国道57.874千米、省道244.782千米、县道503.713千米、乡道740.876千米、村道1248.568千米。

地方一般公共财政预算收入完成79 550万元,增长21.1%;政府性基金收入96 268万元。在地方公共财政预算收入中,税收性收入48 324万元,非税收性收入31 226万元。地方一般公共财政预算支出309 975万元,下降17.9%;政府性基金预算支出合计138 676万元。在地方公共财政预算支出中,一般公共服务支出24 126万元,农林水事务支出65 569

万元，教育支出55 412万元。全县事业单位在编在岗专业技术人员7607人，其中农业技术人员449人；在编在岗专业技术人员中，中高级专业技术人员3933人。全年实施科技项目26个；授权发明专利16件，全年专利授权总数142件。

有幼儿园121所，在园幼儿10 858人，幼儿园专任教师598人；有小学26所、初中23所、普通高中4所、特殊教育学校1所、中等职业学校3所。有县及县级以上文物保护区69个，其中国家级4个、省级9个、市级15个、县级41个。

【年度农业和农村经济运行】 2021年，全县农业增加值83.04亿元，增长7%。农民年人均可支配收入达20 579元，增长10.3%。申报全国农民合作社质量提升整县推进试点县。

【农业产业化发展】 智慧农业园区建设。以赖河坝万亩现代粮油园区创建为核心，铺设高清摄像头、土壤传感器等物联网设备210台，利用遥感技术、卫星定位技术、地理信息技术收集土壤空气温湿度、作物病虫害、区域气象阴雨晴等农情数据信息，并通过“慧种田”APP将信息推送至农业生产主体，全年累计推送各类信息7.5万条。建立农业大数据服务中心，引入中科院“慧种田”数字农业服务平台，对收集到农情数据信息进行综合分析，为农户提供产前种植方案推荐、产中种植管理建议、产后营销等科学决策支持，推进农业投入品精准高效利用。通过农机购置补贴、作业补贴等政策，推广运用植保无人机、插秧机、智能水肥系统等智能农机装备，开展集中机育秧、精准施肥、机收烘干等生产活动，实现每亩稻田所需劳动力缩减60%以上、种植成本降低10%、农产品产量提高10%。

农民合作社建设。8月，荣县申报为国家级第三批农民合作社试点县。争取到中央、省级资金650万元和县级配套资金200万元，支持省级以上农民专业合作社8个，每个合作社30万元；县级以上示范社26个。县级配套资金支持联合社3个，每个联合社30万元；市级示范社1个、县级示范社1个，每个示范社10万元。培育非示范社成为示范社17个，每个5万元。新增国家级合作社3个、省级合作社3个、市级合作社14个、县级合作社20个，荣县被评为“四川省农民合作社高质量发展县”。

家庭农场建设。全县纳入家庭农场名录管理系统3552家（其中完成工商注册登记2396家），新评定县级示范场297家、市级示范场133家、省级示范场6家，实现85%（165个）的行政村共有示范场516家。全年新培育现代农业产业领军人才、现代青年农场主等高素质农民170人。创新运用“云上智农”、专家服务团助农等方式，培育各类新型职业农民2300余人。全年项目资金1040万元，其中争取到中央财政资金840万元、县级配套资金200万元，项目涉及家庭农场126家，其中培育工程100家、示范工程26家。对实施培育示范工程的家庭农场开展规范管理，示范带动773家家庭农场树立标识标牌、1251家家庭农场建立“四本台账”管理。组建振兴家庭农场产业联盟，会员联盟服务面积10万亩，联盟共吸纳家庭农场成员300余家，其中省级示范场15家、市级示范场100家、县级示范场92家。

【农村集体产权制度改革】 全面完成农村集体产权制度改革，完成清产核资、成员身份确认。继续推进农村集体资产股份量化，196个村全面建立农村集体经济组织并登记赋码。全年集体经济总收入4981.66万元，增长43.2%；村均收入25.42万元。

【农村土地制度改革】 基本完成全县农村土地承包经营权确权登记颁证，并通过国家级、省级数据质检汇交，共颁发承包经营权证16.7万本，颁证率99.34%。

【农村金融体制改革】 协调金融机构专设涉农产业“绿色”窗口，降低利率，便捷融资；“省农担”贷款累计发放380笔、2.55亿元，2021年新增124笔、9385万元，在贷余额222笔、1.38亿元；针对3笔新型经营主体贷款后逾期无法归还的情况，组织县财政、金融工作局等相关部门现场核实了解情况，成功转贷、化解2笔逾期贷款风险。

【种植业】 全年农作物总播种面积11.03万公顷，其中粮食作物播种面积6.91万公顷、经济作物播种面积4.11万公顷。粮食总产量43.8万吨，油料总产量3.8万吨（油菜籽2.61万吨、花生0.95万吨），蔬菜总产量84.5万吨，水果产量20.5万吨（含果用瓜）。主要农产品播种面积和产量见表1所列。

全县病虫草鼠发生面积34.62万公顷次，防治面积28.01万公顷次，挽回粮食损失3.93万吨，油料损失2566.58吨，柑橘、蔬菜茶叶损失8.21万吨。因时因地因作物种类对6个监测对象开展测报，测报准确率达95%以上。制作和播放电视预报片6期，发布“荣县植保信息”8期，发送手机短信“荣县植保信息”3000条。对全球重大害虫——草地贪夜蛾出动专业技术人员820余人次，建立乡（镇）测报点40个，每个镇有5套以上性诱捕设备，形成县、乡、村三级测报网，完善监测预警体系。利用2021年中央财政农业生产和水利救灾资金80万元开展再生稻病虫害统防统治作业服务，组织实施8万亩次水稻再生稻的专业化统防统治和绿色防控。整合荣县2021年四川川西南早茶优势特色产业集群项目资金475万元，建设绿色防控茶园1333公顷，项目区实施茶树重大病虫害统防统治作业面积6万亩次；整合2021年荣县乡村振兴100万亩现代农业园区建设项目——高标准粮经套种茶园示范基地建设项目资金19.45万元；荣县2021年省重点项目推进和投资运行“红黑榜”激励资金项目资金5.5万元。

【“中国花茶之乡”创建】 新建茶叶产业基地567公顷，改建茶叶产业基地

表1 2021年荣县主要农产品播种面积和产量

主要农产品	播种面积		产量	
	绝对数（亩）	同比增减(%)	绝对数（吨）	同比增减(%)
粮食作物	1 037 000	0.4	438 203	1.8
其中小春粮食	91 500	–0.1	21 188	1.0
（一）谷物	638 200	0.1	342 235	1.9
1.稻谷	373 000	0.5	232 379	1.8
2.小麦	6700	–8.2	1441	–7.0
3.玉米	244 000	–1.6	103 456	1.1
4.高粱	14 500	25.0	4959	25.7
（二）豆类	226 000	0.6	41 576	1.8
其中大豆	174 500	1.3	31 585	3.0
（三）薯类（折粮）	172 800	1.3	54 393	1.6
其中马铃薯	53 800	2.5	16 194	3.5
油料	265 357	4.0	38 183	7.2
1.花生	61 087	0.1	9678	2.0
2.油菜籽	204 270	5.2	28 505	9.0
糖料	2834	0.6	7668	2.1
其中甘蔗	2834	0.6	7668	2.1
中草药材	11 463	5.3	4975	8.4
蔬菜及食用菌	321 738	5.1	845 425	8.0
瓜果类	3695	0.4	5607	2.6
其他农作物	11 497	0.4	—	—
其中青饲料	11 497	0.4	—	—

0.27万公顷，有茶园1.38万公顷，年产茶叶2.25万吨，实现茶叶综合产值33.5亿元。3家企业（四川华程隽永茶业有限公司、四川永青茶业有限公司、四川绿茗春茶业有限公司）通过出口认证，全县16家加工出口茶企业拓展出口渠道，精制毛茶3.3万吨，出口茶（绿茶）产量达2.4万吨，出口茶产值达4.46亿元。有茶叶加工企业43家，其中县级以上产业化经营龙头企业16家、国家级产业化经营龙头企业1家、省级产业化经营龙头企业4家；年初加工能力达3万吨，精制加工能力达6万吨。培育“龙都香茗”“绿茗春”“春兰芗”“黄金叶”等知名品牌10余个，有涉及茶叶生产的专业合作社54家、家庭农场190家。“荣县花茶”“荣县绿茶”取得国家地理标志证明商标认证。4月29日，精制川茶产业发展高峰论坛在成都市举行，荣县获得“中国花茶之乡”称号，县政府与全国茶叶安全信息中心签订《自贡市荣县茶叶安全信息战略合作协议》。

【畜牧业】 实施国家级生猪调出大县奖励资金建设项目、遗传资源保护项目，国家财政分别投资479万元、45万元（其中川南黑山羊25万元、四川麻鸭20万元）。全年生猪出栏65.89万头，肉羊出栏33.13万只，肉牛出栏0.68万头，小家禽出栏689.92万只，肉兔出栏1210.91万只；肉类总产量7.82万吨，牛奶产量487

吨，禽蛋产量1.86万吨。生猪等主要畜禽规模化养殖比重达78%，畜禽规模化养殖标准化生产面达75%。肉类产量和家禽存/出栏量及增长速度见表2所列。

品种改良与技术推广。从外地引进优质种公猪126头、种公羊85只、种牛308头、种兔9260只；推广温氏肉鸡智能化养殖、生猪全封闭式圈舍改建、蛋鸡智能化养殖、肉羊全舍饲养殖、秸秆综合利用、畜禽粪污综合利用等多套技术，推广川南黑山羊高繁品系。集成推广畜禽粪污治理与资源化利用技术，全县畜禽粪污综合治理率达98%以上，资源化利用率达92%以上。

畜禽养殖标准化示范创建。新增省级标准化畜禽养殖示范场2个、市级标准化畜禽示范场9个、县级标准化畜禽示范场3个，新（改、扩）建生猪标准化规模养殖场（小区）15个。全县有年出栏生猪50头以上养殖场（户）726家（户），其中1万头以上标准化养殖场8个；年出栏肉羊30只以上680户，其中出栏1000只以上1户；年出栏肉兔2000只以上1536户，其中出栏10万只以上规模养殖场3家（户）；年存栏蛋鸡500只以上35户，其中存栏10万只以上3户。

表2 2021年荣县肉类产量、家禽存（出）栏量及增长速度

主要畜产品	单位	绝对值	同比增减(%)
肉类总产量	吨	78 657	12.2
其中猪肉	吨	48 160	15.2
牛肉	吨	901	–0.6
羊肉	吨	5081	6.3
活家禽肉	吨	10 543	10.4
家兔肉	吨	13 922	7.0
其他肉类	吨	50	0
生猪出栏	头	658 893	10.7
生猪存栏	头	436 766	6.4
其中繁殖母猪存栏	头	42 685	6.9
牛出栏	头	6789	–1.6
牛存栏	头	12 965	2.8
羊存栏	只	190 115	3.6
羊出栏	只	331 339	3.3
活家禽出栏	只	6 899 229	10.8
活家禽存栏	只	4 262 656	0.6
家兔出栏	只	12 109 100	7.1
家兔存栏	只	2 369 103	0.7
禽蛋产量	吨	18 599	2.2
蚕茧产量	吨	1889	0.2
蜂蜜产量	吨	61	0
奶产量	吨	487	–6.5

动物疫病防控防。全年组织发放猪瘟疫苗65万头份、猪口蹄疫疫苗110万毫升、牛（羊）口蹄疫疫苗20万头（只）份、禽流感疫苗270万毫升，小反刍兽疫疫苗10万头份、犬只狂犬病疫苗5.6万只份；组织消毒药物32吨，有一组一簿动物防疫登记簿4000本。全年动物防疫工作期间猪口蹄免疫48.35万头，猪瘟免疫48.35万头、羊9.98万只；禽流感免疫696.86万羽，羊小反刍兽疫免疫9.98万只。

畜禽产品质量监管。全县产地检疫生猪43万头、牛（羊）4331头（只）、小家禽畜178.7万只；屠宰检疫生猪21.2万头和牛1361头，检出病害畜禽164头（只），检出病害肉类1724千克；处理一类病死动物养殖环节9807头、屠宰环节309头、二类病死动物产品6.4万千克，均进行无害化处理。全年对猪（牛、羊）实施瘦肉精检测3.48万头（只）份，阴性率100%。

【水产业】 全县水域总面积4577公顷，其中可养殖水域3333公顷，占全县水域总面积的72.8%。全县已养殖水域面积2244公顷（稻田养殖面积未计入），可养殖稻田面积1.46万公顷，已养殖稻田面积5880公顷。全年水产品产量1.83万吨，增长5.97%。全年无重大水产食品安全、渔船安全等事故发生。

稻渔综合种养工程。全县已养殖稻田面积5880公顷，其中工程化稻田养殖面积1000公顷、稻渔综合种养面积近5000公顷（其中稻虾养殖面积近2000公顷），观山镇、长山镇、双石镇、乐德镇等10余个镇稻渔综合种养面积均已超过200公顷；全年稻田养殖水产品产量7406吨。荣县赖河坝粮油（稻渔）现代农业园区稻渔种养循环基地面积15 000余亩，“稻渔（鱼、小龙虾）”综合种养连片面积5000亩。

渔业安全管理。组织全县50亩以上的养殖户175户以及镇农业综合服务中心主任及经办人员召开荣县养殖尾水治理技术暨水产养殖用投入品专项整治培训会。在全县开展水产养殖尾水治理

与水产养殖用投入品监管，各镇（街道）水产养殖场累计悬挂养殖尾水治理公示牌1080个，督促检查指导规模化养殖户200余户；开展水产品质量安全监测抽样，抽检养殖基地和养殖品种全部达标。

禁捕工作。全年悬挂宣传标语430幅，粘贴《禁渔通告》4000份和禁渔宣传资料10万份，签订《禁止长江鱼交易承诺书》500余份，树立禁渔警示牌100余个；收缴非法捕捞工具276个，现场放生渔获物225.7千克；立案查处非法捕捞案件12件，查处行政处罚渔业非法捕捞案4件，处罚5人，行政处罚0.18万元；查处虚假宣传、不正当竞争案件14件，当场处罚决定书18份，罚没款8960元；排查出“三无”船舶169艘，建立自用船舶台账338艘。

【宜居乡村建设】 完成27个村整村推进“厕所革命”项目，改建农村户用卫生厕所6806户，全县农村户用卫生厕所普及率达94.07%以上；全面推行城乡环卫一体化，新建城乡垃圾压缩中转站1座，共有地埋式垃圾库15座，实现农村生活垃圾密闭化收集、压缩化运输、无害化处理。开展垃圾分类工作的行政村（社区）104个，参与户数9.87万户，行政村（社区）覆盖率48.6%，居民覆盖率59%；完成旭阳镇、长山镇、来牟镇等14个行政村农村生活污水治理“千村示范工程”建设，全县65%以上的行政村生活污水得到治理，15个600人及以上聚居点（区）建有农村生活污水收集处理设施，已具备农村生活污水收集处理能力。围绕农村新冠疫情防控，坚持因地制宜，逐村逐户全域开展清理农村生活垃圾、厕所便池、水源水体、畜禽粪污、农业生产废弃物等“五清”行动和冬春疫情防控村庄百日行动，清理农村生活垃圾1002吨，清理户厕142 244户次，清理公厕249座次，清理水塘（井）、河沟、污（臭）水沟1298次，清理畜禽粪污1198处，清理农业生产废弃物36.5吨，村容村貌得到明显改善。

【农业机械化】 全县有农机合作社6个，面积共计完成7600公顷；农机户9.3万户，其中农机作业服务专业户1.22万个；乡村农机从业人员9.7万人。完成小麦全程机械化核心区试验示范160亩，平均亩产394.6千克，亩均增收294.72元。指导荣县佳诚农机专合社等5家优秀农机专合社实行水稻全程机械化864亩。完成“五良”融合产业宜机化改造项目改造192.2公顷，改造后大中型拖拉机通达率100%。全县全年农机拥有量达20万台（套），农机总动力42万千瓦，主要农作物耕种收综合机械化水平达65.1%。全年受理并录入农机购置补贴资金249.469万元，涉及购机户1280户，补贴农机具1443台（套）。

【乡村人才队伍培育】 新引进高层次专业人才4名，实施基层党员干部分类培训教育200余人。实施高素质农民培育项目，培训现代农业产业领军人才、农业职业经理人等185人，其中省级调训10人、市级调训5人、县级培训170人（经营管理型120人、专业生产型25人、技能服务型25人）。组织农技专家开展水稻旱育秧现场培训会、水产技术培训会、现代蚕业技术培训会等各类培训26场次，2800余名农民参加培训。组建荣县科技特派员服务团，成立畜禽、蔬果、茶叶油茶、粮油4个分团。依托荣县赖河坝粮油（稻渔）现代农业园区人才工作站、荣县石笋沟茶叶现代农业园区人才工作站，组织科研院校、县级相关专家开展技术培训、技术交流、巡回服务活动。

【农业项目建设】 完成2020年耕地质量保护与提升项目建设，新建和续建各666.66公顷，发放施用有机肥1万吨，建成土壤大数据采集站10台，土壤有机质平均提升1克/千克，有机肥、土壤重金属检测均符合相关标准，完成总投资1550万元。完成2021年高标准农田建设项目2713.33公顷建设，其中高效节水灌溉面积186.67公顷，总投资1.221亿元，建设地点涉及旭阳镇、东佳镇、度佳镇、观山镇、双古镇。

【农村社会保障】 全县有各种社会福利收养性单位36个，实有病床位3768张。农村居民最低生活保障人数30 729人，发放农村居民最低生活保障人均月定量补助207元。农村“五保户”供养人数4812人。

【农产品质量安全监管】 全年农业综合行政执法共出动执法车辆127台次、执法人员1370人次，检查农资、兽药、饲料经营点613个次，立案查处违规违法案件37起，结案37起，办案结案率100%；责令整改61起，移送5起，罚款16.7万元。全年县级抽检蔬菜水果263个、食用菌4个、茶叶62个、粮食油料作物67个、畜禽产品42个、生鲜乳4个、水产品样品10个，合格率100%；协助省级绿色食品原料基地抽检40批次、省级风险监测抽检175批次、市级监督抽检55批次、县级执法抽检72批次，合格率97%；送检重金属定点监测土壤样品53批次。开展镇级农残速测3475批次，监测场所2597个次，出动人员4240人次，合格率100%。

“三品一标”认证。全县无公害农产品产地整体认定产地规模58.41万亩，全国绿色食品原料标准化生产基地整体认定基地面积1.94万公顷；已认证“三品一标”农产品93个，其中无公害农产品35个、绿色农产品50个、有机农产品2个、地理标志农产品6个。

产品展销。组织多家茶企参加第四届中国国际茶叶博览会、四川茶博会、在深圳举办的荣县茶产品等品牌推介展示活动；作为主题市参加第十届四川茶博会，“龙都博宝”牌香茗、“春兰芗”牌雀舌等获得四川茶博会金奖、中国绿博会金奖。“荣县绿茶”“荣县花茶”获得全国地理标志证明商标。“荣县绿茶”被农业农村部评为全国59个乡村特色茶产品之一；“荣县花茶”被中国（成都）国际茶业博览会组委会授予大会指定用茶。

【主要领导人】 县委书记：韩明祝（7月止），郑小清（7月始，11月止），易冬（11月始）；县人大常委会主任：宋成文（11月止），吴永红（11月始）；县长：郑小清（9月止），赵磊（9月代理，11月始）；县政协主席：邹崇霞（11月止），程伯於（11月始）；分管农业副县长：刘纯忠（11月止），伍祁君（11月始）。

荥县编写组

富顺县

【基本情况】 2021年，全县辖1乡16镇3个街道，辖区面积1342平方千米，其中耕地面积108.12万亩，人均耕地面积1.02亩。年末总人口105.6万人（户籍人口），降低0.17%；人口出生率5.03‰，降低2.3个千分点；人口自然增长率-0.7‰，降低2.57个千分点。全县耕地有效灌面和保证灌面分别达到耕地总面积的41.62%和32.37%。森林覆盖率32.08%。

2021年，全县GDP356.5亿元，增长5.5%，其中第一产业增加值74.5亿元，增长7.2%；第二产业增加值143亿元，下降0.2%；第三产业增加值139亿元，增长10.7%。三次产业对经济增长的贡献率分别为28.3%、-1.3%和73%。全年实现旅游收入36.2万元。

公路通车里程3223.5千米，密度2402米/平方千米，30.52千米/万人。社会消费品零售总额156.2亿元，增长20%。地方公共财政预算总收入完成12.6亿元，增长12.2%；公共财政预算总支出52.9亿元，增长4.8%。金融机构各项存款余额446.7亿元，比上年初增长6%；各项贷款余额280.4亿元，比年初增长12.8%。全年农业保费收入0.21亿元，增长1.18%；处理各项赔款和给付金额1819.72万元，增长0.27%。农业产业化龙头企业国家级、省级、市级、县级分别为1家、8家、33家、26家。

有各类学校196所，在校学生13.24万人，教职工8000余人，其中中等职业教育学校1所，在校学生7060人；普通中学57所，在校学生5.3万人；小学27所，在校学生5.3万人；学龄儿童入学率100%。有艺术表演团体20个，文化馆1个，公共图书馆1个。有卫生机构677个，病床位5046张，卫生技术人员5757人。新型农村合作医疗参合人数79.76万人，新型农村社会养老保险参保人数38.43万人，被征地农民养老保险参保人数819人。

【年度农业和农村经济运行】 2021年，全县出台了《关于加快建设四川经济强县的实施意见》等5个实施意见及《关于加快推进乡村振兴开启农业农村现代化发展新征程的意见》《关于实现巩固拓展脱贫攻坚成果同乡村振兴有效衔接的实施意见》等政策。实现农业总产值122.1亿元，增长8%；全县全年农业增加值达75.9亿元，增长7.2%；水稻、高粱、生猪、蔬菜等特色优势农产品产量保持稳定增长。农民年人均可支配收入达20 655元，增长10.1%。全县农产品质量抽检合格率比年初提高0.05个百分点；建成20个基层农业综合服务站（主要农产品产量见表1所列）。

【农村集体产权制度改革】 印发《富顺县农村集体经营性资产股份合作制改革实施方案》（富农函〔2021〕69号），实施农村集体产权制度改革，有序推进农村集体经营性资产以份额形式量化到集

表1　2021年富顺县主要农产品产量

主要农产品	单位	产量	同比增减(%)
粮食	万吨	55.90	1.80
水稻	万吨	31.83	1.50
玉米	万吨	5.67	-0.40
马铃薯	万吨	3.58	0
高粱	万吨	3.87	10.30
油菜籽	万吨	4.80	6.70
蔬菜	万吨	60.39	7.74
水果	万吨	15.50	0.20
肉类	万吨	8.10	0.10
猪肉	万吨	4.45	15.10
牛肉	万吨	0.14	6.60
羊肉	万吨	0.63	6.10
禽肉	万吨	1.27	3.40
兔肉	万吨	1.48	7.30
禽蛋	万吨	1.56	0.60
水产品	万吨	2.49	6.0
牛奶	万吨	0.04	7.30

体成员，截至2021年年底，203个村中88个村完成集体资产股份合作制改革，按份额均等量化经营性资产5776万元，并实行“一本账”股权静态管理，确保村民同等享受集体经济收益分配。

【农产品品牌战略实施】 全县有“三品一标”农产品27个，其中复查换证绿色食品1个、无公害农产品1个；培育绿色食品14个，其中大米类产品6个、酒类产品6个、柑橘类产品2个；培育无公害农产品沃柑2个。启动富顺县全国绿色食品原料（油菜）标准化生产基地创建，创建面积5.15万亩。

【现代农业园区建设】 现代农业园区建设按照“三区共建”（产业园区、田园景区、新型社区）、“三产共融”的发展理念，按“稳粮优果兴蔬旺畜，重贮藏精加工强融合的原则，实施3个“百万工程”，实现200亿元产值”的发展思路，推进“4+3”现代农业产业体系建设。按照“大园套小园”，全域规划建设“5园12区”。建成高标准农田2.8万亩，新建稻粱标准化基地0.7万亩，富顺高粱被列入四川省特色农产品优势区。承办全省再生稻流动现场会、全省酿酒专用粮基地建设暨晚秋生产现场观摩培训会。东湖顺河蔬菜核心区1000余亩早熟蔬菜基地产值达2000万元以上，小三峡马山特色水果核心区5000亩柑橘基地产值近亿元，带动当地农户人均增收1000元以上。

【种植业】 全县粮食作物播种面积131.8万亩，增长0.7%；粮食总产量55.9万吨，增长1.8%。全县再生稻有收面积43.9万亩，产量7.28万吨，实现连续36年大面积高产丰收。与隆平种业开展技术合作，联合开展再生稻研发合作项目，挂牌成立“再生稻研发中心”，组建“水稻（再生稻）专家大院”，建成百亩水稻新品种展示基地2个、“中稻+再生稻”高标准示范基地1万亩、“中稻+再生稻”订单生产基地2万余亩。全县评选进入“天府菜油”产业融合发展及产油大县示范县，建成集中连片油菜绿色高产高效示范面积14万亩。全县蔬菜种植面积20.7万亩，产量60.39万吨，实现产值22.97亿元。水果种植面积27.6万亩，产量15.5万吨，实现产值7.4亿元。柑橘产业以苗仙湖现代农业产业融合园区、板永种养循环综合示范园区、小三峡特色柑橘示范园区为重点改造提升标准化基地，推行标准化生产，改建柑橘基地0.41万亩，推广实施粮经间作面积0.2万亩。新建蔬菜基地0.1万亩，改建0.2万亩。建成辣椒、菜豆、生姜等早春反季节蔬菜生产基地，推行标准化生产。

全县有25个村集体、13个专合社、40个家庭农场发展蚕桑产业。全县桑园面积2.6万亩（含果桑3000亩），年养蚕1.6万张，订单养蚕8500张，平均单产36.4千克，年生产合格蚕种10万张，年蚕桑综合总产值达6697万元。升级改造23个小蚕共育室为温湿度自动控制。全面推行小蚕共育、大蚕省力化饲育、方格蔟自动化上蔟，蚕茧质量40%达4A～5A，部分达6A。

【畜牧业】 全年肉类总产量8.1万吨，增长0.1%，其中猪肉、牛肉、羊肉产量5.2万吨，增长13.7%。全年出栏生猪61.8万头，增长13.8%；出栏肉牛1万头，增长4%；出栏肉羊44.6万只，增长3.8%；出栏家禽868.6万只，增长3.8%。开展第一轮春季及二轮秋季非洲猪瘟等重大动物疫病防控“大消毒、大培训、大宣传”行动加“大清洗、大检测”工作以及非洲猪瘟等重大动物疫病防控“百日阻击战”行动，共免疫猪（牛、羊）口蹄疫103.3万头（只）次、羊小反刍兽疫25.85万只次、猪瘟80.45万头次、禽流感356.89万只次，各病种应免密度达100%，消毒面达100%。加强对人畜共患病的防控，全年免疫犬2.8万只，扑杀犬236只，农村犬只免疫率达95.3%以上，限养区免疫密度达98.8%。处置疑似重大动物疫情点1个，处置生猪290头，全年无重大动物疫病区域性流行。

【水产业】 全县水产品产量24 900吨，增长6%，其中鱼类产量24 072吨，增长5.37%；虾蟹类产量601吨，增长14.69%；贝类产量27吨，减少32.5%；其他类产量200吨，增长150%。建设稻渔综合种养20 327亩，项目计划总投入1587.817万元，其中省级财政资金投入1000万元、业主自筹资金587.817万元。

出台《富顺县天然水域垂钓管理办法》，持续开展禁捕禁钓宣传，设置保护区界碑11张、界桩41个、大型禁捕宣传牌26块、禁捕通告若干。持续开展打击非法捕捞、垂钓行为，行政处罚一般程序立案10起，罚款46 060元；简易程序立案35起，罚款4600元。开展保护区管理，规范保护区内涉渔工程管理，清理保护区内排污行为。加强保护区管理及江河渔业资源增殖放流，改善水域生态环境，促进渔业资源可持续发展，全年渔业资源增殖放流鱼苗6万尾，合计11万元。

开展全县50亩以上的水产养殖基地质量安全快速检测，共抽检68个样品，合格率100%；完成四川省水产品质量安全例行监测工作8个样品抽检，合格率100%，并对全县重点监管突出品种乌鳢、大黄鱼、大口鲈鱼、鳊鱼、黑斑蛙等开展专项检测抽样，共抽检35个样品，未检测出禁用渔药；全面开展水生动物检疫合格证联网出证，出具水生动物检疫合格证19份，合格率100%。

【乡村振兴】 全年推行脱贫户（监测户）帮扶和资金整合双“54321”机制。脱贫户（监测户）帮扶“54321”机制，即正县级、副县级、正科级、副科级、一般干部分别帮扶5户、4户、3户、2户、1户；资金整合“54321”机制，即每年按照涉农专项资金、结转结余资金、预备金、新增财力、土地净收益分别不低于50%、40%、30%、20%、10%的标准投向巩固衔接工作，全县30名县级领导干部、82个县级部门、126名精锐力量、8000余名干部实现全覆盖帮扶。落实县本级衔接资金3360万元；新增监测对象105户326人，无返贫致贫现象发生。出台《富顺县巩固拓展脱贫攻坚成果与乡村振兴有效衔接实施意见》，坚持“四个优先”，制定财政、金融、土地、人才等巩固有效衔接政策文件35个，落实教育、医保、住房保障、就业稳定等系列衔接政策，衔接资金用于改善农村生产生活条件和发展产业的比例达57.7%。投入各级资金1.3亿元，实施产业发展等重点项目148个，开发过渡公益性岗位1750个；开创“园区+村集体+脱贫户”等利益联结模式，将91.2%的脱贫户（监测户）绑定在产业链上，保障脱贫户务工就业，全县脱贫劳动力就业2.11万人，增加1029人。

建立实施乡村振兴战略“151”推进体系，编制《富顺县农业农村现代化“十四五”专项规划》等系列规划16个、《关于加快建设四川丘区乡村振兴先行区的实施意见》《特色产业可持续发展实施方案》等指导性意见6个。聚合人才、资金、土地、公共服务等资源要素，推进先进县创建“1+4+6”攻坚任务。成立县乡村振兴局和乡村振兴中心，配强配齐镇（街道）、村人员819人。建立6000万元乡村振兴专项资金，县财政一般公共预算安排乡村振兴3.6亿元，增长1.18%；一般公共预算支持乡村振兴投入10.65亿元，增长0.7%。国土空间规划、土地年度利用计划均按不低于10%的指标用于保障乡村振兴项目用地，全年落实用地指标325亩。在农村教育、医疗卫生等公共服务方面投入资金6.2亿元，增长20%。

富顺县创建为四川省乡村振兴先进县、自贡市乡村振兴先进县；代寺镇创建为自贡市乡村振兴先进镇；板桥镇柑竹湾村、代寺镇丰光村创建为省级乡村振兴示范村，长滩镇胡观村创建为省级重点帮扶优秀村；童寺镇老寨村、狮市镇罗寺村、骑龙镇大田村、怀德镇司湾村创建为市级乡村振兴示范村。

【农业机械化】 农机购置补贴政策按照“自主购机、定额补贴、先购后补、县级结算、直补到卡”方式实施，并通过“一卡通”发放监管系统发放补贴资金，全县共有2312户农户购机2754台，享受购机补贴159.8986万元，农户自筹资金395.5946万元，实现总投资555.4932万元。完成新建提灌站7处，重点维修、改造提站3处，一般维修机电提灌设备755台4414千瓦。全年完成农机化机耕作业155.66万亩、机播作业40.03万亩、机收作业57.76万亩、机电灌溉47.08万亩，全县全年农机作业未发生一起农机安全责任事故。

【涉农招商引资】 全县3000万元以上的农业招商引资重大项目8个，项目总投资17.9亿元。协议资金17.9亿元，完成全年任务的100%；到位资金7.3亿元，完成年度任务的100%。

【农村生态建设及环境保护】 改善农村人居环境，持续加强集中式饮用水水源保护，印发《关于开展富顺县集中式饮用水水源地面源污染防控工作的通知》（富环委办〔2021〕11号），组织开展水源地专项整治行动，开展现场检查70余次，完成11个城乡集中式饮用水水源地基础信息调查，编制“一源一策”治理方案，开工实施镇溪河、飞安水库等5个水源地综合治理，完成饮用水源保护区优化调整并重新安装保护区标识标牌。加快补齐农村污水治理设施短板，助力创建乡村振兴先进县，完成7个乡（镇、街道）11个行政村农村生活污水治理“千村示范工程”，探索农村污水治理模式，争取中央资金2000万元实施农村人居环境整治整县推进，启动9个乡（镇）6个社区和33个行政村农村生活污水治理行动。开展农村黑臭水体治理，实施新一轮“美丽乡村一体化”服务项目，建成片区压缩式垃圾中转站8个、垃圾收集点6177个，配备环卫车辆120辆，行政村生活垃圾有效治理率达100%，垃圾收运体系实现全覆盖。实施2021年农村“厕所革命”示范村建设项目，完成新（改）建农村户厕10 424户，农村卫生厕所覆盖率达93.49%。加强农业面源污染治理，全年化肥使用量24 656吨，减少0.62%；农药使用量711.6吨，减少1.08%，实现化肥、农药使用量负增长。建立富顺县2021年度农作物秸秆资源台账，全年秸秆综合利用率达90.45%。推进实施畜禽粪污资源化利用，推广种养循环模式，规模养殖场粪污设施配套率达100%，粪污资源化利用率达92.63%。完成天然水域增殖放流90万余尾。

【农产品质量安全监管】 实施县、乡、村三级农产品质量安全监管1333家次，出动监管、协管人员1118人次；开展“治违禁　控药残　促提升”三年行动、农资打假等农产品质量安全专项整治，以豇豆、芹菜、柑橘、牛羊、鸡蛋为重点严厉打击超限量禁限用使用农药、兽药等违规行为。全年乡（镇）累计快检农产品2540个、畜牧“瘦肉精”3657个，合格率100%；县级开展农产品质量安全风险监测765个，合格率99.8%；协助省、市开展例行监测、绿色食品原料基地监督抽检等抽样523个。开展农产品质量安全追溯示范县创建，打造12家追溯示范企业，培训122人，录入监管信息641条、生产信息1640条、销售信息4312条。全面推广食用农产品合格证制度，发放食用农产品承诺达标合格证1800张，全年累计开具合格证4132张，附带合格证上市的农产品467.27吨。

【农村市场体系建设】 全县有畜禽规模化养殖场267个，其中生产经营、管理安装视频监控系统并正常运行的占70%，安装自动饮水系统并正常运行的占90%，安装自动投料系统并正常运行的占60%，利用互联网销售（如电商、QQ群、微信群）的占80%。全县有畜禽屠宰场20个，全部安装并正常运行视频监控系统进行生产、经营、管理，其中有3个建有畜产品冻库并正常运行。

创建苗仙湖现代农业管理平台，推进农经信息进村入户，培训农经工作人员和村级信息采集人员14人次以上。以农业物联网应用为重点，通过无线传感器实时采集田间生产现场的光照、温度、湿度等参数及作物生长状况，远程监控生产环节，推广应用现代农业机械设备精准作业、管理信息化、生产可视化、灾害预警等技术，提高农业生产智能化水平。对龙头企业、专业合作社、大中型家庭农场等生产经营主体实施信息化管理。

制定《扎实做好过渡期脱贫人口小额信贷工作通知》，出台《金融支持巩固脱贫攻坚成果全面推进乡村振兴工作方案》，持续加大涉农信贷支持力度，年末涉农贷款余额155.24亿元，增长12.12%，占各项贷款余额的55.36%。指导金融机构创新信贷产品，推出“柑橘贷”“强村贷”，全市首推“第一书记振兴贷”，金融支持新型农业经营主体取得突破，增强了乡村振兴“造血”能力。围绕富顺特色农业引导金融机构加大投入，指导富顺县农发行发放红高粱收购贷款1.1亿元，支持收购红粱2万余吨，惠及20个脱贫村。

【特色农副产品】 富顺柑橘。富顺柑橘栽培历史悠久，据《华阳国志》（普）江阳郡条记载，早在公元347年就有枳桔、橙、荔枝等果树栽培，距今已有1600余年。富顺柑橘历经20世纪80年代、21世纪初等多次发展高峰，2009年开始富顺县借助四川省现代农业产业强县建设和现代农业重点县建设掀起了又一轮柑橘基地建设高潮，富顺柑橘成为富顺县农业生产的特色经济作物。

富顺柑橘因其果实大小适中、色泽艳丽、外型美观、皮薄无核、果肉饱满多汁、细嫩化渣、橘香浓郁、甜酸适度、营养丰富、品质上乘深受消费者喜爱。在20世纪80年代末富顺县被原农业部命名为全国柑橘商品生产基地县，2013年被省政府命名为现代农业产业基地重点县，主导产业为甜橙，主栽品种为塔罗科血橙新系。2016年富顺县申报为省第三轮现代农业重点县，富顺柑橘为主导产业之一；2018年获评为四川省特色农产品优势区，品种为晚熟柑橘。近年来，富顺围绕柑橘产业着力打造农业园区，2021年富顺柑橘现代农业园区获评为省级五星级园区。

新世纪以来，富顺县委、县政府高度重视柑橘特别是富顺甜橙的产业化发展，结合“五个一”工程建设和现代农业特色效益产业基地建设项目实施，甜橙、金秋砂糖橘等富顺柑橘产品作为富顺县的传统特色经济作物得到迅猛发展，截至2022年年底，全县栽植柑橘24.6万亩，产量13.85万吨，实现综合产值10亿元，产品远销至全国各地。富顺柑橘产业已成为富顺县农业的支柱产业之一，也是当地农民实现致富增收的重要经济作物，同时也带动了包装、运输、服务等其它行业快速发展，促进了县域经济的快速发展。

【主要领导人】 县委书记：杨斌；县人大常委会主任：郭洁；县长：冯君；县政协主席：郑向东；分管农业副县长：曾旭。

富顺县编写组

攀枝花市

【基本情况】 2021年，全市辖3区2县，辖区面积7401.4平方千米。全市有公共图书馆6个、文化馆6个、博物馆2个、纪念馆2个、村（社区）综合文化服务中心334个。

2021年，全市GDP1133.95亿元，按可比价格计算，增长8.3%，其中第一产业增加值103.56亿元，增长7.6%，对经济增长的贡献率为8.7%，拉动经济增长0.72个百分点；第二产业增加值621.48亿元，增长6.8%，对经济增长的贡献率为44.7%，拉动经济增长3.7个百分点；第三产业增加值408.91亿元，增长10.7%，对经济增长的贡献率为46.6%，拉动经济增长3.86个百分点。三次产业结构由上年的9.5：54.5：36调整为9.1：54.8：36.1。全市民营经济增加值585.7亿元，增长8.2%，占GDP的比重为51.7%，民营经济对经济增长的贡献率为51.1%。

规模以上工业增加值比上年增长9.9%，两年平均增长6.9%。分行业看，32个行业大类中24个行业累计增加值呈增长态势，增长面为75%。第三产业增加值比上年增长10.7%，两年平均增长6%，其中批发和零售业增加值比上年增长15.2%，交通运输、仓储和邮政业增加值比上年增长7.7%，住宿和餐饮业增加值比上年增长17%，金融业增加值比上年增长2.8%，房地产业增加值比上年增长4%，其他服务业增加值比上年增长10.4%。全社会固定资产投资比上年增长11%。全市实现社会消费品零售总额278.29亿元，比上年增长18.3%。全市一般公共预算收入89.85亿元，比上年增长31.7%；居民消费价格指数(CPI)比上年下降0.2%。

【种养殖业】 全市农林牧渔业总产值159.55亿元，比上年增长8.6%。其中，粮食产量26.3万吨，比上年增长1.5%；蔬菜及食用菌产量99.64万吨，比上年增长7.6%；水果产量56.33万吨，比上年增长16.9%。生猪出栏58.88万头，比上年增长14.9%。

【农村生态建设及环境保护】 全市空气质量优良率为96.7%，排名全省第四位；纳入国家考核的地表水环境质量排名全国第28位。全市空气质量6项监测指标全部持续达标，二氧化硫和二氧化氮年均浓度达到近五年的最低值，空气质量优良率为96.7%，排名全省第四位。重点考核指标PM2.5浓度和优良率均完成省级下达的目标任务。全市6项污染物浓度同比均下降，重点考核指标PM2.5浓度为36.7微克每立方米，同比下降25.7个百分点，空气质量优良率为98.3%。水生态环境质量方面，全市纳入国家考核的雅砻江口、柏枝、倮果断面水质全面达到Ⅰ类，湾滩电站、大湾子断面水质达到Ⅱ类，其中湾滩电站断面水质由2020年Ⅲ类上升至Ⅱ类，达标比例100%，全市无劣Ⅴ类水质考核断面。全市230个行政村中完成污水有效治理的村比例达82.61%，2个地级和4个县级集中式饮用水水源地水质达标比例为100%，全市21个全国重要江河湖泊水功能区水质达标率为100%。

【文旅品牌创建】 紧扣攀枝花市委“三个圈层”联动发展、建设现代化区域中心城市目标，组建专班到周边市（州）走访调研，形成《推动“攀大丽香”金三角区域文旅合作打造国际阳光康养旅游度假目的地》等系列课题成果5篇。立足三线建设文化、山水阳光等特色文旅资源优势，编制《攀枝花市重点建设核心文旅项目清单》，推出三线文化旅游项目、红格国际运动康养旅游度假区、金沙江大峡谷旅游度假区、“百里画廊·水墨二滩”景区等重点文旅建设项目。推动19个省级重点文旅项目和康养旅游产业“5115”（5个国际康养旅游度假区、10个特色康养村、100个康养旅居地、50个医养结合点）工程建设。颛顼龙洞旅游景区创建为国家4A级景区，庄上旅游新村、国胜乡大笮风旅游基地、昔格达村田园旅居景区、古德麽些村落景区4个景区创建为国家3A级景区。米易傈僳梯田、米易阳光城分别通过国家4A级景区和省级旅游度假区资源评审。仁和区平地镇迤沙拉村入选“天府旅游名村”，西区格里坪镇金家村、盐边县红格镇昔格达村、米易县攀莲镇贤家村、新山傈僳族乡坪山村入选第二批省级乡村旅游重点村。发布东区攀枝花故事系列（文博文创产品）、西区苏铁山药系列（乡村旅游产品）、仁和区苴却砚（文化创意旅游纪念品）、米易县伊玛织绣（非遗手工旅游产品）、盐边县国胜茶（乡村旅游产品）首批市级“天府旅游名品”5个。

【公共文化服务体系建设】 编制《攀枝花市国家公共文化服务体系示范区创新发展规划（2021—2024年）》，持续健全完善公共文化服务设施，市图书馆新馆和市规划展览馆投入使用，三线文化广场和三线建设英雄纪念碑加快建设。西区集新图书馆、新文化馆、全民健身中心、科技孵化器和青少年活动中心于一体的区域公共服务综合体开工建设。采取一镇多站、镇村共建等方式，“两项改革”后乡（镇、街道）综合文化站阵地达61个（新增加1个）。持续做好公共图书馆、文化馆（站）、博物馆（纪念馆）免费开放和延时错时开放，推进15个“一村一街一书房”文化建设示范点打造。全市基本实现市、县（区）有图书馆、文化馆，乡（镇）有综合文化站，村（社区）有文体活动室的四级文化服务网络。突出建党百年主题，开设《攀枝花文化》颂歌献给党特别专栏，举办庆祝建党100周年系列文艺主题活动3项，各类线上、线下系列配套活动50余项。全年开展各类文化惠民活动400余场次。攀枝花中国三线建设博物馆、大田会议纪念馆、攀枝花开发建设纪念馆、河门口三线建设教育基地、盐边县烈士陵园入选全省中小学研学实践基地。攀枝花中国三线建设博物馆被命名为全国爱国主义教育示范基地。攀枝花市创建为第四批国家公共文化服务体系示范区。

【主要领导人】 市委书记：李建勤；市人大常委会主任：黄正富；市长：王波；市政协主席：李群林；分管农业副市长：李仁杰。

攀枝花市编写组

东　区

【基本情况】 2021年，全区辖1镇，辖区面积167.225平方千米。

【年度农业和农村经济运行】 2021年，全区实现农林牧渔业及辅助性活动总产值45 512万元（现价，下同），同比增长8.5%（可比价，下同），增速较上年提高2.6个百分点，比一季度、上半年和前三季度分别下降0.6个、0.8个和0.2个百分点，两年平均增速7.2%。

【种植业】 全年粮食作物播种面积0.2万亩，产量0.1万吨。经济作物产量稳步提高，东区充分发挥南亚热带光热资源和区位优势，打造有地方特色的农业品牌，加快特色产业发展。蔬菜、水果产量均实现较快增长，全年全区蔬菜及食用菌种植面积199公顷，同比增长6.4%，产量8853吨，同比增长7.8%。园林水果产量21 197吨，同比增长4.5%。

【生猪产能恢复发展】 一手抓非洲猪瘟疫情防控的情况下，东区生猪产能持续恢复，存出栏明显增长，发展取得明显成效，生猪产能恢复至常年水平。全年生猪出栏13 837头，同比增长14.3%；生猪存栏5650头，同比增长14.7%。牛（羊、禽）产量保持稳定，全年牛出栏146头，同比增长1.4%；羊出栏2715只，同比增长0.5%；家禽出栏879 795羽，同比增长0.3%。

【森林草原防（灭）火】 安排专人开展

花舞人间景区日常巡查和渡口建设指挥部旧址巡护并适时进行杂草枯叶清理，消除火灾隐患；抽调2/3的干部职工下沉包保街道社区，压实森林草原防（灭）火工作责任。

【基层公共文化设施建设】 炳三区新建图书馆年初正式开馆，实现智能化自助借还书服务，七楼多功能厅设施设备完成改造提升。区文化馆启动大楼装修维修工程，在消除安全隐患的同时将有利于提升多功能室利用率；开展“城市书房”建设三年行动，以营造城市创意空间、满足居民就近享受公共阅读服务需求为目标，已完成倦客书吧、大众书局、喜悦空间等6个“城市书房”建设。

【群众文化活动】 围绕中国共产党成立100周年，牵头组织开展“颂歌献给党　奋进新时代”东区庆祝建党100周年文艺汇演暨“两优一先”“光荣在党50年”表扬大会，举办“红船颂”美术书法摄影作品展等；炳三区新建图书馆开馆以来，面向康养人群、亲子家庭举办手工制作、绘本阅读、音乐会等各类活动50余场；利用上级补助资金190万元开展政府向社会购买服务，将森防、防疫、创文等生活常识融入文化节目，走进微博物馆、小区、楼栋，丰富群众日常文化生活；辖区志愿服务队伍东区紫荆花文艺创作演艺协会获评“四川省文旅公共服务高质量发展优秀团队”，东区社区艺术节获评“四川省文旅公共服务高质量发展优秀品牌”。

【广电建设】 争取省级专项资金300万元，完成135个终端及1个区级、1个镇级、9个村级前端建设，项目纵向联通省、市两级应急广播系统，横向对接区智慧联动中心、区融媒体中心等，成为面向群众开展文化旅游宣传的重要载体。

【主要领导人】 区委书记：罗勇；区人大常委会主任：何先春；区长：凌永航；区政协主席：张华凯；分管农业副区长：张波。

东区编写组

西　区

【基本情况】 2021年，全区辖1镇，辖区面积123.9平方千米。

【非洲猪瘟防控】 加强宣传和指导，宣传非洲猪瘟防控知识，发放宣传资料，指导养殖户、屠宰企业落实防控措施；强化生猪屠宰监管，监督屠宰企业落实入场生猪查证验物，逐头核对，严禁无证无标，及证物不符的生猪入场，入场生猪每批抽检非洲猪瘟病毒；强化非洲猪瘟排查，执行网格化管理，执行日报告制度，动物协检人员24小时驻场排查，累计排查入场生猪58 092头，未发现疑似非洲猪瘟病猪；加强防堵工作，对辖区4个非洲猪瘟临时防堵卡点加强检查督导，指导严格排查，堵疫于外；强化生猪运输车辆备案管理，累计备案生猪运输车辆138辆。

【长江流域（西区段）禁捕】 成立攀枝花市西区长江流域重点水域禁捕工作领导小组，设立禁捕、打击非法捕捞、市场监管3个专班，加强长江禁捕工作的组织领导；加强宣传，采用微信、村宣传栏、宣传标语等加强对“长江禁捕”“禁渔期”和禁止电、毒、炸等非法捕鱼的宣传，提高禁止非法捕鱼的知晓度；加强辖区天然水域的巡查和打击违法行为，结合“河长制”工作，成立巡河网格员，对发现非法捕捞的行为立即安排执法人员到现场调查，“禁渔期”劝离钓鱼人员70余人次，对游钓人员宣传教育“一人一杆一钩”150余人次，配合公安部门立案调查非法捕捞案件2起。

【农产品质量安全监管】 开展农产品抽样172个，其中省级抽样3次、35个样，市级抽样3次、80个样，区级抽样6次、57个样，抽检合格率达99.3%。

【交通安全监管】 根据《非法客运整治长效管理办法》，协调市交通综合行政执法支队三大队、四大队开展非法营运专项整治工作，全年共查处非法客运车辆111台，立案行政处罚92台，批评教育16人次，处罚38.38万元。到道路运输企业、农村客运企业、工程施工现场等一线重点区域或环节开展检查，对检查中发现的问题及时研究整改措施，立行立改，短期内难以解决的限期整改。全年检查农村客运企业20次、危化品运输企业16次。在元旦、春运、汛期等事故多发期之前，开展不同形式的安全检查50余次，指导格里坪船管站加强乡（镇）船舶和渡口管理6次，开展及参加各类安全知识宣传教育活动2次，确保道路运输总体安全。

【农业综合行政执法检查】 加强农资安全执法检查。开展农药安全生产整治三年行动、农资打假专项整治、禁限用农药专项检查等专项整治行动，对种植基地进行农残专项检查，严厉打击销售、使用国家禁止的高毒高残农药行为。对辖区内20家农资经营主体进行农资行业安全生产检查15次，出动检查人员35人次，未发现违规违法现象。利用省、市资金增配执法装备，创新执法方式，在查处违法行为的同时，针对轻微违法行为，推广运用说服教育、劝导示范、指导服务、限期整改、批评警告等非强制执法手段，避免“以罚代管”。全面推行行政执法“三项制度”，制定《攀枝花市西区农业农村和交通运输局行政执法公示制度》《攀枝花市西区农业农村和交通运输局行政执法全过程记录制度》及《攀枝花市西区农业农村和交通运输局重大执法决定法制审核制度》，严把执法审核关，对一般程序案件进行法制审核，重大执法决定经过集体讨论决定。健全行政执法人员管理制度。全面实行行政执法人员持证上岗和资格管理制度，开展执法人员培训，所有执法人员全部通过培训考试，取得行政执法证，根据农业农村厅和市司法局的要求及时清理执法证件。

【公共文化服务体系建设】 为乡（镇、街道）综合文化站和村（社区）综合文化服务中心日常运行和活动开展提供支持；完成城乡美绘项目，用225个配电箱彩绘装点城市街道，以2154平方米立面墙绘美化文旅新村；实施农村地区“户户通”直播卫星改造升级和广播电视运行维护，启动全区“应急广播”体系设计和“文旅+广电”智慧化项目试点，多角度夯实公共文化工作基础。以“地企共建、特色突出”为思路，联合陶家渡全民国防教育基地、建筑工程技术学校、西区党校建设文旅融合创新研学基地；联合西区特殊教育学校、“初心园”“习风园”打造公共文化服务特色示范基地。联合含章书院新设图书馆分馆1个，联合区内奶茶店、商务酒店、影院等共建馆外服务点9个，打造文化新空间。用好网上图书馆、文化馆，全区有数字资源42TB、远程文化共享数字终端10个，各级公共文化场所均覆盖无线网络，特别推出党史学习教育专栏，提供线上文化服务项目190余件，群众享受文化生活的方式更为便捷。

【文化惠民】 全区各类公共文化场所在落实疫情防控要求的基础上，围绕庆祝中国共产党成立100周年，通过各类文化活动营造“学党史·感党恩·跟党走”的氛围。先后筹备和开展线上文艺拜年演出、金沙书会、美术书法展、市歌红歌传唱、专题文艺汇演等重要活动，创编《红旗颂》《难忘大三线》等11件主题鲜明的文艺作品并搬上舞台，举办“送演出下基层”活动15次、“图书下基层”流动服务13次、读书交流和讲座活动13次。组织开展基层文化专干集中培训5次，下基层指导160余次，丰富群众业余文化生活。注重群众反馈，以“菜单式”“订单式”服务模式统筹和调配全区资源，联合党政机关、社会组织、群众队伍等在全区范围内推出“文化服务惠民行”“假期彩色课堂”“你选书·我买单”等服务项目，共同打造“苏铁剧场”“苏铁书院”等文化服务品牌；用专业指导、节目、队伍和资金支持基层文化站举办建党100周年主题群众文艺汇演28台、党史学习教育宣讲30场，文体宣传志愿服务、游园展览等其他活动近百次，让群众从“被动式”接受文化服务改为“主动式”需求文化服务。

【主要领导人】 区委书记：龙勇；区人大常委会主任：叶勇；区长：胡昱冰；区政协主席：袁大勇；分管农业副区长：张林。

西区编写组

仁　和　区

【基本情况】 2021年，全区辖5乡8镇1个街道87个行政村426个村民小组，辖区面积1728.98平方千米。

【乡村振兴】 全区上下提高政治站位，着力补短板、建园区、创品牌、强治理、促融合，推动中央和省委、市委“三农”工作部署落地落实。突出工作重点，推动巩固拓展脱贫攻坚成果同乡村振兴有效衔接，抓好粮食和生猪等重要农产品生产供给，持续深化农业农村改革，推进美丽乡村建设，全面提升乡村治理水平，提升“三农”工作质效。强化组织领导，形成区、乡、村三级书记齐抓共管的工作格局；乡（镇）党委书记和村党组织书记带头履职尽责，研究、部署、推动“三农”工作；健全督查问责机制，形成一级抓一级、层层抓落实的工作格局。全区农业经济稳步发展、重要农产品供给保障有力、农业园区建设取得新突破、农村人居环境明显改善、农民收入稳定增长。各级各部门把推进“三农”工作的各项政策转化为具体举措落到实处，完成各项重点任务，全面推进乡村振兴，不断开创全区农业农村现代化建设新局面。

【高标准农田建设】 2021年高标准农田建设项目总投资6342.19万元，涉及大田镇小啊喇村、榴园村、片那立村、银鹿村、乌喇么村，平地镇白拉古村，金江镇鱼塘村、立柯村及保安营村共3个乡（镇）9个村。其中，高效节水灌溉位于大田镇小啊喇村、榴园村、片那立村，平地镇白拉古村，金江镇鱼塘村。主要采取土地平整、土壤改良、灌溉与排水、科技推广等措施，有效改善项目区农业基本生产条件，提高水资源利用率，提高农作物亩均产量，推动项目区农业机械化水平的提高，增加农民收入。

【公共文化服务体系建设】 攀枝花市创建为国家公共文化服务体系示范区，仁和区紧扣创新发展主线，深化拓展示范区后续建设工作，出台《攀枝花市国家公共文化服务体系示范区创新发展仁和区规划任务分工及推进措施方案（2021—2024年）》，细化任务分工。实施文化馆、图书馆总分馆建设，已完成平地镇、仁和镇、中坝乡、大河中路街道、含章书院6个分馆建设并投入运行；实施“总分馆制+农家书屋”建设，全区79个村（社区）均设有农家书屋。总馆与分馆实现统一采购、统一编目、统一配送，通借通还；实现总馆与分馆统一建设标准、统一错时开放时间、统一服务规范、统一人员培训、统一调配资源。开展示范区创新发展中期验收督察。推动数字化建设，区图书馆、文化馆建成特色数字资源库3个，可提供服务的数字资源总量达142TB；全区39.7万册图书实现市、乡（镇）、村（社区）通借通还。乡（镇、街道）文化站、村（社区）综合文化服务中心无线网络服务全覆盖。通过网站、手机APP、数字服务一体机等载体，将文化资源直送到每位居民手中，打通公共文化服务“最后一公里”。

【文化阵地建设】 加强“三馆”阵地建设，推进区图书馆、文化馆总分馆制建设，完成仁和思源实验学校、紫荆书阁、26° 湖畔书屋、卢悠山居4个图书馆馆外阅读点建设。完成“三馆”免费开放，图书馆全年免费开放时间达312天、到馆人数128 937人次、图书借阅107 952册，文化馆申报为国家一级文化馆。举办仁和区2021年春季、秋季群众公益艺术培训班2期，共开设22个班级，培训学员580余名；苴却砚博物馆新增“党史教育学习基地”“仁和区政协—书香政协阅读点”“拓片体验区”各1个，全年累计到馆2万余人次，接待团体266个。加强基层文化阵地建设，投入经费10万元，对务本乡综合文化站进行改造提升；投入经费15万元，打造仁和街历史文化微展馆；投入经费5万元，对啊喇乡非遗文化进行包装并开展文化活动。规范管理基层文化阵地，出台《攀枝花市仁和区基层文体旅游活动基础设施管护制度》《攀枝花市仁和区涉改乡镇（街道）、村（社区）基层综合性文化服务中心闲置资源整合方案》，加强基层文化阵地制度化管理。

【文化活动】 区文化馆全年开展“光荣与梦想一百年”流动文化服务进基层、“戏曲精粹 · 戏苑百家”巡演、“英雄攀枝花　颂歌献给党”“翰墨光影颂百年”“童心向党　梦想起航”“万人赏月诵中秋”“国庆七天音乐舞会”等群众文化活动102场；开展姊妹节、大河之音河畔音乐会等品牌文旅活动13场；整合各类文化数字资源，推出大河在线课堂5期、“非遗过大年　文化进万家”走进仁和非遗系列7期、“非遗过大年　文化进万家”群众文艺队伍优秀作品展6期。区图书馆开展“这里仁和·知时节”读书会10场、“这里仁和 · 知时节之巧市”活动40场、“妙莲姐姐讲节气”微课堂18堂；开展“仁和区流动图书馆下基层”活动34次；基层站点开展基层公共文化服务运行管理工作检查39次。

【主要领导人】 区委书记：任礁军；区人大常委会主任：谭进；区长：蔡君；区政协主席：孙永发；分管农业副区长：兰敏。

仁和区编写组

米 易 县

【基本情况】 2021年，全县辖7镇4乡，辖区面积2152.7平方千米。

2021年，全县GDP169.28亿元，增长8.7%。实现一般公共预算收入12.25亿元，增长8.8%。城乡居民人均可支配收入分别达43 020元、22 680元，同比增长8.5%和10.2%。

【种植业】 全县粮食作物播种面积26.73万亩，产量11.76万吨；种植蔬菜10.3万亩，产量49.96万吨；种植特色水果25万亩，产量16.5万吨。省三星级稻菜现代农业园区晋升为省五星级园区，创建市级农业园区1个，建成米易枇杷生态园、红旗河谷产业融合示范园等农文旅融合景区（景点）10余个。新认证绿色产品1个、无公害产品2个，全县“三品一标”农产品认证数达86个，“阳光米易”入围全国前20名最具影响力蔬菜公用区域品牌。2021年实现第一产业增加值36.82亿元，增速7.7%。

【高标准农田建设】 2021年高标准农田建设撒莲镇项目区涉及海塔村、金花塘彝族村、摩挲村、平阳村、湾崃村、禹王宫村、安全村、回箐村、马坪彝族村、垭口村等10个村，共建成高标准农田7200亩，其中新建高效节水灌溉面积1000亩。总投资2190.49万元。

撒莲镇马坪村通过高标准农田建设，农业基础设施显著提升。一是强化基础设施配套建设。完成土地整治282.82亩、硬化道路1.9千米、新建排灌沟0.47千米、新建蓄水池8口、新建高效节水430亩等基础设施配套建设，确保农田灌溉、田间运输、机械化作业的安全。二是社会效益经济效益显著。新增和改善排水达标面积430亩，年节约水量3.2万立方米，灌溉水利用率提高15%，新增田间生产道1.9千米，新增机耕面积282.82亩，道路通达率95%。项目区直接受益农户数量267户540人，直接受益农民年纯收入增加总额75.2万元。三是抓住建设机遇，小田变大田，调整种植结构，发挥最大土地效益。马坪村片区建设前282.82亩土地整理区域共涉及农户160户，部分农户土地分散不成块不成片，只能种植土豆、玉米等低产作物，亩均收益只有7千元左右。依托2021年高标准农田建设项目有效解决农户种植困难，建设前282.82亩土地村集体统一收回，建设完成后，召开村民大会现场分配土地，农户按原有土地比例成片、成块统一分配，农户临近的土地有流转意愿的按4万元/亩的标准现场办理，将282.82亩土地分配到136户农户手中，在“大棚蔬菜+水稻”轮作的方式下，亩均收益预计达到2万元以上，既提升土地收益，又确保粮食生产。

【基础设施配套建设】 制定《推进国家

公共文化服务体系示范区米易县创新发展规划》，实施基层公共文化服务效能提升示范工程，持续完善11个乡（镇）综合文化站、73个行政村和13个城市社区综合文化服务中心配套功能；建成数字图书馆、数字文化馆并投入使用，推进“城市书房”试点建设，建成米易县图书馆海棠书社分馆。实施“厕所革命”，新建旅游厕所2座；推进智慧景区建设，不断完善颛顼龙洞景区语音讲解系统，编制《颛顼龙洞智慧景区票务系统方案》。

【主要领导人】 县委书记：蔡君；县人大常委会主任：董明远；县长：代坤宏；县政协主席：罗文跃；分管农业副县长：侯锋。

米易县编写组

盐边县

【基本情况】 2021年，全县辖6镇6乡，辖区面积3269.453平方千米。

【脱贫攻坚】 严格落实“四个不摘”要求，投入资金1.42亿元，完成35个贫困村3780户脱贫户成果巩固和392户边缘户补差补短任务，通过省、市脱贫攻坚调查和年度考核，2个帮扶单位、2名扶贫干部受到省级及以上表彰。

【城乡融合发展】 花园县城加快建设。县城基础设施PPP项目加快推进，道路改造有序实施，桐源公园景观初现，污水管网、修枝补绿、路灯路牌等渐次完善，推进望江小区改造。通过第五届省级文明城市复检，获评省级文明单位2个，创建为国家卫生县城。乡村振兴稳步推进，累计投入资金15.5亿元，实施9大类128个项目，创建全国“一村一品”示范村1个，入选首批国家森林乡村2个，建成“千村示范工程”6个。推进新一轮区划调整，精减乡4个、村84个，超额完成省、市目标任务。持续巩固违建别墅、大棚房专项整治成果，及时启动农村乱占耕地建房清理摸排。开展村庄清洁行动、农村危房改造、村落风貌整治，农村生活垃圾处理率达96.25%，建设幸福美丽新村63个。积极参加“美丽乡村博鳌国际峰会”，桐子林镇金河村获评全国文明村，红格镇联合村获评“中国十大最美乡村”，并分别被评为全省乡村振兴示范村。交通条件不断改善。国道4216线高速盐边段、手攀岩大桥开工建设，成昆复线盐边站、巴拉河大桥连接线、省道218线新九至红格段改建工程、欧方营地康养国际合作示范基地旅游路建成通车，金河纳尔河林下经济节点公路和桑云路（渔门至株木湾桥段）路面改建工程有序推进，县汽车客运站主体工程完工。交流合作务实深入。积极融入成渝地区双城经济圈，举办成都·攀枝花商贸协作（盐边）对接活动，招商引资新签约项目65个，到位资金111.3亿元，外资到位资金取得突破，增长52.2%。

【农村生态建设及环境保护】 把落实河（湖）长制摆在生态文明建设的突出位置来抓，始终坚持“绿水青山就是金山银山”理念，增强责任感使命感，持续推进河（湖）长制，促进河湖水质和生态持续改善，不断筑牢长江上游生态屏障。强化综合治理，做好“清四乱”、面源污染治理、小流域治理等工作，集中力量攻坚、全力整改到位；加强执法监督，坚持依法治理、依法监管、严格执法，坚决打击非法采砂、非法排污、违反“十年禁渔”规定等破坏生态环境的违法犯罪行为，形成高位震慑；突出源头管控，加强水污染防治，坚持以治污为核心，重点抓好污水、垃圾、岸线污水排放口等治理工作，不断提升全县水环境治理体系和治理能力现代化水平。明确责任机制，进一步强化分口调度，持续查找各领域仍存在的问题，查漏补缺，列出台账，整改一项、验收一项、销号一项，做好常态化巡查，防止问题反弹；各乡（镇）履行属地责任，推进整改工作；县环督办做好上传下达、沟通协调、问题转办、督促指导等工作，确保按期完成整改任务。

【农村社会保障】 县民政局全年收到中央困难群众救助补助资金2470万元。县民政局按照相关预算和直达资金管理要求，第一时间会同县财政局研究确定资金分配方案，报县政府审定后及时下达中央补助直达资金。全年困难群众救助补助资金共计使用2470万元，其中农村低保分配使用2108万元、城市低保分配使用336万元、孤儿救助分配使用26万元。困难群众救助资金到位后，县民政局安排财务人员专人管理，并对资金的使用支付进行监督。对每笔支出的费用进行全面审查，包括支付金额标准、项目用途等进行审核，在保证无误的情况下进行支付。支付方式均通过财政经费平台支付，绝对杜绝使用现金支付，确保每笔支付均有记录。全县纳入农村低保保障在册9041人，纳入城市低保保障在册764人，帮扶孤儿、事实无人抚养、重残儿童及艾滋病儿童1741人次。

【社会事业发展】 在全市率先实现校园多媒体教学全覆盖，全市首个省级蹴球训练基地落户民族中学，获得全国第三届青椒计划“十佳区县”称号。深化与市中心医院、市中西医结合医院战略合作，融入城市医联体建设，组建医共体2个。县文化馆获评首批全省非物质文化遗产优秀传承发展基地，傈僳族非遗传习中心获评省级非遗教育示范基地。坚决兜牢民生底线。投入资金2.2亿元，完成民生实事31件。升级改造21个城乡社区日间照料中心。药品集中采购价格平均降幅59%，清欠农民工工资773.6万元，新增城镇就业1820人。持续深化平安建设。化解信访积案，妥善处置“问题楼盘”办证难题。不断推进扫黑除恶专项斗争，建成智慧平安小区9个，获评全省“诚信之星”5人、“诚信社区”3个，获得全国、全省五好家庭各1家，创建省级“六无”平安村4个。县妇儿工委办被评为全省家庭工作先进集体，县群众工作中心被评为省级“人民满意窗口”，红格派出所、渔门司法所被命名为全省首批枫桥式公安派出所、司法所，道路交通事故纠纷人民调解委员会获评“全国模范人民调解委员会”。创建为省级民族团结进步示范县。

【公共文化服务体系建设】 加强农村基层公共文化服务功能，优化设置村级公共服务网点建设，将原164个村级公共文化服务网点调整优化和设置为89个，建设集宣传文化、党员教育、法治教育、书屋阅读、体育锻炼等功能于一体的乡村文化阵地和基层公共文化服务平台，实现提质增效。新建5个流动农家书屋“筌悦慧”，对昔格达村“惜书堂”农家书屋进行“城市书屋”示范打造。

【主要领导人】 县委书记：李春华；县人大常委会主任：任平；县长：谭兴忠；县政协主席：肖方敏；分管农业副县长：李晓康。

盐边县编写组

泸 州 市

【基本情况】 2021年，全市辖3区4县8个少数民族乡92镇26个街道（其中涉农街道20个）1143个村341个社区（涉农社区168个）10 499个村民小组2312个居民小组（涉农居民小组1154个），辖区面积1.2万平方千米，其中耕地面积483.27万亩。全市户籍总人口506.73万人159.01万户，其中乡村人口305.07万人。全市有国家级产粮大县2个、国家优质商品猪战略保障基地县5个，获评国家级、省级特色农产品优势区6个，创建世界晚熟龙眼优势区域中心、第三批国家现代农业示范区、“中国特早茶之乡”“中国晚熟荔枝之乡”、四川省农产品质量安全监管示范市等多项国家级和省级称号。市农业农村局获评“全国粮食生产先进集体”。

【年度农业和农村经济运行】 2021年，全市实现农林牧渔总产值444.9亿元，增长7.5%，其中农业产值229.9亿元，增长4%；林业产值19.9亿元，增长10.1%；牧业产值167.7亿元，增长11.6%；渔业产值18.3亿元，增长5.4%。第一产业增加值实现265.1亿元，增长6.7%。农村居民年人均可支配收入达20 008元，增长10.9%，增速列全省第2位，较全国平均水平高1.2个百分点，较全省平均水平高0.6个百分点，较全市城镇居民年人均可支配收入增速高2.2个百分点。

【新型农业经营主体培育】 争取到位中央财政农业生产发展资金1430万元，用于培育发展农民专业合作社，扶持培育示范社91个。争取到位农民专业合作社质量提升整县推进试点县专项发展资金200万元，江阳区、叙永县被列入全省第三批农民专业合作社质量提升整县推进试点县。泸县被列入“家庭农场信贷直通车”试点县。争取中央财政资金830万元，用于发展76个家庭农场项目，全市市级以上家庭农场示范场达759家。全年培育高素质农民2036人，其中农业领军人才24人、农业职业经理人183人、经营管理型人才1282人、专业生产型人才547人。投入中央财政资金450万元，用于发展基层农业技术推广体系改革与建设项目，培训农技人员骨干1002人，县级遴选推介主推技术42项，建设农业科技示范展示基地16个，培育农业科技示范主体95个。

【农产品品牌建设及质量安全监管】 泸州市农产品区域公用品牌“酒城优品”图形商标于10月注册。全年新认证“三品一标”农产品17个，累计认证446个，有效“三品一标”农产品总数达229个，古蔺肉牛被纳入全国名特优新农产品名录。省级农产品质量安全例行监测合格率达99.5%，全年未发生一起重大农产品质量安全事件。全市共有1649家农产品生产经营主体被纳入试行承诺达标合格证制度管理，共开具食用农产品合格证78.5134万张，附带合格证上市的农产品41 573吨。开展农产品质量安全抽检5147批次、农产品质量安全监督抽查280批次，被列入“重点监控名单”的生产主体31个。

【现代农业园区建设】 叙永县糯稻现代农业园区被列入2021年省级园区培育，获得省级培育资金1000万元。泸县粮油现代农业园区晋升为四川省五星级现代农业园区，江阳区蔬菜现代农业园区晋升为四川省四星级现代农业园区，古蔺县肉牛现代农业园区创建为四川省三星级现代农业园区。截至2021年年底，全市累计建成各类农业园区76个，其中省级园区4个、市级园区24个，园区总面积达116万亩，园区农业综合总产值达204亿元，园区农户年人均可支配收入达2.4412万元。

【乡村振兴】 纳溪区创建为省级实施乡村振兴战略工作成效显著县，龙马潭区特兴街道、泸县玉蟾街道、叙永县摩尼镇创建为省级实施乡村振兴战略工作先进乡(镇),19个村创建为省级实施乡村振兴战略工作示范村。出台《中共泸州市委泸州市人民政府关于全面实施乡村振兴战略加快农业农村现代化的意见》,印发《2021年度泸州市区县党政和市级部门(单位)领导班子领导干部推进乡村振兴战略实绩考核实施方案》,建立健全乡村振兴实绩考核考评机制,全年评定市级乡村振兴实绩考核优秀县(区)2个、优秀单位16个,认定实施乡村振兴战略工作先进县1个、先进乡(镇)10个、示范村50个、重点帮扶优秀村10个。纳溪区被列入全国川西南早茶优势特色产业集群县,古蔺县马蹄镇申报为国家级农业产业强镇,古蔺县申报为全省现代农业烘干冷链物流试点县,泸县申报为国家级制种大县,合江县申报为全省"鱼米之乡"试点县。

【农业农村改革】 全面完成农村集体产权制度阶段性任务,累计清查核实集体资产121.88亿元,确认集体成员428.6万人,颁发股权证书40.87万份,成立农村股份经济合作(联合)社1967个,1189个村(涉农社区)集体资产股份合作制改革完成率达100%。纳溪区、泸县城乡融合发展综合改革省级试点任务全面完成。持续抓好两项改革"后半篇"文章,涉改村闲置资产盘活率达100%,72个试点村实现村集体经济收入1144万元。建成全市农村产权交易平台并投入运行。全市家庭承包经营的耕地面积609.83万亩,家庭承包经营的农户数103.74万户,颁发土地承包经营权证97.69万份,家庭承包耕地土地经营权流转总面积148.77万亩。泸县被通报表彰为全省农村改革工作先进县,泸县"闲置荒宅变资源、民富村美强支撑"的宅基地制度改革经验模式获评"党的十九大以来四川省农业农村改革优秀案例",纳溪区数字茶园案例入选《四川省数字乡村建设典型案例选编(2021)》。

【"宜居乡村"建设】 对标创建全国乡村治理示范村3个,省级示范镇2个、示范村20个。农村"厕所革命"持续推进,25个村整村推进,完成农户厕所改造3.1万余户,全市农村卫生厕所普及率达89%。城乡生活垃圾转运处理体系行政村覆盖率达100%,44个行政村完成农村生活污水治理"千村示范工程",74.7%的行政村生活污水得到有效处理。全市行政村生活垃圾收转运和保洁员配备均实现全覆盖。新一轮"绿化泸州"行动有序推进,森林覆盖率达51%。新(改)建农村公路549千米,乡(镇)和行政村通畅率达100%。整治病险水库13座,完成农村电网改造10千伏667千米、低压线路1846千米。建成市、县应急广播"村村响"平台,实现行政村广播村村响、户户通。农村广播电视光纤网络实现全覆盖。

【特色产业】 优质粮食。全年粮食作物播种面积603.1万亩,增长0.7%;产量235.6万吨,增长1.7%。创建粮油万亩示范基地25个、高产核心示范片45个,带动大面积生产130万亩以上。全年水稻种植面积202.2万亩,总产量111.4万吨,其中优质水稻种植面积达168万亩(国标三级以上标准),占水稻播种面积的83%;再生稻有收面积126.62万亩,产量19.01万吨,面积和产量均稳居全省第一位,再生稻高产攻关示范片亩产首次突破400千克,其中,优质水稻种植面积达160万亩(国标三级以上标准),占水稻播种面积的79.4%。全年高粱种植面积34.5万亩,产量11.4万吨,面积、产量同比分别增长19.79%、18.75%,订单面积超过95%,种植面积、产量排名均居全省第一位。全年油菜种植面积71.64万亩,油菜籽产量10.7万吨。

现代养殖产业。全年生猪存栏266.8万头,增长8.6%;生猪出栏399.9万头,增长12.6%;猪肉产量29.6万吨,增长17%。全面克服非洲猪瘟等重大动物疫情对生猪生产的影响,生猪生产回归历史正常年份水平。全年肉牛存栏18.2万头,下降6.9%;出栏7.6万头,增长2.5%。肉羊存栏39.4万只,增长0.9%;出栏53.8万只,增长1.5%。小家禽存栏2956.2万羽,增长18.1%;出栏4073.8万羽,下降0.7%。全年水产养殖面积9335公顷;水产品总产量10.12万吨,增长3.46%。

精品果业。全年水果种植面积202万亩,产量73.7万吨,产值68亿元,其中荔枝、龙眼、赤水河甜橙、真龙柚、猕猴桃、李子等精品果业种植面积112万亩。推进品种结构调整,新建荔枝、龙眼、枇杷等高换示范园4个,示范面积1900亩。示范推广果园生草栽培、病虫害绿色防控、山地运输机械,示范面积达5000余亩。一是荔枝龙眼。全年荔枝种植面积32.6万亩,龙眼种植面积31.3万亩。受冬季霜冻影响,荔枝、龙眼出现大面积冻害,荔枝产量3.3万吨,综合产值20.6亿元;龙眼产量5万吨,综合产值8亿元。实施荔枝龙眼良种高换,推广荔枝大枝挑皮嫁接技术,合江县建成低位大枝嫁接高换示范园300亩。江阳区继续推进龙眼良种高换,种植面积1600亩。泸州桂圆获得地理标志证明商标。泸州桂圆2021果品区域公用品牌价值评估14.72亿元,合江荔枝2021果品区域公用品牌价值评估12.46亿元。二是柑橘产业。全年柑橘种植面积93万亩,产量45万吨,其中柚子种植面积38万亩、赤水河甜橙种植面积30万亩。依托国家柑橘产业技术体系泸州综合试验站,相继开展磷肥提质增效、大实蝇绿色防控、橘园生草、山地橘园轨道运输等试验示范,示范面积近5000亩,建成山地轨道运输线2条。继续与四川大学合作开展脐橙水肥协调提质增效标准化管理技术研究。举办泸州市第二届柑橘中熟品种展示评优会,古蔺县成林专业合作社选送的纽荷尔和合江县白米镇康一可选送的真龙柚获得金奖,古蔺甜橙获得国家地理标志证明商标并被收录进《全国名特优新农产品名录》。三是柚子产业。全年柚子种植面积38万亩,总产值8.7亿元,主要为真龙柚,分布在合江县,总面积30.8万亩,产量9万吨,产值9亿元。

高效林竹产业。全市竹林面积位居全省第一。立足资源禀赋，发展绿色富民竹产业，泸州市获得中国林业产业突出贡献奖，建成纳溪区、合江县2个国家林业产业示范园区，建成纳溪区、合江县、叙永县3个省级竹产业高质量发展县和3个省级现代竹产业园区。全市实现竹产业综合产值264亿元，增长25.7%，以全省20%的竹林面积创造了全省30%的竹产业综合产值。

绿色蔬菜产业。全年蔬菜种植面积130万亩，产量307.6万吨，产值66亿元。为抗击新冠疫情，建立蔬菜生产旬调度制度，确保了“菜篮子”的有效供给。早春长江大地菜满种满收，高山蔬菜提质扩面。受冬季低温影响，羊肚菌生产损失较大。推广集中育苗、幼龄果园蔬菜间作、烟菜轮作等生产技术，叙永县实施川菜项目，建成高标准蔬菜育苗基地3000平方米，古蔺县推广柑橘果园间作萝卜示范5000余亩。发展订单蔬菜，叙永县利用冬闲田发展榨菜原料基地2万亩，叙永县、纳溪区等发展订单辣椒基地1.5万亩。

特色经作产业。一是茶叶产业。全年新建茶园0.32万亩，茶叶种植面积44.3万亩，产量2.69万吨，综合产值80亿元。纳溪区被列入川西南早茶产业集群建设县，古蔺县建成皇华马耳山茶叶园区3000余亩。在第十届中国（四川）国际茶博会上，四川瀚源有机茶业有限公司选送的“瀚源黄茶”获评“四川十大名茶”，四川凤岭茶业有限公司选送的“凤岭飘雨牌玉芽”获评“四川名茶”。古蔺大寨和黄荆分别引进古树茶加工企业，保护与开发利用古树资源。二是中药材产业。全年改（扩）建中药材基地0.55万亩，中药材种植面积22万亩，产量7.5万吨，产值13.2亿元。古蔺县以赶黄草、天门冬为重点，建成赶黄草基地1万亩、天门冬0.3万亩。合江县以金钗石斛、佛手为重点，建成金钗石斛基地5万亩、川佛手基地0.3万亩。泸县以枳实枳壳为重点，建成枳实枳壳基地0.4万亩。叙永县以天麻、南板蓝根为重点，发展天麻基地500亩、南板蓝根1000亩。纳溪区以金银花为重点，引进龙头企业，计划发展金银花1万亩。三是烤烟产业。全市烤烟种植面积6.8万亩，总产量0.84万吨，产值2.35亿元。

休闲农业产业。举办四川（纳溪）茶叶开采活动周、四川（泸州）蔬菜品赏会、四川（花卉）果类生态旅游节暨合江荔枝节等农业节庆活动20场次。全市接待人数近2000万人次，乡村旅游总收入达200亿元；农产品电子商务网络零售额6.59亿元，增长39.97%。

加工物流产业。全市有农产品产地初级加工经营主体1200个（年收入500万元以上的有50个），其中加工企业80家、专业合作社380个、家庭农场和种养大户740家（户）。一是粮油加工。全市有粮油加工企业52家，其中市级以上农业产业化经营重点龙头企业23家，培育了金土地、叙永马岭粮油等粮油加工龙头企业，拥有“金土地”“先滩牌”“兆雅牌”“玉龙湖”“龙城牌”等一批优质粮油品牌。二是果蔬加工。全市有果蔬菜加工企业60家，主要以加工竹笋、山野菜、酸菜、榨菜、豆类等蔬菜为主，其中泸州刘氏泡菜、泸州竹芯食品公司、泸州梦竹苑农业科技有限公司、王庄粉丝厂、泸州蜀南农副产品有限公司、古蔺王氏凤妈萝卜干、合江荔枝专业合作社等加工企业规模相对较大。三是茶叶加工。茶叶加工企业主要分布在纳溪、叙永和古蔺，其中纳溪占70%以上。全市有瀚源、荣龙、天绿、凤岭等36家具有一定规模的名优茶加工企业以及其专业合作社，其中省级龙头企业2家、市级茶叶龙头企业8家；茶叶加工小作坊100余家，年加工产值20亿元左右。“酒城贡芽”被认定为“四川省著名商标”，“瀚源黄茶”2021年获评“四川十大名茶”。四是畜禽加工。全市有产地屠宰、分割、冷藏加工经营主体200家，其中屠宰企业41家（其中A类企业19家、B类屠宰企业22家）。规模较大的有泸县环泰、叙永川天、泸州好百年、古蔺顺春、古蔺金海、古蔺三深农产品等畜禽加工龙头企业，建有冷冻库23个，约总容量6000立方米，主要冷冻处理猪肉、牛肉及家禽产品。全市有冷链物流运输车50辆以上、冷链集装箱4个。

【畜牧业】 重大动植物疫病防控。全年实施绿色防控面积282.42万亩，绿色防控覆盖率达46.68%，推广性诱剂13.09万套、色板111.8张、杀虫灯2943盏、天敌昆虫18.35万个（袋）。争取资金440万元用于统防统治示范，实施水稻、高粱、蔬菜、柑橘等实施统防统治257.44万亩次，统防统治覆盖率达44.75%。开展重大动物疫病春秋防工作，共免疫猪口蹄疫330.39万头次、猪瘟329.36万头次、牛（羊）口蹄疫58.07万头（只）次、小反刍兽疫20.77万只次、高致病性禽流感2312.42万羽次，抗体合格率均达到国家要求的70%以上。在高速公路入口和省际交通要道上设置58个非洲猪瘟防控检查站，严厉打击贩卖染疫生猪、非法调运、私屠滥宰等违法违规行为，全市未发生非洲猪瘟疫情。健全非洲猪瘟防控网格化监管体系，实现对养殖场（户）和屠宰场全覆盖监管。开展“大消毒、大培训、大宣传”专项行动，未发生区域性重大动物疫情。对全市1986—1991年历史上发生的炭疽病等进行流调，未发现异常。全市兽医实验室项目完成建设并投入使用，结束了泸州市无生物安全II级兽医实验室的历史。

畜禽屠宰行业监督管理。全市10家B类生猪屠宰企业通过兼并整合升级为3家A类生猪屠宰企业，生猪屠宰行业机械化、规范化水平不断提升。加强饲料监管，全面完成饲料质量安全监督抽检任务，生产、经营、使用环节抽检饲料样品35个，抽检合格率100%。加强兽药监管，严格落实兽药生产企业GMP证后监管，完成2家兽药生产企业33个兽药产品批准文号的现场核查和抽样工作。全市3家兽药生产企业兽药产品二维码追溯率100%，178家兽药经营企业全部实现兽药二维码追溯数据上传。完成兽药质量监督抽检样品20批次。

【耕地质量提升】 新建成高标准农田21.15万亩，同步实施高效节水灌溉面积3.18万亩。泸县谭坝村“集体资产公司运作”建后管护模式入选全省高标准农田建设建后管护典型案例，纳溪区、泸县、古蔺县申报为全省整区域推进高标准农田建设示范单位。在叙永县和古蔺县创建化肥减量增效示范区4万亩，在合江县实施绿色种养循环农业示范10万亩。全市推广测土配方施肥684.9万亩次，主要粮油作物测土配方施肥技术覆盖率达90%以上，稳定实现化肥使用量零增长。

【种质资源保护利用】 制订《第三次泸州市畜禽遗传资源普查实施方案（2021—2023年）》，开展第三次泸州市畜禽遗传资源普查。全面完成畜禽遗传资源普查任务，确认畜禽和蜂资源共11个畜种25个品种，新发现并上报畜禽资源新品种1个。建成规模化农业种质资源库（场、区、圃）6个，现有农业种质资源库（场、区、圃）8个，分别为省级湖川山地猪（丫杈猪）遗传资源保种场、省级古蔺马羊遗传资源保种场、濑溪河翘嘴鲌蒙古鲌国家级水产种质资源保护区、龙溪河省级水产种质资源保护区、合江县带绿荔枝种质资源圃、张坝桂圆林种植基因库、泸州市农业科学研究院荔枝龙眼种质资源保护四川创新基地、四川省云贵高原中蜂保护区。加强古蔺丫杈猪和古蔺马羊保护利用，丫杈猪冷冻精液制作项目异地保存于四川省畜牧总站龙泉驿基地。实施古蔺县蔺乡猪新品种（配套系）选育项目，建设古蔺马羊保种场。

【农业机械化】 全市农机化投入1298.66万元，农机总动力达238.94万千瓦，其中柴油机动力79.23万千瓦、汽油机动力53.89万千瓦、电动机动力105.8万千瓦（见表1所列）。

农机作业。全市主要农作物耕种收机械化水平62.51%，增长3.06%。完成机耕作业面积333 551.99公顷，增加15.77%；机播作业面积108 961.33公顷，增加31.53%；机收作业面积156 738公顷，增加17.09%（见表2所列）。创建省级“五良”融合全程机械化示范区1个。

农机服务组织。全市共有农机专业合作社19个，从业人员890人；农机作业服务专业户5340户，占农机户总数的8.52%。全市有乡村农机从业人员15.35万人、农机维修点202个。创建省级“全程机械化+综合农事”服务中心2个。

农机购置补贴。制订《泸州市2021—2023年农机购置补贴实施方案》，启动新一轮农机购置补贴政策。继续实行地方累加补贴政策，全年补贴购置各类农机具26 836台（套），受益农户19 573户，使用中央补贴资金1212.18万元，结算率99.97%，购机总投入资金4608.9万元。补贴报废

表1　2021年泸州市农业机械拥有量增长情况

项目	单位	2021年	2020年	增长量	同比增减(%)
农机总动力	万千瓦	238.94	236.53	2.41	1.02
拖拉机	台	91.00	117.00	−26.00	−22.22
耕整机、微耕机	台	77 634.00	66 288.00	11 346.00	17.12
水稻插秧机	台	246.00	240.00	6.00	2.50
联合收割机	台	648.00	608.00	40.00	6.58
机动脱粒机	台	71 122.00	70 437.00	685.00	0.97
农产品初加工动力机械	台	177 749.00	173 202.00	4547.00	2.63
畜牧机械	台	72 436.00	66 584.00	5852.00	8.79

表2　2021年泸州市农业机械作业增长情况

项目	单位	2021年	2020年	增长量	同比增减(%)
机耕面积	公顷	333 551.99	288 106.00	45 445.9900	15.77
机播机积	公顷	108 961.33	82 839.74	26 121.5900	31.53
机收面积	公顷	156 738.00	133 866.63	22 871.3700	17.09
机械植保面积	公顷	201 046.33	198 467.00	2579.3299	1.30

农机具30台，使用补贴资金22.55万元。

农机安全监理。全市拖拉机存量408台，其中变型拖拉机360台、注册标准拖拉机13台。注销拖拉机1077台，其中变型拖拉机1066台、年检拖拉机100台。联合收割机在册139台，新增注册49台，注销10台，年检61台。

【农村服务体系建设】 新建农产品仓储保鲜冷链物流设施项目31个，截至2021年年底，全市有农产品仓储保鲜冷链建设设施库体801座，静态库容量达10.42万吨。全面完成农业社会化服务项目建设，获得中央农业生产社会化发展资金1036万元，完成农业生产托管服务面积132.6万亩次。培育发展农业生产托管服务组织236个，建立7个县级社会化托管组织名录库，收录125个服务主体，实现农业生产托管服务覆盖小农户率80%以上。建成镇、村级电商服务网点1100余个，农业特色产业基地电商网点实现全覆盖。推进泸州市智慧农业信息化管理平台建设，全面做好益农信息社转型升级和规范管理。

【农村生态建设及环境保护】 接受中央第二轮环保督察检查，全面开展环保督察反馈问题整改。泸县、叙永县、合江县、古蔺县、纳溪区整县推进畜禽粪污资源化利用项目和江阳区畜禽产业绿色发展项目深入实施，全市大型规模养殖场畜禽粪污处理设施装备配套率达100%，畜禽粪污综合利用率达76%以上。争取到位国家财政补助资金1100万元，在龙马潭区、纳溪区、古蔺县实施秸秆综合利用重点县项目建设，推进秸秆肥料化、饲料化、能源化、基料化和原料化“五化”利用，全市秸秆综合利用率保持在90%左右，全市秸秆静态好氧高温发酵智能堆肥技术模式在全省作经验交流。全市农药使用量继续保持零增长。长江水域及重要支流落实“十年禁捕”，筑牢水上有人打、陆上有人管、市场有人查的全链条监管格局，长江生态环境不断改善。

【农业综合执法】 全年办理各类农业执法办案356件，其中种植业投入品44件、养殖业投入品4件、动物卫生监督159件、农机6件、渔政109件、移送公安机关4件、其他30件，农业执法案件结案率达100%，处罚金额148.58万元，“古蔺县二郎镇某家庭农场使用禁用的农药案”等3件案件被评为“全省农业行政处罚优秀案卷”。

【农业安全生产】 启动为期三年的农村安全专项整治三年行动，成立7个安全生产工作督察专班，整治渔业船舶、农业机械、农村沼气三个重点行业，参与古蔺县暴雨灾害和泸县地震救灾。全面推进安全生产监管责任清单制管理，制定农业行业内部安全生产监管责任清单，指导农机合作社、沼气工程等行业领域重点企业建立企业层面责任清单68个。成立森林防灭火工作领导小组和联系指导区县专班7个，建立农业领域防灭火工作联络机制，落实火险管控责任，加强森林防灭火综合防控。统筹抓好农村地区疫情防控，压紧压实“四方责任”，督促抓好返乡人员排查、农村重点场所管控、聚集性活动监管、宣传引导等工作，坚决守住农村地区这片“净土”。加强农村沼气安全生产监管，“网格式+政府购买服务”监管模式在全省作经验交流。全年共查找并整改隐患221个，打击安全生产非法违法行为13起，整治违规违章13起，立案查处90起，罚款38.09万元，全年未发生一起安全生产责任事故。

【大事记】 3月16日，市委农村工作领导小组会议召开，市长、市委农村工作领导小组组长杨林兴主持会议并讲话，会议总结了2020年全市农业农村工作，研究部署2021年重点工作。

3月9日，国家荔枝龙眼产业技术体系岗位科学家胡桂兵到泸州市开展荔枝大枝挑皮嫁接技术培训，这是全市首次在生产上推广应用大枝低位嫁接技术。

4月20日，泸州市召开全市春耕生产、高标准农田建设、高粱产业发展、现代农业装备、绿色防控暨农村人居环境整治现场推进会，市委常委、市委农村工作领导小组副组长、四川泸州白酒产业园区党工委书记张文军出席会议并讲话。

4月28日，四川川西南早茶产业集群入选农业农村部、财政部“2021年优势特色产业集群建设名单”，纳溪区被列入川西南早茶产业集群建设县。

4月30日，泸州市首笔村集体经济贷款成功发放，泸州农商银行黄舣支行成功向马道子村集体经济组织发放贷款50万元。

6月23日—25日，国家柑橘产业技术体系岗位科学家、华中农业大学经济管理学院博士生导师祁春节教授到泸州市指导柑橘品牌建设与市场开拓，并举办培训会。

7月13日，全省酿酒专用粮生产基地建设工作培训在泸州市举行。农业农村厅二级巡视员肖祥贵出席会议并讲话，市委常委、市委农村工作领导小组副组长、四川泸州白酒产业园区党工委书记张文军出席会议并致辞。

7月22日，国家荔枝良种重大科研联合攻关课题组、国家荔枝龙眼产业技术体系育种研究室和泸州综合试验站在泸州市农业科学院联合召开荔枝新品种泸州区试现场观摩品鉴会。

10月13日，泸州市开展2021年“酒城英才·乡村振兴之星”评选活动。

10月14日，全市巩固拓展脱贫攻坚成果同乡村振兴有效衔接工作推进会议召开，市委书记、市委农村工作领导小组组长杨林兴出席会议并讲话。

12月3日—9日，四川技能大赛——2021年四川省农产品质量安全检测技能竞赛总决赛在成都市举行，泸州市农业农村局以团体总成绩排名全省第三名，获得“优秀团体奖”，泸州市综合农产品质量安全检测中心刘霜在畜禽水产品质量安全定量检测项目竞赛中取得全省第一名的成绩。

12月21日—22日，四川省长江流域重点水域禁捕退捕考核实地抽查核验工作第三组到泸州市考核禁捕退捕工作。检查组认为，泸州市委、市政府高度重视长江流域重点水域禁捕退捕工作，较好地完成了全年工作任务。

12月30日，农业农村部等七部委联合发布《关于公布第七批农业产业化国家重点龙头企业名单的通知》（农产发〔2021〕4号），四川郎酒股份有限公司补增为农业产业化国家重点龙头企业。

【主要领导人】 市委书记：杨林兴；市长：余先河；市人大常委会主任：鞠丽；市政协主席：田亚东；分管农业副市长：吴燕晖。

泸州市编写组

江阳区

【基本情况】 2021年，全区辖6镇9个街道，辖区面积649平方千米，其中耕地面积34.6125万亩，比上年减少0.1468%；基本农田31.3605万亩。年末总人口69.53万人（户籍人口），增长0.52%；人口出生率7.17‰，增加1.77个千分点；人口自然增长率1.34‰，增加1.34个千分点。全区耕地有效灌面和保证灌面分别达到耕地总面积的38.7%和21.1%。有林业用地7009.48万公顷，有林地面积6632.78万公顷，活立木总蓄积量369 566立方米，森林覆盖率20.8%。

2021年，全区GDP712.59亿元，增长9.8%，其中第一产业增加值31.68亿元，增长5.9%，农、林、牧、渔及农林牧渔服务业（产值）之比为66∶1∶24∶4∶5；第二产业增加值362.8亿元，增长9.3%（工业产值547.96亿元，增长23.7%）；第三产业增加值318.11亿元，增长10.7%。三次产业对经济增长的贡献率分别为3%、47.6%和49.4%。全年接待游客1112.36万人，实现旅游总收入1 061 900万元，其中乡村旅游收入318 570万元。

公路通车里程1199.705千米（其中乡村公路891.159千米），密度1848.54米/平方千米、15.78千米/万人。社会消费品零售总额467.71亿元，增长19.5%。地方一般公共预算收入完成26.48亿元，增长11.2%。公共一般公共预算支出48.06亿元，增长3.66%，其中乡村振兴投入58 357万元，占支出的12.14%。金融机构各项存款余额1227亿元，比上年初增长8.8%；各项贷款余额1291亿元，比年初增长10.09%。全年农业保费收入1197.31万元，同比增长82.72%；处理各项赔款和给付金额1094.55万元，同比增长77.61%。农业产业化龙头企业国家级、省级、市级分别为1家、4家、25家。

有各类学校180所（不含高校），在校学生139 271人（不含高校），教职工10 060人（不含高校），其中普通中学30所，在校学生49 109人；小学22所，在校学生47 663人；学龄儿童入学率100%。完成省级以上科技成果2项。有文化馆1个，公共图书馆1个。有卫生机构589个，病床位9709张，卫生技术人员10 283人。城乡居民基本医疗保险参保人数492 141人，参保率99.1%；城乡居民社会养老保险参保人数17.2万人，参保率94%；被征地农民养老保险参保人数4人。

【年度农业和农村经济运行】 2021年，全区实现农业总产值47.54亿元，增长6.8%；全区全年农业增加值达33.13亿元，增长6.2%。农民年人均可支配收入达24 184元，增长10.6%。在粮食、生猪、蔬菜生产中，科技投入的占比或科技贡献率66%。全区农产品质量抽检合格率比年初提高0.3个百分点（主要农产品产量见表1所列）。

表1　2021年江阳区主要农产品产量

主要农产品	单位	产量	同比增减(%)
粮食	万吨	20.80	2.0
水稻	万吨	12.14	2.1
小麦	万吨	0.11	-11.1
玉米	万吨	3.37	2.8
马铃薯	万吨	0.93	0.7
油菜籽	万吨	8796.00	5.9
蔬菜	万吨	51.97	3.0
水果	万吨	2.75	6.1
肉类	万吨	2.42	7.0
猪肉	万吨	1.91	10.3
牛肉	万吨	0.01	3.3
羊肉	万吨	0.06	1.1
禽肉	万吨	0.40	-5.4
兔肉	万吨	0.04	4.5
禽蛋	万吨	0.21	0.2
水产品	万吨	1.07	1.7
牛奶	万吨	0.06	-5.9

【农业产业化发展】 健全多元化新型农业经营体系，全区农民专业合作社达287个、家庭农场达794个、龙头企业达30家；新增省、市级示范专业合作社5个，省、市级家庭农场25个。投入中央、省集体经济扶持资金300万元，开展合并村集体经济融合发展试点。截至2021年年底，全区村级集体经济组织经营性资产达2295.3万元，村级集体经济收入达436.96万元，其中资产资源租赁收入达236.43万元、投资收入达13.8万元、生产收入达59.46万元、服务收入达25.33万元、发包及上交收入达25.22万元、补助收入达66.77万元、其他收入达9.95万元；省级集体经济发展项目村共13个。

【农村集体产权制度改革】 完成90个村级、403个组级集体经济组织“全国农村集体产权管理系统”数据录入。完成2021年度农村集体资产年度清查，共清理出镇级资产77.54万元、村级资产2.24亿元、组级资产1.87亿元，镇级集体土地10.48亩、村级集体土地4960.3亩、组级集体土地57.68万亩，公益林6.87万立方米，商品林2.15万立方米。

【供销合作社改革】 全区供销社系统共有镇（街道）级基层供销社14个，其中含2016年以来组建的新型基层供销社12个。全区供销合作社改革工作主要任务是按照区两项改革“后半篇”文章《加强基层供销合作社建设方案》要求，推行“区供销社+村集体经济组织+农民专业合作社”的“三社”融合发展模式，改造提升通滩镇、丹林镇、黄舣镇、分水岭镇4个镇级新型供销合作社，组建凤龙村、王河村、董允坝村3个村级新型供销合作社，培育况场游湾、蓝田石岭、邻玉先锋3个星级社区综合服务社，延伸基层供销社服务领域，提升运行和服务质量。

【农产品品牌战略实施】 全区“三品一标”农产品有效保有量42个，其中无公害农产品29个、绿色食品9个、有机食品1个、地理标志农产品3个。有泸州桂圆、江之阳蔬菜、江阳区糯红高粱三大区域公用品牌，泸州桂圆获评四川省优秀农产品区域公用品牌、四川省名优特新农产品称号，“江之阳蔬菜”、江阳区糯红高粱入围四川省特色农产品，江阳区被认定为四川省首批特色农产品优势区。

【现代农业园区建设】 建成连片粮油万亩示范基地2个，新建桂圆高换基地1600亩，新建“粱菜”轮作基地1000亩。区蔬菜现代农业园区获评省级四星级现代农业园区，区高粱现代农业园区获评市级四星级现代农业园区，区龙眼现代农业园区获评市级三星级现代农业园区。

【种植业】 全区种植业总产值达31.23亿元，增长5.11%。粮食作物播种面积48.66万亩，产量20.79万吨；蔬菜种植面积24万亩，产量51.97万吨；水果种植面积14.9万亩，产量2.75万吨。水稻种植面积21.12万亩，产量12.14万吨；高粱种植面积5.8万亩，产量1.85万吨；玉米播种面积8.09万亩，产量3.37万吨；薯类种植面积6.62万亩，产量1.96万吨；豆类种植面积2.24万亩，产量0.42万吨；小麦种植面积0.64万亩，产量0.11万吨。

【林业】 全区实现林业总产值22.706亿元，增长10.76%，农民人均林业收入1750元。实施国有林管护0.63万亩，补偿集体公益林6.92万亩，巩固退耕还林成果2万亩。新增森林面积0.02万亩、森林蓄积量0.3万立方米，森林覆盖率达20.8%，新增0.02个百分点。检疫种苗生产登记单位33个，检疫生产面积8800亩。全年全区森林火灾损失率、林业有害生物成灾率均为零。

【畜牧业】 全区备案畜禽养殖场（户）536家（户），其中生猪养殖场502家、其他养殖场34家。全区生猪出栏26.64万头，增长12.75%；生猪存栏17.56万头，增长3.1%。牛出栏922头，下降4.01%；羊出栏3.53万只，增长0.27%；家禽出栏274.96万只，下降0.75%。全区畜牧业总产值达11.49亿元，增长12.36%。

【水产业】 全区水产养殖面积894公顷，其中稻田养殖面积3170公顷；水产品总产量10 673吨，其中鱼类10 580吨、其他（虾、蟹、蛙、鳖等）93吨；实现渔业总产值25 681.96万元，其中淡水养殖产值21 336.46万元。全区共有水产养殖户2093户、渔业人口13 160人，其中规模养殖户38（户）、水产专业合作社15家。全区水产品安全事故发生率和渔业安全死亡人数均为零。

【乡村振兴】 实施乡村振兴战略，获评2021年度泸州市推进乡村振兴战略实绩考核优秀区。创建2021年省级乡村振兴示范村2个，市级乡村振兴先进镇1个、示范村6个。

【乡村旅游】 完善乡村旅游咨询服务点、旅游交通道路建设，开通主要乡村旅游点的客运班车，提升乡村旅游点及沿线旅游厕所的管理质量，全年改建旅游厕所6座；依托通滩镇半岛桃花溪生态观光采摘园项目及凤龙新村打造核心园区1000余亩，总投资2000余万元，已完成约480亩桃花种植基地建设，涵盖黄桃、葡萄、蜜柚等基本采摘植物培育，配套完善步道、农家乐等基础设施建设。

【农村水利】 完成石寨镇久桥河防洪治理和全区26座水库安全鉴定。开展水利工程验收三年行动，完成2011年以来38座小型水库除险加固竣工验收，完成2020年5座小型水库除险加固工程蓄水验收。完成2021年农业水价综合改革面积3.3万亩。持续做好大中型水库移民后期扶持，发放直补资金84.01万元；投入457万元，实施移民后期项目5个。

【农业机械化】 全区主要农作物综合机械化水平为68.86%，较上年提高2个百分点，其中主要农作物机耕水平为97.2%，主要农作物机播水平为38.11%，主要农作物机收水平为61.82%。

【农村科技】 在江阳公园举办2021年泸州市科技活动周启动仪式暨集中示

范活动，区科技和人才局获得“2021年全国科技活动周及重大示范活动表现优异”证书；成立田时炳专家工作站、唐懿专家工作站等创新合作平台，开展研发和成果转化活动；泰丰种业公司被评为省级成果转移转化示范企业，年内3个杂交水稻新品种通过国审；科技特派团科技服务活动被科技厅专刊报道3次。

【农村教育】 全区有农村公办校园28所（其中幼儿园11所、单设小学6所、单设初中5所、九年一贯制学校6所），在校学生20 463人（其中幼儿园3550人、小学10 129人、初中6784人），在职农村公办教职工1287人。全区累计投入7.4亿元，改善城乡学校办学条件，增加学位1万余个，新增现代教学仪器设备36 000件（套），每个镇（街道）都有高标准的单设中心幼儿园、中心小学校、初级中学校。全区乡（镇）公办义务教育学校达到省定基本办学条件。

【农村文化】 全年共划拨公共文化服务免费开放资金98.8万元，资金拨付比例达100%，“两馆一站”延时错时免费开放。划拨电视“户户通”资金36.37万元。全区15个镇（街道）综合文化站、村（社区）综合文化服务中心实现全覆盖。完成文化馆、图书馆总分馆制建设任务，区、镇（街道）、村公共文化服务体系三级网络互联互通。开展“我们的节日”“全民阅读”“三下乡”等系列特色群众文化活动90余场，惠及群众70余万人。

【农村卫生】 全区有农村污水处理设施46座，设计处理能力达4336吨/天，执行四川省制定的《四川省农村生活污水处理设施水污染物排放标准》（DB 51/2626—2019），其中有38座厂站移交泸州市繁星环保发展有限公司运营，区综合行政执法局每月对运营单位进行监督考核。全年投入资金300万元，完成石寨、弥陀2个污水处理厂技改项目和蓝田石岭、况场游湾2个污水厂扩容改造，解决了石寨、弥陀、石岭、游湾4个污水处理厂处理能力不足问题。全区有生活垃圾收集点2098个，采用“户分类、村收集、镇统筹、区直运”的农村生活垃圾清运模式，开通城乡垃圾直运路线19条，每日定时、定点、定线清理，全区行政村100%实现生活垃圾日产日清。全年农村生活清运量为31 494.1吨，农村生活垃圾得到有效处理的村占比达100%，生活垃圾无害化处理率达100%。完成自2013年以来各级财政支持改建的农村户厕摸排及整改。

【农村法治建设】 推进农村法治建设，加强法治乡村示范建设，创建市级法治示范村（社区）3个；加强公共法律服务体系建设，村级公共法律服务室实现全覆盖；加强法律援助、人民调解，受理法律援助案件1269件，调解纠纷1083件；加强乡村法治宣传，开展宣传98场次。

【农村社会保障】 全区城乡居民基本医疗保险参保人数492 141人，参保率99.1%；城乡居民门诊、住院治疗报销70.02万人次，统筹基金支付40 338万元。城乡居民大病医疗保险参保人数492 141人。对全区城乡困难群众实施医疗救助26 362人次，发放救助资金3098万元。实行城乡居民高血压、糖尿病门诊用药保障机制，全区城乡居民“两病”累计认定47 662人，门诊就医32 968人次，医保基金报销支付262万元。农村低保保障线标准为430元/人/月，全年累计保障农村低保对象12.23万人次，发放保障金3420.48万元；农村特困基本生活标准为650元/人/月，全年累计保障农村特困对象3.04万人次，发放保障金2476.87万元。

【农村生态建设及环境保护】 开展全媒体、全领域、立体化长江禁渔宣传，群众接受宣传20万余人次，联合执法233次、巡查850次，出动执法人员2369人次，清理收缴各类渔具652副，劝离规范钓鱼爱好者2000余人次。

【农产品质量安全监管】 全区共抽检农产品5058个批次，其中快检4178个批次、定量抽检880个批次，总体监测合格率达99.8%。引导352家生产经营主体入驻国家农产品质量安全追溯平台，通过追溯平台生成生产销售信息1437条，出具食用农产品合格证15万余份。开展农产品质量安全巡查、检查3567场次，抽检查出不合格农产品4批次，立案查处农产品质量安全违法违规案件2件。

【农村市场体系建设】 推进农村电子商务发展，依托董允坝蔬菜基地，建设分水岭农产品交易市场，项目占地8000平方米，建筑面积6000平方米，总投资4.6亿元，市场主体结构已完工。加快乡村配送网络体系建设，在全区行政村建设村级邮政站点，全区80个行政村村邮站已完成建设并投入运营。通过政银担合作模式解决新型农业经营主体融资难问题，乡村振兴农业产业发展风险补偿金规模达1887万元，为新型农业经营主体提供担保贷款7560万元。对辖区农业投入品生产经营单位进行全面排查、检查。

【劳务开发与返乡创业】 通过定点培训机构加强与企业的沟通合作，联合各相关职能部门对外贸、住宿餐饮、文化旅游、交通运输、批发零售五个行业企业通过以工代训等方式完成职业技能培训13 580人，共发放培训合格补贴992.85万元。同时，扩大创业政策知晓面和扶持范围，推动返乡创业，共发放创业担保贷款6051万元；扶持创业1310人，带动就业3391人，落实创业补贴106万元。

【主要领导人】 区委书记：杨长缨（12月止），郭宏川（12月始）；区人大常委会主任：张敏（3月止），张生勇（3月始）；区长：廖俊（6月止），唐栋良（7月始）；区政协主席：张旭光（12月止），杨雷（12月始）；分管农业副区长：夏围禄（6月止），曾镜枫（6月始）。

江阳区编写组

龙马潭区

【基本情况】2021年，全区辖3镇8个街道，辖区面积333平方千米，其中耕地面积23.46万亩。年末总人口373 991人，人口出生率6.08%，人口死亡率5.44%。森林覆盖率14%。先后获评“全国和谐社区建设示范城区”“四川省县域经济发展强区”“四川省促进民营经济发展先进县（区）”“四川省第二批工业强县”等称号。

2021年，全区GDP400.32亿元，增长7.3%；规上工业增加值增速7.5%。全社会固定资产投资增速11.7%。社会消费品零售总额212.59亿元，增长19.5%。

【年度农业和农村经济运行】2021年，全区农业增加值14.56亿元，增长7.1%。全区完成农林牧渔业总产值21.18亿元，按可比价计算，同比增长8%，其中农业产值10亿元，增长3.8%；林业产值0.14亿元，增长9.5%；畜牧业产值8.9亿元，增长10.7%；渔业产值1.59亿元，增长8.4%；农林牧渔辅助性活动产值0.56亿元，增长12.2%。农村学生入学率100%，农村最低生活保障补助标准为430元/月/人。城镇居民年人均可支配收入达50 011元，增长8.8%；农村居民年人均可支配收入达25 599元，增长10.5%。

【农业产业化发展】截至2021年年底，全区共发展市级及以上农业产业化龙头企业30家，其中省级4家；新培育农民专业合作社3个，全区农民专业合作社达226个，其中国家级示范社4个、省级示范社17个、市级示范社38个；培育家庭农场171个，其中省级示范家庭农场7个、市级示范家庭农场27个。

【现代农业园区建设】开展省、市、区星级农业园区创建，推动现有农业园区提质扩面增效。推行科技特派员制度，完善基层农技推广服务体系，推动农产品集配中心、冷链物流运输中心建设。全年培育省级现代农业园区1个、市级现代农业园区1个、区级现代农业园区3个。

【种植业】稳定粮食生产。整合中央、省级、区级资金4200万元，聚焦田网、渠网、路网等建设内容，建设高标准农田1.4万亩。推广良种及规范化栽培、配方施肥等高产技术，全区农业主推技术到位率96%。高粱、水稻分别高产0.8万亩、0.5万亩。促进单产增加，高粱高产示范平均333千克，增加22千克，增产7.3%；水稻平均亩产556千克，增产5千克，增产0.9%。全年粮食总产量6.97万吨，增长1.72%，其中夏粮产量0.28万吨、秋粮产量6.69万吨；油料产量0.28万吨，增长1.69%；蔬菜产量13.71万吨，增长5.45%。水果种植面积5.93万亩，产量2.23万吨。

病虫害统防统治。全区主要粮食作物实施专业化统防统治9.81万亩。实施水稻、玉米、柑橘、蔬菜、高粱推广绿色防控技术面积9.67万亩，其中水稻3.42万亩、蔬菜1.87万亩、柑橘1万亩、玉米1.02万亩、高粱2.36万亩，占其种植总面积的46.26%。

【林业】加强林业资源保护宣传力度，印制林业宣传资料5000余份，增强群众爱林护林意识。在全区开展林地保护管理清理整顿行动，对各镇（街道）发生的未批先占林地、毁林开垦等违法占用林地的建设工程情况进行全面清理，并将清理出的问题移交执法大队处理。印发实施《关于全面推行林长制的实施方案》，依托林长制构建区、镇（街道）、村（社区）三级监管体系压紧压实工作责任，建立起森林资源保护长效机制。

【畜牧业】全年出栏生猪10.1万头，增长15.2%；生猪存栏6.68万头，增长5.8%。出栏肉用家禽487.64万只，增长1.5%。按照季节性集中免疫与平时补免相结合的方式开展重大动物疫病免疫工作，春、秋防共免疫生猪猪瘟、口蹄疫6.2万头，牛（羊）口蹄疫0.25万头（只），禽流感135万羽，小反刍兽疫0.18万头，群体免疫密度达95%以上，抗体有效率达70%以上。

【水产业】全年水产品产量8795吨。全年累计出动渔政执法（协管）人员6898人次，印发宣传资料9918份，媒体宣传68次，安装禁渔标识牌217块，张贴悬挂禁渔宣传标语381幅。出动检查车辆1738辆次、执法船艇180次，开展水上巡查2167.5千米；各级开展水生生物保护区检查1923次、联合巡查行动627次，取缔“三无”船舶4艘，清理违规网具442张（顶），暂扣钓具652根，劝离教育游钓人员3399人次，放生渔获物614.25千克，赔偿放流鱼苗9650尾。

【特色产业】围绕全省“10+3”现代农业体系建设，发展优质水稻、精品果蔬、健康水产、糯红高粱、现代养殖五大特色产业，其中发展罗莎贡米系列优质稻5万亩、精品果蔬12.8万亩、糯红高粱4万亩、健康水产养殖1万亩。水产现代农业园区、九狮柚现代农业园区分别晋级市四星级和三星级园区。

【农业农村改革】创新发展新型农村集体经济，全区58个涉农村（社区）集体开展资产清资核资、成员身份确认、股权设置与量化等全部产权制度改革工作任务和赋码登记，建立成员大会、理事会、监事会“新三会”制度。加强农村土地制度改革，全面推进承包地“三权分置”，农村土地确权登记工作基本完成。建立工商企业租赁农地资格审查、项目审核和风险防范制度，出台《引导农村土地经营权有序流转发展农业适度规模经营的实施意见》。出台《关于完善农村土地所有权承包权经营权分置办法的实施意见》。加强供销合作社综合改革，坚持“党建带社建、村社共建”模式，供销社专合社“双线运行体系”建立并运行；助推专合社与供销社整合资源，增加收益，促进村集体经济发展。

【脱贫攻坚】 开展“回头看、回头帮”，对脱贫对象和边缘户开展全覆盖动态监测。建立健全“年初一计划、每月一走访、季度一监测、年终一算账”工作机制，建立100万元防止返贫动态监测风险救助金，综合运用低保、教育、医疗、危房改造、产业扶持、培训就业等政策措施，确保脱贫户不返贫、边缘户不致贫。

【惠农补贴】 全年农户新购机601台，兑付农机购置补贴42.4万元，资金结算率100%。及时准确发放耕地地力补贴1689.7万元、稻谷补贴205.8万元、粮食一次性补贴159.67万元。

【河长制工作】 推进河长制工作，开展重点流域、重点河流的畜禽养殖污染排查、问题整改和流域养殖场（户）粪污综合治理日常监督检查，并建立完善重点流域、重点河流畜禽养殖污染防治监管台账和问题整改台账，每季度进行更新核实。

【耕地保护与整理】 加强耕地保护建设，推进农村乱占耕地建房问题专项整治行动，坚决遏制耕地“非农化”、防止耕地“非粮化”，坚决守住耕地保护红线，保障粮食生产安全。落实“中央、省级和市、县财政补助资金每亩共计不低于3000元”的建设补助标准，推动发行高标准农田建设专项债。开展高标准农田建设“百日会战”，建成高标准农田1.4万亩，新启动建设高标准农田1.16万亩，同步实施高效节水灌溉0.21万亩。

【农业安全】 制订安全生产专项整治三年行动“集中攻坚年”责任分工方案，明确攻坚任务。对涉及农产品质量安全的违法违规行为始终保持高压态势，坚持检查、检测、检举与执法查处打击相结合，遏制农产品质量安全突出问题，先后对禁限用高毒农药、“瘦肉精”、畜禽屠宰、违法添加非食用物质和滥用食品添加剂、“三品一标”管理使用和农资打假等开展专项整治行动。开展农资打假和农资市场整治，完成全覆盖165户农资经营单位和个人检查6次，并协助省、市抽检132个农药、兽药样品，检出不合格农药产品3个。严格办理行政处罚案件，共结案20件，其中林业案件14件、农药2件、种子1件、兽药案件1起。

【推进巩固脱贫攻坚成果同乡村振兴有效衔接】 建立健全巩固拓展脱贫攻坚成果长效机制，印发《领导小组工作规则》《重点工作任务责任分工方案》等，健全长效帮扶机制，全面细化联系帮扶街镇和重点村清单，由23名区级领导、47个区级部门、4支驻村帮扶工作队定点包保联系8个镇（街道）、4个重点村（3个脱贫村、1个乡村振兴重点村）和4633名脱贫人口，推动责任落实到位、任务完成到位。开展返贫动态监测，采取包镇（街道）包村、责任到人的方式，3000余名机关干部全员下沉，常态开展问题整改“回头看”，对发现的问题实行清单管理、层层交账，全区22户（60人）监测对象均无返贫致贫风险。组织农业农村、民政、教育等14个部门对脱贫不稳定户、边缘易致贫户、特殊困难户进行线上监测，共享信息，定期研判，精准施策，全区没有发生“漏测失帮”和规模性返贫现象。落实就业扶贫政策，继续发挥就业帮扶基地作用，加强技能培训指导，引导1300余名脱贫劳动力就业。落实企业奖补和各类岗位补贴共313万元；开发公益性岗位，安置脱贫劳动力472名，发放公益性岗位补贴329.23万元；组织扶贫专场招聘会12场次，868人次当场达成就业意向。推进项目建设，编制印发乡村振兴5年项目规划，涉及项目142个，规划总投资131.86亿元。加大财政投入，在4个涉农镇（街道）实施10个有效衔接专项补助资金项目，安排中央、省、市、区级财政衔接推进乡村振兴补助资金3405万元。

【加强产业融合，助推现代农业发展】 发展优势产业。整治撂荒地和开展高标准农田建设，稳定粮食生产面积。全区粮食作物播种面积16.5万亩，产量6.9万吨；建设酿酒高粱示范片4个，辐射带动6万亩；蔬菜种植面积7.1万亩，产量13.7万吨。

发展全域农业。将32个村（社区）划分为9个村级片区，设置9个中心村，发展优质水稻、精品果蔬等都市现代农业，覆盖面积16.8万亩，初步构建濑溪河生态农业带、龙溪河农旅融合示范带、长江上游特色农业示范带、现代农业园区的“三带一园”空间格局。

做大商贸物流。发挥“水公铁空”立体交通枢纽优势，打造以自贸区农产品交易中心、海吉星农产品商贸物流园为主的农产品仓储、物流、交易集散基地，市内名优农产品通过泸州港直供港澳和出口国外。连续承办五届中国（泸州）农产品交易博览会，成交额累计达18亿元。

发展乡村旅游。立足都市服务农业发展定位，突出“农业+文化”“农业+旅游”，以“赏花、摘果、观景”等为主题，重点打造十里渔湾、柑博园、天香花谷、桐心院子等一批乡村旅游示范园，举办乡村文化旅游节、马拉松赛、黄桃采摘节等活动，引游客下乡、助农产品进城。全年共吸引游客22万余人次，实现农旅收入1300万余元。

【农村生态建设及环境保护】 抓好农村“三大革命”。建立卫生厕所长效运行管护机制，建设整村推进示范村1个，新建农村卫生厕所857户，总投资214.25万元，农村卫生厕所普及率达91%。持续深化城乡环卫一体化改革，农村垃圾收转运处理体系覆盖率100%。整治农业面源污染，坚持绿色种植、高效利用，全年减量控害、绿色防控主要粮经作物12.91万亩。设立农膜、农药及化肥包装回收点35个，农药包装废弃物回收率达70%。在濑溪河、龙溪河流域开展水产养殖污染治理，整改43户。加强资源利用，对专业户以上的规模养殖场（户）实行定点、定人网格化监管，推进18家中小养殖场粪污处理设施改造及区域性粪污资源化利用中心建设，全区畜禽粪污综合利用率达87%。持续开展农村生活污水治理，加强农村生活污水治理与农村“厕所革命”有效衔接，通过新（改）建农户三格式化粪池对尾水进行综合利用，有效治理农村散户生活污水。截至2021年年底，各行政村累计新（改）建三格式化粪池8100余户，全区已实现100%的行政村生活污水得到有效治理。争取省级专项资金53.4万元，在特兴街道长安社区持续实施农村生活污水治理"千村示范工程"，累计新（改）建三格式化粪池213户，通过整治，已实现行政村60%的以上农户生活污水得到有效治理。开展农村黑臭水体排查整治，对全区农村黑臭水体再次开展全面排查，会同区农业农村局和区水务局对各镇（街道）排查上报的疑似黑臭水体逐一现场核查，经核实未发现农村黑臭水体。

【主要领导人】 区委书记：涂曲平；区人大常委会主任：黄月桂；区长：徐兵；区政协主席：刘鹏飞；分管农业副区长：刘波。

龙马潭区编写组

纳 溪 区

【基本情况】 2021年，全区辖10镇3个街道，辖区面积1150.22平方千米。户籍总人口457 102人，全年出生人口2348人，人口出生率5.03%；死亡人口3176人，人口死亡率6.8%；人口自然增长率-1.77%。有效灌溉面积24.12万亩，增长1.8%。农业机械总动力达29.41万千瓦。

2021年，全区GDP215.18亿元，增长7.3%。农林牧渔业总产值52.26亿元，按可比价计算，增长7%，比2020年增幅高1.3个百分点。分行业看：农业产值26.93亿元，增长3%；林业产值3.66亿元，增长10.9%；牧业产值19.24亿元，增长11%；渔业产值1.45亿元，增长3.2%；农林牧渔专业及辅助性活动产值0.97亿元，增长22.8%。

有幼儿园55所（其中公办幼儿园12所、民办幼儿园43所）、小学18所、初中12所（其中初级中学10所、九年一贯学校2所）、完全中学2所、特殊教育学校1所；基础教育学校教职工总数4331人，其中幼儿园教职工866人、小学教职工1464人、初级中学教职工955人、九年制一贯教职工190人、完全高中教职工836人、特殊学校教职工20人；基础教育在校学生53 720人，其中学前教育在校学生8193人、小学在校学生21 380人、初中在校学生16 364人、高中在校学生7676人、特殊学校在校学生107人。"十三五"期间，全区初升高毛入学率从81.51%增长至95.96%，完成普及高中阶段教育工作任务。2015—2021年，全区高中招生普职比从66.3：33.7调整到49：51。有医疗卫生机构40家，实有病床位2855张，卫生技术人员2460人，其中执业（助理）医师846人。全年住院分娩率99.89%；5岁以下儿童死亡13人，死亡率6.93%；婴儿死亡6人，死亡率3.20%；新生儿死亡3人，死亡率1.6%。有参保单位2168家，其中企业1618家，机关、事业单位550家；职工参保人数（含个体）3.89万余人。城乡居民医疗保险参保人数366 425人，参保率98.73%。区内定点医药机构345家，其中医院38家、诊所17家、药店96家、村卫生站194家；共有医保医师1873名。

【种植业】 全区粮食作物播种面积691 530亩，增加2415亩，其中稻谷289 800亩，增加495亩；小麦8000亩，减少500亩；玉米113 300亩，与上年持平；高粱26 700亩，增加2000亩；豆类37 330亩，增加735亩；薯类216 400亩，减少300亩。全区经济作物播种面积239 293亩，增加2008亩。经济作物中，油料作物播种面积75 231亩，减少1269亩；油菜籽播种面积70 380亩，减少1290亩；甘蔗播种面积1298亩，增加8亩；烟叶种植面积255亩，与上年持平；药材种植面积5087亩，增加152亩；蔬菜及食用菌种植面积140 005亩，增加3040亩；瓜果类种植面积3094亩，增加4亩；其他农作物种植面积14 323亩，增加73亩。全区粮食总产量284 343吨，增长0.7%，其中稻谷159 970吨，增长0.7%；小麦1584吨，下降5.9%；玉米45 320吨，增长0.3%；高粱8891吨，增长8.1%；豆类6949吨，增长1.6%；薯类61 629吨，下降0.1%。经济作物中，油料9590吨，下降0.8%，其中油菜籽8940吨，下降0.8%；甘蔗4779吨，增长0.1%；烟叶29吨，增长3.6%；药材840吨，增长0.8%；蔬菜及食用菌263 696吨，增长4.3%；瓜果3772吨，增长0.2%；茶叶14 311吨，增长20%；水果27 940吨，增长11.3%。

【林业】 全区森林面积增加5358.4亩，森林蓄积增加7.9万立方米，森林覆盖率达57.21%。全区竹林基地面积达96万亩，以毛竹、硬头黄、梁山慈竹、慈竹等优良乡土竹种为主，其中杂竹80.8万亩，立竹蓄积量400万吨；毛竹15.2万亩，立竹蓄积量1800万株。年可采伐杂竹60万吨、毛竹380万根、鲜竹笋3万吨；全年采伐木材17 797立方米、采伐竹材58.2万根。森林旅游业收入达31.6亿元。

【畜牧业】 全区生猪出栏54.2万头，增长11.6%；牛出栏1332头，下降3.8%；羊出栏29 162只，增长1.7%；家禽出栏459.7万只，下降1.7%。肉类总产量4.98万吨，增长10.2%，其中猪肉产量3.93万吨，增长14.4%。禽蛋产量3587吨，下降6.9%。牛奶产量637吨，下降2.2%。水产品产量9361吨，增长1.5%。

【现代农业发展】 全区改植换种特早（质）茶园1万亩、特色经作产业1万亩以上。持续提升纳溪区茶叶现代农业园区基础设施建设，纳溪区茶叶现代农业园区获得"四川省第二批省级农业主题公园”“全国农村创业园区”称号。举办四川第八届茶叶开采活动周线上推介会、“国际茶日”暨泸州市第二届全民饮茶日等茶事活动，纳溪区作为全省重点产茶县代表在2021年四川国际茶日启动仪式暨四川名茶品饮节活动现场作推介发言，“瀚源黄茶”被评为“四川十大名茶”。完成楠竹丰产示范建设1.5万亩，新增竹荪、魔芋、草珊瑚、球盖菇等竹下生态种植基地2500亩，新培育现代竹产业基地4.6万亩。大旺翠竹长廊获评成渝地区双城经济圈首届“最美竹林风景”，上马镇龙湖水香获评四川省竹林人家和四川省四星级森林人家，大渡口镇凤凰湖获评四川省竹林康养基地和四川省森林康养基地。

【农村改革】 坚持土地基本制度不变，落实第二轮土地承包到期后再延长30年的政策。建立土地流入方资格审查制度，累计流转土地10.68万亩。成立128个村股份经济合作联合社，全面完成集体资产清产核资，做好涉改村集体资产和债权债务清理移交，纳入合并村集体经济组织统一承接、维护、管理和经营，实现完全融合、共同发展。推进10个试点合并村村集体经济发展，并探索出1种以上集体经济发展模式，梅岭村被列入全省合并村集体经济发展试点村。加强宅基地审批与管理，全年累计审批2267宗。加强新型经营主体培育及示范创建，组织开展农民合作社示范社创建，创建省级示范社1家、市级示范社1家、区级示范社5家；新增省级示范家庭农场1家、市级示范家庭农场19家，全区示范家庭农场累计达162家；新增市级农业产业化龙头企业2家。

【乡村治理】 建立扫黑除恶常态长效机制，捆绑社区、村（组）责任，调动网格员、保安、楼道长等社会力量，打造以基层民警为主、社区干部为辅、社会力量参与的工作模式，形成“快速反应、就近处置”的工作合力。农村“一老一小”关爱机制实现老有所养、少有所学的关爱目标。推进“‘四礼’新风进万家”，有效遏制农村天价彩礼、薄养厚葬、铺张浪费等陈规陋习。推进精神文明示范创建，累计创建全国文明村3个、省级文明村2个、市级文明村镇30个、区级文明村镇60个。实施乡村文化振兴“百千万”工程，打造乡村文化振兴样板村13个，马村村、凤凰湖村获评“市级乡村文化振兴样板村”。全区公共法律服务站以及公共服务室覆盖率100%。天仙镇清凉村获评“全国乡村治理示范村”，上马镇黄桷坝村、护国镇德红村、龙车镇塘口村获评“省级乡村治理示范村”。3人获评“四川省首批农村致富带头人”。

【农村社会保障】 医保扶贫。完成全区1.87万名已稳定脱贫人口城乡居民医疗保险资助参保工作，落实资金524.92万元，已稳定脱贫人口参保率达100%；已稳定脱贫人口在区内住院1.08万人次，基本医保报销2347.59万元，大病医疗保险赔付61.28万元，医保倾斜支付278.45万元，城乡医疗救助510.98万元，政府统筹21.42万元；已稳定脱贫人口普通门诊就医2.46万人次，基本医疗保险报销121.62万元，精准扶贫附加险赔付32.58万元，；已稳定脱贫人口慢性病门诊就医0.97万人次，基本医疗保险报销59.52万元，城乡医疗救助22.31万元。

社会救助。以户为单位按照家庭人均收入低于当地现行低保标准的差额发放低保金，做到以户为单位按标施保、应补尽补、应保尽保。农村低保按照430元/月/人实行补差救助，累计发放农村最低生活保障金3947.485万元，累计救助167 555人次，农村人均救助标准达235.59元/月。按照分散供养650元/月、集中810元/月标准发放特困人员供养金，共发放农村特困供养金1598.669万元、24 324人次。为发挥临时救助托底线救急难的作用，保障困难群众基本生活，发放临时救助金，共救助1488人次，发放临时救助金131.653万元。

【农村生态建设及环境保护】 推进农村人居环境整治提升五年行动，推进“三大革命”建设，加大农村人居环境整治力度，完成农村卫生户厕改造5304户，新建乡（镇）污水处理厂（站）7个，完成江田村、八角仓村、福华村生活污水治理“千村示范工程”，大渡口镇、上马镇、护国镇被列入全市农村生活垃圾分类试点镇，农村生活垃圾收转运处置体系覆盖率达97%。梅岭村获评“中国美丽休闲乡村”。严格落实长江“十年禁渔”，持续巩固长江禁捕退捕成果。采取职业指导、职业介绍、创业培训和开发“护渔员”公益性岗位等多种途径推进退捕渔民稳定就业，实现有劳动能力和就业意愿的退捕渔民111人100%转产就业。

【主要领导人】 区委书记：谭荣兵；区人大常委会主任：熊杰；区长：袁维荣；区政协主席：潘浩；分管农业副区长：王霞。

纳溪区编写组

泸　县

【基本情况】 2021年，全县辖19镇1个街道，辖区面积1525平方千米，其中耕地面积108.93万亩，比上年增长0.08%，人均耕地面积1.07亩；基本农田92万亩。年末总人口105.7万人（户籍人口），减少0.56%；出生人口5955人。

2021年，全县GDP435.1亿元，增长8.3%，其中第一产业增加值66.06亿元，增长6%，农、林、牧、渔及农林牧渔服务业之比为45.33：2.48：45.13：5.81：1.25；

第二产业增加值238亿元，增长8.9%（工业产值546.6亿元，增长21.9%）；第三产业增加值131.1亿元，增长8.5%。三次产业对经济增长的贡献率分别为11.8%、57%和31.2%。乡村旅游收入25 3500万元。全县转移就业农民工45.29万人，实现劳务收入118.44亿元。

公路通车里程5335千米（其中乡村公路5047千米），密度3.48千米/平方千米。社会消费品零售总额158.6亿元，增长18.4%。地方一般公共预算收入完成15.13亿元，减少8.8%；地方一般公共预算支出53.03亿元，增长11.74%，其中农业投入105 428万元，占支出的19.88%。金融机构各项存款余额476.12亿元，比年初增长9.28%；各项贷款余额286.37亿元，比年初增长21.85%，其中涉农贷款157.71亿元。全年农业保费收入5631.59万元，增长19.4%；保险赔付金额4835.72万元，增长84.15%。完成农业产业化项目34个，完成投资24 769万元。农业产业化龙头企业省级、市级分别为4家、25家。

有中小学91所，其中单设小学32所、单设初中20所、九年一贯制学校29所、特殊学校1所；有各级各类幼儿园（点）133个，教师进修学校1所；中小学及幼儿园在校学生（在园幼儿）14.5万人，在职教职工8000余人。有文化馆1个，公共图书馆1个，博物馆2个。有卫生机构1216个，病床位4073张，卫生技术人员6218人。城乡居民基本医疗保险参保人数910 288人，参保率98.4%；城乡居民养老保险参保人数508 944人；被征地农民养老保险参保人数369人，占总人数的82%。

【年度农业和农村经济运行】 2021年，全县实现农业总产值111.39亿元，增长6.61%；全年全县农业增加值达66.06亿元，增长6%。农民年人均可支配收入达22 025元，增长10.8%。在粮食、生猪、蔬菜生产中，科技投入的占比或科技贡献63%。全县农产品质量安全抽检合格率98.5%（主要农产品产量见表1所列）。

【农业产业化发展】 聚焦“粮食、生猪、龙眼、水产”四大优势特色产业抓生产，促进农业增效、农民增收。全年种植优质稻34万亩、酿酒高粱13万亩、油菜22.6万亩。新建年出栏3000头以上生猪标准化养殖场4个，生猪规模化养殖比例达52%，良种化率达96%。建立泸川龙眼产业联盟，建设龙眼高换标准示范园5个，推进20万亩世界晚熟龙眼优势区域中心建设。推广健康养殖、设施渔业、“4311”和“双稻双虾”等模式，以玄滩镇、方洞镇为核心发展稻渔种养2万亩，辐射带动稻虾综合种养面积10万亩，水产健康养殖示范面积达75%。

开展农民专业合作社规范化管理、标准化生产、品牌化建设和市场化对接，重点培育和申报农民专业合作社示范社，泸县方洞镇供销合作社、泸县嘉明镇供销合作社、泸县玄滩镇供销合作社、泸县熟龙龙眼专业合作社联合社被中华全国供销合作总社认定为2020年度供销合作社系统农民专业合作社示范社；泸县太伏龙眼专业合作社同时被认定为2011—2019年度供销合作社系统农民专业合作社示范社监测合格。泸县玄滩镇供销合作社、泸县云龙镇供销合作社被评为四川省第十三批农民合作社省级示范社，泸县得胜镇供销合作社、泸县福集镇供销合作社被评为泸州市第十二批农民合作社市级示范社。累计培育龙头企业27家、农民合作社536家、家庭农场1249家，其中省级龙头企业4家、市级龙头企业25家，国家级示范社5个、省级示范社32个、市级示范社48个，省级示范场34家、市级示范场108家。

【农村集体产权制度改革】 有序推进承包地“三权分置”，开展村集体经济融合试点村40个，实施扶持壮大村集体经济项目9个。全年村集体经济收入实现3780万元，比2019年3203万元增加577

表1　2021年泸县主要农产品产量

主要农产品	单位	产量	同比增减(%)
粮食	万吨	55.24	1.76
水稻	万吨	33.44	2.04
小麦	万吨	0.01	–1.65
玉米	万吨	8.99	–0.25
马铃薯	万吨	1.05	–0.88
油菜籽	万吨	4.66	3.44
蔬菜	万吨	68.98	3.74
水果	万吨	8.80	0.59
肉类	万吨	11.09	11.35
猪肉	万吨	7.65	15.57
牛肉	万吨	0.04	12.54
羊肉	万吨	0.13	1.44
禽肉	万吨	2.56	2.44
兔肉	万吨	0.71	4.11
禽蛋	万吨	1.34	4.25
水产品	万吨	4.76	4.01

万元，增长18%；9个试点村实现村集体经济收入302.14万元，与2019年同期相比增长22.24%。

【农业培训】 开展专合社财会培训4场，培训120余人次；协助申报项目48个，举办果树栽培班2期、稻渔种养殖培训班1期，培训新型农业经营主体带头人187人；选送农业产业领军人才3人、农业职业经理人7人到四川农业大学参加调训；选送农业职业经理人6人到宜宾职业技术学院参加市级调训。高素质农民培训电话抽查合格率达98%以上。

【供销合作社改革】 全县围绕深化供销合作社综合改革工作和两项改革“后半篇”文章重点任务，以加强新型基层供销社建设为抓手，推进供销综合改革，不断提升“三社”融合发展水平，助推乡村全面振兴。承办四川省供销合作社监事会工作会，先后在全省加强基层供销社建设培训班、“四川供销大讲堂”（第一期）、四川省供销合作社监事会工作会、全省系统安全生产暨经济发展工作视频培训会等全省供销合作社系统会议上做经验交流4次；综合改革经验被全国供销总社信息、《中华合作时报》《西南商报》《四川日报》和人民网等各级媒体给予多次宣传报道。泸县首创的“供销合作社+村股份经济合作社（村集体资产公司）+农民专业合作社”的“三社”融合发展模式在全市整体推进，并被写入2021年省委“一号文件”和《四川省乡村振兴促进条例》《中国改革年鉴（2021）》《四川省供销合作社条例（草案）》。泸县供销社党组成员洪代富就泸县供销综合改革典型经验先后在省内外专题授课11场，参加人员达1700余人。泸县嘉明镇供销社《坚持综合性合作经济组织属性在参与乡村振兴中发挥积极作用》入选全国供销总社“基层供销合作社建设典型案例”，成为全国供销合作社系统推广的4个典型案例之一。泸县被全国供销总社列入“整县推进乡镇为农服务综合体建设并试行基层供销合作社建设工作手册地区名单”（四川省唯一一个被列入的县）。县供销社获得市供销社2021年度区县供销合作社综合业绩考核特等奖；被省供销社通报表彰为2021年度全省供销合作社系统“供销社综合改革成绩突出单位”“基层组织建设成绩突出单位”“文化建设成绩突出单位”“经济发展成绩突出单位”“财会工作成绩突出单位”“信息宣传成绩突出单位”“安全工作成绩突出单位”“监事会工作成绩突出单位”；被全国供销总社通报表彰为2021年度信息报送工作先进单位，并在受通报表扬的县（区、市）中排名第一；泸县供销社党组成员、理事会副主任李静和党组成员洪代富同时被全国供销总社通报表彰为“2021年度信息报送工作先进个人”。

【农产品品牌战略实施】 5月，泸县农产品流通协会获得国家知识产权局颁发的《“泸县龙眼”商标注册证（地理标志证明商标）》，是全县获得的第一张农产品地理标志证明商标证书。有机产品认证工作取得新进展，泸县熟龙龙眼专业合作社联合社和四川七川农业发展公司等20个单位开展有机产品认证，共获证书22个（其中《有机产品认证证书》14个、《有机转换认证证书》8个），共认证泸县龙眼、牛滩生姜、泸县油茶、泸县柑橘、泸县荔枝、泸县葡萄、泸县枇杷、泸县柠檬、泸县柚子、泸县李子、泸县桃子、泸县桑葚、泸县高粱和泸县稻谷等14个品种，认证面积达5.095万亩。泸县科裕果业专业合作社的“泸科牌”龙眼获得中国绿色食品发展中心颁发的《绿色食品证书》（A级产品），核准产量600吨。

【现代农业园区建设】 全县围绕粮油、生猪、龙眼、水产四大优势特色产业和烘干冷链物流、无害化处理两大核心配套，加快构建“4+2”现代农业产业体系，并作为现代农业园区建设的主攻方向。坚持规划优先，邀请专业公司编制《泸县现代农业园区总体规划》《泸县高粱+油菜现代农业园区2021年升星规划》，确立“1+2+3+N”国家、省、市、县级现代农业园区梯级创建目标。2月，泸县高粱+油菜现代农业园区被省政府认定为省三星级园区，为泸县首个省星级园区、泸州市第一个省级粮油园区。11月，泸县稻渔现代农业园区晋升为市四星级园区，泸县中药材现代农业园区新被认定为市三星级园区。截至12月，全县已建成1个省级现代农业园区、3个市级现代农业园区和4个县级现代农业园区，初步形成“1+3+4”的园区布局。

【种植业】 全县发展优质稻34万亩、酿酒高粱基地面积13万亩。全年粮食作物播种面积125.5万亩，粮食总产量55.2万吨，增长1.8%；油菜种植面积22.63亩，产量4.6万吨，增长3.41%。与开源、金土地等公司签订优质稻订单收购合同面积12.5万亩，签订高粱收购合同面积8.5万亩。

【林业】 加强森林督察和森林资源管理“一张图”年度更新。全年下发疑似变化图斑292个、面积187.9491公顷，其中使用林地图斑22个、面积4.5809公顷，林木采伐图斑204个、面积146.4957公顷，开垦林地21个、面积12.2423公顷，更新造林图斑13个、面积15.1812公顷，其他变化图斑32个、面积9.449公顷。在县林场宝峰工区、龙贯山工区，潮河镇、天兴镇防治马尾松毛虫和竹毒蛾面积3000余亩，在石桥镇吉祥村防治黄脊竹蝗面积200亩。投入除治资金367万元，除治枯死松树42300余株。建立“林长制”工作机制，实现“山有人管、林有人护、责有人担”，形成保护发展森林资源的强大合力。

【畜牧业】 开展动物疫病强制免疫，全县累计免疫猪瘟、猪口蹄疫113.32万头，牛口蹄疫0.968万头，羊口蹄疫4.32万只，小反刍兽疫4.32万头，禽流感鸡574.99万羽、水禽368.19万羽，狂犬病5.3万只，应免密度达100%，年均抗体检测合格率达90%以上，确保县域内无重大动物疫病暴发流行。全年出栏生猪99.45万头、肉牛2790头、肉羊8.4227万只、小家禽1625.6262万羽，新建生猪规模种养殖场4个；规模养殖场装备配套率达52%，畜禽粪污综合利用率达93.39%。全年畜牧业产值45.47亿元。

【水产业】 全县水产养殖面积达6.4万亩，其中水库1.65万亩、山坪塘4.75万亩，另有专业化稻虾养殖3.2万亩。全年水产品总产量4.76万吨，增长4%；实现渔业经济总产值9.86亿元，增长10%。增殖放流珍稀鱼类21万尾、经济鱼类100万尾，水产健康养殖示范面积达75%。

【乡村振兴】 牵头印发《关于全面实施乡村振兴战略加快农业农村现代化的意见》（泸县委发〔2021〕11号）、《2021年度泸县镇（街道）和县级部门（单位）领导班子领导干部推进乡村振兴战略实绩考核实施方案的通知》（泸县委农领〔2021〕7号），支持巩固拓展脱贫攻坚成果同乡村振兴有效衔接。开展乡村振兴先进示范创建，创建省级先进镇（街道）1个、市级先进镇（街道）2个，省级示范村3个、市级示范村9个，省级重点帮扶优秀村1个、市级重点帮扶优秀村1个。

【脱贫攻坚】 巩固拓展脱贫攻坚成果同乡村振兴有效衔接机制不断健全，出台《泸县健全防止返贫动态监测和帮扶机制办法（试行）》，印发《泸县防止返贫动态监测集中排查工作方案》，对易返贫致贫人口实施常态化监测，全县有脱贫人口19 726户53 265人、监测户262户746人；创新建立300万元监测帮扶基金，动态解决风险户突出问题。新增纳入农村低保360人，安排公益性岗位183人，整治漏风漏雨住房285户。统筹推进项目资金衔接实施，支持连片产业发展、人居环境改善、现代农业园区建设，巩固提升脱贫成效。

【乡村旅游】 编制《泸县北部片区乡村旅游策划》，对玉蟾街道、福集镇、嘉明镇、喻寺镇、方洞镇、石桥镇乡村旅游发展进行统一策划，确保各镇（街道）发展相互独立又有机统一，增强乡村旅游发展的有效性和有序性。创建“中国文化百强县”“四川省龙文化生态保护实验区”“四川省民间文化艺术之乡（石雕之乡）”等品牌，泸县玉蟾街道被评为酒城文旅融合发展镇，泸县宋代石刻博物馆（泸县屈氏庄园博物馆）被评为泸州市爱国主义教育基地、泸州市中共党史教育基地、泸州市中小学生研学实践基地。建成县级乡村文化和旅游能人库，完成4名省级乡村文旅能人和特殊贡献乡村文旅能人推荐。

【农村水利】 全县贯彻习近平总书记“十六字”治水思路，以深化两项改革“后半篇”文章为契机，推进水利规划、建设与管理工作，“双争一汇”突破2亿元，完成重点项目10个，实现“十四五”水利发展良好开局。谋定泸县“十四五”水利发展规划，建设“一干多支”的天然水网、“两片十区”的灌溉水网、“四线连通”的供水水网。全面启动乡村水务建设，完成濑溪河县城堤防三期、牛滩二期堤防工程、泸县整合共享水利信息化建设项目；除险加固病险水库3座，加快实施螺蛳山中型灌区渠道配套改造工程，农业水价综合改革累计完成改革面积36.13万亩。泸县被列为全国第二批全省唯一的水系连通及“水美乡村”建设试点县、全省第一批乡村水务建设试点县。持续抓好防汛减灾，保障安全度汛。加强水库运行管理，创建全国第二批深化小型水库管理体制改革示范县。做细抗震救灾及重建工作，水利工程灾后恢复重建有序推进。

【农业机械化】 全年维修各类提灌机械2052台次7612千瓦，新增提水控灌设备888台3552千瓦；新建和改造提灌站4座，提灌站提水4760万立方米。全县拥有农村机电提灌466座1.87万千瓦，农机总动力实现51.885万千瓦，增加0.485万千瓦。主要农作物耕种收全程机械化水平达68.58%，提高0.98%。完成农机购置补贴资金485.642万元，其中中央补贴资金378.9714万元、县级补贴资金106.6706万元，农机购置补贴中央资金结算进度达100%，补贴各类农机具9893台，6934户农民直接受益。

【农村教育】 推进四川省幼儿园与小学科学衔接实验区建设，泸县城东幼儿园、石桥镇中心幼儿园、泸县城东小学、石桥镇中心小学作为省级试点校（园）探索幼小衔接改革。教育共同体建设在全县学前教育、义务教育、高中教育全面铺开，为集团化办学、学区制试点积累经验，建设以泸县二中为引领的高中教育共同体，促进县内高中优势互补、错位发展；建设初中共同体6个、幼教共同体5个，在干部交流、资源分享、研训合作、联合考试等方面实现良性互动。县域义务教育基本均衡发展顺利通过国家复查评审，优质均衡水平不断提升。方洞镇中心幼儿园、城东幼儿园创建为泸州市一级示范园，学前教育被纳入幼小衔接省级实验区、综合评价和保教质量评价省级试验区以及全国足球特色幼儿园示范园试点，保教水平持续提升。培养省知名教师、校长3名，县知名校（园）长7名、县知名教师26名，县级学科带头人105名、县级骨干教师326名，2人被评为省级名师工作室领衔人，9人被评为市级名师工作室领衔人。推进两项改革“后半篇”文章，调整、优化校点布局，撤销义教小规模学校7所，撤并村级教学点46个，有序推进灾后重建项目。招标教育标准化提升工程PPP项目，惠济路幼儿园建成投用，城北幼儿园、二中附属幼儿园本期投用。巩固脱贫攻坚成果，坚持“应免尽免、应补尽补、应助尽助、应贷尽贷”原则，累计资助学生51 573人次，资助资金3164.9万元。落实“控辍保学　送教上门”政策，全县无一名学生因贫困、残疾而失学。全面推行课后服务，惠及学生8万余名。学校食品卫生安全监管持续加强，为师生提供安全、优质、健康的后勤服务环境。

【农村科技】 泸县经济信息科学技术局等4部门联合组建科技特派员团队，印发《泸县2021—2023年科技特派员工作意见》，并选定汪小楷等9名农业科技专家组成"泸县科技特派员服务团"，为7个镇16个行政村提供科技服务。建设市级科普基地——四川多福生物科技有限公司龙眼酵素科普基地并获得2021年度市级科普基地认定，获得创建经费2万元；泸县科兴龙眼科普基地被市科技局评为2021年度评估"优秀"等级，获得奖励经费0.5万元。全县已累计建成4个市级涉农科普基地，另外2个分别是泸州枳壳枳实产业园种植示范区和泸县高粱+油菜现代农业园区。

【农村卫生】 推进"美丽泸县·宜居乡村"建设，实现100%的行政村生活垃圾得到有效治理、74.9%以上的行政村农村生活污水得到有效处理，全县卫生厕所普及率达90%以上，畜禽粪污综合利用率达93.4%，秸秆综合利用率达90.88%。推进农村基础设施和公共服务项目建设，农村人居环境焕然一新。创建全国乡村治理示范村1个、省级乡村振兴示范村3个。

【农村法治建设】 开展农村法治宣传教育，组织开展"法治春联进万家""民法典走进乡村（社区）"等主题宣传活动；推进乡村法治文化建设，培育乡村"法治带头人""法律明白人"；开展法治示范镇（街道）、法治示范村（社区）建设，推进乡村依法治理。泸县玉蟾街道、云龙镇、玄滩镇被市委全面依法治市委评为第一批基层法治乡镇（街道）示范建设单位，玉蟾街道朝阳社区、云锦镇烟霞阁社区、玄滩镇刁河村、喻寺镇谭坝村、石桥镇洪安桥村被评为法治村（社区）示范建设单位。

【农村交通】 围绕泸县六大经济片区，推进"交通+产业""交通+民生"等"交通+N"战略，打造一批幸福美丽乡村路。改（扩）建农村公路200千米，建设农村公路安全生命防护工程166千米。创建"四好农村路"省级示范县，入选全国第二批城乡交通运输一体化示范创建县名单。

【农村社会保障】 推进全民参保计划，开展"社保政策进万家"活动，到基层全面摸排，多角度开展宣传发动，做到城乡居民"应参尽参、应保尽保"。全县城乡居民养老保险新增参保2.6万人，为14 298名困难人员财政代缴保费142.98万元。严格按照规定办理退捕渔民补贴45人，发放社保补贴24.25万元。持续加强社会救助，全年共发放城乡低保金、临时救助金、特困供养金1.5亿元。

【农村生态建设及环境保护】 濑溪河县城堤防三期、牛滩堤防二期建成投用。长江干支流水质改善项目一期完成建设，新（改）建雨污管网54千米，建成截污干管17.2千米。濑溪河出境断面水质稳定达标，大鹿溪、龙溪河水质持续改善。

【农产品质量安全监管】 建立县、镇、村三级农产品质量安全监管网络，县镇配有监管员82人，村级配备协管员302人，网格化监管覆盖全县251个行政村、51个社区。开展省、市、县三级农产品抽检共计425份，合格率保持在98%以上；检测猪、牛、羊瘦肉精23 355头（只）份，结果均为阴性，未发生农产品质量安全事件。食用农产品合格证制度加快落实，全县456个新型经营主体全年共开具食用农产品合格证63 408张，附证产品6302.6吨。全县有效期内"三品一标"农产品认证数达71个，其中无公害农产品47个、绿色食品2个、有机（有机转换）农产品20个、地理标志农产品2个。

【农村留守家庭（儿童、学生）帮扶】 开展"送温暖走访慰问"活动，春节慰问贫困妇女168名，发放慰问金8.4万元；慰问涉毒家庭儿童47名，发放慰问金2万元；救助"两癌"困难妇女19名，发放救助金19万元；资助1152名困境女童上学，发放2020年"春蕾计划"资助金77万元，并在公益日期间募集资金180余万元（居全省区/县第二名）；为地震受灾群众争取到价值30.3万元的"母亲邮包"1010个、价值30.2万元的救灾衣物1188件、价值6万元的"女生不简单"成长公益包2000个、"99春蕾计划"救灾助学资金30万元，缓解受灾家庭的困难。

【劳务开发与返乡创业】 加大返乡就业创业政策宣传，培育返乡就业创业宣传典型，深化返乡就业创业跟踪服务，持续推进农民工回引就业创业，全年回引农民工8310人，其中返乡创业1628人；建立返乡创业园13个、专合社86个，带动就业3842人，回引创业项目总投资2.01亿元；返乡就业6682人、优秀农民工384人、农民工党员186人。先后推荐返乡创业优秀农民工李云川、邱钦睿入选泸县创新创业"最美青年"；王小英、伍超民参加"万泸协同·共谋发展"创业创新大赛决赛，获得二等奖。推荐天兴、奇峰、玄滩、石桥4个镇返乡入乡创业项目入选省项目库，参加贵阳、中山项目推介活动。

【主要领导人】 县委书记：肖刚；县人大常委会主任：杨双全；县长：曹阳；县政协主席：吴雪松；分管农业副县长：王先奎。

泸县编写组

合 江 县

【基本情况】 2021年，全县辖19镇2个街道，辖区面积2414平方千米，其中耕地面积107万亩、基本农田86万亩。年末总人口88.5万人（户籍人口），减少0.5%；人口出生率5.05‰，减少3.57个千分点；人口自然增长率-1.92‰，减少3.81个千分点。有林业用地12.494万公顷，有林地面积12.4417万公顷，活立木总蓄积量669.1788万立方米，森林覆盖率57.45%。

2021年，全县GDP281.4亿元，增长

8.3%，其中第一产业增加值49.4亿元，增长7.4%；第二产业增加值127.3亿元，增长7.4%（工业增加值77亿元，增长12.1%）；第三产业增加值104.7亿元，增长9.9%。三次产业对经济增长的贡献率分别为16.6%、39.1%和44.3%。劳务输出31.93万人，收入71.4亿元。全年接待游客750万人，实现旅游收入80亿元。

公路通车里程4460千米（其中县道796千米、乡道1302千米、村道1993千米），密度1847米/平方千米、49千米/万人。地方一般公共财政预算收入完成11.03亿元，增长13.3%；一般公共财政预算总支出48.71亿元，增长5.1%，其中农业投入71 443万元，占支出的14.82%。金融机构各项存款余额407.62亿元，比上年初增长11.43%；各项贷款余额209.51亿元，比年初增长25.45%，其中支持农业产业化发展项目贷款5430万元。全年农业保费收入0.36亿元，增长28.57%；处理各项赔款和给付金额31 055.41万元，增长55.27%。农业产业化龙头企业省级、市级分别为5家、25家。

有各级各类教育机构330个，其中高职院校1所、普通高中5所、职业高中3所、初中24所、特殊教育学校1所、小学74所、村级小学教学点42个、幼儿园124个、民办非学历教育机构53个、教育体育局直属事业单位3个；有教职工12 761人，其中公办在职教职工6684人、离退休教职工2849人、退养民师144人、民办教职工3084人；在校学生15.78万人，其中高职院校11 200人、普高19 465人、职高14 739人、初中41 424人、小学52 057人、在园幼儿18 929人。有各类体育场地1172个，人均体育设施面积1.16平方米。有艺术表演团体24个，文化馆1个，公共图书馆1个，博物馆2个。有卫生机构796个，病床位5409张，卫生技术人员5278人。新型农村社会养老保险参保人数320 403人，参保率94.63%；被征地农民养老保险参保人数788人，占总人数的0.25%。

【年度农业和农村经济运行】 2021年，全县实现农业总产值84.85亿元，按可比价计算，增长8.3%。农村居民年人均可支配收入达21 024元，增长10.7%。全县农产品质量抽检合格率比年初提高0.1个百分点；建成21个基层农业综合服务站（主要农产品产量见表1所列）。

【农业产业化发展】 规模化特色优势产业基地建设。全县持续稳定荔枝、真龙柚、金钗石斛三大特色产业，种植面积分别达30.6万亩、30.8万亩、5万亩。建成省级五星级荔枝现代农业园区1个、市级五星级真龙柚现代农业园区1个、市三星级稻渔种养循环园区等2个、金钗石斛等县级农业园区13个、出口荔枝备案基地3个、高换荔枝1.5万亩、真龙柚异花授粉20万亩，提升金钗石斛标准化示范基地1万亩。7月22日，由县委、县政府主办的第30届合江荔枝节在江语兴酒店举行。全县农村土地流转面积0.6万亩，累计达33.55万亩，其中规模流转10.6万亩，流转比例达31.35%。

新型农业经营主体培育。全县农业产业化龙头企业监测合格33家，其中省级5家、市级28家。龙头企业销售总收入8.5亿元，增长2%；净利润0.5亿元，增长5%；资产总额12.1亿元，增长5.1%；总资产报酬率4.6%，增长4.5%。全县农民专业合作组织发展由数量提升转向质量提升，申报四川省农民合作社质量提升整县推进试点县。全县有农民专业合作社815个，其中国家级农民合作社7个、省级农民合作社27个、市级农民合作社48个。有农民专业合作社联合社2个。

新型集体经济组织发展。全县有行政村196个，各行政村均成立村股份经济合作联合社，村集体经济年总收入为1265万元，村均6.45万元。其中，年集体经济纯收入100万元以上的村2个，占1%；20万～100万元的村10个，占5.1%；10万～20万元之间的38个村，占19.4%；3万～10万元之间的42个村，占21.4%；

表1　2021年合江县主要农产品产量

主要农产品	单位	产量	同比增减(%)
粮食	万吨	51.84	1.90
水稻	万吨	30.63	1.40
玉米	万吨	7.80	5.10
马铃薯	万吨	3.00	6.60
油菜籽	万吨	0.64	53.90
蔬菜及食用菌	万吨	101.60	1.60
水果	万吨	18.46	4.06
肉类	万吨	7.79	17.45
猪肉	万吨	5.99	23.50
牛肉	万吨	0.05	1.10
羊肉	万吨	0.27	5.40
禽肉	万吨	1.38	1.24
兔肉	万吨	0.09	3.20
禽蛋	万吨	1.44	4.20
水产品	万吨	2.05	3.80

3万元以下集体经济薄弱村104个，占53.1%，全面消除“空白村”。集体经济组织类型主要以承包租赁、入股分红和其他收入为主。

【**农业项目投资**】 全县乡村振兴暨脱贫攻坚组团项目共48个，总投资793 700万元，年度计划完成投资146 055万元。其中，竣工类10个，总投资88 650万元，年度计划完成投资34 760万元；加快建设项目10个，总投资381 244万元，年度计划完成投资59 600万元；新开工项目19个，总投资202 386万元，年度计划完成投资516 950万元；前期项目9个，总投资121 420万元。

【**农用地产权制度改革**】 深化农村承包地管理与改革，完成土地确权登记颁证，加强土地经营权流转规范管理与服务，共计确认登记地块247.05万块，确权总面积109.74万亩，颁发证书206 640本，各项工作均达到省、市目标要求。

【**农村集体产权制度改革**】 全县有改革任务的196个行政村全部完成成员身份确认、资产量化、成立集体经济组织等工作，完成率达100%。全县成员身份确认共227 415户749 249人，196个行政村全部颁发村集体经济组织登记证书，进行村股份经济合作联合社挂牌，并建立完善相关管理制度。

【**供销合作社改革**】 全县供销系统第一个农产品展销平台——合江县特色农产品展示展销中心建成，建筑面积120平方米，建成农资网点203个。有农村社区综合服务社和供销社e家村级购物中心51家；农村再生资源回收利用网点322个、协会1个；农村电商服务站点126个，其中乡（镇）电子商务服务站21个、村级电子商务服务点（店）99个（含贫困村）（新建村级电子商务网点5家），基本实现乡（镇）、村电商全覆盖。全县供销系统销售总额完成30.72亿元，增长1.2%；农副产品收购总额完成12.57亿元，增长2.1%；实现利润1046.45万元，增长37.8%。全年销售肥料3021吨，其中氮肥1800吨、磷肥160吨、复合肥1061吨。有社属企业3家、新型基层供销合作社26个，其中国家级基层社标杆社2个、省级示范社14个、区域性为农服务中心2个。

【**农产品品牌战略实施**】 加大农产品标准化、品牌化建设力度，推行实施农产品市场准入机制和农产品合格证制度，加强品牌创建、保护、宣传和应用，举办合江荔枝节、真龙柚采摘节，参加各类农产品推介会，打响合江农产品品牌知名度，提高市场占有率，发挥品牌效应。加强农业产地环境监测，统一对品牌农产品开展定期抽检。加大农业投入品行政执法监管力度，加强县、镇（街道）、企业三级质量追溯管理。完善品牌认证登记保护、产品防伪标识使用和证后监管，参与建设产品质量、知识产权等领域失信联合惩戒机制，严厉打击侵犯知识产权和制售假冒伪劣商品行为，保护农产品品牌形象。健全农产品品牌创建奖补制度，对新型农业经营主体取得“三品一标”认证、农交会金奖、国家名牌、省名牌、中国驰名商标和省著名商标、质量管理体系认证等品牌创建的给予政策扶持。

【**现代农业园区建设**】 整合县现代农业园区党工委与园区核心区所在镇党委力量，成立联合党委，构建区域党建共同体，组建荔枝、真龙柚、花椒3个联合产业党委。推进荔枝园区提档升级，实施残次林改造300亩、品种改良1万亩，补植苗木4500亩；新建沟渠2千米、机耕道2千米、6.5米宽白加黑道路1千米、生产便道18千米、综合服务用房1座；完成坡改梯110亩、土壤改良110亩，浆砌块石护坡2.5千米；新建荔枝温室大棚1个、物联网1套、肥水药一体化设施1套、冷藏库3个；完成高标准农田整治30亩、路灯安装60套、杀虫灯安装250套；建设荔枝出口基地1000亩；广东中荔集团荔枝加工厂、中国（西南）特色农产品交易中心、合江世界晚熟荔枝种质资源保护创新基地（荔枝种质资源圃）启动建设。加强与国家荔枝龙眼产业技术体系、华南农大、广东省农科院等专家团队的合作，编制合江特晚熟荔枝生产技术规程、荔枝标准示范园建设规范。建设“巴蜀鱼米之乡”。在白米、望龙、白沙、神臂城4镇规划建设稻渔基地2.05万亩（其中虾沟鱼凼1.3万亩、平田模式0.75万亩），提升改造土地500亩，改（扩）建白加黑沥青公路11.4千米，改建电动和太阳能两用提灌站1座，维修、改造提灌站1座，新建25吨容量恒温库2个；建设园区服务中心1个，配备数字农业管理系统，开展数字化、信息化场景应用。主动同袁隆平杂交水稻研究中心成都分中心和省农科院水产研究所对接，构建“省农科院+袁隆平杂交水稻研究中心成都分中心+产业联盟+社会化队伍”的科技推广体系。

合江县荔枝现代农业园区创建为省五星级现代农业园区、省级农业科技示范园区；真龙柚现代农业园区创建为市五星级现代农业园区；合江县花椒、稻渔（“巴蜀鱼米之乡”）现代农业园区创建为市三星级现代农业园区；新命名合江县先市“大豆+蔬菜”、法王寺林下食用菌、尧坝柑橘、大桥香桃4个县级现代农业园区。

【**种植业**】 全县粮食作物播种面积119.98万亩、产量51.84万吨，分别增加1.1万亩、0.95万吨，面积和产量实现持续增长，是近年来增幅最大的一年。通过粮食生产项目推广粮食生产绿色高效技术，示范带动大面积生产，实施950万元的优质水稻结构调整示范项目集中连片发展优质水稻12万余亩，推广再生稻粒芽肥、植物诱抗等高产示范技术；实施270万元酿酒高粱产业发展项目，全县发展高粱种植面积13万亩，核心示范面积6万亩；实施450万元耕地轮作休耕制度试点项目，带动油菜扩种2万亩、大豆1万亩，在改善耕地地力质量的同时提升农民的种粮积极性。县级投入资金90万元，实施大春、晚秋马铃薯高产示范各100亩和大小春粮食生产示范片创建，辐射带动全县21个镇（街道）粮食生产效果显著；县级财政投入50万元，实施水稻全程社会化服务试点项目2000亩，探索水稻生产全程社会化服务，减少农民投劳；利用产粮大市奖励资金15万元实施高粱、水稻高粱攻关项目试验示范水稻、高粱绿色高效技术，为单产突破打好基础。落实耕地地力保护补贴、稻谷目标价格补贴、实际种粮农民一次性补贴、种粮大户补贴等惠民惠农补贴政策，通过四川省惠民惠农财政补贴审批系统和泸州市"一卡通"发放系统完成发放种粮大户补贴28.84万元、耕地地力补贴8064.7万元，实际种粮农民一次性补贴1186.37万元、稻谷补贴1767.7万元。

【林业】 全年完成营造林面积7.08万亩，巩固退耕还林成果10.97万亩，开展退耕还林占用耕地和基本农田整改，保护天然林25.73万亩，管护公益林81.85万亩，完成义务植树196.2万株，完成705名生态护林员选(续)聘、培训管理考核。巩固退耕还林成果10.97万亩，继续实施好新一轮退耕还林工程。实施国有林管护14.5万亩，对全县67.35万亩集体和个人公益林进行生态补偿，共投入资金1060.8万元。全面推行林长制，在全市率先完成《林长制工作实施方案》印发，全面建立县、镇(街道)、村三级林长体系，完成镇(街道)、林场《林长制工作实施方案》印发。开展森林火灾风险普查，完成54个标准样地全部外业调查。全面完成2022年度生态护林员选聘，已录入数字熊猫监测即报系统；县消防救援大队、福宝国有林场、赤水市官渡林场在合江县举行联合森林防火演练；组织福宝国有林场19名职工到省森林消防总队参加培训；在法王寺—车辋—凤鸣设置宣传固定标牌13块、横幅5条。省级森林防火道路建设项目已完成部分道路建设。全年森林火灾损失率为零，未发生人为重大森林火灾和重大人员伤亡；国有林场、自然保护地等重点区域自然保护地内森林火灾零发生。做好林业安全生产，全年未发生林业安全事故和人员伤亡，林业有害生物成灾率为零。截至12月20日，林业行政处罚共立案115件(其中移交公安局涉嫌刑事案件1件、公安局移交我局进行行政处罚案件3件)，已结案104件，结案率90.43%；正在办理的林业行政处罚案件11件，占立案总数的9.57%；罚没收入共计540.1757万元(其中已做出行政处罚决定，因当事人资金困难未缴罚款和申请延期缴纳罚款62.2625万元)。实行领导包片包案机制，加大信访隐患和矛盾纠纷排查化解力度，做好重大活动期间信访保障。完成依法治林、林区综治、林区禁毒工作任务。全县实现林业总产值88.6亿元(其中竹产业产值76.3亿元)，增长15%以上(其中竹产业产值增长16.8%)；农民人均林业收入达2499元，增长3%；培育现代竹产业基地3.1万亩，新建竹区道路42千米、生产便道30千米。新增林业专合社(家庭林场)2个(合江县陈功家庭农场、合江县雕创家庭农场)；推进"三花"进城工作；合江县林下中药材现代林业园区被评选为2021年省级培育园区。

【畜牧业】 全县生猪存栏53.82万头，增长5.9%；出栏79.54万头，增长15.8%，完成上级下达出栏生猪任务。牛存栏0.865万头，增长12.3%；出栏0.3889万头，减少5.1%。山羊存栏12.96万只，增长5%；出栏18.57万只，增长2.6%。家禽出栏989.24万羽，增长2.04%。全县畜禽粪污综合利用率达96.76%，规模养殖场粪污处理设施装备配套率达100%，大型规模养殖场粪污处理设施装备配套率达100%。

【水产业】 以融入成渝地区双城经济圈为契机，围绕全省现代农业"10+3"产业体系，以渔业增效、渔民增收为核心，推进水产结构调整，推广稻田综合种养模式，实现"一水两用、一地多收"，建成稻渔种养循环基地2.05万亩。常态化推广"鱼萍共生""鱼菜共生""鱼藕共生"等生态治理模式，加强养殖尾水治理，保护养殖水域生态环境，提高水产品质量。注重深化行业与科研院所合作，先后与省农业科学水产研究所、西南大学等科研院所建立"产学研"合作关系，将设施渔业生态养殖等科技成果引入"巴蜀鱼米之乡"建设，提高科技支撑能力，助推现代渔业发展。实施长江鱼类增殖放流，共投放岩原鲤、鲢鱼、鳙鱼等60.14万尾。配合开展水生生物资源调查，全面协助中科院水生生物研究所、长江水产研究所、四川省水产研究所等单位开展长江、赤水渔业资源监测调查，维护长江水生生物多样性。全县淡水养殖总产量20 466吨，增长2.22%；渔业经济总产值40 033.8万元，增长3.8%。

【乡村振兴】 严格落实"四个不摘"工作要求，按照"力度不减、政策不变、责任不松"的原则，聚焦责任、政策、工作"三个落实"，构建组织、保障、工作"三大体系"，推动巩固拓展脱贫攻坚成果同乡村振兴有效衔接。住房安全持续巩固，持续落实易地扶贫搬迁，C、D级危改，扶贫危改，地质灾害搬迁等项目，按照"宜聚则聚、宜散则散"的原则，严把"规划关、成本关、质量关、进度关"四道关口，实施农村危房改造189户、掉边掉角搬迁36户，全面消除农户存量危房。教育成效持续提升。在保持贫困助学政策总体稳定的基础上，严格落实"六长"责任制和"双减"政策，抓好"控辍保学"工作。统筹推进师资力量均衡发展，加大对乡村教师的投入和培训力度，持续推进教学环境全面改善。新(改)建镇(街道)幼儿园3所，投入教学设备更换资金700万元，兑现各类奖补资金8325万元，义务教育阶段适龄儿童入学率100%。医疗保障持续发力，严格落实医保报销、"十免四补助"等医疗救助制度，全面推进家庭签约医生和全民健康体检，按照规定实施医保代缴政策，脱贫群众和监测对象医保个人缴费由财政代缴改为代缴75%，患者在县内住院个人承担比例严格控制在10%以内，依规转诊至县外住院的贫困患者个人住院费用控制在30%以内；减轻脱贫群众和监测对象就医负担，解决14.87万人次1.0065亿元门诊和住院费用。兜底政策持续落实，严格执行农村低保、特困供养、临时救助、残疾人扶持等综合保障政策，确保特殊困难群体“应兜尽兜、应扶尽扶、应救尽救”，坚决杜绝错保、漏保，全年发放各类社会保障资金17 186.13万元，惠及75.22万人次，有效防止返贫。

【乡村旅游】 完成《合江县县域旅游服务质量提升方案》编制，完善乡村旅游“吃、住、行、游、购、娱”六大旅游基本要素体系，建立“政府主导、部门配合、社会参与、制度创新、上下联动”的工作机制，通过成立乡村旅游服务质量提升技术指导专家团、实施“五大业态提升工程”内容、落实提升奖励扶持政策、细化工作步骤等，集中提升打造一批特色美食店、特色民宿、特色乡村旅游点、特色旅游商品、特色商品购物店（专卖店）、休闲娱乐新业态经营点等。完善乡村旅游基础配套设施，尧坝古镇景区、福宝玉兰山景区、金龙湖、龙挂山、现代农业荔枝产业园区等重点景区（景点）公路均达到四级及以上；完成龙挂山索道上站和天街入口处共2座旅游厕所建设；完善尧坝古镇、福宝玉兰山、龙挂山等景区标识标牌50余块。引导荔江镇柿子田村居民改善自家厕所环境，增设5座共享旅游厕所和3座移动厕所；增设停车位200余个。实施“旅游化功能”改造工程，以荔江镇柿子田村为试点，建立闲置集体建设用地和房屋资产台账，利用闲置集体用地种植多季节、多种类、覆盖广的“花海”景观，增加整体观赏性。筹备出台招商引资优惠政策，吸引社会资本建设特色民宿、直播基地、艺术展示中心等旅游新业态，打造荷塘小筑、荔锦院等精品农家乐，提升尧坝水墨山居、荔江镇幸福桑甜农场等周边乡村旅游点。重视文旅人才培养，开展校地合作，与四川三河职业学院合作，举办为期3天的合江县2021年文化旅游行业从业人员培训班，共培训21个镇（街道）的文旅专干、酒店（宾馆）、乡村酒店、特色业态、家庭农场等乡村旅游带头人100余人；建立文旅能人库，纳入第一批能人100余名，已录入省级、市级文旅能人库11人。组织乡村旅游带头人到桐心院子考察学习，提高乡村旅游从业人员综合素养；组织荔江镇乡村旅游带头人参加四川省2021年乡村旅游带头人培训班。创建乡村旅游品牌，创建省级乡村旅游重点村2个（金龙湖村、柿子田村）、首批天府旅游“名宿”1个（半山云舍）、首批酒城文旅融合发展镇1个（尧坝镇）、市级夜间文化和旅游消费集聚区1个（尧坝古镇景区）、研学旅行基地2个（长江大学堂、尧坝红色芳华迷彩记忆）、天府旅游美食1道（尧坝红汤羊肉），入选酒城旅游美食5道。参加泸州市第三届特色旅游商品大赛，获得金奖2个、银奖3个、铜奖2个。组织开展2021年合江旅游美食评选活动，合江豆花、福宝酥饼、金钗石斛花茶、荔枝酒、九大碗等47种特色美食入选“2021年合江旅游美食”。

【农村水利】 锁口水库枢纽工程下闸蓄水并安全运行。对安子水库、石包沟水库等6座病险水库进行除险加固，通过整治大坝、溢洪道、放水设施等恢复水库调蓄能力。投入1690万元，实施农村饮水项目，安装管道86千米，修建水池15口，完成先市镇庙高供水站、甘雨供水站改（扩）建工程等；引导供水企业加大资金投入，改造供水设施，17处集中供水站完成规范化建设并通过验收。截至2021年年底，全县已建成农村规模化供水工程（“万人工程”）10处、“千人工程”及千人以下集中供水工程57处、分散式供水工程3.21万处。全面完成9万亩农业水价综合改革及2个“水美新村”建设。在项目规划上，上争荔江镇习水河黔鱼洞段防洪治理工程、石龙镇小槽河南滩桥板段防洪治理工程项目落地落实。完成合江县小桥河山洪沟治理工程初步设计，开展洪流水库项目堆石混凝土重力坝复核性试验研究。

在河湖监管上，配合市上完成长江、赤水河等2条省管河流河道管理保护范围划定；完成习水河、塘河、小槽河等26条流域面积50平方千米以上县管河流的河道管理范围划定；完成烂泥水库等7座小（1）型水库管理保护范围划定。全面完成塘河、习水河干流岸线保护与利用规划编制。完成长江、赤水河等2条省管河流合江段和小槽河等17条县管河流“一河一策”管理保护方案（2021—2025）编制。完成小水电职能职责由发改移交水务部门的衔接工作，拆除小水电站大坝4座，6座水电站停止发电，解除并网，全面完成目标任务；51座电站于6月30日前完成生态流量监测设施安装，并被纳入省动态监管平台。入汛后，县境内河流长江出现洪峰5次、赤水河出现洪峰2次，境内长江、赤水河、塘河和小槽河均未发生超警戒、超保证水位洪水。

【农业机械化】 全县有耕整地机械8293台、农用插秧机96台、育秧流水线4套、植保机械3880台、植保无人机14台、水稻收割机175台、烘干设备111台（套）、农用提灌站146座，农机总动力达44.231万千瓦。全年完成机耕面积74.82万亩、机插秧（机播）面积30.756万亩、水稻机收面积42.21万亩，主要农作物耕种收综合机械化水平达68%以上，秸秆综合利用率达90.48%。全县有农机专业合作社16个（其中省级示范合作社4个），合作社流转土地面积8900亩。

【农村教育】 全县幼儿园新建和维修改造项目资金5276万元，采取新（改、扩）建、小区配套建设等模式，新增公办幼儿园8所。全县普惠性幼儿园占比达88.18%，公办幼儿园人数占比达50.75%，学前三年入园率达87.5%。全年创建市级示范园2所、县级示范园11所。全面落实“双减”“五项管理”政策，开展校外培训机构专项整治，全县33所学科类培训机构“关停并转”32所。推进课堂教育结构改革，评选出课改合格校、示范校共36所。遴选33名心理健康教师派遣到全县各学校开展心理健康专职辅导活动。启动合江中学江北校区建设，完成5所普通高中改（扩）建。实施第三期特殊教育提升计划，持续推进以随班就读为主的特殊教育入学方式，全县已建立特殊教育资源教室33间，全县残疾学生入学率达100%。

【农村科技】 组织100名基层农技人员参加省、市培训基地连续5天以上的脱产业务培训，不断提升基层农技推广队伍的业务能力和服务水平。开展农业领军人才、农业职业经理人培训，参加培训24人。培训高素质农民293人。先后在各镇（街道）行政村轮回组织开展农业实用技术培训6589人次，印发各类技术资料5000余份。开展科技帮扶，成立由21人组成的农业技术专家服务团1个，负责对全县的农业生产开展技术指导。同时，为46个脱贫村每村派1名驻村农技员，为3个脱贫村每村派1名"第一书记"，为1个脱贫村派1名驻村队员，具体负责对所驻脱贫村农户开展技术宣传、培训、指导，全年驻村人员共组织脱贫村农户开展技术培训3000余人次。

【农村文化】 荔江镇、尧坝镇入选四川省首批乡村文化振兴魅力乡（镇）；创建大桥镇、荔江镇柿子田村等5个乡村振兴市级样板村镇；合江川剧文化传承与发展项目入选"四川省文旅公共服务高质量发展优秀案例"；文旅公益性数字宣传品的制作与传播入选2021年度四川省政府向社会力量购买公共文化服务示范项目。完成大桥镇、尧坝镇、荔江镇、白米镇4个乡村振兴示范镇（街道）广播站、公共服务网点提升打造，为63个镇、村提供广电免费Wi-Fi服务。举办第30届合江荔枝文化旅游节文化系列活动，300架无人机表演首秀合江，为各地游客带来一场文化盛宴。创排川剧《最后一场封箱戏》入选四川艺术基金2021年度大型舞台艺术创作资助项目；《给他一个完整的家》获得四川省第四届暨川渝首届农民工原创文艺作品大赛一等奖。参加第十三届赤水河之声音乐节原创歌曲大赛，获得一等奖1个、三等奖2个、优秀奖1个。广电阵地持续增效，新建滨江路应急广播、广播电视分基站3个，村级数字播控平台12个、应急广播终端62处；申报智慧广电实验区建设项目，获得省级资金300万元。新建笔架山广播电视光缆主干线环路24千米，提升安全播出保障能力。发挥"村村响"宣传阵地作用，合江县广播电视"三助力"乡村振兴做法作为四川省先进案例被国家广电总局采用。网络视听节目获得省级、市级奖项27个，获奖数量居全市县（区）前列。先市镇申报为"四川省民间文化艺术之乡"；合江匠笔画、泸州傩戏、五比一酱油酿造技艺等3名传承人入选四川省第七批非遗传承人。

【农村卫生】 全县有基层医疗卫生机构796个，共设置编制病床位4230张，实际开放病床位5409张；有卫生人员5278人，其中高级职称216人、博士2人、硕士30人，实现每千常住人口拥有卫技人员7.67人、拥有开放病床位7.85张。依托市、县全民预防保健服务项目资金，为全县基层医疗卫生机构配备彩超、DR、心电图、全自动生化分析仪等检验室、影像科常规设备，全县基层共有万元以上医疗卫生设备651台，能较好地满足群众县域内就医需求。公共卫生持续均等化，全民预防保健体检累计27.2万人次，家庭医生签约服务28.72万余人，并代表泸州市接受省级基本公卫考核并位居全省第一。持续推进中医药发展，重点打造3个示范中医馆和2个村级示范中医角，代表泸州市接受国、省两级全国基层中医药工作先进单位考核并高分通过。保障"一老一小"，投入100万元创建白鹿镇医养结合示范机构，建成7个老年友善服务机构、托育机构4家，有托位246个。做好常态化防控和疫苗接种，全覆盖开展县、镇、村三级"双盲"演练，持续保持新冠零确诊。

【农村法治建设】 印发《关于加强法治乡村建设的实施意见》。深化综合行政执法改革，以镇（街道）为单位搭建专业执法网格，建立县、镇两级"综合+专业""日常+阶段"的"1+N"综合行政执法协调配合机制，实行"一支队伍管执法"。规范梳理镇（街道）权责清单，发布合江县乡（镇、街道）行政权力清单和责任清单，全县镇（街道）共行使行政权力事项197项，其中九支镇197项、其他镇130项、街道53项。规范合法性审查制度，推进镇（街道）合法性审查全覆盖工作，各镇（街道）建立相关工作制度，明确合法性审查机构、分管领导以及具体审查人员，并报县司法局备案。延伸农村司法保障触角。落实"酒麒麟·一镇一法官"机制，组织人民法庭在21个镇（街道）设置166个诉讼服务点、9个法官工作室，延伸人民法庭司法职能。完善农村公共法律服务，健全镇（街道）和村（社区）法律顾问制度，21个镇（街道）、239个村（社区）全部聘请法律顾问，实现镇、村法律顾问全覆盖，村（社区）法律顾问参与制定、修改村规民约和社区管理制度129次。推进"法律进乡村"。结合"一月一主题"主题活动，251名骨干"法治快递员"到田间地头共开展法治宣传活动327场次，受教育干部群众45.3万人次。

【农村交通】 全年新（改）建农村公路100千米，合江长江公路大桥、赤水河环线旅游公路（主线）建成投用，大沱子大桥、白沙长江大桥右岸连接线（产城大道至佛荫高速路口）段完工，省道438线江北段、林下经济节点公路分别完成总工程量的60%和70%，白沙、榕山、九支、先市4座渡改桥快速推进。实施两项改革"后半篇"文章《提升农村交通运输服务水平》专项工作，6月底完成乡村客运"金通工程"，10月底完成52.9千米撤并建制村畅通工程。实施乡村振兴产业路旅游路建设，完成赤水河环线旅游公路主线26千米建设。

【涉农招商引资】 围绕乡村振兴产业发展，协助各镇（街道）完成涉农领域项目包装10个，涉及包装项目资金5.96亿元。围绕“巴蜀鱼米之乡”建设，对接沣慧渔之源农业公司，初步形成斗笠村高品质农产品储存加工一体化工程项目合作协议，该项目拟占地约10亩，建设精品大米加工生产线、烘干、冷链、仓储等设施，可提供岗位150个。以工业带动农业，以三产融合推动文化传承，招引先市酿造传承基地项目，项目计划总投资约20亿元，占地约1180余亩，分三期建设，其中项目一期用地约80亩，对原先市酿造产业资源进行整体升级包装，突出非物质文化遗产古法酿造技艺的文化传承；项目二期用地约600亩，建设工业酱油生产基地，以工业制造拉动大豆种植等农业发展；项目三期用地约500亩，用于一二三产业融合发展，打造形成文化旅游示范高地。

【农村社会保障】 全县城乡居民医保参保人数77.2万人，参保率达98%以上，其中7.67万名贫困人口医保个人缴费部分由财政全额代缴，参保率达100%；共有17.36万人次享受住院医疗报销，医保报销53 075.74万元，政策范围内住院费用支付比例稳定在70%以上；共有100.44万人次享受门诊医疗报销，医保报销8672.32万元。农村低保按照430元/人/月标准，共救助377 713人次，累计发放农村低保金8378.59万元；农村低保人口中，建档立卡脱贫户16 351人，占总人数的54%。农村特困人口按照650元/人/月标准，共救助80 179人次，累计发放农村特困供养金5211.635万元。推进社保惠民工程，开展“我为群众办实事”活动，为实现基本养老保险全覆盖，围绕全民参保计划，聚焦各类城乡居民、建档立卡贫困人口、低保、特困等生活困难群体，组织开展“特殊人群代缴居保”“全民参保扩面”等专项扩面行动，通过部门联动、信息互通、大数据比对、科学分析、精准定位、联合稽查等多措并举推进新型农村社会养老保险参保人数持续攀升，不断增强广大群众的获得感、幸福感。坚持“多渠道、广角度、深层次、全覆盖”的宣传原则，做到宣传下基层、下村、下社区，累计发放宣传单4万份，悬挂横幅标语100余条。全县城乡居民基本养老保险覆盖320 403人，增长0.71%，其中参保176 108人，增长4.1%；退休144 295人，减少3.1%。全面落实对重残、低保、特困人员等缴费困难人群政府代缴城乡居民基本养老保险费政策，为全县17 579名困难群众代缴城乡居民养老保险费，增长5.03%。全县共有154名儿童享受孤儿基本生活补助，134名儿童享受事实无人抚养儿童关爱帮扶金，办理收养登记2人。全年累计发放孤儿及事实无人抚养基本生活费260.27万元，其中累计发放孤儿2097人次、191.36万元；累计发放事实无人抚养儿童1406人次、68.91万元。同时，为全县符合条件的19名孤儿发放“福彩圆梦”孤儿助学金22.5万元。

【农村生态建设及环境保护】 印发《2021年度合江县农村生活污水治理“千村示范工程”实施方案》《合江县乡（镇）农村生活污水处理设施建设项目实施方案（二期）（三期）》《关于进一步加强农村生活污水处理站日常运行管理的通知》等文件，明确工作要求、责任分工、保障措施等，建立健全农村生活污水治理长效管理机制。加快推进聚居点污水处理设施建设，对邻近城镇的区域，通过城镇污水收集管网向周边延伸，将邻近农户生活污水尽可能纳入城镇污水收集管网，实现统一收集处理；对居民人口聚居度较高的地区，利用现有污水处理设施，通过完善污水收集管网对周围农户生活污水进行集中处理。全年投入资金2400余万元，新（改）建农村聚居点污水处理站点15个，完善农村生活污水收集管网20千米。开展试点示范，争取农村生活污水治理“千村示范工程”以奖代补专项资金320万元，通过建设农村污水处理站点和配套污水收集管网集中收集处理、散户厕所革命及粪污综合利用等处置方式完成6个行政村“千村示范工程”整治目标任务，建设聚居点生活污水处理站1个（处理能力20吨/天）、单户型三格化粪池2140个。

【农产品质量安全监管】 建立完善农产品质量安全监管体系，设立县、镇、村三级网格化监管模式。开展农药残留快速检测，共抽检6300个批次，合格率100%；县级抽样蔬菜、水果、畜禽产品480个，合格率100%。在养殖、运输、屠宰三个环节加大“瘦肉精”检测力度，全县共检测养殖场盐酸克伦特罗2000份、莱克多巴胺2000份、沙丁胺醇2000份。探索农产品质量安全追溯体系机制建设，全县510家生产经营主体入驻国家级追溯平台体系，完成生产录入批次2000余条。推行食用农产品合格证制度，推动落实食用农产品生产经营者主体责任，确保食用农产品质量安全，已开具食用农产品合格证15 352份。全县通过全省农产品安全质量监管示范县复审。

【农村市场体系建设】 农村金融。创新信贷服务，加强深化社银合作模式，实行联合“一站式会审”集中办理，发放创业担保贷款；举办创业专家坐诊、创客沙龙等活动，分层次提供创业指导服务，落实创业补贴，解决创业问题和困难。依托县域乡村振兴产业发展规划，结合镇（街道）区位发展优势，升级打造合江荔枝现代农业园区等5个市级创业孵化园区、6个县级创业孵化园区，累计吸纳创业项目400余个，带动就业5000人以上。全年共发放创业担保贷款3609.9万元，落实创业补贴57万元。

农村保险。农业保险主要有中央险种、中央优势特色农产品险种、特色农业保险三大险种。中央险种，水稻承保189 164.84亩，投保农户58 945户次，受益农户7468户次；玉米投保114 690.8亩，投保农户45 109户次，受益农户8209户次；能繁母猪投保25 602头，投保农户5046户次，受益农户2726户次；育肥猪投保395 370头，投保农户39 594户次，受益农户12 096户次。中央优势特色农产品险种中，花椒投保面积18 219.83亩，柑橘投保面积11 392亩，生猪出栏价格保险投保10 852头。特色农业保险险种中，高粱投保面积38 603.08亩，露地蔬菜投保面积12 833.57亩，水果投保面积23 082.67亩，肉牛投保316头，肉羊投保32 357只。全县共有人保财险、中华联合保险、平安财险3家公司负责开展全县政策性农业保险。

【农村留守家庭（儿童）帮扶】 将农村困境儿童和农村留守儿童管理教育纳入全县教育总体规划，保证农村留守儿童平等接受义务教育的权益。定期统计全县困境儿童和农村留守儿童数量，掌握留守儿童动态数据，建立数据台账。将困境儿童和农村留守儿童接受义务教育工作纳入学校考核，建立和完善保障留守儿童接受义务教育的机制。

【劳务开发与返乡创业】 举办“春风行动”“民营企业招聘周”“金秋招聘月”“高校毕业生就业服务月”等各类专场招聘活动，创新直播带岗、小视频推送等服务模式，到镇（街道）开展“送岗位下乡”活动，为企业提供优质人力资源服务，帮助劳动力快速求职。全年共开展各类招聘活动30场次，提供就业岗位2.2万个，入场求职者1.72万人；开展职业指导3000余人次，达成就业意向6422人次。职业技能培训提质扩容，全面推进“技能合江”工程，结合合江“巴蜀鱼米之乡”“传统酱油技艺酿造”等特色农业产业优势，实施“产业链条式”培训。擦亮“合江味道”“荔乡妹子”“荔乡酱工”等重点劳务品牌，依托合江县临港工业园区、四川三河职业学院和其他域外培训机构，鼓励校企“联姻”走合作共赢之路，推动劳务品牌创建有载体，打通技能人才成长成才快速通道。拓展技能大师工作室建设，推动2个市级、3个县级技能大师工作室创新升级。规范培训准入机制，培训农民工等5400人次，其中返乡创业培训642人次、创业培训1069人次。支持人力资源服务业发展，与东部经济发达地区和重庆等周边地区建立劳务协作，鼓励有资质的人力资源服务机构开展有组织劳务输出，指导建设国有人力资源公司开展人力资源服务。被省委办公厅、省政府办公厅表彰为“全省去冬今春农民工服务保障工作先进单位”，被市委、市政府评为“全市抗击新冠疫情先进集体”，被市政府办公室评为“‘十三五’期间泸州市残疾人就业工作先进单位”，被人力资源社会保障厅评为“2021年全省人力资源社会保障系统优质服务窗口”，被省就业服务管理局评为“2021年度农村劳动力实名制信息管理工作成绩突出单位”；获得泸州市推进大众创新创业工作领导小组办公室泸州市第八届创新创业大赛暨四川省第三届“天府杯”创业大赛泸州赛区选拔赛特别贡献奖等。承办2021年“川南—渝西”创业孵化园区（基地）推介活动。

【主要领导人】 县委书记：李仁军；县人大常委会主任：王亚容；县长：王波；县政协主席：李子辉；分管农业副县长：王卉。

合江县编写组

叙 永 县

【基本情况】 2021年，全县辖23个乡（镇）212个行政村42个社区，辖区面积2977平方千米。总人口72.31万人，其中乡村人口55.29万人。叙永县是四川省革命老区县、全国造林绿化先进县、国家木材战略储备基地县、四川省竹林基地建设重点县和四川省首批竹产业高质量发展县、四川省粮经复合产业基地重点县、四川省现代畜牧业建设重点县、四川省生猪调出大县、享受少数民族地区待遇县，是全省首批历史文化名城。获评“中国森林体验基地”和“全国服务精准扶贫林下经济及绿色产业示范基地”。

【年度农业和农村经济运行】 2021年，全县农林牧渔业总产值达65.49亿元，增长8.2%，其中第一产业增加值达36.6亿元，增长7.3%。农村居民年人均可支配收入达16 175元，增长11.4%。

【新型农业经营主体培育】 全县新增农民合作社30家，新培育省级示范社4家、市级示范社5家；新增家庭农场59家，新培育市级家庭农场34家、县级家庭农场59家。组织8家新型农业经营主体开展水稻栽培、水稻病虫防治、水稻机收、粮食烘干等生产托管服务，面积128 000亩次。全年新增担保贷款100户，担保贷款金额9969万元。

【村级集体经济发展】 围绕“改革集体产权制度、壮大新型集体经济、创新扶持方式、财税金融支持、健全完善配套机制”五个重点领域，以“三化三突破”为抓手，配套出台扶持发展村集体经济五类30条措施，推进村集体经济发展项目建设，并在发展过程中总结、不断探索壮大集体经济新举措，使得村集体经济得到较快发展，助力农村居民可支配收入不断增加。

【宅基地管理】 全县共审批宅基地2031宗，共审批面积217 250平方米。在确保农户建房需要的前提下加大对违法违规占用土地建房的打击力度，对乱占耕地建房的采取“零容忍”，成功遏制违法建房苗头6起，协助县自然资源和规划局办理违法占地建房案件10起。

【现代农业园区建设】 全县有叙永县现代竹产业园区、叙永县油茶现代林业园区2个省级现代林业园区，叙永县糯稻现代农业园区、叙永县赤水河流域精品水果现代农业园区、叙永县高山蔬菜（食用菌）现代农业园区等3个市级现代农业园区，叙永县肉牛现代农业园区、叙永县苗乡牧村现代农业园区、叙永县红岩水稻茶叶现代农业园区、叙永县后山生猪现代农业园区、叙永县丰岩乌骨鸡现代农业园区、叙永县分水罗汉林云锦桃源现代农业园区、叙永县高山乌蒙绿茶现代农业产业园区、叙永县两河流域（黄坭河、清水河）生态种养现代农业园区、叙永县黄坭乌蒙仙果现代农业园区、叙永县向林水稻茶叶现代农业园区10个县级现代农业园区。

【农业农村改革】 农村土地制度改革持续深化，全面完成农村集体产权制度改革，基本完成农村土地确权颁证。有序推进农村房地一体登记，完成外业测绘12.49万宗。做好农村宅基地改革和管理，审批宅基地2031宗，面积21.73万平方米。乡村振兴有效投资逐步扩大，建立健全项目资金精准投入机制，坚持资金围绕项目转，多元整合、精准投放，全年安排财政衔接推进乡村振兴补助资金、脱贫县统筹整合财政涉农资金共计4.16亿元，实施项目392个。清理2013—2020年扶贫资产，涉及资金73.69亿元，其中用于扶贫资金项目63.46亿元，形成扶贫资产项目39.78亿元，实现家底清、底数明。做优两改“后半篇”文章，紧扣“四大任务”探索创新，推进综合试点示范。坚持以两项改革“后半篇”文章为统领，打造各具特色竞相发展的5个功能区，构建“县域突破、四区做特、中心引领、多点支撑”的发展格局。

【巩固拓展脱贫攻坚成果】 严格落实“四个不摘”要求，筑牢防返贫底线。一是配强帮扶力量。轮换选派333名工作人员到108个重点村任“第一书记”、驻村工作队员，建立健全防返贫监测和帮扶机制，完善过渡期政策衔接体系，持续做好兜底保障。二是动态精准监测。完善动态帮扶长效机制，按照“缺什么补什么”的原则，针对741户监测对象（2021年新识别225户）精准落实就业、医疗等多元帮扶措施，消除508户监测对象返贫风险，精准帮扶监测户233户，确保不发生规模性返贫。三是加强易搬后扶。稳慎推进掉边掉角农户搬迁，搬迁107户407人。落实就业创业优惠政策，定期组织企业到易搬安置点开展就业专场招聘，带动9230名易搬群众实现就业，实现年人均增收2223元。四是加强示范引领。推进实施乡村振兴战略先进示范创建，健全完善创建考评激励实施细则，摩尼镇入选省级示范镇，合乐苗族乡方元村、水尾镇广木村、摩尼镇联盟村入选省级示范村。麻城镇寨和村、马岭镇龙盘村被评为四川省重点帮扶优秀村，摩尼镇联盟村、龙凤镇后安村、叙永镇金桂村入选四川省第二批乡村治理示范村。五是加快项目建设。投入涉农资金4.16亿元，实施项目392个，全面巩固脱贫攻坚成果，提高资金使用效益。六是促进劳务稳定增收。全县外出务工人数20.1万人，实现工资性收入38.4亿元。开发农村公益性就业岗位2653个，发放工资947.22万元。七是持续凝聚帮扶合力。开展“莲—叙”互访互助，投入帮扶资金3900万元，实施项目11个。健全定点帮扶联席机制，投入资金5016万元，实施项目5个，开展调研交流17次以上。

【“宜居新村”建设】 持续改善农村人居环境，推动农村垃圾、厕所、污水治理“三大革命”，全域推进宜居乡村建设，新改造农村户用卫生厕所1806个，改造农村土坯房583户，新（改）建农村公路120千米。投入6143万元，完成15个行政村共18个农村电网改造升级项目。开展“村庄清洁行动”，因地制宜拓展提高“三清一改”标准，引导群众养成良好卫生习惯和健康生活方式，美化提升村容村貌，道路垃圾、田间地头包装废弃物、河道垃圾、点位存量垃圾2655吨。围绕脱贫攻坚与乡村振兴衔接、人居环境、基础设施、公共服务、山水林田湖草治理、长效机制等标准，全年创建省级乡村振兴示范镇1个（摩尼镇）、省级乡村振兴示范村3个（广木村、联盟村、方元村），市级乡村振兴示范镇1个（叙永镇），市级乡村振兴示范村8个（分水镇分水村、赤水镇斜口村、江门镇双莲村、龙凤镇后安村、马岭镇清凉洞、叙永镇金桂村、石厢子彝族乡坡脚村、黄坭镇树坪村）。创建省级乡村治理示范村3个、四川名村1个。

【种植业】 粮油生产。按照“粮食面积只增不减”要求，开展防止基本农田非粮化、耕地抛荒专项整治，落实防止耕地“非粮化”稳定粮食生产重点任务清单。开展耕地撂荒基本情况调查，逐村逐户建立信息台账，制订撂荒地整治方案，明确连续2年撂荒耕地或将耕地改做鱼塘的，坚决停发耕地地力保护补贴。加强整治农村乱占耕地建房、违规开发占地等突出问题，坚决守住耕地保护红线。落实好耕地地力保护、种粮大户、稻谷补贴等惠农补贴政策，优化水稻、玉米、马铃薯等农业保险服务，提高农民种粮积极性。全年全县粮食作物播种面积111.5万亩，产量36.55万吨。

烤烟生产。全年烤烟种植面积3.4万亩，产量8.4万担，实现总产值1.16亿元，烟农户均收入达13.25万元；均价6.93元/千克，上等烟比例为59.94%。全县落实种烟乡（镇）9个、种烟村69个、种烟社207个、种烟农户1072户。

农业植物保护和植物检疫。加强农作物病虫害预测预警，及时发布农作物病虫害情信息8期，指导农民抓好病虫害防治，未发生较大面积病虫灾害。加强病虫害监测预警网络运行管理，以县级中心监测点为主体、重大病虫害监测预警，8个群众测报点为支撑、23个乡（镇）监测点为辅助，再通过关键时间的大面积普查掌握重大病虫害发生动态，及时发布病虫害信息，提出防治方案。全年共发布植保信息8期，大小春病虫害综合预报准确率达92.73%，其中小春预报准确率

92.78%、大春预报准确率92.69%。以绿色防控和专业化统防统治融合，通过示范带动，全年农作物重大病虫害发生面积144.68万亩次，实施防治面积151.68万亩次，挽回产量损失6.84万吨，病虫为害损失率2.11%。全县绿色防控覆盖率和统防统治覆盖率分别达41.6%、44.35%，农药废弃包装物回收率达31.25%。开展农药经营管理和农药科学安全使用技术宣传培训，共印发宣传资料2万份，悬挂宣传横幅32条，书写田坎标语300条，发送手机短信5000余条。开展农药科学安全使用培训，以农药经销商、农民专业合作社、家庭农场、种植大户为重点，开展培训28次，其中省级培训2次、县级集中培训4次（农资经销商专题培训）、其他培训22次，宣传普及农药科学安全使用知识。探索农药包装废弃物回收处置机制，结合全县实际，在全县建立农药包装废弃物回收点390个。开展“2021年叙永县植物检疫宣传月”活动，发送手机短信3500条，张贴和书写宣传标语100条，印发资料5000份，设立宣传点8个，制作宣传栏23块，出动宣传车5次，巡回宣传10次，现场咨询800人次，培训500人次；开展染疫水稻种子排查和稻水象甲处置及其他植物检疫性有害生物普查；规范产地和调运植物检疫签证，实施玉米、柑橘、李、桃等产地检疫22批次，面积1918.2亩；签发调运检疫证书19批次，其中玉米11批次、29 6501.5千克，马铃薯2批次、130 000千克，水稻1批次、120千克，火棘1批次、2000千克，李子4批次、81 050株。

【畜牧业】 采取加强生猪生产和监测预警、推进生猪标准化规模养殖等措施，全面促进生猪复产。持续实施生猪一体化项目，德康、巨星公司以寄养模式累计带动全县60个标准化规模育肥场投产运行，存栏商品猪8.2万头，德康、巨星公司等龙头企业出栏生猪20万头。年末生猪存栏44.23万头，出栏66.96万头；出栏牛（羊）7万头（只），出栏家禽200万只。

【动物疫病防控】 持续抓好以非洲猪瘟等为重点的重大动物疫病防控，全县共发放猪口蹄疫合成肽疫苗85.24万毫升、牛（羊）口蹄疫灭活苗15.36万毫升、高致病性禽流感（H5+H7）80.32万毫升、猪瘟活疫苗87.44万头份、小反刍兽疫疫苗1.58万头份，免疫生猪82.5万头、牛5.1万头、羊1.2万只、禽184万羽，实施圈舍消毒1140万平方米，免疫密度达95.1%，春、秋防免疫抗体合格率达80%以上。

兽医兽药管理。推进屠宰企业整合整改，加强屠宰企业监管，加快推进小型屠宰场点整合撤并、兼并重组，指导屠宰企业完成整改4家。督促指导生猪屠宰企业严格落实质量安全主体责任，完善肉品品质检验制度。做好兽药经营企业GSP认证，加强饲料兽药等投入品监管。做好新办兽药经营企业的GSP认证，申请认证兽药经营企业6家，验收合格5家。实施兽药质量监督抽检和市场整治，严厉打击饲料环节非法添加药物和违禁物质、销售假劣兽药等违法行为。加强饲料质量安全风险预警监测，以牛（羊）为重点开展养殖环节“瘦肉精”专项整治，累计排查10头上规模养牛场142个、牛2258头，20只以上规模养养场70个、羊3138只。做好乡村兽医备案，全县共备案乡村兽医136人。持续加强动物诊疗机构管理，加强日常监管，定期进行监督检查，指导诊疗机构规范诊疗场所，按要求进行设置分区，严格诊疗器械和药物管理，严格按要求处理医疗废弃物，完善相关台账。

畜牧品种改良。加强生猪人工授精改良，推广使用成都、宜宾等地公猪站良种精液，全县生猪人工授精网点已实现各乡（镇）全覆盖，实现生猪人工授精配种8万余窝，人工授精改良推广应用面达90%以上。加大牛改工作力度，继续实施肉牛良种补贴项目，根据项目方案组织实施，已完成牛人工授精改良配种2.35万头。

【林竹产业】 坚持“生态立县、产业强县”方针，按照“北竹南果中用材林下全覆盖”的产业布局，推进林竹特色产业高质量发展。全县有林业用地面积265.3万亩，森林面积264.52万亩，活立木总蓄积898万立方米，森林覆盖率达59.31%。叙永县是全省第一竹林大县，竹林面积达140万亩（其中浆用竹100万亩、笋用竹15万亩、笋材两用竹25万亩），年产竹材190万吨、鲜竹笋11万吨；有竹业加工企业98家、竹业专合社48家，全年竹业综合总产值实现79.88亿元。

【长江流域禁渔禁捕】 开展重点水域禁渔执法、水生野生动物保护、打击电鱼、清理取缔涉渔“三无”船舶和“绝户网”等专项执法整治行动。加强联合执法监管，推进渔政执法与公安、市场监管等部门间的协调合作机制以及渔政执法与刑事司法衔接机制。联合检察院、人民监督员共同开展增殖放流活动，保护渔业生态资源。加强渔政执法能力建设，健全禁渔执法监管体系，组建渔政协助巡护队伍，推广应用信息化手段，建立人防与技防并重、专管与群管结合的保护管理新格局，确保长江“十年禁渔”落地落实。全年共出动禁渔执法宣传车辆104辆次、执法人员526人次，发放宣传资料9900余份，没收并销毁非法放置网鱼工具25副，劝离违规垂钓人员120余人次，联合协助公安机关打击办理违法捕捞案件10起。全年共办理渔政执法案件5起、移送公安机关1起，处罚金1000元。抓好非洲猪瘟等重大动物疫病防控行政执法，已立案办理违规调运生猪案件67起，其中高速公路收费站挡获违法违规调运生猪案件23起、非洲猪瘟临时检查站查获违规调运生猪案件11起、乡（镇）移交违法违规调运生猪案件21起、公安系统移交违法违规调运生猪案件11起、群众举报属实的违法违规调运生猪案件1起。

【特色产业】 巩固提升赤水河河谷地区优势精品鲜食水果、高寒山区高山蔬菜、南部生猪（肉牛）种养循环、北部乡村旅游等四大产业带。依托省级财政现代农业发展工程川果、川菜项目，在赤水、石厢子和水潦等乡（镇）新建和改造柑橘基地1420亩；在摩尼、麻城、分水、赤水、枧槽等10个乡（镇）新建辣椒基地4000亩；在麻城、枧槽、摩尼等乡（镇）新建板蓝根基地950亩。依托泸州东牛牧场科技有限公司牵头实施肉牛全产业发展，在落卜镇三台村建设种草养牛循环经济示范园区。借助中电科帮扶，在江门高家村、白腊亮窗口村等实施种草养牛以及打造优质肉牛养殖示范基地，培育种养循环南面乡（镇）肉牛养殖产业带。泸州东牛牧场科技有限公司采用“小群体大规模”的发展模式和探索肉牛饲料工业化，带动发展10头以上适度规模母牛养殖户和年出栏50头以上育肥牛场等家庭农场经营主体120余个。四川丰岩牧野农业发展有限公司在枧槽乡九龙村打造的丰岩乌骨鸡种场已初见成效，存栏种鸡5000只，年出栏优质鸡苗50万只，同时公司与后山天元乌鸡专业合作社等牵头发展林下乌骨鸡生态养殖，助推产业增效和农民增收。

【绿色发展】 稳步推进粪污资源化利用整县项目，升级改造534个老旧养殖场（户）粪污处理利用设施，畜禽粪污综合利用率达92%，规模养殖场畜禽粪污处理设施装备配套率达100%。推进化肥农药减量增效行动，化肥农药使用量持续实现零增长，废旧农膜、粮经作物主产区农药包装物回收率持续提升；全县农作物秸秆综合利用率稳定在90%以上，测土配方施肥技术覆盖率达92%。依托化肥减量增效、退化耕地治理等项目，完成化肥减量增效示范区建设2万亩、退化耕地治理2万亩。因地施策，加强受污染耕地治理，促进耕地质量等级不断提升，全县农业生态环境及水生态环境持续向好。

【农业机械化】 新建、改造提灌站2座，新增农机总动力0.31万千瓦，主要农作物综合机械化水平达58.7%；推广各类农机具1182台（套），受益农户950户，补贴农户资金100.01万元。开展农机安全生产打非治违和变型拖拉机专项整治，全年未登记注册一辆变型拖拉机，彻底做到“增量为零，逐年递减”。全年办理农机执法案件1起，处罚金300元，已没收伪造、变造的拖拉机证书和牌照。

【农村基础设施建设】 实施农村道路畅通工程，加快构建内畅外联的镇村新路网，改善农村公路120千米。发展农村电子商务，加快推进2021年度全国电子商务进农村综合示范项目，新建乡（镇）综合运输服务站和村级物流节点3个。投入6143万元，完成15个行政村共18个农村电网改造升级项目。建设开通162个5G基站。全县所有乡（镇）、行政村农村宽带乡村工程实现100%覆盖。建设高标准农田4.35万亩（其中高效节水灌溉0.65万亩），新建村（组）道路62千米。

【农业科技服务与推广】 通过院坝会、入户指导、现场示范、“赶科技场”等形式，在春耕生产、关键农时季节、农户需求等环节开展各类实用技术培训120余场、6480余人次；开展入户技术服务指导3600余次，发放各类技术资料18 000余份；开展新技术试验示范推广11项，示范推广新品种8个，培育科技示范主体6名；建立试验示范基地3个、1000亩（江门辣椒试验示范基地、红岩坝水稻试验示范基地、龙凤水稻—高粱试验示范基地）。

【农产品质量安全监管】 开展“三品一标”认证，全县“三品一标”农产品保有量为19个，其中绿色食品2个。农业主要生产基地农作物病虫害绿色防控和专业化通防统治面积达30万亩以上，畜禽水产健康养殖率达到实际存栏数的60%以上。加强农产品质量追溯推广应用，已入驻农产品生产主体50家、农业投入品经营户10户。探索推广“合格证+追溯码”模式。落实追溯“四挂钩”要求，将绿色食品、有机农产品、地理标志农产品纳入追溯管理。

【农业综合行政执法】 全年共立案办理案件80件，结案79件，罚没款36万余元；办理12345市长热线及其他信访件共10件。做好普法和法治宣传教育，落实“谁执法谁普法”普法责任制，组织开展“法律八进”“送法下乡”“3·15”“农业行业安全生产大检查”“变型拖拉机专项整治”、脱贫攻坚入户走访帮扶等活动，与市、县相关部门以及各乡（镇）政府开展联合执法和普法宣传活动，全年共印发各种宣传资料50 000余份，培训种子经营户640人次，动物养殖、经营、屠宰等环节人员1000余人次。加强农资市场和饲料兽药监管，共出动执法车辆80车次、执法人员283余人次，检查农资经营门店210家次，发现并责令问题整改45个，验收合格兽药经营企业5家。

【贯彻落实惠农政策】 及时传达贯彻中央、省委“一号文件”精神，组织专题调研，制定宣传贯彻落实方案，并列入县、乡综合目标管理考核、层层落实。采取会议、宣传团、科技“三下乡”、报刊、广播、电视、印发宣传资料等多种形式，到乡村巡回宣传、指导和发放资料，做到惠农利民政策家喻户晓。全年发放耕地地力保护补贴6014.4万元，一次性种粮补贴1206.17万元，农机购置补贴120万元，各项惠民惠农财政补贴资金均按要求和发放程序通过“一卡通”平台发放，没有发放不及时、违反程序发放补贴资金的情况。按照《关于印发〈2021年叙永县30件民生实事实施方案〉的通知》（叙委办发〔2021〕4号）要求，分乡（镇）、村开展宣传和参保信息收集，并全力做好困难群体政府代缴城乡居民养老保险个人缴费，确保代缴政策落到实处，完成代缴24 663人，代缴完成率100%；落实代缴资金246.63万元，资金落实率100%。严格执行《泸州市人力资源和社会保障局泸州市财政局关于印发泸州市基本医疗保险实施细则》，农村居民基本医疗保险政策范围内住院费用报销比例高于76.8%。

【劳务开发与就业】 “川筑劳务”被推选为首批20个“川字号”特色劳务品牌，并斩获第三届全国创业就业服务展示交流活动“我最关注的劳务品牌”和“就业带动类劳务品牌”两块奖牌。推广运用农民工服务平台，实施农民工服务保障十大专项行动，全县农村劳动力转移就业达22.79万人，实现工资性收入62.92亿元。通过举办招聘会，为企业和求职者搭建供需平台，提供更多双向选择的机会，促进农村劳动力转移就业。

【主要领导人】 县委书记：廖俊；县人大常委会主任：周之平；县长：王一米；县政协主席：牟正权；分管农业副县长：彭羽。

叙永县编写组

古蔺县

【基本情况】 2021年，全县辖3个少数苗族乡17个镇3个街道39个社区（居民委员会）314个居民小组246个行政村（村民委员会）1871个村民小组，辖区面积3184平方千米。户籍登记户数22.4万户，户籍总人口88.03万人（其中乡村人口73.9万人、城镇人口14.13万人），户籍人口城镇化率16.05%；迁入人口1268人，迁出人口4889人。按户籍人口计算，人口密度为276人/平方千米。按户籍口径计算，人口出生率10.2‰，人口死亡率5.6‰，人口自然增长率4.6‰。建成水利工程8370处，水利工程实际供水13 966.7万立方米，有效灌溉面积2.7万公顷。有水库56座、水电站25个、机电井155眼、塘坝1321座。森林抚育面积0.27万公顷，木材产量2.68万立方米，退耕还林1.7万公顷。有自然保护区1个、面积138.5万亩，森林覆盖率达54.5%。有景区6个，其中国家4A级景区4个、国家2A级景区2个。

2021年，全县GDP200.3亿元，按可比价格计算，增长9%，比全国(8.1%)、全省(8.2%)、全市(8.5%)分别高0.9个、0.8个、0.5个百分点。分产业看，第一产业增加值34.6亿元，增长7.2%；第二产业增加值80.4亿元，增长8.7%；第三产业增加值85.3亿元，增长10.1%。一二三产业对经济的贡献率分别为4.8%、55.2%、40%，分别拉动经济增长1.4个、3.3个、4.3个百分点。三次产业结构比由上年的18.7∶38.2∶43.1调整为17.3∶40.1∶42.6。民营经济增加值107.6亿元，增长8.8%，占GDP的比重为53.7%，对GDP的贡献率为54%，拉动GDP增长4.7个百分点，其中第一产业民营经济增加值10.2亿元，增长6.7%；第二产业民营经济增加值52.6亿元，增长7.3%；第三产业民营经济增加值44.8亿元，增长11.1%。

全社会固定资产投资比上年增长11.4%，其中基建投资比上年增长10.5%，建安工程投资比上年增长11.9%，民间投资比上年增长10.9%，技改投资比上年增长17.4%。分产业看，第一产业投资比上年增长12.7%，占全社会固定资产投资的5.8%；第二产业投资比上年增长41.4%，占全社会固定资产投资的26%，其中工业投资比上年增长41.9%；第三产业投资比上年增长2.9%，占全社会固定资产投资的68.2%。社会消费品零售总额76.6亿元，增长18.1%。按单位所在地分，城镇市场实现零售额56.2亿元，增长18%；乡村市场实现零售额20.4亿元，增长18.3%。按消费形态分，商品零售额67亿元，增长16.7%；餐饮收入9.6亿元，增长28.3%。年末有限额以上商贸企业（单位）94家，实现消费品零售额33.6亿元，增长18.6%；限额以下企业（单位）实现消费品零售额43亿元，增长17%。地方一般公共预算收入完成20.2亿元，其中税收收入18亿元，增长46.5%。地方一般公共预算支出58.2亿元，增长6.2%，其中一般公共服务支出4.2亿元，下降10.6%；公共安全支出1.6亿元，下降9%；教育支出15.7亿元，增长12.8%；科学技术支出0.03亿元，增长39.5%；文化旅游体育与传媒支出0.3亿元，增长25.3%；社会保障和就业支出7.9亿元，增长10.7%；卫生健康支出3.2亿元，下降7.6%；城乡社区事务支出0.9亿元，下降24%。金融机构人民币各项存贷款余额428.7亿元，比年初增长12.5%，其中各项存款余额212亿元，比年初增长12.1%，其中住户存款余额146.4亿元，比年初增长13.9%；各项贷款余额216.7亿元，比年初增长12.9%，其中住户贷款余额77.5亿元，比年初增长23.6%。

公路总里程5953.6千米，其中国道114.5千米、省道201.8千米、县道1061.6千米、乡道14 281.9千米；等级公路（含高级、一级公路、二级公路、三级公路和四级公路）里程5892.3千米，高速公路里程67千米。有出租汽车115辆、客运班线车278辆。公路运输客运线路116条，其中跨省线路7条、跨市线路3条；行政村客运通达率100%。全年公路运输客运周转量11 835万人千米，下降8.5%；公路运输货运周转量58 013万吨千米，增长10.8%；公路运输总周转量59 197万吨千米，增长10.3%。全年水上运输货运量13.7万吨，下降65%；水上货运周转量2268万吨千米，下降51.6%。有邮政和快递营业网点29个，其中快递营业网点15处、邮政所14个；邮政业务总量比上年增长14.3%，其中订阅报纸累计521.6万份，订阅杂志累计12.6万份。

有学前教育学校141所，在校学生25 934人，专任教师889人；小学29所、小学教学点185个、九年一贯制小学部4个，在校学生69 424人，专任教师3537人；初级中学校31所、九年一贯制学校（初中部）4个、完全中学（初中部）1个，在校学生34 515人，专任教师2269人；高级中学校3所、完全中学(高中部)1个、附设高中班1个,在校学生13 997人,专任教师864人;中等职业学校2所,在校学生6505人,专任教师215人;特殊教育学校1所,在校学生99人,专任教师19人。有卫生机构(包含村卫生室)612个,其中医院13个、基层医疗卫生机构597个、专业公共卫生机构2个。在医院中,有综合医院9个、中医医院2个、专科医院2个;在基层医疗卫生机构中,有卫生院23个、社区卫生服务中心(站)3个、诊所(卫生所、医务室)40个、村卫生室531个;在专业公共卫生机构中,有疾病预防控制中心1个、妇幼保健院1个。有卫生技术人员3024人,其中执业(助理)医师1053人、注册护士1368人;医疗机构实有病床位2951张。全年城乡最低生活保障68.7万人次,其中农村居民最低生活保障65.2万人次。城乡居民养老保险参保人数30.9万人。

【年度农业和农村经济运行】 2021年,全县农林牧渔业实现总产值62.1亿元,增长8.1%,其中农业产值32.2亿元、林业产值3.5亿元、牧业产值25.1亿元、渔业产值0.25亿元、农林牧渔专业及辅助性活动产值1.1亿元。农林牧渔业实现增加值35.3亿元,增长7.3%,其中农林牧渔专业及辅助性活动增加值0.68亿元,增长14.7%。全年农村居民人均可支配收入达17 152元,增长11.6%,其中工资性收入6696元,增长7.4%;经营净收入6558元,增长12.2%;财产净收入(成本法)191元,增长15.5%;转移净收入3706元,增长18.5%。农村居民年人均生活消费支出达13 311元,增长13.4%,其中人均食品烟酒支出5616元,增长13.6%。农村居民恩格尔系数42.2%。年末农用机械总动力达28.7万千瓦,农用化肥施用量(折纯)1.3万吨。有农民合作社1746家、家庭农场1010家、重点农业龙头企业42家、农业技术服务机构29个。县文化馆推行错时延时免费开放服务200余场,服务群众1万人次;古蔺县红军长征四渡赤水博物馆全年共举办社会教育活动11场,受教群众及学生1840余人次。

【种植业】 全县粮食作物播种面积7.44万公顷,增长0.4%。分季节看,大春粮食作物播种面积6.59万公顷,增长0.5%,其中谷物播种面积5.69万公顷、豆类播种面积0.38万公顷、薯类播种面积0.52万公顷;小春粮食播种面积0.84万公顷,下降0.28%,其中小麦播种面积0.03万公顷、豆类播种面积0.07万公顷、薯类播种面积0.74万公顷。粮食总产量35.7万吨,增长2%,分季节看大春粮食产量32.8万吨,增长2.1%,其中谷物产量29.9万吨、豆类产量0.7万吨、薯类产量2.2万吨;小春粮食产量2.9万吨,增长0.1%,其中小麦产量0.07万吨、豆类产量0.1万吨、薯类(马铃薯)产量2.7万吨。

【畜牧业】 全县生猪出栏63万头,增长12.7%,其中能繁殖母猪存栏4.8万头,增长25.6%;生猪存栏42.4万头,增长12.5%。牛出栏3.8万头,存栏8.5万头;羊出栏14.8万只,存栏10.1万只;家禽出栏115.8万只。全年肉类总产量5.6万吨,其中猪肉产量4.7万吨。禽蛋产量0.7万吨。

【应急管理】 全年共发生各类生产安全事故16起,受伤人数4人,死亡人数16人;发生火灾事故252起,死亡人数2人。全年受灾人口9.6万人,紧急安置人口0.8万人,因灾死亡2人;农作物受灾面积850.7公顷,绝收面积1803.7公顷;倒塌房屋92间,严重损坏房屋647间、一般损坏房屋2442间,造成直接经济损失59 293万元。

【广电建设】 完成彰德街道、龙山镇、二郎镇广播电视运行维护网点提档升级,实现3个网点建设标准化,提升广播电视运行维护效率。实施轿子顶无线发射台站基础设施改造维护工程,开展台站周边环境治理,完善防水、防火、防盗设施,新增监控设备1套,实现轿子顶基站信号发射接收设备状态远程监控。升级应急广播平台系统,对原有应急广播平台系统进行升级扩容,保障已建成1200余套应急广播终端运行顺畅,及时通过应急广播向广大群众发布疫情防控、森林防灭火、灾害预警信息。依托城区广播电视运行维护中心和26个乡(镇、街道)运行维护网点,常态化开展运行维护工作,确保全县3362个自然村广播电视正常运行。全年共出动运维人员800余人次,维修广播电视终端224套、电视"户户通"接收设备600余套。实施广电管家服务,落实"广电管家"35名,拜访用户3898户。

【主要领导人】 县委书记:任晓波;县人大常委会主任:刘松梅;县长:赵源华;县政协主席:罗波;分管农业副县长:谢刚。

古蔺县编写组

德阳市

【基本情况】 2021年,全市辖4乡67镇13个街道,辖区面积5911平方千米。

【种养殖业】 全市农林牧渔业增加值295.2亿元,按可比价格计算,比上年增长7.3%。粮食作物播种面积、单产、总产实现"三增",其中粮食作物播种面积469.1万亩,比上年增长0.7%;粮食单产425.2千克/亩,增长0.8%;粮食总产量199.4万吨,增长1.6%。全年油料总产量28.1万吨，增长7.5%；蔬菜及食用菌总产量254.6万吨，增长3.1%。生猪出栏270.4万头，增长14.1%；生猪存栏163.4万头，增长6.6%。猪肉产量19.6万吨，增长17.1%。

【扶贫攻坚】 全市始终把中江县作为主战场，创新出台《综合支持中江县巩固拓展巩固成果同乡村振兴有效衔接的实施意见》，保持中江的帮扶政策和力度总体不变。2021年，全市共到位中央、省财政衔接资金3.16亿元，中江县已到位的中央、省衔接资金达到1.76亿元，占全市55%以上。全市上归集的市级财政巩固衔接资金主要用于中江县，市级帮扶力量主要倾斜中江县。同时，争取省乡村振兴局支持，确定德阳市乡村振兴重点帮扶村65个，其中中江县就占33个。在资金投入上，设立德阳市巩固拓展脱贫攻坚成果同乡村振兴有效衔接专项资金，明确市、县两级资金投入不得低于本级上年度地方一般公共预算收入总额的1%。在过渡期内支持中江县的政策和力度保持总体不变。2021年，市级统筹归集的11 279万元主要用于支持中江县。鼓励非公有制企业参与结对帮扶，做深“万企兴万村”活动，充分发挥社会团体在人居环境治理、弱势群体关爱、移风易俗等方面的作用。继续发挥四川扶贫基金会德阳市分会作用，引导社会各界参与巩固拓展脱贫攻坚成果、推进乡村全面振兴。

对口帮扶。自新一轮对口帮扶工作启动以来，全市选派165名干部人才到6个受扶县，助推当地实现巩固拓展脱贫攻坚成果同乡村振兴有效衔接，已完成新一轮对口帮扶规划编制。

【乡村旅游】 坚持规划引领，制订实施《乡村旅游产业发展方案》，重点抓好9项重点任务，并联合交通、农业农村等部门整合利用政策、资金完善乡村旅游基础设施和配套设施。扩大乡村旅游影响，全面调研摸底乡村旅游现状，推进涉改镇村地缘相邻、优势互补的文旅资源整合，重点实施景区服务提升行动，打造推出古蜀文化、三线记忆、熊猫公园、非遗文博、冰雪温泉等9条乡村旅游精品线路。

【农村生态建设及环境保护】 全市生态环境整体状况为良，市区全年优良天数302天，优良率82.7%，同比上升2.1个百分点。全市地表水环境质量总体良好，14个国、省考断面优良水质断面占比为92.9%。县级以上城市集中式饮用水水源水质全部达标。全市以持续改善生态环境质量为目标，以环境监管执法和监测能力提升为抓手，打好大气、水、土壤污染防治攻坚战，加快推进第二轮中央生态环境保护督察反馈问题整改和区域突出生态环境问题整改，强化生态环境安全风险防控。市14个国、省考断面优良水质断面占比为92.9%，Ⅳ类水质占比为7.1%，9条主要河流中，水质优、良好、轻度污染的河流占总河流数的百分比分别为33.3%、55.6%和11.1%，无中度污染及重度污染水质河流，与2020年相比，水质优的河流占比上升19%，水质轻度污染的河流占比下降3%。在第二轮中央生态环境保护督察中收到的299件信访件已办结272件，办结率91%。整改中央督察组下沉督察发现的13项问题，已整改完成5项，其余8项有序进行整改。针对中央督察组反馈意见涉及德阳市12项问题，已编制完成整改任务清单，并严格按照“清单制+责任制+销号制”的要求推进整改。

【文旅品牌创建】 广汉市创建为天府旅游名县、省级全域旅游示范区，三星堆博物馆文创馆入选四川省第二批文创集市，绵竹市孝德镇年画村入选首批“天府旅游名村”；旌阳区东湖街道高槐村、德新镇五星村，什邡市雍城街道箭台村入选省级乡村旅游重点村，绵竹市孝德镇被评定为省级乡村旅游重点镇，绵竹年画·布艺系列、三星堆·盲盒系列入选首批“天府旅游名品”。对绵竹年画村、九龙山—麓棠山景区、金色清平景区等A级景区进行提档升级；指导绵竹市建成剑南春“天益老号”酿酒工业遗址省级工业旅游示范基地。

【文化队伍建设】 建立全市景区（景点）经营管理类人才、文物保护类人才、艺术和非遗类人才等类型人才库，选拔推荐市本级文化旅游专家55人，建立专业技术人员职称评审专家名录73人，申报2021年德阳“英才计划”——德阳文化卓越人才项目4名，申报2021年省突出贡献乡村文化和旅游能人1人、乡村文化和旅游能人16人（其中实用技能方面1人、文艺创作方面3人、活动组织方面2人、传承保护方面8人、市场经营方面2人）。

【文旅安全监管】 按照国、省、市安委会统一部署，抓好三年行动，集中攻坚年各项重点任务，开展消防安全、特种设备、食品安全、旅游包车安全和森林草原防灭火等专项整治，组织召开2021年文化广电旅游行业安全暨安全风险形势研判会议，会议介绍了2021年度文化广电旅游行业安全工作要点，通报了2021年度行业安全风险形势研判。做好元旦、春节、清明、五一、中秋、国庆等假日安全工作，提前安排部署，采取“局领导指导县（区）、科室联系行业、专人包片场所”的工作方式，成立6个专项督导组开展综合督导检查，确保各项措施到位、责任到人。特别针对“三星堆”热度开展的五一节前暗访督导，发现四大类问题共37项，制作小视频并在市电视电话会议上进行了通报，提高了文旅行业假日期间服务质量及疫情防控、规范经营、安全生产能力。

【公共文化服务体系建设】 坚持“政府主导、社会参与、重心下移、共建共享”，推进省级现代公共文化服务体系示范县创建，县级文化馆、图书馆总分馆制，基层综合性文化服务中心和公共文化机构法人治理改革等重点领域改革，推动基本公共文化服务标准化、均等化；坚持“补齐短板、融合共享、全域覆盖”，推动旅游公共服务转型升级，全市全年投入专项资金1110万元。截至2021年年底，全市建成图书馆7个(一级馆2个)、文化馆7个(一级馆6个)、乡(镇、街道)综合文化站113个、村(社区)综合文化活动室1186个,基层文化基础设施覆盖率达100%,构建市、县、乡、村四级公共文化服务网络。全市19座文旅厕所已全部完工,其中新建完工12座、改建完工7座。绵竹市获评“中国民间文化艺术之乡”,绵竹市、什邡市、旌阳区孝泉镇、广汉市向阳镇、中江县仓山镇被命名为2021—2023年度“四川省民间文化艺术之乡”,截至2021年年底,全市共有国家级“民间文化艺术之乡”1个、省级“民间文化艺术之乡”5个。市图书馆全年到馆读者达41 021人次,24小时自助书屋流通11 780册次,年度借阅人次2991人;完成全年采购计划,共计采购图书2825册,新书和回溯建库合计上架2786册。市图书馆正式开通成德眉资四市公共图书馆纸质图书通借通还服务,完善社保卡“一卡通”图书馆应用项目,实现公共图书馆社保卡免注册免押金服务落地,全年办理“一卡通”借书证668人,书刊文献外借达到11 210人次,外借书刊文献25 010册。市文化馆利用现有馆舍开展免费开放活动,全年共服务2.5万余人次;春、秋季错时延时免费开放文艺培训及2021年未成年人暑期公益培训,开设古筝、舞蹈、书法、声乐及表演等文艺培训班12个,培训人次达3000余人次;馆办团队超过30个,成员1200余人,德阳市文化馆获评“四川省全民艺术普及示范基地”。

【群众文化活动】 举办“信仰的力量”——庆祝中国共产党成立100周年川渝“阅读之星”诵读大赛(德阳赛区)展演暨德阳市“学党史、走进红色景区”机关党员干部读书会启动仪式、“中秋月—德阳情”2021德阳市“万人赏月诵中秋”等系列活动。继续开展公益“文化列车”“我们的节日”系列品牌活动,坚持开展日常免费培训及错时延时培训及借阅,不断加强馆办文艺团队管理与辅导。开展文化惠民活动384场、文化惠民流动车服务24场。自1月1日起,街头艺人正式持证上街表演,已演出100余场次,惠及群众30 000余人次。举办中国旅游日四川省分会场、2021“德阳戏剧季·欢乐有你”、民族歌剧《同心结》优秀唱段汇报音乐会、川渝“阅读之星”诵读大赛、芭蕾舞剧《闪闪红星》专场演出、“激情夏夜·魅力德阳”等10余项特色文化活动。廉洁川剧《草鞋县令》获评第十七届中国戏剧节“优秀剧目”,《同心结》获评第四届中国歌剧节“优秀剧目”。原创川剧小戏《英雄魂》获得四川省第十八届戏剧小品(小戏)比赛三等奖。

【广电建设】 加强安全播出保障,完成元旦、春节、全国两会、全省两会、庆祝中国共产党成立100周年等重要保障期广播电视安全播出工作,未发生播出事故。指导制作和征集新闻、专题、纪录片、短视频、微电影、网络剧等各类题材作品300余件,25件作品获得省级优秀奖、提名奖。市广播电视台广播剧《曙光》入选建党百年全省广播电视展播节目推荐节目。加快智慧广电建设,中江县获得2021年全省智慧广电示范区建设扶持资金300万元。继续推动旌阳、中江全省智慧广电示范区创建。完成德阳广播电视台频道落地德阳移动IPTV、地面数字电视700兆赫频率迁移工作。

【主要领导人】 市委书记:靳磊;市人大常委会主任:卢也;市长:何礼;市政协主席:张万平;分管农业副市长:卿伟。

德阳市编写组

旌 阳 区

【基本情况】 2021年,全区辖7镇6个街道,辖区面积648平方千米,其中耕地面积41.63万亩,比上年(下同)下降2.3%,人均耕地面积0.59亩;基本农田29.55万亩。年末总人口70.36万人(户籍人口),增长0.4%;人口出生率5.89‰,减少1.5个千分点;人口自然增长率2.04‰,增加3.1个千分点。全区耕地有效灌面和保证灌面分别达到耕地总面积的77%和73%;本地水资源总量3.41亿立方米,人均占有水资源量411.5立方米。有林业用地7350公顷,有林地面积7270公顷,活立木总蓄积量63.57万立方米,森林覆盖率13.4%。

2021年,全区GDP817.1亿元,增长8.8%。农业总产值71.29亿元,增长8.1%,农、林、牧、渔及农林牧渔服务业之比为49%∶1.6%∶38.6%∶4.9%∶5.9%;其中第一产业增加值42.19亿元,增长7.3%;第二产业增加值375.34亿元,增长9.2%,辖区内规模以上工业总产业同比增长18.8%;第三产业增加值399.57亿元,增长8.6%。三次产业对经济增长的贡献率分别为4.84%、47.66%和47.49%。劳务输出11.61万人,收入29.13亿元。全年接待游客546.47万人,实现旅游收入53.8亿元,其中乡村旅游收入32.28亿元。

公路通车里程1227.948千米(其中乡村公路1010.324千米),密度189.5米/平方千米、17.45千米/万人。社会消费品零售总额278.76亿元,增长17.6%。地方公共财政预算总收入完成26.05亿元,增长11.5%;公共财政预算总支出44.28亿元,增长10.6%,其中农业投入4.39亿元,占支出的9.9%。金融机构各项存款余额1305.39亿元,同比增长9.1%;各项贷款余额981.93亿元,同比增长14.4%,其中涉农贷款余额145.56亿元。全年农业保费收入1107万元,增长10%;处理各项赔款和给付金额826万元,增长

44.66%。农业产业化龙头企业省级、市级分别为8家、56家。

有各类学校92所，在校学生60 175人，教职工3531人，其中普通高校2所，在校本（专）科学生3328人；普通中学13所，在校学生13 698人；小学25所，在校学生26 760人；学龄儿童入学率106.5%，提高1.1个百分点。完成省级以上科技成果1项，1项科技成果获得省级及以上科技进步奖。有艺术表演团体28个，文化馆1个，公共图书馆1个。有卫生机构16个，病床位3600余张，卫生技术人员1809人。新型农村合作医疗参合人数321 616人，参合率100.82%；城乡居民基本医疗保险参保人数13.54万人，参保率98%。

【年度农业和农村经济运行】 2021年，全区实现农业总产值71.29亿元，增长8.1%；全区全年第一产业增加值达42.19亿元，增长7.3%。农村居民年人均可支配收入达24 395元，增长10.3%。在粮食、生猪、蔬菜生产中，科技投入的占比或科技贡献率56.1%。省级农产品质量安全例行监测合格率高于98%（含）；建成10个基层农业综合服务站（主要农产品产量见表1所列）。

【农业产业化发展】 培育农业产业化经营重点龙头企业，市级及以上农业产业化经营重点龙头企业达64家，其中省级8家；有规模以上农产品加工企业13家。有农民专业合作经济组织612个，其中省级及以上示范社19个。有家庭农场31家。通过土地股份合作社、新型经营主体带动等多种方式实现规模经营，全年规模土地流转面积19.16万亩，占全区耕地总面积的52%。龙头企业、专合组织、农村经纪人和农业生产大户带动农户11.6万户。

【农用地产权制度改革】 开展农村集体产权制度改革“回头看”，完成村、组两级成员身份再确认，界定成员资格46.7万人；69个村、32个村民小组依法建立农村集体经济组织，量化经营性资产3800万元。发放村级组织登记证书108张、股权证2.1万本。持续推进农村土地制度改革，出台《旌阳区农村土地流转资格审查和项目审核办法》《旌阳区农村土地流转风险防范制度》，全区共流转土地19.16万亩，占承包地的52%。旌阳服务中心累计成交土地经营权387宗，实现土地流转7.9万亩，成交金额5.6亿元。加强土地信息化监管，对41.4万块农业用地等进行数字建模、编码，实现承包地可视化实时监控。深化承包地“三权分置”，通过成立土地股份合作社，组织村民交地入股，实现土地集中流转，45个改革村共2.6万户农户，8.86万亩土地加入土地股份合作社。严格落实宅基地审批程序和全过程监管，69个行政村均落实1名宅基地协管员，定期开展日常动态巡查。推进宅基地“三权分置”改革试点。开展闲置废弃宅基地和农村闲置住宅清理，全区有闲置废弃宅基地199宗，涉及3.4万平方米；“一户多宅”334宗，涉及5.8万平方米。

【农产品品牌战略实施】 打造“旌耘”区域性公用品牌，实施“区域品牌+企业品牌”双品牌战略，出台《德阳市旌阳区“旌耘”区域性公共品牌管理办法》，通过展示展销、农业培训等多种活动鼓励号召区域内优质农产品生产企业、农业专业合作社、生产商、销售商等申请使用“旌耘”牌，提升品牌影响力。开展“三品一标”认证，全区“三品一标”农产品达99个。打造旌阳区乡村振兴区域品牌“都市田园大美旌阳”，召开品牌发布会，发布乡村振兴主题Logo、乡村振兴文化符号、乡村振兴吉祥物。开展“春雷行动2021知识产权护航子行动”，全面打击侵犯商标、专利专用权和恶意抢注商标行为。开展全国名特优新农产品申报认证，“旌阳枣”被农业农村部农产品质量安全

表1　2021年旌阳区主要农产品产量

主要农产品	单位	产量	同比增减(%)
粮食	万吨	23.7900	1.73
水稻	万吨	14.6000	1.28
小麦	万吨	5.9200	1.29
玉米	万吨	2.0100	3.34
马铃薯	万吨	0.4500	0
油菜籽	万吨	3.0100	0.04
蔬菜	万吨	40.4900	0.22
水果	万吨	3.0400	75.70
肉类	万吨	5.7726	9.12
猪肉	万吨	2.5418	19.90
牛肉	万吨	0.0959	0.03
羊肉	万吨	0.0168	3.76
禽肉	万吨	2.8147	1.85
兔肉	万吨	0.2804	2.60
禽蛋	万吨	2.3691	−1.53
水产品	万吨	1.5564	1.60
牛奶	万吨	0.5237	11.00

中心认定为“全国名特优新农品”。

【现代农业园区建设】 全区抓住现代农业园区建设这个“三农”工作“牛鼻子”，推动产业在园区集中、改革在园区集成、项目在园区落地。全年创建旌阳区粮油现代农业园区为四川省四星级现代农业园区，创建旌阳区红光印象果蔬现代农业园区和旌阳区蔬菜现代农业园区为市级现代农业园区，评定旌阳区旌秀桂花智慧粮油现代农业园区为区级现代农业园区。累计建成区级以上现代农业园区7个，其中省四星级园区1个、市级园区2个、区级园区4个，步形成递进培育、逐级晋升的现代农业园区发展体系。

【种植业】 全区粮食作物播种面积52.36万亩，总产量23.79万吨；油料作物播种面积17.63万亩，总产量3.61万吨；蔬菜种植面积18.24万亩，总产量40.49万吨；瓜果播种面积0.55万亩，总产量1.29万吨。建立油菜绿色高质高效示范片12万亩，开展主要粮油作物社会化服务53万亩。开展玉米、小麦、高粱、油菜品种（系）204个（次），推广优质米线专用水稻14万亩，推广“稻香杯”获奖优质稻8万亩、优质专用小麦10万亩、优质专用玉米1.5万亩，推广水稻机械化插秧15万亩、水稻强化栽培技术1万亩，推广玉米地膜覆盖栽培1.5万亩，推广水稻直播技术2万亩，推广小麦机播15万亩。培育种粮大户499户、面积21.7万亩。全年发布病虫害情报12期，全年病虫害预测预报准确率达95%；综合防治病虫草鼠害367.18万亩次；开展绿色防控37.8万亩，覆盖率47.15%；开展统防统治91万亩次，覆盖率44.07%；病虫害损失率控制在4%以内。在孝泉镇新建1500亩钢葱产业种植基地、1000亩青菜加工产业种植基地，在柏隆镇新建600亩青菜加工产业种植基地。

【畜牧业】 全区生猪出栏34.4万头，同比增长16.74%；小家禽出栏1982.14万羽，同比减少4.08%；牛出栏7504头，同比减少0.21%；羊出栏11 350只，同比增长3.37%；兔出栏224.83万只，同比增长3.63%；禽蛋产量23 691吨，同比减少1.53%。在全省率先探索实施能繁母猪成本保险，提振了养猪户的补栏信心。加速实施天合畜牧、民生公司、旌牧农业等生猪养殖项目，新增生猪产能11.64万头。加快推进非畜牧大县畜禽粪污资源化利用整县推进项目建设进度，加强养殖场资源化利用技术指导，全区畜禽粪污综合利用率达97.31%。及时办理办结第二轮中央环保督察入驻期间畜禽养殖类群众投诉案件6件。成立旌阳区遗传资源普查工作组，推进第三次全国畜禽和蜂种质资源普查。

【水产业】 全年完成水产品产量15 564吨，较上年同期增加246吨，同比增长1.61%。实现渔业产值32 635万元，比上年增长4.72%。在抓好大宗水产品种养殖的同时，支持“名、特、优、新”品种及新技术的引进及推广，加大水产品结构调整力度，鲈鱼、鮰鱼、黄颡鱼、武昌鱼、大鲵等“名、特、优、新”水产品占比逐步提高，丰富了市民“菜篮子”。加强鱼用饲料、鱼药等投入品的质量监管，严厉打击使用违禁渔药，推进无公害水产品认证、无公害水产品健康基地认定和农业农村部水产健康养殖示范场创建，全区有农业农村部水产健康养殖示范场5家，健康养殖基地面积逐年提高。成立旌阳区遗传资源普查工作组，推进第一次全国水产种质资源普查。

【乡村振兴】 全区严格落实“五级书记抓乡村振兴”要求，抓好粮食安全、不发生规模性返贫、耕地保护三件大事，构建“总体规划+专项规划+村庄规划+品牌规划”体系，划分4个镇级片区和14个村级单元，构建“一体两翼、三区三环、N村实践”全域发展格局。实施“三变”改革、“五社”实践，促进集体经济壮大和农民增收致富，全年实现总收入3290余万元、集体经济净收益858万元。创建省级乡村振兴示范村4个，市级乡村振兴先进镇1个、示范村5个，全区创建为市级乡村振兴先进县。开展“美好乡村”创建，累计创建“美好乡村”66个、“最美人员”73个、“幸福家庭”17 088个。

【扶贫开发】 采取“产业园+龙头企业+家庭农场+脱贫户”的发展模式，推进现代农业园区建设，白河村扶贫产业示范园实现销售额30余万元。全区实现脱贫劳动力外出务工4865人，享受岗位补贴624人，发放公益性岗位补贴264.08万元。采取“互联网+”模式，举办线上招聘会3场，发布用工信息50期，提供就业岗位1.43万个。严格落实“控辍保学”和教育助学政策，全区义务教育阶段适龄儿童无一人辍学失学，为8422名学生发放助学资金1182.14万元。投资672万元，完成16个学校维修改造，全面改善乡村办学条件。落实医疗保障政策，调整优化脱贫户医保参保和报销比例，参保率达100%，代缴城乡居民基本和补充医保个人缴费部分239.65万元；实施医疗救助4223人次，发放救助资金397.76万余元；卫生基金救助2660人次，发放救助资金171.36万元。常态化开展供水厂（站）日常监督检查，完成300个水样的采集和检测，水质达标率100%。开展农村低保专项治理巩固提升行动，为农村低保4203人、特困供养1087人发放资金2128.67万元，实施农村临时救助1037人次、134.32万元。鼓励脱贫户利用扶贫小额信贷发展产业，及时将监测对象纳入贴息范围，实现授信农户应贷尽贷。全年新增扶贫小额信贷13笔、40.5万元，财政贴息134户、48.61万元。全区共有监测对象69户、140人，未出现“漏测失帮”，未发生规模性返贫。统筹使用2021年中央和省、市、区级财政专项乡村振兴衔接资金6307.8万元，其中区级衔接资金3200万元，较上年增长5%。规范实施衔接资金项目68个，实行乡村振兴相关项目、资金、政策等“三盯、四公开”，严把项目质量关、规范推进关，资金安排率、执行率及拨付率均达100%，项目实际完成任务量达到绩效目标。

【乡村旅游】 完成旌韵高槐田园综合体项目建设，通过举办大地露营节等活动提升当地旅游综合消费。完善"和海"时尚田园综合体一期工程配套项目，完成二期"德阳之星"、极地岩洞提档升级等项目并投入使用；有序推进红光印象田园综合体青青部落、小酒馆、濡沫名宿、亲子集群等子项目建设。安排创建资金2400万元、配套项目资金8000万元，推进孝泉大孝故里景区4A级景区创建，提升德孝文化品牌，提高游览体验。完善中国香山·寿香谷、旌韵高槐、凯江大回湾等景区（景点）配套服务设施。开展全区文化旅游体育业务人员培训50余人次，提高旅游发展思维水平与管理能力。申报、核准、拨付市级文化旅游产业融合发展扶持奖励资金8万元。抓好行业监管，检查指导旅游企业40余家次。完成文旅资源普查，组织各镇（街道）完成8个主类600余个旅游资源普查。制作旅游手绘地图，打造旌东生态康养旅游环线、休闲品质旅游环线。东湖街道高槐村被评为省级重点旅游乡村，德新镇五星村被评为省级重点旅游乡村。全年接待游客546.47万人，实现旅游收入53.8亿元，其中乡村旅游收入32.28亿元。

【农村水利】 以夯实民生工程为基础，补充建设水利短板项目，完成水利投资2.64亿元，重点实施绵远河旌阳区黄许下段、中段防洪治理工程项目、沱江干流德阳南北段防洪治理工程（北段堤防）项目、四川省德阳市石亭江（旌阳区）防洪治理工程项目、2020年暴雨洪灾损毁水利工程灾后重建工程项目、德阳市旌阳区孝泉镇天元街道射水河防洪治理工程等26个水利项目，累计新建堤防、护岸8.65千米，整治加固堤防23.65千米，修复水毁堤防3.59千米，河道疏浚16.06千米，整治渠道11.65千米，维修养护渠道18.36千米，整治山坪塘28座，整治石河堰5座，整治新建蓄水池3口，治理水土流失面积5平方千米。实施30口"百口当家堰"小型水源工程建设，协调保障农村生活、生产、生态用水。健全完善农村饮水安全责任体系，落实38处农村集中供水工程"三个责任人""三项制度"；有序推进农村集中供水工程规范化管理达标评价，完成14个站的管理规范化建设并通过省级市级达标评价；落实资金对11处集中供水站进行维修养护，按季度开展集中供水工程水质检测。科学调水管水，全面保障农业生产用水需求，足额征收农业水费，实现全区25.5万亩水稻满栽满插。编制《德阳市旌阳区大中型水利水电工程移民"十四五"规划（2021—2025年）》；加快推进华强沟水库安置工作，完成水库蓄水阶段移民安置验收；做好移民后期扶持及信访稳定工作，全年接访移民14批、116人次，均已按信访程序办理答复。

【农业机械化】 全年农机总投资金额3097.9万元，其中中央农机购置补贴资金913.3万元，农户自筹2184.6万元，补贴比例为29.48%，共305户农户受益，共补贴农机具473台。发放农机报废补贴3万元，共4户农户受益，共补贴农机具5台。主要农作物耕种收综合机械化水平为82.3%。组织检修各类农机具5500台。全区完成提水保灌面积20万亩，农机合作社作业面积25.39万亩，主要农作物耕种收综合机械化水平为82.3%，全区农机化总动力达36.8万千瓦。

【农村教育】 建立党员教师"双培养"数据库，开展"全国教书育人楷模""最美教师"等荣誉称号评选推荐工作。整合农村教育资源，新中学校、和新思源学校、通江学校3所学校初中部停招初一年级，六年级毕业学生集中到德阳七中东湖校区就读；柏隆初中采用整体并入孝泉中学的方式，撤销柏隆初中。推进涪江路幼儿园等城郊结合部幼儿园建设；加快德阳市旌阳区涪江路小学校、四川美丰寿丰实验学校等农村学校改（扩）建工程，提升学校办学条件。推进"国家级信息化教学实验区"建设工作。推广与"好未来"合作开展的"双师课堂"教学。完善编制岗位核定，适当增加农村学校编制，加大农村教师补充力度，严格将农村学校空编率控制在5%以内。招聘新入职教职工108名，分配到农村58名，占比53.7%。深化"区管校用"改革，落实中小学校长教师交流轮岗制度，逐步增加"区管校用"直管教师编制，鼓励城区优秀干部教师自愿到农村学校交流轮岗，选派农村优秀青年教师到城市学校顶岗交流学习。提高农村教师待遇，完成全区1256名乡（镇）工作教职工乡（镇）工作补贴312.3万元。健全残疾儿童少年教育工作机制，农村义务教育阶段残疾儿童少年实现100%教育安置。加强21所"乡村留守儿童之家"建设管理，打造中央彩票资金资助的乡村学校少年宫11所和地方自筹资金建设的乡村学校少年宫17所。落实"2112"教育富民工程。

【农村科技】 全区科技特派团重点突出特色粮油示范，依托省农业科学院水稻高粱研究所，建立科技示范基地4个，示范推广新品种20余个、新技术2项，示范面积1000余亩；实施科研项目7项，转化重大科技成果4项；开展水稻及油菜新品种新技术示范集中培训5次、技术咨询服务20余次，解决重大生产问题3个；培训农业经理人、种植大户等200余人次，编写培训资料2套；培育杂交水稻新品种5个通过审定，登记油菜品种1个，获植物新品种权授权1项。举办农村先进适用技术培训班80余期，培训人数4000余人次；编发农村适用技术资料10余类，发放8000余份；引进新品种20余个，集成示范新技术20余项，转化新成果10余项，辐射带动农户500余户，增收300余万元。区农业农村局被德阳市科技局评为"2021年全市农村科技特派员先进单位"。区农业农村局与市科技局共建"四川科技兴村在线"德阳市运管中心，制定"五个3"工作机制开展科技服务。市平台全年收到在线信息咨询1700余条，审核信息1500余条；全市入库信息员800余人，入库专家200余人，开展科技特派团乡村行活动及技术培训10场次，培训人数400余人次，现场回访率达5%、电话回访率达15%。逐步构建起覆盖农村、服务农业的新型科技服务体系，发挥了农业科技在乡村振兴中的作用。

【农村文化】 投入资金60万元，建设镇（街道）综合文化站，提档配套服务品质。全区7个镇、4个街道综合文化站均实施免费开放制度和错时开放制度，平均每周开放时间达42小时。全区12个综合文化站、69个行政村文化活动室继续实施“公共WiFi”项目。加强数字公共文化服务，基本完成公共文化（旅游）数字服务平台搭建。建设完成旌韵高槐、金螺湾两个城市书房，有效解决公共阅读服务“最后一公里”。开展“三下乡、四进社区”送文化下乡惠民活动，举办喜迎建党100周年重大群众文化活动、歌咏大赛等活动，开展基层文艺演出共45场。组织参加“中秋月·德阳情”万人赏月诵中秋活动，到镇（街道）养老院进行慰问演出。举办旌阳区“开卷红色经典　传承红色基因”公益图书巡展暨“爱心图书送基层”捐赠活动，向扬嘉力恒小学、东泰小学捐赠价值1万元的图书。举办文化惠民群众性公益培训活动10场。举办旌阳文化大讲坛“旅游景区文化建设”专题讲座2场。举办舞蹈、声乐、非遗、摄影等讲座12场，累计受益1200余人。开设初级芭蕾、民族民间舞、声乐、国画、书法等12个培训班；举办线上线下活动、讲座、展览、培训共计115场次，受众人群8万余人次。申报文化和旅游厅“四个一批”优秀品牌（“阅享悦读”）、优秀站点（孝泉镇综合文化站），孝泉镇被授予“四川省民间文化艺术之乡”“四川省十大魅力乡镇”称号。省级非物质文化遗产“德阳潮扇”获得2021年中国特色旅游商品大赛金奖。

【农村卫生】 全年辖区内应建立预防接种证人数5119人，已建立预防接种证人数5119人，建证率100%。免疫规划疫苗接种率持续保持90%以上。辖区内常住居民数768 000人，建档人数720 377人，健康档案建档率93.8%；建立电子健康档案人数720 377人，电子健康档案建档率93.8%。0～6岁儿童健康管理率95.76%；早孕建册率87.97%，产妇产后访视率94.19%；老年人健康管理率47.17%；高血压患者规范管理率75.99%；2型糖尿病患者规范管理率76.89%；严重精神障碍患者规范管理率94.58%；肺结核患者管理率100%；老年人中医药健康管理率44.94%，0 ～36个月儿童中医药健康管理服务率84.41%；传染病疫情报告率100%。建档立卡脱贫人口县域内救治2346人次，报销卫生扶贫基金84.33万元。建档立卡脱贫人口县域外住院救治328人次，报销卫生扶贫基金84.33万元。全年先诊疗后付费1384人次，一站式结算服务5503人次。大病定点医院专项救治，组织专家科学制订诊疗方案，严格分级诊疗和开展分类实治行动，全区全年大病入院病例110人，累计救治136人次，救治好转率99.26%，医疗总费用59万元，自付5万元，自付比8.6%。

【农村法治建设】 落实村（社区）“两委”班子成员集中学法制度，持续实施“法律明白人”培育工程，培养“乡村法律明白人”2000余人。吸纳村（社区）法律顾问、人民调解员、退休干部、普法志愿者等，打造群众身边的普法宣传队伍71个，开展民法典专题讲座和集中法治宣传100余场次。开展矛盾纠纷化解“百日攻坚”专项活动，做到矛盾纠纷“应调尽调”，受理率达100%，调解成功率达95%以上。建立镇、村人民调解委员会共计76个，确保化解矛盾纠纷的及时性、便利性。全年农村开展矛盾纠纷排查246次，排查发现矛盾纠纷106件，预防纠纷72件，共调解472件人民调解案件，调解成功463件，调解成功率98%，其中主动申请调解案件62件，依申请调解案件410件。受理民事援助案件197件，其中涉及农民工援助案件168件，包括工伤赔偿6件、讨薪155件、劳务纠纷3件、健康权纠纷2件、人身损害赔偿2件，为农民工挽回利益损失180余万元。受理各类来电来访咨询共计1600人次。不断完善公共法律服务三级平台建设，共建立区公共法律服务中心1个、公共法律服务工作站共计11个、村（社区）公共法律服务工作室共计145个，实现公共法律服务体系平台建设全覆盖。开展2021年行政权力清单动态调整，审核镇（街道）动态调整行政权力事项209项。全面推广行政处罚“三张清单”制度，全区共梳理出从轻处罚事项1423项，减轻处罚事项1256项，不予处罚事项1492项。组织全区行政执法人员参加网上理论培训和测试并举办了行政执法实务专题培训和行政执法人员资格认证考试，促进了全区行政执法队伍整体素质和业务能力的再提升。

【农村交通】 全区公路总里程达1227.948千米，其中农村公路1010.324千米（县道207.25千米、乡道241.88千米、村道561.2千米），路网面积189.5千米/百平方千米。全区仅1个镇（和新镇）未通三级及以上公路，所有行政村均通四级及以上公路。全区“十二路一桥”完成建设88千米，完成投资3.6亿元，其中罗新路、孝新路等9个项目全面完工，古什路等4个项目加快建设。建成东湖—新中最美乡村路、高槐—桂花产业路、德孝路乡村振兴产业路等旅游路25千米。完成省定民生工程3.6千米、市定民生工程15.4千米目标任务。项目建设过程中，严格开展质量、安全、环保、农民工工资支付监督等检查80余次。完成撤并建制村畅通工程7.5千米建设。实现“金通工程”“四统一”，即统一乡村客运车身外观、驾驶员工牌工装、乡村客运标识、监管投诉平台等，进一步提升全区农村客运服务水平。

【涉农招商引资】 全区有3000万元以上的农业招商引资重大项目1个，与上年持平；项目总投资3亿元，比上年减少35.48%。协议资金3亿元，增长35.48%。

【农村社会保障】 全年城乡居民基本养老保险参保人数13.54万人，年征收保险费2280.73万元（个人缴纳），财政补贴7277.92万元（基础养老金补贴6951.88万元，个人缴费补贴326.04万元）；领取待遇人数5.27万人，年支出养老待遇7766.92万元；全区社会保险扶贫代缴城乡居民基本养老保险费工作完成率达100%。全区城乡居民基本医疗保险参保321 616人，完成目标任务数的100.82%，基金收入2.99亿元。9.45万特殊群体参保率达100%。城乡居民医保人均财政补助标准增加30元，人均不低于580元/年。降低未成年人及在校学生住院起付线。落实城乡居民“两病”待遇，增加“两病”认定机构和认定医师，简化认定流程、提高待遇保障，全年“两病”认定2万人次。全年城乡居民门诊统筹待遇保障51.21万人次944.86万元，住院报销29 815人次6909.39万元。推进落实四川省医疗保障服务纳入网格化服务管理试点工作，全年上传动态信息6765条。精简业务窗口，实施“一窗通办”，将20个高频医保服务事项纳入“无差别综合窗口”。全年全区开通医保电子凭证达15万余人。全区符合条件的脱贫人口100%参保。全年享受医疗救助待遇4279人次415.93万元。全区农村特困供养1087人比上年减少2.95%，全年累计发放农村特困供养金732.29万元。全年农村低保标准为430元，全区农村低保2707户、4203人比上年减少32.24%，全年累计发放农村低保金1396.39万元。

【农村生态建设及环境保护】 贯彻落实《长江保护法》，深化河（湖）长制工作。全区创建为“国家水土保持示范工程”和“黄土河省级水利风景区”，有效推进全区水生态环境发展。完成51个生产建设项目水土保持扰动图斑外业复核、4次水利行业安全生产大检查、26处水利工程建设安全隐患整治；依托河湖“清四乱”行动开展涉水领域“扫黑除恶”专项斗争，开展河道巡查230余次。区财政每年下达专项补助资金约900万元用于维持全区农村生活垃圾日常转运。农村收转运处置体系覆盖率达100%，行政村生活垃圾有效治理率达100%。开展“厕所革命”整村推进项目，在5个镇3个街道共19个村实施完成无害化卫生厕所改造3359户。在全区江、河、人民渠沿岸200米范围内对589户农村户用厕所和1座乡村公厕进行无害化改造，农民满意度达到90%以上。自2021年1月1日零时起，在“一江两湖七河”等长江流域重点水域实施十年禁捕，发放禁捕通告5000余份、禁捕宣传资料5000余份，开展禁捕联合执法10余次，暂扣不听劝阻游钓者钓具近300根，查处非法捕捞案件5起。行政村农村生活污水治理率达76.71%。建设双东镇金锣桥村和八佛村两个聚居点“千村示范工程”，解决87户共299人生活污水处理难题。

【农产品质量安全监管】 全区建立镇（街道）网格10个、村级网格69个，明确监管员20个、协管员69个；建立10个镇级检测室、10村级速测点，年定量检测700个以上；查办农产品质量安全案件6起。以标准化生产、追溯化管理、品牌化发展三大抓手，提升产品质量。启动数字农业建设，探索用数字技术提升农业质效、保障“舌尖上的安全”。开发应用“神农天眼”智慧监管小程序和“神农口袋”智慧监管APP，整合农业投入品监管、病虫害防治、屠宰监管等版块，实现生产经营主体、农业投入品主体、畜禽屠宰主体在线监管。开发应用“旌阳链”，推动优质农业企业和农产品上链，用溯源二维码串联并建立真实的农产品生产全过程电子档案，消费者通过扫描二维码可直达田间地头，有效保障“舌尖上的安全”。

【农村市场体系建设】 全区累计实现网络零售额13.8亿元，同比增长30.8%，在全市占比为32.7%；实现农产品网络零售额5654万元；辖区企业全年累计直播921场次，直播带货销售额20 339.5万元；累计实现跨境电商交易额1975.8万美元。旌晶食品等本土农产品生产经营企业入驻“德阳淘宝馆”进行线上销售，年销售额超过100万元。德阳阿斯牛牛春天实业有限公司、德阳金商客农产品电子商务有限公司获评“2021年度德阳市数字商务企业”。持续开展电商培训，举办直播电商培训班、直播培训营活动、电商技能培训班等，累计培训300余人次。德阳万达科技创业孵化园获批中国（德阳）跨境电子商务综合试验区企业孵化园、2021年度省级跨境电商示范基地（园区）。全年开行国际班列突破100列，涉及线路11条，辐射俄罗斯、波兰、荷兰、德国、匈牙利等国家。加快蔬菜批发市场建设，完成12个城区农贸市场改造，完善“15分钟便民生活圈”。7家企业获得首届“德阳老字号”称号，7个代表店获得“省级天府名菜及代表店”称号，12个代表店获得“市级天府名菜及代表店”称号。全区创建为全省服务业强区、全省川派餐饮创新发展先行区。恒大专业市场获批市级服务业聚集区。争取省级商务发展促进资金1200万元，德阳蔬菜批发市场建成待迁，5G智慧产业园建成开园，光控AICITY未来城、特斯联新零售、文悦酒店和天韵阳光温泉度假休闲文化娱乐商业综合体等项目加快建设。全年为辖区企业（单位）、项目争取资金补助超过3300万元。全区农村金融综合服务站达119个。分别命名双东镇等6个镇和高槐村等51个村（社区）为德阳市旌阳区2021年信用村（社区）、信用镇。

【数字农业】 加快建设数字农业“全区域资源管理图、全过程服务物联网、全周期产业区块链”，初步形成“一图、一网、一链”旌阳数字农业体系。开发应用旌阳区数字三农管理平台及系统，全区42.9万亩耕地等涉农数据实时上图，有效促进“三件大事”落实和粮食安全，有效提升农业精细管理水平和质效。

【农村留守家庭(儿童、学生)帮扶】 不断提高“童伴之家”活动阵地的风险防控能力,坚决遏制安全事故的发生。依托各类青少年主题活动,全年共开展安全教育主题共计40余场,覆盖农村留守儿童约380人次。推出“关爱直通车”“旌青时光”“麦田梦想家”“助力乡村学校少年宫建设”等公益项目,开展公益服务活动30余场,服务农村留守儿童300余人。继续实施“童伴计划”,开展自护教育、思想引领、技能培训、心理辅导等各类特色活动250余场,服务留守儿童3000余人次。开展“暖冬慰问”系列活动,累计为396名留守(困难)学生(儿童)送去慰问金14.45万元、慰问物资价值5900元。动员社会多方主体力量,通过联合旌阳区青年志愿者协会招募青年志愿者、社会爱心人士等方式,吸引更多社会力量共同参与到农村留守儿童关爱工作中,全年共吸纳80余名青年志愿者、10名社会爱心人士参与。

【劳务开发与返乡创业】 通过“四川省公共就业创业服务管理系统”和“德阳公共招聘网”实现市、区、镇(街道)、村(社区)四级的就业信息共享。组织“春风行动”“民营企业招聘周”“送岗位、送政策下乡”和“就业帮扶”等各类线上线下招聘会52场,推出“旌阳就业,职等你来”直播带岗、小视频探岗等活动,发布“就业超市”岗位信息52期,累计提供就业岗位4万余个。根据企业和求职者的双向需求,量身定制培训计划,提升就业能力,全年共1458人参加项目制培训和创业培训。对5777人次通过自主参加技能培训并取得职业资格证书的劳动者及时兑现职业技能提升补贴。组织8171人次参加培训,发放职业培训补贴995.89万元。农村劳动者通过有组织或“一带一”的方式,累计实现转移就业11.61万人,实现农村劳动力转移就业收入29.13亿元。补充创业担保贷款风险基金至500万元,可放大贷款5000万元。优化创业担保流程,“快审快贷”方式获评全省工作妙招。为112名返乡农民工发放创业类补贴96.3万元。为178名农民工推荐创业担保贷款2845万元。搭建创业平台,借助“德阳冶轴文创园”“德阳科技创新创业孵化园”2家创业孵化基地平台优势,优先吸纳农民工进驻园区,共引入102家创业项目入驻基地,提供就业岗位300余个。收集优质项目,推荐四川“纤多多”食品有限公司“泽川五月蜜家庭农场”等27家优质创业项目参加四川省第三届“天府杯”创业大赛,为区内优秀创业项目提供展示平台。借助“蜀中行”“创梦天府”“飞创+”等大型活动,邀请省级专家实地指导高槐山地越野车、乡村咖啡等10余家创业项目。

【特色农副产品】 旌阳中稻。旌阳中稻种植历史悠久,其生育期适中,产量不低于一般水稻。旌阳中稻为圆粒型、颗粒大,精米率高,米粒光滑、润泽、垩白粒多,适合加工优质米粉,并且多年来价格稳定,每千克的市场价格比杂交稻高出0.5元左右,农户每亩增收200～300元,企业通过加工销售,每年实现利润1000万元以上,旌阳区通过“企业+基地+服务体系”模式,发展旌阳中稻米订单生产。全区旌阳中稻“桂朝品种”种植面积超过16万亩,占全区水稻种植面积的62.5%,其中稻米订单面积达12.5万亩,实现了企业和种植户双赢的目标。全区种植旌阳中稻的种粮大户及平坝区域水稻种植农户达到97%以上。

【主要领导人】 区委书记:陈天航;区人大常委会主任:梁仕全;区长:谢斌;区政协主席:谢坤;分管农业副区长:陈然。

旌阳区编写组

罗 江 区

【基本情况】 2021年,全区辖7个镇,辖区面积448平方千米。

【高标准农田建设】 2011—2021年,全区累计投入资金5亿元,已建成“田成方、路成网、渠相连、旱能浇、涝能排”的高标准农田22.9万亩,主要农作物耕、种、收机械化综合水平达70%以上,促进了粮食的适度规模生产,亩均粮食生产能力提高约100千克,带动农民人均增收380元左右,实现了“粮田”到“良田”的转变。

【统筹城乡发展】 实施城市基础设施提升工程,加快补齐城市短板,城南等7个污水处理厂、黑牛湾备用水源地、景乐广场、3个邮票公园建成投用,完成麓峰小区、京湖公寓等4个老旧小区改造,新(改)建城市供排水管网43.8千米、农村供水管网400千米。强化交通基础设施建设,德罗干道主线路基工程基本完工,完成国道108线改造大修,新建乡村振兴旅游路、产业路和撤并建制村畅通路25千米,拆除重建危桥2座。水利灌排、防汛设施不断完善,完成绵远河罗江段、凯江石龙段等防洪治理工程3个,治理河道23千米,完成6条骨干渠系改(扩)建、整治32.5千米。全区国土空间总体规划编制工作基本完成,全域启动镇村规划编制工作。金山镇、白马关镇进入“省级百强中心镇”候选名单,乡村治理“罗江经验”入选第三批全国乡村治理典型案例并全国推广。

【农村生态建设及环境保护】 以迎接第二轮中央环保督察为契机,推进污染防治攻坚,全面完成中央环保督察和长江经济带反馈问题整改工作。截至11月底,全区空气质量优良天数达295天,比上年同期增加10天,优良率达88.2%。落实河（湖）长制，编制完成主要河流水量分配方案和地下水资源限采规划，推进“一江八河”水系治理，绵远河、凯江流域断面水质突破性达到Ⅱ类标准。推行“林长制”“田长制”，开展受污染耕地安全利用工作，严控面源污染，畜禽粪污资源利用化率达96.1%，秸秆综合利用率达93.95%。

【农村社会保障】 全面完成十件民生实事，新增城镇就业2450人，城镇登记失业率控制在4%以内；城乡居民人均可支配收入分别增长9.5%、11%以上。养老保险覆盖率稳步提升，按时足额发放养老待遇6.45亿元。提高城乡低保、特困人员、残疾人、低收入家庭等困难群体保障水平，发放各类救助、补贴4277万元。推进教育优质均衡发展，第三幼儿园建成投用，德阳农科院、四川工科院新区建成招生。启动“健康促进区”创建，完成4个敬老院适老化改造和6个日间照料中心改（扩）建，残疾人“量体裁衣”式服务工作持续深化，通过全国卫生城市复审。启动“筑梦童行”儿童关爱项目，创建10个省级儿童之家示范点，市儿童福利院建成投用。退役军人安置满意率达100%，安置效率、质量均走在全省前列。

【公共文化服务体系建设】 完成区图书馆、文化馆网络服务平台与四川省一体化政务服务平台对接，建成文化馆分馆8个、图书馆分馆5个，优化布局基层公共文化服务网络。争取省级“资源服务宝”器材项目，区文化馆建设打造1个分级分布式数字文化资源库对外展示视频窗口，拓宽数字文化服务应用场景，服务群众上万余人次。图书馆实行错时、延时开放，每周开放时间不低于56个小时，全年共接待读者近5000人次，其中图书外借3000余人次，流通书刊8000余册。区文化馆排练厅、培训教室常年对外免费开放，全年共接待3000余人次。举办青少年暑期免费开放文化推广活动，吸引300余名青少年报名参加，免费服务超过2000人次。投入53万余元，新增2套全民健身路径、水上项目训练码头、救护艇，新建五人制足球场4个并投入使用；组织开展全区社会体育指导员培训3期，培训合格三级社会体育指导员150余人；组织参加省、市一级、二级社会体育指导员培训22人次。实行区全民健身中心免费或低收费开放，15万元经费按进度拨付到位。开展城区内晨练健身站点健身指导15次，辅导健身人数700余人次。加强广播电视监听监看和“村村响”“户户通”维护。加强广告审查，特别是医疗和药品广告，开展虚假违法广告专项行动，共审查广告11次。全年新安装直播卫星和地面数字电视39户，维修广播“村村响”终端设备102台，更换喇叭88只，维修喇叭334只。全年广播电视节目安全有序播出。

【主要领导人】 区委书记：刘会英；区人大常委会主任：白光裕；区长：邹远骏；区政协主席：张胜虎；分管农业副区长：屈志新。

罗江区编写组

广 汉 市

【基本情况】 2021年，全市辖9镇3个街道，辖区面积548.25平方千米，其中耕地面积42.5万亩，比上年减少3.14%，人均耕地面积0.71亩；基本农田33.36万亩。年末总人口59.6万人（户籍人口），减少0.2%；人口出生率5.7‰，减少1.3个千分点；人口自然增长率-0.3‰，增加3.05个千分点。全市耕地有效灌面和保证灌面分别达到耕地总面积的100%和100%；本地水资源总量1.52亿立方米，人均占有水资源量655.4立方米。有林业用地0.333万公顷，有林地面积0.14万公顷，活立木总蓄积量7.6万立方米，森林覆盖率14.25%。

2021年，全市GDP480.2亿元，增长8.4%，其中第一产业增加值41.1亿元，增长7.3%，农、林、牧、渔及农林牧渔服务业之比为62.7：0.4：26.4：4.6：5.9；第二产业增加值247.4亿元，增长7.9%；第三产业增加值191.7亿元，增长9.2%。三次产业对经济增长的贡献率分别为8.6%、51.5%和39.9%。劳务输出（省外）1.27万人，收入7.68亿元。全年接待游客1053.72万人次，实现旅游总收入101.98亿元，其中乡村旅游收入71.39亿元。

公路通车里程1384.551千米（其中乡村公路1229.253千米），密度252 000米/平方千米、22 100千米/万人。社会消费品零售总额226.8亿元，增长17.4%。一般公共预算收入完成28.13亿元，增长22.67%；一般公共预算支出42.19亿元，增长3.98%，其中农业投入56 653万元，占支出的13.43%。金融机构（本外币）各项存款余额650.69亿元，比上年初增长6.45%；各项贷款余额434.38亿元，比年初增长12.66%，其中涉农贷款余额246.27亿元。全年农业保费收入1052.61万元，增长74.84%；处理各项赔款和给付金额574.01万元，减少34.95%。完成农业产业化项目14个，完成投资12 067.3万元。农业产业化龙头企业国家级、省级、市级分别为1家、6家、50家。

有各类学校116所，在校学生61 893人，教职工5645人，其中普通高校3所，在校本（专）科学生57 896人，增长3.6%；普通中学25所，在校学生17 968人；小学32所，在校学生28 720人；学龄儿童入学率100%，继续保持学龄儿童入学率

100%。5项科技成果获得省级及以上科技进步奖。有文化馆1个，公共图书馆1个，博物馆1个。有卫生机构406个，病床位4377张，卫生技术人员4259人。城乡居民基本医疗保险参保人数42.86万人，参保率98%。

【年度农业和农村经济运行】 2021年，全市出台了《广汉市农村公益事业财政奖补项目资金管理办法》《广汉市财政巩固拓展脱贫攻坚成果同乡村振兴有效衔接专项资金管理办法》《广汉市乡镇行政区划和村级建制调整改革"后半篇"文章"1+2+3"方案》《广汉市2021年稻谷目标价格补贴实施方案》《广汉市2021年耕地地力保护补贴实施方案》《广汉市2021年出栏生猪补贴实施方案》《广汉市2021—2023年农业机械购置补贴政策实施方案》《广汉市农村土地经营权流转管理办法》《广汉市加快村集体经济高质量发展若干措施》《广汉市农村土地流转资格审查和项目审核办法》《广汉市农村土地流转风险防范制度》《关于农村承包地管理的通知》共11项规划、政策。实现农业总产值69.3亿元，增长8.1%；全市全年农业增加值达41.1亿元，增长7.3%。农民年人均可支配收入达24 305元，增长10.4%。在粮食、生猪、蔬菜生产中，科技投入的占比或科技贡献率63.5%。全市农产品质量抽检合格率比年初提高0.2个百分点；建成11个基层农业综合服务站（主要农产品产量见表1所列）。全年争取上级资金23 072.8万元，其中中央项目资金11 005.5万元、中央补贴资金7839.94万元、省级资金3671.36万元、市级资金556万元。

【农业产业化发展】 全市各类新型农业经营主体达1841家，其中家庭农场及规模户1280家、专合社561家。培育新型职业农民3297人，认定572人。全市农业社会化服务组织达415家，从业人员3500人，年服务小农户10万余户、规模户460余户，年服务面积30万亩，年营业收入3.8亿元。有龙头企业57家，按认定级别划分，国家级1家、省级6家、德阳市级50家；按产业类别划分，粮油加工类10家、肉食品加工类11家、果蔬及调味品加工类8家、畜禽饲料加工类4家、纺织类4家、种植业生产类10家、养殖业生产类3家、社会化服务类3家、休闲农业类2家、其他类2家。全市龙头企业资产总额67.46亿元，增长12.15%，其中固定资产净值13.39亿元，增长3.01%；当年新增固定资产投资1.61亿元，增长4.76%；实现营业总收入121.12亿元，增长13.74%；上缴税金2.57亿元，增长23.82%；实现利润总额5.39亿元，减少21.03%；带动农户数（含异地带动）13.59万户，农户从龙头企业获得的收入总额6.09亿元，其中农民从业人员的工资福利总额2.01亿元。全市农民专业合作社达561个，成员户数达21 440户，带动农户134 300户，实现销售总收入121 334万元，盈利余额达11 539万元。合作社按从事行业划分：从事种植业的有325户，占总社数的57.93%；从事畜牧业的有80个，占总社数的14.26%；从事林业的有20个，占总社数的3.57%；从事渔业的有21个，占总社数的3.74%；从事服务业的有115个，占总社数的20.5%。按经营服务内容划分："产加销"一体化服务的有445个，占总社数的79.32%；生产服务为主的有59个，占总社数的10.52%；运销服务为主的有45个，占总社数的8.02%；加工服务为主的有12个，占总社数的2.14%。从内部管理与经营建设情况看：理事会成员一般有3～7人，监事会成员一般有3～5人；统一销售农产品达80%以上的社有370个，占总社数的65.95%；统一购买比例达80%以上的社有375个，占总社数的66.84%；拥有商标注册

表1　2021年广汉市主要农产品产量

主要农产品	单位	产量	同比增减(%)
粮食	万吨	31.78	1.30
水稻	万吨	20.41	1.60
小麦	万吨	9.79	0.50
玉米	万吨	0.64	5.10
马铃薯	万吨	0.60	0
油菜籽	万吨	3.02	1.07
蔬菜	万吨	53.34	4.90
水果	万吨	4.25	4.30
肉类	万吨	4.10	8.70
猪肉	万吨	1.60	19.80
牛肉	万吨	0.17	3.70
羊肉	万吨	0.01	5.20
禽肉	万吨	1.85	2.20
兔肉	万吨	0.47	4.10
禽蛋	万吨	1.51	-1.60
水产品	万吨	1.44	4.90
牛奶	万吨	0.20	12.40

的社有18个，占总社数的3.21%；通过农产品质量认证合作社有29个，占总社数的5.17%。

【农用地产权制度改革】 推行土地所有权、承包权、经营权“三权分置”改革，做好农村承包地确权登记颁证，已颁发土地承包经营权证11.75万本。夯实“三权分置”基础，出台一系列财政扶持奖励政策，加大基础设施投入，在涉农项目、种子、肥料、农药和服务方面向规模种植户倾斜，促进新型农业经营主体快速发展，推动土地快速流转。截至2021年年底，全市土地流转总面积17.33万亩，占家庭承包耕地总面积的49.2%，其中30亩以上规模流转面积达15.79万亩，占土地流转总面积的91.1%。为规模经营的业主颁发《农村土地经营权证》25本，涉及流转面积10 189亩。

【新型集体经济组织】 广汉市分别于2019年11月和2020年6月完成乡（镇）区划和村级建制调整改革（以下简称“两项改革”），“两项改革”后有涉农镇（街道）11个、村（社区）101个（其中村62个、农业社区14个、统征村合并或直接转为社区的有25个），镇、村减幅分别达35%和45%。全市共成立村级集体经济组织77个（含61个行政村、14个农业社区，三星堆镇合并后的楠林村、欢喜村分别成立2个村集体经济组织），其中完全合并融合数量73个，无新账合并旧账分开的类型，均分别建立成员（代表）大会、理事会、监事会的“三会”运行机制。全市村、组两级集体经济组织在2021年年底共清理核实资产5.06亿元（经营性资产1.62亿元、非经营性资产3.44亿元）、资源性资产65.7万亩。

【供销合作社改革】 引进人才，加强基层供销社队伍建设，广泛吸纳各类专业人才加入基层供销社。拓宽基层供销社负责人选任渠道，鼓励村“两委”负责人、农民合作社负责人、农村能人等入社参选。加强农民职业技术培训，全年集中培训238人。

加大资金投入，推进基层供销社建设。争取2020年、2021年省级供销社综合改革及发展专项资金41.5万元，其中32.5万元用于“三位一体”基层供销社建设，已建成三水镇友谊村供销社、连山镇锦花村供销社、高坪白里社区供销社；其余9万元用于建设基层示范社，已建成锦花稻香、聚合、金和3家供销合作社示范社。

纵向延伸，完善农村综合服务社建设。弥补“两项改革”后农村综合服务短板，推进基层供销社经营服务网点向村组延伸下沉，在建制村全面建成功能完备的农村综合服务社，在撤并村建设便捷服务站点，为村民提供农资和日用消费品供应、代收代发代办等多样化服务，已建成3个星级综合服务社。

提升服务，带动乡村产业发展。开展土地托管服务，发展适度规模经营，带动小农生产。利用供销合作社农村流通服务网络，加强农产品加工、预冷设施和市场配套建设。鼓励共建优质农产品生产示范基地、农产品加工企业、农村电子商务运营网络，打造特色农产品品牌，发展休闲观光农业、乡村旅游等产业，推动一二三产业融合发展。

【农产品品牌战略实施】 全市有效期内“三品一标”农产品总数达155个，其中绿色食品4个、有机食品12个、农产品地理标志农产品2个、无公害农产品137个。

【现代农业园区建设】 国家粮油园区被纳入四川省第一批省级科技示范园区创建，新建市、县级现代农业园区各1个。全市累计建成国家级现代农业产业园1个、德阳市级现代农业产业园3个、县级现代农业产业园2个。

【种植业】 全年农作物总播种面积104.99万亩，油菜总产量3.02万吨。稻、麦、油良种覆盖率100%，新技术覆盖率100%。粮食作物播种面积65.87万亩，粮食总产量31.77万吨，其中水稻34.6万亩，平均单产590千克；小麦26.05万亩，平均单产376千克，稻、麦单产水平全省领先。全年核实并兑付耕地地力保护补贴、稻谷目标价格补贴、种粮大户补贴、种粮农民一次性补贴合计8663.73万元。全面落实各级粮食奖励政策，调动农民种粮积极性，落实耕地地力保护补贴面积309 049.73亩，兑付资金5351.2万元；落实种粮大户补贴420户，种植面积11.5万亩，兑付种粮大户补贴1020万元。

【林业】 开展森林资源管理，推行林长制，实施天然林保护工程、退耕还林森林抚育等项目，完成全年森林资源“双增长”目标任务。开展“3·12”植树节、“世界湿地日”“爱鸟周”系列宣传活动，严格保护森林、野生动植物和湿地资源。

【畜牧业】 全市有畜禽规模养殖场769个，其中生猪规模养殖场292个、肉牛规模养殖场129个、肉羊规模养殖场8个、家禽规模养殖场286个、肉兔规模养殖场51个。全年生猪存栏13.21万头，其中能繁母猪在栏1.14万头；生猪出栏22.14万头，增长17.16%；猪肉产量1.6万吨，增长19.76%。全年肉牛出栏1.22万头，增长1.56%；肉羊出栏0.73万只，增长6.28%；家禽出栏1144.27万只，减少3.62%。西南禽苗市场是德阳市唯一一家专业的禽苗交易市场，同时也是西南地区最大的禽苗交易市场，以鸡、鸭、鹅雏苗交易为主，拥有固定交易客户480余户，带动孵抱育雏发展730余户，约有9600余人从事相关工作，辐射重庆、云南、西藏等20个省（区、市），年交易量高达1.5亿羽，产值达5亿元。

优化品种结构化，建立长白、大约克、杜洛克等瘦肉型良种生猪养殖场。推广生猪、肉牛人工授精技术，缩短畜禽饲养周期，提升产能。发展生态循环经济，养殖基地与农产品基地结合推广“畜禽+沼液+蔬菜（粮食）、林下养殖”等模式，实现粪污资源化利用。

发展资源化利用，打造绿色养殖模式。引导养殖户与种植户开展“一对一”“一对多”“多对一”等形式的结对合作，鼓励养殖场（户）与种植户签订《种养结合粪污消纳协议》。加强治理，全年治理畜禽养殖场131家，全市规模养殖场粪污处理设施设备配备率达100%，均具备集中收集并处理养殖粪污的能力，初步形成资源化利用基础。引导和支持规模种植户在田间建设与周边消纳土地面积相匹配的沼渣沼液贮存罐（池）和沼液输送管道，保证养殖肥水能有效施用到农田、不外排，共建设智能水肥灌溉系统34处、沼液存储罐88座，铺设田间管网230千米，辐射农田8万余亩。

【水产业】 全年水产品产量达14 441吨，增加679吨，增长4.9%；实现产值32 336.11万元，增加3036.384万元，增长10.4%。全市水产养殖面积达805公顷，与上年持平；稻田养殖面积达2134公顷。加强水产养殖尾水治理，实施长江经济带农业面源污染治理第二批项目建设，建成投产全省规模最大、数量最多的漂浮式流水槽7条。加强水产品质量安全宣传、检查和抽样送检，严把质量关。推进稻田综合种养项目和智慧渔业项目建设。加强安全生产和生产环境整治。

加强渔政管理，与全国、全省同步开展首次长江流域十年禁捕活动。一是健全禁捕管理体系，先后印发禁捕通告、垂钓管理办法、禁捕考核办法，成立禁捕工作领导小组、工作专班，制订禁捕实施方案并建立长效管理机制，将禁捕工作纳入政府目标考核和河长制考核。完善工作方法，制定禁捕联合执法、行刑衔接、定期会商机制和禁捕工作突发事件应急预案。做好非法野生鱼品种鉴定、价值评估和生态修复意见。规范水生野生动物及其制品的经营行为，严格办理经营利用许可证初审和年审。二是加大宣传教育，增强保护意识。全市共计检查餐饮企业1140余家；对辖区内野生鱼销售等相关广告进行监测，检查广告219条次；制作宣传短片3部、大型单立柱广告牌2个、高速路口LED显示屏2块、禁捕宣传横幅82条、永久性宣传通告牌16块、永久性宣传标语42面，配备宣传车1辆；印制《广汉市人民政府关于全市长江流域重点水域实施全面禁捕的通告》5000份、禁捕宣传单12 000份、巡护员工作手册200本、禁捕文件汇编200本并分发各成员单位。定期编印禁捕工作简报并上报市委、市政府，已更新12期。在广汉海立方亲子乐园开展水生野生动物保护科普宣传月活动，印发宣传资料2000份，制作宣传展板4块、横幅1幅，宣传厅轮流播放水生野生动物保护形象大使宣传视频。

【乡村振兴】 6月4日，广汉市乡村振兴局正式挂牌。

整治农村人居环境。投入1010万元，改造完成5880户无害化卫生厕所。建成省、市、乡村振兴先进镇3个，示范村15个，“美丽四川·宜居乡村”达标村50个，“干净整洁院落”70个。

开展“村庄清洁行动”。制订《广汉市村庄清洁行动专项方案》，细化《院落卫生管理制度》《干净整洁院落指导标准》，以“三清两改一提升”为原则，持续开展农村环境卫生大整治、大扫除活动，清理各类垃圾、杂物，清除存量垃圾，清扫保洁乡村院落和农村道路，治理农村环境卫生乱象，保证农村环境干净、整洁、有序。

开展“干净院落”专项整治行动。从11月底起至2022年春节，联合市乡村振兴局、团市委、市妇联对全市农村院落、居室、厨房、厕所、个人卫生开展专项整治行动，并评选2个镇、4个村作为示范点位进行试点，实现村容村貌提升，同时及时组织开展巡回检查，督促有关责任主体查漏补缺，并将该次“干净院落”专项整治行动情况纳入该年度农村人居环境整治工作目标任务进行综合考核。

开展乡村振兴示范创建。全市创建省级乡村治理示范镇1个、示范村3个，省级乡村振兴先进镇1个、示范村3个，德阳市级乡村振兴先进镇1个、示范村5个，申报“美丽四川·宜居乡村”达标村10个。

推进“厕所革命”农村厕所无害化改造。整村推进示范村项目全年共改造农村户用厕所6315户、农村公厕6座，整合资金1010.4万元，其中中央资金440万元、省级资金91.4万元、广汉市本级配套资金479万元，实施“厕所革命”后的示范村无害化厕所普及率高于90%，群众满意度高于80%。建立长效管护机制，制定《关于建立农村无害化卫生厕所后续管护长效机制的实施意见》并下发各镇（街道），按照“专人管理、快速维修、及时抽取、科学利用”的工作目标，各镇（街道）成立农村改厕管理队伍，健全管理网络，明确责任分工，逐步建立起“管、收、用”并重、“责、权、利”一致的长效管护机制，基本建立起农村厕所“五有”长效管护机制。摸排整改问题厕所，制订广汉市农村地区户厕问题摸排实施方案，采取边排查、边整改的工作要求，远近结合、立行立改，摸排工作有效推进，同步完成问题分类整改、限时销号。全市共摸排66个村15 138户，其中涉及问题厕所67户，摸排期间已立行立改16户，列入整改计划的50户已全部整改到位，均可以正常使用。

【乡村旅游】 全年乡村旅游共接待737.604万人次，实现乡村旅游总收入71.386亿元。全市乡村旅游区共有A级景区3处，分别是松林镇松林桃花山乡村旅游区（2A级）、三水镇易家河坝乡村旅游区（4A级）、高坪镇段家大院子川西古民居园区（2A级）；星级农家乐24家；国家级最美渔村、全国休闲渔业示范基地1处（三水镇友谊村）；中国传统村落1个（连山镇川江村）；国家地理标志保护产品2个（松林桃、广汉缠丝兔）；省级乡村旅游示范镇1个（高坪镇）、示范村2个（松林红堰村、三水友谊村）、省级乡村旅游“精品村寨”1个（三星堆镇楠林村）。1月，全市创建成为第二批四川省全域旅游示范区，全市旅游导视系统、旅游厕所、咨询服务等旅游基础软硬件建设水平显著提升；4月，广汉市水木三星休闲旅游度假区、广汉市高坪花海旅游度假区创建为德阳市级旅游度假区；5月，稻虾乐园创建为国家2A级景区，创建期间建成稻虾乐园通景公路1.8千米，建成高坪镇稻虾乐园景区配套观景平台、亲水平台、凉亭、停车区等游憩空间公共休闲设施；6月，三水镇水玲珑湖畔度假酒店创建为二星级酒店；新建旅游驿站1处（湔江驿站）、鸭子河观景台（观鸟点）1处。湔江河湖公园创建为省级河湖公园；向阳镇改革开放博物馆被评为"四川省中小学红色教育研学实践基地"。

推进农旅融合发展。建设高坪镇万亩油菜花公园，办好菜花节、桃花节等乡村旅游节会活动；利用"稻—虾""稻—蟹""稻—鸭"种养殖模式，建设以"赏菜花、品龙虾、忆乡愁、醉田园"为主题的田园综合体，推动稻虾乐园及智慧农业观光项目发展，指导督促稻虾乐园创建为国家2A级乡村旅游区。推进农业生产基地景区化、设施景观化，按照"两路三带四基地"的农业发展规划，探索开发乡村旅游产品，形成"一核""四园""五线"的乡村旅游发展格局和休闲度假、农业生态、乡村民俗、特色美食四大核心乡村旅游品牌。

加快乡村文旅项目建设。重点探索广汉市域各镇村特色，打造一批精品乡村旅游项目。推进田园综合体、休闲庄园、现代家庭农场、休闲农业与乡村旅游示范点、A级乡村旅游区和农家乐、乡村创客基地等乡村旅游项目创建。三水镇乡村振兴会客厅于2月下旬动工，5月中下旬完工，面积约240平方米，内部涵盖电商交易、特色产品展示、数字孵化、人才加油站、五老工作室等多种功能，同时展销青白江东蓉欧商品和广汉旅游特产，丰富易家河坝乡村旅游区旅游产品供给。发展精品民宿和乡村旅游接待户，构建起以休闲观光、研学教育、民俗体验为核心的农旅产品体系。

【农村水利】 全市2020年度杨柳分干渠水毁修复工程完成投资553.87万元，整治水毁渠道16处，长度共计4137米；整治渠系建筑物14处。2020年度团结、龙泉水库输水渠水毁修复工程完成投资44.35万元，整治水毁渠道4812米，加固石河堰1座。2020年度2号渠、3号渠、4号渠、5号渠及3号附渠水毁修复工程完成投资313.29万元，整治水毁渠道24处，长度共计3802米；整治渠系建筑物5处。2020年度供水水毁修复工程完成投资58.64万元，新建机井1口、原泵房拆除重建，新建小型供水站1座、阀门井2处、1.5米宽人行梯步100米及敷设供水主管1174米。绵远河广汉连山上段防洪治理工程位于连山镇域内沙堆村、芦古村、乌木村、光辉村、清河村河段，全长6.372米，完成工程总造价4078.16余万元。沱江广汉连山下段防洪治理工程位于连山镇域内川江村，全长3.106千米，完成工程总造价4160.3万元。广汉市和兴镇湔江防洪治理工程位于金鱼镇永和村、红安村、和兴社区、两江村，全长6.25千米，完成工程总造价3154万元。

【农业机械化】 全年完成机耕作业面积85万亩；完成机械化播种（机插）面积50.3万亩，其中机插秧（机播）面积18.3万亩、机播油菜面积8万亩、机播小麦面积24万亩；完成机收面积71.55万亩，其中水稻机收面积34.5万亩、油菜机收面积11万亩、小麦机收面积26万亩，主要农作物农机化综合作业水平达85.82%。全年实现农机总收入2.84亿元。农机总动力达28万千瓦，增加0.6万千瓦，增长2.14%。

完成修复、改造提水设备2100台（套）24 728千瓦，其中完成修复提灌站28座30台660千瓦；新增提水设备63台1058千瓦。全年完成提水量6000万立方米、提水灌溉面积25.8万亩，全部完成下达的目标任务。按照部、省、市等有关部门以及《广汉市2018—2020年农业机械购置补贴实施方案》《广汉市2021—2023年农业机械购置补贴实施方案》要求，在确保政策稳定性和延续性的基础上，继续实行"自主购机、定额补贴、县（乡）结算、直补到卡"的补贴方式，实施农机购置补贴政策。同时，在优先兑付农机购置补贴资金的前提下，开展机械化作业奖补和农机报废更新，资金总额不超过下达农机购置补贴资金的30%。全年录入农机购置补贴资金1363.5498万元，补贴农机具750台（套），受益农户354户；完成兑付2020年机械化作业奖补资金27.860 81万元；完成兑付农机报废更新资金1.2万元。全年共使用中央农机购置补贴1392.61 061万元。

【农村科技】 11月，广汉市被科技厅列为德阳市广汉市省级农业科技示范园区。全年引进小麦新品种6个，集成示范小麦丰产绿色高效新技术2项，引进示范水稻新品种5个，研发新机具2项，示范推广技术5项，推广油菜菌核病和根肿病防控新技术和水稻土壤调理剂、油菜专用有机颗粒肥、油菜育苗带药移栽新工艺5项。组建广汉市农村科技特派团，选聘的10名科技特派员与广汉市的农业专合社、农业龙头企业、家庭农场、专业大户等签订服务协议，通过开展各类技术服务和指导，为服务对象及时解决生产中遇到的各种技术难题，同时通过开展新品种、新技术的推广示范为广汉市农业增产增效、农民增收提供强有力的科技支撑。

【农村教育】 农村成人教育方面，全市农村成人教育主体培训主要依托广汉市9个农校来承担教学任务，从农民文化技术培训、劳动力转移培训和应届毕业生培训三个方面实施。全市农民参加文化技术培训69 060人，占农村总人口的17%，主要以蔬菜四季常规种植技术、反季节蔬菜种植技术、水稻高产栽培技术、果蔬种植技术为培训内容。15～50周岁劳动力参加劳动力转移培训7578人，占农村劳动力总人口的3%；初中毕业生培训1440人，占应届农村初中毕业生总数的100%。各农校聘请德阳科贸、广汉职中等职业技术学校教师为学生讲解人生职业前景及规划、外出务工法律知识、种养殖知识、秸秆禁烧及综合利用知识等。

农村基础教育方面，全市农村地区面积约为466平方千米，覆盖人口约34万人，根据《广汉市"十四五"基础教育学校建设规划》及全人口、经济发展情况，将广汉市农村地区划分为高坪、连山、三星堆三个学区，每个学区设立两个中心校，农村地区共设立小学13所、初中5所、九年一贯制学校6所，小学、初中在校学生约1.7万人。根据全市区域经济发展、基础教育布局、优质教育资源等实际情况，横向按照学段规划，纵向按照"1+N模式"规划办学集团，建设12个教育集团。

农村学前教育方面，通过建设公办幼儿园、认定扶持普惠性民办幼儿园，扩充农村普惠性学前教育资源供给；通过清理整治无证幼儿园，治理幼儿园小学化倾向，组织优质园"送教下乡"，规范农村园办园行为，推进农村幼儿园科学保教，不断提高农村学前教育质量。学前教育以6所公办幼儿园为龙头，带动区域内公办中心园、民办园协同发展，规划3个学前教育集团。全市有公（民）办幼儿园80所，其中农村幼儿园40所，占比达50%。

【农村文化】 农村文化阵地建设。全市共有乡（镇）综合文化站16个，乡（镇）文化广场、基层综合性文化服务中心等文化阵地949个，文化阵地面积达31.67万平方米。"两馆一站一中心"（文化馆、图书馆、乡/镇文化站、文体中心）全面实现免费开放，每年活动人数达45万人次。全市9个乡（镇）、3个街道文化站把免费开放作为工作的重中之重来抓，做到无障碍、零门槛、所有空间全部开放，部分乡（镇）专门聘用免费开放工作的专职人员，使该项工作有专人负责、落到实处，保证每周42小时的开放时间。

农村文艺活动。由市委宣传部主办，市文体旅游局、市融媒体中心、各镇（街道）承办的第十一届农村村级文艺调演、第十届社区文艺调演接连两天的才艺大比拼以集体参演的方式进行，参加演出的节目均是由全市各乡（镇、街道）选送，参演队伍通过舞蹈、歌曲、器乐合奏等艺术展示新时代乡村振兴、社区发展的新面貌。

农村非遗项目。市文体旅局组织一批专业人员下乡，掌握发现一批优秀非遗项目。在普查工作的基础上，对全市的非遗资源进行梳理，确定申报工作的重点，按要求开展逐级申报，最终确定传统手工红糖制作技艺、汉州板鸭制作技艺、成氏耙耙鸭制作技艺、汉州蜀绣、汉州剪纸、留青竹刻、胆南星自然发酵传统炮制技艺7项为县级非物质文化遗产，分布在小汉镇、连山镇等地区，助推农村非遗文化的发展与繁荣。

【农村卫生】 开展"优质服务基层行"创建活动。印发《广汉市2021年"优质服务基层行"活动实施方案》，推进全市基层医疗机构开展"优质服务基层行"活动。小汉镇中心卫生院通过创推标准，金雁街道社区卫生服务中心、三星堆镇中心卫生院、金轮镇卫生院、金鱼镇卫生院4家单位创推基本标准，其余建制镇卫生院均开展"优质服务基层行"活动。

推进县域医疗卫生次中心建设。根据全市规划的四个片区，以片区内中心镇或特色镇为依托，规划建设县域卫生次中心5个，分别是三星堆镇中心卫生院、高坪镇中心卫生院、连山镇中心卫生院、小汉镇中心卫生院、向阳镇卫生院。制定《广汉市医疗卫生次中心设置规划》，按照二级综合医院标准，明确基础设施建设、医疗设备配置、专科设备、科室设置、信息化建设等发展目标，以承担片区医疗救治、急救、公卫、培训、技术指导五大中心职能发挥县域医疗卫生次中心对周边的辐射带动作用。

推进基层医疗资源优化整合。依托两项改革"后半篇"文章总体部署和乡村振兴工作开展整合，全市5个乡（镇）辖区基层医疗机构完成机构整合，基层医疗卫生机构从18个整合为13个，村卫生室从228个整合为164个，形成以4个市级医院为龙头、5个县域医疗卫生次中心为支撑、9个乡（镇）卫生院和4个社区卫生服务中心为骨干、164个村卫生室为网底的基层医疗卫生新格局，使农村三级医疗服务体系得到重塑、基层医疗综合实力得到提升。

推进紧密型县域医共体建设。市人民医院、市中医医院作为牵头医院，全年共派出各医疗专业人员100余人次驻点带教，基层共662人次参加培训，指导基层单位开展新技术新项目25项，参与家庭医生团队建设69人次，开展基层远程诊疗、远程心电、远程影像共计738人次，实现优质资源下沉，为基层提供更好的医疗卫生服务。

推进项目建设及"十四五"规划。9月，连山镇中心卫生院主体工程完工，占地面积23.9亩，建筑面积9600余平方米，建设内容包括新建门诊住院综合大楼、公共卫生服务楼等业务用房及附属设施，设置床位100～200张，业务辐射范围包括金鱼镇及中江县，辐射人口近15万人。

巩固医疗卫生援彝工作。统筹全市优质医疗卫生资源，通过开展巡回义诊服务活动、巡回义诊服务活动、医疗技术培训、重点专科项目建设、医疗物资支援等方式，对金阳县开展为期一年的对口支援"传帮带"工作。

提升公共卫生服务成效。指导村公共卫生委员会提高公共卫生服务能力，开展农村地区无禁忌证人员新冠病毒疫苗"应接尽接"，推进爱国卫生运动，助力疫情防控。成立121个村（社区）公共卫生委员会，卫健系统建立"1对N"指导机制，开展市、镇、社区分级全覆盖培训、指导和考核，提升村（社区）公共卫生委员会的服务能力，发挥公共卫生服务“网底”作用。

【农村法治建设】 筑牢农村法治基础。健全“四级三能”公共法律服务模式，提档升级镇（街道）公共法律服务站、村（社区）工作室规范化建设，构建覆盖乡村的公共法律服务网络，实现“一小时公共法律服务圈”，让群众获得“抬头能见、举手能及、扫码能得”的随身法律服务。全年办理法律援助案件676件，办理法律援助咨询服务2268人次，涉及农民工法律援助案件98件，涉案金额540万元。利用“三书”模式，开展农村闲置资产使用权流转项目10件，累计成交金额96.7万元，为盘活农村资产促进农民增收提供了新途径。选聘28名律师落实“一村（社区）一法律顾问”，开展宣传46场次，举办讲座35场次，提供意见73件，化解矛盾纠纷61件，提供咨询509件，发放宣传资料1300余份，协助审查把关法律文书45件。

创新农村普法宣传教育方式。建立村（社区）“两委”班子成员集中学法制度，培育一批以村干部、人民调解员为重点的“法治带头人”“法律明白人”，将“民法典走进乡村（社区）”“三个一百”主题宣讲活动、“三送”活动、《中华人民共和国民法典》专题讲座、村（社区）“两委”班子以及“法律明白人”法治教育培训相结合，开展农村法治宣传教育。对《中华人民共和国民法典》进行全方位解读，重点结合对发生在村（社区）群众身边涉及合同、物权、侵权责任和婚姻家庭纠纷等方面的典型案例进行剖析，发放法治大礼包等共计3000余份。

深化人民调解解民忧服务理念。坚持和发展新时代“枫桥经验”，完善诉调对接、公调对接、访调对接机制建设，推进诉源治理。准确判断和科学把握基层社会矛盾纠纷规律特点，坚持从源头化解矛盾纠纷，设立民事纠纷调委会驻法院工作站、汉州法庭诉源治理工作站，降低了案件诉讼率。全年各级人民调解组织受理并调处各类民间纠纷1665件，累计协议金额7583.01万元，为全市乡村振兴营造了和谐稳定的社会环境。

【农村交通】 全市农村公路里程1229.253千米，其中县道217.057千米、乡道326.269千米、村道685.927千米、桥梁208座。按照“公路+便民出行、公路+乡村旅游、公路+特色产业、公路+乡村振兴、公路+脱贫攻坚”的“公路5+”发展理念，推进“四好农村路”建设。全年完成向新路（成都二绕三星堆收费站至三星堆博物馆段）7.693千米路面改造提升工程；三星堆旅游大道改造工程总投资8.137亿元，主线8.6千米，支线5.86千米，为双向8车道，主道已通车。按照“基础设施建设不削弱、基本公共服务不降低”的要求，推进撤并建制村与新村村委会的直连硬化路建设，优化完善农村交通网络，全年完成撤并建制村项目9项，建设道路11.9千米。全年共计完成农村公路道路新（改）建36千米。推进“金通工程”，在全市广泛推行预约响应式服务，推广“周末班车”“赶集车”“定制车”等客运服务，张贴预约响应服务牌120个，发放乡村客运明白卡8000余张，满足广大农村群众多元化和个性化出行需求。完成7条乡村客运线路站点建设，新（改）建客运招呼站120个，共涉及3个街道9个镇62个建制村59个社区。按照“四统一”的要求，对乡村客运车辆统一张贴Logo标识，驾驶员统一着装并佩戴胸牌。为保障相对偏远建制村村民的出行需求，完成5条农村客运线路优化调整，共延伸路段9条，延伸26千米，新增直接通达（覆盖）建制村12个。加快推进交通运输综合服务站建设，探索与邮政、电商、寄递物流等的融合发展。

【农村社会保障】 落实《中共四川省委办公厅　四川省人民政府办公厅印发〈关于改革完善社会救助制度实施意见〉的通知》（川委办〔2020〕24号）文件要求，成立广汉市社会救助工作领导小组，制订印发《广汉市贯彻〈省委办公厅省政府办公厅改革完善社会救助制度实施意见〉的实施方案》，推动全市各项社会救助政策落实落地。全市农村低保保障人数为3894人，累计保障58 447人次，累计支出保障金1581.37万元。为农村残疾人发放困难残疾人生活补贴2.08万人次、208.1万元；发放重度残疾人护理补贴5.1万人次、329.18万元；发放农村对象临时救助金247户次、68.31万元，为农村特困人员发放特困人员供养金1.1257万人次、629.2663万元。全年所有救助资金全部实行“一卡通”银行直发，确保救助资金安全、及时、准确发放。全市共14.77万人参加城乡居民养老保险，其中待遇领取人员5.66万人；城乡居民养老保险基金结余51 588.9万元，其中上划投资基金36 815.7万元；全年共实现保费收入5439.9万元，本级财政补贴345万元，代缴保费62万元，共计5847万元。全年为低保、特困、残疾人代缴保费62万元，完成代缴目标任务的126.5%；发放养老保险待遇9057.1万元，直接覆盖5.66万人，人均待遇领取标准约为129.2元/月、1549.9元/年，完成全年代发目标任务的102.9%。

【农村生态建设及环境保护】 推进农村生活污水治理，完成2021年度农村生活污水治理“千村示范工程”，涉及治理行政村（涉农社区）7个，受益户数2109户，受益人口7051人。

【农产品质量安全监管】 围绕农资打假和食用农产品“治违禁　控药残　促提升”三年行动等重点工作，全市共出动执法人员1522人次，检查农药兽药经营单位638家次、种养殖专业合作社等生产经营主体535家次，检查生猪屠宰企业38家次、农产品经营单位110家次，下达责令整改12起，责任约谈2家；查办农业投入品违法案件7件，罚没款2.03万元，查办农产品违法案件3件，罚没款1.752万元；动植物检疫案件7件，罚没款5.996 48万元。向公安机关移送渔政案件12件、农资案件1件，公安机关立案侦查13件。受理12345政务服务热线电话诉求工单9件，办结率（回复率）100%。按照县（市、区）定量监测达1批次/千人要求，全年完成本级农产品定量监测任务645个，合格率达99.8%，其中蔬菜、水果、食用菌等农产品395个，抽检猪肉、禽蛋等畜产品50个，抽检小麦、水稻等粮食产品200个。同时，完成土壤抽检100个、水产品抽样送检154个，以涉农镇（街道）为单位快速检测种植业7020个。动物产地检疫以镇（街道）为单位的检疫面达100%，规模养殖场产地检疫面100%，申报检疫受理率100%。全年产地检疫生猪12.4908万头、牛（羊）0.6673万头（只）、家禽3695.8253万只，屠宰检疫生猪12.965万头、牛（羊）4.3022万头（只）、家禽8.8154万只。落实屠宰环节非洲猪瘟自检制度，共检测8029头。通过实施病死畜禽统一集中无害化处理机制，共无害化处理病死猪养殖环节4793头、牛（羊）35头（只）、畜产品11 711.54千克、家禽21 943千克、屠宰环节生猪476头，确保无一例病死动物上市。全面推行"合格证+追溯码+品牌Logo"模式，全市共有132家生产经营主体入驻国家级、省级追溯平台，"三品一标"认证产品企业100%纳入国家级、省级追溯平台管理。全市合格证试点企业达456家，开具食用农产品合格证85 243张，附带合格证上市的农产品59 898吨。建立广汉市邻你超市合格证示范点1个，推动食用农产品合格证市场准入查验制度落实落地。全市全年未发生重大农产品质量安全事件。

【农村市场体系建设】 全年开展农业领域案件查办"铁拳"行动，截至11月24日，全市共查处违法行为案件71件，其中农村市场"山寨"酒水饮料、节令食品，包括市场混淆、侵犯商标专用权等违法行为案件6件，销售药残超标的畜产品、水产品及未经检验检疫或检出"瘦肉精"的肉类，以及添加非食用物质、滥用食品添加剂、不符合安全标准的食品、生产经营注水猪肉等案件43件，移交公安机关案件3件，总案值70.58万元，罚没款共计256.99万元。与省经济合作局、德阳市经外局对接徐工集团、常州嘉轩、德国领先阀门装备制造项目，拜访世界500强企业罗克韦尔、罗罗集团、米其林集团等。招商引资在谈项目26个，共计556.84亿元。其中，第二产业在谈项目16个，拟投资金额241.55亿元；一、三产业项目10个，拟投资金额315.29亿元；深度在谈项目17个，投资总额123.17亿元；一般在谈项目9个，投资总额433.67亿元。

【农村留守儿童（学生）帮扶】 全市有农村留守儿童73名。市民政局全面开展《中华人民共和国未成年人保护法》宣传活动和儿童关爱保护"政策宣讲进基层"活动，建立县级未成年人保护工作领导协调机制。印发《广汉市人民政府办公室关于成立广汉市未成年人保护工作领导小组的通知》，成立广汉市未成年人保护工作领导小组。开展农村留守儿童关爱巡访，对全市约400名农村留守儿童和困境儿童进行全面走访排查，发动广大儿童督导员和村（社区）儿童主任鼓励和劝说留守儿童父母就近务工，给儿童创造更加健康和良好的成长环境。实施儿童关爱保护服务项目，筹集资金9.2万元，通过政府购买服务的方式开展农村留守儿童和困境儿童关爱保护服务项目。

连续7年开展"10元·微爱"捐款活动，全年共募集关爱资金84余万元，增长90%。联合广汉市第一小学、广汉城市燃气公司开展"书香校园"建设，使用资金3万元为各年级学生购买书籍，打造"书香示范校园"；联合广兴小学幼儿园开展乡村幼儿园提质，使用资金3万元为幼儿园购买玩具柜等物资，提高幼儿园保育水平；联合向阳镇开展"金秋助学"行动，使用资金3万元慰问向阳镇品学兼优的困难学子；携手广汉市一幼打造关心下一代示范园，使用资金5万元，策划实施各类关心下一代幼儿主题活动，不断创新教学方法，促进幼儿健康成长。

常态化开展"暖冬行动""六一慰问"等扶贫慰问活动，"暖冬慰问"活动共为100余名留守儿童送去新年礼物。使用资金8.5万元开展"六一慰问"活动，坚持每年到特殊学校开展慰问，关注困境儿童身心健康。实施大病儿童医疗救助计划，为2名大病儿童发放救助金6000元。设立广汉市关心下一代微爱励志奖学金，每年在全市初高中开展评选活动，表彰奖励50名品学兼优的贫困学生，奖励标准为2000～3000元/年。

【劳务开发与返乡创业】 制定《广汉市劳务开发暨农民工工作领导小组2021年工作要点》，明确农民工重点工作责任分工，全年全市有农村劳动力23.03万人，农村劳动力转移输出就业16.88万人，其中男性9.27万人、女性7.61万人；省内就业15.61万人、省外就业1.27万人；全市城镇登记失业率控制在3.29%以内。全年发放创业担保贷款3048万元，发放创业补贴等121.3万元，扶持返乡下乡成功创业115人，扶持小微企业11家。三星堆文创项目——四川省三星伴月文化发展有限公司获得四川省第三届"天府杯"创业大赛总决赛现代服务初创组第一名；广汉市高新区创新创业服务中心被认定为国家级创业孵化示范基地。四川省2021年农民工和企业家返乡入乡创业项目推介暨集中签约活动于12月7日在成都市锦江宾馆举行，广汉市推荐的广汉市红翻天家庭农场项目被选中参加签约仪式，并与海棠智造文化传播有限公司签订200万元的引资额度。

【主要领导人】 市委书记：王锐；市人大常委会主任：张启兵；市长：杜尚武；市政协主席：何敏；分管农业副市长：胡羽宇。

广汉市编写组

什邡市

【基本情况】 2021年,全市辖8镇2个街道,辖区面积820平方千米。

【年度农业和农村经济运行】 2021年,全市农林牧渔服总产值同比增长7.9%(速度为可比价,下同),其中农业产值增长7.2%、林业产值增长2.8%、牧业产值增长12.1%、渔业产值增长1.5%、农林牧渔专业及辅助性活动产值增长8.8%。

【对口帮扶】 全市对口帮扶喜德县前方指挥部聚焦防止规模性返贫、乡村特色产业发展、低收入人口就业、本土人才培育、公共服务水平提升、基层治理优化等重点,编制形成《什邡市对口帮扶喜德县(2021—2025年)总体工作规划》,创立了“以产业发展为先、以夯实基础为重、以智力帮扶为优”的对口帮扶新模式。全市按照“产业兴旺、生态宜居、乡风文明、治理有效、生活富裕”乡村振兴战略“20字”方针,结合喜德县实际,共投入财政帮扶资金658万元,完成基础设施建设、特色产业培育、教育互动帮扶、医疗卫生提升、智力人才援助五个大类,共21个项目。2021年共实施医疗帮扶项目3个,投入资金75万元。跟岗观摩、交流学习、专题培训,什喜医卫系统双向互动,喜德县人民医院“超声引导下周围神经阻滞技术”填补了全县医疗技术空白;光明镇中心卫生院拉克分院预防接种门诊、中医馆等科室改造升级;冕山镇中心卫生院妇科临床科室全新创建。全市22名教师长驻喜德县支教6所学校,200余名骨干教师到喜德县送教,喜德县35名骨干教师到什邡市跟岗培训,引领喜德学校转变教育理念、更新教学手段、提升办学质量。10名喜德县学生在什邡中学学习。全年安排智力援建帮扶项目6个,投入资金94万元。开展新型农业经营主体带头人培训、农村建筑工匠职业技能培训、干部综合素质培训。全市鼓励支持民营企业、社会组织、公民个人参与对口帮扶,实现政府、市场、社会“三方互动”和“三大联动”。全市先后发动相关爱心资金投入到新建学校医院、资助学生、捐赠物资等对口帮扶工作,累计到位资金2317万余元。

【助农培训】 采取“线上+线下”相结合的模式,培养出适应现代农业发展需要的新型农民。线上整合资源,打造灵活多样的培训主体。派出59名理论基础扎实、实践经验丰富、指导能力强的专业技术骨干,在田间地头、现代农业园区开展“送课上门”50余次,及时传播农业新技术和新技能。线下拓宽渠道打造农民培训直通车,利用网络直播、视频课程等途径开展线上培训10余次,让农民足不出户就学习政策法规、农业技术、经营管理、防灾减灾。

【公共文化服务体系建设】 完善公共文化服务基础设施。促进基层公共文化服务提质增效。结合全市行政区划调整将镇(街道)综合文化站个数整合为12个,建成市文化馆分馆16个、图书馆分馆17个、基础服务点23个。加大对10个镇(街道)12个综合文化站建设的支持力度,配备舞台、音响等设备,为镇(街道)综合文化站配置数字一体机10台。争取上级资金,推进师古镇、禾丰镇综合文化站改(扩)建项目,打造镇级特色示范点。持续优化免费开放服务环境,市图书馆添置歌德电子书借阅机、盲人书籍1000余册、有声读物1000余册、盲人电脑1台、盲人听书耳机2套,新购置“朗读亭”2台,图书馆、文化馆、博物馆和12个镇综合文化站免费开放,什邡市博物馆免费开放工作获得省文物局15万元奖励资金。持续推进公共文化数字化建设,依托什邡公共文化云平台设立数字资源5个。发动联盟成员单位制作《以书会友》全民阅读宣传片视频1期,新增数字出版物2000余册、音视频文件300分钟等产品。每个镇级文化馆分馆均安装75寸触摸大屏和高德立式一体机,与总馆共享什邡市文化馆数字馆官方网站。

健全公共文化服务运行机制。联合市委宣传部等部门举办全市性群众文化活动,公共文化服务取得明显社会效益。吸纳社会力量参与“书香什邡·全民阅读”等各项公共文化服务活动。

打造公共文化服务特色品牌。提升精品文艺创作,协助编写《李冰与什邡》,创作《李冰在什邡》,协调四川艺术职业学院承演川剧《草鞋县令》,创编廉洁主题现代川剧《振兴路上》等。开展特色文化活动,举办各类活动110余场次,放映农村公益电影2200余场,共计30万余人次参与。

夯实公共文化人才队伍建设基础。组织图书馆、博物馆工作人员学习考察3次,参加各类培训班3次。举办什邡市非物质文化遗产保护和传承工作培训会,邀请专家为60余人进行授课。

【广电建设】 加强村级广播全面维护,督促各镇利用广播开展疫情宣传,做好行政区划调整后广播线路的合并改进。加大安全播出检查力度,对融媒体中心和四川广电网络什邡分公司两家单位进行全面检查和重点复查。全市各安全播出责任单位全面开展安全播出自查和问题整改,完善各类应急预案,实施安全播出季高等级保障。做好节目动态调整,实时关注宣传指令信息,及时与融媒体中心和四川广电网络什邡分公司协调,做好节目安全播出。市文体广旅局向市政府申请在乡村振兴工作补助资金中解决脱贫户免费享受高清电视服务补助费用共计78.72万元,继续做好脱贫户免费收看高清电视工作。

【主要领导人】 市委书记:卿伟;市人大常委会主任:鞠道志;市长:王洪;市政协主席:殷萍;分管农业副市长:赖朋。

什邡市编写组

绵 竹 市

【基本情况】 2021年，全市辖10镇2个街道，辖区面积1246.1951平方千米。

2021年，全市GDP376.85亿元，按可比价格计算，同比增长8.8%，其中第一产业增加值35.96亿元，增长7.4%；第二产业增加值197.59亿元，增长9.1%；第三产业增加值143.3亿元，增长8.7%。一二三产业的结构比为9.6 ∶ 52.4 ∶ 38。按常住人口计算的人均地区生产总值为85 649元，同比增长9%。全年民营经济增加值246.17亿元，按可比价格计算，同比增长8.9%，占全市经济总量的比重为65.3%。年末全市在册各类市场主体41 846户，注册资本金412.47亿元，年度新增4640户，新增注册资本金42.24亿元。

【年度农业和农村经济运行】 2021年，全市农林牧渔业总产值63.6亿元，按可比价格计算，同比增长8.2%。农林牧渔业增加值39.22亿元，可比价增长7.4%。全市获得全国村庄清洁行动先进县、"四好农村路"全国示范县、四川省实施乡村振兴战略先进县、四川省休闲农业重点县等称号；共获评第十一批全国"一村一品"示范村镇1个、中国美丽休闲乡村1个、省级乡村振兴示范村2个；省级治理有效名村1个，省级乡村治理示范村3个、四川省乡村振兴重点帮扶优秀村1个、四川名村1个，德阳市级乡村振兴先进镇1个、示范村4个，德阳市一星级现代农业园区1个。新增省级农村专合示范社2个、省级家庭农场示范场2个。年末全市有年出栏50头以上生猪养殖规模户676户；年出栏10头以上肉牛养殖户240户；年出栏2000只以上肉鸡养殖户262户；玫瑰、猕猴桃等特色经济作物规模达6.2万亩。

【种养殖业】 全年粮食总产量28.5万吨，同比增长2.2%。经济作物总产量44万吨，增长1.4%，其中蔬菜增长1.2%、瓜果增长2.6%、中草药材增长13.9%。生猪出栏43.2万头，增长17.4%；主要畜禽肉类总产量4.2万吨，增长16.9%；小家禽出栏589.2万只，下降2%。

【农村集体"三资"管理】 举办"坝坝问政会"活动，组织群众围绕扶贫项目资产、村级财务等"三资"管理事务进行现场质询。助公示公开，由村（社区）"两委"干部就村级财务收支、集体资产资源管理等事项，逐项向群众述职，并在会场设置相关图文展板，接受群众提问，进一步营造阳光公开的干事氛围。促行权规范，组织民政、农业农村等民生部门设置会场接访点，就群众在大会过程中提出的质询进行政策解读，当场督促整改村"两委"的"三资"管理问题，进一步加强"三资"监管的行业指导。保群众满意，建立"群众打分+民主评议+现场表决"模式，接受群众评审团现场评议打分和参会群众满意度表态，对满意度低于80%的，由镇分管领导当面作出整改承诺，并纳入村级干部考核。截至2021年年底，全市共举办"坝坝问政会"12场，参与群众300余人，现场收集和解决问题100余个。

【公共文化服务体系建设】 市图书馆新馆于10月开始试运行。市图书馆被省图书馆评为"古籍保护工作示范单位"，搭建两个线上服务平台，已发送文章200余篇，接待参观群众0.7万余人；开展"送文化下乡"，共赠送图书300册（件）；继续推进图书馆、文化馆、乡（镇）综合文化站免费开放。围绕第二十届绵竹年画节，组织、筹备、开展"过云端中国年"春节线上文化活动，点击量达1000人次，参与群众62 571人次。继续做好传统文化传承，完成川剧惠民活动的采购工作，开展"送文化下乡"惠民演出活动102场次（含川剧演出80场），受惠群众8万余人。举办成人公益性艺术培训5期，学员150余人，培训50班次；组织开展庆祝建党100周年主题广场舞骨干培训，50个团队160余人参加培训。到机关、镇（街道）、村（社区）开展文艺培训100场次。组织绵竹特色队伍进行表演、学习、培训50余场。稳步推进幸福美丽乡村文化院坝建设，已建成乡村文化院坝113个。围绕德阳市乡村振兴工作现场会，开展国家级非遗文化展示活动。为迎接天府旅游名县创建，组织街头艺人、非遗传承项目在剑南老街景区、九龙里景区和清平童话小镇开展常态化演出活动。

【主要领导人】 市委书记：陈万见；市人大常委会主任：张应琪；市长：李栋；市政协主席：侯光辉；分管农业副市长：李强。

绵竹市编写组

中 江 县

【基本情况】 2021年，全县辖4乡26个镇（街道），辖区面积2200平方千米，其中耕地面积140.43万亩，比上年减少0.04%，人均耕地面积1.07亩；基本农田115.4万亩。年末总人口136.3万人（户籍人口），减少0.32%；人口出生率6.01‰，减少1.42个千分点；人口自然增长率1.65‰，增加6.28个千分点。本地水资源总量12.89亿立方米，人均占有水资源量420立方米。有林业用地5.954 51

万公顷，有林地面积5.8591万公顷，活立木总蓄积量472.8万立方米，森林覆盖率29.36%。

2021年，全县GDP420.03亿元，增长8.7%，其中第一产业增加值98.4亿元，增长7.3%，农、林、牧、渔及农林牧渔服务业之比为909：63：638：25：37；第二产业增加值163.39亿元，增长8%（工业产值140.49亿元，增长7.75%）；第三产业增加值158.24亿元，增长10.2%。三次产业对经济增长的贡献率分别为19.9%、35.99%和43.58%。乡（镇）中小企业从业人员586 800人。劳务输出517 372人，收入1 587 310万元。全年接待游客691万人，实现旅游收入423 800万元。

公路通车里程3442.081千米，密度156.46千米/百平方千米、25.3千米/万人（其中农村公路3023.783千米），另有已建成但未纳入数据库的村内联网路3900千米，所有乡（镇）和建制村均实现通畅要求。社会消费品零售总额219.5亿元，增长20.3%。地方公共财政预算总收入完成9.86亿元，增长16.69%；公共财政预算总支出58.1亿元，增长0.19%，其中农业投入87 711万元，占支出的15.1%。金融机构各项存款余额602.18亿元，比上年初增长10.42%；各项贷款余额288.04亿元，比年初增长22.64%，其中支持农业产业化发展项目贷款175.8万元。全年农业保费收入0.5亿元，增长22.1%；处理各项赔款和给付金额3468.5万元，增长19.6%。农业产业化龙头企业国家级、省级、市级分别为1家、8家、41家。

有各类学校309所，在校学生139 748人，教职工7468人，其中普通中学54所，在校学生50 404人；小学91所，在校学生56 867人；学龄儿童入学率98.69%。有艺术表演团体7个，文化馆1个，公共图书馆1个，博物馆1个。有卫生机构673个，病床位5841张，卫生技术人员4304人。城乡居民医疗保险参保人数1 001 574人，参保率98.02%；城乡居民基本养老保险参保人数57.4万人，参保率98.86%。

【年度农业和农村经济运行】 2021年，全县实现农业总产值167.2亿元，增长8%；全县全年农业增加值达98.4亿元，增长7.3%。农民年人均可支配收入达18 653元，增长10.4%。全县省级农产品质量安全例行监测合格率100%（主要农产品产量见表1所列）。

【规模化特色优势产业基地建设】 中药材产业。一是创新基地建设。以中江县中药材现代农业园区为核心，重点布局在集凤、辑庆等乡（镇），按照“统一规划、合理布局、集中连片”的原则，加强基础设施建设，配套建设田网、路网、水网，建成能排能灌、土质良好、通行便利、抗灾能力较强的高标准中药材生产基地并积极创建五星级。二是创新科技支撑。加大中江县道地中药材研发中心培育力度，中心已选育审定新品种4个，制定发布10余项地方性的技术标准，突破了中江丹参、中江白芍组织培养研究瓶颈。三是创新生产模式。用好川北道地中药材交易中心公共服务平台，建成中药材产品产、储、销整体服务体系。四是创新融合发展。开展产业基地景区化建设，建设“云上和睦”新村，实现以产兴村、以村促产、产村相融、农旅融合。五是创新利益联结机制。采取“公司+专合社+农户”“公司+基地+农户”等模式，创新“五金利益联机制”，建成农业产业联合体2家，形成“政府主导、龙头示范、公司运作、农户受益”的中药材产业发展格局。

蚕桑产业。一是抓好蚕桑生产宣传发动。全年共组织召开蚕桑生产宣传发动会议共5次，参加人员480余人。二是引进蚕桑技术服务团队。引入湖南三旭农业有限公司入驻中江县，推广蚕桑“分区域多批次不间断养蚕新模式”，签

表1　2021年中江县主要农产品产量

主要农产品	单位	产量	同比增减(%)
粮食	万吨	82.30	1.4
水稻	万吨	22.60	0.8
小麦	万吨	12.40	2.4
玉米	万吨	33.40	1.5
马铃薯	万吨	9.00	0.3
油菜籽	万吨	10.10	15.5
蔬菜	万吨	48.00	1.0
水果	万吨	6.20	–0.9
肉类	万吨	13.50	9.9
猪肉	万吨	8.00	13.4
牛肉	万吨	0.40	3.3
羊肉	万吨	0.30	2.6
禽肉	万吨	3.80	4.6
兔肉	万吨	1.00	9.9
禽蛋	万吨	5.30	–0.9
水产品	万吨	1.10	8.1
牛奶	万吨	0.06	8.0

订“包最低单产、包最低收购价格、包全程技术服务”合作协议，全年共养蚕8个批次3786张，鲜茧总产量165.8吨，总产值849万元。三是加强蚕桑园区基础设施建设。整合高标准农田建设项目、蚕桑专项债券项目等涉农项目资金3800万元，建设蚕桑园区产业道路及桑园田间作业道路30千米、田间排灌沟渠6000米。四是加大蚕桑政策保险支持力度。根据《中江县2021年特色农业保险实施方案》（江府办函〔2021〕29号）文件精神，中国人寿财险公司开展蚕桑天气指数特色农业保险，共投保15 959张，政府补贴保险费用43.08万元，农户自付保险费用14.36万元。五是创建蚕桑（粮油）现代农业园区，12月申报为德阳市一星级农业园区。

蔬菜（含食用菌）产业。一是做好蔬菜生产信息监测。落实专人完成生产季报信息和价格监测，力争做到数据真实、有效，及时分析蔬菜产销形势变化，掌握全县蔬菜产销动态和蔬菜调运提供基础数据依据。二是开展防灾抗灾生产指导。为不受或降低极端天气对蔬菜基地的生产影响，制定了《中江县农作物防灾减灾应急预案》，并到基地实地调研督导防灾减灾，采取措施将灾后损失降到最低。三是加强技术培训与交流。开展“蔬菜集约化绿色生产技术”等培训，提升全县蔬菜种植业主的经营管理水平。组织种植大户、蔬菜专业合作社、蔬菜种植企业参加展示展销会，与外地同行开展生产技术交流，助推全县蔬菜产业健康发展。

水果产业。重点突出“中江柚”产业，在永安、柏树规划建设中江柚现代农业园区1个，并开展德阳市星级现代农业园区申报，12月申报为德阳市一星级农业园区。

“2+2”产业结构。全县确定“2+2”（优质粮油和现代畜牧两个基础产业+道地中药材和优质蚕桑两个特色产业）产业方向，发展全省现代农业“10+3”产业体系中的川粮、川猪、川药、川果（桑）产业，全年粮食作物播种面积216.8万亩，总产量82.3万吨，连续15年位居全省第一；油菜播种面积49.2万亩，总产量10.1万吨，位居全省第二；生猪出栏110.6万头，位居全省第三。稳定种植中药材11.2万亩，中药材产量2.6万吨；标准化桑树栽植面积3.1万亩，养蚕46 562张，鲜蚕茧产量2064.5吨。

农业现代化示范区创建。12月，中江县被列入全国首批100个农业现代化示范区创建名单，全县成立以县委、县政府主要领导为组长的创建工作领导小组，同时对标全面建设现代化国家大目标，围绕农业设施化、园区化、融合化、绿色化、数字化，以“粮食+”为基础，把园区建设作为推进农业现代化示范区创建的抓手，科学规划“粮食+生猪”“粮食+中药材”“粮食+蚕桑”“粮食+蔬菜”“粮食+中江柚”5大现代农业园区建设，构建国、省、市、县四级联动，梯次发展的现代农业园区体系。完善保障机制，制订工作方案，明确目标任务，层层压实责任，加强组织领导机制、投入保障机制、社会参与机制、监督考核机制，推动科技、资金、人才等现代要素向示范区聚集，带动全县农业农村现代化整体水平提升。

【新型农业经营主体培育】 中江县申报为第三批农民合作社质量提升整县推进省级试点县，印发《中江县关于推进农民合作社规范提升行动的实施方案》《中江县农民专业合作社建设工作联席会议制度》，提升农民合作社的指导和服务水平，推进全县农民合作社规范化建设和高质量发展。全年新增登记注册农民合作社42个，其中省级示范社4个（含供销合作社系统示范社1个）、县级示范社8个、市级示范社6个；累计创建国家级示范社7个、省级示范社33个、市级示范社69个、县级示范社71个。新增家庭农场124个，其中省级17个、市级2个。培育高素质农民271人。有市级以上农业产业化龙头企业41家。持续开展农民合作社“空壳社”清理行动，累计注销75个。向上争取中央财政农业产业发展项目资金140万元，其中补助省级及以上示范社3个，每个示范社补助30万元；县级及以上示范社5个，每个示范社补助10万元，已全面完成项目建设。

【农用地产权制度改革】 继续加强农村集体“三资”管理，不定期通过德阳市“三农”服务平台对各乡（镇）“三资”进行检查，对检查中存在的问题进行通报并督促乡（镇）及时进行整改。加强对乡（镇）农村集体“三资”管理服务中心人员的培训，保障德阳市“三农”服务平台运行正常。6月24日，召开德阳市“三农”服务平台全面上线运行培训会，共计100余人参加会议。推进村集体经济组织和村委会账务分设，推行非现金结算。抓好监督检查，督促开展村（社区）“两委”班子成员离任经济责任审计整改，确保发挥审计监督职能、维护审计监督权威；聘用第三方对全县10个乡（镇）118个行政村开展农村“三资”抽查审计。

【农村集体产权制度改革】 为推进全县农业和农村改革工作取得实效，印发《中江县农业和农村体制改革专项小组2021年工作要点及台账》，共涉及19个县级部门、36项改革事项。持续深化农村集体产权制度改革，主动实施农村“三变”改革，选取继光镇新天村等6个村作为县级试点村，成立土地、劳务、旅游和置业股份合作社并挂牌，同步推进29个政绩试点村改革。探索推进合并村集体经济融合发展，全县合并村296个，含9个试点村在内均已完成集体资产和债权债务清理移交、成员身份确认、股份量化、村级集体经济组织、登记赋码、治理机构的建立完善等。持续做好农村集体经济组织登记赋码，全县已登记赋码446个村集体经济组织，其中乡（镇）级1个、组级1个、涉农社区8个；建立健全集体经济组织治理机制，制定《章程》，建立成员代表大会、理事会、监事会“三会”制度，规范村集体财务管理，全面推行德阳市“三农”服务平台使用，探索推进非现金结算，推进村集体和村委会账务分设。全县村集体收入达2005.6万元，其中收入在100万元以上的村有1个，10万～100万元以上的村有35个，5万～10万元的村有68个。

【供销合作社改革】 推动“三社”融合发展试点，黄鹿镇宝塘村等5个试点村均已完成村级供销社登记注册和挂牌，并召开第一届社员大会，通过《村级供销合作社章程》，选举产生理事会和监事会，不断完善村级供销社的“三会”制度建设。

【农产品品牌战略实施】 实施农产品品牌发展战略，发展无公害农产品、绿色食品和有机产品，提高农产品质量，增强农产品市场竞争能力。全县“三品一标”农产品总数达115个，其中无公害农产品89个、绿色食品3个、有机产品22个、农产品地理标志1个。“三品一标”农产品总面积27 799.22顷，产量209 716.3吨，产值达18.42亿元。

【现代农业园区建设】 印发《关于推进中江县现代农业园区建设的实施意见》，搭建中江县现代农业园区建设体系。整合各类资金，补齐园区短板，争创省、市级现代农业园区，中江县中药材现代农业园区创建为省四星级现代农业园区，中江县蚕桑（粮油）现代农业园区和中江柚（粮油）现代农业园区创建为市一星级现代农业园区。

【种植业】 粮油生产。全县粮食作物播种面积216.75万亩，增加1.18万亩，增幅0.54%，复种指数为2.16（耕地面积“按三调”145万亩）；粮食总产量82.3万吨，增加1.1万吨，增长1.4%，连续15年位居全省第一。油料作物播种面积64.05万亩，增加6.22万亩，增长10.76%，其中油菜播种面积49.15万亩，增加5.25万亩，增长11.95%；油料总产量13.25万吨，增加1.6万吨，增长13.73%（油菜总产量10.09万吨，增加0.99万吨，增长12.71%，位居全省第二）。

高产高效创建。全县共建设粮油高质高效示范片11个，其中水稻3个（13.3万亩）、油菜4个（30万亩）、玉米2个（0.3万亩）、小麦2个（0.5万亩），示范总面积44.1万亩，辐射面积80万亩。以龙台、玉兴等乡（镇）为核心的2020年省级财政现代农业项目水稻高质高效创建示范片示范面积1.2万亩，9月1日，农业农村部组织农业农村部相关专家对其进行现场验收，示范区水稻平均亩产817.2千克，最高亩产877.7千克。以辑庆、南华等乡（镇）为核心的2020年产粮大县奖励资金项目水稻高质高效创建示范片示范面积0.6万亩，9月5日，农业农村厅组织农业农产部相关专家对其进行现场验收，示范区水稻平均亩产849.73千克，最高亩产910.61千克，打破了四川盆地单产纪录。以永太、黄鹿等乡（镇）为核心的2020优质水稻结构调整项目绿色高质高效示范片示范面积11.5万亩，9月24日，农业农村厅组织相关专家对其进行现场验收，示范区水稻平均亩产675.68千克，最高亩产724.39千克。以仓山、普兴、万福、联合等乡（镇）为核心的2020年天府菜油示范基地建设项目油菜绿色高质高效创建示范片示范面积10万亩；以黄鹿、永太、通济等乡（镇）为核心的2020年中央财政产油大县奖励资金集中使用示范县项目油菜绿色高质高效创建示范片示范面积5万亩；以辑庆、龙台、玉兴、南华等乡（镇）为核心的2019年天府菜油示范基地建设项目油菜绿色高质高效创建示范片示范面积10万亩；以永安、柏树、悦来等乡（镇）为核心的2020年耕地轮作休耕试点项目油菜绿色高质高效创建示范片示范面积5万亩，5月17日，农业农村厅组织相关专家对其进行现场验收，示范片油菜平均亩产210千克以上，最高亩产259.3千克，打破了全县油菜单产记录。以仓山、会龙、广福、龙台、辑庆、回龙等乡（镇）为核心的玉米高质高效示范片创建示范面积0.3万亩，9月10日，农业农村厅组织相关专家对玉米全程机械化示范片进行了现场验收，示范片玉米平均亩产612.7千克，最高亩产669.2千克。以永太、黄鹿、辑庆、回龙等乡（镇）为核心的小麦高质高效示范片创建示范面积0.5万亩，5月13日，农业农村厅组织相关专家对小麦全程机械化示范片进行了现场验收，示范片小麦平均亩产601.2千克，最高亩产632千克，打破了全县小麦单产纪录。

粮食适度规模经营。根据《中江县2021年种粮大户补贴实施方案》（江农发〔2021〕110号）文件要求，坚持“统一标准、简便易行”“谁种粮补贴谁”“多种多得、少种少得”“公开、公平、公正”的原则，种粮大户是指承包或租种耕地（包括捡拾撂荒地）达到一定规模，集中种植至少一季主要粮食作物的农户、法人或其他组织，并按经营主体划分，主要有种粮农户、家庭农场、农民专业合作社、土地股份合作社、农业产业化龙头企业等类型，并明确适度规模生产经营者种植一季主要粮食作物面积不低于30亩。财政厅下达全县2021年种粮大户补贴资金223.23万元。

【林业】 国土绿化。编制年度绿化工作方案，分解落实相关责任单位和乡（镇）工作目标任务，开展阶段性工作全面督察，推进目标任务的落实。广泛宣传动员全县各级干部及适龄公民参与春秋季义务植树活动，全年参与义务植树活动人数达56万人次，植树130万株。引导和指导乡（镇）、村、农户、业主、专业合作社及企业参与营造林工作，并与乡村环境整治工作相结合，全年完成营造林总任务2.7万亩，助推了“四好新村”建设。

退耕还林工程。加强退耕还林工程管理和退耕还林政策宣传，制定年度管理方案，指导乡（镇）完成工程管理质量自查，组织开展县级复查，确保工程建设质量；抓好前一轮退耕还林管护资金兑付，全年共完成128.32万元管护补助资金兑付，资金兑付率100%；及时处理化解因工程管护或资金兑付问题造成的矛盾纠纷，全县共处置化解矛盾纠纷问题1起，确保退耕还林工程依法有序管理。

古树名木管理。加强古树名木管理，在原名木古树管理档案基础上，制订完善年度管护措施，编制排危排险方案，及时处置安全隐患，全年共接到乡（镇）古树排危请示4起，进行排危处置4起，兑付排危补助资金3万元，确保了古树安全和村民的人身、财产安全，维护了社会稳定。

巩固拓展脱贫攻坚同乡村振兴衔接。编制《2021年度中江县生态建设专项巩固脱贫攻坚实施方案》，明确年度工作任务。准确核实扶贫对象“社保卡”信息，确保退耕还林管护项目和集体公益林项目等惠农惠民补助资金直接兑付到人、卡。做好资金兑付前期准备，按时完成资金兑付任务，全年共兑付退耕还林和生态公益林补助资金321.59万元，资金兑付率100%。加强生态建设专项督察，组织相关股室对全县生态建设专项项目进行全面督察，保障农户权益。

林木种苗生产管理。依法严格林木种苗生产经营许可审核、办理，组织相关单位联合对全县林木种苗生产经营者进行全面检查，规范林木种苗流通市场秩序。加强林木种苗质量监管，采取不定期的实地抽查方式，确保全县林木种苗质量安全，提升全县林木种苗质量。依法加强林木种苗来源监管，对县域外引进的林木种苗严格执行“双证”准入制，即林木种苗检疫证和林木品种证俱全的外地林木种苗方可进入县内种植，同时采取跟踪监管，确保林农发展林草产业利益不受伤害。培育林木种苗，科学指导育苗户育苗，全年完成育苗0.012万亩，共出各类优质林木种苗180万株，为全县林草生产提供种苗保障。

林草科技推广与技术服务。加强与省林科院、四川农大等科研院校等单位的合作，推广林草实用技术，开展核桃、花椒、大枣、中江柚、佛手、笋用竹等各类林草技术服务和培训教育，提升全县林草产业科学化管理水平。加强乡（镇）林草干部和专业大户培训，全年共举办集中培训2期，培训乡（镇）林草干部60人次，培训专业大户120户次。采取召开现场会、“定点定时”的方式，对2020—2021年新建特色林草产业进行田间管理技术指导，培训林农3680人次。全年共开展“林草科技下乡”活动16场次，发放各类林草生产实用技术手册10 000余份。

食用林产品安全监管。落实食品安全“一岗双责”，抓好林用食品安全。局党组召开专题会议传达学习中央、省、市、县有关会议文件精神，研究部署食品安全工作。落实分管领导、明确局各相关部门职责，立足行业特点，抓好重点工作落实。按照新冠疫情防控要求，做好野生动物禁养禁售禁食。配合省、市林草主管部门完成辖区内食用林产品质量安全监测，监测任务批次完成率100%。完成食用林产品基地数据收集、定位等工作。鼓励业主大户创建省级森林食品基地。采用对大户基地食用林产品质量安全进行监测、各乡（镇）农业服务中心负责对分散农户食用林产品进行质量安全监测的办法确保监测全覆盖，全年监测大户26户、分散散户1520户。配合省林科院林产品安全监测中心完成核桃等坚果10批次样品及产地土壤、青花椒等香辛料8批次样品及产地土壤、枣梨李等山地水果12批次样品及产地土壤的取样任务，确保全县林产品质量安全。

【畜牧业】 全年出栏生猪110.56万头、肉牛3.62万头、肉羊17.4万只、小家禽2278.16万只、兔702.19万只，肉类总产量134 746吨，禽蛋总产量52 509吨，实现畜牧业产值63.77亿元。全县年出栏500头以上生猪养殖场500余家，年出栏肉牛100头以上规模场29家，年出栏肉鸡35 000只规模场80余家。创建2个部级和16个省级畜禽标准化养殖示范场。

动物疫病防控。持续加强对重大动物疫病的强制免疫。做好全年春、秋两季重大动物疫病集中免疫。全年免疫牛口蹄疫7.29万头次、羊口蹄疫5.29万只次、猪瘟77.13万头次、猪口蹄疫86.28万头次、禽流感1263.63万羽次、鸡新城疫1086.93万羽次、羊小反刍兽疫3.46万只、兔瘟巴氏杆菌79.56万只次，应免疫密度均达100%。全县免疫狂犬病10.86万只，犬只应免疫密度达98%以上。做好重大动物疫病的监测、流调，持续开展全县非洲猪瘟疫情监测排查，全年排查生猪养殖等场所314 297个次、猪只5 246 018头次、病死猪3845头；对出栏500头以上的规模生猪养殖场和64个新建场进行全覆盖监测，完成非洲猪瘟采样19 880份并按规定完成实验室检测8200份，检测结果均为阴性；按规定完成口蹄疫、高致病性禽流感、鸡新城疫、猪瘟、狂犬病、布鲁氏菌病、牛结核病等动物疫病采样监测11 178份，检测结果均为阴性；春、秋防抗体集中监测结果与市级检查监测结果一致，高致病性禽流感、口蹄疫、猪瘟、鸡新城疫、狂犬病等强制免疫动物疫病免疫抗体水平在70%以上，全面完成省、市、县下达的动物疫病监测、流调工作任务。完成血吸虫病消除达标，全年完成血吸虫病疫区牛的扩大化治疗投药14 903头次，完成血吸虫病监测7338头（份）次，通过国家对中江县的血吸虫病消除达标考核。开展非洲猪瘟“大消毒、大培训、大宣传”行动，春、秋防及主汛期开展非洲猪瘟疫情防控集中消毒灭源共5次，消毒面积11 921.26万平方米，消毒面达100%，防止了非洲猪瘟疫情发生。加强业务培训、做好量化考核，全年对全县动物疫病防控人员开展技术培训2000余人次，全面落实好应急值守、疫情核查报告、应急物资储备、应急演练培训等，提高应急处置能力；以春秋两季动物集中免疫工作占考核60%、日常动物补免工作占考核30%、其他工作占考核10%三要素量化考核村防疫员防疫工作，573名村防疫员补助直接打卡兑现到人头；出动动物疫病防控督导检查车辆93辆次、督导人员237人次，全覆盖督导纠改问题推进工作落实。

畜产品质量安全监管。抓好队伍建设。县农业农村局分批次组织基层畜牧兽医站的官方兽医开展动物检疫方法、检疫规程等方面的业务培训72次，及时为符合条件的12名新进职工办理官方兽医身份，不断充实检疫力量。严把动物检疫关，全县检疫申报点电子出证共计219 407份，其中动物B证63 211份，共32 212 490头（只、羽），动物A证1865份，共2 669 338头（只、羽），产品B证153 902份，共20 789 121千克，产品A证429份，共2 952 749千克。严把病死畜禽无害化处理关，全年病死生猪无害化处理27 755头，病死牛无害化处理1头，禽类、胎衣等动物产品无害化处理322 008千克。严把动物卫生监督关，加强养殖环节、屠宰环节和调运环节的监管力度，出动监管人员12 368人次。严厉打击违法违规行为，做到“有法必依、执法必严、违法必究”，提高办案质量，全年中江县农业农村局共出动动物防疫检疫执法车辆391辆次，出动执法人员1382人次，立案查处各类违法案件7起，处罚款3.8592万元。加强乡村兽医管理和培训，全年开展集中培训2次，486人次参加培训，备案乡村兽医243人。

【水产业】 全县有宜渔水面81 131亩，有宜渔稻田10万亩。全县淡水养殖面积42 075亩，有稻田养殖面积9930亩，稳中有升。全年渔业经济总产值达4.06亿元以上，增长21.7%；成鱼总产量达11 420吨，增长8.06%，渔业经济总产值和成鱼总产量增长速度位居全市前列。

推进水产健康养殖。加强水产健康养殖技术推广和示范，推进水产健康养殖，规范养殖生产管理，推广应用大水面生态增殖、稻渔综合种养等绿色健康水产养殖模式。引导水产养殖户创建水产健康养殖示范场，全年共认定国家级水产健康养殖示范场4家。加强水产养殖生态环境保护，印发《关于进一步加强水产养殖环境治理的通知》（江农发〔2021〕42号）和《中江县农业农村局关于做好水产养殖尾水治理工作的通知》（江农发〔2021〕70号），明确县级相关部门和乡（镇）的职责，上下形成监管合力，采取因地制宜、分类推进等方式逐步提高水产养殖尾水资源化利用率和尾水治理设施覆盖率，加强水产养殖生态环境保护。池塘养殖尾水治理工作有序开展，9月，按照中央第五生态环保督察组对中江县池塘养殖尾水治理的具体要求，经过多次实地调研草拟《中江县池塘养殖尾水治理实施方案》。

打造“鱼米之乡”。全县围绕“川鱼”振兴，打造中江特色的“鱼米之乡”，把鱼米有机结合，盘活和利用好稻田、水产等农业资源，实现“米袋子”“菜篮子”和“钱袋子”的有机统一，形成可持续发展的粮食生产机制，破解种粮效益低、种粮积极性不高、农民持续增收后劲不足的难题。4月，经过现场核查、资料评审和竞争性陈述等三个环节，争取到2021年整县推进“鱼米之乡”建设项目，项目资金1000万元。根据《国务院办公厅关于防止耕地“非粮化”稳定粮食生产的意见》（国办发〔2020〕44号）要求和《稻渔综合种养技术规范通则》(SCT 1135—2017)标准，编制《中江县2021年稻渔综合种养循环园区（“鱼米之乡”）建设项目实施方案》，项目建设有序推进。

保护渔业资源。“十年禁渔”全面开展，采取召开专题会议、成立以政府一把手为组长的领导小组、发布通告、媒体宣传、巡查检查等措施，建立健全机制体制，明确责任分工，并将“十年禁渔”纳入政府目标绩效、河（湖）长制、乡村振兴等考核范围，拉开长江流域“十年禁渔”工作序幕。教育宣传形式多样，在重点水域、重点区域粘贴、悬挂和设立禁捕通告、标语和标识标牌，印发典型案例，并运用新闻媒体、公众平台等媒体平台宣传。引导广大群众遵纪守法，依法支持和配合禁捕，全面营造“水上不捕、市场不卖、餐馆不做、群众不吃”的氛围。依法依规逐步推动全县水下工程作业渔业资源补救措施审批，落实补偿措施。加强渔业执法能力提升，采购水产品快速检验车、无人机、农业综合执法箱、夜视仪等渔业执法设施设备，提升执法渔业执法能力。建立健全跨部门跨区域联合机制体制，全链条全方位执法成效显著，结合“中国渔政亮剑2021”“护渔百日联合执法行动”等专项执法行动，加强与农业农村、公安、市场监管、交通等部门的协同配合，加大宣传教育力度，发动群众举报，进村入户摸排线索，对重点河段进行巡查，严厉打击各类非法捕捞行为。全年共出动执法车辆133辆次、执法人员506人次，开展联合执法56次，发放各类宣传资料9500余份，悬挂横幅标语60幅，制作宣传牌20余个，取缔“三无”船舶75艘，查处以“野鱼”等为噱头的宣传、销售渔获物的行为10起，警告劝离垂钓人员80余人次，没收电捕鱼、地笼网、钓竿等渔具60余套，查处电鱼、网鱼等非法捕捞水产品案件17起，遏制了非法捕捞事件发生，保护了天然江河鱼类资源。开展水产种质资源普查，组织召开全国第一次水产种质资源普查专题培训会，以20亩及以上水产养殖企（事）业单位、合作社、个体户等普查对象为重点，全县共普查水产养殖主体260余个，全面完成省、市下达任务。渔业资源养护，开展渔业增殖放流活动，结合6月6日全国“放鱼日”行动，恢复渔业资源、维护长江生态平衡，在凯江河和郪江河增殖放流鲢鱼、鳙钱、黄颡鱼、唇䱻、鳜鱼等重要经济鱼类和岩原鲤等长江上游特有鱼类95.34万尾，恢复生物多样性，增强河道自净功能。

渔业生产及水产品质量安全。渔业生产安全，坚持“安全第一、预防为主”，要求养殖户签订安全承诺书。加强防灾减灾，做好渔（机）具等机械设备的管理维护，特别是做好电、气设备和线路的检查和维护，设置好警示标识标牌，杜绝渔业事故发生。全年发放《水产养殖用药明白纸2020年1号》等宣传资料、《水产养殖记录》等记录300余套，检查指导水产养殖单位180家次，责令整改6家。同时，加强对饲料、渔药等投入用水产品的监督管理，督促养殖场填写水产养殖记录。落实农产品合格证制度，接受部、省、市、县监督抽样82个以及县本级快速抽检100个，合格率为100%。

【乡村振兴】 加强组织领导，构建工作落实体系。一是构建组织领导体系。加强党政"一把手"负总责。整合机构、统筹力量，坚持由县委、县政府主要领导任县委农村工作领导小组组长，对巩固拓展脱贫攻坚成果同乡村振兴相衔接工作常态研判、精准推进。全年共召开县委常委会17次、县政府常务会18次对相关内容进行专题研究部署。在全县范围内已召开3次乡村振兴现场会、9次联系调度会，及时推进工作落实。纵向落实安排部署。加强农村工作领导小组办公室决策参谋、统筹协调、政策指导、推动落实、督促检查等职能，定期分解工作任务，分发到各责任部门和乡（镇），并定期督察工作进展情况。层层传导责任压力。制订《党政领导班子领导干部推进乡村振兴战略实绩考核工作方案》，细化考核任务清单，将巩固拓展脱贫攻坚成果同乡村振兴有效衔接工作纳入乡村振兴战略实绩考核和县级年度目标任务综合考核，并加强结果运用，作为干部选拔任用、评先奖优的重要依据。构建政策资金体系。一是完备政策体系。制订《中江县巩固拓展脱贫攻坚成果同乡村振兴有效衔接工作方案》，明确建立巩固机制、发展乡村产业、抓好稳岗就业、夯实基础设施、保障基本民生等八条举措；相关县级相关部门制订出台28个行业配套巩固衔接方案，保持帮扶政策总体稳定，并不断调整优化，形成"1+28"政策体系及政策清单。二是加强资金统筹。按照不低于脱贫攻坚期内投入数量和增长比例支持巩固拓展脱贫攻坚成果同乡村振兴有效衔接要求，全县巩固脱贫成果财政衔接资金达3.5亿元，其中县本级投入财政衔接资金6141.4万元，增长0.4%。在政策范围内整合涉农资金、行业资金和社会捐赠资金12.2亿元，用于产业发展、住房建设、安全饮水提升、基础设施建设等项目。引导金融机构加大对巩固脱贫成果的支持力度，全年涉农贷款余额173.1亿元，增长17.4%。构建帮扶工作体系。一是调整优化帮扶力量。37名市领导、94个市级部门及300家企（事）业单位组成30个帮扶工作组，联系帮扶30个乡（镇）；31名县领导、99个县级部门及企（事）业单位联系帮扶30个乡（镇）；选派驻村"第一书记"、驻村工作队员282名，对152个村开展新一轮驻村帮扶；全县6600余名帮扶干部对脱贫户全覆盖结对帮扶，422名干部对1583户监测户全覆盖监测联系。二是落实常态帮扶机制。实行每月17日"民情走访日"、乡（镇）每周二"乡村振兴工作日"等制度，全县帮扶干部进村入户做好实地调查监测、动态识别、补短帮扶，先后集中开展脱贫成效"回头看"、防返贫动态监测集中排查、巩固脱贫成果"回头看"等工作。全年落实帮扶措施2547条，稳定消除1357户3185人返（致）贫风险。构建监测监管体系。一是健全防止返贫监测机制。先后制订出台《中江县深入推进防止返贫监测帮扶工作方案》《中江县脱贫攻坚成效回头看工作方案》《中江县防止返贫监测集中排查工作方案》等文件，明确行业部门和乡（镇）责任分工，细化标准工作流程，形成每月常态化开展防止返贫动态监测和帮扶工作机制。全县纳入新增监测对象共232户649人，其中边缘易致贫户96户244人、突发严重困难户71户214人、脱贫不稳定户65户191人。二是加强扶贫资产项目监管。出台《中江县扶贫资产管理办法（试行）》，明确扶贫资产清理、确权、登记、运营、处置等资产管理具体要求，完成2014—2020年扶贫资产清理，并建立《非经营性资产管护制度》《村经营性扶贫资产运营方案》。对脱贫攻坚中形成的4447个扶贫资产项目分类落实管护，项目资产总规模为18.3亿元，其中1902个公益性资产项目落实了管理主体和管理责任，947个经营性资产项目建立了利益联结机制，1598个到户类资产项目依法确权了予以保护。三是加大衔接资金项目推进力度。全县财政衔接资金项目256个，其中产业类89个、到户类3个、工程类157个、其他类7个。县级各行业牵头部门不定期开展项目建设、质量监管、资金检查，并动员群众参与现场监督，全力加快项目推进、保证项目质量。

突出工作重点，巩固脱贫攻坚成果。突出产业就业稳增收，按照全县"2+2"农业产业体系，加大现代农业园区建设力度，完善利益联结机制，带动群众持续增收。抓培训提能力、架桥梁搭平台、拓岗位助就业，实现已脱贫劳动力转移就业36 850人，增加1849人。全县脱贫人口和监测对象家庭年人均纯收入达10 015.6元，增加1668.9元，增长20%。其中，平均家庭经营性收入1084元，增长2.1%；人均务工收入6773.1元，增长27.3%。突出住房保障守底线，县、乡（镇）、村三级联动加强农村住房安全保障动态监测，组织3020人通过实地走访、查阅资料及拍照取证等方式，全面完成全县37.8万余户农房安全隐患排查。投入市、县衔接资金940万元，新（改）建农村低收入群体住房377户，全县农户住房安全得到全面保障。抓好易地搬迁抓后续工作，一方面抓好产业就业就近扶持，因地制宜建设现代农业产业园，搬迁户以土地入股、集体分红、务工挣薪等方式参与收益。对就业困难或不愿外出务工的劳动力，通过开发公益专岗托底，优先帮助其就地就近就业，一方面实施496个易地扶贫搬迁配套基础设施项目，整治提升用水、用电、用气等基础设施，实施家园美化、道路硬化、村庄绿化、照明亮化、环境净化、乡土文化“六化”工程，让搬迁群众生活方便、住得舒心。突出医疗帮扶惠民生，全年县财政安排资金2692.1万元，全额代缴脱贫户和监测户基本医疗保险，脱贫人口和监测对象基本医疗保险参保率达100%。加强农村人口医疗费用支出监测，每月对医疗费用自付金额过大的农村人口分析筛选，推送信息6208条，杜绝了因病致贫返贫风险。根据省、市医疗救助政策调整，对脱贫人口和监测对象基本医疗保障政策及时优化，取消救助起付线，提高救助标准，并实施倾斜救助，实现脱贫人口和监测对象看病不用愁。突出教育帮扶控辍学，对厌学儿童，建立风险台账，安排专人对点监测帮扶；对随班就读儿童，加强关心关爱，提升随班教学质量；对送教上门儿童，“一生一案”个别化送教上门，提升家长满意度。全面落实各类教育救助资助政策，全年资助困难学生88 427人次，资助总金额6128.7万元，全县脱贫户和监测户适龄儿童入学率、巩固率和义务教育阶段毕业率均达100%。突出安全饮水提质量，按照“区域规模化供水为主体，小型集中供水工程为补充”的思路，全面建成仓山水厂，开工建设响滩子水厂改（扩）建工程，新建黄鹿三水厂，推进双河口水厂、石泉水厂前期工作，完成11个乡（镇）19处农村集中供水工程维修养护，巩固提升24.6万人安全饮水质量。全县有安全饮水工程53 737处，其中集中供水工程277处、20人以下的分散供水工程53 460处，农村集中供水率85%，自来水普及率81%，供水保证率90%，水质达标率85%。建立上下联动、靶向预警的工作机制，每月常态化开展饮水安全监测、供水工程监管，杜绝了饮水安全问题。突出重点群体防风险，完善低保和救助标准动态调整机制，对农村低收入人群早发现、早帮扶，根据对象类型、困难程度给予专项救助、临时救助，做到有困必帮、有难必救、应保尽保、应兜尽兜，坚决筑牢返贫致贫风险“防火墙”。全县农村低保兜底27 424户49 102人，发放资金10 489.8万元；特困人员供养10 684人，发放资金6399.8万元；实施困难群众临时救助4156人次，发放救助资金217.3万元；困难残疾人补贴12 638人，发放资金1538.6万元；重度残疾人护理补贴10 399人，发放资金735.2万元；对符合条件的重度残疾人、重病患者等低收入人口392人，参照“单人户”纳入农村低保。

做好成果拓展，有效衔接乡村振兴。夯实产业发展基础。把产业发展作为巩固脱贫成果、促进乡村振兴的根本之策。加快现代农业园区规划布局，建设20万亩凯北粮油生猪循环现代农业园区、10万亩中药材现代农业园区、10万亩蚕桑现代农业园区、10万亩蔬菜现代农业园区、5万亩中江柚现代农业园区，创建（培育）现代农业园区省级1个、市级2个、县级128个。在园区内培育新型农业经营主体，全年创建农民专合社示范社省级4个、市级6个、县级8个；园区内家庭农场及种养规模户达2916家（户）、专合社1016家，带动14.5万余户农户参与生产经营。二是实施农产品加工、流通促进、品牌提升行动。培育形成雄健实业、颜氏粮油、年丰食品、江中源、四川逢春等农产品精深加工企业，建成农村电商服务站675个，打造“三品一标”农产品115个，年创产值20亿元，直接或间接解决就业22万人。三是推进农旅融合发展。建成一批以中江芍药谷、四川盆底、石林谷等为代表的休闲农业和乡村旅游基地，举办生态旅游节、采摘节、赏花节等休闲旅游节庆活动。全年接待游客人数414万人次，乡村旅游总收入达30亿元。

基础设施建设。一是推进高标准农田建设。全年投入资金1.6亿元，建设高标准农田5.4万亩，全县高标准农田总规模达98万亩。完成土地平整5940亩，建设排灌渠53.5千米、机耕道66.8千米、田间作业道3.6千米，整治塘堰29座、蓄水池4口、机耕桥14座。二是推进水利设施建设。投资1.5亿元，完成堤防修复整治3.2千米，新建并整治干支渠155千米，维修养护小型水库51座，除险加固病险水库4座，不断完善镇（村）防洪体系，改善农村生产、生活用水条件。三是推进道路交通条件改善。实施“撤并建制村畅通工程”“乡村振兴产业路旅游路工程”“乡村运输金通工程”三大工程，新建县、乡公路52.6千米，新建村（社区）道路110千米。四是推进电网通信建设。投入资金1亿元，实施电网改造升级项目169个，惠及79个行政村13 689户农户，全县农网线路结构、农村用电环境有效改善。实施光伏发电产业扶贫项目27个，并网发电96.4万千瓦时，惠及1460余户农户。投入资金1.66亿元，新建5G基站370个，优化4G基站156个，通信服务能力大幅提升。

推动人居环境改善。一是推进农村“厕所革命”。在72个村实施农村“厕所革命”整村推进示范村建设项目，完成15 927户无害化厕所改造任务；投入市（县）衔接资金262万元，新建农村公厕15座，全县卫生厕所普及率达91%。二是持续推进农村生活垃圾治理。完成14个乡（镇）生活垃圾收运体系建设，日均转运337.7吨，15个乡（镇）实行垃圾转运中转压缩和无害化处理，农村生活垃圾得到处理的行政村占比达95%，农村生活垃圾收转运处置体系覆盖97%以上的行政村，基本做到垃圾日产日清。三是梯次推进农村生活污水治理。按照“突出重点、分类治理、技术优化”的原则，完成91个行政村农村生活污水治理“千村示范工程”建设，全县农村生活污水得到治理的行政村占比达70%。四是实施“村庄清洁攻坚行动”。制定出台《中江县村庄清洁行动攻坚战实施方案》《2021年村庄清洁行动攻坚战督导方案》《中江县村庄清洁长效管护机制》，加强农村人居环境整治,对各乡(镇)开展日常督导,引导村民形成良好的生活习惯,提升村容村貌。

加强乡村基层治理。一是做好乡(镇)区划和村级建制调整改革“后半篇”文章,制订“1+24+6”系列方案并推进落实。二是以县、乡、村换届为契机,配齐配强基层组织“领头雁”,全县行政村党组织书记、主任“一肩挑”比例达94.6%,平均年龄从50岁降至47.9岁。三是开展乡村治理示范村创建,建成国家级乡村治理示范村1个、省级乡村治理示范村3个。四是加强农村专业人才队伍建设,回引农民工返乡创业就业,培育新型职业农民,造就更多乡土人才。全年支持农民工返乡创业2027人,吸纳就业2.2万人。

【乡村旅游】 全年接待游客691万人次,实现旅游业综合收入42.38亿元。四川盆底大地艺术景区创建为国家3A级景区,启动荷韵·南山、太安红泉桃花谷国家3A级景区创建。实施乡村旅游提升行动,加快推进中江石林谷、中国挂面村、沼源博物馆等文旅项目建设,不断提升乡村旅游接待能力。依托乡村旅游资源,本着“以节拓市场,以节促发展”的宗旨,策划2021“多彩田园·魅力中江”乡村旅游节会系列活动,承办2021四川花卉(果类)生态旅游节分会场暨中江第九届芍药赏花节,先后在辑庆、普兴、永安、集凤、仓山、柏树等地展开,辑庆第四届醉美樱花节、第四届四川盆底大地艺术节等活动,吸引游客超过420万人次。

【农村水利】 项目建设。全县共谋划实施水利项目53个,涉及城镇水利、农村水利、农村饮水、水环境综合治理等重要领域,总投资104.7亿元,其中续建、新开工项目21个,总投资22.6亿元;拟开工项目10个,总投资5.7亿元。石泉水库为《四川省“十二五”大中型水库建设规划》中的近期重点水源工程,是2021年全省加快建设推进的重点水利工程之一,静态投资6.56亿元,截至2021年年底,累计完成投资6.009亿元,占投资总额的91.6%。

防汛减灾。分级分类开展防汛抗旱应急演练169次。投入水利救灾资金47万元补充防汛物资,发放避险“明白卡”、减灾工作卡和宣传资料35 000份,全年通过短信预警平台共发送重大气象信息、水情信息30万余条。成立抢险队伍60个(约4000人),组织开展相关培训和演练。对51座小型水库进行维修养护、对4座病险水库进行除险加固,不断完善村镇防洪体系。成功应对4轮强降雨,实现防汛减灾“零死亡、零失踪、零责任事故”工作目标。

春灌输水。县管渠道岁修、除淤工作于4月全部完成。“8·16”水毁修复工程完成总工程量的100%,累计完成投资0.0773亿元,完成全县16条707处30余千米水毁修复。4月6日—6月11日,春灌输水9600余万立方米,同比提前12天完成全县41万亩水稻满载全插。

巩固脱贫。实施饮水安全巩固提升项目2个,共投资999.64万元,持续巩固提升农村饮水安全,保障群众用水安全。规划实施骨干供水工程5座,其中仓山水厂已完成所有设备联合试运行和管网铺设,累计使用用户数达3万户;响滩子水厂完成主体工程的50%,管网铺设800千米,厂区主体工程基础全部完成;黄鹿三水厂已进入施工准备阶段,石泉、双河口水厂等项目前期工作有序推进。投资31.29万元,对11个乡(镇)20处已完成农村集中供水工程进行维修养护,巩固提升了249 495人的用水标准,改善供水规模为34 352立方米/天。

【农业机械化】 全年完成小麦机耕作业38.1万亩、机播29.3万亩、机收36.1万亩,油菜机耕49.1万亩、机播12万亩、机收22.3万亩,水稻机耕41.5万亩、机播(机插)15.5万亩、机收39.9万亩,玉米机耕77.2万亩、机播17.5万亩、机收5.5万亩,主要农作物机械化作业效率和质量较2020年均有提升,耕种收综合机械化水平达66%。创建省级“五良”融合全程机械化示范区2个、“全程机械化+综合农事”服务中心3个。培育壮大农机专业合作社3个,社会化作业服务面积达3万亩。全县农田宜机化累计改造面积1.5万亩。

【农村科技】 不断加强农业科技创新体系建设,推进激励农业科技人员创新创业改革,优化科技创新创业环境,加强农业科技成果转化、科学普及与适用技术培训,促进农业产业升级、农村发展和农民增收。

农业科技成果转化。加强农产品高产高效安全生产技术支撑,重点围绕小麦、油菜、中药材、水果等优势产业和区域特色产业,开展产业化技术集成研究与示范推广应用攻关。围绕生物医药等社会发展领域开展技术攻关,研发新产品,运用推广新技术。全年组织实施农业科技项目9项,其中获得国、省、市资金支持项目3项。围绕全县农业产业特色,实施“德阳市丘陵区水稻智能化生产关键技术集成与示范(关键技术攻关)”“基于川丹参新品种的全产业链整合式开发研究”“优质专用小麦产业发展关键技术集成示范(示范基地)”“丘陵区小麦无人机飞播技术集成与示范”“蚕桑省力化蚕台养殖技术示范”等农业科技项目。

科学普及。4月8日,在悦来镇举办以“献礼党的百年华诞、科技带动乡村振兴”为主题的第二十三届科技、文化、卫生“三下乡”活动。举办“果树栽培管理技术”“大田作物”等主题培训讲座,组织科普成员单位开展科普知识宣传咨询和“科普大篷车进校园”活动,活动参加人数达800余人,发放各类资料7000余份。

农村特派团。开展现场科技服务342次以上,培训种养大户、新型职业农民55户3137人次;与企业、专业合作社、家庭农场、专业大户等建立利益联结机制，与服务对象签订协议18个以上，并按照约定履行义务，撰写论文论著及技术规程或编写培训教材超过36篇，引进示范推广或解决重要技术难题超过61项，报送服务信息85条（其中信息刊用76条）。

"四川科技兴村在线"中江县平台建设。7月，成立"四川科技兴村在线"中江县平台运管中心，平台入库专家55人、信息员750人，完成信息报送653条，截至2021年年底，"四川科技兴村在线"平台已为全县15个乡（镇）提供技术服务。

【农村教育】 全县投入资金48 050万元，实施江南外国语学校、东幼城东分园、西山小学迁建、中江中学教辅用房等新建、改（扩）建项目37个，面积123 500平方米，竣工投用项目30个。全面实施义务教育阶段"三免一补"政策，免除9.22余万名学生学杂费、教科书费、作业本费，为27 822名贫困学生提供生活费补助资金2813.45万元。减免3134名贫困家庭幼儿保教费，免除3680名家庭经济困难普通高中生、7618名家庭经济困难中等职业学校学生学费，为普通高中家庭经济困难学生3680人、中等职业学校家庭经济困难学生1084人提供国家助学金，共下发资金3066.6735万元。办理大学生助学贷款1543.2651万元，惠及大学生1987人。坚持"校内提质减负、校外治乱减负"双向发力，持续深化课堂教学改革，不断提高课后服务质量，加强校外培训机构督导检查，规范办学行为，确保"双规范'双减'"政策落地见效。以国培计划、名师工作室为依托，开展"专家下基层"和"名师送教下乡"活动5次。立项市级以上科研课题16项，其中省级教育科研课题立项2项，获得省政府教学成果二等奖1项。

【农村文化】 疫情形势下创新方式，组织开展"送春联入户"，覆盖30个乡（镇），举办"迎新春　展辉煌"新春图片成就展共计60场次；举办中江庙会川剧演出50场次；举办以"庆祝中国共产党成立100周年"为主题的乡村文艺调演（初选、复赛、决赛）33场次、文艺小分队下基层7场次；举办庆祝建党100周年文艺晚会1场；举办学习宣传贯彻市县党代会精神暨2021年文化惠民演出100场次。

指导乡（镇）综合文化站、村文化活动室、社区文化活动中心在做好疫情防控的前提下持续实施免费开放，拨付乡（镇）文化站免费开放专项资金225万元，确保免费开放正常运行，群众文化活动继续开展。指导乡（镇）举办以春节、庆祝建党100周年、庆中秋国庆等为主题的基层群众文化活动180场次。组织开展全县干部职工业余免费培训班，开设培训课程8个，授课400余课时，培训学员共计8000余人次。

【农村卫生】 全县共有乡（镇）卫生院（中心卫生院）30个、村卫生室436个，其中龙台中心卫生院、仓山中心卫生院为二级综合医院，基本建立起能够满足农村基层医疗卫生服务需求的体系。全县共建立居民健康电子档案101.6万份，建档率94.16%；动态使用68.97万份，档案使用率67.83%。7类重点人群健康管理服务继续加强，其中辖区活产数4828人，规范健康管理服务新生儿4562人，访视率94.57%；规范健康管理服务0～6岁儿童6万人，管理率91.46%；孕产妇系统管理4824人，早孕建册4533人，早孕建册率93.97%，产后管理4561人，产后访视率94.55%；65岁及以上老年人健康管理9.6万人，管理率43.56%；原发性高血压患者在管8.7万人，规范管理7.2万人，规范管理率82.01%，血压控制率55.66%；Ⅱ型糖尿病患者在管3.2万人，规范管理2.6万人，规范管理率83.13%，血糖控制率51.84%；严重精神障碍患者检出6348人；在册居家严重精神障碍患者健康管理人数5429人，管理率85.52%；肺结核患者健康管理367人，管理率100%。中医药健康服务达到规范要求。

血防阻断。11月，通过省重传办组织的专家考核，全县达到血吸虫病消除目标。全年完成查螺3444.084万平方米、灭螺899.02万平方米。全年询检31 177人次、血检50 563人次、粪检4015人次、扩大化疗8258人次；播放影像宣传8次，覆盖人数11万人；组织召开会议及开展血防讲座24场次，广播108场次，覆盖人数6万余人次；制作板报160期，发放健康教育知识读本1.6万册，发放宣传资料10万份；中小学开展血防知识课的学校12所、班次36次，听课人数1.5万人，健康教育受教覆盖30万人次，血吸虫流行地区学生健康教育知晓率达98.7%，学生健康行为形成率达91.4%。完成国家监测点及流动监测点监测、风险监测点监测任务，开展返乡人员及流动人群监测以及开展晚血现症病人治疗和动态监测，重点加强对石泉水库及石林谷区域风险人员监测。

牵头组织医疗机构制定监测对象识别标准，汇总监测脱贫不稳定户、边缘易致贫户、突发严重困难户，通过数据筛查、信息监测、调研督察等渠道将发现因大病、重症患者可能导致返贫致贫风险的名单推送至县乡村振兴局，截至2021年年底，与医保局研判后，共向乡村振兴局推送线索6407条，最终核定纳入因病返贫致贫1254人，落实低保559人、健康帮扶23人。截至12月，卫健局组织帮扶干部89人帮扶仓山镇6个村381户，其中已脱贫户349户、脱贫不稳定户12户、边缘易致贫户20户。全力支持镇村工作，选派1名工作人员到仓山镇园山村任驻村工作队队员。

贫困人口医疗救助基金。1—8月，卫生扶贫救助基金共救助8653人次，共拨付救助基金476.98万元。9月1日（含）后，根据《四川省医疗保障局等七部门关于印发〈四川省巩固拓展医疗保障脱贫攻坚成果有效衔接乡村振兴战略的实施方案〉的通知》（川医保发〔2021〕14号）文件精神，基本医保实施普惠保障政策，取消脱贫攻坚期内原建档立卡贫困人口在县域内定点医疗机构住院和门诊慢性病维持性治疗个人负担不超过10%、孕（产）妇分娩费用零支付等超常规措施安排，由基本医疗保险、大病保险、补充医疗保险、医疗救助等按规定支付。

计划生育政策。全县奖励扶助对象累计39 384人，发放标准为960元/人/年，实际发放39 374人、奖扶金3779.904万元；全县特扶对象累计1791名，其中伤残类429人、资金发放标准为8160元/人/年，死亡类1362人，资金发放标准为10 320元/人/年，实际发放1791人（伤残类429人、死亡类1362人），1755.648万元特扶金；再生育关怀项目中，独生子女死亡对象累计35人，资金补助标准为5400元/人/年，共计发放18.9万元补助金。为1481名计生特扶对象（含德阳市再生育关怀）按照二档380元/人/年及76.5元/人/年标准缴纳城乡居民基本医疗保险和补充医疗保险67.61万元，另为新增特扶对象补助城乡居民基本医疗保险103人、2.97万元，补充医疗保险88人、0.67万元，共投入资金3.64万元；为453名符合条件的特扶对象按照100元/人/年参加城乡居民养老保险，共投入资金4.53万元；按200元/人/年的标准，为1791名特扶对象、35名再生育关怀对象购买了住院护理险，共投入资金36.52万元，全年理赔508人次，44.53万元。全年为26 702户独生子女父母发放奖励金320.42万元。

【农村法治建设】 开展农村普法宣传活动40余场次，发放各类法治宣传资料（书籍、手册）共计35万余份（本、册），解答疑问2500余人次，受益群众累计达16万余人；受理法律援助案件382件，提供法律援助咨询658次；建立调整乡（镇）、村（社区）、行业性调委会共计558个，排查矛盾纠纷3245次，调解纠纷799件，调解成功790件，涉案金额612.8万元，调解成功率达98.89%；对全县793名社区矫正对象进行拉网式排查，开展审前社会调查评估149件，警告处分社区矫正对象6人次，依法撤销缓刑3人，暂予监外执行收监2人，社区矫正对象重新犯罪率均严控在2‰以内。

【农村交通】 全县共实施农村公路项目317.13千米，总投资28 560.4万元，其中完成县（乡）公路改建21.33千米、村（社区）道路改建255.9千米；开工并加快实施改建县（乡）公路5.8千米、村道生命安全防护工程34.1千米。

民白路高垭口至团结桥段改建工程（Y186梁山路）。路线起于民主踏水桥（平交永菊路），沿郪江前行，在K0+400跨越郪江后经旗山村、两眼寺村止于白果乡团结桥（平交积淮路），全长5.062千米，为四级公路，路基宽6.5米，沥青混凝土路面，项目总投资4998万元。项目于2020年2月正式开工建设，2021年11月底完工并交付使用。

积淮路积金至白果段公路改善工程（X516石石路）。路线全长6.78千米，为四级公路，路基宽6.5米，沥青混凝土路面，项目总投资2350万元。项目于2020年11月正式开工建设，2021年11月底完工并交付使用。

石联路石龙至联合公路改建工程（X517石永路）。路线全长6.287千米，为四级公路，路基宽度6.5米，路面宽度6米，沥青混凝土路面，项目总投资5093万元。项目于2020年7月开工建设，2021年年底完成主体工程。

三金路二道垭口至龙安场镇公路改建工程（X514龙兴路）。路线全长3.2千米，为四级公路，路基宽度6.5米，路面宽度6米，沥青混凝土路面，项目总投资785万元。项目于1月开工建设，2021年年底完成主体工程。

继积路继光至民主段公路改建工程（X503永民路）。路线全长5.8千米，为四级公路，路基宽度6.5米，路面宽度6米，沥青混凝土路面，项目总投资6356万元。项目于3月开工建设。

村社道路新建项目。已建成255.9千米，完成投资8682万元，其中中央、省补助撤并建制村畅通工程56.12千米，易地扶贫搬迁结余资金村社道建设项目61.28千米，中央、省乡村振兴财政衔接资金村（社区）道建设项目68.27千米，市、县财政衔接资金村组道路建设项目70.23千米。

村道生命安全防护工程。完成34.1千米，完成投资300万元，主要内容为完善村道公路路侧护栏、标识标牌等安防设施建设。项目2021年于11月开工。

【农村社会保障】 扩面参保。采取抓宣传舆论，增强参保意识；抓政策入户，深挖特殊人群；抓社保扶贫，落实“应保尽保”等措施，不断扩大参保覆盖面。全县城乡居民养老保险参保人数达57.4万人，其中16～59周岁35.1万人、60周岁及以上22.3万人。按月足额向22.3万名城乡居民养老保险待遇领取人员发放养老金，全年累计发放3.09亿元。

落实困难群体代缴。通过建立与县民政局、县残联、县乡村振兴局等部门的协作联动机制，每月进行数据比对，确保对困难群体人员信息实现动态掌握；及时与各乡（镇）对接，着重对疑点信息逐一研判；组织镇村干部到困难人员家庭逐一核查，确保村不漏户、户不漏人。截至2021年年底，完成为低保对象、特困人员、重度残疾人员等困难群体代缴最低标准城乡居民养老保险费（100元/人/年）共27 563人，代缴金额275.63万元，目标完成率达183.75%。

开展待遇领取人员资格认证。拓宽开展手机APP、电子社保卡等认证新方式，提高便民利民服务质效。将城乡居民养老保险待遇领取人员资格认证工作纳入年终目标考核，加强监督检查。全年完成城乡居民养老保险待遇领取人员资格认证共计18.74万人。

做好基金监管。做好基金监管，规范内控制度和基金稽核制度，对基金的筹集、划拨、发放进行监控，定期开展监督检查，并加大与财政局、信用社等部门的配合力度，确保财政补助资金落实到位，杜绝截留和挤占现象。先后下发中江县人社局《关于进一步加强追缴冒领城乡居民基本养老保险基金工作的通知》（江人社发〔2021〕13号）和《关于开展抽查城乡居民养老保险2020年待遇领取人员资格认证及冒领基金追缴进度工作的通知》（江人社发〔2021〕24号）至各乡（镇），明确责任部门，采取举措层层压实责任，摸清资金去向，增添追回措施，建立工作台账，确保冒领追缴工作有序推进。配合省、市暂停并核查重复领取和死亡冒领养老金375人，追回冒领养老金76.8万元。

【农村生态建设及环境保护】 郪江象山断面和凯江西平断面达到Ⅲ类水质，清溪河碾子湾断面达到Ⅳ类水质，均达到上级考核目标。土壤环境安全可控，全国污染地块土壤环境管理系统内录入地块土壤环境初步调查，已全部完成。迎接第二轮中央生态环境保护督察顺利完成，反馈问题的整改按时序推进。印发水污染防治、工业源、移动源、建筑工地扬尘、道路扬尘专项整治行动方案，将大气、水污染治理目标任务分解并落实到相关责任单位。一是坚决打赢"碧水攻坚战"，推进乡（镇）污水处理设施建设运行。全县81个乡（镇）污水处理厂站已全部建成并调试运行。开展河（湖）"清四乱"行动；制定《中江县2021年郪江流域乡（镇）河流交接断面水质考核细则》，在郪江流域18个乡（镇）设置22个考核断面，加强污染源管控和治理；加强农村面源污染治理，结合"厕所革命""千村示范"工程稳步推进农村生活污水治理。完成双河口、黄鹿水库饮用水水源地保护区环境问题整治，推进元兴水库水质提升工程建设，全县3个国考断面均达到上级考核要求。二是坚决打赢"蓝天攻坚战"，开展扬尘、工业企业污染、餐饮油烟、露天禁烧等重点行业专项整治，加强柴油货车排放监督抽测，抽测柴油车721辆、非道路移动机械169辆。三是坚决打赢"净土保卫战"，督促2家重点监管企业开展隐患排查和土壤环境自行监测；对15家企业、1家医疗废物处置中心开展危险废物环境风险隐患大排查大整治；严格执行危险废物转移审批手续，禁止将危险废物提供或者委托给无许可证的单位或者其他生产经营者从事收集、贮存、利用、处置活动。

工程建设类。中江县2021年省级农村生活污水治理"千村示范工程"争取省财政以奖代补资金1318万元，同时整合农村"厕所革命"资金81万元，对25个行政村进行农村生活污水治理，开工时间为8月，竣工时间为12月。项目通过新建一体化污水处理设施对农村聚居点进行治理；通过户厕改造以及配备三格式化粪池对散户生活污水进行治理，已完成25个村的治理任务。

【农产品质量安全监管】 全县农产品生产经营主体入驻国家农产品质量安全追溯信息平台592家，全部实施食用农产品合格证制度监管。根据农业农村厅《关于开展县级农产品质量安全风险监测工作的通知》（川农发〔2021〕77号）要求，全县农产品质量安全检验检测站完成225个样品的风险监测任务，其中抽检种植业产品127个（蔬菜67个、水果25个、菌类5个、粮食30个）、畜产品样品98个（猪肉45个、牛羊肉10个、禽肉15个、禽蛋15个、水产品10个、牛奶3个），抽检合格率达100%。按照中江县农业农村局《关于做好2021年县级农产品质量安全监测工作的通知》（江农发〔2021〕24号）要求，县农产品质量安全检验检测站共抽检样品565个，其中种植业产品425个（小麦125个、玉米105个、水稻195个）、畜禽产品140个（猪肉59个、猪肝58个、牛肉10个、鸡肉5个、鲜牛奶8个），合格样品561个，不合格样品4个，合格率达99.29%。按照《中江县2021年县级农产品质量安全节前专项监督抽查实施方案》通知要求，全县农产品质量安全检验检测站开展监督抽检样品共20个，其中鸡肉5个、鸡蛋4个、水果9个、蔬菜2个，抽检合格率达100%。完成水稻、玉米、小麦专项监测435个。

【农村市场体系建设】 商品市场有序发展。全县共有商品市场53个，营业面积27万平方米，从业人员2900余人，年交易总额超过8亿元，其中农贸市场46个，营业面积14.5万平方米，从业人员2450余人，年交易总额1.8亿元。建成大型交易市场3个，一是总投资约3.5亿元、营业面积约8万平方米的金典凯信商业广场建成营业；二是总投资2000万元，占地28亩，总建筑面积1.15万平方米的川北道地中药材交易中心建成营业。三是投资约1亿元，占地52亩，营业面积约3.6万平方米的绿谷汽车博览城建成营业。

城乡统仓共配加快推进。聚焦提升"工业品下乡、农产品进城"双向流通效率，推动城乡统仓共配，截至2021年年底，全县共入驻"四通一达"等20家快递企业，并以国有企业中江邮政公司为支撑，对辖区内11家县域快递企业进行整合，开通5条城乡物流配送专线，直达30个乡（镇、场镇）及100个行政村，搭载"日用消费品、农资下乡和农产品进城"双向配送服务，创造规模效应，降低了县域快递成本，县城与乡（镇）间快递实现当天转运。

商贸流通网点融合发展。鼓励县域阳光盛源等商贸流通骨干企业以镇、村为重点下沉供应链，为各镇、村的中小企业和个体商户提供集中采购、统一配送、销售分析等服务，增强农村实体店铺抗风险能力，推动农村商业网点实现寄收快递和商品流通等多种功能。截至2021年年底，阳光盛源在县域内各镇、村共设点365个，全部能实现商品销售、寄收快递等综合功能。

企业信息化水平显著提升。引导县域供销、邮政和商贸流通重点企业运用大数据技术、云计算等现代信息技术加快转型升级。支持阳光盛源等建设ERP全流程管理系统，动态掌握终端运营数据、商品周转和实时库存情况，畅通供应商与服务点之间的沟通渠道，提高商品流通时效性、产品多样性，降低了经营风险，破解了信息不畅导致的堵点问题。

【农村留守儿童（学生）帮扶】 实施“金秋助学”工程。争取资金8万元，对全县80名优秀贫困大学新生给予1000元/人的资助，助力其圆梦大学。实施“暖冬关爱行动”、贫困青少年大病救助行动，利用14万元对全县350名事实孤儿、特困青少年、“五失”青少年进行帮扶。在黄继光纪念馆、中江县禁毒教育基地开展“红色夏令营”活动，全县共150名中小学生聆听了特级英雄黄继光的故事，接受爱国主义教育，并且学习了解禁毒知识。联合四川师范大学、西华大学、西华师范大学、四川音乐学院、川北医学院开展大学生暑期“三下乡”志愿服务活动，开展手工、书法、舞蹈、课业辅导等关心关爱留守儿童活动，覆盖学生4000余名。实施“童伴计划”，建立51个“童伴之家”，覆盖30个乡（镇）2000余名留守儿童，聘请“童伴妈妈”，并选聘大学生、青年干部担任“童伴妈妈”助理，协助“童伴妈妈”开展志愿服务活动，服务留守儿童的各项需求。

【劳务开发与返乡创业】 全年劳动力转移输出总量51.7372万人，其中男性29.4923万人、女性22.2449万人，省内就业31.0347人、省外就业20.7025万人。全年开展劳务品牌培训1837人，返乡创业培训665人。

加强人力资源合作。抢抓成德眉资同城化、成渝地区双城经济圈建设有利契机，打造优质劳务产业。与成都市新津区人社局、成都市温江区人社局、江苏省高邮市人社局、崇州市人社局等签订人力资源合作协议7份，同步开展重点企业专项招聘，促进农民工定向就业；建立福建省、浙江省、上海市驻外服务站，开展人力资源和社会保障等。

加强就业稳岗。结合乡村振兴，通过“送教下乡”模式，在龙台镇、白果乡等多个乡（镇）开展特色农旅“2+2”产业发展专班、“1+N”创业意识加农村实用技术专班，共计培训脱贫劳动力1210人，兑现生活补贴20.5万元。通过“中江找工作”微信公众号、“中江县农民工服务保障”等QQ群、抖音等服务平台发布就业岗位，会同融媒体中心推出“应聘不见面、送岗零距离”的“直播带岗”服务，同时在疫情防控允许的情况下，每月6日、16日、26日定期举办各类专场招聘，共计举办线下招聘16场次，同步举办进企业、进乡（镇）招聘会，全年累计推送岗位7.6万个，满足企业用工和劳动者求职需求。全年就业困难人员就业469人，落实创业担保贷款3923万元。组织脱贫人口参加各类技能培训6566人。

维护农民工合法权益。开展用人单位日常巡查284次、专项检查212次；办理农民工工资拖欠案件72起，为302名农民工追回欠薪127.4万元；办理农民工法律援助案件140件，化解农民工维权纠纷5起，帮助150余名农民工第一时间拿到薪资；解答农民工法律咨询800余次。

搭建创业平台。筑巢引凤，支持创业聚力打造凯州新城、中江县高新区、知识产权试点园区，创建丰泰孵化园（中小企业创业园）、返乡人士创业园、小微企业孵化园，已聚集返乡企业73家，新增就业岗位4000余个，吸纳就业3800余人。延伸服务，支持农民工创业，全县已在北京市、广东省、浙江省、福建省、重庆市设立了农民工党建和服务保障工作站，更好地服务外出务工人员就近咨询了解返乡创业政策。

确保返乡创业政策落地。全面落实工商注册资本认缴登记制度，推行“三证合一”，给农民工创业“松绑”，2015年，中江发出德阳市首张“一证三号”营业执照，发出全市首张“一照一码”农民专业合作社营业执照，激发了农民工创业创新热情；坚持“能减则减、能快则快”的原则，优化创业担保贷款的办理流程，加快贷款资金发放，提高了创业担保贷款办理效率，激发了创业者的创业热情；推广“免担保”贷款政策，降低贷款门槛，联合金融机构、财政等部门，明确放贷条件和程序，特别是对创业能力强、信用等级评定高的创业人员全面取消担保条件。

返乡创业全程指导。县人社局组建15人的农民工返乡创业指导专家服务团，县农业农村局组建10人的农业专家服务团，为返乡农民工适时提供创业指导服务。建立“1+3”跟踪服务机制，即让每个创业项目都有1个承办单位负责服务、1名联络员负责协调联系、1名创业导师负责帮扶指导，使帮扶业务涵盖创业培训期、成长期、成熟期整个过程。中江县农民工服务和就业创业促进中心创业交流平台，开设“创业者之家”“创业论坛”QQ交流群等众创空间服务，由创业导师在线为创业者提供创业项目咨询及创业指导服务，保证创业服务的连续性，提高创业服务的时效性。

加强就业创业政策宣传。印制就业创业政策宣传单2万余份，通过乡（镇）、社区人力资源和社会保障服务平台进街道、进小区、进门店、进夜市等方式开展政策宣传活动。加强政策培训，对30个乡（镇）的分管领导、人力资源和社会保障服务所进行业务培训，详细讲解政策。通过“中江人社”微信公众号、QQ群、微信群宣传就业创业政策，使政策深入人心。以编发简报的方式宣传创业典型，及时报道其取得的创业成效，分享创业过程中的好做法、好经验，以带动更多的创业者创业。全年对226名符合条件的创业者发放创业补贴205万元，对符合条件的自主创业人员发放创业担保贷款3923万元，带动就业7300余人。

【主要领导人】 县委书记：苏刚；县人大常委会主任：陈立贵；县长：李霞（9月止），魏宇（9月代理）；县政协主席：杨晓刚（12月止），陈俊（12月始）；分管农业副县长：高芳。

中江县编写组

绵 阳 市

【基本情况】 2021年，全市辖5县3区1市，辖区面积2.02万平方千米。有户籍人口526.97万人，有常住人口488.3万人。

2021年，全市GDP3350.29亿元，增长8.7%。第一产业增加值增长7.5%，居全省前列。规上工业增加值增长11.4%，居全省第一位，是2004年以来最好位次，服务业增加值增长9.3%，全社会固定资产投资增长11%，社会消费品零售总额增长18.5%。地方一般公共预算收入159.2亿元，增长12.9%。城乡居民人均可支配收入43 150元、21 340元，分别增长8.7%、10.5%。入围全国城市综合竞争力百强，排名第75位。

【乡村振兴】 落实“四个不摘”要求，巩固拓展脱贫攻坚成果，抓实2620户5869人动态监测帮扶。实施东西部协作项目29个。开展对口帮扶。三台现代农业产业园被纳入国家现代农业产业园创建名单，涪城、梓潼、盐亭现代农业园区在省级园区考评中晋星升级。国家区域畜禽（生猪）种业创新中心落户绵阳。严守耕地保护红线，建成高标准农田22.6万亩，粮食产量达到235.18万吨。全年生猪出栏362万头、存栏253万头，超额完成省下达目标。新增国家级农业产业化龙头企业2家。三台县农村危旧房改造、北川县农村人居环境整治工作获得国务院督查激励，梓潼县被评为全国村庄清洁行动先进县。安州区获评全省乡村振兴先进县（市、区），三台县获评全省乡村振兴成效显著县（市、区），3个乡（镇）、35个村获评全省乡村振兴先进乡镇、示范村。镶碗制作技艺等10项传统工艺被纳入省级农村生产生活名录。

【统筹城乡发展】 围绕加快建设“双300”Ⅰ型大城市目标，实施城市更新行动，中心城区新增面积6.5平方千米，达到181.8平方千米。“七人普”全市常住人口增加25.43万人。长虹大道、绵州大道、临园路等主干道改造提升已完成，三江闸坝桥头公园、创享广场建成投用，人均公园绿地面积达到14.1平方米。339个老旧小区改造项目全部开工，棚户区改造开工2826套、基本建成1829套。科技城创新馆和绵阳城市规划展览馆加快建设。上榜央视年度“中国美好生活城市”十大“心仪之城”。城镇新增就业5.67万人，城镇登记失业率2.75%，低于省控目标1.25个百分点。

【基础设施建设】 成兰铁路绵阳段加快建设，成绵间动车班次进一步加密，皂角铺铁路物流基地开通运行。完成绵遂内铁路可研报告编制。九绵高速江油太平至青莲段通车、平武至木座段建成，广平、中遂、绵苍、G5成绵扩容等高速加快建设，茂盐、南盐、三大乐高速前期工作稳步推进。全市高速公路建成里程达到468千米，在建和通车高速公路里程达到770千米。国道247线平武古城至林家坝段、省道210线江油段、省道209线梓潼段改建工程等项目完工。南郊机场年旅客吞吐量298万人次，T2航站楼项目主体完工。北川通用机场加快建设。引通济安、沉水水库等重点水利工程建设有序推进。创建为国家“千兆城市”。

【农村社会保障】 财政民生支出占一般公共预算支出比重67.87%。70件省、市民生实事稳步推进。为6.97万名义务教育阶段学生提供营养午餐。落实国家谈判药品、集采药品使用要求，减轻群众医药负担2.7亿元。1249家定点医药机构接入异地就医平台。开展全民参保计划，基本养老保险参保人员达376.51万人，基本医疗保险参保人员达488.19万人。发放低保资金4.5亿元。

【农村生态建设及环境保护】 中心城区环境空气质量优良天数率88.8%，PM2.5年均浓度34.9微克每立方米，完成省下达环境空气质量目标。国控省控考核断面优良水体比例、县级及以上城市集中式饮用水水源地水质达标率均为100%。土壤环境质量总体稳定。全面完成第一轮中央、省生态环保督察及“回头看”反馈问题整改。长江经济带小水电整改任务基本完成。“三区三线”划定工作有序推进。全面推行河（湖）长制，长江流域重点水域禁捕退捕年度工作完成。实施林长制，启动新一轮大规模绿化绵州行动，森林覆盖率达56%，国土绿化覆盖率达70.46%。开展涉矿生态环境问题整治专项行动，复绿110.9公顷。加快建设大熊猫国家公园，平武关坝村入选生物多样性全球典型案例。

【文旅品牌创建】 绵阳市上榜2020—2021年度“中国美好生活城市”十大“心仪之城”，并入选第二批国家文化和旅游消费试点城市（全国55个、全省3个）名单；“绵州记忆”入选第一批国家级夜间文化和旅游消费集聚区名单；七曲山风景区入选《中国国家旅游》年度榜单，获评“2020中国国家旅游年度甄选文化旅游目的地”；江油市入选第三批天府旅游名县、第二批省级全域旅游示范区和2021中国县域旅游综合竞争力百强县（市）。平武县列2021中国品质休闲百佳县（市）全国总评榜第22位。梓潼县两弹城入选首批天府旅游名镇，安州区桑枣镇齐心村入选首批天府旅游名村，北川巴拿恰入选首批省级旅游休闲街区名单。原四川省文化旅游特色小镇（全省40个）更名为“天府旅游名镇”，江油市青莲镇入选天府旅游名镇。中国两弹城等9家单位入选全省中小学红色教育研学实践基地名单，“5·12”汶川特大地震纪念馆等3家单位被命名为全省地学研学旅行实践基地。

【推广合作】 以“绵阳旅游”微信公众号、“绵阳观察”“直播绵阳”文旅板块等为主，“绵阳文旅”抖音号、众多本地KOL和网络达人为辅的融媒体矩阵基本形成。加大宣传广告投放力度，绵阳文旅形象宣传广告在绵阳机场登机连廊灯箱、到达至停车场连廊电梯灯箱、行李手推车和绵阳火车站出站口LED显示屏、出站廊道LED显示屏投放，最长持续1年时间。深化以绵碚合作为重点的成渝地区区域城市文旅合作，举办“2021寻找最美乡（镇）”“镜显辉煌·共赏醉美绵阳”美拍绵阳摄影大赛、“多彩山水·富乐绵阳”成都宽窄巷子绵阳文旅秋季大型推广活动，到重庆、汉中、雅安等地举办绵阳文旅专场宣传推广活动6场次。组织县（市、区）文旅部门和企业参加第八届四川国际旅游交易博览会、重庆都市文化旅游节、重庆文化产业博览会等成渝地区重大文旅品牌节展会，提升和宣传绵阳文旅形象。

【公共文化服务体系建设】 开展主题文艺创作及系列展示展演展播活动。北川羌族自治县民族艺术团被推荐为全国先进基层文艺院团。话剧《疫战中的婚约》《国魂》、川剧《文昌第一福》入选全省庆祝中国共产党成立100周年优秀剧目展演季参演作品。话剧小品《我们的青春》、小品《山湾农庄的笑声》入选四川群众文艺作品会演优秀作品名单。市图书馆联合数据平台项目入选2021年度国家文化和旅游科技创新工程项目储备库出库名单。经典诵读节目《邓爷爷我们来看您了》被评为全省“百人经典诵读·庆祝建党百年”暨播音主持融合传播作品推优活动优秀作品，市文广旅局被评为“优秀组织单位”。5月，启动“街头艺人”项目，60余组艺人轮换在城区3个点位进行表演。涪城区入选第二批四川省现代公共文化服务体系示范县名单。FM103.3绵阳交通广播2021“寻找绵阳最美乡（镇）”活动获得第五届广播超级碗全国广播“十佳”活动案例奖。

【主要领导人】 市委书记：刘超；市人大常委会主任：付康；市长：元方；市政协主席：李亚莲；分管农业副市长：郑志恒。

绵阳市编写组

涪 城 区

【基本情况】 2021年，全区辖5镇4个街道，辖区面积422平方千米。

【乡村旅游】 千鹤田园农旅融合片区旅游专项规划暨临港经济发展片区旅游专章规划通过市级专家组评审。通过购买服务，“乐游涪城”微信公众号和视频号正式上线，已发布宣传涪城旅游图文信息及短视频63期。推荐杨家镇申报四川省乡村旅游重点镇，杨家镇鲜家坝村、柏林湾村申报四川省乡村旅游重点村。

【公共文化服务体系建设】 在全区范围开展魅力涪城乡村情“村晚”活动，该项目作为四川省政府向社会力量购买公共文化服务示范项目，获得省级专项资金30万元、区级配套资金9.98万元。下派舞蹈类、音乐类专业干部50余人次指导建立新皂“古驿雄狮”队、吴家“小蛮腰”秧歌队、丰谷“井上添花”腰鼓队等6支独具特色的民俗文化队伍。全面开展文化能人挖掘，实行“包片”入户调查，精准摸排传统手工艺、文物研究、文学创作等乡村文化能人50名。传播推广川剧、清音、船工号子、打连萧等地方特色文化，推动文旅融合发展迈上新台阶。鼓励支持各镇抓好“一镇一品”建设，举办丰谷桃花节、吴家荷花节、新皂梨花节、青义樱花节、杨家菜花节，参与群众近70万人次，帮助增收500余万元，“五朵金花”乡村旅游名片影响力持续攀升。统筹舞蹈编排、舞美设计等专业人才10名，打造节目“古驿金狮耀绵州”，并在全省大型活动中亮相展演。吸纳中小学教师、职中学生等稳定人群，培育一支60人的传承表演队伍和一支80人的民间表演队伍。持续推动“天青苑川剧”扎根行动，投入26万元完成全区53个行政村及12个乡（镇）、社区全覆盖演出。探索“乡村行”文化志愿者结对发展路径，整合在绵高校、民间文艺机构专业力量，一方面辅助乡（镇）进行文化挖掘整理、文化人才培育、文化宣传推广；一方面提供课题研究、社会调研素材，实现“双赢”目标，已结成对子3个，分别是绵阳师范学院音乐与表演艺术学院与丰谷镇、西南科技大学文艺学院与青义镇、天青苑川剧团与吴家镇三清观村，新增文化志愿者30名。

建设微型主题图书馆。延伸公共文化服务触角，探索建立四级公共文化服务网络，在人口密集区域、大型商超、群众服务大厅、工业园区、农业主题公园等地方，根据市民、游客、职工不同的图书阅读需求，量身定制少儿、艺术、社科、时政等富含科技休闲元素的主题图书馆，已建成政务服务中心分馆、临东社区分馆、绵阳惠科光电有限公司分馆、天虹丝绸文献馆，天青苑川剧分馆、华丰社区邻里分馆、长虹社区青年分馆、丰谷镇分馆、区体育馆分馆、香草园分馆6个分馆建设有序实施，累计投入资金83万元，惠及群众近2万人。

【广电惠民】 落实“润视”惠民行动，为1118户城市困难家庭免费接通高清数字有线电视信号，为799户城市困难家庭免费配送安装数字电视机顶盒，发动广电系统党小组、党员志愿者为16户无电视困难群众家庭捐赠电视机。组织实施涪城区村建制调整后村级广播室升级项目，协调专项资金44万元，完成全区43个村广播室升级改造，解决建制调整改革后“村村通”广播室未整合问题，做实乡村建制调整改革“后半篇”文章。精准落实广电惠民政策，保障2895户农村建档立卡贫困户和困难群众免费收看电视。

【乡村文化振兴】 参与制定《关于全面推进乡村文化振兴的实施意见》，启动区文化馆新增8名机动事业编制招聘工作，助推涪城“五朵金花”，提升金峰雄狮节目品质。建立乡（镇）特色文艺团队，举办涪城区首届民俗文化节展演，参加四川省第二届乡村文化振兴魅力竞演大赛节目演出和非遗展示。组织申报省级非物质文化遗产项目4个（窝窝店包子制作技艺、鑫田粮艺、金峰雄狮舞、绵州吟诵），已通过市局评选。组织召开涪城区乡村文化振兴工作推进会。开展金峰雄狮进村社演出。完成“天青苑川剧”乡村“扎根”村演出。举办乡村文化人才专题培训班，建立“乡村行”文化志愿工作站，建立乡村文化能人库等工作。

【主要领导人】 区委书记：邓辉；区人大常委会主任：顾建；区长：张虚怀；区政协主席：张晓峰；分管农业副区长：林勇。

涪城区编写组

游　仙　区

【基本情况】 2021年，全区辖1个省级高新技术产业园区1个经济试验区3个街道8个镇172个村（社区），辖区面积1018平方千米，其中耕地面积54.65万亩，人均耕地面积0.96亩；基本农田47.73万亩。年末总人口55.6万人（户籍人口），人口出生率4.7‰，人口自然增长率–1.28‰。全区耕地有效灌面和保证灌面分别达到耕地总面积的86%和87%；本地水资源总量3亿立方米，人均占有水资源量527.86立方米。有森林管护面积6231公顷，有林地面积2.66万公顷，活立木总蓄积量154.49万立方米，森林覆盖率31.29%。

2021年，全区GDP417.4亿元，增长8.4%，其中第一产业增加值37.25亿元，增长7.2%；第二产业增加值152.86亿元，增长7.9%（工业产值398.36亿元，下降9.3%）；第三产业增加值227.29亿元，增长9%。三次产业对经济增长的贡献率分别为8.3%、34%和57.7%。

公路通车里程1860.39千米（其中乡村公路1287.94千米），密度183.75千米/100平方米、32.74千米/万人。社会消费品零售总额152.71亿元，增长18.1%。地方公共财政预算总收入完成520.644亿元，增长10.9%；公共财政预算总支出402.026亿元，增长20.25%，其中乡村振兴投入25.42亿元，占支出的13.35%。金融机构各项存款余额370.86亿元，比上年增长8.1%；各项贷款余额290.2亿元，比上年增长1%，其中推荐乡村振兴农业产业化发展贷款6954万元。全年农业保费收入6.15亿元，增长16.8%。农业产业化龙头企业省级、市级分别为8家、52家。

有各类学校151所，在校学生92 509人，教职工5883人，其中普通高校9所，在校本（专）科学生12 445人；普通中学15所，在校学生28 895人；小学（幼儿园）127所，在校学生51 169人；学龄儿童入学率100%。有文化馆1个，公共图书馆1个，博物馆1个。有卫生机构404个，病床位2230张，卫生技术人员550人。城乡居民基本医疗保险参合人数35.18万人，参城乡居民养老保险参保人数18.81万人。

【年度农业和农村经济运行】 2021年，全区实现农业总产值52.34亿元，增长7.9%；全区全年农业增加值达41.6亿元，增长7.1%。农民年人均可支配收入达22 805元，增长10.6%。全区农产品质量抽检合格率100%（主要农产品产量见表1所列）。

【农业产业化发展】 持续推进高标准农田建设，建成高标准农田2.3万亩。招引大型养殖企业3家，年出栏生猪19万头。培育农业企业223家、专合社397家、家庭农场1386家、规模养殖场90家、种粮大户392户，全年农林牧渔业总产值达52.34亿元。新培育家庭农场236家，总数达1386家；新培育区级及以上农民合作社示范社40家；新培育农民合作社联合社1家，总数达397家。指导游仙蔬菜（川菜硅谷）种业园区与西南大学园艺学院完成专家工作站合作联建，推动市农科院在游仙区新建现代农业科技园。

【农业项目投资】 全区实现农业招商引资签约金额3.04亿元，完成固定投资15.5亿元，招引农业企业2家。全年对上争取31个项目，合计1.8亿元。申报中央预算内项目和中央转移支付两大类项目，申报金额2.7403亿元。策划包装并储备项目25个，投资金额39.4848亿元。

【供销合作社改革】 加强基层供销社建设。优化基层供销社经营服务布局，推行供销合作社、村集体经济组织、农民专业合作社“三社融合”发展和开放办社新模式，拓宽业务渠道，用活科技手段，已新建基层供销社9个（其中基层社示范社7个），组建发展村级供销社4个，培育建成星级农村综合服务社5个，改造区域

表1　2021年游仙区主要农产品产量

主要农产品	单位	产量	同比增减(%)
粮食	万吨	24.400	1.70
水稻	万吨	12.770	1.30
小麦	万吨	4.860	1.30
玉米	万吨	5.750	3.30
马铃薯	万吨	0.410	1.00
油菜籽	万吨	5.030	2.90
蔬菜及食用菌	万吨	20.610	3.30
水果	万吨	2.500	4.76
肉类	万吨	2.580	2.70
猪肉	万吨	1.310	6.00
牛肉	万吨	0.090	18.10
羊肉	万吨	0.040	–5.70
禽肉	万吨	1.130	–1.60
兔肉	万吨	0.120	18.00
禽蛋	万吨	1.210	18.20
水产品	万吨	1.400	6.50
牛奶	万吨	0.037	–77.10

性为农服务中心1个，吸纳辖区内67家有影响力的农资、饲料、超市经销商及种养业大户、农民专业合作社等入股参与。经济数据再创新高。全区全年供销系统实现销售额15.6亿元，增长27%；实现农产品购进额13.9亿元，增长31%；电子商务销售额1.2亿元，增长160%。营销宣传力度大幅提升。对接幸福山湾集团等有实力的宣传营销团队，交流探讨农产品供销体系建设项目，拓展农产品销售渠道，开展农产品公共区域品牌建设，支持推荐17个游仙农特产品纳入“绵阳珍宝”销售平台，推动游仙农产品上行，助力游仙农产品“走出去”。

【农产品品牌战略实施】 培育一批具有较高知名度、美誉度的“仙字号”知名农业品牌，创建“仙特大米”“浩东菜籽油”“三国冬枣”“木龙观红萝卜”“润沁春葡萄”“华欧油橄榄”等绿色农产品。全区“三品一标”农产品认证达136个。坚持政府引导，创建游仙农业区域公用品牌，组织游仙农业经营主体参加绿博会、西博会、农博会等知名展会，向上海捐赠农特产品，推荐精品农副产品参加“绵品出川”行动。瞄准电商大市场，指导和支撑品牌农产品企业自主建立电子商务平台、对接知名电商平台、开展微营销，促进线上线下互动融合发展，努力让“仙字号”农业品牌走向全省、全国，走出国门。

【现代农业园区建设】 完成游仙区“十四五”农业农村高质量发展规划编制。围绕“花果桑田种药菜”7个现代农业园区建设，重点推进蔬菜种业、优质粮油等现代农业园区建设，蔬菜种业园区（川菜硅谷）、止语林果等已被列入省级现代农业园区培育项目。完成优质粮油现代农业园区争创市级三星级和游仙区葡萄+青梅现代农业园区升四星级争创验收。新认定优质蚕桑现代农业园区、稻渔共生现代农业园区为区级现代农业园区。园区加工能力大幅提升，浩东、仙特等粮油加工企业年产值达20亿元，绵阳米粉加工70%来源于游仙区。

【种植业】 全年农作物总播种面积96.65万亩，增长0.34%，其中粮食作物播种面积58.12万亩，增长0.47%；油料作物播种面积26.57万亩，下降0.01%。全年粮食总产量24.43万吨，增长1.64%，单产420.3千克/亩，增长1.2%，其中大春粮食产量19.05万吨，增长1.88%；小春粮食产量5.38万吨，增长0.8%。水稻产量12.85万吨，增长1.7%；小麦产量4.86万吨，增长0.7%；油料作物产量5.03万吨，增长2.89%。全区蔬菜及食用菌种植面积（含复种面积）达 10.3万亩，总产量达20 .26万吨，增长1.55%。优质水果种植面积约3.4万余亩，产量达1.7万吨；中药材种植面积0.6万亩，助农增收在上年同期基础上增加12%以上。全区桑园种植面积69 350亩，完成蚕种发放78 612张，生产蚕茧3028.65吨，蚕茧产值15 985.4万元，发种、产茧稳居全市第一位。

【林业】 全区实有森林管护面积达6231公顷，有林地面积2.66万公顷，森林覆盖率达31.29%；有自然保护区1个，面积777公顷。全年零星植树50万株。全年合计森林蓄积采伐量15 082.03立方米（包括限额指标内采伐11 092.02立方米、工程征占等不占限额指标采伐3990.01立方米）、折合木材出材量5166.44立方米；竹材产量143吨。游仙区大规模绿化工作获得市政府先进表彰1次和市林业局先进表彰3次。

森林生态循环林业发展。通过天保工程、退耕还林工程、中央财政造林补贴、森林抚育补贴、欧投、世行贷款人工造林、退化林修复等项目的实施，累计投入资金21亿余元，建成规模以上产业基地16个、面积10.5万亩，其中以核桃、油橄榄为主的木本油料林3万亩，以柑橘、青梅、梨、桃子为主的特色经果林4万亩，以臭椿、巨桉、杨树等速生树种为主的短周期木质原料林1.5万亩，以银杏、桢楠、桂花、香樟、红椿、香椿等为主的珍稀观赏林木产业基地1.5万亩，发展林木种苗花卉生产基地0.5万亩。建设林下种养殖基地1万亩。

森林生态旅游建设。以森林公园、湿地公园、自然保护区、森林康养、森林生态文明教育、森林食品采摘基地建设等为主的众多近郊森林生态旅游项目共带动农家乐120余家。利用10万余亩森林资源，推动以森林康养等为代表的林业产业新业态的发展，实现林旅有机结合，全区林业总产值达23.14亿元，农民林业人均纯收入2210元，全区生态旅游收入达7.05亿元。创建国家级森林乡村4个、国家级森林康养基地1个、省级森林康养基地4个、市级森林康养基地6个、市级森林康养人家7家，为全区森林生态循环林业发展奠定基础。

现代林业产业发展。完成游仙特色经果林现代林业产业园区规划编制，涉及5个镇12个村（社区）单位，规划总面积7911亩。园区建设总投资14 091.72万元，其中木本油料产业基地建设投资1379.3万元，占总投资的9.79%；中药材产业基地建设投资700.19万元，占总投资的4.97%；林产品加工及仓储产业费用1420万元，占总投资的10.08%；森林旅游康养产业2521万元，占总投资的17.89%；电商服务40万元，占总投资的0.28%；科技支撑费用248万元，占总投资的1.76%；设施设备费用6039.84万元，占总投资的42.86%；工程建设其他费用1332.95万元，占总投资的9.46%；预备费410.44万元，占总投资的2.91%。产业园区已建设特色经果林产业示范基地0.6万亩，争取省级财政补助300万元。

林业有害生物防治及森林植物检疫。对全区41万亩林地实施有效监测，2月底至3月开展越冬代复查；3—5月、8—10月借助春秋两季松材线虫病普查，对区内监测区域进行重点区域重点监测、重点普查，其他监测区采取全面监测、全面普查的方式实施监管，同时加强对外地调入区境内松木及松木制品的检疫；5—9月开展美国白蛾监测，在游仙街道、沉抗镇、松垭镇、小枧镇等重点区域挂设诱捕器，全年共设置监测样地12个。全年无林业有害生物发生，有害生物发生率严格控制在2.9‰以内。

森林防灭火。按照森林防灭火专项整治要求，全区开展全覆盖拉网式大调研、大检查、大排查，共排查涉林单位19个、重点区域27处、重点社区60个、责任村112个、旅游景点4处、林区输变电线路120余千米，发现重大隐患16处，整改16处。为全面提升森林防灭火宣传氛围，新增防火标识标牌300个；利用群众赶集集中开展森林防灭火宣传3次，发放宣传资料10 000份、宣传物品10 000份。为提升森林火灾防控能力，新建防火通道7千米、应急水池2个，组建半专业扑火队伍12支、群众扑火队伍150支。10月开展全区“森林火灾扑救暨案件查处”演练1次，12月开展“森林防灭火应急处置能力培训”8场次，全区全年无森林火灾发生，森林火灾受害面积严格控制在0.1‰以内。

【畜牧业】 全年出栏生猪190 159头，增长5.6%；生猪存栏126 200头，增长2.3%。猪（牛、羊、禽）肉类总产量25 878吨，增长2.7%。其中，猪肉产量13 185吨，增长6%；牛肉产量931吨，增长9.1%；羊肉产量443吨，下降5.7%；禽肉产量11 319吨，下降1.6%。禽蛋总产量12 135吨，增长18.2%。

重大动物疫病防控。落实稳产保供，以规模养殖场和种猪场为重点，落实生产救助政策，稳定能繁母猪和生猪存栏；全面推进新（改、扩）建、基地建设、畜禽粪污资源化利用等项目实施；继续落实省“猪九条”“猪八条”及市“猪十条”相关政策。加强日常监管，对高致病性禽流感、口蹄疫、猪瘟、小反刍兽疫等动物疫病强制免疫的群体免疫密度达95%以上，免疫抗体合格率保持在70%以上。产地检疫率以乡（镇）为单位达100%，定点屠宰场生猪屠宰检疫率达100%。全区共使用消毒药12吨，全年累计出动执法人员412人次，累计消毒面积达1000余万平方米，消毒面达100%。全面开展非洲猪瘟疫情排查。做好养殖网格化管理，以网格化管理与产地检疫相结合的方式，保障辖区内生猪进出栏规范化管理。全年共办理生猪违法调运案件8起，处罚金19.356万元；乱丢弃病死生猪案件2起，处罚金0.25万元。对辖区生猪屠宰企业开展“两项制度”及飞行重点检查，已累计检查生猪屠宰企业31场次，并对屠宰场的留样和环境进行了抽样检测。全年无重大动物疫情发生。

【水产业】 全区水产养殖面积45 075亩，水产品产量14 039吨，增长6.5%。

渔业船舶安全生产管理。围绕渔业船舶安全生产主题，开展渔业船舶安全生产检查，协助区交通运输局对全区登记在册的内陆渔业船舶进行年审，对在渔船违规载人载物、消防、救生设备配置等检查中发现的问题提出整改措施。

加强水产品质量监管。全区共抽检鱼样20个、水样7个，样品抽检合格率达100%。对全区50亩水产养殖基地开展快速检测747批次。严格执行农业农村部《鱼类产地检疫规程》《四川省水产苗种管理办法》，开展水产苗种产地检疫，确保水产品苗种质量安全。对区内肥水养鱼举报进行检查，督促养殖户对养殖方式进行整改，全面禁止所有水域施肥养殖，适度控制养殖规模和密度，推进“人放天养”，渔业生产废水必须达标排放，不得造成水环境污染，对在检查中发现问题的责令其限期整改，确保水产品从基地到餐桌安全。同时，对有可能造成水质污染的养殖场告知，区环保局进行水质检测，并依法进行查处。加强生产场所投入品监管力度，对养殖场进行不定期抽查，检查鱼药、鱼饲料的储存、使用情况，违禁药物公示情况，生产记录、生产制度落实情况、苗种进货及检验检疫情况等，确保投入品安全，合格率为99%。全区256户合格证名录库主体检测覆盖率达100%。

综合执法及十年禁捕。全区开展农资打假专项行动，检查门店企业713家；严厉打击各类违法行为，执法立案查处21起，罚没款17.7855万元，获得农业农村厅、市农业农村局优秀行政处罚案卷各1卷。财政出资75万元，以购买社会化服务的方式，成立25人的渔政巡护队伍，常态化巡查辖区内河流。

【乡村振兴】 优先考虑干部配备。加强区委对农业农村工作的领导，充实调整区委书记、区长任双组长的区委农村工作领导小组力量，设置专（兼）职副主任充实区委农办机构。结合镇、村换届，聚焦事业发展需要，充实乡村振兴执政力量，共调整涉及乡村振兴干部4批次56人，乡村振兴部门领导干部平均年龄下降2.6岁，形成以35～45岁干部为主体的老中青梯次配备干部队伍。坚持把优秀干部充实到"三农"一线，对6个乡村振兴重点帮扶村、10个集体经济薄弱村和8个党组织软弱涣散村选派24名优秀干部任驻村"第一书记"和12名驻村工作队员，全区教育、卫生、农业、文旅等服务乡村一线人才较上年度增加109人，各镇"一办一中心"编制配备和人员配置率达100%。

优先满足要素配置。在《绵阳市游仙区乡村振兴战略规划(2018—2022)》基础上，对112个行政村科学编制"多规合一"的村庄规划，实现镇、村规划全覆盖。紧盯市级新一轮国土空间规划编制，统筹布局城乡产业发展、基础设施、公共服务、生态环境，区国土空间规划近期实施方案共55个项目、面积2954.09亩，用于乡（镇）产业发展及村民住宅项目面积755.93亩，占总用地面积的25.6%。在2021年度土地利用年度计划中，已安排25.59%的新增建设用地指标保障乡村产业发展和村民住宅建设用地。

优先保证资金投入。坚持把乡村振兴投入作为区级财政支出的优先保障领域，全区乡村振兴投入达25.42亿元，在一般公共预算支出中占比13.35%，增长0.08%；区本级投入乡村振兴资金3.393亿元，占一般公共预算支出的13.35%，增长0.27%。对接金融机构，加快乡村振兴发展贷款，已协助农业企业落实贷款6954万元。投资14.79亿元打造的"芙蓉花溪"旅游环线全线贯通，串联起沿线17个农旅项目，推动农旅融合发展。

优先安排公共服务。2020年、2021年区本级财政一般公共预算安排农村教育、医疗卫生、文化、社会保障、民政、法律等公共服务的投入占比分别为68.31%、68.44%，呈逐年增长态势。全年新（扩）建学校9所，新增公办学位5000个，乡村普惠性幼儿园覆盖率达94.92%。推进健康游仙建设，"八区三中心"医疗服务新体系改革成果在全省推广。持续深化文体惠民工程，改造提升村（社区）文化活动室172个，公益性文化场馆全部免费开放，镇、村体育设施实现全覆盖。创新建成"智慧司法"区级公共法律服务中心1个，全区公共法律服务工作站（室）覆盖率达100%。

完善长效帮扶机制，巩固拓展脱贫攻坚成果。严格按照"四个不摘"要求，对原区定建档立卡贫困户375户783人继续开展帮扶，防止致贫返贫现象发生。针对在防返贫动态监测集中排查出的54户118名监测对象，按照"缺什么补什么"原则，落实区级帮扶部门精准对症施策，坚决守住不出现规模性返贫底线。瞄准基层经济社会发展和服务群众需求，将4项民政事务审批权限赋予各镇（街道），优化社会救助工作审核审批流程，打通服务困难群众"最后一公里"。全区共拨付防返贫预警基金37笔、64万元，累计下拨城乡低保、特困供养、临时救助等扶助资金3442.7万元。

实施乡村建设行动，打造美丽宜居和谐家园。争创省级"乡村振兴交通先行""金通工程"样板县，完成交通运输厅下达畅通工程项目6个、12.7千米，全区通村公路硬化率、建制村公交（客车）通车率均达100%。推进"城乡供水一体化"，近两年整合840万元改造农村地区饮水管网，农村饮水达标率达100%。开展"两大一好"爱国卫生运动，全区112个行政村中，生活垃圾得到有效处置的村占比100%，生活污水得到有效处理的村占比90.9%；农村户用卫生厕所普及率达99.2%，畜禽粪污资源化利用率达94%，秸秆综合利用率达96.6%。魏城镇铁炉村、信义镇曾家垭村分别获评"四川十大最亮眼村居""四川省十大最美古村落"。

提升基层治理效能。推进法治游仙和"新时代文明实践中心"建设，持续开展"文明村镇""文明家庭""星级文明户"等文明细胞创建，创建全国文明村镇2个、省级文明村镇2个，市级文明镇覆盖率达100%。打造"一核三治"（党组织领导+村规民约+评议会+红黑榜）乡村治理品牌，112个村全部完成村规民约修订；组建25个村级道德评议堂，评选各项先进典型和反面事迹，议村内重大决策和社会热点。深化全面依法治区示范试点，12个司法所全部建成省级规范。全区刑事案件发案率下降14.11%，建成全国乡村治理示范村2个、省级乡村治理示范村4个。

完成农村集体产权制度改革试点任务。作为全国农村集体产权制度改革整县推进试点，通过把准改革方向、坚持改革底线、尊重农民意愿、分类有序推进，创新设立镇级股份合作总社、设置农村集体经济临时集体股、预留集体经济发展用地，开发运用农村集体"三资"监管互联网平台，探索集体成员身份确认"户长代表制度"，全面核实资产12.3亿元、资源性资产140.63万亩，建立村级集体经济组织141个，着力构建起归属清晰、权能完整、流转顺畅、保护严格的农村集体产权制度体系，改革试点经验入选全国典型。

盘活用好农村闲置宅基地和闲置住宅。坚持“政府主导、集体主体、群众首位”原则，稳慎开展农村闲置宅基地和闲置住宅盘活利用试点。成立城乡融合发展试验区，负责农村集体土地整理入市等工作，制定出台《绵阳市游仙区农村建设用地整理及调整村庄建设用地布局管理办法（暂行）》，形成《游仙区农村集体经营性建设用地入市规定（试行）》等7项配套政策。首批试点镇新桥镇、仙鹤镇共完成闲置宅基地复垦169亩，完成65.88亩闲置宅基地复垦验收，集体经济组织预收土地指标使用费630余万元，试点经验在省委农办《三农要情》专刊刊发。

探索推动村级集体经济融合发展。以建设四川省首批村集体经济发展试点区为契机，紧扣村级建制调整中债权债务移交、新建组织、规范管理三大环节，引导村集体经济组织参与改革，全区共移交村级集体资产6.894亿元，负债0.86亿元；办理村级集体经济组织“三资”移交97个，移交完成率100%。出台《游仙区村级集体经济发展五年规划方案》，完善农村产权交易流转市场建设，加快推进农村产权确权登记颁证，探索推行资源开发、资产利用、产业带动、股份合作、物业经济、服务创收、财政支农“七种模式”，发展壮大集体经济。加强监督管理，升级“三资”管理系统——清风阳光监督平台，实现农村集体经济阳光透明，典型经验在省委改革办《四川改革专报》刊发。

【乡村旅游】 按照《游仙区乡镇行政区划和村级建制调整改革“后半篇”文章2021年重点工作任务》要求，落实好乡村旅游发展工作。策划推广区域精品旅游线路，与成都农业经济发展促进会和成都环球国旅对接，开发游仙山水禾、飞龙山等景区（景点）与梓潼县两弹城联合的旅游线路，主推红色观光旅游与农业体验游。联合各镇参加绵阳交通广播(FM103.3)“2021寻找绵阳最美小镇”文旅推广活动，激发文旅市场活力，全面助推乡村振兴，通过直播和微信公众号等方式完成对相关镇、村特色餐饮、新业态、新产品、民宿、景点等文旅资源的系列宣传推广，魏城镇、小枧镇获评2021年“绵阳市最美乡镇”。开展省级乡村旅游重点村申报创建，推荐魏城镇星光村申报创建省级乡村旅游重点村，推动各相关镇、村对标提升乡村旅游发展质量。做好乡村旅游业统计，建立联络制度，明确专人负责，并与各镇（街道）合力完成游仙区乡村旅游业统计前期普查清理，形成《游仙区乡村旅游业统计调查单位名录》，调查名录82家。完成乡村文化和旅游能人推荐和突出贡献乡村文化和旅游能人评选，推荐市场经营型乡村文旅能人2名，入选1名。推荐突出贡献文旅能人1名，进入省级审核阶段。

【农村水利】 完善《“水美游仙”总体规划》《“十四五”农村供水保障暨城乡供水一体化规划》，完成《游仙区国土空间（水利专项）规划》《游仙区“十四五”新时期农村水利规划》编制。对上争取项目8个，到位资金7610.67万元；完成水利固定资产投资任务6.1亿元，占目标任务的103.91%。实施2020年魏城河综合治理项目，投资6827.53万元，综合治理河道11.868千米，新建堤防护岸9.115千米，整治岸线7.407千米，恢复固定堰2座，清淤疏浚河道1.658千米。实施2019年芙蓉溪综合治理项目，投资2136.97万元，综合治理河长4.462千米，新建堤防5.105千米。实施2020年病险水库除险加固项目，投资1897万元，对信义镇肥猪堰水库（刘家）、反修水库（观太）、新桥镇金花水库、七五水库、五八水库、魏城镇红旗水库、飞跃水库、小枧镇工农水库、红星水库、吕家湾水库、游仙街道办胜利水库共3座小(1)型、8座小(2)型水库进行除险加固。实施2021年病险水库除险加固项目，投资2876万元，对信义镇联合水库、五八水库、仙鹤镇毛腊水库、先锋水库、园林水库、沉抗镇三要水库、团结水库、群众水库、新桥镇土桥水库、干湾水库、盐泉镇雨台水库、四清水库、忠兴镇紫气水库、小枧镇天池水库、魏城镇李和沟水库、向阳水库、七里水库、松垭镇宝塔水库共18座小(2)型水库进行除险加固。实施2021年魏城河信义镇广济堰段防洪治理工程，投资1918万元，综合治理河道6.1千米。

高标准农田建设。全区高标准农田建设面积1.94万亩，同步发展高效节水灌溉面积0.21万亩，项目总投资5981万元，其中中央、省级财政补助资金2415万元、市级财政补助资金100万元、整合项目资金3466万元。该项目在忠兴镇、仙鹤镇、魏城镇、信义镇、盐泉镇、新桥镇6个镇9个村实施。

河（湖）长制工作。全区各级河长共巡河18 572次，发现问题181处，智能APP发现巡河问题86处，发出督导整改书14份，全面完成问题整改。完成全区九条主要河流划界和“一河（湖）一策”管理保护方案（2021—2025年）及年度“四张”清单编制，建立与江油、梓潼、涪城、三台等相邻河湖联防联控机制，持续推动河湖长制工作提质增效。建成“水美新村”3个、“示范河湖”2个。开展“一线河湖长”典型选树活动、水利法律法规宣讲、节水知识竞赛和污染防治工作培训，发放宣传图册3000余份，悬挂标语40余幅，制作河湖保护公示牌71块；开展组织河（湖）长制工作区级培训班1期，培训人次50余人。全面完成4座小水电站清理整改和2座小水电站生态流量下泄监管。完成2016年、2017年节水型社会重点县项目验收工作和2017—2018年省级水保项目、2019—2020年区级水保项目的建设管理，制订2021—2025年水土保持重点项目实施计划并申报入库，向农业农村厅呈报《三岔河小流域水土流失综合治理实施方案》。

水利运行管理。成立以区委、区政府主要领导为组长的领导小组，制定

《游仙区加快推进城乡供水一体化项目建设工作方案》，建立以区委常委、常务副区长为专班的常态化推行机制，并就扩建水库、新建水厂等工作方案40个小项明确内容、划分责任和完成时限，力争三年内达到全域规模化供水，实现城乡供水“同网同质同服务”愿景。全面落实小型水库防汛“六个责任人”和“三个重点环节”，做好小型水库专项督察问题整改，推进水利工程标准化管理。完成2021年10座小型水库维修养护项目初设方案审查，完成105座小型水库的《防汛抢险应急预案》《大坝安全管理应急预案》《调度规程》《汛期调度运用计划》编制、审查、批复，完成29座水库动态预警系统的采购和安装。编制和修订《绵阳市游仙区村镇供水安全应急预案》《游仙区村镇供水工程运行管理办法》。规范区农村饮水安全工程水质检测中心运行机制，建立和完善水质检测制度。投资40万元，完成魏城镇栖凤村等4个镇4个村管网延伸工程；投资800万元，在石马片区实施管网改造、延伸等巩固提升工程。完成全区65处供水工程水费定价，水费收缴率为98.58%。

春灌供水。全年向辖区内供水7753.858万立方米，实现22.5万亩水稻满栽满插目标任务。整合和规范11个用水户协会，推行农业分类水价、超定额累进加价和精准奖补。投资1738万元，完成2020年“8·11”洪灾水毁建设项目，修复武引渠系569处、20余千米，整治安全隐患12处。全年收取水费504万元，其中武引灌区443万元、惠泽堰灌区61万元。

安全度汛工作。印发《关于开展2021年汛前检查的通知》，编制《游仙区防汛抗旱总体预案》《超标洪水防御预案》，健全防汛抗旱指挥机构，建立和完善各镇（街道）的防汛抗旱指挥机构，形成稳定高效的区、镇（街道）、村（社区）、组四级防汛抗旱应急指挥组织体系，同时加强属地责任落实，压实以行政首长负责制为核心的各项责任制，形成全区防汛抗旱整体合力。全年储备编织袋3000条、铅丝10吨、砂石料5万立方米、救生衣210件、冲锋舟1艘等防洪物资。在27处防汛隐患点、109处山洪灾害点安装“两张图”，确立30个危险区，制作危险区警示牌、转移路线指示牌、避灾安置点标识牌，发放“防汛明白卡”3万余张，清淤排障5轮次。落实“三个紧急撤离”原则，组织抢险队伍232支、抢险人员4600人，开展避险转移应急演练7次，参加演练观摩人数约13 000余人。投资1325万元，对芙蓉溪洪灾水毁堤防实施恢复重建7段；投资12万元，对涪江虹云桥段堤防实施修复；投资30万元，对区级视频会商系统及监测预警平台系统进行升级改造；投资30万元，对视频监测系统7处补充完善；开展隐患大排查2次，整改相关问题8处。汛期，通过预警平台、短信、微信等载体发布水雨情、山洪预警等信息17 306条；在“7·14”“7·24”“8·5”“10·4”四轮强降雨期间，共协调调度12个镇（街道）、72支队伍，派出8个工作组24人开展防汛救灾检查、指导，共解救被困群众60人。

【农业机械化】 农机购置补贴报废更新补贴。依据省、市主管部门2021—2023年农机购置补贴实施意见，区农业农村局、区财政局出台《关于印发〈绵阳市游仙区2021—2023年农机购置补贴实施方案〉的通知》（绵游农〔2021〕154号）文件，以指导全区2021—2023年农机购置补贴工作。全年中央下达全区农机购置、报废更新补贴资金627万元，已发放农机购置补贴资金三批共计541.915万元（其中报废更新24.11万元），享受补贴农户和农机专合社、家庭农场共618个，补贴农机具753台，资金拨付比例达86.43%；报废农机具28台，发放补贴资金24.11万元。

提灌站建设。争取2021年省“10+3”产业体系资金新（改）建2座提灌站，总投资40万元；利用2020年洪灾水毁资金204万元，新建提灌站10座，技改提灌站9座，已完成新建提灌站5座、技改提灌站6座；利用乡村振兴奖补资金新建提灌站3座，总投资180余万元。

农机购置补贴监管。一是开展农机购补突出问题系统治理整治。在纪检监察组的支持和配合下，完成对全区农机购补突出问题系统治理，达到预期效果。二是配合区审计局审计组对游仙区2020年农机购置补贴执行情况进行审计，对审计中提出的问题进行查找和整改。三是开展对青贮切碎机购机情况的调查。按照部、省农机购置补贴政策规定，对盐泉镇农户购置的10台青贮切碎机进行核查，并将核查情况上报市、省主管部门。

【农村科技】 高素质农民培育。一是继续实施高素质农民培育工程。围绕游仙五大主导产业，分专业、分类型开展培训，通过集中理论教学、异地参观交流、后续跟踪服务等环节全过程、多方位立体式开展培训，共培育素质农民1438人次。二是加强组织领导。成立高素质农民培育工作协调小组，区农业农村局党委书记、局长任组长，分管领导任副组长，科教股、种植业股、农机股、水产股、蚕桑股、种子股、畜牧股等股室主要负责人为成员，负责做好工作协调和组织推动，及时研究解决工作中出现的困难和问题。三是优选培育对象。根据全区五大主导产业发展需要，围绕推进农业产业适度规模经营，按照“自主自愿”原则，采取个人申请、乡（镇）初选等程序，重点遴选专业大户、家庭农场主、农民合作社带头人、农业企业骨干、返乡下乡涉农创新创业者等新型农业经营主体带头人培育对象作为目标任务培养对象，分类型分产业建档入库。四是完善培育机制。健全完善“一主多元”的高素质农民教育培训体系，通过政府购买培训服务方式，支持农业企业、农民合作社、家庭农场等主体参与高素质农民培育。按照“因人制宜、按需培训、分类指导”的思路，科学设置教学培训内容。

秸秆综合利用。一是按时完成全区

秸秆资源台账工作并报送农作物秸秆资源台账子系统，支持配合上级主管部门，及时按时报送上级要求的各类表册、信息、简报、总结等资料。二是编制《2021年中央财政农作物秸秆综合利用试点项目实施方案》，实施2021年农作物秸秆综合利用重点县项目，以秸秆综合利用加工企业和农业新型经营主体为项目实施主体，通过财政资金引导式补贴，解决综合利用加工企业和农业新型经营主体在秸秆收集、仓储、运输、处理等环节的瓶颈问题。

推进受污染耕地安全利用。根据耕地土壤环境质量类别划分数据，会同各镇相关负责人开展受污染耕地种植结构调整。发动村（社区）干部，宣传土壤污染防治，提升耕地质量。通过污染源控制、农艺调控、代替种植等方式完成目标任务。

牵头做好第二轮中央环保督察工作及生态文明示范区建设。二轮环保督察期间对接局内相关股室及环保部门，撰写局迎接第二轮中央生态环境保护督察工作简报18期，全局共办理主办案件7件、协办案件1件。

推进院校合作。对接绵阳市农业科学研究院，同绵阳市农业科学研究院签订合作协议，协调配合推进“现代农业科技示范园”项目。

【农村文化】 全区共建设21个镇（场镇）综合文化站、3个街道综合文化站、172个村（社区）综合文化服务中心（文化广场），推动基层文化阵地设施设备标准化建设，并全面对外免费开放。全区广播覆盖率100%，电视覆盖率100%，城区数字电视转换率100%。

文化阵地建设。结合两项改革“后半篇”文章关于公共文化服务阵地建设相关工作，制订《游仙区镇（街道）综合文化站标准化建设实施方案》《游仙区示范镇（街道）综合文化站、示范村（社区）文化服务中心评选办法》和《免费开放管理制度》等公共文化阵地建设方案，推动基层公共文化阵地高标准建设。打造魏城镇铁炉村、新桥镇胜利村、小枧镇紫阳社区、信义镇信义村等6个村（社区）示范文化服务中心；打造魏城镇综合文化站、新桥镇综合文化站等3个全区示范镇综合文化站。全区建成24个镇（街道、场镇）综合文化站、172个村（社区）级文化活动室，均配备电脑、音响、乐器、表演服装等文化设备，基本满足镇、村两级开展群众文化活动。全年投入公共文化服务体系建设、农村文化建设、文化免费开放等项目资金360余万元，实现区、镇（街道）、村（社区）公共文化服务项目全面实现对外免费开放，累计参与受益群众达35万余人次。

文化活动。围绕庆祝中国共产党成立100周年开展群众文化活动，区文化馆推出有关庆祝中国共产党成立100周年线上活动18期，开展庆祝中国共产党建党100周年美术创作座谈会及创作活动，举办以“植根传统文化　献礼百年华诞”为主题的书法作品展，开展庆华诞快闪活动1场，举办“喜迎华诞　百年献礼”游仙区庆祝建党100周年书画摄影作品展；区图书馆结合庆祝中国共产党成立100周年，新增党建专题“红色故事绘”，持续通过微信公众号发布“红色故事绘——党史上的今天”推文共55篇，新增“百年党史，峥嵘岁月”每周听书特别专栏共21场；各镇（街道）文化站组织开展庆祝中国共产党成立100周年群众文化活动；举办游仙区第七届广场舞大赛。组织优秀文艺作品开展“送文化走基层”活动，分别到经济试验区和涪江街道、魏城镇等11个镇（街道）开展“送文化到基层、景区、景点”活动29场；开展“颂歌献给党　奋进新时代”全区歌咏比赛及展演、“永远跟党走”系列文化活动、“在灿烂阳光下”群众文艺汇演、全市红色歌曲群众周周唱等活动共计20余场次。

【农村卫生】 国家卫生城市复审。全区全年共发放国家卫生城市复审指南、宣传折页等10 000余份、海报5000余份，新增国家卫生城市复审固定标语30余幅、宣传栏200余个，发放禁烟标识10 000余张；制作国家卫生城市复审“三大纪律八项注意”专题直播，在线观看人数达6000余人。制订区级领导及区级部门联系指导镇（街道）开展国家卫生城市建设的工作方案，统一落实部门干部包镇（街道）、镇（街道）干部包村（社区）、村（社区）干部包重点路段和小区的四级责任包干体系，分区域、分行业开展综合整治和督察督办，已通过国家级暗访。

新冠疫情防控。全区成功应对绵阳市涪城区惠科疫情、成都市11月新冠本土疫情、三台县回国人员核酸复阳等11起疫情的人员调查追踪和排查；规范开展人员接收和转运，全年累计完成排查追踪和隔离密接26人次，次密接314人次，境外返游人员463人次，国内中高风险地区返游、来游人员4064人次。规范开展新冠肺炎疫情监测，累计完成新冠核酸检测246 355份，其中区疾控中心针对重点场所、重点人群开展检测136 798份，所有结果均为阴性。主持或参加新冠肺炎疫情防控技术培训会14期，累计培训基层政府、村（居）人员、网格员、学校卫生人员、医务人员和隔离场所人员1000余人次。围绕镇（街道）、区级各部门、辖区医疗机构、隔离场所等重点场所防控措施落实情况，先后开展多轮次督导指导，下发指导意见书96份，提出工作建议200余条。完成辖区党代会、人民代表大会、政协会和中广核启动仪式等重大活动疫情防控的卫生防疫保障任务、辖区内中高考和公务员招考、教师招考等其他各类集中考试卫生防疫保障，累计完成重大活动防疫保障8次，重点考试防疫保障15次。

【农村法治建设】 开展以“法律援助惠民生”为主题的“我为群众办实事”活动，全年共受理法律援助案件603件，提供法律援助咨询3632人次，挽回经济损失

960余万元。优化调整人民调解员1160名，续聘、新聘专职人民调解员26名，推进人民调解专家团队建设。开展农村矛盾纠纷排查972次，化解矛盾纠纷328件，调处成功率达98.5%。落实人民调解个案补贴“联评联审”机制，复审案件809件。建立“法小仙”普法联盟，设立站点40余个，发展普法志愿者500余名。开展“法宣润人心”活动，在重要节点到农村开展“一月一主题·法治周周行”活动30余场次。推进法治示范创建，魏城镇铁炉村创建为全国民主法治村。新建法治文化阵地2个，与四川音乐学院等协作创作法治歌曲4首。

【农村交通】 建设项目。绵苍高速起于魏城镇附近，经梓潼县至广元市剑阁县，止于苍溪县茶店乡，游仙区境内全长8.497千米，路基宽度25.5米、双向4车道高速公路技术标准，征地面积约801亩，项目总投资12亿元，路线经魏城镇相关村（社区），设徐家互通。截至2021年年底，已累计移交施工用地801亩，交地率100%；签订房屋拆迁协议85户，完成率100%；签订农业企业1家，完成率100%；杆管线迁改完成95%；累计完成投资4.42亿元。G5成绵高速扩容起于魏城镇附近，止于成都绕城，全长127.7千米，其中游仙区境内全长15.76千米，路基宽度41.5米、双向8车道高速公路技术标准，征地面积约2336亩，项目总投资28.8亿元，路线经魏城镇、信义镇相关村（社区），设仙海互通、观太互通。截至2021年年底，已累计移交施工用地2336亩，交地率100%；签订房屋拆迁协议205户，完成率100%；签订农业企业15家，完成率100%；杆管线迁改完成85%；累计完成投资8.26亿元。G5京昆高速广元段起于广元市周家河附近，止于魏城镇，连接在建的G5成绵高速扩容，游仙区境内全长12.16千米，路基宽度34.5米、双向6车道高速公路技术标准，征地面积约1157亩，项目总投资17亿元，路线经魏城镇相关村（社区）。截至2021年年底，已完成征地拆迁协议签订工作和线型管控工作的安排部署，项目部开展主体工程开工前的各项准备工作，混凝土拌和站、钢筋加工厂、试验室、施工便道、项目部驻地等临建工程有序建设。游仙区省道公路桥梁安全防护能力提升专项养护工程2021年总投资189万元，完成对省道210线、省道416线上共计9座桥梁的护栏提升改造。游仙区2017—2018年度危桥改造工程共有7座桥梁，项目计划总投资1042万元，已于1月完工。绵阳市游仙区中玉路（玉河镇—梓棉乡）产业化道路全长8.016千米，项目总投资3213.26万元，项目于2019年1月开工建设，于2021年7月完成。游仙区徐家镇白鹤村至东宣镇飞龙村旅游示范路项目全长4.612千米，项目总投资981.47万元，项目于3月开工建设，于6月完工。游仙区老中绵路石马镇横山村段路面改造工程路线全长702.09米，项目总投资82万元，项目于8月开工建设，于9月完工。绵阳市游仙区2019年度村道危桥改造项目工程项目总投资1915.61万元，项目于3月开工，主体工程已完工。游仙区Y122白玉路白蝉至玉河幸福美丽乡村路路线全长17.843千米，项目总投资2000.1015万元，项目于2021年9月开工，预计2022年5月完工。绵阳市游仙区鱼泉村桥危桥整治项目桥梁全长86米，项目总投资471.51万元，项目于2021年10月开工，预计2022年6月完工。游仙区魏街路魏城镇幸福美丽乡村路项目全长7.7千米，项目总投资980万元，项目于5月开工建设，于12月完工。游仙区撤并建制村公路建设项目总里程12.7千米，项目总投资496万元，其中新建6.2千米、改建6.5千米，涉及3个镇6个建制村，于11月完工。游仙区乡村旅游环线项目公路主线长约23.2千米，项目总投资约5.2亿元，配套建设有公路支线、绿道、绿化景观、游客集散中心、生态停车场、观景平台等。

养护管理。全区公路养护总里程1847.66千米，其中县道417.37千米。对全区160千米农村公路实施路况检测，检测路段路面技术状况指数（PQI）平均值为86.5，优等路率达41.09%，优良中等路率达94.46%。

城乡公交建设。区交通运输局等相关部门和乡（镇）政府实施精准扶贫，通过对全区建制村通道路、通客车状况进行摸底调查，瞄准制约群众出行的“最后一公里”，争取市交通运输局等部门的支持，协调市公交集团公司采取新增或延伸线路、迁移终点站等方法，新增4辆村通公交车；协调（商）市公交集团公司投入25辆小客车（统一车型、颜色、标识），以魏城、忠兴为基站，采取预约式、响应式、定制包车、赶场车、往返乡村等灵活、机动的非公交化的乡村片区运营模式开行乡村短途道路客运，具体为魏城镇牌坊村等48个不通“通返不通”客车的脱贫攻坚建制村群众出行提供服务。全年完成实施公交全覆盖模式下的“金通工程”，将破解“通返不通”作为交通运输的“兜底”目标，辖区开通公交线路57条，有城乡公交运力388台（含25台“村村通”客车），建成公交站台1150个，城乡公交通达所有镇、村，新建魏城综合运输服务站，新建村级站点103个（金通·邮快驿站42个、邮政综合便民服务站61个），实现行政村公交全覆盖，为广大群众提供了更加便捷、舒适、安全的出行条件。

【农村社会保障】 全区城乡居民基本医疗保险参保人数351 804人，减少8830人；城乡居民基本医疗保险个人缴费（含代缴）9851万元。城乡居民养老保险参保人数188 120人，减少4074人。农村最低生活保障标准为410元/月，享受最低生活保障补助的农村居民累计59 592人次。

【农村生态建设及环境保护】 全区112个行政村中，生活垃圾得到有效处置的村占比100%，生活污水得到有效处理的村占比90.9%；农村户用卫生厕所普及率达99.2%，畜禽粪污资源化利用率达94%，秸秆综合利用率达96.6%。魏城镇铁炉村、信义镇曾家垭村分别获评“四川十大最亮眼村居”“四川省十大最美古村落”。

【农产品质量安全监管】 全年配合省、市例行监督抽检蔬菜、水果、畜产品、水产品7次，共计抽检样品64个，合格率达99.9%以上。全年饲料产品质量合格达标率达100%，动物源性食品的兽药残留抽检合格达标率100%，重大动物疫病免疫抗体合格率达100%，畜禽屠宰监管率达100%，兽药规范化管理率达100%，农药生产经营单位检查率100%，全年无重大动物疫情发生。健全农产品质量安全追溯体系，持续加大国家级、省级追溯平台推广应用力度，全面实施“合格证+追溯码+LOGO”模式，激发生产主体追溯管理的积极性。加强质量安全执法监督，开展“治违禁　控药残　促提升”三年行动和农资打假行动等，治理农兽药残留超标和使用违禁药物问题。落实农产品质量安全追溯与农业农村重大创建认定、农业品牌推选、农产品认证、农业展会等工作“四挂钩”和“双随机”要求，扩大日常检查巡查范围，增加重点监管对象检查频次。推行使用农产品承诺达标合格证制度，对虚假承诺和抽检不合格的，同时列入农产品生产主体质量安全“重点监控名单”和“黑名单”的实施联合惩戒。

【农村留守儿童（学生）帮扶】 整合社会资源，发挥各社会公益组织、各界爱心人士帮扶作用，组织机关干部和学校教师对留守儿童开展“一对一”或“一对N”的“师生结对帮扶”关爱活动。配合区妇联、团区委广泛招募志愿者，开展留守儿童和困境儿童“夏令营活动”，为困境儿童和留守儿童提供权益保护、心理咨询、生活扶助、学习辅导等服务。组织开展“圆梦蒲公英”贫困留守儿童走进建川博物馆、参观两弹城公益活动。邀请司法、公安、卫生等部门专业人员开展专题讲座。利用电话、QQ、微信以及“给家长的一封信”等方式，定期与留守儿童父母进行交流与沟通。

【主要领导人】 区委书记：陈华斌；区人大常委会主任：何守君；区长：韩晓清；区政协主席：杨守贵；分管农业副区长：姚永强。

游仙区编写组

安州区

【基本情况】 2021年，全区辖1乡9镇，辖区面积1181.14平方千米。

2021年，全区GDP218.26亿元，增长8.6%。地方一般公共预算收入10.01亿元，增长21.01%。规模以上工业增加值增长10.1%。全社会固定资产投资178.1亿元，增长24.%。社会消费品零售总额达104.4亿元，增长18.9%。

【统筹城乡发展】 城市能级提升攻坚行动推进有力，40个城市能级提升项目全年完成投资19.53亿元。马鞍大道北段、美丽街角等项目建成投用，河东新区开发加速成型成势。推进智慧城市建设，新建5G基站129个，城区和乡（镇）实现5G网络全覆盖。深化乡（镇）行政区划调整改革成果，秀水镇、塔水镇入选全省百强中心镇候选名单。新开工乡（镇）危旧房棚户区改造459户。公开招标采购安置房2100套，建成安置房600套，拆迁群众安置问题得到解决。实施新一轮交通攻坚大会战，省道418线、罗浮山温泉康养小镇环线公路、国道247线、永安路专项维修等项目建成通车，全年完成投资5.5亿元。成兰铁路跃龙门隧道左线贯通，安州站站前广场全面开工，对外开放大通道建设取得新的突破。推进“四好农村路”创建，新增乡村公交8条，完成示范公路建设50千米。

【乡村振兴】 出台“1+6+N”乡村振兴规划，投入支持乡村振兴资金5.4亿元，做好巩固拓展脱贫攻坚成果同乡村振兴有效衔接，创建全省实施乡村振兴战略先进县。有序推进全国农民合作社质量提升整县推进试点，全年新增市级以上农业产业化龙头企业、专业合作社、家庭农场等新型农业经营主体30家，辉达粮油获评农业产业化国家重点龙头企业。开展全省农村集体经济融合发展试点，全区集体经济收入3万元以上的村占比达81.2%。推进农村承包土地“三权分置”，适度规模以上农村土地流转达13.7万亩。启动新一轮农村人居环境整治提升五年行动，农村卫生厕所普及率达95%，农村生活污水治理率和行政村生活垃圾有效治理率分别达85%、100%。实施新勘堰取水枢纽“8·11”水毁灾后重建、村容村貌环境改造提升、高标准农田建设等13个农村基础设施重点项目，全年完成投资8.08亿元，农村生产生活条件得到进一步改善。

【民生事业】 43件民生实事全面完成，民生资金投入21.81亿元，占一般公共预算支出的比重达75.2%。社会保障更加稳定，城镇新增就业5028人，城镇登记失业率控制在2.53%。发放城乡低保、特困供养、临时生活救助等困难群众救助资金5400余万元。支付社会保险待遇11.86亿元，全区各项社会保险覆盖面达80万人次。教育发展更加均衡，新增学前教育公办学位1260个，“入公办园难，入好的民办园贵”问题得到基本解决。义务教育阶段56人以上大班额得到有效控制。医疗保障更加完善，区人民医院创建为三甲医院，区第二人民医院创建为二甲医院，通过全省健康促进区验收。文化事业不断繁荣，区文化馆通过国家一级馆复评，桑枣镇获评“四川省民间文化艺术之乡”，安州区先后56次亮相中央电视台舞台。打好污染防治攻坚战，大气、水、土壤环境质量持续好转，通过第二轮中央生态环境保护督察。治理水土流失面积19平方千米，获评全国节水型社会建设达标县。森林覆盖率达40.21%。推进安全生产专项整治三年行动，安全生产形势总体平稳，黄土镇获评“四川省安全社区”，安州高分通过全省首批食品安全示范县跟踪评估。加快平安安州建设，花荄派出所被命名为全国第二批“枫桥式公安派出所”，“花城管家”治理模式入围全国“社会治理创新案例”，全区社会大局保持和谐稳定。

【乡村旅游】 做好桑枣镇全省乡村旅游质量提升发展综合试点单位的指导，制定完善相关工作方案和桑枣镇乡村旅游发展规划，在桑枣镇齐心村探索建立乡村旅游发展管理方式和农户增收模式，形成村（组）、农户与企业共管、共享的“5221”乡村旅游发展利益分配机制，并在全区建立文旅部门主管、乡（镇）属地总管、村（组）实地监管、景区委员会常管、文旅协会协管、企业之间互管的“六位一体”乡村旅游管理服务体系。5月18日和6月23日接受文化和旅游厅对全区乡村旅游发展工作的督导，并先后举办3次由全区旅游企业参加的乡村旅游质量提升工作会议。做好全省两项改革“后半篇”文章乡村旅游发展现场会筹备，制订《四川省乡村旅游发展现场会筹备工作方案》，形成《做好两项改革“后半篇”文章大力发展乡村旅游目标任务清单》，承担起筹委会办公室职责，组织召开全省两项改革“后半篇”文章乡村文化旅游发展现场会筹备会议7次，并于11月5日进行了演练活动。抓好乡村旅游人才队伍建设，邀请专家先后在全区组织开展培训7次，举办行业座谈会5次，培训乡村旅游从业人员823人次，并安排5人参加由文化和旅游厅组织的乡村旅游专题培训；通过校地共建方式，探索建立乡村旅游发展实训基地，引入绵阳高校13名专业师资在桑枣蝴蝶谷长期开展现场实训工作，培养乡村旅游发展人才；推荐14人入选文化和旅游厅的“文旅能人库”，推荐3人申报“四川省2020年度乡村文旅能人”通过审核，推荐4人申报“四川省突出贡献乡村文旅能人”。

【文旅市场监管和安全生产】 加大对文旅市场的执法检查力度，通过日常巡查和专项执法检查，规范文旅市场经营秩序，全年出动人员2000余人次，检查文化市场930家次，制发《责令整改通知书》20份、《取缔通知书》7份，行政约谈6家，行政处罚案件1件。开展“扫黄打非”执法检查，围绕“清源2021”“扫黄打非清风”“扫黄打非正道”专项行动，以校园周边书店、网吧、印刷企业为主要对象，重点排查含有涉政涉藏、淫秽色情、封建迷信、暴力恐怖等内容的杂志、少儿出版物、盗版教辅及网吧接纳未成年人进入营业场所的违法违规行为。

【公共文化服务体系建设】 以加快构建现代公共文化服务体系为目标，做好乡（镇）公共文化服务阵地服务功能提升，印发《关于塔水镇开展乡（镇）公共文化服务提质增效试点工作的实施意见》，投入资金支持5个文化站的迁址和服务功能的上档升级。同时，推进图书馆总分馆制建设，建成睢水镇文化站等图书馆分馆8个，建成遇见栖心民宿等图书漂流站4个，截至2021年年底，全区已建成文化馆分馆15个、图书馆分馆15个、图书漂流点13个。

“三馆一站”免费开放。区博物馆共接待参观人员3.85万人次，接待单位组团到馆共130余个、7000余人次；区文化馆免费开放服务11个项目，接待群众10余万人次，举办各类艺术展览和艺术培训活动12个；区图书馆全年累计接待读者10.9万余人次，新办借书证约1600个，外借纸质图书7.2万余册次，接待资料查询280余人次，全年开展阅读推广活动20场次、参与人数达1.5万余人次；18个乡（镇）文化站免费开放，全年接待群众6万余人次。

【文化惠民活动】 围绕“庆祝中国共产党成立100周年”主题，筹备举办各类群众文化惠民活动。印发实施《庆祝中国共产党成立100周年群众文化活动实施方案》，全年共主办各类群众文化活动20余场次，参与承办大型活动近10场次，组织学雷锋文艺小分队参加“四下乡”文艺演出活动10场，开展“红色文艺轻骑兵·文化惠民村村行”活动4场。围绕“全民学党史”主题，通过线上和线下读书活动，扩大“书香安州 · 全民阅读”文化服务品牌的知名度和影响力，区博物馆“线上博物馆”推送专刊20期，点击量达1万余次；区图书馆“数字图书馆”各类线上服务项目累计达200余项，数字资源点击量达20万余次；区文化馆“数字文化馆”开通场馆使用“线上预约服务”功能，提供30期线上服务，项目包括10个门类，点击量达11万余次。

【广电建设】 制订实施《安州区迎接中国共产党成立100周年广播电视和网络视听安全播出保障专项工作方案》，开展迎接建党100周年安全播出保障的自查和专项检查，督促有关安播主体责任单位整改落实检查反馈的问题；加强“灰广播”和非法地面卫星接收设施的清理整治，组织开展对使用“灰广播”情况的清理，开展广播电视地面卫星接收设施执法检查活动4次，杜绝“灰广播”的存在，打击了销售使用卫星地面接收设施的非法行为。落实广电惠民工程，实施“村村响”“户户通”升级项目，投入资金27.6万元，对230个集控点位的“村村响”广播进行全面检修维护；投入资金86.38万元，完成3272户建档立卡贫困户有线电视收视费减免；实施2021年贫困村“村村响”广播设备更新及运行维护项目。修订《绵阳市安州区应急广播体系项目建设方案》，投入43.6万元在桑枣镇实施应急广播体系建设试点，在桑枣镇建设完成1个镇级分控前端，建设11个村（社区）级机房前端、89个应急广播“村村响”多模收扩机接收终端。发挥广播电视视听宣传作用，印发《关于切实做好新冠疫苗接种、森林防火、卫生城市复审等宣传工作的通知》，组织融媒体和各乡（镇）利用广播电视和“村村响”先后开展防疫、禁毒、防电信网络诈骗、《中华人民共和国民法典》、防汛抗旱、退役军人事务、“双拥”工作、森林防火、防范处置非法集资、厉行节约制止餐饮浪费等宣传工作。

【主要领导人】 区委书记：姚永红；区人大常委会主任：赵奎；区长：胡斌；区政协主席：任晓军；分管农业副区长：刘军。

安州区编写组

江 油 市

【基本情况】 2021年，全市辖1乡22镇1个街道，辖区面积2720平方千米，其中耕地面积82.28万亩，人均耕地面积0.97亩。年末总人口84.72万人（户籍人口）；出生人口4394人，人口出生率5.1%；死亡人口7346人，人口死亡率8.5%；人口自然增长率-3.4%。有林业用地14.45万公顷，有林地面积12.79万公顷，活立木总蓄积量1164.56万立方米，森林覆盖率52.2%。

2021年，全市GDP528.27亿元，增长8.6%，其中第一产业增加值61.41亿元，增长7.5%；第二产业增加值225.86亿元，增长8%（其中工业增加值180.19亿元，增长9.2%）；第三产业增加值240.99亿元，增长9.6%。三次产业对经济增长的贡献率分别为11%、38.7%和50.3%。劳务输出24.76万人，收入77.94亿元。全年乡村旅游接待游客489万人次，实现乡村旅游经营收入50 290万元。

公路通车里程4320.883千米，其中乡村公路4062.301千米。社会消费品零售总额226.67亿元，增长18.3%，其中乡村市场实现零售额114.21亿元，增长18.4%。地方公共财政预算总收入完成24.39亿元，增长6%；公共财政预算总支出46.06亿元，增长2.5%，其中农业投入74 023万元，占支出的16.1%。金融机构各项存款余额749.71亿元，增长10%；各项贷款余额406.73亿元，增长17.2%，其中涉农贷款余额301.99万元。全年政策性农业保费收入0.4441亿元，增长34.62%；处理各项赔款和给付金额4425.02万元。完成农业产业化项目65个，完成投资185 454万元。农业产业化龙头企业省级、市级、县级分别为6家、31家、5家。

有各类学校162所，在校学生9.1149万人，教职工4679人，其中普通中学19所，在校学生3.3314万人；小学45所，在校学生3.6542万人；学龄儿童入学率100%。有文化馆1个，公共图书馆1个，博物馆2个。有卫生机构676个；编制病床位6246张，实有病床位7666张；卫生技术人员6669人。城乡居民基本医疗保险参保人数64.98万人；城乡居民养老保险参保人数32.69万人，参保率94.4%；被征地农民养老保险安置人数192人。

【年度农业和农村经济运行】 2021年，全市农林牧渔业实现总产值103.26亿元，增长8.3%；全市全年农业增加值达63.26亿元，增长7.3%。全市实现林业综合产值281 888万元，其中第一产业产值97 054万元、第二产业产值71 431万元、第三产业产值113 403万元。农民年人均可支配收入达22 665元，增长10.6%。全市省级农产品质量安全例行监测合格率达98%（主要农产品产量见表1所列）。

【农业产业化发展】 围绕“3+6”现代农业产业体系建设，全年粮食作物播种面积68.97万亩，油料作物播种面积33.17万亩，蔬菜种植面积20.01万亩，特色水果基地种植面积10.35万亩，特色中药材种植面积1.39万亩，水产养殖面积6.5万亩。全市已建成原种场2个、一级扩繁场1个、父母代场8个、种公猪站1个。建成正大“1400型”现代化标准生猪育肥圈舍288栋，在建52栋。实施农业项目65个，其中亿元以上项目8个，完成固定资产投资18.5454亿元。全市累计流转土地18 133.33公顷，其中2公顷以上（含2公顷）的规模土地流转面积为8386.67公顷。培育绵阳市级以上龙头企业31家，其中省级以上龙头企业6家。全市经工商注册合作社835个，新创建省级示范合作社3个、县级示范合作社6个。全市有县级示范场230家，新增县级示范场89家；市级示范场40家，新增市级示范场24家；省级示范场30家，新增省级示范场4家。新认定绵阳市级五星级园区1个、江油市级星级园区2个，累计建成省级培育园区1个、绵阳市级星级园区2个、江油市级星级园区9个。

【农用地产权制度改革】 基本完成农村土地承包经营权确权颁证，全市农村承包耕地确权面积为78.37万亩，颁发证书16.96万本，颁证率达96.57%。

【农村集体产权制度改革】 推进农村集体产权制度改革，全面完成农村集体资产清产核资、成员确认、股份量化、登记赋码等，全市清产核资11.94亿元，界定村级集体经济组织成员身份64.57万人，量化村级集体经济组织资产5.7亿

表1　2021年江油市主要农产品产量

主要农产品	单位	产量	同比增减(%)
粮食	万吨	29.2500	1.85
水稻	万吨	17.0400	1.43
小麦	万吨	3.4000	持平
玉米	万吨	7.0700	3.82
马铃薯	万吨	1.3900	持平
油菜籽	万吨	5.4300	12.89
蔬菜	万吨	42.3500	1.80
水果	万吨	10.7500	64.12
肉类	万吨	7.2081	12.60
猪肉	万吨	4.4227	23.90
牛肉	万吨	0.1786	1.40
羊肉	万吨	0.0973	–1.20
禽肉	万吨	1.9040	–2.70
兔肉	万吨	0.6055	1.40
禽蛋	万吨	2.3321	2.00
水产品	万吨	1.5338	4.90
牛奶	万吨	0.0904	–35.20

元。推进合并村融合发展，143个合并村136个村组建新村集体经济组织均等量化直接融合发展，7个村集体经济组织差异量化逐步融合。开展全国乡村治理试点示范村（镇）创建，新安镇、青莲镇中河村、战旗镇白沙村、二郎庙镇青林村被评为四川省第二批乡村治理示范村镇。

【供销合作社改革】 按照"村股份经济合作社+供销合作社+农民专业合作社"的"村社共建""三社融合"模式，结合全市现代农业发展，优化基层社示范社建设网点布局，在战旗镇白沙村、太平镇普照村、三合镇石岭村、永胜镇藏王寨村、西屏镇永兴村、彰明镇长庚村、青莲镇苏溪村、新安镇黑滩村新建、改造8个村级供销社；在武都镇、小溪坝镇、枫顺乡、战旗镇改造提升薄弱基层社4个；在重华镇、方水镇、武都镇、小溪坝镇、雁门镇改造星级农村综合服务社5个；在工业开发区新建、改造区域性为农服务中心1个。

【农产品品牌战略实施】 全市新认证"三品一标"农产品5个，其中绿色食品3个、有机农产品2个。截至2021年年底，全市有效期内"三品一标"农产品共计92个，其中"三品一标"企业37家、无公害农产品54个、绿色食品31个、有机农产品5个、地理标志农产品2个。

【种植业】 全市粮食作物播种面积68.97万亩，产量29.25万吨，其中水稻播种面积32.83万亩，产量17.04万吨；玉米播种面积18.42万亩，产量7.07万吨；小麦播种面积11.17万亩，产量3.4万吨。油料作物播种面积33.17万亩，产量6.13万吨，其中油菜播栽面积30.96万亩，产量5.54万吨。全市蔬菜（含食用菌）种植面积20.01万亩，产量42.35万吨；水果种植面积10.35万亩，产量10.75万吨；中药材种植面积1.39万亩，产量0.9万吨。

【畜牧业】 全市生猪出栏60.14万头，增长19.1%；生猪存栏41.8万头，增长9.5%，其中能繁母猪存栏4.1万头，增长20.2%。牛存栏3.5万头，出栏1.4万头。羊存栏5.5万只，出栏6.5万只。家禽存栏674.2万只，增长8.6%；出栏1245.1万只，增长0.3%。禽蛋产量2.3万吨，增长2%。肉类总产量7.2万吨，增长12.6%，其中猪肉产量4.4万吨，增长23.9%；牛肉产量0.17万吨，增长1.4%；羊肉产量0.09万吨，下降1.2%；禽肉产量1.9万吨，下降2.7%；兔肉产量0.61万吨，增长1.4%。

【水产业】 全年共完成水产品生产总量15 338吨，其中投放各类鱼种1630吨；实现渔业产值3.09亿元，渔业经济总产值达4.36亿元。全年共开展养殖技术培训2次，培训学员近200人。

【乡村振兴】 落实省、绵阳市实施乡村振兴战略先进乡（镇）、示范村奖励资金共计960万元，共涉及8个乡（镇）10个村，全年共创建江油市本级先进乡（镇）3个、示范村12个，创建绵阳市级先进乡（镇）1个、示范村6个，创建省级示范村5个、乡村振兴重点帮扶村优秀村1个。

【乡村旅游】 江油市创建为天府旅游名县；大康镇星火村被列入第二批省级乡村旅游重点村名录。举办江油市2021年度文化旅游系列活动暨第九届乡村文化旅游节、厚坝镇首届养马峡野樱花节、2021年李白故里桃博园首届桃花节、武都镇"三月三朝圌山·保平安"民俗活动、战旗镇首届桑葚采摘节等活动，乡村文化旅游品牌影响力得到提升。

【农村水利】 全市共有河流76条，其中有涪江、通口河、平通河、方水河、梓江、青江、芙蓉溪等大江大河7条，全长933.58千米，已建河堤工程228.77千米（其中堤防132.56千米、护岸96.21千米），共保护耕地15万亩。市级28条主要河流有县级河长17名、乡（镇）级河长162名、村级巡河员209名、专职巡河员67名、河道警长65名。全市总灌溉面积55.94万亩。共有水库190座，其中在建水库1座，已建成水库189座（包括大型1座、中型2座、小型水库186座）。全市共有水电站24个，总装机容量34万千瓦。全市农村供水人口52.05万人，农村集中供水工程管网到户人口46.51万人，集中供水率达89.36%。

【农业机械化】 全市农机装备不断优化，补贴农机具1233台，拨付补助资金600.49万元，年末农机总动力达73.71万千瓦，大中型农机具补贴总额达470万元，占比达78%。农机化作业条件不断改善，通过产粮（油）大县资金、高标准农田建设等项目支持，补助资金4200万元，建成机耕道120千米、提灌站13座。实施"五良"融合产业宜机化改造项目，在大堰镇村集贤村改造小田块166.67公顷。社会化服务稳步推进，对农机合作社开展水稻机插秧、高效植保等短板作业给予补助150万元；其他农机作业社会化服务64万元，全年社会化服务面积达47 333公顷。年末主要农作物生产综合机械化率达83.55%，水稻、小麦、油菜耕、播、防、收、烘、秸秆还田6个环节全部实现机械化生产。

【农村教育】 推进两项改革教育"后半篇"文章，撤并12所乡村小规模学校，妥善安置713名学生入学和90名教师分流，农村学校布局和教育资源持续优化。投入资金1746万元，改善乡（镇）寄宿制学校办学条件，城乡义务教育差距逐步缩小。实施"双减""五项管理"，深化"双压减、三提质、三治理"工作，全市教育减负提质效果显著。推行课后服务菜单式课程，提升"5+2"课后服务质量。落实学前教育专项奖补资金，开展"8+37"结对帮扶活动，实施"去小学化"专项治理。发挥"李白故里名师"、"三名"工作室引领示范效应，深化师德师风问题治理，农村教师育人质效显著。紧扣教育民生实事，发放资金4000万余元，资助学生5.49万人次；划拨资金1893万元，改善1.8万余名农村学生营养午餐水平。

【农村文化】 全市有对外免费开放公共文化服务机构46个，即市文化馆、市图书馆、李白纪念馆、红军文物陈列馆和42个乡（镇、街道）综合文化站。全市182个行政村实现广播"村村响"，地面数字电视覆盖235个自然村；有直播卫星用户0.94万户，有线电视注册用户21.8万户（其中数字电视用户15.4万户、模拟电视用户5.9万户、IPTV用户0.54万户），有线宽带用户4.5万户。全年线下文化活动累计服务约15万人次。推荐3名非遗传承人申报四川乡村文化和旅游能人，推荐青莲中学申报2022年绵阳市非遗传习基地（校园）等。

【农村卫生】 在12个镇29个村实施无害化卫生厕所新（改）建项目并完成5764户，项目村无害化卫生厕所普及率达90%以上，全市农村户用卫生厕所普及率达94.7%。畜禽粪污综合利用率保持在90%以上。

【农村法治建设】 建成1个市级公共法律服务中心、24个乡（镇、街道）公共法律服务工作站、253个村级公共法律服务工作室，在全市域范围内架构出由市级服务中心、乡（镇、街道）工作站、村（社区）工作室的三级法律服务平台，公共法律服务中心、服务工作站、服务工作室建成率均达100%。联合市人社局、市住建局、市总工会等7家单位在全市建筑施工现场开展以"法援惠民生、服务农民工"为主题的法律援助、法治宣传活动，共解答咨询60余人次，共发放购物袋、普法宣传资料等3000余份。全年共办理法律援助案件787件，法律援助率达100%；提供法律咨询1796人次；调解矛盾纠纷4242件，调解成功率达96%，涉及案件标的金额2671.62万元。

【农村交通】 全市有7家客运公司，涉及客运车辆511辆，其中农村客运车辆292辆。所有客运线路共计112条，其中县内及跨县农村客运班线92条（县内农村客运班线81条）。23个乡（镇）182个建制村全面通车，设有乡（镇）级客运站21个、招呼站（牌）395个，农村客运日发班次达1172班次。

【涉农招商引资】 全市3000万元以上的农业招商引资重大项目1个，为内资项目，增长100%；项目总投资5.77亿元，增长100%。

【农村社会保障】 全市城乡居民养老保险参保人数32.69万人，参保率94.4%；被征地农民养老保险安置人数192人。城乡居民基本医疗保险参保人数64.98万人，参保率达97%以上；待遇保障221.06万人次，基金支出53 514万元。城乡居民大病补充保险保障1.34万人次，基金支付3959万元。卫生扶贫资金约保障1.44万人次，支出约700万元；医疗救助资金救助1.72万人次，支出1054.1万元。

【农产品质量安全监管】 全市建立23个农产品质量安全监管服务站和农残快检检测室，有80名监管员、26名农残快检员、181名村级协管员。全年共培训生产经营主体200人次、乡（镇）农产品质量安全监管员80人次、乡（镇）农残快检员26人次，全市抽样检测量达300个以上。累计开展专项整治5次，出动执法人员75人次，查办农产品质量安全案件3件，检查农资经营店72个次，检查兽药经营店21家、养殖企业36家，累计发放宣传资料5000余份，制作宣传展板4块、横幅7条。

【劳务开发与返乡创业】 与浙江省杭州市建德市签订东西部劳务协作合作协议，江油"川科发建工"被评为全省首批"川字号"特色劳务品牌。新增农民工返乡创业人数1653人，新增创办企业393家，新创办企业实现总产值1.25亿元，共吸纳就业1572人；发放返乡农民工创业补贴62人、62万元，发放创业担保贷款1864万元。征集返乡创业项目193个，选评"四川泰铸耐磨材料有限公司CEY系列超强度、超高耐磨合金项目""江油归心谷农业科技有限公司藏龙潭森林综合体项目”参加全省农民工及企业家返乡入乡创业项目推介。江油市科技孵化园被人力资源和社会保障厅等5部门授予“省级创业孵化基地”称号。

【主要领导人】 市委书记:元承军;市人大常委会主任:姚华宗;市长:曾建军;市政协主席:唐传凤;分管农业副市长:景琴。

江油市编写组

梓 潼 县

【基本情况】 2021年,全县辖16个乡(镇)162个村1644个组(含涉农社区)1个经济开发区,辖区面积1443平方千米,其中耕地面积69.24万亩(确权面积)。总人口38万人。梓潼县是全国食品工业强县、全国生态食品县、全国农产品加工创业基地、国家级水稻制种基地县、全国农村中医药工作先进单位、全国供销合作社电子商务示范县、国家级电子商务进农村综合示范县、国家义务教育发展基本均衡县、四川省文明城市、四川省卫生城市、四川省现代畜牧业重点县。

2021年,全县GDP164.8亿元,增长8.3%;第一产业增加值增长7.6%;规模以上工业增加值增长11%;服务业增加值增长9.5%。全社会固定资产投资增长12.5%;地方一般公共预算收入增长21.5%;社会消费品零售总额增长18.7%。农业产业化龙头企业省级、市级分别为4家、27家。

【年度农业和农村经济运行】 2021年,全县实现农业总产值83.17亿元,增长8.5%;全县全年农业增加值达37.17亿元,增长7.6%。农民年人均可支配收入达20 483元,增长10.4%。

【农村集体产权制度改革】 成立农村集体产权制度改革试点工作领导小组,出台《梓潼县稳步推进农村集体产权制度改革实施方案》(梓农领〔2018〕13号)、《梓潼县推进农村集体产权制度改革试点方案》(梓农领〔2020〕1号)等文件,于2018年7月全面启动农村集体产权制度改革。全县已完成16个乡(镇)(建制调整前32个)、162个村(建制调整前329个)的农村集体资产清产核资,已完成集体经济成员身份确认317 263人。在清产核资的基础上,在股权管理上实行“生不增、死不减、进不增、出不减”的静态管理制度,共量化资产总额2.8亿元,发放股权证书1000余本;2019—2021年共扶持31个村实施壮大集体经济扶持村项目和投入产业扶持基金,并探索“1+5”循环产业、水产合作养殖、“1+N”社会化服务管理、资源经营等发展集体经济路径,同时规范村级财务管理与民主监督,加强村集体经济组织人员培训,于2021年全面完成改革,各项工作已进入常态化。

【现代农业园区建设】 构建“335”现代农业园区建设体系,选取在产业基础优势明显的潼江河谷区、种业核心区、蜜柚核心区3个区域开展试点示范。全县财政资金投入2.66亿元,撬动社会资本和金融资金4.1亿元用于园区建设。全县已建成县级及以上现代农业园区18个,其中省星级园区1个、市星级园区4个。探索“园区+”利益联结机制,通过订单农业、产业扶贫、农业新业态等多种形式保障小农户(贫困户)持续稳定增收,辐射带动园区及周边农户9.5万人通过务工、土地入股、代养场分红等方式实现人均增收达15%以上,全县农业园区建设总体呈现梯次提升、发展态势。

【种植业】 全县粮食作物播种面积78.6万亩,产量32.13万吨;油料作物播种面积34.07万亩,产量7.52万吨;蜜柚(含杂柑)种植面积18.2万亩,中药材种植面积5万亩,蔬菜种植面积12.07万亩(其中辣椒种植面积5万亩)。

【林业】 全县林地面积93.6万亩,森林蓄积量达406万立方米,森林覆盖率达43.88%。全年公益林管护面积75 545亩、国有林管护面积19 809亩、天然商品林停伐管护面积2087亩。截至2021年年底,累计巩固已退耕还林面积5.79万亩,其中前一轮4.2万亩、新一轮1.59万亩。全面完成2020年大规模绿化梓潼目标任务,绿化美化道路50千米。改造提升中药材基地约1000亩(包括桔梗、丹参等),林下种菌基地约4000亩,新建特色水果基地约1000亩(包括蜜柚、杂柑、枇杷、桃子等)。新造珍稀林木基地林3366亩,抚育4988亩,改造低效林1468亩。全年林业产值达36.17亿元,农民从林业获得的年人均收入达2634元,林业生态旅游产值达10.19亿元。

【畜牧业】 全县累计出栏生猪55.98万头,超额完成51万头目标任务;新建成投产生猪代养场41栋、规模种猪场2个,正大集团50万头生猪屠宰加工企业进行场外施工便道等“六通”建设;小家禽存栏592.3万羽,出栏肉牛2.94万头、肉羊34.88万只、小家禽922万羽。4家兽药生产企业通过GMP验收、3家饲料及饲料添加剂生产企业通过GMP验收。

常见动物疫病防控。县疫控中心开展羊痘、羊传胸、仔猪腹泻、副猪嗜血杆菌病、伪狂犬、水肿、寄生虫病等常见动物疫病的宣传、培训、指导,对各乡(镇)畜牧兽医站技术人员、村级防疫员和广大养殖户等进行常见动物疫病诊断、治疗、预防等技术指导,不断提升从业人员的科学预防、诊断、治疗等防控技术水平,为广大养殖户服好务,确保全县公共卫生安全和畜牧业生产健康稳定发展。梓潼县被四川省动物疫病预防控制中心表彰为“人畜共患病防控先进县”。

动物疫病监测、流行病学调查。全县组建以县疫控中心、各乡（镇）畜牧兽医站、特聘防疫专员及村级防疫员、养殖场兽医等为主的四级疫情监测流调队伍，对全县养殖畜禽进行全面监测，同时按要求完成监测流调数据收集上报、病死畜禽监测采样流调等。

加强疫情监测。实行定时定点持续监测，在春秋季集中免疫期间开展全面集中疫情普查和监测，平时每月进行常规监测，对突发疑似重大动物疫病和新发动物疫病及时开展应急监测，通过免疫抗体检测，及时评估重大动物疫病免疫效果。在开展疫病监测的同时，做好流行病学调查，定期分析评估动物疫情，把握疫情动态，科学判断防控形势，开展预警预报，为科学防控提供技术支持。

【水产业】 全县有无公害养殖基地3000亩，认定无公害养殖水产品品种6个。有水产专业合作社9个、家庭农场12个、水产科技示范户200户。全县养殖面积4.3万亩，鱼种投放2260吨，水产品生产总量13 120吨，实现产值2.67亿元。

【乡村振兴】 实施乡村振兴战略考评激励机制，创建省级示范村4个，市级先进乡镇1个、示范村5个，评定乡村振兴县级先进乡（镇）3个、示范村10个。

【扶贫开发】 清查管理扶贫资产。县乡村振兴服务中心对全县扶贫生猪代养场租赁合同问题进行专题讨论，对不合格的合同进行终止，确保新签订的合同符合市场规律及规定要求，4个工作组以梓潼县脱贫攻坚领导小组办公室4月30日《关于巩固拓展脱贫攻坚成果问题整改督察情况的通报》“点对点”反馈问题清单和梓潼县乡村振兴服务中心6月4日《关于印发〈梓潼县防止返贫动态监测集中排查工作方案〉的通知》为依据，采取查阅资料、实地察看和入户走访等方式，全面督覆盖导各乡（镇）和县级有关部门在扶贫生猪代养场管理中发现问题的整改落实情况和防止返贫动态监测集中排查工作开展情况进行专项督导。召开县级工作会议进行扶贫资产清理专项工作培训，全县16个乡（镇）及七曲山风景区管理局全部完成资产验收。在梓潼县扶贫资金台账的基础上共同完成全县扶贫资产清理汇总，形成梓潼县扶贫资产台账。

【乡村旅游】 全县乡村旅游按照“一线一景、一乡一品、一村一色”的乡村旅游发展思路，通过将传统优势农业生产与现代观光旅游相结合，建设以展现优美景观和独特田园风情为主题的观光型乡村旅游，以收获体验为主的参与型乡村旅游，以乡村民俗、民族风情以及乡土文化为主题的展示型乡村旅游，以高科技种养为核心的参观型乡村旅游，以户外休闲为主题的度假型乡村旅游五大类型，打造“一纵一横”的乡村旅游观光通道。自2014年第一届乡村旅游节启动至今，全县乡村旅游基本上达到“乡乡有项目、村村有特色、月月有活动”，形成以赏花、采摘、休闲等为主题的乡村旅游品牌。通过“古韵鸭鹤岩·醉美油菜花”“毒龙啤酒畅饮节”、采摘节等主题乡村旅游活动的开展促进了乡村旅游道路、停车场等服务配套设施的提升，完善了乡村旅游要素，提升了乡村旅游服务品质。

【农业机械化】 全县下达农机购置补贴资金1419万元，使用1003.392万元，补贴农机具1300台，受益农户658户。争取到2021年利用农机购置补贴资金100万元开展农机化发展综合奖补试点项目。有拖拉机7910台、耕整机械14 729台、种植施肥机械355台、大型联合收割机1259台，全县农机总动力达40.55万千瓦。全县主要农作物播种面积98.17万亩、机耕面积108万亩、机收面积65万亩、机播（插）面积36.5万亩，水稻、小麦、油菜、玉米等主要农作物机械化综合水平达66.94%。有农机专业合作社16个，新成立农机专业合作社2个，农机合作社年服务能力60万亩以上。

【农村科技】 根据科技厅要求，选派24名省、市、县农业技术人才专家组建2021—2023年新一轮的县科技特派员服务团，建立种养业两个分团和4个园区科技特派员工作站，召开工作推进会和现场培训会，推动科技特派员服务团开展农技培训指导服务100余场次，为全县重点骨干产业和农业园区建设提供科技支撑服务；助推重点农业园区建设发展，搭建科技创新服务平台，引进成都厚为专利、青岛海润检测2家科技中介服务机构入驻梓潼县和许州蜜柚+生猪农业产业园区，为县域或园区开展检验检测、专利申报等服务4次。推动县政府与西南大学柑橘研究所签订蜜柚产业产学研合作协议，已初步确定在许州、文兴、观义建立3个蜜柚品种科研示范试验基地，加快推动全县蜜柚产业提质增效、品质改良等方面的技术研发合作，为打造全国优质生态绿色农产品供给地贡献科技力量。

【农村生态建设及环境保护】 持续推进农村生活污水治理“千村示范工程”，争取省级资金236万元实施5个“千村示范工程”，县财政统筹1500余万元在21个行政村同步实施污水治理和“厕所革命”，实现“厕污共治”，全县82.6%以上的行政村生活污水得到有效处理，水源地水质持续保持在Ⅲ类及以上。严守生态保护红线，加强全县5个自然保护地监管。推进第二轮中央生态环境保护督察各项工作反馈问题整改，印发《梓潼县贯彻落实第二轮中央生态环境保护督察反馈问题整改实施方案》，移交的9个环境信访举报已全部整改完成，反馈的6个问题（共性5个、个性1个）已整改完成2个（共性、个性各1个），93件环境信访件全部办结，信访处理率达100%；全年查处环境违法案件6件。

【农产品质量安全监管】 保障农产品质量安全，完善追溯体系建设，推进生产经营主体实施追溯管理，全县被纳入国家农产品质量安全追溯体系建设主体单位298家，开具食用农产品合格证9.56万张。深化“三品一标”建设，全县有“三品一标”农产品52个，全县农产品抽检合格率稳定在98%以上。

加快建设全国优质生态绿色农产品供给地。围绕农业富县，擦亮“金字招牌”，实施“园区培育工程”“品质提升工程”“品牌塑造工程”，促进梓潼绿色优质农产品走出四川、供给全国。蜜柚基地规模、水稻制种基地规模、生猪标准化养殖、蛋鸡产品规模和销量实现四个“全省第一”，“文昌贡”农产品区域公用品牌加快塑造。“天宝蜜柚”获评“国家地理标志保护农产品”，是绵阳市首个直接出口的大宗水果产品。

【主要领导人】 县委书记：刘强；县人大常委会主任：杨飞涛；县长：黄建；县政协主席：敬友忠；分管农业副县长：胡鹏。

梓潼县编写组

平 武 县

【基本情况】 2021年，全县辖6镇14乡（含12个民族乡），辖区面积5950.12平方千米。

2021年，全县GDP63.54亿元，增长7%。第一产业增加值11.72亿元，增长7%。规上工业增加值增长6.8%。服务业增加值28.89亿元，增长7.4%。全社会固定资产投资60.08亿元，增长26.2%。社会消费品零售总额25.59亿元，增长18%。建筑业总产值10.1亿元，增长14.9%。地方一般公共预算收入增长8.3%。城乡居民人均可支配收入分别达39 066元、16 714元，增速分别为8.9%、10.7%。全社会固定资产投资、建筑业总产值、“两项”收入四项指标增速在9个县（市、区）中排名第一。

【乡村振兴】 脱贫成果有效巩固，向15个乡村振兴重点帮扶村、60个脱贫村和47个集体经济薄弱村选派驻村干部205人。对4万余户农户全面开展返贫致贫风险排查，落实防返贫动态监测和帮扶措施。制定扶贫资产管理办法，加强扶贫资产后续管理，全县扶贫项目资产规模1832个12.42亿元，扶贫项目资产效益持续发挥。通过巩固脱贫成果“回头看”督查和省级巩固脱贫成果后评估。平武生态扶贫案例入选第二届“全球减贫获奖案例”。乡村振兴接续推进，建立健全乡村振兴工作机制。落实资金2.04亿元，实施乡村振兴项目117个，县本级乡村振兴资金占全县一般公共预算达16.85%。设立乡村振兴农业产业发展贷款风险补偿金4020万元，有效解决农业生产经营主体“融资难”“融资贵”的问题。完成45个村集体经济“消薄”任务。创建省级乡村振兴战略先进乡镇1个、示范村3个、重点帮扶优秀村1个，市级先进乡镇1个、示范村4个。清水村、上游村入选全省第二批乡村治理示范村。东西部协作持续深化，争取部门结对、社会帮扶资金及物资1154万元，完成消费帮扶4181万元。转移农村劳动力就业4297人，完成劳动技能提升和农村致富带头人培训1433人次。“平武县深入推进东西部社会力量帮扶协作”经验入选省级社会扶贫典型案例。

【现代农业发展】 建成高村车厘子、响岩蜜桃县级现代农业园区，创建果梅五星级、厚朴三星级市级现代农业园区。新增省级和县级龙头企业各1家、家庭农场73家、专合社10家。“三品一标”保有量92个。建成高标准农田4.59万亩。粮食作物播种面积38万亩，粮食总产量10.3万吨。全年生猪出栏11.5万头。省级农产品质量安全监管示范县、中国美丽休闲乡村桅杆村通过复审。全国绿色食品原料（茶叶）标准化生产基地续报成功。新建中药材产地初加工厂2个。服务业体系日益健全，商贸流通、健康养老等生活性服务业不断增强。现代物流、电子商务等生产性服务业加快发展，建立县、乡、村三级物流体系，电商交易额达7.04亿元。

【农村基础设施建设】 新增农村公路安全防护76.8千米，完成县、乡、村道恢复重建110千米，新建桥梁10座，完成“金通工程”农村客运试点，农村道路安全通行能力进一步提升。完成“8·17”灾后乡（镇）污水处理设施以及白马祥述家、厄哩市政基础设施恢复重建。铁笼堡水库项目前期工作加快推进。投入1.8亿元全面完成平通河锁江黄坪段、黄羊河水晶段、夺补河白马乡段等防洪治理工程项目91个。

【公共文化服务体系建设】 推进文化基础设施工程，建设集休闲娱乐、旅游咨询、村（乡）史展陈、阅读空间于一体的文化综合体，利用两项改革村级建制调整后闲置的村文化服务中心资源在景区建设2个闲置资产利用示范点；开展各项文化惠民服务，完成公共数字文化服务提档升级项目，建成乡（镇）服务点20个、行政村数字文化驿站44个。加强免费开放工作，保障群众基本文化权益，全年功能室免费使用200余次，每周免费服务达到70余小时。全年组织开展基层文化队伍专题培训、讲座，美术、书法及摄影作品展等各类活动30余次，免费外借服装上千套次。

【广电建设】 营造广播电视宣传氛围，利用“村村响”“户户通”等平台多渠道开展广播宣传；加强广播电视运行维护，发挥文化管家及广播电视公共服务网点作用，确保电视“户户通”“村村响”等广电设备维修工作及时到位、广电设备正常运行；提升广播电视监管力度，对县内广播电视节目播出机构进行常态化安全播出检查，确保在国家重大节庆期间电视节目转播工作零事故发生。

【主要领导人】 县委书记：李治平；县人大常委会主任：何充；县长：黄骏；县政协主席：廖玉平；分管农业副县长：郑茂君。

平武县编写组

北川羌族自治县

【基本情况】 2021年，全县辖10乡9镇，辖区面积3083平方千米，其中耕地面积28.8万亩，比上年增长0.1%，人均耕地面积1.25亩；基本农田48.15万亩。年末总人口230 590人（户籍人口），减少0.52%；人口出生率0.38‰，减少12.5个千分点；人口自然增长率-0.23%，减少2.43个千分点。水利耕地灌溉面积达3.45万亩。本地水资源总量2.433亿立方米，人均占有水资源量82.34立方米。有林业用地19.43万公顷，活立木总蓄积量2058万立方米，森林覆盖率66%。

2021年，全县GDP88.11亿元，增长8.4%，其中第一产业增加值14.87亿元，增长7.6%，农、林、牧、渔及农林牧渔服务业之比为35∶21∶40∶13；第二产业增加值22.34亿元，增长6.7%（工业增加值18.59亿元，增长8%）；第三产业增加值50.9亿元，增长9.5%。三次产业对经济增长的贡献率分别为16.5%、19.9%和63.6%。

公路通车里程2983.58千米，其中国道95.35千米、省道230.12千米、县道290.01千米、乡道637.73千米、村道1730.37千米，密度1162米/平方千米，155.78千米/万人。社会消费品零售总额38.07亿元，增长18.5%。地方公共财政预算总收入完成5.21亿元，增长25.3%；公共财政预算总支出22.95亿元，减少7.7%，其中农业投入17 988万元。金融机构各项存款余额173.24亿元，比上年初增长10.2%；各项贷款余额127.74亿元，比年初增长1.5%，其中处理各项赔款和给付金额0.5万元，增长11.1%。推进研发成果转化与产业化应用5项。农业产业化龙头企业省级、市级、县级分别为6家、31家、9家。

全县共有公办幼儿园4所、民办幼儿园11所、附设幼儿班23个，幼儿教育阶段专任教师279人，在园幼儿4938人；小学25所，在校学生10 464人，专任教师820人；普通初中8所（其中九年一贯制学校2所），在校学生5162人，专任教师535人；义务教育阶段学龄儿童入学率100%；普通高中1所，在校学生3023人，专任教师205人；职业中学2所，全日制在校生7876人，专任教师295人。有公共图书馆1个，文化馆1个，乡（镇）综合文化站23个，博物馆1个，美术馆1个，非遗中心1个，剧场2个，影剧院2个。全县有广播电视公共服务网点33个，广播覆盖率100%，电视覆盖率100%，城区数字电视转换率100%。有卫生机构243个（含村卫生室、诊所），其中二级及以上医疗机构7个；卫生技术人员1606人，其中执业（助理）医师350人、注册护士618人；卫生机构实有病床数1678张，全年诊疗124.5万人次。落实乡村医生补助资金（在职村医购买养老保险、退出补助）46.43万元。

【年度农业和农村经济运行】 2021年，全县编制了《北川茶产业全产业链规划》《北川羌族自治县茶叶现代农业园区规划》，出台了《关于印发〈北川羌族自治县茶产业发展工作专班方案〉的通知》（北委办字〔2021〕13号）、《关于建立北川羌族自治县茶叶现代农业园区建设园长制的通知》（北委办字〔2021〕14号）、《关于成立茶产业发展工作领导小组的通知》（北农发〔2021〕181号）、《北川羌族自治县茶产业高质量发展的意见（试行）》（北委办发〔2021〕41号）等政策指导性文件。实现农业总产值26.982亿元，增长7.4%；全县全年农业增加值达0.48亿元，增长2.2%。农村居民年人均可支配收入达17 495元，增长10.7%（主要农产品产量见表1所列）。

【农业产业化发展】 全年累计建成特色产业基地80万余亩。完成2020年高标准农田建设3万亩，新建高标准农田4.44万亩，修复高标准农田1.77万亩。新增、改（扩）建中药材、高山果蔬等特色产业基地5万亩；完善食品医药产业链，家庭农场、农民专业合作社和集体经济组织建设冷库等设施71处，入选全国农产品产地冷藏保鲜整县推进试点县（全省5个，全市唯一），获批中央财政补助资金2000万元；投入帮扶资金3400万元，建成农产品加工园；支持52个新型经营主体新建冷藏库16座、气调库6座、冷冻库36座、通风库5座，共计静态库容量约17 210吨，形成农产品生产、加工、储运和销售的全产业链。全年全县清理村集体资产总额11.975亿余元、集体土地331万余亩，建立集体经济组织1907个，确认集体经济组织成员367 572人，设置成员股东367 572个、集体股东19个，股权量化集体经营性资产总额1.56亿余元。全县202个村共实现村集体经济收入639.29万元，其中村集体经济年收入3万元以下的村有100个、3万元以上的村有102个，占市级下达消薄任务总数的140.38%，其中2021年13个扶持壮大集体经济试点村级集体经济收入达77.22万元，比2019年合并前收入29.1971万元增长264.48%。茶叶农产品质量安全监测合格率达100%。

【农用地产权制度改革】 全县农村产

表1　2021年北川羌族自治县主要农产品产量

主要农产品	单位	产量	同比增减(%)
粮食	万吨	8.8000	1.40
水稻	万吨	6.7800	2.70
小麦	万吨	2.0200	1.00
油料产物	万吨	0.9300	4.20
蔬菜及食用菌	万吨	8.1400	4.90
园林水果	万吨	0.5300	6.90
中草药材	万吨	0.3200	7.20
茶叶	万吨	0.0800	3.60
肉类	万吨	2.0144	1.10
猪肉	万吨	1.4800	5.40
牛肉	万吨	0.0900	0.60
羊肉	万吨	0.2000	−15.10
禽肉	万吨	0.3200	−12.60
禽蛋	万吨	0.3200	−21.70
水产品	万吨	0.1370	2.70

权制度改革阶段性任务、人居环境整治三年行动和农村产权抵押融资改革任务全面销账，其他改革任务顺利完成。发展村集体经济，全年实现村集体经济收益584.13万元。开展盘活农村闲置宅基地和闲置住宅试点，盘活试点村闲置农房18户、3410平方米，闲置宅基地94宗、14 260平方米。

【农产品品牌战略实施】 围绕“羌食荟”区域公用品牌和国家地理标志产品等，依托北川生态绿色农业基础，继续创建省级有机产品认证示范区。新增绿色食品认证产品14个，“三品一标”农产品总量达46个。持续参与推进“惠民购物全川行动”“川货全国行”“万企出家门”和特色农产品展示展销等活动，加大特色农业品牌营销推介，全年累计组织4次、30余家涉农企业参加中国农交会国内外展示展销、电商营销及市场拓展活动。依托“北川苔子茶”“北川花魔芋”重要地理标志保护农产品，加强农民增收致富“拳头产业”发展，拓展茶叶产业乡村旅游休闲功能，开发羌茶节、羌茶研学活动、羌茶采摘体验等旅游产品，形成具有北川特色的农旅品牌。

【现代农业园区建设】 全年培育县级以上现代农业园区12个，建成休闲农业经营主体117家，争创第三批合作社质量提升整县推进试点县，争创国家农产品质量安全县。完成《北川茶产业全产业链规划》编制，打造“一心两带五园”现代茶叶园区，坚持以创建省级茶叶现代农业园区为重点，做好“茶文化、茶产业、茶科技”三篇文章，打响“北川苔子茶”品牌，促进茶旅深度融合发展。按照“茶产业五个一”要求，培育茶叶面积8.45万亩(其中“北川苔子茶”老茶树面积约5万亩)，综合产值达3亿元。枇杷种植面积1.636万亩。

【种植业】 全县粮食作物播种面积1.88万公顷，增长0.1%。油料作物播种面积0.53万公顷，增长0.4%。全年粮食总产量8.8万吨，增长1.4%，其中大春粮食产量6.78万吨，增长2.7%；小春粮食产量2.02万吨，增长1%。主要经济作物中，油料产量0.93万吨，增长4.2%；蔬菜及食用菌产量8.14万吨，增长4.9%；中草药材产量0.32万吨，增长7.2%；园林水果产量0.53万吨，增长6.9%；茶叶产量0.08万吨，增长3.6%。

【林业】 全县森林面积26.36万公顷，森林覆盖率66%。全县有自然保护区3个，保护区总面积5.49万公顷，其中国家级自然保护区2个，保护区面积4.61万公顷。全年新增造林面积0.01万公顷。年末实有封山(沙)育林面积0.1万公顷，对森林实施有效管护面积达14.92万公顷。全年出产林产品3.38万吨。

【水产(养殖)业】 全年水产品总产量1370吨，实现渔业总产值3245万元。全年生猪出栏21.21万头，增长8.7%；牛出栏0.72万头，下降1.6%；北川羌族自治县白山羊出栏13.26万只，下降16.2%；家禽出栏157.76万羽，下降6.4%。全年肉类总产量2.0144万吨，增长1.1%，其中猪肉产量1.48万吨，增长5.4%；牛肉产量0.09吨，增长0.6%；羊肉产量0.2吨，下降15.1%；禽蛋产量0.32万吨，下降12.6%。

【乡村振兴】 加快培育新型经营主体，支持农民合作社和家庭农场改(扩)建项目36个，农民合作社总数达562个，家庭农场总数达621家。推进乡村治理，推进2020年、2021年农村生产生活遗产项目，申报省级乡村治理示范村3个(正在公示)、全省杰出村干部1名。全县共建农村公厕334座、乡村旅游点公厕107座，完成卫生厕所改造44 467户，卫生厕所普及率达96.9%，所有行政村实现农村公共厕所全覆盖。全县农作物秸秆综合利用率达96%，畜禽粪污综合利用率达90%以上，废旧农膜回收利用率达91.28%。累计实施改厨11 433户、院落硬化8472户、通车入户道路建设617.4千米、步行便道建设129.963千米。全县森林覆盖率达65.81%，获评第三批国家生态文明建设示范县。

【农村法治建设】 全年累计开展各类宣传活动130余场次，发放普法宣传资料50 000余份，现场解答咨询1800余人次。推进法治乡村建设三年行动方案，形成“法律顾问+村（社区）干部+法律明白人+人民调解员+综治网格员”的基层依法治理骨干体系，发挥“法治带头人”“法律明白人”的作用。开展矛盾纠纷排查化解“百日攻坚”专项行动，共调解矛盾纠纷701件，调解成功696件，调解成功率达99%。组织开展系列根治欠薪专项普法宣传行动20余场，县法律援助中心受理和参与处置农民工欠薪及其他案件事项50余件。组建法治文艺演出队和法治电影“放映队”，视疫情灵活开展线上展播活动。运用“两微一端”“大美北川”等新媒体平台宣传法律法规，同时运用LED显示屏、广播、橱窗、法治文化阵地等全方位开展普法活动，扩宽法治宣传教育的覆盖面，全年刊载相关普法稿件和各类公益性广告100余条。明确全县法治示范村（社区）拟创建成功15个的目标任务，对已命名的省级法治教育示范基地、市级法治示范村（社区）等法治文化阵地开展动态复核，“新创+复核”双管齐下，不断巩固创建成果，提升创建质量。运用已建成的独具羌民族特色的“11233”北川法治文化阵地开展法治宣传教育互动体验式活动。开展政法系统教育大整顿，累计开展中心组专题学习、职工会研讨交流等180余次，上廉政党课21场次，到廉政教育基地参学12次；县委书记带头与政法单位“一把手”谈心谈话，政法系统组织三轮全覆盖谈心谈话1497人次，自查自纠问题461个，受理并处置问题线索30件，给予党纪政务处分5人、组织处理1人。

【涉农招商引资】 聚焦通航、安全应急、茶叶、食品医药、文化旅游重点产业链，参加省内外重大招商活动2场，自主策划举办招商引资活动4场，累计获取项目信息417条。全年签约南美白对虾金龟村淡水养殖、洒啦溪风情等17个项目，协议引资额27.96亿元，其中5亿元及以上项目3个，实现国内省外到位资金21.3亿元，完成市下达年度目标任务的142%，完成率居全市第4位；外商投资实际到位资金104万美元，完成市下达目标任务100万美元的104%，实现零的历史性突破。

【农村社会保障】 全县城乡居民养老保险参保人数6.77万人，城乡居民基本医疗保险参保人数18.56万人。农村最低生活保障标准为410元/月，累计保障6.57万人次；农村特困供养保障标准为533元/月，累计救助0.86万人次。

【农村生态建设及环境保护】 持续巩固国家生态文明建设示范县创建成果，坚持生态优先、绿色发展，优化产业结构调整，严守“三线一单”（生态保护红线、环境质量底线、资源利用上线和环境准入负面清单），严禁将高污染、高能耗、资源消耗性项目引入北川。对通航产业园等重点招商引资项目坚持提前介入、主动服务，注重加强与工业园区、招商部门和项目建设单位的沟通对接，提前了解项目生产工艺、污染排放等情况，为项目预选址提供决策依据。配合招商部门参与机器人零部件生产等16个重点招商项目的考察、会审，完成项目环评公示300次，审批环境影响报告表42个。全年到位各类生态环境保护资金2566万元，其中省级专项资金391万元、市级专项资金492万元、2021年第二批国家重点生态功能区转移支付资金1683万元。入库3个项目，完成固定资产投资4667万元，超年度目标任务的13.8%。全县环境空气质量持续改善，环境空气有效监测天数365天，达到环境空气质量二级标准天数336天，达标比例92.1%。境内主要河流断面地表水水质年均达Ⅱ类及以上，断面水质达标率100%，城镇集中式饮用水水源地水质达标率为100%。持续推进农村生活垃圾收运处置体系建设，危险废物安全处置率达100%，全县土壤环境安全可控。北川县在全省56个国家重点生态功能区县域生态环境质量综合考核结果中获得全省第一，是四川省唯一一个被生态环境部发文通报表扬“生态环境保护管理较好的县”和唯一一个“轻微变好”的县。

【农村市场体系建设】 全县共有金融机构9家、营业网点59处。全年金融机构人民币各项存款余额173.24亿元，增长10.2%，其中单位存款余额51.79亿元，增长6.5%；城乡居民储蓄存款余额117.3亿元，增长10. 9%。人民币各项贷款余额127.74亿元，增长1.5%，其中短期贷款余额39.38亿元，下降21.8%；中长期贷款85.78亿元，增长14.6%。全县共有保险公司11家，全年各类保险保费收入1.46亿元，增长2.3%，其中财产险0.54亿元，下降2. 9%；人身险0.92亿元，增长5.6%。各类保险赔偿及期满给付支出0.5亿元，增长11.1%，其中财产险0.37亿元，下降7.1%；人身险0.14亿元，增长131%。

【农村留守儿童（学生、妇女）帮扶】 继续争取和实施“佳莘奖学金”等奖助学金项目，发放各类奖（助）学金15万余元，帮助贫困学生110余名；为北川中学、北川七一职中提供“女生关爱包”775个，价值5.4万元；与团市委对接，为县内贫困儿童、留守儿童捐赠李子柒蛋黄酥477盒，价值1.8万元。组织开展“把爱带回家”寒假儿童关爱服务“四送”活动，慰问联系村及其他困难儿童，共计慰问200余人。实行公益日“春蕾计划”助学项目，资助24名贫困女高中生每人1200元，共计发放28 800元。为9名安康家园北川籍大学生发放助学金12万余元。“金秋助学”项目资助大学新生4人，共计8000元。救助“两癌”患病妇女3人，共3万元。联合成都市女知联为北川绣娘举办义诊咨询活动，帮助其恢复身体健康。联合绵阳市女企业家协会开展“感党恩　送温暖庆六一”关爱困境儿童捐赠活动，为大拇指培智特殊教育学校和妈妈农场捐赠价值3万余元的学习用品和体育用品，并签订3年资助协议。联合电子科大留学生开展支教活动，让关爱儿童落到实处。

【劳务开发及返乡创业】 在浙江举办柯城—北川青年创业致富带头人能力提升培训班，培养乡村振兴人才50名；推进“逐梦计划”，29名大学生与乡（镇）等部门双选成功，已完成上岗实习；建立青年创新创业培训基地1个、大学生返乡创业实践基地1个；联合银行、创促会等行业部门推出“蜀青振兴贷”“青创计划”等青年创业扶持项目，超额完成“青创计划”创业扶持项目，帮助创业青年申请创业资金35万元，项目完成率达133%。与县总工会、县妇联联合举办“羌之恋”系列青年交友联谊活动，共计服务192人次。

【主要领导人】 县委书记：李昊天；县人大常委会主任：李光辉；县长：周福兰；县政协主席：刘平安（9月止），王军（9月始）；分管农业副县长：杨勇。

北川羌族自治县编写组

三台县

【基本情况】 2021年，全县辖33个乡（镇），辖区面积2659平方千米。

【统筹城乡发展】 完成“三区三线”三轮试划和国土空间规划近期实施方案，划分县域内乡（镇）级片区5个，设置中心镇5个、副中心镇2个、中心村（社区）113个。持续推进宜居县城建设，完成城建攻坚行动投资20.45亿元，城南云鼎村、台棉及南寺坝片区生活污水管网提升改造工程全面完工，南北干道（南段）道路工程、垃圾填埋场封场等项目加快建设。完成交通建设投资18.6亿元，遂德高速三台段路基工程、17座危桥改造完工，G5京昆高速扩容开工建设，成德南西平互通、三百路建成通车，实施撤并建制村畅通工程84.1千米，获得省级“四好农村路”示范县，纳入全省乡村客运“金通工程”试点县名单。完成4座小型水库除险加固、团结灌区节水配套改造、魏城河综合治理项目主体建设，涪江流域综合整治工程稳步推进。芦溪镇、西平镇、古井镇进入“省级百强中心镇”入库候选名单，数量位居全市第一。建成全国文明村镇4个、省级文明村镇2个，4个村获评全省乡村治理示范村，数量位居全市第一。

【农村生态建设及环境保护】 做好臭氧污染防控、秸秆禁烧、烟花爆竹禁燃禁放和秋冬季重污染天气预警管控，PM10、PM2.5浓度均值分别下降16.8%、10.6%，同比改善幅度居全市第一，空气优良天数率达95.6%，大气环境质量在全省71个重点县级城市中排名第二，连续两年进入二级达标城市行列。全面落实河（湖）长制，综合治理水土流失面积25.72平方千米，鲁班水库生态环境保护项目建成投运，民力堰—刘家壕水系、西溪河—九曲河水系黑臭水体基本消除，涪江、凯江、鲁班水库等主要水体水质达到地表水Ⅲ类标准，城乡集中式饮用水水源地水质达标率100%。获评全国县域节水型社会达标县。开展农村人居环境整治“百日攻坚行动”，农村生活污水治理“千村示范工程”项目全面完工，改造无害化卫生厕所18 862户，建成垃圾集中收集设施5538个，全县行政村生活污水处置率、农村卫生厕所普及率和生活垃圾收集转运设施覆盖率分别达60.03%、94.33%、100%。落实三级林长制，划定生态保护红线控制区21.46平方千米，森林蓄积量增加8.1万立方米，森林覆盖率达35.09%。完成在产企业土壤污染调查和风险管控，土壤环境质量安全可控。

【农村社会事业】 投入8.3亿元实施民生实事项目50个，为困难群体发放补助资金1.62亿元。4个棚户区、25个老旧小区和221户农村危房改造工程全面开工，农村危房改造工作受到国务院督查激励，全省唯一。严格落实“双减”政策，撤并学校60所，城区改（扩）建义务教育学校3所，新投入使用幼儿园5所，新增学位2000余个，学前教育“80·50”工作成果持续巩固，高考清华、北大录取人数创历史最优。成为首批全国县域足球典型，全市唯一。

【主要领导人】 县委书记：马辉；县人大常委会主任：杨增辉；县长：李昊天；县政协主席：贺强华；分管农业副县长：汪楠。

三台县编写组

盐亭县

【基本情况】 2021年，全县辖2乡14镇1个街道，辖区面积1645.7991平方千米，其中耕地面积77.314万亩，比上年减少3.5%，人均耕地面积1.35亩；基本农田70.147万亩。年末总人口52.56万人（户籍人口），减少1%；人口出生率5.5‰，减少1.7个千分点；人口自然增长率-1.59‰，下降3.42个千分点。全县耕地有效灌面和保证灌面分别达到耕地总面积的72.8%和94.16%；本地水资源总量7.75亿立方米，人均占有水资源量1立方米。有林业用地7.3981万公顷，有林地面积7.816万公顷，活立木总蓄积量872.87万立方米，森林覆盖率49.68%。

2021年，全县GDP191.32亿元，增长8.3%，其中第一产业增加值45.17亿元，增长7.7%，农、林、牧、渔及农林牧渔服务业之比为42.75∶3.84∶34.01∶4.47∶3.11；第二产业增加值50.13亿元，增长6.9%（工业产值30.3亿元，增长27.1%）；第三产业增加值96亿元，增长9.3%。三次产业对经济增长的贡献率分别为23.6%、20.9%和55.5%。乡（镇）中小企业增加值3.89亿元，增长2.3%；从业人员743人。劳务输出18.4万人，收入920 000万元。

公路通车里程2404.561千米（其中乡村公路2177.452千米），密度1461.75米/平方千米、45.74千米/万人。社会消费品零售总额106.35亿元，增长18.5%。地方公共财政预算总收入完成4.45亿元，增长10.6%；公共财政预算总支出33亿元，增长5.6%，其中农业投入66 846万元，占支出的20.26%。金融机构各项存款余额229.68亿元，比上年初增长12.26%；各项贷款余额122.2亿元，比年初增长21.08%，其中支持农业产业化发展项目贷款63 300万元。全年农业保费收入4.17亿元，增长19.39%；处理各项赔款和给付金额0.86万元，增长22.9%。完成农业产业化项目4个，完成投资4888.68万元。农业产业化龙头企业省级、市级、县级分别为4家、45家、12家。

有各类学校108所，在校学生42 213人，教职工3997人，其中普通中学17所，在校学生15 108人；小学43所，在校学生17 337人；学龄儿童入学率100%。完成省级以上科技成果7项。有艺术表演团体13个，文化馆1个，公共图书馆1个，博物馆1个。有卫生机构445个，病床位2724张，卫生技术人员1327人。城乡居民医疗保险参保人数407 632人，参合率99%；新型农村社会养老保险（城乡居民养老保险）参保人数252 780人，参保率95%；被征地农民养老保险参保人数2.7万人。

【年度农业和农村经济运行】 2021年，全县实现农业总产值88.18亿元，增长8.5%；全县全年农业增加值达45.17亿元，增长7.7%。农民年人均可支配收入达20 323元，增长10.6%。在粮食、生猪、蔬菜生产中，科技投入的占比或科技贡献率57%。全县农产品质量抽检合格率比年初提高0.1个百分点；建成17个基层农业综合服务站（主要农产品产量见表1所列）。

【农业产业化发展】 截至2021年年底，全县有农业产业化龙头企业73家，其中省级农业产业化龙头企业4家、市级农业产业化龙头企业45家；新增市级农业产业化龙头企业2家（凤集食品集团有限公司、盐亭县众惠农业发展有限责任公司）、县级农业产业龙头企业24家。

【农用地产权制度改革】 农村土地适度规模经营改革。推进农村土地“三权分置”改革，出台《关于完善农村土地所有权承包权经营权分置办法的实施方案》，在全面完成农村土地经营权确权颁证的基础上落实集体所有权、保护农户承包权、放活经营权，形成“三权分置”格局。建立县、乡、村三级土地流转台账，通过县农村产权流转交易中心规范流转鉴证土地4宗，涉及土地面积603.16亩，交易鉴证金额416.84万元。

全面推进农村“两权”抵押贷款和农村土地流转收益保证贷款。出台《盐亭县乡村振兴农业产业发展及产权抵押融资实施方案》，与省农业担保公司合作，以农村土地经营权、土地附着物为抵押标的物开展农村产权抵押融资担保贷款，全年申报41笔，涉及资金4843万元。

推进闲置农村宅基地与农房盘活利用。一是完善镇、村规划。宅基地审批严格落实三道场程序，利用原有宅基地、空闲地和其他未利用地，防止建房随意

表1　2021年盐亭县主要农产品产量

主要农产品	单位	产量	同比增减(%)
粮食	万吨	30.4500	3.220
水稻	万吨	8.3900	6.200
小麦	万吨	7.5200	13.900
玉米	万吨	13.8100	3.800
马铃薯	万吨	0.7300	–8.700
油菜籽	万吨	4.9700	11.930
蔬菜	万吨	8.1300	2.270
水果	万吨	4.6572	5.460
肉类	万吨	6.1270	–0.690
猪肉	万吨	3.9126	23.840
牛肉	万吨	0.2826	7.820
羊肉	万吨	0.4115	13.390
禽肉	万吨	1.4500	2.910
兔肉	万吨	0.0674	–5.475
禽蛋	万吨	2.4979	9.370
水产品	万吨	2.0900	3.460

选址、无序，浪费土地资源问题。鼓励废旧宅基地复垦，提高废旧宅基地使用率，减少新增建设用地。二是出台农村宅基地审批和农村住房建设管理规范性文件。印发《盐亭县农村宅基地审批和农村住房建设管理实施细则》《盐亭县规范宅基地审批和农村住房建设管理实施方案》《关于加强农房建设与宅基地管理的工作方案》，明确农村宅基地审批和农村住房建设的申报条件、申报标准、审批流程、农房建设风貌管控等要求，落实"一户一宅"和法定面积，坚决遏制出现一户多宅、超面积建房以及乱占耕地建房等扩大农村闲置宅基地的情况，鼓励对闲置农房和闲置宅基地的盘活利用。三是加强宅基地确权颁证，依法保护农户的合法权益，为闲置宅基地盘活利用夯实基础，全县宅基地房地一体已确权121 887宗、1470.31公顷。全年收到宅基地建房申请1269宗，审批1245宗，审批面积191.95亩，涉及人口3212人。

【供销合作社改革】 聚焦两项改革"后半篇"文章，推进夯基建社。一是完成基层社建设任务。实施布局调优工程，把"83661"服务体系搭建在产业上，县社先后13次到基层调研，进行专题讨论8次，开展各类培训会14场。培育基层示范社8个，组建村级供销社6个，培育星级农村综合服务社6个，改造区域性为农服务中心1个。二是加大政策争取力度。建立专班，破除"等、靠、要"思想，主动向县委、县政府汇报，促进形成县级分管领导亲自"坐镇"，县级部门大力配合，乡（镇）党委主动参与。三是试点示范形成可复制的"盐亭模式"。邀请市社领导到盐亭县共商对策，坚持行政推动、市场运作、资源整合、抱团发展的原则，以新机制破解发展难题。依托市供销社农资、生活物资供销平台，探索出"四级联建"基层供销社不亏损的新机制。率先在九龙镇试点建设全市第一家新型基层供销社，为全市基层供销社建设指明方向，盐亭县供销社先后3次在全市进行经验分享，并在江油市、平武县等县（市、区）实现复制性的推广。

加大社有企业扶持力度，助推企业转型升级。一是量化目标任务、把稳发展方向。采取"年中"和"年终"两次考核，树立以考核促干事、以考核促发展的目的，推进社有企业主动作为。二是聚焦问题导向，把牢精准施策。县社党组研究把2021年度确定为"社属企业生产经营管理年"，与审计公司签订审计合同，对绵阳嫘祖酿造食品有限公司和盐亭穗丰农资有限责任公司2019年1月1日—2021年6月30日的账务进行审计，并出具审计报告，摸清家底，探索企业发展的出路。三是调整领导班子，加强监督管理。10月18日，调整富驿酿造厂生产经营班子，派驻县社办公室主任任执行董事，从管理、生产、经营全面着手整顿，加强企业内控管理。四是县社牵线搭桥，加强银企对接。经过多次与银行协商对接，将嫘祖厂贷款原来执行利率由8.55%降至4.8%，年减少企业利息支出近15万元。五是千方百计筹资金，多措并举促产。县社牵头成立专班，帮助企业去库存、销账单、促融资、抓生产，帮助嫘祖厂解决逾期不良贷款455万元和拖欠利息23万元；组织回原材料及辅料240.2吨，帮助企业恢复生产经营。

拓展服务领域、助推现代特色农业。一是破除农业生产"中梗阻"。整合全县农机资源，按照"五统一"规范要求，对农垦农机联合社成员的192台耕作机械统一调度，已在玉龙镇、鹅溪镇、富驿镇、黄甸镇、大兴回族乡等地开展机耕1.45万余亩、机收2.6万余亩。二是激活撂荒治理"一池水"。探索"供销社+"模式，提升供销生产经营效益，实现双向互惠互赢。采用半托管、全环节托管等形式，全年参与撂荒地治理1.3万余亩，土地托管12.8万余亩。三是把稳农资供应"定盘星"。发挥农资商品流通主渠道作用，加大农资商品采购力度，确保足量供应、市场充足有序。严把"进货关"，坚持从名优生产厂家和正规渠道采购农资商品；成立督导组，对系统门店、销售商进行随机抽检，严防假冒伪劣农资商品进入市场，累计储备各类化肥4.8万元余吨，销售化肥3.96万余吨。

【农产品品牌战略实施】 全县共培育"三品一标"获证农产品71个，新申报绿色食品2个，续展产品11个；无公害换证9个；培育有机产品1个。梓江鳜鱼获批2021年国家地理标志保护项目，梓江鳜鱼参加重庆地标展，七里花乡百合参加成都绿色产品展。盐亭区域公共品牌名称及形象标识（LOGO）征集工作有序进行。健全"三品一标"奖补机制，"三品"企业全部纳入国家级追溯平台，实现"有源可溯、有据可查"。

【现代农业园区建设】 岐伯中药材、蛋鸡种业园区被认定为县级现代农业园区，盐亭县水产现代农业园区创建为省三星级现代农业园区，盐亭县生猪+粮油现代农业园区创建为市四星级现代农业园区。通过园区建设，带动全县种植水果12万亩、藤椒8万亩、中药材3.2万亩，养殖水产4万亩、蛋种鸡30万套、生猪53.7万头，建成水果、生猪等基地18个。园区全年实现收入11.04亿元，占全县农业总产值的12.5%。

【种植业】 全县粮食作物播种面积78.75万亩，增加0.25万亩，增长0.31%；产量30.05万吨，增加0.55万吨，增长1.86%。水稻播种面积15.08万亩，增加0.08万亩，增长0.5%；产量7.99万吨，增加0.09万吨，增长1.13%。玉米播种面积34.92万亩，增加0.22万吨，增长0.6%；产量13.69万吨，增加0.39万吨，增长2.9%。小麦播种面积21.81万亩，增加0.01万吨，增长0.04%；产量6.66万吨，增加0.06万吨，增长0.9%。引进示范和推广新品种、新技术、新成果，在技术、信息、政策补贴等方面为业主大户专业合作社、龙头企业、家庭农场提供服务。全年蔬菜种植面积14.6万亩，产量23.3万吨，总产值达7.3亿元。水果种植面积11.8万亩，产量9.4万吨，实现产值3.9亿元。油料作物播种面积35万亩，产量6.1万吨，增加0.29万吨，增长4.94%。培育30亩以上的粮油种植大户615户，规模种植面积达4.9万亩。建成以高渠、巨龙等乡（镇）为重点的萝卜生产基地1.1万亩，以富驿、玉龙、岐伯等乡（镇）为重点的辣椒生产基地1.5万亩，以九龙、富驿嫘祖等乡（镇）为重点的榨菜生产基地0.4万亩，以永泰、九龙、巨龙、高渠等乡（镇）为重点的莲藕生产基地0.4万亩。巩固和发展以华泽农业科技有限公司为代表的38个蔬菜专业合作社及种植大户，配合协助盐亭县嫘祖酿造厂从事辣椒加工及销售。成立盐亭县岐伯中药材联合体，重点打造以岐伯镇、莲花湖乡、文通镇为重点的中药材产业发展基地。依托岐伯文化，以岐伯镇龙前村为中心，建设5000亩盐亭县中药材种植示范园区，11月26日，县政府命名盐亭县岐伯中药材现代农业园区为盐亭县第三批县级现代农业园区。截至2021年年底，全县中药材种植面积3.16万亩，产量3.4万吨，实现产值4.7亿元。

【林业】 森林资源管理。全县出台《全面推进林长制的实施方案》，建立县、乡（镇、街道）、行政村三级党政同责的“林长制”森林资源管理机制，全县共设置林长、副林长618名，并建立林长制运行规则。严格执行年森林采伐限额管理制度、木材采伐办理严格执行网上审批办理和凭证采伐制度，继续停止商品林集中性采伐。全年下达全县林木采伐指标蓄积10 817立方米。加强木材市场流通管理，对辖区内木材经营加工企业和个人建立统一的木材原料和生产产品的入库、出库台账，建立健全木材经营加工监督管理的长效机制。加强林地保护管理，完成国家2021年森林督察，现地核实违法用地项目166个；完成录入森林督察暨林政综合执法管理系统数据，收录2013以来疑似变化图斑1390个。开展打击毁林专项行动，外业调查、内业区划划分细斑345个，包括永久使用林地细斑9个、面积1.0588公顷；调查因素细斑91个、面积31.7568公顷；林木采伐细斑4个、面积0.4565公顷；涉及违法项目5个，涉及违法采伐区3个。完成森林督察暨森林资源管理“一张图”年度更新。立案查处滥伐林木案4件、擅自改变林地用途案3件、毁坏林地案2件、林区违规用火案2件；移交森林警察大队1件、查处中央环保督察信访案件1起，案件办结率达100%，被绵阳市林业局评为“2021年度林业项目管理工作先进单位”。加强古树名木管理，建立古树名木档案272株，其中一级古树9株、二级古树37株、三级古树226株。投资5.05万元，修建岐伯镇古树小微公园1处。实施好天然林资源保护二期工程，完成森林生态效益补偿补助面积27 570.33公顷，资金646.68万元。完成2020年度333.33公顷集体公益林抚育项目县级验收。利用省级分成森林植被恢复费绿化富驿镇、九龙镇道路5600米。划定四川弥江河湿地自然保护区面积3018.54公顷，建立湿地生态系统及保护野生动植物。完成盐亭县高山国家森林公园和四川弥江河县级湿地自然保护区第二轮中央环保督察迎检，未反馈任何督察意见。

森林防灭火。完成森林草原防灭火指挥部交接，会同应急管理局修订完善《盐亭县森林防灭火应急预案》，建立森林草原防灭火“党政同责”工作新机制，将森林草原防灭火工作纳入“林长制”管理，重新明确工作职能职责。设置专兼职护林员254名，成立半专业义务扑火队伍271支，联合消防大队开展森林草原防灭火应急演练、培训8次，组织乡（镇、街道）开展森林防火应急演练17次，通过“5·12”防灾减灾日、安全生产月等活动发送各类宣传资料8万余份。9月1日，联合中小学校开展“开校第一课”森林草原防灭火活动，通过“小手拉大手”广泛宣传森林防火工作，全面提升群众森林防火意识和森林防火知识。启动森林火灾风险普查。加强对高山国家森林公园等重点场所用火管理，建立熊猫护林员APP护林防火巡查机制，筑牢全县森林草原防灭火“生命防线”，连续实现50年无重特大森林火灾发生，被绵阳市林业局评为“2021年度森林防灭火工作先进单位”。

野生动物保护和有害生物防治。通过“世界湿地日”“世界野生动植物日”“爱鸟周”“地球日”“野生动物保护宣传月”等活动宣传野生动植物和湿地保护。在岐伯镇、文通镇、云溪镇、莲花湖乡、大兴回族乡、凤灵街道等区域保护区边界和功能区界安装界桩和指示性、禁止性、警示性标牌400余个。配合第三方机构完成《四川弥江河县级湿地自然保护区总体规划》编制，逐步完善重点河湖湿地生态系统结构和功能。完成全县禁猎区范围划定，制订《盐亭县开展野生动物保护“严巡严打”专项整治实施方案》，成立野生动物“严巡严打”专项整治工作领导小组，开展盐亭县2021年“严巡严打”专项整治，查获非法猎捕案和非法猎捕珍贵野生动物案，收缴非法捕捞中华蟾蜍337只，猎捕国家二级重点保护野生动物红腹锦鸡1只、雉鸡2只、山斑鸠3只、灰胸竹鸡5只。完成蜀柏毒蛾森林病虫害调查，开展飞机防治蜀柏毒蛾2000公顷。按时完成全县123.5公顷松树春秋松材线虫的普查，未发现松材线虫害。全县完成产地检疫苗木14.67公顷，检疫率达100%，无外来有害物种引进。

造林绿化与科技推广。落实大规模“绿化绵州——盐亭”行动。3月12日，县委、县政府“四大班子”在高渠镇垢溪村参加义务植树1000余株，组织县级部门、乡（镇、街道）干部、群众参加义务植树40余万株，被绵阳市绿化委员会评为“2020年度绵阳市绿化模范先进单位”。完成2019年度新一轮退耕还林造林133.33公顷并开展县级自查，兑现第一次退耕农户现金补助100万元。全面整改新一轮退耕还林违规占用基本农田

46公顷；完善修改新一轮退耕还林上图矢量数据，形成数据库资料，并通过国家林业和草原局验收。制定《盐亭县世界银行贷款长江上游森林生态系统恢复项目管理办法》，编制《盐亭县世界银行贷款长江上游森林生态系统恢复项目农户参与式手册》，通过“理论讲解+现场教学”对世行贷款长江上游森林生态系统恢复项目实施造林模型、树种选择、比例搭配、栽植株行距、株树和如何操作等方面详细讲解项目培训7次，共实施世行贷款长江上游森林生态系统恢复项目新造林面积133.33公顷，有林改培1333.33公顷。完成国家储备林基地建设项目可研编制并通过绵阳市林业局审核，完成项目实施单位招投标。在岐伯镇云龙村、高渠镇宏生村推广应用肥水管理、病虫害防治、修枝整形等丰产栽培管理技术53.33公顷，辐射带动全县种植户，推动全县核桃产业发展。邀请省林科院专家到科技推广项目基地开展核桃提质增效关键生产技术应用培训，现场讲解、“面对面”答疑解惑指导林农核桃整形修剪、秋冬季肥水管理及病虫害防治等实用技术，帮助林农解决在核桃种植中遇到的各种难题。依托种植合作社发展木本药材种植100公顷，推动全县中药材向纵深发展。选派10名优秀干部组成自然资源局科技特派员服务团，到农民专业合作社、涉农企业提供技术服务。

【畜牧业】 成立以县委书记、县长任双指挥长的盐亭县非洲猪瘟防控和生猪促进生产指挥部，制定落实扶持政策，研究解决重大问题，统筹产业推进。健全完善四级生物安全防控体系，落实“17名县级领导联系乡（镇）、361名乡（镇）领导包村（社区）、941名村（社区）干部包散养户、123名畜牧兽医人员包规模养殖场、48名官方兽医包屠宰场”，实行网格化管理，及时掌握生猪养殖和疫情动态，降低爆发疫情潜在风险。坚持以龙头企业为引领，以150万头生猪全场链项目为抓手，推进生猪标准化代养场建设、集中屠宰、生猪食品精深加工、冷链仓储、饲料等全链发展。通过“公司+家庭农场”的“六统一保”合作代养模式发展生猪产业，从“种猪培育→仔猪哺育→育肥饲养”的专业化分工不断精细，从饲料厂、猪场管理等各环节全面提升生物安全防控保障，标准化、规模化水平不断提高。打造“40万套父母代蛋种鸡全产业链”，累计完成投资2.1亿元，建成年孵化4000万羽的国内一流现代化孵化场1座，年存栏10万套的全自动化父母代蛋种鸡场3个及1个育雏场，年出栏160万羽的青年鸡场2个。按照“以种定养、以养定种、种养结合”的原则，倡导循环利用、绿色发展。落实环保“两分离两配套三同时”制度，新建生猪代养场必经水利、环保、农业农村等部门提前介入、现场办公、联合审批等程序，对粪污处理不符合要求的一律不得建设，避免了未批先建、边建边批、报小建大等现象。通过资源化利用项目和长江经济带面源污染治理项目的实施，改造升级126家大中型畜禽规模养殖场粪污收集、处理利用设施设备，扩建有机肥厂1座，新建沼气池35 090立方米、沼液储存池71 260立方米、一体化发酵罐10个，初步建立起功能完善、运作规范的种养循环生产体系和养殖废弃物资源化利用体系，实现畜禽粪污综合利用率达90%以上，畜禽规模养殖场粪污处理设施配套率达100%。全年生猪存栏40.7万头、牛存栏78 043头、羊存栏18.2万只、兔存栏18.1万只、禽存栏562.6万只，分别增长14.4%、3.97%、3.41%、1.92%、1.39%；出栏生猪53.7万头、肉牛2.73万头、肉羊26.8万只、肉兔46.1万只、小家禽975万只，分别增长18.9%、1.2%、7.2%、3.23%、4.13%。

【水产业】 全年水产品总产量2.09万吨，总产值5.1亿元。推广发展名特优养殖。浩森渔业养殖专业合作社的鲈鱼养殖亩产达1500千克，长吻鮠亩产达2500千克；孝廉水产养殖专业合作社开展鲈鱼温室苗种培育和玻璃缸养殖，培育鲈鱼苗种达200万尾，匙吻鲟孵化催产和养殖获得成功，培育苗种达15万尾。农旅公司养殖的鳜鱼亩产达1000千克，养殖的成鱼远销河北省、北京市等地，同时农旅公司在莲花湖水库开展水库生态养殖，通过生态养殖技术当年捕捞鲢鱼、鳙鱼45万千克，创收220万元。

落实长江禁捕工作。全县共安装视频监控9处，实现对重点区域沿岸进行24小时视频监控，便于用户对违法行为信息的查看、回溯。在渔政“亮剑行动”中严厉打击非法捕捞行为，全年行政处罚案件4件。保障水产品质量安全。建成尾水处理池，处理养殖废水面积达2100亩。对所有出售的苗种严格实行产地检疫。开展对渔药使用专项监督检查，重点查处孔雀石绿、硝基呋喃、氯霉素等禁用药物。全区创建为国家级水产健康养殖和生态养殖示范区。

【乡村振兴】 全市获评“全市县域经济发展先进县”，创建全国乡村治理示范镇1个、示范村1个，创建省级乡村振兴战略现代农业园区1个、先进乡（镇）1个、示范村4个、重点帮扶优秀村1个，创建市级乡村振兴战略现代农业园区1个、先进乡（镇）1个、示范村6个，培育县级实施乡村振兴战略先进乡（镇）6个、示范村70个。全年财政投入乡村振兴资金达33 277万元，占公共财政支出总数的12.95%。土地出让收益用于乡村振兴领域2200万元，占土地出让总收益的11%。落实金融服务乡村振兴贷款贴息政策，兑现特色产业以奖代补资金320万元。实施农业“135”工程，加快农业园区体系建设，调整优化产业布局，推动水果、水产等特色优势产业标准化生产、集约化经营，不断优化农业内部结构。全县已累计发展藤椒8万亩、核桃10万亩、水果10.6万亩、水产4.2万亩、中药材1.6万亩、桑园面积1.4万亩，培育县级以上现代农业园区13个。鹅溪镇获评全国农业产业强镇、全省“一村一品”示范村。

突出人居环境整治，打造振兴样板。

建立农村卫生厕所长效运行管护机制，加快23个村的农村“厕所革命”整村推进示范村建设，无害化卫生厕所改造12 051户，完成建设任务的100%；累计建设农村公厕246座，实现农村公厕行政村全覆盖。规范建设4个农村饮用水源保护区，146个行政村农村生活污水得到有效治理，占比78%，超额完成77%的既定目标。建成乡（镇）污水处理站40座，实现乡（镇）污水处理设施全覆盖。分类处置推动“垃圾革命”，投入资金680余万元，实现行政村生活垃圾收转运处置覆盖率100%。推动废弃物资源化利用，畜禽粪污治理204万吨，综合利用率达94.2%，规模化养殖场粪污处理设施装备配套率达100%。全县秸秆可回收利用约35.46万吨，废旧农膜资源化利用196.5吨。

深化基层治理，激活振兴内力。加强乡村基层社会治理，建立扫黑除恶常态长效机制，建立健全联动化解矛盾机制和乡村社会治安风险隐患信息化排查处置体系，稳控乡村涉疫、涉诈重点群体，遏制“民转刑”命案发生。加强乡村依法治理，规范建成乡（镇）公共法律服务站17个、村（社区）公共法律服务室254个，村级法律顾问配备率达100%。开展“新时代乡风文明建设十大行动”，整治农村天价彩礼、薄养厚葬、铺张浪费等陈规陋习。开展“最美家庭”评选活动，8户家庭获得绵阳市“最美家庭”称号，2户获得四川省“最美家庭”称号，1户家庭获得全国“最美家庭”称号。创建国家级文明村1个、省级文明村1个、市级文明村33个。富驿镇雄关村获评“第二批全国乡村治理示范村”，巨龙镇获评“第二批全省乡村治理示范镇”。

健全联农带农机制，培育振兴动能。构建集农村金融、电子商务、产权信息于一体的交易服务体系，全县龙头企业、合作社、家庭农场等新型经营主体通过平台以土地托管、股份合作等形式规范流转土地经营权20余万亩，推动全县农业适度规模经营率达56%。建成现代农业社会化服务超市161个，全县各类农业经营组织共带动农户16.8万户次，农村居民经营性、财产性收入分别增长11.7%、22.3%。出台新型农村集体经济扶持相关政策，分类整合集体经济组织，总结推广集体经济试点模式，完成227个村集体经济组织成员资格界定，登记赋码集体经济股份联合社227个。新增国家级专合社2个、省级专合社3个、市级专合社4个；新增家庭农场81家；新成立岐伯中药材联合体1个。全县“三品一标”农产品总数达68个，梓江鳜鱼、盐亭桑叶获评国家地理标志产品。农产品流通体系完善，发挥线上线下功能，为供需双方提供高效便捷的对接服务，形成一整套农产品销售体系。

全年农村居民人均可支配收入达20 323元，增长10.6%，增幅位列全市第三。城乡基本公共服务体系不断完善，实现城乡居民医保、低保、特困人员救助、养老保险全覆盖。

【乡村旅游】 完善乡村旅游基础设施。启动文同诗竹园建设，新建游客中心1个、旅游厕所2座，完善停车场和导视系统等基础设施和服务设施。嫘祖陵景区已启动修缮景区步游道、陵墓边坡治理和游客中心的装修装饰等工作。花果嫘乡新建红枫林150亩种植美国大红枫树1.2万株；推进7000平方米展示中心建设；完成状元农耕文化苑和新观光主道路新建；种植草坪1万平方米。

优化乡村旅游产品供给。整合相关资金、项目，支持花果嫘乡、七里花乡、嫘祖蚕桑产业园等现代农业园区以及莲花湖、金峰水库等建设，规划建设一批特色民宿、露营基地等服务设施，打造乡村旅游网红打卡地。挖掘自然资源、农耕文化、乡村民俗等，发展乡村民宿等旅游产业。

突出乡村旅游文化传承。持续推进优秀传统文化宣传，配合省、市电视台文化旅游频道来盐拍摄文旅专题片，永泰镇创建为“绵阳市最美小镇”。加强文物保护及合理利用，落实文物安全责任，与全国重点文物保护单位、省级、市级等11个木质结构古建筑类文物保护单位签订《文物看护守护协议书》；开展文物安全巡查检查和隐患排查整治，建立健全文物安全检查记录和问题台账。开展“非遗进校园、进学校、进景区”等非遗展演活动；推进第六批省级非物质文化遗产项目推荐申报，已通过市局专家评审准予上报。推进村史馆建设，协助王家大院开展村史馆入馆展品遴选、布展；指导退休援藏干部陈元柱在陈家祠布展陈书诗词等传统文化。

创新乡村旅游营销模式。放大特色乡村节庆活动引流效果，以节促建、以节促销、以节促联，先后在花果嫘乡、七里花乡、嫘祖广场等开展桃花节、采摘节、野外露营、啤酒节等活动，将乡村节庆活动打造成为展示农耕文明和民俗文化的有效载体。

规范乡村旅游市场管理。对文旅市场单位进行监督管理，严格落实行业监管责任。在文旅企业和从业人员中开展诚信教育和诚信创建活动。加强日常安全检查和市场巡查，同时利用节假日开展重点时段节前检查，确保市场平稳有序。

壮大乡村旅游人才队伍。通过“新媒体运维培训会”“文旅大讲堂”等形式，开展乡村旅游专题业务培训，培训人员约300人次。推荐8人进入四川省乡村文旅能人库。

【农村水利】 加快推进田、土、水、路、林、电、技、管综合配套，建设高标准农田面积2.6万亩，同步发展高效节水灌溉面积0.39万亩，完成投资7313.4万元，完成目标任务的100%。编制盐亭县2020年高标准农田建设项目水土保持方案报告书，对主体工程水土保持做了分析与评价，确立了水土流失防治责任范围为224.38公顷。项目区建成高产稳产农田2.6万亩（其中高效节水3900亩），直接受益农户8311户，年直接受益农业人口24 265人。

【农业机械化】 实施农机购置补贴政策，全年完成农机购置补贴中央资金615.92万元，补贴各类农业机械4493台（套），受益户3476户。有农机总动力44.13万千瓦，其中耕地机械29 531台（套）16.18万千瓦、种植施肥机械353台（套）。全县17个乡（镇）设有农业服务中心，每个中心配有一名农机专职干部。全县有农机化作业服务组织837个、农机专业合作社22个、农机维修点81个，初步形成了以农机专业合作社为主体，农机大户为骨干，农机协会、农机中介组织为补充的县、乡、村一体化的农机社会化服务体系。全年主要农作物机耕面积95.89万亩、机播面积35.54万亩、机收面积57.9万亩、机电灌溉面积23.8万亩，机械饲喂的畜禽总数2.6万个（羊单位），机械投饵水产养殖总产量3875吨，主要农作物耕种收机械化作业水平达67.87%。

【农村文化】 全县有乡（镇、街道）文化站35个（含分站18个），有健身舞蹈队、太极队、舞蹈队等文艺队伍10余支，乡（镇）、村有文艺宣传队500余支。县文化馆组织开展文艺爱好培训，培训辅导近5000人次；开展文旅讲解员培训10余人次。开展“三送一建”活动，为乡村振兴村开展文艺演出培训60余次，赠送图书1000余册，帮助组建基层文艺表演队伍9支，培训辅导约500余人次。

加强脱贫攻坚同乡村振兴有效衔接，对乡村振兴省、市重点村强弱补短，为基层治理村（社区）等配置电脑、音响、文体娱乐等设施设备639台（套），硬化文化广场面积5000余平方米。开展“三送一建”活动，以建党百年为契机，在已脱贫村和乡村振兴省、市重点村开展以“奋斗百年路　起航新征程”为主题的文艺演出活动30场次，开展“送文化培训”60次，赠送图书1000余册，帮助组建基层文艺表演队伍5支。确保全县189个村广播畅通常响，9020户困难群体全部享受免费看电视。

【农村卫生】 全县21个乡（镇）卫生院和凤灵社区卫生服务中心年门诊量61.9万人次，住院3.3万余人次。

城乡对口支援。县人民医院派出9人支援红原县（瓦切、麦洼、刷金寺）3个乡（镇）卫生院和红原县人民医院；县直医疗卫生机构共派出41人支援县内8个中心卫生院；新增四川绵阳四〇四医院和县人民医院、绵阳市中医医院和县中医医院对口支援。

乡村医生一体化管理。继续巩固乡村卫生一体化成果，推进分级医疗和家庭医生签约服务，全县17个乡（镇）、1个社区共建立家庭医生服务团队112个；通过使用“卫健E通”完成电子化签约32万人，电子化签约服务率达93%。

【农村法治建设】 人民调解建设。全县254个村（社区）均成立人民调解委员会，每个人民调解委员会至少有3名人民调解员，县司法局负责对人民调解员进行业务培训和考核监督，每年根据《盐亭县人民调解员调解案件补贴办法》向人民调解员发放人民调解案件补贴。村（社区）人民调解委员会定期开展矛盾纠纷排查。在重大活动、重大节日、社会敏感时期等开展专项排查活动。按照“三三制”调解制度对排查出来的矛盾纠纷上报并由司法行政机关统筹安排、集中力量调处或在当地党委、政府的统一领导下妥善调处。

基层司法所建设。全县17个乡（镇）均成立司法所，并按照司法厅“两个标准”对部分司法所进行了改造，富驿、云溪、高渠、玉龙4个司法所被评为“市级枫桥式司法所”。

公共法律服务体系建设。在全县辖区范围内依托乡（镇）司法所和村居办公阵地分别建设17个公共法律服务室和254个公共法律服务站，覆盖率达100%；建设1个退役军人公共法律服务工作站，并将站室作为公共法律服务体系的承载平台，为群众提供法律服务。法律援助中心以“应援尽援、应援优援”为工作要求，为来访、来电的群众提供法律援助服务，全年共计为3348人次提供法律服务；共受理法律援助案件397件，其中民事案件230件、刑事案件160件、行政案件7件。对受援人严格按照《法律援助条例》进行资格审查和资料审查。对援助案件的办理律师、法律工作者根据《法律援助案件补贴标准》向其发放援助补贴。

全县254个村（社区）均配备了法律顾问，法律顾问覆盖率达100%。全年村（社区）法律顾问共接访法律咨询人数6180人次，开展法治讲座512场，调解矛盾纠纷1626件，参与村民自治管理1423次。

开展“法律进村”活动。将乡村振兴、粮食安全、耕地保护、基层治理等相关法律法规纳入法治宣传教育规划及《盐亭县2021年普法依法治理工作要点》，到各村开展“美好生活·民法典相伴”等主题宣传教育活动60余场次，实现对全县各乡（镇）行政区域全覆盖。在“防控疫情　法治同行”专项宣传活动中，编印《盐亭县战“疫”法律法规指引》等资料5期，录制疫情防控法治宣传录音2期，发布疫情防控法治宣传微信推送20期，为村居们普及疫情防控相关政策及法律法规。以创建民主法治示范村（社区）为契机，抓好基层法治宣传阵地建设，各乡（镇）、村（居）设立法治宣传栏350个，建立法律图书室357个。规范村规民约，为“三治协同”模式在基层落地落实提供法治保障，指导村（居）制定完善村规民约、居民公约，推进村（居）民自治的规范化和法治化。全县189个村65个社区已完成村规民约的规范制定。

【农村交通】 撤并建制村畅通工程新建道路31.1千米，路面宽4.5米、厚0.18米，为水泥混凝土路面，项目于7月开工，12月底完工，总投资3137万元。危桥改造工程拆除重建危桥25座，项目于3月开工，于12月底完工，总投资3600万元。全年共建成乡村产业路、旅游路15.65千米。全面完成“金通工程”“四统一”建设任务，统一更换车辆外观颜色336辆，统一制作从业人员编码、工牌407个，统一制作发放从业人员工作服装，统一制作安装招呼站牌453个。

【涉农招商引资】 全县3000万元以上的农业招商引资重大项目2个，其中外资项目1个、内资项目1个，项目总投资1.42亿元；到位资金1.42亿元，完成年度任务的100%。

【农村社会保障】 推进社会救助综合改革试点，全年累计发放低保金527 136人次、1.12亿元，发放困难残疾人生活补贴71 830人次、719万元，发放重度残疾人护理补贴140 481人次、848.074万元，发放特困人员供养金及丧葬补助55 703人次、3111万元，发放高龄津贴214 051人次、760.4375万元，发放精简老职工补贴923人次、36.92万元，发放孤儿和事实无人抚养儿童基本保障金395人次、35.48万元。临时救助困难群众1589人次、214.312万元。救助流浪乞讨人员120人次，其中护送返乡87人次、自主返乡25人次、滞留在站6人、上户安置2人。投入300余万元，通过政府购买服务方式，为辖区困难老人提供居家养老服务，全县乡（镇、街道）实现居家养老服务全覆盖，受益人数达1.7万余人。

【农村生态建设及环境保护】 农村生活污水治理。全县农村生活污水治理（污水收集处理户数占比≥60%）的行政村达146个，占比77.2%；常住人口1000人以上农村聚居点1个、600人以上农村聚居点2个，农村生活污水均得到有效治理。全县各乡（镇、街道）在全面摸排的基础上形成县域农村生活污水治理规划，并结合全县“十四五”规划进行修订。在富驿镇凤阳村、玉龙镇三星村等5个行政村开展农村生活污水“千村示范”工程项目，在嫘祖镇嫘祖村、黄甸镇三学村等5个农村聚居点开展生活污水治理项目。全县接入城镇污水处理设施管网1100户，接入生活污水处理设施1829户，化粪池收集处理62 929户，农村生活污水直排现象得到初步遏制。全县修建乡（镇）污水处理站40座，实现乡（镇）污水处理设施全覆盖。农村污水带动处理污水设施27座、处理工艺3种（MBBR、生物转盘一体化、MBR），其中24座由第三方公司运营、3座由村委会运营。全县全年用于农村生活污水治理工程建设项目的各级资金共6500万元，其中中央财政资金1900万元、市级财政资金381万元，主要用于新建一体化污水设备2套，总规模达190立方米/天；新建“厌氧+人工湿地”1746座；建设污水管网27.39千米、检查井1185个，建设地点位于鹅溪镇、岐伯镇、高渠镇、嫘祖镇共计4个建制镇、46个行政村。

“绿盾2021”行动。县污染防治攻坚战领导小组办公室制订印发《盐亭县“绿盾2021”自然保护地强化监督工作实施方案》（盐污防攻坚办〔2021〕32号），县自然资源局制定印发《关于开展“绿盾2021”行动进一步加强自然保护地管理的通知》（盐自然资发〔2021〕56号）。组织生态环境、自然资源、水利、农业农村、住建等相关部门，于10月25日—11月3日对盐亭县自然保护地开展“绿盾2021”行动执法核查。

【农产品质量安全监管】 立足职能分工，构建责任明晰的工作体系。坚持“属地管理”原则，明确乡（镇）主导责任，统筹推进辖区内农产品质量安全监管工作组织实施，农产品生产环境保护、农业投入品监管和农产品质量监测，农产品质量安全监管体系建设和监督管理，农业环境污染、农业投入品事故和农产品质量安全事故等。聚焦源头管控、过程监管、市场监督三大关键环节，落实农业农村、市场监管、生态环境、卫健、公安等相关部门职能职责，做到既分工明确，又相互协同，确保工作推动“一盘棋”、力量整合“一股绳”。推进农产品质量安全诚信体系建设，开展信用评级活动，压实企业主体责任，督促落实产地管理、生产管控、生产记录、自检准出等工作职责，全县没有违规生产经营主体被列入“黑名单”，有重点监控名单4家。

突出关键环节，构建覆盖全程的监管体系。实施环境保护、污染治理、土壤监测改良“三大工程”，持续改善土壤生态结构；核实监管名录742家，其中农业生产基地384家、屠宰企业9家、农药门店226家、兽药门店123家，加强农药、兽药、饲料及饲料添加剂等农业投入品市场准入管理；定期对县域内生产基地、交易市场的投入品开展监督抽查；推行生态调控、生物防治、物理诱控等绿色防控技术。严格按照“四有一可”（操作有规程、过程有记录、产品有标识、上市有检测、质量可追溯）的标准组织生产，加大对生产档案的监督检查力度，督促经营主体严格落实生产档案管理，如实记录病虫害发生、投入品使用、收获（屠宰、捕捞）、检验检测等情况，执行“农药安全间隔期、兽药休药期规定”等制度，依法查处违规生产经营企业1家。入驻国家追溯平台231家，入驻率58.6%；试行开具食用农产品合格证236家，出具食用农产品合格证402 106张，带证销售农畜产品3493.5吨。

市场监督。加强农产品质量安全追溯管理，严格执行“七挂钩”（农产品质量安全追溯与农业农村重大创建认定、农业品牌推选、农产品认证、农业展会、园区认定、奖项评定、示范合作社/家庭农场/标准化基地评定）工作制度；建立放心超市、合格证示范超市3家、门店2家；推广使用食用农产品合格证，把牢入市查验关。

发挥行业优势，构建四级联动的检测体系。一是县检测站抽检。提升改造县检测站1300平方米，完成双认证和2021年能力验证，建立健全样品检测、仪器管理、计量检定等工作制度，年均定量检测样品600个，检测准确率达99%。二是乡（镇、街道）农残快检室检测。建立乡（镇、街道）农产品质量安全服务站17个；设立乡（镇、街道）快检室，每个乡（镇）设置4名监管员、2名检测人员。三是按照“四个一”（即一个人、一间房、一组设备、一套制度）标准，设立村级监管服务点17个。四是企业检测室自检。牢牢把握农产品入市第一关，设立农业企业质量安全检测室10个，全年完成省、市级监测245个，千分之一监测455个；农残快检87 600个。

整合多方力量，构建反应迅速的执法体系。成立县农业行政综合执法大队，内设渔政、动监、农业投入品三个小队。建立健全农产品质量安全执法体系，整合县公安、食安及市场监督管理等相关部门执法力量，开展农资市场、农产品市场综合执法整治，形成上下联动、整体推进的工作格局。全年共出动执法车辆106辆次、执法人员538人次，检查生产经营场所907个次，其中检查农资经营门店654个次、水产养殖单位35家次、种养殖生产经营主体187个次、屠宰场31家次。全年案件查处率100%，农药门店检查率100%，高毒农药检查覆盖率100%。开展专项行动，对照中央、省、市关于开展“治违禁　控药残　促提升”三年行动等具体工作要求，聚焦农产品种植、畜禽养殖、畜禽屠宰和水产品养殖等关键环节、重点领域，全面排查风险隐患，整治各类违法违规用药和非法添加行为，严格落实安全间隔期、休药期制度，保障群众“舌尖上的安全”。开展农资打假专项行动，在玉龙镇召开启动仪式，通过现场咨询、展台展示等形式宣传规范使用农资、农资识假辨假、农资门店规范化经营管理等，鼓励农资生产销售企业做好投入品使用记录。组织发放农资识假辨假知识手册、农资法律法规、实用技术宣传单等资料8000余份，悬挂横幅15幅，接受群众咨询3000余人次，销毁假劣农资农药32千克、种子196千克。全年共出动执法人员512人次，检查门店和企业932家，开展巡查检查172次；查处种子问题4个，查处农药问题1个，抽检农资产品42个。

严厉打击违法。加大案件查办力度，对于发现的问题线索，坚持“发现一个，查处一个，一查到底”，形成严密的质量安全监督察处机制，对大案要案实行“一案一报、挂牌督办、限期办结”制度，做到假冒伪劣产品全部销毁、违法违规主体全部取缔、违法犯罪分子坚决严惩、典型案例全程曝光。全年约谈农业生产经营主体3家、超市3家，列席约谈企业6家，7个乡（镇）参与约谈。办理冒用绿色食品标志案件1起，案件查处率达100%。列入重点监控名单4家。

加强组织领导，构建要素集聚的保障体系。加强组织领导，成立县政府主要领导任组长的农产品质量安全工作领导小组，明晰相关部门工作职责，定期召开联席会议，及时研究解决农产品安全领域的重点和难点问题，并将农产品质量安全工作纳入“十四五”规划、党政议事和目标考核重要内容，考核权重占比5.5%，对因农产品质量安全工作落实不力造成重大质量安全事故的，依法依规予以处理，做到分工明确、责任落实。加强宣传培训，制定监管、检测、执法培训计划，通过线上新闻媒体宣传、线下举办《农产品质量安全法》有奖问答知识竞赛活动等方式，营造线上线下、纵横交错的宣传氛围，在境内2条高速公路沿线制作大型广告牌2幅，在县域主城区设立宣传点17个，发放宣传单达15 000余份，乡（镇）、企业张贴画册1000余张。4月28日，召开国家农产品质量安全县启动大会；在玉龙镇召开推进会，组织相关人员到剑阁县参观学习，通过以会代训、专题培训、现场观摩等形式开展食用农产品合格证、农产品质量安全追溯平台理论知识培训和农产品快检实践培训，监管、检测、执法人员培训时长达40学时以上。加强标准生产，完善《盐亭桑叶》《梓江鳜鱼》农业地方标准，将标准化生产技术集成转化为简单实用操作图或明白纸，广泛张贴，入户率达100%；开展病虫害专业化统防统治9.8万亩，推广病虫害绿色防控1.6万亩，近三年共安装杀虫灯343盏，累计发放诱杀黄板7万余张，推广测土配方施肥25.69万亩次；推广动物疫病防控、畜禽水产健康养殖等新技术，严格执行农药安全使用间隔期、兽药休药期规定。全县共建立标准化农业园区10个，其中省级1个、市级3个、县级9个；部、省级畜禽养殖标准化示范场6个，农业农村部水产健康养殖示范场6个。依托风集集团开展兽用抗生菌药减量使用示范。依托新希望采取代养模式，建成年出栏1200头的生猪标准化养殖单元302个，全县规模养殖的标准化率达81%以上。加强制度机制创新，升级改建“盐亭农安”信息化监管平台，将742家经营主体全部纳入平台监管。制订盐亭县农产品质量安全信用体系建设与信用评级实施方案，开展日常监管巡查，通过农安信用12分的方式对监管对象进行信用等级评定和风险等级鉴定，增强风险防控能力，提高监管水平。

【农村市场体系建设】 农产品流通体系建设。完善农产品零售终端冷链环境方面，共有县级商贸中心9个，在建提高冷键物流重点干支线配送效率项目1个（四川盐亭经济开发区绿色食品产业园项目）、生鲜菜店25个，有支持农产品市场保供的企业2家。全年农产品上行邮件快递总量109万件，增长27%。

农村冷链物流建设。县政府指导盐亭农旅公司谋划四川盐亭经济开发区绿色食品产业园项目，项目占地5000平方米，投资1515万元，已完成用地选址、取得环评备案和立项批复。

农商互联建设。一是完善配套设施建设。制定工作措施，推动消费扶贫与电商、物流行业融合发展。深化电商扶贫，开展“进商圈、机关(单位)”等消费扶贫活动，落实电商扶贫补贴、支持政策。鼓励企业申请“三品一标”认证，帮助其提升品牌知名度，拓展销售渠道，引导“盐亭造”名优特新产品去“结亲联姻、靠大联强”。完善构建智慧物流配送公共服务体系建设，搭建县、乡(镇)、村“三位一体”的配送网络。建成“中国·供销e家商城”“老手艺土特馆”“上古农仓”“嫘之韵”等本土电商平台，开设“七里花乡”“花果嫘乡”“鑫农电子商务公司”等抖音直播间10余个，引进“农村淘宝”“邮乐网”“易田网购”等10余家电商平台上线运营。电商发展载体不断完善，盐亭电商产业园和以盐亭县创业孵化中心（双创空间）为主体的电商综合服务中心服务功能不断完善，累计建成乡村电商服务网点50个，县域内网商数量（含企业、个人）约1860个。西部水产现代农业园区被绵阳市商务局认定为“绵阳市农产品电商直播基地”并授牌。二是构建以购助扶机制。开展“进市场、进商超、进电商、进机关、进社区”五进活动，过细研究具体的操作办法、流程提高农产品订购量，发挥帮扶部门、帮扶干部的购买力，推进“以购助扶”常态化机制，从而形成全社会大扶贫格局。对全县贫困户滞销农产品进行统计，滞销产品主要集中于家禽、果蔬等农产品，通过对滞销产品的分析，找准最适合的销售方式，经同中环超市、联发超市、“老手艺”电商企业等协调，建立同贫困户之间的无缝连接。三是线上线下共同发展。运用线上订单、线下消费相结合的销售模式画好农特产品网络销售延长线。运用淘宝、抖音、快手、腾讯等网络直播平台，拓宽农产品销路，多家电商企业利用各大网络直播平台推广盐亭本土农特产品，网络销售成绩斐然。树立品牌意识，扩大“嫘祖”品牌产品知名度。鼓励农村产业合作社、家庭农场同经销商建立长期的供需关系，促进全县农特产品产业化发展，形成集生产、加工、销售、运输于一体的完整产业链，彻底解决农产品滞销问题，为“嫘祖”产品口碑打好基础。

【农村留守儿童（青年）帮扶】 全县有义务教育阶段在读留守学生18 333人，其中男生9398人、女生8935人，小学7999人、初中5088人、高中5246人。县教体局制定2021年农村留守儿童关爱保护工作要点，建立和完善留守儿童基本情况台账，优先安排留守儿童就读寄宿制学校，形成“政府主导、部门联动、家庭尽责、社会参与”的工作格局。建立“代理家长”队伍，加强亲情关怀。依法追究父母或其他监护人不履行监护职责的责任，依法处置侵害留守儿童合法权益的行为。发挥乡（镇）政府、街道办事处和村（居）委会作用，督促外出务工家长履行监护责任。与当地党政配合做好家长工作，劝返疑似辍学学生返校。督察各校做好留守儿童学生关爱工作，全县义务教育学生入学和巩固率均达到国家相关要求。

细心摸排，摸清家底。全县各中小学校通过走访调查、访谈问卷等形式摸清留守儿童现状，建立健全留守儿童台账。采取谈话、入户调查等形式全面了解留守儿童在家庭、教育、生活上存在的问题，为制定关爱保护保障措施提供科学依据，确保全面、精准关爱每一名留守儿童。

建立“留守儿童”档案联系卡制度。做到“一人一档一卡一责任人”，不断建立健全四大网络：一是健全以留守儿童亲属为主体的监护网络；二是建立以教职员工为主体的学校结对帮扶包保网络，提倡留守儿童和教师及同学建立结对关系，结对教师在学习和生活上给予他们关心照顾，结对学生在学习和生活上互相帮助；三是建立以群众、社团组织和志愿者为主体的社会关护网络；四是建立形成关爱留守儿童协同工作网络。

加强留守儿童法治安全、法治教育。加强安全教育，组织安全演练，提高防范意识，增强留守儿童自救自护、应急避险能力。开展法治宣传，普及法律知识，增强法治意识，纠正个别留守儿童的不良行为，预防留守儿童违法犯罪现象发生。

加强留守儿童心理健康教育。学校重视留守儿童心理健康教育，积极创造条件，开设谈心室，班主任、包保责任人经常与留守儿童谈心，为留守儿童开展心理咨询和辅导，解决生活困难，给留守儿童送去关怀和温暖。

加强家校联动组织工作。构建学校、家庭、社会“三位一体”的育人环境。开学之初各中小学召开家长会，与家长做好沟通交流，通过老师、家长微信群鼓励外出务工家长与子女常联系，及时了解掌握其生活、学习和心理状况，给予其更多亲情关爱。设立亲情热线，为留守儿童与父母、亲人之间的情感联系和亲情交流提供便利，让留守儿童生活上有人照料、行为上有人管教、学习上有人辅导、心灵上有人抚慰。

因材施教，加强学习辅导。教师与学生成帮扶对子，做到传授知识有耐心、生活情感有爱心、帮扶保学有恒心，让其安心地上学。

开展主题德育教育活动。坚持按照“育新人”的时代要求，开展青少年思想道德教育，引导青少年树立和践行社会主义核心价值观，坚定理想信念，加强品德修养，培养奋斗精神，提高综合素质，永远听党话，坚定跟党走。注重良好家庭、家教、家风教育引导，做好家长学校、假日学校相结合工作，继续开展“知党恩、懂礼仪、行孝道”主题教育活动，帮助青少年树立正确的世界观、人生观、价值观，形成爱国、爱家、讲究礼仪、孝敬父母的良好风尚。

【劳务开发与返乡创业】 劳务开发。全县有农民工21万人，其中外出务工19万人，分别占全县总人口和农民工总数的35.18%、90.47%。推进劳务品牌培训和技能培训，增强农民工劳动技能，提升农民工就业率。一是过程的公开透明。通过政府公开招投标确认绵阳市红枫职业培训学校、兴业职业培训学校、富乐家职业培训学校和海宇职业培训学校为2021年劳务品牌和返乡下乡创业培训承训机构。二是开展“菜单式”的培训。通过向17个乡（镇、街道）农民工征求培训意愿，发布培训信息，确定了在鹅溪镇、高渠镇、金孔镇、富驿镇等13个乡（镇）分别开展家政服务员和返乡下乡创业培训。三是严格的培训管理。按文件要求定期或不定期地对培训前、中、后全过程实施监督检查，及时发现整改问题，对不符合条件的培训机构予以通报或取消。四是部门的强强联动。整合培训资源，中心和农业农村局、军人事务管理中心、妇联、残联等部门联合培训，扩大培训范围，拓宽培训工种。全年共计完成800人的品牌培训任务和400人的返乡下乡创业培训任务，完成省、市下达的目标任务。

返乡创业。全县回引农民工返乡入乡创业6000余人，培育返乡入乡创业主体1300余个，带动就业7万余人。搭建“三个平台”，孵化创业梦想。一是搭建创业服务平台。建成3400余平方米的县级创业孵化园平台，平台入驻返乡创业167家，在孵41家，退役军人创业9家，大学生创业16家，外地人员来盐创业16家。二是搭建创业示范平台。因地制宜建立示范园18个、示范点85个，每个示范园（基地、点）带动创业6户以上，吸纳劳动力40人以上，辐射周边群众共同创业。三是搭建电子商务平台。打造县级电子商务产业园平台1个，建成县级淘宝服务站3个、村级淘宝服务站243个，全县农村电商实现村级全覆盖。做实“三个支撑”，破解创业难点。一是做实政策支撑。出台《盐亭县返乡下乡创业发展措施十五条》等政策文件支持返乡创业，整合各类项目资金3700万元用于创业扶持、科技创新和招才引智，共发放各类贷款0.756亿元。二是做实服务支撑。加快基础设施和配套功能设施建设，投入资金近500万元建设生猪代养场道路，投入资金3600余万元建成7个农产品仓储保鲜冷链中心，农村“路水电气讯”五网提档升级。三是做实技术支撑。组建盐亭创业导师团队，开展辅导2期，辅导群众3326人次。实施农民工专项培训计划，开设“订单式”“定向型”培训课程，开展农民工实用技能培训1100人次、创业培训400人次。加强“三个引领”，培育创业明星。一是加强宣传引领。突出县委、县政府高位推动重要作用，在北京、浙江、重庆等地召开优秀农民工座谈会，同时通过县外农民工联合支部、农民工服务站、乡贤理事会等平台进行全面宣传推介盐亭招商引资、返乡入乡创业优惠政策。二是加强项目引领。建立健全“返乡农民工动态信息库”，包装策划生态农业、特色养殖、乡村休闲度假、农副产品加工等四大类共260余个适合返乡农民工创业的项目。三是加强人才引领。建立盐亭县返乡创业优秀人才台账，举办创业创新大赛，嫘祖英才、创业明星、创业明星企业评选活动，表彰和奖励农业英才6人、科技英才4人、企业英才6人、文化英才4人、创业明星企业10家、创业明星70人。着力“三个一批”，巩固创业成效。一是着力扶持一批。实施创业指导、创业培训、创业补贴等扶持措施，2016年以来，累计发放大学生创业补贴66万元，提供“一条龙”创业指导服务2100余人次。二是着力巩固一批。对已实现创业的6家企业、566个专业合作社和398家家庭农场在基础建设、品牌打造、技术指导等方面持续落实巩固提升措施，全县返乡入乡创业项目的成活率和综合效益明显提升。三是着力提升一批。落实专人对创业项目进行跟踪服务，加快促进创业项目上规模、上档次。对亿尚农业、天水缘等39家公家、专合组织和家庭农场在企业环境、宣传、提升档次上给予大力支持。

【主要领导人】 县委书记：向赟(9月止)，何长鹰(9月始)；县人大常委会主任：何光明(9月止)，蒲浪涛(10月始)；县长：何长鹰(9月止)，卢昊(10月始)；县政协主席：黄加伦(9月止)，衡洪志(9月始)；分管农业副县长：衡洪志(9月止)，衡孝波(10月始)。

盐亭县编写组

广　元　市

【基本情况】 2021年，全市辖3区4县，辖区面积1.63万平方千米。

【农村交通】 交通基础设施日益完善，广平高速骑马至黄坪段全面贯通，绵苍巴高速加快建设，京昆高速广绵段扩容项目控制性工程开工建设，七盘关至曾家山旅游公路等项目完成主体工程，广元港苍溪港区建成投运。利州区、昭化区、朝天区创建为“四好农村路”省级示范县。城市品质持续提升，国土空间规划编制有序推进，中心城区建成区面积达67.45平方千米。南山隧道、凤凰山隧道、西湾水厂取水工程迁建等项目全面竣工，皇泽大桥、胤国路等10条道路桥梁改造完成。5G信号实现市（县）城区全覆盖。实施市容秩序规范整治等“七大行动”，采取“街长制”推动城市精细化管理，国家卫生城市创建 通过国家暗访复审。

【乡村振兴】 全面巩固拓展脱贫攻坚成果同乡村振兴有效衔接，完成市、县两级乡村振兴机构优化重组，向717个村选派2276名驻村干部，集中力量抓好重点县、重点村帮扶工作。对接做好中央、省定点帮扶及市州对口帮扶工作，实施有效衔接项目2069个。新建农村供水工程677处，改造农村电网1735千米，曲河水库枢纽工程全面完工。建成“美丽四川·宜居乡村”达标村1049个、省级农村厕所革命整村推进示范村45个，3个村获评全国第二批乡村治理示范村。创建省级乡村振兴先进乡（镇）3个、示范村27个，剑阁县获评省乡村振兴重点帮扶优秀县，12个乡（镇）入库省级百强镇候选名单。在全省率先完成村（社区）换届工作。

【农村生态环境建设及保护】 建立最干净城市建设指标体系，入选中国最干净城市排行榜前10位。市城区环境空气质量优良天数率达96.2%。全面落实河（湖）长制，地表水环境质量优良率100%，嘉陵江、白龙江、南河水质达Ⅰ类标准。严格落实长江十年禁渔，侦破“4·28”跨省市非法捕捞案，得到公安部表扬。森林覆盖率提升至57.63%。土壤污染防治工作年度评估位居全省第一位。城市生活垃圾回收利用率达38.6%，行政村生活垃圾收转运处置体系实现全覆盖，公共机构节能示范引领效应持续显现。完成第二轮中央生态环保督察迎检任务，第一轮中央、省生态环保督察问题整改实现“清零”。

【农村社会保障】 完成30件民生实事，民生支出181.42亿元，占一般公共预算支出的66.4%。城镇新增就业3.96万人，城镇登记失业率为3.33%。根治欠薪工作连续三年位居全省前2位，农民工工作得到省委、省政府表扬。新建和改造提升敬（养）老院12个。城乡居民基本养老保险覆盖123.91万人，基本医疗保险参保率稳定在98%以上，“元惠保”参保率位居全省便民商业保险第2位，医保经办服务获评全国优秀经典案例。新开工改造老旧小区212个、棚户区1856套，改造农村危房1392户、土坯房1.63万户。

【公共文化服务体系建设】 规范管理和使用免费开放资金2372.4万元，实现全市8个图书馆、8个文化馆、5个博物馆（纪念馆）、5个美术馆和196个乡（镇、街道）综合文化站错时延时免费开放。14 808个村（点）广播电视“村村通”工程向“户户通”工程升级后的运行维护项目稳步实施。苍溪县创建为第二批四川省现代公共文化服务体系示范县，并获评“优秀”等次。利州区东坝街道（凤舟习俗）被命名为“中国民间文化艺术之乡”，剑阁县白龙镇（白龙花灯）等6个乡（镇）被命名为“四川省民间文化艺术之乡”。新建旅游厕所13座（含示范性旅游厕所1座），改建12座。成立各类文化旅游志愿服务组织173个，招募文化志愿者7.7万余人，常态化开展文旅志愿服务活动，“有爱·无碍”志愿服务项目获评“全省优秀文化旅游志愿服务项目”。

【主要领导人】 市委书记：王菲；市人大常委会主任：邓光志；市长：邹自景；市政协主席：杨凯；分管农业副市长：杨浩。

广元市编写组

利州区

【基本情况】 2021年，全区辖7个街道5镇3乡，辖区面积1538.53平方千米。

【年度农业和农村经济运行】 2021年，全区GDP378.9亿元，增长9.1%。全社会固定资产投资增长21.4%，规上工业增加值增长9.4%。社会消费品零售总额实现201.8亿元，增长18.2%。地方一般公共预算收入达8.9亿元，增长14.9%。城乡居民人均可支配收入分别达39 807元、16 525元，分别增长9.3%、11.2%。围绕“服务城市、富裕农村”主攻方向，以现代特色农业“5+3”产业体系为重点，发展高品质现代都市农业。食用菌现代农业园区创建为省三星级现代农业园区，三堆紫兰湖现代粮油、龙潭果蔬等11个现代农业园区全面提质增效。严格落实“藏粮于地、藏粮于技”战略，坚决遏制耕地“非农化”、防止“非粮化”，全区粮食总产量达8.1万吨。“利用有限土地精耕细作”受到李克强总理肯定。全面推进脱贫攻坚与乡村振兴有效衔接，把防止规模性返贫作为重大政治任务，用好“脱贫攻坚5年过渡期”政策，严格落实“四个不摘”要求，全区9195名脱贫劳动力均实现就业增收。做好巩固脱贫攻坚成果“回头看”，各项指标达标过硬，高质量通过“三考一评估”检查，被评为全省2020年脱贫攻坚先进县（区）。《规范发展新型农村集体经济》在全省大会上作经验交流发言，受到省委主要领导肯定。龙潭乡金鼓村、白朝乡白朝村、荣山镇中口村被评为全省乡村振兴示范村。创建为“四好农村路”省级示范县。龙潭乡金鼓村、白朝乡白朝村、荣山镇中口村被评为全省乡村振兴示范村。

【公共文化服务体系建设】 统筹公共文化服务和旅游公共服务标准化建设，在对标补短、扩面提质、提升效能上持续用力，不断提升公共服务覆盖面和适用性。重点围绕文化体育场馆、文化娱乐场所、星级酒店、农家乐、景区（景点）、旅行社、大型文体活动管控等方面加强全面指导和监督检查，有序落实疫情防控的各项要求，抓好工作任务落实。全覆盖提升文化阵地建管水平，区文化馆通过全国评估定级考核，晋升为二级文化馆。争取资金50万元完成区图书馆西片区维修改造并正式对外开放，新设“廉政教育专区”“党史直播间”“政务服务查询”3个阅读专区。发挥数字图书馆作用，不定期开展线上线下图书阅读活动，阵地服务功能不断彰显。推进城乡公共服务一体建设工程，整合资源打造宝轮镇综合乡（镇）文化站示范站，新建龙潭乡曙光村文化服务中心，提升打造嘉陵街道北街社区文化服务中心；统筹推进13个非贫困村文化服务中心及28个文化院坝提升打造。持续做好场馆免费开放，坚持错时延时开放，全年区图书馆累计开放328天，到馆18 282人次，办理图书借阅卡168张；区文化馆累计开放264天，开放时间2112小时，培训业务骨干910人次，免费开放累计接待6万余人。优化旅游公共服务，实施旅游服务质量提升行动，推进旅游志愿者服务和文明旅游行动常态化开展。牵头制订《乡村旅游产业发展工作方案》，并按工作安排有序推进试点打造、基础设施建设、业态培育、机制创新、人才培训等，已完成龙潭旅游环线改造提升工程，新建停车场5个、停车位146个、厕所3座，完成龙潭农家乐标识系统升级改造。依托辖区重点旅游院校，联合区商务局、龙潭乡等部门引导农家乐业主创新经营模式，以“一村一品”原则，开发不同类型、多样化的乡村旅游产品，全区共组织相关培训活动10余次，参训人员1500余人次。全面提升辖区A级景区服务质量和管理水平，对照《旅游景区质量等级划分与评定》国家标准，重点围绕旅游交通、游览、旅游安全、卫生、邮电、旅游购物、综合管理、资源和环境保护8个方面完成全区A级景区复核和专项检查。全天候加强广播电视服务，实施广播电视惠民工程，提升“村村响”“户户通”建设保障服务水平。争取资金200余万元，完成全区应急广播系统改造升级，及时做好政策宣传、信息发布、节目转播和应急服务，构建起上下贯通、全域覆盖、智能传输的新格局。

【群众文体活动】 坚持区乡联动、群众主体、彰显特色，抓好节庆活动、群众文化体育活动和送文化下乡活动的组织实施，完成2021中国（广元）女儿节开幕式利州区彩船巡游及助演方阵组织，举办“永远跟党走　颂歌献给党”利州区庆祝建党100周年文艺巡演、“奋进新时代　颂歌献给党”广元市利州区庆祝中国共产党成立100周年歌咏比赛、“信仰的力量”——川渝地区纪念庆祝100周年“阅读之星”诵读大赛等重大群众文化活动，覆盖全区14个乡（镇、街道），受益群众达3万人次。组建区级利州文化旅游志愿服务分队，乡（镇）志愿服务小队的志愿服务队伍达1600人次，组织开展志愿服务活动90余场次，服务群众达3.5万人次。

【主要领导人】 区委书记：李昱隆；区人大常委会主任：陈内召；区长：郭祖炎；区政协主席：陈蕾；分管农业副区长：张磊。

利州区编写组

昭　化　区

【基本情况】 2021年，全区辖12镇，辖区面积1434.71平方千米。全年共接待游客890.352万人次，同比增长22.21%；实现旅游综合收入70.52亿元，同比增长12.13%。其中，乡村旅游共接待游客281.248万人次，实现旅游总收入26.324亿元。

【年度农业和农村经济运行】 2021年，全区GDP82.7亿元，同比增长0.4%，增速居全市第五；全社会固定资产投资同比增长7%，增速居全市第六；规模以上工业增加值同比下降13.6%，增速位居全市第四；社会消费品零售总额实现32.2亿元，同比下降1.6%，增速位居全市第四；城镇居民人均可支配收入实现40 200元，同比增长4.7%，增速位居全市第二；农村居民人均可支配收入达16 600元，同比增长5.8%，增速位居全市第三。地方一般公共预算收入实现3.5亿元，同比增长14.1%；城镇登记失业率控制在3.4%以内，完成年度计划。全年粮食播种面积稳定在55万亩以上，粮油总产量突破16万吨。全年出栏生猪63万头、肉羊（牛）9.2万头（只）、土鸡1300万羽。新认定省级农业产业化龙头企业3家，新培育国家级农民专合社示范社4个、省级家庭农场示范场2家。新增有机认证面积800亩、有机证书4张。新发展林下产业基地2万亩，林业综合产值突破20亿元，“昭化茯苓”获得国家地理标志认证，“种一休三”循环发展模式入选全国林业资源综合利用典型案例。中国西部（广元）绿色家居产业城获评国家林业产业示范园区，昭化林下中药材园区创建为省三星级现代林业园区。高质量完成王家贡米特色农业片区规划成果编制。镇域经济实力不断壮大，昭化镇被命名为省级百强中心镇，元坝镇入围全省100个魅力乡（镇），红岩镇港供港农产品出口示范基地项目开工建设，射箭镇中药材种植聚集区初具规模，太公镇生态畜禽产业取得突破性发展，虎跳特色水果产业持续稳定发展，王磨特色粮油示范片拓面提质，柏林古镇二期建设高位推进，青牛峡休闲旅游区加快打造。深化农村重点领域改革，在全市率先推广“田长制”耕地保护试点。创新发展新型农村集体经济，获评全省合并村集体经济融合发展先进县。

【乡村振兴】 坚持巩固拓展脱贫攻坚成果与乡村振兴有效衔接，创新“三查五看”防返贫工作模式，完成全区6.3万户农户全覆盖排查，累计确定帮扶对象89户，投入帮扶资金188万元。全面推行扶贫资产数字化动态管理，清理形成扶贫资产22.3亿余元。出台涉农整合资金、衔接资金两个管理办法，累计整合财政涉农资金2.23亿元，投入各级衔接补助资金8975万余元。启动传统村落保护利用示范项目19个，总投资1.46亿元，申报为国家级传统村落集中连片保护利用示范县（区），红岩镇照壁村入围国家级传统村落名录。全域推进宜居乡村建设，启动生活生产垃圾治理试点项目3个，建成垃圾分类示范村11个、"厕所革命"整村推进示范村12个，农村生活垃圾、生活污水有效治理率达100%、69%，秸秆综合利用率保持在90%以上，畜禽粪污综合利用率达92%以上。昭化镇创建为省级乡村振兴示范镇。

【主要领导人】 区委书记：陈正永；区人大常委会主任：贾小玲；区长：龙兆学；区政协主席：石含玖；分管农业副区长：任斌。

昭化区编写组

朝天区

【基本情况】 2021年，全区辖12个乡（镇）124个行政村15个社区，辖区面积1613平方千米。

【年度农业和农村经济运行】 2021年，全区GDP79.8亿元，增长9.4%，增速位居全市第一；规模以上工业增加值增长10.7%，增速位居全市第一；农村居民人均可支配收入实现15 730元，增长11.4%，增速连续九年稳居全市第一；全社会固定资产投资完成68.69亿元，增长20.4%，增速位居全市第二，连续6年实现两位数增长；城镇居民人均可支配收入实现38 897元，增长9.4%，增速位居全市第二；社会消费品零售总额增长18.1%；地方一般公共预算收入突破3亿元大关。黑石坡至曾家山旅游快速通道等项目前期工作有序推进，七盘关至曾家山旅游扶贫公路、七盘关超级服务区等项目加快建设，新（改）建农村公路180千米，创成"四好农村路"省级示范县，曾家山生态旅游环线位列全省"最美农村公路"榜首。

【农村改革】 沙河镇罗圈岩村获评四川改革创新名村，沙河镇"三村联盟"改革经验被列入全省农业农村改革十大优秀案例，朝天区被评为四川省农村改革工作先进区。两项改革"后半篇"文章成效明显，出台"1+24+1"工作方案，推进全省两项改革"后半篇"文章示范县试点工作，在全市率先完成村（社区）换届工作。编制《朝天区县域内片区划分方案》，划分乡（镇）级片区4个、村级片区32个，设置中心镇3个、副中心镇1个、中心村33个，区域发展布局进一步优化。建成区级农产品配送中心1个、社区配送网点7个、产业村收购网点20个，城乡双向流通高效配送体系基本建成。羊木镇"全国重点镇"和曾家镇、中子镇"百镇建设行动"试点镇建设深入推进，曾家山与广元主城区相向发展有力推动。

【种养殖业】 粮油产量稳定增长，朝天核桃被农业农村部认定为全国名特优新农产品，朝天区核桃现代林业示范区被认定为国家朝天核桃产业示范园区。蔬菜产量达100万吨，朝天区蔬菜现代农业园区晋升为省五星级园区，两河口笋用竹基地被认定为四川省现代竹产业基地。出台《朝天区突破性发展肉牛羊十条措施》，肉牛羊产业加快发展，生猪产能恢复。食用菌、蚕桑巩固提升，中药材、笋用竹、小水果等产业竞相发展。新培育国家级农业龙头企业1家、省级林草产业化重点龙头企业1家。新增"三品一标"农产品32个。承办2021年中国·朝天食用菌产业创新发展大会、全省现代林业园区建设现场推进会，朝天区被评为秦巴山区食用菌高质量发展重点县。

【乡村振兴】 持续巩固拓展脱贫成果同乡村振兴有效衔接，完成区乡村振兴局机构优化重组，向56个村选派134名驻村干部，集中力量帮扶重点村。实施衔接项目166个，138户脱贫村剩余掉边掉角农户搬迁工作加快推进。建立健全防止返贫动态监测和帮扶机制，53户183人全部落实"一户一策"精准帮扶，易地扶贫搬迁后续扶持和集中安置点后续治理有序推进，通过省级巩固脱贫成果后评估。

【农村生态建设及环境保护】 接续推进农村人居环境整治五年提升行动，全域新村实现全覆盖，100%的行政村生活垃圾得到有效处理，72%的行政村（社区）生活污水得到有效治理，农村卫生厕所普及率达95.1%，畜禽粪污资源化利用率达91.2%。双峡湖水库灌区工程等项目加快建设，嘉陵江三滩堤防等项目完工。新建农村供水工程80处。电力、通信、天然气等设施不断完善。创建省级乡村振兴示范村5个、省级乡村治理示范村3个、省级乡村振兴重点帮扶优秀村2个。全面落实河（湖）长制，持续做好长江流域重点水域禁捕工作。城镇污水处理设施覆盖率90%，主要河流水质基本保持在Ⅱ类及以上，城乡饮用水源地水质达标率100%。原平溪乡土壤污染治理修复项目一期工程完成，曾家镇、李家镇、两河口镇土壤污染防治项目有序推进。"多彩曾家山"村庄绿化和生态修复工程完成，全区森林覆盖率66%。接受第二轮中央生态环境保护督察，第一轮中央、省生态环保督察问题全部销号。

【农村社会保障】 30件民生实事全面完成，民生支出占一般公共预算支出的65.93%。组建朝天区人力资源公司和乡（镇、村）劳务专合社（分社），新建杭州农民工工作站和滨江区劳务协作站。

城镇登记失业率3.45%。城乡居民基本养老保险覆盖12.98万人，城乡基本医疗保险参保率稳定在98%以上。改造农村危旧房295户，实施老旧小区改造项目29个。

【公共文化服务体系建设】 加强应急广播"村村响"体系建设以及对基层公共文化场馆、乡（镇）文化中心的规范运行管理，加强公共文化服务质效提升，保障庆祝建党100周年广播电视的安全播出。开展群众文化活动，举办2021迎新春美术书法作品展、音乐舞蹈创作采风活动、纪念庆祝100周年"阅读之星"诵读大赛、区第五届广场舞大赛、市庆祝建党100周年"追寻"音乐会、市首届"魅力乡镇"展演、省第六届广场舞展演等系列活动。

【主要领导人】 区委书记：蔡邦银；区人大常委会主任：梁黎；区长：伏玉琼；区政协主席：张晓春；分管农业副区长：杨金军。

朝天区编写组

旺苍县

【基本情况】 2021年，全县辖23个乡（镇），辖区面积2987平方千米。旺苍县是全国重点生态功能区、川陕革命老区、全国有机产品认证示范区、"中国名茶之乡"、全国首批革命文物保护利用片区和省级历史文化名城，被誉为中国最具影响力的生态红色旅游示范县、中国最具魅力红色旅游名县、四川茶叶十强县。

【年度农业和农村经济运行】 2021年，全县GDP155.06亿元，增长8.2%，其中一二三产业分别增长7.4%、6.2%、11.3%。全社会固定资产投资首次突破百亿大关，增长14.3%。规上工业增加值增长8.6%。地方一般公共预算收入完成5.1亿元，增长16.5%。社会消费品零售总额实现57.9亿元，增长18.3%，增速居全市第2位。城乡居民人均可支配收入分别实现39 701元、15 966元，分别增长9.6%、10.7%，城镇居民人均可支配收入增速居全市第一位。推进电子商务进农村综合示范项目，开展直播带货活动38场次，组织企业参加市场拓展活动28场次，实现销售额13.82亿元。"四好农村路"省级示范县创建工作加快推进，撤并建制村畅通工程全面完工。"金通工程""交邮融合"等民生工程稳步实施。白水镇被纳入省级百强中心镇候选镇名录，黄洋镇被评为省级百镇建设试点镇。

【现代农业发展】 严格落实耕地保护制度，推进撂荒地整治利用，新建高标准农田4.17万亩，新增耕地面积1237亩，全年粮食产量达23.9万吨。新发展黄茶1万余亩，出栏生猪65.1万头、肉牛1.47万头、肉羊11.9万只、土鸡694.06万羽。省五星级现代农业园区创建工作加快推进，西河万亩现代林业园区建设基本完工，新创建市级现代农（林）业园区2个。

【主要领导人】 县委书记：唐文辉；县人大常委会主任：王尔敏；县长：余飞宇；县政协主席：赵俊科；分管农业副县长：李放。

旺苍县编写组

剑阁县

【基本情况】 2021年，全县辖27个镇30个乡，辖区面积3204平方千米。

【现代农业农村发展】 推进粮油园区升星，剑南粮油现代农业园区新增基地面积2.9万亩，配套建设2021年高标准农田4万亩和相匹配的现代设施装备。争创现代种业基地，持续推进白龙镇"鱼米之乡"创建。力争剑南粮油园区升星，带动全县粮油播种面积稳定在188万亩，产量达59万吨。提早谋划剑盐粮油现代农业园区建设工作，力争"十四五"以东宝、武连、开封、王河为核心区再打造1个10万亩粮油现代农业园区。实施好川猪优势特色产业集群项目。加快推进蜀道黑牛养殖基地及产销一体化建设，推行"公司+农户"代养模式，新增"粮改饲"基地2万亩，建成肉牛羊产业示范带；推进农作物秸秆氨化利用，真正实现种养循环。推进果蔬产业提质，结合全市"一区两带七集群"产业发展任务，巩固提升老旧园区，推进"三园"提质增效，加快建设剑门关乡村振兴示范区。国道108线新增猕猴桃种植基地0.85万亩，嘉陵江亭子湖流域新增果蔬基地3万亩，推进升钟湖柑橘产业成势见效，新建市级现代农业园区1个。引进精深加工企业，延长产业链。同时，加强区域布局和技术指导，严控不遵循科学自然规律盲目种植。加快茶叶、豆腐小镇建设，剑门关、下寺、姚家等乡（镇）新增茶叶基地0.5万亩，张王、汉阳、江口等乡（镇）以果林套作、田边地角、撂荒地等方式新增本地优质大豆5万亩，实现本地优质豆自给自足，补全产业链；推进"一品剑门""剑门黑牛""东宝贡米"等农产品区域公用品牌建设，新增"三品一标"农产品认证3个；推进农业园区变景区、产业基地变景点，新培育市级十乡百景5个，加快形成“农业搭台、文旅唱戏”的促农增收新格局。争取农村人居环境整治“厕所革命”整县推进项目，实施农村人居环境整治提升五年行动，力争农村生活污水有效治理率、卫生厕所普及率、畜禽粪污资源化综合利用率分别达60%、83%、90%。做好村建制调整“后半篇”文章，加快推进村集体经济组织登记赋码工作，在5月底前完成以产业扶贫项目资金为重点的项目清理，明确产权归属，深化农村产权制度改革，壮大集体经济，巩固脱贫攻坚成效。开展乡村振兴示范，实施乡村振兴战略先进乡镇、示范村创建，力争新命名四川省实施乡村振兴战略工作先进乡镇1个、示范村5个，乡村治理示范乡镇1个、示范村4个。

【公共文化服务体系建设】 对全县2214个广播电视“户户通”进行运行维护，补充、更新和完善10个乡（镇）基层公共文化设施设备。图书馆、文化馆、美术馆、文化站、体育场馆常态化免费开放，全年体育馆免费对外开放惠及21.6万余人次，举办公益性体育赛事活动27次，举办体育讲座、展览、文化活动等6次，开展体育健身技能指导及培训1800人次、国民体质监测3080余人次；县文化馆免费开放惠及9648人，举办戏曲、书法、美术、舞蹈培训14个班次；县图书馆免费开放惠及19 744人次，借阅文献图书24 002册次。

【文化活动】 举办2021中国·剑阁首届百里油菜花海赏花季、“红星耀剑门”研学游启动仪式、建党100周年干部群众歌咏比赛、广元市大型红色题材豫剧《烽火情缘》剑阁巡演等大型活动13场；举办“中国好声音”全国海选剑阁赛区海选、复赛、半决赛、决赛15场；开展“送戏下乡”文化惠民演出活动33场，全年文化活动受众人群达7万余人。

【广电建设】 实施“智慧广电”示范区、应急广播体系建设及广播电视公共运行维护等项目，维修机顶盒1819台，维护2197次，转发播放疫情防控、森林防灭火、新闻、科普等宣传信息300余条；对郑家山调频台、龙源镇尖山子差转台、木马镇差转台、县广电网络公司播出设备进行全面整改提升，保障建党100周年广播电视和网络视听安全播出。

【主要领导人】 县委书记：张世忠；县人大常委会主任：张大勇；县长：范为民；县政协主席：孔金山；分管农业副县长：张晓军。

剑阁县编写组

青川县

【基本情况】 2021年，全县辖12镇8乡，辖区面积3216平方千米。

【年度农业和农村经济运行】 2021年，全县GDP56.66亿元，增长7%；全社会固定资产投资增长3.3%；规上工业增加值增长8.6%；社会消费品零售总额增长18.1%；城乡居民人均可支配收入分别增长8.7%、10.9%；地方一般公共预算收入增长25.4%。全县农副产品在832平台销售额连续两年位居全省第一。全面办成24件民生实事，民生支出占一般公共预算收入的68.7%。

【特色农业发展】 建成高标准农田2.4万亩，粮食产量达12.9万吨。农林牧渔业增加值实现13.75亿元，增长7.2%，创近10年来最高水平。高标准建成西湖—青川“白叶一号”示范园100亩，“七佛贡茶”品牌价值达14.26亿元，位列全省茶叶区域公用品牌价值第六。全县特色山珍产量达1.25万吨，出栏生猪17.41万头、肉牛1.27万头、肉羊8.43万只。全年农业总产值实现27.02亿元，同比增长8%。红旗现代农业园区等6个园区入选全国创业创新园区目录，申报全省首个“中华蜜蜂特色示范县”。创建国家级专合社1家、省级示范专合社3家。高分通过国家农特产品质量安全县现场考核评价，获得“优秀”等次。

【乡村振兴】 全面巩固拓展脱贫成果同乡村振兴有效衔接，向81个村选派驻村“第一书记”和驻村工作队员258人、帮扶干部5000余人。安排整合资金2.15亿元，实施衔接推进乡村振兴项目129个，新建农村供水工程14个，改造农村电网63千米。实施土地增减挂钩项目，取得节余指标1897亩，实现财政收入1.7亿元。农村“房地一体”确权颁证和不动产登记工作全面完成。建省级乡村振兴先进乡（镇）1个、示范村7个。“1234+7”巩固脱贫成果“回头看”工作经验被省政府刊发。

【农村生态建设及环境保护】 打好蓝天、碧水、净土三大保卫战，PM2.5年均浓度同比下降8.4%，环境空气优良率达97.8%，年度环境空气质量综合指数排名居川东北34个县（区）首位。推进河（湖）长制，川陕甘三省河（湖）长制工作联席会议在青川县召开，全县集中式饮用水水源地水质100%达标，白龙湖出境断面水质常年保持Ⅰ类。严格落实长江“十年禁渔”，川陕甘交界水域禁捕联合执法行动率先在青川县启动。第一轮中央、省环保督察反馈问题整改实现“清零”。全县生态环境状况指数在全省183个县（区）中排名第9，创建为省级生态县。

【农村社会保障】 新增城镇就业2356人，城镇登记失业率为3.5%，城镇居民人均可支配收入达37 093元。建成劳务专合社178个，转移农民工就业7.53万人，劳务收入达16.54亿元。城乡居民基本养老保险参保实现全覆盖，医疗保险参保率达99.1%，养老金社会化发放率100%。改造提升关庄、凉水等4个敬老院。织密特殊人群、困难群众保障网底，发放民生保障资金5800余万元，惠及群众4万余人次。

【乡村旅游助力乡村振兴】 参照省、市的部署要求和相关方案，结合青川县乡（镇）行政区划和村级建制调整改革"后半篇"文章工作实际，编制完成《青川县乡村旅游产业发展工作方案》。同时，将全县乡村旅游产业发展作为重点内容纳入《青川县"十四五"文化旅游业发展规划》。持续推进木鱼红旗农旅融合园区建设，完成园区及乔木路沿线旅游景观节点方案设计，已启动4个景观节点建设。将规范阴平村店招店牌、修复木栈道、新建生态停车场等完善景区（景点）旅游服务配套设施项目纳入全县2021年衔接推进乡村振兴项目实施方案。建立全县涉改镇村乡村文旅能人库，完成42名乡村文化和旅游能人信息采集摸底；加大乡村旅游人才培训力度，推荐7名涉改镇村乡村文旅能人参加9月举办的2021年全域旅游及文旅体融合发展专题培训班，组织乡村旅游业务人员参加杭州市2021年东西部城市对口支援西部地区人才培训班。

【公共文化服务体系建设】 投资68余万元，实施青川县文物管理所可移动文物预防性保护项目；投资79.6万元，实施竹园横大梁无线发射台铁塔设计、建设维护项目；投资16万元，实施公共文化数字服务平台建设；投资200余万元，完成青川县应急广播"村村响"系统建设项目。完成《青川县旅游厕所建设管理新三年行动计划（2021—2023）》中制定的2021年目标任务，即新建1座（摩天岭厕所）、改建1座（大湾村厕所）。新建智慧城市书房（24小时阅读空间）1座；创新推出业务管理数据无碍出入服务，在全县首推图书馆人脸识别、刷证门禁及智能借书系统，依托大数据管理平台建立读者信息数据库，实现身份识别认证功能；"四馆一站"全面落实错时延时开放政策，持续免费开放，全年接待读者约4万人次。

【主要领导人】 县委书记：罗云；县人大常委会主任：王治；县长：刘自强；县政协主席：杨政国；分管农业副县长：罗建中。

青川县编写组

苍溪县

【基本情况】 2021年，全县辖31个乡（镇），辖区面积2334平方千米。

【年度农业和农村经济运行】 2021年，全县GDP196.91亿元，增长7.6%。地方一般公共预算收入7.73亿元，增长20.3%。城乡居民人均可支配收入分别达37 671元、16 077元，分别增长9.2%、10.6%。全力支持重点镇、中心镇规划建设，集镇综合承载和辐射带动能力持续增强，元坝县域副中心加快推进，龙山镇创建为国家卫生镇。新（改）建农村道路402千米，新（改）建乡（镇）综合运输服务站18个，新建"金通·邮快驿站"5个。改造农村危房560户，新建集中安置点68个。实施农村安全饮水工程56个。

【农村改革】 做深做实两项改革"后半篇"文章，230项重点任务全面完成，8个市级试点示范乡（镇）、村（社区）建设任务有序推进。划分乡（镇）级片区6个，设中心镇7个；村级片区131个，设置中心村132个。两项改革"后半篇"文章、国土空间片区划分工作被列为全省30个示范县之一。

【特色农业发展】 承接全市特色农业"一区两带七集群"建设大比武现场会。基本建成岫云现代农业园区。白鹭湖粮油现代农业园区创建为省星级园区。成功争取中央产油大县奖励资金三年共4500万元，成为全省连续12年成功争取的唯一县（区）。严格落实重要农产品稳产保供，完成粮油播种面积165.21万亩，实现粮油总产量52.27万吨。出栏生猪104万头。新建猕猴桃标准化基地1.77万亩，完成低效园改造2.23万亩。突破性发展肉牛（羊）产业，签约绿初原牧业等企业3家，出栏肉牛（羊）12.5万头（只）。举办第七届苍溪红心猕猴桃采摘节和苍溪红心猕猴桃全球线上线下营销大会。嘉陵江缤纷水世界建成运营。

【乡村振兴】 坚持把乡村振兴作为推动县域经济发展的重要载体，严格落实"四个不摘"要求，推进巩固拓展脱贫攻坚成果同乡村振兴有效衔接，脱贫成果进一步巩固，乡村全面振兴实现良好开局，通过全省乡村振兴"三考一评"，接受巩固脱贫成果第三方评估。争取全省唯一的彩票公益金支持欠发达革命老区乡村振兴项目资金5000万元。完成县、乡村振兴局优化重组，选派新一轮驻村干部585人。全覆盖开展"回头看"，136户431人被纳入返贫预警监测，全县无一例返贫致贫。全面完成扶贫资产确权登记，清理项目13468个，总资产达55.6亿元。接续推进余杭·苍溪新一轮东西部协作，安排东西部协作资金3900万元，推动浙川东西部协作苍溪县中小微企业孵化园（三期）、鸳溪镇农旅融合产业园（二期）等8个项目建设。陵江镇笋子沟村数字乡村振兴示范村建设被纳入浙江省对口支援示范案例。成功争取川东北首家阿里巴巴客户体验中心项目落户苍溪。东西部协作经验在全省交流。创建为市级乡村振兴先进县，百利镇金陵村等5个村创建为省级乡村振兴示范村。

【农村生态建设及环境保护】 打好蓝天、碧水、净土三大保卫战，县城区环境空气质量优良天数率达93.4%。全面落实河（湖）长制，嘉陵江、东河水质达到Ⅱ类及以上标准，城乡集中式饮用水水源地水质达标率100%。土壤环境质量总体平稳。完成金垭子非正规垃圾场地下水修复与治理，农村生活污水处理率达67.4%，生活垃圾无害化处理率达95%。

【主要领导人】 县委书记：张寿于；县人大常委会主任：冯明；县长：杨祖斌；县政协主席：王天会；分管农业副县长：张祥。

苍溪县编写组

遂宁市

【基本情况】 2021年，全市辖1市2区2县，辖区面积5322平方千米。年末常住人口278.2万人，减少3.3万人；常住人口城镇化率58.2%，增加0.9个百分点；户籍人口357.6万人，减少1.71万人。

2021年，全市第一产业增加值220.81亿元，增长7.6%，增速居全省第2位，比上年提升13位；农村居民人均可支配收入达19 727元，增长10.7%，增速居全省第5位，比上年提升4位。农林牧渔业总产值367.17亿元，增长8.5%，增速居全省第4位，比上年提升10位，其中农业总产值177.75亿元，增长6.05%；林业总产值13.29亿元，增长3.14%；牧业总产值153.58亿元，增长12.54%；渔业总产值10.88亿元，增长4.7%；农林牧渔服务业总产值11.66亿元，增长9.04%。

【种植业】 全市承办春耕、大小春田管及农业防灾减灾等现场会议7场次。落实粮油生产相关政策，全年兑付耕地地力保护补贴、实际种粮农民一次性补贴、稻谷价格补贴和种粮大户补贴等惠农资金36 838.1万元。抓好粮油生产集成配套技术推广应用，建设油菜、玉米绿色高质高效万亩示范片4个、6.4万亩，建成酿酒专用粮生产基地3.1万亩。开展耕地轮作休耕制度试点，扩种大豆、花生、油菜15.7万亩（其中大豆完成扩种4.2万亩、花生完成扩种1.8万亩、油菜完成扩种9.7万亩），建立玉米大豆带状复合种植示范基地350亩，实现玉米基本不减产、增收一茬大豆，迎来全省现场观摩会的召开。继续以撂荒地作为粮食扩面增产的重要抓手，全域推进撂荒地治理，“三方共耕”撂荒地整治工作经验在《人民日报》头版刊发推广，全年完成撂荒地治理6.55万亩。全年通过打好扩面、挖潜和政策激励等“组合拳”，粮食作物播种面积和产量实现“双增长”，全市粮食作物播种面积达410.13万亩，产量达146.84万吨，增长1.78%，增速排位居全省粮食重点产区第1位。

全市农业植保系统坚持“预防为主，综合防治”的植保方针，树立“公共植保、绿色植保、科学植保”理念，做好监测预报防控，完成病虫控害和农药减量目标，市、县（市、区）多项工作获得农业农村厅优胜单位通报，其中病虫害统防统治政府购买服务优胜单位遂宁市、蓬溪县、安居区、射洪市、大英县，农药减量化工作优胜单位遂宁市、安居区，病虫监测预警优胜单位射洪市，绿色植保示范县优胜单位大英县，农药管理优胜单位安居区，植物检疫工作突出单位大英县和蓬溪县，射洪市获得2021年度川中片区条锈病首发奖。

主要农作物病虫害有效防控。全市农作物病虫草鼠螺害共发生面积897.6万亩次，减少2.7%；防治1136.7万亩次，减少6.2%；经防治挽回损失16.7万吨，实际损失2.4万吨，实际损失率0.77%，低于允许指标，未出现大面积成灾。草地贪夜蛾发生1.05万亩，减少52.1%，防治后的损失率为0.1%，确保了粮油生产安全。

重大植物疫情科学快速处置。加强风险预案管理，修订并以市重大植物疫情指挥部印发《遂宁市农业生物灾害应急预案》，印发《遂宁市农业农村局农业生物灾害应急预案》。开展稻水象甲阻截防控，在船山区新发生稻水象甲，全市总发生县达到4个，全市合计发生稻水象甲52 335亩，防控阻击53 618亩。快速处置红火蚁，大英县、船山区发生红火蚁疫情，发生面积分别为210亩、0.2亩，经专业化应急防控，疫情得到初步控制。在全市开展四川台沃种业有限公司水稻细条病涉疫稻种排查处置，查获涉疫稻种905千克，全部依法规范处置，彻底消除隐患。

全年水稻种植面积84.91万亩，产量45.26万吨；玉米种植面积138.61万亩，产量53.39万吨；红薯种植面积37.98万亩，产量12.07万吨；马铃薯种植面积27.28万亩，产量7.77万吨；大豆种植面积34.8万亩，产量5.15万吨；小麦种植面积81.76万亩，产量22.29万吨；油菜种植面积96.34万亩，产量18.39万吨；花生种植面积24.37万亩，产量4.25万吨。

蔬菜产业。全市蔬菜种植面积105万亩，产量230万吨，实现产值62亿元，其中食用菌种植面积7.5万亩（1吨折合1亩），产量7.5万吨，实现产值7亿元。

全市已建成集中连片1万亩以上蔬菜基地10个、省级龙头企业3家、市级重点龙头企业17家、规模以上业主622户，流转土地14.4万亩；有加工企业49家，年加工鲜菜32万吨。

水果产业。全市水果种植面积66万亩，产量46万吨，实现产值19亿元。全市已建成集中连片1万亩以上晚熟柑橘基地3个、柠檬基地1个、桃子基地2个。全市有水果省级龙头企业4家、市级重点龙头企业27家、规模以上业主108户、基地面积11.3万亩。建立水果商品化处理线6条，处理能力2万吨，冷贮能力8500吨。

中药材产业。全市中药材种植面积8.15万亩，产量3.48万吨，实现产值5亿元，其中白芷种植面积2万亩，产量0.81万吨，实现产值1.11亿元。全市有中药材国家级龙头企业1家、市级重点龙头企业13家、饮片生产企业3家。

种业发展。全市种子管理机构围绕粮食和重要农产品稳产保供需求，加强制种基地和良种繁育体系建设，推进射洪市现代种业园区建设，支持船山区建设柑橘良繁育苗基地、安居区建设遂宁红薯良繁育苗基地，持续推进农作物种质资源普查与利用，加强农业技术推广服务。全年协助企业建立种子生产基地2.5万亩，征集农作物种质资源样品96个，引进农作物新品种218个。农作物种子质量抽检合格率达98.4%，良种普及率达98%。射洪市现代种业园区被新认定为市级三星级现代农业园区。

【畜牧业】 全市存栏生猪225.29万头，完成省定目标任务的104.3%，其中能繁母猪存栏20.17万头。全年累计出栏生猪359.4万头，增长11.89%，完成省定生猪出栏调度目标的107.29%。出栏牛3.67万头、羊38.71万只、禽2612.93万羽，分别增长6.92%、1.54%、11.09%。

生猪产能保供。截至11月底，全市有年出栏生猪500头以上的规模养殖场（户）1167家（户），其中年出栏生猪5000头以上的有101家（户）。一是创新搭建仔猪购销平台。为有效防范非洲猪瘟疫情输入，加快推进生猪养殖场（户）增养补栏。4月1日上午，牵头举办全市生猪养殖企业仔猪（种猪）产销对接会，齐全、正邦、温氏、双胞胎等30余家大型种猪养殖企业、生猪寄养龙头企业和大型规模养殖场负责人参加会议，初步建立遂宁市仔猪购销平台，为全市生猪产业持续稳定恢复奠定基础。二是创新开展生猪活体收储。受生猪价格持续走低影响，生猪养殖企业大面积亏损，为稳住全市生猪生产基本盘，保住生猪养殖规模企业，经市政府同意，市农业农村局牵头负责开展全市生猪活体临时收储，为全省稳产保供提供了新思路和新方法。全市共收储活体生猪7万头，其中市本级5万头、射洪市0.8万头、蓬溪县0.7万头、大英县0.5万头。

产业转型升级。创建省级畜禽标准化养殖场。根据《国务院办公厅关于促进畜牧业高质量发展的意见》要求，全市推进畜禽养殖标准化场建设，开展部级、省级畜禽标准化养殖场创建。全市创建部级畜禽养殖标准化示范场11个、省级畜禽养殖标准化养殖场57个，其中2021年创建省级畜禽养殖标准化养殖场17个。推动“楼房式”立体猪场建设。以全市6个生猪重大项目（市级项目）为抓手，通过实地督导、定期通报、会商协调等措施推进生猪养殖项目，特别是推进“楼房式”立体猪场项目建设。全市共建成投产楼房猪场3栋，新增存栏能繁母猪1.3万头，育肥猪1.5万头；建成即将投产13栋，在建5栋。开展畜禽粪污集中处理设施运行问题整治。组织各县（市、区）全面开展畜禽粪污集中处理设施运行排查整治，重点整治畜禽粪污资源化利用整县推进项目建设和投用。截至11月25日，全市共排查出畜禽粪污集中处理设施运行问题6个，除新景源项目被依法关闭外，其余项目均按时序推进问题整改。

加强服务保障。加快中央、省级资金拨付，组织开展2016—2020年度中央、省支持生猪生产项目资金拨付情况梳理，对项目建设滞后、资金拨付缓慢的县（市、区）进行跟踪调度，督促各县（市、区）加快项目建设进度，提高资金拨付比例。全市共梳理2016—2020年度中央、省支持生猪生产项目24个，合计资金48 791.97万元，已拨付34 824.81万元，拨付比例71.37%。用好市级财政资金，发挥市级财政现代畜牧业发展资金的杠杆作用、激励作用和导向作用，激发全市畜禽养殖场（户）生产活力，优化畜禽养殖结构，完善畜禽粪污处理，提升规模养殖占比，加快构建全市现代畜牧业产业新格局。共计落实市级财政现代畜牧业发展资金680万元用于支持畜禽产业发展，其中支持开展新建投产自繁自养猪场奖补270万元，支持开展畜禽遗传资源普查工作50万元，支持白羽肉鸡、梅花鹿、草食牲畜产业发展160万元，支持“楼房式”立体猪场建设200万元。助力养殖企业融贷，协调配合自规部门，为全市“楼房式”立体猪场办理不动产权证书6个，并已为其中2家猪场办理抵押贷款1.8亿元。同时，推行“政银担”合作模式，已为251家中小养殖企业发放农业产业发展贷款2.3亿元。11月3日，组织召开全市金融机构支持畜牧养殖企业发展银企对接会，现场签订信贷融资意向性协议，共计6.111亿元。

【水产业】 全市水产品总产量5.47万吨，渔业经济总产值15.55亿元，分别增长1.99%和10.15%。

打好“十年禁渔”持久战。牵头做好统筹协调，加强与农业农村厅联系，加强与人社、财政、公安等部门沟通，指导县（市、区）按照时间节点完成各项任务，形成推进工作合力。会同9部门起草《关于健全遂宁市长江流域禁捕长效管理机制的意见》。多次牵头组织市级相关部门和各县（市、区）召开工作推进会，明确目标任务，调度工作进展，解决出现的问题。组织多部门联合开展“长江禁捕进校园”活动，在全市450余所学校发放《致家长朋友们的一封信》32万余份，同步在《遂宁日报》刊登《致市民朋友们的一封信》，扩大“十年禁渔”社会知晓面，推动长江禁捕退捕工作有序开展。

推动“鱼米之乡”建设。聚焦稳粮增收，以渔促稻目标，融入全省“鱼米之乡”创建，通过向农业农村厅推荐、汇报、争取，射洪市成为全省首批十个“鱼米之乡”创建单位，多次到实地进行规划，指导编制项目方案，组织到稻田综合种养发达地市考察学习成功经验，并现场指导业主进行规范化稻渔基地建设，努力争创全省示范样板。同时，积极谋划，指导蓬溪县、安居区做好各项前期工作，为明年列入“鱼米之乡”创建单位做好准备。

养殖污染治理。聚焦2020年长江经济带生态环境警示片反映的面源污染水产类养殖用药不规范、场区卫生环境差、养殖尾水随意排放三类问题，在全市范围内加强关联性、衍生性问题整改，推进水产业发展。对全市水产养殖尾水治理和投入品管控整改工作进行安排，层层压实监管职责。开展渔业生产主体调查，摸清全市50亩以上渔业生产主体底数。

水产品质量安全监管。加强产地环境、养殖方式、投入品使用等环节的质量安全监管。参与农产品质量安全专项整治行动，加强科学用药指导，严厉打击违法用药和违法使用其他投入品等行为。对全市50亩以上规模池塘养殖场开展全覆盖快速检测。组织实施水产品质量安全风险监测，对全市养殖基地、农贸市场的草鱼、鳙鱼、鲫鱼等5个品种50个样品开展产地日常监督抽检。

水生生物养护。组织开展涪江流域水生生物资源调查，摸清涪江遂宁段水生生物资源现状。组织实施中央财政农业资源及生态保护渔业增殖放流项目，于6月6日全国“放鱼日”与全省同步开展放流活动，促进渔业修复增殖。加强对水产种质资源保护区的监管，建立和完善标志塔、界碑、界桩及宣传牌等设施，严格审批在保护区从事开发利用的各项涉渔活动，进行鱼类动态监测。开展长江流域重要水生生物栖息地专项检查行动，对2015年以来审批的涉渔工程项目进行清理，督促20个涉渔工程单位落实补救措施资金106万元。

渔业安全生产。对全市渔船安全工作的职责、任务和要求进行安排部署，层层压实责任，做到有组织、有人员、有计划、有目标地开展渔业安全监管。加强渔业安全生产法律法规宣传教育和知识技能培训，举办水产行业培训5期，将渔业安全生产作为一个专题，结合养殖户、渔业船员生产实际重点培训渔业法律法规、安全知识、操作技能、发生危险时的自救互助方法等方面知识，共培训养殖户、渔业船员350余人。加强灾害天气预报预警，及时发布防灾减灾技术指南，指导涉渔单位及人员做好应急预案和抗灾减灾物资储备，夯实渔业安全生产基础工作。加强渔业安全隐患排查，开展渔业安全生产专项治理，集中力量检查重点部位和区域，累计出动检查人员84人次，检查水产养殖基地114处，发出整改通知书32份，全年未发生重大渔业安全事故。

【农业产能稳步提升】 粮食生产实现稳产增产。严格落实粮食安全党政同责要求，创新撂荒地“三方共耕”模式，经验在《人民日报》头版刊发推广。推进扩面积、攻单产、优结构、防灾害“四大行动”，全年粮食作物播种面积达410.1万亩，增长0.6%；产量146.8万吨，增长1.8%，产量增幅居全省第一位。

生猪产业加快转型升级。在全省率先开展生猪活体临时收储，加大生猪周期调控力度。规划建设“楼房式”智能养殖场31栋，已建成17栋。统筹抓好非洲猪瘟等重大动物疫病防控，累计出栏生猪359.4万头，增长11.89%，完成省定生猪出栏调度目标的107.29%；存栏生猪225.29万头，完成省定目标任务的104.3%。

高标准农田建设。全域推广高标准农田建设“12345”工作法，全面完成高标准农田审计问题整改，新建高标准农田18.03万亩，获得国务院督察激励，省政府予以600万元配套激励支持。全市创建为全省唯一的高标准农田整区域推进示范市。建立耕地土壤环境质量监测机制，设置长期定位监测点40个、调查点406个，常年开展监测评价。

农机装备水平不断提高。落实市级农机购置累加补贴，主要农作物耕种收综合机械化率达69.1%，超额完成省下达目标任务。在全省率先实现变型拖拉机注销清零，提前3年完成目标任务。

【乡村特色产业】 现代农业园区梯次建设。统筹布局48个现代农业园区，串点成片、相连成带、集带成面，新培育省、市级现代农业园区6个，新认定市星级园区6个、晋级4个，船山区生猪种养循环现代农业园区被推荐为国家现代农业产业园，射洪现代种业园区加快建设。

特色产业不断做优。以优质粮油、现代畜禽、特色水果、绿色菌菜、道地药材、生态水产为主的六大特色产业带加快形成，新创建国家级农业产业强镇1个、“一村一品”示范村1个，新认定市级特色产业村15个。建设遂潼现代高效特色农业带，启动和新（改）建渝遂绵优质蔬菜生产带核心示范基地10万亩。

融合发展深入推进。推进农产品加工区和仓储冷链物流聚集区建设，新增农产品田间地头仓储保鲜设施1万吨，农产品初加工率达61%，蓬溪县创建为省级现代农业烘干冷链物流试点县。推动农文旅等产业融合发展，新增中国美丽休闲乡村1个，新认定市级农业主题公园5个、示范休闲农庄40个，全市乡村休闲旅游共接待游客158.36万人次，实现旅游收入2.96亿元。

“品牌强农”加快发展。加强农产

品质量安全监管，推行农产品追溯和食用农产品承诺达标合格证制度，农产品质量安全省级例行监测合格率达98.8%。推进标准化生产，累计培育“三品一标”农产品628个，居全省前列。持续擦亮“遂宁鲜”区域公用品牌，开展“网红”直播带货。加快打造“遂宁红薯”等特色农产品品牌，“遂宁红薯”注册为地理标志证明商标。

【振兴宜居乡村】 示范建设不断深化。实施乡村振兴“1151”示范工程，全面启动安居区海龙村等6个精品示范村建设，构建村容村貌美、服务设施美、生态环境美、富民产业美、社会和谐美的“五美”乡村格局。推荐申报省级乡村振兴先进县1个、成效显著县1个、乡村振兴先进乡（镇）2个、示范村26个、重点帮扶优秀村5个。

农业生态环境持续改善。迎接中央环保督察，开展问题大排查大整改，办理交办信访件22件。开展农业面源污染治理，化肥农药实现零增长，率先整市建设农业投入品废弃物回收处理体系，全市畜禽粪污和秸秆综合利用率分别达96.6%、92.2%以上。实施长江禁捕，开展“打击非法捕捞”等执法专项行动，加强常态监管，实现“四清”目标，“十年禁渔”开局良好。

农村地区疫情防控形势良好。发挥农村工作组统筹协调作用，压实县、乡、村疫情防控属地责任和经营管理者主体责任，持续巩固农村地区疫情防控成果，农业农村安全生产形势保持稳定向好。

【农业农村改革】 农村土地制度改革加快推进，在全省率先开通承包经营权信息应用平台，颁证率达99.8%；主推保底分红、经营权入股等模式，土地流转率达42.5%，两项指标均居全省前列。创新发展新型集体经济，深化全国农村集体产权制度改革整市试点成果，全市1109个村成立股份经济合作社，截至11月底，实现村集体经济收益2673.9万元，村均2.4万元。率先在64个合并村开展集体经济融合发展试点。人才队伍建设成效明显，率先在市级层面全面推进乡村人才振兴学历提升，每年支持100名以上高素质农民开展全日制学历提升计划并全额补贴学费。实施新型经营主体培育提升行动，新培育省级以上示范农民合作社21家、示范家庭农场55家，累计培育农民合作社3230家、家庭农场8572家、市级龙头企业157家、现代农业产业化联合体10个；新培育高素质农民811人。全市获评“全省农业生产社会化服务工作典型市”，安居区绍兵农场被农业农村部办公厅公布为第三批家庭农场典型案例。投融资体制逐步健全，在全省率先探索乡村振兴农业产业发展贷款风险补偿金机制，市本级风险补偿金规模居全省第一位，累计发放农业产业发展贷款超13亿元，在贷余额6.7亿元。

【“3+3+3”农业品牌建设】 遂宁晚熟柑橘。遂宁市属亚热带湿润季风气候，气候温和，四季分明，是世界柑橘的原始基因库。遂宁市历来盛产柑橘，栽培历史悠久，据《射洪县志》清光绪十年（1884年）记载，因自然条件适宜，柑橘在涪江流域广为栽植，是该地主要栽植的水果之一。2000年前后，由于甜橙、红橘等老品种效益逐渐走低，全市开始推广晚熟杂柑，并确定发展晚熟品种和推广中熟品种留树晚采技术的“双晚”战略。经过10余年的发展，遂宁市通过低产果园改造、高接换种等手段加大品种改造进度，取得显著成效。2013年，遂宁晚熟柑橘种植面积7.9万亩，年产量0.72万吨。截至2016年年底，四川晚熟柑橘种植面积269万亩，而遂宁市成为全川栽培面积最大的晚熟柑橘生产地，共引进和培育规模业主100余个，规模种植柑橘8万余亩，占新建柑橘基地面积总数的30%左右。2018年，遂宁晚熟柑橘种植面积10万亩，年产量2.1万吨。发展至2021年，遂宁晚熟柑橘种植面积达14万亩，位居全省前列；产量11万吨，主要产区在射洪市金华、瞿河、沱牌，大英县蓬莱、卓筒井等乡（镇），遂宁市万亩以上连片有射洪市瞿河镇、沱牌镇，大英县蓬莱镇等晚熟柑橘基地3个。遂宁晚熟柑橘于清见橘橙产业化和基地建设项目获得国家级星火计划项目证书，先后参展中国绿色食品2008上海博览会和四川特色优质农副产品北京展示展销会”，获得中国绿色食品2008上海博览会畅销产品奖。其中，“射洪金华清见”晚熟柑橘获评国家农产品地理标志产品，射洪市也因“遂宁鲜柑橘”被认定为首批省级特色农产品优势区，产品主要销往北京、深圳、成都、重庆等地大中型市场，广受消费者喜爱。

遂宁柠檬。遂宁市属亚热带湿润季风气候，气候温和，雨量充沛，四季分明，具有冬暖春旱、夏热秋凉、雨雾多、日照少、无霜期长等特点，是柠檬种植最适宜的区域之一。遂宁柠檬种植始于20世纪70年代，主要集中在安居、射洪、大英等地。据《大英县志》（2007年版）记载：“境域农民种植，柠檬达70年以上。”1991年，由四川省日用化学工业研究所梁家友教授从美国引进柠檬。1993年，遂宁柠檬自美国引种嫁接。1995年2月，河边镇从重庆日化研究所引进，通过适应性观察、砧木选择、嫁接苗的培育、土壤改良、肥料管理、整形修剪、病虫害防治、适时采收等一系列有效的栽培技术在卧龙村培植。1996年12月，遂宁柠檬试点培育成功，并于同年开始发展。1999年，遂宁市建立名、优、特新水果种植基地6个，面积450公顷。2003年，遂宁市基本形成河边白柠檬等4个水果生产基地，面积达576公顷，畅销省内外。2009年，遂宁市引进5000万元新建柠檬基地2000亩，打造八里总支老基地5000亩，筹建白柠檬树苗基地5000亩。2012年，遂宁柠檬种植面积约7万亩，年产量0.66万吨。2014年，遂宁柠檬种植面积8万亩，产量0.8万吨。2017年，遂宁柠檬种植面积8亩，产量1.5吨。2020年，全省“10+3”川果产业振兴工作推进方案把射洪市、安居区规划入柠檬产业带。2021年，全市柠檬种植面积6.5万亩，位居全省前二；产量5万吨，主要产区在大英县河边，射洪市瞿河，安居区三家、安居等乡（镇），有大英县河边镇1个万亩柠檬基地。已培育打造“蜀珍柠檬”“富鑫柠檬”“柠香柠檬”“大英白柠檬”等柠檬品牌，其中“大英白柠檬”被农业农村厅评为无公害食品，被农业农村部评定为国家地理标志农产品。产品在重庆、成都、昆明、北京、上海、广州等多个大中城市均建立有销售网络或网点，部分产品远销俄罗斯、东南亚、中国香港等地，深受消费者喜爱。

遂宁鲜桃。遂宁市属亚热带湿润季风气候区，冬暖春早，气候温和，降水适中，雨热同季，四季分明，无霜期长，适宜桃树生长。遂宁鲜桃种植历史悠久，主产地集中在安居区、大英县、蓬溪县等地，其中以蓬溪仙桃品质最优。早在唐朝时期，蓬溪县种植的寿桃就是皇宫贡品，清朝时期改种八仙桃，仍然深受上层社会青睐。天宝年间，大诗人杜甫到蓬溪访问时任唐兴县（今蓬溪县）县令王潜，品尝了蓬溪仙桃的美味后写下“五夜漏声催晓箭，九重春色醉仙桃”的诗句。近年来，遂宁市把鲜桃作为优化结构、助农增收的骨干项目来抓，与四川农业大学、四川省农科院实行校（院）地联合，在任隆白泥垭、八角村等地统一规划，统一组织种苗，统一栽植，统一技术培训、统一管理，建立万亩鲜桃科技示范园，辐射带动任隆、高升、黄泥等乡（镇）发展鲜桃产业，建成优质鲜桃基地5.1万亩，年产量达6万余吨。2009年9月，中国果品流通协会授予蓬溪县“中国优质桃之乡”称号；2011年9月，遂宁鲜桃获得《有机产品认证证书》；2013年，遂宁鲜桃进入《2013年度全国名特优新农产品目录》。2016年，遂宁鲜桃种植面积达10万亩，产量4万吨；2019年，遂宁鲜桃种植面积达11万亩，产量6万吨；2021年，遂宁鲜桃种植面积达12万亩，产量8万吨，有蓬溪县任隆镇、大英县卓筒井镇2个万亩基地。遂宁鲜桃果肉白色，肉质细脆，味纯甜，据四川农业大学测定，可溶性固形物含量达15.1%，富含多种人体所需的蛋白质、维生素和矿物质元素，是真正的绿色原生态食品，远销成都、宜宾、重庆、贵州、湖北、云南等地市场，深受消费者喜爱。

遂宁白芷。遂宁白芷是遂宁市的特产，据《遂宁白芷志》记载：“遂宁白芷栽培约有600余年的悠久历史。”遂宁白芷产区位于四川盆地中部，涪江纵流而过，涪江灰棕冲积物风化发育成的沙土和油沙土土壤及当地的亚热带湿润季风气候区形成了遂宁桂花至龙凤一带沿江两岸特殊的生态环境，其土壤、气候非常适宜白芷的生长。 遂宁市得天独厚的环境条件正适白芷根系的生长，长期以来成了上品白芷的发源地，素有“白芷之乡”的美誉。遂宁白芷在明代（1368—1644年）由杭州的杭白芷引种栽培而形成道地药材。2004年，王梦月实地调查证实四川安岳、南充、达县（现达州区）等地分别在1956年、1958年、1966年从遂宁引种白芷在当地栽培，成为白芷的主产地。2010年以来，遂宁白芷产业主要以“企业+合作社（种植大户）+农户”为种植模式，连续耕作，土地有效利用率高，龙头企业通过流转土地规模化种植白芷，逐步建立白芷示范种植基地。2015年，遂宁白芷种植面积2.22万亩，产量0.85万吨；2019年，白芷种植面积达1.95万亩，种植面积逐年稳步增长，总产量达1万吨，产值突破1亿元。遂宁市所产白芷具有药性独特、芳香浓郁等特色，名列世界四大著名白芷产地之首。早在2006年，遂宁白芷已通过GAP认证，遂宁市涪江流域的22个乡（镇）被纳入保护范围，被国家确认为白芷的原产地和道地药材产区。2018年，遂宁白芷被收录于《全国道地药材生产基地建设规划（2018—2025）》西南片区名录，在《四川省中药材产业发展规划（2018—2025年）》中也明确定位遂宁为川白芷主要生产区域。当地出产的遂宁白芷不仅满足国内医药配方的需要，而且远销新加坡、马来西亚、日本、中国香港等10余个国家和地区。

遂宁食用菌。遂宁食用菌人工栽培有较长历史，产业化发展起步于1996年。因食用菌产业先后获得“国家级优质双孢蘑菇农业标准化示范区”“全国食用菌工厂化生产示范县”“全省现代农业产业基地强县（食用菌）”等多项称号，蓬溪县食用菌现代农业园区获评“四川省四星级现代农业园区”。遂宁食用菌设施种植面积约1万亩（天福、红江、大石、高升等地）、工厂化栽培约4亿袋（天福工厂化占地1000余亩），食用菌年产量约7.5万吨，实现产值7亿元。琪英、骆峰日产杏鲍菇120吨、虫草花50吨、色金针菇60吨，遂宁市成为全国最大的单体杏鲍菇及虫草花、黄色金针菇工厂化生产基地。

遂宁鱼米。遂宁鱼米生长期长，大米油脂度高，香气十足，口感软糯。20世纪60年代，遂宁地区开始实行稻田养鱼的稻渔模式，当地农户在生产实践中不断总结经验，引进先进技术，选择优质晚熟籼稻品种，使遂宁鱼米技术水平、产品质量、经济效益不断提高，遂宁鱼米逐渐成为遂宁市农村经济增长的支柱。20世纪90年代，遂宁地区开始全面发展稻田养鱼的稻渔模式，1997年种植面积达1100亩，实现产值132万元；1998年种植面积达1800亩，实现产值216万元；1999年种植面积达3500亩，实现产值420万元；2000年种植面积达4000亩，实现产值480万元。全市乡（镇）稻田家家户户种遂宁鱼米，近些年涌现出1000亩以上的乡（镇）7个、100亩以上种养专业户112户，从1997年发展至今形成了稻鱼、稻虾、稻蟹、稻鳖、稻蛙等8万余亩多种模式的稻渔产业，遂宁鱼米选择优质晚熟籼稻品种，田间放养鲫鱼苗。2019年，遂宁鱼米获得四川省优质品牌农产品；2020年，获得全国绿博会金奖、国农交会金奖。

遂宁白萝卜。遂宁白萝卜生长在遂宁涪江沿岸冲击土壤，水域每年冲击焕新沙土，非常适合遂宁白萝卜生长，孕出优品，遂宁百姓常年有种植、食用白萝卜的习惯，距今已有300年，遂宁白萝卜表皮纯白光滑，长30厘米左右，口感脆嫩，富含维生素C、钾和锌等微量元素，有开胃消食、除疾润肺和解毒生津等功效，遂宁民间流传有“冬吃萝卜夏吃姜，不用医生开药方”的农谚。2000—2005年，市政府积极引导农民因地制宜发展遂宁白萝卜种植，遂宁白萝卜种植面积每年达5万亩，总产量15万吨；2006—2014年，遂宁创新农村改革，结合市场需求，遂宁白萝卜种植面积每年达10万亩，总产量40万吨；2015—2019年，遂宁农产业体系不断优化，遂宁白萝卜种植面积每年达13万亩，总产量65万吨；2020年，遂宁白萝卜种植面积达14万亩，总产量70万吨；2021年，全市种植面积15万亩，总产量75万吨。近年来，遂宁白萝卜主销北京、上海、广州，远销日本、韩国等国。遂宁白萝卜被列入2020年国家发展改革委北京地区疫情防控“菜篮子”保供名单。

遂宁莲藕。地处涪江中游的遂宁，自古沟渠纵横，往来水道清流涓涓，十分适合遂宁莲藕的生长。因此，遂宁历来就有人工种植荷花莲藕的传统，有着“莲藕之乡”美誉。遂宁莲藕含有大量淀粉、蛋白质、多种维生素及钙、铁、磷等多种矿物质，口感爽脆味甘，生者性寒、熟者性温，具有极高的营养价值和药用价值。2012年，遂宁莲藕得到地方政府的支持，在各乡（镇）发展种植莲藕，2013年荷花被确定为遂宁市花；2014年从原有的300亩莲藕发展到2500亩，年收入1000万元以上；2016年，全市建设莲藕基地，引进莲藕新品种，采取“基地+专业合作社+适度规模户”的多种经营模式发展，使遂宁莲藕成为渝遂绵优质蔬菜生产带六大产业之一，是西南片区最大的莲藕规模化种植加工基地；2021年，全市莲藕种植面积7.5万亩，产量11.3万吨，实现产值7亿元。产品销往成都、重庆、新疆等地及墨西哥、加拿大、韩国等国家。

遂宁无抗猪肉（“无抗”是一种养殖技术，且猪肉为加工产品，而地理标志证明商标只能以“地名+品名”组合申请注册，地理标志商品的特定质量、信誉或其他特征主要由该地区的自然因素或人文因素所决定的标志）。遂宁无抗猪肉是按无抗生猪饲养技术标准从繁育到育肥全程不使用抗生素类药物和添加剂的高品质猪肉。无抗生猪饲养周期为10个月，比普通生猪饲养周期长4个月，其肉质紧致，肌间脂肪呈雪花状，肥瘦相间，口感上乘。无抗猪肉是四川省生猪无抗养殖工程技术研究中心与西北农林科技大学、四川农业大学合作研发多年推出的高品质猪肉。船山桂花、蓬溪、大英等地10余个养殖基地推广应用无抗生猪养殖技术，全市年出栏无抗生猪50万余头。无抗猪肉严格把控生产、屠宰、销售各个产业链，采用门店鲜销，在遂宁城区设立销售门店2个，2021年销售额达9.6亿元。

遂宁黑猪。遂宁市生猪养殖历史文化悠久，在市政府主导下，遂宁市先后被列为国家现代畜牧业示范区、国家优质商品猪生产基地、国家优质生猪良种繁育供应基地。2012年，全市推出“六大兴市计划”后，遂宁市农业产业化国家重点龙头企业四川高金实业集团股份有限公司开始建立安全生态牧场，引入科研院所基因，经过12年6代培育海拔4000米以上的雪域纯种藏香猪与川黑猪的珍惜少产品种“遂宁黑猪”，其肉香浓郁、柔嫩可口，2014年获得《畜禽新品种（配套系）证书》，2016年获得《有机产品认证证书》，2020年获得《生态原产地产品保护证书》《猪种检化测试数据证明》《无抗产品认证证书》。遂宁黑猪深受消费者喜爱，2012年开始培育猪苗，2013年存栏猪达5000头；2014年到2016年每年存栏猪6000头，出栏商品猪7000头；2017年在政府支持下扩大养殖规模，遂宁黑猪饲养数量成倍增长，截至2021年，“遂宁黑猪”存栏11 100头，年出栏商品猪12 000头。

遂宁土鸡。遂宁人民素有养鸡的习惯，遂宁土鸡遍布辖区各村（社区），过去为一家一户散养，2000年初期遂宁政府把遂宁土鸡发展作为富民兴业的支柱产业来抓，遂宁土鸡养殖规模不断扩大，数量迅速增加，同期遂宁农业技术人员联合四川农业大学及四川省畜牧科学研究院联合培育出遂宁土鸡新品种，使遂宁土鸡体形健壮，口感、风味、滋补作用俱佳，滋阴补阳。同时转换经营方式，遂宁土鸡采取“公司+农户（村集体）”模式，实行“五统一包”，从生产到屠宰加工实现遂宁土鸡生产全产业链发展。2013年，遂宁土鸡存栏规模寄养10万羽，生态放养5万羽；2015年，遂宁土鸡存栏规模寄养15万羽，生态放养8万羽；2017年，遂宁土鸡存栏规模寄养18万羽，生态放养10万羽；2019年，遂宁土鸡存栏规模寄养20万羽，生态放养12万羽；截至2021年，全市遂宁土鸡存栏规模寄养25万羽，生态放养15万羽，带动40余户农户及村集体参与到遂宁土鸡寄养中来，年屠宰遂宁土鸡150万羽，实现稳定增产。到2025年，遂宁土鸡年出栏达500万羽以上，产值达5亿元。2021年，遂宁土鸡经过两个世代的纯系育种，该项成果国内领先，已授权发明专利，获得四川省科技进步三等奖及天府畜牧兽医科技进步二等奖，标志着全市现代畜禽种业发展迈上一个新台阶，让遂宁土鸡成为川渝地区知名品牌。

【主要领导人】 市委书记：李江；市人大常委会主任：周霖临；市长：刘会英；市政协主席：杨军；分管农业副市长：雷刚。

遂宁市编写组

船 山 区

【基本情况】 2021年，全区辖1乡9镇126个行政村，辖区面积616平方千米，其中耕地面积28.73万亩。农村常住人口14.22万人。坚持“三园一体”“五化并进”，实施“美丽乡村全面振兴”对标竞进行动，坚持“精致高效农业、都市田园乡村”定位，以全域园区化为路径，加快构建“3+4+2”现代农业产业体系，统筹推进农村改革、农民增收、城乡融合发展。实施“美丽遂宁·宜居乡村”建设行动，培育特色农业产业园，推动全区农业农村高质量发展。先后获得“国家级出口食用农产品安全示范区（猪肉）”“全国一二三产融合发展先导区”“全国休闲农业和乡村旅游示范区”等12项国家级、省级称号。

【年度农业和农村经济运行】 2021年，全区实现农林牧渔总产值47.2亿元，增长7.6%。农村居民年人均可支配收入达20 248元，增长10.5%。完成试点村集体经济融合发展，核实经营性集体资产7601万元、非经营性集体资产56 155万元；全面清理集体经济组织652个，共计清理集体资产63 756万元，其中负债和所有者权益63 756万元。

【种植业】 开展撂荒地专项整治行动，共完成撂荒地整治11 526亩，完成病虫害防治监测面积12 000余亩、统防统治6万亩以上。全区粮食作物播种面积35.7万亩，产量12.51万吨。全面推行“稻菜”轮作、“经菜”套作模式，建成蔬菜种植基地5万亩（复种10万亩），成片打造“渝遂绵”优质蔬菜生产带船山基地1万亩，年产优质蔬菜11.5万吨。发展道地药材、特色水果、优质青花椒等经济作物，建成白芷标准化种植基地5000亩、仓储加工中心6600平方米以及年产良种无病柑橘苗500万株柑橘良繁基地育苗中心，年产白芷3000余吨。全区发展特色水果基地6.63万亩。

【畜牧业】 全区坚持走现代绿色畜牧业发展之路，以调结构、转方式、加快产业循环发展为路径，做实重大动物疫病防控，加快推动畜牧产业提档升级。全年出栏生猪55.87万头、肉牛0.39万头、肉羊4.76万只、小家畜（禽）263.07万只，实现畜牧业产值28.53亿元，增长1.06%。

【水产业】 全区塘库堰生态水产养殖面积603公顷，稻田综合种养面积266公顷。推广水产养殖品种20余种，水产品（养殖）总产量6085吨，实现渔业经济总产值2.6亿元。全区有水产养殖户636户、家庭渔场2个、水产养殖专业合作社17个，共有会员750余人。有国家无公害养殖基地5家、国家水产健康养殖地5家、省级水产健康养殖地3家，养殖面积2780亩，无公害水产品种26个；苗种场站3家，养殖面积198亩，繁育专用池面积1260平方米，年繁育能力8000万尾。农民年均渔业增收35元。水产品质量安全抽检合格率100%。

【乡村振兴】 新培育市三星级园区1个、区级园区1个，生猪种养循环园区建成全省最完整的全产业链。“五化”并举高标准打造凤凰村等“美丽遂宁·宜居乡村”精品村7个，河沙镇、永兴镇分别获评省、市乡村振兴先进镇，永兴镇新开村、河沙镇梓桐村、桂花镇桂鄄村、唐家乡万福村被评为“全省乡村振兴示范村”。

【主要领导人】 区委书记：段勇；区人大常委会主任：刘捷；区长：刘红军；区政协主席：袁旭；分管农业副区长：谯强。

船山区编写组

安 居 区

【基本情况】 2021年，全区辖16个镇2个街道274个村55个社区，辖区面积1258平方千米，总人口81万人。

【乡村振兴】 农业重大技术协同推广计划、医共体改革等国家级试点成效显著，镇村两项改革“后半篇”文章、首批“乡村水务”等9个省级试点加快推进，“四个三”移民后扶、安“三计”居“三园”乡村振兴、“533”稳岗就业机制等先进经验在全国交流，“三位一体”公共文化服务体系建设、“四个突出”铁腕禁毒等工作模式在全省推广。三家镇创建为全国产业强镇，东禅镇入选全省首批乡村文化振兴魅力乡（镇），黄峨书院挂牌全省首个家风家教实践基地，柔刚街道塘河社区、常理镇海龙村获评“全国民主法治示范村”，玉丰镇金鸡村获评全市唯一的“中国美丽休闲乡村”，抗美援朝“一级爆破英雄”伍先华旧居挂牌全市首个党史学习教育基地。承办海峡两岸同名乡（镇）“横山”互动协作会议、成渝轴线县（市、区）协同发展联盟年会等重大活动，中央电视台、《人民日报》等主流媒体聚焦点赞65次，获得中国持续优化营商环境典范区、全国最具发展潜力县（区）、首批省级化工园区、全省乡村振兴成效显著县、省级现代公共文化服务体系示范县等28张国家、省名片。

【涉农重点项目】 四川能投全省首个天然气储气调峰项目开工建设，全国乡村振兴样板项目常理镇“凯歌公社1974”

加快建设，项目招引个数、投资总额全市排位“双第一”，省、市重点项目投资完成率居全市第一位。

【农村基础设施建设】 凤凰大道中段、兴业路南延线、安居大道西延线等5处裙房卡口全面贯通，安居版“太古里”时光里文旅商业街正式投运，凤凰栖中国凤凰文化主题公园成为安逸安居新地标，城市人均绿化率位居全市第一，公园城市形象大幅提升。脱贫攻坚后评估进入全省第一方阵，安居三幼、区人民医院综合大楼等12个民生项目全面建成，率先在全市开通三家、白马、石洞城乡公交，安白路等14条道路竣工通车，毗河供水一期工程正式通水，中央环保督察迎检，大安出川断面水质平均达到地表水Ⅲ类标准，大气环境质量排名全市第一。省级基层治理示范社区数量位居全市第一，重特大安全生产事故连续十年零发生，常态化疫情防控精准有力，在全省率先完成县、乡换届。

【文旅项目建设】 以智慧应急广播系统建设、安居·时光里特色文旅商业街、七彩明珠4A级景区提升、凯歌公社（一期）等一批重点项目为支撑，不断增强文旅产业驱动力，撬动产业升级发展引擎。打造志愿军“一级爆破英雄”伍先华旧居、公安部“一级英模”谭东生平事迹陈列馆、凯歌公社沼气博览园等文旅公共服务新场景，全区旅游标识系统更加完善。建成玉丰黄峨故里、东禅英雄故里等文化“中心镇”6个，海龙村、先华村等特色文化“中心村”6个，文化“中心户”73个。玉丰镇综合文化站建成“一院两馆两室两中心”，转型为文化综合体，构建辐射周边的区域文化分中心。完成《凯歌公社文化创意策划》《凯歌公社文化旅游专项规划》和《金鸡村精品村落专项规划》编制，加快推动项目建设。

【文旅品牌创建】 玉丰镇黄峨书院被授牌全省首个“家风家教实践基地”，志愿军“一级爆破英雄”伍先华旧居被命名为市级“党史学习教育基地”。完成首批市区级样板村镇评选，命名2个区级样板镇、22个样板村和1个市级样板镇、4个市级样板村，玉丰镇和常理镇海龙村创建为省级“乡村文化振兴样板村镇”。培植农村文化“中心户”，“安居人家”创建为全国文化休闲农庄示范单位，“何家大院”获评农耕民俗文化传承基地。承办2021年全省文旅公共服务高质量发展品牌建设现场推进会，“安居经验”在《中国文化报》、四川省两项改革“后半篇”文章专项工作动态专报和遂宁市两项改革“后半篇”文章专项工作简报遂宁改革专报进行宣传推广。

【公共文化服务体系建设】 以创建省级现代公共文化服务体系示范县为契机，不断完善城乡公共文化服务体系，打造两项改革后农村公共文化服务“安居样板”。巩固区图书馆、文化馆县级国家一级馆服务水平，全区16个镇（街道）21个综合文化站全面实施免费开放。依托“悦读·阅美”“阅读吧·安居”等阅读品牌，举办“党在我心中·我想对党说”寄语征集活动、“寻访红色足迹·品味英雄事迹”巡回展、网络书香过大年等各类线上线下活动39次。演出非遗音乐剧《石工号子》旅游版近10场，开展庆祝建党100周年系列文化活动50余场，举办“从群众中来·到群众中去”农耕民俗展、流动科技展、少儿书法美术作品展等展览展演100余场，“担担文艺”轻骑兵、“百姓大舞台”等流动服务品牌深受群众好评。建成区级文旅能人库，率先实现每个村（社区）配备1名财政补贴的“文化管家”，基层文化阵地服务效能不断提升。

【主要领导人】 区委书记：吴军；区人大常委会主任：邓立；区长：杨文彬；区政协主席：陈俊；分管农业副区长：余继德。

安居区编写组

射 洪 市

【基本情况】 2021年，全市辖21镇2个街道，辖区面积14平方千米，其中耕地面积105.9万亩，人均耕地面积1.13亩。年末总人口93.39万人（户籍人口），增长0.38%；人口出生率4.88‰，人口自然增长率0.36‰。

2021年，全市GDP490.09亿元，增长8.1%，其中第一产业增加值83.14亿元，增长7.6%；第二产业增加值253.52亿元，增长7.7%；第三产业增加值153.44亿元，增长9.1%。

公路通车里程4529千米。社会消费品零售总额183.45亿元，增长18.1%。地方公共财政预算总收入完成53.34亿元，增长33%；公共财政预算总支出57.21亿元，增长7.8%。金融机构各项存款余额517.41亿元，比上年初增长15.2%；各项贷款余额304.5亿元，比年初增长13.3%。

有各类学校225所，在校学生98 500人，教职工9823人，其中普通中学31所，在校学生33 100人；小学58所，在校学生40 600人。

【年度农业和农村经济运行】 2021年，全市实现农业总产值101.83亿元，增长8.4%。农民年人均可支配收入达20 643元，增长10.7%（主要农产品产量见表1所列）。

【新型农村经营主体培育】 新培育国家级示范社1个、省级示范社4个、市级示范社11个、县级示范社18个。打造标杆社3家，从产业规划、基地建设、外宣形

表1　2021年射洪市主要农产品产量

主要农产品	单位	产量	同比增减(%)
粮食	万吨	39.4800	2.12
水稻	万吨	10.1500	2.01
小麦	万吨	6.0400	1.17
玉米	万吨	16.0200	3.28
马铃薯	万吨	2.3000	2.13
油菜籽	万吨	4.4503	20.38
蔬菜	万吨	22.4900	7.25
水果	万吨	1.8000	1.39
肉类	万吨	8.5863	14.36
猪肉	万吨	6.4500	12.90
牛肉	万吨	0.2000	11.60
羊肉	万吨	0.1800	2.80
禽肉	万吨	1.5700	25.20
兔肉	万吨	0.1734	–1.08
禽蛋	万吨	2.3887	–2.50
水产品	万吨	1.1860	5.20
牛奶	万吨	0.0518	12.36

象、办公阵地、制度建设、社务公开、财务管理、利益联结等各方面为全市农民合作社发展树立榜样。争取中央、省级资金450万元，支持家庭农场培育类38家、示范类3家。抓好家庭农场名录库建设，全市家庭农场数量由2020年年底的3504个发展到4224个，新增720个。新认定县级家庭农场示范场207个、市级示范场60个、省级示范场8个。

【土地流转管理】 执行土地流转风险保障金制度，部分乡（镇）收取土地流转风险保证金105万元、复耕保证金32万元。开展全市流转土地经营情况及农民权益保护情况清理，全市土地流转342 500亩，其中30亩以上规模流转14.3万亩，涉及业主791个，其中全市36个流入主体拖欠土地流转租金1505万元，并将拖欠租金业主列入各类项目失信“黑名单”。全年接待涉及承包经营权证书遗失申请补办证书19起；仲裁庭公开仲裁1起土地纠纷案件。

【村集体经济发展】 全市村集体实现总收益869.7万元，其中73个脱贫村实现村集体经济收益404.53万元，增加55.7万元，增长16%。2021年，脱贫村收益平均5.54万元，其中村集体自主经营收入112.97万元，占27.9%，主要为粮油种植、畜禽养殖、农机作业、光伏发电等(其中合作经营收入3.2万元，占0.8%；资产承包租赁收入104.09万元，占25.7%；管理服务性收入30.32万元，占7.6%；入股分红收入149.36万元，占36.9%；其他收入4.59万元，占1.1%)。

【种植业】 2021年是全市第二年实施全省秸秆综合利用重点县项目，先后培育秸秆综合利用市场主体9家，购置秸秆综合利用机械设备34台(套)，建成秸秆1～1.5吨/小时制炭生产线1条，改（扩）建秸秆储存库棚1438.4平方米，建立秸秆综合利用示范面积5.1万亩，全年秸秆利用率达92%以上。

全市撂荒耕地整治有序开展，完成整治面积1.8万亩，超额完成遂宁市下达的1.5万亩年度任务，全市主要交通要道、产业园区、重要河流等区域复耕率达100%。迎接中央环保督察，督促绿素有机肥厂停业实施技改。协助住建局对厂内污泥半成品进行封存处理，避免二次发酵。

经济作物。遂潼一体化优质蔬菜产业带建设抓好蔬菜基地提升、蔬菜初加工建设规划、柑橘基地提升，其中，落实林下生草500余亩、林下种菜1000亩，改良新品种500余亩；指导完成柑橘套袋及树冠覆膜等防冻措施落实面积20 000余亩。通过安装杀虫灯、悬挂黄板纸、诱蝇球，推广生物农药等措施落实经济作物绿色防控面积20余万亩。调查全市柑橘大食蝇发生情况，指导业主落实综合防治措施，制订柑橘冬季管理技术方案，动员柑橘业主及早做好防冻措施。有序推动冷链物流产业链条延伸，建设冷藏库32座。

【现代农业园区建设】 射洪市粮油现代农业园区被省政府评定为省三星级园区，生态酒粮现代农业园区被遂宁市政府评定为市五星级园区，瞿河白羽肉鸡现代农业园区被遂宁市政府评定为市四星级园区，现代种业园区被遂宁市政府认定为市三星级园区。射洪市生态酒粮现代农业园区加快重点项目推进，完成投资约2500万元。

【畜牧业】 全市能繁母猪存栏4.77万头；生猪存栏54.46万头，累计出栏91.96万头。白羽肉鸡出栏999万羽，出栏量位居全市第一。全市共有生猪规模养殖场317个(其中楼房式养猪场3个)，建成一级生猪扩繁场3个、存栏300头能繁母猪以上的二级生猪扩繁场11个，已形成一级扩繁场—二级扩繁场—商品场一体化生猪产业布局。全年新(改、扩)建规模生猪养殖场38个，建设圈舍面积约

18万平方米，可新增能繁母猪2.6万头，年新增优质仔猪60万头，年新增生猪出栏8万头；新（改、扩）建规模肉牛（羊）养殖场10个，建设圈舍面积约8838平方米，建成后可新增牛、羊出栏约2900只。畜禽粪污资源化利用整县推进项目完成建设，全市畜禽粪污资源化利用率达95%以上，大型规模养殖场粪污收集处理设施设备配套率达100%。

兽医兽药饲料。严格落实检疫申报制度，现场实施检疫，查验免疫标识、免疫档案等情况，严格按规定出具检疫合格证明。全年产地检疫生猪38.06万头、禽2579.4万羽。执行《动物屠宰检疫操作规程》，严格凭产地检疫合格证明和免疫标识进场，严把畜禽入场关，严格实施宰前、宰中、宰后检疫。全年共屠宰检疫生猪31.24万头、禽1222.4万羽、肉牛产品8.67万千克，检出病死猪322头、病害产品2.94万千克、病死禽3.8万羽，并严格按要求进行无害化处理，保证上市动物产品质量安全。

加强兽药饲料监管。出动检查人员376人次，检查兽药经营门店34家、饲料经营门店112家、畜禽规模养殖场589家。全年流通环节“瘦肉精”抽检11 416头份，检测合格11 416头份；屠宰环节“瘦肉精”抽检9372头份，检测合格9372头份，保证了全市范围内无非法添加“瘦肉精”等违禁物品的事件发生。

【水产业】 全市水产养殖面积达2.35万亩，推广稻渔综合种养面积2.27万亩，全年水产品总产量1.28万吨，实现产值3.1亿元；投放鱼种量1976吨。全年产地检测抽样水产品1089个，创建农业农村部健康养殖示范场1个，完成规模化养殖基地养殖尾水治理面积1781亩。

【特色优势产业建设】 加强与省农科院、川农大等院所的战略合作，立足射洪实际，系统编制射洪现代农业产业体系，对标四川省和遂宁市“10+3”现代农业产业体系，发展六大射洪特色产业，明确加快推进射洪30万亩优质粮油基地、20万亩舍得酒粮、15万亩晚熟柑橘、5万亩绿色蔬菜、80万头优质生猪和3000万羽白羽肉鸡提质发展。坚持以优“四化”兴产业，实施“园区化”做优基地，实施“品牌化”做强品质，实施“科技化”做深内涵，实施“链条化”做长产业。构建“两环四带十二园”现代农业产业格局，打造一批“产业基地规模不断扩大、特色优势产业不断集聚、组织带动能力不断增强、利益联结机制不断紧密、政策支撑体系不断完善”的在全省具有比较优势的现代农业园区和优势产业聚集区。

【乡村振兴】 螺湖半岛、鹤鸣山庄、3536菊谷被认定为市级农业主题公园；桃花岭、芦溪开心谷、美琳农庄被认定为市级休闲农庄；金华镇西山坪村被农业农村部评定为第十一批全国“一村一品”示范村。先后获评全省乡村振兴先进市“回头看”优秀等次、全省农村改革先进县，粮油现代农业园区被省政府评定为省三星级园区、全省农经工作典型地区、2021年度四川省农机化工作突出单位。争创省级“鱼米之乡”建设市，获评“全省农村改革先进市”。争取到省级“五良”融合等项目，全省冬春农田水利暨高标准农田建设现场会和“五良”融合产业宜机化改造项目启动会先后在射洪市召开。《付某某运输依法应当检疫而未经检疫生猪案》《刘某违反禁渔期规定进行捕捞案》分别被农业农村厅评为“全省农业行政处罚优秀案卷和优秀文书”；《龚某违反禁渔期规定进行游钓案》被农业农村部渔业渔政管理局通报为优秀案卷。

【“美丽宜居”乡村建设】 以南、北两条乡村振兴示范走廊建设为重点，南面着力打造以沱牌酒文化为中心的百里乡村振兴示范走廊，北面实施以子昂诗文化为核心的百里农旅融合一体化大环线建设。按照打造“精品农业、精美农村、精致农民”实现射洪农业新跨越长远目标，以沱牌镇龙泉村、瞿河镇牛心村、广兴镇双江村等10个精品村为核心，按照“核心区+辐射区+全域区”的功能定位的原则，整合乡村振兴先进市奖励资金、四川省“鱼米之乡”示范市建设资金、省级“四好农村路”奖补资金等涉农资金，以现代产业为基石，以旅游、文创、休闲为延伸，梯次打造“美丽射洪·宜居乡村”精品村、重点村、示范村。深挖子昂诗文化，在广兴镇双江村打造两江画廊，建成诗画胜地；拓展舍得酒文化，在瞿河镇牛心村打造酒粮基地，建成四川最美农村路；融入目连文化，在沱牌镇龙泉村打造孝德新村，建成射洪最佳“网红”打卡地。

【综合改革示范】 深化农村集体产权制度改革，完善集体资产产权和经营形式，推动资源变资产、资金变股金、农民变股东，实现现代农业基地建设与集体经济融合。以试点为先，先后四次组织17个试点村召开融合试点工作推进会，先后8次对全市集体经济组织融合试点村进行巡回督导，通过“现场督导、政策答疑”等多种形式，推进试点改革，17个试点村已全面完成融合试点村集体资产清产核资及资产移交。以创新农村发展体制机制为突破，健全利益联结机制，实现小农户与现代农业有机衔接，全市12个现代农业园区共带动各类专合社130个、家庭农场71个，带动群众增收7.6万人，集体经济实现增值120余万元；依托“撂荒地整治”“产联模式”等集体经济发展先进模式实现年度集体经济15余万元，在全省树立了“建融结合”的集体经济发展示范标杆。

【农业机械化】 全市农机拥有量达32.8万台（套），增长6.8%；农机总动力达30.2万千瓦，增长3.6%。全市完成提灌站建设总投入300万元，完成修复提灌机械21台1024千瓦，其中技改提灌站12个站325千瓦、维修13个站503千瓦。新增提水控灌设备180台2100千瓦，机电提水50万立方米，累计投工0.2万个。全市农机社会化服务托管面积52万亩，其中机耕10万亩、水稻育秧6亩、机插秧

6万亩、统防统治16万亩、水稻机收秸秆还田10万亩、小麦机收秸秆还田4万亩。

【农村科技】 基层农技推广体系改革与建设。新建农业科技示范展示基地2个，其中水产1个、畜牧养殖1个。培育农业科技示范主体2户。推广适宜本市的农业主推品种54个、主推技术45项，农业主推技术到位率达100%。培训基层农技人员160名（含农技推广骨干人才2人），实现农技服务精准化。

高素质农民培育项目。全年共培训高素质农民242人，其中现代农业领军人才3人、经营管理型50人、专业生产型126人、技能服务型50人、农业经理人13人。分型、分期、分专业开设“乡村振兴+川粮油、川猪、川菜、川稻鱼、川果、农机装备”等6个专业课程。

【高标准农田建设】 全年高标准农田项目计划总投资22 125.31万元，其中中央财政资金7387万元、省级财政资金2270万元、地方财政配套资金9160万元（一般债4000万元、专项债券资金5160万元解决）、其他资金578万元，受益主体自筹资金2300万元，计划建设高标准农田6.56万亩。全年维护管理耕地质量长期定位监测点11个（其中省级监测点5个、县级监测点6个），完成田间试验22个，完成103个耕地质量调查点的田间调查、采样、样品检测。

【农村法治建设】 落实“谁执法谁普法”责任，紧扣重大时间节点开展“订单式”普法，通过组织开展农产品质量安全“利剑行动”、渔政“亮剑行动”、“宪法进农村”等活动，到集贸市场、田间地头广泛宣传乡村振兴和农业法律法规知识，共发放普法宣传资料15 200余份、宣传条幅及标语167幅，受教育人数约1.64万人；开展新媒体宣传8次。

【农业执法】 坚持以开展涉农专项行动为着力点，加大执法监督检查和案件查处力度，严厉打击各类涉农违法违规行为，长江禁捕“管得住”目标初步实现，农资打假工作开展，耕地保护工作有序推进，农产品质量安全得到保障。全市共办理农业行政处罚案件58件，罚没金额14.3715万元，其中渔政案件25件（移交刑事案件4件、公安局刑事案件13件，法院已经宣判8件）；农资案件11件，结案10件（移交法院1件）；动监案件22件，结案20件；处理各类投诉举报198件，涉农纠纷17件。全年开展专项行动44次，出动执法人员5143次，出动执法车辆1365台次，开展渔政执法检查5348次，检查生产、经营企业、个体、农业新型经营主体1142家次，制作各类广告牌、宣传标语1600余（块）条，发放宣传资料6万余份，法治宣传7.5万余人次。5月，全市迎接省农业综合执法改革调研；6月，代表遂宁市迎接省“四清四无”专项检查；12月，代表遂宁市迎接省禁捕退捕考核，取得优异的成绩。

【“放管服”改革】 动态调整权责清单，简政放权优化政务服务，全面梳理编制“最多跑一次”事项清单、全程网办事项清单，“最多跑一次”事项占比达100%。建立“容缺审批”服务模式，提高企业、群众办事的便捷度和满意率，实现10个政务事项容缺审批。加强事中事后监管，实行“宽进严管”，加强涉农领域信用监管平台建设，采集新型农业经营主体的质量信用信息和违法违规行为信息，建立统一的守信联合激励和失信联合惩戒名单制度。推进行政许可和行政处罚等信用信息“双公示”制度。

【农产品质量安全监管】 农产品品牌创建与营销。全年新申报认证“三品一标”农产品6个，其中无公害农产品3个、绿色食品3个；续展（复查换证）“三品一标”农产品11个，续展率100%。参加“遂宁鲜名优产品”“新春年货节”等展示展销活动3次。

农产品质量安全检验检测。全年开展食用农产品快速检测9600批次，合格率100%；开展市本级农产品质量安全风险监测476批次，合格率100%；开展省级农产品质量安全风险监测136批次，合格率100%。

农产品质量安全追溯体系建设。全年已累计入驻国家农产品质量安全追溯信息平台676家，录入产品生产批次6327批次，产品销售批次61 078批次。全市已纳入食用农产品承诺达标合格证主体名录库的676家，能自主开具承诺达标合格证的501家，其中农产品生产企业89家、合作社180家、家庭农场和种养大户238家（户）。

【主要领导人】 市委书记：张韬（9月止），谭晓政（9月始）；市人大常委会主任：袁渊；市长：王能；市政协主席：邓茂；分管农业副市长：何小江（7月止），王家伦（7月始）。

射洪市编写组

蓬 溪 县

【基本情况】 2021年，全县辖19个乡（镇）1个街道，辖区面积1251平方千米，总人口近80万人。

【巩固脱贫成果】 严格落实“四个不摘”要求，对全县2.4万户5.2万名已脱贫人口、67个已出列村、有20户以上贫困户的重点非贫困村持续开展“回头看”“回头帮”工作，脱贫人口及监测对象人均收入高于全县农村居民人均可支配收入3.6个百分点，获得省级脱贫攻坚后评估考核综合评价“好”。做好稳岗就业，实现脱贫人口务工就业1.5万余人。投入520余万元财政资金，建立防贫综合保险和防止返贫风险救助基金。

【美丽新村建设】 建立"精品村、精品示范村"梯次培育体系，推动常乐镇拱市村等10个精品村示范先行，蓬南镇和常乐镇拱市村分别被命名为四川省首批省级乡村文化振兴样板镇、村，牛角沟村被评为全国红色美丽村庄试点、全省乡村振兴示范村，赤城镇获评四川省首届乡村文化振兴魅力乡(镇)。持续改善农村人居环境，完成22个整村推进示范村1.4万户无害化厕所改造，全县畜禽粪污资源化利用率达95.9%，规模养殖场畜禽粪污处理设施配备率达100%。

【培育星级园区】 整合乡村振兴衔接资金、烘干冷链试点县项目资金和省、市级园区奖补资金累计6200万元，进一步完善园区基础设施和扶持产业发展。蓬溪现代农业园区创建为国家农村产业融合发展示范园，达到省五星级园区创建标准。任高粮油园区、赤城青花椒园区创建为市级三星级园区，认定蓬南镇中药材数字产业园等县级园区10个。盟遂合作乡村振兴示范区"一区三园"加快建设，白鹤林水美新村大健康产业园核心区基本建成。

【特色产业】 加快建设渝遂绵优质蔬菜生产带蓬溪基地，全年种植蔬菜25.6万亩，增长7.7%；蔬菜上市总量达67.7万吨，琪英虫草花、骆峰黄色金针菇产量位居全国第一。新建高标准农田2.66万亩，复耕复种撂荒地2.7万亩，建设粮油绿色高产高效示范片20万亩，全年粮食总产近33万吨。加快恢复生猪产能，建成齐全通德农牧立体猪场和遂宁天兆立体式一体化自繁自养项目，正邦集团仔猪繁育场项目主体完工，全年出栏生猪68.4万头，超市级目标任务近8个百分点。新增绿色食品7个、有机产品5个，创建全省有机产品认证示范区。

【文旅品牌创建】 以实施乡村振兴战略为契机，加强乡村旅游品牌培育，任隆镇八角村、鸣凤镇盐井沟村被列入第二批市级乡村旅游重点村名录。举办"沈门蓬溪五人展"，在拱市联村挂牌成立遂宁市文联采风创作基地，在中国红海成立摄影家协会创作交流基地、书法家协会创作交流基地、美术家协会创作交流基地、作家协会创作交流基地；授牌下河小学、实验小学、明月中学、耐德尔门窗、下河街社区为"中国书法之乡"教学培训基地；开展"校园书法"工程——"校牌竞写"活动，并在全县55个中小学推广。推动四川红军第一村文化旅游项目一期建设全面完成并于6月29日开园，二期休闲、疗养、度假步道、休整场等已完成40%。旷继勋纪念馆、四川红军第一村被教育厅、文化和旅游厅、省林草局、共青团四川省委认定为四川省首批中小学红色教育研学实践基地，四川红军第一村被纳入四川省9条红色研学旅行线路。

【人才队伍建设】 实施人才优先发展战略，招募文化志愿者服务团队25个、服务人员540名，新招募协会会员100余名。组织参加文艺专家讲座、书法专题讲座、四川省第六届群众广场舞培训、全市公共图书馆业务知识培训以及各种协会系统研讨等50余次。举办书法专题培训2期、乡村旅游带头人培训2期，培训书法会员、爱好者和乡村旅游能人共500余名。开展涉改镇村"文旅能人"评选储备工作，推荐评选纳入省级文旅能人库7人，麦秆画传承人柏波申报为省级文旅能人。

【农村社会保障】 全县全年城镇职工基本养老保险参保人数90 114人；城乡居民养老保险参保人数325 426人。全年失业保险参保人数16 358人，城镇登记失业率3.68%。农村居民享受最低生活保障20 871人。全年城镇职工医疗保险参保人数30 376人；城乡居民医疗保险参保人数521 641人。

【公共文化服务体系建设】 实施电视"户户通"工程，投入资金50余万元，新增300瓦发射机1台、省级广播电视数字节目8套，完成2个乡(镇)综合文化站和10个示范村智能应急广播和免费Wi-Fi上网工程建设。投入资金15万元，对地面数字信号集成平台，核心设备、高山发射台、木桐山发射台、马鞍山发射台、金岗山发射台发射设备及冷暖系统进行维护维修。全面实现全县"两馆一站"免费开放，完成14个乡(镇)综合文化站、30个村级文化活动室文化设施网络达标整改；投入公共文化服务建设资金235万余元，新增文化设施活动面积3800余平方米，配置文化活动设备150件(套)。改建宝梵镇宝梵村、大石镇牛角沟村闲置集体房屋(村小学)为游客接待服务中心2处，新建旅游厕所3座、停车场3处、智慧旅游系统1处，牛角沟村完成导览图、旅游标志、公交招呼站等设施建设。

【群众文化活动】 以"实施乡村振兴战略 建设美丽乡村"为主题，开展"送文化下乡"活动53场次，服务人次2.5万余人。利用春节、劳动节、国庆节、重阳节等传统节日开展"万众一心跟党走 乡村振兴谱新篇""颂党恩 庆国庆"主题文艺汇演活动35场次。开展"校牌竞写"工程、书法"七进"活动40余场次，义务书写春联2000余副，丰富群众精神文化生活。举办蓬溪县第九届广场舞大赛。组织节目参加2021中国美丽乡村广场舞大赛，获得全国第九名。推选情景鼓舞《春到遂州》和《牛角号声》参加"遂州儿女跟党走"建党100周年主题文艺演出；实景剧《推磨籴》在旷继汛牛角沟起义遗址进行首演；红色情景剧《红飘带》在遂宁市安居区、船山区，射洪市，大英县，重庆市潼南区进行展演，被人民网、四川新闻、川报观察等主流媒体关注报道；舞蹈《喜洋洋》参加全国广场舞优秀作品展示暨四川省第六届群众广场舞集中展演活动并以第五名的成绩进入总结展演(决赛)。

【主要领导人】 县委书记：张智勇；县人大常委会主任：黄元章；县长：黄亚军；县政协主席：张璋；分管农业副县长：刘定华。

蓬溪县编写组

大 英 县

【基本情况】 2021年，全县辖9镇197个行政村，辖区面积701平方千米。有户籍人口519 455人，有常住人口266 822人。全年接待游客1550.5万人次，增长22.3%；实现旅游收入134.59亿元，增长18.6%。农村居民人均可支配收入达19 482元。农村外出务工人口206 650人。人均一般公共财政预算收入完成1848.2元，人均一般公共财政预算支出5858.3元。义务教育巩固率小学98.24%、初中99.8%。全县农村人口基本医疗保险（含大病保险）覆盖率100%，行政村标准化卫生室覆盖率84%，标准化乡（镇）卫生院对乡（镇）的覆盖率100%。通硬化路的行政村168个，其中通硬化路的脱贫村38个。集体经济收入5万元以上的行政村47个。参加农村养老保险16 9106人，脱贫户参加农村养老保险24 588人。

【乡村振兴】 做好两项改革“后半篇”文章，完成县域内片区划分，20个村探索开展合并村集体经济融合发展试点。加快美丽乡村建设，新（改）建农村公路113.7千米，改造农村户用厕所1万户，农村自来水普及率、卫生厕所普及率、生活垃圾处理覆盖率、供电可靠率分别达83.5%、95%、100%、99.8%。卓筒井镇获评四川“十大魅力乡镇”，蓬莱镇吊脚楼村获评全国乡村治理示范村，创建省级乡村振兴示范村3个。

【统筹城乡发展】 编制《重点发展片区城市设计》《新老城区城市设计暨特色街区详细设计》，引领城市建设。推进城市添园增绿，新建口袋公园4处、绿地6.5万平方米、绿道20千米，创建省级绿色社区4个，郪江经开区段创建为省级河湖公园。完善旅游服务设施，新建旅游服务中心9个，开通旅游专线7条，建设旅游风景道31千米，“快进慢游”旅游交通体系加快构建。

【农村社会保障】 全面巩固脱贫攻坚成果，全覆盖开展“回头看”，全面落实355户监测对象帮扶措施，1.12万名脱贫劳动力实现务工就业，脱贫户实现人均纯收入10 659元，增长24.35%。创新建立村级集体经济发展“六个一”顾问团，38个脱贫村集体经济收入平均超过10万元。城乡低保、特困供养、优抚对象抚恤和生活补助、残疾人“两项补贴”稳步提标，困难家庭救助帮扶综合评估改革经验在全省推广，获评全国无障碍环境达标县。

【农村社会事业】 实施教育提质扩容工程，调整优化义务教育学校9所，象山幼儿园、金元幼儿园、太吉小学建成投用，普惠性幼儿园覆盖率达81.65%，义务教育“双减”政策落地实施。加快完善医疗卫生服务体系，入选首批四川省规范化卫生健康监督机构，获评全省健康促进县。繁荣发展文化事业，建成社区图书馆、文化馆总分馆，象山书院红色文化党史教育基地建成开放，卓筒井和蓬基井获评国家工业遗产。

【农村生态建设及环境保护】 持续打好蓝天、碧水、净土保卫战，城市生活污水处理厂三期和生活垃圾分拣中心建成投运，郪江水质持续保持Ⅲ类标准，空气质量优良天数比例达96.7%，连续三年排名全市第一。土壤质量保持稳定。实施林长制，完成营造林2.1万亩，森林覆盖率达30.02%。

【天府旅游名县创建】 召开创建工作调度会9次，开展督察14次，制发简报4期；建成旅游服务中心9个，新（改）建旅游厕所12座；启动蓬乐路旅游风景道等项目建设，打造网红生态火锅、农家乐2家，创建第三批天府旅游名县命名县。

【特色旅游品牌培育】 大英县创建为省级全域旅游示范区，获得中国特色旅游商品大赛1个银奖、四川特色旅游商品大赛3个金奖1个银奖，创建天府旅游名村1个、省级乡村旅游重点村1个、市级乡村旅游重点村2个、市级旅游度假区1个。开通旅游专线7条55班次，科学布点生态停车场7处，建成旅游风景道31千米，配置旅游导视系统28套。

【公共文化服务体系建设】 完成社区图书馆、文化馆总分馆建设，初步建成社区“十分钟文化圈”。全面完成村、社区农家书屋、文化室建设。

【主要领导人】 县委书记：胡铭超；县人大常委会主任：牛斌；县长：唐紫薇；县政协主席：文漳；分管农业副县长：王涛。

大英县编写组

内 江 市

【基本情况】 2021年，全市辖2个区1个市2个县，辖区面积5385平方千米。

【五大特色农业产业】 新型农业主体进一步壮大，第一产业增加值增长4.8%。粮食产量达174.6万吨，出栏生猪240万头。资中国家现代农业产业园区以全国第三、全省第一的成绩通过中期评估，新增省星级农业园区1个，2个园区被纳入国家级农业产业园区创建名单。市中区、东兴区、隆昌市分别被命名为“中国白乌鱼之乡”“中国天冬之乡”“中国西部鱼米之乡”。“三品一标”特色农产品达355个，农产品质量安全省部级例行监测合格率达99.6%。

【农村生态建设及环境保护】 打好污染防治攻坚战，巩固提升污染防治攻坚战成果，打好蓝天、碧水、净土保卫战。突出扬尘、臭氧、挥发性有机物等协同控制和区域协同治理，全面推进大气污染防治“五大工程”，加强烟花爆竹全域禁放监管，确保环境空气质量稳定达标。深化河（湖）长制，落实全国第二批流域水环境综合治理与可持续发展试点任务，开展未达标断面和重点小流域水质改善攻坚，巩固城市黑臭水体治理成效，确保国、省控考核断面水质持续改善。加大饮用水水源地保护，提升饮用水安全保障水平。抓好土壤污染防治，加强环境监测执法，打击各类环境违法行为。整改生态环境保护督察反馈问题，做好迎接省级生态环境保护督察准备工作。加强生态环境建设，提高环境治理体系和治理能力现代化水平，强化山水林田湖草沙一体化保护和修复。层层落实林长制，推进“全域绿化”，实施“城乡增绿”行动，森林覆盖率保持在33%以上，深化沱江流域十年禁渔，不断提升生态系统质量和稳定性。抓好环保基础设施运维管理，实施新一轮污水垃圾处理设施建设三年行动方案，逐步实施城区排水系统监测，推广生活垃圾分类“甜城码上收”智慧化模式。

【区域合作】 联合川南渝西（泸州市、宜宾市、内江市、自贡市、重庆市江津区、重庆市永川区、重庆市荣昌区）7个市（区）成立川南渝西营销联盟并联合参加重庆都市文化旅游节，推进资源共享、客源互送。落实自贡、内江两市旅游景区“同城待遇”优惠政策，推进图书借阅卡与川渝社保卡互联互通，培育川南一体、川南渝西精品线路20余条。举办2021“陶都·甜城”巴蜀文化旅游走廊文艺展演，与重庆市荣昌区、重庆市大足区、泸州市等地开展系列文化旅游交流合作，促进“双圈”共享文化旅游建设成果。

【公共文化服务体系建设】 全年累计投入各级财政资金5006.49万元，免费开放公共文化场馆137个，维护广播电视“户户通”13 581户，新建游客中心3座、旅游厕所7座、游步道26.8千米、标识标牌492块。市文化馆新馆建成并投入使用。持续深化“百姓大舞台”“书画大展场”“公益大讲堂”“资中之春”“莲峰大舞台”等品牌文化活动，举办庆祝中国共产党成立100周年系列文化活动，开展“送文化下乡”“非遗进校园”“戏曲进乡村”等各类线上线下文化惠民活动1700余场次，服务群众近500万人次。内江市入选全省文旅公共服务高质量发展“四个一批”优秀品牌、优秀案例、优秀团队、优秀站点共8个。威远县镇西镇、隆昌市龙市镇、市中区尚腾新村、隆昌市古宇村分别被省委宣传部命名为四川省首批省级乡村文化振兴样板村镇。

【主要领导人】 市委书记：郑莉；市人大常委会主任：戴震；市长：李丹；市政协主席：康俊；分管农业副市长：徐炼英。

内江市编写组

市 中 区

【基本情况】 2021年，全区辖5个街道7镇，辖区面积386.2平方千米。

【年度农业和农村经济运行】 2021年，全区第一产业增加值达22.23亿元，增速7%。农村居民年人均可支配收入突破2万元，达20 352元，增速10.6%，居全市第2位。

【乡村振兴示范创建】 全年创建省级乡村振兴示范村2个（凌家镇牛角田村、全安镇花洞村），创建市级先进镇2个（全安镇、龙门镇）、市级示范村5个（全安镇花洞村、永安镇糖房坳村、凌家镇方碑村、龙门镇茅蓬寺村）。评定区级实施乡村振兴战略先进镇1个（龙门镇）、示范村7个（龙门镇茅蓬寺村、永安镇糖房坳村、朝阳镇六公丘村、凌家镇方碑村、凌家镇潘家坝村、凌家镇乌鸡冲村、史家镇牛桥村）。

【巩固拓展脱贫攻坚成果】 建立健全返贫动态监测机制，印发《市中区防止返贫动态监测集中排查工作方案》，每月开展常态化监测，开展两轮集中排查，走访农户9.53万户29.04万人，全覆盖脱贫不稳定户、边缘易致贫户、突发严重困难户。建立健全低收入常态化帮扶机制，对农村家庭收入较低的农村人口（家庭年人均纯收入6000元）开展集中排查，严格按照七步认定法进行认定，新增监测对象14户31人，未发生“漏测失帮”。建立健全脱贫人口就业稳定机制，通过对外输出、就近就地务工等多种渠道促进脱贫人口就业，5194名脱贫劳动力实现外出务工。争取到位财政衔接资金6030万元，实施水产养殖、园区基础设施建设等领域项目59个，脱贫村村集体经济总收益达238万元，脱贫人口家庭人均纯收入1.15万元，增长28.6%。

【农业产业化】 加强与中国水科院淡水渔业研究中心、四川省农业科学院、四川大学等科研院校的深度合作，实施内江黑猪品种保护，推进白乌鱼原良种场建设，开展白乌鱼原种培育、新品种繁殖与推广，举办白乌鱼种业提升研讨会。抓融合，发展农产品精深加工，支持8个农民专合社、家庭农场新建静态库容1600吨的农产品仓储保鲜设施。推进农文旅融合发展，累计建成川南大草原、竹苑水乡等乡村旅游景点12个。创品牌，做优做强区域公用品牌，发展“三品一标”农产品10个，实现农产品可追溯全覆盖，农产品监测合格率达100%。以实施省级家庭农场示范县（区）项目为抓手，新培育区级龙头企业10家、区级以上示范农民专合社19家、家庭农场258家。培育农业产业领军人才、农业经理人、新型农业经营主体带头人等99人。

【现代农业园区建设】 以园区建设为平台，抓好优质柑橘（柠檬）、优质畜禽、特色水产、优质甘蔗四大主导产业基地提质增效，完成柑橘（柠檬）产业基地提档升级7000亩，新增特色水产养殖面积1000亩，凌家镇酒房沟村（柑橘）获评“第十一批全国‘一村一品’示范村”。申报永安镇农业产业强镇项目。创建省级新园区1个——内江市市中区水产现代农业园区（省三星级），创建市级园区1个——市中区甘蔗现代农业园区（市四星级），提档升级市级园区1个——市中区朝阳高标准柑橘农业园区（市四星级）、区级园区6个——龙门镇甘蔗现代农业园区、永安镇种养循环现代农业园区、史家镇金龟湖现代农业园区、全安镇特色水产现代农业园区、朝阳镇紫金苑中药材现代农业园区、凌家镇宣明韭菜现代农业园区。

【农村人居环境整治】 推进农村“厕所革命”，坚持因地制宜、厕污共治原则，按照“典型示范、以点带面、先易后难、全面覆盖”的原则，完成户厕改造5545户（累计2.3万余户），卫生厕所普及率达87%。推进农村垃圾治理，农村保洁人员覆盖率达100%，行政村生活垃圾得到有效治理率为98%。推进农村生活污水治理，实施“六河一库”综合治理项目、5个行政村农村生活污水治理“千村示范”工程、20个行政村PPP项目，60个行政村基本具备污水处理能力，占比71%。推进畜禽粪污综合利用，全区畜禽粪污综合利用率达85%。持续开展农村“五清行动”，开展率达100%。

【重大农业项目】 全力争取项目资金，立足区域特点，聚焦短板，及时补充“三农”领域补短板项目库，有针对性地谋划、储备一批大项目、好项目，全年储备项目11个，总投资12.53亿元。包装专项债券项目1个（内江黑猪农牧产业融合园项目），总投资7.4亿元。推动项目实施，按照“统筹谋划、突出重点”的原则，全年实施高标准农田建设、长江经济带面源污染治理、乡村振兴现代农业园区项目、特色水产现代农业园区项目等财政专项重点项目9个，财政总投资1.96亿元，全面推动全区农业产业、基础设施、人居环境、惠农补贴等重点领域发展。抓好项目管理。全面压实工作责任，把各项项目投资抓实抓好，明确工作责任、倒排项目工期、加强资金监管，坚持重大项目月报告制度，全力加快建设进度，努力打造出一批精品工程。同时，做好财政评审及项目审计，确保资金安全。

【种植业】 全区粮食作物播种面积22 671.67公顷，粮食总产量11.97万吨。小春粮食作物播种面积1447公顷，产量0.46万吨，其中马铃薯433公顷，产量（折粮）0.2万吨；豌（胡）豆1014公顷，产量0.26万吨。大春粮食作物播种面积21 224.67公顷，产量11.52万吨，其中水稻4600.6公顷，产量3.56万吨；玉米8128.33公顷，产量4.84万吨；红薯3725.87公顷，产量1.74万吨；马铃薯466.67公顷，产量（折粮）0.2万吨。经济作物种植面积15.34万亩，总产量32.44万吨，其中蔬菜种植面积10.17万亩，产量25.68万吨；食用菌产量0.86万吨。水果种植面积4.7万亩，产量5.2万吨，其中柑橘种植面积4.42万亩，产量4.75万吨；柠檬种植面积1万亩，产量1.1万吨；葡萄种植面积0.12万亩，产量0.15万吨；其他水果种植面积0.16万亩，产量0.3万吨。甘蔗种植面积0.25万亩，产量1.5万吨；中药材种植面积0.22万亩，产量0.06万吨。

植保植检。全区农作物病虫害发生面积121.8万亩次，防治129.73万亩次，防治率达106.51%；主要作物统防统治覆盖率达46.1%，主要作物绿色防控覆盖率45.6%，粮经作物主产区农药包装废弃物回收率73.8%，植物疫情防控处置率100%。全年病虫害防治挽回粮食损失20 309吨，挽回蔬菜、水果损失18 864吨，挽回油料损失3857吨。全区全年稻水象甲发生面积4300亩，主要涉及龙门、凌家、永安3个镇16个村，采取“统治越冬代成虫，挑治第一代幼虫，兼治第一代成虫”的防控策略，对疫区采取专业化统防统治，开展稻水象甲阻截防控8700亩次；7月，全区局部爆发斜纹夜蛾危害，发生面积8056亩，及时组织人力、物力开展无人机专业化统防统治7805亩次，组织业主和农户自防4395亩次，及时将斜纹夜蛾围歼，未造成灾害性损失。全区共有柑橘苗木繁育单位4个，共繁育柑橘苗木43亩，累计21.3万株；开展粮油种子产地检疫103亩，进行产地检疫申报登记，开展产地检疫田间调查，做好产检记录，全部实施产地检疫，未发现检疫性病虫，同时严格签发产地检疫合格证书。开展调运检疫，共检疫14批次、4373千克，未发现检疫性有害生物。

农业行政执法。区农业农村局对种子、农药、化肥经营点开展执法检查202次，发放各类高毒有机磷农药和种子等宣传资料800余份，未发现违规经营行为。全年立案农产品质量安全4件，其中3件为蔬菜抽样检测不合格、1件为水产养殖不合格，分别是凌家镇方碑村10社韭菜抽样检验不合格，罚款200元；凌家镇方碑村9社韭菜抽样检验不合格，罚款200元；凌家镇大湾村2社莴苣抽样检验不合格，罚款200元；农业农村部在抽查合家缘养殖家庭农场生产的黄颡鱼中检测出地西泮2.34μg/kg，处罚金额1000元，并销毁不合格养殖产品。

【畜牧业】 全区坚持以区域化布局、规模化养殖、标准化生产、产业化经营、社会化服务为方向，继续实施畜禽良种化养殖、畜禽标准化生产、畜禽产业化经营“三大工程”。贯彻执行《内江市恢复生猪生产三年行动方案》，全区新建标准化生猪规模养殖场6个、13个养殖单元，新创建省级标准化示范场1个，创建市级标准化示范场2个；继续加强“内江黑猪”开发利用产业化项目建设，构建“国家级保种场+龙头企业扩繁场”的内江猪保种繁育体系。全区猪三元杂交面90%，肉牛良种及杂交面75%、肉羊良种及杂交面90%，家禽良种面99.5%，兔良种面99.5%。全区规模养殖发展势头良好，生猪规模养殖场出栏比重占73.59%，50头以上肉牛出栏比重占70%，300只以上肉羊出栏比重占18%，3万只以上肉鸡出栏比重占46%，100头以上奶牛存栏比重占53%，1万只以上蛋鸡存栏比重占96%。全年出栏生猪25.021万头，上升13.09%；肉牛出栏同比上升6.19%；肉羊出栏同比增长10.12%；家禽出栏同比上升0.66%；肉兔出栏同比增长4.11%；肉类、禽蛋类产量同比分别增长16.33%、7.93%；奶类产量同比上升14.43%。

畜禽养殖污染防治。严格执行畜禽养殖禁养区划定方案，严格落实《内江市市中区畜禽养殖禁养区、限养区划定方案》和《市中区禁养区内畜禽规模养殖（小区）和专业养殖户关闭（拆除）补偿办法》，加强对禁养区内已关闭（拆除）的18个规模养殖场（户）开展监督检查，防止问题反弹。配齐完善粪污处理设施，依托内江市市中区长江经济带农业面源污染治理专项，改造升级15个规模养殖场（户）的粪污处理设施设备。以百万头内江黑猪项目和新（改）建生猪标准化规模场项目为抓手，推广种养循环农业，规模养殖场粪污设施配套率达100%。无害化处理病死畜禽，出台《关于建立病死畜禽无害化处理机制的实施意见》，采取“统一收集、集中处理”的方式，配套建设无害化处理集中收集点1个，涵盖饲养、屠宰、经营、运输等各环节，收集处理范围覆盖全区。加强畜禽养殖场日常监管，按照“雨污分流、干湿分离、设施完善、除臭灭蝇、种养结合、生态循环”规定，对全区51家养殖规模场开展环保整治，整改措施做到“一场一策”，流转与之相匹配的耕地，开展种养结合，并做好粪肥消纳台账，对存在环保隐患的养殖规模场逐场督促整改并按期完成。

重大动物疫病防控。区农业农村局组织开展春、秋季重大动物疫病防控工作，坚持对猪瘟、口蹄疫、仔猪阉割打“双针”，对猪瘟、口蹄疫、禽流感、小反刍兽疫实行春、秋季集中强制免疫，夏、冬季补免，每月16日前后补针，规模养殖场按程序免疫。依法对高致病性禽流感、口蹄疫、猪瘟等重大动物疫病实施强制免疫，做到“应免尽免”，不留空当，全年共免疫猪瘟168 980头、猪口蹄疫168 980头、牛口蹄疫1291头、羊口蹄疫2785只、羊小反刍兽疫1558只、禽类禽流感3 225 896只、犬猫狂犬病12 564只，动物疫病免疫率达100%。加强畜禽检疫，全年产地检疫猪163 331头、牛623头、羊1357只、禽类1 313 894只、兔414 563只；屠宰检疫猪163 331头、牛5412头，产地和屠宰检疫率均达100%。严格执行病死动物“五不一处理”（即不宰杀、不食用、不销售、不转运、不丢弃和集中无害化处理）制度，发挥村级动物疫病健康巡查小组的作用，对发现的病死动物一律作无害化处理，确保全年动物防疫目标任务完成。加强畜禽抽样检测，全年共检测禽样品23批次，共690份，春防、秋防样品388份，布病、结核样品648份，非洲猪瘟防控检测猪血、猪组织和环境样品1618份，其中猪瘟120份，合格率82.5%；猪口蹄疫120份，合格率90%；牛（羊）口蹄疫113份，合格率94.6%；禽流感790份，合格率96.2%；小反刍兽疫45份，合格率88.8%，免疫抗体合格率均达到农业农村部要求。全年检测牛羊布病、结核样品648份，非洲猪瘟样品1618份，结果均为阴性。

非洲猪瘟防控。继续开展非洲猪瘟各项防控，把非洲猪瘟防控作为保民生、促稳定的重要工作来抓，全年共发放宣传资料1.2万余份，张贴宣传画200余张。组织执法人员检查养殖场、屠宰场2.1万余家次，排查生猪120万余头次，行政执法立案6件，结案6件，处理管理相对人7人次，罚款141 200元。出动消毒人员3万余人次，使用消毒药剂11.2余吨，对全区所有畜禽圈舍、屠宰场、载畜工具、无害化处理收集点等进行地毯式消毒灭源。在全区共设立临时检查站6个，实行生猪运输车辆备案登记管理。

畜禽产品安全监管。抓好兽药饲料监管，确保畜产质量安全。加强兽药、饲料等养殖业投入品监管，指导规模养殖场建立用药记录制度，加强全区兽药经营追溯体制建设，全面执行兽药安全使用规定，规范兽药经营企业行为。重点开展“瘦肉精”监测和违禁药品专项整治，禁止不合格投入品进入流通和使用环节，“瘦肉精”及其他违禁药品全年零检出。加强畜产品安全监测，完成市农业农村局下达的畜产品抽样检测任务，全年畜禽产品抽检合格率为100%，确保畜产品质量安全。继续推行养殖场畜产品合格证制度，规范和指导养殖场开具合格证。

畜牧业行政执法。区农业农村局开展饲料、兽药安全宣传教育，发放宣传资料466份，接待群众咨询330人。加强饲料、兽药监督管理，组织执法人员对8个镇（街道）饲料、兽药经营企业和饲料生产企业进行专项检查，查看购销记录、购销单据、兽药饲料产品标签规范、生产日期、产品有效期等，饲料抽样检测合格率达100%。加大涉嫌添加违禁物质执法检查力度，出动执法和畜牧技术人员463人次，对全区兽药GSP认证的9家兽药店进行执法检查，未发现擅自添加非处方药、禁用兽药、人用药品等行为，合格率达100%。全年共发现饲料厂违反饲料条例立案1起，罚款32 000元，全年未发生畜禽产品安全事故。全年发现运输生猪未附有检疫证明立案4件，罚款87 440元；猪肉注水立案1件，没收4头生猪产品共计280千克，罚款21 760元。

【水产业】 全区水产养殖面积（含稻田养鱼面积3077公顷），其中池塘养殖面积614公顷，产量4103吨；水库养殖面积371公顷，产量425吨；工厂化养殖面积1公顷，产量82吨；稻田养殖面积2091公顷，产量2893吨。实现渔业经济总产值105 006万元，完成水产品总产量7503吨，完成水产电子商务交易额32 745万元。

特色水产发展稳步提升。借助市中区特色水产现代农业园区项目引导全区特色水产业向生态、环保、健康发展，全区特色水产业迎来一个新的发展契机。利用各项资金，做好渔业健康发展建设工作，确保各项目有序实施，促进全区渔业健康发展。

发展稻田养鱼，促进农民增收致富。养殖品种推陈出新，稻渔综合种养或养殖品种除常规品种外，推广以白乌鱼为主的稻渔综合种养，创新放养模式。为有效利用稻田资源，全区继续推广稻鱼轮作（冬闲田养鱼）模式，有效增产增收，全年全区稻渔综合种养面积12 625亩，稻渔产量1200吨，完成任务的100%。

发放乡村振兴贷款。内江市飞源养殖专业合作社、内江市市中区传建养殖专业合作社和四川省浙新农业科技发展有限公司5月申请第11次乡村振兴贷款，5月25日通过农业农村局组织的省农担公司、区财政局和农业银行代表小组的贷款资格审核，贷款470万元。

申报区级龙头企业。为促进全区农业产业化龙头企业在乡村振兴战略中的重要作用，加快培育农业产业化龙头企业，持续壮大农业产业化规模，筛选5家符合条件的企业并组织其申报龙头企业，分别为内江市市中区晟源水产养殖专业合作社、内江市市中区传建养殖专业合作社、内江市川博养殖农民专业合作社、内江市乡渔水产养殖专业合作社和内江坤创农业发展有限公司。

省级下达项目。抓紧实施《2020年市中区水产现代农业园区项目》竣工验收和资金拨付等收尾工作，开展《2021年省星级现代农业园区激励补助项目》。2020年，水产现代农业园区项目中渔米坊和八号龙虾已基本完工，准备验收资料；兴利农基地进入变更程序；其他基地项目已全部完工并通过验收。根据会议要求编制《内江市市中区2021年省星级现代农业园区激励补助项目实施方案》，由市农业农村局、市财政局组织项目实施方案编制情况和进行专家评审，并提出修改意见，市农业农村局联合财政局于10月25日给予批复。11月12日，召集三个镇的园区工作分管镇长、农服中心主任和设计村的村主任召开园区工作启动会。推进实施四川省科技计划项目白乌鱼新品种育繁推种业与深加工关键技术研发及产业化应用项目，该项目财政资金100万元，抓紧资金拨付及中期检查。

2022年项目储备。申报《2022年中央预算内投资计划项目现代种业提升工程水产种业育繁推一体化示范项目》，项目以永安镇为中心，在市部分乡（镇）进行“玉龙1号”白乌鱼新品种的示范推广，每年可生产白乌鱼水花2亿尾、规格苗2000万尾，可推广白乌鱼养殖50 000亩，并将成熟的养殖技术向全国进行推广。项目申请财政补助1000万元，企业自筹1500万元，已列入项目储备库。

渔业安全。全区申报无公害水产养殖基地7个、无公害水产品21个。全年累计抽检水产品样品50个，涉及全区各个水产养殖场、家庭农场、水产交易市场等，检验合格率达100%。申报“中国白乌鱼之乡”，申报白乌鱼地理标志证明商标、白乌鱼地理标志农产品认证2个地理标志。规划实施陈利伟家庭农场（水产业）、嘉之鱼家庭农场（水产业）、瑞雪家庭农场（水产业）、晟源水产养殖专合社、食有田家庭农场（水产业）、鱼耕部落（水产业）、传建水产养殖专合社等一批水产养殖尾水处理系统示范基地建设，推广和倡导生态、健康养殖模式，倡导水产养殖户形成健康养殖、生态养殖理念。全年对全区养殖场所进行渔业安全检查90家次，发放水产品食品安全宣传资料90份，检查水产养殖场（户）30余家（户），检查水产品养殖场经营户60户，建立水产养殖户档案39户，引导和指导16家水产养殖户在国家追溯系统平台进行账户注册，发放水产养殖制度宣传资料300余份、水产养殖记录册100余套，媒体宣传报道4次，约谈水产养殖经营户5户，为保障水产品食品安全打下基础，全年全区未发现非法添加和禁限药物用药行为，未发生一次水产品食品安全事故。

水产种质资源普查。按照部、省、市农业农村部门种质资源调查工作的安排部署及《四川省水产局关于做好第一次全国水产养殖种质资源普查工作调度的通知》要求，在市中区开展2021—2023年为期三年的水产养殖种质资源普查。完成水产养殖基本情况普查，全区有养殖主体191户。

沱江流域禁捕退捕。落实禁捕退捕各项政策。出台《长江流域沱江河内江市市中区段禁捕退捕后续工作方案》，围绕产业发展、务工就业、公益岗位、自主创业、政策兜底“五个一批”思路，稳妥推进转产安置，建立县级领导包镇、部门包村、镇村包户的转产安置帮扶机制，组建9支帮扶就业小分队，通过入户发放帮扶明白卡、社会保险及就业创业政策宣传手册确保退捕渔民知晓政策、享受政策、积极转产，全区207名退捕渔民全部参保（机保1人、居保135人、企保71人），参保率达100%。开展技能培训200余人次，确保180名有劳动力的渔民100%参训。引导渔民转产就业，开发退捕渔民公益性岗位22人，就近自主创业4人（农业产业、餐饮、农家乐），其余154名均就近就地务工或进入其他行业，实现有劳动力人群100%就业。27名无劳动力渔民已退休渔民23人（已享受退休政策），纳入城乡低保7户，纳入农村分散特困供养1户，获得临时救助金2户，实现政策100%兜底。不断完善渔民就业动态监测帮扶机制，由人社部门牵头，组建就业小分队落实好政策帮扶，镇劳保所具体负责，完善就业帮扶动态台账，其中对就业不稳定的重点帮扶对象，安排“一对一”的职业推荐，加强动态跟踪；有劳动力的，加强技能培训，引导就近的企业、“扶贫车间”、产业基地优先吸纳；有创业意愿的，落实创业指导、培训、贷款等政策，帮助其提高创业成功率；就业困难的，合理开发公益性岗位安置；无劳动能力的，按规定纳入兜底帮扶和社会救助体系。加强河面船舶管理，按照“规范一批、整治一批、取缔一批”的总原则，成立“三无”船舶专项整治工作专班，于去年率先展开全区水面“三无”船舶摸排登记，出台《沱江河流域（市中区）“三无”船舶专项整治工作方案》，对沱江河流域（市中区）“三无”船舶采取分类处置措施。全区沱江河流域8个镇（街道）共核查船舶281艘，对其中的88艘自用船舶通过核查、办证、签订承诺书、统一标识（编号）等方式进行规范管理，88艘已全部标识完成；对其余193艘“三无”船舶按照1000元/艘的标准给予补贴后，按程序实行取缔和集中销毁，确保按时完成“清船”“清江”。同时，加强常态化船舶日常巡查，巡查中凡是发现有无标识船舶一律按“三无”船舶依法分类处置。由交运部门牵头，细化沱江河流域（市中区）船舶管理办法，完善申请登记、注册报备、明确用途、统一编号、明确标识等流程和细则。加强自用船舶管理，落实乡（镇、街道）船舶属地管理职责，一旦发展自用船舶从事非法捕捞、运输、销售天然渔业资源等行为，一律给予取缔并依法严办。加大“三无”船舶整治力度，安排专门的执法力量，加强部门、乡（镇）联动，坚决查处“三无”船舶在禁捕水域停泊、航行及从事非法捕捞活动。加强渔政执法力度，将禁捕工作纳入河长制巡河人员日常工作，招聘协助巡护队伍34人（其中纳入乡/镇管理26人），落实办公场地230平方米；完善举报电话，安排专项经费用于修缮办公场地、采买办公设备，确保了“有机构、有人员、有装备、有经费、有巡护队伍、有公开举报电话”。加强部门联动，开展联合执法行动25次，严厉打击各类涉渔违法违规行为。建立“渔政在线智慧监控系统”，更新执法装备，提升渔政监管能力，建立人防与技防并重、专管与群管结合的执法监管新机制。开展“中国渔政亮剑2021”“护渔百日行动”等专项执法行动，累计印发宣传材料8585份，出动执法车（船）136辆（艘）次，安排执法人员993人次，收缴鱼竿354支，检察院移交非法捕捞案件5件，检查发现非法捕捞案件2起（已移交公安）；缴获渔船1艘、木筏1艘、电鱼工具1套、渔获物30余千克，行政处罚8300元。

【农业机械化和农村能源】 全区有农机户4429户，从业人员2620人，其中农机化作业服务专业户8户，从业人员56人；农机维修厂（点）5户，从业人员21人；农机经销点11家，从业人员43人；有乡村农机从业人员4327人，其中拖拉机和联合收割机驾驶员135人，农机维修人员26人，获得农机职业技能鉴定证书人员128人。全区农业机械总动力达276 375千瓦，其中柴油发动机动力130 926千瓦、汽油发动机动力78 165千瓦、电动机动力67 284千瓦；有拖拉机151台10 521千瓦、耕整机2385台11 638千瓦、农用排灌动力机械106台3922千瓦。全区农业机械原值8103万元，净值3129万元。

农机应用和管理。全区机耕面积23 320公顷、机播面积10 294公顷、机电灌溉面积15 063公顷、机械植保面积3681公顷，水稻机耕面积4360公顷，水稻机械种植面积3340公顷，油菜机耕面积5414公顷，油菜机械种植面积4874公顷，全区主要农作物耕种收综合机械化水平为72.6%；农机运输作业量6.2万吨千米，其中农业运输作业量2.93万吨千米。全年完成农机化作业收入21 036万元，实现利润9855万元。全年发放农机购置补贴资金61.386万元，受益农户358户；群众投资806万元，建设机耕便民道23.52千米。

【农村能源建设】 全年巩固和维护已建户用沼气工程100口，推广沼液浸种1200公顷，完成沼气综合利用800户，新建生态家园模式500户，推广应用太阳能利用装置500平方米，新建省柴节煤炉灶500台，巩固和维护已建规模化大中型沼气工程1处，巩固和维护已建集中供气沼气工程2处，开展“三沼”综合利用和安全生产大培训60人次。

【全国农村改革试验区建设】 创新集体经济发展方式，拓宽村民增收渠道。创新多种集体经济经营模式，通过深化农村集体产权制度改革，释放农村资产资源潜力，在明晰产权的基础上，盘活农村资产资源，探索出以资源有效利用、提供服务、物业管理、混合经营等为主要内容的多种集体经济实现形式和“村企联建、村村联建、校地联建”等合作模式，形成特色种养业、劳务经济、自主加工业、租赁经营等多种形式的增收产业。建立集体经济市场化运营体系，以“农合联+集体经济组织+新型经营主体+农户”为框架，建立起“生产合作、销售合作、信用合作、消费合作”互促互进的“四位一体”新型经营服务体系和“公司+中心+合作社”集体经济“三级”运行机制，建扶贫农产品综合超市，为各村提供产业融资、销售兜底等支持服务。构建利益联结体系，推行自主经营、租赁经营、入股经营三种经营模式和人头股、土地股、管理股、发展股、公益股“五股”分配利益联结机制，促进集体经济发展。2021年，全区累计实现集体经济收入2195万元，其中2021年收入668万元，增加240万元，获评“2021年度四川省农村改革工作先进区”。

探索宅基地“三权分置”改革，盘活闲置资产。加强村集体经济组织主体地位，夯实宅基地所有权，即根据《中华人民共和国宪法》《中华人民共和国民法典》的法律规定，出台《市中区农村宅基地“三权分置”改革试点工作暂行办法》，明确与强化村集体经济组织作为农村宅基地所有权者的主导地位，要求宅基地转让必须由村集体经济组织提交到农村产权交易中心公开交易，夯实宅基地所有权基础。明确宅基地资格权有偿退出的实施主体为村集体经济组织，在保障农户“户有所居”的前提下，允许农户自愿申请退出宅基地资格权，并按5.5万元/亩的价格给予经济补偿，全区有偿退出宅基地39宗30.5亩。鼓励通过转让、出租等方式盘活农村闲置宅基地和农房，在龙门镇龙门村本着村民自愿的原则，将分散、闲置300余年古宅有偿转让给村集体经济组织，村集体经济组织到区产权交易中心挂牌，业主摘牌发展农旅休闲产业，已转让宅基地使用权17宗5亩，同时在转让过程中，集体经济组织可向宅基地资格权人收取转让总价2%的有偿使用收益调节金，并向使用权人收取转让总价2%的公共资源占用费，有效增加集体组织收益，为盘活闲置宅基地和闲置住宅提供资本支持。激活宅基地使用权能，乡村闲置的最大生产要素得到释放，提高社会资本进驻乡村发展产业推动乡村振兴的积极性。市中区以房出租、以房入股、以地入市等模式在《四川三农》《四川农村日报》刊载推广。

【农村集体产权制度改革】 深化农村集体产权制度改革。开展年度清产核资，建立健全清产核资年度清查制度，累计清查登记农村集体资源性资产401 625.97亩、经营性资产394.38万元、非经营性资产114 616.48万元，为盘活农村集体资产资源、壮大农村集体经济奠定了良好的基础。完成债权债务清查和移交，结合村级建制调整成果，制定《内江市市中区村级建制调整改革农村集体资产清理和保护农民相关合法权益配套措施》，指导各镇、村对农村集体资产再清查核实，明确权属，全区所有村均按时、规范完成农村集体资产和债权债务清查和移交。全面规范成员确认和管理，村级建制调整改革后，各村按照“尊重历史、兼顾现实、程序规范、群众认可”的原则，注重协调平衡各方利益，通过“初始取得、法定取得、申请取得”3种方式确认农村集体经济组织成员23.86万人，并编制成员名册，建立集体资产台账，完成率达100%，解决了农村集体经济成员边界不清的问题，保障了集体经济组织成员的各项利益。完成农村集体经济组织登记赋码工作，印发《市中区农村集体经济组织登记赋码工作方案》，各村集体经济组织在清产核资、债权债务清理移交、工商年报填报基础上，开展税务清理和注销公示，依法注销原工商登记的集体经济股份合作社；按照村申请、镇审批、区农业农村局登记步骤开展新村集体经济组织登记赋码，确立特别法人地位，明确其代表集体行使所有权，实现辖区内84个行政村农村集体经济组织登记赋码和发证工作全覆盖。

【农村配套改革】 继续推进金融改革，构建多层次农村金融组织体系，与农商行、邮储银行、农担公司等机构签订“政银担”战略合作协议，确保涉农贷款余额持续增长，截至2021年年底，贷款余额4.2亿元，担保公司在保余额1.16亿元。构建多元化金融投入体系，创新“惠农担·兴村贷”“高标准农田贷款”等金融产品16种，发放贷款200万元支持牛桥村、龙门村自主经营产业，探索有效解决村集体经济组织“融资难”“融资贵”问题。构建多方位金融政策保障体系，持续推广“两权抵押+乡村振兴贷”，补充风险补偿金235万元，累计达1704万元。扩大特色农业创新保险试点，全年特色农业投保金额220余万元。市中区金融改革案例被纳入全国农村改革试验区改革实践案例集。

【主要领导人】 区委书记：马炬；区人大常委会主任：李运书；区长：岳光科（代理）；区政协主席：王岗；分管农业副区长：杨云。

市中区编写组

东 兴 区

【基本情况】 2021年，全区辖19个镇（街道）187个村102个社区（居委会），辖区面积1181平方千米。

【乡村振兴】 聚力促进农业发展。落实粮食安全党政同责，坚决遏制耕地“非粮化”“非农化”，持续开展撂荒地整治，建成高标准农田2.2万亩，实现粮食产量37.62万吨。建成投产生猪规模养殖场20个，新增生猪产能39.54万头，年出栏生猪59.17万头。新增“三品一标”农产品17个、“甜城味”优质农产品区域品牌8个，农产品质量安全省部级例行监测合格率达100%。培育发展省级示范农民专业合作社2家、家庭农场62家。新增区级现代农业园区2个、市级现代农业园区2个，田家粮油现代农业园区创建省级星级现代农业园区接受实地考评。

有效衔接乡村振兴。出台“1+N”衔接实施方案31个，严格落实“四个不摘”要求，健全帮扶机制，对新增72户监测户全部落实帮扶措施。扩建中药材产业园5800亩，完成9个中医药产业基地路网规划，新（改）建产业路、通村联网路等70.2千米。完成3座农村桥梁、60千米安全防护工程、24.2千米撤并建制村畅通工程道路建设。全面完成“金通工程”工作任务。高梁镇创建为市级“四好农村路”示范镇。联合水库完成蓄水，整治病险水库16座，建成小青龙河田家段、大清流河永福段等堤防7处、17.99千米。持续壮大天冬产业，实施中药材“七位一体”发展战略，新栽种天冬1万亩。中医药大健康产业园、中药材物流中心前期加快推进。引进、培育中医药全产业链科技企业2家。加强与华润三九药业、好医生集团、中国国药集团等企业合作，研发天冬系列产品40余个，带动种植天冬、黄精、枳壳、铁皮石斛等10余种中药材近8.2万亩，实现总产值约3亿元，“中国天冬之乡”被纳入新华社民族品牌工程。动漫作品《“七位一体”话天冬》获得第四届（2021）四川市县优秀网络传播评选活动第一名，天冬系列产品相继亮相第十八届西博会、第四届进博会等大型展会，引发众多媒体关注，“中国天冬之乡”名片影响力全面扩大。

【农村社会保障】 社会保障体系更加健全，新增城镇就业7696人，城镇登记失业率3.89%。城乡基本医疗保险涵盖72.72万人。加强弱势群体帮扶，“量体裁衣”式个性化服务残疾人1.9万人，实施关爱救助保护留守儿童、困境儿童5000人。累计保障城乡低保21.87万人次、农村特困供养对象7.39万人次，实现“应保尽保、应救尽救”。公共服务能力持续提升，创建全国示范型退役军人服务中心（站）14个。区综合养老服务中心一期建成投用，新增床位200张，7所敬老院能力提升改造项目完成，5个农村敬老院完成整合重组。基层医疗人工智能（AI）应用走在全省前沿，17家医疗机构通过全省“优质服务基层行”评审，免费为79.88万名群众提供12项基本公共卫生服务。

【农村生态建设及环境保护】 污染防治成效更加巩固。全面推进大气环境质量改善，让“内江蓝”成为城市主色调。完成27个污水处理设施建设，实现城镇污水处理设施全覆盖，新（改）建管网172.16千米，实现中心城区和建制镇污水处理率达92%、70%。推进农村生活污水治理“千村示范”工程，72.32%的行政村具备生活污水处理能力。修复饮用水源地隔离网1.2万米，城乡集中式饮用水源水质达标率分别达100%、90%。禁捕工作全面落实，持续巩固黑臭水体治理成效，全区两个国控断面水质类别均达到Ⅲ类。突出环境问题加快整改。开展土地整治修复工程，实施土地复垦3955.91公顷，新增耕地312.28公顷，完成椑木“三湾片区”土壤修复项目（一期）工程建设。省级以上环保督察反馈55项整改任务、184条整改措施、286个问题全部完成整改销号，通过第二轮央督，61件信访件全部办结，解决一大批辖区内的环境问题，群众满意度达100%。人居环境面貌持续提升。城区清扫保洁不断完善，清运城区生活垃圾、餐厨垃圾无害化处理率达100%。农村生活垃圾收转运社会化服务实现全覆盖，无害化处理率达98%。生活垃圾分类试点稳步实施，建设垃圾分类亭15套、垃圾分类驿站59套，投放垃圾桶2.5万个。大力推进农村“厕所革命”，累计完成厕所改造2.5万户，农村户用卫生厕所普及率92.2%。农村畜禽粪污综合利用率达86%，秸秆综合利用率达90.5%。

【公共文化服务体系建设】 抓好文化、广电惠民工程，继续免费开放文化馆、图书馆、纪念馆、文化站、综合文化服务中心等基础公共文化阵地。组织文化馆专业人员到镇（街道）开展“我们的中国梦　文化进万家”文艺辅导10场。持续做好3745个已通电自然盲村广播电视“村村通”运行维护及全区脱贫户的广播电视维护、维修。完善文旅基础设施，田家镇文化站和村（社区）综合文化服务中心运营管理采购项目有序推进。加快旅游厕所建设，新（改）建5座A级旅游厕所；新建生态环保厕所1座，待市局评定。

【主要领导人】 区委书记：康厚林；区人大常委会主任：张静；区长：余梅；区政协主席：韩双林；分管农业副区长：李伟。

东兴区编写组

隆　昌　市

【基本情况】 2021年，全市辖11个镇2个街道，辖区面积794.11平方千米，其中耕地面积60.1万亩（三调数据），比上年增长0.67%，人均耕地面积0.7967亩；永久基本农田59.1万亩。年末总人口75.25万人（户籍人口），减少0.5%；人口出生率5.3‰，减少1.2个千分点；人口自然增长率-0.6‰，减少0.5个千分点。全市耕地有效灌面和保证灌面分别达到耕地总面积的67%和48%；本地水资源总量4.05亿立方米，人均占有水资源量532立方米。有林业用地1.6185万公顷，有林地面积1.2889万公顷，活立木总蓄积量41.31万立方米，森林覆盖率20%。

2021年，全市GDP327.25亿元，增长8.9%，其中第一产业增加值48.07亿元，增长6.8%，农、林、牧、渔及农林牧渔服务业之比为52.6：3.5：31.9：7.9：4.1；第二产业增加值106.89亿元，增长7%（工业产值82.11亿元，增长8.9%）；第三产业增加值172.29亿元，增长10.8%。三次产业对经济增长的贡献率分别为

12.2%、25.1%和62.7%。

公路通车里程2492.933千米(其中乡村公路1864.104千米)，密度313.971千米/平方千米、33.13千米/万人。地方公共财政预算总收入完成10.1亿元，增长8.2%；公共财政预算总支出35.35亿元，下降6.9%，其中农林水投入6.3亿元，占支出的18%。金融机构各项存款余额373.49亿元，比上年初增长8.84%；各项贷款余额185.85亿元，比年初增长9.22%。全年农业保费收入0.13亿元，增长130.11%；处理各项赔款和给付金额0.16亿元，增长231.68%。完成农业产业化项目2个，完成投资5119.9万元。

有各级各类学校(幼儿园)215所，其中幼儿园128所、小学56所(另有小学教学点23个)、初中20所、九年制学校5所、完全中学3所、职业高中1所、特殊教育学校1所、普通高校1所；有在校(在园)学生(幼儿)100 085人，其中幼儿园14 896人、小学36 224人、初中24 672人、普通高中12 583人、职业高中3930人、特教学校137人、高校7643人；学龄儿童入学率100%，高校学生增长10.2%。完成省级以上科技成果5项，5项科技成果获得省级及以上科技进步奖。有艺术表演团体17个，文化馆1个，公共图书馆1个。有卫生机构706个，病床位4422张，卫生技术人员4246人。城乡居民基本医疗保险参保人数58.64万人，完成下达民生目标任务的100.63%；建档立卡贫困户住院就医13 379人次，医疗救助13 221人次，救助金额648.96万元。

【年度农业和农村经济运行】 2021年，全市出台了《隆昌市“十四五”农业农村发展规划(2021—2025)》。实现农业总产值77.6亿元，增长7.4%；全市全年农业增加值达48.07亿元，增长6.8%；生猪、茶叶、柑橘等特色优势农产品产量保持稳定增长。农民年人均可支配收入达19 964元，增长10.7%。全市农产品质量抽检合格率100%（主要农产品见表1所列）。

【农业产业化发展】 培育新型农业经营主体，全市有市级及以上龙头企业20家；在册农民合作社525个，培育国家级农民合作示范社2个、省级农民合作示范社18个、市级农民合作示范社43个、隆昌市级农民合作示范社61个；在册家庭农场471个，培育省级家庭农场示范场15个、内江市级家庭农场示范场112个、隆昌市级家庭农场示范场179个。

【农村集体产权制度改革】 全面完成农村集体产权制度改革试点，对建制调整后的164个村、21个涉农社区及所有农村集体经济组织登记赋码变更，并全面清产核资，摸清集体家底，完成身份确认。启动“银村直连”云平台项目，高效规范村级财务。

【供销合作社改革】 探索“三社”融合发展模式，建立市供销社主导、镇(街道)搭台、基层社和村集体经济或农民专合(联合)社为主体的协同发展模式，新建和改造提升新型基础供销社7个。依托专合社、基层社、龙头企业等经营主体，建设提升基层社为农服务中心，开展产前、产中、产后一体化托管服务，系统内企业和合作社新增土地托管8000亩。

【农产品品牌战略实施】 构建“区域公用品牌+企业品牌+产品品牌”优质农产品品牌体系，培育“云君农场”“白鹤林”“丽香隆”“周兴大米”等5个企业特色品牌；申报“隆昌再生稻”“隆昌稻渔米”“隆昌稻田虾”地理标志产品，已累计认证“三品一标”农产品48个；创建“卓异牌小龙虾”“隆昌红美人柑橘”“墣道稻米”“泰昌源竹笋”等产品品牌。组织各大生产主体参加农博会、西博会各1次，承办丰收节1次，加大农产品品牌宣传力度。

【现代农业园区建设】 坚持以实施乡村振兴战略为总抓手、以农业供给侧结构

表1　2021年隆昌市主要农产品产量

主要农产品	单位	产量	同比增减(%)
粮食	万吨	33.2795	1.36
水稻	万吨	19.5099	1.29
小麦	万吨	0.0072	-79.54
玉米	万吨	8.0375	1.84
马铃薯	万吨	0.3340	-16.80
油菜籽	万吨	2.2450	3.26
蔬菜	万吨	50.2185	7.49
水果	万吨	3.7484	7.45
肉类	万吨	4.5849	11.88
猪肉	万吨	3.1003	18.60
牛肉	万吨	0.0186	-5.10
羊肉	万吨	0.0420	-3.00
禽肉	万吨	1.4240	0.19
禽蛋	万吨	0.6489	-13.00
水产品	万吨	3.7181	14.40
牛奶	万吨	0.0006	-45.45

性改革为主线发展特色产业，累计发展稻渔产业15.65万亩、柑橘产业8.35万亩、木本油料产业5万亩、竹产业5万亩。初步构建"1+4+10+16"园区梯次建设体系，已建成省级五星级现代农业园区1个、市级以上农业园区4个，被纳入国家现代农业产业园创建名单。在成渝地区双城经济圈建设背景下，探索毗邻地区融合发展新机制，隆昌市、重庆市荣昌区共同建设成渝现代高效特色农业带"双昌"合作园区。

【种植业】 全市农作物播种面积112.71万亩，其中粮食作物播种面积76.7万亩，总产量33.28万吨（其中小春粮食作物播种面积3.25万亩，产量0.68万吨；大春粮食作物播种面积73.45万亩，产量32.6万吨）。水稻播种面积33.57万亩，产量19.51万吨。薯类播种面积15.02万亩，产量4.32万吨。豆类播种面积7.85万亩，产量1.37万吨。油料作物播种面积19.32万亩，产量2.63万吨。蔬菜种植面积14.88万亩，产量50.22万吨。

【林业】 全市完成营造林6200亩，其中人工造林700亩、营造林5500亩。隆昌市油茶现代林业园区入围省级现代林业培育园区。隆昌森艺油茶种植农民专业合作社创建国家级示范社，四川泰之味食品有限公司创建第五批省级林草龙头企业。

【畜牧业】 全年生猪存栏28.3274万头，增长7.8%，其中能繁母猪存栏2.6017万头；累计生猪出栏42.0142万头，增长10.5%。推动生猪生产、畜禽粪污治理，全市畜禽粪污资源化利用率达90%以上，规模养殖场畜禽粪污治理设施配套率达100%。建成森沐杰二期、金鹅光辉合作社、久易、石碾欣荣、黄家康益恒等7个规模养殖场。严格落实非洲猪瘟等重大动物疫病防控措施，全市未发生区域性重大动物疫情。

【水产业】 全年水产养殖面积12 655公顷，其中池塘养殖面积1922公顷、稻田综合种养面积10 733公顷、示范推广稻渔基地面积10 000亩；水产品产量3.72万吨，增长9.7%；实现渔业经济总产值11.8亿元。

【乡村振兴】 探索"点状供地"模式，新增用于保障乡村产业发展和村民住宅建设用地占新增建设用地的13%；一般公共预算安排乡村振兴资金占比14.15%，高于上年。要素配置到位，乡（镇）"一办一中心"满编率达115%。推广"三自一引""大院长"等基层治理模式，搭建"政务110"平台，创建全国乡村治理示范村1个、省级全国乡村治理示范村6个。创建省级乡村振兴先进镇1个、示范村4个，创建内江市级乡村振兴先进镇2个、示范村7个。

【乡村旅游】 坚持规划引领，规划古宇湖观湖民宿村文旅项目和圣灯山"1958"文旅项目。推荐3名新入库乡村文化和旅游能人和3名突出贡献乡村文旅能人。隆昌市获评第三批省级全域旅游示范区，普润镇印坝村获评第二批省级乡村旅游重点村。推进全市特色乡土产品向文旅商品转变，推介夏布、土陶、藤编等10余项特色文创产品参加第十八届中国西部博览会。

【农村水利】 全年完成水利招商引资1.35亿元、固定资产投资5200万元，水利、环境和公共设施管理业工资总额增长16%；水土流失综合治理11平方千米，水土保持方案申报率、审批率和执行率分别达95%、95%和90%；完成发电量4800万度；全面完成2座病险水库除险加固民生任务，农村饮水安全巩固提升受益人口28 848人；完成农业水价综合改革11.73万亩。全市建成高标准农田2.43万亩、高效节水灌溉面积0.19万亩。

【农业机械化】 全市实施中央农机购置补贴资金110.6万元，补贴农机具1871台（套），受益群众1552户，并对购买农业生产薄弱环节的机具（育种设备、插秧机、烘干机、秸秆粉碎机）的购机户进行市级累加补贴155万元，全市主要农作物机械化率达72.87%。

【农村教育】 全市有农村学校（幼儿园）169所（其中幼儿园100所、义务教育学校68所、高中1所），共有学生47 675人、农村教师2966人、高级教师1027人、正高级教师1人（新引进农村教师77人）。教学环境有较大改善，共投入3117万元，新（改、扩）建界市镇中心学校、迎祥中心校等学校8所，新（改、扩）建金墨职业中学、龙市镇中心学校等学校运动场14个。学校布局更加合理，撤并农村学校（教学点）8个。投入650万元，为33个校点4052名农村学生提供免费午餐。资助学生2.6万人次，依规依法按时发放资助金额达3126.32万元。

【农村卫生】 根据行政区划调整，撤销中心卫生院6家，设置建制镇中心卫生院12家。1家中心卫生院通过优质服务基层行推荐标准和社区医院创建。家庭医生签约服务有序推进，加强"两病"人员管理。全市辖区内常住居民63.3万人，建立电子健康档案60.9889万人，建档率达96.35%。

【农村法治建设】 构建起以市级公共法律服务中心为龙头，13个镇（街道）公共法律服务站为支撑，225个村（社区）公共法律服务室为基础的农村公共法律服务网络，全年解答法律咨询总计1839人次，受理法律援助申请354人次，发放公共法律服务宣传资料2万余份。有序开展农村纠纷排查化解，全年全市164个村级调解组织开展排查4518次，预防纠纷368件，受理调解2850件，调解成功率达98%以上。

【涉农招商引资】 全市3000万元以上的农业招商引资重大项目29个，均为内资项目，比上年降低29.27%；项目总投资71.71亿元，比上年降低20.15%。协议资金280.06亿元，增长9.11%；到位资金170.34万元，增长12.17%，完成年度任务的100.2%。

【农村生态建设及环境保护】 全市设置农业面源污染监测点位171个，建立农业面源污染治理监测体系，有序推进35个农业源入河排污口整治。完成两轮水质检测及鱼塘提标治理，鱼塘水质达标率从28%提升到62%。督促全市8家屠宰场废水转运统一处置，落实沿河（水库）200米范围内水禽养殖搬迁（停养）。

【农产品质量安全监管】 全市有农产品质量安全服务站13个、农产品质量安全协管员178人，推进源头管理横向到边、纵向到底。常态化监督抽检蔬菜、水果、食用菌样品3831个，监测合格率达99.8%；对养殖场和屠宰厂（企业）进行“瘦肉精”抽检8000余头次，对屠宰厂（企业）进行“瘦肉精”自检6000余头次，检测结果均为阴性。全年定量检测520个，合格率达100%；完成省级例行抽检4次、市级例行抽检4次、合格率分别达99.7%和100%。全市将270个生产经营主体、80个以上产品纳入国家级农产品追溯平台，录入产品批次3090条、交易批次22 965条。

【农村市场体系建设】 开展乡村振兴农业产业发展贷款，为293户新型农业经营主体争取乡村振兴风险补偿金贷款23 320.9991万元，发挥财政资金引导作用。

【农村留守家庭（儿童、学生）帮扶】 全市有农村留守儿童21 470人，其中小学12 902人、初中8568人。建立“留守学生档案”，健全一人一台账，促进动态管理。建成心理辅导室86个，建成“留守儿童之家”52个，每年组织留守儿童和外出父母视频、电话沟通2万余次。健全专项社会救助，审批县级特殊困难帮扶基金5户，发放资金2.22万元；为74名贫困高中生和大学新生提供慈善助学金24.4万元；为25名散居孤儿发放生活补贴25.60余万元；为174名事实无人抚养儿童发放基本生活补贴111万元。

【主要领导人】 市委书记：林双全；市人大常委会主任：李萍(2月止)，杨超(2月始)；市长：蒋学飞(8月止)，任伟(8月始)；市政协主席：谢守涛(2月止)，王昭夏(2月始)；分管农业副市长：梁虹(8月止)，王小波(8月始)。

隆昌市编写组

资 中 县

【基本情况】 2021年，全县辖22个镇，辖区面积1733.96平方千米。

【现代农业园区建设】 资中县国家现代农业产业园提前一年通过农业农村部认定，新发展资中血橙1.44万亩，建成资中鲶鱼省级原种场、品质提升中心，被确定为全省高标准农田整区域推进示范单位。资中县内江国家农业科技园区勇担“农业创新驱动发展先行区、农业供给侧结构性改革试验区和农业高新技术产业集聚区”使命，夯实科创基础，带动创新创业，促进园区发展。

【全域旅游】 加强文旅规划引领，依托文旅资源普查成果，完善《资中县全域旅游规划》《资中县文化产业发展总体规划》和《资中县旅游地图》，编制《资中县“十四五”文化旅游融合发展规划》。项目建设有序推进，资中古城核心区基础设施改造、回锅肉文化村、五指山农旅康养生态园、云岭金秋等项目按进度实施。文旅宣传氛围浓厚，与《内江日报》、封面新闻等传统媒体合作，先后推出多篇新闻报道；借助内江旅游、弘资中等新媒体渠道推送旅游信息70余条，助力资中文旅宣传。加强区域合作，在第十届荣县大佛文化旅游节上推介资中旅游资源；坚持开放交流，主动对接资（阳）大（足）文旅融合示范区，与荣县签订《文旅融合发展合作协议》，初步规划形成3条旅游线路，打造吸引成渝短线旅游目的地，实现毗邻联动发展。

【公共文化服务体系建设】 加强基层文化阵地建设，以两项改革“后半篇”文章为契机，完成县24小时自助图书馆、文化馆多功能厅改造升级，狮子镇、铁佛镇、重龙镇泥巴湾社区等7个镇文化站、村文化室提档升级和双龙镇文化活动广场建设，建设高标准镇级综合文化中心，新建旅游厕所1座，逐步补齐基础设施建设短板，促进现代公共文化服务体系建设。完成3219个“村村通”（含电视“户户通”）、已建成的317个村（621个老村）广播“村村响”的运行维护。公共文化服务落实增效，坚持“两馆一站”免费开放，健全相应的基本公共文化服务项目，探索特殊领域文化服务，开办公益讲座、公益展览、公益讲堂等。县文化馆被评为国家一级馆，全年累计接待群众3.5万余人次。县图书馆接待读者17万余人次（含逵骧书城接待读者量）；各镇综合文化站开展各类文化活动、培训100余场次；注册文旅志愿服务团队30支、文化志愿者1700余人，开展文化旅游志愿服务211场，服务时长达到6155小时。

【文化惠民】 抓好苌弘音乐艺术惠民演出季、“资中之春”系列文化活动和资中大舞台等惠民演出活动举办，共完成文化惠民演出、“送木偶戏进校园”100余场。组织县作协、书协、美协，县木偶剧团等文艺团体围绕庆祝中国共产党成立100周年、抗击新冠疫情等主题，创作书法、美术、摄影等各类作品180余件。

【主要领导人】 县委书记：路松明；县人大常委会主任：雷五江；县长：唐荣；县政协主席：邓方全；分管农业副县长：王冬。

资中县编写组

威 远 县

【基本情况】 2021年，全县辖14镇，辖区面积1289平方千米。

【现代农业发展】 第一产业增加值增长5.2%，被评为第三批全国农村创业创新典型县。建设高标准农田4.4万亩，粮食产量34.4万吨，出栏生猪50万头。发展适度规模经营主体1136家，改造提升无花果5600亩、中药材5100亩、茶叶1850亩，建成国家果菜茶有机肥替代化肥试点县项目核心示范区1万亩。新发展国家级重点龙头企业1家，新认证“三品一标”特色农产品24个，威远无花果获得国家地理标志证明商标。

【脱贫成果巩固拓展】 严格落实“四个不摘”要求，精准帮扶“三类”监测对象81户191人，通过巩固脱贫成果后评估。继续实施干部驻村帮扶，轮换“第一书记”76人、驻村工作队队员104人。发展壮大特色产业，投入财政衔接推进乡村振兴补助资金7861万元。帮助10 972名脱贫劳动力外出务工。脱贫人口人均纯收入12 290元，增长19.4%。

【统筹城乡发展】 城乡面貌持续改善，开展爱国卫生运动，提升全民健康素养，巩固国家卫生县城创建成果，统筹实施县城新区开发和城市更新，整治维修南大街、外西街等市政道路，改造完成老旧小区2个，新义路、花城公园等项目加快推进，城市绿化覆盖率36.8%。完成农村“厕所革命”整村推进示范村建设36个村、10 267户，行政村生活污水有效治理率71.1%、生活垃圾有效处理率100%，被评为全国村庄清洁行动先进县。新建农村公路130千米，创建为“四好农村路”省级示范县。

【农村生态建设及环境保护】 落实河（湖）长制，威远河廖家堰、越溪河越溪镇、葫芦口水库3个国控断面水质稳定达标，城镇集中式饮用水水源地水质达标率100%。治理水土流失面积3.6万亩，完成营造林1.7万亩，巩固退耕还林成果7.8万亩，森林覆盖率41.92%。

【文旅宣传营销】 与重庆市荣昌区共同举办旅游宣传“大篷车”走进四川省内江市威远县活动，共建“巴蜀文化旅游走廊”。推荐连界镇申报天府旅游名镇、甜城旅游名镇，推荐向义镇四方村、界牌镇桥凼村、新场镇曹胜村申报天府旅游名村、甜城文旅名村，推荐枕水山居申报天府旅游“名宿”、甜城文旅“名宿”，推荐黄老五花生酥、无花果冻干片、周萝卜酱菜系列、高山云雾茶申报天府旅游名品、甜城文旅名品。与中国移动合作，对游客发送文旅宣传短信。出版《风情威远》《天下穹窿·魅力威远》画册等宣传资料。

【公共文化服务体系建设】 组织全县14个镇文化综合服务中心负责人开展2021年度文化业务培训。指导文化馆、图书馆、镇村综合文化服务中心按照延时错时工作要求进行免费开放。完善和巩固提升镇文化综合服务中心（站）和村综合文化服务中心，做到标识标牌和管理制度上墙、设备设施维护维修及时、活动器材和书籍摆放有序、日常工作管理资料齐全，确保镇文化服务中心（站）达标和村级综合文化服务中心覆盖率达到100%。其中，向义镇四方村综合文化服务中心（文化陈列馆）被评为“全省文旅公共服务高质量发展‘四个一批’优秀站点”。

【文艺创作及文化惠民】 新创排优秀舞台节目《石板河之恋》《心有所蜀》《梦幻羌寨》3个，其中《心有所蜀》被评为首届“四川省十大歌曲”“2021年四川省优秀群众文艺作品会演活动优秀作品”。《梦幻羌寨》参加在江苏省南通市举办的“逐梦百年 · 舞在江海”全国优秀广场舞展演，舞蹈《索玛花开》获得内江市群众广场舞展演二等奖。举办威远县庆祝中国共产党成立100周年歌咏比赛。县图书馆设计并制作特色雨伞、书签、笔记本等文创产品。全年组织开展“百姓大舞台”庆祝建党100周年文化惠民演出56场、文化四季风惠民演出2场、“川剧月月看”演出14场。

【广电建设】 投入资金117万元，指导中国广电四川网络有限公司威远分公司为全县14个镇、180个行政村提供广播电视“户户通”工程运行维护、广播电视公共服务网点运行等服务，维修电视“户户通”15台（套），维护广播“村村响”138次，维护有线电视3388次。投入资金94万元，完成17个老旧小区和30个村（社区）广播电视网络改造，通过网络优化改造，推进4K超高清和千兆宽带入户，满足新时期群众对高质量网络视听的需求。投入资金85万余元，实施农村广播“村村响”的改造升级并为1个县级应急广播平台、14个镇和180个行政村以及组的广播网络、终端提供运行维护保障服务，已累计安装广播终端600个。全年共开展境外电视网络接收设备专项整治行动联合执法2次，组织现场检查4次，出动执法工作人员20人次、车辆4台，检查广播电视播出传输机构2家、电器经营商家8家、酒店4家，未发现有“黑广播”和非法销售卫星地面接收设施的情况以及使用境外电视网络接收设备、收听收看境外广播电视节目的情况。开展元旦、两会、国庆以及庆祝中国共产党成立100周年等重要节假日、会议和重大活动期间的广播电视安全保障，全县广播电视安全播出无事故发生，实现广播电视零插播、零停播、零事故的目标，完成广播电视安全播出、网络安全和设施安全工作任务。

【主要领导人】 县委书记：兰徐；县人大常委会主任：周功会；县长：罗侯勇；县政协主席：刘均作；分管农业副县长：王学斌。

威远县编写组

乐 山 市

【基本情况】 2021年，全市辖4个区1个县级市6个县(含2个彝族自治县)，辖区面积12 720.03平方千米。户籍人口348万人，占全省总人口的3.84%；常住人口316.01万人，在全市常住人口中，居住在城镇的人口为167.83万人，占比53.11%；居住在乡村的人口为148.18万人，占比46.89%。全市实有耕地数量435.75万亩，划定永久基本农田298.86万亩，人均耕地面积约1.25亩。

2021年，全市GDP2205.15亿元，增长8.2%，其中第一产业增加值292亿元，增长6.9%；第二产业增加值930.68亿元，增长8.7%；第三产业增加值982.47亿元，增长8.2%。对经济增长的贡献率分别为12.2%、43.1%和44.7%。

社会消费品零售总额891.12亿元，增长19.1%。中央、省、市、县四级乡村振兴共投入财政资金35.3亿元，涉农贷款余额855.37亿元，增长12.23%。农民工转移就业99.01万人，劳务收入约148亿元，增长10.53%。全市范围内征收的一般公共预算总收入230.3亿元，增长9.72%。全市地方一般公共预算收入131.92亿元，为预算的103.18%，增长9.37%，其中税收收入72.18亿元，增长8.03%。市级一般公共预算收入45.4亿元，为预算的100.08%，增长8.84%；全市一般公共预算支出318.5亿元，完成预算的97.66%，增长9.13%。市级一般公共预算支出82.21亿元，完成预算的93.03%，增长8.5%。全市投入支持巩固拓展脱贫攻坚成果推进乡村振兴有效衔接资金42.25亿元。金融机构各项存款余额2940.24亿元，比上年初增长8.9%；各项贷款余额2128.84亿元，比年初增长10.93%，其中支持农业产业化发展项目贷款886 291.04万元。全年农业保费收入1.12亿元，增长28.48%；处理各项赔款和给付金额20 732.83万元，增长16.36%。全市累计创建市级以上农业产业化重点龙头企业181家，其中国家级7家、省级44家。

有各级各类学校1068所，其中幼儿园(有法人)642所、义务教育学校共367所，其中小学214所，初中102所、九年一贯制学校51所、高中教育学校共29所、中等职业学校20所、特殊教育学校5所、高校5所；在校学生(在园幼儿)49.12万人，其中普通中小学学生31.63万人、中职学生3.64万人、高校学生5.4万人；有省艺术教育特色学校19所、乐山市艺术教育特色学校17所。实施省级以上科技项目57个，4项科技成果获得省级及以上科技进步奖。有文化馆12个，公共图书馆12个，博物馆1个。全市有建制乡(镇)卫生院128个、村卫生室1771个。

【年度农业和农村经济运行】 2021年，全市农村居民人均可支配收入突破2万元，达20 043元，增速10.3%；城镇居民人均可支配收入突破3万元，达30 737元(主要农产品产量见表1所列)。全市累计建成各类水利工程33 778处，实现有效灌溉面积216.24万亩。

【农业产业化发展】 鼓励农业产业化重点龙头企业向现代农业园区集聚发展，申报四川省百岳茶业有限公司为第七批农业产业化国家重点龙头企业，组织四川森态源生物科技有限公司、马边高山茶叶有限公司申报2020年农业产业化联合体项目。乐山市沙湾区太平镇被批准为2020年全国农业产业强镇建设。截至2021年年底，全市已累计创建市级以上农业产业化重点龙头企业181家，其中国家级7家、省级44家；农民合作社达4429家，其中国家级示范社32家、省级示范社196家、市级示范社323家；家庭农场达10 491家，其中省级示范场142家、市级示范场487家。支持新型农业经营主体开展农业社会化服务，全市农业社会化服务组织数量达558个，累计开展农业生产托管服务面积7.37万公顷次。实施“四川省农村致富带头人扶持计划”，按程序认定梁某等30人为“四川省首批农村致富带头人”。

【农用地产权制度改革】 制定《市委农业农村改革和发展新型集体经济专项工作领导小组2021年工作要点及台账》，落实33项重点改革任务，采取“清单制+责任制”的方式，明确时间进度，落实责任主体。推进“房地一体”的农村集体建设用地和宅基地使用权确权登记颁证，完成农村宅基地和集体建设用地权籍调查74.11万宗，完成比例100%；农房宅

表1　2021年乐山市主要农产品产量

主要农产品	播种面积(万亩)	产量(万吨)
粮食	334.00	125.70
水稻	126.70	66.10
玉米	108.00	37.47
小麦	0.32	0.06
大豆	33.05	4.35
马铃薯	57.55	8.20

基地和集体建设用地确权颁证均达98%以上；加快建设农村不动产登记数据库及信息管理系统，完成数据汇交。严格执行“一户一宅”和宅基地审批规定，全年申请宅基地4705宗，已审批4438宗、48.91公顷。夹江县被表彰为“2021年度全省农村改革工作先进县”。

【农村集体产权制度改革】 围绕两项改革“后半篇”文章，全市73个试点村均完成农村集体产权制度改革，18个村采取“A股（原村股份）+B股（合并村股份）”方式统一股份量化，55个村实行均等股份量化。成都农交所乐山农村产权交易有限公司开业运营，完成交易额4841万元。全市村集体经济收入在5万元以上的村401个，占比36.2%，高于全省平均水平19个百分点。完成集体“三资”监管平台建设，清产核资50.21亿元。1107个村集体经济组织完成改革，股份量化资产31.37亿元，承包地流转面积105万亩。全面完成农村土地承包经营权、集体土地所有权确权登记颁证，井研县获评“全国农村承包地确权登记颁证工作典型县（市、区）”和“2020年度省级农村改革先进县”。

【农产品品牌战略实施】 全市累计建设无公害基地230万亩、绿色食品基地38.5万亩、有机食品基地26.5万亩。有中国驰名商标5个（峨眉雪芽、哈哥、论道、蓝雁、竹叶青）、全国名特优新农产品6个（犍为佛手柑、犍为姜黄、沐川刺梨沐川乌骨黑鸡、沐川乌骨黑鸡鸡蛋、沐川银花）、地理标志农产品9个（嘉州荔枝、西坝生姜、马边绿茶、犍为麻柳姜、峨边马铃薯、黑竹沟藤椒、峨眉山藤椒、沐川猕猴桃、井研柑橘）、四川优质品牌农产品12个（犍为茉莉花茶、马边森林雪、金口河乌天麻、竹叶青、何郎挂面、哈哥兔肉、井研繁盛柑橘超果、马边金星茶业边河、沐川森态源森态、峨边五旺竹海、犍为淑秀茉莉茶、金口河川牛膝）。

【现代农业园区建设】 壮大峨眉山茶、晚熟柑橘、道地中药材、林竹四大产业集群，截至2021年年底，全市建成茶叶基地9.27万公顷、晚熟柑橘1.67万公顷、道地中药材2.33万公顷、林竹29.8万公顷，井研县入选“晚熟柑橘优势特色产业集群”，夹江县、犍为县入选“四川早茶优势特色产业集群”。建成国家级现代农业产业园1个（峨眉山市国家现代农业产业园），培育建设省级现代农业园区10个，其中犍为县茉莉花农旅现代农业园区被认定为省五星级园区，井研县柑橘、市中区水产、夹江县茶叶、沙湾区中药材、马边县茶叶现代农业园区被认定为省三星级园区，认定市级现代农业园区33个，创建县级现代农业园区72个，初步构建起独具乐山特色的国家、省、市、县四级联动、梯次发展的现代农业园区体系。

【种植业】 全市粮食作物播种面积22.27万公顷，产量125.67万吨，分别增加0.2万公顷、2.13万吨，分别增长0.9%、1.7%，其中水稻播种面积8.45万公顷，产量66.09万吨；玉米播种面积7.2万公顷，产量37.46万吨；红薯播种面积2.04万公顷，产量8.92万吨；马铃薯播种面积2.07万公顷，产量8.18万吨；大豆播种面积2.2万公顷，产量4.35万吨。油菜籽种植面积5.33万公顷，产量9.25万吨，分别增加0.52万公顷、0.82万吨，分别增长10.7%、9.6%。全市蔬菜播种面积55 225公顷，产量138.86万吨，分别增长3.52%、5.02%，是四川省重要商品蔬菜基地、川南早春蔬菜区、全省主要的高山蔬菜产区，市中区、峨眉山、夹江县为全省蔬菜产业重点县。全市中药材种植面积12 848公顷，产量51 261吨，峨眉山市、沙湾区、金口河区为全省中药材产业重点县。沙湾区创建为佛手省三星级现代农业园区，佛手种植面积0.13万公顷。全市以夹江县、峨眉山市等平坝浅丘地区为核心推广“水稻+泽泻”稻药轮作种植面积0.33万公顷。水果栽培面积27 768公顷，产量21.52万吨，分别增长7.1%、12.1%。井研县被纳入农业农村部晚熟柑橘产业集群建设重点县。建成1个三星级省级现代农业园区（井研县集益晚熟柑橘园区）、1个省级现代农业园区（峨边县白沙河流域果蔬园区）。井研县被中国果品流通协会授予“全国柑橘产业30强县（市）”，“井研柑橘”“金石井柑橘”“乐山荔枝”注册为国家地理标志商标。“井研柑橘”“沐川猕猴桃”“嘉州荔枝”获得农业农村部颁发的《农产品地理标志登记证书》。全市茶业综合产值达260亿元，夹江县茶叶出口量及出口额均居全省第一，获评“中国绿茶出口发展第一县”。举办第三届中国（夹江·峨眉山）国际绿茶出口发展论坛、全省精制川茶产业培育现场推进会。区域公用区域品牌“峨眉山茶”入选首批中欧地理标志协定保护名录，品牌价值达41.76亿元。全市有效期内“三品一标”农产品总数达290个。

【林业】 全年共争取中央、省级资金2.48亿元，完成营造林51.25万亩，新增森林面积3.02万亩，达1165.19万亩；新增森林蓄积量140.5万立方米，达6783.69万立方米；森林覆盖率提高0.16%，达60.98%，超额完成森林面积、蓄积、覆盖率增长目标。新（改）建林竹产业基地16万亩，新增第二批省级翠竹长廊3条、竹林基地2个、竹林人家2户，申报省级竹产业园区1个，命名市级林业产业园区2个、培育2个，新（改）建林（竹）区公路、生产作业道316千米。沐川县创建为全省竹产业高质量发展县，获得奖补资金2000万元，犍为县创建全省竹产业高质量发展县、省级现代竹产业园区通过省级初检。全市未发生森林火灾，林业有害生物成灾率为0.017%。市农业农村局被省委、省政府表彰为“省内对口帮扶彝区贫困县先进集体”，被省林草局表彰为“林草生态文明建设”“数字林草”工作先进单位，被市委、市政府表彰为“脱贫攻坚、乡村振兴工作先进单位”，全省竹产业现场推进会在乐山市召开，沙湾大渡河国家湿地公园（试点）通过国家验收。

【畜牧业】 全年共出栏生猪263.32万头、牛3.39万头、羊34.14万只、家禽4413.53万羽、肉兔762万只，分别增长7.4%、1.2%、2%、-1.2%和4.4%。肉类总产量26.81万吨，增长9.3%；禽蛋产量15.29万吨，增长4.8%。全年实现畜牧业总产值163.5亿元。

生猪。坚持生猪产业发展“抓大不放小”，全市生猪产业养殖规模和技术水平快速提升，全市有规模猪场1495家、养殖专业户6000余户、散养户14.5万户。全年生猪存栏174.81万头，其中能繁母猪存栏16.35万头；出栏生猪263.32万头，增长7.4%。1月，全市首个万头种猪场——市中区巨星剑峰种猪场投产运营。该猪场总投资4亿元，存栏能繁母猪1.2万头，年可提供优质断奶仔猪25万头以上。5月，全市首个楼房养殖项目——沐川富新宏海种猪场投产运营。该猪场总投资4590万元，存栏能繁母猪0.24万头，年可提供优质断奶仔猪5万头以上。12月，犍为巨星农牧科技有限公司通过国家生猪核心育种场核验。夹江天农食品有限公司丰收育肥场、井研县丰逸养殖专业合作社、市中区悦华胜农业有限公司、沙湾区九桥生猪养殖有限公司、五通桥区明阳农牧有限公司真武养殖场、犍为八戒养殖有限责任公司、井研新正养殖有限责任公司等30余个年出栏万头以上的生猪育肥场相继建成投产。

禽、兔。全市保持养殖规模历史高位，禽、兔分别存栏2439万羽和210.2万只，分别增长3.7%、4.1%。禽、兔分别出栏4413.53万羽和762万只，分别增长-1.2%和4.4%。禽兔肉产量7.71万吨，增长1.5%；禽蛋产量15.29万吨，增长4.8%。12月，全省唯一肉兔部级标准化示范场——犍为县四川金博农业科技有限公司肉兔养殖场创建成功。该场位于犍为县舞雩镇，总投资1.2亿元，占地面积26.67余公顷，建有标准化、电脑自动化养殖车间21栋、兔笼位20万余个，年出栏商品兔200万只，同时采用种养结合模式带动周边种植柑橘333.33余公顷。

牛、羊。全市牛存栏6.14万头，羊存栏24.2万只，分别增长-4.6%、0.2%；牛出栏3.39万头、羊出栏34.14万只，分别增长1.2%、2%。牛（羊）肉产量0.99万吨，增长4.1%。

【水产业】 全年水产品产量12.91万吨，增长4%；实现渔业经济产值37亿元，增长10%。组织开展水产法律法规、水产品质量安全、标准化健康养殖等培训105次。完成尾水治理试点项目5个、“零排放”圈养式项目1个、高低位池底排污项目2个，建立流水槽循环水养殖点2个，发展绿色生态养殖示范面积333.33公顷。完成第二批省级水产品例行抽检，合格率达100%。6月，全省水产养殖用投入品专项整治暨放心渔资下乡活动在市中区召开，乐山市在会上做交流发言。

水生生物保护。开展水生生物保护，投入资金98.1万元，增殖放流鱼苗123.7万尾。做好岷江长吻鮠国家级水产种质资源保护区管理，出动执法人员48人次，收缴鱼竿14根。

【乡村振兴】 全市持续抓好巩固拓展脱贫攻坚成果同乡村振兴有效衔接各项工作，牢牢守住不发生规模性返贫底线。始终把巩固成果摆在突出位置，高位推动有力，统筹部署强推动，市第八次党代会将“推进巩固拓展脱贫攻坚成果同乡村振兴有效衔接”纳入未来五年“345”工作思路重要组成部分；全年召开市委常委会、市政府常务会、农村工作领导小组会等各类会议24次，研究部署巩固衔接重点事项；市委主要领导先后作出批示37次，其他市领导多次调研督导，推动巩固衔接各项任务和举措落地落实。细化举措促衔接，突出工作衔接，印发《做好巩固拓展脱贫攻坚成果同乡村振兴有效衔接重点任务分工方案》，明确16项有效衔接重点工作责任分工和完成时限；突出政策衔接，过渡期主要帮扶政策保持总体稳定并按中省要求分类优化调整；突出要素保障，全年到位中央、省财政衔接推进乡村振兴补助资金7.66亿元，较上年度增加0.86亿元，增长12.7%；突出创新推动，启动建制乡（镇）、场镇建设管理服务提升三年计划，39个场镇基本实现“路整平、地扫净、服务好、治污染、面貌新”目标。始终把防止返贫作为重中之重，高质守牢底线，抓细监测帮扶，制定《乐山市健全防止返贫动态监测和帮扶机制实施细则（试行）》，按程序累计识别边缘易致贫户641户、脱贫不稳定户606户、突发严重困难户170户，投入防贫防返贫基金和行业资金2913万元，消除风险隐患5899个。马边县创新“五定”工作法严防致贫返贫经验被《中国乡村振兴杂志》刊载，乐山市成为国家乡村振兴局统一组织的中国扶贫发展中心案例总结推荐的全省唯一市（州）。抓实稳定增收，继续发挥就业“帮扶车间”、家庭农场、农村劳务合作社等作用，管好用好乡村公益性岗位，全市脱贫劳动力外出务工7.3万人，人均工资性收入7268.8元，增长24%。全市333家经营主体909个产品获得“四川扶贫”公益品牌使用权，180家经营主体1880个产品被列入《全国扶贫产品目录》，全年销售扶贫产品5.98亿元。抓好后续扶持，做好易地扶贫搬迁“后半篇”文章，培育建成特色产业基地42个、5.6万亩，惠及搬迁户4174户15 794人，促进搬迁户稳定增收。稳慎推进78户掉边掉角农户搬迁，全部完成房屋主体工程建设。始终把社会帮扶作为有效路径，高效凝聚合力，优化驻村帮扶，按期完成219个脱贫村驻村力量轮换调整、114个“四类”重点村驻村力量新增选派，全市选派驻村帮扶干部1943名，1370个村（社区）全覆盖选派“第一书记”。接续协作帮扶，持续凝聚中央、省定点帮扶，省内对口帮扶和东西部协作工作合力，中央纪委国家监委机关直接投入资金671.5万元，协调资金1700余万元；20个省直单位全覆盖同帮扶县进行帮扶对接。新选派30名干部到美姑县履职，到位财政帮扶资金6031万元，实施项目32个；市内结对县（区）落实帮扶资金1884

万元，实施项目59个。4个脱贫县继续被纳入新一轮东西部协作对口帮扶县，到位帮扶资金1.67亿元，实施协作项目50个。激发社会参与，持续发挥市、县扶贫两会作用，全年募集社会资金3165万元，“栋梁工程”解困助学公益活动资助困难家庭学生5193名。始终把严督实导作为鲜明导向，高频传导压力，常态暗访督导，联系市领导带队开展巩固脱贫成果大督察，推动巩固衔接工作落地落细落实。采取“四不两直”方式常态开展暗访督导，走访127个乡（镇）147个村1916户农户，发现并督促整改问题1516个。规范资金项目，逐级有序开展扶贫资产资本确权，开展督察督导，清理扶贫资产97.9亿元。严格管好用好资金项目，按月收集资金项目安排情况，定期调度实施情况。开展“回头看”，发现问题1235个，已完成整改1189个，加紧整改46个，接受国家乡村振兴局核查、省级“回头看”抽查和全省巩固脱贫成果实地核查评估。鲜明考核导向，将巩固拓展脱贫攻坚成果同乡村振兴有效衔接纳入全市乡村振兴战略实绩考核重要指标内容（脱贫县占20%、其余区/县占10%）。

【乡村旅游】 完成方案制订。按照省委、市委关于做好乡（镇）行政区划和村级建制调整两项改革“后半篇”文章部署要求，推进全市乡村旅游产业发展，对照省上乡村旅游产业发展工作方案，拟定的《乐山市乡村旅游产业发展工作方案》，提出做好顶层设计、发展试点、开展乡村旅游基础和服务设施建设、完善旅游管理体制机制等6个方面内容和今年完成时限。

完成摸底调查。对涉改镇、村乡村旅游发展进行现状调查，经初步梳理，筛选出适合发展乡村旅游的涉改镇、村，其中涉改镇38个、涉改村89个。同时，将乡村旅游发展作为重要篇章纳入《乐山市“十四五”旅游融合发展规划（2021—2025）》中，明确了“十四五”期间全市乡村旅游发展的思路、重点任务、支撑项目和品牌创建方向。

培育新产品、新品牌。指导全市涉改镇、村培育文旅品牌，底底古村创建为天府旅游名村；峨边县黑竹沟镇创建为省级乡村旅游重点镇；金口河区永和镇胜利村创建为国家级乡村旅游重点村，五通桥区竹根镇翻身村、沙湾区轸溪镇双山村、夹江县马村镇石堰村、沐川县永福镇万寿村、峨边县黑竹沟镇古井村5个村创建为省级乡村旅游重点村。

加大乡村人才培训力度。4月，开展研学导师专业人才培训，对峨眉山市月南村、犍为县菜佳村、犍为县灌引村、夹江县石堰村8名首批研学导师进行培训，并获得由人社部门监制的培训合格证书。同时，邀请市乡村旅游协会秘书长在全市2021年度村（社区）党组织书记进修班上以“乡村旅游”为主题对154名参训学员培训《乡村旅游规划与产品研发》《乡村旅游民宿规划设计及运营》课程，助力乡村振兴。

【农业机械化】 全市主要农作物耕种收综合机械化率发展任务为65%，其中小麦、水稻耕种收综合机械化率分别达92.7%、84.72%，全面完成下达的小麦、水稻耕种收综合机械化率发展指标。全市农机装备总动力279.11万千瓦。农机存量从7357台减少到2578台，注销4846台，超额完成农业农村厅下达的清零目标任务的189.96%（2551台），清零进度居全省前列。其中，峨边彝族自治县于11月15日清零；五通桥区从年初存量台4683台减少到1816台，注销2903台。农机化五个单项工作受到农业农村厅通报表扬，名列第2位，其中农机生产推广工作名列第4位、农机购置补贴工作名列第4位、机电提灌建设工作名列第10位、农机安全监理工作名列第6位、五良融合宜机化改造工作名列第7位。

【农村科技】 推进新品种创新、生物饲料研发、新技术应用，实施四川省水稻油菜育种攻关、四川省绿色提质高效配套技术推广应用、高效微生物发酵饲料关键技术中试及示范等项目46项；审定新品种4个，其中国家审定品种1个；获奖4项，其中获得科学技术进步一等奖1项、市科技进步二等奖2项、市科技进步三等奖1项；申请专利3项；申报品种权保护5个；发布标准3项、论文专著和规划15篇；推荐展示科技成果4项（申报省农科院标志性成果2项、参加成渝地区双城经济圈农业科技联盟2021年度成果展示2项）；开展产学研合作12项；2个新品种实现转移转化；签订技术服务协议9份，开展院企合作3项。开展技术培训60余场次，培训基层农业技术员735人、高素质农民1000余人。全年开展科技咨询5200人次。推进良种良法到田到户，示范推广国标三级以上优质稻面积6.97万公顷，其中国标二级以上优质稻面积3.53万公顷；推广优质专用玉米2.16万公顷、优质专用大豆0.67万公顷、“双低”油菜3.44万公顷、脱毒薯类1万公顷。推广水稻旱育秧1.38万公顷、抛秧1.46万公顷、宽窄行规范化栽培3.33万公顷、机插秧达0.27万公顷、再生稻有收面积0.98万公顷以上；玉米种子包衣4.9万公顷，地膜覆盖栽培2.45万公顷，育苗移栽2.67万公顷；油菜育苗移栽2.8万公顷，免耕栽培0.93万公顷。

【农村文化】 开展基层公共文化设施运行管理专项整治，督促、指导“两馆一站”持续实施免费开放；指导全市文化馆全部通过全国文化馆国家评估定级，其中6个馆达到国家一级馆标准，5个馆达到国家二级馆标准，1个馆达到国家三级馆标准。开展群众文化活动，在春节期间共组织开展百姓春晚、非遗展示、艺术培训等群众文化活动102场次，覆盖11个县（市、区），参与人次14万余人次。围绕建党100周年，组织开展专题群众文化活动共144场次，参与人数118 817人次；开展公共文化服务品牌培育，峨边县、夹江县马村镇等6个县（区）、乡被命名为2021—2023“四川省民间文化艺术之乡”；组织参加全省公共文化服务高质量发展“四个一批”推荐活动，“乐艺大舞台”（优秀品牌）、“井研农民画话说社会主义核心价值观”（优秀案例）、恒旅网（优秀团队）、市中区绵竹镇文化站（优秀站点）分别入选；推动乡村文化振兴，推荐李海霞等34人入选四川省乡村文旅能人名录库。做好文旅志愿服务，在“智游天府”平台上注册志愿服务队伍176支、志愿者8114名，数量均名列全省前茅；“沫若讲堂”等5个公共文化服务项目申报为四川省第三批政府向社会力量购买服务示范项目，争取省级公共文化服务体系建设资金160万元。

【农村卫生】 开展新一轮农村人居环境整治提升行动，常态化开展清河、清渠、清沟、清路、清院“五清”行动，农村户用卫生厕所普及率达95%，生活垃圾、污水得到有效治理的村占比分别达100%、70.9%。井研县“厕所革命”典型案例在全国推广，并获评全国村庄清洁行动先进县。全市1个镇3个村获评“第二批全国乡村治理示范村镇”，3个镇29个村获评“全省第二批乡村治理示范村镇”。

【农村能源建设】 全市农村能源工作围绕“碳达峰碳中和”探索“因地制宜、多能互补、综合利用、循环发展、生态宜居”的全市农村能源高质量发展模式，争取农村沼气种养循环综合利用项目，打造“猪—沼—果（茶、蔬、林）”循环农业产业园。争取到五通桥区农村沼气种养循环综合利用项目1处，通过省级专家组评审，项目于11月份完工，累计投入75万元，建成以柑橘为主的沼渣沼液综合利用园区200亩，为周边近20户农户提供沼气生活能源。推广“全域大循环、主体小循环、农户微循环”的种养循环高值利用的“井研模式”，5月27日，全省农村能源高质量发展现场会在井研县举行，农业农村部、农业农村厅、21个市（州）农业农村局、53个农能重点县到乐山市参观学习农村能源建设工作。推进农村新能源利用试点探索，促进农村能源多能互补发展，全年累计投入资金1亿元（其中中央、省整村推进示范村项目资金2698.38万元，农户自筹和投劳折资7351万元），完成整村推进示范村建设101个，完成户用厕所新（改）建22 333户，分别完成省、市民生实施任务的113%、103%，全市农村户用卫生厕所普及率达95%；按照“沼气工程企业安全生产管理责任清单（2.0版）”的新要求，完善全市48处沼气工程安全生产责任清单。全市共派出212个工作组，派出工作人员1432人次，检查大型沼气工程6处、集中供气工程42处、户用沼气池78 660口，排查并整改问题270个；开展培训教育活动117场次，培训教育人员5786人次，发放《农村沼气安全指导资料》57 364份。

【农村法治建设】 全年组织学法50部，组织62名执法人员参加2021年乐山市行政执法人员“知识大学习”理论考试，平均成绩78.16分。组织开展“双随机、一公开”工作，在监管平台实施基础信息录入和抽查9项57户。通过法律顾问开展涉法事务法律咨询23人次，审查相关文件、合同、制度、决策事项等44个。通过合法性审查《乐山市推进乡村特色农业产业发展工作方案》《乐山市全面实施乡村振兴战略开启农业农村现代化建设新征程的实施方案》等文件8个、合同等相关材料23份；清理以市政府（办）名义下发的规范性文件23个，提出建议继续执行7个、失效4个、废止12个；开展公平竞争专项存量文件审查48份。全年依申请办理行政许可9件，承接省厅委托市级办理的涉及限制农药和生物制品兽药许可事项5项。全市共出动执法人员5100人次，检查生产经营场所2093个，办案330件（其中简易程序75件、一般程序255件），办理案件数量较上年同期增长125%，涉及种子、农药、肥料、饲料、兽药、农产品质量安全、生猪屠宰、动物检疫、植物检疫、渔业、农机等10余个方面，罚款117.71万元。

【农村交通】 “四好农村路”创建。全市持续加大工作力度，把“四好农村路”创建工作从以县域为主转变向市域全面创建为主，以高质量发展为主题，找准“四好农村路”创建与乡村振兴、农村产业发展、生态建设、全域旅游等的结合点，打造样板亮点工程，推进全市“四好农村路”示范创建工作。马边县创建为第五批“四好农村路”省级示范县，全市累计创建“四好农村路”国家级示范县1个、省级示范县6个。

两项改革“后半篇”文章交通“三项工程”。4月28日，市政府在井研县召开全市两项改革“后半篇”文章交通“三项工程”现场推进会。5月15日，省委、省政府在峨眉山市符溪镇召开全省乡村振兴暨两项改革“后半篇”文章交通项目集中开工仪式。全市撤并建制村畅通工程建成137.8千米，乡村振兴产业路旅游路工程建成181.6千米，乡村运输“金通工程”实施乡（镇）综合运输服务站新（扩、改）建8个、村级招呼站牌2002个。

深化农村公路管理养护体制改革。制度设计完善，市政府办印发《乐山市深化农村公路管理养护体制改革实施方案》，各县（市、区）政府均出台深化农村公路管理养护体制改革实施方案。各县（市、区）均印发《全面推行农村公路路长制的实施意见》，完善农村公路管养体系和工作机制，农村公路管养责任基本落实，管养能力明显提升，6029条农村公路“路长”全部落实，路长信息公示牌全部安装完毕，农村公路2021年优良中等率达86.8%。资金保障充足，农村公路日常养护严格执行县道10 000元/年/千米、乡道5000元/年/千米、村道3000元/年/千米，桥梁隧道100元/年/延米的标准，根据省、市、县日常养护经费3∶2∶5分摊要求，足额到位省、市补助资金2811万元。专项督导有力，联合市财政局印发《乐山市农村公路管理养护绩效考核办法（试行）》，对农村公路管理养护工作实行绩效考核，并将考核结果与公路养护管理以奖代补资金、项目计划安排和“四好农村路”示范评比挂钩，推动管养责任落地落实。

【农村社会保障】 对无劳动力户、特困供养户、重大疾病户、重度残疾人户、突发严重困难户等特殊困难群体每月常态化走访，根据实际困难问题，针对性落实低保、医疗救助、残疾人补助、临时救助等政策，将符合条件的及时纳入监测对象，确保不返贫致贫。关爱空巢老人、留守儿童、孤儿等“一老一小”群体，确保老有所养、学有所教、病有所医。适度扩大低保覆盖面，将低保边缘家庭认定标准拓展到低保标准的2倍以内，并将其中重病、重残对象1.9万人单独纳入农村低保，全市共有农村低保对象11.7万人，实现“应保尽保”。落实控辍保学“七长责任制”，严防失学辍学；落实义务教育“三免一补”和教育扶贫基金救助政策，全年投入资金2.14亿元，累计资助学生17.5万人。

【农产品质量安全监管】 制定《关于加强乡（镇）农产品质量安全网格化管理实施意见》，构建农产品质量安全市、县、乡、村四级监管体系。加强农产品质量安全监测预警，定量抽检农产品数量达1批次/千人，例行监测合格率达99.5%，未发生农产品质量安全事故。推行承诺达标合格证制度，开具食用农产品承诺达标合格证122.3万余张，落实生产经营主体责任。推行试点合格证“准入制”管理，建设示范点9个、标杆企业74家、示范县1个。5045家主体及2320个产品运用国家级、省级农产品质量安全追溯管理信息平台生成12万条生产销售批次量，实现农产品从田间到餐桌全程可追溯。开展农资打假、“治违禁、控药残、促提升”三年行动，查处农产品质量安全案件39件。

【农村市场体系建设】 涉农行业数据归集共享初见成效。全市以“一网通办”工作为抓手，开展跨部门、跨层级数据共享交换，共归集农业农村类数据目录122个1 067 597条，为提升乡（镇）便民服务效能、振兴乡村经济奠定了数据基础。6月，为解决群众办事的难题，井研县创新开展“办事不出村”，在23个村试点工作的基础上总结出“4321”工作法，迅速在该县96个村推广，覆盖率达100%。该项工作共梳理与群众生产生活密切相关的涉及社保、医保、民政等8个方面的56个便民服务事项下沉到村，编制《井研县“办事不出村”办事指南汇编》，精简办事环节和证明材料50余个，印发办事指南汇编800本、服务事项清单23 000份、单项办事指南56 000份，制作展板23个，印制代办事项受理通知书1500本、“小橘为您办”二维码牌138个，提升基层便民利企服务能力。井研县为开展智慧农业建设，签订全省首个华为智慧农业项目合作协议，建成智慧农业综合指挥中心、农业信息管理平台、农产品质量安全追溯平台、现代农业产业园区管理平台“一中心、三平台”，收集分析全县农业生产要素情况，全县929家新型农业经营主体入驻系统，从生产、经营、管理、服务四大板块构建井研农业标准数据库。井研县依托智慧农业大数据平台，在园区布局小型气象站、虫情测报灯、土壤在线监测、监控设备等物联网设施设备，1.6万亩柑橘全覆盖应用智慧灌溉系统，配套山地轨道运输系统3套、植保无人机10台，园区机械化耕作水平大幅提升至52%，生产机械化率高于全省平均水平的12%。智慧种植业建设初成体系，井研县依托园区内物联网设施设备，实时采集监测气象、土壤墒情、虫情等相关数据，采用AI智能运算汇总分析，对处于不同生长周期的不同柑橘提出预警和种植建议，通过手机短信或微信小程序“井研农业”定点推送给种植业主，为农业生产提供人工智能辅助指导，全年共预警280条次，提出生产种植建议1323条，初春低温霜冻期园区果实受冻率仅为10%，居于全省最低水平。井研县依托智慧农业综合指挥中心，收集全国各地柑橘销售数据，综合分析价格优势，精准定位以浙江省嘉兴市等东部沿海地区为销售主打市场，与蚂蚁兄弟、三宝铺子等互联网电商、线下社区团购企业签订购销协议，预订销售春见、血橙、水晶柑等3000万千克。

扶持沙湾区“一镇一屏”，建立农民综合服务平台。沙湾区为提升乡村便民服务，依托宽带网络和电视网络，该区8个镇均已打造新型本土本地乡村电视台，按照不同季节时令宣传各种农作物和畜牧业需要关注的重点，利用科协天府云科技推广各项新技术，在稳定传统农牧业市场的同时拓展新的种养殖、栽培等技术，帮助农民有的放矢地走出一条增收的新路。沙湾区采用“共建共享”的方式，全区乡村共建电信的魔镜与移动的看家宝摄像头5269个，助力乡村安全管理。沙湾区借助信息化手段助力中药材种植，沙湾移动结合智慧农业园区平台打造的背景下，针对太平镇佛手柑药材基地、淫羊藿药材基地采用信息化手段，对药材的生长环境（水、温度、土壤）进行实时的数据监控，对整个药材基地进行远程视频监控管理。

沐川县完善信息基础设施，推广通信基础设施建设，提升通信服务质量。全县固定宽带家庭普及率约64%、移动宽带用户普及率71%，行政村通4G率为100%，通光纤91.3%；县城区域通5G网络连续覆盖，11个乡（镇、场镇）5G已实现全覆盖。全年5G基站规划建设73个，已交付66个，总投资831.6万元，已拨付683.24万元；4G基站规划建设139个，已交付133个，总投资2560.35万元，已拨付2154.64万元。

沐川县开通电商网络应用服务。沐川县依托国家级电子商务进农村综合示范项目，建成集商品展示区、农旅文化区、培训孵化区等9个功能区于一体的电商产业园区和117个乡（镇）、村级电商服务站点，乡（镇）实现电商服务网络和电商应用100%覆盖。为加快推进县内农村电商发展，沐川县先后印发和制定《关于电子商务发展的扶持办法》《关于鼓励农民工返乡就业创业的实施方案》、农产品网络分销及奖励等政策，鼓励大学生、退伍军人等返乡人员发展种养殖业、农产品销售、商贸流通等电商服务业，累计吸引3000余人从事电商产业。为提升乡（镇）就业服务能力，建立"电商公共服务中心+乡村电商服务站点""合作社、供应链企业+贫困户""创业孵化+贫困户""交通服务区+电商企业+贫困户""农村电商带头人+贫困户"等助贫机制，以农村青年、涉农企业负责人、农民专合组织成员等为重点，设置电商专题课程37种，通过电子商务普及培训、电商增值培训等形式，开展培训157场次，培训近1万人次，其中贫困群众1700余人次；培育电商销售员3000余人，其中入驻孵化园电商企业10家、创客12户。全县有电商网店600余个，以腊制品、竹制品、生态农产品等特色产品为主要网销产品的电商不断发展壮大，同时实施"电商+农户""电商+合作社+农户""电商+支部""电商+扶贫"等发展模式，电商产业扶贫成效显著。

【农村大事记】 1月14日，市委办公室、市政府办公室印发《关于做好乡（镇）行政区划和村级建制调整改革"后半篇"文章的实施意见》。

1月16日，全市1369个村（社区）党组织完成换届选举。该次换届选举是村（社区）"两委"任职由3年改为5年后的第一次换届。

2月，全国脱贫攻坚总结表彰大会在北京市举行。金口河区司法局四级调研员莫鸽鸽，沐川县高笋乡党委书记师玉容，马边花间刺绣专业合作社负责人乔进双梅，金口河区曙光村驻村工作队队员、四川川投能源股份有限公司中层副职马庚，马边县副县长（挂职）、中央纪委国家监委驻科技部纪检监察组办公室主任陈劲松获得"全国脱贫攻坚先进个人"称号，峨边县委、浙江省赴四川省东西部扶贫协作乐山片区帮扶工作组、乐山市对口帮扶美姑县援彝工作队获得"全国脱贫攻坚先进集体"称号。

3月2日，第三批"四川最美古村镇"名单出炉，峨眉山市罗目镇、犍为县罗城镇、沐川县箭板镇、犍为县清溪镇被认定为第三批"四川最美古镇"，夹江县马村镇石堰村被认定为第三批"四川最美古村落"。

4月9日，满载1250吨、货值386万美元的四川茶叶专列从成都国际铁路港出发，启程前往乌兹别克斯坦首都塔什干，这是四川省发出的首趟茶叶国际专列，首发专列共50柜，均为夹江县所产绿茶。

4月18日，沐川县举行现代竹产业园区一体化技改扩能项目签约暨沐川县重点项目集中开工仪式，16个重点项目集中开工，涵盖工业、农业、民生、城市建设、文旅康养、交通建设等领域，总投资38.7亿元。

4月22日，四川省脱贫攻坚总结表彰大会召开，马边县荣丁镇后池村党支部等35个集体被授予"四川省脱贫攻坚先进集体"称号，曲别布日等54人被授予"四川省脱贫攻坚先进个人"称号。

4月，中央电视台财经新媒体发起"2021我最喜爱的赏花地"评选活动，五通桥区金山镇杏林村"春天的味道"入榜。

5月15日，全省乡村振兴暨两项改革"后半篇"文章交通项目集中开工活动在峨眉山市符溪镇举行。当天开工的项目共2745个、5854千米，其中撤并建制村与新村委会所在地直连硬化路项目2669个、4500千米，乡村振兴产业路旅游路项目76个、1354千米，涉及21个市（州）和114个县（市、区）。

5月，农业品牌研究院公布《2021中国茶叶区域公用品牌价值评估报告》，"马边绿茶"区域公用品牌评估价值达17.42亿元，较上年增加2.88亿元，居全省第四位。

6月1日，中共乐山市委、乐山市人民政府印发《关于促进中医药传承创新发展的实施方案》。

6月4日，乐山市乡村振兴局挂牌成立。

6月，省委、省政府印发《关于表扬2020年脱贫攻坚先进集体和先进个人的决定》，乐山市获评"全省2020年脱贫攻坚先进市""2020年省内对口帮扶涉藏地区和彝区贫困县先进集体"；乐山市43个先进集体、120名先进个人获得表扬。

7月，四川省峨眉山市竹叶青茶叶有限公司旗下品牌"竹叶青®"登榜2021年"中国500最具价值品牌"，为全国茶行业唯一上榜品牌。

7月，商务部公布"2021年国家电子商务进农村综合示范县名单（第一批）"，峨眉山市作为"农村电商激励县"入选。

8月，市委办公室、市政府办公室印发《关于全面推行林长制的实施意见》。

9月2日，金口河区永和镇胜利村入选第三批全国乡村旅游重点村。

9月29日，在四川省首届乡村文化振兴魅力乡（镇）竞演大赛颁奖晚会上，峨眉山市罗目镇入选四川省"十大魅力乡（镇）"，峨眉派武术宣传大使凌云获评"十佳乡土文化能人"，市委宣传部获评"全省十佳优秀组织奖"。

10月19日，乡村文化振兴汇报演出暨2021杰出村干部颁奖活动在崇州市白头镇五星村举行。犍为县罗城镇团结村党支部书记、村主任谢召礼获评"2021四川杰出村干部"。

10月20日，第五届四川村长论坛暨首届乡村振兴县委书记峰会在崇州市白头镇五星村举行。开幕式上发布了2021四川名村名单并进行授牌，乐山市3个村上榜"2021四川名村50强"，其中夹江县新场镇东风村入选"四川生态宜居名村"，峨边彝族自治县五渡镇铜河村入选"四川乡风文明名村"，井研县周坡镇周坡村入选"四川治理有效名村"。

10月29日，农业农村部公布第二批全国乡村治理示范村镇名单，井研县集益镇被评为示范乡（镇），市中区悦来镇荔枝湾村、沙湾区踏水镇柏林村、峨边彝族自治县新林镇茗新村被评为示范村。

10月，夹江县马村镇石堰村（手工造纸）入围农业农村部第十一批全国"一村一品"示范村镇名单，夹江县三管村入围农业农村部2021年全国乡村特色产业"十亿元镇亿元村"名单。

10月，市中区悦来镇荔枝湾村被农业农村部评为“2021年中国美丽休闲乡村”，井研县百里产业环线88号农庄至井洪路入选2021年度四川省最美农村路。

11月2日，中共乐山市委印发《乐山市贯彻〈中国共产党农村工作条例〉实施细则》的通知，《通知》共六章、三十条细则。

11月，在第十四届亚洲果蔬产业博览会上，“井研柑橘”入选全国“果品区域公用品牌100强”。

11月，峨眉山市双福镇、夹江县新场镇、乐山市金口河区永胜乡3个乡（镇）入选四川省第二批乡村治理示范村镇，市中区大佛街道明月村等29个村入选示范村（社区）。

12月28日，市委办公室、市政府办公室印发《关于加快推进中心镇改革发展的实施方案》。

12月，农业农村部、国家发展改革委等7部门联合发布第七批农业产业化国家重点龙头企业名单，夹江县四川省百岳茶叶有限公司入选。

【主要领导人】 市委书记：彭琳；市人大常委会主任：赖淑芳；市长：张彤；市政协主席：易凡；分管农业副市长：陈长明。

乐山市编写组

市 中 区

【基本情况】 2021年，全区辖11个镇5个街道，辖区面积837平方千米。年末总人口65.45万人，增长0.81%；人口出生率6.99%，减少1.38个千分点；人口自然增长率7.7‰，减少0.33个千分点。全区耕地有效灌面19.8万亩和保证灌面18万亩（含高新区）；本地水资源总量9.956亿立方米，人均占有水资源量1436.59立方米。森林总蓄积量211.3万立方米，森林覆盖率38.69%。

2021年，全区GDP474亿元，增长8.4%。公路通车里程924.614千米（其中农村公路797.566千米），密度1104.68米/平方千米，14.242千米/万人。社会消费品零售总额265.05亿元，增长19.4%。地方公共财政预算总收入完成12.52亿元，增长3%；公共财政预算总支出25.32亿元，同口径增长1.6%，其中农业投入3.84亿元，占支出的15.17%。金融机构各项存款余额900.6亿元，比上年初增长10.51%；各项贷款余额807.1亿元，比年初增长12.98%。全年农业保费收入0.126亿元；处理各项赔款和给付金额2140.14万元。培育龙头企业24家。全年接待游客872.83万人，实现旅游收入583 006.57万元，其中乡村旅游收入145 000万元。

有幼儿园108所、中小学45所、职业学校2所，有幼儿19 177人、小学生31 448人、中学生11 977人、高中生2147人、中职学生280人，有教职工3561人；全区学前三年毛入园率121.04%，普惠性幼儿园覆盖率72.14%，公办幼儿园在园幼儿占比47.92%，义务教育入学率100%，九年义务教育巩固率100%，高中阶段毛入学率95%。完成省级以上科技成果2项，1项科技成果获得省级及以上科技进步奖。有艺术表演团体14个，文化馆1个，公共图书馆1个，博物馆5个。新型农村社会养老保险参保人数14.77万人；被征地农民养老保险参保人数1303人。

【年度农业和农村经济运行】 2021年，全区农民年人均可支配收入达23 184元，增长10%（主要农产品产量见表1所列）。

【农业产业化发展】 全区上榜2021年度四川省休闲农业重点县、全省农经工作典型县、全省农业生产社会化服务工作典型县。全年粮食作物播种面积23.93万亩，产量10.9万吨；生猪出栏30.68万头；水产品产量4.2万吨。紧扣“园区建设提升年”工作主题，融合发展优势特色产业，科学规划产业布局，统筹水产、畜牧、粮油、蔬菜等特色优势产业，提档升级省级三星级园区1个、市级园区1个、区级园区6个。新建标准化生猪养殖场15个，全区生猪存栏规模达19.9万头。建成南美白对虾科技成果示范基地、省级长吻鮠良种场1个。基本建成集休闲、观光于一体的农旅融合产业环线145千米，实现60余个现代产业基地和旅游景点串珠成链，形成农文旅融合发展新格局。培育龙头企业24家、新型农业经营主体901家，辐射带动2.6万余户群众发展农业产业。

【供销合作社改革】 全面提升18个乡（镇）基层社经营服务能力及现有150家农村综合服务社功能，创建省级基层社示范社4家，创建星级农村综合服务社3个，改建供销社乡（镇）农事综合服务

表1　2021年市中区主要农产品产量

主要农产品	播种面积（万亩）	产量（万吨）
粮食	334.00	125.70
水稻	126.70	66.10
玉米	108.00	37.47
小麦	0.32	0.06
大豆	33.05	4.35
马铃薯	57.55	8.20

中心1个，新建"水稻集中育秧"基地1个。推动基层社经营服务业务向全程农业社会化服务延伸，全年开展土地托管社会化服务面积2.3万亩。以供销云会计服务体系建设为重点，为区内120余家农业经营主体、56家其他类提供会计（代理记账）等服务，助推农村集体经济组织和合作社规范财务发展壮大。借力"建行裕龙通+供销社"网点建设，面向涉农群体提供一系列金融服务，联合建设银行市中区支行在农村基层一线建立"裕农通"服务点206个，其中供销社系统服务站点37个，解决基层社及农户缺资金问题。

【乡村振兴示范创建】 坚持把示范创建作为乡村振兴的重要抓手，发挥典型示范引领作用，以点带面推动乡村美丽发展，共治共享，创建省级乡村振兴示范村3个，市级先进镇1个、示范村5个。悦来镇被评为"四川省首批乡村治理示范镇"，苏稽镇程扁村、悦来镇荔枝湾村、平兴镇三圣村被评为"四川省首批乡村治理示范村"，悦来镇荔枝湾村被评为"全国第二批乡村治理示范村"。

【林业】 全区森林覆盖率净增长0.4%，达38.69%；森林蓄积量净增长5.2万立方米，达211.3万立方米；争取使用林地定额指标54.044公顷，收取植被恢复费659.072万元。加强森林资源保护，印发《乐山市市中区全面推行林长制的实施方案》，建立林长制工作机制，严厉打击各类非法破坏森林资源的违法犯罪行为，全年查办各类林业行政案件19件，保障全区森林资源安全。加强森林防火，确定森林防灭火责任包干领导，压实责任，并投入资金170万元开展《乐山市市中区森林防火规划（2020—2025年）》编制和森林火灾风险普查。加强林业有害生物防治，完成死亡松树、濒死松树共计1141株的除治，疫木全部实现就地碎化无害化处理；开展松墨天牛防治，防控面积7467.84亩；指导完成新育苗3000亩，培育各类苗木340万株。

【农业基础设施建设】 完成高标准农田1.2万亩建设任务。新增农业生产机耕道115千米，组道硬化通组率达100%，硬化率达78.6%；新建农产品仓储保鲜冷链设施11个；整治撂荒地755亩；新增提水控灌设备65台，改造提灌站30处，常年提水保灌面积13万亩，农作物耕种收综合机械化水平达76.8%。

【农村科技】 完善农业科技服务体系，推行科技特派员制度，组织农业科技专家到基层开展农作物种植、果树管理、水产养殖、盆景艺术等科普宣传培训，实现所有镇（涉农街道）全覆盖；组织农业技术专家参加科技扶贫在线服务，传授农业种养殖知识。

【农村教育】 落实"控辍保学"法定责任，做好义务教育"控辍保学"工作，全区义务教育阶段无失学、辍学现象，全区义务教育有保障达标率为100%，义务教育巩固率达95%以上，达到国家有关规定要求。落实义务教育经费保障机制，全年对41 177名学生实施"三免"政策，划拨"三免"资金3474.12万元。

【农村卫生】 全区有乡（镇）卫生院23个，社区卫生服务中心7家，社区卫生服务站15家，村卫生室204个，门诊、个体诊所、医务室300余家，街道社区卫生服务中心、乡（镇）卫生院、村卫生室实现全覆盖，基本形成区、镇（街道）、村（社区）三级网络医疗卫生服务体系，"15分钟医疗卫生服务圈"构建完善。苏稽镇中心卫生院、茅桥镇中心卫生院和通江街道社区卫生服务中心创建为"四川省社区医院"。

【农村法治建设】 选派14个律师事务所、法律服务所18名律师、基层法律服务工作者担任全区各村（社区）法律顾问，服务乡村振兴，实现124个村、55个社区法律顾问全覆盖。开展法律宣传，以"法律进乡村"为抓手，开展"法治春联进万家"、森林防火、《中华人民共和国民法典》等主题宣传活动70余场次。开设6所新农村法治学校，邀请各行政执法部门优秀讲师授课。开展全国民主法治示范村自查督导，大佛街道鞍山村、苏稽镇程扁村均经过复核，保留"全国民主法治示范村"称号。

【农村交通】 全区完成风景旅游道路工程4个、乡村振兴示范点工程项目2个、民生工程项目2个、幸福美丽乡村建设项目1个，撤并建制村畅通工程3个，道路总长78.634千米，总投资28 052万元。全面实施乡村运输"金通工程"，完成村级招呼站牌221个和20辆农村客运车辆主动防控系统安装，全面实施车身外观、驾驶员工牌工装、乡村客运标识、监管投诉平台等"四个统一"，总投资93万元。

【农村社会保障】 全区城乡居民养老保险参保人数14.77万人，缴费人数7.63万人。按照乡村振兴相关政策要求，重点核实脱贫人员、低保对象、特困人群、重度残疾人等困难人群的基础信息、参保信息，为脱贫人员、低保对象、特困人群、重度残疾人、独生子女伤残死亡家庭10 514人代缴城乡居民养老保险105.14万元。

【农村生态建设及环境保护】 组织开展秸秆禁烧巡查180余次。实施畜禽（水产）养殖污染防治，对禁养区389家养殖场"去功能化"开展"回头看"，完成全区127家规模场粪污处理设施配套建设。开展农村生活污水治理，实施农村聚居点污水处理设施建设和散户"厕污共治"，累计完成全区85.47%的村（106个）、64.49%的农户（38 211户）污水治理。农用地分类管控方面，完成耕地土壤环境质量类别划定，推进受污染耕地安全利用、重污染耕地退耕还林还草等工作，确保不发生农用地土壤污染事件。开展农村千吨万人饮用水水源地水质监测、农村生活污水处理设施水质监测、泥溪河及龙须沟支流总磷加密监测等专项监测，获得监测数据约950项次。开展环境宣传教育活动20余场次，发放宣传手册读本共计6000余册、环保宣传袋2000余份、宣传折扇1000余份，解答相应问题45件。

【农村人居环境整治】 开展"厕所革

命”“五清行动”和集镇提升行动，完成农村户用卫生厕所新（改）建1392户，累计清理河道2360.5千米、堰渠1295.2千米、沟渠2099千米、道路6173千米、庭院21 037户；生活垃圾得到有效处理的村占比100%，生活污水得到有效处理的村占比80.64%，畜禽粪污综合利用率达98.14%，秸秆综合利用率达95%。

【农产品投入品监管】 全区创建为省级农产品质量安全监管示范县。开展农资打假专项行动和“放心农资下乡”活动，建立区、镇两级农产品质量检测体系，实现100%正常运转。全年完成各类检测任务5000余个。打造“乐山荔枝”区域公用品牌，有“三品一标”农产品95个。

【农业生产安全】 紧盯行业重点领域开展农业安全生产宣传和执法检查，加强农产品质量安全监督抽查力度，立案查处农产品质量安全案件6起。抓好非洲猪瘟等重大动物疫病防控监管和监测排查，对进出生猪运输车辆进行全覆盖检查，监测样品4067份，流调排查8292户、生猪17万余头，均无异常情况。加强农业综合行政执法，全年累计办结农业执法案件60件，罚没收入25.07万元。

【农村留守家庭（儿童、学生）帮扶】 落实涵盖学前教育、义务教育、高中教育、高等教育在内的十二大类教育资助救助政策，共发放教育资助救助资金4711.09万元（含“三免”资金），惠及学生4万余人次。其中，对1838人次建档立卡贫困家庭学生提供扶贫救助，发放救助资金254.8936万元。在“六一”等节日开展“送温暖帮扶”活动，为建档立卡贫困家庭学生、孤残学生、烈士子女、留守儿童、家庭经济困难的优秀学生点亮“微心愿”。

【农村地区疫情防控】 严格落实农村网格员台账和“明白卡入户”；加强农贸市场、茶馆等重点场所防控措施；抓好农业生产，加强农业物资储备和猪肉、蔬菜应急保供；加强疫苗接种服务工作；组织安排5个督察组，对农村地区进行全覆盖督察，发现并整改问题63个。

【主要领导人】 区委书记：周华荣（6月止），左小林（6月始）；区人大常委会主任：肖兴军（10月止），刘华东（10月始）；区长：左小林（7月止），舒东平（10月始）；区政协主席：刘平（10月止），肖兴军（10月始）；分管农业副区长：赵明（5月止），朱丹（5月始，9月止），杨健勇（9月始）。

市中区编写组

五通桥区

【基本情况】 2021年，全区辖8镇，辖区面积465.52平方千米，总人口32万余人。

【年度农业和农村经济运行】 2021年，全区GDP256亿元，同比增长11.5%，增速稳定保持全市第一；规模以上工业总产值突破490亿元，总量实现翻番，增速达28%，位居全市第一；社会消费品零售总额达87.8亿元，增长20%，增速继续保持全市第一。全社会固定资产投资增长15.1%，增速位居全市前列；地方一般公共预算收入完成8.7亿元，增长102%，高于年初目标85.7个百分点；全口径税收收入达26.66亿元，增长165%，创历史新高；城镇、农村居民人均可支配收入分别增长8.7%、10.4%，较2020年有较大提升。

【农村改革及社会事业发展】 坚持以两项改革“后半篇”文章为抓手，持续抓好巩固拓展脱贫攻坚成果同乡村振兴有效衔接，全年发放居家供养、集中救助等专项资金5578万元，顺利通过省、市考核评估。守牢粮食安全底线，改造提升高标准农田1.9万亩。抓牢动物疫病防控，竣工生猪标准化养殖项目4个，全年累计出栏生猪16.25万头。有序实施场镇提升行动，推动场镇排危拆违、杆管线下地，提标改造“四好农村路”91.3千米，建成“赶场班线”27条。实施农村人居环境整治“三大革命”和“五清”行动，集镇范围实现污水处理设施全覆盖，生活垃圾集中收运和规范处理行政村全覆盖。坚持将财政预算支出的65%以上投入民生领域，26件民生实事、38个民生项目全面完成，灾后重建集中安置点全面竣工，新增就业5027人，城镇登记失业率保持在3.84%。新建金山争鸣水厂，铺设供水管网200余千米，覆盖4镇，共惠及群众4万余人。打造老人“幸福乐园”，新（改）建敬老院2个，启动茶花社区综合为老服务中心建设。落实落细林长制，全年开展5轮森林防灭火工作专项整治，排查整改火灾风险隐患54个，通过国务院森林防灭火专项督导检验。

【乡村旅游】 全区乡村旅游以冠英草莓采摘和垂钓龙虾为主，越来越成为游客旅游的热门目的地。牛华燕山荷塘荷花盛开时节吸引了大量游客。通过办节办会以及开发乡村旅游项目，吸引更多游客，乡村旅游全年接待游客60万余人次。

【全域旅游】 通过农旅融合、文旅融合，培育乡村旅游发展新亮点，打造“一村一品”乡村旅游产品，打造竹根镇翻身农家乐集群、金山杏林李花、牛华燕山荷花等乡村旅游品牌。

【公共文化服务体系建设】 免费开放文化阵地，常态化免费开放“两馆一站一中心”，区图书馆举办“佑君讲堂”系列公益讲座2场、“知之”青少年读书会活动22场，区文化馆开办舞蹈、声乐、绘画等免费培训班，指导区文艺社团开展群众性服务工作10余场。推行公共文化数字化建设。完成文化馆、图书馆微信平台建设，发布推文200余篇。建成面向社会免费使用的图书馆云阅读平台，含数字资源50 000册，实现每月新书更新推荐；完成图书馆流通人数统计设备安装，推广“书香乐山”APP服务，注册读者达到3000余人；推出线上活动，开展“庆祝中国共产党成立100周年”网络答题，“古典文化知识”有奖答题等线上活动10余场，参与人数达10 000余人。优化设置基层综合文化服务中心，依托全区行政区划调整改革，调优配强镇、村(社区)综合文化服务中心，设置镇文化旅游服务中心8个、村(社区)综合文化服务中心119个。规范建设基层综合文化服务中心，制发《关于加强镇综合文化站管理运行工作的通知》《加强镇综合文化地规范管理的通知》等文件，理顺运行管理机制，规范标识标牌。增设更新农村文体器材，争取上级资金和体彩公益金，投资13万元在金山镇盐井坨村、牛华二码头社区、巴盐井社区、麟镇马儿石村、冠英镇许村、金山镇石燕子村新安装一批体育健身路径；投资30余万元，更换36个村级健身器材。

【主要领导人】 区委书记:张国清;区人大常委会主任:王读红;区长:李良;区政协主席:宿建军;分管农业副区长:陶吉春。

五通桥区编写组

沙湾区

【基本情况】 2021年，全区辖8镇1个街道，辖区面积610.89平方千米，总人口21万人。

【乡村振兴】 全区贯彻中央和省、市“三农”工作决策部署，始终坚持农业农村优先发展，实施乡村振兴战略，扎实做好巩固拓展脱贫攻坚成果同乡村振兴有效衔接，实现了农业提质增效、农村繁荣进步、农民稳步增收 。全区围绕打造山区类区县乡村振兴样板，推进巩固拓展脱贫攻坚成果与乡村振兴有效衔接战略，坚持因地制宜、宜种则种，持续壮大道地中药材优势产业，全区中药材种植面积突破6.5万亩，川佛手种植基地、柔毛淫羊藿采种育苗基地规模继续保持全国首位。同时，按照创建国家级、省级现代农业园区目标，实施“12522”工程，出台支持园区建设20条政策，设立1000万元园区建设专项资金，获评市级园区1个，川佛手生猪种养循环园区被纳入省级现代农业园区培育名单。全年全区开展农村“五清”行动、建制乡(镇、场镇)管理服务能力提升和机关企事业单位周末卫生大扫除行动，开展农村垃圾、污水、厕所“三大革命”，人居环境得到持续改善，累计建成“美丽四川·宜居乡村”达标村43个，省级卫生乡(镇)实现全覆盖。

【园区建设】 主动与省、市文旅“十四五”规划对接，提出“一核两带四园”的发展思路，最终形成以传承和弘扬沫若文化为核心，建设峨沙康养旅游产业带与大渡河研学旅游产业带，做响沫若文化产业园，做优大渡河中医药产业园区，做强大渡河研学旅游产业园区，做大峨眉山南森林康养产业园区4个文旅融合产业园区，作为全区文旅产业发展的重要引擎。

【公共文化服务体系建设】 继续实施公共文化设施“三馆一站”(郭沫若纪念馆、区文化馆、区沫若图书馆、乡(镇)综合文化站)免费开放。不断加强图书馆数字系统建设，把馆藏有关郭沫若先生的文献进行加工生成电子文献书籍供读者在线阅读，为少儿配备绘本阅读机。区级广播电视播出机构制播能力有效提升，广播电视综合覆盖率达98.99%，实现74个行政村广播室做到制度上墙、规范运行、功能发挥，基本建成广播电视公共服务体系。

【主要领导人】 区委书记:袁仕伦;区人大常委会主任:费国成;区长:孙慧娟;区政协主席:黄大敏;分管农业副区长:王旭东。

沙湾区编写组

金口河区

【基本情况】 2021年，全区辖3乡2镇5个社区，辖区面积598平方千米，其中耕地面积5.2万亩，人均耕地面积1.3亩。本地水资源总量4.7338亿立方米，人均占有水资源量9660.8立方米。有林业用地1.54万公顷，有林地面积71.74万公顷，活立木总蓄积量210万立方米，森林覆盖率65.55%。

2021年，全区GDP36.45亿元，增长7.2%，其中第一产业增加值4.88亿元，增长6.5%；第二产业增加值18.54亿元，增长6.6%（工业增加值17.83亿元，增长6.6%）；第三产业增加值13.04亿元，增长8.3%。三次产业对经济增长的贡献率分别为13.5%、45.9%和40.6%。乡(镇)中小企业从业人员2.1941万人。劳务输出1.7459万人，收入2.98万元。全年接待游客120.68万人，实现旅游收入47 200万元，其中乡村旅游收入15 731.76万元。

社会消费品零售总额8亿元，增长

18.2%。地方公共财政预算总收入完成9.91亿元，减少5.7%；公共财政预算总支出9.91亿元，减少5.7%，其中农业投入4360万元，占支出的7.19%。金融机构各项存款余额30.58亿元，比上年初增长31.36%；各项贷款余额30.63亿元，比年初增长3.83%，其中支持农业产业化发展项目贷款2160万元。全年农业保费收入0.04亿元，增长25%；处理各项赔款和给付金额340万元，增长78%。农业产业化龙头企业省级、市级分别为2家、7家。

有各类学校30所，在校学生5337人，教职工430人，其中普通中学1所，在校学生417人；小学8所，在校学生3583人。3项科技成果获得省级及以上科技进步奖。有艺术表演团体38个，文化馆1个，公共图书馆1个，博物馆1个。有卫生机构49个，病床位220张，卫生技术人员225人。新型农村合作医疗参合人数32 426人，参合率98%；新型农村社会养老保险参保人数15 668人，参保率92.16%；被征地农民养老保险参保人数1080人。

【年度农业和农村经济运行】 2021年，全区实现农业总产值6.69亿元，减少3%；全区全年农业增加值达4.88亿元，增长6.5%。农民年人均可支配收入达18 885元，增长10.4%。全区农产品质量抽检合格率达99.8%；建成5个基层农业综合服务中心（主要农产品产量见表1所列）。

【规模化特色优势产业基地建设】 全区按照“一园两带五基地”建设布局，划分为大瓦山高山农旅片区（高山药蔬产业带）、大峡谷生态文旅片区（高山茶蔬产业带）两个片区，打造川牛膝、黄柏、乌天麻、蓝莓、高山蔬菜五个重点特色产业基地，带动全区产业发展。川牛膝产业基地以现代农业园区为核心，主要分布在永胜乡民主村、桅杆村、瓦山村、顺河村，种植面积达1.2万亩，拟布局发展至1.5万亩；黄柏产业基地主要分布在金河镇吉星村，种植面积达0.55万亩，拟布局发展至1万亩；乌天麻产业基地主要分布在金河镇五一村（原大杠村、吉丰村），总体种植规模达6万平方米，拟布局发展至10万平方米；蓝莓产业基地主要分布在和平彝族乡迎新村、共安彝族乡新河村，总体种植规模达0.3万亩，拟布局发展至3万亩。高山蔬菜产业基地主要分布在金河镇同心村、吉星村，总体种植规模达0.3万亩，拟布局发展至1万亩。

【农用地产权制度改革】 全区按期推进“房地一体”工作，2020年12月，完成易地搬迁441宗，完成数据入库并制证；集体建设用地91宗已完成数据入库并制证。截至2021年年底，已完成全区9781宗（11 238户）农房和集体建设用地调查测绘工作，其中易地搬迁441宗、集体建设用地91宗。

【供销合作社改革】 按照中央、省、市、区关于供销综合改革工作要求，区供销社全面整合供销综合改革资金、各类奖补资金，全年新建基层供销社4个，其中［乡（镇）基层供销社2个、村级基层供销社2个］，基层社农民社员达1002人。9月，由区供销社全资投资平台公司（乐山市绿享农业发展有限公司）投资入股20万元，在金河镇建设乡（镇）基层供销社——乐山市金口河区金河镇吉星村供销合作社专业合作社；由区供销社全资投资平台公司（乐山市绿享农业发展有限公司）投资入股20万元，在和平彝族乡建设村级基层供销社——乐山市金口河区和平彝族乡供销合作社有限公司。11月，由区供销社全资投资平台公司（乐山市绿享农业发展有限公司）投资入股20万元，在永和镇胜利村建设村级基层供销社——乐山市金口河区永和镇胜利村供销合作社专业合作社。12月，由区供销社全资投资平台公司（乐山市绿享农业发展有限公司）投资入股60万元，在永和镇建

表1　2021年金口河区主要农产品产量

主要农产品	单位	产量	同比增减(%)
粮食	万吨	2.070 000	2.20
水稻	万吨	0.004 730	—
小麦	万吨	0.005 962	1.70
玉米	万吨	0.910 000	3.70
马铃薯	万吨	0.840 000	0.03
油菜籽	万吨	0.011 000	4.50
蔬菜	万吨	1.190 000	3.50
水果	万吨	0.100 000	11.48
肉类	万吨	0.344 900	10.30
猪肉	万吨	0.287 500	11.80
牛肉	万吨	0.019 200	3.20
羊肉	万吨	0.009 000	–3.00
禽肉	万吨	0.028 900	6.30
兔肉	万吨	0.000 300	0
禽蛋	万吨	0.165 700	21.20
水产品	万吨	0.006 400	–26.20

设乡（镇）基层供销社——乐山市金口河区永和镇盛和供销合作社有限公司。

【农产品品牌战略实施】乐山市金口河区板厂坪天麻种植专业合作社生产的产品获评“2021年全国乡村特色产品”。全区“三品一标”农产品累计达17个，其中无公害农产品9个、有机产品6个、地理标志保护产品2个。

【现代农业园区建设】截至2021年年底，全区有县级现代农业园区6个、市级现代农业园区3个。认定县级园区2个，即乐山市金口河区和平藤椒+生猪现代农业园区、乐山市金口河区金河蔬菜+马铃薯现代农业园区；申报市级园区1个，即乐山市金口河区和平蓝莓+马铃薯现代农业园区。

【种植业】全区粮食作物播种面积79 267亩，产量20 749.46吨，其中水稻播种面积95亩，产量47.3吨；玉米播种面积32 756亩，产量9106.2吨；红薯播种面积10 955亩，产量2827吨；马铃薯种植面积32 448亩，产量8437.6吨；大豆播种面积1426亩，产量142吨。油料作物播种面积2558亩，产量240吨，其中油菜籽播种面积1260亩，产量110吨。全区蔬菜种植面积15 489亩，产量11 985吨。水果种植面积5400亩，产量2897吨，其中建成1个市级现代农业园区（乐山市金口河区和平蓝莓+马铃薯现代农业园区）。中药材种植面积11 371亩，产量3479吨。

【林业】完善森林资源目标责任制。年初将目标层层分解任务，并将森林资源管理工作纳入各乡（镇）、区级相关部门年度目标考核管理。全年新增森林面积6175.2亩，新增森林蓄积量4.17万立方米，森林覆盖率达57.4%，增长0.68%，森林资源不断增加，实现森林面积和蓄积“双增长”。

加强森林资源管理。巩固“两大工程”资源成果，对全区退耕还林5.38万亩、森林54万亩进行管护，对全区248个生态护林员进行动态调整并兑现生态护林员补助。完成金口河区2021年公益林调整，调出公益林453.1067公顷，补进公益林462.5067公顷，并通过省林草局审批。开展森林督察和毁林专项行动，完成国家下发的2013—2017年毁林专项疑似图斑45个和2021年森林督察19个图斑的现地核实和调查处理。完成金口河区森林资源管理“一张图”与第三次全国国土调查数据对接融合。

加强绿化造林，确保森林资源持续增长。开展义务植树，完成义务植树10万株，实施营造林1.98万亩，完成主要道路绿化提升工程建设。

加强监督管理，保障森林资源安全。坚守森林防火底线，严格落实森林防火各项制度，实现全年无重大森林火灾、“无人员伤亡事故”和森林火灾损失率控制在0.1‰以内的工作目标，取得连续42年无较大以上森林火灾的成绩。加强林地管理，严管林地高压线不放松，做好建设项目使用林地的服务保障，优先保障全区基础设施和民生工程、生态环境等重点项目使用林地；参与全区非煤矿山安全隐患和使用林地情况排查。实施林丰村至八月林公路恢复重建项目，恢复重建道路1.782千米，已进入施工阶段。

【畜牧业】全区生猪存栏3.6万头，完成目标任务的144.7%；出栏4.6万头，完成目标任务的113.34%，其中外调1.78万头、屠宰场屠宰检疫2.05万头；建成生猪标准化养殖场5个，设计规模达到年出栏1万头。牛、羊、禽、蛋分别出栏（生产）0.15万头、0.56万只、19.2万羽、0.15万吨，分别增长1.5%、2%、2.5%、10%。全区畜牧业总产值达2.1亿元。全区水域养殖面积50公顷，实现产值169万元。

【乡村振兴】永胜乡创建为四川省第二批乡村治理示范乡（镇），金河镇吉星村创建为省级实施乡村振兴战略示范村和四川省第二批乡村治理示范村，永和镇胜利村创建为四川省第二批乡村治理示范村，金河镇创建为市级实施乡村振兴战略先进乡（镇），永胜乡桅杆村创建为市级实施乡村振兴战略示范村。

【乡村旅游】坚持规划引领，助推高质量发展。完成《乐山市金口河区“十四五”旅游融合发展规划》。制订完善《乐山市金口河区乡村旅游产业发展工作方案》，继续提升、抓好胜利、顺河、象鼻等旅游新村打造。加大对星级农家乐的指导，累计培育21家星级农家乐，实现乡村旅游综合收入15 731.76万元。完成胜利村申报全国乡村旅游重点村。加快推进两项改革“后半篇”文章，推进乡村旅游产业发展。

坚持完善基础设施，提升服务接待能力。加快推动大瓦山旅游综合开发项目、大瓦山农旅综合体项目建设。开展品牌建设、市场营销，全力引进开工建设一批文旅项目，做优做强一批精品旅游项目，提升整体旅游形象，提升金口河区乡村旅游竞争力，加快构建“两核三带四组团”的全域文旅发展格局。

坚持加大宣传营销，增强乡村旅游凝聚力。通过第三届“转转花”文化旅游节，举办“筑梦大瓦山·振兴金口河”招商引资推介会、“筑梦大瓦山·蝶变金口河”照片征集活动、“筑梦大瓦山·传承金口河”爱国主义教育活动等系列活动，发布“大渡河大峡谷观光探秘红色游线”“大瓦山湿地自然风光游线”“八月林民族风情游线”3条生态旅游推荐线路。组织参加旅博会、西博会等文旅和招商系列活动，加快提升金口河区知名度与美誉度。

【农村水利】全区水资源总量5.15亿立方米，人均拥有水资源量11 130立方米，全区总用水量0.0738亿立方米。农村供水工程建成集中供水工程千人以上12处、百人以上37处，分散供水工程55处。

【农业机械化】全年发放农机购置补贴资金5.769万元，购置各类农机具47台（套），受益农户47户，新增农机总动力320千瓦，主要农作物耕种收综合机械化水平34%。开展农业机械安全检查65台（套）。加强变型拖拉机安全管理，注销报废变型拖拉机3台，实现全区无重大农机事故发生。

【农村文化】 以免费开放为举措，文化阵地建设实现新突破。提升以区文图两馆为总馆、5个乡（镇）6个文化站为分馆、25个村及5个社区文化室为支馆的服务体系建设，持续做好疫情防控和安全保障，推进“三馆一站”免费开放，到馆人数已达10万余人次。

以节庆文化为依托，品牌文化活动得到新发展。巩固品牌文化建设成果，将品牌文化作为群众文化活动重要载体，使其常态化、规模化。组织开展庆祝中国共产党成立100周年和党史学习教育、第三届“转转花”文化旅游节等文化活动，编排舞蹈、情景党课、红色故事讲解和演讲等。编创舞剧《铁魂》参加全市庆祝“七一”文艺汇演、红华公司巡演等，受到一致好评。利用三红色记忆街区工人俱乐部制作大三线记忆——话剧《转转花开》已进入集中排练阶段，于12月11日在成都城市音乐厅进行首演。在全区范围内遴选10余名文艺工作者及爱好者组成文艺宣讲队开展舞蹈、声乐等文艺宣讲培训30场次，新创作编排文艺节目10个。开展“送文化下乡”等活动30余场次，服务4000余人次，赠送图书1500余册。开展主题采风活动5次，创作编排主题文艺节目10余个，创作主题文章20余篇。开展“全民阅读，书香金口河”宣传活动10余次，围绕全民阅读、大瓦山讲坛、传统文化讲座、阅读与写作、农民工读书月和“4·23”世界读书日等主题，共举办各类讲座40余场次。《彝家团结唱新歌》获得四川省春季音乐季“十佳”原创作品奖，《战役风警线》获得四川省春季音乐季优秀原创作品奖。

以基层文化建设为抓手，助推公共文化服务水平上新台阶。利用文化馆、图书馆的微信公众号和网站，用好用活数字资源，推出线上网络活动，丰富群众精神文化生活。全年更新网站和微信平台700余条，访问点击量达5万余人次，电子书下载16 120册次，借阅纸质图书15 000册次。先后推出非遗项目、文物线上展览、文旅活动、“我为大家推荐一本书”等活动30余场次，送出礼品700余份，线上参与人数达8000余人次。加快图书馆党史阅读专柜、农家书屋及校园党史阅读图书角建设，全年为“两馆一站”、30个村（社区）增添图书5000册，设置“党史阅读专柜”“党史阅读角”，增设党史电子图书1000余册，“文图”两馆公众号及网站已连续转载党史阅读材料200余篇，为全区党员干部提供党史学习相关书籍300余册，让党员干部通读精读，自觉学史用史。

以申报展示为平台，非物质文化遗产和文物保护达到新水平。结合“文化下乡”文化惠民活动及节日大型活动，开展非遗项目展演。推广展示全区具有代表性的省级非物质文化遗产——“三雄夺魁”，组织参加峨眉山“文化和自然遗产日”宣传活动，省级非遗项目“三雄夺魁”、市级非遗商品金口河老鹰茶亮相金顶；参加第八届四川省国际旅游博览会，宣传展示全区非遗项目及产品，传承和发展民间传统文化。开展非遗资源普查，新普查出永胜腊肉制作技艺、山地竹编技艺、麻花手工制作技艺3项非物质文化遗产项目，已完成县级非遗申报；拟申报市级非遗项目2项（永胜腊肉制作技艺、麻花手工制作技艺），已完成市级非遗申报视频制作；完成市级代表性非遗传承人申报，全区有县级代表传承人8人、市级代表性传承人申报3人（待评审）。创编非遗舞蹈《荞子舞——索玛花开》，举办非遗项目展演展示20余场次，发放宣传资料5000余份。围绕文物安全保护工作要求，做好红色文物资源普查。配合开展铁道兵文物征集工作，完成铁道兵文物征集公告文本并公示，征集可移动文物30件。加强不可移动文物信息化管理，做好不可移动文物基础信息录入，2020年底前完成73个（含13个已消失文物点）文物点信息的完善和录入。围绕抗战乐西公路的保护利用和发展开展课题研究，已完成结题，课题成果将融入文旅融合发展，生成文旅项目实施。投入资金9万余元，完成市级文保“蓝褛开疆”碑保护提升项目，将文物保护与旅游元素有机融合。投入资金3000余元，对三线建设县级文物保护单位红华理发馆文物进行维修。开展文物宣传20余次，利用微信公众号和网站广泛宣传文物保护方面的法律、法规，通过LED滚动播出30余条次。

【农村卫生】 区卫生健康局按照区两项改革“后半篇”文章专项工作领导小组印发的《优化乡（镇）机构编制资源配置工作方案》要求，优化调整乡村医疗机构，原有的6个乡（镇）卫生院保留5个建制乡（镇）卫生院（永和镇卫生院、和平彝族乡卫生院、共安彝族乡卫生院、金河镇卫生院、永胜乡卫生院），将原有的吉星乡卫生院更名为“金河镇吉星卫生院”；将原有的41个村卫生室调整为28个村卫生室、5个社区卫生服务点。

【农村法治建设】 加强乡村法治建设，完善农村法治服务。全区5个乡（镇）30个村（社区）均建立公共法律服务工作站（室），全区公共法律服务站（室）覆盖率达100%。落实“一村一法律顾问”制度，由区财政统筹，安排专项资金，全区30个村（社区）全部配备法律顾问，设立公示牌，公布联系电话，提供法律服务，化解矛盾纠纷。

发挥人民调解员作用，开展法治宣教。牢固树立“能动司法”的工作理念，加强服务意识、大局意识，组织开展矛盾纠纷大排查活动，通过普遍排查、重点排查、专项排查三种排查方式形成全覆盖、无盲区的网格化大排查工作格局。增强宣传，防控早部署，定期开展人民调解相关法规政策的学习宣传，通过走村入户、发放宣传手册的形式向群众宣讲法律法规，引导群众依法合理表达利益诉求，防止矛盾激化。坚持“谁受理、谁负责、谁化解、谁宣传”制度，重点加强基层调解宣传力度，与辖区司法所及时沟通，做好衔接工作。

【农村社会保障】 全区城乡居民养老保险参保人数15 668人，其中16～59周岁人数10 638人；征收城乡养老保险基金256.82万元；为低保对象、特困人员等困难群体1863人代缴城乡居民养老保险，目标数1600人，完成比例116.44%；发放城乡居民养老保险养老金人员62 281人次，发放金额763.03万元。

【农产品质量安全监管】 全区农产品质量安全体系健全，完成127批次农产品抽样，定量检测合格率达99.2%。开具承诺达标合格证16 647张。通过四川省农产品质量安全监管示范县省级验收。

【主要领导人】 区委书记：张德平；区人大常委会主任：陈新；区长：魏端；区政协主席：何东明；分管农业副区长：周威洋。

全口河区编写组

峨眉山市

【基本情况】 2021年，全市辖1乡10镇2个街道，辖区面积1181平方千米。年末总人口42.27万人（户籍人口），减少6.15%；人口出生率5.281‰，减少4.1个千分点；人口自然增长率2.82‰，减少6.1个千分点。有林业用地8.1253万公顷，有林地面积6.517万公顷，活立木总蓄积量769.27万立方米，森林覆盖率63.675%。

2021年，全市GDP385.75亿元，增长8%，其中第一产业增加值33.87亿元，增长6.8%；第二产业增加值132.52亿元，增长7.9%（工业产值391.26亿元，增长5.5%）；第三产业增加值219.36亿元，增长8.2%。三次产业对经济增长的贡献率分别为8.8%、34.4%和56.8%。乡（镇）中小企业从业人员10 419人。劳务输出113 000人。全年接待游客871.77万人，实现旅游收入162.92亿元，其中乡村旅游收入7.3亿元。

公路通车里程1249.636千米（其中乡村公路1125.659千米），密度1056.33米/平方千米、29.75千米/万人。社会消费品零售总额158.03亿元，增长19.2%。地方公共财政预算总收入完成41.44亿元，增长1.6%；公共财政预算总支出31.83亿元，增长6%，其中农业投入40 439万元，占支出的12.7%。金融机构各项存款余额433.05亿元，比上年初增长1.65%；各项贷款余额293.84亿元，比年初增长13.95%。全年农业保费收入0.058 235亿元，增长9.04%；处理各项赔款和给付金额1002.14万元，增长138.92%。

完成中央、省投资农业产业化项目12个，完成投资1319万元。农业产业化龙头企业国家级、省级、市级分别为1家、4家、19家。

有各类学校114所，在校学生50 066人，教职工5394人，其中普通高校1所，在校本（专）科学生4000人；普通中学14所，在校学生15 519人；小学23所，在校学生20 548人；学龄儿童入学率100%。完成省级以上科技成果2项。有艺术表演团体2个，文化馆1个，公共图书馆1个，博物馆2个。有卫生机构325个，病床位3216张，卫生技术人员2969人。居民基本医疗保险参保人数308 370人，参保率99.24%。

【年度农业和农村经济运行】 2021年，全市农民年人均可支配收入达23 104元，增长10.3%。全市农产品质量抽检合格率99.57%；建成13个基层农业综合服务站（主要农产品产量见表1所列）。

【农业产业化发展】 拟定《峨眉山市"十四五"特色产业发展规划》《峨眉山市创建国家农业现代化示范区工作方案》《峨眉山市"十四五"南山发展总体规划》《峨眉山市茶林生态旅游示范带建设项目实施方案》等规划和方案。全年改造提升经济作物产业基地2.01万亩，其中茶叶0.98万亩、蔬菜0.85万亩、中药材0.18万亩；建设高标准农田4100亩，不断提升经济作物产业基地基础设施水平；引进蔬菜新品种40个，辣椒、黄瓜、南瓜、苦瓜、茄子、丝瓜等主要蔬菜作物良种覆盖率达100%；实施桉改茶、重大技术协同推广计划试点、蔬菜绿色高质高效行动等项目，举办经济作物生产技术培训62期，共培训3000人次。

【新型农村集体经济发展】 成立新型农村集体经济专项工作小组，制定《峨眉山市新型农村集体经济发展五年行动计划（2021—2025年）》《峨眉山市激励发展壮大新型农村集体经济的八条措施》《峨眉山市新型农村集体经济组织规范化管理办法》《峨眉山市村集体经济融合发展工作方案》等文件，形成绥山镇荷叶村、龙门乡山河村"资源开发型"，黄湾镇多村抱团"飞地经济型"，桂花桥镇庙稿村、前锋村"生产服务型"等特色各异的新型农村集体经济融合发展模式。全市全年集体经济收入2万元以上的村有118个、5万元以上的村有44个、10万元以上的村有19个。

【农村集体产权制度改革】 依托集体产权制度改革试点县成果，结合两项改革"后半篇"文章需求，全面完成128个行政村集体经济组织登记赋码，合并村实行一本账管理，实现村民委员会事务和集体经济事务分离。建立完善成员（代表）大会、理事会、监事会"三会"制度，制定组织章程制度、单独进行会计核算。通过农村集体"三资"监管平台建设实行村集体资产收益与村民委员会收入分账管理制度。引入第三方评估确定集体资产入股经营分红中经营收益，实现集体经济组织按评估收益进行分红。

【供销合作社改革】 全市供销合作社联

表1　2021年峨眉山市主要农产品产量

主要农产品	单位	产量	同比增减(%)
粮食	万吨	10.414 30	1.69
水稻	万吨	5.787 46	–1.23
小麦	万吨	0.003 90	0
玉米	万吨	3.061 90	6.64
马铃薯	万吨	0.934 00	–4.27
油菜籽	万吨	1.310 50	0.09
蔬菜	万吨	61.380 00	0.41
水果	万吨	6.100 00	5.17
肉类	万吨	2.009 83	8.44
猪肉	万吨	1.257 73	9.85
牛肉	万吨	0.035 20	7.98
羊肉	万吨	0.020 70	8.78
禽肉	万吨	0.582 30	6.07
兔肉	万吨	0.113 90	5.55
禽蛋	万吨	2.864 20	–2.44
水产品	万吨	1523.000 00	–13.52
牛奶	万吨	0.006 30	–4.56

合社系统持续深化供销综合改革，抓好基层供销社建设，建成1个农业社会化服务组织，改造提升3个薄弱基层社，建成3个村级供销社，建成2个三星级综合服务社，建成1个农特产品展销服务中心。其中，农特产品展销服务中心借助原罗目供销社门市，以“佰年供销”为主题，以历史文化展览为定位，深化农旅文融合，兼具农业服务、产品展销、休闲观赏、文化展示等功能，共分为“供销记忆区”和“农特产品展示区”两部分，通过农旅融合把产品变礼品，助农增收，壮大村集体经济收入，为峨眉山建成世界旅游目的地增添活力。峨眉山市供销合作社联合社推进“供销社+村集体经济联合社+农民专业合作社”“三社”融合发展模式，完成5个省级基层社示范社创建。

【农产品品牌战略实施】 全市有“三品一标”农产品140个，认证有机茶产品11个、绿色食品5个，拥有以“竹叶青”“论道”“峨眉雪芽”“天然有机茶”“榜上有名”五朵金花为代表的20余个知名品牌，“峨眉山茶”区域品牌入选全国首批中欧地理标志协定保护名录，其中竹叶青连续14年稳居中国高端绿茶市场占有率第一位，入选“四川名片”、全球十大高端名茶。峨眉山藤椒为农产品地理标志产品，峨龙蔬菜、万弗藤椒等品牌农产品畅销省内外。3月，联合夹江县共同举办第三届中国（夹江・峨眉山）国际绿茶出口发展论坛暨全国茶叶进出口行业协调工作会，全国茶业专家、学者围绕中国茶叶出口质量与安全、世界茶叶出口现状与分析、中国出口茶加工装备等热门话题进行了全面的讲解和分析，为中国出口绿茶的发展献计献策会上，峨眉山市被授予“国际最具核心竞争力高山绿茶产地”，推动区域品牌、企业品牌、产品品牌抱团发展。3月31日，峨眉山市首届“仙山名茶”手工采茶制茶技能大赛在嘉峨茶谷举行，来自全市13个乡（镇、街道）的50名采茶、制茶选手同台竞技，以茶会友，共同展示了峨眉山高超的手工采茶制茶技艺。4月26日，在峨眉山市举办“名城嘉州・茗香千古”乐山市手工采茶、制茶技能竞赛决赛，由乐山市总工会、市农业农村局、市人力资源社会保障局主办，峨眉山市总工会、市农业农村局、市人力资源社会保障局承办，旨在传承茶叶文化、交流茶叶技艺、助推产业发展，来自峨眉山市、市中区、五通桥区、金口河区、夹江县等各县（区）代表队队员参加比赛。6月9日，峨眉山市茶业协会正式成立。组织企业参加四川国际茶业博览会等行业展会，承办全省精制川茶产业培育（现场）推进会等行业活动，为产业发展搭建品牌宣传推广平台，提升了品牌影响力。8月，全省精制川茶产业培育现场推进会在峨眉山市召开，与会人员参观了峨眉山—夹江20万亩生态茶叶产业带、双福茶叶批发市场，观摩了全国高端绿茶生产的标杆企业竹叶青茶业以及国家现代农业产业园嘉峨茶谷的发展情况；9月，峨眉雪芽公司参加2021中国（深圳）国际春季茶产业博览会，与海内外69个产茶国家和地区的千余家名茶名企以茶会友，为全国茶叶爱好者带去一场茶盛宴。作为川茶品牌的代表，峨眉雪芽已连续6年参加深圳茶博会，携全系列26个茶产品亮相茶博会，每日进馆品鉴人数超600人次，茶博会期间散客销售12余万元，其中扶贫产品彝乡绿茶和2021年上新包装慧欣和禅心为销售爆款。10月，由世界茶联合会主办的第十三届国际名茶评比颁奖典礼在北京市举行，峨眉山市峨茗春茶业有限公司的“峨眉杜鹃”等3个产品获得金奖。

【现代农业园区建设】 按照阶梯培养的思路，逐步搭建国、省、市、县四级茶叶园区发展体系，全市已建成国家级现代农业产业园1个、市级现代农业园区4个、县级现代农业园10个，初步构建起园区引领产业发展的新格局。

【种植业】 全年培育种粮大户58户，涉及面积22 826.925万亩。新建高标准农田1万亩。全市大小春粮食作物播种面积27.2万亩，产量10.2万吨，分别超全年任务0.5万亩、0.17万吨。

【畜牧业】 全年生猪存栏逾10.59万头，完成乐山市下达任务(9.65万头)的109.74%；累计出栏生猪21.24万头，完成乐山市下达任务(18.06万头)的117.61%。全市现有的187个规模养殖场粪污处理设施装备配套率达100%，畜禽养殖粪污综合利用率达88.2%，病死畜禽无害化处理率达100%。完成全国第三次畜禽遗传资源普查，共发现峨眉山市峨眉黑鸡种群数量3.6万只、川藏黑猪种群数量1200头。联合制定峨眉黑鸡地方标准，并组织畜禽遗传资源普查技术小组在峨眉黑鸡保种场开展峨眉黑鸡遗传资源生物样品采集，共采集全血和备份样品330份(公鸡30只、母鸡300只)，为峨眉黑鸡保种工作提供了数据支撑。

【水产业】 全年水产养殖面积2781亩，水产品总产量1523吨，渔业产值4752.7万元。完成似鲇高原鳅省级原种场复查验收，并申报储备1个"繁育推"一体化项目，提升似鲇高原鳅种质资源保护水平；申报水产健康养殖"五大行动"骨干基地1个。

【乡村振兴】 全市农村居民人均可支配收入达23 104元，增长10.3%；脱贫人口年人均纯收入达12 307元，增长16.3%。全年乡村振兴财政投入4.72亿元，占地方一般公共预算支出的14.83%；搭建"政银企"合作平台，落实乡村振兴农业产业发展贷款风险补偿金1175万元，累计贷款25 791万元，撬动社会资本27 680万元；建成省级科技企业孵化器1个、省级农业科技园区1个，培育涉农国家科技型企业13家，创建省级实施乡村振兴战略工作先进镇1个、示范村2个。

【乡村旅游】 加快发展乡村旅游产品。龙池镇泗溪沟生态旅游景区一期完工并正式运营。罗目古镇加快提升保护工程，完成水系改造、标志标牌提升、景观打造、顺河街风貌整治等项目。高桥南山新田园项目(高桥里)一期形象区对外开放，田间食堂、几何咖啡厅、溯溪彩林、花田区、农田区等已初步建成，清溪商业街国庆假期已开放，大乐之野、既下山民宿规划设计有序进行。月南花乡提升业态后，国庆期间游客量明显提升。嘉峨茶谷引入专业团队运营，逐渐形成以茶旅为特色的研学业态。

做大做强"娥眉山居""古镇风情""悠然南山"民宿集群。娥眉山居·黄湾民宿集群中以简居、醉木溪为代表的多个民宿开展扩容提质；绥山镇荷叶村民宿发展逐渐成形，垂天民宿、玉龙山舍、"荷叶记忆"已投入使用。指导高桥山月溪自然学堂、嘉峨茶谷、农夫山泉完善研学旅游软、硬件设施，完成2021年四川省研学旅行实践大会考察接待任务。完善乡村旅游管理体制机制，全市乡(镇)已组建乡(镇)文化旅游服务中心，通过前期调研走访了解，机构人员配置到位，运行良好。开展人才储备和推荐，已推荐申报四川省文旅能人3人、峨眉山市文旅英才能人8人。开展人才培训，邀请人力资源社会保障厅、教育厅、退役军人事务厅创业导师及乐山市乡村旅游协会秘书长陈建华在全市2021年度村(社区)党组织书记进修班上以"乡村旅游"为主题，为154名参训学员培训《乡村旅游规划与产品研发》《乡村旅游民宿规划设计及运营》等课程，促进全市发展乡村旅游发展，助力乡村振兴。

【农业机械化】 发挥农机购置补贴等惠农政策作用，引导鼓励家庭农场、农民专业合作社、种植大户等各类农业生产经营主体购置先进、适用现代的农业装备，推进农机装备的更新换代和转型升级，推动农机装备智能化发展，不断提升农机化生产薄弱环节装备水平，促进农业综合机械化率水平逐步提高。实施高标准农田建设和宜机化改造，推动土地规模流转、现代农业园区建设等，改善农机作业基础条件，推广农业机械化应用。培育社会化服务组织，推动培育农机合作社、"全程机械化+综合农事"服务中心，发挥农机合作社、"全程机械化+综合农事"服务中心在全程机械化生产、农机化新技术新装备推广、综合农事服务等方面的主力军作用，提升机械化生产的科技含量，推动农机化高质量发展。全年实现农机总动力36.51万千瓦，拖拉机保有量126台，配套农机具584台(套)，有4千瓦～6千瓦的微耕机4100余台(套)，主要农作物耕种收综合机械化率达71.35%。

【农村教育】 全面完成学校布局调整，撤并6所100人以下小规模学校，其中沙溪小学撤并到高桥镇小，川主小学分散调配到城区小学，罗目中学撤并到峨山中学，大为中学撤并到龙池中学，大为小学搬迁至大为中学校址并设立大为镇小附属幼儿园，撤销友爱村小学、天全村小学，完成"80、50"目标。投入资金414万元实施乡(镇)附属公办园扩容，实施《峨眉山市举办公办园教学点工作方案》，全市公办园在园幼儿5586人，占比50.7%；普惠性在园幼儿9042人，占比82%。改善办学条件，峨眉山市县域小学、初中校际10项办学条件差异系数均为0.41，已达到小学小于0.65、初中小于0.55的乡村教育保障考核标准。总投资675万元的罗目镇小食堂建设已投入资金125万元，九里一小维修改造投入资金50万元完成峨眉七中、龙池中学、龙池小学、大为中学、欣隆小学运动场改造项目，投资550万元共计改造校舍场地30 000平方米。投入资金586万元，为27所学校安装交互式液晶一体机172台，建设精品录播教室2间、常态录播教室8间，购买移动录播5套。投入资金90.9万元，采购学生计算机273台并安装，补齐了义务教育基本均衡学校计算机数量不足的短板。提升教育品质，坚持"公开、公平、公正""划片、免试、就近"等原则做好适龄儿童入学招生工作，已落实符合条件外来人员子女就读保障，将外来人员子女接受义务教育纳入统一招生管理，与属地适龄儿童少年平等接受义务教育，义务教育巩固率达100%。继续推进适龄残疾儿童少年入学鉴定安置，全年全市有适龄残疾儿童少年192名，其中包括5名超龄义教段在读残疾学生，经峨眉山市残疾人教育专家委员会鉴定，有13名残疾儿童免学、7名残疾儿童缓学，对所有适龄残疾儿童少年进行了安置，安置率达100%，入学率达96%，其中在特殊学校学习37人、随班就读107人、"送教上门"19人、完成义务教育9人。加强农村教师培养培训，加大"国培计划"和省级、市级教师培训项目支持力度，全面做好2021年全市中小学教师继续教育工作，全年投入经费11万元，培训农村教师达2215人次，提升了教师的学科素养和教学技能。

【农村文化】 完善惠民设施工程，做好农村广播"村村响"、电视"户户通"维护，确保农村广播"村村响"、电视"户户通"正常运行，全年已维修194个自然村1150余次。每月在峨眉山市九里镇付河村"农民美术馆"举行儿童书画培训和学习2次。全年"农民美术馆"免费举办少年儿童书画培训和学习2期。办好文体旅活动，举办2021年"春联暖冬"活动和迎春美术摄影作品展。筹办"时代舞韵"——峨眉金曲广场舞网络大赛；举办峨眉山市农民书画战疫情作品展览，线上展览战疫情书画作品80幅。开展"4·23"读书日系列活动，举办"庆祝中国共产党成立100周年"诗歌征文活动；举办"庆祝中国共产党建党100周年文化进校园暨献爱心活动、庆祝中国共产党建党100周年——"党在我心中·永远跟党走"文艺演出和2021年"家乡美·颂党恩"写生活动等庆祝建党100周年各项活动，筹办第八届旅博会非遗展示活动。申报14个第一批峨眉山市非物质文化遗产保护传承基地及省级代表性传承人3名。5个项目入选县级非遗项目，26人入选县级非遗传承人。组织4个县级项目申报第七批市级非遗项目，组织22名县级传承人申报第八批市级非遗传承人。推荐峨眉武术申报四川省第一批非遗保护传承基地，组织5名非遗传承人开展第七批省级非物质文化遗产代表性项目代表性传承人申报，举办2020年申报项目及传承人授牌仪式。组织峨眉山市非遗传承人召开2次培训会和"学党史、悟实心、讲传承"学习座谈。向党员非遗传承人征集"百年百技艺心向党"党员传承人宣传视频。组织非遗项目参加第六届峨眉山音乐节、天府旅游美食节、"天府根脉"——四川非遗精品展、"非遗过大年，文化进万家"视频拍摄活动等。举办2021"文化和自然遗产日"峨眉山非遗展示活动，全方面展现非遗文化。

【农村法治建设】 严格落实"谁执法谁普法"原则，开展"八五"普法，推进"法律七进"工作，开展"一月一主题"普法活动、"法治宣讲基层行""法律明白人"等特色普法活动60余次，开展《中华人民共和国民法典》、环境保护、防邪、禁毒、未成年人保护、新安全生产法等线下主题法治宣传活动12次，发放法治大礼包46 000余份；持续推动"法行峨眉"在线法律服务平台建设，开通"律师免费答疑"服务和开播"律师在线"普法小课堂，围绕民法典、食品安全、未成年人保护、疫情防控、电信网络诈骗、城市规划、农村"两乱"等主题开展线上法治宣传，发布推文630余期；组织开展村（社区）"两委"班子成员学法用法，提高村（社区）"两委"班子成员运用法治思维和法治方式深化改革、推动发展、化解矛盾、维护稳定、应对风险的能力，提升基层法治保障能力，参考率100%，合格率100%；健全完善村级组织，规范基层民主，推进法治建设，大为镇楠香村入选第八批"全国民主法治示范村（社区）"。

【涉农招商引资】 全市3000万元以上的农业招商引资重大项目1个，为内资项目，增长100%；项目总投资2亿元，增长100%。协议资金20 000万元，增长100%。

【农产品质量安全监管】 全市共抽检茶叶、蔬菜、水果、大米、食用菌等农产品1003批次，检测合格率为99.57%。认证绿色食品11个，全市有效期内"三品一标"产品总数累计达64个。

【农村留守家庭（儿童、学生）帮扶】 接续开展"雨露计划"，针对全市脱贫家庭（含监测帮扶对象家庭）接受中职（普通中专、成人中专、职业高中、技工院校等全日制）、高职（全日制高职）等职业教育的学生，按照1500元/学期标准，春、秋两季共补助388人次、58.2万元。

【主要领导人】 市委书记：龚德勤；市人大常委会主任：樊廷举；市长：陈林强；市政协主席：谭勇强；分管农业副市长：童登俊。

峨眉山市编写组

犍为县

【基本情况】 2021年，全县辖15镇164个行政村，辖区面积1375.4平方千米，其中耕地面积53.6万亩，比上年增长0.1869%，人均耕地面积0.98亩；基本农田66.03万亩。年末总人口54.45万人（户籍人口），减少0.76%；人口出生率5.63‰，减少1.3个千分点；人口自然增长率-4.87‰，减少1.38个千分点。全县耕地有效灌面和保证灌面分别达到耕地总面积的32.5%和62.6%；本地水资源总量

4.57亿立方米，人均占有水资源量1098立方米。有林业用地5.3146万公顷，有林地面积4.6741万公顷，活立木总蓄积量427.4万立方米，森林覆盖率44.665%。

2021年，全县GDP256.09亿元，增长7.8%，其中第一产业增加值49.14亿元，增长6.9%；第二产业增加值104.22亿元，增长7.5%（全部工业增加值88.61亿元，增长9.3%）；第三产业增加值102.73亿元，增长8.5%。三次产业对经济增长的贡献率分别为18.7%、37.9%和43.4%。有从业人员22.78万人。全年接待游客300.11万人，实现旅游收入12 984.37万元，其中乡村旅游收入5946.21万元。

公路通车里程2929.287千米（其中乡村公路2691.387千米），密度2130米/平方千米、50千米/万人。社会消费品零售总额90.11亿元，增长19%。地方公共财政预算总收入完成10.01亿元，增长30.94%；公共财政预算总支出33.9亿元，增长11.92%，其中农业投入54 190万元，占支出的15.99%。金融机构各项存款余额267.8亿元，比年初增长5.31%；各项贷款余额191.4亿元，比年初增长12.51%，其中涉农贷款余额98.37亿元。全年农业保费收入1092.06万元，增长7.79%；处理各项赔款和给付金额2.07亿元，增长9.41%。农业产业化龙头企业国家级、省级、市级、县级分别为1家、4家、15家、7家。

有各类学校154所，在校学生56 744人，教职工4580人，其中普通中学5所，在校学生7358人；小学28所，在校学生23 468人；学龄儿童入学率100%。有艺术表演团体9个，文化馆1个，公共图书馆1个，博物馆1个。有卫生机构554个，病床位2900张，卫生技术人员2364人。新型农村社会保险参保人数22.56万人，被征地农民养老保险参保人数3299人。

【年度农业和农村经济运行】 2021年，全县实现农业总产值73.63亿元，增长7.7%。农村居民年人均可支配收入达19 534元，增长10.5%，其中工资性收入8902元，增长9.2%；家庭经营收入5998元，增长11.2%；财产性收入338元，增长9.1%；转移性收入4296元，增长12.1%。建立农村金融综合服务站36个、信用村14个（主要农产品产量见表1所列）。

【农业产业化发展】 以茉莉花、茶叶、生姜、水果、肉兔等特色产业为主导，持续加强茶叶和茉莉花管护，全力稳定水果种植面积，推动五大特色产业全产业链发展，发展茶叶26.5万亩、茉莉花8.6万亩；水果种植面积18.61万亩，其中柑橘种植面积13.7万亩，并注册“金石井柑橘”国家地理标志保护产品和集体商标。姜黄种植面积约2.7万亩，在九井镇基地成片种植犍为麻柳姜1.1万亩，获得农业农村部农产品地理标志。新评定县级家庭农场84家、市级家庭农场47家，上报省级家庭农场10家；县级合作社13家，上报市级合作社1家、省级合作社3家。

【农用地产权制度改革】 全年颁发农村土地承包经营证12.04万户，暂缓确权9951户。农村土地承包经营实测面积70.77万亩，已确权登记面积67.39万亩，暂缓确权面积3.38万亩。

【农村集体产权制度改革】 完成农村土地承包经营权、集体土地所有权确权登记颁证，推进10个合并村集体经济融合发展试点。建设“互联网+三资”监管平台，集体经营性总收入增长达20%以上。建立工商资本流转土地资格审查和项目审核制度，土地流转面积达15.74万亩，流转率达39.22%；有效盘活闲置宅基地14宗，盘活闲置住宅23宗。

【供销合作社改革】 组建产业型农民合作社联合社，引领创办农民专业合作社、联合社91家。股权投资19.8万元组建犍为知行惠农会计服务有限公司，为200余家专合组织、家庭农场、涉农企业及政府事业单位开展代理记账等各类服务1000余次。开展“三社”融合试点，组建、提升改造农民合作社6家，联结农村集体经济股份合作社30余个，盘活村集体房屋、林

表1　2021年犍为县主要农产品产量

主要农产品	单位	产量	同比增减(%)
粮食	万吨	27.99	1.8
水稻	万吨	17.49	1.5
玉米	万吨	6.39	3.5
马铃薯	万吨	0.66	–0.1
油菜籽	万吨	1.17	8.8
蔬菜	万吨	25.55	2.9
水果	万吨	6.28	11.5
肉类	万吨	6.05	13.0
猪肉	万吨	3.98	14.0
牛肉	万吨	0.10	2.0
羊肉	万吨	0.09	4.1
禽肉	万吨	1.56	6.0
兔肉	万吨	0.38	41.2
禽蛋	万吨	2.75	–8.7
水产品	万吨	2.48	–7.4

地等集体资产8000余万元，带动村集体经济平均增收3万元，带动社员户均增收3500元，服务对象满意度达100%。

【农产品品牌战略实施】 全年参与农博会、茶博会等推介活动6次，实现线上线下销售额6000万元，现场签约2000万元；新认证无公害农产品3个、绿色食品3个、名特优新农产品2个，犍为再生稻米获得国家农产品地理标志。

【现代农业园区建设】 犍为县茉莉花农旅现代农业园区创建为省五星级现代农业园区，犍为县凉厅子茶叶现代农业园区创建为市级现代农业园区。创建省级园区1个、市级园区2个、县级园区2个。

【种植业】 全县粮食作物播种面积66.5万亩，其中水稻播种面积33.2万亩、玉米播种面积15.84万亩。水果种植面积18.61万亩，红薯播种面积8.99万亩，生姜种植面积3万亩，茶叶种植面积26.5万亩，茉莉花种植面积8.6万亩，油菜扩种1.5万亩，花生扩种0.5万亩。粮食总产量27.79万吨，水果产量13.96万吨。兑付耕地地力保护补贴4129.66万元，补贴农户12.11万户，补贴面积31.78万亩；兑付稻谷、玉米补贴774.57万元，补贴农户9.1万户，补贴面积18.73万亩；兑付扩种大豆补贴120万元，补贴农户1.88万户，补贴面积0.83万亩；兑付扩种花生补贴75万元，补贴农户0.43万户，补贴面积0.54万亩。投入资金183.6万元，在罗城、定文、寿保、龙孔、舞雩镇开展全程水稻集中育秧180亩，实现机耕、机插、机收6000亩，烘干6000吨以上。

【林业】 全年林业总产值达45.07亿元，农民人均林业收入3300余元。新（改）建林竹产业基地4.1万亩，新增第三批省级翠竹长廊2条、省级竹林人家3个，培育省级现代竹产业园区1个，命名市级林业产业示范园区1个。

【畜牧业】 全县生猪存栏34.67万头，出栏53.21万头；家禽存栏548.51万只，出栏1044.32万只；肉兔存栏56.25万只，出栏231.72万只。建成生猪标准化养殖场10个、年出栏5000头以上的大型规模场5个。犍为县源村生态农业有限责任公司创建为省级畜禽标准化养殖场，四川金博恒邦农业科技有限公司创建为部级畜禽养殖标准化示范场。

【水产业】 全年水产品产量2.48万吨。全年增殖放流鱼类8万尾，普查水产养殖种质资源82户。启动鱼类栖息地建设项目，首期投入资金67万元。

【乡村振兴】 全年创建省级乡村振兴示范村3个（罗城镇铁岭村、寿保镇旺家村、舞雩镇熊马村），省级乡村振兴重点帮扶优秀村1个（定文镇方井村），省级第二批乡村振兴示范镇3个（舞雩镇高龙村、舞雩镇平安村、罗城镇团结村），市级乡村振兴先进乡镇2个（清溪镇、罗城镇），市级乡村振兴示范村6个（玉津镇爱国村、寿保镇水井村、龙孔镇丝茅坪村、舞雩镇双桥村、石溪镇联盟村、双溪镇柳溪村）。

【农村水利】 实施新店水库中型灌区续建配套与节水改造项目，升级改造建设秧田口、团碾房、燕子岩3处取水口工程，新建秧田口泵站，整治渠系工程58.134千米，配套完善及改造干支渠小型建筑物118处，实现灌区信息化工程建设。投入资金127.9万元，对丝茅坪水库大坝、溢洪道、放水设施、管理房、观测设施等枢纽及附属设施进行除险加固。投入资金319.94万元，对全县30座小型水库开展维修养护，对观音桥水库开展大坝沉降位移、渗流渗压等在线监测系统建设。

【农业机械化】 全年实施补贴资金87.425万元，补贴农机具1400台（套），受益农户1147户，主要农作物耕种收综合机械化水平为70%。新建提灌站2座，新增灌溉面积1950亩。

【农村科技】 丘陵区生姜优质高效栽培技术示范与应用获得乐山市科学技术进步奖1项。组织科技特派团成员开展农业科技培训5场，培训农民1100余人。建立茉莉花、茶叶、生姜等示范区5700亩，核心示范区1500亩，建成木本香料作物育苗基地20亩。炒花甘露、清溪茶业公司获得“四川名茶”称号，凉厅子茶业被认定为省级重点产业化龙头企业，犍为县省级农业科技园区获评“四川省科技创新工作先进园区”。

【农村教育】 全面完成2所普通高中的合并，撤销14所教学点、1所中心小学；调整2所九年制学校初中部，共涉及分流高中学生838人、义务教育学生1013人、教职工287人。落实辍学学生劝返、登记和书面报告制度，共劝返复学19人，义务教育巩固率达100%。创新实施“三百”工程，举办中青年骨干教师读书班、名优学科教师培养对象培训班、中青年干部培训班，集中培训教师900余人次；选派乡村14小学校长参加市“十四五”第一期校长培训；选派91名干部教师参加“国培计划”省、市级项目培训；共减免学前学生保教费和“三儿”资助2400人次、113.13万元，资助义务教育阶段困难学生生活费18 710人次、720.775万元，普高助学金3200人次、320万元。

【农村文化】 全县27个镇综合文化站全部实施免费开放，共补助免费开放经费118.8万元。按照“七个有、六个一”标准，建设罗城镇塘湾村、蔡佳村、舞雩镇金光村、大湾村4个村文化服务中心，在舞雩镇康乐村建设犍为县第一个村史馆，开展舞雩镇兔肉美食节、芭沟樱桃节等文旅节庆活动10余场次。完成村级应急广播系统合并和维护78个。开展全民阅读“六进”（进机关、进企业、进学校、进社区、进乡村、进家庭）活动，免费赠送群众各类图书400余册、资料100余份，接待咨询100余人。与川投峨旅洽谈芭沟小镇景区特色图书馆分馆建设，在犍为县消防大队合建图书馆分馆1个。开展志愿服务，组织党员和干部到联系村开展党员志愿服务活动和“民呼我应 即诉即办”活动，收集解决困难和问题3个。4月15日，免费开设为期半月的茶道插花、书法、舞蹈、声乐等成人艺术培训班，共培训150人。组织文艺工作者开展主题采风活动，创作推出一批庆祝中国共产党成立100周年的文艺作品。创作歌曲《茉莉花开》,以抗洪精神为题材的舞蹈《激流勇进》完成首演。

【农村卫生】 全年累计管理高血压、糖尿病、重症患者4.56万人。继续落实卫生扶贫救助基金扶持,全年救助198人,投入扶贫救助基金117.7万元。县中医医院"互联网+居家养老"医养结合项目入选"全国医养结合典型经验"。

【农村法治建设】 印发《2021年普法依法治理工作要点》,开展"双百"活动、"三个一百——民法典进乡村"等主题普法活动30余场次、农民工法律援助释法和法治进工地宣讲活动20余场次,发放各类宣传资料8万余份,覆盖群众98%以上。全年排查化解各类矛盾纠纷1491件,调解成功1485件,调解成功率达99%以上;办理法律援助案件89件,提供法律咨询服务1563余人次,完成民生目标任务的100%,发放人民调解案件个案补贴10万余元。完成15个公共法律服务工作站和203个工作室建设,实现"一村一法律顾问"全覆盖。

【农村交通】 出台《犍为县深化农村公路管理养护体制改革实施方案》,完成犍宜路、罗胜路等19条县、乡道建设13.8千米,八一路、红久路等75条村道23千米、江心岛疏散通道项目21.55千米。先后投入资金3500万元,投放各类环保型公交车132辆,发班间隔时间缩短80%,实现城乡公交化率、建制村通客车率均达100%。

【涉农招商引资】 2021年,全县3000万元以上的农业招商引资重大项目1个,为内资项目,项目总投资2.4亿元。

【农村社会保障】 全年支付城乡居民基本养老保险69.15万人次、9701万元。为建档立卡贫困人员、低保对象、特困等特殊情况人员代缴城乡居民养老保险共计239.43万元。

【农村生态建设及环境保护】 投资7400万元,完成岷江杨泗庙水厂迁建工程建设。投资约2496万元,开展石马河流域整治,完成三岔河水库(万人千吨)水质提升工程;完成全县16个集中式饮用水水源保护区规范化建设,饮用水卫生合格率100%。建设农村户厕3848户,提升改造行政村公共厕所5座。完成孝姑垃圾压缩站建设,城乡生活垃圾收转运体系覆盖率达100%。全县畜禽粪污综合利用率达98.19%,规模养殖场粪污处理设施装备配套率达100%。

【农产品质量安全监管】 全县共抽取农产品样品5410个,合格率达100%;完成省级项目下达的120个样品定量检测任务,完成县本级例行监测240个和监督抽查95个检测任务,达到0.6批次/千人;抽检豇豆26个样品,完成率118.18%。全年共出动执法人员450余人次,检查农药门店100余家、种子销售点350个次、兽药经营企业138家次。完成20个以上种质资源普查与征集工作样品任务。开展"百县千乡万户"科学安全用药培训,培训人员560人次。

【农村留守家庭(儿童、学生)帮扶】 打造玉津、罗城等5个"儿童之家"示范点。启动"一站一家"儿童阵地建设,服务儿童3.8余万人次。开展"福彩圆梦、孤儿助学"等行动,为困境儿童发放补贴90余万元。建立留守儿童档案库、家委会,组织家庭教育讲师团开展教师家访活动,结对教师向家庭贫困的留守儿童赠送衣服、书包、笔本等用品,共赠送各类物品5000余件。组织81个县级部门(单位)对165名困境儿童进行"一对一"帮扶,帮扶物资和慰问金约7万余元,解决困境儿童难题226个,对儿童家庭发放低保、特困等生活补贴约2500万元;开展困境儿童心理团辅2次,为困境儿童和监护人开展个人心理辅导390余人次。

【劳务开发与返乡创业】 全年实现农村劳动力转移就业18.5万人。开展"春风行动""金秋送岗"和"送岗下乡、进村"等就业帮扶活动,共推送县内外务工岗位信息5.7万余个。采用网络招聘和线上"送岗"方式,开展"带岗直播"专场网络招聘活动,共开展"带岗直播"2场次、网络招聘会9次、在线"送岗下乡"13批次,推送就业岗位4.1万余个。开发城镇公益性岗位和乡村公益性岗位共800个,发放岗位补贴677.45万元。向符合条件的城乡劳动者发放创业担保贷款94笔,发放创业担保贷款1813万元,带动就业232人;发放返乡农民工创业补贴19人,补贴19万元;发放贫困劳动力创业奖补9人,补贴9万元。

【主要领导人】 县委书记:谭春秋;县人大常委会主任:刘云(10月止),缪俊(10月始);县长:孙廷鹏;县政协主席:余德金(10月止),冯柏清(10月始);分管农业副县长:王勇(10月止),杨谦(10月始)。

犍为县编写组

井 研 县

【基本情况】 2021年,全县辖14镇1个街道119个建制村(社区),辖区面积840平方千米。总户数148 631户,总人口383764人,其中男性197 622人、女性186142人。出生人口2092人,人口出生率5.5‰;死亡人口2361人,人口死亡率6.2‰;人口自然增长率-0.7‰。在总人口中,城镇人口123 046人,乡村人口260 718人。

2021年,全县GDP140.43亿元,增长7.1%;全社会固定资产投资增长13.5%;规模以上工业增加值增长5.3%;社会消费品零售总额增长18.8%;地方一般公共预算收入增长15.8%；城镇、农村居民人均可支配收入分别增长8.8%、10.6%。

【文旅品牌创建】 在乐山文化旅游"L10"系列主题评选活动中，千佛镇民建村入选乐山十大文旅新村，竹园镇烈士村入选乐山十大历史文化记忆，三青台垂钓基地入选乐山十大运动体验地，曾家山民宿入选乐山十大精品民宿。

创建生态旅游示范区。编制四川省生态旅游示范区申请评定报告书、井研县研溪湿地公园创建省级生态旅游示范区工作报告、井研县研溪湿地公园创建省级生态旅游示范区技术报告等，于5月25日—26日通过四川省生态旅游示范区初评。开展研溪湿地软硬件提升改造，为迎接省、市验收检查做好准备。

【公共文化服务体系建设】 县图书馆全年完成地方文献收藏量111种，新增文献1501册；完成部分珍贵馆藏古籍的文物信息数据采集，共存藏数据资源5000幅，首次建立起独立的古籍数据资源库。县图书馆被省图书馆、省古籍保护中心授予"四川省古籍保护工作示范单位"称号。完成周坡镇周坡村村史馆建设。加强文物安全检查，共检查文物36次，检查文物9处，其中3处存在安全隐患，已整改，确保文物安全。

【人才队伍建设及文艺创作】 开展多形式的镇、村（社区）文化志愿队伍、文艺爱好者、乡土文艺人才辅导培训10次；完成2021年度乡村文化和旅游能人库建设。开展精品作品创作，结合中国共产党成立100周年推出井研农民画党史画14幅，结合全市"五清"行动创作农民画6幅，结合"德耀嘉州 践行十爱"创作农民画20幅。围绕中国传统文化二十四节气创作农民画10幅，其中作品《大雪》被文化和旅游厅采用并推广。创作话剧《拱辰星火》、歌曲《画乡孩子爱画画》。音乐快板《橘乡井研话振兴》参加中国丰收节四川分会场演出，《中国橘乡在井研》获得四川电视台第三届"乡村好声音"金奖；音乐快板《十九届六中全会暖人心》作为全市宣传十九届六中全会宣传典型登上"学习强国"四川学习平台。

【文化活动】 组织开展"我们的中国梦——文化进万家""研为百姓大舞台"系列文化惠民活动30场；承办2021年全市文化科技卫生"三下乡"集中示范服务活动启动仪式暨"我们的中国梦——文化进万家"活动；举办第八届四川省中华嫘祖母亲文化活动暨国学大师廖平学术研讨会；开展"四川省民间文化艺术之乡"网上申报、县级非物质文化遗产整理；组织开展"4·23"世界读书日全民阅读系列活动；开展新春系列、庆祝中国共产党成立100周年"百年荣光 薪火相传"有奖答题"党史学习知识"竞赛等线上系列活动；组织开展成渝地·巴蜀情系列活动之"信仰的力量"——川渝地区纪念建党100周年"阅读之星"井研赛区诵读活动；举办庆祝建党100周年书画摄影作品展；筹办"唱支山歌给党听·百首金曲庆华诞"大型山水实景歌会、中国丰收节井研分会场活动。

【广电建设】 全县广播电视"户户通""村村响"运行维护管理、农村地面数字电视运行维护服务工作有序推进，累计维护、维修各类广播电视设备设施12 000余台次，保障了全县广播电视节目信号正常传输。

广电安全管理。加强建党100周年广播电视安全播出管理，全面落实安全播出管理责任，开展广播电视行业安全大检查，对县广播电视台、省广电网络井研分公司开展安全播出检查52人次，完成元旦、春节、全国两会、"七一"、国庆等重要时期重要时段广播电视安全播出工作。继续开展非法卫星地面接收设施专项治理，规范IPTV传输秩序，加强宾馆酒店、医院、学校等公共场所广播电视安全播出管理，规范广播电视安全播出和传输行为，严厉打击广播电视违法违规经营活动。

【疫情防控】 各场所全覆盖四川天府健康通，全面落实疫情防控扫码、测温、登记、消杀等各项措施。停业整顿未按规定落实疫情防控措施的上网服务营业场所4家，及时上报疫情预警4起。行业从业人员疫苗接种除有禁忌症外，接种率达100%。在全民健身中心、网吧、KTV、景区（景点）等公共场所张贴防疫知识。成立3个工作组，对行业领域开展全覆盖从严督导，确保防疫措施落实落细。抽调3名工作人员负责东林镇、高凤镇的农村地区疫情防控督导。

【主要领导人】 县委书记：熊建新；县人大常委会主任：杨玉兴；县长：李建伦；县政协主席：杜宏；分管农业副县长：廖雷。

井研县编写组

夹 江 县

【基本情况】 2021年，全县辖6镇2个街道，辖区面积743.99平方千米，其中耕地面积21.55万亩，比上年减少0.1548%；基本农田19.71万亩。年末总人口33.99万人（户籍人口），减少0.4%；人口出生率0.0061‰，减少1.08个千分点；人口自然增长率–0.136‰，增加1.86个千分点。全县耕地有效灌面和保证灌面分别达到耕地总面积的88.5%和77%；本地水资源总量7.84亿立方米，人均占有水资源量2566立方米。有林业用地2.909 793万公顷，有林地面积2.909 793万公顷，活立木总蓄积量248万立方米，森林覆盖率42.95%。

2021年，全县GDP235.28亿元，增长7.7%，其中第一产业增加值36.53亿元，增长7.6%；第二产业增加值114.98亿元，增长8%（工业产值104.34亿元，增长8.6%）；第三产业增加值83.76亿元，增长7.3%。三次产业对经济增长的贡献率分别为16.5%、49.6%和33.9%。乡（镇）中小企业从业人员144 600人。劳务输出105 000人，收入198 500万元。

公路通车里程1347.4千米（其中乡村公路1078.664千米），密度1798米/平方千米、38.27千米/万人。社会消费品零售总额90.01亿元，增长18.8%。地方公共财政预算总收入完成13.95亿元，增长4.92%；公共财政预算总支出20.34亿元，减少2.53%，其中农业投入51 456万元，占支出的25.3%。金融机构各项存款余额298.1亿元，比上年初增长11.37%；各项贷款余额165.82亿元，比年初增长17.7%。全年农业保费收入0.18亿元，增长61.14%；处理各项赔款和给付金额3661.2万元，减少0.69%。农业产业化龙头企业国家级、省级、市级、县级分别为1家、4家、18家、290家。

有各类学校97所，在校学生21 919人，教职工1963人，其中普通中学19所，在校学生10 643人；小学19所，在校学生14 681人；学龄儿童入学率96.83%，提高1.83个百分点。农村地区设有镇（中心）卫生院及社区卫生服务中心8家、镇（中心卫生院）卫生院分院6个、村卫生室209个、诊所22个。有文化馆1个，公共图书馆1个，博物馆1个。新型农村社会养老保险参保人数144 168人，参保率95.57%；被征地农民养老保险参保人数26 500人，占总人数的18.33%。

【年度农业和农村经济运行】 2021年，全县农村居民人均可支配收入达22 561元，增长10.4%。全县农产品质量抽检合格率比年初提高0.04个百分点；建成9个基层农业综合服务站（主要农产品产量见表1所列）。

【农业产业化发展】 全县有涉农企业313家，其中国家级龙头企业1家、省级龙头企业4家、市级龙头企业18家；华义、百岳、洪椿出口茶联合体获得农业农村部2021年农业国际贸易高质量发展基地认定。有农民专业合作社443家，其中培育国家级示范社4家、省级示范社18家；有家庭农场224家，其中省级示范场16家；培养新型职业农民818人。全县申报为农民合作社质量提升整县推进国家级试点县。乐天农业机械化服务合作社被认定为全国统防统治星级服务组织，获评全省乡村振兴突出贡献奖，获评全省唯一的第三批全国“全程机械化+综合农事”服务中心典型案例。

【农用地产权制度改革】 推进“三块地”改革，制发《夹江县农村宅基地管理办法》，完成《夹江县农村集体经营性建设用地管理办法》和《夹江县建设用地开发利用管理办法》修订，《夹江县农村集体土地征收补偿拆迁安置实施办法》通过县政府常务会审议。因地制宜开展农村房地一体权籍调查，依法依规推进农村不动产权登记，完成农村宅基地、集体建设用地及地上房屋外业测绘、权属调查、登记成果数据的整合汇交及确权登记颁证工作，完成权籍调查84 879宗、内业资料录入75 000宗、易地扶贫搬迁797户、数据入库和颁证784户。规范农村不动产确权登记数据库建设，设置农村不动产登记窗口，方便乡（镇）群众办理集体土地、房屋等不动产登记。开展全民所有自然资源和国家级资产清查、价格体系基础数据采集、全民所有自然资源资产清查；完成2020年度国土变更调查和集体建设用地基准地价编制。

【农村集体产权制度改革】 深化承包土地改革，完成土地流转20万亩，流转率达55%；加快集体经营性资产股份

表1 2021年夹江县主要农产品产量

主要农产品	单位	产量	同比增减(%)
粮食	万吨	11.413 24	1.60
水稻	万吨	8.079 60	1.40
小麦	万吨	0.039 00	3.70
玉米	万吨	2.284 24	2.40
马铃薯	万吨	0.471 40	0.10
油菜籽	万吨	1.453 20	0.10
蔬菜	万吨	13.341 60	5.20
水果	万吨	1.174 20	9.20
肉类	万吨	2.436 90	0.01
猪肉	万吨	1.465 61	15.70
牛肉	万吨	0.024 20	13.30
羊肉	万吨	0.004 50	23.00
禽肉	万吨	0.871 30	–17.00
兔肉	万吨	0.071 30	–43.20
禽蛋	万吨	2.495 20	77.00
水产品	万吨	0.325 90	–2.30
牛奶	万吨	0.053 70	–32.50

合作制改革，村集体经济组织覆盖率达100%；创新金融服务模式，用活“农担贷”“强村贷”等金融产品，自组建风险补偿金以来，累计发放贷款973笔8.59亿元，在贷余额3.8亿元，金融服务“三农”走在全省前列。深化农村“三资”管理，在全省率先成立农村集体“三资”监管平台，实现村级集体“三资”制度化、规范化、信息化管理。

【供销合作社改革】 全县有青衣街道青衣江村、马村镇龚沟村、黄土镇茶坊村、木城镇白果村、华头镇迎新村、华头镇余湾社区6个参股基层社，有宝华、何村、乐天、科霖、康盛等15家社会化合作关系的基层供销社，有夹江县储运公司、夹江县泰丰烟叶购销有限公司、夹江县风顺农产品有限公司3家直属企业。创办或领办农民专业合作社43家，入社农民3936户，主要从事农资、日用消费品、农副产品、茶叶生产、蔬菜种植及销售等经营业务。

做好农资供应。发挥组织优势、流通优势、服务优势，保障化肥等农资生产供应和价格基本稳定。组织农资企业人员到各乡（镇、街道）进行摸底调查，及时掌握农户农资需求第一手信息。采取实地洽谈、电话沟通等方式，与生产厂家对接、洽谈，签订购销合同，确保农资种类丰富、数量充足、价格合理。同县农村信用社签订战略合作协议，提供授信贷款，帮助基层社筹措资金，确保农资采购不差钱。加强供销系统信息流动，推动基层社农资销售统一管理、统一价格，让“供销农资、放心农资、绿色农资”直接进入田间地头，打通为农服务“最后一公里”。

推进基层组织建设。成立夹江县百胜农业专业合作社联合社；成立夹江县瀑雾茶叶专业合作社、夹江县柳溪石斛专业合作社2个专业合作社；争取省级改革资金60万元，成立乐山市夹江县青衣街道青衣江村供销合作社有限公司、夹江县华头镇余湾农业专业合作社、夹江县迎新茶叶专业合作社、夹江县旗胜黄花菜种植专业合作社、夹江县马村镇龚沟村供销合作社专业合作社、夹江县鑫业农资有限公司等6个基层社示范社，基层供销社为农服务基本实现县域全覆盖。

恢复基层供销社“三会”制度。深化基层社“三会”制度建设，指导基层供销社恢复理事会、监事会、社员代表大会制度，以“三社融合一体化服务”为发展模式，坚持开放办社，坚持为农服务合作经济组织属性，吸收农民入社、入股，组建新型基层供销合作社，为社员提供生产、供销、信用“三位一体”综合服务。

【农产品品牌战略实施】 全县有“青衣江茶”县域品牌1个、“绿山针红茶”“千里云”等多个优质品牌农产品，申报全国名特优新农产品“夹江马村藤椒”“夹江新生葡萄”“夹江泽泻”3个。印发《夹江县食用农产品“治违禁控药残促提升”三年行动实施方案》。新建县级农产品质量指挥调度中心1个，建成“会议/监管/监控/视频会议”指挥中心，形成三点一线“追溯示范基地、县农业农村局、农业农村厅视频会议系统”综合控制系统。打造农产品质量安全追溯示范企业（基地）6家，新建标准化实验室，鼓励企业开展自检，同时在标准化生产基地安装监控设备，并与指挥中心数据对接，实现可视化监管。茶产业园区内所有生产经营主体实施食用农产品合格证制度，推行“合格证+二维码”双证合一，实现产品质量安全全程数据溯源。开展“区域品牌+企业品牌”双品牌打造，特成立茶叶协会，纳入县内茶叶经营业主136人，使用“青衣江茶”特色区域品牌，新型经营主体均可使用“青衣江茶”县域品牌，获准使用“天府龙芽”区域品牌的企业有4家，获准使用“峨眉山茶”的有4家。3—10月期间组织汉柏春茶业有限公司、千里云茶业有限公司、华义茶业有限公司等茶企参加第三届中国（夹江、峨眉山）国际绿茶出口发展论坛，第十届四川国际茶业博览会、第六届中国国际食品配料博览会，全年农产品质量安全风险监测和监督抽查289批次，监测合格率达99.6%。

【现代农业园区建设】 把园区作为承载产业的关键，推进园区提档升星，创建省三星级园区1个、市级园区3个、县级园区3个。培育省级示范合作社22个、省级示范家庭农场11家、国家级龙头企业1家、省级龙头企业4家。华义、百岳、洪椿出口茶联合体获得农业农村部2021年农业国际贸易高质量发展基地认定。

【种植业】 全县蔬菜基地总面积21万亩（含复种），产量47.13万吨，实现产值12.63亿元，是全国蔬菜生产重点县、国家大宗蔬菜现代农业产业技术体系试点县、省级蔬菜直供港澳试点县、川渝蔬菜重要供应基地。中药材基地总面积5.4万亩，产量1.166万吨，实现产值2.224亿元，其中泽泻种植面积4万亩，产量8200吨，实现产值1.46亿元，泽泻面积和产量均占全国总量的一半以上。

【林业】 严格落实“碳达峰碳中和”目标任务，编制完成《国有林场“十四五”森林经营方案》《夹江县森林经营方案》《夹江县森林经营规划》和《森林防火规划》，制发《夹江县关于全面推行林长制实施方案》和《夹江县林茶生态示范带建设实施方案》。全面推行林长制，持续深化“绿秀夹江”行动，加快国土绿化美化。开展世行贷款长江上游森林生态系统恢复项目建设，持续推进林茶套种现代林业示范带、旅游景观带以及森林质量精准提升、横断山区水源涵养与生物多样性保护项目建设。完成2021年森林资源管理“一张图”年度更新、森林督察、森林资源二类调查成果验收以及0.32万亩国有天然林管护和3.7万亩退耕还林成果巩固，全面加强天然林资源、名木古树及及野生动植物保护。全年完成营造林3.75万亩，“四旁”植树60万余株，其中重点完成林茶生态示范带造林面积3204.7亩、退化林修复2000亩和橡桐树基地800亩建设任务。全面开展矿山地质环境保护，全面加强绿色矿山治理和生态修复，守住长江上游生态屏障。

【畜牧业】 以生猪稳产保供为目标，全年建设投产规模养殖场9个，已完工未投产2个，在建3个。推进种养循环科学养殖模式，申报全省畜禽养殖绿色发展项目，到位资金1000万元。全年生猪存栏17.3万头，其中能繁母猪存栏1.68万头；累计出栏23.78万头。

【乡村振兴】 巩固脱贫攻坚成果，筑牢防止返贫底线，严格落实“四个不摘”精神，持续推进与乡村振兴的有序衔接。加强防止返贫监测帮扶，坚持每月开展防返贫监测排查，全面推进脱贫攻坚与乡村振兴的有效衔接。推进以马村镇、三管村、金银河村等为重点的示范镇、村创建，典型引领，打造乡村振兴示范片。持续推进人居环境整治，争取人居环境整治项目试点县。

【乡村旅游】 马村镇石堰村创建为全国第十一批“一村一品”示范村镇和四川省乡村旅游重点村；夹江县马村镇方沟社区创建为3A级景区——大千纸故里研学园；华头镇辕门村创建为2A级旅游景区——辕门仙草谷；青衣街道凤山社区被评为“乐山市十大赏花胜地”，新场镇团结村天福观光茶园景区被评为“乐山市十大茶旅融合基地”，马村镇石堰村被评为“乐山市十大文旅新村”，马村镇石堰村一树闲居被评为“乐山市十大精品民宿”，马村镇方沟社区大千纸故里景区文创产品被评为“乐山市十大文创伴手礼”。

【农村水利】 全县已建成各类水利工程近万处，其中河湖引水工程2处（东风堰与跃进渠）、小型水库35座、灌排渠道3778条（合1991.6千米）、水闸33座、灌溉机井80口、提水泵站318处、塘坝1111处、石河堰108处、窖池2648处；已完成整治各级堤防98.21千米。全县年供水能力25 113.5万立方米，其中河湖引水工程供水能力13 500万立方米，水库工程供水能力2651.1万立方米，提水泵站工程供水能力5922万立方米，塘坝及窖池供水能力1200.1万立方米，机电井工程供水能力1840万立方米。

【农业机械化】 全县农业社会化服务体系健全，共有农业生产社会化服务组织101家提供全环节、一站式农业服务，年均服务农作物面积120万亩次。全县装备主要农作物机械52 346台，主要农作物综合机械化率达80%，高出全省平均水平15个百分点。

【农村科技】 截至2021年年底，全县拥有国家科技型中小企业4家、乐山市国家农业科技园区企业6家、科技创新服务平台1个（百岳茶业级院士专家工作站）。实施《夹江县科技特派员服务团队建设》省级科技项目1个。

【农村教育】 推进项目攻坚。总投入3.18亿元和1450万元，新建云吟职中综合实训楼与机关幼儿园分园，进行基础施工；总投入1569万元的华头中学学生宿舍和新场幼儿园建设项目均已完成主体建设，进行装饰施工。全面完成吴场幼儿园、三洞中学学生宿舍楼、夹江二小（特校）教学楼和木城中学灾后重建等新（改、扩）建项目，办学条件得到了较大改善。

推进学前教育“50”攻坚。为确保完成公办园在园幼儿占比50%的任务，结合全县实际，采用租赁普惠性民办园举办公办园的方式来提高公办园幼儿园占比。10月，县教育局联合县财政局、县司法局以及各镇（街道）政府对20所自愿申请受租举办公办园分园的普惠性民办幼儿园进行实地督察、材料审核，最后遴选出14所符合条件的普惠性民办幼儿园，全面完成公办园在园幼儿占比达到50%的发展目标。

教育布局调整。围绕全县教育改革和发展的总体要求，按照“100人以下、不足6个班且生源持续萎缩的农村小规模学校应予以撤并调整”的原则，将梧凤中学并入青州小学、甘霖中学并入甘江中学，其60名学生分别转入青州小学、甘江中学或周边中小学，40名教师根据自己意愿或由县教育局统一调配。将龙沱小学并入木城一小，设立木城一小龙沱校区；将麻柳小学并入华头镇中心小学，设立华头中心小学麻柳校区，发挥出优质教育资源学校的辐射、带动作用。

【农村法治建设】 继续加大农村法治宣传教育力度。开展“五大农村法律人才”培训，联合法院、人社局、交警大队等，以劳动争议问题处理、农村土地承包流转法律法规等为主题开展法治宣讲，着力提升乡村人民调解员、“法律明白人”、公共法律服务人才等业务能力。开展“以案释法”进村（居）活动，通过收集村民身边的案件、关心的问题，邀请律师开展及时权威的以案说法，并采用夹江本土乡音录制成音频通过各村（社区）的“大喇叭”广泛播放，录制以“赡养老人”“交通事故”等为主题的宣传内容。开展《中华人民共和国民法典》宣传。对《中华人民共和国民法典》及涉及的农村产业发展、基层治理、土地流转、森林防火等内容，开展形式多样的农村法治宣讲和送法上门活动，提升村民法律意识。全年开展法治宣传150余场次，参与群众3000余人次。

推进平安乡村建设。抓好农村人民调解，坚持和发展新时代“枫桥经验”，在持续开展矛盾纠纷、涉稳问题的每日排查与调处的基础上，加强与各镇（街道）、部门联系，指导各级人民调解组织及时研判讨论，开展矛盾纠纷源头治理，加强特殊时期以及重大节假日期间的矛盾纠纷排查，稳步推进调解促稳定“三查三化三优”专项行动。全年各级调委会调解纠纷1281件，成功调处1280件。常态化开展扫黑除恶，多次开展扫黑除恶常态化专题宣传，持续营造浓厚的扫黑除恶专项斗争宣传氛围。全年累计开展专题宣传9次、线下宣导2次，受教育群众3000余人次。深挖线索摸排，落实矛盾纠纷“一案双查”线索摸排制度；鼓励引导矫正对象和刑释人员发现举报相关线索。同时，抓好律师、公证和法律工作者行业管理，落实代理黑恶案件报告制度。推进落实农村特殊人员教育帮扶，以农村籍社区矫正对象、安置帮教对象为重点，加大政策宣讲力度，加强职业技能培训。协调有关部门落实农村籍社区矫正对象和安置帮教对象帮扶措施，协调解决最低生活保障。加强对社区矫正对象的监管力度，借助网格化工作将管控“触角”延伸到村（组）一线。全年接收委托办理社会调查评估案件共104件，服务监狱服刑人员家属远程视频会见预约135人次，会见78人次。

不断加强农村公共法律服务。持续推进公共法律服务站点建设，从2018—2021年，县司法局推进公共法律服务实体平台建设，逐步完成全县所有镇（街道）和村（社区）公共法服务站点建设，实现县、镇（街道）、村（社区）三级覆盖率100%。深化“一村（社区）一法律顾问”，全面完成全县95个村（社区）公共法律服务室建设，推进镇、村级规范化公共法律服务站点打造。落实“一村（社区）一法律顾问”，对全县95个村（社区）全覆盖指派顾问律师，提供免费法律咨询和法律服务。在每个村（社区）建立法惠民生微信群，全年线上线下为群众解答咨询500余人次。畅通农村公共法律服务渠道，开辟农民工“绿色通道”，全年共受理农民工法律援助案件44件，受理农民工法律援助群体性案件14件，挽回经济损失30余万元；先后对12家在建工地和企业3000余份农民工劳动合同开展法治体检，从源头上避免侵犯农民工权益现象发生。

【农村交通】 农村公路现状。全县农村公路总里程为1200.576千米，其中县道121.912千米、乡道258.259千米、村道820.405千米。

紧扣农业特色和产业发展需求，打造特色景观，宣传公路文化、讲好公路故事，丰富旅游体验，营造“人在车中坐、车在画中游”的意境，编制完成238.7千米幸福美丽乡村路网规划。到2023年，启动实施117.2千米幸福美丽乡村路项目；到2025年，完成238.7千米幸福美丽乡村路项目，全面建成“三环四网一线”，融合环线道路技术等级全部达到四级双车道及以上水平。对接规划好大峨眉旅游环线，力争将木华路、华川路等6条69.2千米纳入大峨眉旅游省级规划，助力全县工农旅深度融合发展。围绕黄土水稻—泽泻和甘江水稻+蔬菜现代农业园区，规划建设天府粮仓农村路网32.5千米。

省级“四好农村”示范县创建。建设“四好农村公路”创建项目11个，里程38.8千米。通过路面危桥改造，完善标线、标志标牌，打造小品小景和文化墙，建设骑游道等方式提升农村公路路容路貌和通行能力。以“四好农村路”创建为抓手，改善农村公路基础设施。

【涉农招商引资】 全县3000万元以上的农业招商引资重大项目2个，均为内资项目，增长50%；项目总投资6亿元，减少30%。协议资金60 000万元，减少30%，完成全年任务的8%；到位资金14 251万元，减少21.3%，完成年度任务的3.17%。

【农村社会保障】 县人社局初步建立起全民参保登记信息共享和业务协同机制，实施精准参保、精细管理，不断扩大城乡社会保险覆盖范围，稳步提升养老保险、失业保险和工伤保险参保率。全面完成对符合发放养老金条件群众的养老金发放，对全县建档立卡贫困人口、特困人员和重残人员等贫困群体实现城乡居民养老保险财政全额代缴，做到“应发尽发，应代尽代”。

【农村生态建设及环境保护】 重大项目建设。加大对农村生态环境建设项目的投入力度，实施2021年度夹江县农村生活污水治理“千村示范工程”建设项目、“水美新村”建设、乡（镇）集中式饮用水水源地规范化建设、城镇污水处理厂污水管网工程建设、城镇生活污水处理厂提标改造工程等重点水污染防治项目。

饮用水水源水质情况。开展集中式饮用水水源地环境整治和水源地保护规范化建设，全县共有乡（镇）及以上集中饮用水水源地11个，其中乡（镇）集中式饮用水水源地8个。11个水源地均完成环境问题整治，并严格按照饮用水水源地保护技术规范完成水源地规范化建设，经监测，饮用水水源水质均达到或优于Ⅲ类水质，水质达标率达100%。

乡（镇）集中式饮用水源地规范化建设。完成8个乡（镇）集中式饮用水源地规范化建设，总投资19万元，新建一级保护区隔离网1000米，设置保护区界标16块、交通警示牌14块、宣传牌32块。

农村生活污水治理。落实《城镇污水处理设施建设三年推进方案》，建成场镇（社区）生活污水处理厂19座，实现建制镇全覆盖。为推进农村生活污水治理，实施2021年夹江县农村生活污水治理“千村示范工程”项目，总投资425.7万元，主要建设内容包含聚居点农村生活污水治理部分：完成新场镇欣梧村1号聚居点污水收集管网4856米、欣梧村2号聚居点、弱漹村聚居点、带河村1号聚居点、带河村2号聚居点，以及追加的新场镇东山村聚居点5个农村聚居点一体化污水处理设施、人工湿地和配套收集管网建设；散户污水治理部分：完成依凤村65户、东风村76户、弱漹村79户、带河村105户共4个村325户农村散户的生活污水治理（厕污共治），该项目于7月开工，12月竣工验收，并完成资金拨付。通过项目的实施，依凤村、东风村、欣梧村、弱漹村、带河村等村生活污水得到有效治理的农户比例分别达60.12%、60.11%、74.23%、60%、60.02%，完成2021年农村生活污水得到有效治理的农户占比达60%的任务，依凤村、东风村、欣梧村、弱漹村、带河村5个村生活污水得到有效治理。建立健全农村环保管护长效机制，农村人居环境不断改善，农村环境监管能力和农民群众环保意识明显增强，为后续全县范围内开展农村生活污水治理作好示范。

【农村留守家庭（儿童、学生）帮扶】 全县共有留守儿童、学生1472人，各校开展对困难学生和留守儿童的全覆盖走访慰问，了解其学习、生活情况，做好心理健康教育，发放物资和慰问金共计8万余元。

【主要领导人】 县委书记：龚德勤（6月止），许天毅（6月始）；县人大常委会主任：张晋锐（10月止），伍仕军（10月始）；县长：漆宾；县政协主席：李冰海；分管农业副县长：杨加如（10月止），薛怀军（10月始）。

夹江县编写组

沐 川 县

【基本情况】 2021年，全县辖13个乡（镇）165个村，辖区面积1407.03平方千米。

【年度农业和农村经济运行】 2021年，全县GDP85.39亿元，增长7.5%；规模以上工业增加值增长5.5%；全社会固定资产投资增长10.2%；社会消费品零售总额34.28亿元，增长18.5%；地方一般公共预算收入增长3.2%。城镇居民人均可支配收入37 751元，增长9.1%；农村居民人均可支配收入18 916元，增长10.5%。因地制宜打造乡村振兴示范村12个，建设省、市级先进乡（镇）3个，省、市级示范村9个，舟坝镇、利店镇成功入库“省级百强中心镇”候选镇。

【特色农业发展】 依托林竹、茶叶、魔芋三大优势特色产业，新建珍稀紫茶基地800亩、魔芋基地3000余亩，打造牛郎坪茶叶、高笋富硒茶果、龙溪河玉米+魔芋等现代农业园区，创建中国魔芋之乡、四川省竹产业高质量发展县。加快推进传统产业向特色精深加工业转型升级，森态源公司被列为国家级农业产业化重点龙头企业，金石焦化被列为全省“专精特新”企业，森态品牌被评为中国农产品百强标志并注册为国际商标，沐川刺梨获评“全国名特优新农产品”称号，全县以魔芋、茶叶等为主的生态食品加工能力达13.5万吨，是“十三五”期间的2.7倍。

【乡村振兴】 聚焦巩固脱贫成果，坚持“四不摘”“三落实”，保持医疗、教育、住房等主要帮扶政策总体稳定，健全防止返贫动态监测和常态帮扶机制，对脱贫不稳定户、边缘易致贫户、突发严重困难户等易返贫致贫人口实行动态监测，新增监测户全面落实叠加帮扶，坚决守住不发生一户一人返贫底线。投入乡村振兴资金2.05亿元补齐产业、基础设施等短板弱项，2021年脱贫户人均纯收入11 702元，同比增长11.54%。推进诸暨—沐川东西部协作，到位帮扶资金3900万元，帮助销售农特产品2568万元。全年输出农村劳动力451名，创新实施技能人才协作“蓝鹰工程”，建成实训基地3个，开办企业、协会“冠名班”6个，联合培养“蓝领雄鹰”技术人才281名（其中脱贫户学生70名），主要做法受到浙江省政府肯定，《中国组织人事报》《四川日报》等多家媒体进行宣传报道，顺利通过国家综合核查、东西部协作考核评价、省第三方评估等检查。

【农村生态建设及环境保护】 全面推行林长制，开展“绿动沐川”生态环境问题大排查大整治专项行动，完成问题整改60余个，以全新形象顺利通过第二轮中央环保督察。聚焦“两山”实践创新基地建设，持续打好蓝天、碧水、净土保卫战，全县生态环境质量持续向好，全年优良天数357天，优良天数率97.8%，空气环境质量综合指数排名全市第一，在全国249个“天然氧吧”县中综合效益指数位居第二；龙溪河、马边河、沐溪河出境断面水质均达到或优于III类水质，河湖长制综合考核结果优秀，位列全市第二。

【公共文化服务体系建设】 做好文化馆、图书馆、美术馆、农耕文化博物馆的常态化疫情防控措施，加强工作人员风险意识，保障场馆安全免费开放。更新、更正图书数据库，与省图书馆建立省图互联互通资源的免费数字图书数据库，自动化借阅数量得到提升。举办“学党史、颂党恩、开新局”红色经典诵读比赛、“百年华诞·红心向党”沐川县庆祝中国共产党成立100周年文艺演出暨“两优一先”表彰大会活动、“对月当歌”赏月诵中秋等系列文化活动130余场，累计服务群众10万人次；开展《竹乡人文讲坛》公益讲座46场。

【主要领导人】 县委书记：鲁力；县人大常委会主任：胥大齐；县长：余斌；县政协主席：刘凤枢；分管农业副县长：姜华。

沐川县编写组

峨边彝族自治县

【基本情况】 2021年，全县辖6镇13乡，辖区面积2382平方千米。

【年度农业和农村经济运行】 2021年，全县城镇居民人均可支配收入达37 920元，比上年增加3054元，增长8.8%；城镇居民人均生活消费支出22 878元，其中食品消费支出8649元，食品消费支出占生活消费支出的比重（恩格尔系数）为37.8%。全县农村居民人均可支配收入15 021元，增加1435元，增长10.6%；农村居民人均消费支出12 997元，其中食品消费支出4942元，农村居民恩格尔系数为38%。

【2020年度第二批和2021年度大中型水库移民后期扶持项目计划】 根据财政厅、省扶贫开发局《关于下达2020年第二批省级大中型水库移民后期扶持基金的通知》和省扶贫开发局《关于开展四川省大中型水利水电工程移民"十四五"规划编制工作有关事项的通知》精神，成立以县政府分管领导为组长，县扶贫开发局、县财政局、县审计局、县发改局、县农业农村局、县交通局、县文体旅局、县住建局、毛坪镇、沙坪镇、五渡镇主要领导为成员的项目建设领导小组，领导小组下设办公室在县扶贫开发局，由县扶贫开发局副局长干洛木叁任办公室主任，具体负责项目建设计划申报、管理督导，协调解决具体问题，保证项目建设全面落实。县级相关主管部门负责各项目的业务指导工作；各库区乡（镇）政府是移民后期扶持项目责任主体，负责组织项目实施和具体管理，保证项目质量和项目效益。结合乡村振兴战略规划，经库区移民乡（镇）申报，编制2020年度第二批和2021年度大中型水库移民后期扶持项目计划，已建成龚嘴、铜街子、杨村、玉林桥和沙坪二级5个大中型水电站，涉及7个乡（镇）34个村141个组11 617人，库区影响人口近3.7万人。本次编制项目资金计划2899万元，其中2020年第二批省级大中型水库移民后期扶持基金576万元、2021年度按照省局每人2000元的测算标准，预计下达资金约2323万元；规划实施项目10个，包括产业转型升级、美丽家园、散居移民基础设施完善等3类。产业转型升级项目投入1663万元，占57.37%；美丽家园项目投入1196万元，占41.26%；散居移民基础设施完善项目投入40万元，占1.37%。

【体育推动乡村旅游】 举办2021年乐山市老年人钓鱼比赛，推动五渡镇铜河村亲子乐园和乡村旅游发展。开展峨边"乡村振兴杯"趣味体育运动会和"民族团结杯"趣味运动会，举办峨边首届马拉松比赛，成为峨边体育盛事。

【古井文化产业园区建设】 完成上古井天际线下地面、路面硬化提升和演出观众平台建设；大型彝族婚俗沉浸式演出完成创作，五一正式首演，成为黑竹沟冰雪节开幕式主打节目，成为峨边"第三台戏"；"云上古井"高端民宿完成装修装饰，于七一对外开放；新建成高端民宿20家并投入运营。古井彝家婚俗文化产业园由文旅投公司进行市场化运营，成为市级文化产业园区。

【农村文化和旅游】 大渡河"佳支依达"景区申报4A级景区通过资源评审，县文化馆获评"全省群众文化活动先进集体"，"甘嫫阿妞"艺术团被评为全省文旅公共服务高质量发展"四个一批"优秀团队，黑竹沟镇和古井村被评为"四川省乡村旅游示范镇和示范村"，底底古村获评"四川省天府旅游名村"，黑竹沟景区、底底古村、千冠红饭店、禅意酒店、峨岭云边分别被评为乐山旅游"赏花基地""旅游名村""旅游民宿""文创伴手礼"。

【广电建设】 深化"广电便民"服务，新增乡村服务网点15个，构建县有中心、乡有点、村有人的运行维护体系，同时做好全县3万余户"户户通"、3000余户地面数字电视用户、131个村（点）"村村响"和全县19个乡（镇）"云视讯"视频会议系统的维护服务工作，确保全县广电系统的正常运行。以建党100周年安全播出为抓手，实施机房改造项目，加强机房、线路、设备维护检修，抓实网络安全巡查，把防插播落到实处。

【主要领导人】 县委书记：谭焰；县人大常委会主任：鲁子军林；县长：栗那针尔；县政协主席：巫新华；分管农业副县长：叶道理。

峨边彝族自治县编写组

马边彝族自治县

【基本情况】 2021年，全县辖3个乡12个镇113个村（社区），辖区面积2293平方千米。年末总人口22.5448万人（户籍人口），增长1.14%；人口出生率20.59%，人口自然增长率14.65%。全县水资源量28.6581亿立方米，人均占有水资源量15 223.4立方米。有林地面积261.6万亩，活立木总蓄积量2120.65万立方米，森林覆盖率68.99%。

2021年，全县GDP58.0263亿元，增长7.3%，其中第一产业增加值13 0691万元，增长6.9%；第二产业增加值222 775万元，增长8.8%；第三产业增加值226 797万元，增长6.1%。第一产业增加值占GDP的比重为22.52%，下降1.68个百分点；第二产业增加值比重为38.39%，增加1.51个百分点；第三产业增加值比重为39.09%，增加0.17个百分点。三次产业分别拉动GDP增长1.7个、3.2个和2.4个百分点，对经济增长的贡献率分别为23.2%、44%、32.8%。

全县公路里程达2426千米，其中国道87千米、县道84千米、乡道166千米、通村公路615千米、村（组）公路1452千米、专用公路22千米；通乡、通村通畅率分别达100%、97.5%，20个乡（镇）客运全部开通，马边县建成第五批"四好农村路"省级示范县。社会消费品零售总额27.2391亿元，增长18.4%。全年县级财政一般预算收入完成41 347万元，增长5.1%，占GDP的比重为7.1%，其中税收收入29 225万元，增长14.5%；非税收收入12 122万元，下降12.3%。县级一般预算支出207 397万元，下降20.9%，其中农林水支出54 130万元，下降19.4%；教育支出47 465万元，增长0.4%；社会保障和就业支出29 347万元，增长7.4%；一般公共服务支出17 998万元，下降42.5%。金融机构各项存款余额72.8371亿元，比上年初增长7.7%；各项贷款余额47.9703亿元，比年初增长14.6%。农业产业化龙头企业省级、市级、县级分别为4家、9家、8家。

全县共有学校99所，其中普通高中1所、中等职业技术学校1所、初中（含一贯制）9所、小学30所、小学教学点43所、公办幼儿园5所、民办幼儿园10所；"一村一幼"128所；寄宿制学校35所；共有学生44 227人，其中学前教育学生7780人、义务教育学生32 994人、高中教育学生3453人，学前教育毛入学率97%，毕业率100%；义务教育入学率100%，毕业率100%；高中阶段毛入学率为95%，职高学校毕业生就业率98%。全县有专任教师1793人，其中幼儿园73人、小学1000人、初中（含一贯制）527人、普通高中146人、中等职业技术学校47人。完成省级以上科技成果2项。有艺术表演团体4个，文化馆1个，公共图书馆1个。有卫生机构164个，病床位771张，卫生从业人员1230人。城乡居民基本医疗保险参保人数17.49万人，参保率98%；城乡居民基本养老保险参保人数75 667人。

【年度农业和农村经济运行】 2021年，全县实现农林牧渔业总产值20.89亿元，增长7.5%，其中农业总产值20.89亿元，增长7.5%。农民年人均可支配收入达15 349元，增长10.3%。全县农产品质量抽检合格率98.5%。新增农机动力212千瓦，主要农作物综合机械化水平达35.05%（主要农产品产量见表1所列）。

【农业产业化发展】 新（改）建茶园1.6万亩，在柏香村建成茶叶机采示范片1000亩，辐射带动全县培育茶叶机采基地2.45万亩。完成劳动镇龙沱沟村马边小凉山加工厂、金星村马边星农现代制茶中心、民主镇小谷溪村谷溪茶叶加工厂3家茶叶加工厂新建、改造、提升。完成试生产的星农现代制茶中心建设，建成红茶、绿茶和黑茶3条现代化初制生产线。完成对乌金猪原种场和备份场保种任务，存栏种母猪200头以上、种公猪24头以上。全县拥有竹林总面积149万亩，常年认证有机竹笋基地12万亩；青梅种植面积5.5万亩，其中投产面积3万亩。猕猴桃种植面积10 000亩，投产面积6000亩，绿色食品基地认证面积达1000亩。全年新增农民专业合作社46个、家庭农场94家。全县共有11家市级以上产业化重点龙头企业，其中4家为省级龙头企业、11家为市级龙头企业。立足"4+3"现代农业体系建设，调整优化现代农业区域化布局，新创建市级现代农业园区2个、省级现代农业园区1个。

【农用地产权制度改革】 保质保量完成农村"房地一体"的宅基地和集体建设用地使用权确权登记颁证相关工作，全面完成共计45 042宗权籍调查和数据汇交。

【农村集体产权制度改革】 通过聘请第三方服务机构开展农村集体产权制度改革工作，由其提供政策咨询、实施步骤指导、数据检查、成果规范管理指导、数据处理及上线等服务，以此通过专业机构的"咨询+指导"来确保村（组）、乡（镇）和县工作流程的规范性、档案资料的完整性。完成资产清查、成员身份确认、经营性资产股份量化和农村集体经济组织登记赋码颁证工作，全县共确认成员户数54 599户、共计194 383人，量化集体资产总额45 096.89万元，颁发农村集体经济组织赋码登记证书111个（民建社区、解放街社区两个全居民社区不属于改革范围）。印发《马边彝族自治县农村集体

表1 2021年马边彝族自治县主要农产品产量

主要农产品	单位	产量	同比增减(%)
粮食	万吨	9.6129	2.60
水稻	万吨	0.7968	–3.80
小麦	万吨	0.0137	–3.87
玉米	万吨	6.2460	3.18
马铃薯	万吨	1.7283	1.86
油菜籽	万吨	0.2989	19.90
蔬菜	万吨	2.4500	3.55
水果	万吨	0.5554	1.81
肉类	万吨	1.3876	—
猪肉	万吨	1.0105	10.42
牛肉	万吨	0.0839	9.00
羊肉	万吨	0.1866	8.98
禽肉	万吨	0.1023	7.14
兔肉	万吨	0.0043	41.54
禽蛋	万吨	0.3268	–11.45
水产品	万吨	0.0055	–158.00（天然水域十年禁捕）

经济组织财务管理办法》，规范完善农村集体经济组织财务管理、资产管理、资源管理制度，做好各村（社区）财务管理。

【供销合作社改革】 深化供销体系建设，镇、村供销示范社建设实现“零突破”，注册、挂牌规范性供销社2个。新发展三星级综合服务社3家，新入社入统5家，改建完善基层社2个，新办农民合作社联合社1个，基层农民社员数突破2200人。

【农产品品牌战略实施】 按照“集中力量、整合资源、强化培育、扶优扶强”思路统筹谋划推进，构建区域品牌、行业品牌、企业品牌、产品品牌多层次品牌发展体系。“马边绿茶”作为2020年推出的首支四川精准扶贫农产品公益广告已在中央电视台14个频道以及《中国之声》《经济之声》等滚动播放，2021年，“马边绿茶”区域公共品牌价值达17.42亿元，较2020年提升2.88亿元，稳居全省第四位。组织企业、专合社参加第十届四川国际茶叶博览会、马边第二届农民丰收节暨猕猴桃采摘节等活动，提升马边特色农产品知名度。指导三家农业企业申报“三品一标”绿色食品，全县有效期内“三品一标”农产品总数达10个。

【种植业】 全县大小春农作物未发现病虫害的侵入。全年粮食作物播种面积22 888.9公顷，增长0.65%，其中马铃薯、豆类、谷物、玉米和水稻播种面积分别为4746.7公顷、2205.6公顷、15 270公顷、14 133公顷和1066.7公顷，分别增长0.5%、9.9%、-0.4%、0.1%和-5.3%。全年粮食产量96 128.7吨，增长2.6%，其中马铃薯、豆类、谷物、玉米和水稻产量分别为17 283吨、3493吨、72 552.5吨、64 448吨 和7968吨，分别增长1.9%、16.3%、2.3%、3.2%和-3.8%。经济作物播种面积7620公顷，增长5.9%，其中油料作物、蔬菜和中草药材播种面积分别为3365公顷、2686公顷和319公顷，分别增长17.2%、1.7%和-25.3%；油料、蔬菜和中草药材产量分别为3639吨、24 500吨和754吨，分别增长16.2%、3.5%和减少21%。水果产量5554吨，增长1.8%。茶叶产量11 100吨，增长2.4%。

【林业】 全县有林地总面积达261.6万亩，活立木总蓄积量达2120.65万立方米，森林面积达15.89万公顷，森林覆盖率68.99%。全年林业总产值达5.49亿元，林农人均收入1925元，增长10%。巩固提升供水受益人口1.18万人，新建堤防2.48千米，综合治理水土流失面积38.29平方千米。

【畜牧业】 全年出栏生猪139 611头，增长4.9%；出栏牛6373头、羊114 991只、禽658 327只，分别增长-1.6%、5.7%、0.3%；肉类总产量13 878吨，增长9.4%，其中猪肉、牛肉和羊肉产量分别为10 105吨 、839吨、1867吨，分别增长10.4%、1.1%和9%。禽肉产量1023吨，增长7.1%；禽蛋产量3268吨，减少11.5%。

【乡村振兴】 “三大革命”建设有序推进。实施“五清”行动和乡（镇、场镇）建设管理服务提升行动，新建农村生活垃圾分类房144个、无害化卫生厕所和“三格式”化粪池3266户，农村户用卫生厕所覆盖率达87.37%。村貌革命稳步推进。以乡村振兴示范创建培育为契机，安排财政涉农整合资金270万元，对纳入争创乡村振兴先进示范培育村庄开展村容村貌提升“六化行动”，着力提升村庄基础设施，美化村庄庭院。结合乡（镇）行政权力事项下放工作，加大对乡（镇、场镇）乱搭乱建、占道经营、乱停乱放等现象的整治力度，荣丁、下溪等镇均已划定停车线，乱停乱放现象得到有力遏制。乡村振兴示范创建有序推进，组织乡村振兴示范创建，对照乡村振兴示范创建考评办法，完成13个县级示范村创建。与统计部门配合，多次召开培训会、评审会，2020年度乡村振兴统计监测数据通过省级验收，完成2020年度乡村振兴统计监测任务。

【乡村旅游】 打造福来旅游重点村，完成穿牛鼻景区相关配套设施建设并投入营运。启动猫猫坪生态旅游项目和石梁大佛徒步穿越项目，完善旅游厕所、停车场、休息亭等相关设施。持续推进谷溪美村和造福项目二期工程。

【农村水利】 全县已建成投产电站13个，装机总容量6.786万千瓦；在建电站7个，装机总容量8.7万千瓦；开工准备阶段电站7个，装机总容量23.22万千瓦；规划阶段电站22个，装机总容量10.544万千瓦；勘察设计阶段电站4个，装机总容量6.2万千瓦。

【农村科技】 全县争取到省级科技项目支持11个，项目资金544万元。引进新品种5个，开发新产品5个，推广新技术14项，指导建立示范基地4个。举办培训29场次，培训农户900余人次。推进“四川科技兴村在线”平台建设，开展在线科技咨询服务1727次。

【农村文化】 全年文化馆、图书馆和乡（镇）文化站共接待群众5.2万人次。组织开展庆祝建党100周年文艺汇演摄影、彝族风情狂欢、歌手大赛、新春游园等各类文化活动，参加乐山市第八届运动会、“艺校杯”大众跆拳道邀请赛，开展重阳节健身、马拉松等活动。建成摔跤综合训练馆1处、乡（镇）体育健身场所3处、村级“一村一场”健身项目5处。

【农村法治建设】 将全县公共法律服务体系建设纳入全县“十四五”总体规划，推进公共法律服务站、室建设，已建成乡（镇）公共法律服务站15个、村级公共法律服务室113个，覆盖率达100%。科学制定“八五”普法规划，立足马边县情，着眼全面依法治县战略目标，提前谋划“八五”普法规划，邀请11个重点部门、人大代表、政协委员、法学专家就起草“八五”普法规划、落实“谁执法谁普法”责任制等进行专题研究，为制定“八五”普法规划提供支撑。

【农村社会保障】 全县农村居民最低生活保障人数21 321人。全县有养老服务机构单位4个、床位394张，分散供养特困人员552人；有农村日间照料中心4个。

【农村生态建设及环境保护】 全县有日

处理1万立方米污水处理厂1座，全年处理污水314.12万吨。县城和乡（镇）集中式饮用水水源达标率为100%。全县城乡生活垃圾做到“应收尽收”并转运至乐山焚烧发电处理，日均收集处理生活垃圾95吨。

【农产品质量安全监管】 全年完成县级农产品农药残留快速检测15批次，抽检样品850个，检测结果全部合格；完成农产品定量抽检259批次，其中蔬菜190批次、水果49批次、茶叶15批次、粮食5批次，检测结果全部合格；配合省、市农产品质量安全检测机构对全县茶叶、蔬菜、畜禽、水果等农畜产品抽样8批次，抽样172个，全年无农产品质量安全重大事故发生。开展省级农产品质量安全监管示范县创建，牵头完成县、乡、村三级监管制度等746个“制度牌上墙”工作，安装核心基地示范宣传牌2个，发放农产品质量安全宣传资料6200余份，对全县15个乡（镇）的创建资料进行全覆盖检查3次，并对全县15个乡（镇）从事农产品质量安全监管的工作人员进行国家农产品质量安全追溯平台应用操作培训1次，全面完成省、市、县目标任务。

【主要领导人】 县委书记：郭正强(4月止)，沙万强(6月始)；县人大常委会主任：胡光；县长：鲁子军林；县政协主席：孙燕萍；分管农业副县长：立克浩茂。

马边彝族自治县编写组

南充市

【基本情况】 2021年，全市辖3区1市5县，辖区面积1.25万平方千米。

2021年，全市农林牧渔业总产值787.46亿元，总量居全省第2位，增长8.4%，增速居全省第6位。第一产业增加值474.84亿元，增长7.5%。农村居民年人均可支配收入达18 247元，增长11%，增速位居全省第1。

【新型农业经营主体培育】 持续做强农业龙头企业和新型农业经营主体，制定出台《家庭农场培育行动方案》《家庭农场三年发展规划》等系列政策文件。组织开展农民合作社质量提升行动，全市新评定市级以上示范合作社177个、示范家庭农场170家。新增市级以上农业产业化龙头企业33家，其中四川尚好茶业有限公司获评国家农业产业化重点龙头企业，南充本土“国字号”农业企业达2家。

【农产品品牌战略实施】 持续推进南充市“好充食”农产品区域公用品牌和“中国晚熟柑橘之乡”基地建设，全市获评“中国晚熟柑橘之乡”，“南充柑橘”获评“2021年度受市场欢迎果品区域公用品牌100强”。打造“好充食”品牌宣传、管理、营销“三位一体”综合平台，组织“好充食”品牌产品参加上海国际农产品博览会、中国杨凌农高会、西博会等重大展示展销活动，开展“遇见好充食”直播带货33场，线上线下销售额达1500万元，“好充食”农产品区域公用品牌入驻主体总量达250家。全市“三品一标”农产品总量达450个。

【现代农业园区建设】 坚持党政引导、龙头带动、群众主体、金融支持、合作社组织“五方联动”建园模式，持续梯度推进现代农业园区多主体参与、多层级培育、高质量建设，创建一批产业鲜明、链条完整、优势明显、效益突出的现代农业园区。全年新（改、扩）建主导特色产业基地16.5万亩，新建现代农业园区33个，年初获评省政府命名省星级园区3个，年末再升星晋级4个，高坪区入选全国农业现代化示范区创建名单。

【种植业】 聚焦粮食作物播种面积、总产量“只增不减”目标，落实粮食安全“党政同责”，严格管控“非粮化”，持续开展撂荒地专项治理，开发两季田、大搞增间套种，推动集体耕种、业主耕种、代耕代种和群众拾荒耕种，严防重大病虫害和植物疫情，多举措实现粮食扩面增产。全年粮食作物播种面积849.6万亩，产量317.1万吨，分别增加6.9万亩、5.5万吨。市农业农村局被农业农村部表彰为“全国粮食生产先进集体”。

【畜牧业】 围绕生猪年度目标任务，引进新希望、蓝润等知名企业入驻发展和扩大规模，加快推动规模养殖场建设项目早日建成投产，常态化落实非洲猪瘟防控举措，抓好生猪填槽补栏，推动有序出栏，主动应对生猪价格下跌不利影响，促进生猪产业发展。全市新建并投产规模化养殖场114个，存栏生猪414.72万头，超省下达目标任务的5.5%；全年出栏生猪591.35万头，超省下达目标任务的7.9%，巩固了全市国家商品猪战略保障基地的地位。南充黑山羊入选国家畜禽遗传资源目录，填补了全市无畜禽地方品种的空白。

【乡村振兴】 坚持把乡村振兴作为新时代“三农”工作的总抓手，以实施乡村振兴“十大工程”为统揽，统筹推进乡村产业、人才、文化、生态和组织“五大振兴”。发挥市委农办决策参谋、统筹协调、政策指导、推动落实、督导检查职能，牵头草拟市委“一号文件”等指导性文件，统筹召开2021年市委农村工作会议和市委农村工作领导小组会2次，组织制定并实施乡村振兴战略实绩考核办法，推动乡村振兴重点工作落实，在省级实施乡村振兴战略考核中得分高居全省前茅，市党政领导班子和有关领导考核为“优秀”等次，南充市获评“乡村振兴先进市”，阆中市、西充县获评“成效显著县”，3个乡（镇）55个村被评定为“省级先进乡镇、示范村（优秀村）”。

【县域经济发展】 持续建强粮油、生猪、蔬菜、蚕桑、晚熟柑橘五大主导产业，建优木本油料、中药材、牛羊、水产四大特色产业，建成晚熟柑橘80万亩、蚕桑（桑茶）基地25万亩，规模位列全省第一。深度挖掘千年果城、丝绸源点、嘉陵江流域等农耕文明，推进产业深度融合，助力县域经济发展。西充县、营山县获评“全省县域经济发展农产品主产区先进县”（该类别全省4个县上榜，全市2个上榜县）。

【项目资金争引】 围绕“投资总驱动、项目总抓手”思路，研究对接中央、省政策，做好项目规划申报，争引中央、省级项目资金，全市共争取高标准农田建设项目47.4万亩（含灾毁项目），中央、省级补助资金达7.11亿元，资金总量约占全省的1/10，连续两年居全省第一位；共争取120个村、5.59万户农村无害化卫生厕所改造项目，资金总量达5030万元；共争取产业强镇、园区建设、产业培育等项目资金10亿元。全市农业农村系统共争取到位中央、省级财政资金22.8亿元，增加2.27亿元，增长11.06%。

【示范引领】 坚持“树典范、当标杆、争先进”，争取打造国家级、省级试点示范，仪陇县、阆中市获评“全国农业综合行政执法示范单位（窗口）”，西充县获批“全国农业社会化服务创新试点单位”，阆中市获批“2021年农产品产地冷藏保鲜整县推进试点单位”，高坪区、蓬安县入围全国农民合作社质量提升整县推进试点单位，高坪区擦耳镇、蓬安县睦坝镇入选国家农业产业强镇创建名单，高坪区走马镇建设经验入选“全国产业强镇优秀案例”。

【农村地区疫情防控】 履行农村地区疫情防控牵头职能，组建9个县级领导带队的农村地区疫情防控督导组，采取“四不两直”方式开展暗访督导，推动各项防控举措落地落实，为农业农村经济发展保驾护航，全市农村地区无新冠疫情发生。

【主要领导人】 市委书记：宋朝华；市人大常委会主任：袁险峰；市长：吴群刚；市政协主席：潘国华；分管农业副市长：沈一凡。

南充市编写组

顺庆区

【基本情况】 2021年，全区辖12个街道7个乡（镇），辖区面积542.61平方千米。

【农村生态建设及环境保护】 实施大气污染联防联控，打好“蓝天”保卫战，全区大气质量明显改善，空气优良天数从313天增加到344天，优良率从82.9%增长到94%，大美顺庆“气”质更佳。推进水污染专项治理，打好“碧水”保卫战，38个城乡污水处理厂（站）建设有序推进，“一江四河”考核断面水质达标率100%、集中式饮用水源地水质达标率100%。加强土壤污染防治综合监管，打好“净土”保卫战，让群众吃得放心、住得安心，嘉陵江顺庆段水质长期保持II类及以上，潆溪河、芦溪河、西充河、渔溪河水质长期稳定在III类及以上。

【农业保险保费】 全区全年承保机构有3家，分别为中华联合财产保险股份有限公司南充市顺庆支公司、中国人寿财产保险股份有限公司南充市顺庆支公司、中国人民财产保险股份有限公司南充市顺庆支公司。全区承保水稻7850.7亩、玉米6676.6万亩、小麦7593.6亩、油菜15 000亩，承保育肥猪82 465头、能繁母猪5033头。财政应补贴合计366.721万元，其中中央财政225.56万元、省级财政68.887万元、市级财政22.556万元、区级财政49.718万元。中央补贴地方优特农产品保险承保柑橘856.7亩、育肥猪价格指数1500头。财政应补贴合计19.640万元，其中中央财政7.365万元、省级财政3.683万元、市级财政1.473万元、区级财政7.119万元。及时受理各承保机构的保费补贴申请，按相关文件要求分配拨付补贴资金，并建立相应台账，健全保费补贴预决算制度。2021年年初预算658万元，实际需匹配386.361万元，预算安排率100%以上。2021年应拨付保费补贴合计386.361万元，实际已拨付386.361万元，资金到位率100%。承保机构均建立了完善的财务制度和大灾风险管理，并与中国农再进行了信息共享。承保机构具有完善的基层服务网络，实现了乡（镇）、行政村保费服务站点的全覆盖；承保机构对理赔案件均进行了足额理赔。全年保险保障金额10 027.45万元，财政投入386.361万元，杠杆放大倍数为25.95倍。全年理赔案件2481件，结案2481件，已报案金额559.86万元，结案金额559.86万元，结案率为100%。出险后，农户获得的赔款总金额为受灾农户自缴保费金额的6倍；受灾农户生产成本损失补偿率90%；户均投保面积同比提高2%以上。

【主要领导人】 区委书记：蒲鹏程；区人大常委会主任：陈琳；区长：唐粼波；区政协主席：吴斌；分管农业副区长：何杰。

顺庆区编写组

高坪区

【基本情况】 2021年，全区辖1乡10镇8个街道，辖区面积806.46平方千米。

【劳务开发及易地扶贫搬迁扶持】 全面摸清脱贫劳动力务工就业意愿，针对性开展养老护理、保健按摩、面点师、育婴员等7个培训项目，开展现场招聘会22场，通过“春风行动”“电子海报招募令”、现场招聘会等线上线下相结合的方式组织17031名脱贫劳动力外出务工，外出务工人数较上年增长5.31%。统筹用好农村公益岗位，安置2194名弱劳人口就近就地就业，确保群众持续稳定增收。加强易地搬迁后续扶持，统筹各类资源，推进全区1205户3375名搬迁对象和4个集中安置点后续扶持工作，实现稳定就业1754人、享受政策保障1099户、产业扶持562户，搬迁群众年人均纯收入均达6000元以上，实现了从留下来到富起来的转变。

【文化活动】 组织开展“美好非遗·幸福生活”第二届非遗节暨第四届竹编技能大赛、2021年南充市“书香天府·万卷南充”暨高坪区“丝绸源点·书香高坪”全民阅读活动启动仪式、2021年乡村旅游暨橙花季活动、“学党史 感党恩 跟党走”文艺走亲惠民演出、“高坪群众大舞台”文艺演出等活动，举办“献礼建党百年·奏响高坪强音”红歌音乐会，组织区机关干部360人在嘉陵江湿地公园参加由文化和旅游部主办的“唱支山歌给党听”大家唱群众歌咏活动暨首届巴蜀合唱节开幕仪式。组织近千名合唱演员及群众在都京六合丝绸厂开展“唱支山歌给党听”音乐惠民展演活动。组织高坪区合唱团参加“唱支山歌给党听·嘉陵江畔颂党恩”南充市庆祝中国共产党成立100周年大家唱群众歌咏活动合唱比赛，获得“最佳风采奖”。组织完成创编庆祝中国共产党建党100周年话剧小品《起风了》精品文艺作品。声乐节目《追妹追到月儿落》和小品节目《2020春，天气晴》入选四川省优秀群众文艺作品调演暨“全国群星奖”选拔活动并参加最后评选；《追妹追到月儿落》代表南充市参加在乐至县举办的四川省“万人赏月诵中秋”集中展演活动。

【公共文化服务体系建设】 坚持以创建省级现代公共文化服务体系示范县为抓手，持续提档升级文化阵地，开展群众文化活动，培育文化队伍，建立健全工作机制。省级现代公共文化服务体系示范县创建工作取得重大突破，3月，在示范县制度设计课题研究评审中获得全省第一名，7月8日—10日完成公共文化服务创建实地评估，8月完成视频评审答辩并最终以全省第一名的成绩创建省级现代公共文化服务体系示范县。基础设施不断夯实，区文化馆创建为国家一级馆。图书馆提档升级，按照国家一级馆标准进行打造申报。落实“两馆一站”错时、延时开放，惠及群众规模不断扩大。区文化馆被授予“四川省首批全民艺术普及示范基地”“2021年‘三下乡’优秀团队”“全国服务农民、服务基层文化建设先进集体”。做好公共文化服务建设社会化参与方式试点，通过政府采购、引进公司管理的模式对走马、长乐、东观、螺溪、江陵、擦耳6个乡（镇）综合文化站进行试点打造运营管理，巩固提升基层乡（镇）文化阵地。

【主要领导人】 区委书记：陈多平；区人大常委会主任：杨天武；区长：兰吉春；区政协主席：傅天贵；分管农业副区长：寇兴奎。

高坪区编写组

嘉陵区

【基本情况】 2021年，全区辖17镇2乡5个街道，辖区面积1177平方千米。

【农村机灌建设】 规划农村机电提灌站建设，全年共规划新建3个提灌站，概算建设资金约130万元，其中2021年省级财政现代农业发展工程共同财政事权转移支付资金60万元，其余为整合涉农项目资金。全区加强农村机电提灌建设，2019年整合涉农资金370万元，在大观镇蒋寺祠村等地新建、技改机电提灌站13座、550千瓦，修复提灌站18座、820千瓦；2020年嘉陵区脱贫攻坚领导小组办公室关于印发《南充市嘉陵区2020年统筹整合使用财政涉农资金调整方案》的通知（嘉脱贫办发〔2020〕29号），整合涉农资金1065.3万元，在大观镇蒋寺祠村等地新建机电提灌站21座、1200千瓦，修复提灌站18座、820千瓦；改造提灌站6座、450千瓦；在华兴镇红岩子村、大观乡蒋寺祠村等乡（镇）实施水肥一体化灌溉、喷灌、滴灌等高效节水灌溉1.3万余亩；在金凤镇拦水沟村、大通镇龙归院村实施智慧灌溉试点工程。

【乡村旅游】 结合全区旅游资源实际情况，规划和打造适合全区乡村旅游发展的精品路线，助推乡村旅游发展。同时，探索机制体制，发挥财政资金在市场上的引导、激励作用和旅游部门的行业组织和管理优势，对全区乡村旅游发展进行行业引导、政策激励和市场推动，以助力乡村旅游发展。联合开展乡村旅游环境综合整治，结合全区乡村振兴示范片建设、农村生活垃圾综合整治行动，不断加大乡村文化和旅游基础设施投入力度，改善乡村旅游人居环境，乡村旅游环境综合整治取得一定成效。

【公共文化服务体系建设】 落实政策资金保障，拨付免费开放资金270万元，用于区文化馆、区图书馆和乡（镇）文化站文化活动开展，场馆每周免费开放时长不低于40小时；利用免费开放资金打造乡村文旅品牌，开展龙蟠镇腊八节、大通镇桑葚采摘节、世阳镇长寿文化节等。投入资金1920万元，启动公共文化服务体系建设项目，对区文化馆、图书馆、书画院以及乡（镇）、村（社区）文化站（室）进行提档升级，推动公共文化服务体系高质量发展，确定七宝寺镇、河西镇鼓锣山社区、龙岭镇飞龙社区等33个建设点位，已完成《嘉陵区公共文化服务体系建设项目实施方案（送审稿）》编制。全面实施总分馆制建设，区文化馆和图书馆到乡（镇）开展广场舞指导、全民阅读等系列活动，推进"文化进校园、进社区"活动，实现文化资源互联互通、共建共享。完成金凤镇、飞鸿滑草场两处旅游厕所建设。推选李渡镇高跷舞狮项目申报为2021—2023年度"四川省民间文化艺术之乡"。

【文化人才培养】 培育乡土文化人才，组织全区24个乡（镇、街道）文化专干开展培训，提升业务能力，并颁发优秀证书；发展文化志愿者队伍，共有注册文化志愿者700余人；挖掘优秀文化人才，指导乡（镇、街道）做好乡村文化和旅游能人推荐、突出贡献乡村文化和旅游能人评选，并择优推荐给省、市乡村文化和旅游能人库，共收集乡（镇）报送文旅能人名单100余人，并完成嘉陵区文旅能人库建设；开展陈寿艺术学堂免费培训，培养书法、国画、舞蹈等文艺人才500余人次；常态化培训嘉陵区文艺队伍，持续加强文化馆品牌团队建设，做好鹭歌女子合唱团、陌上桑舞蹈队、嘉陵区金龙队日常排练和辅导。

【群众文化活动】 举办"党的光辉照我心"——嘉陵区庆祝建党100周年文艺晚会；一立镇、李渡镇、安平镇等多个乡（镇）分别开展庆祝建党100周年专题演出；投入资金40万元用于"文化下乡"演出，已完成演出40场，观演群众4万余人次；邀请区内外名家走进七宝寺镇、双桂镇等红色革命基地，举办"建党100周年、红色西区行"大型文化采风活动，采风作品先后在《人民日报》《华西都市报》《南充日报》等发表，在"嘉陵文化"微信公众平台连续推出，并编入文学季刊《凤垭山》；参加南充市庆祝中国共产党成立100周年大家唱群众歌咏比赛，获得最佳表现奖、最佳现场表演奖；创作编排说唱《这就是嘉陵》参加嘉陵区庆祝五一国际劳动节暨五四青年节文艺晚会；承办"唱支山歌给党听"惠民展演活动，组织1000余人走进燕京啤酒厂；开展"党史进校园，助力师生学经典"赠书活动、"书香天府·万卷南充·悦读嘉陵"暨"学习百年党史　汲取奋进力量"全民阅读活动，开展"图书进校园、进社区、进部队"等活动；举办周末大舞台演出12场次，观演群众3万余人次；持续推出线上慕课、群众作品线上展播等线上活动，共开展活动150余场次；开展魅力乡（镇）竞演，完成线上推介10余次，安平镇、大通镇、李渡镇、金宝镇和龙蟠镇参与线下展演，各乡（镇）还分别举办阅读活动、文体活动等，丰富群众文化生活；参加南充市公共图书馆庆祝中国共产党成立100周年诵读比赛暨文艺调演活动，选送作品《胸怀千秋伟业　恰是百年风华》获得一等奖，《党旗下》获得二等奖。

【广电建设】 完成2021年广播电视"户户通"运行维护资金254.85万元拨付；投资200万元，完成城区应急广播体系试点建设项目，实现省、区、乡、村所辖区域均能独立播放广播和四级联通，成为全省城市应急广播工作先行亮点。统筹做好中国梦、庆祝建党100周年、党史学习教育、全面建成小康社会、社会主义核心价值观、新发展理念、乡村振兴战略、文旅融合高质量发展等重大主题宣传。做好各大节假日广播电视安全播出；会同国安、公安、市场监管等部门，全面查找广播电视安全播出和网络安全存在的问题；开展境外卫星电视传播秩序暨非法卫星地面接收设施专项整治行动，持续规范广播电视无线传输覆盖秩序，配合做好"黑广播"打击治理，广播电视安全播出全年无重大事故发生。

【主要领导人】 区委书记：史燚；区人大常委会主任：戚辉；区长：张青松；区政协主席：白青云；分管农业副区长：苏长龙。

嘉陵区编写组

阆中市

【基本情况】 2021年，全市辖19镇4乡5个街道，辖区面积1875平方千米。

【特色农业发展】 稳定粮食、生猪生产，持续开展耕地撂荒治理，新建高标准农田7.5万亩，恢复重建高标准农田2万亩，坚决遏制耕地"非农化"、防止"非粮化"，确保全年粮食作物生产面积达126万亩以上；加快新希望六和等生猪项目建设，共打造省、部级标准化养殖示范场3个，市、县级标准化养殖示范场10个，全年出栏生猪73万头以上。提升现代农业园区，坚持基地化、特色化发展思路，健全风险防范、园区管护机制，加快江东、江天农业园区提档升级,新建仓储、冷链、物流设施10处,创建省级、南充星级现代农业园区各1个,不断完善"3+3"现代农业产业体系。培育农业龙头企业,发展新型农业、农产品精深加工业,打造"一村一品""一乡一业",新(改)建专业蔬菜基地5000亩,建设标准化中药材生产基地3500亩,力争新型农业经营主体新增300家、培育"三品一标"农产品达80个。

加大农村建设力度,持续补齐农村短板,启动云台水库、李家沟水库等项目建设,推进亭子口灌区、华儿湾水库等工程建设,全面完成全市现存54座小型病险水库除险加固。加快实施凉水路口寺大桥、白沙坝东河大桥项目,推进省道205线文成至博树段、洪河路改造升级,打通村组断头路150千米。着力打造区域强镇,科学编制六大片区乡村国土空间规划,优先发展柏垭、老观等区域中心镇,精心打造博树团结村、飞凤桥亭村等传统文化村落、特色村庄,构建多点多级发展体系。加快建设美丽新村,启动实施农村人居环境整治提升五年行动,因地制宜推进生活垃圾处理和污水治理,整村推进20个村6500户农村厕所改造,推动美丽乡村连线成片,力争创建省、南充乡村振兴先进示范乡镇3个、示范村12个,积极争创省级乡村振兴先进县。

加快农民增收步伐,巩固拓展脱贫攻坚成果,保持主要帮扶政策总体稳定,着力补齐31个重点帮扶村发展短板,加强新一轮东西部协作,坚决守住防止规模性返贫的底线。大力培育新型职业农民,构建"主体多元、方式多样、技术先进"的新型农业社会化服务体系,培养一批职业经理人和职业农民,创办家庭农场、农民专业合作社300家以上,提供就业岗位3万个以上。大力发展农村电子商务,探索"电商+农户""电商+合作社"等模式,拓宽农民创业就业渠道。全力保障农民财产权益,分类施策提升脱贫奔康产业园效益,健全利益联结机制;继续探索农村土地"三权分置"实现形式,推进村股份经济合作社经营体制创新试点,打通农村资源到农民资产、再到创业资本转化渠道,激活农村集体经济,带动农民增收致富。

【广电建设】 做好广播电视"户户通"和应急广播系统运维,印发《2021年应急广播系统建设方案》《2021年广播电视民生实事方案》。与宣传部、网信办联合印发《迎接中国共产党成立100周年广播电视和网络视听安全播出保障工作方案》,明确乡(镇、街道)职责任务,督促融媒体中心和广电网络公司对广播电视和网络视听安全播出、安全传输以及网络安全和设施安全等进行全面自查,对排查出的隐患建立台账、及时整改、逐一销号。

【主要领导人】 市委书记:张斌;市人大常委会主任:费国宏;市长:杨德宇;市政协主席:陈绍荣;分管农业副市长:杨劲松。

阆中市编写组

南部县

【基本情况】 2021年,全县辖33镇5乡4个街道,辖区面积2230平方千米。

【农村人居环境整治项目】 2021年南部县农村人居环境整治项目估算总投资4040万元,建设资金来自上级补助和地方自筹;由县农业农村局主持,主要在全县所辖乡(镇)、行政村开展,项目主要建设内容为新建阳光堆肥房33个、发酵池1200个、户用污水处理池31 700个、生活污水管网2000米、一体化污水处理设施9个、管网检查井30个,新(改)建农村公厕180个,改造农村户用厕所20 900个等,计划工期为180日历天,随着项目的推进,将不断补齐全县农村人居环境基础设施建设短板,推动农村人居环境改善,提升农村生产生活条件和生态质量,助推乡村振兴。

【文旅规划编制及项目建设】 升钟湖国家级旅游度假区提升项目完成投资9.411亿元,游客中心和生态停车场主体工程完工,海螺广场和渔猎岛羲皇钓苑分别完成总工程量的75%、85%,升水小学迁建教学楼完工并投入使用;八尔湖农旅融合产业园项目完成投资5.042亿元、八尔湖乡村旅游目的地创建工程项目完成投资7.661亿元;满福水城建设项目完成投资19.812亿元,滨江湿地公园、琴台大道、满福大道全面完工,游客集散中心完工并投入使用,文化馆、博物馆和图书馆主体完工并进行装修设计,体育馆方案已通过审批并进行地下室施工;八尔湖景区投资5.05亿元,完成纯阳山游客服务中心建设项目、游客服务区、乡村数字馆、乡村振兴培训学校、八尔湖智慧化平台及科技数字体验中心、群众文化广场工程等基础设施建设,配套进行绿化、道路、管网等相关附属设施建设,提升景区旅游品质和接待能力。顶层制度加快建设,全年投资196万元招标四川省旅游规划设计院,对全县文旅发展进行《全域旅游规划和重点片区规划》设计,全县初步形成以《全域旅游规划和重点片区规划》为统帅,以《禹迹山景区提升规划》《状元故里旅游规划》《升钟湖渔猎岛提升设计》《满福文旅新城总体规划》为骨架的顶层制度体系。

【公共文化服务体系建设】 通过国家创建办对全县公共文化服务体系创新发展复核。按照国家一级文化馆硬件要求,完成一楼非遗体验基地改造，二楼两个展厅和排练厅常态化对外免费开放。"南部县文化馆"微信公众号宣传群众文化活动、本土民间文学、百年党史，连载《南部县民间文化传统丛书》44期。图书馆开设党史出版物阅读专柜，新建八尔湖镇数字乡村图书馆分馆、定水镇福康养老中心分馆等22个分馆。为全县27个分馆配备数字阅读一体机和"有声图书文化墙"，建成农家书屋全民阅读服务平台，实现馆藏图书资源数字化管理。全年借阅流通人次7万余人次，借阅文献3.9万余册次。完成3596个自然村广播电视"村村通"工程向"户户通"工程升级后的运行维护。完成县应急广播体系建设项目（第一期），保障建党100周年广播电视安全播出无事故。编制完成2022年全县智慧广电项目建设方案。原创短视频《共产党员永不退休》献礼庆祝建党100周年。

【主要领导人】 县委书记：黄波；县人大常委会主任：胡修云；县长：尹成平；县政协主席：时春英；分管农业副县长：杜彬。

南部县编写组

西 充 县

【基本情况】 2021年，全县辖23个乡（镇、街道），辖区面积1108平方千米。

【脱贫攻坚】 成立由党政主要领导任双组长的西充县脱贫攻坚领导小组，实施"1+5+N"攻坚方案，推进以"县级领导挂钩帮扶乡（镇）、县级部门挂钩帮扶贫困村、县乡干部挂钩帮扶贫困户"为主要内容的精准扶贫"三挂钩"工作，实现30名县级干部、97个部门、5708名县（乡）干部与24 760户贫困户、97个贫困村、5.01万名贫困人口结对帮扶全覆盖，形成了"各司其职、各负其责、上下联动"的责任体系。落实县、乡、村三级责任，推行一线工作法，实行县级党政"一把手"一周一调度，乡（镇）党政"一把手"和驻村"第一书记"、村支书、村主任一天一调度，行业部门、帮扶部门尽锐出战、全员参与，确保脱贫攻坚始终被放在最核心、最重要的位置。县级财政专项扶贫资金增幅在30%以上，累计投入本级财政扶贫资金3.5亿元。依托扶贫开发协会、社会扶贫网、红十字会等开展社会捐赠、扶贫济困活动，爱心企业、爱心人士累计投入项目资金、捐资捐物达5000余万元。统筹行业扶贫，使用社会扶贫资金近20亿元，集中投入脱贫攻坚，为脱贫攻坚提供坚实的"源头活水"。

按照"项目整合、重点突围、统筹兼顾"的原则，围绕重点贫困村分年度统筹形成《年度脱贫攻坚实施方案》《贫困村退出实施方案》和《行业扶贫专项方案》，列出"项目""资金"两张清单。整合农业、住建、水务、国土、交通等涉农项目资金，从产业、住房、饮水安全等方面重点规划建设，从2018年开始分年度制定《"四类非贫困村"项目实施方案》，投入5800余万元，用于120个非贫困村基础设施建设。实施农村土地整理71 425亩，修建（整治）小微水利设施664处，新建（整治）提灌站15处，新建村道（生产路）638千米。全面完成3518户8065人易地扶贫搬迁任务，搬迁户全部落实后续帮扶措施；实施贫困户危房改造8336户，实施集中供水工程建设2400余处，对2997户贫困户饮水安全进行巩固提升。

【公共文化服务体系建设】 持续推进文化惠民工程，全县公共文化设施免费开放。指导安汉老年大学、老兵文艺队、纪信川剧团、映山红演艺公司等文艺团体编排学党史、感党恩红色文化节目，开展"送红色经典文化下乡"活动100余场，丰富群众文化生活。开展"非遗进校园"活动，金钱板、吹糖人（面塑）等非遗传承人到乡村、到城市、到学校开展教学近80场次。做好中国共产党成立100周年广播电视和网络视听安全播出保障专项工作，联合市场监管、公安等部门出动执法人员80余人次、执法车辆10台次，开展联合执法1次，排查电器经营商家17家次。有序推进"高清西充智慧广电"建设，FTTH（光纤到户）广电5G智慧网络基础建设覆盖用户11 000户、接入用户3500户，完成115个小区智慧网络基础建设。联合义兴镇党委、政府，在文广旅局帮扶的义兴镇敬二垭村探索开办"乡村集市"，于每月25日开市，已开市7次，销售额17万余元，受益群众200余户，解决了偏远的敬二垭村村民买卖难的问题，巩固了脱贫攻坚成果。

【文化活动】 结合庆祝中国共产党成立100周年，开展系列文化活动。邀请中国科技馆、四川科技馆到西充县举办为期两个月的中国流动科技馆2021"跨界流动·助力基层"巡展暨西充县全民阅读推广活动，参观群众6万余人，其中青少年群体达2.5万人，引导青少年树立科学思想、掌握科学方法、弘扬科学精神。举行主题为"百年华诞·书画风流"的庆祝中国共产党成立100周年北京书画名家西充行采风创作活动，组织书画爱好者交流学习，实现艺术创作和文化推广的有机统合，助推西充打造乡村特色文化产业，助力乡村振兴，并向全县赠送书画作品10幅。参加"唱支山歌给党听·嘉陵江畔颂党恩"南充市庆祝中国共产党成立100周年大家唱群众歌咏活动，指导西充合唱代表队在合唱比赛中获得"最佳风采奖"。协助市文广旅局举办2021年"文化和自然遗产日"宣传展示暨南充市第二届非物质文化遗产活动周，通过线上线下相结合的方式进行文化遗产宣传传播、展示展演、研讨交流等活动，全市70余项国家、省、市、县级非遗项目参加展陈、展销，营造了全社会共同参与保护文化遗产的浓厚氛围。

【主要领导人】 县委书记：张光全；县人大常委会主任：张伟；县长：邓强；县政协主席：付杰修；分管农业副县长：何德清。

西充县编写组

仪陇县

【基本情况】 2021年，全县辖29镇7乡1个街道，辖区面积1791平方千米。

【脱贫攻坚】 产业兴村助农增收，做大防贫盘子，继续加大对农村项目的投入，实施职业技术培训以及各方持续实施就业帮扶。乡村工厂解决就业，拓宽增收路子，落实“四个不摘”，精准施策，盯牢农村有返贫风险的低收入户和收入不稳定户，通过发展产业、兴建乡村工厂（车间）、建立精准防贫保险等多种手段筑牢返贫防护堤。建立精准防贫保险，兜住“返贫底子”，瞄准其致贫返贫关键因素，建立“近贫预警、骤贫处置、脱贫保稳”精准防贫机制，持续探索建立解决相对贫困长效机制，对于从源头上解决筑牢发生贫困的“截流闸”和“拦水坝”至关重要。

【乡村旅游】 补齐旅游体验项目短板，通过挖掘朱德精神实质内涵，利用舞台剧、实景还原、全息影像等多种方式创排舞乐诗《咱们的总司令》红色精品剧目。利用朱德诞生地周边民居建成“德乡慢村”客家精品民宿集群。优化提升特色商业街区，从硬件设施提档和软件服务提质“双向发力”，丰富德乡仪品步行街、恒益滨江酒吧街业态，更新旅游厕所、街区等配套标识标牌。打造客博园商业街，入驻商铺50家，创新开发红色文创产品、特色旅游商品和地方名小吃20种。配套完善旅游服务设施，全面完成县域旅游交通指示标牌、全域全景图的更新制作，指导完善朱德故居纪念馆红色旅游公路（五福镇至马鞍镇）旅游交通指示牌、全域全景导视图的规范设置；在安溪潮、黎明村、双胜花椒产业园等乡村旅游点位设置文旅服务公益性岗位10个，建立健全乡村旅游景区服务管理长效机制。

【公共文化服务体系建设】 “三馆一站”免费开放有序推进，年接待量超过40万人次，图书借阅服务实行错时、延时开放制度，在节假日、寒暑假中午延时开放不闭馆。策划“榜样的力量：张思德与党的根本宗旨”——张思德纪念馆庆祝中国共产党成立100周年专题展览，张思德纪念馆创建为“四川省首批中小学红色教育研学实践基地”。开展“新语听书”“歌德新书”“每周绘本”“每周30分钟名师讲座”等活动150余场。开展大展云集仪陇2021元旦系列网展、“离堆欢歌”贺新春线上系列群众文化展播。组织全县300余名干部职工参加南充市庆祝建党100周年合唱比赛，获得全市最佳表现奖、最佳现场表演奖。投资近560万元，完成村级建制调整后的37个乡（镇）、469个行政村的广播电视联网建设任务，常态化开展全县应急广播平台、城区公共智能广播系统、广播电视公共服务网点、各直放站的日常维护管理。

【主要领导人】 县委书记：陈科；县人大常委会主任：郑元勤；县长：郭宗海；县政协主席：李俊；分管农业副县长：陈智。

仪陇县编写组

营山县

【基本情况】 2021年，全县辖18镇8乡3个街道，辖区面积1635平方千米。

2021年，全县GDP250.3亿元，按可比价计算，比上年增长9.1%，其中第一产业增加值51.2亿元，增长7.7%；第二产业增加值90.1亿元，增长7.2%；第三产业增加值109亿元，增长11.3%。三次产业对经济增长的贡献率分别为19.6%、27.4%和53%。三次产业结构比为20.5 ∶36 ∶43.5。

【年度农业和农村经济运行】 2021年，全县完成农林牧渔业总产值88.6亿元，比上年增长8.6%，其中农业产值46.5亿元、林业产值2.4亿元、牧业产值37.6亿元、渔业产值1.6亿元、农林牧渔服务业产值0.6亿元。

【种植业】 全年粮食作物播种面积69 143公顷，增加0.45%，其中水稻播种面积25 733公顷、玉米播种面积12 606公顷。油料作物播种面积24 216公顷，增长2.8%，其中油菜籽播种面积16 633公顷，占油料作物播种面积的68.7%。蔬菜种植面积22 452公顷，增长3.8%。全年粮食总产量40.3万吨，增长1.5%，其中夏粮产量7.4万吨，增长0.6%；秋粮产量32.9万吨，增长1.7%。经济作物中，油料产量5.9万吨，增长4%；蔬菜产量41.4万吨，增长6.5%；园林水果产量4.3吨，增长6.3%。

【文旅项目建设】 推进广电项目完善提档，已投入建设资金1750万元，完成42个村(社区)级广播平台改造、改建，合并龙伏、木桠2个乡(镇)的广电公共服务平台建成木桠镇广播电视公共服务中心；“8·7”洪灾后，共抢修受灾广电光缆466千米，并更换相应损毁设施，按要求完成项目入库；完成全县农村大功率Wi-Fi建设工程和地震预警发布系统，正式发布文旅营山VR全景微视频建设工程10个建设点。完成“月兔梦”乐园项目一期建设，“月兔梦”乐园项目为全县“三个一批”重点项目，占地150余亩，项目一期工程已完工，并于7月26日正式开园。编制完成营山县文化旅游“十四五”规划和营山县红色遗址保护利用规划。进士文化旅游景区创建为国家4A级景区，清水湖创建为省级生态旅游示范区，千垭村创建为国家3A级景区。在成渝地区双城经济圈文旅融合高峰论坛暨第三届T12中国西部文旅产业发展峰会上，营山县被评为“成渝经济圈文旅融合发展榜样区(县)”。

【公共文化服务体系建设】 在第五次全国文化馆评估定级中，争取营山城市馆为硬件保障，同时全面指导县文化馆评估定级迎检，不断夯实免费开放、艺术普及等公共文化服务基础，11月，县文化馆被评为一级馆。营山凉面、太蓬山黄精酒、砸酒、通宝牛肉申请为第六批南充市非遗代表性项目，为全县市级非遗项目胜利扩容；10月，举办“非遗进社区”等活动。

【文化活动】 6月26日，在进士文化旅游景区新时代广场举行“唱支山歌给党听”庆祝中国共产党成立100周年四川营山大型群众文化活动，《前进吧，中国共产党》《不忘初心》《翻山铰子》等歌舞表达了干部群众奋力谱写营山新时代、追赶超越高质量发展新篇章的坚定信念和决心，于6月30日晚登上中央电视台《新闻联播》栏目。7月8日—9日，在会展中心举办营山县庆祝建党100周年群众文艺会演，会演对接央视网《新时代·瞰百城》直播活动，以营山宣传主题“灵秀营山　耕读原乡”为切入点，从人文景观、文化符号和城市发展、产业基础四个方面直播展示营山的发展定位和建设成就，以及这片灵秀之地所蕴藏的新生力量和无限潜力，县委书记罗明远，县委常委、宣传部部长何铮到现场推介。举办“光辉历程　锦绣营山”——庆祝中国共产党成立100周年成就展、百岁红军王定国专题展等展览。牵头举办南充市第六届运动会开幕式，通过“序篇——龙腾狮舞　金铰迎宾”“上篇——灵秀营山　耕读原乡”“下篇——嘉陵江水　幸福绵长”“尾声——活力绽　再创辉煌”四个篇章将营山元素、南充风情和体育精神相结合，渲染出一幅浩瀚恢宏、灿烂锦绣、时尚健康的南充长卷。

【主要领导人】 县委书记：黄金盛；县人大常委会主任：斯顺平；县长：罗明远；县政协主席：蔡良斌；分管农业副县长：何铮。

营山县编写组

蓬安县

【基本情况】 2021年，全县辖14镇5乡2个街道，辖区面积1332平方千米。全县GDP200.9亿元，增长7.5%，其中第一产业增加值47.8亿元，增长7.4%。

【种植业】 全县粮食作物播种面积81.5万亩，增长0.86%；粮食总产量31.18万吨，增长2.1%。其中，水稻播种面积24.31万亩，增长0.45%；产量12.96万吨，增长1.25%。小麦播种面积13.1万亩，减少1.43%；产量13.29万吨，与上年持平。玉米播种面积18.99万亩，增长1.82%；产量7.41万吨，增长4.51%。油料作物播种面积34.07万亩，产量5.73万吨，增长8.5%，其中油菜籽种植面积22.63万亩，总产量4.1万吨，增长10.5%。

【畜牧业】 全年出栏生猪58.3万头，增长16.1%；出栏牛1.3万头，减少2%；出栏羊18.2万只，减少1.3%。生猪存栏43.5万头，增长14.2%；牛存栏3.6万头，增长13.3%；羊存栏12.4万只，增长5.5%。肉类总产量58 484吨，增长18.3%，其中猪肉产量44 103吨，增长25.9%。

【公共文化服务体系建设】 落实“两馆一站”免费开放政策措施，提升文化免费开放服务功能，开设非遗展览、图书借阅、电子阅览，声乐、舞蹈、棋艺培训等免费开放服务项目，最大限度地满足群众的文化需要。全年共开展群众文化活动355场次。实施县文化馆、图书馆总分馆制建设，完善“两馆”设施设备，建成分馆共计30余个。提升服务效能，助力县文化馆通过评估定级工作验收，文化馆第五次全国文化馆评估定级资料(国家一级馆)通过省级评定。结合脱贫攻坚后评估和乡村振兴战略，新(改)建村文化室23个，创建蓬安县乡村文化振兴“百千万”工程首批县级样板乡(镇)2个、县级样板村14个，相如街道办油坊沟村获评“四川省民间艺术之乡”。正源镇红豆村新增部分儿童游乐设施，景区道路、景观、座椅等设施得到提升。花好月圆动物种类增加，儿童研学基地有序申报，景区道路、景观、座椅得到提升。新建旅游厕所2座，改建2座。

【文化惠民活动】 举办2021年“南充市嘉陵江放牛季暨相如故城开城仪式”“唱支山歌给党听”主题快闪活动、“唱支山歌给党听·蓬安儿女颂党恩”

蓬安县庆祝中国共产党成立100周年大家唱群众歌咏活动等大型群众文化活动。组织开展"非遗进景区""非遗进校园"、广场舞文化惠民活动80余场次，"学党史、感党恩，廉政文化进乡村"宣传演出活动20余场次，群众文化活动累计参与人数35万余人次。

【广电建设】 网络覆盖全面优化。投入资金500万元，用于广播电视公共服务运行维护，用基于互联网（含移动互联网）、云计算、云服务、大数据、人工智能的技术方式围绕媒体融合发展方向，基本完成省、县应急广播平台升级改造和地方现代智能广播体系架构建设，完成21个乡（镇、街道）、82个村（社区）应急广播体系试点建设及18个地面数字电视无线发射台（站）无线发射覆盖网络系统维护任务。确保全县4831个自然村广播电视"户户通"达100%，保障2万余户贫困户正常收视、收听广播电视节目。全年无一播出事故和无一安全责任事故发生。

应急广播试点推广。广播电视以全面优化广电网络结构、提升网络覆盖能力、加速建设智慧广电为目标，向上争取6个试点项目应急广播平台建设项目资金200万元，加快全县应急广播平台建设和"三中心"融合建设。

【主要领导人】 县委书记：崔竹君；县人大常委会主任：何林忠；县长：唐方春；县政协主席：刘晓林；分管农业副县长：陈崛。

蓬安县编写组

宜宾市

【基本情况】 2021年，全市辖3区7县，辖区面积1.33万平方千米。

【农村生态建设及环境保护】 做好第二轮中央生态环境保护督察迎检工作，在对标对表自查、信访案件化解、迎检准备工作3个方面持续加力，确保生态环境问题整改成效，不断提升群众满意度和生态环境的获得感、幸福感。打好污染防治攻坚战，坚持精准治污、科学治污、依法治污，全面推进蓝天、碧水、净土保卫战，实现空气质量持续好转、碧水全省争先、净土走在前列。持续推进生态环境治理修复，继续实施打造"六山"保护提升工程，加快推进城市绿地、天然林保护、退耕还林还草等重点生态建设工程，不断改善生态环境质量。强化实施三项重点工作，加大对上争取、对外招引力度，做好项目包装论证、提升项目质量，全面推进生态示范区创建，加快推进三江新区创建长江上游绿色发展示范区。

【文旅品牌创建】 完成《宜宾市红色旅游三年提升行动计划(2022—2024年)》编制，打造六大红色旅游景区，推出4条红色旅游精品线路。申报省级地学研学旅行基地2个、中小学红色教育研学旅行基地7个。宜宾市获评第二批国家文化和旅游消费试点城市，翠屏区高桥村获评全国乡村旅游重点村，新增省级乡村旅游重点村5个；长宁县双河镇获评天府旅游名镇，翠屏区高桥村、高县大屋村获评天府旅游名村，入选省、市、县（区）"天府旅游美食"146道；新增国家4A级景区3家、省级生态旅游示范区3家、省级全域旅游示范区1家；南溪古街创建首批省级旅游休闲街区，城市名人酒店获评五星级旅游饭店，"两海示范区"入选四川文旅产业新项目新场景新模式典型案例。蜀南竹海创建国家级旅游度假区、中国李庄创建国家5A级景区、兴文石海创建国家生态旅游示范区、五粮液景区创建国家工业旅游示范基地等品牌创建工作有序推进。

【公共文化服务体系建设】 实施"幸福宜宾"城乡文化服务提升工程项目83个，已完工62个；推进乡村文化振兴"百千万"工程，建成5个省级、49个市级、145个县级乡村文化振兴样板村镇。在长宁县梅硐镇、兴文县共乐镇开展乡（镇）公共文化服务效能提升试点，"211个公共图书馆文化馆（站）博物馆纪念馆免费开放"和"25 674个村广播电视'户户通'工程运行维护"两项民生实事全面完成。22个旅游厕所建设任务全面完成，"智游宜宾""一中心两平台"上线运行，市文化馆、市博物院建成开放。叙州区创建为四川省现代公共文化服务体系示范县，8个单位获得全省文旅公共服务高质量发展"四个一批"称号。完成第五次全国文化馆评估定级。申报2021—2023年度"四川省民间文化艺术之乡"4个。举办第十一届中国竹文化节暨竹产业发展峰会（竹产品交易会）主题文艺晚会和中国首届竹主题非遗大展。完成酒都艺术研究院改革方案编制，话剧《雾中灯塔》入选中宣部、文化和旅游部、中国文联建党百年优秀舞台作品并参加展演，杂技《中国结》获得澳大利亚第五届国际马戏节铜奖、四川省第五届曲艺杂技木偶皮影赛一等奖，宜宾市代表队参加文化和旅游部"唱支山歌给党听"大家唱群众歌咏活动暨首届巴蜀合唱节并获得二等奖，市文广旅游局获得四川省第五届曲艺杂技木偶皮影比赛组织工作奖，宜宾话剧团被评为第九届全国“双服务”先进集体。举办庆祝中国共产党成立100周年暨宜宾市第十四届戏剧小品（小戏）比赛等群众性文化活动，完成“全国群星奖”四川选拔活动，引进并演出北京费尔蒙交响乐团《三江交响之夜》、儿童剧《冰雪奇缘》、舞剧《黄河》等精品演艺。开展文化惠民活动1800余场，共惠及群众100余万人次。

【智慧广电建设】 全市电视节目覆盖率达90%，入户率达83%；县（区）电视节目覆盖率达85%，入户率达73%；新安装有线电视和地面数字电视用户54万户。抓好市、县两级媒体融合发展，在中央电视台播出新闻85条、四川电视台播出350余条。组织开展广播电视和网络视听安全播出保障自查问题专项整治，完成庆祝中国共产党成立100周年广播电视和网络视听安全播出；开展“黑广播”、网络视听领域“净屏”等专项整顿和查处，取缔“黑广播”发射台1个。

【主要领导人】 市委书记：刘中伯；市人大常委会主任：陆振华；市长：杜紫平；市政协主席：吕晓莉；分管农业副市长：张平。

宜宾市编写组

翠 屏 区

【基本情况】 2021年，全区辖11镇5个街道177个行政村56个社区，辖区面积1259平方千米，有户籍人口88.23万人。

【土地承包管理】 落实农村土地承包经营权流转补助政策，完成补助资金兑付208.7783万元。印发《翠屏区农业农村局关于印发〈翠屏区农村土地承包经营纠纷风险防范和化解工作方案〉的通知》（翠农〔2021〕309号），妥善解决农村土地承包经营纠纷，有效化解基层矛盾，区级调解纠纷1件，处理土地承包经营信访件10余件，接受咨询100余人次。规模流转耕地0.71万公顷。

【农村集体产权制度改革和宅基地改革】 按照“清资产、确成员、量股权、赋权能、建组织、壮集体、富成员”的改革内容，完成2733个农村集体经济组织改革并取得特别法人资格，确认成员55万余人次，量化资产5.85亿元，建立“三会”制度，制定农村集体经济组织章程，支持农村集体经济自主开展经营活动。完成全区22个村规划编制和全区确权登记，完成全区“多规合一”实用性村规编制22个，全区宅基地和集体建设用地可确权登记103 485宗全部完成，登记率100%；形成城乡一体数据管理系统，建成覆盖全区的农村宅基地管理信息系统，与“智享翠屏”初步实现平台数据共享融合，形成具有翠屏特色城乡一体数据管理系统；化解宅基地历史遗留问题，金秋湖镇谢坝社区村通过有偿使用制度解决了23户农户多年来跨集体经济组织建房无法办理不动产权证的问题，牟坪镇庆南社区村已形成遗留问题处置方案，为全国探索宅基地遗留问题解决途径和方式提供了翠屏经验。盘活农村闲置宅基地，李庄镇高桥社区村探索出农农共商、农旅共融、公房共享、农企共营、村企共建的“五共”模式，流转农房、宅基地2430平方米，打造高桥竹村农旅品牌。李庄镇安石社区村以“宅基地+集体经济组织+投资公司+设计运营公司”的“四方共建”模式打造安石酒乡渔美乡村振兴示范点，项目分三期建设，财政投入1500万元，带动企业投资6000万元，已完成一期建设104.47公顷，将稻鱼共生、三产共融、人文共续有机结合起来，形成“四区两线”和“十院十景”的初步成果。

【农村集体“三资”监管】 全区清理2021年集体总资产23.6亿元，其中经营性资产7亿元、集体土地总面积9.85万公顷，全部纳入全国农村集体资产清产核资管理平台进行监管。各镇（郊区街道）建立农村集体三资代理中心，依托翠屏区搭建的农村集体“三资”监管平台，全区177个村被纳入平台管理，有86个村委托第三方代理机构记账。通过组织培训，规范农村集体“三资”管理和合同监管备案等工作。

【新型农业经营主体培育】 完成15个家庭农场培育项目建设扶持任务，且通过项目验收，录入全国家庭农场名录库1381个，超额完成省下达的1301个任务。新增省级示范性家庭农场2个、区级示范性家庭农场78个，区级以上示范场达237个（其中省级27家、市级55家、区级155家）。全区共培育龙头企业97家（国家级3家、省级10家、市级37家、区级47家），总资产达1113亿元，固定资产达75.11亿元，实现总销售收入573亿元，实现利润185亿元。新培育产业化龙头企业国家级1家、市级9家、区级12家，龙头企业总产值和市级以上龙头企业数量均位居全市第一。培育专业合作社882家，其中区级及以上示范社101家（国家级6家、省级24家、市级18家、区级53家）。通过引导龙头企业发展合同契约型的订单农业，采取合同契约、订单收购、二次返利等方式推进农业基地建设，通过实践“公司+基地+农户”“公司+专合组织+基地+农户”等模式逐步完善农业产业化经营机制和利益连接机制，已辐射带动农户40万余户。

【农产品品牌创建】 “翠屏金煌”入选2021年全国名特优新农产品名录；“翠屏晚橘”申请地理标志证明商标被国家知识产权局受理；“永兴莲藕”申请农产品地理标志产品认证进入农业农村部

评审阶段；新培育2个猪肉加工品牌，分别为宜宾茶缘牧业有限公司注册的“农美茶缘”商标和宜宾岷江源食品有限公司注册的“岷江天府”商标，主要从事腊肉、香肠等生产加工。全年新认证绿色食品6个、无公害农产品19个，复查换证25个；有效期内“三品一标”农产品147个，位居全市前列。

【现代农业园区建设】 成立特色农业“5+2”产业发展领导小组，全年建成特色农业“5+2”产业基地69 000公顷，其中生态早茶基地11 000公顷、酿酒专用粮基地15 467公顷、生猪（稻渔）7733公顷、芽菜8000公顷、晚熟柑橘4800公顷、竹（油樟）22 000公顷。围绕园区创建标准，念好“优、绿、特、强、新、实”六字经，建基地、兴科技、强主体、育品牌、促融合，以园区大建设引领现代农业大发展，助推乡村全面振兴，全区全年培育并创建省五星级园区1个、市级园区1个、区级园区15个。

【“鱼米之乡”示范县建设】 实施高标准农田建设“百日会战”，新建高标准农田1646.67公顷，累计建成高标准农田31 853.33公顷；落实耕地地力保护补贴、稻谷补贴、种粮一次性补贴等近6943.9万元，保障种粮群众合理收益，全年粮食总产量达35万吨，增长0.63万吨。培育新型农业生产经营主体，申报国家农民合作社质量提升整地区推进试点单位、家庭农场信贷直通车试点县，累计培养新型农业经营主体2360家（龙头企业97家、合作社882家、家庭农场1381家），其中国家级农业产业化龙头企业3家、省级家庭农场27家、省级农民合作社示范社24家。全年农林牧渔总产值完成68.33亿元，增长8.2%，其中第一产业增加值15.04亿元，增长7.1%。农村居民年人均可支配收入达23 352元，增长11.3%。“翠字号”特色农产品稳定增长，累计建成中国早茶、酿酒专用粮等特色产业基地69 000公顷。全年蔬菜产量44.08万吨，增长6.29%；水果产量9.63万吨，增长6.1%；茶叶产量0.73万吨，增长6.6%；肉类总产量4.44万吨，增长9.14%；水产品产量3.53万吨，增长5%。

【种植业】 全区粮食作物播种面积5.36万公顷，增长1.7%；油料作物播种面积1.05万公顷，增长2.8%。全年粮食产量35万吨，增长1.8%，其中稻谷23.12万吨，增长1.3%；薯类增长0.8%；高粱增长29.1%；豆类增长2.3%。油料产量2.49万吨，增长4.7%，其中油菜籽产量1.07万吨，增长4.8%。落实粮食补贴政策，涉及13个镇（街道）172个村1197个社区74 569户农户，补贴面积12 147.04公顷，补贴标准为1074.3元/公顷，发放补贴资金1304.95万元。

粮食高产创建。在李庄镇牟坪镇、李端镇、双谊镇、永兴镇、白花镇和金秋湖镇建设水稻绿色高质高效创建示范区666.67公顷，主推水稻直播、宽窄行栽培、病虫害绿色综合防控技术、测土配方施肥、有机肥替代化肥等高产高效集成技术，并在此基础上试验示范稻渔高效综合种养技术，集成现代种养殖科学技术，探索“稻—鱼”“稻—虾”“稻—鳖”等稻田高效种养模式。全区水稻种植核心示范片测产“头季稻+杂交稻”产量共966.41千克，创下全区水稻高产纪录。

粮食扩种。为应对新冠疫情对粮油安全的影响，利用冬闲田、治理撂荒耕地和间套作的方式完成耕地轮作休耕1000公顷，其中大豆扩种333.33公顷、油菜扩种666.7公顷。依据制定的扩种方案，对开展扩种大豆、油菜的农户给予150元/亩的现金补助。

水果生产。全区水果种植面积8266.7公顷，产量9.63万吨，增长6.1%。其中，柑橘产量7.1万吨，增长6%；实现产值3.1亿元，增长6%。加大新品种引进试点示范，全年引进新品种2个（蜂糖李、明日见柑橘），带动在全区新发展柑橘基明日见、甘平等新品种133.33公顷，种植蜂糖李66.66公顷。建设“果—粮”“果—菜”复合种植基地，全域发展柑橘套作蔬菜超200公顷、柑橘套作红高粱超过350公顷，围绕乡村振兴新建设白花小山小龙虾养殖示范园柑橘种植基地、菜坝双千竹橘现代产业园柑橘种植基地、思坡镇果蔬示范区柑橘基地建设项目、牟坪镇“川南印象”柑橘基地以及宗场镇亲地乐园李子基地。

茶叶生产。全区建成生态早茶基地11 000公顷，增加440公顷；全年茶叶产量7300吨，实现茶产业综合产值75亿元。主推机械化修剪和采摘技术，全面推广茶园病虫害绿色防控技术，基本实现全覆盖。先后承办四川省“万企进万村，川茶兴千村”启动仪式、第十四届中国·宜宾早茶节开园采摘活动、第四届国际（宜宾）茶业年会“宜宾早茶”“川红工夫”万人品鉴活动、全市茶叶标准化机采技术现场培训会；组织涉茶龙头企业参展第十四届四川（成都）国际茶业博览会、第四届中国国际（杭州）茶业博览会、第五届上海优质农产品博览会、第十五届中国青岛国际茶文化博览会暨紫砂艺术展等活动，提升翠屏精制早茶知名度。

蔬菜生产。全年蔬菜种植面积13 729公顷，增长3.65%；蔬菜总产量44.08万吨，增长6.29%。一是推进翠屏区龙盛现代农业生态科技产业园建设，加工园区第一栋厂房一期已经建设投产，已完成李端镇辣椒基地辣椒烘干设备的安装、调试和运行；完成“8·18”洪灾后蔬菜恢复生产项目（2020年蔬菜大棚等设施灾后恢复生产项目和2020年蔬菜产业灾后恢复生产项目）实施，新建蔬菜连栋钢架育苗大棚2500平方米和果蔬农产品冷链库200立方米，修复洪灾损坏大棚1.3333公顷，抢栽城市保供蔬菜133.3333公顷。二是继续巩固菜坝镇、思坡镇蔬菜保供基地建设，在菜坝镇连片发展133.3333公顷蔬菜基地1个，在思坡镇连片发展33.3333公顷蔬菜基地2个，带动周边发展蔬菜种植；促进特色蔬菜产业发展，在永兴镇发展133.3333公顷莲藕种植基地1个，在白花发展66.6667公顷娃娃菜基地1个；建设“经—粮—菜”复合种植基地，全域发展柑橘套作蔬菜200余公顷。三是推进芽菜产业发展，继续开展本地特优青菜品种选育，提纯复壮“二平桩”“高桩子”本地特优青菜品种；开展青菜划条机研发；举办宜宾市翠屏区第二届芽菜产业发展大会暨首届宜宾芽菜美食创新大赛，组织辖区芽菜企业参加第五届上海农博会；举办宜宾市翠屏区第二届芽菜产业发展大会暨首届“宜宾芽菜”美食创新大赛，并与宜宾市农业融资担保有限公司、万家福等分别签订融资战略合作协议、销售战略合作协议等，邀请酱腌菜业界知名企业重庆涪陵榨菜集团原料分公司、四川李记酱菜调味品有限公司等，为以后进一步寻求技术支持、交流及合作等奠定基础；举行“宜宾芽菜”美食创新大赛，探索食用芽菜的新菜品，为扩大芽菜应用范围奠定了基础；邀请国际在线、新华社、《四川日报》等20余家新闻媒体对产业发展大会及大赛进行报道，提高宜宾芽菜产品知名度。四是做好蔬菜产品品牌建设，配合加快推进“永兴莲藕”地理标志申报，开展“永兴莲藕”产品特性及产品特性成因调查，完成“永兴莲藕”地理标志质量控制技术规范编写等，推进“永兴莲藕”品牌保护与宣传。

植物检疫与病虫害防治。开展病虫害监测预报，发布植保信息12期、植保短信6000余条。利用2021年中央财政农业生产和水利救灾资金50万元开展水稻病虫害统防统治3333.33公顷次，投放赤眼蜂杀虫卡5万枚，使用生物农药苏云金杆菌1666.67公顷次；利用2021年省级财政农业公共安全与生态资源保护利用工程资金50万元开展植物疫情监测及阻截防控，建成园区购买绿色防控产品新技术防控示范20公顷，完成柑橘木虱预防性防控226.67公顷次、稻水象甲防控220公顷次，抓好水稻细菌性条斑病应急防控。做好农业植物检疫，开展日常产地检疫检查26次、调运检疫复查11次；与省农科院合作，完成柑橘黄龙病1200公顷次（120个调查监测点）、黄瓜绿斑驳花叶病毒133.33公顷（40个监测点）的监测、柑橘黄龙病抽样送检100个、黄瓜绿斑驳花叶病毒取样送检100个，均未发现检疫性有害生物；完成水稻细菌性条斑病育秧排查防控10.33公顷，开展大田水稻细菌性条斑病监控1333.33公顷，未发现水稻细菌性条斑病，有效阻截了植物检疫性病害在全区的蔓延传播。

【畜牧业】 全年畜牧业产值16.38亿元，增长10.5%。全区出栏生猪49.43万头，增长14%；牛出栏0.62万头，增长1.5%；羊出栏2.53万只，增长12.8%；家禽出栏425.83万只，增长6.1%；兔出栏60.11万只，增长5.2%。全区肉类总产量4.44万吨，增长9.1%，其中猪肉产量3.61万吨，增长9.5%；禽肉产量0.63万吨，增长0.1%；羊肉产量0.04万吨，增长9%；禽蛋产量0.73万吨，增长4.5%；牛肉、兔肉产量分别为0.08万吨和0.09万吨。

畜禽标准化养殖。全区新建成规模种猪场4个，关猪投产3个，新增能繁母猪13 359头，累计产仔124 237头；新建成标准化生猪规模养殖场15个，其中年饲养量达5000头及以上大型养殖场12个，实现新增产能18.9万头。全区生猪规模养殖场达184个，大型养殖场达32个。新创建部级标准化示范场1个、省级标准化示范场1个，全区已累计创建市级以上畜禽标准化示范场36个，其中部级示范场1个、省级示范场8个、市级示范场27个；全区畜牧产业化重点龙头企业达18家，其中省级2家、市级3家、区级13家。

动物防疫。以非洲猪瘟防控为重点，成立了以区长为指挥长的区非洲猪瘟防控应急指挥部，建立区、镇（街道）、村（社区）、组四级网格化管理制度，对全区养殖场（户）、餐饮企业（店）、冻库、屠宰企业、交易市场等监管对象建立网格化管理制度，建立应急处置机制，落实属地监督管理责任，并成立6个工作组、督察组开展大排查、日常巡、排查等工作。编印《翠屏区非洲猪瘟防控应急预案》和《翠屏区非洲猪瘟防控应急预案实施方案》，成立突发疫情应急处置预备队，设立并公布非洲猪瘟等重大动物疫情举报电话，坚持重大动物疫病防控工作24小时值班制度，合理储备消毒药、疫苗等应急物资。组织开展春秋防免疫，共组织发放禽流感疫苗250万毫升、猪口蹄疫疫苗62万毫升、猪O–A二价苗10万毫升、牛（羊）O–A口蹄疫二价疫苗5.2万毫升、猪瘟疫苗62万头份、小反刍兽疫疫苗1.7万头份、狂犬疫苗4.5万毫升、消毒药8.08吨，印发免疫档案1300套。全年共免疫猪79.25万头、家禽593.82万羽（其中鸡398.05万羽、鸭164.4万羽、鹅12.69万羽、其他禽18.68万羽）、牛2.22万头、羊3.83万只（羊口蹄疫3.83万只、小反刍兽疫2.55万只）、犬只4万只，应免密度均达100%；共消毒畜禽圈舍1423.2万平方米，消毒面积达100%。宣传并推动动物防疫工作的“三个转移”，向规模户推荐免疫程序，督促建立程序化免疫制度；针对散户采取集中免疫、阉割免疫、日常补免三结合的方式，逐渐实现养殖户自主防疫、常态、适时免疫。在非洲猪瘟防控的大背景下，鼓励和组织养猪场户实行自主免疫，避免了因人员流动带来的疫情风险。

动物疫病流调与监测。在全区设立63个定点流调点，针对规模养殖场（户）落实专人监督，发现疑似疫情即刻处置，实施现地调查、追溯调查和追踪调查，寻找风险因素、判断扩散趋向、评估防控效果，提高重大动物疫病应急处置工作的科学性。全年共上报传染性胃肠炎、猪流行性腹泻、猪链球菌病等家畜疫病61起，鸡白痢、鸡球虫等禽病21起；召开全区疫情会商分析会2次，为科学制定全区动物防疫策略提供了数据支撑。全年共监测各类动物疫病样品共计2845份，其中猪口蹄疫抗体检测474份、猪瘟抗体474份、牛（羊）口蹄疫抗体364份、鸭禽流感H5亚型抗体113份、鸡禽流感H5亚型抗体465份、鸭禽流感H7亚型抗体113份、鸡禽流感H7亚型抗体465份、羊小反刍兽疫抗体229份、布鲁氏杆菌病抗原174份。完成市级部门实验室对比实验样品检测，累计检测样品240份，其中猪瘟抗体检测15份、猪口蹄疫抗体检测150份、禽流感H5亚型抗体检测15份、新城疫抗体检测60份，确保疑似疫情的快速诊断与排查。

动物检疫。严格执行检疫申报制度，产地检疫网上申报率大幅提升，生猪产地检疫严把生猪来源关，全区未发现“洗猪”等违法行为。全年共检疫生猪62.3457万头、牛0.3515万头、羊0.0313只、禽82.9748万羽、其他动物0.3937万头（只、羽），共消毒车辆约6.7万辆。严格执行屠宰检疫申报，要求业主规范填写《检疫申报单》，经检疫合格后方可出具《检疫合格证明》，经检疫不合格的按规定进行无害化处理。全年共检疫动物产品猪12.283万头、牛（羊）0.3101万头（只）、禽63.1807万羽、其他动物产品0.1654千克。

动物卫生监督。定期每月对养殖场进行执法检查，规范养殖场业主饲养管理行为，通过执法检查，未发现有违规使用违禁药品等违法违规行为；对全区符合条件的规模养殖场全部进行了备案管理；年初与规模养殖场业主签订畜产品质量安全责任书和承诺书，确保规模养殖场监管到位。对未佩戴耳标的动物不出具检疫合格证明，并按规定进行处理处罚，禁止未佩戴耳标动物进入屠宰环节。全区定点屠宰场都有派驻的官方兽医到场实施屠宰检疫，确保每个定点屠宰场监管到位。全区屠宰企业均安装了视频监控系统，监控终端设置在区动物卫生事务中心。严格要求屠宰企业开展“瘦肉精”和非洲猪瘟自检工作，实行“1110”制度。继续开展生猪屠宰监管“扫雷行动”工作，共对屠宰企业开展监督检查167家次，出动执法人员476人次。全区共设立19个非洲猪瘟宣传检查点和3个泔水检查点，实行分级管理制度。定期或不定期（夜间）开展督察，确保每个检查站点24小时值班；及时查处生猪违规调运案件，全年未发生违规调运输入事件，共挡获8起违规调运事件，立案12起。对跨省违规调运的一律顶格处罚，形成执法威慑，保障调运秩序。开展病死畜禽无害化处理，全区养殖环节无害化处理病死猪28 560头（含三江新区），屠宰环节无害化处理病死生猪44头、产品6.683吨。全年共立案查处违反《中华人民共和国动物防疫法》12起，均为一般程序，其中结案10起、撤销立案1起、未结案1起，其中申请法院强制执行1起，达到重大案件备案标准送司法局备案10起，共处罚金额45.8203万元。全年查处违规调运涉案生猪411头、兔180余只。严格实行生猪运输车辆调运监管，对生猪运输车辆、收购贩运户等管理对象实行电子备案，应用信息化手段提升行政监管效率，实现人、车、物的管控，有效防范动物疫病传播，截至2021年年底，全区共备案跨县（区）生猪运输车辆63辆、区内生猪运输车辆98辆、贩运户69名。

【水产业】 全区水产品总产量35 280吨，增长5%；实现渔业经济总产值6.43亿元，增长5.7%。鼓励和支持水产养殖专业合作社发展，全区有水产养殖专业合作社40余个、社员1600余人，专合社水产养殖面积超过800公顷，带动周边农民从事水产养殖1333.33公顷。全年共查获违法行为10起，其中移送公安机关7起、行政案件3起；共处理举报30余起，出动执法人员1300余人次、执法车320余辆次、艇110余艘次，劝离游钓人员10 000余人次，收缴钓鱼竿500余根；通过电视台、新闻网等新媒体宣传报道20余次，在重点区域树立宣传栏30余个，悬挂横幅120余幅，发放宣传资料7000余份。组建20人的区渔政协助巡护队伍，协助开展日常巡护，有效宣传长江禁捕并打击非法捕捞及非法游钓行为。开展增殖放流活动，共放流国家一级保护鱼类长江鲟900尾、国家二级保护动物岩原鲤11.5万尾、鲢鱼55万尾。开展非法捕捞违法人员增殖放流1次，放流鲤鱼6000尾。

【乡村振兴】 6月4日，宜宾市翠屏区乡村振兴局在区农业农村局挂牌成立。全年争取省级财政专项债券资金5.08亿元、五粮液乡村振兴基金2亿元、各级衔接资金1.2358亿元、区级乡村振兴发展资金0.46亿元共8.7758亿元投入全区乡村振兴建设。推广乡村振兴农业产业发展风险金贷款，风险补偿金累计到位800万元，累计放贷20 396万元，新增贷款4648万元。支持养殖业35户贷款4630万元、种植业59户贷款10 823万元、农产品加工业8户贷款1738万元、其他行业11户3205万元，撬动社会资本4亿元以上，推动乡村产业发展。对高桥竹村、酒乡渔美、五彩金秋、梦想清韵、太公田园等16个乡村振兴示范点提档升级，新培育空港乐园、鱼米白安、龙狮盛景等11个乡村振兴示范点。“宜长兴”“金秋湖环线”乡村振兴示范区的产业不断向集群化、规模化、特色化方向发展，继续推进“三村联动·如意原乡”乡村振兴示范片建设，李庄镇安石村酒乡渔美开村运营，李庄镇高桥村获评四川省首批天府旅游名村并被文化和旅游部认定为全国乡村旅游重点村。李庄镇和白花镇白安社区村、李端镇板栗社区村、金秋湖镇沉香村、宗场镇五粮液村创建为省级乡村振兴先进镇、先进村，永兴镇狮子村获得省优秀帮扶村命名。金秋湖镇、李庄镇和李庄镇安石社区村、高桥社区村、金坪镇罗家村、牟坪镇龙兴村、金秋湖镇茶乡村、云辰社区村、李端镇板栗社区村、白花镇一曼村被认定为2021年省级乡村治理示范镇村，李庄镇和安石社区村被农业农村部认定为全国乡村治理示范镇村。

【脱贫成果巩固】 易地扶贫搬迁后续扶

持工作。对征求易地搬迁群众意愿为前提，对易地搬迁户实施到户产业帮扶，通过发展产业促农增收。宣传和引导搬迁群众外出务工就业，确保有劳动力的搬迁户至少有一人外出务工，用好各类就业帮扶措施，确保搬迁群众稳得住、有就业、逐步能致富。不断完善后续扶持政策体系，除了加强产业培育和就业扶持外，该区乡村振兴部门在财政衔接资金中安排专项资金100万元用于金秋湖镇、双谊镇、永兴镇、金坪镇4个易地搬迁集中安置点的基础设施完善，提升公共服务水平，改进安置区社区治理，持续巩固易地搬迁脱贫成果。

拓展脱贫攻坚成果同乡村振兴有效衔接。制订《关于实现巩固拓展脱贫攻坚成果同乡村振兴有效衔接责任分工方案》，从加强组织领导、建立健全巩固拓展脱贫攻坚成果长效机制、健全农村低收入人口常态化帮扶机制、接续推动脱贫地区发展、汇聚工作合力四个方面38项具体内容对全区各部门和单位的巩固拓展脱贫攻坚成果同乡村振兴有效衔接的责任分工进行了明确，构建责任清晰、各负其责、执行有力的巩固脱贫成果同乡村振兴有效衔接的领导体制。开展巩固脱贫攻坚成果“回头看”，组织6013名区级部门帮扶责任人及镇、村干部对8739户脱贫户29 010人和255户监测对象700人进行了巩固脱贫全面“体检”。

对口帮扶。划拨专项帮扶资金1471万元对口帮扶雷波县用于防止返贫项目建设、就业培训、人才培育、公共服务提升、乡村治理项目12个，选派28名干部到雷波县挂职，全区108个单位（企业）与雷波132个单位（企业）开展全域结对帮扶，选派9名医务人员到雷波县开展对口医疗援助，区委农村工作领导小组拟定《宜宾市翠屏区对口帮扶凉山州雷波县(2021—2025)五年工作规划》，对帮扶雷波县防止返贫、产业发展、就业培训、公共服务提升等方面做出了具体明确的规划和计划。

【耕地地力建设】 耕地生产障碍安全利用。选择对李庄镇安石社区、兴文村和牟坪镇工农村集中连片的安全利用类耕地133.33公顷进行治理，并设立20个监测点采样检测。项目区使用叶面阻控技术、土壤有机培肥调控镉活性技术和钝化剂（土壤调理剂）降活技术降低土壤重金属对农作物生产的影响，力争实现项目区农产品重金属含量符合《食品安全国家标准食品中污染物限量》要求，样品进入检测程序。

化肥减量项目。开展耕地质量检测和病虫害监测预警，对全区218个耕地质量监测点开展取样检测，出具耕地质量评价报告，发布配方肥配方；开展病情虫情监测75次，发布植保信息13期、植保短信1万余条。加强宣传和技术指导，印发《翠屏区化肥农药减量工作要点》（翠农〔2021〕106号），组织举办农业生态环境保护培训会6场次，印制宣传上墙材料2.4万余份。推广化肥农药减量技术，推广黄色蓝色黏虫板、诱蝇球、杀虫灯、自然生草、果树套袋物理阻隔等绿色防控技术，使用生物农药统防统治、升级高效农药喷施器械等措施实现农药减量，推广配方施肥、有机肥、畜禽粪便、沼渣沼液还田等措施实现化肥减量。

【农业机械化】 全区农业机械原值达0.78亿元，农机总动力达26.33万千瓦，大中型农业机械保有量达33台；各类小型农业机械拥有量达7.18万台（套）。主要农作物机耕作业面积5.33万公顷、机播面积1.84万公顷、机收面积2.66万公顷，主要农作物和经济作物耕种收综合机械化水平达68.56%。全年完成农机购置补贴资金201.7467万元，补贴资金结算进度达100%，新增各类补贴农机具4558台（套），受益农户达4503户。全区有固定机电提灌358台13 406千瓦，新建和技改提灌站4处，维修改造提灌设施222台6220千瓦，新增提水控灌设备180台666千瓦，常年提水保灌面积1.1万公顷。全年完成农产品产地冷藏保鲜设施建设，建成冷藏保鲜库6个，新增库存容量5000立方米，新增农产品冷藏保鲜1000吨，补助建设资金150万元。

农机安全监理。推行农机合作社农业机械安全清单制，加强上路拖拉机源头监管，做好“三本台账”，依法依规严格核发拖拉机、联合收割机牌证，全面实行拖拉机社会化检测，做到机车“检”“验”分离，开展变拖专项整治、农机安全生产督导检查、农机安全生产宣传教育活动等。全年完成拖拉机年检128台，年检率达59.6%，依法将连续三年未参加安全检验的525台拖拉机号牌、行驶证公告作废、注销登记。签订《农机安全责任书》128份，“严禁双超”责任书、承诺书128份。全面排查农机经营单位3个、维修企业2家，入户检查农机120余户，检查变型拖拉机128台，办理拖拉机注销登记14台。

【基层农技推广体系改革与建设】 根据《四川省农业农村厅关于印发四川省2021年基层农技推广体系改革与建设任务实施方案的通知》（川农发〔2021〕106号）等文件有关要求，编制并印发《宜宾市翠屏区2021年基层农技推广体系改革与建设项目实施方案》（翠农〔2021〕262号）。组织基层农技人员或业务骨干120人参加5天以上的省、市脱产基层农技人员业务培训班学习，其中3人参加省级调训、117人参加市级集中培训，提高了农技推广队伍的综合素质；遴选8项农业主推技术，其中《宜宾芽菜专用青菜标准化栽培技术》《酿酒专用常规高粱栽培管理技术》推荐到省上在全省进行推广；培育科技示范主体2户；巩固建立李庄镇安石村、金坪镇罗家村2个农业科技试验示范基地，主要开展新品种、新技术、新机具、新模式和新机制引进、试验、示范、展示和技术培训等。

【农村沼气建设管理】 全区有大型沼气工程2处、集中供气工程4处、农村户用沼气4.7万余户。制定并印发《关于组织开展农村沼气、畜禽粪污化粪池安全生产管理专项整治的通知》等相关文件，组织开展农村沼气安全生产安全月活动、“大行动、大宣传、大清理”专项整治行动，持续开展农村沼气安全生产专项整治三年行动；加强专题培训，完善沼气工程企业安全生产管理责任清单和农村沼气行业安全监管责任清单，制定并印发《翠屏区完善农村沼气社会化服务体系建设的实施方案》，规范各镇（郊区街道）农村沼气服务网点，确保农村沼气服务覆盖所有沼气农户，保证每年对沼气农户至少开展1次全覆盖安全隐患专项排查，巩固农村沼气建设成果，补齐农村沼气安全领域短板。完成四川省农村户用沼气CDM项目第三期减排收益兑现工作，累计兑现农户3417户，涉及金额34 750.9元，完成率达100%。

【农村人居环境治理】 全面推进农村垃圾治理，在全区建立“户分类、组保洁、村收集、镇转运、区处置”的五级农村生活垃圾收运处体系，农村村民小组保洁员全覆盖，由社会环卫公司对全区垃圾进行清运，农村生活垃圾得到有效处理的村占比达100%，生活垃圾无害化处置率达100%，实现非正规垃圾堆放点全部销号。推进农村生活污水治理，完成宗场镇五粮液村、禾甫村，思坡镇中河村、天台村、会诗村等5个村2021年农村生活污水治理“千村示范工程”建设，全区农村生活污水通过集中处理、分散处理等形式得到有效处理的村占比达80%。推进农村“厕所革命”，全年完成农村“厕所革命”民生实事任务2801户，完工率104%；建设农村“厕所革命”整村推进示范村19个，农村卫生厕所普及率达96.3%。严格落实面源污染防治工作，全区秸秆综合利用率达92.03%，废旧农膜回收利用率达87.2%，农药包装废弃物回收率达84.09%，畜禽粪污综合利用率达96%以上，规模养殖场粪污处理设施装备配套率达100%。持续改善村容村貌，在全区所有农村地区开展“清洁环保美家园，众志成城靓乡村”农村人居环境整治专项行动，以清除卫生死角为重点，开展田间地头、河流沟渠、畜禽养殖、公路沿线、农户房前屋后、庭院内外环境整治，全面净化农村居民生产生活环境，增强群众环境保护意识、健康卫生意识，提高农村人居环境整治水平。全区村庄绿化覆盖率持续稳定在35%以上。

【农村生态建设和环境保护】 启动废弃农膜和农药包装回收处置试点，投入资金73万元，设置集中回收点59个，发放《农业包装废弃物回收处置倡议书》8万份，张贴《农业包装废弃物回收处置告知书》，共回收农药包装废弃袋（瓶）192.87万个、肥料（种子）包装物4.44万个、废弃农膜0.61万千克。开展秸秆禁烧，召开区级秸秆禁烧工作会议7次、镇村秸秆禁烧工作会92次；健全网格管理制度，全年累计出动宣传巡查车20 896辆次，巡查人员78 910人次，巡查发现露天焚烧火点143次（其中焚烧秸秆56次、杂草落叶67次、垃圾20次），制止露天焚烧353次，批评教育732人次（其中拘留教育1人次），处罚120人次、共计5.51万元。开展秸秆综合利用，争取到农业农村厅秸秆综合利用重点县项目，争取中央财政资金300万元，在双谊、永兴、思坡3个镇开展试点，建成秸秆生产有机肥企业2家，开展秸秆离田收储试点2000吨。整合资金补贴白花镇火地村秸秆青贮饲料打捆设备1台。全区可收集秸秆资源总量为27.39万吨，通过秸秆还田、肥料化、饲料化、基料化等综合利用25.21万吨，秸秆综合利用率达92.03%。

【农产品质量安全监管】 全面落实属地管理、部门监管和生产经营主体责任，审核聘任125名农产品质量安全村级协管员并开展培训工作，建立区、镇、村三级网格监管与生产主体农产品质量安全管理责任人结合的“3+1”网格化管理机制。成立农产质量安全工作专家技术组，按照农产品质量安全“两个名单”管理制度认定6家农产品生产经营主体为翠屏区2021年第一批“重点监控名单”。培育食用农产品标杆企业5家，与示范标杆主体签订《宜宾市翠屏区农产品质量安全合格证标杆主体（基地）培育协议》；对16家购买了合格证标签打印纸和打印设备的人进行补助；对纳入合格证名录的生产经营主体实施动态管理，本年度各生产主体合格证开具率达100%；全区开具合格证319 201张，附带合格证上市农产品34 257.65吨。全区410家农产品生产经营主体在国家农产品质量安全追溯信息平台建设新录入生产追溯信息3525批次。全年接受省级到全区开展农产品质量安全例行监测抽检4次，抽取蔬菜、食用菌、水果、茶叶畜水产品等共计157个样品，合格率保持在98%以上。翠屏区农产品质量安全监督检验检测站通过2021年四川省农产品质量安全检测技术能力认证考试，全年完成定量检测620个，区级和各镇（街道）完成快速检测12 295个。在区级监督抽样中，发现2个不合格样品，均移交执法大队立案查处；在检查中发现的1家专合社不按照规定记录生产档案的，移交执法大队进行了立案查处；在风险监测中发现不合格的，均进行了约谈、警示教育、并列入“两个名单”处理，严格做到各级农产品质量安全风险监测问题溯源处置率100%。

【人才体系建设】 围绕全市特色农业“5+2”产业体系建设，结合全区主导特色产业，紧贴产业人才需求，组织130名高素质农民参加培训，分别培训农业领军人才2人（省级调训）、农业经理人9人（其中省级5人、市级4人）、经营管理型94人、专业生产型（含技能服务型）25人。组织120名基层农技人员参加基础农技体系知识更新培训，打造了一支“懂管理、会经营、有技术”的农民人才队伍。

【主要领导人】 区委书记：何永宏；区人大常委会主任：程政；区长：张林；区政协主席：黄继军；分管农业副区长：邹建。

翠屏区编写组

南 溪 区

【基本情况】 2021年，全区辖8镇3个街道，辖区面积676平方千米。

【推进乡村振兴水利补短项目】 项目总投资520万元，全部为脱贫衔接资金，其中工程费用507万元、勘察设计费13万元。全区确定在南溪街道白合村、仙临镇两木村开展水利“服务、管理、建设”补短省级试点工作。在试点区域重点实施饮水安全和小型水源工程补短措施，实现试点村自来水全覆盖，提高产业发展用水保障。为圆满完成试点工作任务、巩固脱贫攻坚成果、助推乡村振兴战略发展，南溪区供水工程补短项目由各项目村村委会作为业主，采取“一事一议”的方式确定施工队伍建设。以财政评审价作为结算依据，建成后由区源聚公司和各项目村村委会协商确定今后运行管理方式。项目建设内容为改造南溪街道化龙水站、仙临水站、大观水站供水主管，新建刘家石塔村、裴石月亮湾社区供水主管等工程，新建加压设施3处，解决贫困户饮水安全36户，工程总投资420万元；南溪区小型水源工程整治补短项目由各项目村村委会作为业主，采取“一事一议”的方式确定施工队伍建设，同时以财政评审价作为结算依据，建成后的所有资产由各项目村集体资产公司负责今后的管理运营，项目建设内容为完成南溪街道白合村、仙临镇两木村、大观镇八角村、裴石镇月亮湾社区等10处山坪塘工程整治，计划总投资100万元。

【节会活动】 全年开展“送文化下乡”活动35场次、欢乐仙源·幸福南溪”百姓大舞台演出30余场；举办“颂歌献给党·奋进新时代”宜宾市南溪区庆祝中国共产党成立100周年合唱比赛和“永远跟党走·奋进新时代”宜宾市南溪区庆祝中国共产党成立100周年文艺汇演、红歌教唱13场；举办“颂歌献给党·用镜头聚焦南溪巨变”庆祝中国共产党成立100周年摄影作品展览。

【融合发展】 区文化馆完成全省唯一的文化和旅游公共服务机构功能融合试点。建成并开放长江奇石分馆、李氏布贴画展销馆和瀛洲书画院3个文旅融合示范点。在刘家镇大庙村文心书院建成游客艺术长廊。依托县域范围内旅游设施，在月亮湾景区玉荷休闲山庄，长江第一湾景区仙源一号水吧、初见水吧，仙源广场有河book餐水吧等设立惠民书吧，各场所有针对性地组织开展读书沙龙活动，免费为市民群众提供读书场所。梳理全区涉文旅能人，以镇为单位建立文旅能人库。开展2021年献礼党的100周年华诞·我们的中国梦“送文化下乡”活动、月亮湾荷莲集体公司“南溪区第6届乡村文化旅游节”等活动6场。

【公共文化服务体系建设】 完成南溪非遗传习馆、南溪区博物馆展陈项目建设；开展“从此天涯寻正道——朱德在南溪”主题展，南溪朱德旧居全年接待游客6万余人；区文化馆通过全国第五次文化馆评估定级评定并被公布为国家一级馆。全面完成老旧小区文化提升改造项目并投入使用。推进9个镇（街道）和126个村（社区）综合文化服务中心标准化建设，完成23个村级综合文化服务中心提档升级，推进大观镇和裴石镇新建文化站项目，开展5个点位幸福美丽新村文化院坝建设，仙源街道综合文化服务中心和大观镇综合文化站被评为全市示范站。投入专项资金19.992万元，为全区102个行政村农家书屋补充更新图书各60册；投入资金29.6万元，在刘家镇大庙村文心书院、湾·Life、漂海楼、大观中心校、黄沙中心校、林丰学校、刘家中学、大观镇牟亭小学、汪家学校、长兴镇天生小学建成惠民书吧—仙源书香驿站10个，并采用“订单式”服务为书香驿站集中配送图书共7820册。区文化馆常态化举办舞蹈、音乐、美术、书法、二胡、中软、电子琴、瑜伽、太极拳、旗袍秀等公益性培训班，培训学员1000人次。区图书馆开展新时代文明实践——“我们的中国梦·文化进万家”南溪区2021年新春送春联文化惠民走基层活动20场次，发放春联、年画及“福”字15 000余幅、图书1000余册，服务群众30 000余人；开展“4·23”世界读书日暨全国知识产权宣传周集中宣传活动，为群众免费办理图书借阅证100余个，发放好书推荐书目单1000余份、环保储物袋300个；开展“童心向党·伴我成长”幼儿党史学习教育活动、“建党百年·端午粽乐”民俗文化活动、“万人赏月诵中秋”有奖猜谜活动、幼儿参观图书馆活动、视障读者参观图书馆活动；举办中老年人智能手机培训班3期；开展线上知识竞赛、红色故事绘展览活动5次。

推进全民阅读，建设“书香南溪”。推进“书香南溪·悦读仙源”全民阅读品牌打造，开展“三下乡”暨农民读书月集中宣传活动、“讴歌百年辉煌·奋进崭新征程”主题征文、“共读红色经典·礼赞光辉百年”全民阅读进校园、“4·23”世界读书日暨全国知识产权宣传周集中宣传、精品图书展销、“红色故事绘——连环画里的中国共产党100年”全民阅读系列线上活动、“悦读党史”经典诵读、读书活动、读书分享会，“我的书屋·我的梦”少儿阅读实践等全民阅读系列活动20余场次，推出优秀获奖文艺作品41件。评选第六届南溪区“书香家庭”“优秀读书组织”各8个、“优秀阅读推广人”8名；罗冬晴家庭入选宜宾市第七届“书香家庭”，丽雅小学入选“优秀读书组织”，王楠、刘兰入选“优秀阅读推广人”。

【广电影视建设】 “两率”工程全面展开。加强自身设备提升建设，明确各级责任,颁发《宜宾市南溪区人民政府办公室发宜宾市南溪区地方电视节目覆入户率提升实施方案》,确定试点乡(镇),制定试点镇各村"两率"提升工作推进先后顺序时间表,进村入户宣传发动村民接入本地电视节目。截至2021年年底,全区"两率"实现覆盖率83%、入户率72%。

应急广播"村村响"实现全覆盖。全区11个镇(街道)130个行政村997个村民小组应急广播"村村响"实现全覆盖,实现区级有平台、镇(街道)有广播站、村有广播室、村民小组有终端,达到市、区、镇(街道)、村、村民小组五级应急广播互联互通、可管可控。

电影放映工作。全区8支放映队共完成放映1230场次,占全年总任务的100.5%。组织开展红色公益电影展映活动,将100场红色公益电影送进社区、机关、学校、企业、军营,观影人数超过2万人次;开展"电影中的党史"主题活动,组织动员党员干部和群众走进影院观看重点党史题材影片100余场次,播放红色电影10余部,观影人数3500余人次。全年影院营业收入同比增长169.84%,其中嘉裕影城总票房收入297.4万元,增长176.83%;合众影院总票房收入180.6万元,增长159.07%。

【特色农副产品】 南溪,地处中国白酒金三角核心区,中国酒都宜宾东向门户,是五粮液鼻祖邓子均的故乡。长江黄金水道穿境而过,曾有"万里长江第一县"之美誉。南溪气候温暖潮湿,水量充沛,日照短,湿度大,具有中国白酒酿造的微生物菌群和最佳适生环境条件,是地球上最佳酿酒带、同纬度上最适合酿造优质纯正蒸馏酒的生态区。南溪酒酿造历史悠久,距今已有2000余年。早在商周时期,南溪(僰)人便酿造出窖酒(杂粮酒)。诗圣杜甫曾在南溪留下"分腥不觉归来晚,一片云烟拥醉人"的诗句,称赞南溪古城糟房林立、美酒飘香,南溪酒已居白酒之上乘。至今,南溪酒仍然保持着生态蒸馏酿造的纯正工艺,南溪酒酒色透明清澈、浓香扑鼻、口味醇厚、入喉劲爽。

近年来,南溪区大力推动五粮浓香型白酒产业发展,高标准打造宜宾酒类食品产业园区(四川宜宾南溪经开区九龙食品园区)。已培育南溪酒生产企业44家(其中规上企业13家)、10年以上窖池4000余口(其中30年以上老窖池900余口),年产优质白酒达10万千升,是宜宾市除五粮液以外最为集中、规模最大的五粮浓香型白酒产区。拥有1个白酒类全国地理标志商标、4个四川省著名商标和3个四川名牌产品,"天寨春""金喜来"获得布鲁塞尔国际烈性酒大赛金奖,今良造、六尺巷、金喜来、长兴酒业成为"首届四川省原酒生产企业20强"(占全省的1/5)。2022年9月,南溪区被中国酒业协会授予"世界美酒特色产区"荣誉称号;2023年1月,宜宾酒类食品产业园区(九龙食品园区)被经济和信息化厅评定为"四川省优质白酒产业园区"。2022年,南溪白酒产业营业收入110.8亿元,实现税收5.89亿元。

【主要领导人】 区委书记:张琦;区人大常委会主任:刘吉斌;区长:罗春涛;区政协主席:余水情;分管农业副区长:胡波。

南溪区编写组

叙州区

【基本情况】 2021年,全区辖14个乡(镇)3个街道,辖区面积2570平方千米。

【蚕桑产业】 加强规划引领,全力推进石城山现代蚕桑产业园区建设。石城山蚕桑园区是叙州区现代农业"四园两带两基地"重点建设内容,园区涵盖横江镇、双龙镇、凤仪乡、赵场街道的41个村,规划总面积10万亩,其中计划建设核心区1.5万亩。园区对标省级现代农业园区建设标准,按照高标准规划、高质量建设、高科技支撑、高水平经营,集中打造、分步推进的思路建成"三高蚕业"示范区、三产整合样板区、生态修复功能区。园区规划总投资3.52亿元,计划到2025年全面建成,实现养蚕20万张,产鲜茧8000吨,蚕桑综合产值达5亿元。"十四五"期间,按每年不低于1万亩的规模推进桑园建设,改善蚕桑基地基础设施条件,全面提升蚕桑产业发展的硬件基础和软件条件。

强化主体培育,全力夯实石城山现代蚕桑产业园区基础。培育蚕桑专合社、家庭养蚕农场、养蚕大户等新型经营主体,提高蚕桑生产水平和效益,实现高质量快速发展;强化蚕种经营监管,规范蚕种经营行为和蚕茧收购秩序。区龙头企业天蚕丝绸公司从绵阳市引进全省最优秀蚕桑专业经营管理团队,团队共召开蚕桑技术培训会50余期,培训1800余人次,全区养蚕水平显著提高。

加强项目整合,全力加大石城山现代蚕桑产业园区投入,全年落实国际农发基金项目等资金1500万元用于蚕桑园区建设,完成春季定植桑园2000亩。用好返乡农民工就业创新等优惠政策,搭建服务平台,吸引社会资本投资蚕桑产业发展。利用国家乡村振兴信贷担保相关政策平台协调多家金融单位推出"惠农贷""桑农贷"等金融产品。

【公共文化服务体系建设】 全省乡(镇)公共文化服务提质增效试点县工作有序推进。建成2个城市书房、一曼书房、城市记忆馆、文化艺术交流中心和文旅云平台并投入使用。乡（镇、街道）综合性文化服务中心示范建设通过市级验收。广泛开展全民阅读活动，举办“4·23”全民阅读集中宣传、线下主题展览、“信仰的力量”诵读等活动。幸福公社总经理李洪被评为2021年度全国乡村文旅能人。加快推进少峨山基站升级改造项目、应急广播村级优化补点项目和广播电视“两率”提升工作。加大地方特色文化挖掘力度，《宜宾哪吒》《宜宾东楼》《铁笔横戈赵树吉》《发现天宫山》等10部地方文化书籍公开出版。原创歌曲《大田栽秧湾对湾》在中央电视台播出，并被“学习强国”采用。开展惠民演出130余场。

【主要领导人】 区委书记：刘海昌；区人大常委会主任：罗平；区长：陈良云；区政协主席：钟建华；分管农业副区长：向华。

叙州区编写组

江 安 县

【基本情况】 2021年，全县辖14镇189个行政村，辖区面积948.49平方千米。

【2021年第二批大中型水库移民后扶建设项目】 为对标补短，巩固提升移民扶持成果，实施四面山镇普照社区村2021年第二批大中型水库移民后扶建设项目，实施区域全覆盖该村移民32人，总受益人口768人，建设时间为2021年12月—2022年3月，项目建设内容为新建普照社区村麻柳湾至竹笼田道路800米，路基整治及公路硬化，为混凝土路面，包括建设安全标识、波纹护栏等安全设施，四面山镇普照社区村估算投资70万元，资金来源为中央及省级财政大中型水库移民后期扶持资金。

【公共文化服务体系建设】 着力“幸福宜宾”文化提升，完成文化馆设施设备添置、图书馆功能提升、汉安书屋建设、怡安小区文化提升、8个综合文化站维修维护，推进四面山镇、夕佳山镇综合文化服务中心项目建设。坚持落实“四馆十九站”免费开放和广播电视“户户通”运行维护民生实事，开展“送文化、戏曲、图书进乡村、进校园”活动60场，免费开办“线上+线下”文化惠民艺术培训班，推进全民艺术普及。举办春节联欢晚会、庆祝建党100周年“唱支山歌给党听”大家唱群众歌咏、第四届“香香甜甜赛粽子”活动、建党100周年系列文艺演出、十月文学论坛活动、夕佳山论坛、非遗展、书画摄影等大型文化活动20余场。创作优秀文艺作品，选送的广场舞蹈《打开幸福门》获得宜宾市“健力多杯”广场舞比赛一等奖；参加宜宾市第十四届戏剧小品（小戏）比赛并获得表演一等奖和表演二等奖；原创舞蹈《青青竹》获得“放歌三江　盛世小康”宜宾市第八届中老年艺术节文艺汇演最佳表演奖；谐剧《选秀》、相声《安全带》进入选四川省第五届曲艺杂技木偶皮影戏比赛决赛，其中《安全带》获得三等奖。夕佳山镇综合文化站被评为全省文旅公共服务高质量发展“四个一批”推荐活动优秀站点；夕佳山镇新安村获评四川省2020年“文化扶贫示范村”；夕佳山镇综合文化站和阳春镇井口综合文化站创建为市级示范站。夕佳山民俗博物馆被评为四川省第十二批省级科普基地；国立剧专陈列馆创建为四川省中小学红色教育研学实践基地。

【项目建设】 推进剧专文化产业园、西城片区古街改造、剧专商业综合体、钱塘大酒店等重点项目建设，全年共争取到文物保护、免费开放、广播电视、非遗传承等中央、省级资金3478.09万元。推进夕佳山天府旅游名镇及仁和百竹海省级生态旅游示范区创建，夕佳山民居智慧消防工程竣工验收，防雷工程、白蚁防治工程有序推进。建成江安文化市集、江安观赏石文化特色街区、“江安味道”特色旅游产品旗舰店和专柜及“宜宾文创”江安购物店，江安竹艺工坊项目大师入驻工作有序开展；开发故宫文创酒、红桥猪儿粑、四面山小龙虾、大妙泥巴腊肉等特色文创旅创商品及美食。

【主要领导人】 县委书记：李强；县人大常委会主任：赵文年；县长：宿斌；县政协主席：黄明；分管农业副县长：王文华。

江安县编写组

长 宁 县

【基本情况】 2021年，全县辖13镇，辖区面积941.71平方千米。

【乡村振兴】 贯彻落实中央、省委关于推进乡村振兴工作的系列部署，做大做强以竹、粮和生猪、特色水产为主导的“2+2”现代农业，巩固拓展脱贫攻坚成果，坚持乡村振兴示范区和“1+3+N”现代农业园区一体化建设。

长宁县获评2021年度四川省乡村振兴成效显著县（市、区），梅白镇联合村、长宁镇龙门村、双河镇合龙村、竹海镇大林村获评2021年度四川省乡村振兴示范村，花滩镇宁春村获评2021年度四川省乡村振兴重点帮扶优秀村。长宁县创建为首批天府旅游名县、竹产业高质量发展县，双河镇创建为首批天府旅游名镇，创建省级乡村振兴示范镇1个、省级乡村振兴示范村7个。永江村举办第四届四川省“村长论坛”，全面展示长宁县乡村改革发展治理成效和乡村振兴实景。

【拓展乡村旅游业态】 结合乡村振兴战略，全面推进全县A级景区品质提升工作，推进双河文旅小镇、梅硐康养小镇、竹特色村、竹林人家、竹康养基地水平和质量提升；蜀南花海引入观光小火车等体验性项目5个，增强了蜀南花海的娱乐性；七洞沟景区新增空中挑战特色体验和实景演艺项目。

【公共文化服务体系建设】 完成“幸福宜宾”十大工程项目、农村“补短板”十大提升工程，获得宜宾市“红榜”表扬；建成“竹香书屋”阅览室4个，打造示范性乡（镇）综合文化服务中心4个；全面实施县文化馆、县图书馆、15个镇级综合文化站免费开放，实现错时开放和延时开放。文化惠民活动全面开展，举办“我们的中国梦·文化进万家”“共饮一江水”“秋夕醉月”“文明城市·共创共享”“礼赞百年·红心向党”“奋斗百年路 启航新征程”100周年文艺晚会等群众文化活动共计120余场，受众人数约50万人次。

【广电建设】 建设广电应急体系，本地电视节目覆盖率达80%、入户率达70%；完成光纤建设135个村民小组，覆盖率达70%；有线电视入户已完成28 595户，入户率达50%。保障日常运行维护，持续开展应急广播电视、“村村响”运行维护，确保平稳运行，为灾后重建和疫情防控等提供应急保障。

【主要领导人】 县委书记：董茂成；县人大常委会主任：宋开云；县长：贾利华；县政协主席：周小平；分管农业副县长：王志刚。

长宁县编写组

高 县

【基本情况】 2021年，全县辖13镇，辖区面积1323平方千米。

【农村生态建设及环境保护】 突出抓好生态环境大保护大治理，走生态优先、绿色发展之路，生态环境建设各方面成绩显著。牢固树立“绿水青山就是金山银山”发展理念，践行长江经济带“共抓大保护、不搞大开发”方针，坚定不移走生态优先、绿色发展之路，生态环境优势更加彰显。实施森林质量精准提升工程，全县森林蓄积量达293万立方米，森林覆盖率达50.1%。创建为全省首批、全市首个林业生态旅游示范县，庆岭镇创建为省级森林镇，月江国有林场创建为全省示范林场，来复大屋村、胜天流米村创建为国家森林乡村，筑牢长江第一支流（南广河）流域生态屏障。全面加强中央、省生态环境保护督察及“回头看”问题整改，按时整改完成率100%。通过落实中央、省生态环境保护督察整改，推进城乡环境综合治理和农村人居环境综合整治。蓝天、碧水、净土保卫战顺利推进，空气质量排名稳居川南28个县（区）前列，实现所有建制镇污水处理厂全覆盖，县域地表水水质优良率100%，县城集中式饮用水水源地水质达标率100%。规范处理固体废弃物，基本建成城乡生活垃圾收转运体系，实现城镇生活垃圾无害化处理率100%。有序推进“厕所革命”，建制村、旅游景区厕所全覆盖，农户卫生厕所普及率达85%以上。

【文旅品牌创建】 胜天桫椤海获批省级生态旅游示范区，大雁岭景区获批国家4A级景区，省级全域旅游示范区和七仙湖省级生态旅游示范区建设不断推进。开展“天府旅游名牌”系列申报，创建“天府旅游名村”1个（来复镇大屋村）、省级乡村旅游重点村1个（来复镇大屋村）、市级乡村旅游重点镇1个（胜天镇）、市级乡村旅游重点村5个（胜天镇安和村、落润镇公益村、来复镇陈坳村、庆岭镇桥坎村、嘉乐镇人民村）。

【文化惠民】 完成6个图书馆分馆建设，推进社保卡与公共图书馆阅读服务有机融合、“幸福宜宾”十大工程建设。开展“送文化”“送图书”“送戏曲”、全民阅读、慰问农民工等各类活动100余场。实施乡村文化振兴“百千万”工程，评出首批县级乡村文化振兴样板镇村17个，庆岭镇、来复镇大屋村被命名为四川省首批省级乡村文化振兴样板镇村；庆岭镇被命名为2021—2023年度“四川省民间文化艺术之乡”，庆岭镇文化站获评全省文旅公共服务高质量发展“优秀站点”称号，高县来复镇获评“四川省首届乡村文化振兴魅力乡（镇）”称号。

【广电建设】 实施“两率”提升建设，投入资金1200万元，新建858个村民小组光纤网络，全县有1338个村民小组通广电光纤，实现本地有线电视节目覆盖80%。加快应急广播体系建设，完成县级应急广播平台、县级广播“村村响”平台升级，新增应急广播终端400个。开展应急广播巡检2412次，维护维修终端12 000余台次。做好电视运行维护，上门维修维护13 700人次，处理地面数字及应急广播传输线路故障300余次，处理地面数字电视基站设备故障35次，实现全县2655个自然村广播电视传输与覆盖。

【主要领导人】 县委书记：李康；县人大常委会主任：邓志刚；县长：黄修国；县政协主席：廖益萍；分管农业副县长：龚平。

高县编写组

筠连县

【基本情况】 2021年，全县辖7镇5乡，辖区面积1256.35平方千米。

【"五大攻坚"行动】 完成包萝街特色美食及其街区打造，包装推出全牛宴特色餐饮菜品；2月，腾达镇春风村创建为省级生态旅游示范区，开发打造红茶、黄精等系列特色旅游商品；推进高速公路建设，完成境内国道246线、省道206线以及县道的加宽及黑化；与"智游宜宾"平台对接，组织县内相关涉旅企业开展培训学习，利用该平台的大数据中心对全县旅游业进行全面宣传营销和展示；培育筠连县兴筠文化旅游投资有限责任公司，年收入3000余万元；制作《印象筠连》旅游宣传画册等宣传资料，在景区游客中心、客运车站等发放旅游宣传资料和投放文旅宣传广告；开展文旅行业宣传营销，开展"云上春风·与李相约"系列线上推广宣传活动，实时更新"筠连文旅"官方抖音号、"筠连文旅"微信公众号。

【两项改革"后半篇"文章】 完善《塘坝养心小镇概念性规划》，指导筠连镇做好《乡村旅游发展总体规划》编制，指导清溪沟景区做好4A级景区发展方案编制；指导清溪沟景区开展4A级景区景观资源评审；完成筠连镇为市级乡村旅游重点镇以及神羊村、丰收村、木映村为市级乡村旅游重点村申报；推出筠连红茶、苗族刺绣两款产品参加四川天府旅游名品申报，入选宜宾市"天府旅游名品"；推荐筠连椒麻鸡、筠连水粉、筠连蛋园子参选"天府名菜"，并入选宜宾市"天府名菜"系列，筠连椒麻鸡入选"天府旅游美食100强"，并通过微信、微博、抖音进行宣传。举办乡村旅游文化节1场。

【节会活动】 加强"两馆"数字文化工作开展，利用文化馆、图书馆官方网站、微信公众平台线上线下相结合举办黄牛文化艺术节、"云上春风·与李相约"李花艺术节、高坪苗族文化艺术节；开展优秀书画作品网络展、最美家庭摄影网络展、公益文化大讲堂活动以及"云上春风·与李相约"书法、美术、摄影、诗词、视频、展演等系列线上文化推广活动；开办第十一期、十二期群众（农民工）文化艺术夜校。开展文化惠民走基层等系列活动90余场次；开展全市摄影采风活动1次；开展县内文艺家美术、书法、摄影采风活动4次；打造"阅读·从娃娃开始"筠连县幼儿绘本阅读品牌活动，累计开展活动695期，参与人数10万余人次，帮助6000余个家庭养成良好的阅读习惯。举办筠连县2021年"书香家庭·悦读筠州"迎新春朗诵微视频展播活动，举办2021年"悦读春节·一日一绘本"新春主题绘本展播活动，线上浏览人次达3万余人次，点赞人次达1万余次。全年网站浏览人次10余万人次；微信公众号有2424人关注，向微信公众号推送各类信息220余条；微博发布各类信息230条，通过抖音等直播平台直播180余次。

【公共文化服务体系建设】 完成"两馆一站"免费开放。全县有县级馆3个，即四川省筠连县少儿图书馆、县图书馆和县文化馆。县级配套资金和上级拨付下达资金150万元，推进"幸福宜宾"城乡文化服务提升工程建设。全县实施"幸福宜宾"城乡文化服务提升工程项目共6个，其中县博物馆（非遗展示中心）建设项目、筠连县沐爱镇综合文化服务中心建设项目、筠连县巡司镇综合文化服务中心建设项目有序推进。

【广电建设】 实时维护全县"户户通"用户11 998户，保障全县20条广播电视链路、29个基站正常运行。对全县1个县级应急广播平台、12个应急广播站、157个应急广播室、1962个应急广播接收终端进行实时维护，保障全县广大群众收视收听权益。省级广播电视节目无线数字化覆盖工程投入29万元，完成仙人岩差转台省级广播电视节目无线数字化覆盖工程。提升电视覆盖率、入户率，制订并下发《筠连县提高地方电视节目覆盖率、入户率实施方案》，实时召开筠连县提高地方电视节目覆盖率、入户率推进会2次。全年实现广播电视"零插播、零中断、零事故"。

【主要领导人】 县委书记：王萍；县人大常委会主任：何跃；县长：刘朝平；县政协主席：黄静；分管农业副县长：徐劲松。

筠连县编写组

珙县

【基本情况】 2021年，全县辖10镇3乡，辖区面积1149.5平方千米。

【林业】 围绕"建设优质竹原料林基地县"目标定位，突出抓好竹林基地培育、竹林基础设施建设、竹产品加工、竹林生态旅游等工作，确保竹产业发展各项工作有序推进。严格实行"双组长"责任制，及时印发《关于调整珙县竹产业发展领导小组的通知》，坚持将竹产业发展纳入全局统筹规划，与重点工作同部署、同落实、同考核；逐项细化分解目标任务，签订目标责任书，全力推进竹产业发展。出台珙县支持推进林竹产业高质量发展政策，将不断加快林竹产业融合发展，提升林竹产业综合效益，促进林竹产业向集约化、专业化、效益化发展。以“农户+农户”连片经营、“公司+农户”、“专合社+农户”等多种经营模式在巡场镇、珙泉镇、王家镇、曹营镇、上罗镇、底洞镇等重点乡（镇）成片新造“竹+桢楠”1.7万亩，其中利用现有的专合社或养殖场建立现代林业种养循环示范区3000余亩；以“林+草”“林+牛”“林+鸡”等多种林下种养模式形成长短期相结合的循环种养产业链。结合“共谋新发展、珙县怎么干、林业怎么办”，将“竹+桢楠”特色产业培育发展同20万亩低产低效林改造项目（为期5年）、珙县国家储备林项目（一期、建设期8年）等重点工程相结合，谋划中央、省无偿资金和国家政策性银行政策性贷款资金的投入。依托县内丰富的自然景观资源，挖掘竹文化元素，培育“竹+茶”“竹+花卉”康养基地等生态休闲旅游业，建成省级森林康养基地8个、竹特色村4个、竹康养基地1个、竹林人家4家；发展竹类深加工产业，培育和引进宜宾雅邦农林科技有限公司等竹加工企业19家，重点开发竹材、竹笋等资源。启动珙县罗汉竹地理标志品牌注册工作，10月完成品牌注册。截至2021年6月，全县竹产业产值4.9亿元（其中第一产业产值1.1亿元、第二产业产值1.7亿元、第三产业产值2.1亿元）。

【公共文化服务体系建设】“农民文化理事会”机制被评为全国第三批公共文化服务体系优秀示范项目，被文化和旅游厅确定为全省35个文旅改革发展调研点之一；珙县被省委宣传部列为四川省乡（镇）公共文化服务提质增效试点县；珙县文化馆（珙桐花艺术团）被省曲艺研究院授予“四川省曲艺传承培训基地”称号。

【广电建设】 建成联通省、市、县、乡、村五级的应急广播平台，实现上下级可管可控，保障应急广播“村村响、优质响、长期响”，在线率达90%，在疫情防控中发挥了积极作用，被省广电局表彰为“推进广播电视媒体融合发展先进单位”。

【主要领导人】 县委书记：雷涛；县人大常委会主任：翁毅；县长：师世秋；县政协主席：孙怀勇；分管农业副县长：李智。

珙县编写组

兴 文 县

【基本情况】 2021年，全县辖8镇4个苗族乡，辖区面积1380平方千米。

【乡村振兴战略实施】 全县以产业发展作为突破口，聚力人才、文化、生态、组织建设，围绕“3+4”现代农业产业布局，创新设立兴文县现代智慧农业产业园区，成立党工委和管委会，覆盖7个乡（镇）54个村20万人口，加速推进农业产业现代化步伐，入选宜宾市唯一全国数字乡村试点县。建立涵盖8000余名精通种养殖技术、产业经营人才的乡村人才库，创建省级文明村1个、市级文明村111个，全县乡（镇）生活垃圾收转运设施覆盖率达100%，无害化处理率达95%，基本实现村村达到“美丽兴文·宜居乡村”标准。全县所有行政村全覆盖组建村资公司，探索“8+N”村集体经济增收模式，形成“企业+村集体+农户”互利共赢的长效机制。

【文旅品牌创建】 兴文县入选“全国康养100强县”、2021中国县域旅游综合竞争力百强县，僰人巨石阵景区创建为国家4A级景区，兴文长征文化公园获评“四川省首批中小学红色教育研学实践基地”，兴文石海世界地质公园获评“首批四川省地学研学旅行实践基地”，大坝苗族乡获评2021—2023年度“四川省民间文化艺术之乡”，“天籁之音·石海之约”四川·西南·西部民歌大赛获评“全省文旅公共服务高质量发展优秀品牌”，兴文石海景区入选“2020四川最受网民喜爱的网红打卡地TOP100”，僰王山景区获评“四川省民族团结示范景区”，僰王山镇博望村获评“四川省级乡村旅游重点村”。

【公共文化服务体系建设】 围绕“庆祝中国共产党成立100周年”主题组织开展摄影作品展、红色经典诵读、红歌比赛、文艺晚会等公共文化活动12次，创作《兴珙支部》《红军长征过兴文》《百炼成钢—兴文县庆祝中国共产党成立100周年文艺作品集》等文艺精品80余件，展映展播红色电影1279场。

【主要领导人】 县委书记：张健；县人大常委会主任：陈凡；县长：石进；县政协主席：张红；分管农业副县长：赵仲康。

兴文县编写组

屏 山 县

【基本情况】 2021年，全县辖8镇3乡，辖区面积1504平方千米。

2021年，全县GDP1 012 888万元，按可比价格计算(下同)，比上年增长9.5%，其中第一产业增加值247 515万元，增长9%；第二产业增加值337 178万元，增长8%；第三产业增加值428 195万元，增长11.1%。三次产业的结构比由上年的27.3∶30∶42.7调整为24.4∶33.3∶42.3。人均地区生产总值41 512元，增长10%。

【开展全面推进巩固拓展脱贫攻坚成果同乡村振兴有效衔接首次成效评估】 各乡（镇）抓好统筹，提前安排部署，落实牵头领导、责任部门，安排具体责任人负责；各部门围绕评估指标，做好相关资料准备配合做好迎检。各部门、各乡（镇）学习后评估4个方面26项评估内容，按照评估内容、评估要求开展工作。加强与上级主管部门的联系沟通汇报，主动了解上情，掌握下情。对照评估内容开展自查，补齐工作短板，特别是做到了脱贫户帮扶人、监测户联系人到位，确保不漏一户，不落一人；限时完成整改“回头看”发现的问题。

【项目建设】 推进屏山县旅游综合开发及基础配套设施建设项目（一期）、书楼马湖府古城开发、龙华古镇开发、新市龙神沟乡村振兴农旅融合4个重点项目建设，概算总投资12亿元，计划投资3亿元，已完成投资约1亿元。屏山县旅游综合开发及基础配套设施建设项目（一期）核心子项目、书楼府郡（酒店）、龙华游客中心及云海酒店、龙华游客接待广场、龙华—永福旅游连接道路、龙神沟步游道、龙神沟农产品交易中心及附属配套设施、环线公路进入挂网招标或开标公示阶段，马湖府古城沉浸式演艺项目、龙神沟人饮工程进入财评阶段。对接市场主体，推动引进项目落地，运营县内第一家精品民宿——云顶仙居。

【公共文化服务体系建设】 推进实施“戏曲进乡村”“送文化下乡”、广电运维等文化惠民工程和民生实事。总投资4700万元的综合博物馆陈列布展项目加快建设，完成总工程量的50%。东西协作“文化金名片”示范项目——智慧书房已完工。完成宜宾市第十三届“酒都风情”文艺展演承办任务，获得优秀组织奖，选送的节目彝族群舞《衣捏尺》获得一等奖并将代表宜宾市参加四川省第九届少数民族艺术节。对上争取楞严寺修缮资金431万元用于开展楞严寺整体修缮。

【主要领导人】 县委书记：廖文彬；县人大常委会主任：余湛；县长：代军；县政协主席：张华全；分管农业副县长：沈蜀华。

屏山县编写组

广 安 市

【基本情况】 2021年，全市辖2区3县1市，辖区面积6339.22平方千米。

【农村社会事业发展】 全面推进乡村振兴战略，扭住巩固拓展脱贫攻坚成果不放松，坚决守住不发生规模性返贫的底线。深化广安·南浔协作关系，拓展提升合作领域和层级，开展省内对口帮扶工作。加快推进农业现代化建设，坚持建基地、创品牌、搞加工、促融合，全面落实粮食安全党政同责，确保粮食面积和产量只增不减。坚持非洲猪瘟疫情防控和生猪提质增效两手抓，确保生猪稳产稳价，推进产业转型升级。持续抓好“美丽广安·宜居乡村”建设，实施农村人居环境整治五年提升行动，开展“用双脚丈量河流”行动，全面落实长江“十年禁渔”，加大乡村基础设施建设和公共服务资源供给，真正把好事办好、把实事办实。做实乡（镇）行政区划和村级建制调整改革“后半篇文章”，加快基层治理体系和治理能力现代化建设。做好“三农”项目谋划、争取和建设，扩大农业农村有效投资。常态化抓好农业安全生产、疫情防控、森林防灭火、防汛抗旱等工作，确保农业农村安全稳定。

【脱贫攻坚】 市委、市政府主要领导高度重视；全市1194名“第一书记”、5.08万余名帮扶责任人参与结亲结对，开展精准帮扶，提前一年完成32.48万名建档立卡贫困人口、820个贫困村、6个县（市）区全域“摘帽”的脱贫任务。4月22日，四川省脱贫攻坚总结表彰大会在成都市召开，全市34个集体和53名个人受到省委、省政府表彰。

【公共文化服务体系建设】 开展2021—2023年度“四川省民间文化艺术之乡”评审命名，武胜县白坪竹丝画帘创建为“中国民间文化艺术之乡”，创建“四川民间文化艺术之乡”5个。探索实施社保卡公共图书阅读服务，出台《广安市公共图书馆总分馆制建设纸质文献业务规范》，为全省首个市（州）规范。川剧《信仰》、曲艺剧《红杜鹃》、大型交响组歌《春天颂歌》进行首演，5件作品获得省级以上奖项。开展“唱支山歌给党听”“万人赏月诵中秋”等大型群众文化活动15场次，参与群众43万人次。全市7个文化馆全部通过第五次全国文化馆评估定级验收。

【文化惠民】 创新推出“周末大舞台”群众文艺演出30余场，把舞台交给群众、把话筒交给群众，让群众每周都看得到文艺演出，惠及群众10万人次。举办邓小平故里文化惠民券活动283场，惠及群众45万余人次。

【主要领导人】 市委书记：张彤；市人大常委会主任：张力；市长：赵波；市政协主席：单木真；分管农业副市长：尹黎明。

广安市编写组

广 安 区

【基本情况】 2021年，全区辖3乡16镇6个街道，辖区面积1027.75平方千米。全区总户数27.2万户，户籍总人口88.7万人，其中乡村人口54.2万人、城镇人口34.5万人。区本级户籍总人口73.4万人，其中乡村人口47.7万人、城镇人口25.7万人。

2021年，全区GDP250亿元，增长8.1%，其中一二三产业增加值分别为41亿元、38.6亿元和170.4亿元，分别增长6.9%、8.6%和8.3%，一二三产业对经济的贡献率分别为14.2%、15.7%和70.1%，分别拉动GDP增长1.2、1.3和5.6个百分点。三次产业结构比由上年的16.5∶14.8∶68.7调整为16.4∶15.4∶68.2。

全区有义务教育学校64所，其中小学24所、初中40所、高中15所、中等职业教育学校5所；小学在校学生总数4.8万人，专任教师1831人，小学学龄人口净入学率100%；普通中学在校学生总数4.9万人，专任教师5646人；中等职业教育学校在校学生总数10 366人，专任教师357人。

【年度农业和农村经济运行】 2021年，全区实现农业总产值69.2亿元，增长7.7%；农林牧渔业增加值42亿元，增长6.9%，较上年同期提高1.2个百分点。全区农村居民人均可支配收入19 221元，增长10.5%，其中工资性收入8845元，增长10.9%；家庭经营净收入8088元，增长10.7%；财产净收入474元，增长9.4%；转移净收入1814元，增长8.1%。农民人均生活消费支出14 335元，增长10.7%，其中食品烟酒消费支出4940元，增长10.3%；衣着消费支出1352元，增长9.8%；居住消费支出2867元，增长9.2%；生活用品及服务消费支出1186元，增长8.3%；交通通信消费支出1192元，增长15.6%；教育文化娱乐消费支出926元，增长9%；医疗保健消费支出1258元，增长13.9%；其他商品和服务消费支出614元，增长14.6%（主要农产品产量见表1所列）。

【种植业】 全区粮食作物播种面积5.51万公顷，粮食总产量33.6万吨，增长1.4%。其中，水稻播种面积2.57万公顷，产量20.4万吨，增长1.2%；玉米播种面积0.87万公顷，产量5.5万吨，增长2%；小麦播种面积0.14万公顷，产量0.4万吨，下降2.8%。油料作物播种面积1.07万公顷，产量2.7万吨，增长2.2%。蔬菜及食用菌种植面积0.88万公顷，产量46.1万吨，增长5.1%。全区小春粮食生产完成13.75万亩，增长0.1%；总产量3.35万吨，增长0.3%。油菜生产完成12.65万亩，增长1.2%；总产量2.155万吨，增长1.4%。大春粮食作物生产完成68.94万亩，增长1.4%；总产量30.2万吨，增长1.5%。全区良种覆盖面达97.7%以上，主推技术到位率97.8%。新建优质粮油基地2.8万亩，优质稻种植面积达23.5万亩，其中国标二级以上优质稻面积14.8万亩。共建绿色高质高效示范片9个，面积11万亩。

【经作产业】 全区新招引培育现代农业产业经营主体229个，其中适度规模经营业主203户、种养业农业企业15家、农产品初加工企业11家。种植业招引培育业主196个，新发展现代农业产业基地7.31万亩，全区累计发展优质粮油2.72万亩；发展稻渔综合种养0.62万亩，发展开花水果产业1.49万亩、晚熟柑橘1.96万亩；龙安柚返租倒包0.12万亩；蔬菜类种植面积24万亩，年产量44万吨；水果类种植面积达15万亩，年产量10万吨；中药材种植面积达0.43万亩，年产量0.11万吨。

【畜牧业】 全年新建生猪规模养殖场7个，年新增生猪出栏10万头。广安市旌胜养殖专业合作社创建为省级生猪标准化养殖场。全年出栏生猪77.3519万头，增长11.53%；存栏53.0814万头，增长17.87%，其中能繁母猪存栏4.6702万头，增长1.22%。家禽出栏635万羽，肉牛出栏0.4522万头，肉羊出栏3.759万只，分别增长16.2%、1.92%、35.86%。猪肉产量5.539万吨，牛肉产量0.0617万吨，羊肉产量0.0611万吨，禽肉产量0.8782万吨，禽蛋产量1.4359万吨，分别增长15.63%、11.19%、68.34%、3.57%、-2.76%。基本建成石笋镇斜石村5000只湖羊种羊基地建设，实施"湖羊致富"和"万户奔康"工程，采购湖羊种羊3000只，配送湖羊1173只。全区湖羊存栏1.7万余只，出栏湖羊1.5万余只。蚕茧产量

表1 2021年广安区主要农产品产量

主要农产品	单位	产量	同比增减(%)
粮食	万吨	33.6	1.4
水稻	万吨	20.4	1.2
小麦	万吨	0.4	-2.8
玉米	万吨	5.5	2.0
油菜籽	万吨	2.7	2.2
蔬菜	万吨	46.1	5.1
肉类	万吨	5.7	15.8
禽肉	万吨	0.9	3.6
禽蛋	万吨	1.4	-2.8

314.5吨，下降4.7%。

【水产业】 全区累计水产品产量8550吨，增长4.83%；全年渔业经济总产值2.3988亿元，增长26.77%。发展稻渔综合种养基地5000余亩，主要养殖品种有鲫鱼、小龙虾、青虾、黄颡鱼等。普查水产种质资源主体数为329户。联合公安、市场监管等部门成立专班，开展非法捕捞联合执法行动，严厉打击非法捕捞行为，长江禁捕工作出动执法人员234人次，开展联合巡查执法5次，处理涉鱼案件77起，涉案人员78人，收缴电鱼工具12台（套）、网具19副、钓竿60根，行政处罚金额6100元。

【乡村振兴】 分步开展"五类"农房改造，实施村庄环境卫生整治、农村"厕所革命"、农村生活垃圾治理、农村生活污水处理、畜禽粪污资源化利用"五大行动"，建成压缩式垃圾中转站5座，农村卫生厕所覆盖率达90%以上，农村生活污水有效治理率达65%以上，畜禽粪污资源化利用率达92%。加强交通基础设施建设，新（改）建美丽乡村旅游路和产业路83千米，提质改造乡村道路20千米，广花路升级改造工程有序推进。提高乡村公共服务水平，提档升级3所中心镇学校，优化设置村卫生室366个，在中心镇规划建设养老服务中心。推进实施农村饮水工程维修养护工程，完成花桥水厂改（扩）建项目，全区规模化供水率达68.7%。推进平安乡村、法治乡村建设，完善农村社会治安防控体系，规范设置派出所14个、中心司法所8个，全面建成乡（镇、街道）综治中心，全面推进"法律七进"活动，创建省级乡村治理示范村7个。

【东西部扶贫协作项目】 广安区东西部扶贫协作浔栖江南二期项目开工，项目总投资1亿元，占地面积约15亩，主要为一期项目商务、旅游板块等业态的延伸，将新建66间商务套间、10间餐饮包厢，可同时满足500人左右团体就餐及会务需求。

【乡村旅游】 以农旅文融合思路推进乡村旅游，与浙江省湖州市南浔区在广安区石笋镇龙岩村共建"巴上草原"羊文化主题乐园。该园是全国唯一一个以湖羊文化为主题的乐园，总占地130亩，其中有80亩的湖羊养殖基地，现代化养殖方式让羊成长更健康，环境也更卫生。园区共有美丽牧场、湖羊繁育、养殖培训、农旅结合、羊文化五大特色。"巴上草原"羊文化主题乐园里的网红桥、滑草、儿童乐园、七彩滑道、湖羊科普馆等项目吸引众多游客探访，成为网红打卡地。

【农业机械化】 全区在册拖拉机124台、在册联合收割机12台，集中检审共检验拖拉机84台、联合收割机5台，年检率分别达83%、81%。

【农村文化】 全区出台《广安区乡风文明"一榜两评"活动实施方案》，细化区、乡、村三级评选方式和评选周期，注重实物奖励，加强宣传先进典型、重点帮扶反面典型，实现村容村貌干净整洁、家庭卫生洁美有序、村民思想素质有效提升、乡风文明程度明显提高。全区16个乡（镇）242个村（社区）已全覆盖开展"一榜两评"活动，采取"区评乡（镇）、乡（镇）评村、村评户"模式，由区乡村振兴服务中心牵头，区文明办、区农业农村局、各乡（镇）配合，逐级组建评比工作组，吸纳群众代表参与，从环境卫生和文明村民两个方面进行量化打分，张榜公布评比优胜者，并发放奖励。

【农村卫生】 渠江各监测断面达到地表水Ⅱ类—Ⅲ类水质，肖溪河、蒙溪河、土河、渔池滩河、消水河等河长制河流均达到地表水Ⅲ类水质。全区乡（镇）有集中式饮用水水源地6个（均为地表水），全部达到地表水Ⅲ类水质，达标率100%。24座乡（镇）污水处理站监测达标率100%，重点排污单位监督性监测达标。全区已建成农村片区压缩式垃圾中转站5座，配置垃圾转运车10台、垃圾清运车55台、压缩式垃圾收运车5台，建成垃圾房（池）2050余座、垃圾分类亭230余座，全区农村生活垃圾转运覆盖率达98%以上，基本实现垃圾无害化处理全覆盖。

【农村生态建设及环境保护】 全区有畜禽规模养殖场83个，畜禽粪污处理设施设备配套83个，畜禽粪污处理设施装备配套率100%，其中35个大型规模养殖场畜禽粪污处理设施设备配套率达100%，畜禽粪污资源化利用率达93.01%。加强畜禽养殖污染问题排查，全年累计排查112家（户）规模养殖场（户）。8—9月，全区共收到中央第五生态环境保护督察组移交群众来信来电信访件6件，其中区级部门主办5件、协办1件。

全区建成化肥减量增效技术服务示范区10万亩，示范区配方肥到位率达80%以上，化肥使用量减少3%以上，全区化肥使用量保持零增长。推广病虫害绿色防控新技术，农药使用量呈逐年下降趋势。全区共设置农药包装废弃物回收点365个，废弃物回收率达70%以上。对全区19家（户）重点水产养殖场（户）进行全覆盖排查，督促指导业主完善投入品使用、养殖尾水排放台账。

【农村交通】 全年美丽乡村旅游路完成建设20千米，撤并建制村与新村委会通直连道路新（改）建工程完成53千米，省道205线完工，涉及16个乡（镇）的新（改）建农村公路完成20千米。全区公路通车总里程为3137.9千米，其中等级公路3007.7千米、高速公路130.1千米。年末公交车路线18路，实有公共汽车营运车辆数217辆，实有出租汽车数445辆。

【农村社会保障】 全区城乡居民基本养老保险参保人数33.5万人，失业保险参保人数2.6万人，工伤保险参保人数2.8万人。有敬老机构25个、敬老机构床位2200张，有社区服务设施55个。农村居民最低生活保障人数30 259人。

【主要领导人】 区委书记：文阁；区人大常委会主任：尹才宏；区长：刘永明；区政协主席：刘昌杰；分管农业副区长：龙涛。

广安区编写组

前 锋 区

【基本情况】 2021年，全区辖4个街道8个镇，辖区面积505.6平方千米。

【乡村振兴】 全年完成粮食作物播种面积24.5亩，出栏生猪13.5万头。推进农村人居环境整治，开展农村“厕所革命”，完成10个村、2248户厕所建设，占目标任务的100%。前锋区申报为第三批农民合作社质量提升整县推进省级试点县；虎城镇被评为“全国农业产业强镇”；创建省级乡村振兴先进村镇1个、示范村9个，被授予“四川省脱贫攻坚先进集体”和“农民增收先进县”等称号。

【项目建设】 建设完成700亩茶叶基地（一期），民宿、农家乐改造已完成基础装修工程，家电、床铺、衣柜等设备已安装完成，完成树屋酒店设计方案、施工图、林地可行性研究报告编制，农产品交易中心主体已完成混凝土浇筑，整理产业道路19千米、硬化路面约13千米，建成登山步道、观景亭、露营基地、停车场、旅游厕所等附属设施。大良田园综合体按照创建国家3A级景区的相关指标要求，标识标牌已全部安装到位，各项配套设施基本完工，围绕吃住行游购娱已初步形成接待能力，创建为国家3A级景区。奇幻谷森林乐园项目动物园大门、笼舍有序施工，内雨污管道铺设、儿童主题乐园集散广场景观绿化部分已完成，接待中心至假山公路绿化基本完成；接待中心主体外部装修有序进行，停车场完成基础设施配套。

【公共文化服务体系建设】 加快建设文图中心，项目主体和幕墙工程已完成，内部初装工程有序实施。规范基层文化阵地运行，并对基层文化阵地提档升级，共提档升级文化站1个（大佛寺街道综合文化站）、文化室2个（龙镇社区文化室、三台村文化室）。邓小平故里基层公共文化服务示范点“三小工程”成功创建，桂兴镇四方山村“小书屋”“小院坝”和观塘镇三台村“小讲堂”均已投入使用。广电建设稳步开展，维修广播电视“户户通”3235台（套），维护513次，减免城镇低保家庭有线电视收视费2094户。

【文化活动】 面向全区开展阅读征文、阅读类短视频征集和阅读分享活动，共计230余件作品参赛。开展“图书下乡”活动，用流动图书车把优秀实用书籍送到乡（镇）。开展“喜迎建党100周年・文化惠民进万家”优秀节目网上展播活动，共发布41期。在镇（街道）开展文化惠民活动16场。开展文艺精品展播活动36场。开展“百姓大舞台・有艺你就来”文化惠民走基层活动8场。《幸福直播》参加广安市第五届网络春晚暨第三届乡村春晚；《向人民报告》参加广安市“人民阅卷・广安行动”主题汇报会文艺演出；舞蹈《火了火了青花椒》、情景歌舞《父亲和我聊微信》参加广安市庆祝中国农民丰收节主题活动。支持广兴镇、龙滩镇、桂兴镇开展荷花美食节、蜜蜂文化节，指导观阁镇、代市镇、大佛寺街道开展群众文化活动5场。壮大文化志愿队伍，注册成立1个区级志愿服务大队、9个志愿服务分队，成员约200人，开展辅导课程约50场次。

【主要领导人】 区委书记：张伟；区人大常委会主任：蔡丽华；区长：陶开琴；区政协主席：张必伦；分管农业副区长：杨东南。

前锋区编写组

华 蓥 市

【基本情况】 2021年，全市辖8镇1乡3个街道，辖区面积464平方千米。

【乡村振兴】 优化组织领导，“高站位”统筹推进。构建乡党委统筹抓、乡级各部门服务指导、村“两委”具体落实、干部群众全员参与的工作格局，以“五个一”（一个中心思想、一个工作专班、一个工作方案、一张全域网格、一份满意答卷）为统领，确保各项政策落地见效，奋力绘制全市乡村振兴蓝图。强化宣传力度，“大范围”全面推广。合理运用微信、抖音、公众号等现代化媒体宣传“群众规划家乡——干部在行动”等特色活动。收集广大干部、群众、乡贤等人士1000余人意见建议，为乡村振兴开篇布局贡献智慧与力量，营造良好的舆论氛围。强化产业引导，“抓重点”有序推进。结合“一村一规划”，构建“蓥山旅游康养区”和“红色文化研学区”整体布局，重点推进旅游资源开发、文旅产业融合和民宿产业发展，为民宿峰会和华蓥山旅游节打下坚实基础。

【公共文化服务体系建设】 完成“上川东地工委禄市特支纪念展陈”“毕占云将军生平展陈”2个陈列馆设计布展。建成文化馆分馆2个、图书馆分馆12个、图书流通点4个。完成1个综合文化站（溪口镇综合文化站）提升。完成华龙街道佘家井村、明月镇白鹤咀村等“三小工程”6个点位建设（超额完成1个）。全市1个图书馆、1个文化馆、12个乡（镇、街道）综合文化站（中心）全部实现免费开放。

【广电建设】 加强广播电视“户户通”

运行维护（省定民生实事），督促运维机构做好广播电视日常维修维护，截至10月，运维人员巡检巡护938次，维修更换广电设备430台（套）。减免城镇低保家庭有线电视基本收视费（广安市定民生实事），并提供维修维护服务，保障有线电视信号畅通。

【主要领导人】 市委书记：王山；市人大常委会主任：刘光文；市长：徐纪敏；市政协主席：陈云栋；分管农业副市长：熊巧利。

华蓥市编写组

岳池县

【基本情况】 2021年，全县辖27个乡（镇、街道）406个村63个社区，辖区面积1479平方千米。

【种植业】 全县粮食作物播种面积109.96万亩，增长1.3%，其中小春粮食作物播种面积10.25万亩，减少0.5%；大春粮食作物播种面积99.71万亩，增长1.4%。粮食总产量49.2万吨，增长1.5%，其中稻谷产量32.2万吨，增长1%；小麦产量3364吨，增长0.1%；玉米产量9.9万吨，增长2.1%。油料作物产量3.1万吨，增长10.9%；蔬菜及食用菌产量81.1万吨，增长5.9%；园林水果产量5.3万吨，增长3.2%。

【四川省文旅融合示范项目】 岳池农家生态文化旅游区规划面积52平方千米，核心区面积3平方千米，于2017年启动规划建设，2019年被纳入四川省文化旅游融合示范项目，2019年11月创建为国家4A级景区。项目核心区白庙镇郑家村被评为中国美丽乡村、全国乡村旅游重点村、“天府旅游名村”。项目以景为骨、以文为脉，挖掘爱国诗人陆游千古名篇《岳池农家》中的“花、酒、丝、姑”四大文化元素和曲艺文化元素，打造东邻西舍、竹山曲苑、大力湖三大片区，将“陆游的诗和远方”呈现在新时代的岳池大地上。东邻西舍片区突出川东地区传统民宿风貌和习俗文化，打造的婚俗文化体验园、七彩风谷、东邻小可等典型景点再现“买花西舍喜成婚，持酒东邻贺生子”的农家生活景象；竹山曲苑片区突出田园风光和曲艺主题，打造的稻田酒店、帐篷酒店、农耕体验园等景点用地方曲艺吟唱出“雨细有痕秧正绿”的乡村美妙画卷；大力湖片区突出生态和休闲主题，打造的大力湖及游船码头、桃花岛、风日美汽车露营公园等景点让“农家农家乐复乐”的豪迈与惬意跃然而来。同时，建设的柴云振生平事迹展陈中心以图文、实物、视频等形式发挥爱国主义教育基地作用，传承红色基因。该项目累计接待游客约200万人次，实现旅游综合收入0.9亿元，带动周边群众约1200人就业，人均年增收约3000元。

【提档升级】 持续推进国家4A级景区岳池农家生态文化旅游区提档升级，建设东作园、春深苑、复乐源等民宿村落46个14.2万平方米，建设稻油轮作示范区1.2万亩、四季果园300亩、稻田大地艺术景观区200亩，七彩风谷一期补植补栽50亩，铺设竹山曲苑大草坪17 000平方米，采购研学设施设备12套，新增陆游小火车、火车爱咖啡等旅游业态10余处。低坑大瀑布完成景观及绿化450余亩、生态停车场12 000平方米等建设，新增旋转木马、游船等游乐项目，完成景区标识标牌、智慧旅游系统安装，启动河道整治工程建设，创建为国家3A级景区。羊山养心谷种植3000余亩中药材，打造5千米中药材观光带，新增梅花桩、超级大迷宫等旅游业态30个，建设户外拓展基地1个，举办小平故里中医药洽谈会，开发药囊、药枕、药扇等系列中药材文创产品10余种，启动半夏山庄建设。升级改造银城花海景区，完善景区道路等基础设施，丰富景区业态。

【品牌创建】 低坑大瀑布景区创建为国家3A级景区，白庙镇郑家村创建为全国乡村旅游重点村、中国美丽休闲乡村、首批天府旅游名村，顾县镇羊山湖村创建为全省乡村旅游重点村，白庙镇获评广安市文旅重点镇，九龙街道马鞍山村获评广安市乡村文旅示范村。岳池文旅手机贴纸获得广安市第二届红色文化旅游创意产品大赛三等奖，岳池文旅零钱包等4个文创产品获得广安市第二届红色文化旅游创意产品大赛优秀奖。

【宣传营销】 举办第六届“岳池杯·中国曲艺之乡”曲艺展演、低坑大瀑布第二届菊花节、小平故里中医药洽谈会等节会活动，围绕“一镇一节”推出排楼李花节、白庙樱花节、花园桃花节等乡村旅游节会活动，线上线下参与人数达10万余人。筹办岳池文旅公众订阅号，推出岳池文旅带你领略四川美景、回望百年党奋进新时代等专栏，推送节庆信息、景点介绍、美食等文旅资讯200余条。参加第25届都市文化旅游节、第七届中国西部旅游产业博览会、第十八届中国西部国际博览会、2021西安丝绸之路国际旅游博览会等省内外文旅节会活动，借助展会平台宣传推介岳池文旅资源，展现岳池文旅形象。

【公共文化服务体系建设】 开展文化馆、图书馆、43个乡（镇）综合文化站免费开放服务，推进乡（镇）综合文化站提档升级，打造基层公共文化服务示范点14个。开展“曲艺大舞台”“文化惠民”等演出活动100余场次，举办红色记忆美术书法摄影展、“光辉百年　岳读经典”党史主题书展、全民阅读等文化活动，服务群众3万余人次；开设舞蹈、美术、书法等七类免费艺术培训班,艺术普及培训1.5万余人次。完成智慧广电实验区项目建设,配套建设城乡公共文化服务免费WiFi点位273个,持续推进广播电视"户户通"运行维护;提档升级乡(镇)级广播电视公共服务网点44个,新建村级广播电视公共服务代办点50个,免收城市低保家庭有线电视收视费10 991户。"岳池杯"中国曲艺之乡系列活动获评"四川省文旅公共服务高质量发展优秀品牌",岳池县创建为2021—2023年"四川省民间文化艺术之乡",白庙镇郑家村获评"全省文化振兴示范村"。

【主要领导人】 县委书记:米亮;县人大常委会主任:李廷远;县长:陈松柏;县政协主席:谢帮勇;分管农业副县长:龙军华。

岳池县编写组

武 胜 县

【基本情况】 2021年,全县辖4乡19镇,辖区面积956.1平方千米。

【农村危房改造任务】 成立由分管副县长任组长,县级相关部门、乡(镇)主要负责人为成员的农房建设领导小组,统一协调、指挥和组织全县农村危房改造工作,领导小组不定期召开联席会议,及时部署工作,推动迅速落实。采取"向上争取,县级投入,农户自筹"方式,做好农房建设资金谋划和前期推进工作,奠定农房建设坚实基础。筹措2020年度危房改造补助资金1322万元、2021年度危房改造补助资金440万元。抽派多名技术人员走村入户,加强业务指导,全过程、全覆盖督查农房建设进度、质量和安全。利用广播、公示栏、宣传明白纸、"院坝会"等形式,宣传新村建设扶贫的相关政策,动员符合条件的农户积极参与建设;采用电视、网站、手机短信、公告等方式,宣传农房建设重大意义和政策措施,营造全社会关心农房建设、助力脱贫攻坚的良好氛围。县工质、公安、残联、民政、发改等部门对危房改造实施对象进行联合会审,精准锁定实施对象,确保符合政策要求;县自然资源、水务等部门负责选址,确保选址科学合理。在农村房屋安全隐患排查工作方面,通过党政内网发送6期武胜县农村房屋安全隐患排查及整治快报,对工作进展缓慢、排名滞后的乡(镇)予以通报以及约谈;点对点发送温馨提示卡至各乡(镇)党委书记,通报乡(镇)排查录入以及对整治相关情况提出工作建议。

【品牌创建】 飞龙镇被评为全国乡村旅游重点镇、省级乡村旅游重点镇和天府旅游名镇,宝箴塞镇由省级文旅特色小镇更名为"天府旅游名镇",飞龙镇白坪村、飞龙镇卢山村创建为省级乡村旅游重点村,飞龙镇被评为广安市文旅重点镇;飞龙镇被命名为2021—2023年度"中国民间文化艺术之乡"、2021—2023年度"四川省民间文化艺术(竹丝画帘)之乡";武胜天生桥创建为省级地学研学旅行实践基地。武胜县现代农业园区管委会《推行"六个坚持"助力脱贫奔康——武胜县白坪—飞龙乡村振兴示范区旅游扶贫典型案例》被文化和旅游厅公布为"全省文旅公共服务高质量发展优秀案例",县文化馆被第五次全国文化馆评估定级为国家一级馆,武胜县通过四川省现代公共文化服务体系示范县复核验收。

【公共文化服务体系建设】 "两馆一站"免费开放。 县文化馆内含江春茶楼常年免费开放,日接待市民100余人次,馆内各类培训室常年免费开放,为到馆群众提供舞蹈、器乐、声乐等培训场地、健身场地及图书阅览、乒乓、棋牌等游艺设施,全年接待到馆群众6万余人次;广泛开展少儿书法、少儿美术、舞蹈培训、声乐培训、戏曲培训、器乐培训等免费培训120余课时;组织开展武胜县"庆百年·颂党恩"暨《中华人民共和国民法典》走进乡村主题文艺展演、礼赞山河·齐颂百年为建党100周年献礼大型合唱比赛、武胜县文化馆庆祝中国共产党成立100周年文艺健身展示活动及"百年大党的奋进"主题展览活动、武胜县2021年"6·12"文化和自然遗产日宣传活动、2021蓝森林之夜——武胜·嘉陵江之春合唱音乐会、武胜县文化馆2021年"万人赏月诵中秋"集中展演活动,受益群众达30 000余人次。同时,县文化馆围绕免费开放、总分馆建设等,加强业余文化队伍建设,加强对社区、学校、企业、乡(镇)等单位的群文辅导、业务培训。县图书馆实施错时延时免费开放服务,双休日、节假日均不闭馆,每周免费开放时间达63小时,提高图书馆服务能力;所有流通数据均在大数据终端实时展示,截至12月,已接待读者9.1万余人次,微信访问量3.7万余人次,网页访问量25.2万余人次,外借图书4.5万余册次。图书馆通过线上线下多种途径,在"世界读书日"、端午节、国庆节、中秋节等节日期间开展诗词讲座、"建党100周年党史专柜""送图书下乡"、志愿者服务、社科普及等系列活动。图书馆启用社保卡作为读者借阅证,实现图书借阅、图书查询以及馆外访问馆藏数字资源的读者服务。图书馆开展全民阅读活动5次、社科普及活动4次、志愿者服务活动10次,举办"四力讲坛·嘉陵夜话"文艺沙龙系列活动8次。

文化基础设施建设。加快推进集文化馆、图书馆、博物馆、美术馆、展览馆于一体的县文化中心建设,主体工程已完成。县文广旅局指导宝箴塞镇小池口村、鼓匠乡鹤林村利用村级建制改革闲置公共文化服务设施，改建小院坝、小书屋、小讲堂“三小工程”6个，提高设施利用率，助力乡村文化振兴。在白坪—飞龙乡村旅游度假区新建武胜县红岩精神主题教育基地旅游厕所等旅游厕所3座。

【群众文化活动】 开展“送文化下乡”、文化惠民演出、全民阅读等群众文化活动130余场，惠及群众19万余人次。其中，采取政府购买公共文化服务的形式，以发放邓小平故里文化惠民券为依托，建立集“文化下乡、戏曲进乡村”等于一体的文化惠民活动供需对接平台，在23个乡（镇）、46个行政村、38个社区、10所学校和3个A级景区共计开展文艺演出100场，惠及群众达10余万人。

【广电建设】 对3142个自然村4560台机顶盒进行维修，维护10 659次；完成减免城市低保家庭收视费任务数3303户。开展四川省第二届“广电惠民服务月”活动，组织四川广电网络武胜分公司围绕“公共服务新标准·广播电视新形象”主题在天平寨、嘉怡居和弘武西段开展川流云视听“现场服务日”便民惠民活动3场次。深化“净屏”行动，规范广告播出，打击“黑广播”伪基站，整治非法“小耳朵”，推进5G干扰协调工作。建立健全安全播出指挥体系，完善安全播出应急预案，落实应急预案处置演练，净化荧屏声屏环境，确保建党100周年重要保障期广播电视安全播出。

【主要领导人】 县委书记：谭云；县人大常委会主任：杨承林；县长：陈俊楠；县政协主席：吴奇雷；分管农业副县长：刘勇。

武胜县编写组

邻 水 县

【基本情况】 2021年，全县辖25个乡（镇），辖区面积1909平方千米。

【脱贫攻坚】 抓实动态监测，查缺补漏，确保“应保尽保”。严格落实“四个不摘”，召开邻水县民政系统巩固脱贫攻坚成果与乡村振兴有效衔接会，扎实开展脱贫攻坚兜底保障工作，排查脱贫不稳定户、贫困边缘户、严重困难户等脱贫人口，及时做好动态监测，将符合条件者纳入救助保障。全县累计有原脱贫人口14 673人享受农村最低生活保障（其中脱贫不稳定户、边缘易致贫户、突发严重困难户819户），119人享受事实无人抚养儿童基本生活保障，1037人享受农村特困供养生活供养金。严格执行低收入人口认定条件，做好全面摸排，借力全县低保核查清理，将家庭人均可支配收入在全县低保保障标准1～1.5倍之间的，且家庭财产符合规定的家 庭纳入低保边缘家庭。同时，建立低收入人口动态监测机制，将低保边缘家庭录入“天府救助通”，为相关部门、单位和社会力量开展救助帮扶提供支持。运用大数据比对分析，及时预警存在返贫致贫风险的低收入人口，及时发现需要救助的困难群众，形成救助合力。今年以来，各部门已经将风险预警人数纳入相关救助，监测户811户2103人中，1207人被纳入城乡居民最低生活保障，10人被纳入特困供养，为241人解决医疗救助，2户被纳入农村危房改造。加强临时救助，做好乡（镇）临时救助赋权增能。完善临时救助实施办法，及时对遭遇突发性、紧迫性、灾难性困难或突发公共事件导致基本生活出现严重困难、其他社会救助制度暂时无法覆盖或救助后仍有困难的低收入人口给予临时救助。提高乡（镇）社会救助审批权限，从源头上解决风险户的“救急难”问题，确保社会救助更加精准、有效、管用，不断巩固拓展脱贫攻坚成果，已为脱贫不稳定户、边缘易致贫户、严重困难户发放临时救助658人次资金56万余元。

【公共文化服务体系建设】 开展镇综合文化站、村级文化服务中心全面清理，发现问题46个，按照“责任制+清单制+时限制”制订整改方案，明确了整改要求，被挤占的镇综合文化站、村文化服务中心房屋已全部清退，丰禾镇通过首批乡村文化振兴“百千万”工程省级样板镇验收。推进文化馆图书馆总分馆制建设，建成文化馆分馆27个、图书馆分馆25个。加快实施应急广播体系建设项目，基本实现县、镇、村三级联通。对2760个广播电视“户户通”工程进行运行维护，完成5个农村及老旧小区网络改造、514户广电用户宽带升级，减免8015户低保户有线电视收视费。开展“绿化、美化、亮化、净化”四化行动，完成黄桷树公园、银鼎山公园绿化升级改造，设置文明景观小品40处。深化垃圾、污水、厕所“三大革命”，牟家镇麻河村、王家镇地选村入选中国传统村落名录，汤巴丘获评“四川最美古村落”，厕污共治“三类七种”模式在全省推广。

【文化惠民】 举办“永远跟党走”庆祝中国共产党成立100周年文艺演出及系列文化活动，继续擦亮“书润邻水”全民读书节、“舞韵邻水”群众广场舞展演、“聆听邻水”散文诗歌大赛、“放歌邻水”音乐会等“邻字号”文化品牌。创排大型革命历史题材川剧《信仰》在广安首演，并作为“剧美天府”回望百年路 奋进新时代——四川省庆祝中国共产党成立100周年优秀剧目在成都展演。邻水县被命名为“四川省川剧民间文化艺术之乡”。开展“文化进万家”“戏曲进校园”惠民演出，实现25个镇全覆盖。开展“三馆”惠民服务，围绕线上线下相结合的新型数字文化服务，突出中国共产党成立百年主线，开展百年征程·庆祝建党百年优秀舞台剧目“云演播”“喜迎建党100周年·文化惠民进万家”等优秀网上展播活动。“文博图”三馆日均免费开放时间达8小时以上，全年线下接待群众6万人次，线上展播服务群众20万人次。

【主要领导人】 县委书记：黄永鸿；县人大常委会主任：李晓瑜；县长：石国平；县政协主席：冯永斌；分管农业副县长：杨成。

邻水县编写组

达 州 市

【基本情况】 2021年，全市辖2区4县1市，辖区面积1.66万平方千米。

【年度农业和农村经济运行】 2021年，全市农业大市“金字招牌”持续擦亮。全市农业增加值达411.6亿元，增长7.6%，位居全省第二；粮食产量324.2万吨，连续9年位居全省第一；生猪出栏434万头，位居全省第四。整治撂荒地11.9万亩，新建高标准农田27万亩。新增农业产业化国家重点龙头企业1家、省级现代农业园区3个。乡村振兴有序推进。脱贫成果持续巩固，东西部协作开启新篇，农村人居环境“五年提升行动”深入实施，连片打造乡村振兴示范区14个，创建全省乡村振兴先进乡镇3个、示范村30个、重点帮扶优秀村14个，通川、达川、万源、渠县获得全省乡村振兴工作先进表彰，宣汉县被评为“四好农村路”全国示范县。全年民生支出309.1亿元，占财政支出的比重达70.9%。坚持把就业和社会保障作为最基本的民生，新增城镇就业4.5万人，调查失业率约为5.2%，城镇、农村居民人均可支配收入分别增长9%和10.4%。“五项保险”扩面提标，参保人数达1006.8万人次。提高居民医保财政补助标准，人均30元。落实药品器械集中带量采购，减轻群众医疗负担7000余万元。全年发放救助资金15.6亿元，有效保障困难群众基本生活。打好“蓝天、碧水、净土”保卫战，整治生态环境突出问题，环境质量得到改善，主城区空气质量优良天数达324天，城市饮用水达标率100%，污染耕地治理率100%。

【公共文化服务体系建设】 全市256个公共图书馆、文化宫、博物馆、体育馆等公共文化机构全部实现错时延时免费开放和低收费开放，全年共接待群众1000万人次；加强公共文化机构新冠疫情防控，确保零传播、零感染；以创建文明城市为抓手，推动公共文化阵地服务质量全面提升。

【文化惠民活动】 全市各级公共文化单位结合疫情防控形势有序开展“文化惠民在身边”系列文化活动，重点向基层特别是边远山区倾斜，把先进文化送到群众家门口，全年累计开展“流动舞台进基层”文化惠民演出1200余场、“巴渠大讲坛”公益讲座198场、文化精品展290余场，受益群众近600万人次，实现文化发展成果全民共享。

【优秀文艺传承】 传承优秀传统文化，弘扬发展地方戏曲，开展“戏曲进校园”活动6场次，受众1万余人次。通川区文华街小学《桃花村》、达川区逸夫小学《戏趣》在四川省第六届中小学川剧传习普及展演（网络展播）活动中分别获得一、二等奖。参加2021年度“全国声乐领军人才培养计划”暨第十四届全国声乐展演。组织参加羊皮鼓舞研修班，加强文艺人才培养，不断提升文艺创作能力和水平。

【基层文化品牌创建】 巩固公共文化“两项改革”成果，开展基层文化建设创先争优活动，达川区通过首批四川省现代公共文化服务体系示范县（区）创建复查；宣汉县巴山大峡谷通过省级文化和旅游公共服务机构功能融合试点复查；创建省级文旅公共服务高质量发展“四个一批”（优秀品牌、优秀案例、优秀站点、优秀团队）品牌8个；通川区北山镇等5个县、乡（镇）被命名为2021—2023年度“四川省民间文化艺术之乡”；“戏曲艺术进校园”活动等4个项目被评为全省政府向社会力量购买公共文化服务示范项目，争取资金120万元（每个项目补助资金30万元）；在第五次全国文化馆评估定级中，全市8个文化馆7个获评国家一级馆、1个获评国家三级馆，上等级率100%，位居全省前列。

【乡村旅游】 结合各地区位条件、资源特色和市场需求，整合涉改镇村文化旅游资源，印发实施《达州市乡村旅游产业发展工作方案》，指导各地因地制宜编制乡村旅游发展规划。建成村史陈列馆和博物馆5个、乡村创客基地1个，开工建设旅游厕所22座。开设乡村美学体验活动16期，推荐乡村文旅能人25名。创建乡村旅游类4A级景区1个，6个乡村旅游特色村入选全省乡村旅游重点村，1个特色村入选“天府旅游名村”，2家合作社入选省级农民合作社示范社。整合推出精品旅游线路6条、红色乡村主题游线路3条。全年乡村旅游共接待游客2233.87万人次，实现旅游收入157.57亿元。

【节会活动】 四川省第十二届（夏季）乡村文化旅游节。以“安逸四川·亲爽万源”为主题的四川省第十二届（夏季）乡村文化旅游节在万源龙潭河景区举办。省委宣传部、文化和旅游厅、省级相关部门（单位）、省内相关市（州）和重庆、陕西等地文旅部门、旅游协会、专家学者以及中央、省级新闻媒体代表等400余人参加活动。活动突出展示万源市富硒文化、民间艺术文化以及现代特色农业等文化旅游资源，全面展示“巴风賨韵·水墨达州”全域旅游发展成果。

主题文艺活动。围绕建党100周年开展主题文艺活动，先后举办“群心向党·逐梦远航”万达开群众文化艺术展演、“百年党庆·薪火传承”百姓大舞台群文展演活动、“永远跟党走”百台钢琴奏响新时代、“建党百年·接力中国”线上合唱比赛、以“党的光辉耀巴渠”为主题的“百花迎春”音乐会、“前进吧！中国共产党”市文体旅游局50人大合唱、“阅百年历程·传精神力量”主题阅读推广活动等大型群众文化活动，累计开展主题文化惠民专场文艺演出活动320场次。

主题研学活动。举办“党的故事我来说·争做红领巾讲解员”达州市首届红领巾讲解员集中展示活动，来自全市25名红领巾讲解员代表讲述达州红色故事，厚植爱国爱党情怀；开展“党是阳光我是苗”百米长卷现场绘画展演活动，全市200余名小学生共同绘就达州红色印记；开展“红心向党·童心绘梦”优秀书画征集活动，44名中小学生的20幅作品入选。

主题展览活动。联合重庆市万州区、开州区等川渝10地举办“丹青绘巴山·翰墨写蜀水”庆祝中国共产党成立100周年巴渝名家书画展，展出川渝10家博物馆60余件巴渝名家书画精品，接待参观群众7000余人次。开展“革命之路——达州红色革命历史展”流动博物馆展览走进宣汉等4县20个乡（镇）、社区、学校，为10万余人提供观展、讲解服务，发放达州红色历史普及资料2000余册，将“红色种子”播撒千家万户。

【主要领导人】 市委书记：包惠；市人大常委会主任：胥健；市长：郭亨孝；市政协主席：康莲英；分管农业副市长：王全兴。

达州市编写组

通 川 区

【基本情况】 2021年，全区辖13个乡（镇）5个街道，辖区面积900平方千米。

【年度农业和农村经济运行】 2021年，打赢环境保护“攻坚战”，坚持严督实查真改，通过第二轮中央环保督察。乡乡建成污水处理厂，魏家河、双龙河整治成效明显。秸秆禁烧全民行动，烟花爆竹禁燃禁放成为普遍共识。大气污染防治“七天保卫战”顺利收官，空气质量优良天数达315天，改善幅度位居全省第三。“乡村振兴示范引领”再创佳绩。全年完成粮食作物播种面积48.4万亩，生猪出栏33.3万头，金石万亩梯田丰收图景登上央视《中国粮仓》栏目。“一李两莓”等特色产业持续壮大，蒲家蓝莓园创建为省级现代农业园区。脱贫攻坚与乡村振兴有效衔接，脱贫成果“后评估”、乡村振兴先进县“回头看”获评优秀等次。获评“全省首批金通工程样板县”。累计建成“美丽庭院”126个、宜居乡村达标村107个，聚居点路灯实现全覆盖，点亮乡村新生活。

【农村社会保障】 按照时间节点安排指导各村（社区）组织群众完成城镇居民医疗保险参保工作。组织开展再就业培训工程，对辖区贫困户进行农业实用技术培训，培训人数200人。

【公共文化服务体系建设】 对北山镇综合文化站进行全面升级打造，配备各类文化设施设备；完成北山诗歌文化陈列馆一楼两个展厅装饰和展陈布展，北山镇获评文化和旅游厅“四川省民间文化艺术之乡”；提升打造6个创文场镇社区综合文化服务中心和35个场镇、社区综合文化服务中心，配送必要文体设施设备；安装辖区内的行政村、城市社区、景区公园全民健身路径共计57条。成立“文化管家”队伍，全区配备“文化管家”145名，覆盖13个乡（镇）145个村（社区）；开办基层文化培训班2期，培训50余人次，并在此基础上遴选出具有通川特色的“文化能人”。持续推进“三馆一站”免费开放，区文化馆为10余支群众队伍和艺术院团免费开放教室排练，受惠群众达2万余人次；区图书馆共接待读者3560余人次，阅览室接待读者2800余人次，图书外借读者近660人次，流动书刊100余册；各镇综合文化站共组织开展各类文化活动20余次，参加人数1万余人次。通川区创建为首批四川省公共文化服务提质增效试点县。

【文化活动】 举办大北街“礼游通川”文化惠民活动12场，共计吸引20余万人次观看；开展“童心向党　书香通川”全民阅读推广活动2场，免费送出书籍800余册，发放宣传资料1500余份；举办“建党百年·通川礼赞”达州市通川区2021年文化惠民进社区文艺演出、书法摄影作品展活动3场。

【主要领导人】 区委书记：张杰；区人大常委会主任：梅辉太；区长：覃永利；区政协主席：何世清；分管农业副区长：袁安。

通川区编写组

达川区

【基本情况】 2021年,全区辖26个乡(镇)5个街道,辖区面积2245平方千米。

【乡村振兴】 2021年,农业发展公司成立运营。创建为“全省乡村振兴先进区”,高标准迎接第二轮中央环保督察、巩固脱贫成果后评估、文明城市创建等多场“大考”,两项改革“后半篇”文章、高标准农田整区域推进、镇村便民服务“三化”建设等多项工作被列入省级试点示范,获得国家、省、市集体荣誉151项,全市综合目标绩效考核44项指标勇夺第一。全年粮食产量54.3万吨,出栏生猪72万头。新(改)建蔬菜种植基地5万亩,跻身“全省蔬菜生产重点区”。达川乌梅入选全国10大农作物优异种质资源。新增国家农民合作社1家、市级现代农业园区1个。百节镇被认定为“全国农业产业强镇”。“乡村振兴攻坚年”活动深入开展,创建省级乡村振兴示范村7个、重点帮扶优秀村2个,入选全省第二批乡村治理示范村4个,乡村振兴工作获得《四川农村日报》整版推介。新(改)建农村户用无害化厕所1.5万户、聚居点污水处理设施70个。吹响“交通运输三年大会战”集结号,建成乡道104千米、产业路124千米、撤并村直连路62千米。3个场镇供水管网改造完成,“引平济赵”工程竣工投用,除险加固水库23座。新建高标准农田4.2万亩。“民生改善攻坚年”活动深入开展,将70%以上的财政收入投向民生领域,新增城镇就业6612人,改造农村危房595户,建成社区养老综合体2个。“根治欠薪”行动追回农民工工资7000万元。河(湖)长制、林长制全面落实,“三河一江”断面水质稳定在Ⅲ类及以上,森林覆盖率达37.2%。

【国家现代公共文化服务体系示范区创建】 开展基层公共文化阵地设施提档升级、公共文化服务产品供给能力提升、本土文艺创作水平提升“三大行动”,通过“四川省首批现代公共文化服务体系示范县”复核验收,“艺术有约”“民乐社区行”“阳光星期舞”“州河听涛”“国学诵读”等群众文化品牌影响力不断提升。

【文化活动】 紧扣“奋进达川我争先,勇当创副主力军”主题,完成文艺下乡惠民演出85场,举办形体礼仪、合唱、舞蹈、国学诵读、社区少儿国学书法、声乐舞蹈等群众文化培训11个班次。举办“永远跟党走”——达州市庆祝中国共产党成立100周年百台钢琴奏响新时代演出,中央电视台一套作专题报道。持续推出“网上闹元宵,知识大通关”“川阅之声·州河听涛”等200余期线上公共文化产品。图书馆接待读者1.8万人次,借阅书刊2.1万册次,举办展览10次、各类讲座55次。倾力打造“川阅之声·州河听涛”全民阅读推广品牌,推送各类本土文献126期40余万字。举办“万人赏月诵中秋”暨达州第八届大巴山中秋诗会。打造“阅百年历程 传精神力量”红色阅读品牌,先后开展“4·23”世界读书日启动仪式暨川渝地区“阅读之星”诵读大赛、建党百年·百幅书画展、“书香达川·数字阅读”党史数字书刊专题展览、党的百年历程专题展、党史学习教育暨馆际交流活动、达州市公共图书馆馆界党史学习教育研讨会、“童心向党 共筑中国梦”、巴渠红色经典诗文解析诵读会等阅读活动。开展“每天阅读1小时、每月精读1本书、每年至少撰写1篇读书心得或推荐一本好书”活动,基本建成城市“十五分钟阅读圈”和农村“十里阅读圈”。“广播330春风工程”、智慧广电示范区项目建设、广播电视运行维护等惠民工作有序开展。全年开展“送文化下乡”演出70场,阅读服务8000册次。

【广电建设】 “智慧广电示范区”政府采购有序推进。依托覆盖全区各乡(镇)、村(社区)的广播“村村响”终端,每天早、中、晚三个时段分别播出30分钟,以“三农”为主题转播中央台、省台节目或播出地方台节目,助力乡村振兴。

【主要领导人】 区委书记:向建平;区人大常委会主任:孙忠;区长:唐令彬;区政协主席:叶祥金;分管农业副区长:张顺超。

达川区编写组

万源市

【基本情况】 2021年,全市辖区面积4065平方千米,其中耕地面积5.74万公顷。

【农业产业发展】 全面落实粮食安全党政同责,年度考核位居达州第一。“千百十”“百万亩”工程深入实施,“4+N”特色农业持续发展,夏秋茶发展谋定而动,“借船出海”加快推进。新建高标准农田5.58万亩,治理撂荒地1.14万亩,粮食作物播种面积92万亩、产量32.98万吨。全年出栏旧院黑鸡473万只,新发展茶叶5500亩、中药材5120亩。新(改、扩)建畜禽标准化养殖场10个,培育专业合作社27家、家庭农场58家、新型职业农民1360人,认定达州市级园区2个。签约林业产业园项目。

【脱贫攻坚】 严格落实“四个不摘”,全

面开展巩固脱贫攻坚成果“回头看”，新增防返贫监测对象410户1182人。完成掉边掉角户搬迁193户679人，实施危房改造766户。开发农村公益性岗位5565个，劳务输出15万人。中央、省定点帮扶持续助力，东西部协作不断深化，谋划包装项目158个。达州市“21条措施”有效承接。制订乡村振兴“1+26”工作方案，创建省乡村振兴示范村3个、重点帮扶优秀村3个，被评为“四川省乡村振兴重点帮扶优秀县”。

【农村生态建设及环境保护】 持续打好“三大保卫战”，河（湖）长制严格落实，第二轮中央环保督察反馈问题整改有序推进，加强“散乱污”企业整治，空气质量优良天数达96.9%，主要河流断面水质和集中式饮用水水源地水质达标率100%。“厕所革命”整村推进项目加快实施，新（改）建农村无害化厕所1455个，实施农村生活污水治理“千村示范”工程10个。获评“全国村庄清洁行动先进县”。

【文化惠民活动】 开展2021年度“文化惠民进基层”活动100余场。围绕庆祝中国共产党成立100周年，开展2021年“我们的中国梦”“文化进万家”活动80余场；“4·23”世界读书日——书香万源·全民阅读系列活动启动仪式主题活动在萼山剧场举行；魅力乡（镇）竞演大赛活动在官渡镇举行。通过开展百家旅行社进万源、四川省第十二届（夏季）乡村文化旅游节等重大文旅活动，在全市各景区植入文化元素，提升景区文化内涵。

【主要领导人】 市委书记：吴晓勇；市人大常委会主任：刘家忠；市长：倪欣；市政协主席：杨晓波；分管农业副市长：李根。

万源市编写组

宣 汉 县

【基本情况】 2021年，全县辖35个乡（镇）2个街道，辖区面积4271平方千米。

2021年，全县GDP500.7亿元，增长8.8%。三次产业结构比优化调整为18.8∶44.9∶36.3。规上工业增加值增长12.9%。地方一般公共预算收入27.06亿元，增长18.3%。全社会固定资产投资增长11.1%。社会消费品零售总额199.6亿元，增长19.2%。服务业增加值181.7亿元，增长10.3%。农村居民人均可支配收入17601元，增长10.3%。经济总量及增速、地方一般公共预算收入总量、规上工业增加值增速4项指标均位居全市第1，在“中国西部百强县”跃升26个名次，位居24名；经济总量和地方一般公共预算收入总量在全省8个“百强县”培育县中排名均上升2位。

【乡村振兴】 推进两项改革“后半篇”文章乡村旅游产业发展工作，完成编制《宣汉县乡村旅游产业发展工作方案》。构建全县乡村旅游产业发展新格局，将君塘君坝村惠民生态田园综合体纳入市级乡村旅游产业发展试点项目，在白马镇花田间乡村文化创客基地挂牌设立宣汉县乡村旅游实训基地。丰富乡村旅游业态，提档乡村城郊游、自驾游、亲子游、研学游等产品，培育君塘花仙谷、东乡巴乡水岸等体验融合发展综合体。邀请省内专业文旅规划设计单位通过实地查勘，围绕农文旅产业规划、布局乡村旅游业态、培育新田园景观等进行编制，完成《宣汉县樊哙镇金花村农旅融合总体策划》初稿。渡口土家族乡创建为省级乡村文化振兴样板乡（镇），南坝镇、东乡街道、漆树朝阳村等9个村、镇创建为市级乡村文化振兴样板村镇。三墩土家族乡大窝村被评为首批天府旅游名村，渡口土家族乡果坝村和君塘镇君坝村创建为省级乡村旅游重点村；宣汉麻辣鸡、徐鸭子等10道美食被评为“天府旅游美食”。完成2021年度天府旅游命名县考评，宣汉县在20个命名县中位列第12，在第二批10个命名县中位列第6。

【文旅项目建设及招商引资】 包装五马归槽森林康养度假区、巴国古海、罗家坝遗址公园等18个重点文旅招商项目。对接目标企业42家，签约文旅项目2个、30亿元。向上争取资金1498.4万元。罗家坝遗址博物馆完成投资5460万元，已完成主体工程总量的81%；同步推进博物馆室内展陈及内部装修，编制设计方案报省文物局审查。巴山红军公园提升及创建国家4A级景区项目已完成投资2860万元，完成年度计划投资的95%；红三十三军纪念馆已完成内部展陈。

【公共文化服务体系建设】 持续免费开放“三馆一站”，全年免费接待群众约20万人。制订完善《宣汉县提升农村公共文化服务效能工作方案》，保障343个行政村“村村响”、4001个自然村“户户通”设备正常运行。挂牌成立乡（镇、街道）综合文化服务站37个、村级综合文化室343个。新建旅游厕所4座，改建1座，实现A级景区全覆盖，并完成百度地图线上标注。宣汉县被命名为“四川省民歌民间文化艺术之乡”，县文化馆（美术馆）在第五次全国文化馆评估定级中拟命名为一级文化馆，9个村、镇被评为“2021年达州市乡村文化振兴样板村镇”，宣汉巴山民俗演艺团获得“全省文旅公共服务高质量发展优秀团队”称号。

【主要领导人】 县委书记：唐廷教；县人大常委会主任：李逢友；县长：冯永刚；县政协主席：徐代琼；分管农业副县长：黄冬冬。

宣汉县编写组

大竹县

【基本情况】 2021年，全县辖3个街道28个乡（镇），辖区面积2078.79平方千米。

【现代农业发展】 提效擦亮"金招牌"，全力稳粮猪、塑特色，实现农业总产值105.9亿元，增长8.6%。整治撂荒耕地1.7万亩，粮食作物播种面积达169万亩、产量61.8万吨，出栏生猪75.8万头。培育国家级重点龙头企业1家、省级新型经营主体5家。新发展"5N"特色产业万亩，累计达92.5万亩。建立原麻收储体系，收购原麻1350吨。"大竹白茶"获评国家地理标志认定，"大竹香椿"入选全国"名特优新"农产品名录。粮油糯稻现代农业园区从省三星级跃升为五星级园区，发展经验获得省政府领导肯定性批示。创建全国农业（糯稻）全产业链典型县、国家农作物品种展示评价基地、全国首批种植业"三品一标"基地。

【农村基础设施建设】 土地滩水库具备蓄水条件，全域供水项目、河库连通工程加快推进；实施全域土地整治，新建高标准农田6.6万亩；完成水利工程建设93处，综合治理水土流失27平方千米，获评全国第二批深化小型水库管理体制改革样板县。新（改）建农村公路238.9千米，硬化村组道路62.5千米，完成全县农村客运"金通工程"建设，获评省级"四好农村公路"示范县。

【巩固拓展脱贫攻坚成果】 健全防返贫动态监测和帮扶机制，新识别监测对象189户、541人，全县无一人"漏测""失帮"，通过省对县巩固脱贫攻坚成果考核评估。培养致富带头人246名、高素质农民486名，发放"以工代赈"劳务报酬310万元，17个乡村振兴重点帮扶村建设持续加强。整合涉农项目资金3.5亿元，整村推进51个行政村"厕所革命"。持续完善农村"六网"基础设施，获评农村饮水安全脱贫攻坚先进县。获评省级乡村振兴示范村6个，市级乡村振兴先进乡（镇）2个、示范村10个，庙坝寨峰村创建为中国美丽休闲乡村。东柳醪糟公司被党中央、国务院表彰为全国脱贫攻坚先进集体。

【文化惠民】 开展"戏曲进校园""非遗进校园"活动30场次，全面完成"送文化下乡"204场次、非遗宣传活动10余场；举办非遗展示宣传活动；举办书画展览50次；剧场、排练厅、美术馆等免费开放每天达10小时，服务群众7.2万余人次。

【主要领导人】 县委书记：李志超；县人大常委会主任：蔡文华；县长：何长华；县政协主席：曾伟；分管农业副县长：简奎。

大竹县编写组

渠　县

【基本情况】 2021年，全县辖37个乡（镇），辖区面积2018.37平方千米。

【现代农业发展】 有庆粮油、李馥青花椒等24个现代农业园区提档升级、持续壮大，土溪柑橘园区升级为市级现代农业园区。新建高标准农田4.2万亩。全县粮油播种面积达178.8万亩，粮食总产量达66.1万吨，实现"十五连增"。生猪产能加快恢复，新增养殖场89家，全年出栏生猪和年末存栏分别达101.47万头、53.97万头，一产业增加值增长7.9%，位居全市第一。创建四川省"乡村振兴成效显著县"。

【乡村振兴】 健全防止返贫动态监测和帮扶机制，227户682人被纳入监测对象。建立天下渠商助力乡村振兴机制，9个商会、4个行业协会、20家企业帮扶45个村，监测户、脱贫户人均收入分别达9322元、12 396元。推行乡（镇）"单月拉练"、片区"双月比拼"、全县"季度大考"，新发展黄花、蜂糖李、柑橘、辣椒等产业3.4万亩，顺利通过巩固脱贫成果省级交叉核查评估和第三方评估。

【农村生态建设及环境保护】 开展农村"四清四美"百日攻坚行动，农村卫生厕所普及率达85%以上，污水处理率达50%以上，生活垃圾处理率达90%以上，建成"美丽四川宜居乡村"达标村（社区）310个。生态环境持续向好，严格落实长江流域"十年禁渔""河（湖）林长制"，打好污染防治"三大战役"，垃圾焚烧发电厂并网发电正常运营，城乡污水管网加快完善，渠江出境断面水质稳定达标，土壤环境保持稳定，县城空气优良天数达92.6%，接受第二轮中央生态环保督察，信访件办结率91.3%。

【农村社会保障】 民生保障不断夯实，实施"幸福美好工程三年行动"，办好年度10件民生实事。持续加大财政民生投入，发放社会救助资金4.63亿元，全年民生支出达41.3亿元，占公共财政支出的70%以上。城乡居民参保率达99%以上。新增公益性岗位1014个，新增城镇就业6900余人，城镇登记失业率控制在3.5%以内。

【种植业】 全县粮食作物播种面积178.76万亩，增长0.57%，粮食作物总播种面积居全省第三位，仅次于中江县的216.7万亩和安岳县的215.4万亩。粮食总产量66.09万吨，增长1.32%，粮食总产量居全省第四位，仅次于中江县的82.3万吨、安岳县的74.5万吨和三台县的67.3万吨。粮食平均单产369.73千克/亩，增长0.75%。

【惠农补贴】 落实2021年实际种粮农民一次性补贴政策，全年稻谷实际种植面积370365.2亩，按照43.5362元/亩的标准，共发放一次性补贴资金1612.06万元。根据政策规定，对渠县帮豪智慧农业服务有限公司等6家粮食作物耕种收社会化服务单位给予一次性补贴，参照市场平均价格370元/亩的30%核算补贴标准为111元/亩，补助服务面积2.1万亩、补贴资金233.1万元。各乡（镇、街道）、村（社区）对2021年种粮农民一次性补贴对象、标准和金额进行了公示，县级相关部门设立监督电话，采取不定期抽查、专项检查和暗访督察等方式进行监管，经营主体补贴资金通过“一卡通”直接发放到农户，社会化服务的专合社或龙头企业补贴资金直接打入对公账户。全县实际种粮农民和社会化服务组织一次性补贴发放资金共计1845.16万元，补贴资金全部发放到位。

【公共文化服务体系建设】 县文化馆、美术馆、历史博物馆、图书馆和37个乡（镇）综合文化站全部面向社会免费开放和错时开放，共惠及群众35万人次。推动实施乡村文化振兴“百千万”工程，创建县级示范镇2个、示范村25个，市级样板镇2个、样板村3个。依托“智旅天府”志愿者服务平台，实现全县415个行政村（社区）文旅志愿者全覆盖。

【广电建设】 在全县3697个自然村开展广播电视维修、维护运行服务，巡查维护3715次，维修3987台（套）。全年新增特殊群体免费享有广电高清数字电视收视服务2760户，总计减免10 191户。完成省级广播电视节目无线数字化覆盖工程建设，解决农村边远地区群众收看电视节目难的问题。全县新发展用户5706户（其中城网新发展用户2384户、农网新发展用户3322户），标清转高清、宽带产品升级用户2500户。

【主要领导人】 县委书记：王飞虎；县人大常委会主任：何世斌；县长：王飞；县政协主席：练丹；分管农业副县长：徐远航。

渠县编写组

开　江　县

【基本情况】 2021年，全县辖11镇1乡1个街道，辖区面积1031.5平方千米。

【现代农业发展】 全年整治撂荒地1.1万亩，粮食作物播种面积达78.6万亩，总产量达30.6万吨，实现“16连丰”。“稻田”“果林”基地达15万亩，承办共建成渝现代高效特色农业带推进会，“开江大闸蟹”获得全国河蟹大赛“金蟹奖”，创建为省级有机产品认证示范区。油橄榄现代林业园区获批省级培育园区，稻渔现代农业园区创建为全市首个省五星级园区，带动创建市、县现代农业园区11个，促农增收人均超过3000元。综合治理中小河流10.3千米，新建集中供水工程25处，打造高标准农田4.8万亩。

【乡村振兴】 易地扶贫搬迁成果不断巩固，农村乱占耕地建房行为有效遏制，回龙镇纸厂沟村被评为省级乡村振兴重点帮扶优秀村，任市镇、永兴镇龙头桥村等一镇三村被评为省级乡村振兴先进镇村。

【农村交通】 开梁高速加快建设，开梅路、灵梅路铺油通车，开江县创建为“四好农村路”省级示范县。川渝东北一体化水资源配置工程被纳入《成渝地区双城经济圈水安全保障规划》。

【农村生态建设及环境保护】 中央、省环保督察及“回头看”反馈问题高效整改，4个垃圾中转站主体已完工，建成投用城乡污水处理设施20个，改造无害化厕所7600余户，新宁河水质由劣Ⅴ类改善稳定至Ⅲ类。全县森林覆盖率达50.8%，空气质量达标率超过90%。

【乡村旅游】 编制《田米水乡规划设计方案》，将其纳入“稻田+”创建国家4A级景区编制规划。邀请专业设计单位对莲花世界、“稻田+”景观提升进行规划设计，完成莲花世界荷塘乐园花海培育项目，构建集山水观光、农业休闲、农事体验于一体的田园乡村旅游观光区。金山景区创建国家4A级景区前期筹备工作已全面完成，筹备省级验收。

【推进改革工作】 推进两项改革“后半篇”文章等改革，厘清文化体育旅游改革事项6项，编制“1+24+1”改革方案——《开江县乡村旅游产业发展工作方案》，长岭镇，甘棠锣鼓堂、回龙锁口庙、长岭山溪口分别被评为2021年达州市乡村文化振兴样板村镇。全年向县委改革办、县委宣传部报送改革信息、改革动态13篇，《关于创建川渝平原农旅融合示范园区的研究》得到县委肯定。

【公共文化服务体系建设】 举办开江县庆祝中国共产党成立100周年文艺晚会暨“两优一先”表彰大会、“融入双城圈·讴歌新时代”百年经典诵读大赛、2021年开江县迎新长跑健身活动、流动舞台进基层等特色文体惠民展演活动120余场次，受惠群众达80万人次。开江竹琴、任市金钱板、淙城老窖传统酿造技艺和开江泥模锅罐传统制作技艺入围达州市第六批非物质文化遗产代表性项目名录，省级非遗“薅秧歌”代表性传承人（张一珍）抢救性记录工程通过县、市专家组验收，全县13位代表性传承人入围达州市第四批市级非物质文化遗产项目代表性传承人名单，市级非遗项目“长岭盘歌”在四川省首届乡村文化振兴魅力乡（镇）竞演大赛（达州赛区）获得三等奖，情景舞蹈《红色记忆》获得全市住建系统庆祝中国共产党成立100周年主题文艺晚会三等奖。开江县5家非遗网店(工坊)参加文化和旅游厅组织的“非遗购物节”活动,实现线上线下销售总额100余万元。组队参加达州市第四届运动会等赛事13个,获得一等奖(金牌)31个、二等奖(银牌)63个、三等奖(铜牌)80个,其中新宁镇队获得全国农村乡(镇)组四十二式太极剑竞赛套路决赛三等奖、四川省第三届全民健身运动会暨“我要上全运”社区运动会太极拳决赛一等奖。常态化开展体育馆、文化馆、图书馆、博物馆、各文化站(室)免费开放,通过错时开放、延时开放严格落实限流、分流、预约等疫情防控措施共接待群众11.8万人次,图书外借3.01万册次,总流通1.64万人次,新办借阅证84个,新增馆藏图书、电子图书、期刊和报纸30余万册,新增朗读亭设备1台,图书馆数字资源库明显提升。通过购买公益性岗位招募“三区”文化志愿者6人、达州市“巴山蒲公英”文化志愿者服务团22人。实施基层文化工作者“增能提素”工程,举办专题培训班11期,培训1100人次。

【主要领导人】 县委书记:罗建;县人大常委会主任:马林;县长:李文章;县政协主席:袁静;分管农业副县长:陆世斌。

开江县编写组

巴 中 市

【基本情况】 2021年,全市辖3县2个经济开发区1个文旅融合发展示范区,辖区面积1.23万平方千米,其中耕地面积(第三次全国国土调查数据)388.04万亩。年末总人口361.58万人(户籍人口)。本地水资源总量146.08亿立方米,人均占有水资源量191立方米。有森林面积77.73万公顷,活立木总蓄积量6589.25万立方米,森林覆盖率63.18%。

2021年,全市GDP742.51亿元,增长3.3%,其中第一产业增加值174.5亿元,增长7.4%;第二产业增加值207.27亿元,减少0.8%(工业增加值119.54亿元,比上年增长2.2%);第三产业增加值360.74亿元,增长3.7%。三次产业对经济增长的贡献率分别为7.3%、39.4%和53.3%。劳务输出108.85万人,劳务收入283.07万元。全年接待游客3660.42万人次,实现旅游收入329.74亿元,其中乡村旅游收入87.21亿元。

公路通车里程25 557.24千米,其中乡村公路20 338.13千米。社会消费品零售总额485.1亿元,增长0.6%。地方一般公共财政预算收入完成50.8亿元,增长5%;一般公共财政预算支出314.69亿元,增长1.4%。金融机构各项存款余额1595.86亿元,比上年末增长11.4%;各项贷款余额1051.71亿元,增长12.8%。

有各类学校719所,在校学生467 976人,专任教师38 263人,其中普通中学218所,在校学生161 319人;小学192所,在校学生191 016人,儿童入学率100%。全年争取实施国家级科技项目1项、省级科技项目40项,引进和转化科技成果145项。有艺术表演团体91个,文化馆(站)191个,公共图书馆6个。有卫生机构3366个,病床位22 809张,卫生技术人员18 366人。全年医疗保险参保人数312.48万人,发放人数75.33万人;城乡居民基本医疗保险参保率为98.4%;养老保险参保人数206.36万人,增长5.7%。全年共登记技术合同211项,技术交易总额3.61亿元。年末共有国家高新技术企业45家。

【年度农业和农村经济运行】 2021年,全市实现农业总产值314.88亿元,增长8.2%;生猪、茶叶、南江黄羊、食用菌、恩阳芦笋等特色优势农产品产量保持稳定增长。农民年人均可支配收入达18 931元,增长10.5%。全市农产品质量安全省级例行监测合格率99.5%(主要农产品产量见表1所列)。

【农业产业化发展】 全市有农业产业化龙头企业19家,其中国家级4家、省级34家、市级101家。全市市场监管部门注册登记各类农民合作社总数达7309个,其中国家农民合作社示范社21个、省级示范社218个、市级示范社343个;入社成员户数25.05万户,其中普通农户数24.64万户;合作社农产品总产值超过6亿元。

【农村集体产权制度改革】 抢抓全国农村综合改革整市推进试点机遇,创新“1+1”(1套方案整体推进、1项工作侧重推进)模式开展试点。全面完成乡(镇)集体资产清产核资、产权股份制改革等,确认集体经济组织成员310万人,颁发股权证书44.16万本。全市集体经济年收入超过100万元、超过10万元的村分别达8个、116个。

【农产品质量安全监管】 立足保障群众舌尖上的安全,完成市、县本级农产品质量安全定量监测2816批次,省级例行(风险)监测合格率达99.2%。全面推广食用农产品合格证制度,建立准入制示范商超(市场)10家、示范基地38家、标杆示范主体2家,年内开具合格证46万余张,在全省率先探索培育合格证示范乡(镇)。创新建立食用农产品质量安全监管六项协调联动机制,开展食用农产品“治违禁　控药残　促提升”三年行动,治理问题22个,查办涉违规或超标使用

表1 2021年巴中市主要农产品产量

主要农产品	单位	产量	同比增减(%)
粮食	万吨	68 285	2.0
水稻	万吨	21 284	0.5
小麦	万吨	13 695	2.0
玉米	万吨	27 255	4.6
肉类	万吨	8887	16.3
猪肉	万吨	5296	28.8
牛肉	万吨	698	3.7
羊肉	万吨	514	4.4
禽肉	万吨	2380	0.8
禽蛋	万吨	3409	-1.7
水产品	万吨	6693	2.2
牛奶	万吨	3683	7.1

农兽药案件15件。加强地方标准审查,新立项地方标准5项,复审到期标准18个。持续开展农产品“三品一标”认证,新认证“三品一标”农产品16件。全市共有无公害农产品品牌180个,有绿色有机食品标志使用权(农产品)94个。

【现代农业园区建设】 建立健全国、省、市、县四级现代农业园区梯级递进培育联创体系,培育创建县级以上现代农业园区51个,拟新认定市星级园区13个(其中升星5个)。恩阳区优质粮油园区申报创建省五星级园区,通江县小通江流域食用菌园区申报创建省四星级园区,南江县粮油现代农业园区申报创建省三星级园区。南江县现代农业园区创建为第四批国家现代农业产业园,实现国家级园区零的突破。《发挥资源优势梯级递进培育巴中市加快建设高水平现代农业园区》经验在全省进行推广。

【种植业】 召开春季农业生产现场会、全市农田水利暨高标准农田建设现场点评会、全市小春生产暨高标准农田建设现场会。出台《巴中市粮食生产八条措施》《防止耕地“非粮化”稳定粮食生产重点任务清单》,持续开展撂荒地治理,复耕复垦耕地4.1万亩,建成高标准农田17.6万亩、高效节水灌溉面积1.74万亩,种植“稻香杯”获奖优质水稻72万亩。全年粮食作物播种面积511.24万亩,增加2.87万亩,增长0.56%;粮食总产量195.81万吨,增加3.04万吨,增长1.58%。《“四化联动”抓实粮食生产》经验在全省进行推广。市农业农村局获评“全国粮食生产先进集体”;平昌县被列入全省首批实施“鱼米之乡”建设项目县。

茶产业。与中国农业科学院茶叶研究所签订第三轮所市合作协议,新建茶叶基地0.6万亩、茶叶初加工厂10家,补植茶叶1.47万亩,建设幼龄茶园高标准管护基地4个,茶叶产量同比增长11.3%。

【畜牧业】 印发《巴中市生猪稳产保供八条措施》,采取系列举措推动生猪产能持续恢复,建成投产五仓农牧恩阳玉女、蹇家坪,南江高燕种猪场项目和平昌县奔康100万头生猪定点屠宰场项目,新(改、扩)建生猪规模养殖场64个,新建种养循环示范场10家。创建市级无疫小区10个,全年未发生区域性重大动物疫情。新建生态养殖规模场54个,新增出栏南江黄羊5.3万只、青峪猪5.9万头、巴山土鸡250.4万只,出栏肉牛18万头。“柞蚕高效种养关键技术研究集成及示范项目”获得四川省2020年科学技术进步奖三等奖。

【乡村振兴】 在全市划定“三农”工作综合示范片15个,覆盖48个乡(镇)556个村,为乡村振兴“面上开花”探索经验。确定在2个县(区)12个乡(镇)63个村分类推进省、市级乡村振兴战略先进(成效显著)县乡村培育建设。推广“四议四调四评”城乡基层治理工作法、乡村“道德银行”,创建第二批省级乡村治理示范镇2个、示范村14个,1个镇、3个村获评“第二批全国乡村治理示范镇村”。建成产业园区、新型社区、田园景区“三区同建”点位12个,《四川巴中市坚持园区社区景区“三区同建”加快推进革命老区美丽乡村振兴发展》经验被省委办公厅采用。

【农业机械化】 推广适宜丘陵山区的农业机械,开展“五良”融合全程机械化示范区和“全程机械化+综合农事”服务中心创建,农机社会化服务面积55万亩以上。《南江县创新组建“农机助耕队”破解耕地撂荒难题》被省委深改办印发全省推广。年末农业机械总动力达196.58万千瓦,增长1.4%;农机装备总动力达196.58万千瓦,主要农作物耕、种、收综合机械化率达60%。

【农村科技】 加强科技支撑,市级遴选推介农业主推技术46项,建立农业科技示范基地10个,2家全国五星农技推广机构通过复核。打好种业“翻身仗”,开展种质资源保护与利用,全面完成农作物、畜禽、水产种质资源普查年度任务,征集报送农作物样品159个。争取南江县全国农产品产地冷藏保鲜整县推进试点县、恩阳区全省现代农业烘干冷链物流示范县、平昌县普惠性农产品产地冷藏保鲜设施建设项目,支持103个新型农业经营主体建设烘干冷链设施221个,新增农产品冷藏库容8.9万立方米。

【农村卫生】 持续实施农村人居环境整

治五年提升行动，完成87个农村“厕所革命”整村推进示范村建设，新（改）建农村户厕59 665户，村域内无害化厕所普及率达90%以上，规模养殖场粪污设施装备配套率达100%，畜禽粪污综合利用率达90%以上，探索创新“圈厕同改、三水归池”厕污共治模式得到农业农村厅肯定。创建省级农药经营示范门店3家、省级“五有五好”百强植保社会化服务组织5家，农药化肥使用量实现零增长。召开全市秸秆禁烧和综合利用现场会，推广秸秆“五化”利用技术，累计培育秸秆“五化”利用市场主体72家，建成秸秆收储点460个、农村沼气种养循环综合利用项目2处，秸秆综合利用率稳定在92%以上，通江县、平昌县入选全省秸秆综合利用重点县。

【涉农节会会展】 筹办第三届秦巴山区绿色农林产业投资贸易洽谈会、第六届“巴中云顶”茶文化旅游节、“巴山牛”产业化发展研讨会，邀请10个省（市）31个成员方共1800余人参加，展示特色农林产品3000余种，签约项目99个，投资总额达123.54亿元。组织参加第十届四川国际茶业博览会、第十四届重庆茶博会，“秦巴茗蘭·尚剑”“金枝玉叶绿茶”、罗村“天岗银芽”获得“四川名茶”称号。

【涉农招商引资】 全年实施第一产业项目建设308个，计划投资总额256.68亿元，到位资金87.24亿元。

【重点乡（镇）选介】 恩阳区下八庙镇。2021年入选全国农业产业强镇。下八庙镇隶属于巴中市恩阳区，地处恩阳区西南部，东接双胜镇和柳林镇，南接观音井镇，西接南充市仪陇县，北接花丛镇，区域总面积48.3平方千米，有户籍人口23 853人。该镇以集体经济改革为契机，坚持以水稻为主导产业引领乡村振兴，全镇水稻种植规模达6.5万余亩，以万寿村为核心的水稻种植示范基地达1万余亩，水稻产业总产值2.2亿元以上，农产品加工业产值4.07亿元，人均可支配收入达16 873元。同时，该镇坚持农旅融合，借助水稻种植形成的大田景观，建有万寿村、安居村和楼房村农业观光区（稻田艺术农业），发展乡村旅游。

【主要领导人】 市委书记：何平；市人大常委会主任：李映；市长：高鹏凌；市政协主席：朱冬；分管农业副市长：王毅。

巴中市编写组

巴 州 区

【基本情况】 2021年，全区辖2乡14镇6个街道220个行政村76个社区居民委员会，辖区面积1294.91平方千米。户籍总人口70.9万人，减少0.44万人。全年出生人口6250人，人口出生率8.8‰；死亡人口5469人，人口死亡率7.7‰；人口自然增长率1.1‰。出生人口性别比为109∶100（以女孩为100）。常住人口64.71万人，其中城镇常住人口42万人、乡村常住人口22.71万人；人口城镇化率为64.91%，提高0.47个百分点。

2021年，全区GDP200.18亿元，增长3.5%（按可比价计算）。一二三产业分别实现增加值34.53亿元、49.19亿元和116.46亿元。农业总产值53.6亿元（按可比价计算53.4亿元），较上年增长8.26%（按可比价计算），其中农业产值22.96亿元，增长3.95%；林业产值1.74亿元，增长4.64%；牧业产值25.18亿元，增长13.46%；渔业产值2.23亿元，增长10.15%；服务业产值1.3亿元，增长7.69%。农村居民人均可支配收入达16 051元，增加1527.5元，增长10.5%。从收入结构上看，农村居民年人均工资性收入5704.8元，增加483元，增长9.2%，占可支配收入的比重为35.6%；人均经营净收入5017.2元，增加476元，增长10.5%，占可支配收入的比重为31.2%；人均财产净收入687元，增加75.9元，增长12.4%，占可支配收入的比重为4.2%；人均转移净收入4642元，增加492.6元，增长11.9%，占可支配收入的比重为28.9%。

区财政投入“三农”资金104 362.02万元，其中统筹整合财政涉农资金投入31 390.92万元（含四级衔接资金14 147.42万元）、四级衔接补助资金投入22 010.42万元、其他农口资金投入20 803.48万元、教育口资金投入7584.1万元、社保口资金投入21 031.72万元、经建口资金投入11 292.59万元、资环口资金投入1264.21万元、乡财口资金投入3132万元。

【粮食生产】 加大粮食生产发展力度，坚决守住粮食安全底线。在支撑保障上加力，代拟制《关于印发〈巴中市巴州区2021年粮食重点生产区建设实施方案〉的通知》等安排部署文件3个，承办大春生产现场会议专项推动，严格落实粮食安全党政同责，争取区里将粮食生产纳入乡（镇）年度综合目标考核。落实惠农强农政策，兑现种粮农民一次性补贴1026.02万元、耕地地力保护补贴5357.86万元。在扩大面积上加力，坚决遏制耕地“非农化”、防止“非粮化”，严守68.81万亩耕地红线。实行撂荒地网格化包片管理，整治撂荒地0.74万亩，其中复耕粮食0.66万亩。推行粮粮、粮菜、粮药、粮经等套作，利用田埂地边坡台大搞增种，扩大复种面积。在提质增效上加力，开展“大培训、大示范、大推广”三大行动，全面推广健康栽培、绿色防控等节本增效集成技术，突出“四新五良”配套，全区主要粮食作物主推技术到位率达97%以上，良种普及率达98%以上。建设“稻香杯”基地13.5万亩，开展耕地轮作休耕制度试点2万亩（其中扩种油菜1万亩、大豆0.5万亩、花生0.5万亩）。全区油菜种植面积16.9万亩，产量2.52万吨。在示范引领上加力，在鼎山镇、大茅坪镇、凤溪镇、三江镇、梁永镇等地建立粮食绿色高质高效示范片6万亩，形成“生产+加工+销售”一体的产业链条。全年粮食面积和产量实现“双增”，全区粮食作物播种面积89.95万亩，增加0.48万亩，增长0.54%；粮食综合单产381.43千克/亩，每亩比上年增加3.76千克，增长1%；产量34.31万吨，增加0.52万吨，增长1.54%。“巴州区粮食扩种增产有高招”被《农民日报》专题报道。

【生猪产能】 政策落实。落实“猪十条”，开展生猪生产恢复发展三年行动，该区拟制《巴中市巴州区生猪价格指数保险试点方案》《巴中市巴州区2021年生态养殖产业发展实施方案》，印发2021年恢复生猪生产保障市场供给的实施意见，加强逆周期调节，稳定生猪基础产能。

补栏增养。坚持“抓大带小”，发展龙头企业带动中小农户，共同补栏增养。建成生猪种场养殖场4个（其中1个祖代场、3个二级扩繁场），种母猪头数2.2万余头，年产仔猪45余万头。全年补栏生猪50万头，其中生猪养殖龙头企业“点对点”从省外调入仔猪近5万头。

疫病防控。完善生猪饲养、调运、屠宰等环节全链条防控监督，严防非洲猪瘟、禽流感等重大动物疫病，落实常态化防控措施，在高速路口拦截查处生猪非法调运23起。免疫高致病性禽流感334万羽，免疫牲畜口蹄疫、猪瘟等138.3万头。开展非洲猪瘟监测3144份，未发现核酸阳性。

规模发展。突出抓好标准化规模养殖场建设，新（改、扩）建生猪标准化养殖场12个，全区规模养殖场达365个，其中生猪规模养殖场243个，年生产能力超过35万头。全区全年生猪存栏36.86万头，增长4.1%，其中能繁母猪存栏3.45万头，增长6.27%；出栏53.88万头，增长13.69%；猪肉产量4.06万吨，增长23.37%。“巴州区内外齐抓生猪生产”被省政府信息公开办简报。同时，生态特色养殖加快推进，建成南江黄羊养殖场2个，新增出栏南江黄羊5640只；建成青峪猪养殖场2个，新增出栏青峪猪4230头；建成巴山土鸡养殖场3个，新增出栏巴山土鸡34.2万只。全区肉牛规模场52个、肉羊规模场24个、家禽规模场38个、肉兔规模场8个，全区全年出栏肉牛2.52万头、肉羊6.33万只、家禽210.32万只，存栏肉牛4.85万头、肉羊7.21万只、家禽132.01万只。

【现代农业园区建设】 建好现代农业园区。重点扩面提质省三星级枳壳现代农业园区，坚持系统化规划、专班化推进、清单化管理、全链化发展、激励化保障，新建基地6800亩，改造提升1万亩，并通过省星晋级考评。建设中南部优质粮油产业园区2万亩，培育万亩油菜农旅融合产业带。同时，推进建设中药材种业产业园、中部果蔬生猪种养循环示范园区和北部山区茶旅融合产业园区等3个产业园区。巴州区鼎山种养循环现代农业园区和巴州区中药材种业科技园区被认定为市三星级园区。

完善园区建设机制。建立业主带动的产业发展机制，实行“大园区+多业主”，特别是省星级园区采取“国有企业+集体经济组织+经营业主”的建设和经营机制，全面推行“五统一、一保底”的发展机制，国有企业、村股份经济联合社按2：8的比例分红，增强产业联农带农能力，做到把农户稳定建立在产业及利益链条上。

加强示范引领效应。按照“三重融合、三区同建”要求，建设“三农”工作综合示范片3个，覆盖12个乡（镇）〔调整前19个乡（镇）〕144个村（调整前238个村）。带动全区新植中药材2.5万亩，新培育优质果蔬基地3100亩，新建商品蔬菜基地2090亩，新建茶叶基地5146亩。

【综合产能】 坚持良田、良机、良种、良法、良制“五良”配套，着力补齐农田基础设施、农机装备、初加工和新型业主培育等短板。加强高标准农田建设，坚持“藏粮于地、藏粮于技”，按照“整村整乡推进、集中连片打造，优先支持两区”的原则，以国有平台公司巴中源丰发展有限公司为实施单位，梯次推进高标准农田建设，新建高标准农田3.6万亩，整治山坪塘21口。抓好农机装备，实施农机购置补贴政策，推行适合丘陵山区的轻便化、多功能机械，发展机电节水灌溉，加大田间机耕道建设力度，推进农机农艺融合。全年补贴农机具512台，启动新建提灌站4处，新培育农机社会化服务组织1家，新（改）建园区产业道路38千米，实施机耕机收作业164.4万亩。推进农机农艺融合，农机综合作业水平达59.86%。抓好初加工设施，以现代农业园区为依托，加大农产品仓储保鲜物流设施建设，引导传统农产品储存运输转型升级，增强农产品供给弹性和抵御市场风险的能力，建成年加工能力3000吨的大水牛公司中药材初加工厂。培育新型经营业主，新培育新型经营主体164家，其中农民合作社50家、家庭农场114家；获得省级和市级合作社示范社称号的分别有4家、2家，获得省级和市级示范家庭农场称号的分别有4家、44家，评选区级示范家庭农场100家。培养新型职业农民667名、职业经理人45人，在平梁凤谷村和大和界牌村建立农业科技示范基地2个。

【“美丽巴州·宜居乡村”建设行动】 实施“美丽巴州·宜居乡村”建设行动，改善农村人居环境。推进农村“厕所革命”，建成农村“厕所革命”示范村28个，新（改）建农村户厕14 285户。坚持“乡（镇）不漏村、村不漏户、户不漏厕”，开展改厕质量“回头看”，排查厕所42 500户，排查问题厕所96户，并已全部整改。抓好畜禽养殖废弃物资源化利用，完成365个畜禽规模养殖场、3个仔猪繁育场畜禽粪污资源化利用项目实施和曾口镇太和村、水宁寺镇龙台村、水宁寺镇枇杷村3个水肥一体种养循环产业园项目建设，排查规模养殖场187个、养殖大户、散户35户，发现有环保问题或隐患的养殖场（户）43户，并督促限期整改。开展冬春疫情防控村庄清洁百日行动及"大清理大扫除大消毒"村庄清洁行动，围绕农村新冠疫情防控，逐村逐户全域开展清理生活垃圾、厕所便池、水源水体、畜禽粪污、农业生产废弃物等"五清"行动，促进村庄干净整洁卫生。抓好乡村振兴示范创建活动，做好乡村振兴分类考评激励和奖补，开展创建活动，培育省级先进乡（镇）1个、示范村6个、重点帮扶优秀村3个，市级先进乡（镇）2个、示范村10个、重点帮扶优秀村3个，并按程序申报审批。组织实施2020年乡村振兴省级先进单位、市级先进单位乡村振兴转移支付项目。

【农村改革】 以"三块地"改革为牵引，以发展新型农村集体经济为重点，激活农村发展动力活力。发展壮大集体经济，完成275个村居并启动78个村民小组集体经济组织登记赋码，印发发展壮大新型农村集体经济的意见，开展集体经济培训2次、300余人。开展涉改村集体经济融合发展试点，提质规范81个村，激活发展144个村。扶持壮大29个村集体经济，全区275个村（农村社区），集体经济总收入达1254.15万元，较2020年增长51.18%，涉农人口人均收入24.39元。推进农村产权制度改革，完善经营性资产、非经营性资产、资源性资产、集体经济组织成员认定、股权量化"五本台账"，将原418个村（居）2391个组（小组）融合为296个村（居）1686个组，锁定农村集体资产57.2亿元（其中经营性资产17.76亿元）、资源性资产137万亩，确认集体成员155 838户、487 167人，并被纳入全国监管平台登记。深化农村土地制度改革，稳妥推进农村宅基地制度改革试点，推进闲置宅基地和闲置农房盘活利用，保障乡村新产业新业态发展和项目用地。"宅基地所有权资格权使用权'三权分置'改革""创新乡村人才激励和培育引进使用机制改革"通过国家终期评估，探索的农户自主开发、租赁转让、入股和联营闲置宅基地盘活利用模式获得评估组肯定。抓好城乡融合发展综合改革示范试点，在曾口、清江等乡（镇）推广水宁寺试点，开展人才培育、深化土地改革、创新财政投入、构建新型农业经营主体、深化产权制度改革、创新乡村治理及共享机制方面综合推进。"聚焦三个衔接，推动三个转变交好脱贫攻坚到乡村振兴接力棒"被表彰为"四川省十九大以来农业农村改革十大优秀案例"。

【行业安全监管】 按照管行业必须管安全、管业务必须管安全、管生产经营必须管安全的要求，把安全生产作为全区农业农村工作不可突破的底线紧抓不放。一是保障农产品质量安全。推进食用农产品"治违禁　控药残　促提升"三年行动，完善规范生产销售信息，完成生产及销售分别录入992批次、1351批次。加强食用农产品合格证推行，打造食用农产品合格证示范乡（镇）2个，创建规模示范商超2个、示范批发市场1家。督导业主开具食用农产品合格证3万余张，附证上市产品300余吨。通过省级农产品质量安全技术检测能力验证，检测农产品2400余个。2个无公害农产品和1个绿色食品获得认证。二是加强森林防灭火安全。全面落实森林防火行政首长负责制和部门分工责任制，开展森林防灭火专项整治，查处违规野外用火案17件，建立联保体4091个，组织开展各类森林防灭火应急演练31次，建设天马山镇方碑村、南阳国有林场森林防火道路等10余千米、森林消防水池8口。三是抓好行业安全生产。突出农机、农能、畜禽屠宰、饲料和农药销售使用、林木生产与加工等重点领域安全监管和指导。落实安全生产责任，加强安全源头监管，开展安全宣传教育培训和安全隐患排查治理，预防和控制安全生产事故。四是加强重大疫病防控。除治松材线虫病疫木3万余株，实施蜀柏毒蛾森林飞防4万亩，承办国家林草局主办的秦巴山区松材线虫病联防联控工作推进会。主要农作物绿色防控32.4万亩，绿色防控覆盖率达47.02%。开展水稻、小麦、玉米3类农作物统防统治面积61.84万亩次，统防统治覆盖率47.78%。有效应对水宁寺镇三皇村人感染禽流感事件。按照"防范在早、处置在小"要求，统筹抓好农村地区新冠肺炎疫情防控。

【农村生态建设及环境保护】 转变农业增长方式，推动生态文明建设落地。一是推进长江禁渔。制作大型永久性宣传标语、标志标牌16处，悬挂横幅标语60余处。开展"渔政亮剑""护渔百日"等执法行动，收缴非法垂钓鱼竿渔具等600余根（套），暂扣非法捕捞渔船1只、网具14张，检查水产品生产企业、加工小作坊185家次。同时，扩大人工养殖规模，新增养殖水面1200亩，改（扩）建水产园区2个。二是推进生态绿化。加强新一轮退耕还林1.7144万亩的补植补造，全年营造林2.4万亩，新（补）植道路和水系绿化52千米，森林覆盖率增长0.09%，森林蓄积增长8.46万立方米。建设打造枣寺路、界牌村沙迴坪战役纪念园义务植树基地2个。加强1004株古树名木保护管理，及时对化成镇金光社区死亡古树柏树进行排危处置和白庙乡宝珠寺村因灾受损古树油杉抢救复壮。三是加强森林资源管护。代拟《巴州区全面推行林长制实施方案》，全覆盖设立区、乡（镇）、村（社区）三级林长，设立林长制办公室。争取永久使用林地定额161公顷，依法办理临时使用林地28公顷，完成2020年度森林督察反馈问题的查处整改。四是推进农业面源污染治理。全面实施"一控两减三基本"，推广秸秆覆盖、秸秆机械粉碎和腐熟还田利用技术面积10万亩次，建设化肥农药减量增效示范片3个。全区农作物化肥用量亩平26.2千克（折纯），较前三年亩均用量减少31.6千克(折纯),减少达17.1%。推广农药减量增效技术,农药用量173.68吨,比2020年减少2.93吨,比2018年减少17.87吨。全区累计建成聚居点生活污水处理处理设施147处,建成单户或联户三格式化粪池28 533座,建成乡政府所在地集镇及社区污水处理站23座,194个行政村(含涉农社区)的村庄生活污水得到有效治理。落实耕地土壤污染防控技术措施面积1310亩。做好环保督察“回头看”问题和长江经济带生态环保警示片反馈问题整改。探索推进农村沼气后续管护。

【农村交通】 制订《交通运输支撑服务乡村振兴的实施方案》,有序推动幸福美丽乡村路建设,推动“交通+产业”“交通+旅游”融合发展,完成撤并建制村畅通工程项目39个,100%解决撤并建制村道路畅联“最后一公里”问题。完成省道409线巴中至坦溪(巴州段)和梁永至鼎山公路建设,建成巴州区清江镇洛伽村、大河乡东溪村村道联网道路7.05千米,建设清江至大和(二、三期)、玉堂至化成等中药材现代农业产业园道路25.4千米,建成巾字村产业路26千米,建成大和至水宁至清江公路3千米,全面完成梓柳路路面黑化及标线标识。出台《管理养护体制改革方案》,建立健全农村公路管理养护机制,持续深化“四好农村路”示范创建,完成9个乡(镇)综合运输服务站改(扩)建前期工作,完成农村客运村级招呼站建设394个,实现村级客运招呼站覆盖100%和“四统一”目标。“金通工程”有序推动,全区具备条件建制村通客车率达100%,新建广电中心农村客运站1座,3月18日省政府正式命名巴州区为“第四批‘四好农村路’省级示范区”。

【农村社会保障】 建立分层分类的社会救助制度,做到“应保尽保、应救尽救”,有农村低保户22 823户49 784人,其中脱贫对象9015户19 318人、易返贫致贫对象392户965人均被纳入低保兜底保障,累计发放低保金9800余万元、临时救助金919万元、困难残疾人生活补贴和重度残疾人护理补贴1500余万元,区民政局被省委、省政府表彰为“全省脱贫攻坚先进集体”。吸纳优秀农民工回乡创业,回引返乡下乡创业301人,兑现农民工首次创业补贴239户77.1万元,开展各类补贴性职业技能培训3694人次。创建“家政服务”特色劳务品牌1个,退捕渔民有就业意愿和就业能力的309名退捕渔民全部实现转产就业,509名安置对象全部纳入社保体系。聚力权益维护,立案调查处理6件,以涉嫌拒不支付劳动报酬罪移送公安机关3件,监督检查用人单位350家次,涉及农民工9000余人,巴州区被省委、省政府表彰为“去冬今春农民工服务保障工作先进单位”。

【农村科技】 新培育国家农业高新技术企业1家、国家农业科技型中小企业18家,创建省级农业研发平台1家,巴中市枳壳产业技术研究院、山区农业机械自动化创新开发巴中市重点实验室等市级农业新型研发机构2家,引进高层次科技创新人才12名,取得自主知识产权55项,转移转化农业科技成果37项,持续优化“四川乡村振兴科技在线”巴州区平台服务,遴选培育科技信息员1159名、科技专家312名,向11家涉农企业选派省级“三区”科技人才11名,组建产业科技特派团6支、44人。区教科体局被中共中央、国务院表彰为“全国脱贫攻坚先进集体”。

【农村教育】 撤销村级教学点58个,调整合并建制学校5所。实施巴州区“名校名师网络直播课堂”。完成资助31 742人次,资助金额1950.5万元。招聘幼儿教师10名、省属公费师范毕业生67名、山区人才引进6名,考核转正特岗教师124名,考核转正“三支一扶”教师31名,交流轮岗校长18名。建立高中学科联盟教研组9个,区内24所学校结成联动融合发展体。建设农民体育健身工程373个,实现村级农体工程实施全覆盖,全年开展“百城千乡万村”体育活动100场次。

【农村卫生】 全区基本形成以区级为中心、乡(镇)卫生院为主体、村级卫生室为基础、民营医疗机构为补充的基层医疗卫生服务体系,创建区域医疗卫生次中心。开展标准化医院、卫生院(社区卫生服务中心)、村卫生室建设,全区44个乡(镇)卫生院(社区卫生服务中心)与区医院和区二人民医院、区妇幼保健院、二级及以上民营综合医院建立区域医疗联合体和远程医疗会诊系统。建立乡村医生进退机制,对村卫生室实行“五统一”管理。实施乡(镇)卫生院医疗制度改革,乡(镇)卫生院院长实行聘任制和任期目标责任制,职工实行全员聘用制,人员工资实行岗位绩效工资制。招引专业技术人才,补充公招35人。引进人才17人、全科医生培训30人,城乡对口支援56人次。抓好居民健康档案质量,全区建立纸质健康档案66.6247万份,建档率为97.26%,规范化电子建档率达97.22%。构建区、乡、村“1+2+1”组成模式,即区级医疗单位1名专家,乡(镇)卫生院1名医生(团队长)、1名护士,村级1名村医共同组成家庭医生签约服务团队,全区建立家庭医生签约服务团队337个,常住人口签约628 776人,覆盖率达96.5%;重点人群(含脱贫户)签约127 753人,覆盖率达100%。常态化防控新冠疫情,建立“一三三五”医疗救治模式,即组建一个新冠肺炎救治总医院,筑牢“三道防线”(首诊负责初筛患者防线、严控预检分诊患者防线、细查发热门诊患者防线),健全“三支医疗队伍”(留置隔离医学观察医疗队伍、集中医学观察医疗队伍、医疗救治后备医疗队伍),实行统一下达指令、统一调配使用医护人员、统一物资调配使用、统一患者救治、统一信息报送的“五统一”的运行机制。

【商务流通】 启动巴城农副产品交易市

场（二期）建设，项目建成后可容纳商户1000余户，日交易量可突破800吨，年交易额可达30亿元以上。新建大茅坪镇、枣林镇、天马山镇3个乡（镇）农贸市场，改造曾口镇农贸市场，在城区新建江湾城、白云台等3个社区菜店示范店，改造9个社区便民菜店。建成大罗黄花、金大寨、大观梁3个农产品冷链仓储中心，在巴城农副产品交易市场建设冷链配送中心3500平方米，与本地40余家种养殖专合社签订合作协议，打造冷链配送电商平台。整合邮政、供销、商贸物流、快递、交通等资源，建立共同配送机制，推动上下行商流物流统仓共配，扩大本地农产品销售半径。组织农特产品生产企业参加各类展会7场次。通过东西部协作平台，在义乌市百县万品助农展销中心开设巴州区农特产品销售专馆，在义乌市皓野有限公司开设巴州区农特产品销售专区，集中展示展销巴州200余种农特单品。以各类电商平台为载体，组织开展天宫村枇杷采摘节、清江镇亮娅村爱心助农采摘活动2次线上线下促销活动；引导老廖家、野蕊、本亦、家味、思雨等企业开展直播带货100余场次。完善农村基层供销社网点建设，创建基层社示范社10个，改造提升薄弱乡（镇）供销社4个，新（改）建村级供销社6个，培育星级综合服务社6个，组建为农服务中心1个，新建道地药材收购站点23个。

【农村水利】 建成清江至水宁、南阳至寺岭供水互联互通工程，维修养护鼎山龙洞沟等工程127处，配置水利公益岗位300个，重点提升得阳、苏山坪、东溪沟等供水工程水源保障能力。完成46个村、镇供水规范化管理达标建设。基本完成天星桥水库主体工程，完成青龙嘴水库可研阶段专题报告审批技术审查，完成寒溪寺水库初步设计并通过技术审查。完成曾口场镇防洪堤工程建设和清江、水宁、凤溪场镇及蟒堂坝堤防初设报告编制及审批，加快推动曾口工业园区、梁永场镇防洪堤工程前期工作。紧盯老旧塘库中的“急、险、难”，完成“十三五”病险水库除险加固所有遗留任务，提升雨季防洪排涝安保能力。开展清江、大和片区水土流失治理，新建水美乡村3个。全面升级灾害监测和预警系统，优化测预警平台，更新水旱灾害防御专家库，健全专业防汛和基层应急救灾队伍。纵深推进河湖长制，全面完成主要河流管理范围划定、饮用水水源地划定，同步启动河库界限划定，348名区、乡、村三级河（段）长全年累计巡河11 277次，并探索“河长+警长+联系单位+保洁员+监督员”网格化管理。推广和改造节水器具，提倡中水回用、雨水收集，建设高效节水灌溉面积5300亩。

【农村文化】 组织开展“曲艺文化下乡”活动80余场次，持续巩固95个脱贫村文化脱贫“摘帽”成果。启动296个村（社区）应急广播体系建设，新建乡（镇、街道）应急广播平台6个，建设应急广播指挥中心1个，新建6个乡（镇、街道）播控平台，对全区296个行政村（社区）村级平台进行IP化大改造，基本实现省、市、区、乡、村多级联动、互联互通的应急广播体系。完成2072个自然村电视“户户通”运行维护，保障全区广播“村村响”和2072个自然村电视“户户通”的运行畅通。新（改、扩）建旅游厕所5座，新建7个村级博物馆并投入使用。化成镇被命名为“全省首批乡村文化振兴样板镇”和“四川省民间文化艺术之乡”，大和乡界牌村民俗博物馆入选“全省优秀站点”。免费开放公共图书馆1个、文化馆1个、博物馆1个、乡（镇、街道）综合文化站（文化中心）29个。全面提升区图书馆、区文化馆的延伸服务能力和水平，建成图书分馆16个、文化分馆13个。

【资源管护】 配合开展巴中市国土空间总体规划和近期实施方案编制，配合完成巴中市生态保护红线划定，开展天马山镇等8个镇国土空间规划编制试点和梁大湾村等2个“多规合一”村庄规划编制。完成全区13万余户农房权籍调查，颁发农房不动产证书38 000余本。完成许家岭片区青莲村、碾盘寺村等40余户南环线拆迁村民建房集中建设点规划选址。实施曾口镇响滩村等8个地方投资土地整理项目，总投资7949.27万元，整理规模6.04万亩。完成巴州区2020年废弃露天矿山生态修复项目，复垦复绿96.75亩。完成37个“增减挂钩”项目扫尾，并通过省、市联合核查验收，节余指标1900亩。开展“旱改水”项目实施前期工作。安排不少于10%的新增建设用地指标，保障乡村产业发展和村民住宅建设用地，完成用地组卷报征6个批次（其中单独选址项目2个）共计1395.23亩，涉及省道302线、莲山湖片区道路及还房等重点民生项目，办理“三类”建设用地2宗、6.31亩。以“长牙齿”的硬措施保护耕地，立案查处9起，罚款2586万元，拆除违法违章建筑面积9000余平方米，复垦耕地150余亩，防止耕地“非农化”。完成巴州区“十四五”地质灾害防治规划编制，及时处置灾害险情86处，全年未发生因灾人员伤亡事件。

【农村法治建设】 完成改制后22个乡（镇、街道）综治中心、296个村（社区）的综治中心规范化建设，其中打造示范综治中心3个。全面推进“雪亮工程”建设，累计建成1905个监控点位，安装2267个摄像头，安装“慧眼”工程达1万户、探头达1.2万个。做精网格服务，动态增调网格10余个，675个城乡网格共采录精神病人信息1398条，发现治安隐患23 793件次，新办理平台事件85 197件。开展平安建设，评选区级“六无”平安村（社区）150个，推荐市“六无”平安村（社区）16个。建立农村涉黑涉恶线索快核机制、重点线索会商研判机制、农村涉黑涉恶线索定期摸排机制等六大机制，制定巴州区防范和整治“村霸”问题工作办法。建立健全农村司法体系，将原29个派出所优化调整为17个，在被撤乡（镇）集镇所在地建成社区警务室7个，规范建成区公共法律服务中心、乡（镇、街道）司法所29个（含7个撤并乡镇司法所）、乡（镇、街道）公共法律服务工作站22个。实行撤并乡（镇）司法所代管制度，配备37名工作人员，确保22个乡（镇、街道）司法所正常运行。成立专业性行业性调解组织17个、第三方调解组织1个（忠义调解事务所）、名人特色调解室8个。完成22个乡（镇、街道）、296村（社区）调解组织和1683名人民调解员的调整充实，推选676名人民调解员全覆盖新村聚居点，遴选112名行业专家建成调解专家库。建成清江—大和、化成—天马山法治示范带2条，评定法治示范单位31个，建设法治文化阵地22个，曾口镇书台村被司法部、民政部命名为"第八批全国民主法治示范村（社区）"。为涉农合同、重要项目、农业产业化经营等提供专业法律意见36条，解决群众法律需求121个，办理"三农"法律援助案件272件、公证案件200余件；查处农村赌博案45件，行政处罚132人；查处农村枪爆案件8件，行政处罚9人，收缴气枪1支、烟花爆竹422件；查处非法出入境案件7件，行政处罚7人；破获非法捕捞案件12件，移送起诉20人；查获破获"三电"、油气设施案件5件，逮捕1人，治安处罚4人。

【基层治理】 根据村级建制调整后党员人数变化，对4个村党委、114个村党总支进行规范设置，下设村党支部260个，建立安置点党支部13个、党小组159个，在254个涉农村（社区）全覆盖成立村务监督委员会。修订完善村规民约、行业公约等自治制度134个，对28个村级阵地实施升级改造。选拔村（社区）"两委"干部，村（社区）书记、主任"一肩挑"比例达96.3%。完成乡（镇）领导班子换届，35岁以下乡（镇）领导干部占比41.1%，大学及以上学历由92人增加至115人，现代农业、乡村旅游等涉农专业领导干部由9人增加至23人。开展新一轮驻村帮扶，精细划分5类145个重点帮扶村，分类组队选派"第一书记"145名、驻村工作队员282名，9名"第一书记"、2名驻村工作队员获得省委、市委表彰。完成"创新乡村人才激励和培育引进使用机制"国家级改革试点验收，定向招引58名专业人才服务乡村，培育职业农民1210名、"土专家""田秀才""五匠人员"400余名。推进新一轮东西部协作，义乌巴州双向挂职交流17人。建立镇、村干部轮训制度，开展"三农"工作队伍专题培训6期1100余人次。组织动员109名村（社区）常职干部（后备干部）参加学历提升教育。厘清乡（镇）与区级部门职责边界，明确乡（镇）属地责任事项109个，赋予乡（镇）执法权力165项。推行村干部"基本报酬+绩效考核+集体经济发展创收奖励"报酬制度，新培育集体经济年收入10万元以上的村13个，选拔2名优秀村党组织书记进入乡（镇）领导班子。探索区级领导"1对1"联系乡（镇、街道）、区级部门"N对1"、乡（镇、街道）"1+1"联系村（社区）工作推进机制，创新推行"五微三化三变"集中安置点后续治理模式，平梁镇相坪村、梁永镇宏福村获评"四川省乡村治理示范村"，水宁寺镇枇杷村、大和乡界牌村获评"全国乡村治理示范村"，曾口镇书台村获评"第八批全国民主法治示范村"，龙台村斯连聚居点治理成效被《人民日报》点赞。创新"三公开一质询"模式，现场质询村（社区）"一把手"281人，为群众解决问题1400余个，处理村（社区）"一把手"80人，处分20人。紧盯重点领域、关键环节，持续深化医疗卫生行业、就业培训突出问题系统治理，开展养老保险专项监督，发现问题111个，引导16人主动说清问题，追缴退赔资金519万元，党纪政务处分30人，处理117人。创新运用"三三"机制，为37 738户农村群众颁发不动产登记证书。

【主要领导人】 区委书记：徐斌；区长：黄俊霖；区人大常委会主任：张宏；区政协主席：蒋军辉；分管农业副区长：周永红。

巴州区编写组

恩阳区

【基本情况】 2021年，全区辖15镇3个街道209个行政村100个居委会，辖区面积1177平方千米。年末总人口56.92万人（户籍人口），户籍人口56.92万人，常住人口33.99万人。

2021年，全区GDP87.78亿元，增长3.3%。社会消费品零售总额51.5亿元，增长0.3%。地方一般公共预算收入完成7.5亿元，增长7.7%。城镇居民年人均可支配收入达38 672元，增长8.6%；农村居民年人均可支配收入达16 267元，增长10.7%。争取到位各类补助资金27.5亿元、专项债券资金8.2亿元。实施临港产业园等重点项目158个，竣工投用58个，共完成投资190.4亿元。

【现代农业园区建设】 建成"田园恩阳"等示范园区4个，带动镇（街道）发展特色园区33个。新建高标准农田5.1万亩、产业道路70.6千米，发展道地药材、优质粮油、有机果蔬11.7万亩，粮油作物播种面积达114.3万亩，完成生猪存栏、出栏任务。建成省三星级优质粮油现代农业园区1个，恩阳芦笋现代农业园区入选粤港澳大湾区"菜篮子"生产基地，恩阳区上榜全省高标准农田整区域推进示范单位。签约落地高端肉制品深加工、100万头生猪屠宰等重大项目3个，蓝润生猪饲料厂、胡婆婆二期等项目加快推进。

【乡村旅游】 文旅康养产业突破发展，黄石国际旅游度假区项目加快建设，呈现“五一七开”“十一开街”，打响“米仓古道第一镇·红色恩阳”品牌。全年接待游客380万人次，实现旅游综合收入31.2亿元。

【新型城镇化建设】 加快老城更新，改造提升老旧小区27个、7218户，整治背街小巷6条，建成市政道路5条，新建截污干管4千米、城区堤防1千米。建成米仓古道商业街和文化街，植入大型情景式夜游项目“恩阳船说”，引进恩阳古镇·陕西袁家村项目，持续丰富古镇业态。提升城市品质，梯次建设“十园六院”，龙舟运动公园、大梁山运动公园、飞凤大桥加快推进，建成登科公园、花间堂高端民宿等5个公园(院子)，米仓老味道食坊等3个特色街区建成投用，新增绿道绿廊4.5千米、停车位3700余个，新开工商业综合体4个。抓好第七届全国文明城市创建，“周五爱国卫生运动活动日”制度在全市进行推广。

【乡村振兴】 推进巩固拓展脱贫攻坚成果同乡村振兴有效衔接，严格落实“四个不摘”要求，制定“1+30”衔接配套政策，建立3000万元防返贫致贫专项基金，对166户监测对象开展精准帮扶，相关做法被中央电视台专题报道，通过省巩固脱贫成果后评估。做实两项改革“后半篇”文章，完成乡村国土空间规划片区划分，设置中心镇4个、副中心镇1个，推动片区内教育、医疗、养老等公共资源合理布局、精准投放。促进农民增收，探索“一级产权联盟、三级产权联社、集体产权联企”的新型经营模式，全区农业新型经营主体增加至2524个。改善基础设施，新(改)建县、乡公路54千米，村道联网路120千米；完成27座小型病险水库除险加固，建成玉山110千伏输变电站，新(改)建高低压线路101千米，新增4G基站71座、5G基站75座。加强自然灾害防控，科学应对洪涝灾害，城乡火灾防控、森林防灭火、地灾防治等始终保持零伤亡。落实最严格的耕地保护制度，制止“非农化”、防止“非粮化”，推进违法用地问题整治，违法占用耕地比例控制在5%以内。建成省级乡村振兴先进镇1个、示范村5个、重点帮扶优秀村2个。

【农村生态建设及环境保护】 投入1.8亿元，新(改)建污水处理站14个，完善雨污管网45千米，恩阳河小元村省控断面水质达到II类标准，鳌溪河断面水质稳定在III类以上，集中式饮用水水源地水质达标率为100%。加强面源污染治理，新(改)建户用厕所3395座，建成病虫害绿色防控示范区43个，完成辖区河流管理范围划界，新增营造林2.8万亩，规模养殖场粪污处理设施配套率达100%，农村畜禽粪污资源化利用率达90%，生活垃圾“收转运处”全覆盖。抓好大气污染防治，实施秸秆综合利用重点县项目，空气质量优良天数率保持在92%以上。中央第二轮生态环境保护督察期间，信访举报量较上轮央督下降46.7%，反馈问题全部办结。

【农村社会保障】 全年完成民生实事57件，民生支出占全区一般公共预算支出的76.1%。新(改)建城区农贸市场3个。建成投用白玉社区养老综合体，改(扩)建敬老院11所。严格落实城乡医保、城乡居民养老、社会救助、优抚安置等惠民政策，全面完成退役军人“两保”接续。新增就业6380人，开发公益性岗位1900余个，登科寺社区被认定为“国家级充分就业社区”，恩阳区被表彰为“全省去冬今春农民工服务保障工作先进单位”。

【主要领导人】 区委书记：杨波；区人大常委会主任：朱继中(3月止)，邓林平(3月始)；区长：李玉甫；区政协主席：肖平(3月止)，贾君(4月始)；分管农业副区长：田霞(8月止)，何开国(10月始)。

恩阳区编写组

南　江　县

【基本情况】 2021年，全县辖1个街道29镇2乡309个村105个社区，辖区面积3389.5平方千米。有户籍人口64.75万人，常住人口45.97万人，其中城镇常住人口17.84万人，占总人口的38.81%，提高0.86个百分点。有耕地面积5.25万公顷，园地面积0.47万公顷，林地面积24.94万公顷，草地面积0.04万公顷，湿地面积0.03万公顷，城镇村及工矿用地面积1.29万公顷，交通运输用地面积0.16万公顷，水域及水利设施用地面积0.55万公顷，其他用地面积1.15万公顷。

2021年，全县GDP128.61亿元，按可比价计算，增长2.5%，其中第一产业增加值33.69亿元，增长7.4%；第二产业增加值37.4亿元，下降6.1%；第三产业增加值57.52亿元，增长5.6%。三次产业结构比由上年的25.2∶30.9∶43.9调整为26.2∶29.1∶44.7。全年接待游客1112.9万人次，增长20.8%；实现旅游总收入101.2亿元，增长25.3%。

全年全社会固定资产投资127.24亿元，下降18.6%。分产业看，第一产业投资24.7亿元，下降16.4%；第二产业投资25.29亿元，下降13.8%；第三产业投资77.25亿元，下降20.7%。全年社会消费品零售总额84.23亿元，增长0.8%。按经营地统计，城镇消费品零售额65.4亿元，增长1.3%；乡村消费品零售额18.83亿元，下降0.9%。地方公共财政预算收入完成8.12亿元，增长3.3%，其中税收收入3.34亿元，增长5.7%；地方公共财政预算支出44.59亿元，下降4.1%。金融机构人民币存款余额305.73亿元，比上年末增长8.2%，其中住户存款余额267.83亿元，增长11.6%；贷款余额161.66亿元，增长15.5%，其中住户贷款余额75.17亿元，增长13.3%。

公路通车里程6290.1千米，其中高速公路121千米、铁路39.7千米、国道136.76千米、省道216.62千米、县道707.62千米、乡道1228.66千米、村道3839.73千米，公路通村率100%，行政村客运班车通达率100%。全年完成货物周转量281 366万吨千米，增长9%；旅客周转量101 229万人千米，增长2%。全年邮电业务总量4.97亿元，下降3.6%，其中邮政业务总量1.12亿元，增长2.3%；电信业务总量（包括电信、移动和联通）3.85亿元，下降5.2%。有移动电话用户55.74万户、互联网上网用户18.38万户。

有学校（含技工校、职业培训机构、小学教学点、幼儿园）419所，在校学生（学历教育）83 642人，教职工6839人（其中专任教师6474人），其中幼儿园56所，在园幼儿14 683人，专任教师674人；小学48所、小学教学点271个，在校学生31 471人，专任教师2137人，专任教师达标率100%，小学学龄儿童入学率100%，小学毕业率100%，小升初升学率100%；初级中学8所、九年一贯制学校23所，在校学生17 283人，专任教师1841人，专任教师达标率100%，普通初中净入学率100%；完全中学8所，在校学生10 069人，专任教师1342人；中等职业学校3所（中职学校2所、成人中专1所），在校学生9921人，专任教师449人；培训机构（教师进修校）1所；特殊教育学校1所，在校学生205人，专任教师31人。全年专利申请234件，下降11.7%；专利授权量186件，增长32.9%，其中发明专利累计76件。年末注册商标439件，新注册集体商标5件。全年申报市以上科技项目7项，其中省级项目7项，争取无偿资金284.66万元，转化先进实用科技成果73项。有公共图书馆1个、乡（镇）图书站32个（每站约为2000册图书），书刊文献总藏量43.8万册（含分馆）；文化馆（站）33个（32个文化站），举办展览5次，参观人数1.84万人次；剧场和影剧院1个、艺术表演团体1（光雾山文艺中心）个，群众文化设施建设面积2.45万平方米，全年演出132场，观看人数16万余人次。有广播电视台1个，广播节目综合人口覆盖率99.1%，电视节目综合人口覆盖率99.9%；直播卫星用户7.78万户，直播卫星入户率57.4%；有线电视用户6.8万户，有线电视入户率41%，光纤电视通村率96%。有博物馆3个，文物藏品34 383件。有文物保护管理机构2个。有体育馆2个，全年新建全民健身路径23条、农民健身工程45个。有卫生机构（含村卫生室及个体诊所）663个，其中医院、卫生院59个，社区卫生服务中心（站）5个，诊所72个，村卫生室522个，疾病预防控制中心1个，卫生监督所（中心）1个，妇幼保健院1个；卫生技术人员2864人，其中执业医师和执业助理医师1069人、注册护士1181人；医院和卫生院床位3561张，其中乡（镇）卫生院48个，病床位1200张，卫生技术人员1156人。

【年度农业和农村经济运行】 2021年，全县农村居民人均可支配收入15 912元，增长10.6%；农村居民人均生活消费支出12 877元，增长11.5%。农村居民恩格尔系数为40.1%，下降1.1个百分点。农业机械总动力45.35万千瓦，增长1.6%。有农用拖拉机438辆。有无公害农产品品牌49个、有绿色有机食品标志使用权（农产品）19个。

【种植业】 全年粮食作物播种面积104.35万亩，增长0.5%，其中小春粮食作物播种面积28.65万亩，下降0.2%；大春粮食作物播种面积75.7万亩，增长0.8%。全年油料作物播种面积31.99万亩，增长7.7%；中草药材播种面积9.65万亩，增长2.5%；蔬菜及食用菌播种面积26.21万亩，增长1.2%。全年粮食总产量39.81万吨，增长1.6%，其中小春粮食产量7.81万吨，增长1.2%；大春粮食产量32万吨，增长1.7%。经济作物中，油料产量3.74万吨，增长7.6%；蔬菜及食用菌产量35.09万吨，增长3.4%；茶叶产量0.29万吨，增长5.7%；水果产量3.12万吨，增长8.4%；中草药材产量0.91万吨，增长3.6%。

【林业】 全年植树造林面积400公顷，全部为世界银行贷款长江上游森林生态系统恢复项目新造林，发放退耕还林补贴0.18亿元。实有森林面积23.26万公顷，增长0.3%；森林覆盖率达71.75%，提高0.3个百分点。年末活立木蓄积量2133万立方米，下降3.8%；商品木材产量2.18万立方米，下降7.6%。

【畜牧业】 全年生猪出栏69.79万头，增长14.9%；牛出栏3.88万头，下降1.8%；羊出栏43.19万只，下降1.7%；家禽出栏282.66万只，增长0.5%。禽蛋产量1.22万吨，下降2.9%。全年肉类总产量6.55万吨，增长12.5%，其中猪肉产量5.04万吨，增长15.6%；牛肉产量0.49万吨，增长1.3%；羊肉产量0.58万吨，增长7%；禽肉产量0.41万吨，增长0.02%。全年水产养殖面积1880公顷，与上年持平；产量11 958吨，增长4.2%；实现渔业产值1.61亿元，增长9.7%。

【农村水利】 全年建成高标准农田5.13万亩。兴建各类水利工程64处（累计兴建各类水利工程6665处），新增蓄水0.66亿立方米，全部水利工程供水能力达2.52亿立方米，总供水量达0.89亿立方米，累计解决34.3万名农村人口饮水安全问题，农村自来水通村率和普及率均达100%。年末有效灌溉面积达1.57万公顷。新增水土流失治理面积5141公顷，水土流失综合治理面积累计达10.14万公顷。

【农村社会保障】 全年纳入农村最低生活保障人数46 633人，下降2%；农村居民最低生活保障支出10 199.3元，下降

2.6%。全年供养特困人员2642人，支出供养费用2028.3万元。年末有提供住宿的社会工作机构14个、床位1305张。

【主要领导人】 县委书记：李本勇；县人大常委会主任：万林（11月止），李文荣（12月始）；县长：李善君（5月止），程秋（6月始）；县政协主席：符大纲（6月止），吴开财（6月始）；分管农业副县长：赵燕飞。

南江县编写组

通 江 县

【基本情况】 2021年，全县辖1个街道30镇2乡324个行政村，辖区面积4119.83平方千米。户籍总户数25.43万户，其中农业户数15.86万户。户籍人口71.33万人，其中农村户籍人口55.51万人、城镇户籍人口15.83万人、少数民族户籍人口787人。有常住人口51.27万人，其中城镇常住人口20.4万人，常住人口城镇化率提高至39.8%。人口出生率5.73‰，出生人口性别比为107（以女孩为100），人口死亡率4.44‰，人口自然增长率1.33‰，人口符合政策生育率98.3%。全县水域面积66.7平方千米，水资源总量29.06亿立方米。森林面积28.07万公顷，活立木蓄积量2120万立方米，森林覆盖率65.75%，当年造林面积2000公顷（其中退耕造林面积6.67公顷）。有国家级森林公园1个。

2021年，全县GDP128.22亿元，增长3.2%，其中第一产业增加值37.08亿元，增长7.5%；第二产业增加值34.36亿元，下降3.1%；第三产业增加值56.78亿元，增长4.2%。人均GDP24 800元，增长6.7%。三次产业结构比由上年的28.3∶27.5∶44.2调整为28.9∶26.8∶44.3。三次产业对经济增长的贡献率分别为67.5%、–26.7%和59.2%，拉动GDP分别增长2.2个、–0.9个和1.9个百分点。全年共接待游客750.73万人次，增长18.1%；实现旅游总收入80.24亿元，增长34.2%。

全社会固定资产投资比上年下降19.9%，共入库投资项目70个，计划总投资45.3亿元。社会消费品零售总额85.67亿元，增长0.1%，其中乡村消费品零售额28.28亿元，下降0.2%。全年地方一般公共预算收入完成4.78亿元，增长3%，其中税收收入2.21亿元，增长3%；一般公共预算支出55.15亿元，增长0.8%。年末金融机构人民币各项存款余额272.46亿元，比上年末增长14.1%，其中住户存款余额240.25亿元，增长12.7%；各项贷款余额145.58亿元，增长10.5%。

公路通车里程6045.4千米，其中国道126.7千米、省道471.1千米、县道808千米、乡道1270.7千米。全年公路运输货运周转量16.9亿吨千米，客运周转量2.83亿人千米。全年邮电主营业务收入5.46亿元，增长9.6%。有移动电话用户62.7万户，下降8.4%；互联网宽带接入用户19.09万户，下降3%。

有学校238所，在校学生7.26万人，专任教师6767人，其中幼儿园130所，在园幼儿1.6万人；小学75所，在校学生3.67万人，小学学龄儿童净入学率100%；中学30所，在校学生3.02万人，初中学龄人口净入学率100%，初中毕业生升学率93.8%，九年义务教育巩固率95.3%；职业中学2所，在校学生5637人。广电系统和电信系统年末电视用户分别为10.71万户和18.51万户，有线电视乡通率和村通率分别为100%和98.7%，电视人口覆盖率100%。有文物保护单位903个，“三馆一站”40个，电视差转台1个，影剧院2个，体育场馆45个。有医疗卫生机构693个，其中医院16家、乡（镇）卫生院49家、社区卫生服务站5个、村卫生室523个、诊所（医务室）98个、疾病预防控制中心和卫生执法监督大队各1个；卫生技术人员3046人（不含乡村医生），其中执业医师900人、执业助理医师293人、注册护士1291人。当年婴儿死亡率3.06‰，新生儿死亡率1.22‰，孕产妇系统管理率97.3%，住院分娩率100%。城乡居民基本养老保险参保人数32.89万人。

【年度农业和农村经济运行】 2021年，全县农林牧渔业总产值70.89亿元，增长8.4%，其中农业产值35.22亿元，增长4.8%；林业产值1.85亿元，增长4.5%；牧业产值28.87亿元，增长12.9%；渔业产值3.54亿元，增长9.9%；服务业产值1.41亿元，增长7.1%。全年农村居民人均可支配收入达15 845元，增加1532元，增长10.7%，其中工资性收入4645元，增长10.5%；经营净收入6759元，增长10%；财产净收入528元，增长25.6%；转移净收入3913元，增长10.4%。农村居民年人均消费支出达13 731元，增长10%，其中居住支出增长10.3%，教育文化娱乐支出增长11.4%，医疗保健支出增长10.4%。农村居民恩格尔系数41.1%。全年水利工程建设总投资4.88亿元，当年治理水土流失面积5700公顷，恢复改善灌溉面积660公顷。全县水利工程总蓄水能力达12 000万立方米，年末有效灌溉面积20 330公顷。农业机械总动力达49万千瓦，其中农用排灌动力11万千瓦。全年农村用电量4.3亿千瓦时。

【种植业】 全年粮食作物总播种面积124.28万亩，增长0.6%，其中小春粮食作物播种面积28.4万亩，下降0.1%；大春粮食作物播种面积95.93万亩，增长0.8%。油料作物播种面积30.68万亩，增长2.1%；中草药材播种面积1.51万亩，增长4.1%；蔬菜播种面积16.88万亩，增长1.3%。全年粮食总产量47.14万吨，增长1.7%，其中小春粮食产量7.84万吨，增长0.7%；大春粮食产量39.3万吨，增长1.9%。经济作物中，油料产量4.62万吨，增长4%；蔬菜及食用菌产量31.07万吨，增长1.6%；水果产量1.36万吨，增长0.35%；茶叶产量0.17万吨，增长2.8%；中草药材产量0.21万吨，增长3.9%。

【畜牧业】 全年生猪出栏78.96万头，增长12.4%；牛出栏4.95万头，增长0.1%；羊出栏16.13万只，下降4%；家禽出栏244.91万只，增长2.3%。全年肉类总产量7.34万吨，增长12.6%，其中猪肉产量5.81万吨，增长17.6%；牛肉产量5749吨，增长5.8%；羊肉产量2547吨，下降25.4%。禽蛋产量10 993吨，下降0.5%。全年水产养殖面积2553公顷，增长3.3%；产量1.63万吨，增长5.4%。

【农村社会保障】 有敬老院20所，集中供养老人562人；孤儿院1所，集中供养孤儿31人。当年享受定期抚恤人数529人，发放抚恤金1738万元；享受定期补助人数5922人，发放补助金4458万元；优待优抚人数689人，发放优待优抚金888万元；“五保户”供养人数2739人，发放救济金1839万元。农村居民享受最低生活保障人数68 744人，发放最低生活保障金11 190万元。

【主要领导人】 县委书记：孙辉；县人大常委会主任：杨森儒（2月止），吴天泉（3月始）；县长：谭青松；县政协主席：闫丕川（11月止），王茂生（12月始）；分管农业副县长：万学成（7月止），熊纯俊（10月始）。

通江县编写组

平 昌 县

【基本情况】 2021年，全县辖1个经济开发区28镇3个管委会3街道393个村（居）委会（村246个、居委会147个），辖区面积2229平方千米，其中耕地面积83.35万亩。有常住人口64.9万人。森林覆盖率55.26%，提高0.22个百分点。

2021年，全县GDP173.35亿元，按可比价格计算，增长3.6%，其中分产业看，第一产业增加值41.33亿元，增长7.3%；第二产业增加值54.44亿元，增长2%；第三产业增加值77.58亿元，增长2.7%。规模以上工业产值137.5亿元。人均GDP26 506元，增长6.6%。社会消费品零售总额106.72亿元，增长0.2%。一般公共预算收入完成8.36亿元，分别增长1.2%。城乡居民年人均可支配收入分别达38 635元、15 893元，分别增长8.7%和10.6%。金融机构人民币存款余额304.13亿元，增长15.2%；贷款余额178.97亿元，增长7.4%。

【农业产业化发展】 稳定粮食作物播种面积102万亩，建成“天府菜油”示范基地10万亩。提质发展特色农业，茶叶现代农业园被命名为省四星级园区。规模发展肉牛养殖场20家，生猪存出栏近130万头。涵水镇幸福村入选全国“一村一品”示范村镇。建成国家级、省级示范专合社6家，被确定为全国农民合作社质量整县推进试点县。

【农村交通】 启动镇广高速平昌段控制性工程建设，省道409线澌岸—兰草、得胜—双鹿—驷马道路、澌滩大桥、罗家沟大桥等加快建设，完成撤并建制村畅通工程100.3千米，东互通连接线、界牌—喜神道路建成通车，平仪高速公路被纳入“十四五”全省综合交通运输发展规划。

【农村基础设施建设】 完成江家口水库枢纽区移民搬迁安置91户，完成小型病险水库除险加固92座，谭家河水库、兰草水库被纳入“十四五”全省水利发展规划，入选全省首批乡村水务试点县。新（改）建农村电网10千伏线路30千米，建成5G基站136个，建制镇天然气管网覆盖率达10%。启动金宝山浙川茶旅融合产业园、驷马镇三产融合示范片建设。建成电商直播基地1个，承办第六届巴中云顶茶文化旅游节。持续改善办学条件，新（改）建幼儿园23所，公办幼儿园占比提高至75.5%。建成涵水小学、星光实验学校周转房，改建平昌中学新华校区校舍，新增学位500个。落实残疾人补贴2720万元，建成投用残疾人康复托养中心。成立县养老服务中心，建成土兴镇华山村为老综合服务中心，打造“儿童之家”示范点8个。基本养老保险、医疗保险覆盖率分别达97.8%、98.02%。持续巩固拓展脱贫攻坚成果，设立防返贫致贫帮扶基金，完成“掉边掉角户”搬迁201户，守住不发生规模性返贫底线。修订完善防汛减灾应急预案，成功应对“7·10”洪涝灾害、“9·6”江口街道黄滩社区、“9·8”岳家镇茶店村地质灾害。

【农村生态建设及环境保护】 实施农村人居环境整治五年提升行动，加快推进“美丽宜居乡村”建设。实施15个村的农村“厕所革命”整村推进示范村建设项目，新建农村户用无害化卫生厕所2200户以上，农村户用卫生厕所普及率达80%以上。开展化肥农药减控行动，加大畜禽粪污排放治理，推广降解膜，引导业主和农户对废弃农膜及农药包装物进行回收利用或集中处理，推行农作物秸秆就地还田或腐熟利用。推进村庄清洁行动，开展“五清”行动和“八乱”治理，不断优化农村环境。

【主要领导人】 县委书记：蒲开文（5月止），李余良（5月止）；县人大常委会主任：谢友先（6月止），张廷发（6月始）；县长：李余良（7月止），张勋（7月始）；县政协主席：何效德；分管农业副县长：郭治平（7月止），万学成（7月始）。

平昌县编写组

雅安市

【基本情况】 2021年，全市辖2区6县，辖区面积1.53万平方千米。

【脱贫攻坚和乡村振兴有效衔接】 2021年，雅安市巩固拓展脱贫攻坚和乡村振兴项目库共纳入项目716个，项目预算总投资达13.89亿元，较2020年增加5.95亿元，增幅达74.94%，为全市巩固拓展脱贫攻坚成果同乡村振兴有效衔接工作提供充足的项目储备。根据财政厅、农业农村厅和人行成都分行联合组织开展的风险补偿金制度推进实施工作绩效考评结果，财政厅据实据效下达全市2021年乡村振兴农业产业发展贷款风险补偿金奖补资金1120万元(其中市本级70万元、名山区350万元、汉源县700万元)，其中省级财政奖补资金将用于补充雅安市、名山区和汉源县设立的“乡村振兴农业产业发展贷款风险补偿金”。

【乡村振兴战略实施】 由市委书记、市长亲自担任市委农村工作领导小组双组长，健全完善乡村振兴工作推进机制，推进乡村振兴重点工作。市财政安排农业农村统筹项目资金1.01亿元，增长2.4%；8县(区)纳入乡村振兴统计口径的一般预算支出达13.3亿元，增长14.9%。荥经县获评2021年度乡村振兴成效显著县；石棉县美罗镇等2个乡(镇)获评2021年度乡村振兴先进乡(镇)，12个村获评2021年度乡村振兴示范村，4个村获评乡村振兴重点帮扶优秀村，2021年获得全省乡村振兴先进县、乡村的数量创历年新高。

【乡村旅游】 实施“旅游景区提质增效年”行动，完成29家A级景区年度复核检查。石棉县安顺场镇安顺村创建为全国乡村旅游重点村，雨城区、名山区创建为省级全域旅游示范区，荥经县入选天府旅游名县候选县，天全县二郎山创建为省级旅游度假区，石棉县安顺场镇安顺村、汉源县后山朴院·梨花溪、荥经县砂器·侧把壶入选全省首批“天府旅游名牌”，4种雅安美食入选“100道天府旅游美食”。新增3A级景区2家，全市A级景区达38家，总量居全省前列。

【公共文化服务体系建设】 全市“三馆”新增线上公共服务数量3762件，网络点击量达60万人次，免费、低收费开放服务人数达200万余人次。天全县新华乡文化站公共文化设施效能提升工作经验2次在全国性会议上被交流推广。“文艺轻骑走千村·文化惠民进万家”等8个项目入选全省文旅公共服务高质量发展“四个一批”项目。聚焦庆祝中国共产党成立100周年，承办四川省第六届群众广场舞集中展演，举办“颂歌献给党”“歌声里的党史”“花儿朵朵童心向党”等群众文化活动300余场次，共惠及群众32万人次。基础设施不断完善，新(改)建旅游厕所15座，完成1000余件健身器材维护和更换，做好526台广电设备搬迁，完成50个老旧小区广电网络改造。加强对庆祝中国共产党成立100周年系列工作重大活动、重点时段、重要节目安全播出的组织保障，实现安全播出“零”事故，被省委办公厅、市委表彰为“突出贡献部门”。

【主要领导人】 市委书记：兰开驰；市人大常委会主任：李伊林；市长：邹瑾；市政协主席：杨承一；分管农业副市长：王双全。

雅安市编写组

雨城区

【基本情况】 2021年，全区辖8镇5个街道，辖区面积1067平方千米。雨城区是长江上游重要的生态屏障，先后被评为中国优秀旅游城市、中国生态气候城市、中国十佳魅力城市、世界自然遗产四川大熊猫栖息地、国家级生态示范区、四川省首批乡村旅游示范区、四川省旅游标准化示范区。

【农村科技】 做好科技示范服务，培育特色产业，结合雨城区“五雅”特色产业发展，不断加强科技特派员、农业专家大院工作力度，实施科技人员进村帮扶，开展乡村振兴科技扶贫活动，引进一批新的成果进行转化，带动农村特色产业发展，逐步形成“一人帮一村、一村兴一业、一业富一方、大家齐小康”的科技扶贫新模式，累计帮扶贫困户100余户，培育科技示范户25户，围绕特色产业发展推广优良品种6个、适用技术4项；协助解决农业生产关键技术问题10余项；开展集中宣传及配合特派员团队培训，开展实用种养技术200余场次，约1.2万人次，发放各类技术资料3万余份；开展政策咨询、业务指导和技术服务等共计200余人次。

科技服务助力乡村，依托区校合作平台、“专家大院”、科技特派员服务团，开展技术培训12场次，培训农民450人次。围绕特色产业发展推广优良品种6个、适用技术7项，协助解决农业生产关键技术问题10项，累计发放技术资料

1300份，为乡村振兴和脱贫攻坚提供科技支撑。

深化区校合作，推进科技成果应用与转化，一是坚持以川农大为区校合作技术支撑，以雨城区农村产业技术服务中心为平台，以科技特派员团为抓手，实施区校合作项目7项、科技特派员项目6项，促进农业先进科技成果在雨城区实现转化；二是整合专家大院、生产示范基地和科技特派员等科技人才资源，完善四川农业大学新农村发展研究院雅安服务总站——雨城区农村产业技术服务中心——特色产业乡（镇）分布式服务站的新型农村科技服务体系，将科技服务的触须延伸至田间地头，及时掌握新农村建设与农业发展的现实需求，为当地农民和乡村振兴提供全方位、多角度服务。

加强科技创新，推动农业产业化及乡村振兴发展，发挥省级藏茶产业技术研究中心作用，协同四川农业大学、康润茶业等企业，联合攻关科技创新，推动藏茶产业链各个环节发展上档升级。协调雨城区供销社完善茶园托管实施物联网技术科技示范，不断带动茶产业高品质高端化发展。依托科技特派员团项目，打造上里镇建新村茶叶种植示范基地、八步镇观化村软枣猕猴桃种植示范基地、周公山镇八角村食用菌种植示范基地。完善益诺仕软枣猕猴桃科技示范园建设，利用物联网新技术集成支撑猕猴桃产业向高端化发展。

提升农企加工能力，促进农业增产增收，依托全区35万亩木质原料林基地、40万亩竹林种植面积、30万亩茶业基地、百万头生猪养殖，提升农产品加工业精深加工生产水平，以雅安茶厂、太时生物、凯安林、锦扬木业等企业为龙头，以茶叶、生物医药为重点，促进绿色食品加工业发展。1–9月，全区农产品加工企业实现营业收入5.93亿元，同比增长2.49%。

【公共文化服务体系建设】 持续做好“三馆”和全区镇（街道）文化中心的对外免费开放。完善志愿者管理体系，新招纳志愿者团队4个、志愿者285名。

【智慧广电公共服务建设】 拓展应急广播“村村响”功能，在全市率先与雅安市气象局合作，联合开展预警信息播发，在疫情防控和防汛救灾工作中发挥了显著作用。夯实安全播出保障体系，保障全国两会和庆祝中国共产党成立100周年系列重要活动现场直（转）播工作。

【主要领导人】 区委书记：高福强；区人大常委会主任：杨仕全；区长：陈建伟；区政协主席：李建敏；分管农业副区长：廖鹏。

雨城区编写组

名山区

【基本情况】 2021年，全区辖2个街道11镇，辖区面积614平方千米。

2021年，全区实现GDP1 111 684万元，增长8.7%，其中第一产业增加值307 317万元，增长7.6%；第二产业增加值363 902万元，增长9.1%；第三产业增加值440 465万元，增长9.3%。三次产业对经济增长的贡献率分别为26%、32%和42%，分别拉动地区生产总值增长2.3个、2.8个和3.6个百分点。全区实现农林牧渔业总产值550 051万元，增长8.6%，其中种植业产值397 070万元，增长8.6%；林业产值5512万元，增长3.9%；牧业产值133 411万元，增长16.2%；渔业产值4455万元，增长8.4%。农林牧渔服务业产值9603万元，增长9.6%。

【种养殖业】 全区粮食作物播种面积16.38万亩，产量6.82万吨，增长1.65%。全区茶园面积2.35万公顷，干茶产量5.45万吨，增长4.5%。“蒙顶山茶”区域公用品牌价值达40.99亿元，增加3.85亿元，品牌价值量居全国第10位、全省第1位。全年生猪存栏44.38万头，其中能繁母猪存栏3.89万头；生猪出栏56.56万头；肉类产量4.36万吨。

【农村生态建设及环境保护】 严控秸秆焚烧，制定印发《雅安市名山区2021年秸秆禁烧和综合利用工作方案》《雅安市名山区秸秆禁烧工作领导小组办公室关于大力推进秸秆综合利用促进田间火源管控的通知》等指导性方案和文件，加大示范和政策引导力度，开展秸秆还田和秸秆肥料化、饲料化、基料化、原料化和能源化等“五化”利用。组织开展秸秆综合利用技术培训，加强秸秆禁烧宣传和巡查力度，做到“发现一起，查处一起、问责一起”。通过政策宣传、走访巡查、加强监督、强化执法等方式重拳出击严控秸秆焚烧，全年全区处理露天秸秆焚烧51起，处罚金额36 200元。

【公共文化服务体系建设】 推进文化场馆数字化建设，开发智慧博物馆系统；建成图书馆分馆6个、文化馆分馆13个；区图书馆、文化馆利用线上公众号发布推文200余篇。全年区文化馆、区图书馆、蒙顶山茶史博物馆、体育馆坚持免费低收费开放、错时开放；区文化馆申报为国家一级文化馆；文化馆进馆人数4.5万余人次，图书馆流通人数3.7万余人次，书刊外借1.4万余册；博物馆接待人数4万余人次。举办第十七届蒙顶山茶文化旅游节并邀请郎朗在牛碾坪景区举办茶园音乐会，举办“2021年我要上春晚”、蒙顶皇茶制茶大赛等文艺活动20余场。

【主要领导人】 区委书记：金武；区人大常委会主任：高佳秀；区长：周万友；区政协主席：张忠春；分管农业副区长：廖春雷。

名山区编写组

天全县

【基本情况】 2021年，全县辖7镇3乡，辖区面积2400平方千米，总人口14万人。

【年度农业和农村经济运行】 2021年，全县第一产业总产值24.2亿元，增长9.2%；第一产业增加值14.3亿元，增长8.1%。其中，农业总产值增长5.5 %，林业总产值增长7.1%，畜牧业总产值增长15.8%，渔业总产值增长15.8%；农林牧渔专业及辅助性活动总产值增长9.7%。

【林业】 根据《财政部关于下达2021年林业改革发展资金预算的通知》（财资环〔2021〕82号）文件，县林业局申报2021年中央财政林草科技推广示范项目乡土植物杜鹃花等培育及景观应用示范获得中央财政林业改革发展资金预算（第二批）71万元。该项目旨在通过乡土景观植物苗木基地和景观示范林建设，结合乡村生态旅游带动当地经济社会发展，助力群众脱贫稳增收，主要培育杜鹃花属乡土景观植物苗木，建立繁育示范基地，对当地林草系统的科技人员和贫困村群众进行杜鹃花果实、种子采收与处理、圃地建立、大田播种育苗、移植、栽培管理技术（病虫害防治、修枝整形技术）等方面的技术指导，将培育苗木用于雅安市及周边区（县）道路绿化、庭园绿化改造提升和乡村振兴中。

【乡村旅游】 参加天府旅游名县候选县竞演，完成2021年创建任务。实施对标补短，推进省级全域旅游示范区创建，为明年现场验收打下基础。创建二郎山省级旅游度假区。抢抓乡村振兴机遇，推进红军村建设，创建国家3A级景区。思经镇以省级非遗项目“牛儿灯”申报2021—2023年度“四川省民间文化艺术之乡”。天全县二十四节气・儿童自然美育课程获评“四川省文旅公共服务高质量发展‘四个一批’优秀品牌”，小品《特殊收条》入围四川省第十八届戏剧小品（小戏）决赛，天全县申报为四川省第三批文化馆图书馆总分馆制试点单位。

【公共文化服务体系建设】 4月16日，县文体旅局代表四川省在辽宁省沈阳市召开的全国基层公共文化设施效能提升工作交流会上发言，在江苏省苏州市召开的全国公共文化领域重点改革工作总结部署会上代表四川作书面发言。馆（站）公益培训班开办公益培训200余课次，惠及学员2100余人。开展“送文化下乡”活动30余场次，覆盖群众16万人。“文润新乡阳光营”活动在9个文化站开展，惠及400余人。文化阵地建设成果丰硕，通过实施“一站一品”计划打造新华乡文化站“淡青工作室”、以非遗“花秆”为特色的始阳镇文化站多功分站、以“传统古建”为特色的始阳镇文化站大坪分站、以村史为主题的白君庙破磷村、阿婆庙孝廉村村史馆。总分馆制建设有序推进，初步完成城厢镇、仁义镇、思经镇、天全中学等15个基层分馆建设。图书馆建设阅览点45个、红色阅读点3个、“党史学习教育”阅读专区1个。开展广电惠民工程，全县广播“村村响”1个县级控制中心、15个乡（镇）分控中心、96个村（社区）（144个点位）广播系统平稳运行，保障元旦、春节、两会、七一、十一、疫情防控、防汛减灾、森林防火等重要时期广播、电视安全播出，广电惠民水平巩固提升。持续巩固脱贫攻坚取得的成果，无缝衔接乡村振兴，确保文旅产业振兴工作取得实效，全县36个贫困村“村五有”文化室实现提档升级，争取县级财政资金200万元，维修加固具有历史文化价值的老旧建筑作为始阳镇文化站。全县3000余户建档立卡户安全优质收看电视节目，帮助农民实现产业人均增收528元。

【主要领导人】 县委书记：余力；县人大常委会主任：陈颖；县长：郑胡勇；县政协主席：李家顺；分管农业副县长：陈强。

天全县编写组

芦山县

【基本情况】 2021年，全县辖1个街道6镇1乡，辖区面积1191.14平方千米。

【农村信息化发展】 农业农村部发布《农业农村部信息化中心关于2021全国县域农业农村信息化发展水平评价工作结果的通报》，确定全国109个县（市、区）为“2021全国县域农业农村信息化发展先进县”，四川省两个县（区）进入名单，其中芦山县榜上有名。

全县先后实施信息入户工程、“雪亮工程”、农村电子商务进农村示范县、省级现代农业产业园培育等项目，建设县域数字农业综合服务中心，推进信息技术在农业农村领域应用，建设农村承包土地数据库、农村集体资产管理、智慧城建管理系统、乡村振兴科技在线芦山县运管理中心等数据平台。引导涉农企业开展农业智能设备远程控制、农业环境数据监测、投入品管理和农产品质量安全追溯等农业物联网应用示范，贯穿农业产前、产中、产后全过程，对农业结构调整、推动农业全产业链改造升级起到了良好的促进作用。同时，围绕创新实践，推动农业农村基础数据资源数字化、农业种植数字化、农业养殖数字化，并依托四川乡村振兴科技在线平台以自然村为基本单元，建立县、乡、村、组四级网格，不断拓展平台服务功能。实施“雪亮工程”，在全县所有行政村实现高清监控探头安装全域覆盖。在推进乡村服务智能化方面，加快农村信息基础设施建设，实施信息进村入户工程、5G和光纤网络、益农信息社建设，电子政务服务实现行政村全覆盖，全县已建成益农信息社35个，发展本土电商100余个。同时，围绕农业农村信息化发展，实施农业农村干部素质提升工程和高素质农民培育工程，培养乡村振兴人才。

【主要领导人】 县委书记：周建华；县人大常委会主任：高永洪；县长：杨俊；县政协主席：马毅强；分管农业副县长：尹清。

芦山县编写组

宝 兴 县

【基本情况】 2021年，全县辖4乡3镇，辖区面积3114平方千米。

2021年，全县GDP385 627万元，增长8.8%。其中，第一产业增加值74 628万元，增长7.8%，对经济增长的贡献率为18.2%，拉动GDP增长1.6个百分点；第二产业增加值146 168万元，增长10.4%，对经济增长的贡献率为44.7%，拉动GDP增长3.9个百分点；第三产业增加值164 831万元，增长7.9%，对经济增长的贡献率为37.1%，拉动GDP增长3.3个百分点。按常住人口计算，人均国内生产总值80 339元。全年实现农林牧渔业总产值115 330万元，同比增长8.81%。

【种植业】 全年农作物播种面积18.1万亩，其中粮食作物播种面积8.4万亩（小春粮食作物播种面积2.8万亩、大春粮食作物播种面积5.6万亩）。经济作物播种面积9.7万亩，其中油料作物播种面积0.3万亩、中药材种植面积6.4万亩、蔬菜种植面积2.7万亩。全年粮食总产量2.4万吨，其中小春粮食产量0.6万吨、大春粮食产量1.8万吨。经济作物中，油料产量0.03万吨，蔬菜及食用菌产量2.15万吨，茶叶产量0.08万吨，水果产量0.13万吨，药材产量0.82万吨。

【公共文化服务体系建设】 开设少儿公益美术、书法、舞蹈培训班，共培训学员190名。升级改造“村村响”设备35套。红军长征翻越夹金山纪念馆全年共接待游客约35万人次；体育场馆、图书馆、文化馆、博物馆免费开放，报名人次约12万人次。全县国家级非物质文化遗产硗碛多声部民歌《沙依瓦拉》亮相中国原生民歌节，藏式吹壶火锅制作技艺申报为雅安市非物质文化遗产。文化馆被评估定级为国家一级馆，红军长征翻越夹金山纪念馆申报为四川省首批中小学红色教育研学实践基地并入选“2021年度中华民族文化基因库（一期）红色基因库建设试点单位”，宝兴县入选省级文化生态保护试验区——嘉绒文化生态保护试验区。

【主要领导人】 县委书记：冯俊涛；县人大常委会主任：董伟；县长：罗显泽；县政协主席：张晶；分管农业副县长：杨现康。

宝兴县编写组

荥 经 县

【基本情况】 2021年，全县辖11个乡（镇）1个街道，辖区面积1781平方千米。

【基层农技推广体系改革与建设任务】 根据雅安市农业农村局转发四川省农业农村厅《关于印发〈四川省2021年基层农技推广体系改革与建设任务实施方案〉的通知》的通知（YN〔2021〕—756号），按照农业农村厅、财政厅《关于做好2021年中央财政农业生产发展等项目实施工作的通知》（川农函〔2021〕386号）要求，在荥经县继续实施2021年层农技推广体系改革与建设任务。加强组织建设，强化技术保障，成立以县农业农村局党组书记、局长李力和县财政局党委书记、局长张国良任组长的项目工作领导小组，领导小组下设办公室于县农业农村局科教站，负责项目具体实施。组建农业产业综合技术指导专家服务团，为促进全县特色产业发展和脱贫攻坚与乡村振兴有效衔接强化技术支撑。加强资金管理，强化任务落实，围绕2021年总体思路和重点任务，结合实际制定项目实施方案，细化资金概算，确保资金专款专用。针对项目实施过程中的不确定因素可能导致各项任务资金实际使用量与资金概算有出入的情况，本着因地制宜、顺势而为的原则，将单项结余资金在本项目任务范围内调剂使用，以发挥资金效益最大化。加强制度建设，强化规范管理，县纪委监委派驻县农业农村局纪检组负责对该项目的监督管理。加强农业科技示范主体和农业科技示范基地建设，通过制定遴选扶持办法，采取定向委托方式确定遴选对象。按照先建后补、以奖代补等方式强化示范任务与合作协议的管理，通过考核验收、公开公示等程序实施奖补兑现，确保示范任务完成。

加强信息报送，接受绩效考评，落实专门信息员，按要求及时将基层农技推广体系的机构、人员等信息填报至全国基层农技推广体系管理信息系统，将项目实施的工作动态、组织管理、农技人员培训、示范基地、示范主体、主推技术等信息及时填报至中国农技推广信息平台。建立项目执行定期调度督导机制，定期开展项目调度，加强日常监督管理。做好项目实施总结，并于12月15日前报送至雅安市农业农村局。加强交流宣传，营造良好氛围，挖掘任务实施中的有效做法和成功经验，总结可复制、可推广的典型模式，通过现场观摩、典型交流等方式和网络、报纸、电视等渠道进行推介宣传。总结宣传农技推广体系在抗击新冠肺炎疫情、保障农业生产中涌现的典型人物和做法，全方位展示农技推广体系良好形象和作用发挥情况，营造全社会共同关注支持农技推广工作的良好氛围。

【公共文化服务体系建设】 完成县文化馆、图书馆总分馆制建设，提升"荥经文化云"的信息传播能力和服务效能，实现县、乡、村三级网络覆盖。完成全县523个广播电视"村村通"检查维护和塔子山中央无线覆盖设备维护保障。全年开展群众文化活动30场次以上、广场文化活动15场次以上、进社区文艺活动10场次以上。

【主要领导人】 县委书记：李蓉；县人大常委会主任：陈德全；县长：古玉军；县政协主席：张顺昌；分管农业副县长：晋兆平。

荥经县编写组

汉 源 县

【基本情况】 2021年，全县辖12镇9乡，辖区面积2382平方千米，总人口28.5万人。

【新型农业经营主体培育】 推动农民专业合作社发展，全县共注册各类农民专业合作社1206家，其中国家级示范社9家、省级示范社23家、市级示范社46家、县级示范社124家。利用2020年中央专项资金支持农民合作社（含奶农合作社）项目资金485万元，重点打造4个省级及以上示范社、1个市级示范社和15个县级示范社；用好国家级质量提升整县推进试点县补助资金200万元，不断规范合作社建设，建立健全合作社辅导员队伍，建立汉源县新型农业经营主体信息管理服务平台。加大家庭农场培育力度，纳入家庭农场名录动态管理2600家、家庭农场各级示范场451家，实现76.2%（16个）的乡（镇）有省级示范场、100%（123个）的行政村有示范场。抓好汉源县2021年高素质农民培育工程，共培育高素质农民165人，学员选拔覆盖全县47个脱贫村以及创建乡村振兴先进乡（镇）、示范村，基本达到每个村民小组有1名人员参训。

【农村改革】 稳妥推进农村集体产权制度改革，完成全县118个村集体经济组织登记赋码、颁证，争取中央、省级财政资金900万元用于9个村发展壮大村集体经济。推进农村宅基地管理。开展新型农业经营主体培育，汉源县被列入四川省2021年农民合作社高质量发展示范县，新获评国家级示范社2家、省级示范社3家、市级示范社8家；全县新培育家庭农场省级示范场6家、市级示范场17家。2021年汉源县《小农户"嵌入"大农业，花果山变成"聚宝盆"》入选四川农业农村改革十大优秀案例。

【乡村振兴】 乡村振兴战略体系逐渐完善，制定印发《汉源县乡镇和部门（单位）领导班子领导干部推进乡村振兴战略实绩考核办法》；持续开展乡村振兴先进创建，制定2021年度乡村振兴示范创建工作方案和乡村振兴示范创建差异化考核细则，落实乡村振兴示范创建工作考评激励；统筹整合2021年高标准农田建设资金、2020年省市级乡村振兴奖励资金等8大类资金10 338万元，形成《2021年乡村振兴示范创建重点项目及资金整合方案》，在九襄镇、清溪镇、宜东镇、皇木镇、富林镇等乡（镇）安排实施高标准农田建设、农村人居环境整治、基础设施建设等项目53个，为乡村振兴示范创建提供强有力的项目和资金保障。全年创建省级乡村振兴示范村2个、重点帮扶优秀村1个，市级乡村振兴先进乡镇1个、示范村6个。

【种植业】 全县小春农作物播种面积10.64万亩，产量8.81万吨；大春农作物播种面积35.12万亩，产量8.7974万吨。全年粮食作物播种面积28.98万亩，产量9.62万吨，增产0.29万吨。全县水果种植面积36.14万亩，产量54.29万吨，产值21.95亿元。蔬菜种植面积14.49万亩，产量21.9万吨，产值7.86亿元。

花椒产业。全年花椒种植面积20.4万亩，鲜花椒产量2500万千克（折合干花椒产量500万千克），综合产值26亿元。编制《汉源县2021年省星级现代农业园区激励补助项目实施方案》，完成汉源花椒种质资源库数字化建设项目、品牌培育宣传项目、农业新业态支持电商发展项目、产业基地社会化服务采购项目、汉源花椒种质资源库花椒文化提升等项目6个，汉源县花椒现代农业园区于2020年创建为省四星级现代农业园区，2021年完成省五星级现代农业园区考评。开展"汉源花椒"全国经济林产业区域特色品牌建设、"汉源花椒"防御商标注册、"汉源花椒油"地理标志证明商标注册和"汉源花椒"马德里国际商标注册，推进"汉源红"区域公用品牌创建。全县"二品一标"认证农产品达33个，注册涉农商标56件，申报地理标志保护产品3个、地理标志证明商标2个、四川省著名商标5个、中国驰名商标1个、四川省名牌产品3个。2020年，“汉源花椒”入选《欧盟与中华人民共和国政府关于地理标志合作与保护协定》产品保护名录。

【畜牧业】 全县21个乡（镇）共存栏生猪128 428头、出栏生猪191 222头，全面完成市县下达的存栏、出栏任务（存栏11.3万头、出栏16.5万头）。引导高标准生猪规模养殖场建设，全县开工建设的2个年出栏500头以上的规模场已完成相关备案手续，总投资0.07亿元，占地29亩。

【农村人居环境整治提升】 村庄清洁行动。清理农村生活垃圾，重点清理村庄农户房前屋后和公共活动场所周边杂草杂物、积存垃圾，农村河湖沿岸漂浮垃圾，沿村公路和村道沿线散落垃圾等，解决“垃圾山”“死角垃圾”“垃圾围村”等问题。

清理农村厕所便池。开展厕所清理打扫，不乱堆乱放杂物、不乱扔乱丢垃圾；开展便器清洗去污，不留污垢、不见粪渍；引导农户文明入厕，定期进行厕所消毒、冲刷，做到厕所干净、整洁、卫生。加强农村公厕日常卫生保洁，适当增加消毒频次，公厕周边做到无垃圾、无粪便、无污水、无杂物。引导农户规范清掏、收运、利用粪污，严防粪污随意倾倒。

清理农村水源水体。清淤治理农村水井、水塘、小河沟、污水沟、臭水沟，清理河沟挂底垃圾和水面漂浮垃圾。宣传农村生活污水治理常识，房前屋后、村内村外不乱排乱倒，提高生活污水的处理能力和综合利用。

清理农村畜禽粪污。规范村庄畜禽散养行为，引导农户家畜家禽集中圈养，及时清扫畜禽粪便，有效处理利用畜禽粪污。建立规范的病死畜禽无害化处理收集体系，规范病死畜禽收集，统一处理，防止污染环境。

清理农业生产废弃物。清理农药包装废弃物、废旧农膜等农业生产废弃物，及时收、储、运各类农业生产废弃物，并严格按照有关规定进行处置，防止农业面源污染。全县获评“2021年全国村庄清洁行动先进县”。

农村“厕所革命”。实施37个村、1432户农村户厕无害化新（改）建，超省、市下达任务数226户，完成中央投资276.17万元。制定农村改厕“十四五”规划，每年落实改厕户数，五年共改厕5288户，到2025年，全县卫生厕所改造将基本完成。

农村生活垃圾分类处置。完成垃圾分类治理和宣传工作。建立健全农村生活垃圾收转运体系，采购40升户分类塑料垃圾桶12 000个、120升塑料垃圾桶210个、240升塑料垃圾桶490个、挂桶式正三轮摩托垃圾转运车80辆、垃圾压缩车8辆、洒水车1辆、路灯维修车1辆，安装垃圾分类宣传栏75个、标牌4660个并全部分发至全县21个乡（镇）。全面推广“户分类、村收集、乡转运、区处理”生活垃圾处理模式，累计实现90%的行政村生活垃圾有效治理。

农村生活污水治理。下达2021年农村生活污水治理“千村示范工程”建设资金517万元，实施9个乡（镇）10个村农村生活污水治理项目，涉及片马彝族乡片马村、马烈乡马烈村、前域镇金银坪村、河南乡柏树村、河南乡平等村、唐家镇庄子村、富泉镇双海村、大树镇料林村、富庄镇永兴村、顺河乡管山村，共治理4063户，受益人口12 311人。污水处理设施建设完成后，新增覆盖农户0.18万户，新增覆盖人口0.55万人，累计实现60%以上的行政村生活污水得到有效治理目标。

村容村貌提升。实施风貌改造提升建设和产业道路提升改造，覆盖富林镇、富庄镇、清溪镇、九襄镇等4个镇，总受益人口2.19万人。富林镇完成产业道路建设10.69千米，富庄镇桃子坪完成产业道路建设2.906千米，九襄镇完成产业道路建设14.396千米，清溪镇完成产业道路建设1.87千米。完成风貌改造提升580户。

农村面源污染防控。持续指导畜禽粪污资源化利用，畜禽粪污资源化利用率达76%。监督秸秆综合利用，全县秸秆综合利用率达91%。重点抓生物防治和科学施肥用膜技术推广，严防外来有害生物危害。

【强农惠农】 抓好惠农补贴落实，全县2021年耕地地力保护补贴核实补贴农户84 064户，面积25.12万亩，共计发放补贴资金2602.18万元；稻谷补贴共计核实补贴农户15 129户，补贴面积13 896.3亩，发放补贴资金74.4万元。开展2021年农机购置补贴政策宣传，印发宣传资料6500份，张贴购补流程图30份；系统录入补贴农机具29台（套），受益户数29户，补贴资金13.037万元。全县农作物病虫草鼠防治总面积260余万亩，推广农作物绿色防控实施面积32.8万亩，占全县作物种植面积的42.58%；农作物病虫害统防统治面积88万亩次，占病虫害发生面积的44.38%。实施绿色防控与统防统治融合发展，推广高效植保机械替代传统机械应用，推广植保无人机应用于病虫害统防统治防治，节省了农药使用量，农药利用率得到提高，农药使用量持续减少。推广性诱、灯诱等新型测报工具，实施病虫害监测预警，确保全县主要农作物重大病虫害预报准确率达90%以上，病虫危害损失率控制在4%以下，汉源县被农业农村部评为“全国农作物病虫害绿色防控示范县”。

【农业综合行政执法】 开展农资执法检查，出动执法车辆82台次、执法人员442人次，检查企业经营摊点994个次，印发宣传资料4000余份。加强畜牧兽医执法检查，对兽药市场、生猪定点屠宰场、生猪贩运环节、富林镇农贸市场等各个环节开展监督执法，共出动执法人员580人次、执法车辆140台次。开展渔政执法检查，出动执法人员1200

人次、车辆160台次、渔政执法船130艘次，检查水产品销售市场22次、渔具销售店32家次、餐馆29家次，与汉源湖管理中心、石棉渔政、公安及海事等单位联合执法20次，收缴违法捕鱼工具内胎5只、橡皮船2艘、拦河网24张共计2400余米、地笼子300个，并对收缴的禁用渔具依法进行集中销毁。执法中现场依法教育违法捕鱼者300人次，按照渔业法律法规将4起非法捕捞案件（涉案人员16人）移交司法部门立案查办（其中2件县检察院做出微罪不诉，移交县农业农村局做行政处罚）。加强政策、法律法规宣传，制定《2021年汉源县农资打假专项治理行动具体实施方案》《春季农资打假专项整治行动实施方案》，发放、张贴《中华人民共和国种子法》《雅安市食用农产品治违禁、控药残、促提升》《科学使用农药》等相关宣传资料6000余份。

【农业安全】 实施“一控两减三利用”计划，持续推进化肥农药“零增长”，全县畜禽粪污和秸秆综合利用率均提高到85%以上。聚焦农用机械、农用沼气等重点领域，开展安全生产专项治理，加强农产品质量安全监管，开展农资打假等专项行动，持续推进省级农产品质量监管示范县建设，农产品质量安全省、市级例行监测合格率达98%以上。发挥农村工作组统筹协调作用，严格落实《四川省农村地区新冠肺炎疫情防控十一条措施》，加强督察检查，压实乡村疫情防控属地责任和经营管理者主体责任，全县农村地区确诊病例或疑似病例零发生，农业农村安全生产形势稳定。

【农产品质量安全监管】 按照《2021汉源县农产品质量安全风险监测项目实施方案》要求，开展农兽药残留监测8批次，抽取蔬菜、水果、食用菌、畜禽产品样本253个。配合开展省级例行检测抽样3次，共计抽检样品81个，其中蔬菜38个、水果13个、畜产品25个、水产品5个；省级绿色食品抽样样品5个，其中水果3个、花椒和花椒油各1个；市级专项抽检和例行抽样4次共计185个样品，其中蔬菜40个、水果81个、食用菌2个、花椒20个、畜产品32个、粮食作物10个；县级例行抽检1665个，其中蔬菜1027个、水果518个、食用菌120个，抽检合格率为100%。加强品牌建设，加大“三品一标”认证及证后监管，新申报3个绿色食品；开展培训2期，发放技术资料2000余份。推行试行食用农产品合格证制度，印发食用农产品合格证43万份、合格证制度告知书10 000份和合格证“明白纸”10 000份，开具食用农产品合格证666 523张，带合格证上市农产品1 656 312吨。

【主要领导人】 县委书记：郑朝彬；县人大常委会主任：贺东风；县长：覃建生；县政协主席：岑永杰；分管农业县政府党组成员、市永管中心主任：李树敏。

汉源县编写组

石 棉 县

【基本情况】 2021年，全县辖8乡3镇1个街道，辖区面积2678平方千米，其中耕地面积2.154 435万亩，比上年增长0.81%，人均耕地面积0.1797亩；基本农田1.235万亩。年末总人口11.9877万人（户籍人口），减少0.4%；人口出生率9.9‰，减少0.4个千分点；人口自然增长率0.9‰，增加1个千分点。本地水资源总量30亿立方米，人均占有水资源量2.5万立方米。有林地面积18.013 644万公顷，活立木总蓄积量2323.523 576 67万立方米，森林覆盖率69.86%。

2021年，全县GDP114.13亿元，增长11.5%，其中第一产业增加值17.05亿元，增长8.2%，农、林、牧、渔及农林牧渔服务业之比为71.03∶1.68∶24.46∶1.07∶1.76；第二产业增加值38.1亿元，增长14.1%；第三产业增加值58.97亿元，增长9.3%。劳务输出1.96万人，收入4.6亿元。全年接待游客741.32万人，实现旅游收入59.5亿元，其中乡村旅游收入14 875万元。

公路通车里程1136.675千米（其中乡村公路872.64千米），密度424.45米/平方千米、94.88千米/万人。社会消费品零售总额29.44亿元，增长14.1%。一般公共预算收入完成74 602万元，增长13.41%；一般公共预算支出157 743万元，减少4.67%，其中农业投入26 840万元，占支出的17.02%。金融机构各项存款余额98.05亿元，比上年初增长9.56%；各项贷款余额96.56亿元，比年初增长11.2%，其中支持农业产业化发展项目贷款58.96万元。全年农业保费收入0.06亿元，增长11.24%；处理各项赔款和给付金额3729.71万元，增长28.06%。完成农业产业化项目19个，完成投资14 865.8万元。有农业产业化龙头企业8家。

有各类学校36所，在校学生20 413人，教职工1247人，其中普通中学4所，在校学生6383人；小学18所，在校学生8837人；学龄儿童入学率100%。完成省级以上科技成果2项，1项（参与）科技成果获得省级及以上科技进步奖。有艺术表演团体1个，文化馆1个，公共图书馆1个。有各级医疗卫生机构75个，其中专业公共卫生机构3个、三级乙等综合医院1个（石棉县人民医院）、二级甲等中医医院1个（石棉县中医医院）、二级甲等妇幼保健院1个（石棉县妇幼保健院）、民营医院2个、乡（镇）卫生院11个、社区卫生服务中心1个、村卫生室39个（其中纳入一体化管理19家、诊所医务室16家）。

截至2021年年底，全县每千人开放床位10.23张、执业医师（助理）3.22人、注册护士4.65人，每万人口专业公共卫生机构人员5.12人、全科医师4.29人。城乡居民基本医疗保险参保人数89 544人，参保率99.49%；新型农村社会养老保险参保人数41 577人，参保率95%。

【年度农业和农村经济运行】 2021年，全县农业总产值24.41亿元，增长4%。农民年人均可支配收入达16 830元，增长10.7%。建成12个基层农业综合服务站（主要农产品产量见表1所列）。

【农业产业化发展】 龙头企业。全县有农业企业龙头企业8家，均为市级龙头企业，固定总资产达3177.02万元，总营业收入（只包含涉农收入）2946.8万元，县级龙头企业从业人数351人（其中农民从业人数210人），上缴税金55.95万元。全年培育农业产业化联合体2个，参与合作社8个、家庭农场8个、种植大户15户，实现销售额4300万元，联合体内成员农户户均增收1万～3万元，带动农民800余户。截至2021年年底，全县龙头企业共带动农户5766户、家庭农场34个、合作社34个，带动就业人数351人。

农民专业合作社。截至2022年6月，全县工商登记注册合作社共计224家，分布于全县12个乡（镇），成员达1.57万人，其中创建国家级示范社1家、省级示范社8家、县市级示范社34家。石棉县坪阳黄果柑专业合作社进入“农民合作社500强”，被确定为农业农村部农民合作社办公室观察点。整县推进试点项目8月启动，工作内容共分3个大项、11个分项，截至2022年6月已全部启动实施。

家庭农场发展。全县纳入家庭农场名录库管理390家，其中工商注册登记172户、符合条件的规模户218户，已实现100%的乡（镇、街道）、90.2%的行政村、48.59%的村民小组有家庭农场；共有家庭农场各级示范场103家，其中省级示范场6家、市级示范场23家、县级示范场74家，已实现50%的乡（镇）有省级示范场、78.43%的行政村有示范场。

表1 2021年石棉县主要农产品产量

主要农产品	单位	产量	同比增减(%)
粮食	万吨	2.1800	2.00
水稻	万吨	0.2500	0
玉米	万吨	1.4000	5.00
马铃薯	万吨	0.3400	0
油菜籽	万吨	0.0900	0
蔬菜	万吨	7.1000	2.00
水果	万吨	10.2000	11.00
猪肉	万吨	0.5076	23.50
牛肉	万吨	0.1028	4.00
羊肉	万吨	0.0593	-10.40
禽肉	万吨	0.0923	-19.80
兔肉	万吨	0.0007	16.60
禽蛋	万吨	0.1077	0.50
水产品	万吨	0.0647	85.92
牛奶	万吨	0.0001	-66.00

【农用地产权制度改革】 土地确权。完成12个乡（镇）、55个村（居）、312个组、22 306户、75 773.58亩承包地的确权登记公示等工作；完成确权信息数据库平台建设，完成部级和省级数据汇交。全县共颁发确权证书21 284本，颁证率达95.4%。

土地流转。根据中共石棉县委办公室、县政府办公室印发的《关于引导农村土地经营权规范有序流转发展农业适度规模经营的实施意见》（石委发〔2016〕41号）文件要求做好土地流转相关工作，坚持土地流转“三个不得”原则，不得损害农民权益、不得改变土地用途、不得破坏农业综合生产能力和农业生态环境。全县土地流转规模30亩以上的共有18 574亩。

【农村集体产权制度改革】 全面开展以2020年12月31日为时间节点的清产核资，全县“三资”资产总额17 123.2万元，其中流动资产10 404.95万元、长期资产813.86万元、固定资产5903.79万元、其他资产0.6万元；负债1179.58万元，其中流动负债682.72万元、长期负债496.86万元。村级集体资产总额8615.26万元，集体土地总面积63.53万亩，其中未承包到农户的32.16万亩。完成两项改革后52个村（社区）的农村集体经济组织的股权量化、成员界定和登记赋码等系列工作，全县初步界定村级集体经济组织成员26 306户80 953人，量化经营性资产总额1170.4826万元、非经营性资产总额2467.9439万元，量化资源性资产总面积3.3775万亩。所有农村集体经济组织均参照《四川省农村集体经济组织示范章程（试行）》制定村级集体经济组织章程，健全成员大会、理事会、监事会“三会”制度，并行使职权。全县所有村的集体经济经营性收入均达1万元以上，总量252.7万元，其中经营性净收入3万元以下的村级集体经济组织有35个，占比67.3%；经营性净收入10万元以上的村级集经济组织有8个，占比15.4%。

【供销合作社改革】 八月瓜深加工项目。指导蜀丰公司加强与广州今盛美精细化公司的合作，研究八月瓜系列保健、美容、化妆、精油等新产品，完成三叶木通提取液化妆品生产备案、产品检测、包装、委托合同等，并由广州今盛美精细化工有限公司代加工，完成八月瓜籽油美容护肤新产品生产、试验，全年生产身体舒缓、面部精油各1000瓶，面膜10 000片，并进入市场销售拓展，全方位开发八月瓜深加工产品，提升八月瓜市场价值，为石棉八月瓜产业发展夯实市场基础，筑牢“中国八月瓜标准第一县”市场基础。

农产品宣传推广。通过自建的“石棉果品流通”微信业务群和中国果品流通协会等创办的“非常时期果业互助”“水果信息中心产销对接”等果品专门业务群，广泛发布石棉黄果柑、枇杷、黄桃等上市销售信息；做好疫情防控期间石棉农特产品推荐，克服石棉农产品销售“请进来、走出去”的困难，以“云”对接，微信对接、电话联系等方式，对接省内外果品经销商、批发商、商超采购、电商平台等40余人次，通过达成客商委托坪阳、黄金果业、玺丰等基层社和专业合作社的方式，销售黄果柑850余万千克、枇杷200余万千克、黄桃35余万千克，确保疫情下石棉农产品无大规模滞销，为农户稳产保收打下基础。

供销系统经营安全。结合单位实际，投入宣传资金4900元，在美罗、新民、王岗坪等7个乡（镇）农贸市场宣传疫情防控、安全生产和森林防火等法律法规知识，及时传达落实各级安全生产精神和安排部署。加强供销系统日常管理，开展“安全生产月”活动，制订专项工作方案，以烟花爆竹仓库、白石沟电站、社有资产为重点开展安全检查，督促生产经营单位落实安全生产主体责任，加强安全隐患排查治理，加强从业人员安全教育培训，确保供销系统生产经营安全。

两项改革“后半篇”文章。根据乡（镇）、村调整情况和乡村发展规划，优化基层供销社经营服务布局，推行“村集体+供销社+公司”或“农民专业合作社+供销社+公司”的“村社共建”模式，在美罗镇、新民乡和新棉街道安靖社区等地推进村级供销社建设，探索形成基层供销社、农民集体经济组织、农民合作社融合发展机制。以橇装加油站建设为抓手，多次主动与市供销社、供销集团公司复兴农资公司和雅安供销乡村农业发展有限责任公司对接，召开专题会议，对为农服务中心出资比例进行研究确认，选取美罗镇、新民乡、新棉街道安靖社区等点位建设为农服务中心，其中新民、安靖点位已完成选址、勘察、设计等工作并启动建设，美罗点位选址、勘察、设计等前期工作有序推进并完成美罗镇（石棉县供销现代农业发展有限公司）点位公司的注册。依托基层供销社、农民专业合作社等服务组织，开展农资、农技、电商、金融、可再生资源利用回收等培训，集中培训农民246人次。建立基层社1个。

示范社培育申报。指导石棉县万老五水果种植专业合作社申报国家级农民专业合作社示范社。石棉县万老五水果种植专业合作社被中华全国供销总社认定为2020年度农民专业合作示范社。

【农产品品牌战略实施】 全县“三品一标”农产品认证达41个，其中绿色食品认证16个、有机产品认证25个。石棉黄果柑、石棉枇杷、石棉老鹰茶均被农业农村部认定为国家农产品地理标志登记产品。12月，石棉黄果柑获得全国名特优新农产品证书，石棉黄果柑品牌价值达12.22亿元，石棉枇杷品牌价值达3.18亿元。

【现代农业园区建设】 按照“全链条发展、全方位拓展”的布局思路，以“一环·五中心·三基地·两平台”为总体空间布局，打造“四区”样板的水果生猪种养循环现代农业园区，规划总面积15.2万亩。培育省级现代农业园区1个（水果生猪种养循环现代农业园区）；认定市级现代农业园区2个（石棉县“枇杷+黄果柑”现代农业园区（四星级）、石棉县重楼现代农业园区（三星级））；认定县级现代农业园区9个（迎政三索窝枇杷现代农业园区、丰乐三星枇杷现代农业园区、安顺黄果柑现代农业园区、新棉安靖黄果柑现代农业园区、永和白马枇杷现代农业园区、美罗三明枇杷现代农业园区、新民马厂现代农业园区、王岗坪黄果柑现代农业园区、石棉县草科中药材种养循环现代农业园区）。

【种植业】 全年粮食作物播种面积6.8万亩，产量2.18万吨；油料作物播种面积7426亩，产量1202吨；玉米扩种335亩。省级下达耕地地力保护补贴资金618.3万元，发放补贴资金618.5829万元，涉及12个乡（镇、街道）19 274户农户，每亩补贴标准151.87元，补贴面积40 731.67亩；省级下达稻谷目标价格补贴资金0.3538万元，涉及5个乡（镇、街道）67户农户，每亩补贴标准53.62元，补贴面积99.91亩；省级下达实际种粮农民一次性补贴资金88万元，发放补贴资金88.3689万元，涉及12个乡（镇、街道）9369户农户，每亩补贴标准35.13元，补贴面积25 154.61亩。全年下拨农机购置补贴资金9500元，补贴农机具11台，受益农户10户，严格按照补贴程序100%完成资金发放。在11个乡（镇）20余个村发展枇杷基地5万亩，投产面积3万亩，产量2.39万吨，实现产值4亿元以上。全县黄果柑种植总面积5.2万亩，产量7.89万吨，产值约4.05亿元。“石棉黄果柑”在2020年中国农产品区域公用品牌评估中，价值10.18亿元。中药材种植面积达1.33万亩，产量1970吨，实现产值1900万元。蔬菜种植面积6.73万亩，产量7.74万吨，实现产值1.326亿元。建设40亩野生山韭和鱼腥草新品种的引种示范基地。开展林下蔬菜种植技术示范，并部署开春辣椒、番茄、茄子与黄果柑低龄苗套作，引进蔬菜新品种18个，示范推广300亩。

【林业】 全年完成营造林3.75万亩，依法管护森林306.36万亩，巩固退耕还林成果10.3万亩，有效保护自然保护区面积131.39万亩，森林覆盖率达69.86%。全年林业产业总产值达11.24亿元，增长10.3%。

【畜牧业】 建成设计年出栏规模达500头以上的生猪养殖场10个。全年出栏生猪6.88万头、牛0.82万头、羊4.03万只、以草科鸡为主的家禽48.27万只。完成第三次全国畜禽遗传资源普查第一年工作（共三年）。

【水产业】 以生态高效养殖、健康养殖为治理导向，优化水产养殖模式，全面推进养殖尾水生态化治理，完善水产养殖监管长效机制；以绿色发展理念为导向，坚持“以防为主、防治结合”的原则，推广水产生态健康养殖模式，持续推进水产用药减量；加快推动重口裂腹鱼、齐口裂腹鱼等优势特色养殖发展，提高优势特色水产品的供应能力和生产水平；加强宣传和技术指导。全年水产品产量647吨，增长85.92%。

【乡村振兴】 全县以实施乡村振兴战略为总抓手，紧盯“巩固拓展脱贫攻坚成果、统筹推进同乡村振兴衔接”两大目标任务，加强“主体责任、政策衔接、工作措施、问题整改”四个落实，通过政策引导、资金支持、项目倾斜、技术支撑等措施发展以黄果柑、枇杷为主的特色农业产业，初步构建起以特色水果、畜禽养殖两大特色产业为主导，农产品精深加工、农业社会化服务为重要支撑的“2+2”现代农业产业体系，巩固脱贫成果取得明显成效。全县2121户脱贫户、22户监测户收入保持稳定，医疗、教育、住房、安全饮水等均有保障，无返贫和“漏测失帮”现象，守住了防止规模性返贫致贫底线。

加强主体责任落实。建立健全县委、县政府农村工作双责任机制，及时调整县委农村工作领导小组，明确不再保留石棉县脱贫攻坚领导小组，将其职能并入县委农村工作领导小组，并设立巩固脱贫成果同乡村振兴有效衔接专项工作组，统筹推进乡村振兴等“三农”工作。多次召开县委常委会、政府常务会、专题会等会议，传达学习中央、省、市巩固脱贫攻坚成果有关会议和文件精神，专题研究部署全县巩固脱贫攻坚成果同乡村振兴有效衔接工作。印发《石棉县全面推进乡村振兴战略2021年度实施方案》《石棉县实现巩固拓展脱贫攻坚成果同乡村振兴有效衔接责任分工方案》等文件，明确目标任务，细化责任分工，把责任落实到最小工作单元。坚持县级领导、部门联系帮扶脱贫村，机关党员干部结对联系脱贫户制度，调整轮换全县23个脱贫村驻村帮扶力量，向5个重点帮扶村选派驻村工作队，向24个非贫困村选派“第一书记”，累计派驻“第一书记”、工作队员108人次，实现全县所有行政村驻村工作全覆盖。

加强政策衔接落实。落实“政策不摘”要求，保持低保兜底、公益岗位等保障性政策稳定，巩固提高产业、就业等发展性政策，优化调整医疗、教育、住房安全等政策。落实健康脱贫规范，围绕“基本医疗有保障”的核心目标，以实施分类救治为主要抓手，把健康扶贫落实到人、精准到病，保障已脱贫人口享有基本医疗卫生服务标准不降，防止因病致贫、因病返贫。全县医保参保率达100%，90%以上的疾病在县内诊治，已脱贫患者县内住院和慢性病门诊医疗费用个人支付占比均维持在10%以内。全面推进社会救助服务，坚持落实社会救助“应兜尽兜”，脱贫人口中丧失劳动能力且无法通过产业、就业获得稳定收入的人口按照规定纳入农村低保或特困人员救助供养范围。截至2021年年底，全县低保人口2540户（农村2163户），其中脱贫户981户1605人，救助供养特困人口336人。持续开展扶贫小额信贷，抓好过渡期内脱贫人口小额信贷借贷、展期、续贷以及逾期贷款催收等工作。全县扶贫小额信贷贷款总额2164.08万元，贷款户数552户，余额995.24万元。持续实施土坯房改造，开展农村房屋平安隐患排查整治，制订《石棉县2021年农村土坯房改造实施方案》，通过“拆、保、改、建、购”等方式分类改造整治农村土坯房184户。严格落实“六长”责任制，持续抓好控辍保学劝返，全县义务教育适龄儿童无一人失学辍学。按照“应助尽助、应补尽补”原则，做好全县各学段学生资助工作，全年共发放资助金510.05万元，办理贫困大学生助学贷款781笔、512.96万元。

加强各项举措落实。健全防止返贫动态监测和帮扶机制，印发《防止返贫动态监测集中排查工作实施方案》《石棉县健全防止返贫动态监测和帮扶机制办法》（试行），对易返贫致贫人口实施常态化监测，重点监测收入水平变化和“两不愁三保障”巩固情况，并继续精准施策。全年共纳入监测对象22户85人，因户施策开展帮扶，未发生规模性返贫和出现新增贫困人口。抓实乡村特色农业产业发展，持续抓好特色水果、畜禽养殖产业发展，立足黄果柑、枇杷、生猪、草科鸡等特色产业，规划实施现代农业产业园区、高标准农田、农业产业强镇、生猪规模养殖场建设等项目，新建高标准农田1.2万亩，推广高效节水灌溉1800亩，建成500头生猪以上规模养殖场9个。建立草科鸡质量安全溯源信息化体系，实现草科鸡年销售35万只。持续易地搬迁户后续帮扶，落实9户易地扶贫搬迁户医疗救助、就业扶持、产业发展等各项惠民惠农补助政策，引导外出务工8人，安置公益岗位1人，发展产业9户，实现搬迁群众稳得住、有就业、能致富。抓好脱贫人口稳岗就业，围绕解决农村留守劳动力的就业问题，通过开展“春风行动”促就业系列活动、提供公益岗位等方式，引导全县2433名贫困劳动力就业务工，其中公益岗位674人，实现外出务工人数稳步提升。加强扶贫资产后续管理，清理扶贫项目311个，扶贫资金2.65亿元，形成扶贫资产项目243个，扶贫资产1.93亿元。对扶贫资产进行登记造册，分级确定县、乡、村、户资产权属，明确扶贫资产所有权、收益权和管护责任，探索多元化扶贫资产管理模式。稳步推进衔接资金项目，提前建立项目库，提高建库、管库、用库质量，落实财政衔接推进乡村振兴补助资金5432.77万元，安排实施项目9个。开展掉边掉角户搬迁意愿调查，在严格依据政策规定和充分尊重群众意愿的基础上，全面完成回隆镇、美罗镇和王岗坪乡等乡（镇）15户掉边掉角搬迁意愿调查，根据调查情况，全县暂无掉边掉角搬迁户。规范建设脱贫攻坚档案，坚持删繁就简、客观真实、规范整理和分级收集原则，清理县级部门文件资料585盒、乡（镇、街道）文件资料930盒、村（社区）文件资料613盒、户文件资料597盒，实现脱贫攻坚档案建设管理。

加强“回头看”问题整改落实。坚持主要负责同志亲自抓、分管负责同志具体抓，及时组织召开巩固拓展脱贫攻坚成果“回头看”工作部署培训会，对“回头看”工作进行细化安排部署和业务培训，组建工作指导组，统筹推进全县“回头看”工作。推动“回头看”工作，采取县、乡、村三级联动方式，组织帮扶责任人、驻村工作队、县级部门、乡（镇）村干部全面开展“回头看”工作，完成2121户脱贫户、22户监测户、55个行政村（社区）数据采集和录入。加强问题整改，通过“乡（镇）自行排查+县级巡回指导”累计发现责任、政策、工作“三落实”和巩固成果等5个方面112条问题，已全部完成整改。

加强巩固脱贫成果。一是守住防止规模性返贫致贫底线。坚持聚焦脱贫村退出“一低五有”、脱贫户脱贫“一超六有”标准，持续落实“两不愁三保障”和饮水安全要求，全县2121户脱贫户、22户监测户收入保持稳定，医疗、教育、住房、安全饮水等均有保障，无返贫和“漏测失帮”现象。二是“户脱贫”“村五有”各项指标全面达标。持续发挥义务教育、基本医疗、住房、电力通信部门作用，保障群众基本生活需求，脱贫村卫生室、文化室、硬化路日常管护到位，通信网络通畅，集体经济全面达标。

【乡村旅游】 4月9日，四川省“重走长征路·奋进新征程”红色旅游年启动仪式主会场在石棉县安顺场纪念广场举行。省长黄强宣布四川省“重走长征路·奋进新征程”红色旅游年启动；省委常委、宣传部部长甘霖致辞；副省长罗强为参加“重走长征路·奋进新征程”红色旅游年活动的代表授旗。文化和旅游厅厅长戴允康发布了四川省“重走长征路·奋进新征程”红色旅游年实施方案。雅安市委书记李酌致欢迎辞。省政府副秘书长刘全胜主持仪式。

6月11日—14日，组织参加2021“清凉天府·安逸四川”推介会、第七届中国西部旅游产业博览会暨2021重庆国际文化旅游产业博览会等，持续扩大全县旅游品牌影响力，增强文化旅游产品供给，大力宣传石棉旅游新业态、新产品、新场景。

7月20日—21日，协助中央电视台15套音乐频道《乐游天下》“秀雅宁安”节目在石棉县拍摄，著名歌唱演员刘媛媛、降央卓玛和石棉县文艺爱好者共同参加拍摄，先后到安顺场镇、蟹螺堡子、栗子坪彝族乡对红色文化、尔苏木雅藏族文化等进行拍摄宣传。

12月9日—10日，2021年雅安市文化旅游发展工作推进会在孟获城景区召开。雅安市委书记李酌出席会议并讲话。

12月17日，以“安逸四川·阳光石棉”为主题的四川省第十二届（冬季）乡村文化旅游节在孟获城景区举办。乡村文化旅游节共包含四项主体活动，分别为开幕式、《石棉壮歌》主题演出剧、篝火晚会和参观考察。其中，主题演出剧《石棉壮歌》以“火”为意向元素，将石棉的自然风光和精神人文结合在一起，展现了石棉得天独厚的人文历史资源、旅游生态资源、红色文化资源和奋勇前进的精神面貌。

【农村水利】 防汛工作。健全四级群测群防体系，落实防汛责任人79人、监测责任人67人、监测员67人、水库水电站“三个责任人”21人。投入资金222.5万元，启动2021年山洪灾害防治项目非工程措施建设项目、2021年度山洪灾害非工程措施运行维护项目、水旱灾害风险普查。

河（湖）长制工作。完成纳入河（湖）长制管理22条河流、1座海子、1条堰渠“一河（湖）一策”管理保护方案（2021—2025年）、2021年度工作清单编制及上报。落实资金600余万元，完成全县22条河流河道管理范围划定及三条流域面积1000平方千米以上河流水域岸线保护与利用规划编制。推动全县水质常年保持在Ⅲ类及以上标准，达标率100%。持续推进河道砂石资源专项整治，全年共开展巡查38次，发现涉及非法采砂情况2起，立案查处2起，发现砂石行业涉及环境、安全问题6个，全部督促整改到位，通过第二轮生态环境中央督导组检查。

农村饮水安全。完成石棉县供水工程改造提升项目建设，升级改造供水站消毒设备14台，安装一体化水处理设备2台，更换滤料70吨等，有效提升4万人饮水标准，农村自来水普及率达98%以上。督促指导乡（镇）加快实施8个乡（镇）14个群众“急难愁盼”饮水工程，共计投入资金130.5万元。

水土保持。严格落实水土保持工作责任制，开展监督检查50次，发出提醒函4份、限期整改通知23份，征收水保补偿费341.0533万元，治理水土流失面积24.86平方千米。加强水保方案审批，完成生产建设项目水保方案审批48个、生产建设项目水保设施验收31个。水土流失卫星遥感监管现场复核确定违法项目10件，依法查处10件，查处率100%，完成整改7件，正在整改3件。

移民工作。有序推进移民安置，全面完成省、市下达年度目标任务。完成大岗山水电站1416户农户的实物补偿补助结算，兑付资金0.42亿元。完成王岗坪乡跃进村5组32户避险搬迁，争取资金828万元。完成大岗山临时用地复垦，制订土地划分方案。完成大岗山水电站新增水库影响区处理范围界定。完成四川省大渡河瀑布沟水电站水库（石棉库段）地质灾害治理项目审查，争取资金5983.7万元。完成老鹰岩水电站实物调查。完成大中型水利水电工程“十四五”移民后期扶持规划编制。完成移民后期扶持直发直补金和大中型水库移民养老保障资金审批系统数据录入，实现社保卡“一卡通”系统发放全覆盖。完成2006—2021年大中型水库移民后期扶持政策实施效果阶段性评估。争取2021年度库区基金项目资金2407万元，用于改善提升库区和安置区的基础设施。督促指导乡（镇）和部门开展移民资金报账3.21亿元。稳妥推进（瀑布沟、大岗山、龙头石）三大库区遗留问题化解处置，确保了库区和谐稳定。

项目建设。老鹰岩一级、二级水电站封库令下达后，用时50余天完成外业调查和实物指标锁定、公示等相关工作。开展《移民安置规划大纲》《移民安置总体规划报告》《移民安置规划设计报告》审查。完成2020年水利设施水毁恢复重建项目建设，投入资金1.2亿余元，完成南桠河城区段水毁堤防修复、乡（镇）水毁恢复重建项目，重建修复堤防18处1687.06米，维修加固堤防20余段4398.14米，修建防河道下切固床坝18座，清理河道7.66千米，综合治理河道12千米，恢复重建红旗堰等堰渠8.3千米，清淤9千米。开工建设大渡河左岸石棉县城区向阳段防洪治理工程，项目批复投资5059万元，治理河道总长4.01千米，加固和新建堤防3.1千米，新建防汛抢险通道0.48千米。

【农村科技】 农技推广。加强农技专业技术人才队伍建设，加强农技人员继续教育培训和知识更新培训，完成省级骨干培训2人、基层农技人员知识更新市级培训62人，98名基层农技人员参加继续教育培训并全部合格。

农村实用人才培训管理。56个村农村实用人才总数为9471人，约占总人口数的10%。从不同类型的农村实用人才来看，生产型人才6612人，占70%；经营型人才497人，占5.1%；技能服务型人才941人，占10%；社会服务型人才388人，占4%；技能带动型人才1033人，占10.9%。全县培育新型职业农民55人。

【农村教育】 县教育局坚持石棉教育发展“1127”战略思路，在全面实施七大提升工程、学前普及普惠创建、义务教育优质均衡创建等重点工作的同时，抢抓两项改革“后半篇”文章建设机遇，实施城乡学校布局调整，完成安顺场中学、美罗中学2所中学撤并，实现中学生全部进城就读，中学阶段已无城乡标准。撤并迎政小学等农村小学和校点8个，让农村小学生享受更为优质高效、集中集约的义务教育资源。同时，推进乡村振兴战略，投入资金2130余万元，启动建设新民中心小学、王岗坪小学等项目4个；投入资金300万元对安顺场八一希望小学进行全面维修改造；投入资金424.24万元，为栗子坪小学、草科小学、美罗小学等校采购教育教学设备设施1340台；投入资金105万元，对美罗乡育新幼儿园等8所普惠性民办乡村幼儿园进行扶持。新招教师38人，其中20人分配至乡村学校；在教师国培计划、省培计划和各级主题培训中，派出各学科209名乡村教师参加培训提升。

【农村法治建设】 建成乡（镇、街道）公共法律服务工作站12个、村（社区）公共法律服务工作室61个，农村公共法律服务实体平台实现全覆盖。依托村（社区）微信群，打造“指尖上的法律顾问”微信群61个，推广运用12348四川法网和12348公共法律服务热线，为群众提供精准、高效、便捷的公共法律服务。印发《关于进一步规范和加强村（社区）法律顾问工作的通知》，根据乡（镇、街道）法律顾问聘请情况，及时调整村（社区）法律顾问，制定法律顾问服务标准、绩效考核评估办法等，推进村（社区）法律顾问工作规范有序，全年免费为村（社区）提供法律服务80余次，帮助修订完善村规民约、企业规章制度等60余项，出具法律意见建议200余条。印发《石棉县“三官一律一员”下基层活动方案》，组织79名法官、检察官、警官、法律工作者和行政执法人员聚焦基层治理痛点堵点难点，依法化解矛盾纠纷，解答法律咨询，开展法律培训，全年围绕党委、政府依法决策出具法律意见建议300余条，审查合同50余份，开展普法宣传（培训）30余次，调解纠纷500余起。打造“城镇半小时、乡村1小时法律援助服务圈”，开设法律援助“绿色通道”，实行上门办理、预约办理，推行经济困难告知承诺制，不断降低法律援助门槛、扩大法律援助范围，全年为农村群众提供法律援助服务800余人次，其中办理法律援助案件150余件，解答法律咨询900余件次。依托“枫桥式司法所”一所六站点建设，在乡（镇、街道）打造公证协办点12个；落实公证证明事项告知承诺制和“最多跑一次”改革，在政务服务网、一体化平台开通“公证办理”端口为群众提供在线申办服务，全年共办理公证案件100余件，提供现场监督见证服务、上门服务、预约延时服务等50余次。县委依法治县委员会印发《石棉县加强法治乡村建设实施方案》通知，统筹推进村（社区）依法治理能力、乡村公共法律服务等建设。结合乡（镇）行政区划和村级建制调整改革“后半篇”文章，实施“法律明白人”培育工程，组织开展全县“法律明白人”轮训培育活动，截至2021年年底，全县共培育“法律明白人”662名。

【农村交通】 交通重点工程建设。泸石高速建设项目路线全长96.8千米（石棉境内约36.3千米），设计速度80千米/小时，平均每千米造价约1.8亿元。资金概算约174.24亿元（石棉境内约65.4亿元），2021年完成投资11亿元，占全年投资计划的100%。已完成全线路基工程26%、桥涵工程26%、隧道工程40%。省道217线石棉县城过境隧道新建工程路线全长3.9千米，新建长隧道1座，新建大桥2座，路基宽度12米，为沥青混凝土路面，完善交安、排水、挡防等设施，已完成工程可行性研究报告的送审，同步进行两阶段初步设计文件的编制。国道549线石棉境内段改建工程路线全长38.111千米，路基宽度8.5/7.5米，采用二、三级公路技术标准，为沥青砼路面，完善沿线挡防、排水及安保附属设施。全年完成投资7600万元，占全年投资计划的126.67%，一标段完成土石方工程45%、临时工程40%、路基工程55%、挡防工程55%，二标段于12月28日开标。

农村公路。石棉县农村公路水毁应急保通工程。项目总投资9800万元，分两期对全县12个乡（镇、街道）的公路水毁进行修复，涉及约150条，于11月全面完工。

桥梁建设。安顺大渡河渡口改公路桥。路线全长870.7米，其中新建桥梁800.18米，采用二级公路技术标准，设计速度为40千米/时，桥梁宽度20米，引道路基宽度20米，设计汽车荷载等级公路Ⅰ级、沥青砼路面。全年完成投资7000万元，占全年目标的116.67%。开展引桥墩盖梁和桥梁上部结构施工，完成路基工程10%、临时工程85%、桥梁工程45%。

独矿区及景区道路建设。石棉县独立工矿区工业园区对外连接道路改建工程。项目共四个标段，A标段已于2019年整体完工；B标段已于2021年完成建设；C标段路基土石方工程、路基防护工程、桥梁工程有序进行，已完成路基土石方工程25%、路基防护工程53%、桥梁工程13%。全年完成投资1.4亿元，占全年投资计划的175%。

王岗坪经营所通林下经济节点公路项目。全长23.6千米，为四级公路技术标准，设计速度20千米/时，路基宽度6.5米（特殊困难路段降低标准），为沥青混凝土路面，完善安保等设施。项目总投资8600万元，于12月全面完工。

客运站点建设。全额落实县级农村客运"金通工程"财政补助资金20.13万元，及时兑付农村客运"金通工程"省级补助资金，共使用237.66万元。建立交邮融合发展机制，签订合作协议，就石棉县县、乡、村三级物流体系建设推进"金通工程·天府交通"建设，构建农村物流服务体系，实现农村客运、货运、邮政快递融合发展，全年未出现农村客运通村"通返不通"。全县92个（村级建制调整前数据）建制村已通客车，其中36个（村级建制调整前数据）偏远建制村实行预约式响应服务，同时制定通村客车亏损补贴机制，通过定时、定点的发班模式，用学生班、赶场班解决偏远建制村居民出行问题。全县所有乡（镇、街道）已全部通客运班车，通客车率达100%。

【农村社会保障】 落实"三项措施"，推进社保征缴扩面。全县城乡居民基本养老保险参保人数达41 849人，参保率达95%，待遇领取人数达11 111人。落实社保扶贫促进参保，响应城乡居民基本养老保险扶贫政策，为参加城乡居民养老保险的低保对象、特困人员、返贫致贫人口、重度残疾人实施代缴，共计为符合条件的2038人实施代缴，代缴完成率100%；发放金额203 800元，发放完成率100%，实现符合条件人群全覆盖。多途径开展宣传，鼓励参保，更新经办流程的政策宣传，印发宣传资料1万余份，并与当地劳动保障员及时沟通，及时跟进政策的宣传和落实情况。统一组织开展劳动保障员和协理员业务工作线上培训，为群众提供更优质的服务。

【农村生态建设及环境保护】 全县集中式饮用水水源保护区"划、立、治"工作有序推进，全县17个农村集中式饮用水水源地全部完成保护区划定，一级保护区隔离防护设施和标识标牌建设完成率均达100%。农村在用集中式饮用水水源地水质达标率保持100%，农村供水水质安全得到有效保障。全年投入468.2万元推进9个农村生活污水治理设施提升改造，已完成新民乡、王岗坪乡、迎政乡、永和乡、王岗坪乡幸福村、美罗镇碾子村、坪阳村共8个农村污水处理设施提升改造，合计处理规模1320吨/日。完成安顺场镇共和村集中化粪池清掏，提高已建成的污水设施正常运行率。

根据《雅安市农村生活污水治理三年推进方案》（雅市环发〔2020〕55号）开展农村生活污水治理，在新棉街道、美罗镇、栗子坪乡实施农村生活污水治理"千村示范工程"项目，工程总投资3580万元，其中利用省级财政以奖代补资金259万元建成5座生活污水处理设施，设计规模3620吨/日，项目建成后累计处理生活污水约40万立方米。截至2021年年底，全县34个行政村（社区）农村生活污水得到有效治理，占比60.7%，完成2021年总体目标任务，提高9.7%。组织各乡（镇）开展全县农村黑臭水体排查，摸清全县农村黑臭水体底数，持续巩固农村水环境质量。

【农产品质量安全监管】 食用农产品质量安全。全面试行食用农产品合格证制度，将试行食用农产品合格证制度工作开展情况纳入乡（镇）目标绩效考核，组织召开石棉县食用农产品合格证培训会，建立完善主体名录209家。全县开具食用农产品合格证133 924张，附带合格证上市的农产品43 310.3吨。持续推进农产品质量安全风险监测预警，省、市级农产品质量安全风险监测任务完成149个，完成率达114.61%，合格率达100%；开展本级农产品质量安全定量监测样品量175批次，以县政府官网公布12.04万人计算，总样品量达1.45批次/千人。加大农产品质量安全监督抽查力度，配合省、市开展农产品质量安全监督抽查，抽取蔬菜、水果、畜产品和水产品共计39个，在省级监督抽查中发现问题1个(收获蔬菜农药残留超标),并及时对发现问题进行查处,给予生产主体行政处罚200元。

加快农产品质量安全检测体系建设。县农产品质量安全监督检验检测站完善农产品质量安全检测体系建设,完成蔬菜、水果、食用菌、畜禽产品和水产品质量安全风险监测样品170个,完成率113.3%,并通过2021年四川省农产品质量安全检测技术能力验证。建立健全全县农产品质量安全网格化管理体系,组建以县、乡、村三级监管人员为成员的农产品质量安全网格化管理体系,明确相应监管职责,并在各乡(镇)公示网格化监管人员信息、职责。

开展农资打假和"治违禁　控药残　促提升"三年行动。开展农资打假,查处农资打假案件6起,给予行政罚款4.5万元,没收违法所得0.13万元,没收农药货值1.78万元。开展食用农产品"治违禁　控药残　促提升"三年行动,联合市场监督管理局等7部门制订印发《石棉县食用农产品"治违禁　控药残　促提升"三年行动方案》,组织召开食用农产品"治违禁控药残促提升"三年行动工作部署会,对三年行动的重点治理品种、时间和工作任务进行详细分解。开展"放心农资下乡进村"活动宣传。制订《石棉县开展2021年放心农资下乡进村的方案》,组织召开农资打假专项行动部署暨培训会1起,培训农兽药农资经营户170户,印发农资相关法律法规资料1000余份,接受群众现场咨询400余人次;活动期间出动43人次参加农资市场整治行动。

加强农产品质量安全追溯体系建设情况。全县监管、检测、执法应用国家(省级)农产品质量安全追溯管理信息平台录入巡查数据3726条。生产经营主体录入产品生产批次共计18 583批次,产品交易总数23 425次,交易成功总数23 425次;追溯系统共录入数据65 433条。

开展农产品质量安全执法,依法查办农产品质量安全案件。全年查处农产品质量安全案件共7起,共罚款1100元,并及时地将案件查办情况上报市执法监督科。

推进"两个名单"和"两个创建"。结合全县《石棉县农产品生产主体质量安全"重点监控名单"和"黑名单"制度》,纳入省级、县级农产品生产主体质量安全"重点监控名单"2家。石棉县通过省级农产品质量安全监管示范县资格复审。

开展农产品质量安全宣传和舆情监测。以农产品质量检测、农产品质量安全、种养殖业、农业执法为重点,结合技术培训、科技特派员制度等开展培训,并在农业农村厅官网上推送信息进行宣传。以黄果柑、枇杷等产业为重点,发挥"联防联控、群防群治"的力量,开展全天候农产品质量安全舆情监测。

及时处置农产品质量安全投诉举报。对农户反映的相关问题进行及时调查、处理,兑付举报奖励金1000元。

加强农产品质量安全突发事件应急处置能力建设。结合石棉实际,及时完善《石棉县农产品质量安全突发事件应急预案》,组织召开石棉县2021年农产品质量安全应急管理培训会和突发重大动物疫情应急演练桌面推演,最大限度减少因农产品质量安全突发事件造成的影响和危害。全县未发生农产品质量安全舆情事件或突发事件。

【农业保险】 全县农业保险承保品种为玉米、育肥猪、能繁母猪、公益林和商品林和育肥猪价格保险,同时新增加地方特色农业保险枇杷保险。全年拨付财政保费补贴资金共计385.77万元,其中中央财政保费补贴资金143.36万元、省级财政保费补贴资金113.48万元、县级财政保费补贴资金128.93万元。分种类来看:玉米拨付保费补贴资金0.82万元,育肥猪拨付保费补贴资金67.09万元,育肥猪拨付价格保险保费补贴资金8.16万元,能繁母猪拨付保费补贴资金66.84万元,公益林拨付保费补贴资金91.81万元,商品林拨付保费补贴资金11.09万元,枇杷拨付保费补贴资金139.96万元。

【农村留守家庭(儿童、学生)帮扶】 通过在乡(镇、街道)建设社工站,引入专业社会组织、社工人才等方式将农村留守儿童纳入关爱服务体系,健全完善学校、家庭、社会"三结合"关爱帮扶网络,完善"学校育人""家庭育人""社区育人""社会关爱"四个体系建设,形成农村留守儿童工作合力。开展安全教育课堂、禁毒宣传教育、防性侵教育课堂等。开展家庭教育活动,通过"手牵手"活动、亲子课堂加强家庭教育,增进亲子关系。截至2022年7月底,共开展安全和心理健康教育、隔代教育能力建设、教育辅导等儿童关爱活动10场,服务儿童484人次。落实留守儿童家庭保障政策,将符合条件的留守儿童家庭纳入事实无人抚养儿童、低保等政策范畴,实现应保尽保,保障留守儿童家庭的基本生活。

【劳务开发与返乡创业】 全年举办线上线下专场招聘会12场、"送岗位信息下乡入村"活动15次,就业岗位提供现场达成意向性用工协议的劳动力505人。与重庆、浙江、江苏、福建、广东惠州等地和蒲江等成都周边用工密集地联系,实现农村劳动力转移就业1.96万人,实现劳务收入4.6亿元。开展各类就业技能培训2463人次,其中企业新型学徒制培训持续开展,在石棉县集能新材料有限公司、蓝海化工集团公司组织开展学徒制培训90人;劳务品牌培训601人,创业培训303人,以工代训616人,其他各类培训853人。通过公益性岗位安置、企业吸纳、灵活就业、鼓励创业等方式帮助脱贫家庭劳动力新增转移就业238人,实现转移就业规模2391人。利用石棉县返乡下乡创业孵化园创建为市级创业孵化基地的有利条件,为创业项目提供办公场地、办公家具、水电网等,并配套完善公交线路、物流配送点,落实创业贴息贷款政策,拓宽创业者融资渠道,全年累计提供创业担保贷款84笔1856万元。整合培训资源，有针对性、有计划地开展创业培训，开展引领大学生创新创业服务238人次，提供创业指导173人次，发放创业补贴10人、10万元。

【主要领导人】 县委书记：罗刚；县人大常委会主任：邓西琼；县长：张瑜锋；县政协主席：陈洪忠；分管农业副县长：吴大斌。

石棉县编写组

眉 山 市

【基本情况】 2021年，全市辖2区4县13个街道62镇5乡1050个行政村313个社区，辖区面积7140平方千米。年末常住人口295.9万人，户籍总人口340.53万人，其中城镇人口132.89万人，城镇化率51.11%。森林面积35.89万公顷，森林覆盖率50.25%。

2021年，全市GDP1547.87亿元，增长8.4%，两年平均增长6.3%，其中第一产业增加值229.8亿元，增长6.9%，两年平均增长6.3%；第二产业增加值596.58亿元，增长7.6%，两年平均增长5.3%，年末规模以上工业企业708家，规模以上工业增加值增长10.2%；第三产业增加值721.49亿元，增长9.6%，两年平均增长7.2%。三次产业对GDP增长的贡献率分别为13%、34.1%、52.9%，分别拉动GDP增长1.1个、2.9个、4.4个百分点。三次产业结构比调整为14.9：38.5：46.6。

全年居民消费价格总指数(CPI)同比上涨0.4%，其中食品烟酒价格下降1.7%，衣着价格上涨0.6%，居住价格上涨0.3%，生活用品及服务价格上涨0.2%，交通和通信价格上涨5.5%，教育文化和娱乐价格上涨1.7%，医疗保健价格上涨0.5%，其他用品和服务价格下降5.3%。商品零售价格总指数同比上涨1.1%。全年全体居民人均可支配收入达30 260元，增长9.6%，其中农村居民人均可支配收入21 771元，增长10.3%；全体居民人均消费支出20 782元，增长10.1%，其中农村居民人均消费支出16 960元，增长10.7%。

全年全社会固定资产投资增长11.8%，按产业分，第一产业投资增长20.3%，第二产业投资增长11.8%，第三产业投资增长11.4%。全年实现社会消费品零售总额629.72亿元，增长15.9%，其中乡村市场实现消费品零售额231.31亿元，增长16.7%。地方一般公共预算收入完成137.9亿元，增长13.4%，其中税收收入87.58亿元，增长20.7%；地方一般公共预算支出276.88亿元，增长0.5%。年末金融机构本外币存款余额2833.41亿元，增长6.8%，其中人民币存款余额2827.25亿元，增长6.9%；本外币贷款余额1831.45亿元，增长19.1%，其中人民币贷款余额1831.21亿元，增长19.1%。

公路客运量1567.21万人次，客运周转量61 207.35万人千米；公路货运量10 318.86万吨，货运周转量750 318.78万吨千米，客货运输总周转量756 439.51万吨千米。机动车保有量89.52万辆，其中大型车2.08万辆、小型车44.89万辆、新能源汽车保有量0.52万辆、校车保有量112辆。全年电信业务总量30.45亿元(按2020年不变单价)，增长31.7%。有固定电话用户72.36万户，增长3.2%；移动电话用户341.96万户，增长5.5%；宽带用户124.47万户，增长9.7%。全年邮政业务总量13.54亿元，增长22.5%。快递业务量11 747.01万件，增长31%；快递业务收入6.71亿元，增长20.3%。全年组织实施市级以上科技计划项目38项，向上争取到位无偿科技项目资金1288.6万元。获得专利申请授权2951件。新增国家高新技术企业12家。新增国家级科技企业孵化器1家、省级农业科技示范园区1家、省级科技企业孵化器1家。

有各类学校810所，其中幼儿园406所、小学200所、初级中学145所、高级中学30所、中等职业学校22所、特殊学校7所；各类学校在校学生42.17万人，其中幼儿园在园幼儿8.91万人、小学生17.03万人、初级中学学生7.75万人、高级中学学生4.67万人、中等职业学校学生3.73万人、特殊学校学生915人；各类学校专任教师总数3.02万人，其中幼儿园专任教师0.58万人、小学专任教师1.14万人、普通中学专任教师1.12万人。有文化馆7座，文化站133个，博物馆6座，公共图书馆7座(藏书量94.65万册)。有广播电视台6座，有线广播电视传输干线400千米，有线广播电视用户47.78万户，公共广播节目、电视节目播出时间分别为2.58万小时和3.91万小时。有医疗卫生机构2247个，实有病床位2.1万张；医疗卫生机构技术人员2.05万人，其中执业(助理)医师7960人、注册护士9036人。

【种植业】 全年农作物总播种面积32.35万公顷，增长1.1%，其中粮食作物播种面积19.83万公顷，增长0.5%；油料作物播种面积5.88万公顷，增长3.4%。药材播种植面积2190.27公顷，增长2.5%；蔬菜种植面积4.88万公顷，增长1.1%。全年粮食总产量127.53万吨，增长1.3%，其中小春粮食产量6.56万吨，增长0.3%；大春粮食产量120.96万吨，增长1.4%。经济作物中，油菜籽产量11.97万吨，增长4%；茶叶产量2.5万吨，增长4.7%；水果产量126.1万吨，增长4.7%。

【畜牧业】 全年肉类总产量22.85万吨，增长11.8%，其中猪肉产量15.63万吨，增长16.8%；牛肉产量3209吨，增长3.6%；羊肉产量6205吨，增长3.1%。牛奶产量14.94万吨，增长7.7%。禽蛋产量5.43万吨，增长2.9%。生猪存栏增长7.8%，出栏增长11.2%；羊出栏增长0.1%，家禽出栏下降3.9%。全年水产品养殖面积1.39万公顷，下降3%；产量13.98万吨，增长2.5%。

【农业机械化】 建成高标准农田214.13万亩。农业机械总动力223.65万千瓦。机耕作业面积23.14万公顷，主要农作物综合机械化水平达73%。新建农机化生产道路231.15千米。维修改造提灌机械2915台，维修改造提灌机械总动力3.55万千瓦。新增提灌站26座、提灌机械750台，新增提灌机械总动力6595千瓦。全年农业生产燃油消耗5.34万吨。

【农村社会保障】 全年参加城乡基本养老保险213.47万人、城乡居民基本医疗保险264.23万人，发放养老金103.77亿元，支出城乡居民基本医疗保险待遇19.01亿元。城乡低保保障人数9.3万人，支出保障金2.71亿元。城乡特困供养人员1.92万人，集中供养率达25.3%。老龄人口73.08万人，新增、改（扩）建敬老院1所，新增床位1035张，每千名老年人口养老床位数35.3张。有老年学校7所。

【主要领导人】 市委书记：慕新海（7月止），胡元坤（7月始）；市人大常委会主任：刘十庆（11月止），杜紫平（11月始）；市长：胡元坤（7月止），黄河（7月始）；市政协主席：吴小可（11月止），黄剑东（12月始）；分管农业副市长：肖忠良（11月止），宋良勇（11月始）。

眉山市编写组

东坡区

【基本情况】 2021年，全区辖13镇3个街道，辖区面积1330平方千米。全区户籍户数36.47万户，户籍总人口87.4万人，其中女性43.9万人。有常住人口90.6万人，城镇化率为61.28%。全年出生人口5304人，人口出生率5.86‰；死亡人口6732人，人口死亡率7.44‰；人口自然增长率-1.58‰。

2021年，全区GDP530.21亿元，按可比价计算，比上年增长8.4%，其中第一产业实现增加值62.69亿元，增长6.7%，对经济增长的贡献率为10.1%，拉动经济增长0.85个百分点；第二产业实现增加值210.95亿元，增长8.5%，对经济增长的贡献率为38.8%，拉动经济增长3.26个百分点，其中工业实现增加值159.25亿元，增长10.8%，对经济增长的贡献率为36.5%，拉动经济增长3.1个百分点，其中规模以上工业增加值（年主营业务收入2000万元及以上企业）增长6.8%；第三产业实现增加值256.57亿元，增长8.8%，对经济增长的贡献率为51.1%，拉动经济增长4.3个百分点。一二三产业比由上年的12.6∶38.6∶48.8调整为11.8∶39.8∶48.4，工业增加值占GDP的比重达30%，第三产业增加值占GDP的比重达48.4%。全年接待国内游客1097.84万人次，增长4.3%；实现旅游总收入111.42亿元，增长11.3%。

全年社会消费品零售总额222.35亿元，增长16.2%，其中城镇市场实现零售额164.77亿元，增长16.0%；乡村市场实现零售额57.58亿元，增长16.5%。从行业看，批发业实现零售额45.58亿元，增长14.5%；零售业实现零售额150.04亿元，增长14.1%；住宿业实现零售额1.27亿元，增长40.2%；餐饮业实现零售额25.46亿元，增长32.5%。从消费形态看，商品零售额195.68亿元，增长14.2%，其中限额以上商品零售额80.8亿元，增长17.4%；餐饮收入26.66亿元，增长32.8%，其中限额以上餐饮收入2.82亿元，增长27.1%。全年贸易进出口总额达120 236万元（含转口贸易），增长57.2%，其中出口110 132万元，增长56.7%；进口10 104万元，增长62.4%。全年完成邮政业务总量6.91亿元，增长21.5%；电信业务总量11.3亿元。有固定电话用户22.61万户、移动电话用户117.14万户；互联网宽带接入用户38.4万户，增长8.3%。全年地方一般公共预算收入完成26.61亿元，增长10.1%；地方一般公共预算支出48.92亿元，增长0.6%。年末金融机构本外币各项存款余额1111.6亿元，增长6.6%；本外币各项贷款余额722.1亿元，增长14.7%。金融机构人民币存款余额1106.22亿元，增长6.6%；人民币贷款余额721.85亿元，增长14.7%。城乡居民储蓄存款余额762.85亿元，增长10.7%；定期存款余额561.4亿元，增长13.3%。全区共有保险公司34家，其中财险公司15家、寿险公司19家。

有学校241所，其中幼儿园139所、小学54所、初中29所、高中11所、职业中等学校5所、特殊学校3所；在校中小学生总数10.09万人，其中小学5.31万人、初中2.31万人、高中1.4万人、职业中学1.02万人、特殊学校584人；中小学专任教师总数7014人，其中小学专任教师3354人、初中教师2068人、高中教师1157人、职业中学教师435人；学龄儿童入学率100%，小学毕业生升学率100%，初中毕业生升学率95.68%，高中毕业生升学率88.21%。全区专利授权量1210项，其中发明专利116项。向市科技局推荐重大科技事项19项。推荐省级科技计划项目30余项、市级科技创新计划项目31项。有高新技术企业19家，实现高新技术产业主营业务收入90亿元。全区广播覆盖率、电视覆盖率均达100%。

【年度农业和农村经济运行】 2021年，全区农林牧渔总产值实现105.68亿元，增长7.4%。农村居民年人均可支配收入达24 175元，增加2288元，增长10.5%，从收入构成看：工资性收入10 291元，增长9%；家庭经营收入10 070元，增长13.5%；财产净收入1000元，增长5.3%；转移净收入2814元，增长7.1%。农村居民年人均生活消费支出达17 885元，增长10.9%，其中居住消费支出3500元，增长6.1%；衣着消费支出1190元，下降9.9%；医疗保健消费支出1640元，增长6.5%；交通和通信支出2332元，下降24.7%；人均食品烟酒消费支出6381元，增长6.9%，占生活消费支出的比重(恩格尔系数)为35.7%，比上年下降1.3个百分点。年末有效灌溉面积3.91万公顷；农业机械总动力58.86万千瓦。

【种植业】 全年粮食作物播种面积57.2万亩，增长0.5%，占总播种面积的46.5%；油料作物播种面积25.77万亩，增长0.3%，占总种植面积的21%；蔬菜及食用菌(含菜用瓜)种植面积24.7万亩，增长1.4%，占总种植面积的20.1%。全年粮食总产量30.12万吨，增长2%；油菜籽产量3.86万吨，下降10.8%；园林水果产量20.36万吨，增长5.5%；蔬菜产量69.5万吨，增长0.7%；茶叶产量643吨，增长3%。全年实现种植业产值68.66亿元，增长4.3%。

【畜牧业】 全年生猪出栏50.03万头，增长11.2%；牛出栏2860头，增长6.2%；羊出栏5.06万只，下降0.2%；家禽出栏1346.13万只，下降1.5%；兔出栏58.51万只，下降2.5%；淡水鱼类产量4.53万吨，增长3.5%，全年肉类总产量5.56万吨，增长5.1%，其中猪肉产量3.58万吨，增长11.5%；禽肉产量1.93万吨，增长0.2%。禽蛋产量8801吨，增长19.6%；牛奶产量2.46万吨，增长15.9%；蜂蜜产量4092吨，下降0.6%。全年实现畜牧业产值24.88亿元，增长15.6%；实现渔业产值7.7亿元，增长4.9%。

【林业】 全区森林面积达5.63万公顷，成片造林0.12万公顷，森林覆盖率达42.28%。全年林业增加值达2.03亿元，增长3.1%。

【农村交通】 完成太和镇前锋村至金光村撤并建制村通硬化路工程、工业环线顺龙桥至万华段路面改造工程等农村公路建设62千米；整治危(病)桥及漫水桥21座，其中已完工10座、在建11座。

【农村文化】 组织全区中小学校参加"党史我来讲 红色照我心"主题教育演讲比赛，获得省级一等奖1名、二等奖1名、三等奖2名；组织54所学校35 000名师生到建川博物馆、红色西山、汶川、映秀等地接受爱国主义教育。组队参加眉山市中小学生运动会，获得团体总分第一名；区特殊学校学生白珍与参加残特奥会轮滑比赛并获得2金2银2铜。组织师生参加眉山市第九届苏东坡文学艺术奖评选活动，东坡师生18件作品获奖。全区体育场馆免费或低收费开放，到馆人员达16万人次。

【农村卫生】 提升核酸检测能力，建成东坡区核酸检测基地，全区日检测能力达46 544管，48小时可完成东坡区90.44万人核酸检测。先后印发《关于推进健康东坡行动的实施意见》《健康东坡专项行动方案(2020—2030年)》，从全方位干预健康影响因素、维护全生命周期健康、防控重大疾病三个方面开展17个专项行动，持续提升居民主要健康指标和健康水平，逐步实现从"治病为中心"向"人民健康为中心"的转变。加强慢病管理，推进国家基本公共卫生服务项目。开展思蒙中心卫生院区域医疗次中心建设，启动大石桥街道新建1所社区卫生服务中心工作，增设东坡岛白虎滩社区卫生服务站。构建老年友好社会环境，组织全区17家医疗机构开展老年友善医疗机构创建活动。加强3岁以下婴幼儿照护服务，在云樾天境小区打造1家公建民营普惠托育服务示范点。

【主要领导人】 区委书记：廖小宁；区人大常委会主任：何万高；区长：杨翔宇；区政协主席：李胜华(10月止)，郭建华(11月始)；分管农业副区长：王志丹。

东坡区编写组

彭山区

【基本情况】 2021年，全区第一产业增加值实现19亿元，增长7.2%。农村居民年人均可支配收入达24 259元，增长10.6%，居全市第一位。向上争取项目32个，项目资金15 041.3万元。共有省级、市级龙头企业25家，家庭农场2558家，农民合作社282家。打造电商示范村2个，全区农村电商网络销售额达3.2亿元。实现乡村旅游收入13.9亿元。完成改厕12 047户，无害化卫生厕所普及率达94.1%。建成"美丽四川·宜居乡村"达标村37个。秸秆资源化利用率达92%以上，固体废弃物回收率达88.2%，化肥农药连续4年实现负增长。

【家庭农场】 发展一批规模适度、生产集约、管理先进、效益明显的家庭农场。探索社会组织承接政府公共服务职能，实施家庭农场发展促进联盟建设工程，帮助100余户家庭农场主开展

"互联网+"销售活动，运用抖音、微信等现代传媒方式进行直播带货，助力相关农产品通过电子商务出村进城。帮助51户农场主对接保险风险管控、对接银行贷款，组织开展技术指导培训3个班次、113人。全区新增家庭农场65家，创建省级示范场44家、市级示范场71家、区级示范场154家，实现全区所有的镇（街道）均有省级示范场、39个行政村（社区）有市级示范场。

支持38名家庭农场主进行涉农学科大专及以上学历提升，兑现补贴金额8万元。支持参加城镇职工养老保险，每人每年按照个人缴费额的50%给予补贴，年度补贴金额最高不超过1万元，补贴金额20万元。支持技术创新，鼓励家庭农场主技术创新，申请相关专利技术，提高农业产值。举办农业技术应用技术创新大赛，表彰柑橘生物有机质覆土防冻技术（郑利彬）、酵素生态农用法（向珊）等9个优秀项目，补助创新资金9万元。

【农村土地制度改革】 推进农村宅基地制度改革试点。构建宅基地"三权分置"的政策体系，建立健全"1+6+N"改革体系，初步形成依法取得、节约利用、权属清晰、权能完整、流转有序、管理规范的宅基地制度体系。厘清宅基地权属关系，通过宅基地所有权、资格权、使用权"三权同确三证同颁"，破解宅基地权属关系不清难题，为40个村民小组累计颁发集体土地所有权《不动产权证书》40本，为农户颁发《农村宅基地资格权证书》5158本、"房地一体"《不动产权证书》9860本。盘活闲置资源建设"美丽宜居乡村"，新桥村按照"规划引领、提升品质，盘活存量、高效利用，资源回流、振兴乡村"思路建有古堰新居、乡村振兴学院、稻香民宿、农产品集配中心等新产业新业态，新达成意向项目18个，并对何家院子14栋具有建筑美学和生态价值的农房予以保留，以集体经济组织为主体，以业态定位招商，主要用于发展乡村民宿、院所科研团队工作室、书画院、乡村振兴学院配套设施等。

【集体产权制度改革】 全面开展清产核资，对集体所有的各类资产进行全面清查核实，摸清集体家底，健全管理制度，防止资产流失，其中涉及资产总额54 776万元（经营性资产10 329万元）、资源性资产42.07万亩。依法确立主体地位，开展合并村融合发展，完成合并村产权制度改革，建立合并村经济集体经济组织52个。确认成员户数74 224户、成员220 426人。量化成员股份，将农村集体经营性资产以股份或份额形式量化到本集体成员，共计量化资产总额达13 922万元。

盘活利用村级闲置资产。摸底盘查闲置办公室42处，共计17 045平方米，其中用于出租和发展集体项目25处，合计7985.57平方米；用于老年协会活动场所等公益项目13处，合计5980平方米，闲置资产利用率达90.5%。

"三资"管理。结合村级建制调整改革、做好两项改革"后半篇"文章要求，升级"三资"财务核算系统、实现财务在线支付功能，使其具备实时支付监管功能；4个试点村（凤鸣街道金烛村、黄丰镇团结村、江口街道茶场村、谢家街道邓庙村）均已新建合并村集体经济组织完成登记赋码，对村集体资产和债权债务进行清理并移交，同时建立资产台账分类管理。落实区、镇（街道）、村三级的监管责任，规范农村集体经济组织资金、资产、资源管理，完善"三资"管理配套制度。加强业务能力，组织辖区内镇（街道）三资办和村会计举办彭山区2021年村集体经济组织会计业务能力提升培训班。

农村产权价值评审。做好"两权"融资抵押，为家庭农场、合作社等新型农业经营主体提供融资服务。全年共办理经营权证9份、经营权证注销13份。组织开展农场产权价值评审77件，评审价值达1.27亿元。全年办理抵押贷款49笔2716万元，撬动社会资本2730万元，办理抵押注销业务88笔、注销贷款4522万元。

【种植业】 全面完成粮食生产任务。扶持政策鼓励粮食生产，新增水稻种植面积599.4亩、果园间（套）种粮食作物4992.6亩；多种措施扩面，利用征而未用土地0.2万亩、2000平方米池塘浮板种稻、田边地角房前屋后0.15万亩；科技促增产，推广水稻新品种5个、工厂化育秧0.6万亩、小苗移栽1.8万亩。全面治理耕地"非农化""非粮化"，保障粮食生产面积。发放种粮农民一次补贴、耕地地力保护补贴、稻谷补贴、种粮大户补贴等共计3030.099万元，涉及农户80 684户次。

特色产业提质增效。全区特色水果种植面积13.2万亩，产量15.36万吨，实现产值14.59亿元，分别增长8.3%和10.2%；蔬菜种植面积6.1万亩，产量8.56万吨，产值4.79亿元，增长24.4%；中药材（川芎、川泽泻）种植面积3万亩，干药材产量0.72万吨，产值近1.8亿元，增长50%以上。

农产品品牌建设。推进品牌打造，举办2021年彭山葡萄节、"彭山田野·礼"区域公用品牌创意设计邀请大赛等活动，推广农业品牌。全区"三品一标"农产品保有量达20个。

植保服务。全年印发病虫害防治通知5期、病虫害情报8期，技术指导和培训6110人次，发放技术资料0.6万张、电子信息1.5万条次。主要病虫害发生面积88.28万亩次，防治面积227.59万亩次，挽回损失30 160.23吨，实际损失1580.93吨。在黄丰镇金鱼村、谢家红石村分农舍和农田两种生境设立鼠情监测点，全年共设置捕鼠夹7200个，向部、省、市农业部门上报鼠情信息36期。在全区6个镇（街道）设立草地贪夜蛾监测点20个，密切监测玉米、水稻、柑橘等作物草地贪夜蛾发生情况，全区未发现草地贪夜蛾危害。依托项目发放杀虫灯36台、色板4.2万张。全区主要农作物绿色防控面积14.53万亩，覆盖率达46.9%；统防统治面积103.92万亩次，覆盖率达47.74%。全年共颁发农药经营许可证10份，全区共有140个农药经营店。开展安全用药培训8期638人次，悬挂农药减量宣传横幅6条，张贴宣传标语300张，全区村（社区）全覆盖"大喇叭"宣传安全用药。建立农药减量示范点21个、农药使用调查点47个，推进农药减量控害增效，全区农药使用量182.8吨，减少0.22%。

植物检疫。对稻水象甲、细菌性条斑病、黄龙病及红火蚁等重点检疫对象开展重点监管，未发现检疫性有害生物。全年完成杂交水稻种子产地检疫1175亩，签发产地检疫合格证12份，总产量24.5万千克；受理柑橘苗木产地检疫1批次。全年完成省间调运检疫39份、省内调运检疫12批次，共涉及水稻种子14.8万千克、柑橘枝条8116枝。

【畜牧业】 全年生猪出栏12.5万头，小家禽出栏353万只。免疫牲畜口蹄疫23.0571万头，免疫猪瘟22.3761万头，免疫禽流感236.1089万羽，免疫小反刍兽疫0.6374万只，免疫狂犬病5.7954万只。

非洲猪瘟防控。组织召开2021年春、秋季非洲猪瘟等重大动物疫病防控工作会。组织召开以非洲猪瘟防控技术为主题的培训会共计6次。制作三级网格员公示牌206个，开展四轮大消毒，制作各类非洲猪瘟防控宣传资料和承诺书6000份。对养殖专业户、村级防疫人员和基层站工作人员共120余人开展微视频技术培训；组织人员参加农业农村部、农业农村厅举办的线上非洲猪瘟防控培训208人次。

畜禽养殖。以种猪场和规模养殖场为重点，落实生产救助政策，稳定能繁母猪和生猪存栏。支持新（改、扩）建的规模养殖场改善基础设施条件。通过鼓励和支持德康养殖企业与周边小型规模养殖场合作扩大生产规模，发挥龙头养殖企业产业优势，提高生产能力；引导本地大型养殖企业新建或扩建养殖基地，扩大生产规模，提高生猪产能。出栏生猪补贴项目资金已全部到位。

农业经营主体品牌创建。引导全区种养专业合作社加强行业管理，规范生产经营行为，提高市场竞争力。打造种养结合示范典型亮点2个，完成畜禽养殖场种养循环提升工程8个。

【水产业】 全年水产养殖面积1.8万亩，成鱼产量达2.06万吨，渔业经济总产值达2亿元以上。开展健康养殖技术培训6期，培训300人次以上。推广微生物制剂调水、改水和养殖原池用生石灰、微生物处理再利用、池塘浮床种植水稻（水稻种植2000余平方米）新技术1.6万亩次，经部、省、市抽检样品20批次，合格率达100%。虾、小龙虾养殖初具规模，养殖面积达600余亩，单产达250千克以上，亩产值近2万元。开展水产苗种检疫108车次，全年未发生重大疫病。

【乡村振兴】 区委调整充实区委农村工作领导小组，组建6个专项领导小组，具体领导推动乡村振兴工作。推行"区包镇、镇包村、村包组"工作机制，构建起区、镇、村三级联动抓落实的乡村振兴组织体系。将乡村振兴工作纳入目标绩效考核，把考核结果作为领导班子、领导干部综合评价和干部选拔任用的重要内容，充分调动各部门工作积极性。将乡村振兴重点工作落实情况纳入全区督察考核年度计划，组建5个督察组，开展清单式专项督察。彭山区创建为全省乡村振兴先进县。

【脱贫攻坚】 加强监测排查，建立稳定防致贫防返贫的长效监测机制，组织开展"两不愁三保障"回头看大排查，累计排查14.2万余户、44万余人，新增监测对象27户、60人。延续帮扶政策，坚持落实"四不摘"工作要求，将扶持对象扩大到"脱贫人口+边缘易致贫户"，继续保持低保等兜底保障政策总体稳定，保障城乡低保户5146户，累计支出2711.896万元。落实现有教育、医疗、住房等普惠性政策，投入资金7002万元，持续实施小额信贷贴息、"雨露计划"等76个乡村振兴衔接项目，确保稳定脱贫不返贫。规范资产管理，开展扶贫资产清产核资，清理扶贫项目289个，涉及资金1.74亿元，并建立资产管理台账，分级确权到镇、村、户，健全扶贫资产经营使用、收益分配机制，加强规范管理，防止资产荒废和闲置，确保资产持续发挥效益。

【"宜居乡村"建设】 开展农村人居环境整治"六大行动"，改善乡村面貌，推动公共服务和基础设施向乡村转移覆盖，加快建设"美丽彭山·宜居乡村"。把治理体系和治理能力现代化建设作为主攻方向，推动社会治理重心向基层下移，健全党组织领导下的"三治融合"乡村治理体系，提升乡风文明，实现家庭和睦、生活文明、邻里融洽和社会和谐。

【农业机械化】 全年完成主要农作物机耕面积23.159万亩，完成主要农作物机播面积14.08万亩，完成主要农作物机收面积19.86万亩，主要农作物综合机械化水平达82.76%；新增农机总动力0.192万千瓦，农机动力达25.44万千瓦。新建或改造农机提灌站26处，解决近1.5万亩特色产业生产用水，其中水稻生产区近0.4万亩，柑橘、猕猴桃区1.1万亩。农机提灌站新增动力机组32台、782.7千瓦，总投资519.5万元。

农机补贴。实施农机购置补贴政策，使用中央补贴资金14.994万元，受益农户16户，补贴农机具67台，完成目标任务（10台）的670%（其中农机报废更新补贴2户2台，补贴资金1.7万元），已完成结算补贴资金14.994万元，结算进度为100%。

农机作业。完成水稻集中育秧6100亩、水稻机插10.28万亩、无人机水稻飞防植保1.45万亩、水稻机收14.2万亩、稻谷烘干1.4万吨，小麦机播0.175万亩、小麦机收烘干1830亩，油菜机播3.55万亩、油菜机收4.94万亩，全年农机化作业节支增收2222.37万元。

农机安全。严格拖拉机安全检验，年检做到"见人、见车、见证、见技术检验报告"。严格组织实施驾驶人考试，做好拖拉机驾驶员培训、考试、发证、审验工作。全年年检拖拉机126台，年检率75%；新增拖拉机7台，换发驾驶证46本，新增驾驶员4人，注销驾驶证77本（全区有各类拖拉机154台、驾驶员570人）。

农机执法。开展农机隐患大排查、大整治检查活动，严查拖拉机违章载人、酒驾、无证驾驶、改装、套牌以及长期脱检等违法行为，着重检查变型拖拉机是否存在逾期未年检、逾期未报废，督促注销报废车辆（车主）按规定交回牌证和拆解。加快推进存量变型拖拉机报废清零，确保存量递减。每周到农机合作社进行隐患排查一次。全年检查拖拉机230余台次，纠正违章57起，发现安全隐患8起，已限期整改完成，未发现违章载人情况。

【健全乡村治理体系】 提升自治能力，完成村（居）委会换届，选出村（居）委会主任51名，其中大专学历以上占比62.7%，较上届提升42.7%；平均年龄43岁，较上届下降7岁。建立村级会议记录、公开、监督等一体化机制，完善法治体系，开展普法宣传，做优"彭祖祖说法"品牌，推出"彭祖祖说继承""彭祖祖说禁毒"等说法系列信息6期，点击量达3万余人次。健全依法化解矛盾纠纷机制，成立矛盾纠纷多元化解协调中心，做到矛盾纠纷一站式接收、一揽子调处、全链条解决，实现群众矛盾纠纷解决"只进一扇门、最多跑一地"。全面激发德治效应，发挥基层党组织凝聚民心和统领作用，成立新时代文明实践所，开展活动880余场次，受益群众8万余人。

【农村科技】 建立四川果怡农业科技有限公司、眉山市彭山区沈厅家庭农场、四川臻润农业科技有限公司3个农业科技示范基地，组织开展先进适用技术试验示范，推广重大引领性技术和农业主推技术，开展农技人员现场实训，组织示范主体观摩学习，为周边农户提供技术指导和培训服务。

培育眉山市彭山区佳维家庭农场的任和明和眉山市彭山区汉君家庭农场的刘汉君为科技示范主体，打造成主推技术应用的主力军、"永久牌"农技服务专家队伍，发挥其对周边农户特别是贫困户的辐射带动能力。

组织区、乡农技人员85人参加省、市5天以上脱产业务培训。确定四川省农业广播电视学校为市级知识更新培训机构。培育农技推广骨干人才。健全农技推广体系，提升农业服务能力。

推介发布农业主推技术23项，并印制《眉山市彭山区农业农村局推荐发布2021年农业主推技术》手册1000份，将先进适用的主推技术入户到田。引导广大农技员安装使用"中国农技推广"APP，全区"中国农技推广"APP使用率达100%。

特色水果（葡萄）技术推广。由四川农业大学、四川省农业科学院园艺研究所、成都市农林科学院园艺研究所和彭山区农业农村局的专家组成的团队对全区的葡萄种植户进行集中培训，区内培训3次，培训人数310人，并组织25名葡萄种植业主代表和基层农技员到西昌等地现场观摩教学，提升种植户的技术应用能力和农技人员的服务水平，并把产业科技优势转化为产业优势和经济优势，擦亮了"彭山葡萄"的金字招牌。

【农业生态安全】 畜禽养殖污染治理。通过排查摸底，锁定宜养区、限养区、禁养区内的规模养殖场（户）并对其实施"精准治理"和严格监管。针对各类畜禽养殖场户，采取明察暗访的形式严查偷排漏排粪污的行为，对于查出的问题及时会同乡（镇）进行处理，对于污染严重的养殖户移交有关部门处理。各镇（街道）和畜牧部门每月对辖区内的畜禽养殖场户开展二次检查，责任到人划片包干，对检查的情况经政府分管领导签字后加盖政府公章报区畜牧站，并对排查出的问题及时进行处理。协助镇（街道）、村（社区）召开好畜禽养殖污染治理动员大会，做好污染治理宣传，形成正面的社会舆论氛围。

水产养殖污染治理。与区生态环境局、区水利局联合制定水产养殖污染防治管理办法，落实全区5亩以上池塘落实"一包一"监管制度和尾水排放申报许可制度；制定《单个池塘水产养殖尾水治理技术操作规程》《规模化池塘养殖尾水治理十条措施》，实现渔业生产和环境保护良性互动，削减水产养殖尾水对水域环境的影响，保护和修复江河水域环境，促进水产养殖持续健康发展。

抓好病死畜禽无害化监管，开展夏季综合无害化处理培训和指导，与成都科农动物无害化处置公司签订处置协议，对全区病死动物及其产品进行无害化处置。完成乡村振兴示范点（农业固体废弃物回收转运站）改造工程。

开展耕地质量保护与监测。完成2020年度31个耕地质量调查点土壤样品的采集、化验及录入耕地质量监测管理系统建设，完成2个省级和2个区级耕地质量监测点及监测点试验的监测相关任务，并收集相关数据对耕地质量数据库进行更新评价与成果编制。聘请第三方技术服务单位（四川农业大学）开展全区耕地质量等级评价，包含全区范围的高标准农田区域，已完成全区耕地质量等级初步评价，全区耕地组成以中等质量耕地为主。

稳步推进农业面源污染。开展化肥减量，印发化肥减量指导手册5000份、宣传横幅24条，提高农户科学施肥意识，提升科学施肥水平。开展农作物秸秆综合利用，配合第二轮中央环保督察迎检工作，按要求提供资料报区环保局迎接检查。

推进化肥减量增效。全区新建化肥减量增效示范点5个，涉及3个乡（镇），推广应用化肥减量增效技术措施，辐射带动推进全区化肥减量，全年实现化肥零增长。

【农产品质量安全监管】 开展农产品安全日常监管。对农产品质量安全飞行检查、食用农产品合格证制度等进行培训部署。开展部、省、市风险、例行抽检，合格率均达98%。

开展农畜产品安全专项整治。开展农药及农药使用、兽用抗生素、瘦肉精、生猪屠宰、“三鱼两药”、生鲜乳、农资打假七大专项行动，出动执法人员400余人次，开展禁限用农药专项整治行动，检查生产经营企业450家次；出动执法人员280余人次，开展兽用抗菌药专项整治行动，检查生产经营企业190余家次；出动执法人员170余人次，开展“三鱼两药”专项整治行动，检查生产经营企业120余家次；出动执法人员120余人次，开展生猪屠宰“扫雷”行动，检查生产经营企业70余家次；出动执法人员200余人次，开展“瘦肉精”专项整治行动，检查生产经营企业50余家次；出动执法人员150余人次，开展农资打假专项整治行动，检查生产经营企业620余家次。

屠宰行业监管。加强屠宰行业监管，以开展生猪屠宰专项整治行动为抓手，加大对生猪屠宰行业的管理力度，加强对产地检疫、屠宰检疫的监督检查，产地检疫率、屠宰检疫报检率、检疫率均达100%，进场待宰猪耳标佩戴率达100%，未发生一例畜产品质量安全责任事故。

开展农产品质量安全追溯体系建设。指导全区生产主体入驻国家级农产品质量追溯信息平台，新增230个生产主体入追溯系统，全区入驻追溯系统主体295个，监管、检测、执法系统录入325条数据，生产主体录入生产批次1045条，销售批次1301条。检验检测站完成385个市级风险监测任务、75个省级风险监测任务，合格率达100%。

【农牧行政执法】 饲料兽药监管。组织召开饲料、兽药、农药法律法规培训3期，安全生产2期，“安全农资下乡”2期，农业废弃物培训1期，共培训1000余人次，发放资料1200余份。开展2021年度饲料药物添加剂使用、禁限用农药、兽用抗菌药、农资打假、农产品质量及食品安全、“渔政亮剑”等专项整治行动，共立案查处21起，确保农业生产安全和农产品质量安全。

农资流通监管。加强农资市场执法监管，共出动执法车辆180余台次、执法人员600余人次，对全区农资生产经营户进行“拉网式”检查，严查经营资质、产品标识、来源、索证索票落实情况，规范市场主体准入，督促农资经营户建立完善进、销货台账，如实记录农资商品的来源与销售去向，全年共查处假冒伪劣等农资案件7起、农产品质量案件6起，严厉打击违规使用禁限用农药和违禁农业添加剂等违法行为。

渔政执法。组织现场宣传5次，张贴禁捕通告50余份，发放宣传手册300余份，回答群众咨询500余人次，走访餐馆、水产品经营户等商家1500余家次，发放禁捕等宣传资料1900余份，在全区天然河流域沿线设置禁捕警示宣传牌100余个，共出动执法车辆400余台次、执法人员1400余人次，现场纠正违规垂钓1000余人次，查扣非法游钓的鱼竿渔具100余根，查获并销毁非法捕捞网具21副200余米，要求非法捕捞涉案人员4人进行补偿性增殖放流鱼苗6万余尾。

案件办理。全年办理案件21件，含农业7件、农产品质量安全6件、畜牧2件、渔政6件，其中向公安机关移送渔政案件3件。

【小农户与现代农业有机衔接】 针对小农户向现代农业有机衔接所面临组织建设薄弱、多维发展要素保障不足等矛盾，全区探索破解路径，聚焦小农户组织体系建设、人才培育、政策支持三大领域重点突破，创新探索以“强化合作社、集体经济组织、家庭农场三大主体带动，突出引领性人才赋能和精准化政策供给两大关键支撑”的双重路径，持续深化对小农户融入现代农业发展的全面扶持。开展合作社标准化建设专项行动，建立合作社名录库，健全动态监测制度，建立有效的准入、准退机制，按照“清理整顿一批、规范提升一批、扶持壮大一批”的思路，清理“空壳社”36个，创建国家级示范社4个、省级示范社17个、市级示范社11个。创新集体经济发展模式，在黄丰镇团结村、谢家街道石山村、观音街道兴崇社区等村（社区）探索盘活存量、扩大增量、“输血”引导等多种模式，激活闲置资源资产，带动小农户共同发展、分享改革发展红利。拓展性培育合作组织核心人员，依托新型职业农民培训和致富带头人培训机制，分期分批加大对合作社、集体经济组织骨干的培训，拓宽其创新视野，提高其生产技术和经营管理能力。通过对本土精英人才的全方位赋能，全区认定职业农民200名，促进小农户全面提升人力资本，增强乡村“精英”对小农户的带动作用。

【涉农项目管理】 提灌站建设项目。申请乡村振兴债券资金，新建或改造农机提灌站26处，其中利用2018年智慧灌溉项目结余资金建设江口街道土桥村四组农机提灌站1座，解决近1.5万亩特色产业生产用水，其中水稻生产区近0.4万亩，柑橘、猕猴桃区1.1万亩。农机提灌站新增动力机组32台、782.7千瓦，总投资519.5万元。

高标准农田建设项目。彭山区2020年黄丰江口锦江公义片区高标准农田建设项目总投资4800万元，实际建设高标准农田1.61万亩，内容包括整治山坪塘8座，修建蓄水池54口，改造提灌站2座，渠道防渗9.698千米，实施高效节水灌溉2400亩，修建田间机耕道32.577千米、生产便道30.521千米。眉山市2021年彭山区谢家街道高标准农田建设项目涉及谢家街道汉安村（原红石村），项目总投资1380万元，计划建设高标准农田面积0.46万亩，主要内容为整治排灌沟渠8.031千米，新建及整治田间道路15.683千米。

灾毁修复项目。灾毁农田修复项目涉及谢家街道谢家场社区和义和场社区，总投资3870万元，计划建设高标准农田1.29万亩，主要内容为地力培肥1.29万亩，整治蓄水池6口、提灌站10座、山坪塘4口、排灌渠17.533千米，新建及整治田间道路35.933千米，治理沟道1.201千米。

水库农渠灾毁修复项目。项目位于

江口街道双江村6组，总投资31.4万元。建设内容为建设DN500双壁波纹管（砼包管）3处，共38米；对渠道靠山侧滑坡严重并且存在继续滑坡可能的渠道段，采用DN500双壁波纹管暗渠、并C20砼混凝土包管。渠墙修复、渠底修复（砼）（0.8*1米）4处，共165米；对渠道靠山侧滑坡，造成内侧渠墙垮塌，但是滑坡不严重、并且再次滑坡可能性小的渠道段，采用靠山侧渠墙20厘米厚C20砼恢复、渠底5厘米厚C20砼恢复。挡土墙2处，共46米；对于渠道外侧滑坡严重，已无法直接恢复渠道的段，采用先C20砼现浇挡土墙恢复渠道砌筑平台，再恢复渠道；考虑整段渠道疏浚，共1300米。

德康项目。项目位于谢家街道悦园村，设计规模存栏母猪5000头，占地300亩，投资8000余万元，于2020年4月开工建设，2021年8月建成投产，存栏母猪5000头。

泰善项目。项目位于谢家街道石山村，是利用原家具厂改建的标准化生猪规模养殖场，为设计存栏母猪3500头的自繁自养场，占地120亩，投资6000余万元，于2月建成投产，投产后存栏母猪3500头、仔猪与商品猪14 000余头。

【“厕所革命”】 43个村和涉农社区开展全域改水改厕，已完成农村户厕改造12 047户、改水17 436户，农村无害化卫生厕所普及率达94.1%，农村生活污水得到有效处理的行政村达95%，群众满意率达98%。

【沼气安全】 利用场镇集会开展安全生产咨询和宣传活动，接受群众咨询100余次，为群众宣讲农村沼气安全知识，并发放《户用沼气安全使用挂图》1200张、安全手册800余份。完成“沼改厕”1000余户，提高农村闲置沼气池的使用率，避免重复投资建设，同时从源头减少安全隐患。

【主要领导人】 区委书记：黄秀航；区人大常委会主任：杨兴弘；区长：杨静；区政协主席：杨红；分管农业副区长：李昇锦（9月止），周泽轩（10月始）。

彭山区编写组

仁　寿　县

【基本情况】 2021年，全县辖2乡26镇，辖区面积2716.86平方千米。

【年度农业和农村经济运行】 2021年，全县农业总产值170.52亿元，是2020年165.46亿元的1.03倍。农民年人均可支配收入达19 686元，是2020年17 828元的1.1倍。全县有国家地理标志保护产品1个、国家农产品地理标志产品2个；经认证的“三品”36个（无公害农产品12个、绿色食品24个、有机食品14个）。在富加镇建立川果冷链物流中心。完成3350个组级集体经济组织登记赋码。

【种植业】 全年粮食作物播种面积11.56万公顷，产量65.42万吨，其中水稻播种面积3.49万公顷，产量28.05万吨；玉米播种面积3.94万公顷，产量23.42万吨；小麦播种面积0.64万公顷，产量2.46万吨；大豆播种面积1.64万公顷，产量3.61万吨；薯类播种面积1.05万公顷，产量4.63万吨。油菜播种面积2.07万公顷，产量4.53万吨。水果种植面积3.66万公顷，产量69.1万吨；蔬菜种植面积1.22万公顷，产量50.16万吨；茶叶种植面积19公顷，产量17吨；中药材种植面积58公顷，产量771吨；甘蔗种植面积230公顷，产量7700吨。截至2021年年底，全县已推广实施四大产业高标准建园203户面积3237.813公顷，在果园安装滴灌设施，降低种果人工成本，提高农药化肥的施用效果。全县初步形成“南梨北枇、东西柑橘、中部桃李”的水果产业布局，共分布在全县90余个乡（镇），其中重点乡（镇）（200公顷以上）有60余个，其中“南梨”以曹家、钟祥、兆嘉为中心带，“北枇”以文宫、古佛、大化为中心带，“东西柑橘”以新店、黑龙滩、龙正为中心带，“中部桃李”以文宫、青岗、始建为中心带。全县全年农作物病虫害发生面积28.748万公顷次，比2020年（下同）上升1.05%，其中病虫害15.125万公顷次，上升1.26%；农田鼠害4.569万公顷次，下降2.78%；农田草害7.46万公顷次，上升2.1%；农田螺害1.593公顷次，上升5.75%。

【畜牧业】 全年牛存栏1.22万头，出栏0.57万头；肉猪出栏101.25万头，生猪存栏68万头；能繁母猪存栏6.55万头；山羊存栏22.07万只，出栏29.67万只；出售和自宰家禽1346.78万只；兔出栏179.19万只。全年猪（羊）肉产量7.7万吨，禽蛋产量2.52万吨，蜂蜜产量492吨，蚕茧产量40吨。全县共计建成生猪标准化养殖小区41个、标准化养殖户326户，肉羊标准化养殖户125户，肉牛标准化养殖户50户，肉兔标准化养殖户40户，蛋鸡标准化养殖场5户，创建部、省级生猪标准化养殖场8户，市级标准化养殖场65户。仁寿县高狮养殖有限公司（生猪）、仁寿县福美嘉牧业有限公司（生猪）、仁寿县正美农牧有限公司（山羊）取得省级《种畜禽生产经营许可证》。常态化防控非洲猪瘟，创建全省县级A级兽医实验室，开展“三大行动”，探索“先打后补”与“购买社会化服务”创新试点。持续开展“两病”净化，加强狂犬病与血吸虫病监测，全年免疫猪瘟139.02万头、口蹄疫182.84万头、小反刍兽疫15万头、禽流感1558.16万羽、狂犬病50.2万只。

【水产业】 截至2021年年底，全县养鱼面积0.68万公顷，其中稻田面积0.29万公顷；水产品总产量53 847吨；实现渔业社会总产值21.38亿元，其中渔业养殖产值10.18亿元。全年鱼苗产量4.4亿尾，鱼种产量7600吨，其中名优鱼产量16 046吨，实现产值2.24亿元。农民人均渔业养殖纯收入149元；养殖渔民渔业年产值16 959元，养殖渔民人均年渔业纯收入6784元。截至2021年年底，全县引进新品种13个。累计发展水产专业合作社58个（其中省级示范专业合作社1个）、家庭渔场5个、市级龙头企业2家；创建农业农村部水产健康养殖示范场5个、水库生态鱼标准化养殖示范区1个、无公害水产品养殖基地3个、省级水产原良种场2个。全年生产各类鱼饲料2.5万余吨，饲料产值1.5亿元。全县共有鱼药销售商家20余家。全年累计出动检查重点乡（镇）12个、渔药销售点15个、鱼饲料门市8个、水产品市场8个，发放宣传资料1600份，张贴禁渔通告310张。在球溪河投放鲢鳙鱼鱼苗150万尾。

【脱贫攻坚】 全县26 407户76 472名脱贫户继续享受帮扶政策，1541户3788名监测对象得到持续监测和帮扶，全县脱贫群众人均可支配收入11 267元，增长18%，增速较全省农村居民人均可支配收入高7个百分点。2月，仁寿县农业开发综合服务中心获得中共中央、国务院“全国脱贫攻坚先进集体”的表彰。

产业帮扶。全年投入产业直补资金1248万元，分两批次支持253个村（社区）4986户脱贫户、监测户发展养殖业，共养殖牲畜、家禽16.57万头（只）。

就业帮扶。全县共开发公益性岗位3878个，岗位补贴由300元调至400元、500元；脱贫群众外出务工33 301人，增长13%；通过奖补企业377.2万元鼓励13家企业吸纳257名脱贫户就近就业；免费开展家政服务、创业等技能培训740人次，带动脱贫户29人创业，发放创业补贴29万元。

巩固拓展义务教育保障。实施“三助三全”（国家资助、县级救助、社会援助，脱贫户家庭学生全学段、全免费、全保障）教育扶贫工程，在全省率先设立教育帮扶基金专户，脱贫户家庭学生从幼儿园到高中实现全免费就学，无一人因贫失学辍学。全县累计发放国家资助金9.5万余人次、6461余万元，发放县级救助金2.1万余人次、3041余万元。

巩固拓展住房安全保障。全年投入农村危房改造专项资金4336万元，改造农村危房1742户，其中改造低收入群体危房1704户、低保边缘户危房38户。

巩固拓展基本医疗保障。持续执行基本医保、大病保险、医疗救助三重保障制度。县财政投入2560.7万元，全额代缴77597名脱贫户基本医疗保险、商业补充险以及大病保险。

巩固拓展安全饮水保障。投入25亿元，实施全域安全饮水工程，实现脱贫户饮水与城区群众同质、同网、更优价，全年集中供水率达95%，自来水普及率达94%。对偏远山区个别未通自来水的脱贫户、监测户通过打井、安装水质净化器等方式，群众均喝上安全水。

巩固拓展生活用电保障。2021年以来，共投入农村电网改造资金3587.72万元，新建及改造10千伏线路80.988千米，改造低压线路86.189千米，新增配变压器109台，群众用电得到保障。

巩固拓展广播电视保障。全县电视信号入户率100%，实现广播电视户户通、行政村广播“村村响”。建立73个广播电视服务网点，实现全域覆盖、全程维护。

推进重点帮扶村建设。编制《仁寿县巩固拓展脱贫攻坚成果同乡村振兴有效衔接23个重点帮扶村实施意见（2021—2025年）》，对重点帮扶村制定“一村一策”，统筹整合各方资源、资金、政策向23个重点帮扶村倾斜。依托全县“3+24”现代农业园区建设，发挥园区辐射带动作用，以强带弱，促进帮扶村所在的功能区域补齐基础设施短板，挖掘内生动力。将23个重点帮扶村纳入下一步“园村一体”建设首选，享受配套基础设施、政策支持，加快帮扶村产业发展、公共服务基础设施配套、农田水利设施建设。

衔接资金项目。全年财政衔接推进乡村振兴补助资金，中央财政专项扶贫资金（扶贫发展支出方向）6284万元，其中定向用于易地扶贫搬迁贷款贴息补助3337万元，支持人口较多的易地搬迁集中安置区后续产业扶持90万元，主要用于支持易地扶贫搬迁贷款贴息、精准到户直补、小额信贷贴息、基础设施建设等项目。二是省级财政衔接乡村振兴补助资金11 360万元，主要用于精准到户产业直补、脱贫人口（含监测对象）跨省就业补助、壮大村集体经济和基础设施建设等项目。三是市级财政衔接推进乡村振兴补助资金1380万元。四是县级配套财政衔接推进乡村振兴补助资金12 000万元，主要用于交通三年提升建设项目。

【化肥农药监管】 实施《有机肥料NY/T525—2021》，将强制性标准调整为推荐性标准，取消了强制性条款。全县按照新颁布有机肥料标准，结合中央第二轮环境保护督察要求，对全县有机肥料生产和销售有机肥料原料进行大排查，全县未发现污水处理企业污泥进入有机肥料生产原料、进入蚯蚓养殖场情况，也未发现污水处理企业污泥生产有机肥料进入仁寿县农资市场。全县农药使用量减量达0.2%，按照四川省到2020年化肥使用量零增长行动和全省2021—2025年化肥减量化行动计划的总体要求，仁寿县被确定为全省化肥减量增效示范县，其中2020年和2021年度在龙正镇、青岗乡、大化镇、富加镇、珠嘉镇、方家镇、钟祥镇、谢安镇、慈航镇等乡（镇）完成水稻、玉米、小麦、油菜、柑橘肥料利用率16个，肥料施用配方校正试验14个，用于更新全县测土配方施肥指标体系，投入财政资金44.6万元。组织制订《全县推进化肥减量化五年行动计划》，以主要粮油作物和蔬菜、果树等经济作物为重点，以确保粮食稳定增产、农民稳步增收、化肥控量增效为目标，实施“监测”（加强综合监测）、“改进”（改进施肥方式）、“优化”（优化施肥结构）、“替代”（有机肥替代化肥）、“创新”（创新推广机制）五大措施，全面推进科学施肥工作，推进农业绿色、高质量发展。

【农业机械化】 全县有拖拉机1694台，农用排灌动力机械11 118台，农产品初加工动力机械15 025台、7.2032万千瓦，饲草料加工机械5193台，畜产品采集加工机械70台；农机总动力达75.2364万千瓦。建设机耕道2.7千米。实施“五良”融合宜机化改造项目。先后成立农机专业合作社21个，开展农机社会化机耕、机播、机收、烘干等“一条龙”服务作业，形成仁寿县郭能农机专合社、仁寿大地农机专合社、仁寿县腾赢量农业专业合作社等专业社会化服务组织，为全县主要农作物实现全程机械化提供保障。

【农村生态建设及环境保护】 全县持续推进农村人居环境整治提升，接续开展农村“厕所、垃圾、污水”三大革命，累计完成农村无害化卫生厕所新改建112 868户，农村户用卫生厕所普及率达90%；农村生活污水得到有效处理的行政村占比达83.5%，农村生活垃圾得到有效处理的行政村实现全覆盖。出台《仁寿县2021年农药包装废弃物回收处置工作实施方案》，投入资金80万元，全县共建立农药包装废弃物回收点470个（农资经销商）。全县全年农膜使用量1607吨，废旧农膜回收量1365吨（其中地膜使用量1441吨、废旧地膜回收量1225吨），地膜覆盖面积1.218万公顷，回收率达85%；废旧农膜回收率从2018年的78%增长到2021年的85%，农膜覆盖面积基本实现零增长。

【特色农副产品】 仁寿花椒。仁寿县隶属于四川省眉山市，是四川省第一人口大县，是青花椒重要的种植区域之一，境内适宜的气候条件、丰富的土地、人力资源为仁寿花椒的种植和产业发展提供了必要条件。仁寿花椒耐寒、耐旱、耐瘠薄以及固土能力强，具有颗粒硕大、麻味纯正、清香味浓、油脂含量高的独特品质，对炭疽杆菌、肺炎双球菌及枯草杆菌等10种革兰氏阳性菌，以及大肠杆菌、伤寒及副伤寒杆菌、绿脓杆菌等肠内致病菌均有明显的抑制作用。仁寿花椒的椒粉是一种用花椒制成的香料，有温中散寒，除湿止痛，杀虫解毒，止痒解腥之功效。仁寿花椒油具有花椒特有的香气和麻味。近年来，仁寿县把发展仁寿花椒种植和加工作为主要方向，以青花椒产业园区建设为核心，形成集群发展、全产业链发展的总体格局，建设全省青花椒产业特色优势区。到2022年，全县仁寿花椒种植面积达6万亩，青花椒果品加工转化率达75%以上，建成规模1000万元以上企业（专合社）3家，规模5000万元以上企业（专合社）2家，培育市级以上特色林业产业园区1个，实现青花椒产业综合产值8亿元，产区椒农从青花椒产业综合收入达5000元以上。方家镇是仁寿县实施“东进”战略重要节点乡（镇），素有“渔椒之乡”的美誉，享有“青花椒及林下养殖示范基地”称号，以哨楼、东岳等村为核心，着力打造花椒产业园，发展青花椒主导产业，仁寿花椒种植面积达到1.2万亩，并在东岳村规划建设青花椒研究院，建立集生产、研发、销售于一体的生产体系。仁寿县方家鱼椒现代农业园区被仁寿县人民政府认定为2021年县级现代农业园区。

方家鱼。方家镇素有“渔椒之乡”的美誉，享有“全国健康水产养殖示范基地”“优质水产之乡”等称号，水资源丰富，具有发展水产养殖的先天优势。方家鱼一般重约1千克，大的重3千克，具有体型适中、鳞片紧密不易脱落、肌肉组织致密有弹性、肉质洁白、体肥肉嫩等特点。清炖之后肉质细嫩鲜美，纹理清晰，洁白如玉，闻之清香扑鼻。经测定，与其他鱼相比含有较高的蛋白质和较少的脂肪含量。方家镇围绕乡村振兴战略部署，以产业兴旺、农民增收为目的，着力推动现代渔业产业化、工厂化项目建设。经多方考察，方家镇将荒山变废为宝，实施玻璃钢圆形高位池健康水产养殖，实现高密度、零排放、无污染等循环水养殖模式，将有效保护环境、提高方家鱼产量、保障方家鱼质量，致富村民，进一步推动方家镇现代渔业产业化建设，示范引领乡村产业高质量发展，助力乡村振兴。

【主要领导人】 县委书记：王岳；县人大常委会主任：钟建成（11月止），杨建（11月始）；县长：明宇；县政协主席：杨建（11月止），何文华（11月始）；分管农业副县长：王果。

仁寿县编写组

洪 雅 县

【基本情况】 2021年，全县辖12镇，辖区面积1896.49平方千米。全县户籍总户数11.11万户，户籍总人口34.2万人，其中城镇人口13.07万人。全年出生人口2161人，人口出生率6.2‰；死亡人口2656人，人口死亡率7.62‰，人口自然增长率-1.42‰。有林地面积206万亩，人工造林0.4万亩，森林覆盖率72.26%。

2021年，全县GDP140.62亿元，按可比价计算，比上年增长8.6%，其中第一产业增加值完成22.63亿元，增长6.8%；第二产业增加值完成40.66亿元，增长7.2%；第三产业增加值完成77.32亿元，增长9.9%。三次产业对GDP增长的贡献率分别为13.6%、23.6%、62.8%，分别拉动GDP增长1.2个、2个、5.4个百分点。三次产业结构比由上年的17.2∶28.3∶54.5调整为16.1∶28.9∶55。农村居民年人均可支配收入达22 693元，增长10.4%；人均消费性支出17 755元，增长10.7%。恩格尔系数为35.9%，下降1个百分点。全年接待游客1029.37万人次，增长26.1%；实现旅游总收入95.94亿元，增长19.8%。

全年工业增加值31.56亿元，增长8.7%，其中规模以上工业增加值增长8.6%。全年全社会固定资产投资建设项目157个，全社会固定资产投资增长10.5%。按行业分，第一产业投资下降9.1%；第二产业投资增长56.1%；第三产业投资增长6%。按种类分，基础设施投资下降12.6%；技改投资下降1.1%；农户投资下降22.2%；房地产开发投资增长14%；民间投资下降13.9%；5000万元以上项目投资70.74亿元，增长13.4%。全年社会消费品零售总额50.53亿元，增长16%。按经营地分，城镇消费品零售额22.92亿元，增长15.3%；乡村消费品零售额27.62亿元，增长16.6%。按行业分，批发业实现2.21亿元，增长13.1%；零售业实现39.57亿元，增长13.8%；住宿业实现1.48亿元，增长31.8%；餐饮业实现7.27亿元，增长27.8%。全年地方一般公共预算收入完成11.22亿元，增长7.2%，其中税收收入4.56亿元，增长0.8%。地方一般公共预算支出23.6亿元，下降6.3%，其中农林水支出4.38亿元，增长0.4%；科学技术支出0.06亿元，增长15.3%；卫生健康支出1.99亿元，下降3.8%；教育支出3.43亿元，增长4.7%；社会保障与就业支出3.24亿元，增长2.8%；交通运输支出0.93亿元，下降41.6%。年末金融机构各项存款余额222.93亿元，增长5.3%，其中住户存款余额200.94亿元，增长8.8%；各项贷款余额140.17亿元，增长11.2%。

公路通车里程1341.9千米，其中国道40.359千米、省道137.269千米、县道337.505千米、乡道414.3千米、村道412.467千米。有公路桥梁368座。全年邮政业务总量0.86亿元，增长29.8%。快递业务量346.31万件，增长136.2%；快递业务收入2112.36万元，增长88.1%。电信业务总量2.99亿元（按2020年不变单价），增长26.5%。有固定电话用户7.51万户、移动电话用户35.15万户、互联网宽带用户13.53万户。发明专利保有量35件。新申报9项省级科技项目，组织实施3项科技项目，组织验收3项项目。实施高新技术及战略性新兴产品项目5项，科技型中小企业登记备案评价13家。

有各类学校107所，其中幼儿园72所（含乡镇中心校附属幼儿园）、小学21所、初中8所、九年义务教育学校3所、普通高中1所、中等职业教育学校1所、特殊教育学校1所；在校学生37 247人，其中幼儿园在园幼儿7483人、小学生17 007人、初中生7006人、普通高中生3443人、中职生2254人、特殊教育学校学生54人；专任教师总数1957人，其中幼儿园专任教师127人、小学专任教师927人、初中专任教师600人、普通高中专任教师246人、中职专任教师47人、特殊教育学校专任教师10人。有文化馆1座，文化站15个，公共图书馆1座（公共图书馆藏书量5.5万册，其中2021年新增藏书2600余册，接待读者2.1万人次）。有医疗卫生机构258个，医疗卫生机构病床位1647张，执业（助理）医师680人、注册护士1066人。全县5岁以下儿童死亡率3.78‰，婴儿死亡率1.62‰，产妇住院分娩率99.89%，传染病发病率372.96/10万。新安装有线电视用户2308户，全县有线电视总用户数33 842户，有线电视户通率达70%。有广播电视台1个、广播电视服务中心20个。全年参加城乡居民社会养老保险16.4万人，参加城乡居民基本医疗保险27.6万人；共发放养老金11.28亿元，支出城乡居民基本医疗保险待遇14 152.47万元。

【种植业】 全年农作物总播种面积47.4万亩，增长2.2%，其中粮食作物播种面积21.5万亩，增长1.18%，占总播种面积的45.4%；油料作物播种面积8.7万亩，增长0.8%，占总播种面积的18.3%；中草药材播种面积0.4万亩，增长6.4%，占总播种面积的0.8%；蔬菜及食用菌播种面积8.5万亩，增长4.9%，占总播种面积的17.9%；青饲料播种面积8.1万亩，增长3.9%，占总播种面积的17.1%。全年粮食作物总产量10.35万吨，增长2.08%，其中小春粮食产量0.21万吨，基本和上年持平；大春粮食产量10.14万吨，增长2.4%。油料作物产量1.13万吨，增长1.2%。蔬菜及食用菌产量7.9万吨，增长5.3%。瓜果产量0.2万吨，增长3.8%。茶叶产量2万吨，增长4.6%。水果产量0.6万吨，增长5.3%。

【畜牧业】 全年生猪存栏12.5万头，增长12%；牛存栏2.9万头，增长6%；羊存栏3.1万只，增长3.4%。全年生猪出栏17.4万头，增长25.1%；牛出栏1.2万头，增长8.6%；羊出栏3.8万只，下降4.2%；家禽出栏324.3万只，增长0.4%。肉类总产量2.09万吨，增长25.79%，其中猪肉产量1.4万吨，增长41.7%；牛肉产量0.15万吨，下降2.3%。牛奶产量11.9万吨，增长6.4%。禽蛋产量0.3万吨，增长0.2%。

【水产业】 全年水产品产量0.61万吨，增长7.4%。水产养殖面积0.48万亩（含水库），其中池塘养殖0.42万亩，产量0.57万吨，增长7.4%；水库养殖0.06万亩，产量0.04万吨，下降11%。

【农业机械化】 建成高标准农田1.6万亩，农业机械总动力达23.09万千瓦。主要农作物综合机械化水平70.85%，其中机耕面积3033万平方米、机播面积12.974万亩、机收面积19.065万亩。年末有效灌溉面积达17.3万亩。

【农村科技】 选育出茶树新品种“天府5号”“天府6”号。申报乡村振兴科技在线平台项目1个；申报乡村振兴面上项目3个，开展科技特派员乡村振兴工作，编写并发放技术资料3.6万份，召开技术培训140次以上，受益指导群众4500余人。

【农村体育】 举办四川省“百城千乡万村”足球比赛暨县“竹钢杯”足球赛、全县中小学生足球、小区乒乓球、篮球等比赛。组队参加眉山市“百城千乡万村”篮球比赛、四川省全民健身运动会篮球比赛等多项赛事。

【主要领导人】 县委书记：宋良勇；县人大常委会主任：尹斗芳；县长：周代军；县政协主席：李明清；分管农业副县长：白海涛（11月止），杨传华（11月始）。

洪雅县编写组

丹棱县

【基本情况】 2021年，全县辖1乡4镇50个村（社区），辖区面积450平方千米，其中耕地面积15.498万亩，人均耕地面积1亩；基本农田15.5万亩。全县户籍总人口16.17万人，其中男性8.16万人、女性8.01万人；按现行统计规则，城镇人口6.97万人，乡村人口9.2万人。有常住人口14.93万人，其中城镇常住人口6.51万人。全年出生人口945人，死亡人口1363人，人口自然增长率–2.5‰。

2021年，全县GDP79.21亿元，增长8.5%，两年平均增长6.1%，其中第一产业增加值15.02亿元，增长7%，两年平均增长6.2%；第二产业增加值28.24亿元，增长7.6%，两年平均增长4.9%；第三产业增加值35.95亿元，增长9.8%，两年平均增长7.2%。三次产业对经济增长的贡献率分别为16.9%、31.2%、51.9%，分别拉动经济增长1.4个、2.7个、4.4个百分点。三次产业结构比优化为19∶35.7∶45.3。全年工业增加值实现21.45亿元，增长9.7%，对GDP的贡献率为29.9%，拉动GDP增长2.6个百分点，其中规模以上工业增加值增长10.1%。

全社会固定资产投资61.93亿元，增长10.5%。按三次产业分，第一产业投资5.4亿元，增长103.9%；第二产业投资23.99亿元，增长21.5%；第三产业投资32.53亿元，下降3.2%。社会消费品零售总额25.4亿元，增长15.5%。分类型看，商品零售额实现20.8亿元，增长10.8%；餐饮收入4.6亿元，增长43%。限额以上单位实现消费品零售额3.2亿元，下降7.1%。分地域看，城镇市场消费品零售额10亿元，增长14.3%；乡村市场消费品零售额15.4亿元，增长16.2%。全年外贸进出口总额1.69亿元，增长28%，其中出口额1.68亿元，增长27.8%。全县地方一般公共预算收入完成4.97亿元，增长7.2%，其中税收性收入2.13亿元，增长1.1%，占地方一般公共预算收入的42.9%。地方一般公共预算支出14.66亿元，下降9.3%。年末金融机构各项存款余额126.01亿元，比年初增加7.95亿元，增长6.7%，其中住户存款余额106.1亿元，比年初增加7.77亿元，增长7.9%；各项贷款余额72.04亿元，比年初增加13.87亿元，增长23.8%。

境内公路总里程580.394千米，其中等级公路572.565千米。全年邮电业务总量22 854.46万元，其中邮政业务总量11 036.46万元、电信业务总量11 818万元。有固定电话用户22 975户、移动电话用户164 686户、宽带用户62 719户。全年接待游客456.14万人次，增长55.7%；实现旅游总收入40.06亿元，增长44.2%。

有各级各类学校52所，其中小学12所、小学教学点1个、初中4所、完全中学1所、中等职业学校1所、普通高等学校1所、幼儿园33所（公办3所，民办30所）；在校学生总数27 635人，其中小学8087人、初中2926人、高中1406人、中等职业学校1856人、高等学校8590人、幼儿园4770人；教师总数1963人，其中小学教师542人、初中教师273人、高中教师133人、中职教师54人、高等学校教师385人、幼儿园专任教师350人。全年小学学龄儿童净入学率100%，初中入学率100%，高考各类本科上线301人。全县专利授权数119件，专利总件数399件；有高新技术企业9家。

有公共图书馆1个（总藏量12.3万册）、文化馆（美术馆）1个，文物所（文物管理保护）1个，博物馆1个，电影院1个，有全国重点文物保护单位2处（丹棱白塔、郑山—刘嘴摩崖造像）、省级文物保护单位4处、市级文物保护单位10处、县级文物保护单位27处。有线广播电视总用户数4435户（有线高清数字电视），新增有线高清数字电视579户、直播卫星2730户、地面数字电视用户200户。有医疗卫生机构109个，其中二甲医院3所（县人民医院、县妇幼保健院、丹棱南苑中医医院）；编制病床位779张，实际开放病床位863张；卫生技术人员1330人（含乡村医生），其中副高以上职称77人、执业（助理）医师387人。

【年度农业和农村经济运行】 2021年，全县农林牧渔总产值25.4亿元，增长7.7%。农村居民年人均可支配收入达23 638元，增加2197元，增长10.2%。其中，工资性收入9358元，增长9.9%；经营净收入12 506元，增长10.8%；财产净收入725元，增长8.7%；转移净收入1050元，增长8.3%。农村居民年人均消费支出达18 795元，增长10.6%。农村居民恩格尔系数为34%。全县森林资源总面积26 831.2公顷，林地面积17 573.46公顷，营造林1.06万亩，森林覆盖率为

57.68%。全年渔业水产品产量5578吨，增长2.2%。全年养老保险参保人数120 094人，其中城乡居民养老保险参保人数86 938人。

【种植业】 全县农作物播种面积14 616公顷，增长1.2%，其中粮食作物播种面积7931公顷，增长0.5%；油菜籽播种面积4400公顷，增长1%。粮食总产量5.4万吨，增长0.7%；油菜籽产量7610吨，增长1.1%；园林水果产量20.4万吨，增长5.7%；茶叶产量3489吨，增长6.2%；蚕茧产量81吨，增长5.2%。

【畜牧业】 全年小家禽出栏204万只，下降7.3%。生猪出栏15.14万头，增长29.7%；期末存栏11.47万头，增长14.3%。全年肉类总产量16 242吨，增长30.2%；禽蛋产量5771吨，下降0.4%。

【主要领导人】 县委书记：郭红；县人大常委会主任：夏荣升；县长：曾建军；县政协主席：杨华；分管农业副县长：刘伟巍。

丹棱县编写组

青神县

【基本情况】 2021年，全县辖2乡4镇1个街道，辖区面积386.8平方千米。年末户籍总户数68 771户，户籍总人口18.99万人。常住人口16.85万人，其中城镇人口8.03万人、乡村人口8.82万人，城镇化率47.7%。全年水资源总量2.6亿立方米。年末森林面积1.88万公顷，森林覆盖率48.63%。

2021年，全县GDP100.04亿元，增长9.2%，两年平均增长6.7%，其中第一产业增加值12.67亿元，增长6.6%，两年平均增长6.3%；第二产业增加值40.3亿元，增长8.3%，两年平均增长5.7%；第三产业增加值47.08亿元，增长10.6%，两年平均增长7.7%。三次产业对GDP增长的贡献率分别为10%、36.1%、53.9%，分别拉动GDP增长0.9个、3.3个、4.9个百分点，三次产业结构比调整为12.7：40.3：47。

全社会固定资产投资增长10.5%，按产业分，第一产业投资增长85.8%，第二产业投资增长14.3%，第三产业投资增长1.1%。全年社会消费品零售总额29.52亿元，增长15.8%，其中限额以上企业（单位）实现消费品零售额3.87亿元，增长30.6%。按经营地分，城镇市场实现消费品零售额28亿元，增长15.7%；乡村市场实现消费品零售额1.52亿元，增长17.4%。按消费形态分，商品零售19.18亿元，增长8%；餐饮收入10.34亿元，增长33.6%。地方一般公共预算收入完成6.07亿元，增长7.3%；地方一般公共预算支出17.43亿元，增长0.1%。全社会存款余额139.21亿元，增长11.4%；贷款余额78.72亿元，增长20.4%。城乡居民储蓄余额117.71亿元，增长11.6%，其中农村居民储蓄余额66.28亿元，增长11.9%。

境内公路总里程686.87千米，其中等级公路667.71千米，高速公路2.5千米，乡、村级公路400.03千米。全年完成旅客运输总量643.88万人次，旅客运输周转量24 988.78万人千米。全年电信业务总量1.59亿元，增长28.5%；邮政业务总量7010.95万元，增长28.7%。有固定电话用户4.24万户，增长1%；移动电话用户19.01万户，增长5.2%；宽带用户7.22万户，增长7.1%。。

有各类学校36所，其中幼儿园16所、小学14所、初级中学3所、高级中学1所、中等职业学校1所、特殊学校1所；在校学生总数17 665人，其中幼儿园幼儿3831人、小学生7386人、初级中学学生3136人、高级中学学生1771人、中等职业学校学生1539人；专任教师总数1271人，其中幼儿园专任教师270人、小学专任教师528人、初级中学专任教师292人、高级中学专任教师134人、中等职业专任教师44人。有文化馆1座，文化站10个，博物馆1座，公共图书馆3座（藏书量13.9万册）。全年组织实施市级以上科技计划项目7项，向上争取到位无偿科技项目资金229万元。获得专利申请授权176件。有广播电视台1座，有线广播电视用户2.1万户。有医疗卫生机构185个，实有病床位数1243张；卫生机构技术人员1197人，其中执业医师347人、注册护士541人。

【年度农业和农村经济运行】 2021年，全县全体居民人均可支配收入达30 086元，增长9.5%，其中农村居民人均可支配收入23 331元，增长10.4%；全体居民人均消费支出达22 239元，增长10%，其中农村居民人均消费性支出18 216元，增长10.7%。

【种植业】 全年农作物总播种面积25.12万亩，增长0.7%，其中粮食作物播种面积14.01万亩，增长0.9%；油料作物播种面积5.92万亩，增长0.7%；中药材种植面积0.15万亩，增长1.4%；蔬菜种植面积3.59万亩，增长0.4%。全年粮食总产量6.47万吨，增长4.1%，其中小春粮食产量0.12万吨，增长0.5%；大春粮食产量6.35万吨，增长4.1%。经济作物中，油菜籽产量6599吨，与上年基本持平；茶叶产量725吨，增长1.7%；水果产量79 758吨，增长4.2%。

【畜牧业】 全年肉类总产量1.75万吨，增长1.6%，其中猪肉产量12 696吨，增长2.4%；牛肉产量330吨，增长5.8%；羊肉产量115吨，下降9.2%。牛奶产量5805吨，增长4.3%。禽蛋产量4694吨，下降1.3%。全年生猪存栏增长8.4%，出栏下降12.5%；羊出栏下降8.9%；家禽出栏下降3.4%。

【农业机械化】 全年机耕作业面积1.3

万公顷，主要农作物耕种收综合机械化水平达84.1%，农业机械总动力达18.13万千瓦。维修改造提灌站176台次，总动力达2370千瓦。建成高标准农田10.27万亩。全年农业生产燃油消耗850吨。

【农村社会保障】 全年参加城乡基本养老保险9.4万人；参加城乡居民基本医疗保险15.91万人，支出城乡居民基本医疗保险待遇1.18亿元。全县城乡低保保障人数5734人，支出保障金0.2亿元。全年城乡特困供养人员1378人，集中供养率达25%，每千老年人口养老床位数27张。有老年学校1所。有社区服务设施20个，农村社区综合服务设施覆盖率达100%。

【主要领导人】 县委书记：肖巍(3月止)，刘今朝(3月始)；县人大常委会主任：卢明春；县长：刘今朝(3月止)，邱磊(4月始)；县政协主席：陈开军；分管农业副县长：宋麒麟(7月止)，万红缨(8月始)。

青神县编写组

资 阳 市

【基本情况】 2021年，全市辖3个县(区)，辖区面积5747平方千米。全市第一产业增加值实现173.3亿元，增长7.4%，高于全省0.4个百分点，居全省第8位。农村居民年人均可支配收入达21 023元，增长10.2%，总量居全省第6位。争取到位中央、省级资金10.7亿元。获得省委、省政府“脱贫攻坚工作先进集体”表彰(主要农产品产量见表1所列)。

【农村合作组织建设】 持续开展示范创建，严格省级示范评定条件、标准和程序，组织13家合作社申报省级示范合作社，10家合作社被命名为省级示范合作社。组织开展市级示范合作社评定，收到申报市级示范合作社23家，开展相关评定工作。开展国家级示范合作社监测，经对13家国家级示范社监测，拟合格9家，有4家为经营不善、已注销等情况为不合格。全年新增345家县(区)级、81家市级、6家省级家庭农场示范场，全市累计认定省级示范家庭农场达86家、市级示范场达207家、县级示范场402家。

【现代农业园区建设】 依托粮油、生猪、蔬菜、柑橘、柠檬、蚕桑等特色优势产业，以“三园十片”(雁江区佛山橘海、安岳柠檬、乐至县国家农村产业融合发展示范园等3个现代农业园区，七星村柑橘产业综合服务中心及深加工基地、敲钟村柑橘标准化示范基地、高洞村农旅融合、长河柠檬标准化基地、安岳工业园柠檬精深加工、文化农旅融合、石桥柠檬交易中心、杜家石佛沟农旅融合、东山东乐村蚕桑、东山马鞍绍兴花卉10个核心示范片)示范建设为抓手，争取到位中央、省级财政现代农业园区专项资金7500万元，市级财政资金520万元，乐至县葡萄现代农业园区被认定为省四星级园区，新认定市级园区5个，累计认定国家级园区2个、省星级园区2个、市级园区11个。

表1 2021年资阳市主要农产品产量

主要农产品	单位	产量	同比增减(%)
粮食	万吨	168.10	1.20
水稻	万吨	52.99	1.94
小麦	万吨	2.44	–39.20
玉米	万吨	64.32	1.92
马铃薯	万吨	9.26	8.10
油菜籽	万吨	23.35	6.10
蔬菜	万吨	172.60	4.20
水果	万吨	89.20	7.10
肉类	万吨	26.45	14.60
猪肉	万吨	20.12	19.80
牛肉	万吨	0.26	15.50
羊肉	万吨	1.89	1.30
禽肉	万吨	3.65	–1.00
兔肉	万吨	0.53	5.00
禽蛋	万吨	3.27	2.80
水产品	万吨	7.66	5.50
牛奶	万吨	1.44	5.00

【种植业】 聚焦惠农政策落实、粮食扩面增产、撂荒耕地整治、绿色高效创建等重点工作，推动粮食扩面增产。制发《促进粮食扩面增产八条措施》《资阳市防止耕地"非粮化"稳定粮食生产重点任务清单》《落实全省粮食扩面增产"四大行动"重点任务清单》《关于切实抓好2021年小春生产的通知》等文件，召开全市春季农业生产视频会议、小春生产视频会抓实安排部署。全市完成撂荒地整治6.6万亩以上，其中复耕种粮4.8万亩以上。统筹抓好耕地地力保护补贴、实际种粮农民一次性补贴、稻谷目标价格补贴、种粮大户补贴等惠农政策补贴兑付，兑付资金超3.9亿元，惠及农户77.1万户。全年粮食生产完成504.19万亩，减少0.17万亩，减少0.03%；产量168.1万吨，与上年持平。其中，小春粮食产量10.28万吨，减少0.82万吨；大春粮食产量157.86万吨，增长2.86万吨。油料作物播种面积150.4万亩，增长1.5%；产量28万吨，增长5.7%。其中，油菜产量23.34万吨，增长1.34万吨；花生产量4.61万吨，增加0.11万吨。全市蔬菜及食用菌种植面积93.37万亩，产量172.6万吨；瓜果种植面积5.44万亩，产量13.76万吨；园林水果产量达75.43万吨，增长3.2%。全市蔬菜种植面积93万亩，产量172.6万吨，增长4.2%；柠檬面积稳定在52万亩，产量53万吨；柑橘种植面积30万亩，产量40万吨。桑园面积13.6万亩，发放蚕种12.98万张；生产蚕茧4800吨，增长4.1%。

项目实施。向上争取产业强镇项目2个，项目资金2000万元，分别在安岳县合义乡和乐至县东山镇实施，2021年阶段600万元建设内容按时间节点全部完成。推行绿色生产，在雁江区丰裕镇高洞园区示范推广果园生草技术1000亩。推广使用厚度大于0.01毫米、符合国家标准的地膜，并及时对使用后废弃物进行回收处置。开展龙头企业培育，全市63家市级以上龙头企业全部通过监测。召开龙头企业培训会，就金融支持农业企业发展、农业产业化联合体培育、品牌创建等方面政策进行培训。与成都市农业农村局合作，争取成都市财政资金1000万元，在安岳县乾龙镇共建成都市"菜篮子"保供试点基地。与重庆市潼南区农业农村委共同编制印发《中国柠檬产区柠檬种植技术规范（试行）》，高质量打造中国柠檬产区。与四川省农业科学院开展农业科技合作，围绕水稻、柑橘、红薯和冷链物流加工四大合作项目开展科技成果转化利用。

疫病防控。全市农作物病虫草鼠害发生面积1038万亩，防治面积1458万亩，挽回损失4666.1吨，实际损失76 984.79吨。全市有4个乡（镇）发生草地贪夜蛾，面积3790亩，累计防治10 750亩。稻水象甲仅乐至县发生2亩，对发生地水稻及周边地块均进行统防统治，防控面积100余亩。全年完成省间和省内调运检疫343批次，产地检疫面积1.56万亩，登记育苗面积1563.6亩，共计1299.8万株。建立水稻、玉米、水果等绿色防控核心示范区5.6万亩，全市安装杀虫灯1027盏，悬挂诱虫色板52万余张，安装性诱装置27 500套，释放捕食螨16.2万袋，悬挂生物导弹12 000枚。主要粮经作物病虫害绿色防控覆盖率达44.26%。主要粮食作物专业化统防统治184.5万亩，覆盖率达42.3%，平均防治效果达93%。

【种子管理】 引进作物新品种67个，实施"稻香杯"优质稻、专用玉米和"双低"油菜等新品种示范新品种26个，示范面积2.46万亩，带动专用优新品种推广60.6万亩。全年备案作物品种487个，备案率达100%；结合"五良"配套推广，实现作物良种覆盖率97.81%。全年共抽检作物种子样品2373份，质量检测合格率97.64%；扦取156份作物样品开展田间纯度种植鉴定，所有样品纯度合格；抽取水稻、玉米和蔬菜217份样品实施转基因成分快速检测，结果均呈阴性（无转基因成分）；受理各类种子质量纠纷调解11次，所有纠纷均实现成功调解；全年未发生重特大种子质量事故，确保农业用种安全。

【畜牧业】 全市生猪出栏274.88万头，增长13.1%；牛出栏1.9万头；羊出栏130.3万只；家禽出栏2434.6万只。猪肉产量20.1万吨，牛肉产量0.26万吨，羊肉产量1.89万吨，禽肉产量3.65万吨；禽蛋产量8.81万吨，牛奶产量1.44万吨。全年实现牧业产值110.1亿元，占农业总产值的33.9%。

现代畜牧业。招引落地温氏、正大、正邦、新希望等行业领军企业与本土企业深度合作，合力打造产出高效、产品优质、资源节约、环境友好的生猪四大产业集群。建设温氏石鼓、周镇、兴隆、正大正源、新希望六和等现代化仔猪繁育基地6个，年产优质商品仔猪近150万头；发展安岳绿初原现代化奶牛养殖基地2个，存栏优质进口荷斯坦奶牛近3000头，常年稳定供应伊利、蒙牛两大奶业巨头；全市规模以上畜禽养殖场600个，其中生猪505个、肉羊55个、肉（奶）牛18个、小家畜禽22个；生猪规模养殖比重达60%，龙头企业引领带动的规模猪场达332个。争取四川（乐至）畜禽现代种业园区落地建设，按照"一核两区四中心六基地"规划布局建设的四川现代生猪基因交流中心已投产运营，牧草核心种植示范区及育种试验示范区面积达1000亩，种猪质量监督检验测试中心已建成，肉牛创新育种基地主体工程有序建设。全市种畜禽生产场（站）达18个，其中种猪场13个、种羊场3个、种牛场1个、种公猪站1个，畜禽良繁体系较为完善。全市累计创建部省级畜禽养殖标准化（示范）场33个，其中部级1个、省级32个。3个县（区）实施的全国畜禽粪污资源化利用整县推进项目成效明显，规模养殖场粪污处理利用设施装备配套率达100%，畜禽粪污综合利用率达93%以上。

重大动物疫病防控。严格执行新修订的《中华人民共和国动物防疫法》及配套规章制度，坚持以预防为主的方针，落实强制免疫、消毒灭源、疫病监测、流行病学调查及疫情分析会商等各项综合防控措施；坚持经常性防疫和重点突出春秋季重大动物疫病防控；抓好布病、狂犬病、血吸虫病等人畜共患病防控；对县级兽医实验室进行升级改造，提升动物疫病监测预警水平。全市未发生非洲猪瘟、口蹄疫、高致病性禽流感和小反刍兽疫等重大动物疫情和重大畜产品质量安全事故。

【水产业】 全市水产品总产量7.66万吨，渔业经济总产值16.23亿元。开展“鱼米之乡”建设，组织指导雁江区整合涉农项目资金约1.8亿元集中向“鱼米之乡”建设靠拢，项目规划示范片面积22 344亩，按时完成建设任务。推进水产养殖尾水治理，印发技术指南和工作指南，成立督导组覆盖全部重点流域督察指导。探索建立养殖尾水排放管控机制，绘制全市50亩以上规模化水产（池塘）养殖场治理分布图，全市235个规模场治理率达67.23%。完成第一次全国水产种质资源普查，全市共普查水产养殖种质资源主体1415个，任务完成率达137.5%。

资源养护。加强水生生物增殖放流管理，印发《资阳市天然水域鱼类资源人工增殖放流工作指南》，在沱江干流（资阳段）投放鲢、鳙鱼苗63.3万尾；长江“十年禁渔”工作有序开展。加强渔政执法队伍建设，督促各县（区）完成农业综合执法改革，组建渔政协助巡护队伍。建立市、县、乡、村四级联动的禁捕网格化管理体系，把禁捕工作纳入各级河长制工作内容。出台《资阳市天然水域垂钓管理办法》，规范天然水域垂钓行为。全面加强督导考核，组织领导小组成员单位联合开展专项督察9次，组织专班督导核查组人员到县（区）督导10余次，通报5次；全市开展联合执法检查110余次、渔政执法检查220余次，立案查处渔政案件15件，销毁违禁渔具530余件；出台应急预案，建立信访台账，畅通反映渠道，全面处理禁捕退捕相关问题；多渠道开展宣传引导，营造“知渔法、爱护渔”氛围。

行业监管。组织对全市水产养殖企业逐一摸排，建立渔业行业安全重点检查企业名录库，开展安全大检查18次，检查水管单位3个、水产养殖场21家，排除安全隐患8起。开展水产养殖用投入品安全宣传和水产品质量安全培训指导，要求养殖主体完善投入品使用痕迹管理，确保生产、用药、销售记录规范完善。持续开展水产养殖用投入品专项整治三年行动，落实《白名单制度》，引导水产养殖主体规范使用水产养殖用投入品。开展水产品质量安全监测，扩大监测范围和数量，全年部、省、市抽检水产品284个，合格率达99.6%。

【农村改革】 全面完成农村集体产权制度改革清产核资、成员确认、股权量化、组织建设等阶段性任务。完成村集体经济组织规范化建设，全市1197个集体经济组织完成登记赋码。全市乡村振兴产业发展风险补偿金规模3795万元，累计撬动贷款超过5.3亿元。稳慎推进农村宅基地制度改革整市试点，选择11个村开展先行试点，市本级研究制定出台宅基地规范管理、资格权保障、宅基地使用权盘活等试行文件3个，各县（区）出台试行及配套文件50余个。创建国家级乡村治理示范村2个、省级乡村治理示范镇1个、省级示范村10个。李长安、龚绍荣、杨小英三人获评四川省第五届农村手工艺大师（乡村美食大师）。资阳市雁江区丰裕镇高洞村获评“四川省2021年产业兴旺名村”，安岳县石桥街道千拱村获评“2021年四川省乡风文明名村”。

【宜居乡村建设】 加快建设“美丽资阳·宜居乡村”，开展人居环境整治，突出“改厕、清脏、治乱、添美”等工作重点，抓好农村人居环境整治提升行动。突出饮用水源地、村建制调整涉改村重点，完成厕所改造2.9万户。完善农村户厕改造长效机制，二湾村、乐安社区等农村厕所粪污“收、运、用”处理体系试点探索有序开展。开展农村面源污染防治攻坚，成立工作专班，围绕渔业养殖尾水治理、农药化肥减量增效等重点领域，通过全覆盖督导、抽调农技人员包镇等方式全面摸排并推动问题整改，并通过第二轮中央环保督察。实施长江流域“十年禁捕”，落实退捕渔民动态服务管理机制，建立完善禁捕执法体系和网格化监管体系，出台天然水域垂钓管理办法，开展渔政亮剑、市场经营专项整治、打击非法捕捞专项整治等行动，立案查处各类非法捕捞、经营水产品案70件。推进示范创建，推进乡村振兴三级联创，指导乡（镇）、示范村编制详细的创建方案，全面实施创建项目。雁江区以及2个乡（镇）、22个村分别创建为省级乡村振兴先进县、先进镇及示范村。

【农业机械化】 全市有42个农机专业合作社，其中省级专业合作社1个（安岳岳翔农机专合社），有社员2540人。全年农机购置补贴使用资金1063.91余万元，补贴农机具5797台，受益农户4585户。主要农作物耕种收综合机械化水平达57.7%，提升2.7个百分点。全年农机总动力187万千瓦，有拖拉机1484台、耕整机1.7万台、微耕机1.6万台、联合收割机1560台、植保机械1.2万台、秸秆粉碎还田机2754台等。新建提灌站19座，修复提灌站335座，改造提灌站13座，提灌站灌溉面积达178.7万亩。

【农业开放合作】 对外开放不断扩大，策划包装涉农重大项目55个，总投资590亿元；签约雁江100万头生猪全产业链、上海叮咚买菜基围虾西南基地建设、乐至县现代蚕桑产业园建设等13个重大项目，投资额达78.4亿元。

【大事记】 1月11日，资阳市农村地区新冠肺炎疫情防控电视电话会议召开，副市长赵璞主持会议，安排部署农业农村疫情防控工作。市政府副秘书长邓爱华、市疫情防控农村工作组组长陆明辉、市疫情防控组工作组副组长文帮芬和农村工作组全体成员单位分管负责人参加会议。各县（区）农业农村局设分会场，各县（区）党委农村工作领导小组副组长、农村地区疫情防控工作组办公室主任、乡（镇）党委书记等在各分会场参加会议。

2月17日，省政府印发《关于命名2020年度四川省星级现代农业园区的决定》，资阳市雁江区柑橘现代农业园区被命名为四川省四星级现代农业园区。

3月4日，乐至县政府与西南大学签订共建“中国桑都”合作协议，通过县校合力，辐射推动乐至县蚕桑一二三产业融合发展。

3月24日，市委、市政府印发《关于全面实施乡村振兴战略加快农业农村现代化的意见》（资委〔2021〕1号），文件指出，坚持加强党对“三农”工作的全面领导、坚持农业农村优先发展、做好巩固拓展脱贫攻坚成果同乡村振兴有效衔接、全力保障国家粮食安全和重要农产品有效供给、加快构建现代农业“6+3+1”产业体系、扎实推进宜居乡村建设、全面深化农业农村改革等。

4月2日，四川省科技下乡万里行柑橘产业服务团第51团在安岳县通贤镇人和村举行了活动启动仪式，并对柠檬水肥管理、枯枝修剪、杂草防治等技术开展了现场技术指导。市委组织部部委委员苏永富、市农业农村局副局长宾刚参加启动仪式。

4月22日，四川省脱贫攻坚总结表彰大会在成都锦江大礼堂召开。会上，资阳市农业农村局获评“四川省脱贫攻坚先进集体”。

6月3日，资阳市委编办印发《关于调整扶贫工作机构设置的通知》（资编委发〔2021〕8号），资阳市扶贫开发局重组为资阳市乡村振兴局，为资阳市政府工作部门，由资阳市农业农村局统一领导和管理，不再保留资阳市扶贫开发局。

7月2日，建行“裕农通”助力乡村振兴伍隍镇铺子村乡村治理“积分制”试点启动仪式在伍隍镇铺子村举行。

7月20日，安岳县被农业农村厅认定为“全省第二批省级农业对外开放合作试验区”。

9月15日，资阳市农业农村局、资阳市乡村振兴局、资阳市邮政公司、资阳市邮储银行举行共同推进乡村振兴产业发展战略合作签约仪式。双方同意共同打造“政府+邮政+银行+合作社+农户”的农业产业发展新模式，助力乡村振兴。

12月28日，四川省农业科学院与资阳市政府签订《四川省农业科学院资阳市人民政府农业科技合作框架协议》。协议由四川省农业科学院院长牟锦毅、市长徐芝文签订，省农业科院党委书记吕火明、市委书记蒋天宝出席签约仪式。

12月13日—16日，由省商务厅带队的省乡村振兴实绩考核现场检查组和阿坝州带队的农业农村优先发展专项检查组到资阳市开展乡村振兴实绩考核现场检查，并对雁江区创建省级乡村振兴先进区现场考评。市委书记蒋天宝陪同，市长徐芝文以及副市长、雁江区委书记做工作情况汇报，相关市级部门负责人以及雁江区、部分乡（镇）负责人陪同接受资料检查和现场检查。

12月29日，资阳市农业农村局被四川省农业援外办公室评为“2021年农业交流合作工作突出单位”。

【主要领导人】 市委书记：廖仁松(7月止)，蒋天宝(7月始)；市人大常委会主任：王荣木；市长：徐芝文；市政协主席：王莉萍；分管农业副市长：赵璞(7月止)，贾发扬(9月始)。

资阳市编写组

雁 江 区

【基本情况】 2021年，全区辖17镇5个街道，辖区面积1632平方千米。

【种植业】 全区粮食总产量52.25万吨，增长0.8%，其中夏粮产量4.56万吨，减少12.5%；秋粮产量47.7万吨，增长2.3%。水稻产量12.91万吨，增长1.7%；玉米产量21.86万吨，增长2.3%；小麦产量1.23万吨，减少50.4%；豆类产量5.13万吨，增长4.9%；薯类产量11.11吨，增长7%。经济作物方面，油料产量8.57万吨，增长5.1%；蔬菜及食用菌实现产量61.3万吨，增长5.9%。

【乡村旅游】 创新“线上云游+线下体验”形式，将赏花节、小龙虾美食节等搬上云端，线上线下持续发力，不断扩大品牌影响力；与成都市、简阳市区域联动开展文旅宣传营销，线上线下互推精品旅游线路。

【区域合作】 简雁乐农旅融合发展示范区被评为成德眉资交界地带融合发展首批8个精品示范点之一，已签订简雁乐农旅融合发展示范点推进建设协议；邀请知名专家学者、行业带头人等到雁江区指导；四川师范大学美术学院、书法学院实习实训与文创基地在保和镇晏家坝乡村公园正式挂牌；组织参加川渝两地庆祝中国共产党成立100周年川渝“阅读之星”诵读活动，区图书馆获得组织奖。

【公共文化服务体系建设】 区文化馆获评国家一级馆，所有公共文化场馆均实行免费开放，实现“无障碍、零门槛”；整合文图两馆资源，探索“一体化建设、双重化管理、多元化服务”的总分馆制模式，将分馆开进景区及人口密集的社区，为群众提供更优质的文化体验，保和镇晏家坝分馆、莲花街道向阳社区分馆已挂牌投用；推动数字化场馆建设，建成1个文化视频远端教室及10个分会场，开展线上文化艺术教学80场次；实现与成都市图书馆、资阳市图书馆、雁江区图书馆及分馆读者信息馆际互认和图书通借通还，升级群众阅读体验。由政府引导，吸纳离退休文艺骨干、民间艺术家等参与，组建文艺文化志愿服务队伍10余支，注册志愿者超过500人，发布志愿活动13场，将公共文化服务送到群众身边。

【群众文化活动】 把共享文化发展成果作为落脚点，届时举办青少年艺术大赛、"雁子舞"大赛、邵子南文艺大赛等文化活动，打造区域文化品牌；围绕建党100周年、脱贫攻坚、非遗传承等，创作舞蹈《再唱山歌给党听》《大医精诚》、音乐《守着忠诚》《资阳是个好地方》等文艺作品近百件；聚焦文化惠民，举办书法展、摄影展、非遗展、文艺辅导志愿等各类文化活动110余场次，"送文化下乡"54场次；将流动图书室办进企业、军营、机关，根据不同需求提供差异化图书借阅，累计提供图书5000余册。

【主要领导人】 区委书记：罗道坤；区人大常委会主任：姚忠志；区长：杨天学；区政协主席：孙家茂；分管农业副区长：欧阳建。

雁江区编写组

安岳县

【基本情况】 2021年，全县辖46个乡（镇、街道），辖区面积2700平方千米。

2021年，全县GDP287.97亿元，增长7.7%，其中第一产业增加值79.38亿元，增长7.5%；第二产业增加值60.24亿元，增长6.6%；第三产业增加值148.35亿元，增长8.3%。三次产业对经济增长的贡献率分别为28.5%、17%、54.5%，三次产业结构比为27.6 ：20.9 ：51.5。

【种植业】 全县粮食作物播种面积14.36万公顷，增长0.3%；油料作物播种面积3.7万公顷，增长3.6%；中草药材播种面积0.04万公顷，下降51.5%；蔬菜种植面积2.71万公顷，下降0.1%。全县粮食产量74.49万吨，增长1.4%，其中小春粮食产量下降8%、大春粮食产量增长2%。经济作物中，油料产量11.29万吨，增长6.1%；蔬菜及食用菌产量86.39万吨，减少0.6%；园林水果产量48.62万吨，增长7.8%；中草药材产量0.31万吨，增长4%。

【畜牧业】 全县生猪存栏71.05万头，增长11.2%，其中能繁母猪存栏6.64万头，增长1%。生猪出栏111.90万头，增长9.6%；牛出栏1.44万头，增长34.3%；羊出栏33.53万只，增长3.7%；家禽出栏1071.18万只，下降2%。全县猪肉产量8.36万吨，增长20.1%；牛肉产量0.16万吨，增长1.4%；羊肉产量0.43万吨，下降2.4%；禽肉产量1.54万吨，下降4.3%。禽蛋产量3.27万吨，增长4.9%；牛奶产量1.1万吨，下降26.1%。

【聚焦巩固脱贫成果同乡村振兴有效衔接】 全县紧盯目标任务，做好社会救助兜底保障工作，在构建分层分类的救助体系、低收入人口动态监测和常态化救助帮扶等方面取得进展，提升了困难群众的获得感和认同感。优化调整分层分类社会救助体系建设，持续深入推进社会救助综合改革试点工作，将城乡低保、特困供养和临时救助审核确认权下放到乡（镇、街道），让社会救助更加精准、及时。不断提升公共服务和保障水平，夯实兜底保障政策助力乡村振兴底层基础，切实做到"应保尽保""应养尽养""应救尽救""应助尽助"。一是加强城乡最低生活保障。加强农村低保与乡村振兴有效衔接，将丧失劳动能力、无法通过产业扶持和就业帮扶实现脱贫的脱贫人口以户为单位全部纳入农村低保保障范围。对符合条件低收入家庭中的重残、重病等特殊群体根据申请按程序参照"单人保"纳入低保范围。截至2021年年底，全县在册城乡低保59 541人，累计发放低保金741 034人次207 39万元，其中向脱贫户发放低保金315 944人次8625.3万元。二是落实特困人员供养政策。截至2021年年底，全县在册特困供养人员9833人，累计发放特困人员供养金119 733人次6708.09万元。为特困对象中的脱贫户发放供养金23 760人次1204.63万元。三是发挥临时救助救急难作用。截至2021年年底，全县临时救助急难对象2571人次216万元，其中救助脱贫户276人次17万元。四是及时发放残疾人"两项补贴"。截至2021年年底，全县享受重度残疾人护理补贴人员20 153人、困难残疾人生活补贴人员14 358人，累计发放重度残疾人护理补贴220 546人次1350.71万元，其中脱贫户66 269人次367.37万元；累计发放困难残疾人生活补贴158 134人次1581.34万元，其中脱贫户83 231人次832.31万元。五是做好孤儿及事实无人抚养儿童生活保障。截至2021年年底，全县在册孤儿385人、事实无人抚养儿童189人。累计发放孤儿保障金4575人次420.88万元，其中脱贫对象979人次88.11万元；发放事实无人抚养儿童保障金1802人次119.77万元，其中脱贫对象，519人次37.89万元。低收入人口排查监测和帮扶工作取得新突破，一是做好低收入人口动态监测。根据民政工作职能和政策口径，会同乡村振兴等相关部门做好低收入人群动态监测工作，筑牢防止返贫致贫底线。截至2021年年底，已阶段性将低保、低保边缘家庭、特困供养及乡村振兴局新纳入的监测户等困难对象73 186人纳入动态监测范围。二是稳步推进低保边缘家庭监测工作。按照《四川省低收入人口动态监测和常态化救助帮扶工作指南（第一版）》要求，统筹利用2021年度低保复查的契机，进行专项工作培训和工作安排，并联推进低保边缘家庭摸排工作。按程序将3574人纳入低保边缘家庭监测范围。三是落实常态化救助帮扶措施。持续关注监测对象基本生活情况，对符合条件的对象进行分类施策，纳入低保、特困供养等相应保障范围。截至2021年年底，纳入低保1116人，纳入特困供养3人，落实临时救助资金10.2万元。落实各级强农惠农政策取得新成效，对符合条件的低保对象、特困人员、重度残疾人，按最低缴费标准100元/年/人代缴城乡居民养老保险参保费用。截至2021年年底，共代缴低保25 496人、特困1477人、重度残疾10 192人，共落实民政涉及对象代缴资金371.65万元。

【公共文化服务体系建设】 围绕“中国共产党成立100周年”等主题，创编舞台艺术作品12个。选送256件美术、书法、摄影作品在国家、省、市级各类展览中展出，其中1件作品在中央电视台春节联欢晚会展播，2件作品获得四川省女职工书画摄影大赛铜奖、全国第九届“书香三八”读书活动书画阅读优秀奖，2件作品获得四川省三等奖，6件作品获得省级展览奖项，16件作品获得市级展览奖。组织开展并参与“我们的节日·清明节”祭祀、“安岳摄影人的光影之旅”网络摄影展、“我们的节日·端午、中秋、国庆”文化惠民展演以及四川省“万人赏月诵中秋”集中展演等各类艺术活动。制定完善志愿者管理办法等相关制度，组建869人的志愿者队伍。组织开展“安岳县文化惠民巡演”“红色安岳·薪火相传文化艺术体验系列活动”等志愿服务活动。开展礼赞百年风华——安岳县文化惠民巡演活动80余场次。县图书馆以现有图书馆管理设备、技术、服务现状为基础，进行24小时智能微型图书馆（24小时借还）社保卡借阅服务提档升级建设，已实现文化信息资源共享，免费向读者提供30余万册图书和国内大多数期刊。同时，完成评估定级相关资料，确保公共图书馆评估定级增位新添硬件设施到位，软件资料进入查缺补漏阶段。完成2021年旅游厕所新（改）建任务，并按照“一厕一所长”的原则纳入旅游厕所管理。

【主要领导人】 县委书记：贾发扬；县人大常委会主任：刘云；县长：刘建华；县政协主席：魏斌；分管农业副县长：邹武超。

安岳县编写组

乐至县

【基本情况】 2021年，全县辖1乡18镇2个街道，辖区面积1424平方千米，其中耕地面积98.24万亩，比上年增长0.05万亩；基本农田97.82万亩。年末总人口48.2万人（常住人口），人口出生率7.36‰，下降2.52个千分点；人口自然增长率-6.49‰，下降1.94个千分点。全县耕地有效灌面和保证灌面分别达到耕地总面积的100%和94.3%；本地水资源总量9.8亿立方米，人均占有水资源量2009立方米。有林业用地3.28万公顷，有林地面积2.65万公顷，活立木总蓄积量245.9万立方米，森林覆盖率43.7%。

2021年，全县GDP217.2亿元，增长8.9%，其中第一产业增加值39.5亿元，增长7.8%；第二产业增加值68亿元，增长7.7%（工业产值46.9亿元，增长10.1%）；第三产业增加值109.7亿元，增长10.1%。三次产业对经济增长的贡献率分别为17.1%、26.2%和56.7%。劳务输出25.39万人，收入83.4亿元。全年接待游客563.4万人，实现旅游收入49.7亿元，其中乡村旅游收入15.4亿元。

公路通车里程3592千米（其中乡村公路3260千米），密度3522.47米/平方千米、41.29千米/万人。社会消费品零售总额100.5亿元，增长18.1%。地方公共财政预算总收入完成10.5533亿元，增长5.58%；公共财政预算总支出54.6857亿元，增长3.38%，其中农业投入2.5451亿元，占支出的4.65%。金融机构各项存款余额343.28亿元，比上年初增长10.41%；各项贷款余额203.22亿元，比年初增长14.25%，其中支持农业产业化发展项目贷款111.73亿元。全年农业保费收入2748.0274万元，增长84.9%。完成农业产业化项目6个，完成投资6.8亿元。农业产业化龙头企业省级、市级分别为6家、13家。

有各类学校147所，在校学生69 210人，教职工5715人，其中普通中学42所，在校学生32 394人；小学43所，在校学生26 598人；学龄儿童入学率100%。完成省级以上科技成果3项。有艺术表演团体3个，文化馆1个，公共图书馆1个，博物馆1个。有卫生机构679个，病床位2685张，卫生技术人员1796人。城乡居民基本医疗保险参保人数56.922万人，参保率97.3%；城乡居民养老保险参保人数覆盖31.847万人（其中城镇居民人数4887人）。

【年度农业和农村经济运行】 2021年，全县农业增加值达39.5亿元，增长7.7%；生猪、黑山羊、蚕桑、食用菌、伏季水果、蔬菜等特色优势农产品产量保持稳定增长。农民年人均可支配收入达20 851元，增长10.1%。全县农产品质量抽检合格率达100%；建成21个基层农业综合服务站（主要农产品产量见表1所列）。

【农业产业化发展】 全年累计县内接待企业69家，外出开展招商活动18天。协助举办西博会、农博会、城市推进会等招商推介会6次，签约重大项目5个，签约总投资9.448亿元。全年共编报重点项目7个，其中市级重点项目2个、县级重点项目5个，总投资20.4亿元。新开工项目及续建项目完成固定资产投资19.6亿元，增长15%。共争取国、省行业主管部门项目18个，总下达资金20 000万元。全县累计培育家庭农场1034家，其中省级示范场28家、市级示范场38家；累计培育农民合作社557家，其中省级示范社27家；累计培育省级产业化龙头企业6家、市级产业化龙头企业13家；加大对合作社、家庭农场的指导服务，推动合作社、家庭农场开展品牌认证，搭建电商平台，拓宽营销渠道，提升农业适度规模经营水平，评定一批效益好、管理好、口碑好的新型农业经营主体，形成"帅青花椒""中天酿造""乐至黑山羊""石佛白乌鱼"等一批特色的帅乡品牌。

【农业和农村改革】 以建设国家级农村集体产权制度改革试点县为契机，出台《乐至县农村集体产权制度改革试点方案》《乐至县办理农村集体经济组织登记赋码发证工作规范》《乐至县申请成立农村集体经济组织试行登记办法》等工作方案和指导意见，采取试点先行、由点带面的工作方式，抓好关键环节、创新工作举措，聚力推进农业和农村改革工作。全县共清查核实农村集体土地面积13.5万公顷、农村集体资产36 567万元（其中经营性资产15 287.93万元、非经营性资产21 279.07万元），确认村（社区）集体成员72.95万人，发放成员股权证书24.66万本。全县共建成集体规模生猪养殖小区25个、果蔬养殖基地667公顷，形成农旅服务资产4000余平方米，实现村级集体经济经营性收入1000万元。

表1 2021年乐至县主要农产品产量

主要农产品	单位	产量	同比增减(%)
粮食	万吨	41.4048	1.58
水稻	万吨	10.8211	2.96
小麦	万吨	0.6194	56.77
玉米	万吨	19.8412	0.38
马铃薯	万吨	0.7023	72.98
油菜籽	万吨	6.8523	5.67
蔬菜	万吨	24.8662	6.46
水果	万吨	4.0624	7.29
肉类	万吨	7.5218	12.35
猪肉	万吨	5.3957	15.97
牛肉	万吨	0.0274	15.61
羊肉	万吨	1.0159	3.06
禽肉	万吨	0.8590	6.79
兔肉	万吨	0.2238	–2.10
禽蛋	万吨	2.9572	–2.96
水产品	万吨	2.1119	5.13

【供销合作社改革】 推进供销综合改革，加强供销组织建设，探索"三社"融合发展，改造提升薄弱基层社2个，创建基层社示范社5个，新建村级基层社2个，创建星级农村综合服务社5个，新建区域性供销服务中心1个，同时在石湍镇朝阳店村、高寺镇清水村采取"供销社+村集体经济组织+专业合作社"的形式开展村级供销社试点，为当地专业合作社、业主群众提供农资、日用消费品、农机、劳务中介等服务。拓展农业社会化服务，促进农业增产农民增收，在宝林、石湍、回澜等乡（镇）开展机耕、机种、代收代种、统防统治、农技培训等农业社会化服务，实现土地托管面积1.4万余亩，服务区群众人均增收100元以上。融入渝资供销合作，区域性供销流通平台建设取得突破，加强与重庆市璧山区供销社合作，与重庆市璧山区供销合作社联合社签订战略合作协议，建立联席会议制度，在农业社会化服务等领域开展相关合作。

【农产品品牌战略实施】 实施乡村振兴战略，促进区域农产品持续健康有序发展，显著提升"乐滋乐味"品牌知名度和管理质量。依托省级农产品品牌提升项目，打响乐至县"乐滋乐味"农产品区域公用品牌，提升"乐滋乐味"农产品区域公用品牌的知名度、认知度、影响力。"乐滋乐味"品牌农产品销量稳步提升，通过展会、网络直播带货等带动产品销售400余万元，通过益乐公司乐滋乐味品牌配送中心销售1300余万元。持续推动绿色有机地理标志农产品发展，全县"三品一标"产品保有量（有效期内）69个，其中无公害农产品27个、绿色食品15个、有机产品21个（含转换期产品）、地理标志农产品6

个（农业农村部农产品地理标志登记保护1个，即乐至黑山羊；国家地理标志保护产品2个，即乐至白乌鱼和天池藕粉；地理标志证明商标3个，即乐至黑山羊、乐至生丝、乐至蚕茧）。

【现代农业园区建设】 围绕"成渝中部都市近郊型农业现代化示范区"目标定位，推进现代农业园区建设。农业园区建设方面，乐至县"阳化河葡萄+猪"现代农业园区被认定为省四星级现代农业园区，乐至县石湍片区粮油现代农业园区被认定为市级现代农业园区，乐至县宝林片区粮油现代农业园区、乐至县劳动镇枳壳现代农业园区、乐至县石湍片区粮油现代农业园区被认定为县级现代农业园区。蚕桑园区建设方面，以"大园区、小业主"发展模式引领蚕桑产业规模化、集约化发展，累计建成桑园15万亩，总产值突破25亿元，"中国桑都"逐步成型。现代畜禽种业园区建设方面，乐至县与四川省畜牧科学研究院合作共建四川（乐至）现代畜禽种业园区，全年建成园区路网11千米，改善供水、电网基础设施；建成四川种猪质量监督检验测试中心和四川生猪现代种业基因交流中心，年可测定种猪1000头，满足全省核心育种场近2万头核心群种猪生产需要；对口全省14个国省级核心育种场开展基因交流，开创全国建立生猪区域性联合育种体系的先河；肉牛、牧草育种创新基地圈舍、检测实验楼、管护用房、粪污处理设施、草料加工房等主体工程基本完成；建立乐至黑山羊专家工作站1个，完成专家技术指导培训，培训学员及受益群众达2200余人；完成园区内1个种猪场、1个种羊场、1个牧草种植基地改造提升。

【种植业】 全年粮食作物播种面积8.43万公顷，增加1240公顷，增长1.49%；总产量41.4万吨，增加0.6万吨，增长1.47%。其中，小春粮食作物播种面积8400公顷，总产量1.9万吨，增加0.2万吨。小麦2000公顷，总产量0.59万吨；豌（胡）豆5600公顷，产量1.05万吨；春马铃薯693.33公顷，产量0.26万吨。大春粮食作物播种面积7.59万公顷，增加480公顷，增长0.64%；产量39.5万吨，增加0.4万吨，其中水稻1.42万公顷，产量10.78万吨；玉米33 800公顷，产量19.93万吨；红薯1.28万公顷，产量5.38万吨；大豆1.41万公顷，产量2.98万吨；大春马铃薯1066.67公顷，产量0.44万吨。蔬菜种植面积1.3万公顷，增加314公顷，增长2.53%；产量24.92万吨，增加1.5万吨，增长6.38%。水果种植面积0.54万公顷，较上年持平；产量4.52万吨，增加0.29万吨，增长6.87%。中药材种植面积0.06万公顷，增加14公顷，增长2.26%；产量0.36万吨，增加0.02万吨，增长4.87%。

【林业】 全县有林业用地3.28万公顷，有林地面积2.65万公顷，活立木总蓄积量245.9万立方米，森林覆盖率达43.7%。造林绿化方面，依托森林抚育项目建设，全年完成中幼林抚育2.55万亩，有序推进森林城市生态体系、产业体系、文化体系城区森林宜居工程、乡（镇）绿化美化工程、特色产业基地建设。开展国家森林城市宣传活动，发放宣传单5000余份、宣传手册2610册、宣传挂历3250张、创森环保宣传袋600个。退耕还林成果巩固方面，兑现省下达的退耕还林补助资金29.225万元，兑现面积2338亩；兑现退耕还林生态林抚育补助资金202.31万元，兑现面积101 155亩。森林资源管理方面，依法加强林木采伐管理，全年共办理林木采伐许可证4133份，批准采伐蓄积7458.62立方米，出材量3481.575立方米。深化集体林权制度改革，全年共办理（新办、补办、纠错）林权证82户98本，涉及林地409宗，面积309.09亩。林业有害生物防治方面，通过加强预测预报进行科学防治，全年实施林业有害生物防治作业面积85 861亩，其中蜀柏毒蛾63 281亩、核桃长足象22 580亩，投入防治资金（含群众投资投劳）100.3万元，无公害防治率达100%，成灾率为零。加强植物检疫，全年办理产地检疫合格证5件，签发省内调运植物检疫证书3件、省外调运植物检疫证书13件、检疫要求书13件，完成检疫复检88件，种苗产地检疫率达100%。林业园区建设方面，全年新入库完成乐至县枳壳初加工建设项目和乐至县国家现代林业科技示范园商品花卉苗木基地建设项目2个，入库金额10 800万元，已完成固定资产投资6193万元。同时，争取国家级、省级项目资金到位770.32万元。通过加强与省林科院的对接联系，注重花卉、珍稀苗木的基础性研究和推广应用，依托西南地区最大的林业生物技术组培中心，常年派驻20余名科研人员开展适合川中丘陵地区发展的优良品种和高效培育技术等部省级科研项目研究，解决了濒危物种——五小叶槭和西康花楸在四川地区播种育苗萌发率低等技术难题。植物扩繁速度较常规繁育快约30倍，品种纯性可达99%。引进对应的花卉专用肥、潮汐式苗床、智能物联系统等，花卉培育周期缩短20%～30%，实现人为控制花期。

【畜牧业】 按照"稳生猪、壮山羊、调结构"的总体思路，发展生猪、乐至黑山羊，与四川省畜牧科学研究院合作共建四川（乐至）现代畜禽种业园区，建成园区路网11千米，有效改善供水、电网基础设施；建成四川种猪质量监督检验测试中心和四川生猪现代种业基因交流中心，年可测定种猪1000头，满足全省核心育种场近2万头核心群种猪生产需要；对口全省14个国省级核心育种场开展基因交流工作，开创全国建立生猪区域性联合育种体系的先河；建立乐至黑山羊专家工作站1个，完成专家技术指导培训，培训学员及受益群众达2200余人；完成园区内1个种猪场、1个种羊场、1个牧草种植基地改造提升。全县生猪存栏50.59万头、出栏75.36万头，山羊存栏34.03万只、出栏62.62万只，牛存栏0.42万头、出栏0.2万头，禽兔存栏569.06万只、出栏690.81万只。全年畜禽粪污产生量131.34万吨，综合利用122.79万吨，综合利用率93.49%；全县有规模场230个，粪处理利用设施设备配套率达100%。

【水产业】 继续保持水产业持续健康发展态势，全县水产品养殖产量21 119吨，增加1031吨，增长5.13%。全年渔业经济总产值达4.586亿元，其中渔业产值4.1841亿元，占比91.2%；渔业流通和服务业产值4019万元，占比8.8%。全县淡水养殖面积达2364公顷，其中池塘养殖面积1064公顷、水库养殖面积1069公顷、河沟养殖面积230公顷、循环水养殖面积1公顷、稻田养殖面积3530公顷（不计入总面积），主要养殖品种为草鱼、鲢鱼、鳙鱼、鲤鱼、鲫鱼、小龙虾，其中小龙虾2021年养殖面积达580公顷，产量达755吨，增加41吨，增长5.14%；产值达2780万元。开展水产品质量安全专项行动，加强检查力度，全年共组织开展水产品质量安全检查45次，参加检查人员130余人次。开展省、市、县水产品质量抽检410批次。组织开展水产品质量安全宣传52次，发放资料2000余份，确保全县水产品质量安全。

【乡村振兴】 围绕“美丽乐至·宜居乡村”建设，开展大规模绿化行动，全县森林覆盖率43.7%；推进农村户用卫生厕所改造，全年完成5296户农村无害化卫生厕所改造；深化农村生活垃圾“户分类、村收集、乡（镇）转运、县处理”收运处置体系建设，93%以上的行政村生活垃圾得到收集处理；结合“千村示范工程”“厕所革命”等项目建设，推进农村生活污水治理，污水有效处理率达67%。开展乡村振兴“三级联创”，全年建成省级乡村振兴先进镇1个、示范村7个，市级先进镇2个、示范村9个。

【乡村旅游】 以建设全国红色文化旅游目的地、巴蜀美丽乡村旅游目的地为目标，坚定“大旅游”发展理念，夯实文化旅游基础、引进文化旅游项目、提升公共文化旅游服务水平。劳动镇被评为“四川省首批天府旅游名镇”，劳动镇旧居村被评为“四川省首批天府旅游名村”，东山镇孔雀寺村被评为“四川省乡村旅游重点村”，四季果乡获评“四川省四星级现代农业园区”，五彩林乡获评国家3A级景区，桑都桑海获评国家2A级景区。陈毅故里“创5A”有序进行，完成陈毅生平事迹陈列馆陈列改展及文物库房建设项目建设，核心区景观提质改造、农房风貌整治、基础设施、服务设施4个项目有序推进。五彩林乡旅游接待及科教博览展示中心主体工程加快建设。桑都桑海景区完成景区内部分车道黑化、步游道彩化，建设非遗展示中心、农耕文化体验基地等项目。四季果乡旅游景区产业大道全面建成，秋千梦幻岛项目落地落实，已完成停车场建设，各项游乐设施、园区道路等基础设施建设有序推进。文旅惠民落到实处，以生态为先导、以产业为核心、以文化为灵魂，挖掘历史文化、红色文化、禅修文化、田园生态文化等乡村旅游资源，建设红色文化研学基地和“党建+乡村振兴”旅游基地，打造陈毅故里景区、五彩林乡、四季果乡、羊叉河乡村振兴示范带、阳化河现代农业观光旅游带等宜居、宜业、宜游、宜学的乡村旅游目的地。推动挂面、藕粉、桑叶茶等280余种特色农产品进活动、进景区、进展销，推动特色农家乐提档35家，培训乡村文化能人8500余人。多元活动广泛开展，擦亮文旅品牌，举办2021年四川省“万人赏月诵中秋”集中展演主会场活动，200余万名群众通过网络、电视等收看活动。开展第五届中国乐至田园诗会、首届红色文创大赛、四川省桥牌锦标赛等重大文旅活动5次。开展桑葚采摘节、荷花节、桃花节等“帅乡乐至·诗意田园”乡村品牌节会活动12场次，持续擦亮“中国田园诗歌之乡”“成渝特赛事之城”“中国美食烧烤之都”城市名片。

【农村水利】 按照“1234”治水工作思路（开凿1条人工天河，新建2座中型水库，强化行业3大监管，补齐工程4个短板）推进水利各项事业稳定发展，先后获评“四川省水利系统先进集体”“全省河湖管理保护工作先进集体”“全省水资源管理工作先进集体”“全省节约用水工作先进集体”等省级表彰，获评全市“农村水利工作先进单位”“全市水务系统安全生产工作先进单位”等市级称号。推进水利基础设施建设，向上争取到位中央、省项目资金1.75亿元，推进重大项目建设，毗河供水一期工程乐至段总干渠、干渠、充水渠等主体工程全面完工，7月6日正式通水，同时加快推进毗河二期前期工作；加强中小水利基础设施建设，整治山坪塘64座、囤水田20处，治理中小河流2千米，新建供水管道9.5千米，完成21处农村供水工程维修养护，完成二批7座饮用水源地水库内源治理。开展河（湖）长制工作，持续推进河湖岸线管理保护，加快河流岸线保护和利用规划编制，完成童家河、小阳化河、蟠龙河等7条河流的专家评审，濛溪河、童家河、蟠龙河、小阳化河等20条县级河流河道管理范围划定入库工作；开展河湖“清四乱”行动，累计整治“散乱污”企业104家，完成全县104个排污口排查整治；创新实施“行政河长领航+技术河长助航+法治河长护航”模式，形成河湖“闭环”管理，建立河湖生态补偿考核机制，对全县20条县级河流实行每月定期水质监测。推进饮用水源地保护，完成乐至县10个饮用水水源地一级保护区隔离设施建设37.29千米，安装标识标牌212块，搬迁房屋3户，本地居民生活污水256户；完成简家河、岔岔河、棉花沟水库3个乡（镇）饮用水水源地样板建设，安装内部隔离网7500米，处理生活污水人工湿地5处。通过购买第三方服务，分两批对7个水库（简家河水库、猫儿沟水库、黑堰塘水库、岔岔河水库、棉花沟水库、十里河水库、油房河石河堰）开展水体内源治理，全县

10个水源地12个取水口水质符合地表Ⅲ类水标准，均达到饮用水水源地水质要求。开展日常巡察宣传，发放相关宣传资料3000余份，开展联合执法检查70次，劝离钓鱼等行为800余起。

【农业机械化】 全年完成农机购置补贴项目投资500余万元(其中投入中央补贴资金126.475万元，购机农户自筹380万余元)；补贴农机具共537台，受益农户和农机服务组织532户(个)；农机报废更新补贴投入农机购置补贴资金143.304万元，补贴报废农机具263台。改造提灌站1座，功率达37千瓦；修复提灌站8座，总功率达279千瓦；提灌机械出勤8520台次、7.1万千瓦，共提水6450万立方米，保灌面积达3.07万公顷。全县主要农作物耕种收综合机械化水平达54.45%（其中小麦86.6%、水稻71.88%、玉米44.2%、油菜55.77%)，增加2.2个百分点。严格依法依规开展拖拉机和联合收割机的注册登记、年检、转移登记、期满换证等业务，与拖拉机机主、机手签订安全生产责任书、承诺书325份；加强变型拖拉机年检，发现并整治隐患41处，全年实现农机安全零事故。

【农村教育】 全县完成省级以上科技成果3项，乐至县教育和体育局被国家体育总局评为“2017—2020年度国家群众体育先进单位”。教育助学方面，为710名中职学生发放国家助学金138.48万元；为4373名中职学生免除学费798.46万元；为434名中职建档立卡学生发放生活补助43.4万元；为1858名普通高中家庭经济困难学生发放普通高中国家助学金372.9万元；为1857名普通高中家庭经济困难学生免除学费170.89万元；为4825名义务教育阶段寄宿贫困生发放生活补助601.45万元；为5098名义务教育阶段“五类”非寄宿生发放生活补助270.287万元；为46 922名义务教育阶段学生免除作业本费160.3135万元；为1436名学前教育贫困儿童减免保教费159.25万元；为380名全县户籍本专科建档立卡学生发放特别资助152万元。为2212名贫困大学生发放生源地信用助学贷款1578.1596万元，其中国家开发银行受理合同1442笔，发放助学贷款1063.5196万元；县农信社(农商银行)受理合同770笔，发放助学贷款514.64万元。改善办学条件方面，全年争取到上级专项资金补助10 802.05万元，专项用于农村中小学校舍维修改造、义教薄改与能力提升、中央学前教育补助等；完成8所乡(镇)学校厕所改造，对18所有残疾儿童就读的学校进行特殊资源教室建设，为学校添置和更新课桌椅、学生床、班班通、师生计算机、实验室仪器药品等。社会体育方面，全县有体育单项协会22个，所有乡(镇)、社区均成立了体育活动团体，全县经常参加体育锻炼人口达20余万人；全年完成农健工程设施建设共272套(1088件)，新建健身步道3000米，实现全县602个村(机构改革前)村级农民健身工程全覆盖。

【农村科技】 实施创新驱动发展战略，加快建设省级农业科技示范园区和高新技术产业园区，先后获得科技活动周及重大示范活动先进集体、全省科技系统先进集体、全市科技创新先进单位等多项集体荣誉表扬。培育创新主体，全年新增国家科技型中小企业14家，累计达28家；新增高企2家，累计实现5家。新增国家专精特新“小巨人”企业1家。加强创新平台建设，新增市级科技特派员工作站2个，新增省级农业科技示范园区1个，新增天然产物研发中心1个，推进通世达生物天然产物研发中心建设，开放型中试熟化平台，培育市级茧丝绵工程技术研究中心1个。全县有市级重点实验室市级1个、省级企业技术中心3个、市级院士(专家)工作站5个，市级科技特派员工作站2个、省级博士后工作站1个、市级农业科技园区6个。推动以创建“柑橘+黑山羊+生猪”为主导产业的省级农业科技示范园区。牵头申报以龙门镇为核心区、示范区，全县各乡(镇)为辐射区“柑橘+黑山羊+生猪”三大主导产业的省级农业科技示范园区，9月已先后通过闭环审核、现场考察、答辩评审各个环节的考核。建立县级科技特派员服务团，在全省创新建立市级黑山羊、柑橘特色产业特派员工作站2个，推广新品种3个，实施新工艺5项。加强四川科技兴村在线平台(乐至运管中心)建设，专家线上线下开展咨询服务，推动农业科技创新发展。全年撰写科技信息30余件，被今日头条《四川科技报》《四川经济日报》和科技厅等采用。其中，科技特派员工作信息被省、市采用10余条。举办各类实用技术培训，全县先后举办科技养鱼、科技养蚕、优质柑橘生产与管理、食品加工等实用技术培训10余场次，参训人员达1600余人。

【农村文化】 夯实农村公共文化服务体系建设，“五点钟书屋”“文艺轻骑兵”志愿服务队、回澜镇文化站分别获得“四川省文旅公共服务‘四个一批’优秀案例”“优秀团队和优秀站点”。石佛镇被纳入四川省第二批乡(镇)公共文化服务提质增效试点，石佛镇荣家沟村获评“乡村文化振兴省级样板村”。聚力建管用，文化阵地有效运行。聚焦两项改革“后半篇”文章，完成21个乡(镇、街道)及234个行政村(社区)文化室、图书室、广播室等公共文化资产清理、整合及管理人员调整，明确公共文化服务体系建设主体责任，激励各乡(镇、街道)、村(社区)引导28余万名群众自觉常态参与文化活动，文化阵地得到充分有效利用。实施行政区域调整后647个镇、村级广播升级改造项目，广播电视“村村响”“户户通”信号畅通，解决群众问题100余件次。活动多元化，承办2021年四川省“万人赏月诵中秋”集中展演活动，200余万名群众通过网络、电视等收看活动。举办第五届中国乐至田园诗会、首届红色文创大赛、四川省桥牌锦标赛等重大文体活动5次。以满足众文化需求为宗旨，举办“文化进万家”惠民演出、“戏曲进社区”、镇村文化演出等群众文化活动1000余场次。组织文艺骨干开展声乐、广场舞、腰鼓、书画等辅导培训6次，参培人员4000余人次，实现公共文化服务阵地、服务设施、服务人员全覆盖。围绕中国共产党成立100周年、党史学习教育、乡村振兴及陈毅元帅诞辰120周年等时事，开展主题文艺创作采风活动，创作彰显乐至特色的文学艺术作品400余件。出版《乐至文化》《乐至文艺》各4期，收录文艺作品150余件。创作完成大型舞蹈《毗河圆梦》《信仰的力量》并参加省、市级展演活动3次。县融媒体中心制作精彩短视频150余个，其中《乐至：爱在乡土》《乐至美景 爱在眼前》等30余个在“学习强国”平台上刊发。保护文化遗产，传承利用同向推进。实施优秀文化传承“六个一”工程，保护传承乐至川剧，带编委培青少年川剧人才23名，打造巴蜀川剧传承基地；新认定缫丝技艺、桑茶技艺、乐至烤肉等非遗项目26项；收集编撰《乡村历史故事》《乡贤名人志》等民俗丛书6本；建设乡村史馆4个，树立“勤、俭、孝、德”等乡村文化标志。

【农村卫生】 全县共有医疗机构679个，其中县直卫生单位3个、县级医疗机构4个、中心卫生院8个、乡（镇）卫生院17个、社区卫生服务中心3个、民办医疗机构9个、诊所84个、医务室6个、村卫生室545个，共有编制床位2685张。疫情防控落实有力，继续坚持将“外防输入、内防反弹”作为重要任务，常态化推进疫情防控，持续加强监测排查、加强重点人员管控。全县累计摸排重点人群12 460人，累计落实各类医学管控1.29万人次，其中居家医学隔离1403人次、集中医学隔离570人次、居家健康监测1.09万人次、鑫鹏酒店入境人员隔离58人。做好新冠肺炎应检尽检，全县应检尽检累计检测22.37万人次，其中医务人员核酸检测8.37万人次、发热门诊（诊室、哨点）8734人次、新住院患者及陪护13.13万人次。新冠肺炎疫苗接种工作全面开展，全县累计接种88.75万剂次。医疗服务能力稳步提升，县级3家医疗机构完成医院等级现场评审，1家民营医疗机构完成二级乙等综合医院现场评审。全面压实医联体和县域医共体建设任务，上级医疗机构共下沉5名优秀中级及以上职称医务人员，诊疗门诊患者412人次，住院患者305人次。开展教学查房189人次，业务培训86次，示教手术26台次，病例点评34例，远程影像DR会诊3613人次，DR诊断13 625（曝光次数）次。公共卫生工作有序推进，全县无甲类传染病和突发公共卫生事件发生。继续全面实施国家基本公共卫生服务项目，建立城乡居民电子健康档案48.98万人份，建档率达98.96%，动态管理率达48%；65岁以上老年人健康管理率达81.9%；高血压、糖尿病规范管理人数分别为3.43万人、1.21万人，规范管理率分别为87.63%、87.05%。家庭医生签约服务扎实开展，全县25个卫生院、3个社区卫生服务中心953名医务人员组建126个家庭医生签约服务团队，家庭医生签约覆盖率达100%。持续加强国家免疫规划，县免疫规划疫苗报告接种率均保持在90%以上。持续巩固四川省结核病综合防治示范县创建工作成效，全面实施结核病防治策略，加强肺结核“发现、诊断、治疗、管理”，报告肺结核患者和疑似患者总体到位率达100%，病原学阳性率达56.76%，成功治疗率88.95%以上，耐多药高危人群耐药筛查率达100%。全面落实好国家、省、市艾滋病防治工作决策部署，艾滋病检测覆盖率32.42%，抗病毒治疗覆盖率达94.1%，抗病毒治疗病毒成功率达93.2%。

【农村法治建设】 全面推进依法治县，推进农村法治建设，天池街道牛栏店村、双河场乡海慧寺村通过全国民主法治示范村复检，继续保留“全国民主法治示范村”称号。建强农村普法队伍，组织各级各部门推选各系统普法骨干42名，成立乐至县普法讲师团，在全县315个村（社区）开展“法律明白人”换届推选和培训，推选“法律明白人”4628名，并开展县、乡（镇、街道）、村（社区）三级培训337场次，同时加强法律服务，结合“一对一法律顾问”、人民调解员换届培训等，实现村（社区）法律顾问全覆盖、基层调解员培训全落实。开展农村普法活动，印发《乐至县深化拓展“法律七进”试点示范工作实施方案》，创新“懂了么”普法服务网络，建立普法对象“下单”、牵头单位“派单”、责任单位“接单”、上下联合“督单”的县域普法新格局，100%完成派单122件，辐射群众22万余人次，经验做法被省委政法委宣传推广。全节点开展农村普法，制订《乐至县2021年“法治乐至·一月一主题”普法活动实施方案》，明确12个主题月、32项重点活动，全面落实《乐至县2021年“谁执法谁普法”责任清单》，开展“学宪七重奏”“帅乡法治基层行”“春（秋）季开学第一课”等专题普法活动4期次，全县各级各部门累计开展农村普法活动2100余场次，辐射群众80余万人次，推动普法责任制落地落实。通过“乐至融媒”“法治乐至”等线上平台广泛开展《中华人民共和国民法典》颁布一周年系列宣传，推出“萤火虫”普法广播9期，编制《中华人民共和国民法典》典型案例27件，引导广大群众办事依法、遇事找法、解决问题用法、化解矛盾靠法。做好法治阵地建设，以依法治县和青少年法治教育为重点，打造乐至县法治教育基地和青少年宫、青少年校外活动中心法治教育基地，其中乐至县法治教育基地配套县委党校建设规划面积约650平方米，已完成设计施工；以党建和禁毒为载体，分别在东山镇和南塔街道打造乐至县“党建·法治”主题文化公园和南湖“法治·禁毒”主题公园，其中“党建·法治”主题文化公园一期已建设完成，南湖法治·禁毒主题公园室内展馆基本建设完成，环湖步行道考进入规划设计程序；以禁毒宣传为重点，采取“一乡（镇、街道）一广场”的模式，在21个乡（镇、街道）建成禁毒广场21个，通过案例与法条相结合、实物与漫画相结合的形式宣传禁毒法律法规；以“法治乐至”公众号为载体，与县融媒体中心签订信息互联协议，推送习近平法治思想、《中华人民共和国宪法》、《中华人民共和国民法典》、政法队伍教育整顿、防范电信诈骗、环境保护、禁毒等信息420余篇，不断浓厚农村法治氛围。

【农村交通】 全县公路通车里程达3592千米，其中乡村公路3260千米（县道336千米、乡道624千米、村道2300千米），全县21个乡（镇、街道）、234个建制村、81个社区全部通硬化路、通客车、通物流。“四好农村路”建设方面，建成“四好农村路”示范路109.4千米（县道示范路31.1千米、乡道示范路31.1千米、村道示范路47.2千米）、示范乡（镇）4个、示范村70个，乐至县被省政府表彰为“全省第五批‘四好农村路’省级示范县”。农村公路建设方面，开展农村公路品质提升三年行动，全年开工67条、里程119千米，完工56条、里程81千米；完成“两项改革”后半篇文章撤并建制村通畅工程113.5千米，基本消除农村公路“瓶颈路”“断头路”。农村公路管理养护方面，建成包括集综合办公楼、机械设备库、物资材料库、公共停车区和公共厕所于一体的乐至县机械化养护中心暨童家停车区，购置了装载机、压路机、扫地机、洒水机等20余台必备养护机具，显著提升道路抢险保通、日常维修维护科技化水平，同时通过采购有资质的乐通路桥第三方公司完成全年县域内县道日常养护工作。乡村客运建设方面，全年投资500万余元，投放运营46辆9座及以下便民小黄车，全县所有建制村实现客运全覆盖，群众出行难题得到解决。推进“交邮融合”，全县19个乡（镇）、2个街道、105个建制村参与交邮合作，农村群众经济持续壮大、农村物流不断畅通。

【农村社会保障】 全县城乡居民基本医疗保险参保人数569 220人，参保率97.3%。城乡居民养老保险参保覆盖318 470人（其中城镇居民人数4887人），新增参保人员4949人；缴费成功127 346人，累计征收保费14 939.69万元；每月按时足额发放养老金待遇，全县领取待遇人数142 032人。

【农村生态建设及环境保护】 全县以碧水、蓝天、净土为重点，抓好农村生态建设及环境保护，确保农业生态环境安全。

打好“碧水保卫战”。加强污水处理设施建设，推动县城污水处理厂10 000立方米/天临时处理设施提标改造项目、曹家堰水库河道改造工程、蟠龙、石佛、高寺污水处理厂尾水湿地等建成投用。开展流域生态环境问题大排查，加强农业面源治理、污染源治理和饮用水源治理，推进养殖场、屠宰场排查整治，督促企业加强环保问题整改，排查治理入河排污口102个。打造简家河水库、棉花沟水库饮用水源地样板工程建设，开展水源涵养林建设，提升饮用水源地水质。

打好“蓝天保卫战”。持续开展扬尘治理，加强对建筑工地、混凝土搅拌站，以及拆迁、市政施工、垃圾和渣土清运的监管，对在建工程开展检查111次，对施工单位发出整改通知书18份，督促施工企业编制扬尘防治方案27项，覆盖裸土及山体60余万平方米；组建秸秆禁烧和综合利用巡查小组，开展秸秆禁烧和综合利用督察，制发《乐至县2021年秸秆综合利用实施方案》，在全县21个乡（镇、街道）建立秸秆粉碎还田示范片21个、面积0.57万亩；开展大气污染专项整治，全年规范整治制挥发性有机物VOCs排放企业16家。开展柴油货车路检路查42次，抽检车辆666台、非移动道路机械124台。

打好“净土保卫战”。按照《重点监管单位土壤污染隐患排查指南（试行）》技术规范，实施土壤污染源头综合整治，完成县城生活垃圾处理厂隐患排查、整改和自行监测；动态更新清单和名录，严格建设用地土壤环境准入管理，完善疑似污染地块清单，动态更新污染地块名录和建设用地土壤污染风险管控与修复名录；加强建设用地土壤执法监管，推动建立污染地块空间信息与国土空间规划“一张图”，推进污染地块土壤环境管理信息系统在日常执法中的应用，加大违规开发建设用地查处力度；推进土壤风险管控与修复工程，开展土壤重点监管单位两防两控（防渗漏和“跑冒滴漏”、控制有毒有害物质排放和无组织排放）、重金属企业绿色化提标改造以及历史遗留废堆场整治。

【农产品质量安全监管】 加强农产品质量安全监督管理，做好农产品质量安全监测，县内无农产品质量安全事故出现。加强农产品质量安全监督检测，保障全县农产品质量安全。开展种植业产品的有机磷农药和氨基甲酸酯类农药的定性分析，对全县21个乡（镇、街道）农产品生产基地、专合组织、家庭农场、运输、收购环节的主要蔬菜、水果、食用菌进行快速检测，共抽检样品1003个，检测样品1003个，合格样品1003个，样品合格率100%；完成省、市、县级下达的定量检测抽样任务468个，其中省级下达定量检测抽样任务120个，市、县级下达定量检测抽样任务348个。在全县试行食用农产品合格证制度，制订《2021年乐至县食用农产品达标合格证制度推进项目实施方案》，在每个乡（镇）设立4个食用农产品合格证服务点，全覆盖开展食用农产品合格证培训和指导；摸清并完善全县种植养殖生产主体，建立417家合格证制度试行主体库；通过合格证标杆主体推广运用食用农产品达标合格证，全县设立3家标杆主体、2家商超、3家生产经营主体直营门店，带动周边农户30户以上，组织带动农户培训座谈2次以上，起到示范引领作用。全县实施食用农产品合格证制度生产主体398家，占应实施主体数量的95.4%，其中生产企业25家、合作社76家、家庭农场和种植大户297家（户）。

【农村金融】 持续加大金融支持乡村振兴的力度，各项贷款余额突破200亿元，达到203.22亿元，其中涉农贷款余额107.59亿元，比年初增加6.68亿元，增长6.62%，保障全县金融服务乡村振兴工作有序开展。加快农村信用体系建设，全县建立农户信用档案120 112户。开展新型农业经营主体信用评定389户，其中信用新型农业经营主体数量317户，新型农业经营主体贷款余额1.91亿元。组织开展辖内省级示范农民合作社与示范家庭农场信用培育与信用试评价，涉及专合社和新型农业经营主体38户。用好用足货币政策工具，全年支农、支小再贷款余额4.89亿元，其中支农再贷款2.46亿元，用于增强其涉农低利率贷款投放能力。利用两项直达实体货币政策为企业办理贷款延期还本付息613笔，金额7.16亿元，其中涉农金额4.16亿元。累计发放"政银担"模式风险补偿贷款161笔、金额3837.6万元，发放有补偿机制的脱贫人口小额信贷2369笔、金额1.03亿元。

【农村留守家庭（儿童、学生）帮扶】 开展农村留守家庭的关爱帮扶，营造全社会关心关爱留守儿童教育、心理、生活的氛围，呵护农村留守家庭（儿童、学生）的健康成长。以节日活动为依托，丰富留守儿童生活。在儿童节、端午节、重阳节等节假日期间，组织留守家庭（儿童）参与多种活动，通过读书会、绘画、剪纸、写祝福、唱红歌等多种形式让留守儿童感受到社会大家庭对其的关爱，同时加强留守儿童思想道德建设。开展儿童健康关爱专项活动——"护苗行动"。6月，乐至县"护苗行动"儿童健康关爱活动在县城西小学启动，活动分为义诊和知识讲座两个部分。在义诊现场，县人民医院儿科医护人员为留守（困境）儿童进行视力检查和健康指导；在知识讲座现场，医护人员针对儿童常见异物吸入、溺水等意外事故现象，现场为教职工和同学们进行安全教育知识授课，并通过知识讲解、现场演练及互动实操等形式帮助大家掌握海姆立克法、人工呼吸等应急施救方法。乐至县"护苗行动"儿童健康关爱活动工作团队在全县偏远农村学校开展巡讲及义诊活动10场，帮助2000余名学生及家长增强安全防护意识，掌握安全急救技能，增强自我保护能力。组织开展慰问活动，春节期间，乐至县妇联分别到劳动镇新观音小学和劳动镇中心小学开展"温暖元旦关爱儿童"慰问活动，关心关爱留守（困境）儿童的健康成长，为22名儿童送去暖冬慰问物资。

【劳务开发与返乡创业】 全县累计转移输出25.39万人，实现劳务收入83.4亿元，连续三年获得"全省农民工服务保障工作先进县"表彰。开展返乡留乡农民工技能提升培训班34期，为1235名农民工夯实就业创业基础。实施"引凤归巢"工程，回引返乡创业215人，创办各类企业及家庭农场、农民专业合作社等新型农业主体196个，实现总产值0.67亿元，吸纳就近就业1349人次。

【主要领导人】 县委书记：文勇；县人大常委会主任：黄廷跃；县长：彭玉秀；县政协主席：吴琪；分管农业副县长：管昌平。

乐至县编写组

阿坝藏族羌族自治州

【基本情况】 2021年，全州辖1市12县，辖区面积84242平方千米。

【特色农业】 聚焦生产能力、体系建设等短板弱项，狠抓基础建设，持续建链延链，用力补链强链。严格落实粮食安全和耕地保护党政同责要求，建成高标准农田14.6万亩，坚决守住耕地保护红线。创建省级现代农业园区2个，命名州级园区6个，新增"三品一标"农产品8个，汶川甜樱桃入选中国最受市场欢迎的樱桃区域公用品牌20强。新建标准化养殖场（小区）238个，牦牛标准化养殖出栏突破10万头。培育农民合作社省级专业示范社4个、家庭农（牧）场2227个。第一产业增加值增长6.9%，增速创近年新高，其中汶川县、松潘县、马尔康市增速位居全州前列。

【乡村振兴】 坚决落实习近平总书记在汶川、映秀视察时的重要指示精神，系统性保护地震遗址，特色化推进产业振兴，映秀入选全省首批地学研学旅行实践基地，汶川县获得"中国最美生态文化旅游名县"称号。坚持以点带面，创新开展乡村振兴试点示范，17个乡（镇）、60个村建成"三家园"示范，创建省级乡村振兴先进单位34个，命名州级先进单位74个，一批生态宜居、产业兴旺、服务配套、治理有效的美丽乡村脱颖而出，成为乡村振兴"新地标"。

【"七大保护行动"持续增效】 主动对标"保持山水生态的原真性和完整性"重要要求，提升保护质效。整州被纳入全国重要生态系统保护修复重大工程规划，完成人工造林6.7万亩、封山育林41.8万亩、人工种草和草原改良82.5万亩，松潘创建为国家生态文明建设示范县。若尔盖国家公园创建工作稳步推进。大熊猫国家公园正式设立，栖息地监测、旗舰物种保护、生态廊道建设成效初显。新纳入国家重点保护野生动植物61种，生物多样性保护更加有力。

【灾后恢复重建】 坚决落实习近平总书记关于九寨沟灾后恢复重建的重要指示精神，弘扬伟大抗震救灾精神，抓好重建项目，推动振兴发展，沟口立体式游客服务设施、景区游览基础设施等项目建成投运，九寨沟景区全域开放，成为民族地区绿色发展、全域旅游、脱贫奔康的典范。坚持典范标准，全力推进“8·20”汶川强降雨特大山洪泥石流等灾后恢复重建，灾区生态环境快速恢复、城乡面貌焕然一新、群众生活明显改善。

【公共文化服务体系建设】 全年下达文化场馆免费开放资金2056万元，推进各类文化场馆免费开放，共接待群众133.05万人次。紧盯重要时间节点，以服务群众为导向，组织开展各类线上线下群众文化活动800余场次。紧扣建党100周年主题，承办2021四川国际文化旅游节，举办“心系红飘带　开启新征程”文艺汇演、“唱响雪山草地”合唱大赛等主题文艺活动。松潘县进安镇“花灯之乡”入选“中国民间文化艺术之乡”，阿坝县“藏棋之乡”等9地入选“四川省民间文化艺术之乡”，“阿来书屋”“魅力羌山情”等8个项目入选全省文旅公共服务高质量发展“四个一批”名单。

【主要领导人】 州委书记：刘平；州人大常委会主任：李为国；州长：罗振化；州政协主席：尼玛木；分管农业副州长：李永亮。

阿坝藏族羌族自治州编写组

马尔康市

【基本情况】 2021年，全市辖4镇10乡，辖区面积6633.63平方千米。

【特色农牧业】 牦牛、藏香猪（生猪）、阿坝中蜂、小家禽畜、林麝“五大养殖业”规模进一步巩固，高山蔬菜、豆薯、道地药材、特色水果“四大种植业”规模逐步扩大，虫草、野生食用菌“两大采摘业”迅速发展。高山蔬菜—生猪种养循环现代农业园区创建为州级三星”园区，培育农副产品加工企业4家。培育打造“净土阿坝”马尔康品牌13个。

【乡村振兴】 编制完成“十四五”农业发展专项规划、“十四五”扶贫拓展规划和乡村集体经济专项规划。投入资金1.5亿元，实施“五网建设”、产业培育、公共服务等项目431个，24个示范乡村建设有序推进，创建乡村振兴州级示范村5个、省级示范村2个，党坝乡获评全省首届乡村文化振兴魅力乡镇，沙尔宗镇获评全州首批州级“非遗集镇”、全省首批乡村文化振兴样板乡（镇），马尔康镇获评“四川省民间文化艺术之乡”，西索村获评全州首批特色文化旅游名村、全国乡村治理示范村。

【公共文化服务体系建设】 启动图书馆评估定级，1个图书馆总馆、3个分馆和1个图书流动点共借阅图书1300册；开办藏文书法培训班42节。参与《阿坝全域民族新锅庄》马尔康锅庄的编创，组织培训、拍摄、排练《阿坝全域民族新锅庄》；承办为期16天的“文旅新阿坝　大美马尔康”书法、绘画、摄影作品展。党坝乡获评“四川省首届乡村文化振兴魅力乡（镇）”，马尔康镇获评“四川省民间文化艺术之乡”，松岗镇哈飘村综合文化服务中心被评为“四川省优秀站点”，“阿来书屋”被评为“四川省优秀文化品牌”。完成“文化三下乡”8场次，开展红歌比赛等群体性文化惠民活动。

【主要领导人】 市委书记：李清勇；市人大常委会主任：龚芹芹；市长：窦孝解；市政协主席：昌旺；分管农业副市长：杨成才。

马尔康市编写组

汶川县

【基本情况】 2021年，全县辖9镇，辖区面积4084平方千米，有常住人口8.3万人。

【乡村振兴】 坚持“四个不摘”原则，择优成立“乡村振兴红旗驻村队”，完成新一轮107名驻村干部轮换，全县4400余名财政供养人员结对帮扶2万余户农户。发放低保、临时困难救助金等604万元，出台《汶川县健全防止返贫动态监测和帮扶机制的管理办法》，落实防返贫风险救助基金300万元，发现并纳入监测2户4人，坚决守住规模性返贫底线。科学编制《乡村振兴“1+11+2+5”规划体系》，总投资25.24亿元，规划“十四五”期间项目389个。加快构建“6+3”现代农业产业体系，整合涉农资金、乡村振兴补助资金2.3亿元，用于产业发展达61.96%，建成高标准农田2万亩、扶贫基地6.8万亩，甜樱桃年销售收入5.1亿元，获得“2021年度中国最受欢迎的樱桃区域公用品牌20强”称号。深化东西部协作和对口支援体系，到位协作资金4500万元，实施帮扶项目10个，重点推进来料加工等新兴产业，建成车间37个，吸纳就业困难人员270人。开展职业培训34期3158人次，多渠道引进硕士研究生18名，招聘紧缺人才236名，培育新型职业农民、能工巧匠等722人，实现就业428人。

【扶贫攻坚】 在省、州发展改革委（以工代赈办）的支持和指导下，由三江镇政府组织实施汶川县2021年省财政扶贫资金以工代赈项目，在村、镇两级验收合格的基础上顺利完成县级交工验收。该项目为乐活村内通组道路硬化，总投资320万元，于6月开工建设，于12月2日完成交工验收。该项目严格按照省以工代赈“十项制度”“十个规范”实施，坚持先有群众，后有项目的初衷和“能用人工的尽量不用机械，能用当地群众的尽量不用专业队伍”的原则，充分发挥以工代赈项目的大情怀，吸纳当地60余名群众参与务工，共计发放劳务报酬68.4万元。

【公共文化服务体系建设】 在全县7个镇35个村开展基层公共文化服务效能提升调研、文化资产自查、文化文物统计等，推进公共文化服务体系建设。举办为期5天的公共文化服务人员能力提升培训班，全县111名文化旅游专业人员、镇村文化员、文物保护员参加培训。开展“送文化下乡”演出活动36场次，同时结合州委宣传部“四下乡”活动开展“送文化下乡”演出2场次。将传统文化与互联网相结合、数字文化服务与群众文化活动相结合，开展公共文化数字化建设项目，实现文化服务形式的创新。举办庆祝中国共产党建党100周年“4+1+N”系列文体活动、大禹华诞系列活动、第三届汶川熊猫O_2生态音乐记系列活动等。

【广电建设】 完成州县节目覆盖工程验收；联合县融媒体中心对全县各镇、村应急广播设备的使用情况进行突访抽查，对发现的问题限期整改；加强“村村响”广播管理，落实管理责任。

【主要领导人】 县委书记：张通荣；县人大常委会主任：郭铭；县长：旺娜；县政协主席：王志勇；分管农业副县长：杨荣甫。

汶川县编写组

理 县

【基本情况】 2021年，全县辖6镇7乡，辖区面积4318.36平方千米。

【农村生态建设及环境保护】 推进“污染防治、环境整治”等五大治理工程，水环境质量明显改善，杂谷脑河出境断面水质达标率、饮用水源保护区水质优良率均达100%，河流出境断面水质保持长期保持Ⅱ类标准及以上，2021年全县地表水环境质量在全省183个县（市）排名第六位；大气环境质量稳中有升，优良天气指数达100%，长期保持在全省前20名左右。开展“绿化全县、峡谷添彩”等六大保护行动，全民义务植树50万余株、造林12.59万亩，探索实施碳汇项目747.8公顷。开展生态保护修复项目203项，着重推进处于地震带上的高原干旱半干旱河谷治理，创新坡改带、引水灌溉、增施基肥等科学栽植技术，全县80%的干旱河谷得到绿化，特别是碳汇新型造林项目登上《新闻联播》、凤凰卫视。完成各级环保督察反馈253个问题整改。常态开展“垃圾、厕所、污水”三大革命，集镇污水和生活垃圾无害化处理率分别达40%、86.7%，农村卫生厕所普及率达87%，空气质量优良率达95%以上，河流出境断面水质保持Ⅲ类标准及以上；完成营造林8.8万亩，全民义务植树44.4万株，森林蓄积量净增310万立方米，草原植被综合覆盖度达87.4%。结合“两联一进”群众工作全覆盖，县、乡、村、组四级联动走村入户宣传环境保护相关法律和生态文明发展理念。同时，利用“微理县”“多彩理县”、微信群、公示栏等方式加强环境保护政策法规的宣传。在全县11个乡（镇）组织成立环境整治工作小组，广泛动员党员干部、群众，组织党员服务队63支，出动挖掘机、装载机等机具，全面整治棚体、广告牌等违规建筑、标牌40处，清理乱堆乱放垃圾杂草等25处6吨；严格落实河长制，对标压实各级河道管理员职责，加强巡河力度，组织开展对河道管理范围内倾倒垃圾、直排污水和危险废弃物等破坏水环境水生态行为进行排查整治，营造整洁、干净的生态环境。

【基础设施建设】 完成国道317线最美景观理县段旅游服务设施、9个观景台提升完善项目、10个旅游服务区提升完善项目、孟屯塔斯村至杨家河坝道路边坡及地质灾害治理工程项目建设等；木成沟温泉景区旅游基础设施建设项目、米亚罗—孟屯河谷风景名胜区旅游基础设施建设项目有序推进。新建旅游厕所1座，改造旅游停车场11处；在4处旅游服务区增设充电桩。

【公共文化服务体系建设】 “两馆”建设地点变更到县文体中心，拟将县文体中心打造成为“三馆一书店”（文化馆、图书馆、体育馆、新华书店）的公共文化服务综合性配套场所。建立完善公共文化服务体系，免费开放县级图书馆1个，免费阅览人数达2700人次；免费开放县级文化馆1个，举办瑜伽、全域锅庄免费培训班，参与群众4500余人次；免费开放乡（镇）文化站11个，参与群众800余人次。

【主要领导人】 县委书记：金天强；县人大常委会主任：葛永兰；县长：王世伟；县政协主席：蒋明平；分管农业副县长：熊伟。

理县编写组

茂 县

【基本情况】 2021年，全县辖11镇，辖区面积3903.28平方千米。

【涉农资金整合】 为巩固脱贫攻坚成果，推进乡村振兴工作，2021年全县已统筹整合财政涉农资金7468.82万元，拟实施基础设施及产业发展两大类项目72个。其中，统筹整合中央财政涉农资金7118.82万元，包括中央财政专项扶贫资金（暂定名）3694.82万元、中央水利发展资金2481万元、中央农业生产发展资金747万元、中央农村综合改革转移支付资金196万元；统筹整合省级财政"三州"开发资金350万元。拟安排资金981.06万元实施交通基础设施项目19个，安排3752.73万元实施水利基础设施项目22个，安排资金758.25万元实施种养殖业项目6个，安排资金1355.87万元扶持壮大村集体经济项目16个，安排资金620.91万元实施产业园区建设项目9个。

【四川科技扶贫在线平台建设与运行维护】 自2017年以来，茂县通过实施"四川科技扶贫在线平台"建设项目，依托在线平台，运用信息化手段，以较低的成本方便快捷地享受到全省农业科技资源，有效破解基层农业科技人员不足、专业不齐的难题。通过专家"线上线下"科技服务，为全县产业发展提供了科技支撑，为脱贫攻坚做出了突出贡献。继续实施"四川科技扶贫在线"平台建设与运行维护项目。2021年，茂县运管中心抓好平台的运行与维护，全面完成2021年目标任务，完成信息上报31条，完成在线咨询1206条，完成目标任务（1020条）的118%。在全县11个镇开展业务培训11期，完成全县96个自然村180名信息员的培训。

【乡村旅游】 叠溪镇和坪头村分别被阿坝州委、州政府命名为"首批阿坝州特色文化旅游名镇和名村"；上关岷江百合花谷、黑虎羌寨生态文化旅游区、九鼎山·太子岭景区创建为国家3A级景区；坪头村被评为"首批天府旅游名村"。

【公共文化服务体系建设】 推进项目工程建设。投资近3000万元的茂县九鼎山文镇沟大峡谷景区旅游基础设施建设项目全面完工。为服务好全省文旅大会的召开，完成太平村、沟口村、吉鱼村3座公共厕所，文攀村、飞虹村、较场村3个观景平台以及叠溪旅游服务区项目建设。开展"厕所革命"，完成2座景区旅游厕所建设。开展2022年项目储备，完成2个项目科研编制，总投资7300万元；完成3个项目立项，总投资4180万元。申报文化产业发展补助资金，加强沟通协调，完成两家企业项目补助立项批复；开展招商引资项目储备，报送3个招商引资项目单行材料。

【惠民工程】 实施文化馆、图书馆、博物馆、体育馆免费开放政策，"四馆"全年共接待群众、游客40余万人次。开展群众性文化活动，组织并鼓励各镇文化站以及社会组织开展各类庆祝活动25场。县文化馆筹备开展"镌刻百年时光 记录奋进茂县"百年老照片展、"唱支羌歌给党听"等主题活动。完成国家级非遗名录"瓦尔俄足节"歌曲选集的专辑出版。开展免费艺术培训，服务人数达8500余人次。创新推出专题"羌山在线——跟我学唱瓦尔俄足节歌"在线服务，阅读及转发量达5000余次。加强图书馆服务能力提升，形成覆盖城乡的全县图书馆总分馆体系。持续开展全民阅读系列活动，举办"点亮星火阅读 致敬百年征程""4·23"世界读书日暨"庆祝建党100周年"全民阅读系列活动，营造"多读书、读好书"的良好氛围和文明风尚。

【主要领导人】 县委书记：高加军；县人大常委会主任：周启军；县长：唐远益；县政协主席：王斌说；分管农业副县长：钟刚。

茂县编写组

松 潘 县

【基本情况】 2021年，全县辖10乡7镇，辖区面积8341平方千米，其中耕地面积18.9万亩，人均耕地面积2.8亩；基本农田9.92万亩。年末总人口7.28万人（户籍人口），增长0.08%；人口出生率6.03‰，减少4.07个千分点；人口自然增长率2.31‰，减少3.61个千分点。

2021年，全县GDP28.59亿元，增长8%，其中第一产业增加值6.01亿元，增长7.1%，农、林、牧、渔及农林牧渔服务业之比为0.154：0.22：0.56：0.066：1；第二产业增加值2.97亿元，增长7.8%（工业产值2.04亿元，增长9.1%）；第三产业增加值19.59亿元，增长8.3%。三次产业对经济增长的贡献率分别为18.5%、10%和71.5%。乡（镇）中小企业增加值10.97亿元，增长7.2%；从业人员779人。劳务输出15 760人，收入45 300万元。全年接待游客580.03万人，实现旅游总收入476 500万元，其中乡村旅游收入21 401.94万元。

公路通车里程971千米（其中乡村公路557.121千米），密度0.11米/平方千米、133.4千米/万人。社会消费品零售总额7.24亿元，增长12.6%。地方公共财政预算总收入完成1.02亿元，增长

11.7%;公共财政预算总支出19.6亿元,减少1.5%,其中农业投入39 090万元,占支出的19.9%。金融机构各项存款余额39.36亿元,比上年初增长11.9%;各项贷款余额26.57亿元,比年初增长59.4%,其中支持农业产业化发展项目贷款2580万元。全年农业保费收入0.36亿元,增长8.3%;处理各项赔款和给付金额2313.232万元,增长6.9%。完成农业产业化项目5个,完成投资2743万元。农业产业化龙头企业县级6家。

有各类学校29所,在校学生8823人,教职工1025人,其中普通中学8所,在校学生2097人;小学17所,在校学生4421人;学龄儿童入学率100%。有文化馆1个,公共图书馆1个。有卫生机构21个,病床位379张,卫生技术人员576人。新型农村合作医疗参合人数67 579人,参合率98.5%;新型农村社会养老保险参保人数30 497人,参保率92.53%;被征地农民养老保险参保人数8人,占总人数的0.026%。

【年度农业和农村经济运行】 2021年,全县出台2项规划、政策。实现农业总产值11.03亿元,增长8.3%。全县农产品质量抽检合格率比年初提高100个百分点;建成17个基层农业综合服务站(主要农产品产量见表1所列)。

【农村集体产权制度改革】 完成全县120个村(社区)集体经济组织赋码登记(进安、金坑坝2个社区无农业人口、无资产),并颁发集体经济组织证书。按照"一人一股"的原则,完成村集体资产股权量化,资产量化率达100%。对21个合并村(社区)的集体资产进行盘活,盘活合并村集体资产(房屋)46宗,共计35 344平方米;便民服务34宗,面积26 534平方米;公益事业8宗,面积5220平方米;村集体经济4宗,面积3590平方米。

【供销合作社改革】 建成基层社示范社2个,培育星级农村综合服务社2个,组建村级供销合作社1个,发展以"生产+供销+信用"三位一体建设为核心的"三社"融合发展试点1个,建成再生资源回收业务基层社1个、村级农村经营服务网点2个,领办创办专业合作社1个,对基层供销社、综合服务社等基层组织开展技术培训30人次。与县岷源公司、四川爱科泰农业技术有限公司共同成立松潘县爱科泰农业技术有限公司,提供农机销售、技术服务、技术开发、肥料、薄膜、林产品销售、农产品批发、花卉绿植、城市绿化管理、农药销售等服务。

【农产品品牌战略实施】 围绕"净土阿坝"品牌开展"三品一标"农产品认证,全年13个农产品取得无公害认证,2个农产品取得绿色认证,9个农产品取得有机认证。

【现代农业园区建设】 围绕"5+N"现代农业园区总体规划,投入省级现代农业发展工程资金795万元,在松潘县藏红花椒现代农业园区新建沥青道路3.2千米、农业生产道路2.3千米,采购溯源监测设备及智能LED单波段太阳能杀虫灯等132套(盏)。投入资金2052.24万元,在松潘县高原农业园区建设冬暖式大棚30个,种植小番茄、西瓜等新品种15个,种植藜麦、紫甘蓝、天山雪菊等集观光和粮蔬于一体的农作物3300余亩,推进观光农业发展。

【种植业】 通过开展"技术进田间、政策进农家"活动加大农业支持保护补贴等强农惠农政策的宣传和落实力度,提高农民种粮积极性,全年粮食作物播种面积6.1万亩。在春耕生产期间,加大良种良法推广力度,使粮食作物单产同比提高1.2%以上,实现粮食产量1.93万吨,完成目标任务的100.7%。围绕高原有机蔬菜、特色果业、道地中药材、牛羊、生(藏)猪、特色粮油六大优势特色产业扩面提质,因村因户施策,持续推进高半山区和偏远村寨特色产业发展,促进六大产业基地成带连片发展。全年发展高原有机蔬菜3.37万亩,特色产业产量9.4万吨。投入资金5520万元,在川主寺、镇坪、镇江、红土4个乡(镇)

表1 2021年松潘县主要农产品产量

主要农产品	单位	产量	同比增减(%)
粮食	万吨	1.3364	2.00
小麦	万吨	0.0546	0
玉米	万吨	0.3890	0.13
马铃薯	万吨	0.5129	2.00
油菜籽	万吨	0.0370	0
蔬菜	万吨	8.9660	0.30
水果	万吨	0.2170	0
肉类	万吨	0.7902	0
猪肉	万吨	0.1399	36.60
牛肉	万吨	0.5868	−5.30
羊肉	万吨	0.0579	0
禽肉	万吨	0.0055	0
兔肉	万吨	0.0001	0
禽蛋	万吨	0.0098	12.60
牛奶	万吨	0.8791	1.40

建设高标准农田3.68万亩。

【林业】 巩固国有林250.9万亩、集体公益林68万亩，对前一轮4000亩退耕还林开展检查验收及资金兑现；开展省级湿地生态效益补偿管护9.3万亩、还湿5000亩。在白羊和龙滴水自然保护区内安装红外线相机78台，收缴拆除猎套、猎夹等计50余副，劝返进入保护区内滥采滥挖人员30余人，救助野生动物8头（只）。实施政策性森林保险，全县森林有效投保面积410.48万亩。对9.8169万亩松林开展松材线虫病春、秋两季普查，开展林业植物产地检疫500万余株、项目用苗检疫8.6万株。

【畜牧业】 继续落实省“猪八条”措施，实施生猪产能振兴行动，全年生猪存栏2.76万头，出栏18 995头，分别完成省、州下达的年度目标任务的102.3%和105.6%。发展牛羊、家禽等产业，在燕云乡卡龙村新建标准化养殖场13个，引导全县畜牧业从传统数量型向效益型转变，全年出栏畜禽13.6万头（只）；肉、奶产量分别达8331吨、8791吨，分别增长1.03%、1.35%。

【乡村振兴】 围绕“10+3”现代农业体系建设，推动高原蔬菜、道地中药材、藏红花椒、特色水果、生（藏）猪、牛（羊、禽）等六大主导产业发展。全市种植高原蔬菜3万亩，种植道地中药材3.5万亩，种植藏红花椒1万亩、特色水果0.34亩，牛（羊）存栏23万余头（只）。川主寺镇林坡村创建为省级乡村振兴示范村，黄龙乡创建为州级乡村振兴示范乡（镇），川主寺镇安备村、十里乡火烧屯村创建为州级乡村振兴示范村。

【乡村旅游】 实施乡村振兴战略，突出地域打造特色亮点，川主寺镇上磨村被文化和旅游厅、省发展改革委公布为第二批省级乡村重点村镇；川主寺镇上磨村、进安镇牟尼沟村被州委、州政府命名为“阿坝州首批特色文化旅游名镇名村”；松潘古城被命名为“阿坝州首批州级非遗集镇”。

【农村水利】 组织实施总投资1935.91万元的松潘县进安堤防工程，新建堤防2048米，河道疏浚1000米；组织实施总投资3430.53万元的白草河白羊乡防洪治理工程，综合治理河长7018米，新建堤防2234米，修复原堤防154米，堤防加固190米；组织实施总投资1708万元的虎牙河小河镇防洪治理工程，综合治理河长5680米，河道疏浚1750米，新建堤防1800米，拆除重建堤防310米；组织实施总投资340万元的松潘县中小河流域防洪治理工程修复工程，综合治理河道581.12米，修复河堤701.88米；组织实施总投资200万元的松潘县县城段堤防加固项目，在进安镇游客中心加固堤防293.54米。

【农业机械化】 全年完成农作物机耕7.9万亩、机播1.2万亩、机收0.5万亩，主要农作物机耕水平达92%，提高3.6个百分点；耕种收综合机械化水平达31%，提高3.7个百分点，其中蔬菜耕种收综合机械化水平达35.5%，马铃薯耕种收综合机械化水平达32%，油菜耕种收综合机械化水平达49%。

【农村科技】 以“科技扶贫万里行”活动为载体，邀请西南科技大学等专家采取“手把手”“面对面”的方式对全县农牧民开展实用新技术培训，累计举办各类培训班15场次，培训农牧民达6000余人次。

【农村文化】 开展“漫卷党旗映松州·翰墨光影颂古城”书画摄影比赛、“书香松州”全民阅读活动、“党史我来讲·红色照我心”演讲比赛、“永远跟党走·红色经典诵读”比赛、“永远跟党走·舞动火红岁月”全域民族新锅庄大赛、“永远跟党走·红色旋律颂党恩”歌咏比赛、庆祝中国共产党成立100周年文艺晚会，完成“送戏下乡”活动150场次。

【农村卫生】 全县17个乡（镇）卫生院建筑面积均达300平方米以上，助理及以上职称临床医生覆盖率100%，满足乡医疗卫生需求及公共卫生服务需求。全县50个贫困村（原55个）均设立村卫生室，面积均在27平方米及以上，合格乡村医生及巡回医生覆盖率100%。

【农村法治建设】 建立完善村（社区）人民调解委员会122个，开展调解矛盾纠纷排查174次，预防矛盾纠纷11件，调解矛盾纠纷24件，调解成功率达100%。完成全县122个村（社区）公共法律服务室建设，巩固提升“一小时法律援助圈”。深化“我让群众少跑路”便民服务，主动上门核实案件10件，办理各类公证事项42件，接受群众来电、来访102余件，免费为群众解答公证法律咨询120件。

【农村交通】 组织实施总投资694.81万元的白羊乡吴家梁村至燕子坪村撤并建制村畅通工程，新建乡村道路7.6千米。全县有农村客运车辆77辆，建成毛尔盖、镇江关、黄龙乡3个乡（镇）客运站。

【农村社会保障】 为3656名符合条件的困难群体代缴养老保险资金36.56万元，代缴覆盖率达100%。解决被征地农民9人的“出口补贴”，人均64 725.76万元，合计582 531.84万元，保障了被征地农民的生活水平。

【农村生态建设及环境保护】 投入资金325.38万元，采取“分散式污水处理设施+资源化利用”方式，对安宏等8个村169户农户的生产生活污水进行治理。投入资金219.2万元，在全县开展肥料利用率校正试验31个，在九环沿线乡（镇）实施化肥减量增效2万亩。在17个乡（镇）设置生活垃圾临时转运点20余个，配备转运车辆15台，除燕云乡3个村生活垃圾自行处理、白羊乡6个村生活垃圾协商同北川县片口乡一并处置外，其余乡（镇）均由乡（镇）统一转运至县第二垃圾填埋场进行集中无害化处理，行政村生活垃圾无害化处理覆盖103个村，覆盖率达91.9%。在全县17个乡（镇）122个村（社区）落实草原禁牧150万亩、草畜平衡288.65万亩。

【农产品质量安全监管】 对新型农业经营主体生产的农产品开展抽检，抽检农产品样品160余个，合格率达100%。

全年检疫各类牲畜8365头、畜产品184吨。采用快速检测试纸对2365头份养殖环节牲畜、7256头份屠宰环节牲畜开展“瘦肉精”检测，阳性率为零，实现重大农产品质量安全事故“零”发生。

【农村市场体系建设】 建成供销社农村电商体验中心1个，并与“供销e家”、京东、淘宝等平台对接，实现与全国共享“一张网”，把更多特色农产品推向市场，全年实现农村电商交易额0.91亿元。以“基地+信贷+信用+支付+保险”的模式，建成涵盖创业就业、乡村旅游、农业产业化等类型的“金融支持乡村振兴产业基地”10个，累计贷款支持4043万元，累计扶贫再贷款36万元，带动脱贫户113户，带动农户386户，累计带动农户2264户，累计发放农户贷款9083笔、7.69亿元；发放全州首笔“天府文产贷”500万元，带动脱贫户5户；发放全州邮储银行首笔小微创业担保贷款113.5万元。全县参保牦牛273 216头、能繁母猪492头、育肥猪739头，共理赔资金2313.232万元。

【农村留守儿童帮扶】 关爱儿童工作由专人负责，建立留守儿童、困境儿童、残疾儿童、事实无人抚养儿童、社会散居孤儿等多个台账，并对全县农村留守儿童和社会散居孤儿实现信息化管理，一人一档，精准施策。指导留守儿童受委托监护人签订《农村留守儿童委托监护责任确认书》。为加强对留守儿童、困境儿童等的统一领导和管理，夯实基层力量配备，在各乡（镇）配备一名儿童福利督导员、在各村（社区）配备一名儿童主任，并将相关信息录入“全国农村三留守人员管理信息系统”。

【主要领导人】 县委书记：王世伟；县人大常委会主任：一西；县长：何建华；县政协主席：马骞；分管农业副县长：任剑。

松潘县编写组

九寨沟县

【基本情况】 2021年，全县辖5镇7乡，辖区面积5288平方千米，其中耕地面积5433.1公顷，增长0.2%。年末常住人口8.5万人，其中户籍人口6.69万人（城镇人口2.56万人、农村人口4.14万人），人口出生率10.8‰，人口死亡率3.9‰。本地水资源总量32.61亿立方米，人均占有水资源量4.874 439万立方米。有林业用地39.731 449 7万公顷，有林地面积26.204 98万公顷，活立木总蓄积量7612.4万立方米，森林覆盖率49.51%。

2021年，全县GDP33.1亿元，增长7.2%，其中第一产业增加值3.09亿元，增长6.8%；第二产业增加值5.09亿元，下降0.9%；第三产业增加值24.92亿元，增长9%，三次产业结构比为9∶16∶75，第三产业对经济增长的贡献率为92.64%。全年接待游客365.55万人，增长17.48%；实现旅游收入57.48亿元，增长23.57%。

公路通车里程799.649千米，其中乡村公路560.317千米。社会消费品零售总额11.604亿元，增长12.1%。地方一般公共财政预算总收入完成1.67亿元，增长8.3%；一般公共财政预算总支出27.7亿元，减少25.5%。金融机构各项存款余额61.19亿元，增加1.41亿元，增长2.4%；贷款余额67.8亿元，增加9.06亿元，增长15.4%，其中涉农贷款余额47.25亿元。全县各保险机构保费收入6887万元，理赔1710万元，其中农业保险理赔40.8万元；养殖业险实现保费收入180.3004万元，支付赔款8.914万元。

有各类学校25所，其中普通高完中1所、初级中学1所、小学17所、幼儿园6所（公办幼儿园3所、公建民营幼儿园1所、民办幼儿园2所）；在校中小学生9940人，其中高中生1040人、初中生1912人、小学生4556人、幼儿园2532人；正常适龄人口入学率100%。有艺术表演团体15个，文化馆1个，公共图书馆1个。有卫生机构116个，在编卫生技术人员587人。城乡居民基本医疗保险参保人数51 027人，参保率96%。

【年度农业和农村经济运行】 2021年，全县制订《九寨沟县全面实施乡村振兴战略开启农业农村现代化建设新征程实施方案》，围绕《九寨沟县乡村产业发展规划（2018—2025年）》《九寨沟县现代农业园区建设考评激励方案》《九寨沟县推进特色农牧业“6+2”产业体系建设实施方案（2020—2024年）》构建特色农牧业产业新体系，推进农业高质量发展。全年实现农业总产值6.32亿元，增长7.79%。农民年人均可支配收入达17 315元，增长10.5%。在粮食、生猪、蔬菜生产中，科技贡献率85%。全县农产品质量抽检合格率达100%（主要农产品产量见表1所列）。

【农产品品牌战略实施】 实施“九寨沟+”品牌培育计划，推广“净土阿坝”“阳光九寨”区域品牌，开展蓝莓、李子2个绿色食品认证，完成11个无公害产品复查换证和甜樱桃绿色食品续展，发挥好已认证的农产品地理标志产品、无公害农产品、绿色食品品牌效应，拓展有实力的涉农企业使用认证成果。推荐2个产品授权使用“净土阿坝”区域品牌，组织2个农产品入驻净土阿坝特色农产品展销电商中心；组织农产品参加阿坝州—成都第七届农商对接会、中国·四川第二届国际直播电商活动等推介会；加大农产品质量安全监管力度，开展农产品生产基地农药残留快速抽检，合格率达100%。

【现代农业园区建设】 把现代农业产业园区建设列入九寨沟县推进特色农牧业

表1　2021年九寨沟县主要农产品产量

主要农产品	单位	产量	同比增减(%)
粮食	万吨	1.1192	1.45
小麦	万吨	0.0063	-33.70
玉米	万吨	0.6899	0.65
马铃薯	万吨	0.3365	2.95
油菜籽	万吨	0.0123	-18.40
蔬菜	万吨	1.7291	5.17
水果	万吨	0.6038	2.95
肉类	万吨	0.4569	4.29
猪肉	万吨	0.2063	11.39
牛肉	万吨	0.2269	1.11
羊肉	万吨	0.0129	— 3.01
禽肉	万吨	0.0101	—
兔肉	万吨	0.0003	—
禽蛋	万吨	0.0050	2.04
牛奶	万吨	0.1155	—

“6+2”产业体系建设范围，推广“龙头企业+合作社+基地+农户”等发展模式，探索园区大党委引领、闲置土地流转、村集体经济入股等利益联结机制，制定用地、人才、资金等保障政策，汇聚各方力量共同推进园区建设，九寨沟县酿酒葡萄现代农业园区创建为阿坝州五星级现代农业园区，九寨沟县李子现代农业园区创建为阿坝州三星级现代农业园区。

【种植业】 全县粮食作物播种面积44 658.3亩，产量11 192.43吨；发展优质特色水果14 121亩，总产量6038吨(其中甜樱桃3307亩，产量1320吨；李子6532亩，产量2072吨；葡萄1482亩，产量388吨；苹果1834亩，产量1261吨；其他水果966亩，产量997吨)；蔬菜11 168亩，产量17 290.99吨；中药材14 481亩，产量2996吨。落实耕地地力保护补贴面积48 389.88亩，补贴农户9606户，补贴资金272.69万元。各项春耕物资储备充足，其中调运杂交玉米种子13.8吨、蔬菜种子1.18吨、地膜18吨、肥料850吨。引进马铃薯新品种“川芋10号”在玉瓦乡试种植10亩，发放种薯1.2吨；在黑河镇完成21个玉米品种纯度田间鉴定试验。

【林业】 全县林业用地39.731 449 7万公顷，占辖区总面积的74.44%；建有勿角(37 014公顷)、白河(16 204.2公顷)、九寨沟保护区(65 074.4公顷)、贡杠岭(123 878.8公顷)4个自然保护区，1个国家级森林公园。全县林业产业基地面积达33 800亩，其中木本油料(核桃)13 000亩、木本药材(杜仲)3800亩、特色干果(花椒)17 000亩、森林蔬菜2000亩。林下种植业党参6867亩、羌活4105亩、当归95亩、重楼521亩、猪苓1257亩，其他药材共计4314亩。全年红腹锦鸡存栏257只，林麝存栏66只。

【畜牧业】 全县兔出栏120 565头(只)，减少1.71%；存栏119 253头(只)，增长1.12%。生猪出栏27 365头，增长5.21%；存栏25 013头，增长4.65%。牛出栏17 896头，减少1.11%；存栏50 432头，增长0.27%。羊出栏7824只，减少1.06%；存栏10 378只，增长0.99%。全年肉类总产量4569吨，增长4.29%，其中猪肉产量2063吨，增长11.39%；牛肉产量2269吨，增长1.11%；羊肉产量129吨，减少3.01%。禽蛋产量50吨，增长2.04%。

【水产业】 全县虹鳟鱼养殖产量0.4万余尾，出售0.4万余尾。持续推进禁渔期禁渔宣传，安装告示牌60个，张贴《九寨沟县科学技术和农业畜牧局关于全县天然水域春季禁渔的通告》500余张、宣传资料3480余份，部署禁渔工作会议3次。联合专项执法检查共检查市场、超市等828家次，巡查重点水域81次；与9个小水电站签订渔业补偿协议，开展增殖放流、渔业资源保护、水生生物监测等工作。

【乡村振兴】 实施《九寨沟县乡村振兴规划(2018—2025)》，建立健全“2+4+5+7”工作机制。九寨沟县酿酒葡萄现代农业园区创建为州五星级农业园区。九寨沟县被平安中国建设协调小组评为“2017—2020年度平安中国建设示范县”，被省委办公厅、省政府办公厅评为“全省去冬今春农民工服务保障工作先进县”，被省政府办公厅评为“第五批‘四好农村路’省级示范县”，被四川省市场监督管理局认定为“2021年度四川省有机产品认证示范区”。人居环境稳步提升，农村户用卫生厕所普及率达91.2%，乡(镇)垃圾收运覆盖面积达100%，行政村覆盖面积达85%，累计完成100个村的排污工程建设，基本实现污水治理全覆盖。创建省级乡村振兴示范村1个、州级乡村振兴示范村2个。

【农业农村改革】 落实农牧民补助奖励、农机购置补贴、耕地地力保护补贴共计907.32万元。深化农村集体产权制度改革，规范农村“三资”管理，稳定土地承包权、放活经营权，引导土地有序流转16 227.23亩。结合两项改革“后半篇”文章，推进合并村集体经济融合发展，新建的3个村集体经济项目有序推进，100个村集体经济实现收益696万元。推进农村宅基地制度改革试点，指导乡（镇）审批57宗，审批面积9460平方米。培育新型经营主体，新申报州级农业龙头企业3家、州级家庭农场示范场2个，新培育家庭农场22个，评定县级家庭农场9个。

【巩固拓展脱贫成果与乡村振兴有效衔接】 健全防返贫监测帮扶机制，建立部门信息定期比对和风险筛查制度，常态化开展动态监测帮扶，全县25户监测户精准落实帮扶措施，未出现“漏测失帮”。建立300万元防返贫风险救助基金，持续落实教育、医疗、就业、住房、社会保障等政策和3个易地扶贫搬迁集中安置点后续帮扶，脱贫人口人均收入13 371.81元，增长11%。持续加强东西部协作、省内对口帮扶和定点帮扶，轮换140名驻村帮扶干部，落实各类帮扶资金5500余万元。投入涉农整合资金1.56亿元，实施项目61个，推进扶贫资产确权管理，登记确权项目651个，形成扶贫资产15.9亿元。一体推进巩固脱贫成果、乡村振兴、基层治理、两项改革“后半篇”文章四项工作，制订《九寨沟县巩固拓展脱贫攻坚成果同乡村振兴有效衔接实施方案》，“全域旅游”入选世界旅游联盟乡村振兴案例，“飞地经济”入选第二届“全球减贫案例”，被评为“2020年度全省脱贫攻坚先进县”，九寨沟县委被评为“全国脱贫攻坚先进集体”。

【农村水利】 对全县各镇进行“拉网式”摸底排查，全县农村集中供水率达100%，自来水普及率达100%，自然村通水率达100%，同时建立反映问题渠道，及时掌握农村安全饮水情况。全县集中式农村饮水安全工程全面落实了“三个责任”“三项制度”，制发《农村安全饮水工程运行管理办法》《农村安全饮水水费收缴方案》，基本实现运行管护机制建设工作，农村集中供水工程水费收缴率达100%；全年采购管材3.55万千米，用于解决饮水工程维修养护工程。实施安全饮水、防洪治理及水土保持项目共7个，总投资17 238.45万元，其中九寨沟县2021年农村饮水安全巩固提升项目等5个项目被纳入涉农整合资金项目，涉农整合资金6638万元，均已完工。

【农业机械化】 全县开展路检路查30天，出动农机执法车辆30台次，出动农机执法人员100人次，排查安全隐患8起，对拖拉机违法载人进行用客运车辆分流的形式分流2人次。与12个乡（镇）签订安全责任书，与县交警队建立“警监联合”执法机制，新办拖拉机驾驶证44本，换发驾驶证37个，注册登记拖拉机48辆，车辆年检108台。全年发放购机补贴政策国补资金60万元，补贴农机具319户、336台。

【农村科技】 与省农科院开展院县合作，利用科研成果开展先进技术示范，引进2～3个甜樱桃新品种开展试种；在漳扎镇人参种植基地开展西洋参、人参林下生态种植4400亩；结合酿酒葡萄基地建设，采用地布防草、饲草循环使用等多种方式，通过品种改良、绿色防控、果草（菌）立体间作等技术，在九寨沟县李子现代农业园区开展水果省力化栽培示范，建立李子行间间作牧草和食用菌示范基地20亩，同时引入李子智能识别和自动分级加工分选线，以技术手段提升农产品附加值。国际山地农业科技创新联盟成立大会暨第三届国际山地农业研讨会在九寨沟县酿酒葡萄园区召开，通过交流互鉴，探索科技助力农业发展新思路、新模式。完善科技创新机制，制定《九寨沟县科技计划项目资金管理办法》，强化项目、人才、资金等创新要素一体化配置，探索政府科学引导、市场高效运作的科技创新体系；不断完善“四川科技扶贫在线”专家服务平台（村科技扶贫驿站），完成咨询条数946条，提供管理信息12条、产业支撑管理6条、供销对接管理2条。组织申报四川省2022年度重点研发计划（重大科技专项）、科技创新基地（平台）和人才计划项目2个，申报州科技项目4个，申报四川省2022年度应用基础研究、科技成果转移转化引导计划项目3个，申报浙江科技援川项目1个。实施基层农技推广体系建设项目，建设长期稳定农业科技示范基地2个，培训基层农技人员40人，培育高素质农民100人，农业主推技术到位率达95%以上。

【农村教育】 总投资15 556万元的14个教育类重建项目全部完工并投入使用，新建启航幼儿园开始招生，解决学前学位270个。义务教育阶段生均校舍面积小学达5.45平方米，初中达9014平方米；生均仪器设备值小学达0.2184万元，初中达0.2924万元；运动场总面积达67 992平方米，全县义务教育阶段学校均达到《四川省义务教育学校办学基本标准》。完成2021年普通高中国家助学金发放，受益学生人数1082人，资助金108.2万元；建档立卡中职学生资助申请107人，资助金5.35万元；对原建档立卡在校学生继续给予扶持政策教育资助550人，资助金65.7万元；拨付营养改善计划资金446万元，受益学生12 791人次，学校食堂供餐实现100%。

【农村文化】 对全县100个行政村的文化室（农家书屋）出版物及寺庙书屋图书进行补充更新并实行文化馆、图书馆、乡（镇）文化站“两馆一站”免费开放。组织开展乡（镇）、村文化员、村文化管家集中专题培训3次，现场实地指导30余人次，开展舞蹈培训350人次，指导培训广场舞、锅庄等文化活动600余人次，举办各类文化惠民活动108场次。

【农村卫生】 全年卫生健康系统共实施项目6个，总投资2756万元，除郭元乡卫生院综合建设项目外均已完工并投入使用，累计完成投资2605万元。全县持续巩固拓展健康扶贫，继续实施“先诊疗后结算”一站式服务，救助脱贫患者1382人次，救助金额为114.7万元；符合家庭医生签约条件脱贫人口签约率达100%；常态化开展义诊巡诊，共义诊3706人次，发放价值5.93万元的药品；

儿科符合病种入径率达95%，增长94%；妇产科符合病种的入径率达37%，增长36%。全面落实计划生育“三项制度”，享受农村计划生育家庭奖励扶助政策共326人，兑现资金31.296万元；享受计划生育家庭特别扶助政策41人，兑现资金40.152万元；享受“少生快富”政策有182户，兑现资金54.6万元；农村、无业居民独生子父母155人，共计发放约1.6296万元奖励金，资金打卡兑现率100%。全县共建电子档案75 451人，健康档案建档率92.01%；管理糖尿病患者752人，规范管理率62.1%；管理高血压患者3612人，规范管理率90.82%；管理严重精神障碍患者182人；管理肺结核患者30人、结案15人，健康教育宣传栏更新126期、举办知识讲座2202次、开展咨询活动173次；孕产妇住院分娩率100%、死亡率为零。基本公共卫生服务下达资金做到专款专用。

【农村法治建设】 全县农村普法“六个一”工程不断夯实，加强法治教育阵地建设，投入12万元按季度更新普法专栏110个；投入2万元充实全县122个法律图书角（其中村图书角100个、社区10个、寺庙图书角12个），增添法治书籍4000册。发放律师、公证法律服务卡800张，及时充实调整法律服务团52人并24小时接受群众电话和来访咨询。围绕迎接党的二十大胜利召开，聚焦疫情防控、乡村振兴、国家安全等中心工作，联合“谁执法谁普法”责任部门，持续开展“法治四川行”一月一主题活动，培养乡村“法律明白人”358名，推进“法律服务进千村”活动。12个乡（镇）与四川同心律师服务团九寨沟分团签订法律顾问协议，确定7名执业律师免费担任法律顾问。充实“乡（镇）机关法律政策宣讲骨干网”“乡村法律政策宣讲骨干网”，组织法律宣传小分队18个30人藏汉双语宣讲团1个先后到乡村（社区）开展法治宣传活动320余次，发放各类宣传资料60 000余份，悬挂横幅50余幅，接受法律咨询520余人次，受教育群众达70 000余人。

【农村交通】 投资6500万元，建成农村公路约11.5千米（不含维修），累计建成“四好农村路”示范路127千米，创建“四好农村路”省级示范县。完成农村客运监管调度平台的建立和大录乡五级客运站功能拓展。启用新能源公交车12台，落地网约车平台公司2家，在漳扎镇及县城周边投放共享单车。

【农村社会保障】 全县城乡居民养老保险参保人数31 505人，参保缴费人数18 267人，养老金待遇领取人员6682人，新增参保人员377人。落实社保扶贫政策，完成“三类人员”代缴保费946人，每人每年100元，共9.46万元，其中低保对象804人、特困人员33人、重度残疾人109人。县级财政资金为已脱贫的建档立卡贫困人员代缴保费2962人，每人每年100元，共29.62万元，实现所有建档立卡贫困人员“应保尽保”和“应代尽代”。

【农村生态建设及环境保护】 开展“七大保护行动”，推进“七大治理工程”，完成迎接第二轮中央生态环境保护督察、“两山”理论实践创新基地省级评估和“两项”审计，累计整改州“5+2”暗访督察、第二轮省级环保督察、西南督察局现场督办等反馈问题58个，整改审计反馈问题19个，确保中央和省、州生态环境保护决策部署在全县落地见效。全县生态环境质量继续保持优良，县城空气质量优良天数比例达100%。水环境质量继续保持稳定，出境断面达标率为100%，无劣Ⅴ类水体和黑臭水体。生态环境持续恢复，全县森林覆盖率达49.51%，较上年保持稳定；草原综合植被覆盖率达88.1%，增长0.3%。绿色生活方式持续推广，乡（镇）垃圾收运覆盖率达100%，行政村覆盖率达85%；农村生活污水收集处理率≧60%。生态文明宣传教育持续增强，累计举办主题班培训11期，培训1326人次；承办州级生态文明建设工作培训1次。

【农产品质量安全监管】 建成1个国家级农业标准化基地和9个省级农业标准化基地，建成各类标准化种植基地3万亩，培育16个无公害农产品、5个绿色食品、2个地理标志农产品、2个国家地理标志保护产品、1个地理标志证明商标，6家企业产品获准使用“净土阿坝”区域品牌，全县无公害、绿色、有机农产品种植面积比重达53.76%；有机产品认证6家企业、7个基地，认证面积超21万亩，产值超过4500万元，九寨刀党和猪苓被列入国家地理标志保护产品，九寨柿子和蜂蜜被列入农产品地理标志农产品。开展食用农产品抽检160批次，开展快速检测768批次，合格率达100%。

【农村市场体系建设】 持续扩大小额农贷规模，支持地方特色产业经济发展，累计发放种养殖业贷款5092.35万元；推进农村种养殖专业合作社融资，发放合作经济组织贷款3478万元。同时，加大对农业龙头企业和种养殖大户及乡村旅游经济合作组织的信贷支持，向九寨沟高原食品有限公司发放贷款700万元，向九寨沟县鑫海种植专业合作社发放贷款230万元，向九寨沟县盛达超市发放贷款500万元，向九寨沟县九玖农业科技有限公司发放贷款3000万元。

【农村留守家庭（儿童、学生）帮扶】 全县共有农村留守儿童20人，均由祖父母、外祖父母监护，关爱儿童工作由专人负责，建立留守儿童、困境儿童、残疾儿童、事实无人抚养儿童、社会散居孤儿等多个台账，并对全县农村留守儿童、事实无人抚养儿童、社会散居孤儿实现信息化管理，一人一档，精准施策，指导留守儿童受委托监护人签订《农村留守儿童委托监护责任确认书》。为加强留守儿童、困境儿童等的统一领导和管理，夯实基层力量配备，在各乡（镇）配备了一名儿童福利督导员，各村（社区）配备一名儿童主任，并将相关信息录入《全国儿童福利信息系统》。贯彻落实80岁以上高龄老人养老金发放，累计发放高龄津贴4722人、121.267万元。为60周岁以上散居特困人员城镇老人每月发放770元供养金，12月调整为每人每月800元；为散居农村特困老人每月发放600元供养金。同时，根据老人不同的自理情况，给予护理补贴，一级护理每人每月160元，二级护理每人每月130元，三级护理每人每月80元。

【劳务开发与返乡创业】 全县农村劳动力转移输出1.5万人，实现劳务收入5.88亿元，增长9.09%。返乡农民工创业人数累计326人，新增农民工创业人数140人，有效促进返乡农民工就近就业972人次。

【主要领导人】 县委书记：贺松；县人大常委会主任：陈洪涛；县长：李为仁；县政协主席：夏永胜；分管农业副县长：班永国。

九寨沟县编写组

金川县

【基本情况】 2021年，全县辖4镇15乡，辖区面积5524平方千米，有户籍人口6.83万人。

【特色农业】 培育壮大“七大特色产业”，勒乌、卡拉脚等1500亩高原蔬菜基地投产见效，2万亩高标准农田加快推进，6.3万亩特色产业基地发展壮大。实施优质畜种资源库和6个金川牦牛养殖基地建设，存（出）栏牦牛存出栏7.1万头。建成生猪规模养殖场4个，实现生猪存出栏8.2万头。

【乡村振兴】 挂牌成立县乡村振兴局，入选国家乡村振兴重点帮扶县，8个乡（镇）、22个村被纳入国家、省重点帮扶范围，到位衔接补助资金1.57亿元，实施项目141个，“一镇一乡十村”试点示范建设生动铺开。两项改革“后半篇”文章“1+29+1”工作方案落地见效，闲置资源盘活率达65.13%。农村“三大革命”深入实施，周末卫生大扫除常态开展，良好习惯蔚然成风。城乡融合发展加快，老旧小区改造、广金坝大桥、滨河路二期等项目加快推进，梨香水岸项目主体封顶，金州华府、城南花园、滨江花园、“五七”农场遗留问题有效化解，旧城布局日益合理。干部周转房、公租房等项目主体完工，勒乌官寨移民安置点启动建设，新区建设日新月异。观音桥镇、安宁镇、二嘎里乡等焕发新貌，95户374人易地搬迁、藏区新居、危房改造、风貌改造等全面完成，乡村建设多点开花。

【脱贫攻坚】 脱贫成果有效巩固，严格落实“四个不摘”要求，建立健全防止返贫监测和帮扶机制，精准实施“一户一策”“一人一策”，有效化解47户183人致贫返贫风险。持续深化“1+5+1”帮扶关系，承接各类帮扶资金6400万元，实施项目32个，派驻干部职工116名。完成巩固脱贫攻坚成果年度任务，省级后评估迎检工作稳步推动。

【农村生态建设及环境保护】 生态问题整改销号，保护修复有序。纵深推进“七大保护行动”，完成人工造林1.07万亩、草畜平衡219.5万亩，严格落实河（湖）长制、林（草）长制，985千米河（湖）岸线水清景美，503万亩林地青翠茂盛。生态治理有效，推进“七大治理工程”，实施流域治理、地质灾害治理等项目14个，治理水土流失21.43万平方米、“两化三害”17万亩、河道治理5.3千米，实施防灭火能力建设项目7个。综合整治有质，常态推进污染防治“三大战役”，清运城乡垃圾1.21万吨，整治路域、水域沿线2.68万千米。严格生态监管执法，依法查处生态环境违法案件7起，罚处金额33.5万元。问题整改有策，瞄准小水电、砂石料场等重点领域，历次生态环保督察反馈问题整改销号，10个生态环保信访案件按期办结。八一水电站“三清两复一销号”做法得到全省通报表扬。

【乡村旅游】 引导各乡（镇）把握“两项改革”机遇，消除乡村旅游条块壁垒、拓展乡村发展空间，发展观光农业、现代农业园区、田园综合体，持续打响金川雪梨、金川白瓜子、金川雪梨膏、金川多肋牦牛等一批金川知名特色旅游商品品牌。将乡村旅游作为全县产业发展的重要内容，编制各乡（镇）旅游发展规划，用阿坝州乡村旅游导则引导乡村旅游发展和布局优化，解决乡村旅游发展中产品结构单一、文化产品开发不足、文旅融合不够、服务品质较低等问题，支持指导各乡（镇）编制乡村旅游发展专项规划，让“集镇副中心”辐射带动乡村旅游发展，完成勒乌镇和其余三乡田园综合体示范区建设工作。支持文化旅游资源条件好、乡村发展前景好的村申报创建全省乡村旅游示范村，打造观音桥镇观音村、勒乌镇金马坪村、沙耳乡克尔玛村等一批乡村旅游示范村。

【公共文化服务体系建设】 推进县级“两馆一中心”建设，根据县级建设标准，加强对县文化馆、图书馆的规范运行和管理，完成博物馆和美术馆标准化建设。加大村级公共文化设施建设力度，完善镇、村公共文化设施建设。实施乡（镇）综合文化站升级改造，促使“十四五”期间全县乡（镇）综合文化站达到省级站以上标准；完善基层综合性文化服务中心的设施设备，确保长期正常免费对外开放，服务群众。加强县、乡、村三级文化人才队伍建设，配齐配强县文化馆、图书馆、体育健身中心、4A级景区管理中心等二级单位和乡（镇）综合文化站专业人员。探索引进文化专业人才，研究提高基层文化工作人员待遇，不断壮大全县文化队伍。建立文化志愿者队伍，组织引导城乡广大文体骨干利用空闲时间参与文化体育服务活动，为社会提供文化志愿服务。实施文化“143”工程，以县城老街为中心建成老街红军城，利用历史文化遗迹、名人故居和历史文化传统村落打造“东女、象雄、征战、乡愁”四个系列文化品牌，梳理文化记忆和历史碎片，建好博物馆、村史馆、传习所阵地。深入挖掘金川民间艺术、手工技艺、民俗活动等非物质文化遗产。推进公共文化服务精准化供给，开展文化惠民服务进基层（“送展送戏送书下乡”）活动。依托中秋节、国庆节、重阳节等传统节日开展“送戏下乡”活动，调动群众的积极性和创造性。全面普及、推广2021年阿坝州全域民族新锅庄并参加锅庄、合唱等比赛。投入资金9.58万元，完成图书馆少儿阅览室装修，完成少儿阅览室图书采购以及图书馆灯光改造、入馆路及无障碍通道建设，为图书馆全面开放做好准备。实施文化基础设施建设，推进“书报全民读、演出人人看”等工作，确保工作实施到位、专项资金拨付到位。实施乡（镇）公共文化服务提质增效工程，让乡村“活”起来，农民精神“富”起来，不断提升基层公共文化服务整体水平。推广85个行政村建立文化管家服务，组织开展文化活动。发挥好老街红军城红色文化教育基地的作用，利用老街红军城开展党史学习教育和爱国主义教育，邀请专家现场进行老街格勒得沙共和国纪念馆、徐向前指挥部纪念馆红色革命故事义务讲解，使革命传统教育深入人心。

【主要领导人】 县委书记：卞思发；县人大常委会主任：申红霞；县长：朱锐；县政协主席：邓真华；分管农业副县长：卢永波。

金川县编写组

小金县

【基本情况】 2021年，全县辖7镇11乡，辖区面积5571平方千米。

【乡村振兴】 坚持把巩固拓展脱贫攻坚成果与乡村振兴有效衔接作为统揽“三农”工作的总抓手，抢抓全省乡村振兴重点帮扶县机遇，以点带面、压茬推进，农业农村发展形势持续向好。制订《巩固拓展脱贫攻坚成果同乡村振兴有效衔接实施方案》，确定省级乡村振兴重点帮扶村26个，推进3个省、州级乡村振兴示范乡（镇），6个省、州级示范村建设。健全防返贫动态监测和帮扶机制，建立防止返贫大数据监测平台，对29户112人脱贫不稳定户、16户60人边缘易致贫户加强监测帮扶。设立300万元防返贫风险救助基金，投入63万元为脱贫户购买防返贫保险，投入1.2亿元实施脱贫攻坚巩固提升项目113个，全面巩固脱贫成果。农村改革不断深化，颁发农村土地承包经营权证16 725户，完成109个村农村集体经济组织成员认定。全域环境整治深入开展，农村“三大革命”有序推进，完成5个村480户厕所改造、9个村932户污水治理，农村发展活力显著增强。

【种养殖业】 坚守粮食安全底线，完成粮食作物播种面积13.25万亩。制定完善“5+N”生态农业体系实施方案等现代农业规划方案4个，设立农业发展基金2200万元，支持五大主导产业发展壮大，新增牦牛标准化养殖场4个；高山玫瑰园创建为州级三星级现代农业园区，高山蔬菜省级现代农业产业园区加快创建。投入1573万元，完成大坝村生猪养殖产业发展项目，全县生猪出栏2.5万头。全年全县农林牧渔业增加值同比增长7.6%。

【农村生态建设及环境保护】 全面践行“两山理念”，坚持把生态置于县域经济发展最前端，加强生态文明建设，厚植生态底本。实施“绿化小金”行动、干旱河谷生态治理、草原生态修复等工程，完成人工植树15.2万株、绿化造林7698亩、人工种草1000亩、草场退化治理3000亩。四川大熊猫栖息地世界自然遗产、宅垄猕猴自然保护区总体规划编制有序推进，夹金山国家森林公园、梦笔山省级森林公园创建加快推进。统筹山、水、林、田、湖、草、沙、冰一体化保护，落实河（湖）长制、林长制、路长制，深入开展“清河、护岸、净水、保水”四项行动，三级河长巡河1577次，实施地质灾害防治项目11个，清理水域岸线垃圾300吨，河湖沿岸“四乱”得到有效整治。打好“三大保卫战”，主要河流出境断面水质、集中式饮用水水源地水质、环境空气质量优良率均持续保持100%。坚持“严管重罚”，加大环境执法检查力度，严厉打击环境违法行为，出动执法人员200余人次，检查企事业单位102家次，立案查处环境违法企事业单位5家，罚没金额169.64万元。建立环保问题整改闭环监管机制，清理整改小水电27座、拆除8座，拆除砂石料场10座，州委“5+2”生态环境领域突出问题全部整改到位。

【公共文化服务体系建设】 配合编撰书籍《红军长征在小金》。组建小金县文化馆志愿者团队，志愿者注册人数达160余人。完成公共数字文化服务提档升级，发放平板电脑100台、摄像机7台，改善乡（镇）文化站硬件设施。

【主要领导人】 县委书记：姚奇杰；县人大常委会主任：杨健；县长：刘明刚；县政协主席：李恒春；分管农业副县长：雍茂。

小金县编写组

黑水县

【基本情况】 2021年，全县辖3镇14乡，辖区面积4140.08平方千米。

【年度农业和农村经济运行】 2021年，全县GDP293 267万元，同比增长2.2%，两年平均增长3.4%，其中第一产业增加值完成50 550万元，同比增长6.5%；第二产业增加值完成86 466万元，同比下降5.1%；第三产业增加值完成156 251万元，同比增长5.3%。

【农村基础设施建设】 树立抓项目就是抓发展的理念，加强项目要素保障，推进150个项目建设(固定资产投资项目44个)。强化规划引领，抢抓新基建、乡村振兴等重大政策、重大规划机遇，编制完成应急管理体系建设等6个专项规划，一大批补短板、强基础工程相继落地。加快长河坝工业园区、谷汝村灾后恢复重建，第一时间实施二古鲁应急供水工程，保障群众用水需求；推进自来水厂重建，年内恢复永久性供水。纵深推进“交通大会战”，松黑路、渔卡路等6个项目开工建设，茂红路主体工程全面完工，扎红隧道完成工程量的90%，黑水河大桥顺利竣工，子母河至石碉楼乡道等8个项目被纳入交通运输部定点帮扶规划。加速市政水利设施建设，开工建设市政二期、干部职工周转宿舍二期工程及沙石多、西尔、木苏市政基础设施项目，哈德广场建设加速推进；完成11个乡(镇)24个村安全饮水巩固提升工程，新建堤防工程9千米。加快电力通信设施建设，红原至色尔古220千伏输变电线路全面完工，完成4个乡(镇)农村电网改造，新建4G基站5个、5G基站15个。

【乡村旅游】 举办四川省第十二届(秋季)乡村文化旅游节和2021四川省红叶生态旅游节，从各乡(镇)、部门抽调18名工作人员，组建一支高素质旅游人才讲解队伍。举办乡村旅游培训班。

【公共文化服务体系建设】 县图书馆开展阅读活动。4月，在芦花完全小学举办庆祝建党100周年“书香黑水　全民阅读”活动，广大青少年学生通过诵读经典、好书推荐会、党史阅读等多种形式参与阅读、推动阅读、享受阅读，推动党史学习教育深入人心。5月，在全县范围内举办2021年度公共数字文化服务提档升级项目设备发放活动。开展迎接全国第七次公共图书馆评估定级相关前期工作。县文化馆开展“送文化下乡”活动42场次；开展锅庄及广场舞培训及教学100场次，主要培训阿坝州广场舞及全域锅庄，推广阿坝州全域新锅庄以及拍摄阿拉吉吉视频。举办四川省第十二届(秋季)乡村文化旅游节、2021四川省红叶生态旅游节、黑水县建党100周年“颂歌献给党”红歌会演活动；10月，参加阿坝州庆祝共产党成立100周年暨乡村文化振兴魅力乡(镇)竞演“唱响雪山草地”合唱大赛，获得三等奖；组队参加“圈舞中心感党恩跳出阿坝州看世界”阿坝州全域民族新锅庄推广大赛。县文化馆、图书馆举办黑水县第七期暑期免费艺体培训班，共开设6个班，180名学生报名参加培训。

【主要领导人】 县委书记：刘飞；县人大常委会主任：陈永清；县长：欧涛；县政协主席：王扎；分管农业副县长：秦玲玲。

黑水县编写组

壤塘县

【基本情况】 2021年，全县辖11个乡(镇)51个行政村2个社区157个村(居)民小组，辖区面积664 412.29公顷，其中耕地面积3461.57公顷、园地2.23公顷、林地302 879.75公顷、草地300 913.73公顷、城镇村及工矿用地1053.14公顷、交通用地824.83公顷、水域及水利设施用地4206.14公顷、其他土地51 070.9公顷。年末户籍人口总数48 126人，其中男性24 306人、女性23 820人；农业人口42 482人、非农业人口5644人；少数民族45 684人，占总人口的94.93%（藏族45 252人，占比94.03%；羌族314人，占比0.67%；回族82人，占比0.17%；其他少数民族27人，占比0.06%)，汉族2442人，占比5.07%。年末常住人口4.5万人，城镇化率26.36%，比上年提高0.55百分点。全年人口出生率12.33‰，人口死亡率1.53‰，人口自然增长率13.1‰。

2021年，全县GDP143 048万元，按可比价计算，增长6.5%，其中第一产业实现增加值41 726万元，增长6.7%；第二产业实现增加值6162万元，增长5.4%；第三产业实现增加值95 160万元，增长6.4%。三次产业对经济增长的贡献率分别为30%、3.5%和66.5%，分别拉动经济增长2个、0.2个和4.3个百分点。三次产业结构比由上年的28.8∶4.2∶67调整为29.2∶4.3∶66.5。人均地区生产总值31 788元，增长4.1%。单位GDP能耗下降8.3%。全县有民营经济主体1780户(家)，增长10.7%，占市场主体总量的92%。按登记注册分类：企业294家，增长17.7%，占市场主体总量的15%；个体工商户1486户，增长9.3%，占市场主体总量的76%。按行业分类：农、林、牧、渔业36家，农、林、牧、渔专业及辅助性活动5家，采矿业4家，制造业104家，电力、热力、燃气及水生产和供应业5家，建筑业35家，批发和零售业782家，交通运输、仓储和邮政业19家，住宿和餐饮业399家，信息传输、软件和信息技术服务业23家，金融业1家，房地产业4家，租赁和商务服务业53家，科学研究和技术服务业9家，居民服务、修理和其他服务业209家，教育5家，卫生和社会工作9家，文化、体育和娱乐业71家，其他8家。民营经济实现增加值53 783万元，增长6%，民营经济占GDP的比重为37.6%，下降0.3个百分点。

全年实现工业增加值2444万元，增长7.7%。新开工项目36个，新增固定资产31 816万元。全年施工项目共62个，完成固定资产投资118 401万元，同口径增长2.6%。全年社会消费品零售总额36 642万元，增长10.2%。按销售单位所在地分：城镇消费品零售额28 492万元，增长10%；乡村消费品零售额8150万元，增长10.8%。

地方公共财政收入完成2658万元，增长7.7%，其中各项税收收入1552万元，增长25.8%。地方公共财政支出166 199万元，下降13.2%，其中一般公共服务支出21 899万元、公共安全支出6887万元、教育支出17 572万元、科学技术支出439万元、社会保障和就业支出15 750万元、卫生健康支出10 840万元、节能环保支出8013万元、城乡社区支出6094万元、农林水事务支出48 901万元。全年财政自给率为1.6%，提高0.3个百分点。年末金融机构各项存款余额190 863万元，增长3.9%，其中城乡居民储蓄存款89 763万元，增长8.4%；各项贷款余额75 164万元，增长18.9%，存贷款比率为39.4%。

公路总里程达1015千米，其中国道171千米、省道116千米、县道307千米、乡道208千米、村道213千米，公路交通密度为15.3千米/百平方千米。全年完成客运量0.9万人、旅客周转量110.1万人千米、货运量10.2万吨、货物周转量696.1万吨千米。全年邮政、电信业务收入3625万元，增长2.2%。有固定电话机用户5219户，增长1.7%，固定电话普及率10.8部/百人；移动电话用户34 069户，增长22%，移动电话普及率70.8部/百人；国际互联网用户9486户，增长6.1%。

有各级各类学校52所，其中小学10所、普通中学3所（九年一贯制2所 、初级中学1所）、高完中1所、幼儿园38所。幼儿园在园幼儿2032人，小学在校学生5968人，普通中学在校学生2235人，高完中在校学生104人；幼儿园专任教师83人，小学专任教师307人，普通中学专任教师194人，高完中教师11人；小学师生比达1∶19.4，初中师生比为1∶11.4；义务教育阶段入学率99.76%，小学毕业班学生毕业率100%。有公共图书馆1个，图书藏量3万余册，阅览室坐席数30个；乡（镇）文化站11个。全年举办文艺活动85次。有广播电视台1座、调频广播台1座，中央农村无线覆盖工程发射台1座，电视发射机4台，广播综合覆盖率98%，电视综合覆盖率98%，有线电视用户3000户。有全国重点文物保护单位3个、省级文物保护单位1个、州级文物保护单位4个。有A级景区3个，其中3A级景区2个（棒托石刻公园旅游景区和曾克寺文化旅游景区）、4A级景区1个（壤巴拉文化旅游景区）。有生态旅游区1个（“高原林海”生态旅游示范区）。有卫生机构56个（含村卫生室），其中县级医疗卫生机构4所、基层卫生院13所(12个卫生院、1个社区卫生服务中心）、村卫生室39个；开放的病床位268张，卫生技术人员294人；每千人拥有病床位数6张，每千人拥有卫生技术员6人。全县儿童扩大免疫预防接种率达95%以上，完成脊髓灰质炎疫苗查漏补种。完成包虫（棘球蚴病）病B超筛查16 946人、手术治疗11人、免费药物治疗202人。全年婴儿死亡11人，婴儿死亡率12.68‰。

【年度农业和农村经济运行】 2021年，全县实现农林牧渔业总产值69 637万元，增长7.5%。分产业看，农业产值累计完成3 075万元，增长2.1%；林业产值累计完成1852万元，增长340.8%；牧业产值累计完成60 791元，增长8.5%；农林牧渔辅助性活动产值累计完成3919万元，增长1.5%；农林牧渔服务业增加值累计完成43 979万元，增长6.4%。全体居民年人均可支配收入达20 329元，增长9.9%；人均消费支出12 463元，增长8.2%。农村居民年人均可支配收入达15 368元，增长10%，其中工资性收入2894元，增长10.6%；经营净收入6908元，增长8.8%；转移净收入5430元，增长11.1%；财产净收入136元，增长10.3%。人均消费支出10 858元，增长7.7%。农村居民恩格尔系数为44.6%。城乡居民人均可支配收入比为2.65，较2020年下降0.04，较2019年下降0.18，城乡居民人均可支配收入相对差距持续缩小。全年农作物播种面积3万亩，粮食总产量0.4万吨。

【林业】 全县林地面积329 179.83公顷，草地面积291 560.69公顷，林草覆盖率93.4%。森林面积221 246.4385公顷，森林蓄积量2609.98万立方米，森林覆盖率33.3%。全年实施森林管护面积225.0461万亩，生态公益林面积17.0947万亩，天然商品林停伐补助管护面积58 904.23亩。全县农业专业合作社发展到144家（州级示范社6家、县级示范社9家），其中从事种植业36家、从事畜牧业18家、从事林业66家、其他24家（包括手工业、旅游业等）；专业合作社成员940人，其中农民成员940人。

【畜牧业】 全年出栏牛42 251头，减少6.9%；出栏羊35 257只，减少10.9%。全年肉类总产量5514吨，减少15.1%，其中牛肉产量5247吨，减少12.2%；羊肉产量267吨，减少48.2%。奶产量11 238吨，减少0.3%。牛存栏124 720头，减少22.5%；羊存栏20 273只，减少58.7%。

【城镇建设】 全县乡村振兴农村环境综合治理项目采购197万元的环卫设施设备，修建垃圾处理室70余个、村寨洗衣台30余座，修建村寨消防池30余座，实现全县51个行政村全覆盖。实施壤塘县2021年城镇老旧小区改造项目，对临江苑公租房小区住房屋面进行平改坡提升改造，解决110户居民长期反映的屋顶漏雨、乱搭乱建、私自占用等问题。全年城镇新增就业396人，65名城镇失业人员和就业难人员实现再就业，城镇登记失业率为3.77%。建立见习基地7个，收集见习岗位45个，推荐就业见习人员35人。对1000余名城乡劳动者开展16期各类技能培训。全年转移输出农村劳动力3523人，实现劳务收入1.21亿元。

【农机水利】 全县农业机械总动力达40 260千瓦，下降8%。全年农村用电量703万千瓦时，增长20.2%。全年实施15个水利工程项目、1个堤防应急采购项目，总投资10 762.38万元，新建堤防、护岸4.3千米及附属设施。完成壤塘县中壤塘镇产业园区堤防水毁修复工程项目和壤塘县尕古玛沟应急工程的油路恢复项目。

【农村科技】 通过“公司+贫困户+基地+高等院校”模式推广种植中药材，先后在石里乡、宗科乡、上壤塘乡建立中药材种植试验示范基地，试种大黄、赤芍等中药材。在蒲西乡实施八月椒种植技术研究与推广试点项目。全县共有专业技术人员1268人，其中农业技术人员177人。

【农村社会保障】 全年参加城乡居民养老保险15 443人，参加城乡居民医疗保险39 417人。全县共有15 620人享受农村居民最低生活保障，1291人享受农村特困人员救助供养，24人享受城镇特困人员救助供养。全县共有农村敬老院4所，养老服务设施开放床位401张，收养救助175人。

【农村生态建设及环境保护】 修建一体化污水处理站2座，埋设污水收集管网5308米。全年主要水污染物总量减排目标任务为化学需氧量106吨、氨氮11吨。全年水质达标率均为100%。空气质量优良天数314天，优良天数达标率为100%。土壤达标率为100%。

【安全生产】 全年共发生非生产经营性事故213起，其中交通事故207起（简易事故203起、一般事故4起），上升4%；受伤31人，下降10%；财产损失88 000余万元，下降23%。全年发生消防事故6起（宗科、茸木达、中壤塘、上杜柯、南木达、岗木达等地各1起），无人员伤亡，财产损失230万元。

【主要领导人】 县委书记：张德发；县人大常委会主任：刘木滚；县长：王甲；县政协主席：张万贵；分管农业副县长：代胜利。

壤塘县编写组

阿 坝 县

【基本情况】 2021年，全县辖9乡6镇，辖区面积104.35平方千米。

【特色农牧业】 全县实现农作物播种面积10.6万亩，粮食产量1.05万吨；牲畜存栏56万混合头，出栏13万混合头；肉产量1.2万吨，奶产量2.7万吨。园区基地加快建设，创建为省级三星青稞现代农业园区，新增牦牛养殖地41个，青稞、蔬菜、中药材和牧草等基地规模达12.3万亩。经营主体不断壮大，新增种养殖大户22户、专业合作社10个、家庭牧场6个、集体经济规模稳定在214个。

【农村科技】 4月，阿坝州政府与省农科院签订现代特色农业科技合作协议，约定共建“四川省农科院阿坝分院”科技创新转化平台，重点围绕高原水果、高山蔬菜、马铃薯、青稞、玉米、牧草等特色主导产业，通过联合技术攻关、共建研发平台、科技成果转化、技术咨询和人才培养等形式开展广泛合作。10月，“四川省农科院阿坝分院”正式挂牌成立。阿坝州农科所加强青稞、玉米、马铃薯及蔬菜品种自主研发工作，共配制玉米、青稞等杂交组合2600余个，参与试验组合2400余个，繁育种质资源3000余份。累计完成种植“白湾海椒”株行材料23份，经过单株选择得到94份稳定的入选株行供下一年试验。扩繁基本稳定的“白湾海椒”育种材料，收获种子15千克，可供700亩大田生产用种。“蓉椒1号”“蓉椒6号”在茂县等地示范效果明显，具有良好推广前景。马铃薯良种繁育工作有序推进。

【开展黄河文化和红色文化资源调查】 通过开展黄河文化资源调查和黄河流域文化专家调查，确定全县有不可动文物126处。在省红军长征文化资源专家调查组协助下确认了1935年红军红一、红四方面军进出阿坝行军路线，确认了阿坝县贾洛镇甲本唐噶曲河兵站，确认阿坝县求吉玛索日玛村为红军黄河渡口。完成茸安乡安坝村红军石刻标语认定，阿坝县茸安乡安坝村、安斗乡克哇村被确定为红军村，确认阿坝县格尔登寺为阿坝会议遗址、川陕省阿坝苏维埃政府驻地，确认查理寺为中共川康省委阿坝特区委员会成立地、红军领导人驻地，确认赛格寺为红军大学驻地。由县政府主办、县文体旅局承办的“捐赠革命实物　传承红色记忆”主题捐赠仪式在查理乡神座朱德旧居举行，文物收藏爱好者泽让将收藏的红军革命实物58件（套）无偿捐献给县政府，为红色文化事业注入新的正能量。

【主要领导人】 县委书记：李宁；县人大常委会主任：周启军；县长：陈宝华；县政协主席：措德；分管农业副县长：泽仁扎西。

阿坝县编写组

若尔盖县

【基本情况】 2021年，全县辖7镇6乡1个牧场，辖区面积10 620平方千米。

【乡村振兴】 规划先行，示范引领，按照乡村振兴战略总体要求，2021年编制完成若尔盖县“1+6”和19个重点村总体乡村振兴规划，提出五年行动计划，分年度对全县88个村进行全方位提升；结合州“十四五”乡村振兴规划，确定5镇30个村作为乡村振兴示范乡村以及20个省级重点关注村，5年内分年度开展创建。园区带动，促农增收，实施“创园区、建基地、搞加工、创品牌”三产融合发展策略，健全“沟域、区域、片域”经济模式，巩固“百千万”产业基地10个，打造“三结合”示范牧场300个；获批建设省第四批农民专业合作社质量提升整县推进试点县，培育国家、省、州示范社9家，带动农牧民群众1.2万人。社会帮扶，金融助力，围绕改善民生、加快基础设施建设和促进就业等，实施东西部扶贫协作项目17个4500万元，省内定点帮扶德阳援建资金2400万元；针对示范牧场、合作社及涉农企业发展资金需求，发放扶贫小额贴息贷款26笔86.5万元，设立乡村振兴贷款风险补偿金1475万元，发放贷款1亿元。

【公共文化服务体系建设】 推进州县节目覆盖工程建设，投入资金1100.6837万元，全面提升广播电视公共服务能力和质量，已完成州县广播节目覆盖工程的基站建设和线路附挂。全年涉及统筹整合财政涉农资金项目10个，共投入资金737.42万元，工程量完成100%的有8个。做好免费开放，投入资金205.07万元，全年免费开放1个文化馆、1个图书馆、13个乡（镇）文化站以及巴西会议纪念馆。

【主要领导人】 县委书记：泽尔登；县人大常委会主任：陈万里；县长：韩德龙；县政协主席：阿达；分管农业副县长：唐郁鑫。

若尔盖县编写组

红原县

【基本情况】 2021年，全县辖6镇4乡，辖区面积8398.23平方千米。

【乡村振兴】 乡村振兴有力实施，着力夯基础、促振兴，推进脱贫攻坚与乡村振兴有效衔接。脱贫成果持续巩固，健全完善防返贫监测机制，对“三类人员”实施对标补短、帮扶救助。推广运用“五联+”“金牦牛轮换饲养”“吉祥三保”等模式和机制，不断巩固拓展脱贫成效。持续落实教育医疗、社会保障、易地扶贫搬迁后续扶持等政策，全县易地搬迁284户922人均实现一户一人稳定就业目标，无返贫和新增贫困现象。乡村设施持续完善，投资18 642万元实施产业发展、集体经济、人居环境、公共服务等乡村振兴衔接项目117个，持续夯实乡村振兴底部发展基础。开展农村人居环境整治，健全完善“户分类、村收集、镇转运、县处理”生活垃圾收运体系，实现村级公益性设施共管共享。两项改革持续深入，科学实施县域片区划分，将10个乡（镇）划分为5个片区，设置5个中心镇、1个副中心镇；将31个村4个社区划分为18个村级片区，设置18个中心村，全面启动乡（镇）、村国土空间规划工作。盘活镇村闲置资产16宗，实现年收益71.42万元。15项州重点改革项目、188项县重点改革任务不断推进，完成率达94%，促进两项改革“后半篇”文章不断走深走实。

【农村生态建设及环境保护】 深入践行习近平总书记生态文明思想，推进黄河流域生态保护和高质量发展。加强问题摸排，开展生态环境问题大排查、大整改，聘请省环科院专家参与，自查发现新问题159个，科学合理制订整改方案，做到底数清、情况明、方向准。深化保护治理，投资15 023万元，组织实施退牧还草、防沙治沙、生态脆弱区综合治理等项目，完成森林草原湿地生态综合治理58.9万亩。修复国、省干线废弃工矿取料点7个270.8亩，完成中央、省、州环保督察反馈问题整改69个、自查问题整改71个，完成中央环保督察迎检工作。加大执法力度，聚焦未批先建、违规用地等问题，开展“清理整顿规范牧家乐经营确保生态安全”行动，检查牧家乐115家，限期整改97家，取缔5家。开展各类环保执法检查290余次，行政处罚11起，罚款68万元，有效遏制了违法违规行为，生态环境保护力度持续加强。

【公共文化服务体系建设】 带领民间艺术团队到省、州内外参加各类展演、演出活动，推动本土艺术文化的挖掘，鼓励和支持草根文化的发展，为群众提供舞台，调动全州群众参与的积极性和创造性。组织和参加阿坝州2021年送文化科技卫生“三下乡”“2021欢乐乡村行”文化惠民活动及法律政策宣讲系列演出活动，协助县总工会开展“学党史、感党恩、增团结、促和谐”——红原县民族团结进步暨建党100周年群众文化季开幕式和“立足岗位、创先争优、建功三地两心一时代”安多锅庄比赛以及五一国际劳动节系列活动以及“漫步成都，相约红原”2021红原大草原夏季雅克音乐季暨全域旅游推介会演出活动，参加第九届红原大草原牦牛文化节开幕式及文艺晚会等活动，融入2021年阿坝州文化和旅游暨全域旅游发展大会，筹备参加第十八届中国西部国际博览会。

【主要领导人】 县委书记：廖敏；县人大常委会主任：拉旺健；县长：嘉央罗萨；县政协主席：李戎生；分管农业副县长：兰刚。

红原县编写组

甘孜藏族自治州

【基本情况】 2021年，全州辖1市17县，辖区面积15.3平方千米。

【年度农业和农村经济运行】 2021年，全州实现农林牧渔业总产值120.52亿元，比上年增长5%（按可比价计算，下同），其中种植业产值49.14亿元，增长4.7%；林业产值2.79亿元，下降30.5%；牧业产值67.07亿元，增长10.7%；农林牧渔专业及辅助性活动产值1.51亿元，增长4.5%。实现第一产业增加值79.36亿元，增长4.8%。

【种植业】 扩大播种面积，调整种植结构。挖掘耕地资源潜力，加大对轮歇地、撂荒地的管理，做到应种尽种，扩大农作物播种面积，实现农作物播种面积持续增长，全年完成农作物播种面积141.56万亩，增长4.33万亩，增长3.2%，其中，粮食作物播种面积102.85万亩，增加0.69万亩，增长0.7%；经济作物播种面积38.71万亩，增加0.85万亩，增长2.3%。在经济作物播种面积中，油菜籽播种面积11.4万亩，增加0.17万亩，增长1.5%；中药材种植面积4.82万亩，增加0.22万亩，增长4.7%；蔬菜及食用菌种植面积22.17万亩，增加0.44万亩，增长2%。优化种植结构，提高经济效益，以脱贫攻坚为统领，发展特色富民产业，加快种植结构调整，提升种植效益，推广优质油菜籽和绿色蔬菜，以及中药材等经济作物的种植，优化种植结构，实现粮食播种面积小幅下降，油菜籽、蔬菜、中药材等经济作物播种面积大幅增长，粮食与经济作物播面占总播面的比重由上年的73.2∶26.8调整为72.6∶27.4。在打造百万亩特色林果业基地建设的推动下，全州利用资源丰富荒山、荒坡的优势，因地制宜，以建设核桃、花椒等特色产品基地为重点，以规模经营、实现规模效益为目标，在适宜地区大面积种植以优质核桃、花椒等为主的坚果及香料品种，种植的核桃、花椒产果已逐步进入丰产期，2021年核桃产量6301吨，增加66吨，增长1.1%；花椒产量1484吨，增加53吨，增长3.7%；板栗产量177吨，增加3吨，增长1.7%。

【乡村旅游】 全域旅游示范区创建有序推进，泸定县、丹巴县入列省级全域旅游示范区；天府旅游名牌系列成效明显，泸定县、理塘县成为天府旅游名县候选县，丹巴县甲居镇成为首批天府旅游名镇，稻城县香格里拉镇亚丁村、康定市姑咱镇若吉村成为首批天府旅游名村，泸定县讲解员夏芸入选首批天府旅游名导，古道别院民宿成为首批天府旅游名宿并获批全国甲级旅游民宿，33道美食入选“天府旅游美食”。A级景区创建深入推进，康巴汉子村、木雅藏寨、康巴文都、拉龙措古冰漂湿地、查呈沟天浴温泉、瓦卡情舞花海6家景区完成4A级景区省检。新增3A级景区16家，全州A级景区达96家。甘孜雅龙湾生态旅游区创建为省级生态旅游示范区，格聂生态旅游区创建完成省检。

【人才队伍建设】 开发甘孜州涉旅人员综合管理系统，实现全州涉旅从业人员信息化管理。围绕乡村旅游、宾馆酒店实操培训等内容，实施行业技能培训。推选四川省文化旅游能人58名、全国文化旅游能人4名，建立州级文旅能人库。做好“三区”人才支持计划文化旅游工作者专项工作。全年局机关及所属事业单位获评“全国文化和旅游系统先进集体”“四川省脱贫攻坚先进集体”“全省文化和旅游资源普查先进单位”等州级以上表彰表扬41项。

【公共文化服务体系建设】 总投资1.225亿元的“两馆一中心”项目完成建设用地手续办理、《规划设计方案》编制以及项目招标代理机构比选和项目勘察招标。申报四川省“民间文化艺术之乡”9个。投入2756.03万元，实现全州19个图书馆、19个文化馆、289个乡（镇）文化站（中心）、3个博物馆（纪念馆）向社会免费开放，全面推进“三馆”错时延时服务。完成第五次全州文化馆评估定级，15个县级文化馆全部达标。筹备全国第七次县级以上公共图书馆评估定级工作。指导炉霍县创建第二批省现代公共文化服务体系示范县。泸定县图书馆总分馆制一年试点建设取得较好成效，达到预期目标。广泛开展文旅志愿服务，已组建文旅志愿者服务大队19支，录入智游天府平台的志愿者3760人。

【文化惠民】 全年开展以“建党100周年”“乡村振兴”“我们的中国梦·文化进万家”“经典阅读”等为主题的大型活动51场次。完成“送文化下乡”等惠民活动1879场次，惠及观众56.7万余人次。举办“永远跟党走”——庆祝建党100周年专题文艺晚会、8场“感恩致谢”惠民演出（广东省）、第12届康巴艺术节（玉树）演出活动、庆祝中国共产党建党100周年甘孜州广场舞展演、“圣洁甘孜迎亚运”——甘孜州赴杭州市文艺交流演出等系列文化活动。

【主要领导人】 州委书记：刘成鸣；州人大常委会主任：李康；州长：肖友才；州政协主席：向秋；分管农业副州长：袁纲。

甘孜藏族自治州编写组

康定市

【基本情况】 2021年，全市辖7乡8镇2个街道，辖区面积11 600平方千米。姑咱镇若吉村创建为天府旅游名村、省级旅游重点村。

【林业】 植树造林。组织开展全民义务植树活动，共栽植西湖海棠1000株、康定木兰500株、美国红枫500株。大规模启动“美丽康定”绿化行动，发放格桑花种子1000千克、金盏菊种子1000千克、孔雀草种子1000千克、失车菊种子500千克、百日草种子500千克。

天然林保护。依法加强对全市603.65万亩森林的保护和管理，实施并完成0.5万亩人工造林以及1.5万亩森林抚育。选聘建档立卡光政务审批系统。兑现2021年集体公益林森林生态效益补偿3966.57万元、集体和个人天然商品林停伐管护补助900.77万元。

国有林管护。落实管护人员120人（其中国有职工56人、临聘职工64人），使2 924 054亩（新增重点公益林279 000亩）国有森林资源得到常年有效管护。

【农业产业化发展】 推进大渡河、力曲河两大产业带建设，完成特色农业产业基地提质增效7.85万亩。建设优质黑青稞基地1.5万亩；建设以窝笋、大白菜为主的错季节绿色蔬菜基地7000亩；结合生态修复工程，建成人工牧草基地10.5万亩。升级改造水果基地2.04万亩，完善基地内绿色防控7510亩、溯源体系5300亩、水肥一体2200亩。建成牡丹、羌活、重楼等中药材基地7400亩，完成羌活5个技术标准建设；发展壮大生态食用菌基地1000亩。建成生猪标准化规模养殖场（小区）2个、牦牛标准化适度规模养殖场9个，开展牦牛品种选育和改良2000头。培育形成一批科技含量高、带动作用大、增收效果好的特色农牧业基地。

【旅游基础设施建设】 生态旅游厕所建设项目已竣工验收，累计完成投资348万元；完成折多山3A级生态环保厕所建设，投入资金169万元。打造甲根坝提吾村青稞庄园，建设旅游步栈道、庄园大门、民宿标识牌，共投入资金96万元。配合州文广旅局完成国道318线沿线旅游厕所建设，新建6座，提升改建4座。

【乡村旅游及从业人员培训】 申报5家星级酒店、3家精品民宿的住宿业品牌创建。开展旅游培训4期，覆盖人群2020人次。举办康定市文旅行业从业人员持证上岗培训，共计1300人次参加培训。

【文化惠民】 持续推进“三馆”（文化馆、图书馆、17个乡/镇文化站）免费开放；落实乡（镇）文化活动专项补助资金，共计拨付“三馆”免费开放资金145万元，开展“送文化下乡”活动66场次，覆盖全市17个乡（镇、街道），创演文艺节目792个。举办免费舞蹈培训班，开展免费舞蹈培训课程8期。成立康定市文化志愿者服务队，招募文化志愿者185名，为全市大型文艺演出活动储备工作力量。参加甘孜州建党100周年锅庄舞展演活动、“情歌儿女心向党　百年奋进新征程”——康定市庆祝中国共产党成立100周年合唱比赛及“十里八乡　数你最牛”魅力乡（镇）竞演活动。

【广电建设】 全年共计维护“村村响”设备202台次，调试维修93台，巡检“村村响”及“户户通”设备234台，抢修光缆4次，新采购并安装“村村响”设备12台，提升了全市广播电视有效覆盖率、广播电视综合影响力及广播电视信号质量。全市“村村响”累计播放量达4613次，累计播放时长达3618小时。

【主要领导人】 市委书记：邓立军；市人大常委会主任：訾正勇；市长：王强；市政协主席：罗秀珍；分管农业副市长：杨恒。

康定市编写组

泸定县

【基本情况】 2021年，全县辖7镇5乡，辖区面积2165.35平方千米。

【扶贫攻坚】 加快泸定水电站移民遗留问题处置化解，开展移民资金清理和调规调概。硬梁包水电站截流阶段移民安置通过省政府验收，如期实现大江截流目标；二里坝、扯索坝安置点完成移民房建工程和市政基础设施建设，具备分房入住条件。大岗山水电站完成机耕道、人行道等集体财产补偿，烂田湾原住居民实现土地划分。继续开展移民后扶项目，兑现水电开发惠民补助资金2600万元。

【农村基础设施建设】 彝海路、赤水路改造如期完成，环泸定桥市民绿道完成建设，安乐坝南北干道工程进场施工；旧城改造拆迁安置全面启动，税干校、工会等已出让商业小区开发建设加快推进。荥泸路泸定段改（扩）建工程竣工验收；川藏铁路、泸石高速建设进展顺利；完成13.4千米危险路段隐患整治，群众出行更加安全便捷。

【公共文化服务体系建设】 全年完成“送文化下乡”73场，覆盖76个行政村。持续做好“三馆”免费开放，围绕免费开放要求，创新服务项目，提升服务水平。全年图书馆接纳读者11 243人次，外借图书3207册；开展各类线上阅读活动32次，服务人次2万余人。新华书店完成图书发行1010万册；纪念馆接待开展党史学习主题党性教育活动团体共计2600余批次，全年接待46万余人次。开展文艺精品创作及非遗申报，完成文艺作品创作3件，其中《百年壮举展辉煌》在2021年甘孜州广场舞展演比赛中获得二等奖。

【广电建设】 做好重要保障期的广播电视安全播出，落实重要时间节点安全播出“零报告”制度，全年未发生广播电视播出事故。加强监测监管，规范广播电视传播秩序，整治频率频道违规行为，开展卫星地面接收设施市场专项检查共6次、部门联合执法检查4次。加强“村村响”“户户通”广播设备和州县节目无线覆盖设备管理，全年出动巡查巡检人员371人次，对76个行政村“村村响”广播设备进行维修，更换维修喇叭364支，保障设备正常运行。持续巩固广播电视扶贫成果，落实“户户通”扶贫政策，持续保障贫困户免费收看电视，保障贫困户享受电视文化服务。

【主要领导人】 县委书记：宋小军；县人大常委会主任：曾维勇；县长：王蕾；县政协主席：姜健康；分管农业副县长：杨莉。

泸定县编写组

丹巴县

【基本情况】 2021年，全县辖3乡9镇，辖区面积5649平方千米。

【农村科技】 10月9日，丹巴县举办2021年高素质农民农业技能服务型与农业专业生产型培训班，来自全县12个乡（镇）从事农业生产、经营、服务的农民和返乡入乡创新创业者96人参加培训。培训内容涉及综合素养课、专业能力课以及能力拓展课学习。同时，组织村干部和群众代表到发达地区学习考察，促使其转变观念、增长才干、拓宽眼界思路。按照“实际、实用、实效”的培训原则，采用“农牧民需要什么、就办什么班”的订单式培训方式，通过课堂讲授与田间示范相结合、群体讲解与重点培训相结合、科普推广与针对性培训相结合，组织实施农牧民培训、劳务技能培训、农村适用技术培训等活动，加大对农牧民基本技能和实用技术的培训力度，提高群众自力更生、自我解困的能力，促进农村剩余劳动力转移就业。

【乡村旅游】 创建民宿国际旅游目的地，编制完成《丹巴县民宿国际旅游目的地总体规划暨重点村落特色民宿发展规划（初稿）》，对全县民宿行业做出科学规划，并对甲居、中路等重点民宿接待点位做出详细规划。修订完善《丹巴县民宿提档升级管理办法》，对全县民宿进行提质升级改造；结合乡村振兴，完成以奖代补、财政贴息贷款等政策支持。继续落实《关于进一步加强农村宅基地审批和传统民居建筑风貌保护工作的意见》和《关于加强村寨民居传统建筑风貌保护工作的通知》，最大限度保护和传承建筑原有风貌及历史价值，传统的民俗文化优势和人文景观资源成为拉动丹巴文化旅游经济发展的新亮点。

开展乡村旅游重点乡（镇）创建。按照《四川省文化和旅游厅四川省发展和改革委员会关于开展第二批省级乡村旅游重点村镇和第三批全国乡村旅游重点村镇遴选推荐工作的通知》要求，经对标自查、筛选，推荐甲居镇为全省重点旅游乡（镇）、甲居一村为全省重点旅游村。7月13日，根据文化和旅游厅印发文件《关于公布二批省级乡村旅游重点村镇名单的通知》，甲居镇被纳入全省乡村旅游重点村镇行列。

文旅项目建设。乡村振兴二期建设项目新建咔喀1村、高顶2村、聂呷村、敖日至妖枯村道路共计21.08千米。甲居旅游环线公路建设项目总投资8560万元，改建工程全长22.83千米。甲居景区智慧系统建设项目总投资459.8725万元，完成甲居藏寨景区内部管理建设完整安防及信息化系统和智慧景区建设，完善视频监控、改造票务系统，重新规划综合布线。中路藏寨旅游公路建设项目总投资2997万元，拟建公路等级为山重四级公路，路线途经波色龙村、基卡依村、呷仁依村、克格依村、罕俄依村至中路乡，通乡公路K3+000处与中路乡公路连接形成环线，全长14千米，路基宽6.5米，路面宽5米，路面为沥青砼路面。中路游客中心建设项目中丹巴县大渡河流域旅游基础设施建设项目、丹巴县梭坡景区、甘孜州丹巴县公共服务设施建设项目和丹巴县非遗体验馆建设项目打捆实施项目总投资5486万元，新建道路615米及附属设施等，新建游客中心

2312平方米、设备用房41平方米、停车场及配套设施等。丹巴古碉群保护维修项目于2020年8月开工建设，主动对丹巴县境内22座古碉进行抢救性维修、三防工程和环境整治，总投资386万元，施工合同金额318.632 618万元。项目已竣工，待验收。丹巴罕额依新石器时代文化遗址和汉代石棺葬墓群保护维修项目于2020年8月开工建设，主要对古遗址及石棺墓葬群进行防水处理、墙体维修、主体加固及附属设施建设等，项目总投资386万元，施工合同金额283.5945万元，项目已竣工，待验收。丹巴县甲居藏寨文化保护与景区提升项目于2021年3月开工建设，新建红五军团红色长廊浮雕工程、红色步游道及环境治理工程、喀咔旅游综合服务基础设施工程、非遗体验馆工程、甲居景区排污系统建设工程等，总投资755万元，施工合同金额554.331 604万元，项目已竣工，待验收。

【广电建设】 全年完成1325套广播电视"户户通"设备维修，实现全县广播电视户户通、天天通、长期通、优质通的总要求。为确保播出工作的安全，严格要求值班值守人员在岗在位；在重点播出时段，加派人员对安全播出进行监管，保证安全播出工作的开展。自应急广播平台投入运行以来，共播放各类宣传知识18 000余条次、时长750余小时。完成78个行政村广播设备的维护。州县节目无线覆盖项目完成州县节目无线覆盖中心机房平台建设，完成39个发射站点的链路调试和41个站点的设备安装。完成796台次广播电视"户户通"维修，自行维修387台次，保障农牧区群众能收听收看电视。针对全县城区有线电视线路老化、用户流失等原因，共完成363次故障维护，更换老旧线路1600余米。

【主要领导人】 县委书记：何文才；县人大常委会主任：阿根；县长：王俊；县政协主席：杨朋错；分管农业副县长：谢德刚。

丹巴县编写组

九 龙 县

【基本情况】 2021年，全县辖7乡9镇，辖区面积6770平方千米，其中耕地面积5.86万亩，比上年减少13.82%，人均耕地面积0.92亩。年末户籍人口6.4万人，常住人口5.35万人；人口出生率7.89‰，减少0.2个千分点；人口自然增长率4.7‰，减少0.06个千分点。本地水资源总量27.28亿立方米，人均占有水资源量42 625立方米。有林地面积440.97万亩，森林面积590.02万亩，活立木总蓄积量5759.66万立方米，森林覆盖率51.54%。

2021年，全县GDP30.19亿元，增长6.3%，其中第一产业增加值4.02亿元，增长5.8%；第二产业增加值14.73亿元，减少2.2%（工业产值14.15亿元，减少4.4%）；第三产业增加值11.44亿元，增长18.7%。三次产业对经济增长的贡献率分别为13.25%、-17.36%和104.11%。全年接待游客83.44万人次，实现旅游收入9.16亿元。

公路通车里程992.84千米。社会消费品零售总额4.51亿元，增长10.7%。地方公共财政预算总收入完成2.8亿元，增长48.1%；公共财政预算总支出15.1亿元，增长8.9%，其中农业投入4600万元。金融机构各项存款余额25.87亿元，比上年初增长8.1%；各项贷款余额26.05亿元，比年初减少5%，其中支持农业产业化发展项目贷款1140万元。全年农业保费收入373万元，处理各项赔款和给付金额236.7万元。完成农业产业化项目49个，完成投资5525万元。农业产业化龙头企业省级、州级、县级分别为1家、1家、8家。

有各类学校43所，在校学生12 175人，教职工1258人，其中普通中学4所，在校学生4730人；小学19所，在校学生5545人；小学学龄儿童净入学率100%，提高0.25个百分点。有艺术表演团体1个，文化馆1个，公共图书馆1个，电影院1个，体育馆1个。有卫生机构22个，病床位336张，卫生技术人员272人。城乡居民医疗保险参保人数4.81万人；城乡居民养老保险参保人数2.4万人。

【年度农业和农村经济运行】 2021年，全县出台《九龙县扶持集体经济发展试点实施方案》等政策文件8个。实现农业总产值6.85亿元，增长6.1%；生猪、茶叶、花椒、蔬菜等特色优势农产品产量保持稳定增长。农民年人均可支配收入达18 321元，增长9.6%。全县农产品质量抽检合格率达100%；建成16个基层农业综合服务站（主要农产品产量见表1所列）。

【农业产业化发展】 按照《力邱河沿线片区现代农业产业带规划》，结合实际，在"五朵金花+"的基础上，提出打造"五园区三基地"（包括牦牛、生猪、茶叶、花椒、中药材现代农业产业园区和山羊、小杂水果、野生菌基地），发展肉、粮、油、水、果、蔬、茶、药八大优势特色产业，夯实现代农业种业、烘干冷链物流两大先导性支撑产业，推动全县现代农业产业化发展。投入资金1200万元，实施九龙牦牛主题综合体验园的牦牛文化园、牦牛美食体验馆、牦牛文创科普馆、牦牛保种场提升改造建设改造，以牦牛（肉牛）文化展示厅建设为基础，在汤古镇打造1个以牦牛产业展示为主题的文化体验园。全年推进农村土地流转面积6767亩，占承包地面积的11%，其中经营面积4115亩。农村产权交易市场基本实现镇级全覆盖，已签订流转协议5879亩，按省级示范文本签订合同的面积3279

表1　2021年九龙县主要农产品产量

主要农产品	单位	产量	同比增减(%)
粮食	吨	20 534.0	−0.97
稻谷	吨	166.0	−1.19
小麦	吨	699.0	−23.27
油菜籽	吨	334.0	−2.62
蔬菜	吨	45 803.0	0.08
水果	吨	1920.0	1.05
肉类	吨	5246.0	7.15
猪肉	吨	2692.0	16.40
禽蛋	吨	63.0	7.00
牛奶	吨	3116.1	1.70

亩，并已备案登记3279亩。

【农用地产权制度改革】 推进农村集体产权制度改革，完成16个乡（镇）成员资格界定，赋码登记61个村，颁发农村集体经济股权证书1370本，量化资产总额11 096万元。完成《农村土地承包经营权》确权颁证发证16个乡（镇）61个村244个组，颁发农村土地承包经营权证书11 760本。全县家庭承包经营权登记12 194户，家庭承包成员44 492人，登记地块51 103块，登记总面积64 910.28亩，其中确权承包地块42 505块、确权承包耕地面积58 949.45亩；非承包地块8598块、非承包面积5960.83亩。

【农产品品牌战略实施】 开展农业“三品一标”认证，对新获认证的无公害农产品、绿色食品、有机食品、地理标志保护产品实施奖励制度，推进精品名牌战略，提高产品市场竞争力。全县“三品一标”认农产品认证31个，其中地理标志农产品2个、有机农产品10个、绿色食品4个、无公害农产品9个，新增认证“三品一标”农产品5个，申报6个，待农业农村部认证。九龙天乡茶叶“藏红”“藏雪”“金迷”“紫醉”等系列品牌连续多次获得四川国际茶博会金奖，“九龙花椒”获得农业农村部颁发的绿色食品证书并在中国绿色食品博览会上获得中国绿博会金奖。培育优秀农产品品牌1个。

【现代农业园区建设】 按照“五园区、三基地”产业布局，推进天乡茶叶、九龙牦牛、九龙花椒、汉藏药材、黑山猪五大园区建设，加快发展小杂水果、黑颈山羊、野生菌种养殖三大基地，创建州级现代农业园区1个、县级现代农业园区2个，培育州级农业龙头企业2家、专业合作社495家（州级以上专业合作社19家），培育创建省级牦牛产业园区1个。

【种植业】 全年农作物播种面积9.78万亩，其中粮食作物播种面积6.57万亩，粮食总产量2.05万吨；玉米规模化种植面积3.65万亩，马铃薯规模化种植面积1.3万亩，油菜规模化种植面积2110亩。实施高标准农田建设3000亩。

【林业】 编制完成《九龙县天然林资源保护工程二期2021年度国有森林管护暨新增重点公益林生补偿实施方案》，对全县403.5万亩国有森林资源进行依法有效管护，涉及65个作业区、511个林班、7443个小班，62个管护责任区。落实森林管护站16个，落实森林管护人员296人。全年退耕还林总面积5.8万亩，涉及16个乡（镇）61个村，发放资金164万元。

【畜牧业】 全年各类牲畜存栏17.87万头（只、匹），生猪出栏3.8万头、牛出栏1.44万头（牦牛出栏1.2万头）、羊出栏3.2万只，牲畜总增率、出栏率、商品率分别达33.66%、45.95%、17.54%。完成畜禽改良2.7万头（只）、本品种选育改良0.4万头（只），发展中蜂养殖示范户10户。

【乡村振兴】 调整充实县委农村工作领导小组，下设7个专项工作小组，建立健全党对领导农村工作的组织体系、制度体系和工作机制，成立县级乡村振兴工作机构。全年召开县委常委会、县政府常务会、领导小组会等会议14次，对乡村振兴战略工作进行安排部署。制发《九龙县2021年乡村振兴先进示范创建工作实施方案》《2021年农村重点工作任务责任分工》等文件，明确牵头单位的职责、重点任务清单，全面压实责任，形成工作合力。对乡村振兴重点工作实行清单化、项目化管理，严控时间节点和任务要求，县委常委会、县政府常务会和7个专项小组定期调度，督促加快重点任务落实。

【扶贫开发】 组织194名县、乡、村三级干部职工开展2次防返贫“回头看”，完成15 498户55 007人走访排查。健全防止返贫机制，设立防止返贫临时救助基金270万元，全年累计资助贫困人口医疗参保194.6万元，发放教育补助202万元，发放低保金1848户4751人1300余万元；补助59.5万元为脱贫户购买防返贫保险，赔付22.4万元，降低脱贫户因突发状况返贫风险。设立乡村振兴小额信贷风险基金1628余万元，累计发放脱贫人口小额信贷1479户7220万元。

【乡村旅游】 开展九龙县“十四五”文旅项目专项规划编制，加强乡村旅游开发，全县文化旅游“十四五”规划被纳入省发改项目库的项目有24个。全年共接待游客83.44万人次，实现旅游收入9.16亿元。共完成175份景区及住宿设施调查问卷、网上录入；完成涉旅企业持证上岗。新建星级酒店3家、精品民宿15家。

【农村水利】 完成呷尔镇大铺子安全饮水工程(以工代赈)项目投入80万元;完成烟袋镇毛菇厂村老文家坪组安全饮水维修改造,总投资20万元;完成汤古镇汤古堤防维修与河道疏通,总投资100万元;完成雪洼龙镇汛前河道疏浚,总投资40万元;完成湾坝镇河道疏浚,总投资10万元;完成雪洼龙镇踏卡河堰塞湖应急处理工程并通过竣工验收,总投资300万元。

【农业机械化】 推广农业机械化生产,全县农机总动力达7.64万千瓦。全年机械化作业机耕面积7.1万亩、机播面积1.46万亩、机收面积1.84万亩,农机提水灌溉作业量480亩,农机合作社作业面积1070亩;主要农作物耕种收综合机械化水平达51.26%,比上年提高2.47%。

【农村教育】 完成春、秋两学期全县“控辍保学”县、乡、村、校四级台账汇总,完成《“控辍保学”六长责任书》签订,组织完成初中“随班就读”学生结业考试。完成5所学校撤并,按照人社部门相关文件要求安置撤并学校教师,学生已并入相邻片区寄宿制学校和城区学校。围绕义务教育均衡发展验收成果和中小学布局结构调整方案,加大校舍及体育场地建设力度,全年建设项目18个,11个项目已完成竣工验收。

【农村科技】 组织科技特派员、科技扶贫在线专家、科技工作者和科普工作者60余人到各乡(镇)科技示范基地、乡村振兴示范基地、汉藏药材科研示范基地、村集体经济示范基地等开展“送科技下乡”4次。陪同59团茶叶生产技术服务团到魁多镇、烟袋镇开展“科技下乡万里行”活动1次,举办茶叶产业培训及座谈会各1场次,举办科技扶贫专项培训会3期,培训农牧民群众115人。

【农村文化】 全年图书馆接待读者1.5万人次,图书流通9000余册,累计办证700余张(其中少儿证200余张)。开办各类免费培训班共17期,其中少儿舞蹈和社会人员及业余演出队骨干舞蹈培训班10期、少儿美术免费培训班2期、合唱培训班1次。博物馆免开培训班1次、群众性文化培训班2次,培训人数达1000余人次。开展“送文化下乡”演出144场次。

【农村卫生】 县人民医院第二医疗区建设项目竣工验收,民族医院医疗救治能力提升项目、浙江援建县人民医院第二医疗区能力提升项目、烟袋镇中心卫生院建设医疗次中心能力提升项目建设有序推进,县、乡医疗卫生机构国家基本公共卫生服务能力全面增强。全县16个乡(镇)61个行政村全部通过省级卫生乡(镇)、村创建。创建四川级无烟单位34个,评选“卫生家庭”130户、“健康红旗能手”15人。

【农村法治建设】 依托16个乡(镇)便民服务中心或司法所建立公共法律服务工作站,在61个行政村完成公共法律服务工作室建设并挂牌,工作站和工作室覆盖率均达100%。在全县61个行政村和4个社区配备法律顾问,解答群众法律咨询330余人次,代写法律文书240余份。开展“法律进乡村(社区)”宣讲36场次,受教育人数15 000余人次,发放宣传资料20 000余份;完成全县3座寺庙、61个行政村“法律明白人”的配备。全年共化解矛盾纠纷78件,涉及标的200余万元。

【农村交通】 全县公路通车里程992.84千米,其中国道1条158.85千米、县道9条256.06千米、乡道41条267.94千米、农村公路157条309.99千米。完成《交通运输中长期规划》和《雅砻江流域旅游交通发展规划》《“十四五”交通专项规划》三大规划编制。国道549线九石路建设、省道469线文木路建设强力推进。实施撤并建制村通畅工程、乡村振兴产业路旅游路工程、乡村运输“金通工程”,完成招呼站牌建设61个;通车路线63条,车辆及驾驶员、车身按规定完成统一工作服及车辆改色69辆。

【农村社会保障】 城乡低保全面实行“一卡通”发放。严格按照“应保尽保,应退尽退,动态管理”的原则,经过排查精准认定,全县有城乡低保对象1939户4866人。全年共临时救助104人,发放救助金30.4万元。

【农村生态建设及环境保护】 制定《九龙县行政村和村民小组配备保洁员机制》,合理开发农村公益性岗位,配备保洁员262名。全县累计新(改)建卫生户厕2405户,新(改)建公厕7座,在乃渠镇完成省下达民生实事农村“厕所革命”整村推进示范村建设1个、197户。魁多镇里伍村获评“国家乡村治理示范村”,乌拉溪镇河坝村获评“四川省乡村治理示范村”。

编制完成《九龙县创建国家生态文明建设示范县规划》。完善河(湖)长制,加强河(湖)水域岸线管理保护,持续推进河湖“清四乱”专项活动,完成小水电清理的回头看全面摸排和核查确认。完成县城污水处理厂扩容、乡(镇)污水处理设施及垃圾处理设施建设项目。完成16个乡(镇)垃圾处理站建设任务,实施16个乡(镇)垃圾转运体系建设,购买垃圾车16辆、垃圾箱90个,全面完成生活垃圾分类、收集处置,90%以上的行政村生活垃圾得到有效治理。

【农产品质量安全监管】 开展农产品例行抽检定性检测果菜样品51批次、48个品种、592个样品,合格样品592个,合格率达100%;定量监测样品共35个样品,其中15个畜产品样品、20个果蔬样品,合格率达100%。雅安市农产品质量安全中心来九龙县开展全省交叉抽检样品37个,合格率达100%。推行合格证、农产品追溯和“两个名单”制度,全县农产品生产企业实施合格证主体数4个,合作社实施合格证主体数14个,家庭农场和种养大户实施合格证主体数18个,全年累计开具合格证887张,打印、印刷的合格证张数887张,累计合格证上市农产品205.26吨。录入省级农产品质量安全追溯管理平台生产批次520余次，录入国家农产品质量安全追溯管理平台销售批次850余次。加强食用农产品“治违禁 控药残 促提升”三年行动，检查生产经营主体96家，重点监控主体79个。种植业产品实施绿色防控面积296.32亩，水果产品实施绿色防控面积106亩。发放张贴食用农产品“治违禁 控药残 促提升”三年行动宣传标语和禁限用农兽药名单宣传资料400余份，开展快速抽检样品592批次，开展风险监测定量检测35批次，开展监督抽查（抽检）27批次。

【农村市场体系建设】 全县有1个县级电商中心、16个乡（镇）电商服务站和25个村级电商服务点。利用省级下达的供销产业扶贫项目资金200万元，在呷尔镇丁字街处提升改造为农服务中心1个、农村电商平台服务中心1个，分别设立九龙饲料店、九龙兽药店、九龙农特产品店、九龙农资店、九龙全球购店5个门店。新培育九龙小魔盒科技等2家本土电商企业。通过持续打造带货“网红”，完成“网红”带货400万元，游客引流达1500人次。

【劳务开发与返乡创业】 开展“就业援助月”“就业帮扶周”等公共就业服务活动，支持多渠道灵活就业和新业态就业。建立大中专毕业生见习基地23个，安置大中专毕业生见习95人。向16家企业发放稳岗补贴33.28万元。全年发放创业担保贷款25户445万元，发放创业补贴83人83万元，开展创业沙龙活动1期、创业巡诊活动2期。对县内140名返乡农民工、留守在外农民工家庭、新业态农民工开展走访慰问活动5场次，发放慰问金7万元。开展就业创业及农民工政策宣讲活动13场次，发放《农民工维权手册》《致农民工的一封信》、就业创业惠民政策等宣传资料11 000余份。

【主要领导人】 县委书记：赵景强（6月止），祝邦文（7月始）；县人大常委会主任：王德宏；县长：宋晓军（2月止），方和俊（3月始）；县政协主席：四郎汪堆；分管农业副县长：张林（11月止），陈强（12月始）。

九龙县编写组

雅 江 县

【基本情况】 2021年，全县辖10乡6镇，辖区面积7569.53平方千米，总人口47 500人。

【种植业】 全年农作物播种面积3784.5公顷，增长0.2%。其中，粮食作物播种面积2633.3公顷，与上年持平；经济作物播种面积17 268亩。经济作物播种面积中，油菜籽播种面积45公顷，增长12.5%；中药材播种面积47公顷，增长17.5%；蔬菜及食用菌播种面积1060公顷，与上年持平。全年粮食产量10 025吨，增长1.03%；油菜籽产量100吨，增长20.48%；蔬菜产量23 437吨，增长0.004%。水果产量432吨，增长0.23%。

【畜牧业】 全年各类牲畜存栏116 938头（只匹），下降25.54%。其中，牛存栏79 609头，下降5.9%；羊存栏20 016只，下降41.2%；生猪存栏8552头，增长1.5%。全年各类牲畜出栏17 307头（只），减少7.9%。其中，出栏肉用猪2462头，减少2.5%；出售和自宰肉用牛5725头，减少0.9%；出售和自宰肉用羊9120只，减少13.3%；出售和自宰肉用家禽410只，减少21.5%。全县肉类总产量2609吨，减少1.53%，其中猪肉产量 543吨，增长2.64%；牛肉产量1755吨，增长0.11%；羊肉产量308吨，下降15.61%；禽肉产量2.8吨，增长40%。牛奶产量4178吨，减少7.42%。全县牲畜总增率为31.23%，出栏率为29.52%，商品率为20.53%。

【文化惠民】 筹划庆祝中国共产党成立100周年、“送文化下乡”等系列活动，共完成81场次，覆盖67个行政村。文化馆备战全省舞蹈新作比赛，并以较高的成绩进入省舞蹈新作决赛（全州仅有2个县入围）。加大公共文化服务力度，免费开放县级文化馆、图书馆，以“全民阅读日”为契机，开展送书活动、“学习强国”积分兑换活动，共计120册，发放礼品200余份。开展送党史书籍进军队、进寺庙活动，其中赠送县消防队党史类书籍50余册，赠送西俄洛镇郭沙寺党史类书籍70余册。举办以“书香雅江 全民阅读”等系列党史读物为主题的阅读活动。

【乡村文化振兴】 坚持“乡村振兴，文化先行”理念，依托深厚的文化底蕴和丰富的文化资源，到各乡（镇）对文化站运行及文化志愿者配备情况进行摸底检查并开展现场指导，构建乡村文化振兴“新体系”。到各乡（镇）安装应急广播平台30台，发放州县节目机顶盒5000台，通过应急广播平台共播出森林草原防火、新冠疫情、防灾减灾等相关宣传知识19 450余条次，加强全县群众对森林草原防火、新冠疫情、防灾减灾各种应急的自我防护意识。开展旅游文化人才培训，对全县酒店、民宿、饭店相关负责人进行围绕“特色旅游发展”“服务礼仪”等内容的培训，并通过“走出去、请进来”的培训方式，加强对现有旅游从业人员的技能培训，特别是对管理服务人员、民族文艺人员、特色厨艺人员的专业技能培训，增强各类人员的服务意识，提高服务技能，全面提升旅游从业队伍的综合素质，实现旅游硬件设施建设与软件管理齐头并进。

【主要领导人】 县委书记：刘宗建；县人大常委会主任：杨双寿；县长：旦灯；县政协主席：刘进顺；分管农业副县长：郑瑞源。

雅江县编写组

道孚县

【基本情况】 2021年，全县辖5个片区7镇12乡118个行政村3个社区，辖区面积7053平方千米。

【农业产业发展】 在脱贫攻坚和乡村振兴、乡（镇）行政区划改革等有效衔接推动下，全县各项农业、农村基层、基础设施得以提升。全年实现农林牧渔业总产值53 899万元，增长1.08%；完成增加值32 388万元，增长4.4%。全年粮食作物播种面积75 300亩；油料作物播种面积16 000亩；蔬菜播种面积10 200亩。粮食总产量达14 681吨，油料作物产量2508吨，蔬菜产量16 571吨。畜牧业生产平稳发展，年末各类牲畜出栏31 591头（只），各类牲畜存栏148 901头（只）；肉类总产量3397吨，奶产量6311吨。农村基础设施建设逐步改善。农村有效灌溉面积达3810公顷。

【公共文化服务体系建设】 全年开展“送戏下乡、送文艺进村”133场次。举办庆祝中国共产党成立100周年“永远跟党走”合唱大赛、“百人百曲颂党恩”视频快闪、“永远跟党走”经典诵读活动。推进公共文化服务体系建设，加强公共文化免费开放项目推进力度，县图书馆、县文化馆配齐配优设施设备，免费接纳群众11 270人次。开设7个课程普及文化艺术培训及广场舞培训，免费培训学员391人次，同时指导各读书协会广泛开展“书香道孚”阅读活动。指导推荐亚卓镇（扎坝玛尼舞）为“四川省民间艺术之乡”的品牌创建。联合《中国国家地理》杂志社，围绕道孚藏民居以及道孚县优质的自然文旅资源，召集20余位业界顶级的专家学者、摄影师以及媒体从业者开启道孚采风之旅。举办中国藏民居保护与发展论坛及交流会，《中国国家地理》杂志社授予道孚县“中国藏民居艺术之都”“道孚民居观察拍摄基地”称号，活动期间新媒体一系列全方位的线上传播报道为道孚县文旅产业发展和打造优质旅行目的地持续助力。迎战第六届安巴文化旅游季，创编舞蹈《神驹》《盛装》《玛尼锅庄》等文艺节目，举办“花开道孚与美丽同行”文艺晚会。组织开展线上春晚、庆祝中国共产党成立100周年合唱大赛，组织指导城区中小学开展各项文艺活动。开展“送戏曲进万村、送文艺进万家”惠民活动演出76场。组织参加全州“藏家儿女心向党”广场舞大赛。启动“艺心向党，云游道孚”线上群众文艺作品展示创作活动，组织开展县内民族民间文艺创作者、爱好者采风活动。

【广电建设】 为全县19个乡（镇）121个行政村（社区）广播电视设施设备损坏的贫困户提供维修服务，对于无法维修的设备及时进行更换。截至2021年年底，共维护维修设施设备900余套，发放400余套。

【主要领导人】 县委书记：林东升；县人大常委会主任：呷沙东周；县长：扎多；县政协主席：琼措；分管农业副县长：丹巴多吉。

道孚县编写组

炉霍县

【基本情况】 2021年，全县辖4个工委11乡4镇，辖区面积5796.64平方千米。

2021年，全县GDP13.68亿元，按可比价格计算，增长6.5%，增速较全国水平低1.6个百分点，较全省水平低4.3个百分点，较全州水平低0.5个百分点。其中，第一产业增加值3.39亿元，增长5.6%；第二产业增加值1.62亿元，增长7.3%；第三产业增加值8.67亿元，增长6.7%。人均GDP达29 148元，比2020年增加1823元，增长6.2%。三次产业增加值对GDP增长的贡献率分别为23.27%、12.78%和63.95%；三次产业分别拉动GDP增长1.5个、0.8个和4.2个百分点，三次产业占GDP的比重为25∶12∶63。民营经济增加值实现5.5亿元，增长7%，民营经济占GDP的比重为39.9%。

有各类学校共52所，在校学生11 710人，其中幼儿及学前2006人、小学在校学生6272人，小学净入学率100%；初中在校学生2684人，初中毛入学率112%；高中在校学生656人，职业教育在校学生92人。在编在岗专任教师657人，其中幼儿园43人、小学404人、初中169人、高中41人。全县有医疗卫生机构185个，医疗卫生机构病床位244张（编制床位491张，实际开放床位244张），卫生技术人员309人，全年医疗机构总诊疗人次7.63万人次。有艺术表演团体9个，专业团体1个，文化馆1个，博物馆1个，文物管理所1个，公共图书馆1个，文化站（乡/镇级综合文化站16个、村级文化活动室98个）。有省级文物保护单位4处，州（县）级文化保护单位10处。有广播电视台1座，广播综合覆盖率90%，电视综合覆盖率100%，有线电视用户21户。

【种养殖业】 全年农作物播种面积8.7万亩，粮食产量1.03万吨，增长2.6%；单产188.67千克/亩，增长2.8%。各类牲畜存栏17.98万头（只、匹），减少11.2%；各类牲畜出栏6.22万头（只），减少24.7%。全县肉类总产量4630吨，减少21.8%。

【公共文化服务体系建设】 县文化馆免费开放，并免费开办艺术培训班，其中包括舞蹈、音乐、美术、藏汉文书法、绘画、龙头琴等，累计培训40余场，共计5600余名学生及干部群众参加培训；15个乡（镇）综合文化站免费开放1875次，共计接待5625人次，保证了乡（镇）群众享受公共文化服务的权益。组织"乌兰牧骑"演出队20名演员对基层群众文化活动进行指导培训，在全县范围内选派3名在文化专业领域有一定基础的文化工作者开展文化宣传与文化服务。编排文艺节目11个，分别参加省、州文艺赛事并获奖。

【主要领导人】 县委书记：伍强；县人大常委会主任：康玲；县长：巴登；县政协主席：吴小平；分管农业副县长：赵晶。

炉霍县编写组

甘孜县

【基本情况】 2021年，全县辖5个片区21个乡（镇）194个行政村4个社区，辖区面积7303平方千米，总人口7.26万人。

2021年，全县GDP194 098万元，按可比价计算，增长6.5%。其中，第一产业增加值57 299万元，增长1.5%；第二产业增加值22 878万元，增长42%；第三产业增加值113 921万元，增长4.4%。三次产业占GDP的比重由33.7 ∶ 5.3 ∶ 61调整为29.5 ∶ 11.8 ∶ 58.7。

【种养殖业】 全年农作物播种面积13 387.2公顷，其中粮食作物播种面积167 943亩，增长0.1%；粮食总产量35 576吨，增长34吨，其中大春粮食亩产量211.83千克、马铃薯亩产量212.8千克、豌豆亩产量193.2千克、小麦亩产量203.69千克、其他谷物亩产量220千克。年末主要牲畜存栏10.8万只，其中猪存栏380头、牛存栏72 899头、羊存栏11 949只。全年出栏肉猪1219头、羊12 243只、牛36 236头。年末累计农田有效灌溉面积3112公顷，年末农业机械总动力7.7万千瓦，高标准农田面积达5943公顷。

【公共文化服务体系建设】 组织主创人员结合先进典型和感人事迹创作和编排一批文艺节目，开展"迎建党100周年""非遗进景区"等文艺巡演活动，丰富全县农牧民群众的文化生活。全年完成"送文化下乡"132场（其中"金甘孜"艺术团演出52场），组织参加甘孜州建州70周年活动，开展"送图书下乡"10 080册、"送广播下乡"36次，保障了群众享受公共文化的权益。继续开展"两馆一站"免费开放活动，累计培训藏画332人次、藏文书法424人次、音乐412人次、美术269人次、舞蹈236人次。举办全民阅读活动3场；开展文化志愿活动，为敬老院的孤寡老人、儿童福利院孤儿送去文艺演出。加快"村村响"建设，按照州局统一安排和县具体脱贫时序组织实施，建设129个村级应急广播"村村响"，已完成129套设备的安装调试并完善各项规章制度上墙。

【文旅扶贫】 完成文化惠民扶贫和旅游扶贫两个专项扶贫目标任务，整合129个贫困村宣传文化、基层党组织政权、科普等建设项目，每个贫困村建设1个综合性文化室（即有一套开展文化活动的设备、具备应急能力的村级广播系统、具备一定的可阅读的出版物、一套完善的规章制度、有宣传栏）。完成2个"摘帽"村129个村级文化活动室"回头看"工作及129个贫困村整改。为全面提升旅游基础设施，抓好旅游基础设施和配套服务设施建设，完成下雄乡洛戈一村、仁果乡上村、拖坝乡拖坝村、四通达乡四通达村旅游生态排污点建设项目（4个生态旅游厕所）。加大广电入户力度，为3308户贫困村村民解决收看电视难的问题。建设四川省深度贫困县应急广播体系，新建1个县级应急广播平台，新建9个乡（镇）级应急广播"村村响"系统，新建3个村级应急广播"村村响"系统，升级35个村级应急广播"村村响"系统，新建2个城镇应急广播终端、5个多模音柱终端，确保满足农牧民群众基本需求。

【主要领导人】 县委书记：雷建平；县人大常委会主任：仁孜；县长：龙明阿真；县政协主席：呷玛生龙；分管农业副县长：仁青彭措。

甘孜县编写组

新龙县

【基本情况】 2021年，全县辖6镇10乡93个村（居委会），辖区面积9182.74平方千米。年末常住人口45 453人，人口自然增长率7.95‰。森林覆盖率51.26%。

2021年，全县GDP14.15亿元，增长6.5%，其中第一产业增加值14.15亿元，增长6.5%；第二产业增加值3.65亿元，增长3.5%；第三产业增加值9.6%，增长8.6%。工业增加值0.31亿元，增长24.6%。全社会固定资产投资7.52亿元，下降11%。社会消费品零售总额2.36亿元，增长10%。一般公共预算收入完成0.54亿元，增长11.8%。城镇居民年人均可支配收入达35 394元，增长8.6%；农村居民年人均可支配收入达14 500元，增长10.2%。

【种植业】 全县粮食作物播种面积4.97万亩；推广粮食作物良种4.62万亩，良种覆盖率93%；完成绿色防控3.5万亩。快检农产品50余批次，合格率达98%；省农产品质量安全中心、雅安市农产品质量监测检验中心抽检样品40个，合格率达100%。在全州农产品产销对接会、西南商博会、成都农博会等活动上，推介特色优质农产品9个。全县耕地地力保护补贴面积58 264.9亩，发放补贴350.49万元，惠及4967户；兑现农民种粮一次性补贴19.04万元。全年完成机耕5.63万亩、机播2.4万亩、机收3.61万亩，农业综合机械化水平达61%；新增动力447千瓦。签订安全生产责任书、承诺书410余份，发放宣传资料2440余份，制作展板5幅，张贴标语10份，开展农机安全培训40人；申请农机购置补贴8份，补贴农机具14台；开展农机监理执法26人次，纠正违章50台次。流转农村土地601.36亩；完成农村土地确权颁证5.81万亩；完成92个村集体经济组织成员确认，核实资产9.1亿元；扶持专业合作社项目9个，拨付资金90万元；申报州级示范社1个，申报合作社2021年六大奖补资金25万元。张贴《关于全县天然水域实施全面禁捕的通告》30余份，安装"十年禁捕"宣传牌15座，悬挂禁捕横幅31条，打击非法捕捞案件1起。建成高质量高标准农田5000亩、种植示范基地3个；建成博美乡仁乃农旅融合示范园，兑现土地流转费160万元，解决就业3人，村集体实现每年2万元保底+盈利分红，农民年务工收入达12万元。开展科普宣传2次、"送科技下乡"4次，培训250余人次；完成在线技术咨询服务2849条次；举办"爱农业、懂技术、善经营"高素质农民培训，培训204人。

【林业】 全年出动林业执法、整治车辆800余台次，执法人员2000余人次，查处行政案件15起，处罚15人，行政罚款75 720元，收缴木材260余立方米，捣毁加工点2处、带锯2台，收缴原木1020余件；宣传教育群众1600余人，下发整改通知书20份。新增森林面积9000亩、森林蓄积6万立方米，森林覆盖率净增0.02%。核查国家林草局下发的24个森林督察图斑，发现违法占用林地图斑21个。争取2020年省级财政林业草原改革发展专项资金（第一批）资金100万元，开展自然保护区野外作业2次，布设红外相机53台、调查样线40条样点234处，记录鸟类约160种；实施雄龙西省级自然保护区宣传推广服务采购项目，制作宣传手册等。开设《森林防火大家谈》藏汉双语电视栏目10期，举办"森林草原防灭火梁如娃变小卫士"抖音短视频大赛，征集作品200余件；出动宣传车300余台次，覆盖50 000余人。同相关企业签订森林草原防灭火承诺书、责任书204份，办理通行证732个，收集施工企业防火资料410余份；开展森林草原防灭火宣传督导、隐患排查30余次，设置防火标示牌77座。印发《新龙县农事用火管理办法（试行）》等文件，召开全县森林草原火灾隐患整治例会4次，开展森林草原火灾隐患专项调查150余次，排查隐患223处，并实行对单销号。投入493万元，购置卫星电话、无人机、水泵92台、水带82 800米、移动水池276个等专用物资。1860名生态护林员完成"数字熊猫APP"下载和运用，在重点林区、地段、虫草采挖点、重要节点实行靠前驻防及"数字熊猫APP"线上每日通报制。出台《新龙县森林草原防火期举报违法用火行为奖励办法（试行）》，严格执行"六个一律不准"，新增防火卡点32个、瞭望塔4座、"数字林草"监测视频7处，做到"人防、机防"，全年发生违规野外用火14起，罚款7900元，行政拘留8人。建立完善责任、督导、"六包"责任机制及考核办法，落实森林草原火险预警会商研判机制，明确五类考核主体问责措施，执行指挥部成员单位和乡（镇）24小时值班制度，县、乡、村三级应急队伍全员整装待命。与聘用生态护林员签订《新龙县政府购买劳务服务生态护林员护林劳务协议书》3716份，并完成管护培训；与乡（镇）、村签订相关责任书252份；与国有林管护工作人员签订责任协议书140份，与4个林场签订目标责任书8份。设立禁牧区样地10个、样方30个，草畜平衡区样地10个、样方30个，人工草地样地1个、样方3个，入户调查5户。全县草原植被盖率为88%，平均高度34.25厘米，鲜草产量384.14千克/亩，干草产量128.04千克/亩。开展"依法保护草原建设生态文明"普法宣传。

【畜牧业】 完成入户调查10 644户、信息录入172条、畜禽品种4种4.15万头（只），新发现资源品种1个，群体数量57 133头。全年发放疫苗猪口蹄疫0.2万头份、猪瘟0.2万头份、牛口蹄疫苗58万毫升、小反刍兽疫2.7万头份、牛出败87万毫升、炭疽20万毫升、羊三联7万毫升、牛副伤寒5万毫升、包虫病2.4万头份，完成动物重大免疫39.5万头只次，免疫度达95%，重大疫病免疫抗体合格率达70%以上。

【乡村振兴】 坚持产业发展、农旅融合，巩固脱贫攻坚成果同乡村振兴有效衔接。启动编制《新龙县现代农业园区总体规划》《新龙县牦牛园区建设规划》，博美仁乃农旅综合示范园区上线运营，尤拉西汉藏药、菌类初加工及冷链物流项目建成投用，雅砻江文化旅游廊道项目成功申报，红山景区建设项目完成投资2.4亿元，雄鹰系列酒品实现营收2370万元。筑牢返贫致贫防线，落实风险防控基金100万元，到位扶贫资金1.48亿元，安排扶贫项目100个。以户申请、村核对、乡审核、县审定的方式，开展集中排查3轮，6月集中排查新增监测户17户，11月"回头看"新增监测户15户，并制定"一对一"帮扶措施。实施农村“厕所革命”整村推进示范项目，完成2个村78户建设任务。

【统筹城乡发展】 完成省道314线建设，投入资金64 336.3万元。投入资金3741.5万元用于通村通畅、防灭火通道、水毁整治及桥梁工程建设；投入资金75万元，用于统一农村客运车辆车身26辆、从业人员服装工牌和保险，统一149个建制村（撤并建制村前）招呼站牌。实施农村饮水安全巩固提升及改造提升工程，惠及7个乡（镇）11个村734户3593人；办理16个乡（镇）取水电子许可证。新建4G基站14个、5G基站5个。

【农村生态建设及环境保护】 开工建设饮用水源地保护、污水治理等项目，完成饮用水源地保护、措卡湖生态修复、县城雅砻江段生态修复、农村环境综合整治等六大类项目编制入库；修复退化林3960亩，封山育林6000亩，改造低效林40亩，新建围栏4万亩，天然改良3万亩，人工种草0.5万亩，巩固退耕还林工程成果6.17万亩，兑现林补、草补资金6323.17万元，发放草原管护资金1010.16万元。推进河（湖）长制“清河、护岸、净水、保水”四项行动，整治规范砂石资源开采行为。

【社会治理】 实现县涉恶团伙以上案件和涉黑涉恶问题线索“双清零”目标，全年搜集缉枪治爆线索95条，破获枪爆案件22起，抓获犯罪嫌疑人22名，收缴各类枪支18支、子弹284发、导火索633米、炸药10.7千克；群众主动上交管制刀具5174把，依法查处非法携带管制刀具案45起、行政拘留45人。检查各类重点行业场所70余次，打击非法运营50余次，检查车辆466台，查获非法运营车辆21辆，处理罚款12台，罚金达12.2万余元；整治违规取石3处；拆除乱搭乱建5处。开展境内外网站、推特账号等网络巡查8000余次；维护舆情反制普通账号36个、精品号18个，依法打击处理311人。建立93个村（居委会）“法律服务工作站”，实现“一村（居委会）一法律顾问”；建立新龙县大数据中心，成功化解纠纷46起；矛盾纠纷平台录入纠纷173起，化解170起，化解率达98.3%。持续巩固18座“一寺一策”寺庙治理成效，财税监管及财税审计，全面铺开剩余35座寺庙“一寺一策”，3座寺庙通过省级核查验收；建立僧尼“请销假+动态管理”两本台账，考核重要教职人员193名、民管会成员269名；举办寺庙财务专题培训2期、150人。制作民族团结进步创建宣传标语509个，发放宣传手册3600余册、宣传口罩3万只、灭火器360支、消毒凝液240瓶等，1座寺庙、1个单位、1个学校、1个居委会、2名工作人员获得“甘孜州第四批民族团结进步创建模范先进”称号。

【农村社会事业】 全县投入资金6801万元，实施拉日马镇中心小学改（扩）建及教学综合楼、新建学生宿舍、校园安防建设等项目7个；免除义务教育阶段学生学杂费并补助学校公用经费836.73万元。兑现教学质量奖160万元。自筹资金7万余元为8801名学生购买校方责任险。投资6964.2万元，建设县医院门诊医技大楼、县医院干部职工租赁房、乡（镇）卫生院基础设施及卫健局远程医疗业务培训中心等项目工程。开展各类培训19期，共培训2798人；新开发安置公益性岗位97个，转移就业860人，新增就业351人；发放低保金2303万元、特困人员救助金156.74万元。办结拖欠民工工资案22件，追讨拖欠工资150万元。城乡居民养老保险覆盖25 144人，基本医疗保险参保人数4.95万人（城乡居民基本医疗保险参保人数4.38万人），其中建档立卡贫困人口参保人数11 676人；住院和门诊医疗救助1331人次，医疗救助支出28.16万元。

【基层党建】 为28名老党员颁发“光荣在党50年”纪念章，走访慰问老党员、离退休老干部和生活困难党员150名。抓实“1+8+8”党建工作清单销号管理责任体系建设，推动基层组织振兴“八大行动”，实施寺管会（所）党建“五大行动”，完成93个村（居委会）“两委”换届，在10个乡（镇）推行党务副书记或组织委员兼任学校党组织“第一书记”。落实提升乡村治理能力34条措施和党建引领推动基层治理15条措施；制订“1+24+1”两项改革专项工作方案，修订完善《新龙县村级组织运行规则》，打造“永远跟党走”党建示范点4个，组建县际边界乡村联合党组织2个，选派驻村帮扶力量250名。

【主要领导人】 县委书记：泽仁汪堆（7月止），董德洪（10月始）；县人大常委会主任：旺杰；县长：董德洪（9月止），丁康（12月始）；县政协主席：泽翁（12月止），泽扎（12月始）；分管农业副县长：金平（9月止），黄如一（9月始）。

新龙县编写组

德格县

【基本情况】 2021年，全县辖23个乡（镇）162个行政村3个居委会，辖区面积11 439.28平方千米。

【特色农业产业】 在金沙江流域创建特色产业基地，打造麦宿汉藏药材产业园区并发展黑青稞及马铃薯产业。完成汉藏药材种植3000亩，建设黑青稞及马铃薯生产基地9330亩。

【农业品牌建设】 在金沙江流域打造“康巴·德格卡松渡乡支普水磨黑糌粑”“益生芫·芫根”等农业品牌。卡松渡银多村农产品销售专业合作社全年盈利2.3万元，户均增收1200元以上；芫根年均销售100千克，干菌年均销售约150千克，"益生芫"系列农产品销售额超过20万元。

【专业合作社规范化发展】 发展"庭院经济"，鼓励农户参与"万头奶牛计划"，形成"农户+合作社"的农业新型经营发展形式，成为农业产业发展的主力军。建设民族手工艺"扶贫车间"19个，培育农业合作社21家。

【农村文化】 县格萨尔艺术团通过舞蹈、声乐、小品等多种文艺演出形式在全县23个乡（镇）开展"送文化下乡"活动，共完成"文化下乡"141场次，覆盖23个乡（镇）162个行政村，惠及全县13 220名农牧民群众，表演节目1020个。录报志愿者系统及志愿团队管理，规范和促进文化志愿服务，让群众享受公共文化生活。派出文艺业务精干人员参加新春文艺演出，并在节假日进行文艺汇演5场，满足广大群众的精神文化需求。为建州100周年创作多个精品文艺作品。全州参加"十里八乡　蜀你最牛"竞演比赛的10个乡（镇）入围最美乡（镇），获得第二名，入围全省比赛。参加甘孜州广场舞比赛，获得三等奖。举办公共文化服务工作业务培训1期，共培训61人。从省内、州内邀请酒店高级技能培训师、职业技能考评师、一线优质从业人员等对德格县文化旅游行业从业人员进行专业技能培训，共计539人参加培训。

【主要领导人】 县委书记：嘎绒拥忠；县人大常委会主任：吴忠贵；县长：黄杰；县政协主席：熊文华；分管农业副县长：泽翁罗布。

德格县编写组

白　玉　县

【基本情况】 2021年，全县辖4镇12乡130个行政村、2个社区，辖区面积10 591平方千米。

【粮食安全】 实施高标准农田建设，保障粮食生产安全。建成产业富民提质增效基地1.35万亩，兑现草原禁牧、草畜平衡等资金4380万元。完成农作物播种面积6.48万亩，推广各类作物良种4.7万亩。

【产业发展】 结合白玉黑山羊、昌台牦牛等资源优势，夯实产业发展基础。全年流转土地935.424亩，培育农民专业合作社2家、家庭农场10家，完成黑山羊保种繁育基地（三期）建设。

【突出技术支撑】 与四川农业大学签订《"科创农庄"共建合作协议》，持续推进科技运管中心建设。"四川乡村振兴科技扶贫在线"录入专家85人、信息员274人，进行在线技术咨询服务474次。

【公共文化服务体系建设】 全年完成"送文化下乡"活动102场次，覆盖15个乡（镇）125个行政村，惠及3万余人。完成"唱支山歌给党听"红色主题歌曲比赛、以"唱支山歌给党听·金沙江畔颂党恩"爱国主义百人大合唱为主题的公益性群众文化服务活动5场。完成全民阅读活动24场次，累计阅读书籍350余册，赠送书籍1500余册，外阅人数3万余人。不断扩大免费开放艺术门类的开办，增聘免费开放专业人员5名，开办舞蹈培训班、街舞培训班、唐卡培训班、简笔画培训班、电子琴培训班，培训人数总计130余人次。

【广电建设】 到打莫寺为寺庙僧尼免费发放电视机50台、接收设备50套。完成11个乡（镇）52个村广播"村村响"设备维修及调试，保障全县"户户通"用户的正常使用。完成维修机顶盒426台，置换高频头86个、锅盖49套、馈线57捆、遥控板21个。完成州县广播电视节目覆盖工程项目县级平台、63个站点建设和州至县链路传输调试。完成县级应急广播平台建设项目县级平台、16个乡（镇）应急广播终端、75个村终端（62个改造升级村、13个新建村）及9个城镇应急广播终端建设。

【主要领导人】 县委书记：刘堰；县人大常委会主任：周玉红；县长：阿央邓珠；县政协主席：何康雷；分管农业副县长：尹天林。

白玉县编写组

石　渠　县

【基本情况】 2021年，全县辖4个片区7镇14乡1场169个行政村（社区），辖区面积25 191平方千米。总人口10.29万人，其中城镇人口1.64万人、乡村人口8.65万人。新出生婴儿1356人，人口出生率10.59‰，计划生育率96.02%，人口自然增长率8.64‰，新出生婴儿男女性别比为98∶83。全年接待游客135.43万人，实现旅游收入14.9亿元。

2021年，全县GDP21.11亿元，增长6.5%，其中第一产业产值6.09亿元，增长2.8%；第二产业产值2.24亿元，增长34.6%（工业0.13亿元，增长27.4%）；第三产业12.81亿元，增长4.8%。全社会固定资产投资7.61亿元，减少21.8%。

地方公共财政收入（地方财政一般

预算收入）完成0.62亿元，增长2.9%；地方公共财政支出（地方财政一般预算支出）25.35亿元，增长6.3%。社会消费品零售总额5.53亿元，增长10.8%。年末金融机构存款余额17.41亿元，减少14.3%；贷款余额10.12亿元，增长24.3%。农牧民年人均纯收入达14 231元，增长10.3%。广播电视覆盖率100%。新型农村合作医疗参合率100%。

【种养殖业】 全县农作物播种面积4.6万亩，其中粮食作物播种面积3.72万亩、蔬菜种植面积0.32万亩、油菜种植面积0.34万亩、其他农作物0.08万亩，良种覆盖率达93%以上。有效耕地地力保护补贴4.29万亩，涉及农户2081户。各类牲畜存栏37.03万头（只、匹），出栏8.08万头只。奶产量达1.6万吨。

【脱贫攻坚与乡村振兴有效衔接】 制定石渠县防止返贫动态监测和帮扶工作等措施，完善巩固拓展脱贫攻坚成果同乡村振兴有效衔接的政策体系；5次跟踪回访“风险消除”的86户347人的帮扶落实情况；全覆盖排查23 559户98 689人，对6月、11月新增监测对象50户238人、“风险消除”户86户347人进行复核检查，并落实帮扶责任人，制定“一对一”帮扶措施；有脱贫不稳定户71户337人、边缘易致贫户56户277人；对1769个扶贫项目57.4亿元进行确权；整合1.77亿元完成72个乡村振兴项目，安排财政衔接资金1.2亿元用于产业发展项目。成都市金牛区、浙江省杭州市临平区、中粮集团、川庆钻探等省内外对口帮扶力度不断加强，实现消费扶贫2555.5万元。申报消费扶贫商家名录2家，录入农畜产品24个，带动本地特色产品、民族手工艺的发展。

【对口帮扶】 成都市金牛区投入2652万元，实施涉及产业帮扶、基层干部提升、公共服务、基层治理项目10个，对接有实力的新经济企业、外贸出口企业，拓展销售渠道，已完成部分产品的报关手续；浙江省杭州市临平区投入援助资金4200万元，实施蒙宜农畜土特产加工园二期、残疾人辅助器具采购等项目3个；金牛、临平、中粮集团等引导社会力量落实援助资金1070万元，开展教育、医疗等帮扶活动。

【农村文化及旅游】 启动全域旅游示范区创建，嘛呢石刻群申报世界文化遗产进展有序，申报黄河流域文化产业发展项目30个，总投资7.9亿元；开展黄河流域文物普查及麻达寺文物本体的加固、抢修；投入1800万元，实施雅砻江源头旅游基础设施建设项目；完成5个4A级景区游客中心基础设施的提升完善与对接；启动太阳湖创省级生态旅游示范区和居·米旁文化园创3A级景区；开展“送文化下乡”114场次；开展“扫黄打非净网行动”，文化市场环境整治明显。

【农村教育及卫生】 投入8410万元，实施“三免一补”等教育惠民政策；投入5355万元，新建洛须九年一贯制教育学校等项目，在校学生达2.2万人。严密防控新冠疫情，开展疫情防控应急演练5次，新冠疫苗注射150 558人次；购置快速检测设备、口罩等疫情应急物资；投资4800万元，实施石渠县人民医院第二医疗区（洛须镇）建设项目；投资2516万元，实施石渠县藏医院康复理疗中心及制剂室建设项目；完成3.2万人包虫病筛查、1.9万人结核病筛查、2.2万人艾滋病筛查。实施乡（镇）卫生院“双重管理”制度。

【农村生态建设及环境保护】 投入833万元，完成长沙贡玛生态缓冲带建设；投入327.4万元，完成农村生活污水治理“千村示范”项目；投入368万元，完成142条河流岸线划定打桩定界、验收审查和划定成果入库；投入4193.5万元，实施防洪治理、安全饮水、牧区水利改造等项目；县、乡、村三级河长巡河4510余次，整改完成发现的问题15个，清除河道垃圾128余吨；投入3505万元，完成退牧还草、天然草原改良、“三化”治理、封山育林等370.7万亩；投资5729万元，实施长沙贡玛湿地保护与修复工程，完成恢复湿地退化植被6700公顷，修筑微型拦水坝88处。全县空气质量优良率达100%。水质达II类水质，达标率100%；加强环保督察问题整改，完成中央、省、州生态环境保护督察反馈问题整改29项，执行行政处罚案件2件；受理环境信访投诉2件，办结率、满意率均为100%。

【统筹城乡发展】 投入1.4亿元，完成县城供暖二期项目建设面积达10万平方米；投入1.25亿元，实施唐蕃风情小镇项目；投入1942万元，改造完成城区干道、广场修复、城市亮化、县城路灯广告牌改造更换等工程，完成危房改造207户；投资1500万元，启动城市防洪防涝设施建设；投入1706万元，启动色须市政道路及给排水设施建设。紧盯乱圈乱占、城市环境、交通秩序，在洛须、温波、尼呷镇开展中心城镇专项综合治理行动，整治市容市貌环境问题70余次，坚决打击未批先建、乱圈乱建、非法买卖土地等违法违规行为，整治土地乱象12起，整治占道经营341起；创建省级卫生县城，投入1.33亿元，启动温波镇生活无害化垃圾处理设施、色须镇污水处理站等9个项目；投入2850万元，完成石渠县污水收集管网和洛须污水处理设施建设工程；投入1500万元，建成县级医疗废物处置中心，城镇生活垃圾、污水无害化处理率分别达75%、60%。

【农村社会保障】 投入4510万元，统筹推进“30件民生实事”，群众幸福指数得到提升；落实“三重医疗保障”体系政策，超额完成参保目标任务；足额兑现城乡低保、特困群体补助、救助资金1.29亿元。全年开展技能培训17期、900人。

【主要领导人】 县委书记：袁明光（6月止），罗林（6月始）；县人大常委会主任：刘泽（7月止），达瓦绒波（10月始）；县长：罗林（7月止），刘泽（7月始）；县政协主席：达瓦绒波（10月止），朱小林（10月始）；分管农业副县长：鲜勇。

石渠县编写组

色 达 县

【基本情况】 2021年，全县辖17个乡（镇）134个行政村，辖区面积9338平方千米。

【畜牧业】 变“惜杀惜售”为“扩栏增量”。按照全县存栏数10%的出栏目标分解任务建立出栏出售补助奖励机制，给予在12个牧区乡（镇）排名前三位的1万～3万元奖励，4个半农半牧乡（镇）排名前三位的给予奖励0.5万～2万元奖励。

变“靠天养畜”为“科技兴牧”。推广种草养畜、暖棚养畜、畜种改良等现代养殖技术，新建饲草基地1.79万亩、牲畜标准化棚圈610套，完成畜种选育3957头、畜种改良1200头，免费发放生产母畜640头，破解高寒牧区“靠天养畜”生产难的现状。

变“单打独斗”为“抱团发展”。按照“园区+企业+专合+牧户”发展模式，投资1.47亿元，建成占地3.15万亩的牦牛产业园区一期工程，引进4家州级、县级龙头企业入驻园区，吸纳9537户牧户加盟，构建“1+N”的抱团发展机制。

【农村生态建设及环境保护】 抓好生态示范创建。颁布实施《国家生态文明建设示范县规划(2020—2030年)》，省级生态文明示范县创建通过考核验收，连续三年被州委、州政府评为全州生态文明建设“党政同责”先进县，连续四年全县地表水环境质量均达到Ⅱ类及以上水质，2021年空气质量优良天数达100%。

抓好生态保护修复。实施“六大保护”工程，开展“绿满金马草原”行动。建立省、州级自然保护地5个，泥拉坝草原被评为全省“十大最美湿地”，全县森林综合覆盖率达32%，草原综合覆盖率达70%以上。

抓好生态环境整治。累计投资5.2亿元，建成3.23万亩的果根塘省级湿地公园；启动炯莫娜吉湿地生态综合治理，治理各类地质灾害10处、森林草原生态194.6万亩；管护国有森林249.15万亩，实施庭院绿化2024.7亩，被评为“全国防沙治沙先进县”。

【文旅宣传营销】 响应康巴中环线两州七县旅游发展联盟和“中国新时代·西部新机遇”号召，参加“康北文化旅游”“康巴中环线”旅游推介会第十八届中国西部国际博览会，宣传推介全县独特文化旅游资源和文创产品，共发放宣传资料2000余份，赠送色达藏香、药皂、牛羊毛编制品等文创产品300余份。完善文化旅游宣传资料，收集整理全县特色文化旅游资源相关图片和文字资料，组织拍摄色达文化旅游形象宣传片，配合省、州主管部门做好“智游天府”“一部手机游甘孜”智慧旅游平台营销推广。截至11月底，全县共接待游客66.01万人次，实现旅游综合收入7.23亿元。

【公共文化服务体系建设】 安排资金125万元，实施文化馆、图书馆和乡（镇）综合文化站全天免费开放，开设少儿舞蹈班、成人舞蹈班、成人弹唱班、钢琴班等免费培训课程12期，惠及240余人次。格桑花开“送文化下乡”项目安排资金20万元，完成“送文化下乡”活动102场次。维修、维护“户户通”项目300户，安排资金8万元，已维修维护“户户通”设备1400户。持续补充完善新建图书馆安全门、图书、管理软件系统等相关设施，做好第七次全国公共图书馆评估定级准备。紧扣“建党100周年”主题，打造《卓娃桑姆》藏戏1台，编排《金马锅庄》舞蹈1支，参加全州“广场舞”比赛并获得三等奖，推介色达文化底蕴，展示色达良好形象。

【主要领导人】 县委书记：何飚；县人大常委会主任：扎西嘎瓦；县长：王东升；县政协主席：秋他；分管农业副县长：罗布。

色达县编写组

理 塘 县

【基本情况】 2021年，全县辖5个片区7镇15乡149个行政村，辖区面积14 352平方千米。有常住人口66 900人，户籍人口68 851人。城镇化率41.21%。

2021年，全县GDP218 288万元，其中第一产业增加值67 804万元、第二产业增加值23 093万元（工业增加值18 621万元）、第三产业增加值127 391万元。三次产业结构比为31.06∶10.57∶58.37。全年实现农林牧渔业总产值99 023万元。

全社会固定资产投资累计115 233万元。社会消费品零售总额93 423万元。地方一般公共预算本级收入完成1.4655亿元，一般公共预算支出205 470万元。金融机构各项存款余额232 398万元。

有义务教育阶段学校31所，其中初中2所、城区小学4所、九年一贯制学校1所、乡中心校23所、农村小学1所；教职员工855人，其中中小学专任教师764人（配备编外农村双语学前教师428名）；在校中小学生13 602人，其中小学生9818人、初中生3783人。

【种养殖业】 全年农作物播种总面积5263公顷，其中粮食作物播种面积3523公顷、油料作物播种面积667公顷、蔬菜种植面积935公顷。全年粮食总产量13 344吨，油料作物产量1403吨，蔬菜产量67 572吨。各类牲畜出栏80 202头（只、匹）；各类牲畜存栏269 930头（只、匹），其中大牲畜存栏228 414头、羊存栏38 470只。肉类总产量6763吨，奶产量10 652吨。

【对口帮扶】 实施浙江对口援建项目5个，援助资金4200万元，其中4个项目竣工，1个项目在建（完成年度建设内容），累计拨付资金3795.94万元。“文旅赋能·数字驱，“薇娅连线丁真助力理塘特产走出雪域高原”典型案例入选省案例，已上报国家。“四川理塘县：8000亩高原优质牧草开始收割”作为经验推广入选“学习强国”、新华网、人民论坛等。对接促进消费帮扶暨理塘县召开“塘塘真甄”选品对接会和首场“塘塘合作”新媒体直播电商培训交流分享会。

【巩固脱贫成果与乡村振兴有效衔接】 结合县情及脱贫攻坚工作的经验，制定出由县委、县政府主要领导担任“双组长”，以“1+5+1”（即“乡村振兴办公室+五大振兴+监督检查组”）的模式；县委常委分别联系一个乡（镇），调度督导乡村振兴，形成横向到边、纵向到底的责任体系，做好规划统筹，长期发挥效能。加强项目管理，重点以产业发展及非提档升级不可的基础设施建设为主，做好乡村振兴项目库筹备，截至2021年年底，全县项目库项目储备项目达236个。扩大资金渠道，以乡村振兴为平台，除各种直接补助农民的普惠资金、有特殊用途的救灾资金外，在渠道不乱、用途不变的原则下，将资金打捆，重点投放在乡村振兴产业发展等重点项目上，整合资金18 006.16万元。东西部协作乡村振兴渠道申报资金1500万元，其中主要项目理塘县牦牛现代农业园区数字农业建设项目为新建牦牛园区智慧大数据体系，实现园区数字化管理。过渡期内，严格落实“四个不摘”要求，持续压实责任，统筹抓好产业支撑、政策激励、就业优先、援藏帮扶等各项工作，抓住农牧民群众增收环节。不断健全防止返贫监测和帮扶机制，从致贫返贫风险看，全县返贫对象均为因灾致贫，县委、县政府已对新增检测对象给予综合保障措施、临时救助和低保等保障措施。宣传“防贫保”，配套县级资金33.16万元，帮助3454户群众返贫“上保险”，不断巩固拓展脱贫成果和内生发展动力。继续按照开发性移民的方针，完善扶持方式，加大扶持力度，改善移民生产生活条件，逐步建立促进库区经济发展、水库移民增收、生态环境改善、农村社会稳定的长效机制，使水库移民共享改革发展成果，实现库区和移民安置区经济社会可持续发展。

【乡村旅游】 依托全县旅游资源优势，已创建千户藏寨、藏巴拉花海景区2处国家4A级景区，格木石刻、霍曲吉祥牧场2处3A级景区以及省级湿地公园1处、省级风景名胜区1处、省级旅游示范村3个、省级旅游休闲街区1处、四川省历史文化街区1处、第一批四川最美摄影点2处，毛垭草原被评为全国最美六大草原并入选天府旅游名县候选县，逐步形成了高原生态观光、红色旅游、文化研学、山地运动旅游、公路旅游、探险旅游等专项旅游产品体系。投入450万元，建设1个县级应急广播平台、22个乡（镇）应急广播“村村响”和58个行政村应急广播终端。举办四川甘孜山地文化旅游节、五届仓央嘉措诗歌节、四届“非物质文化遗产日”活动、首届G318国民公路演唱会，参加甘孜藏族自治州庆祝建州70周年暨群众文艺汇演；开展“送文化下乡”140余场次。全年累计接待游客160.3万余人次，实现旅游收入1.52亿元。

【水利建设】 投入2165.52万元，实施擦曲措沟格木乡学说村、加细村段防洪治理工程；投入1800万元，完成呷洼乡呷洼河防洪治理工程、绒坝乡卓亚沟防洪治理工程两个续建项目建设；计划投资1.7亿元的查玛日东综合水利工程已完成设计方案审查；投入676万元，实施完成格木乡加须村山洪沟治理工程、呷洼乡尼依沟山洪治理工程；投入820万元，实施禾尼乡骡子沟高效节水灌溉项目。

【电力通信建设】 完成10千瓦德中线、10千瓦下觉线等7条线路防山火绝缘化改造，完成哈依乡10千瓦呷依线防山火改造工程，完成35千瓦龙江线31#–36#杆火灾隐患区段杆塔综合改造工程，以上工程共改造供电线路150千米，总投资达1642.24万元，通过项目的实施消除了全县因供电线路隐患导致的山火事件发生的风险。全年投资2800万元，完成22个5G基站、37个4G基站及54个小区宽带建设。

【农村教育】 全年实施教育基础设施项目共计15个，其中新建项目9个，总投资1.24亿元；续建项目6个，总投资3142万元。9月12日，全县召开教师节表彰大会，出资300万元重奖学校、教师和学生，约1000余名师生受到奖励，营造了“党以重教为先、政以兴教为本、民以支教为责、师以爱教为荣”的社会氛围。

【农村卫生】 全县卫生计生工作以“健康理塘2030”推动健康理塘建设，整合现有人才、设备、技术等推进规划总投资4.2亿元的医疗集中区建设，已实施污水废物、消毒供应室、浆洗房、营养餐食堂及附属设施建设项目，其余15个项目已开展初步设计工作。制订实施《开展基层卫生三个行动实施方案》，抓好“技术大练兵、设备使用大提升、健康管理全覆盖、医疗质量大提升”，基层卫生服务能力不断提升。开展疫情防控知识培训及宣传教育，对重点地区返乡人员、密切接触者、发热病人、健康码异常者等重点人员进行流调。

【农村基础设施建设】 公路建设。全县实现乡（镇）通畅率100%、通村通畅率100%、客车通行率100%，彻底打破了制约全县经济社会发展的瓶颈，助推全县“四好农村公路”高质量发展打下坚实基础。总投资3642万元的理塘县绒坝乡至呷柯乡森林防灭火消防通道建设项目已完成建设；总投资2578万元的理塘县曲登乡浑渣二村（生格扎玛塘）产业路建设工程、总投资1840万元的理塘县高城镇至赛马场美丽乡村路建设项目完成工程量的85%；理塘县曲登乡额合村产业路建设工程等项目有序推进。协调帮助川藏铁路总公司、中铁二院完成地勘、先行用地意见征询、施工便道等前期工作。完成理塘通用航空机场的选址报告等分析报告，并已上报民航西南地区管理局等上级有关部门。

川藏铁路（理塘段）建设。铁路电力方面，县境内电力里程约60千米，由武汉电气化局施工，其中铁塔327座、35千瓦开关站1座、110千瓦变电站1座。铁塔建设已全面完成，对线路进行检修调整；开关站及变电站已完成主体建设，进入装修程序。铁路便道方面，由中交一公局开工建设第一批便道理塘隧干-1（全长22.4千米）和德达隧干-2（全长12.5千米）。铁路正线方面，川藏铁路经过理塘县境内约113千米、车站2座，设在高城镇和禾尼乡。川藏铁路中间段（新都桥—波密间）已取得国家批复，施工方已进场施工。

【项目建设】 全县纳入州级重点项目共9项，总投资3.2069亿元，全年完成投资1.9063亿元，其中新建项目5项，总投资1.5718万元，2021年实际完成投资8615万元；续建项目4项，总投资16 351万元，2021年完成投资10 448万元。县级重点项目共计34个项目，总投资9.85亿元，2021年完成投资4.75亿元。

【电商建设和商贸物流业】 推进园区建设，康藏现代农牧产业加工贸易园区完成投资8000万元，实现产值8300万元。全年特色产业产值达1.27亿元，其中农产品加工业产值3400万元、民族工艺美术产值3600万元、汉藏医药产值5700万元。总投资1.2亿元的甘孜州高原健康供氧产业扶贫项目、总投资2995万元的高原蔬菜深加工项目有序建设。

【农村社会治理】 深化“平安理塘”建设。组织统战、公安、交通、教育、卫健、市场监管等部门履行源头预防区域内矛盾风险、维护社会治安和社会稳定的责任，组织开展“平安交通”“平安医院”“平安校园”“平安景区”“平安市场”“平安寺庙”等行业、系统建设。鼓励引导企业参与城乡社会治理、承担社会责任，以强烈的政治担当履行稳定第一责任，把理塘建成更高水平的“全国平安建设先进县”。创新“流动式”网格管理，科学搭建综治中心“流动网格”管理体系。按照“综治中心+信息化+组团式服务”模式整合网格，标准建设综治中心。建立一张全科网格，组建覆盖全科网格员队伍。坚持“联户联保+干部小分队+联户长+民（辅）警”相结合思路，在全县150个远牧区科学划分“流动网格”186个，整合安全隐患排查、治安防控、矛盾纠纷排查、环境整治、卫生监督、市场监管、社会服务、人口服务管理等与群众生活密切相关的工作力量，做到“小事不出网格，大事不出社区”，形成连贯有序的综治中心实体化运作模式，使事项办理及时高效。构建“党建+微治理”的基层治理理塘模式，助力理塘社会治理共建共治共享。围绕“一年打基础、两年见成效、三年达标准”总体目标，推进全县市域社会治理现代化示范创建，探索理塘治理体系和治理能力现代化路径，初步形成以“网格化管理、精细化服务、信息化支撑”为方向，构建“党建+微治理”的基层治理理塘模式，有序推进社会治理精细化、服务全程贴心化，不断提升基层微治理能力，形成全县上抓下管的好局面，助力理塘社会治理共建共治共享。

【党建引领】 全覆盖推进22个乡（镇）组织委员兼任乡（镇）小学校党组织“第一书记”工作，新建“两新”党支部11个，“一对一”选派党建指导员28人次，不断推动“两个覆盖”。选派139名干部担任驻村“第一书记”，270名驻村工作队员到一线开展乡村振兴。开展村（社区）常职干部培训924人，实施学历提升175人。选派73名干部外出挂职，柔性引进专家人才68人，产业企业人才智力服务86次。兑现专家博士服务津贴和在职学历提升50余万元，建立专家大院1所、博士工作站1个。以“支部+公司+合作社+党员+农（牧）户”模式开展助农增收，成立产业园区联合党总支1个、龙头企业产业联合党支部5个，联合带动21个合作社、120名党员农户共同发展，园区党组织覆盖率达100%。培训农牧民2.8万人次，培育科技示范户590户，引进推广新技术5个，流转土地11 000亩，整合38个行政村共3000余万元产业扶持资金，实现村年分红300余万元，惠及群众近5000人。濯桑现代农业园区创建为省级五星级蔬菜现代农业园区。

【主要领导人】 县委书记：格勒多吉；县人大常委会主任：曲批；县长：郑显峰（10月止），四郎曲批（10月始）；县政协主席：王健琼；分管农业副县长：翁登。

理塘县编写组

巴　塘　县

【基本情况】 2021年，全县辖5个片区19个乡（镇）123个行政村（除3个牧业村外均属半农半牧村），辖区面积8186平方千米。

【农村生态建设及环境保护】 创新工作方法。探索创新“媒体曝光+执法”，重点破解环境治理“老大难”问题，通过官方抖音、电视台“看巴塘”等媒体平台曝光破坏城乡环境卫生案件5起，涉案当事人通过电视台向广大群众进行公开道歉。

监管手段升级。注重运用数字化技术提升城市管理功能，借助天网技术成功追查3起乱堆乱倒垃圾案件，严惩涉案当事人5人。同步在城乡接合部、城区河道乱堆倒、乱踩挖易高发地段安装监控摄像30个，环境监管手段提档升级，达到行政成本节减、监管效能提升的双赢格局。

问题整改及时。认领环保督查反馈问题，督促企业抓好问题整治，限时督办整改，垃圾填埋场铺设防尘滤网800余平方米，规范垃圾填埋场运转作业。

加强协作力度。县综合执法联合爱卫、水利、环境等部门开展乡（镇）生态环境全覆盖联合执法，采取督查—反馈—再督查“回头看”模式，落实清单式反馈、限时办整改、台账式销号工作措施，累计检查乡（镇）卫生点位80余处，反馈问题32个，督促清理垃圾100余吨。摸排非法采砂点位6个，规范整治2个，正在督办整改2处，立案处理2起，处罚金额达23万元。

【森林草原防灭火】 印发宣传海报《致游客的一封信》、“防范森林草原火灾·五注意”宣传单，在全县范围内的文旅场所张贴宣传海报260余张；在国道318线沿线观景台、综合服务站等设立永久性标识标牌7处，温馨提示过境游客加强火源管控；利用各类微信公众平台和宾馆（酒店）、景区的LED显示屏等加强对游客禁止野外用火的宣传；结合当前开展的党史学习教育之“我为群众办实事”活动，发挥党员干部先锋模范作用，五一节假日期间落实2名工作人员身着本地民族服饰、佩戴“巴塘县文化旅游志愿服务队”绶带，在海子山观景台设立节假日旅游服务咨询点，在旅游服务咨询点悬挂党旗、放置森林防火及疫情防控宣传小广播、巴塘文化旅游宣传折页等，对过往游客进行宣传并劝导、督导违规吸烟行为。全年发放旅游攻略宣传折页2245份、森林草原防灭火宣传折页587份，现场提供旅游咨询服务1869人次，电话咨询服务13次。选派2名工作人员协助结对乡—茶洛乡开展蹲点值守，督促检查村防火检查卡点值班值守、台账登记等情况；督促措普沟景区在原有防火卡点的基础上，加强对游客私自携带火源的检查和宣传引导，倡导游客文明出行、文明旅游，杜绝一切火源进入景区，将森林草原防灭火宣传工作纳入导游日常讲解中，随时随地提醒游客加强火源管控。

【公共文化服务体系建设】 开展“两馆一站”免费开放。在做好疫情防控工作前提下，持续开展图书馆、文化馆日常免费开放。持续督促17个乡（镇）、19个文化站免费开放，组织开展乡（镇）文化站全年文化工作卷宗检查，并且拨付综合文化站免开经费。已完成对涉改的乡（镇）、村文化阵地、设施设备运行管理情况的摸排检查，并完成指导各涉改乡（镇）、村做好资产登记，盘活用好现有文化资源，提升公共文化服务能力。

【文化惠民活动】 开展“送文化下乡”“送戏曲下基层”“送文艺进军营”等文化惠民活动，已完成“送文化下乡”活动108场次，覆盖全县17个乡（镇），惠及10 000余人次。以“4·23”全民阅读日、“文化和自然遗产日”等为契机，开展“书香巴塘·全民阅读”“文化和自然遗产日”“文物安全宣传”“送图书下基层”等活动。举办“唱支山歌给党听　欢乐巴塘行”活动，因疫情原因央勒节活动暂缓。对接各类采风活动，央视频道《舞蹈世界》摄制组到巴塘县进行非遗采风活动，活动在中央电视台三套《舞蹈世界》栏目播放。于9月16日、9月18日参加第十八届中国西部国际博览会甘孜州主题展馆活动“圣洁甘孜·绿色发展”主题活动，开展2场专场演出。9月24日，同成都市双流区文化馆组织开展双巴文化交流活动。9月28日，参加“藏家儿女心向党”——甘孜州庆祝建党100周年广场舞比赛，获得二等奖。9月29日，参加庆祝中国共产党建党100周年——甘孜州群众广场舞惠民演出活动。12月1日—3日，与浙江省杭州市淳安县共同开展巴塘·淳安文化交流活动，并送文艺到淳安基层。

【主要领导人】 县委书记：汪玉琼；县人大常委会主任：代龙；县长：张家志；县政协主席：土登郎卡；分管农业副县长：珠扎。

巴塘县编写组

乡城县

【基本情况】 2021年，全县辖3镇7乡，辖区面积5016平方千米。

【种植业】 全年农作物播种面积3873公顷，增长0.9%，其中粮食作物播种面积为2600公顷，减少0.7%；经济作物播种面积673公顷，增长0.4%。经济作物播种面积中，油菜籽播种面积200公顷，与上年持平；蔬菜及食用菌播种面积673公顷，与上年持平。全年粮食产量9694吨，增长0.4%；油菜籽产量380吨，与上年持平；蔬菜产量18 795吨，增长0.6%。瓜果产量达3980吨，增长0.5%。

【畜牧业】 全年各类牲畜存栏114 513头（只匹），增长17.6%。其中，牛存栏60 150头，下降1.1%；羊存栏2680只，下降12.1%；生猪存栏14 010头，减少4.2%。全县各类牲畜出栏43 275头（只），减少4%，其中，出栏肉用猪17 300头，增长8%；出售和自宰肉用牛10 730头，增长0.8%；出售和自宰肉用羊1550只，下降9.4%；出售和自宰的肉用家禽13 695只，增长5%。全县肉类总产量2513.8吨，增长3.9%，其中猪肉产量1120吨，增长6.6%；牛肉产量1361吨，增长4.7%；羊肉产量17吨，下降54.1%；禽肉产量15.8吨，下降1.3%。牛奶产量3310吨，下降18.4%。

【耕地地力保护补贴】 为增强农业补贴政策的精准性、指向性和实效性，提高农业补贴政策效能。全县严格按照中央、省、州的要求，将2020年的结余资金 274.19元一并纳入2021年的补贴进行测算补贴标准，制订《乡城县2021年耕地地力保护补贴实施方案》。由于2021年新增“一卡通”阳光审批平台系统，系统要求年度只能进行一次申报，故在制定补贴标准时将第二批耕地地力补贴资金一并纳入发放，并严格按照实施方案的要求核查各乡（镇）农户耕地面积，以土地确权面积为依据，于10月16日通过“一卡通”资金发放平台将补贴资金全部发放到农户手中。全县全年实际共完成发放耕地地力保护补贴10个乡（镇）57个行政村，共补贴农户3670户，补贴面积33 710.94亩，补贴标准53.45元/亩，补贴金额1 801 850.81元。由于“一卡通”要求补贴资金标准需保留两位小数，故结余资金323.38元，待2022年发放资金时将2021年的结余资金一并纳入发放。

【公共文化服务体系建设】 完成乡（镇）综合文化服务站建设，覆盖率达100%；对全县10个乡（镇）综合文化站建设、使用、免费开放等情况进行改造提升，配齐设施设备，发挥文化站作用。

【文化惠民工程】 全年开展“送文化下乡”73场，演出节目共计252次，观看群众达44 000余人次；举办文化旅游人才工作培训2场，共计培训800余人次。在青德镇开展以本地群众参与为主、游客互动为辅的乡村文化繁荣试点，并与青德镇呷乃呷村、白龚村、仲德村签订合同，以政府补助群众参与的形式开展。全县“两馆一店”提升改造有序进行，舞蹈排练厅仍免费开放，并聘请专业舞蹈老师进行舞蹈排练、舞蹈培训等。图书馆每周对外开放达40小时，开展图书“七进”全民阅读活动，通过“4·23”世界读书日、“全国科普日”开展图书宣传活动，全年共发放图书1710余册。

【主要领导人】 县委书记：曹建奎；县人大常委会主任：杨健；县长：黄进；县政协主席：丁淑群；分管农业副县长：陈文铭。

乡城县编写组

稻 城 县

【基本情况】 2021年，全县辖11乡3镇121个村3个居委会，辖区面积7323平方千米。

【种植业】 全年完成农作物总播种面积54 520亩，增长2.7%，其中，粮食作物播种面积41 867亩，增长2.5%；油料作物播种面积7111亩；蔬菜种植面积5042亩。全年粮食总产量9600吨，增长5.8%；油料产量1228吨，增长47.8%；水果产量370吨，减少0.3%；蔬菜产量6453吨，增长7.9%。

【畜牧业】 养殖业收益明显，畜牧业稳中向好。年末各类牲畜存栏96 359头（匹、只），增长1.9%，其中，大牲畜存栏74 355头，减少4.5%；牛存栏66 974头，减少4.9%；马、驴、骡存栏分别为6490匹、37 匹、854匹；羊存栏3695只，减少1.5%；生猪存栏18 309头，增长41.2%。全年各类牲畜出栏31 762头（匹、只），其中牛出栏15 419头、羊出栏2516只、猪出栏13 827头。全年肉类总产量3074.5吨，减少0.2%，其中牛肉产量2022吨、羊肉产量39吨、猪肉产量996吨。

【公共文化服务体系建设】 健全文化馆数字化平台建设。先后投入15万余元，改善图书馆内部设施，增设干部加油站、电子阅览室，并在公共阅览区域安装地热等。完成云图书馆建设等。

【广电建设】 四川省深度贫困县应急广播体系工程。四川省深度贫困县应急广播体系建设工程项目于2020年启动，4月完成安装建设，6月完成初验工作，8月完成终验工作。项目建设内容为新建县级平台1个、乡（镇）应急广播设备13个以及改造升级50个村“村村响”设备。项目总投资247万元。

州县广播电视农牧区无线覆盖工程。稻城县州县广播电视农牧区无线覆盖工程项目于2016年组织县级相关部门完成项目初验，8月6日通过终验。项目建设内容为建设县平台1套、无线数字电视发射基站40套、广播发射基站40套、村级广播体系71套，安装3022套用户端等。项目总投资1013万元，进入审计阶段。

广电“村村响”宣传阵地建设。各乡镇辖区内村“两委”利用“村村响”每天宣传森林草原防灭火知识、疫情防控知识等重要信息内容，提高群众的预防能力、责任意识、安全意识、法律意识和警惕性。监督各村“村村响”播放情况，每月25日前上报县局“村村响”台账，并将其纳入第三方及维护人员年度绩效考核范围。

广电安全播放。全面落实责任，制定乡（镇）广播站、村广播站的管理制度和管理工作职责。加强非法地面接收器排查整治，3月18日，文化市场执法队对县辖区内有无非法买卖卫星地面接收设备商家进行排查，排查后全县无商家经营卫星地面接收设备买卖；5月25日—28日，对金珠镇、噶通镇共计30个村进行为期4天的有无境外违规和非法购买的机顶盒进行排查整治，出动人数20人次，未发现任何境外违规和非法购买的机顶盒。完成县广电机房安全播出设备升级采购及安装项目。投入约47万元，完成应急广播机房提升改造、安全播出系统提升及“户户通”设备购置。

巩固“户户通”“村村响”运行维护队伍建设。通过政府采购方式，采购第三方做好“户户通”“村村响”运行维护。全县共有11名运行维护人员，分布于全县13个乡（镇）广播电视网点，对全县13个乡（镇）、89个行政村及寺庙、5158户农村居民的“村村响”“户户通”设备进行全覆盖、免费上门服务。

加强培训。9月28日，全县联合第三方服务公司举办为期一周的“村村响”“户户通”运行维护员培训会，就运行维护实际操作、安全工作、疑难解答等多方面进行系统培训，为第一时间解决群众看电视难、听广播难问题提供了保障。

“户户通”“村村响”运行维护。投入约25万元，采购直播卫星解码器827台以及相关设备。截至11月，全县运行维护队伍免费上门进行“户户通”维护维修674家，更换机顶盒336台、高频头352个等设备；更换“村村响”功放机6台、喇叭芯69个等，确保“村村响”“户户通”的正常使用。

【主要领导人】 县委书记：曾关和；县人大常委会主任：唐晓庆；县长：樊玉良；县政协主席：斯朗娜姆；分管农业副县长：思子热太。

稻城县编写组

得 荣 县

【基本情况】 2021年，全县辖3镇7乡127个行政村3个居委会，辖区面积2916平方千米，其中高山、极高山面积275 500公顷，占总面积的94.5%；平坝面积11 466.67公顷，仅占土地面积的3.9%。年末常住人口2.47万人，其中城镇人口0.64万人、农村人口1.83万人。城镇化率25.91%。

2021年，全县GDP111 836万元，增长6.1%，其中第一产业增加值21 156万元，增长3%；第二产业增加值24 917万元，减少8%；第三产业增加值65 763万元，增长13.7%。三次产业构成为18.9%、22.3%、58.8%。全年非公有制经济增加值42 343万元，增长13.1%，增速比GDP高7个百分点。其中，第一产业增加值18 920万元，增长7.2%；第二产业增加值9665万元，增长51.8%；第三产业增加值13 758万元，增长1.4%。

有教育机构32个，其中中学1所，在校学生774人；小学11所，在校学生1884人；幼儿园20所，在园幼儿967人。有幼儿园在编职工51人，专任教师47人，副高级职称4人，中级职称11人，初级职称31人，未定职级23人；小学在编职工284人，专任教师270人，副高级职称50人，中级职称94人，初级职称119人，未定职级7人；中学在编职工97人，专任教师92人，副高级职称34人，中级职称40人，初级职称16人，未定职级2人。有卫生机构15个，其中医院2个、乡（镇）卫生院10个、村卫生室88个、医务室1个、疾病预防控制中心1个、妇幼保健院（所、站）1个、卫生执法大队1个、急救中心站1个；在岗职工235人，其中卫生技术人员217人、执业（助理）医师71人、注册护士65人。

【年度农业和农村经济运行】 2021年，全县农林牧渔业总产值34 997万元，减少9.8%，其中农业总产值15 543万元，增长9.9%；林业总产值2546万元，减少47%；牧业总产值16 192万元，减少15%；农林牧渔服务业总产值716万元，增长9.6%。

【农业产业化发展】 培育涉农龙头企业46家、农民专业合作组织126个、家庭农场48家、种养大户48户，农特产品56种。完成国有投资集团公司组建，县属国有企业资产达2.85亿元，是2016年的3.2倍。举办各类推介会13场次，引进优质企业14家，落地招商项目10个。因地制宜建成以酿酒葡萄、汉麻、藜麦、汉藏药材为代表的特色农业产业基地2.31万亩，以藏猪、藏鸡、玛格绵羊、中蜂为代表的特色畜禽养殖基地26个，带动全县农户户均增收12 365元。全县首个农特产品加工园区建成投运。得荣树椒和得荣蜂蜜获得国家地理标志产品认证。创建酿酒葡萄、藜麦2个州级现代化农业园区。全年实现农业总产值3.97亿元，是2016年的1.5倍。全年粮食种植面积5.12万亩；粮食产量达1.423万吨，增长3.19%；各类牲畜总增率、出栏率、商品率分别达44%、44%、27%。全县农村居民年人均可支配收入连续5年保持较高增长。

【种植业】 全县粮食作物播种面积51 210亩，增长8.3%；粮食总产量达13 252吨，增长5.9%。各类粮食作物产量同步增长，其中小麦产量2495吨，增长7.1%；玉米产量5852吨，增长11.9%；花生产量64吨。

【畜牧业】 全县牲畜存栏58 336头（只、匹），减少1.76%，其中生猪存栏23 553头，增长6.7%；牛存栏21 358头；羊存栏4924只。肉类总产量达2090吨。

【统筹城乡发展】 累计投资4.8亿元，完成市政道路、滨河步游道、人行绿道、污水收集管网、老旧小区改造等市政配套设施提升项目，建成2个市政广场，扎郎街延长线道路开工建设，格子达新区全面建成，县城空间布局持续优化，市政基础功能不断完善。集中开展国道215线沿线、瓦卡、白松等土地乱象整治，依法拆除违法违规建筑55处，清理违法违规用地89宗，土地挂牌出让13宗50余亩。完成21村897户农村庭院打造，3个乡3个村分别获评“最美乡镇、最美村寨”，创建为省级卫生城市，全县城镇化率由2016年的21.2%提升到2021年的25.4%。

【乡村旅游】 创建瓦卡、翁甲两个3A级景区，瓦卡4A级景区创建已通过州级初验，进入接受省级验收阶段，全县A级景区实现零的突破。创建扎格、郎达、毛屋3个省级旅游示范村，发展特色旅游服务，打造乡村主题酒店14个、民宿达标户39户、民居接待户181户。加快推进瓦卡情舞花海、红色贺龙桥、茨巫藏乡田园、翁甲神山等景区旅游基础设施项目建设，开拓得荣旅游新局面。

【农村水利】 投资1870余万元，完成100个行政村安全饮水巩固提升工程和全覆盖维修养护工程。投资1.2亿元，完成太阳能光伏提灌站建设30座、高效节水灌溉工程11处，改善灌面7600亩，新增灌面5100亩；投资1.27亿元，完成城市河堤延伸、瓦卡镇堤防修复、茨巫河改湖、山洪灾害治理、农业综合水价改革等工程项目。茨巫白松水利工程渠系配套二期工程、瓦卡原水输水管网等骨干水利工程建成投运，投资2.39亿元的白松水库全面开工建设，"水在谷中流、人在半山愁"的困境不断改善。

【农村电力及通信】 以电网、通信建设转变生活观念，改变生活方式，实现农村电网改造64个村，惠及1.6万人。建成4G基站194个、5G基站19个，实现行政村光纤宽带和4G网络全覆盖。

【农村教育】 全县九年义务教育巩固率和残疾儿童少年入学率均为100%。累计选送215名学生接受"9+3"免费中职教育，参加中考人数1674人，升学率达88.6%。投入资金6亿元，实施教育重点基建项目39个，新增教学建筑面积4.9万平方米、运动场面积3.7万平方米，完成县、乡两级智慧中心和中小学校标准化、幼儿园建设。累计兑现教育保障和资助资金4586万元，覆盖贫困学生6108人次；成都市青羊区、浙江省桐庐县选派优秀支教教师70人次到得荣县支教，选派得荣县65人次到成都市青羊区挂职锻炼。

【农村文化】 实施文化惠民行动，累计投资1425万元，建成投运县级"两馆"、81个村文化室、132个农家书屋、139个"村村响"广播系统和24个全民健身场所，发放"户户通"电视设备1485套，广播电视覆盖率达100%。累计开展各类"送文化下乡"活动364场次，组织开展"庆祝新中国成立70周年""庆祝建党100周年"等系列文艺汇演，连续四年获得广场舞大赛第一名。推进公共文化服务体系规范化，建成省级综合文化站2个、乡（镇）文化站10个，图书馆、文化馆、乡（镇）综合文化站全部实现免费开放。

【农村卫生】 先后投入4190万元，全面提升防控能力，及时建成PCR核酸检测实验室，日检测能力单检2400管。投资1.2亿余元，实施81个医疗卫生项目，全面完成12个乡（镇）标准化卫生院及88个村卫生室建设，艾滋病、结核病等重大传染病综合防控和生育秩序专项整治成效显著。实施医卫人才队伍建设，全县有各类专业技术医生205名，140名医卫人员通过国家职业资格考试取得上一级职称。

【农村交通】 全面实施"交通先行战略"，破解"困在路上"难题，全县公路总里程达1212千米，其中县道222.191千米、乡道577.209千米、村道237.632千米、通乡通畅率达100%，国道215线、549线及省道461线全线贯通。全年投资2.37亿元，建成乡村通达路、连接路、产业路、联网路、灾后重建路等227千米，实现通乡通畅、通村通达、通村通畅三个全覆盖，完成农村公路安保隐患排查和整治290千米。投资2266万元，建成莫丁桥、宗绒桥等桥梁5座；投资2243万元，建成县、乡客运站3个、农村招呼站126个，群众出行障碍全面消除，"四通八达"的交通网逐渐形成。

【农村社会保障】 全县城乡居民养老保险、医疗保险覆盖率分别达90%、100%，兑现2875人养老金1857万元。累计新增就业1356人，就业困难人员再就业31人。民族地区"9+3"毕业生初次就业率达95%，累计开展就业培训75期5280人，886名脱贫群众实现就业，安置脱贫劳动力751人。累计兑现城乡低保、特困供养、临时救助等各类保障资金9804万元，依法处理劳动纠纷案件91起，追缴欠薪2171万元。建成投用干部周转房532套。加强"双拥"优抚安置和退役军人事务工作，兑现各类优抚资金237.6万元，授予军烈属和退役军人家庭"光荣牌"652个。

【农村生态建设及环境保护】 全年实施封山育林2.5万亩、森林抚育7.5万亩、人工造林2万亩、退化林修复6千亩、退化草地治理7万亩，巩固退耕还林4.2万亩，有效管护森林217万亩，新增林地面积6.95万亩，森林覆盖率从40.52%提高到42.2%，城市空气优良天数率常年维持在98%以上，PM10、PM2.5年均浓度与上年相比下降幅度超过50%，打好"蓝天保卫战"。聚焦水污染防治，完成集中、分散式饮用水水源地整治43处，县城在用、备用饮用水水源地水质持续保持Ⅱ类以上优良水质，优良率达100%。全面推进禁捕退捕；做深"河长制"，清理"一江四河"流域河道180余千米、河道垃圾200余立方米。实现县城、白松、瓦卡3座污水处理厂规范化运行，完成清理整改（退出）小水电5座。处置违规倾倒固废行为30起，清理固废1.8万余吨，完成县城、白松、瓦卡3个垃圾填埋场和75个行政村垃圾处理设施、2229座"厕所革命"建设。旧农膜回收率达95%，秸秆综合利用率达83%，实现全县医疗废物回收规范化处理。完成60个中央、省、州环保督察反馈问题整改。

【主要领导人】 县委书记：黄进；县人大常委会主任：阿郎；县长：廖大洪；县政协主席：阿当扎西；分管农业副县长：格绒益西。

得荣县编写组

凉山彝族自治州

【基本情况】 2021年，全州辖17个县(市)，辖区面积6.04万平方千米。

【农业农村现代化发展】 全年粮食作物播种面积804.97万亩，总产量253.75万吨，粮食生产继续保持良好势头，实现历史罕见的19连增。有2个国家级良种繁育基地、2个省级良种繁育基地，成为全国西南最大、最集中的杂交玉米种子生产基地和四川省最大的马铃薯种薯良种繁育生产基地，建设有多个国家级、省级扩繁厂、保种场。建成高标准农田360万亩，粮食生产功能区182万亩，农业水利建设不断完善，喷灌、滴灌、水肥一体等先进技术全面覆盖，破解了农业靠天吃饭难题。全州有州级以上龙头企业131家，培育家庭农场2.46万户，注册农民专业合作社1.01万家，新型经营主体带动80%以上的小农户发展现代农业。确认集体经济组织成员106.2万户，基本完成集体经济组织成员确认、集体资产股份量化、集体经济组织登记赋码和发证等实质性任务。全面做好承包地确权颁证查漏补缺、信息纠错、搭建平台等工作，土地制度改革不断深化。建立金融服务乡村振兴贷款风险补偿机制，推进中央财政优势特色农产品保险以奖代补试点，成立农业保险工作小组，不断完善农业保险政策相关措施，促进乡村产业振兴。

【乡村振兴】 聚焦“产业兴旺、生态宜居、乡风文明、治理有效、生活富裕”总要求实施乡村振兴战略。农村卫生厕所、标准畜圈、垃圾污水治理、粪污综合利用、白色污染治理等工作全面推进，通村路、产业路、入户路逐步通畅，“美丽凉山·宜居乡村”建设成果显著，凉山的天更蓝、山更青、水更绿，农村生态环境改善造就了大美凉山。

【脱贫攻坚】 全州按照“一月一摸排、两月一督查、一季一跟踪”要求，对家庭人均纯收入低于6000元的脱贫不稳定户、边缘易致贫户及因病因灾因意外事故等导致基本生活出现严重困难“三类人群”进行定期监测、动态管理。选派驻村帮扶力量4583人开展帮扶工作，对全州锁定的4338户17 318人监测对象按照“一户一方案、一人一措施”原则全面落实帮扶措施，加大产业和就业帮扶力度，做到动态清零。持续推进农村危房改造工程，实施农村危房改造8160户。

【主要领导人】 州委书记：段毅君；州人大常委会主任：达久木甲；州长：苏嘎尔布；州政协主席：杨文泉；分管农业副州长：马小合。

凉山彝族自治州编写组

西　昌　市

【基本情况】 2021年，全市辖11镇7乡129个村45个社区，辖区面积2883平方千米。

【乡村振兴】 围绕“产业兴旺、生态宜居、乡风文明、治理有效，生活富裕”总要求，有序组织1100余名回村公职人员到联乡包村地和户籍所在地开展实地走访，聚焦乡村产业发展现状，结合回村干部个人专业特长，对当地产业、人才、文化、生态、组织“五个振兴”进行深入调研，制定180余份村庄发展清单反馈当地乡(镇)，帮助家乡探寻乡村振兴“突破口”，为当地2021—2025年乡村振兴规划提出接地气、能落实的务实举措。围绕党的路线方针政策，宣传习近平总书记重要讲话、党的十九届六中全会、省委十一届十次全会精神等，组织联乡包村帮扶单位领导到帮扶乡(镇、街道)、村(社区)开展专题宣讲108场，回村干部驻村工作队代表到村开展专题宣讲108场，受众达11 000余人。围绕解决老党员、困难党员、孤寡老人等特殊群体实际困难，发动各帮扶单位精心组织开展暖冬慰问行动，共计慰问老党员、老干部、困难党员等2100余人，发放慰问金14.9万元。围绕落实消费帮扶工作措施，组织各帮扶单位通过“以购代捐”、推销农特产品等方式帮助推销农特产品5032.23万元，实现户均增收54.13元，助推产业发展、农民增收。围绕深化党史学习教育，结合“我为群众办实事”实践活动，组织回村公职人员针对群众反映集中的共性需求问题、存在的普遍问题、亟待解决的痛点难点问题等，共收集社情民意163件，办结民生实事183件。市直机关和联乡包村党组织联合开展主题党日活动38次，机关党员参加志愿服务368人次，持续优化党群干群关系，共同提升自身建设。围绕脱贫攻坚“回头看”工作，组织各联乡帮扶单位到对口联系的脱贫村、脱贫户开展脱贫攻坚回访活动，为联建村推进旧村改造、新村建设、产业发展等提供资金支持和技术咨询。

【主要领导人】 市委书记：马辉；市人大常委会主任：罗开莲；市长：宋莉；市政协主席：唐云；分管农业副市长：杨伟洪。

西昌市编写组

会 理 市

【基本情况】 2021年，全市辖4乡13镇3个街道，辖区面积4527平方千米。

【巩固拓展脱贫攻坚成果同乡村振兴有效衔接工作】 全市贯彻落实习近平总书记关于巩固拓展脱贫攻坚成果重要指示精神，落实“四个不摘”总要求，织紧织密“防贫网”，全面巩固脱贫攻坚成果，持续助力乡村振兴，打牢共同富裕坚实基础。

抓实“四个衔接”，建立脱贫巩固作战体系。抓实领导体制衔接，调整市委农村工作领导小组，构建上下一体作战体系；抓实帮扶政策衔接，加强脱贫攻坚成果巩固的政治责任，将巩固脱贫成果纳入“十四五”规划、市第二次党代会部署，印发《乡村振兴定点帮扶工作方案（2021—2025年）》，明确81个市级部门、企事业单位联系帮扶43个已退出贫困村。抓实工作体系衔接，精准选派驻村力量，优选129名干部（后备人才）到43个脱贫村驻村帮扶，并全面实行驻村帮扶干部“考勤月通报”、“三级”请销假、“红黑榜”等制度，多举措压紧帮扶力量；抓实激励保障衔接，全面落实正向激励政策，356名干部落实正向激励政策，同时，市财政安排预算200余万元保障驻村帮扶干部工作经费。

找准“三条路径”，优先保障脱贫成果巩固。抓项目促产业，统筹2021年度财政专项扶贫资金用于巩固拓展脱贫攻坚成果项目和乡村振兴项目，全年安排各类项目114个，落实各类资金1.185亿元，以项目保障脱贫群众持续稳定增收；稳政策强支撑，完善农业农村投入优先保障机制，并按全市行政事业编制总数的1%预留人才引进专用编制，专项用于乡村振兴等高层次、急需紧缺人才引进；强机制增动力，村级体经济稳步壮大，发挥党建引领作用，探索建立“支部+服务创收”“支部+资产增收”“支部+租赁托管”“支部+产业发展”等村级集体经济发展模式，推动村集体精准“脱空壳”，实现村集体和群众“双赢共富”。

强化“三大举措”，健全防止返贫监测机制。建立“三员责任”防贫体系，设立村级监测员、乡级初审员、市级审核员，强化动态监测；统筹“部门协同”多点作战，建立部门协同作战机制，市乡村振兴、民政、教育等17个部门共享数据，做到精准监测；优化“量体裁衣”消除风险，根据监测对象实际，制定帮扶台账，录入监测系统，落实包括产业帮扶、公益性岗位帮扶、“三保障”和饮水安全保障等帮扶措施2844条。

【公共文化服务体系建设】 市文化馆被文化和旅游部公布为国家一级馆，市图书馆投入评估定级“补短板”信息化建设服务经费107.5万元。全市各乡（镇、街道）综合文化站和村文化室全年实行错时延时免费开放。市红军长征纪念馆全年共接待游客87 024人，开展党史学习教育、爱国主义教育等各类活动532场次学习；市图书馆接待读者2万余人次，流通3万余册次，新办借书证215个；市文化馆在组织开展好各项文艺展演任务的同时常年为全市21家业余表演团队及机关、企（事）业单位的文化艺术辅导服务400余次。

【文化惠民活动】 每年坚持开展“送文化下乡”活动，围绕党和国家重要时间节点，组织好主题创作和重点展演展览活动，到彰冠镇富乐村、城南街道积水村、新安乡马鞍坪村、云甸镇云兴村开展“送文化下乡”活动，为当地干部群众送去文艺演出的同时送出图书2000余册；配合市委、市政府举办庆祝中国共产党建党100周年文艺演出、庆祝建党100周年“唱支山歌给党听”“2021会理石榴万里行”发车仪式等文艺活动；组织业余艺术团队举办“共检建党100周年”重走长征路、“欢庆撤县设市·谱写会理华章”国庆节文艺联欢等多场文化艺术活动。

【广电建设】 在抓好广电网络维护确保安全播出的同时，推进会理有线电视网络升级改造70余千米。开通高清电视节目传输及宽带服务，广电服务质量和水平实现新突破。维护农村广电覆盖工程质量，新安装“户户通”设施120户（套），农村群众收看电视、收听广播难的问题得到解决。

【主要领导人】 市委书记：陈方勇；市人大常委会主任：刘光平；市长：徐阳；市政协主席：黄玲；分管农业副市长：张春晋。

会理市编写组

木里藏族自治县

【基本情况】 2021年，全县辖27个乡（镇），辖区面积13 252平方千米。

【农村生态建设及环境保护】 严格按照“清单管理、专班推进”机制，恪尽职守，抓好落实，各行业主管部门严格落实行业监管责任，抓好“协同作战”；各乡（镇、街道）严格落实属地责任，抓好“主动作战”，强化排查、全面细化整改。严格落实“5+N”联系包保责任，抓好“靠前作战”，从对照清单抓整改、全面深入开展排查整治、强化调度从严问责等方面开展排查整治，全面完成生态环境问题排查整治工作，牢牢守住生态和发展两条底线。争取中央藏区专项资金320万元和国家重点生态功能区转移支付资金80万元支持，实施董家沟、阿家士沟饮用水水源保护区环境保护规范化建设。县级财政投入881万元，对4户一级保护区和二级保护区中临近河道的10户进行全部搬迁整治，全面消除了因住户点源形成的各类水质安全环境风险隐患。截至2021年年底，全县共拆迁建筑面积5604平方米，土地生态恢复87.13亩，设置防护栏10 715米以及宣传牌、警示牌等80余块，植被恢复乔木9000余株，复垦绿化5.06亩，安装在线监控设备9套。

【公共文化服务体系建设】 完成全县113个行政村文化室开展“地毯式”查漏补缺，完成全县113个行政村文化室成套设备、图书室标准化建设、文化院坝打造、广播电视覆盖、“村村响”工程等文化板块的配送、安装、调试、培训工作及相关制度建设，共计安装调试音响设备87套、“村村响”设备93套，共计维护设备108套（其中文化室设备42套、“村村响”设备58套、卫星地面接收设备8套），新发放设备19套（其中文化室设备3套、“村村响”设备8套、卫星地面接收设备8套），补充规章制度标识标牌60套，培训文化管理员278人次。为全县29个乡（镇）文化站安装成套音响设备。配合省、州有关部门对县应急广播平台及村级广播终端设备进行升级改造和安装调试。完成县城区有线数字电视的安装维护及有线电视新网络改造，出勤维护人数达1200人次。安排113个村级文化管理员按时播放护林防火宣传资料及新冠疫情宣传资料等。新建597个自然组的应急广播设施设备，提升扩建71个行政村的应急广播设施设备，完成5级联动的播放任务，满足全县农牧民收听木里县台广播节目的需求。县图书馆利用“三下乡”及“送文化到基层”活动向广大农牧民无偿发放图书5 000余册。

【主要领导人】 县委书记：高峰；县人大常委会主任：杨克祖；县长：杨单祖；县政协主席：甘正友；分管农业副县长：孟宇。

木里藏族自治县编写组

盐 源 县

【基本情况】 2021年，全县辖30个乡（镇），辖区面积8398平方千米。

【巩固脱贫成果“回头看”】 落实中央和省、州委各项决策部署，紧盯目标找差距，再添措施抓落实，确保巩固拓展脱贫攻坚成果同乡村振兴实现平稳过渡、有效衔接。细致谋划部署工作，抓住用好国家设立5年过渡期、窗口期和盐源被确定为国家乡村振兴重点帮扶县的政策机遇，细化完善政策体系，管好用好衔接资金，精准谋划实施项目，最大限度发挥政策、资金、项目效益。

实行清单管理推动，全县按照省、州相关部署要求，落实“清单制”管理，将复杂问题简单化、繁琐问题条理化，确保有方向、有目标、有任务地抓好各项工作。围绕“加强防止返贫监测、精准落实帮扶措施、拓宽群众增收渠道、巩固专项扶贫成果”四项重点，抢抓时间补弱项、缩差距、提质量，全速跑好有效衔接“接力赛”，为乡村全面振兴奠定了坚实基础。准确把握乡村振兴“20字”总要求，找准突破口和发力点，推进各项工作取得扎实成效。

【公共文化服务体系建设】 完成盐源县省级现代公共文化服务体系示范县建设创建，并成功命名；完成旅游厕所百度、高德地图双标注；组织开展“百千万”等重大群众文化活动，按时完成公共服务网点录入等工作。文化馆在公共文化服务体系示范县创建中完成国家三级馆建设，并已达标；各乡（镇）、村均配备兼职文化工作者。“五馆一站”（博物馆、纪念馆、文化馆、图书馆、美术馆及乡/镇综合文化站）、村综合文化室等公共文化设施免费开放情况良好，基本公共服务过程中未出现因重大失误而被投诉、举报的情况。

【主要领导人】 县委书记：尹江涛；县人大常委会主任：彭屹；县长：段勇纲；县政协主席：张应聪；分管农业副县长：张成武。

盐源县编写组

德 昌 县

【基本情况】 2021年，全县辖10个乡（镇）2个街道，辖区面积2298.5平方千米。

【巩固拓展脱贫攻坚成果】 落实脱贫攻坚5年过渡期和“四个不摘”要求，巩固“两不愁、三保障”成果，加强农村低收入人口分类帮扶，做好易地扶贫搬迁后续帮扶工作，坚决守住不发生规模性返贫的底线，为乡村振兴打下坚实基础。全县各级各部门明确工作任务，细化责任分工，实行清单制管理，将工作落实到人。在具体的工作中，明确要求用“回头看”的方法和措施抓好落实，对在“回头看”过程中发现的问题及时进行整改，确保取得工作实效。同时，加强工作督导，对工作开展情况进行督导，确保工作落地落实、有序推进。截至2021年年底，全县32个贫困村如期实现全部退出、3395户11589人贫困人口全部脱贫。

【乡村振兴】产业融合促乡村振兴，德昌县获得2021年州级实施乡村振兴先进县、先进乡镇、示范村考评激励资金340万元，该资金专项用于农村人居环境整治和农业产业发展的基础设施配套。打造乡村康养休闲旅游度假产业链，融入攀西文旅经济带和安宁河农文旅生态长廊建设，依托特色文化和优质生态资源，推动旅游业与文化、农业、养生养老等产业深度融合，打造“攀西最美凤凰城，阳光康养数德昌”品牌，争创四川省全域旅游示范区，产业融合发展已成为全县乡村振兴的“金钥匙”。

【乡村建设改革行动】坚持以“改”破题，探索“集体经济+农户+资本”模式，激发农村发展的潜能和活力，走出德昌特色差异化农业发展道路，推进现代农业产业园区建设。全县根据乡村实际情况结合“三变改革”和村集体经济融合发展试点的经验和做法，全面推进农村建设、改革和发展，推动全县农业农村工作迈上新台阶。

【优秀康养标准化示范户评选活动】举办2021年度德昌优秀康养标准化示范户评选活动，全县已建成乡村酒店、农家乐50余家，其中五星级乡村酒店2家、四星级乡村酒店8家、三星级乡村酒店5家；贤氏避暑山庄、云栖庄园等农家乐获得“中国乡村旅游金牌农家乐”“精品农家乐”等称号；打造大坪、安宁、乐跃沙坝、角半4个康养旅游新村，村民逐步走上康养旅游发展促致富兴村之路。

【主要领导人】县委书记：任贤明；县人大常委会主任：吴仲海；县长：李友英；县政协主席：邱金华；分管农业副县长：牟宗合。

德昌县编写组

会 东 县

【基本情况】2021年，全县辖19个乡（镇、街道），辖区面积3226平方千米。

【推进省级巩固脱贫攻坚成果后评估】2021年，全县各级各部门按照“对标对表、立行立改，由表及里、深入整改”的要求，拿出有效的过硬措施完成所有问题整改销号。针对评估反馈的问题，厘清问题清单、责任清单、整改清单，精准发力，分类施策，做到举一反三、标本兼治，排查分析研判各乡（镇）、各领域共性和个性问题，抓好整改落实，构建长效机制。完善常态化防返贫动态帮扶机制发挥预警监测机制作用，严格按照“四个不摘”要求落实落细帮扶措施。着力产业扶贫、消费扶贫、务工就业帮扶，确保已脱贫群众稳定增收，“拔穷根”“真脱贫”。用先进典型引领，扶贫与扶志扶智相结合，常态化一体推进禁毒防艾、控辍保学宣传，推动移风易俗，深化感恩教育，帮助脱贫户从内心深处认同“只要勤劳肯干，日子就会越来越好”。巩固拓展脱贫攻坚成果与乡村振兴有效衔接，坚持以特色产业项目支撑巩固脱贫攻坚，促进乡村发展对在建项目加快推进、全面扫尾，尽快投入实施。同时，长远谋划、科学论证一批农业农村领域项目，及时启动前期准备工作，确保项目立项即可开工建设，早日落地见效。加强压力传导，坚决破除思想松懈、责任不实状态，强化责任担当，严格落实县级领导包联、乡（镇、街道）属地、职能部门监管、帮扶单位结对帮扶、驻村工作队和驻村“第一书记”等责任，拧紧责任链条，做到“真抓、敢抓、善抓、常抓”，以务实工作作风推动整改工作落地落实。落实牵头责任，用好用活任务、责任、督查“三张清单”，严格开展严督实导，发现问题及时跟踪问效。

【主要领导人】县委书记：环江红；县人大常委会主任：刘朝荣；县长：高峰；县政协主席：李晓娟；分管农业副县长：刘志斌。

会东县编写组

宁 南 县

【基本情况】2021年，全县辖13镇79个行政村12个社区495个村民小组38个社区居民小组，辖区面积1670.29平方千米。年末户籍户数52 518户，户籍总人口202 548人，其中女性97 858人，占总人口的48.3%；男性104 690人，占总人口的51.7%；少数民族人口60 340人，占总人口的29.8%；彝族人口56 732人，占总人口的28%。

2021年，全县GDP75亿元，增长11.6%，其中第一产业实现增加值25.5亿元，增长7.5%，拉动经济增长2.7个百分点；第二产业实现增加值20.5亿元，增长29.1%，拉动经济增长6.8个百分点；第三产业实现增加值29亿元，增长5.2%，拉动经济增长2.1个百分点。三次产业增加值结构比为34 ：27.4 ：38.6。

公路总里程1002.75千米，其中等级公路982.77千米、等外公路19.98千米。通乡油路512.3千米，通村水泥路覆盖率100%，行政村通客运率100%。有客运班车86辆，座位1404个；出租车43辆；小型公交车8辆；营运货车763辆，吨位数9556吨。全年公路运输完成客运周转量7327万人千米，减少4.1%；货物周转量15 975万吨千米，增长10.36%。全年邮政业务总量1664万元，增长10.4%。有固定电话用户2.81万户、移动电话用户13.38万户、宽带用户5.18万户。

有各类学校38所，其中小学33所、初中3所、高中1所、职业中学1所；专任教师合计1754人，其中小学专任教师947人、中学（初中和高中）专任教师754人；在校学生31 700人，其中小学生18 574人、中学生（初中和高中）11 627人、职业技术学校学生1499人。有幼儿园18所，在园幼儿8127人，教职工183人。有医疗卫生机构164个，其中医院3个、基层医疗卫生机构155个（含131个村卫生室）、专业公共卫生机构3个、其他卫生机构3个；病床位1235张，其中医院875张、卫生院282张；卫生技术员1376人，其中乡（镇）卫生院技术人员377人、妇幼保健站技术人员69人。执业（助理）医师人数506人，其中乡（镇）卫生院技术人员157人、妇幼保健站技术人员18人；注册护士人数558人，其中乡（镇）卫生院技术人员87人、妇幼保健站技术人员36人。有县级科技馆1座。实施州级科技项目4个，涉及资金共计15万元；县级科技项目12个，涉及资金共计50万元。全县授权专利共计15件，其中实用新型设计9件、外观设计2件、发明4件。有村级文化活动室79个，有乡（镇）综合文化站25个、广播电视无线基站1座、“村村通”23 991套；广播覆盖率96.77%，电视覆盖率96.77%。

【年度农业和农村经济运行】 2021年，全县农林牧渔及其服务业实现总产值37.2亿元，增长8.5%。全县居民年人均可支配收入25 474元，增长9.44%；人均生活消费支出18 629元，增长9.08%。农村居民年人均可支配收入达20 570元，增加1875元，增长10.03%。其中，工资性收入8704元，增长15.31%；经营净收入8598元，增长2.2%；财产净收入306元，增长21%；转移净收入2962元，增长19.4%。农村居民人均生活消费支出15 546元，增长8.5%，其中食品烟酒类支出5582元，增长2.9%。全县上网小水电站50处，装机总容量79 435千瓦，全年上网电量19 651万千瓦时；全年全社会用电合计72 062万千瓦时，增长28.5%。

【新型农业经营主体培育】 全县有4个农民合作社、81家家庭农场获得中央及省级扶持资金720万元。2家家庭农场获得省级示范场命名，26家家庭农场获得州级示范场命名，136家家庭农场获得县级示范场命名；1个专业合作社获得省级示范社命名，3个专业合作社获得州级示范社命名，21个农民合作社获得首批县级示范社命名。全县有20家家庭农场获得省级示范场命名，72家家庭农场获得州级示范场命名，484家家庭农场获得县级示范场命名；9个农民合作社获得省级示范社命名，21个农民合作社获得州级示范社命名，21个农民合作社获得县级示范社命名。截至2021年年底，全县登记注册农民合作社195个、家庭农场2875家。

【家庭农场省级示范县创建】 继续开展示范县创建，全年落实扶持资金660万元，扶持81家家庭农场，规范家庭农场建设，培育和示范带动全县家庭农场发展，全面完成2021年省级家庭农场示范县创建质量提升、健全家庭农场名录系统管理和数据库、家庭农场经营者轮训、领导联系制度和辅导员制度、家庭农场培育和示范工程项目实施、家庭农场示范场评定、家庭农场规范化管理等工作任务。宁南县成为首轮全省26个“家庭农场信贷直通车”试点县之一。

【农村集体产权制度改革】 根据《产权制度改革》《清产核资》《成员确认》等文件，对全县13个镇79个村495个组资产进行清理核查，清理出集体资产214 836万元，其中经营性资产为8753.6万元，主要涉及银行存款、库存现金、房产及公共建设设施；非经营性资产为206 082万元。5月30日前，对农村集体成员确认公示，共确认农村集体经济组织成员172 312人、农户40 944户。6月15日前，对79个村及24个有经营性资产的村组集体经济组织进行登记赋码工作，指导各农村集体经济组织完成银行账户开设，促进了集体经济融合发展和集体经济经营运行。8月30日前，按集体经济组织成员意愿开展股权量化，发放股权证40 944户。

【种植业】 全县粮食作物播种面积25 020公顷，粮食总产量10.64万吨。分时期看：小春粮食作物播种面积5720公顷，产量1.42万吨；大春粮食作物播种面积19 300公顷，产量9.22万吨。分种类看：谷物种植面积13 653.3公顷，产量63 199吨，其中水稻种植面积1346.7公顷，产量10 181吨；玉米种植面积9473.3公顷，产量46 893吨；小麦种植面积2500公顷，产量5475吨；荞麦种植面积333.3公顷，产量650吨。豆类种植面积2700公顷，产量4454吨，其中大豆种植面积600公顷，产量3455吨；其他豆类种植面积2100公顷，产量999吨。薯类种植面积8666.6公顷，产量38 703吨，其中洋马铃薯种植面积6973.3公顷，产量31 388吨；甘薯种植面积1693.3公顷，产量7315吨。全县水果种植面积1033.33公顷（包括零星种植面积），总产量2.35万吨。种植的枇杷着重推广“西宁一号”，其次是“大五星”；芒果以“椰香芒”“乳芒”为主。蔬菜种植面积7198公顷，总产量45.08万吨。全县农作物病虫害防治面积达25 500公顷次，其中统防统治面积10 500公顷次、“无人机+机防”面积8100公顷次；病虫害绿色防控率38%，种子处理3.05万千克，药剂浸秧和带药移栽共50公顷，病虫害防治示范园区1000公顷，挽回损失370万千克，病虫危害实际损失14.8万千克。耕地地力保护全县应兑补贴资金1831.25万元、农户34 619户、面积140 298.8亩，补贴单价为130.73元/亩，截至12月30日，已兑付34 497户，完成资金兑付1825.07万元，发放比率达99.66%。

【烤烟产业】 凉山州下达到宁南县烟叶生产任务为烤烟种植面积4.8万亩，计划收购烟叶12万担，其中国内计划11万担，出口备货计划1万担，收购等级结构为上等烟比例65%以上、中部烟比例60%以上。全县种烟12个镇37个村104个组1448户烟农共签订4.8万亩12万担烟叶种植收购合同，实际收购烟叶12.07万担，完成比例101.3%，烟农售烟收入1.64亿元。全等级均价27.13元/千克，提高4.26元；上等烟比例55.45%，增长5.5%；烟农户均售烟收入11.31万元，增加4.83万元，其中售烟收入5万元以下的158户、5万~10万元的653户、10万~20万元的514户、20万~50万元的109户、50万元以上的14户；种烟亩均收入3411元，增加797元；烟叶二次交接不合格数量和质量损失都控制在州上规定的比例范围内。

【畜牧业】 全年生猪出栏28.91万头，增长18.9%；牛出栏2.15万头，增长2.56%；羊出栏15.67万只；家禽出栏67.38万只，增长3.27%。生猪存栏18.98万头，增长10.01%；牛存栏5.87万头；羊存栏16.24万只。全年主要畜禽肉类总产量2.64万吨，增长19.64%，其中猪肉产量2.06万吨，增长27.39%；牛肉产量2538吨，增长0.37%；羊肉产量2310吨；禽肉产量987吨，增长5.73%。禽蛋产量808吨。全县拥有年出栏500头以上生猪规模养猪户40余户、年出栏100头以上肉牛养殖户3户、年出栏3.5万只以上养禽户1户；新建规模化养鸡场1个，养殖规模达常年存栏50万只肉鸡。组织实施2021年能繁母猪补贴项目，对饲养能繁母猪的养殖场（户）给予补贴，每头能繁母猪补贴40元，完成10 500头能繁母猪补贴任务。按照草原生态保护补助奖励政策，奖励草畜平衡农户36 419户、禁牧补助农户4321户，发放补贴337.8万元。肉牛良种补贴项目计划改良肉牛1.5万头，免费发放冻精30 000剂。

【生态民生工程】 开展2020年新造5000亩华山松和5000亩花椒补植补造工作，涉及跑马镇、竹寿镇、石梨镇、俱乐镇等镇；开展0.7万亩森林抚育和1.3万亩封山育林；完成0.1万亩干热河谷脆弱区生态治理和0.1万亩退化林修复实施方案编制。继续完成巫家梁子三期植被恢复、宁南县城周边石质荒山植被恢复、宁南县老观音石质荒山植被恢复、宁南县后山核心区植被恢复建设项目等项目的补植补造。完成兑付471 245亩公益林补偿资金742.21万元，完成退耕还林到期抚育资金108万元和新一轮退耕还林补助资金472万元的阳光审批平台发放。开展全县林木种苗工作调研，形成林木种子生产、苗木生产和需求等调研报告；省林科院、州林科院专家对宁南县“白鹤滩状元黄”核桃开展良种申报；林木种质资源普查通过州级质量检查，形成了全县林木种质资源库、木本植物名录、古树名木名录、植物标本等。

【蚕桑业】 推进白鹤滩电站优质蚕桑基地转移工程，继续在全县海拔1500米以下的区域打造以金沙江、黑水河、碧迹河为主线的核心蚕桑产业带，通过实施桑园套种实现土地利用由传统的单一种植到多季多样复合种植，土地产出由原来的3000~4000元提升至15 000元以上。全年完成栽桑346.36万株，嫁接1320万株，海拔1200米以下基本实现桑园全覆盖。截至2021年年底，全县桑园面积达25.8万亩，其中“6215”大行桑15万亩；桑树存量2.8亿株，桑树品种布局以“云桑1号”“云桑2号”为主，优良品种覆盖率达99%以上。全县完成养蚕31.91万张，增加1万张；产茧29.37万担，增加5987担；农户售茧收入7.12亿元，增加2.12亿元；户均养蚕收入2.8万元，增加8300元。宁南县继续保持全省蚕桑第一大县的桂冠，“蚕茧总产、养蚕单产、人均产茧、蚕茧质量、蚕农收入”五项指标连续20年保持全省第一。

【脱贫攻坚与乡村振兴有效衔接】 完善衔接资金项目库动态调整。重点围绕县委、县政府巩固拓展脱贫攻坚成果、产业园区建设、“3镇7村乡村振兴示范工程”、“农村住房4年行动计划”、“畅村通组达户五年行动计划”总体规划，完成2021年巩固拓展脱贫攻坚成果同乡村振兴有效衔接项目库入库项目动态调整，全县13个镇、15个部门申报的入库项目共计227个，需求项目资金70 785万元，其中财政衔接资金41 706万元、行业部门资金75 296万元、社会帮扶资金553万元、其他资金209 976万元。

加快推进衔接资金项目建设。全县到位各级财政衔接资金14 891万元，其中中央财政衔接资金10 139万元、省级衔接资金1361万元、州级衔接资金791万元、县财政配套资金2600万元。全年规划衔接资金项目87个，截至2021年年底，已完工51个，正在实施36个，资金支出10 005.08万元，支出进度67.19%。

【特色产业】 发展特色农业，实施蚕桑二次革命，蚕农收入、烟农收入分别增长40%、31%，林业综合产值、畜牧业综合产值分别达8.2亿元、16.5亿元，碧窝蚕桑园区被评为省五星级现代农业园区，幸福茶岭核桃产业园区入围省级培育园区。严守耕地保护红线，推进农田水利建设，提高粮食单产水平，确保“粮袋子”安全。发展绿色工业，果木一期风电、白鹤滩水电站500千伏一期输变电线路工程建成投产，华能梁子风电、绿荫塘风电稳定运营，规上工业增加值增长146%。发展康养旅游，凯地里拉1.5期精灵谷项目完工投用，创建国家3A级景区2个，申报国、省级乡村旅游重点村2个。

【白鹤滩水电站移民安置】 坚持把移民安置作为头等大事难事来抓，落实耐心、耐烦、耐劳、耐磨“四耐”群众工作要求，全力抢建设、攻协议、抓搬离、维稳定，移民安置取得阶段性胜利，保障了电站如期发电。一是全面完成房建公建。1133栋、4322户、140万平方米房建任务已全面完成并移交入住；水电管网、道路建设、房前屋后硬化、绿化、亮化、美化、净化“五化”等配套基础设施全面完成；公建基本完成，5所小学、5所幼儿园完工，学生全部入学；3个卫生院、15个公厕全面完工，16个党群服务中心建成投用，8条对外连接线基本建成。二是全力攻坚“两个协议”。全县总动员破解搬迁安置协议签订缓慢困局，300余名干部“包人包户、定人定责”做工作，6天时间突破未签协议的60%。持续攻坚“两个协议”，搬迁安置协议、生产安置协议签订工作基本完成。三是平稳实现库底清零。紧扣蓄水时间节点，有序组织2.2万名移民安全撤离。针对未搬离群众开展库底清零行动，7天时间搬离剩余194户，做到不发生个人极端事件、不发生群体性事件、不发生重大网络负面舆情“三个不发生”。四是做深做细做实群众工作。开展干部移民连心工程，全县1061名干部累计走访移民6.9万人次，及时其解决房屋消缺、交通保通等诉求问题4200余条。组建6个攻坚专班和8个专项工作组，化解国有建设用地、农民工欠薪、交通保通等重点难点问题，完成国有建设用地分配387宗、置地432宗、货币化安置54宗；农民工欠薪化解1.2亿元，化解率100%；加快推进华同大桥建设，制订水上应急保通方案，做好阳葫路治理、宁会路及宁骑路修复整治，保障群众通行。五是加强库岸隐患整治。组建7个工作专班，建立健全群测群防与专业巡视相结合的监测预警体系，采取“人防+物防+技防”加强库岸监测巡查，排查出安全隐患点25个，第一时间转移避让隐患点群众210户878人，落实专人加强库岸日常管控，做好大弯子隧道监测预警及治理工作。六是做好后续发展。全面完成6119亩土地整理，完成白鹤滩迁建集镇和码口、武星安置点452户1151人土地分配。推进移民安置与乡村振兴有效衔接，因地制宜规划休闲观光、特色果蔬等后扶产业，举办移民就业技能培训47期1646人，多渠道促进移民群众增收，确保稳得住、逐步能致富。七是深化基层社会治理。坚持党旗先树起来、移民再搬进来，优化设置6个社区党组织，完成社区党支部、居委会选举，健全群团组织、自治组织，加快构建“一核四治”治理体系。优化教育、卫生等资源配置和机构设置，落实民政救助和兜底保障政策，实现服务保障不断档。

【美丽宜居乡村建设】 全面加强农村生态环境保护与建设，聚焦农村人居环境整治，加快推进乡村公共基础设施建设，不断优化农村环境。采取“先建后补、以奖代补”的方式，全面完成松新镇碧窝村“厕所革命”整村推进示范村建设222户厕所改造。配足环卫设施，配齐保洁员，实现各镇垃圾日产日清，村垃圾收转运处置率达75%以上。全面完成宁远镇福泉村、桃花村，华弹镇武星村、骑骡沟镇五四村2021年污水治理“千村示范”工程建设，4个村生活污水治理率均达60%以上。实施“农村安居”工程，推进农村住房改造提升四年计划，采取“拆、保、改、建”方式，完成2037户农村住房改造提升（危房改造1315户、农房抗震改造722户）。推进“四好农村路”建设，将60千米撤并建制村通畅工程纳入“十四五”省、州项目数据库，完成3个22.8千米乡村振兴产业路和20千米农村公路安保工程建设。落实农村公路养护资金500万元，农村公路优良中等路率达80%以上。坚持绿色兴农、质量兴农，持续开展畜禽粪污、秸秆、废旧农膜资源化利用行动，全县畜禽粪污综合利用率、规模养殖场粪污处理设施装备配套率、秸秆综合利用率、残膜从耕地内移除比例分别达90.97%、100%、86.93%、87%；实施生态保护修护、退耕还林等项目，持续巩固提升“1+X”林业生态，集中打好污染防治“三大战役”，加强长江流域重点水域禁捕退捕，打赢森林草原防灭火攻坚战，境内森林覆盖率达55.2%，空气质量优良率100%，水质达标率100%。

【农业机械化】 全县农机装备总量24 879台（套），总动力达10.74万千瓦。有拖拉机569台10 107.5千瓦，其中大中型（22.1千瓦及以上）102台3294.5千瓦、小型（22.1千瓦以下，含2.2千瓦）467台6813千瓦、联合收获机14台。全年完成机耕作业面积26 308公顷、机播作业面积3700公顷、机收作业面积3449公顷，主要农作物耕种收综合机械化水平达54.88%；推广各类农机具158台。全年实现机电提灌保灌面积11.6万亩。

【高标准农田建设】 投入高标准农田专项资金4303万元，完成宁南县2020年高标准农田建设2.7万亩目标任务（其中高效节水灌溉工程0.41万亩），同时做好宁南县2020年高标准农田建设项目工程施工督察、质量监管、资料归纳整理，通过州级验收。推进2021年度高标准农田建设项目实施，按照上级下达任务，投入高标准农田专项资金2415万元，建设高标准农田1.61万亩，涉及竹寿镇红旗村、联合村、长征村、东风村、田坝村。

【重点项目建设】 贯彻落实“项目建设要夜以继日、快马加鞭、主动发力”重要指示要求，制定西宁高速、竹寿水库等“10+N”重大项目清单，通过定期调度督促项目加快推进，西宁高速前期开工，宁南中学北校区建设全面启动，开工建设重大项目38个，建成25个。做好项目谋划，围绕优质蚕桑、康养旅游、高峡平湖等特色资源，集中谋划和储备一批重大项目，形成2022年项目清单88个，确定重推项目20个，保持抓大项目、大抓项目的良好态势。

【农村社会保障】 开展“我为群众办实

事”实践活动，解决社会保障等方面群众急难愁盼问题，增强群众获得感、幸福感、安全感。全县参加基本医疗保险人数181 722人，其中城乡居民医疗保险参保人数169 223人，参保率99%。全年农村低保累计享受生活保障人数242 936人次，发放保障金5608.3万元。全年农村分散供养“五保户”5831人次，补助资金298.5万元。

【招商引资】 参加第十八届中国西部国际博览会、“五彩凉山·投资热土”（重庆）投资推介会等省、州组织的各类重大招商引资活动，全年新签约项目5个，引资额31亿元。全年实现出口额4985万元，增长110%。

【农产品质量安全监管】 在国家农产品质量安全追溯平台已注册生产主体121个，依托《宁南县建设食用农产品达标合格证制度示范标杆企业项目》推行食用农产品合格证制度，建立食用农产品合格证生产主体名录，全覆盖对生产主体进行食用农产品合格证制度实施告知，对试行主体进行全覆盖培训，完成销售附具食用农产品合格证的农产品2268批次，完成任务数的227%；交易总数达3454批，完成任务数的288%。开展食用农产品“治违禁 控药残 促提升”三年行动。完成宁远镇陈世文家庭农场无公害桃子、宁远镇张武雄家庭农场无公害火龙果申报，对幸福镇张传会水产养殖家庭农场进行无公害细鳞鱼复查换证。

【主要领导人】 县委书记：管昭；县人大常委会主任：龙仕江；县长：周应德；县政协主席：邰康宁；分管农业副县长：吴伟。

宁南县编写组

普格县

【基本情况】 2021年，全县辖8个镇5个乡8个社区，辖区面积1918平方千米。

【农村科技】 县农业农村局与省农科院合作，在上年试验基础上继续引进“川薯20”“川薯224”“川薯168”“川紫薯6号”4个新品种，分别在普基镇文倡村（面积5亩）、东山乡东方村（面积6亩）、荞窝镇耿底村（面积5亩）等地示范种植，完成农业农村部国家定点扶贫项目甘薯新品种引种试验示范。12月12日，县专家服务团成员对普基镇文倡村种植的红薯新品种示范进行现场测产，田间测产结果为：“川薯224”平均亩产2886.05千克，较本地品种亩增产1842.05千克，商品率达92.2%，“川薯20”平均亩产2597.13千克，较本地品种亩增产1553.13千克，商品率达91.6%，以上两个品种食味均为优。“川紫薯6号”平均鲜薯产2387.86千克，较本地品种亩增产1343.86千克，商品率达95%，食味良；“川薯168”平均鲜薯产2706.35千克，较本地品种亩增产1662.35千克，商品率达90%，食味中。

【基础设施建设】 按照“规划引领、基础先行、重点突破、注重特色”的发展思路，加快建设旅游基础设施，带动螺髻山5A级景区、省级生态旅游示范区日都迪萨、荞窝温泉康养旅游度假区、红军树3A级红色旅游景区建设，推动普格县全域旅游发展步伐。整合资金，对普格县螺髻山九十九里旅游厕所进行改造升级。

【乡村旅游】 以支撑乡村旅游发展为目标，推动“旅游+交通”等融合发展，加快推进旅游公路建设，提升乡村道路技术等级和通行能力，完善运输、旅游等服务设施，以规划全县“八镇五乡”为重点，依托甲甲沟新村、螺髻山彝寨、景区周边农家乐、红军树红色文化、九连河坝四季鲜果园、日都迪萨火把文化等自然及人文景观，打造一批以乡村农舍、有机农业、特色养殖、乡土文化、民俗风情等为重点的乡村旅游基地。开展以“休闲度假、观光娱乐、乡村闲趣”为主题的旅游活动，整合乡村交通、农田水利、农业综合开发、“一事一议”、农村文化体育基础设施建设等项目资金，助推乡村旅游成为全县旅游业突出亮点和农民增收的重要组成部分。

【主要领导人】 县委书记：苏正清；县人大常委会主任：日海补杰惹；县长：刘环宇；县政协主席：张凌；分管农业副县长：曲木日沙。

普格县编写组

布拖县

【基本情况】 2021年，全县辖12个乡（镇）120个行政村5个社区，辖区面积1685平方千米。

【巩固脱贫攻坚成果同乡村振兴衔接】 组织县文广旅局干部职工参观凉山州脱贫攻坚展览馆，选派4位干部到拖觉镇美撒村和拖觉镇莫此村开展驻村帮扶，巩固拓展脱贫攻坚成果与乡村振兴衔接，驻村队员主要开展入户走访了解“两不愁、三保障”“户三有保障”延续情况，核实安全住房、医疗、教育是否有遗漏；做好政策宣传与群众思想工作，利用村广播、宣传栏、标语横幅以及农民夜校加强对群众的宣传、教育和培训，提高群众的乡村振兴政策知晓率，为帮扶村全面开展乡村振兴打下基础。

【广电建设】 为加强广播电视安全播出管理，保障广播电视信号安全优质播出，广播电视事业发展股加强日常工作人员素质提升、硬件系统更换、设备操作维护保养。县文广旅局领导带头值班值守，确保元旦、春节、全国"两会"、建党100周年、国庆等，重要保障期内广播电视安全播出。稳步实施农村无线数字电视覆盖工程，对县级机房进行升级改造，全面更新调制器、解码器等，将原有的46套数字电视节目升级增加至100套高标清节目（含20套高清节目）；建设龙潭、拖觉、乐安、俄里坪4个镇无线数字电视发射基站，传输76套高标清电视节目（含10套高清），扩大了布拖电视台的节目覆盖面。加强广电队伍建设，对县广播电视维修服务中心和乡（镇）广播电视公共服务网点进行规范化管理，采购2300套"户户通"、200个高音喇叭、30个功放、20只话筒、10个适配器等备用设备；持续维护好"村村响"和"户户通"设备设施，确保"村村响"和"户户通"设备长期通稳定响；组建广播电视运行维护突击队，24小时待命，广播电视传输哪里出现故障就抢修到那里，。

【公共文化服务体系建设】 保障群众开展文艺活动有专业人员，组建一支178人的文化志愿团，负责开展全县范围内的文艺活动。4—7月，完成2018—2020年扶贫资料收集并移交县档案馆。县文广旅局制定乡镇文化站管理办法。6月，布拖县彝族银饰在国际非物质文化遗产节到冕宁县彝海参加活态展演；8月，布拖县朵乐荷申报为2021—2023年民间文化艺术之乡；9月，布拖彝族银饰制作技艺参加成都西博会展演；10月，布拖县竹制口弦受邀参加第十一届中国竹文化节展演；10月，布拖县彝族银饰受邀参加2021年宁波时尚节暨第25届宁波国际服装节。

推进"两馆"免费开放。县图书馆订阅报刊20余种，接待读者1800余人次，其中图书外借350余人次。以成人阅览室、少儿阅览室、报刊阅览室为重点实行免费开放，自1月开始实施延时错时开放服务，开放时间为周一至周日早上9：00至晚上8：30。办证换证，做好借阅记录，对新增图书报刊进行登记管理，确保图书报刊不流失，新增读者220余人，图书流通量达到3800余册。"4·23"世界读书日系列活动在新华书店、十字路口发放宣传单，并开展"送图书进校园"活动，赠送图书500余册。举办摄影作品展览，协同县摄影家协会共同完成3次摄影展，共展出作品360张。县文化馆实施惠民工程，协助拖觉镇石咀村开展脱贫攻坚与乡村振兴有效衔接文艺活动。4—5月，起草、修改、完善建党100周年文艺活动方案和庆祝建党100周年歌咏比赛方案。6月，开展建党100周年文艺活动方案和庆祝建党100周年歌咏比赛活动。7—8月，举办免费开放活动。利用暑假为中小学生提供阅读服务和艺术普及服务，传承中华优秀传统文化。县文化馆开展免费少儿舞蹈培训、免费儿童绘画班、免费非遗口弦培训班、免费少儿主持人班。9月，开展"万人赏月诵中秋"诗歌诵读系列活动，参与人员达到200余人。9月23日—27日，组织30名演员参加"绿水青山就是金山银山"全州17县（市）文艺精品展演活动；同时，组织24名演员参加全州广场舞大赛，获得二等奖。

【主要领导人】 县委书记：罗古阿吉；县人大常委会主任：比布吴奖；县长：邓兴伟；县政协主席：刘浪；分管农业副县长：杨少贵。

布拖县编写组

金 阳 县

【基本情况】 2021年，全县辖4镇30乡，辖区面积1588.23平方千米，有户籍人口21.44万人。

【现代农业发展】 加快高标准农田建设，加强产业路、田间耕作步道、农田滑索轨道建设。规模化发展"三棵树"套种套养和果蔬薯草药农业产业，因地制宜发展"三带"特色农业产业。探索"5G+智慧农业"，加快建设生猪养殖园区和培育白魔芋等特色种养业现代农业园区，依托现代农业园区加强保鲜贮藏、精深加工、冷链物流、品牌包装、电子商务、科技研发等项目建设，将金阳打造为青花椒等特优农牧场"产、加、销"综合性基地。

【巩固拓展脱贫攻坚成果】 落实"摘帽不摘政策"要求，坚持主要帮扶政策大稳定、小调整，已脱贫户持续享受教育扶持和医疗救助等政策；持续将无力无业且收入不稳定已脱贫人口纳入低保；持续将就业困难人员动态纳入公益性岗位；继续实行"春薯秋菜"保底收购、2000万元农牧产品运费补贴、每户上限不超2000元产业奖补；设立具有公益与救助性质的防贫保障基金救助可能致贫或返贫的农户。

【农村社会保障】 常态化依法控辍保学；加快桃坪初级中学、东山中学等9所新（改、扩）建学校建设；全面推行乡村教师"县管校聘"改革、学生就近和跨区域划片入学；加快推进县城东区中彝医院、"1+8"重大疾病公共卫生医疗救治中心、乡（镇）卫生院标准化、村卫生室示范建设。

【主要领导人】 县委书记：方凤华；县人大常委会主任：曲木阿呷；县长：伍果；县政协主席：谭福宣；分管农业副县长：毛勇。

金阳县编写组

昭觉县

【基本情况】 2021年,全县辖20个乡(镇),辖区面积2557.21平方千米。

【巩固拓展脱贫攻坚成果】 坚持把改革创新作为动力源泉,深化"放管服"改革,推进乡村治理现代化、农村集体"三资"提级监督等试点改革工作,完成两项改革"前半篇"文章。

实施"1264"总体战略,加快建设民族地区全面脱贫后高质量发展先行县,连续四年在省委、省政府脱贫攻坚成效考核中被评为"好"的等次,县委获评"全国脱贫攻坚先进集体",三河村获评"全国脱贫攻坚楷模",火普村获评"全国先进基层党组织",昭觉县获评国家发展改革委"'十三五'搬迁工作成效明显县"等称号,先后有5名同志得到中央表彰、122名同志获得省级表彰。

【公共文化服务体系建设】 年初在沐恩邸社区广场举办"迎新春送祝福"文化惠民活动,共送出彝、汉文春联、"福字"共计1000余副,为全县群众增添节日的氛围。4月7日,纪念昭觉解放71周年文艺晚会在沐恩邸社区举行。6月30日,"百年党辉照耀我心"——庆祝中国共产党成立100周年文艺晚会在新广场举行。上半年文化馆免费开放培训班,美术、书法、口弦、马布、舞蹈、民歌6项培训班开班,共培训3400余人次,免费提供舞蹈排练场地19次、音乐排练6次和音乐器材及美术室3次,免费提供服装3次。5月,组建专项排查小组对乡(镇)综合文化站和村文化服务中心进行检查,重点检查乡(镇)综合文化站和村文化服务中心的设施运行情况、活动开展情况、效能发挥情况和队伍建设情况。

【主要领导人】 县委书记:子克拉格;县人大常委会主任:许世蓉;县长:赫绍洪;县政协主席:吉觉古史;分管农业副县长:顾斌洪。

昭觉县编写组

喜德县

【基本情况】 2021年,全县辖23个乡(镇),辖区面积211 775公顷。

【乡村振兴及脱贫攻坚】 指导冕山镇民主村举办首届"品脱贫葡萄·促乡村振兴"旅游商品营销活动,共带动销售葡萄1.5万余千克,实现销售收入30万元。完成四川文旅工作者服务支持艰苦边远地区和基层一线专项服务工作,招募2名工作人员到光明镇彝欣社区和石门社区开展乡村旅游志愿服务。为巩固脱贫攻坚成果,确保脱贫人员有稳定收入,引导新开办农家乐1家,吸纳光明镇彝欣社区3名脱贫人口就业增收。

【基础设施建设】 争取旅游规划资金,完成喜德县半山公园、增产堰骑行步道概念性规划编制并完成评审,其中增产堰骑行步道东起甘哈觉莫,西至冕山镇五合村,全长17.4千米;半山公园西起卫生产业园区,东至贺波洛乡,包含喜德县老城半山区域和两段铁路沿线景观,总面积约1323亩。完成喜德县孙水河流域乡村振兴及产业新城市政基础配套设施建设项目可研评审,开展项目立项。继续推进中国邛海·东山国际旅游度假区基础设施配套及综合开发PPP项目。完成一期彝家新寨安置区一组团西北区桩基试桩和基坑支护桩积累的80%。

【公共文化服务体系建设】 推进喜德县"四馆三中心"项目建设,完成喜德县"四馆三中心"《可行性研究报告》《可行性研究报告评审报告》《项目选址意见书》、项目立项和项目设计等。继续推进县文化馆、图书馆、美术馆和乡(镇)综合文化站免费开放,全年完成2848小时免费开放任务。完成省、州下达的"送戏下乡"和"送图书下乡"的目标任务。开展庆祝建党100周年系列群众文化活动。指导乡(镇)和行政村开展各类群众文化活动。四川省巩固拓展脱贫攻坚成果同乡村振兴有效衔接现场会在冕山镇洛发村设立分会场,由县文广旅局负责对冕山镇到洛发村公路沿线进行民族元素彩绘任务。继续发挥本土文艺演出队伍的作用,加大对全县"五彩云霞"演出队伍的培训力度,邀请州文化馆、州歌舞团专业师资进行授课,编排一批紧扣全年重点工作的文艺节目。全年到各乡(镇)开展"森林草原防灭火和疫情防控知识宣传及基层一线防控人员慰问演出"45场次。"五彩云霞"演出队员在指导乡(镇)开展庆祝建党100周年群众文化活动中,为乡(镇)统筹文艺演出、编排文艺节目中发挥了重要作用。"五彩云霞"演出队原创广场舞"索玛玛薇"参加凉山州本土文艺精品节目展演获得三等奖,并代表凉山州参加在雅安市举办的四川省第六届群众广场舞集中展演。文化馆全年共培训少儿月琴班400人次,音乐、舞蹈、广场舞等免费培训5万人次。县文化馆免费培训的少儿月琴班受邀参加中央电视台主办的节目《唱支山歌给党听及庆祝建党百年华诞》主题快闪摄制现场录制;6月,少儿月琴班在中小学生艺术节比赛中获得器乐类一、二、三等奖;节目《指语心弦》受邀参加全州庆祝建党100年华诞庆典活动。

县美术馆全年举办公益性画展2次，观展人数6000人次；免费开展公共教育和群众拓展活动、流动美术服务，免费培训辅导学生达到200人次。

【广电建设】 电视“户户通”稳中有进，在完成现有用户的收视维护工作外，配合各乡（镇）、村（组）送服务到乡村，全年免费维修广播电视台机顶盒1800余台，全年为集中安置点贫困用户减免收视费70余万元。利用“村村响”大喇叭完成疫情防控宣传及森林草原防火宣传任务，全年维修“村村响”设备及应急广播主机60余台，到各乡（镇）和行政村维修大喇叭280余次，出动车辆100余辆次。上半年派遣全体干部职工到北山乡北山村、冕山镇民主村和洛发村开展森林防灭火工作，下沉人员累计达3200余人次，确保所联系村森林草原安全，全年无一起事故发生。全年完成广播电视高清宽带200余户宽带安装任务，出动车辆30余次，抢修主干光缆20次。为增强应对自然灾害与突发事件的应急处置能力，对全县应急广播平台进行改造升级，提升全县广播电视安全播出能力，组织安播值班，完成春节、“五一”“建党100周年”、国庆、州庆等重大政治活动和节假日安全播出任务，全年未发生一起安全播出事故，实现“零事故、零插播”。完成国家、省干线传输中继站日常维护，配合省有线电视网络公司完成国家、省干线网络维护；完成全县有线电视机房播出和设备日常维护，并完成机房数字电视设备更换以及光传输设备的安装等。

【主要领导人】 县委书记：巫照华；县人大常委会主任：杨开华；县长：岭明；县政协主席：宋国平；分管农业副县长：阿尔猛杰。

喜德县编写组

冕宁县

【基本情况】 2021年，全县辖15镇3乡1个街道，辖区面积4423平方千米。

【农村科技】 县教体科局、县科协、县委宣传部牵头组织县卫健局、县农业农村局、县林草局、县水利局、县生态环境局等24个部门共160余名科技工作者到漫水湾镇、宏模镇开展科普活动月启动仪式暨集中示范服务活动。围绕“百年回望：中国共产党领导科技发展推动乡村振兴”的活动主题，全体干群通过设立宣传点、咨询台向过往群众发放针对农村发展、农业生产和农民生活实际需求的科普宣传资料和生产生活用品，宣传禁毒防艾、疫情防控、卫生健康、节能环保、食品安全、公共安全、防灾减灾、森林草原防灭火等城乡群众普遍关注的热点科普知识，提高农民科技意识和科学素养。该次科普月集中宣传活动共组织科技人员160人次，出动宣传车辆32台，悬挂横幅、展板等20余幅（块），发放《全民科学素质读本》《科普知识宣传读本》《森林草原防灭火手册》、《农民工法律知识100问》《油橄榄、花椒、核桃等经济林木栽种手册》等各类科普读物、科技资料和科技图书、画册、宣传手提袋、围腰等60余种2.1万余份（册），接待咨询和受益群众达3千余人次。

【公共文化服务体系建设】 做好常态化疫情防控下的文化馆、图书馆、纪念馆免费开放工作，在做好疫情防控的前提下，采取限时限流措施有序免费开放乡（镇）行政区划和村级建制调整改革后19个乡（镇、街道）已分别完善和建成的综合文化站19个，118个行政村、27个社区已分别建成的综合文化服务中心145个，并完善文化站和村级文化中心的硬件设施。为全面做好疫情防控、森林草原防灭火、防汛防地质灾害等宣传工作，自筹资金50余万元为全县19个乡（镇、街道）所辖行政村和社区配置232个20瓦手持扩音小喇叭和540只车载式扩音器，购置4G网智慧云广播“村村响”系统114套及70套便携式一体音箱，为疫情防控、森林草原防灭火工作提供了设施设备保障。建立健全广播电视公共服务网点管理办法，拟定职责、落实经费、明确责任人员，对网点服务工作开展全面指导并进行监督管理；用好用活中央、省级公共文化服务体系建设专项资金，保障网点长效运行。完成中央、省、州和县电视台数字电视节目及无线覆盖转播任务。及时处理设备故障及各类突发事件，全年开展定期和不定期广播电视公共服务网点专项检查120余次。保障广播电视发射台站所有播出设备维护管理和安全运行，完成重要时期、重大活动、重大事件广播电视安全、优质播出工作任务。全面完成脱贫攻坚项目资料收集，并移交县档案局归档装卷。完成扶贫资产管理相关数据填报。开展旅游厕所专项整治，对景区（景点）存在问题的厕所全部进行及时整改。开展“蜘蛛网线”整改，按要求对负责区域的架空主干线路进行规范清理。

【文化惠民工程】 为应对疫情，年初开展的送春联活动的方式有所改变，由县文化馆和县书法家协会联合，由书法家集中写好春联和“福”字，再由工作人员分为两个志愿者服务小分队到高阳街道青石桥社区、南西社区、长征社区、群裕社区及惠安镇等乡（镇）的贫困户家中，把“福”字送到群众手中。春节前夕，在文化馆书法教室组织书法家为群众免费书写春联，全年共赠送对联600余副。为庆祝新春佳节和喜迎中国共产党成立100周年，举办以“丹青歌盛世，翰墨谱华章”为主题的新春美术馆书画藏品展；全国美术馆馆藏精品展和“尺素传情”——大邑、冕宁书画小品网络展共有80余幅书画作品参展，以书画传情，为党的100华诞献礼，该书画网络展在“冕宁文艺”微信公众号上展出6期，展出作品100余幅。组织联系西南民族大学民族学与社会学学院、西南民族研究院首届田野族群调查方法研习营一行30余名师生到冕宁县开展非遗文化调研、交流、展示和传承活动。为宣传森林草原防灭火知识，成立了“学习党史、护林防火、乡村振兴”文化惠民志愿服务小分队，到全县各乡（镇、街道）、村（组）开展文艺慰问演出。组织重大节庆活动，开展“4·23”读书日宣传活动；7月1日，开展以“忆党史、铭党恩、强党性、促党建、跟党走”为主题的“唱支山歌给党听”暨冕宁县“两优一先”颁奖及庆祝中国共产党成立100周年文艺汇演；举办全县19个乡（镇、街道）和部分企事业单位、文化队伍参赛的2021年达体舞普及大赛。组织创作文艺作品，并参与省、州评选，音乐作品《红山红水红土地》参加四川卫视《乡村好声音》第三季暨“唱支山歌给党听·百首金曲庆华诞”评选活动，获得优秀奖；自编自创的原生态歌舞《里汝欢歌》、广场舞《吉格且》等3个群众文艺节目在凉山州本土文艺精品展演活动中获得优秀奖。在完成民心工程“七进”演出任务的基础上在石龙镇民主村、桃园村，漫水湾镇玉马山村、新丰村、西河社区、黄土坡村，泽远镇八一村、红专村等地开展以党史学习、乡村振兴、地质灾害、《中华人民共和国民法典》等系列宣讲+文艺演出活动的乡村文艺交流惠民演出16场。在西康温泉山庄举办以“我们的中国梦·文化进万家”为主题的文化进企业惠民活动。举办“大美凉山、幸福冕宁·庆祝建党100周年第二届拉玛酒业杯”手机摄影大赛优秀作品巡展（冕宁站），展出作品100幅，作品内容涵盖城市建设、脱贫攻坚、美丽乡村、社会民生、生活趣事等各类题材，全方位展示凉山特别是冕宁在发展中的自然美、生态美、人文美，用镜头讴歌新时代，唱响新生活。承办凉山州非遗项目进红色景区（彝海景区）活动，把红色文化与凉山独特的非遗文化有机结合，向游客进行展示，体现凉山独特的文化魅力。开展各类文化文艺培训，举办“免费开放项目”——暑期少儿美术培训班、文化艺术培训班暨冕宁县文化艺术大讲堂及第三届“激情夏日”才艺大赛。

【主要领导人】 县委书记：马小宁；县人大常委会主任：拉一哈古；县长：王潇；县政协主席：管军；分管农业副县长：陈明华。

冕宁县编写组

越 西 县

【基本情况】 2021年，全县辖17镇3乡，辖区面积2256.47平方千米。

【2021年度巩固脱贫成果实地评估】 2021年度巩固脱贫成果实地评估工作内容主要为在聚焦巩固脱贫成果、确保不发生规模性返贫的同时，加强对巩固拓展脱贫攻坚成果同乡村振兴有效衔接的责任落实、政策落实和工作落实等情况进行核查评估；对东西部协作、定点帮扶、项目资金的使用和管理、对口帮扶、驻村帮扶等专项进行调查；完成县乡村易地搬迁集中安置点的相关信息采集。全县深刻理解后评估工作的重要意义，增强评估检查的思想自觉和行动自觉，贯彻落实后评估各项要求，落实工作责任，带头遵守工作纪律，做到思想重视、态度端正、行动有力、统筹有度、作风过硬，客观公正地汇报工作，实事求是地反映问题，确保后评估工作有序推进；坚持问题导向，针对在此次检查中指出和发现的问题端正态度照单全收，仔细查找原因，及时梳理反馈，做到每一条意见、每一个问题限期整改、销号清零，真正把问题整改变成促进工作的“助推器”、检验作风的“试金石”。

【公共文化服务体系建设】 完成“三馆一站”免费开放。创新越西县“三馆”免费开放工作方式，延伸场地至城北感恩社区开展活动，举办2021年第一期免费摄影讲座、2021年免费钢琴培训班、“4·23”世界读书日暨全民阅读月系列阅读推广活动、2021年文昌文化——洞经音乐展演活动、“大美凉山——喜迎建党百年”第二届拉玛酒业杯手机摄影大赛优秀作品展活动、“你阅读我买单”全民阅读活动、越西县“万人赏月诵中秋”等群众性文化活动。开展“文化下乡”活动150余场，参与群众4.5万人，满足群众精神文化需求。

【广电建设】 持续做好广播电视信号“户户通”“村村响”补盲，累计维修应急广播136个村次、无线发射基站42次，上门维护“户户通”1134户。投入599.75万元，实施村文化效能广电设施提升项目，对越西广电网络进行全方位改造，实现与省、州联网，高清传输；投入48.15万元，实施深度贫困县应急广播体系县城主要街道终端音柱补点82个及农村应急广播终端补点1个乡9个村建设，提高应急广播覆盖面和应急功能。

【主要领导人】 县委书记：陈路；县人大常委会主任：吉差阿木；县长：何建梅；县政协主席：谢宇光；分管农业副县长：马海木呷。

越西县编写组

甘 洛 县

【基本情况】 2021年，全县辖9镇4乡，辖区面积2156平方千米，总人口23.76万人。

【粮油生产】 按照“一年三季”（小春、大春、晚秋）统筹安排的原则，在每季粮油作物生产前都及时地将全县的目标任务分解落实到每个乡（镇），同时会同各乡（镇）尽早再将目标任务具体分解落实到村、组、户，为全年粮油生产目标任务的完成打下 基础。根据《凉山州应种尽种宜养尽养工作指南》、凉山州农业农村局2021年工作要点和粮食生产指导意见，结合全县实情，制订《甘洛县2021年秋冬粮食应种尽种实施方案》，并按照方案组织实施。全县秋季粮食作物播种面积3.35万亩，增加0.2万亩；完成秋季作物示范片建设7650亩，其中秋马铃薯1026亩、秋荞麦4570亩、秋豌豆各2054亩；完成冬季粮油作物播种面积5.85万亩（含油菜1.95万亩），其中示范片8300亩、小麦500亩、胡豆900亩、油菜6900亩。全年推广油菜育苗移栽1万亩，完成带状种植15万亩、地膜玉米4万亩、水稻旱育秧移栽0.31万亩、水稻杂糯间栽0.5万亩、马铃薯脱毒种薯8.7万亩、马铃薯高厢垄作8.2万亩；完成10 000亩马铃薯和12 100亩玉米及10 000亩荞麦绿色高产高效创建，全年承担开展试验示范9个；推进现代农业马铃薯产业示范基地建设，在田坝镇、海棠镇、新茶乡、沙岱乡、斯觉镇等12个乡（镇）建设8万亩现代马铃薯产业示范基地。做好农业重大病虫害的调查、预测预报和防治，启动普昌镇（原石海乡）和田坝镇2个病虫害测报监测点，及时做好病虫害发生的预测预报；按照长江流域农药减量化整改要求，在田坝镇石门村建立10个农药监测点。在全县13个乡（镇）安装草地贪夜蛾诱捕器1万套，防控面积1万亩；发生草地贪夜蛾危害147.2亩，防治229亩；对全县2.1万亩次水稻的稻水象甲和3000亩玉米粘虫以购买服务的方式开展绿色统防统治，防治效果达95%以上，取得良好的经济和社会效益。结合大小春田间管理，出动车辆19次、技术人员57人次到全县13个乡（镇）开展科学用药、安全用药、农药包装废弃物和废旧地膜回收宣传动员，发放宣传资料100余份，张贴宣传画册54张，同时现场指导乡（镇）、村、农药销售店设置农药农膜回收桶82个，现场指导农药经销商做好农药销售及包装废弃物回收台账的建立。

【畜牧业】 结合县域生猪及畜禽生产实际情况，全面协调、稳步推进以县域生猪为主的畜禽业稳产保供。以奖代补“短平快”项目涉及13个乡（镇）277户防返贫（致贫）监测户，按照3000元/户发展种养殖业以奖代补实施奖补入户。下达财政涉农整合资金75万元，审核拨付苏雄镇76户、玉田镇2户合计23.4万元，其余乡（镇）按照程序推进上报相关资料。能繁母猪补贴2020年计划补贴新增能繁母猪3150头，补贴资金94.5万元(300元/头)，已完成87.75万元补贴资金发放，共计补贴2925头能繁母猪、1130户，补贴养殖企业11家、散养户1119户。农业生产生活用房项目建设完成田坝镇雄普村2户易地扶贫搬迁配套农业生产生活用房建设，并验收完成资金拨付入户工作。完成非建档立卡贫困户生产生活用房建设补助项目新茶乡九环地村（原两河乡泥水村）土地增减挂钩配套生产生活用房建设，49户非建档立卡贫困户生产生活用房建设补助资金拨付入户。畜禽绿色发展项目资金1000万元8月计划已落实下达，实施年度为2021—2022年，按照程序分户实施、按照项目“先建后补、以奖代补”的工作要求推进。洪涝灾害恢复重建项目建设地点为苏雄镇阿兹觉村并吉乃彝各村灾后安置配套生产生活用房资金，下达资金总计31万元，计划选址现场因河堤防洪堡坎未完成，乡（镇）及村拟计划在2022年河堤防洪堡坎完成后确保选址安全的前提下全面实施。第三次全国畜禽遗传资源普查专项工作开展入户普查登记及畜禽遗传资源普查国家系统信息数据录入工作，完成13个乡（镇）技术指导培训54期，培训300余人次，已按照要求完成全县13个乡（镇）127个村及7个社区的入户普查及系统录入。畜禽养殖污染防治及中央环保督察迎检工作畜禽养殖环保督察完成环保督察整改问题销号及常态化管控完成禁养区划定及管控、查询监测，建立禁养区监测备案制管控制度措施。推进畜禽适度规模养殖普查、排查及治理，完成县域畜禽养殖粪污粪肥“三化”调查普查，规模养殖场25个核查及农业农村部直联直招系统上报与管理，粪污处理设施设备配套装备率100%，全部纳入农业农村部直联直招系统，并开展相关工作。规模养殖场贷款贴息工作完成甘洛县琦祥林果生态养殖专业合作社2020年1月—7月贷款贴息23 667元、2020年8月—12月14 584元贴息。畜牧业防灾减灾及畜禽养殖业地质灾害排查围绕畜牧业防灾减灾及畜禽养殖业环保督察，以《甘洛县农业农村局关于做好2021年畜牧业安全生产、防灾减灾、防汛抗旱及畜禽养殖环保督察治理有关工作的通知》（甘农函〔2021〕88号）全面安排部署相关工作，完成县域重点养殖生产企业和点位巡排查、督察及整改。规模养殖场直联直招系统管理及生产监测完成全县县域畜禽规模养殖场现场核查、直报及信息统计直报工作和畜禽规模养殖场直联直招系统管控，为畜禽稳产保供提供系统监测支撑。截至第三季度，生猪出栏12.3808万头，牛出栏1.861万头，羊出栏13.231只，家禽出栏341 531万羽。

【水产业】 打好长江流域十年禁捕工作“持久战”。抓好全县水生态环境保护，维护水生物多样性。成立禁捕工作领导小组，将禁捕工作纳入目标和河（湖）长制工作考核，做到领导到位、责任到位、工作到位。通过新闻媒体、彝汉双语广播、张贴公告、制作永久性宣传标语标牌、执法宣传讲座等形式开展禁捕政策宣传，共开展媒体宣传54次、禁捕执法宣讲13场次，制作禁捕标语18幅，张贴印发宣传资料1000余份、永久性宣传标牌24个。成立"渔政协助巡护队伍"，对全县河流实施网格化管理。结合"中国渔政亮剑·2021""护渔百日联合执法""甘洛县春雷行动"等，农业、公安、市场监管等部门联合执法，加强行政执法与刑事司法衔接机制，严厉打击贩卖江河野生鱼，在重点水域常态化开展严厉打击"电、毒、炸"等非法捕捞联合行动22次，出动执法人员2289人次、车辆47辆次，检查市场、水产品销售经营点等47个次，监测餐馆、商超等各类广告2000条次，删除非法交易信息8条；开展陆上河道巡查12 570千米（包括巡护人员巡查数），清理销毁违规网具18张，查办违法违规案件20余件，查获并放生涉案渔获物3千克，行政处罚0.4万余元。做好全县长江经济带中小水电站生态补偿工作，严格落实各电站的生态补偿，督促各电站按"报告"及"批复"的内容完成渔业资源保护生态补偿——实施增殖放流。完成第一次增殖放流。纳入的流域有尼日河上游段、甘洛河上下游、田坝河上下游、白沙河6条流域共49家，共放流31.72万尾，其中重口裂腹鱼11.05万尾、齐口裂腹鱼12.665万尾、短须裂腹鱼6.925万尾、松潘裸鲤1.08万尾，规格8～12厘米。做好全县水产种质资源普查，对黑马增殖站、新茶响水村大鲵养殖、苏雄镇埃岱村的温泉养殖的水产品种进行普查登记上报，完成水产种质资源普查。

【新农村建设】 抓乡村振兴人才支撑，完成新型职业农民培育109人。组织专家指导开展农民实用技术指导25 000余人次，解决关键技术20个，推广优良品种8个，推广实用技术16项，发放相关技术资料5万余份。对接省"科技扶贫万里行"专家组，开展果树及中药材种植指导4次。建立科技示范基地7个（6个养殖业、1个种植业）。完成4名特名聘农技员特聘，完成并做好2021年基层农技推广体系13个乡（镇）基层人才队伍建设调查。抓农村重点改革任务、土地确权工作，稳步推进农村土地确权登记，按照省、州土地确权要求，全县在开展农村土地确权登记试点的基础上，确权工作全面展开，全县已完成颁证41 674户，颁证率达98%；颁证家庭承包面积355 129亩，查漏补缺和修改已基本完成并开展档案整理和归档。加快机房建设。全县13个乡（镇）、127个村集体经济组织、456个村民小组完成清产核资，完成率100%，清产核资结果已全部录入全国农村集体资产清产核资管理系统。股权量化按照"增人不增股，减人不减股、维护特殊群体权益及村集体资产全额化"的三个基本原则，经村民代表大会讨论通过，已完成全县13个乡（镇）、127个村集体经济组织股权量化工作。做好"三品一标"农产品认证，完成对甘洛县云浩丰登农业发展有限公司的五彩马铃薯、甘洛县木子专业合作社的马铃薯2个绿色食品的年检；通过品牌建设动员、申报材料报送培训和指导完成甘洛县丰平专业合作马铃薯的绿色食品申报；为加大凉山州特色农产品品牌战略实施力度，打造"大凉山特色"品牌，发展使用大凉山特色农产品标识资质，完成审核并上报凉山州相关部门。加强新型农业经营主体培育，全县已培育专业合作社914个、家庭农场386个、农业合作社联合社2个；申报评定省级示范社2个、州级示范社3个，评定县级示范社9个；评定县级示范场20个，申报评定省级示范场3个，申报评定州级示范场8个。组织实施家庭农场建设项目26家（其中示范类3个、培育类23个），项目补贴资金共300万元；合作社建设项目6个（其中联合社1个、示范社5个），专项补助资金140万元；实施农产品仓储保鲜冷链设施建设项目8个，项目补助资金215万元；家庭农场项目建设已完成培育类14家、示范类1家，完工比例达58%。

【农业产业园区基地项目】 自脱贫攻坚实施以来，全县共投入各类扶贫资金5亿余元支持乡村改善农业基础设施、发展特色种养殖、开展农产品初加工、壮大村集体经济等。五年来，集中连片建成4000亩李子、5000亩金银花、3500亩苍术、5000亩柑橘等农业基地；投资1015万元的千亩稻菇轮作和投资1800万元的甘洛县高山生态牧场项目等项目有序开展建设。2019年以来，相继投入2.4亿元启动甘洛县田坝团结农旅融合现代园区、阿嘎绿色果蔬现代农业园区、新茶茶旅融合现代产业园、清水自然错季蔬菜现代农业园区、松树坪药材蔬菜现代农业园区等9个农业园区建设，过程中涌现出"阿嘎经验""蓼坪速度"等典型扶贫案例，已建成州级现代农业园区2个、县级现代农业园区4个。

【高标准农田建设】 完成2019年高标准农田建设项目，在3个乡（镇）13个村实施完成高标准农田建设22 000亩，项目已通过县级和州级验收，已完成审计任务；完成2020年高标准农田建设项目，在5个乡（镇）实施高标准农田建设2.2万亩，其中高效节水灌溉面积0.33万亩，已全面完成建设任务，进入工程资料整理及开展州级验收准备。2021年高标准农田建设项目在3个乡（镇）11个村建设高标准农田1.36万亩，建设内容包括土地平整、土壤改良、灌溉排水、田间道路等，已进场施工并按照工期进度安排有序推进。

【强农惠农政策落实】 截至2021年10月30日，农机购置补贴已申报农机具31台，涉及补贴资金31.08万元，其中已结算29台，发放补贴29.58万元；未结算2台，涉及补贴资金1.5万元。新增动力机械31台，新增农机动力0.093万千瓦。2020年稻谷补贴面积共计17 160亩，涉及7个乡（镇）74个村213个村民小组8456户农户，已完成补贴面积的上报、核查核实，待资金下达后立即组织兑付。耕地地力补贴发放标准为87.07元/亩，覆盖全县13个乡（镇）129个村34 762农户161 938人，补贴面积199 372.12亩，已兑付补贴17 220 055元，兑付比例达99.2%，并对兑付信息有误的农户开展的核查核实和校正。实际种粮农民一次性补贴下达资金472.29万元，项目覆盖全县13个乡（镇）29 708户农户，补贴面积162 296.5亩，兑付资金4 609 322元，兑付比例达99.55%。

【农村人居环境整治和能源发展】 开展农村能源行业生产大检查、大宣传和专项整治行动，完成对已建户用沼气、集中供气等项目的安全生产、使用情况检查任务，发放安全宣传资料25 000册，张贴安全标语30幅，安装沼气警示牌500片，迎接并通过省、州验收组对全县2019年省级农村户用沼气和新村集中供气沼气工程项目的验收，保证全县全年沼气安全使用零事故。实施完成甘洛县“厕所革命”整村推进示范村建设项目，在嘎日乡沙嘎特觉莫村改造农村卫生厕所281户（112.4万元），新（改）建公共卫生厕所1处（资金13.1万元）和在玉田镇罗马村新建公共卫生厕所1处（资金18万元）。实施完成甘洛县海棠镇正西村安装太阳能路灯40盏项目（资金14万元）。对全县13个乡（镇）127个村进行人居环境整治全覆盖督察，开展督察75次，投入人员220人次。

【农牧产品质量安全监管】 在全县范围内以专业合作社、生产基地、各大农贸市场等为重点抽检对象，对即将上市或正在上市的蔬菜、水果进行农药残留快速检测，全年共抽检草莓、黄果柑、芹菜、莲花白、莴笋等果蔬样品349个，抽检合格率为100%。根据州局下达的任务进行农产品质量安全风险监测，共抽取粮食、蔬菜、水果、畜禽产品119个样品送省农科院进行检测，合格率为100%。继续深化“瘦肉精”专项整治，分别在养殖环节抽取、在销售环节和屠宰环节抽取生猪（牛、羊）尿液进行检测，未发现县内生猪（牛、羊）使用兽药违禁药品现象。在做好产地检疫和运输检疫的基础上，检疫生猪2.1687万头，其中出县境生猪0.3879万头，检疫率达100%；检疫并无害化处理病猪10头，保证上市肉品安全合格。

【农业综合行政执法】 做好农业机械登记管理，全年受理各类农业机械业务526件，受理驾驶证业务216人次。在全县范围内开展安全生产大检查和专项整治行动，出动执法人员248人次，检查拖拉机318台，发现安全隐患60起（其中超载10起、超期未年检8起、灯光设施不全42起），纠正教育15人，下发整改通知书60份，对排查发现的安全隐患及时整改到位。做好春季农资监管，规范农资市场经营秩序，打击假劣农资坑农害农行为，维护农民合法权益，保障农业生产安全和农产品质量安全，在全县范围开展2021年春季农资执法专项行动，执法检查主要围绕种子、肥料、农药、饲料、兽药等农资产品，出动执法人员300人次，检查农资经营门店192家次，检查玉米品种48个、水稻品种7个、农药品种32个、兽药品种56个、饲料品种5个4批次、复合肥品种4个2批次，发放宣传资料2980份。

【主要领导人】 县委书记：刘建波；县人大常委会主任：吉拖哈史；县长：沙勇；县政协主席：朱辉；分管农业副县长：许强。

甘洛县编写组

美 姑 县

【基本情况】 2021年，全县辖18个乡（镇）和12个居民委员会，辖区面积2573平方千米。年末户籍人口28.49万人，增长1.6%，其中少数民族人口28.29万人，占总人口的99.3%。全年出生人口5565人、死亡人口1740人，人口自然增长率13.49‰。完成造林面积2666.7公顷，森林覆盖率38.12%。

2021年，全县GDP407 747万元，按可比价计算，增长9.8%，增速全州排名第五，超额完成经济总量(GDP)6%的目标任务。按常住人口24万人计算，全年人均国内生产总值16 989元，增长9.4%。分产业看，第一产业增加值128 364万元，增长5.9%，对经济增长的贡献率为21.2%；第二产业增加值50 846万元，增长10.2%，增速全州排名第五，对经济增长的贡献率为12.5%；第三产业增加值228 537万元，增长12.2%，增速全州排名第一，对经济增长的贡献率为66.3%。一二三次产业比为31.5：12.5：56。开展安置点就业增收专场招聘会35场次，累计转移输出劳动力7.81万人次，实现劳务收入14.02亿元。全县乡村旅游带动10个村5728人脱贫，发展农家乐16家。

有国道127.7千米、省道163.8千米、县道330.5千米、乡道851.8千米、村道256.3千米。全年公路货物周转量2589万吨千米，旅客周转量1008万人千米。全年社会消费品零售总额80 552万元，增长13.2%。一般公共财政预算收入12 479万元，增长5.8%；一般财政公共预算支出318 079万元，减少38%。年末金融机构各项存款余额414 538万元，增长1.7%，其中居民存款余额281 574万元，增长34%；各项贷款余额166 914万元，增长17.8%。邮电通信业务总收入12 176万元，有互联网用户2.4万户、移动电话用户13.58万户。

有幼儿园10所(其中公办3所、民办5所)，幼教点281个，接收幼儿17 333人，幼儿教职工138人，幼教点辅导员715人。有小学学校40所、小学教学点83个，小学在校学生43 337人，在校教职工1958人；初中学校5所、高完中学校1所，初中在校学生14 201人、高中在校学生1615人，初中在校教职工923人、高中在校教职工73人。有文化馆1个、乡(镇)文化站18个、文物保护机构10个，有公共图书馆1个(藏书3万余册)。有卫生医疗机构41个，病床位569张，有卫生技术人员710人。参加城乡居民基本养老保险(含职工)126 397人，城乡居民养老金发放16 658人，养老金社会化发放率达99.33%。

【年度农业和农村经济运行】 2021年，全县实现农林牧渔业及其服务业总产值251 672万元，增长6.5%(增速按可比价计算)，其中农业总产值79 739万元，增长17.8%；畜牧业总产值165 248万元，增长15.4%；林业总产值3802万元，下降58.7%；渔业总产值13万元，增长21.9%；农林牧渔服务业总产值2870万元，增长15.4%。灌溉面积2140公顷。全年农用化肥施用量(折纯)0.5吨，减少0.5%。

【种植业】 全年粮食作物播种面积37.72万亩，粮食总产量达10.09万吨，增长3%。主要经济作物中，油类作物产量30吨，增长25%；中草药材137吨，增长3%；蔬菜及食用菌产量2.4万吨，增长12.9%。园林水果产量0.7万吨，增长0.9%。

【林业】 全县林业用地面积219.35万亩，森林覆盖率达38.12%，林业用地占辖区面积的58.15%，其中有林地137.33万亩、疏林地2万亩、灌木林地76.11万亩。全县有湿地面积2329.38公顷(水稻田除外)，其中河流湿地占到湿地面积的99.05%；人工湿地20.59公顷，占0.89%；沼泽1.44公顷，占0.06%。完成2021年度天然林资源保护工程二期国有林管护实施方案编制，选聘2047名生态护林(草)员实行网格化管理，管护71.95万亩国有林、93.35万亩集体公益林和15.07万亩集体与个人天然商品林，并完成18个乡(镇)187个行政村(社区)公益林和商品林面积区划，推进集体公益林生态效益补偿和集体与个人天然商品林停伐管护补助兑付；完成人工造林0.5万亩、封山育林1万亩的初植任务。退耕还林工程巩固前一轮退耕还林9.1万亩，完成新一轮退耕还林8.09万亩，推进惠民惠农补助资金发放。草原生态修复治理及退化草原改良工程推进2020年人工种草生态修复治理和天然草原改良项目，完成人工种草生态修复治理0.3万亩及其围栏建设，天然草原改良1.2万亩；落实2021年人工种草生态修复1万亩、天然草原改良3万亩和草原生态监测地块实施方案编制。全年完成造林面积2666.7公顷。

【畜牧业】 全年生猪出栏20.6万头，增长13%；羊出栏24.8万只，下降7%；牛出栏2.4万头，减少2.3%；家禽出栏102.8万只，增长1.7%。全年肉类总产量22 905吨，增长12.3%，其中猪肉产量14 555吨，增长24.1%；羊肉产量3817吨，减少7.41%；牛肉产量3020吨，减少3.96%；家禽肉产量1513吨，增长8.14%。禽蛋产量656吨，减少2.1%。

【乡村振兴】 全县严格落实五年过渡期内“四个不摘”要求，用活用足省委25条“真金白银”支持政策措施和州委57条具体措施，牢牢守住不发生规模性返贫底线，持续用力巩固好脱贫成果，接续推进乡村振兴。一是推动责任落实。严格落实“书记抓、抓书记”的工作要求，及时调整充实党政“一把手”任双组长的农村工作领导体系，乡(镇)和村(社区)同步健全组织领导体系，在全县构建形成上下贯通、一抓到底的“1+18+187”责任体系。召开美姑县防返贫监测帮扶工作会议、脱贫攻坚成果回头看动员部署会议等全县性大会11次、县委常委会和县政府常务会30次，研究部署巩固拓展脱贫攻坚成果同乡村振兴有效衔接工作，制定《美姑县乡村振兴规划(2020—2025)》等规范性指导文件60余份，推动工作落地落实。成立县委农村工作领导小组，召开5次会议，印发《2021年巩固拓展脱贫攻坚成果同乡村振兴有效衔接专项监督任务清单》等文件，全面落实防止返贫动态监测，全县共确立村(社区)监测员2045名，县、乡审核员186名；建立风险提示清单，推送返贫致贫风险线索28条。结合县、乡、村集中换届，配备乡(镇)领导班子208名，187个村(社区)“两委”主要负责人实现“一肩挑”，班子成员交叉任职585人，轮换选派驻村干部559名，聚焦帮扶村短板弱项和资源优势，瞄准监测帮扶、产业就业等重点任务，开展动态监测帮扶。二是推动政策落实。利用县委常委会、理论学习中心组会议等多种载体及时学习宣传、全面贯彻落实习近平总书记关于扶贫工作、“三农”工作和乡村振兴工作的重要论述20余次。制订《美姑县巩固拓展脱贫攻坚成果同乡村振兴有效衔接实施方案》，调整细化并落实好脱贫人口义务教育、住房安全、兜底保障等10个方面政策，重点抓好脱贫人口就业和低收入人口帮扶，确保各项政策落实不悬空。集中人力、物力、财力开展3次排查，并于11月在全县范围内组织开展“回头看”，集中排查和日常摸排监测309户1276人。在6个大型集中安置点配套建成青储玉米、蔬菜水果种植基地2万余亩，建成肉牛、岩鹰鸡、花椒等种养产业基地和扶贫工厂8个，新增公益性岗位5760个。利用农民夜校、村级“坝坝会”等平台，加大对《关于婚姻彩礼问题的建议》内容的宣传力度，遏制彝区高额彩礼等陈规陋习。三是推动工作落实。制订《美姑县防止返贫监测和帮扶工作实施方案》《美姑县防贫保障基金实施细则》等方案，常态化开展动态监测，分类落实产业就业、低保兜底等针对性帮扶措施。落实300万元防返贫基金给予保障，坚决消除返贫风险隐患。印发《巩固脱贫攻坚成果做好社会救助兜底保障工作的实施方案》，全县共有农村低保保障人数16 872户56 029人，全年发放农村最低生活保障资金17 745万元。建立县、乡、村三级联动的扶贫项目资金资产清理工作机制，聘请第三方负责清理2018—2020年财政结转资金和涉农资金涉及项目。截至2021年年底，已完成2013—2020年各级扶贫资金清理123.37亿元，涉及项目3404个，同步推进确权登记、管护移交、构建联农带农益农机制等工作。

【乡村旅游】 全县乡村旅游带动10个村5728人脱贫，发展农家乐16家，旅游扶贫重点村洛俄依甘乡阿居曲村、峨曲古乡雷觉莫村、巴普镇俄普村、巴普镇基伟村完成乡村旅游“六个一”工程。洛俄依甘乡会盟文化小镇、洒库乡旅游小镇分别入选第一批、第二批大凉山特色旅游小镇创建单位。

【农村水利】 农村安全饮水工程维修养护项目投资约230万元，建设完成涉及10个乡（镇）12个村的14处工程，巩固1949户9653人饮水安全问题。农村安全饮水工程巩固提升项目投资约800万元，建设涉及17个乡（镇）51个村70处工程，巩固5329户27 675人饮水安全问题。抓好农村饮水安全管理“三个责任”“三项制度”落实，严格工程建后管护，巩固提升农村饮水安全供水质量，完善覆盖城乡的供水工程网络体系。推行农村饮水安全社会化管理，提升群众管水、护水意识，全面收缴水费，建立以水养水机制；全县遴聘314名水利巡管员，确保工程建得起、管得好、运行畅。争取到项目资金3100余万元，推进美姑河国有林场至牛牛坝镇腾地村河段、美姑河2020年水毁堤防重建、瓦候乡依吾古水厂段堤防、巴古乡依千村段堤防等防洪治理工程建设，确保主汛期前建成投用。完成重点山洪沟（炳途沟、甘都沟）治理项目初步设计。在汛前及汛期组织召开防汛减灾工作专题部署会议，安排部署2021年防汛减灾工作任务，与18个乡（镇）签订防汛安全责任书，落实防汛抗旱工作经费67万元。调整充实县防汛抗旱指挥体系，核实和调整全县309处山洪危险区188名监测责任人、60名预警转移责任人。落实“三长两员”责任体系，按照“三避让”原则，做到“应撤尽撤”。全县全年强降雨5次，发送预警短信50 000余条，预警预报133次，山洪危险区成功避险转移364户1793人。落实资金570万元，完成修复3处水毁工程，总长度648米，全年防汛工作无一人员伤亡、无一责任事故发生，最大限度保障人民群众生命财产安全。完成四季吉沟、马洪觉沟、瓦西沟等11条流域面积1000平方千米以下50平方千米以上河流的河湖划界；拆除美姑河洒库乡塔古村、牛牛坝镇四比齐村、洪溪镇洪溪社区3处涉河乱建房屋2000余平方米；清除牛牛坝镇卡俄村、觉洛乡151砖厂等9处涉河乱堆渣土33 000立方米。同时，通过“四乱”整治、非法采砂执法、偷排废水等工作共收缴罚款19.68万元；推进小水电清理整改工作，对未按要求落实下泄生态流量的电站共处罚人民币13万元。全年完成生产建设项目水土保持报告表批复60个，征收水土保持补偿费90.779万元；完成水土流失治理面积54平方千米；完成2021年遥感监管认定查处违法违规项目整改销号工作，对102处疑似违规图斑进行现场核查，其中非生产建设扰动25处、生产建设项目扰动77处，合规项目18个，不合规项目43个，并对违法违规建设项目下发整改通知限期整改；完成中央水利发展资金水土保持工程美姑县尼哈小流域综合治理项目竣工验收。全县灌溉面积2140公顷。全年农用化肥施用量（折纯）0.5吨，减少0.5%。

【农村社会保障】 全年城乡居民人均可支配收入13 538元，增长10.24%，高于全州平均水平0.54个百分点，其中农村居民人均可支配收入11 618元，增长10.42%，农村居民收入增幅比城镇居民高2.63个百分点。城乡收入比2.68 ：1，较上年减少0.07个百分点，城乡收入差距逐步缩小。全年参加城乡居民基本养老保险（含职工）人数126 397人，城乡居民养老金发放16 658人，养老金社会化发放率达99.33%。城乡居民参加基本医疗保险（含职工）人数240 621人，其中职工参加医疗保险人数9517人、居民参加医疗保险人数231 104人。农村纳入最低生活保障的16 872户56 029人，保障金支出17 745万元。

【农村生态建设及环境保护】 县城和乡（镇）集中式饮用水水源水质达标率100%。持续推进农村生活污水治理，已完成3个农村生活污水治理“千村示范工程”建设任务。根据对美姑河流域设置的3个断面采样监测，美姑河地表水水质优良（达到或优于Ⅲ类）断面比例为100%，地表水丧失使用功能（劣于Ⅴ类）水体断面比例为零，无水质下降断面，2021年度美姑县地表水断面水质稳定达标。开展土壤污染防治，组织开展耕地土壤环境质量类别划分，重点行业监督监管，对1个疑似污染地块进行调查评估，地块可做建设用地进行开发使用，土壤环境质量安全可控。

【农产品质量安全监管】 自“春雷行动”开展以来，共检查各类经营企业800家、学校食堂69个，整治重点区域5处，监测电商平台35次，出动车辆70余次，出动执法人员220人次，查处案件59件，没收物品货值金额1800元，其中处罚1万元以上案件14件。检查学校及校园周边食品安全，签订中、高考食品安全承诺书及责任书，为2021年中高考食品安全提供保障。制定《美姑县白酒小作坊治理提升示范创建方案》《美姑县肉制品治理安全提升行动实施方案》和《美姑县食品安全委员会2021年食品安全重点工作安排》。开展“餐饮从业人员培训年”“食品安全宣传周”、食品生产环节风险隐患排查、白酒小作坊治理提升示范创建摸排建档工作及培训。发放《中华人民共和国食品安全法实施条例》《中小学生食品药品安全知识读本》《小餐饮服务安全操作规范手册》、光盘行动日历、限塑宣传袋等宣传资料2000余份。检查中小学（含托幼机构）学校食堂69家（其中中小学食堂60家、幼儿园食堂9家），有效《食品经营许可证》持证率100%，学校食堂从业人员510余人（持证上岗率100%）；发出《责令整改通知书》2份，对违反《四川省中小学校食品安全管理办法》《学校食品安全与营养健康管理规定》等法律、法规的3所学校立案处罚。共检查食品经营店及超市230家次、餐饮店167家次，共处罚各类食品违法案件57起，抽检各类食品、农产品269份。

【劳务输出】 开展安置点就业增收专场招聘会35场次，累计转移输出劳动力7.81万人次，实现劳务收入14.02亿元。与浙江宁波和乐山市搭建劳务对接平台，采取“订单、定向式培训+定向输出”模式转移输出劳动力493人。

【主要领导人】 县委书记：马小宁（4月止），陈翔（8月始）；县人大常委会主任：沙马拉林（12月止），洪开明（12月始）；县长：沈海涛（9月止），朱华（12月始）；县政协主席：沙明英（12月止），贺雪冰（12月始）；分管农业副县长：杜春虹（12月止），阿尤石哈（12月始）。

美姑县编写组

雷 波 县

【基本情况】 2021年，全县辖21个乡（镇）158个村12个社区，辖区面积2838平方千米。有人口28.4万人，其中以彝族为主体的少数民族占59.6%。

2021年，全县GDP76.55亿元，增长8.6%，其中第一产业增加值完成15.85亿元，增长6%；第二产业增加值完成33.15亿元，增长9.8%；第三产业增加值完成27.55亿元，增长8.7%。三次产业结构比由22.49 ∶ 41.25 ∶ 36.26调整为20.71 ∶ 43.29 ∶ 36。一般公共财政预算收入完成9.39亿元，增长4.3%。城乡居民可支配收入分别达31 692元、13 366元，分别增长8.2%、10.66%。

【农民素质培育工作】 全县从源头上破解“生源组织困难、课程设置单一、授课方式枯燥、培训质量不高”的历史难题，创新采取“五个规范”举措护航2021年高素质农民培育高标准推进高质量完成。规范培育模式，遵循《农业农村部高素质农民培训规范（试行）》《四川省农业农村厅关于做好2021年高素质农民培育工作的通知》等文件规定，明确培训方式、培训内容、培训时间、培训学时，其中经营管理型培训15天，培训学时不低于120学时，采用集中理论授课8天（线上学习不低于12学时）、实训实践4天、考察交流3天、跟踪服务1年的“843+1”培训方式；专业生产型培训7天，培训学时不低于56个学时，采取理论授课2天、实训实践3天、考察交流2天、跟踪服务1年的“232+1”的培训方式。规范对象遴选，全县突出脱贫攻坚与乡村振兴有效衔接、“5+3”特色农业产业发展、现代农业园区建设等重点工作，设置种养循环、中药材产业、茶叶产业、莼菜生产等四个班次，其中业生产型以从事种植、养殖和农产品加工的高素质农业劳动者为主，经营管理型主要培训家庭农场、专业合作社、农业社会化服务组织的负责人和创新创业带头人。由乡（镇）人民政府组织报名，培训机构负责初核，报县农业农村局审定，确保真正把想创业、盼致富、参训意愿强烈的农业生产经营者纳入培训。规范资金使用，按照《四川省农业农村厅、四川省财政厅关于做好2021年中央财政农业生产发展等项目实施工作的通知》有关项目资金使用的文件精神，培训资金只能用于“学员集中培训、实践实训环节的食宿费、交通费；教材费、线上学习费、资料费用、试卷打印费、学习用品、建档资料费；外聘教师授课费；《培训合格证书》工本费用；实践实训环节产生的耗材费；培训场地租赁费；跟踪服务费、防疫物资费”等方面，坚决禁止培训机构向培训对象发放培训补助或变相发放培训补助的现象，一经发现，即时中止培训机构的培训资格。规范培训过程，建立班主任制度、第一堂课制度、培训考勤（请销假）制度、满意度调查制度、互动跟踪联系制度、培训台账制度等6项制度。培训机构通过中国农村远程教育网申报培训学员、培训师资、培训基地，待审批通过和书面开班申请通过后方可开班。规范培训监管，在县农业农村局科教站设立高素质农民培育工程领导小组办公室，具体负责统筹协调、任务下达、监管督查，进行定期或不定期抽查和监督检查并制定规范的监督检查表册。

【广电建设】 成立以县文广旅局领导、分管领导为广播电视安全播出工作领导小组组长、副组长，广电股工作人员为领导小组成员的广播电视安全播出工作领导小组，明确工作职责，细化工作措施，制定安全工作预案，执行安全播出相关制度，完成广播电视安全播出。

【主要领导人】 县委书记：杜刚；县人大常委会主任：杨顺忠；县长：陈嘉明；县政协主席：王向阳；分管农业副县长：马格胚。

雷波县编写组

调查与研究
DIAOCHA YU YANJIU
SICHUAN

树牢意识　扛起责任
坚决打好农业农村污染治理攻坚战

四川省生态环境厅

2021年，全省生态环境系统深入贯彻习近平生态文明思想，完整、准确、全面贯彻新发展理念，认真贯彻落实中央大政方针和省委、省政府决策部署，深入打好农业农村污染治理攻坚战，推动全省农村生态环境质量持续改善。

一、提高站位，主动扛起生态文明建设政治责任

加强农村生态环境保护是党中央、国务院做出的重要决策部署，是推进生态文明建设和维护国家生态安全、粮食安全的重要内容。习近平总书记指出，农村环境直接影响“米袋子”“菜篮子”“水缸子”“城镇后花园”；要持续开展农村人居环境整治行动，实现全国行政村环境整治全覆盖，基本解决农村的垃圾、污水、厕所问题，打造美丽乡村，为群众留住鸟语花香、田园风光。农村生态环境关系人民群众身体健康，关系美丽中国建设，是实施乡村振兴战略的重要举措，我们要充分认识深入打好农业农村污染治理攻坚战的重要意义，不断增强思想自觉、政治自觉、行动自觉，切实解决好农业农村领域突出生态环境问题。

生态环境厅认真学习贯彻习近平生态文明思想和习近平总书记重要讲话和重要指示批示精神，先后召开32次厅党组会、8次党组中心组学习会和8次厅务会，及时跟进学习。成功承办2021年深入学习贯彻习近平生态文明思想研讨会，形成了一系列有深度、有价值的成果，受到生态环境部和省委、省政府的充分肯定。

在全国率先开展习近平生态文明思想进学校、进农村“两进”活动，推动习近平生态文明思想深入基层、深入人心。贯彻落实习近平总书记关于黄龙溪水质达标、赤水河流域生态环境问题、金川县八一电站生态破坏问题、推动黄河流域生态修复等重要指示批示精神，黄龙溪国考断面水质连续19个月稳定达到Ⅲ类水质标准，金川八一电站问题整改全部完成，赤水河小水电站大幅减少，黄河流域水质常年保持Ⅱ类。完成2021年国家下达的生态环境保护约束性指标任务，在中央对省（区、市）污染防治攻坚战成效考核中，2019年、2020年全省连续两年获评“优秀”等次。2021年，全省PM2.5浓度为31.8微克每立方米，优良天数率89.5%，空气质量综合指数排名在10个经济大省中位居第4。全省203个国考断面中，195个达到Ⅲ类以上，优良断面占比96.1%。

二、夯基固本，健全农村生态环境治理体系

一是强化规划引领。2021年是“十四五”开局之年，为深入打好全省“十四五”期间农业农村污染治理攻坚战，组织编制《四川省“十四五”农业农村生态环境保护规划》《四川省农业农村污染治理攻坚战实施方案》等政策文件，明确主要目标和重点任务，落实各部门责任，统筹推进全省“十四五”农村生态环境保护工作。指导各地结合乡（镇）行政区划和村级建制调整改革，制（修）订县域农村生活污水治理专项规划或方案，推进域内农村生活污水治理工程建设。

二是强化法规支撑。坚持用最严格的制度、最严密的法治保护生态环境，推动制定和实施《四川省嘉陵江流域生态环境保护条例》《四川省赤水河流域保护条例》，对流域规划、资源与生态环境保护、污染防治、绿色发展等方面做出系统部署。推动出台《四川省老鹰水库饮用水水源保护条例》，指导、统筹、协调老鹰水库饮用水水源保护工作。鼓励地方因地制宜制定畜禽养殖污染防治、农村生活污水治理等地方条例，如自贡市、南充市、巴中市等地先行先试，制定了《自贡市畜禽养殖污染防治条例》《南充市乡村污水处理条例》《巴中市城乡污水处理条例》等条例，为当地农业农村生态环境保护提供强有力的支撑。

三是完善标准体系。组织编制水产养殖业、畜禽养殖业等相关地方水污染物排放标准，严格养殖业污染排放监管，加快水产养殖业、畜禽养殖业转型升级，推动全省养殖业实现高质量发展。组织编制《四川省集中式饮用水水源保护区勘界定标技术指南》，构建饮用水水源保护区边界勘界定标技术标准体系，确保保护区边界精准落地。

三、保持定力，持续深入打好农业农村污染治理攻坚战

一是持续加强农村集中式饮用水水源地环境保护。依法依规开展饮用水水源地“划、立、治”工作，指导各地不断完善保护区划分、标识标牌设立工作。2021年，报请省政府批复划定或调整5个、撤销3个县级及以上饮用水水源保护区，集中式饮用水水源地保护区划定率为100%，县级及以上水源地一级保护区隔离设施完成率和标识标牌完成率为100%。组织开展饮用水水源地环境问题排查和已整治问题“回头看”行动，全面推动问题整改，确保居民饮水安全。

二是系统开展农村生活污水治理。组织编制《四川省“十四五”农村生活污水治理实施方案》，系统谋划全省农村生活污水治理工作。打好政策资金“组合拳”，争取中央、省级资金7.26亿元，撬动地方配套资金和省、市财政贴息，支持农村生活污水治理，助力建设美丽宜居乡村。印发《四川省农村生活污水处理设施运行维护管理办法（试行）》，指导全省农村生活污水处理设施规范运维，推动农村生活污水治理见行见效，提升农村水环境质量。全省63.3%的行政村（含涉农社区）生活污水得到有效治理，设施处理比例和资源化利用比例大幅提升。

三是统筹推进农村黑臭水体整治。组织开展农村黑臭水体两轮摸查，排查出农村黑臭水体298条，其中159条被纳入国家监管清单。指导地方将农村黑臭水体整治纳入县域农村生活污水治理规划或方案，有效衔接小流域治理、农村水系整治等。指导阆中市、苍溪县等创建全国第一批农村黑臭水体治理试点示范县，积极探索丘陵地区农村黑臭水体治理模式。截至2021年年底，全省完成18条纳入国家监管的农村黑臭水体整治，超额完成任务。

四是强化农业面源污染治理监督指导。组织编制四川省农业面源污染治理与监督指导实施方案、四川省“十四五”畜禽养殖污染防治规划，系统谋划全省“十四五”农业面源污染治理与监督指导工作。完成畜禽养殖场、养殖小区的规模标准备案，加强水产养殖尾水排放监管。指导资中县成功入选全国农业面源污染治理与监督指导试点县，开展灌溉规模在10万亩及以上的灌区农田灌溉用水水质监测，摸清污染底数。

四、聚焦重点，抓细抓实突出环境问题整改

一是持续开展问题排查整改。开展农村生态环境保护工作“回头看”专项行动，督促各市（州）积极开展已建成农村生活污水治理设施运行情况、集中式饮用水水源地规范化建设“回头看”，压实工作责任，按照“清单制+责任制+销号制”原则科学制订整改方案限期整改。组织各市（州）开展农村生活污水治理“千村示范工程”建设项目实施情况交叉检查，提升治理水平和监督效能。

二是建立健全长效运维机制。建立农村生活污水处理设施运行维护管理机制，细化各级各部门职责分工，明确运维管理模式、资金保障和监督考核要求，推动建立有制度、有标准、有队伍、有经费、有监督的运行管护机制，确保设施规范运维。建立多部门联合监管机制，系统开展农村环境整治成效评估，首次由生态环境、财政、农业农村、乡村振兴四部门联合开展全省1040个行政村农村环境整治成效评估，进一步巩固整治成效。对已完成整治的农村黑臭水体开展成效评估，健全饮用水水源保护管理日常监管制度，充分发挥河（湖）长制平台作用，完善生态环境保护协调联动机制，强化部门合作，巩固生态环境保护工作成效。

三是严格环境监督执法。加强监督考核，将农村生活污水治理工作纳入省级生态环境保护督察范畴，将日处理量20吨及以上的农村生活污水处理设施纳入地方环境例行监测。将农村生活污水治理完成情况纳入对市（州）的生态环境保护党政同责考核、乡村振兴实绩考核。将农村生活污水治理“千村示范工程”建设纳入省政府30件民生实事，作为生态环境厅党史学习教育“我为群众办实事”的五项重点任务之一，通过月调度、交叉检查、“发点球”督促等方式推动工作落到实处。严格落实“双随机、一公开”，加强对饮用水水源地、畜禽养殖等领域开展执法检查，聚焦乡村突出生态环境问题整改，坚持调度通报、现场核查、约见约谈、考核问效等有效举措，推动地方真改实改。

五、注重长效，营造农村生态环境保护良好氛围

一是锻造生态环境保护铁军。强化专业人才储备和培养，加强生态环境相关法律法规教育，开展污染防治、监测、执法等业务能力学习培训。2021年，先后2次组织开展农村生态环境保护与乡村振兴有效衔接培训，培训市、县基层环保人才近400人，着力提升基层专业化治理能力和水平。深入推进乡村生态环境网格化监管，2021年以来，已组织开展10余期覆盖全省21个市（州）的乡（镇）、村（社区）环境网格员业务培训。连续两年组织开展系统内综合业务、督察执法、环境监测类比武，建立标兵能手人才库。

二是弘扬乡村生态文化。组织省直有关部门召开“6·5”环境日主场活动协调会议和“美丽中国，我是行动者”提升公民生态文明意识行动计划联席会议。在全省21个市（州）、183个县（市、区）采取现场宣传、文艺表演、入村（社区）普及、调研参观、发送短信、评选先进、网络直播等线上线下方式开展“6·5”环境日宣传。利用广播“村村响”、电视“户户通”和四川乡村频道宣传生态环保知识、四川环保故事和先进典型事迹。制作八集四川生态环保评书，编创《生态文明故事连环画》和短视频等，广泛宣传生态文明理念和生态环境保护知识，着力提升农民群众生态文明意识。组织举办环境教育骨干教师专题培训及环保小课题比赛，乡村参与学校超过100所、参与师生逾4000人，扩大生态环境教育在乡村的影响力。

三是加快生态文明示范创建。印发《四川省省级生态县管理规程》和《四川省省级生态县建设指标》，启动省级生态示范县创建。积极推进全国生态文明示范创建，截至2021年年底，全省已累计建成22个国家生态文明建设示范县、6个“绿水青山就是金山银山”实践创新基地，居中西部前列，其中雅安市荥经县和甘孜州泸定县于2021年获得“第五批‘绿水青山就是金山银山’实践创新基地”称号。泸定县冷碛镇杵坭村利用仙人掌让大渡河干旱河谷荒山变金山，成为生态修复“增绿林”和致富增收“黄金果”有机统一的典范。

发挥保险央企优势 为乡村振兴"蓄势赋能"

——中国人寿四川省分公司扎实推进定点帮扶工作

中国人寿保险股份有限公司四川省分公司

巩固脱贫攻坚成果、接续助推乡村振兴，央企责无旁贷、使命在肩。中国人寿保险股份有限公司四川省分公司（以下简称"中国人寿四川省分公司"）深入贯彻落实党中央决策部署，在四川省地方金融监督管理局、四川银保监局的指导下，坚决扛起保险央企责任担当，以党建为统领，通过保险帮扶、消费帮扶、结对帮扶等多项举措，持续为乡村振兴"蓄势赋能"。

一、升级"扶贫保"工程，构建乡村振兴新思路

中国人寿四川省分公司深入学习贯彻习近平总书记关于脱贫攻坚、乡村振兴的重要论述和重要指示批示精神，多年来，公司始终把讲政治的要求落实到帮扶工作各方面和全过程，把助推乡村振兴与公司中长期规划、重点工作有机融合，并作为重大政治任务，与公司经营管理一体研究、一体部署、一体督导。打赢脱贫攻坚战后，公司严格落实"四个不摘"要求，保持帮扶力量不减，下大力气巩固拓展脱贫攻坚成果，持续推动同乡村振兴战略有效衔接。在中国人寿集团、总公司的坚强领导下，公司充分发挥保险主业优势，印发《中国人寿四川省分公司关于升级"扶贫保"工程全面助推乡村振兴的指导意见》，持续建立健全"一体两柱五策六保障"帮扶长效机制，多渠道助推乡村振兴，努力打造可复制的乡村振兴工作模式，在全面推进乡村振兴、促进共同富裕进程中彰显国寿担当、贡献国寿力量。

2021年，全面推进乡村振兴战略的号令响起。按照省委、省政府安排，中国人寿四川省分公司定点帮扶凉山州普格县，具体帮扶大坪乡辉隆村，并结对帮扶该村3户脱贫不稳定户（2022年调整为2户）。2021年7月起，公司选派2名经验丰富的党员干部到普格县大坪乡辉隆村脱产驻村，任驻村工作队队员，落实生活补贴和保险保障政策。公司党委班子成员到县到村实地调研10次，公司党员自筹捐款，向结对户送去价值近万元的慰问金和生活物资。

二、坚持党建统领，建立乡村振兴新机制

以党建统领为主体，彰显国寿责任担当。中国人寿四川省分公司全面加强党的领导，始终坚持以党建统领乡村振兴。建立"四位一体"挂点包片及联系点调研机制，建立定点帮扶和金融保险帮扶考核体系，制定帮扶干部管理办法，构建"由上至下、纵横相连，通力协作、主动作为"的帮扶工作组织体系，为助力乡村振兴提供了有力保障。

接到定点帮扶任务后，公司党委及时研究制定《中国人寿四川省分公司定点帮扶普格县大坪乡辉隆村乡村振兴五年规划（2021年—2025年）》，成立了由主要负责人任组长的定点帮扶工作领导机构，明确了目标任务、保障机制、帮扶措施，着力通过实施产业升级富民工程、稳定增收利民工程、移风易俗宜民工程、保险保障惠民工程、党的建设带民工程等五大工程推进帮扶地脱贫基础更加稳固、成效更加持续。

三、深化帮扶责任，擘画乡村振兴新图景

通过与各级党政签订合作协议、捐赠保险助力公益帮扶等举措，进一步深化保险支持乡村振兴责任担当，在政企合作中实现同频共振、多方共赢。

积极助力公益帮扶行动。2021年7月，中国人寿四川省分公司与四川省妇女联合会签署《共同开展乡村振兴巾帼人才培养合作协议》，向省妇联捐赠乡村振兴公益培训资金120万元、公益活动资金200万元、"两癌"保险1万份；2022年11月，公司与省妇联续签《乡村振兴巾帼人才培养合作框架协议》，为农村低收入妇女捐赠"国寿关爱女性疾病保险"15 000份。

建立友好结对帮扶关系。2022年3月，中国人寿四川省分公司与普格县人民政府签订结对帮扶合作协议，采取实地调研、联席会议等形式共同推进工作，围绕加强党建、保险保障、设施建设、产业发展、消费帮扶、就业服务等民生重点领域开展帮扶，着力支持乡村振兴重点帮扶县巩固拓展脱贫攻坚成果，推动乡农业高质高效、村宜居宜业、农民生活富足。

四、深耕产业帮扶，激活乡村振兴新引擎

增强内生动力、激发乡村活力是产业扶持的根本。自开展定点帮扶以来，中国人寿四川省分公司积极助力大坪乡辉隆村因地制宜推进产业发展，引导脱贫户参与种植业合作社，持续调动村民的积极性。协助村"两委"争取上级政府资金50万元，用于辉隆村苹果农场建设，已建成苹果农场50亩（第一期，共4期，预计4年建成），预计3年内挂果，年产值30万元以上，惠及全村常住人口100户500人。

为确保大坪乡辉隆村农副产品不滞销，公司连续两年与大坪乡供销合作社签订消费帮扶购买协议，统一采购苹果、核桃、蜂蜜等农产品价值13.53万元，并从中划拨8000元至辉隆村集体经济账户，通过以购代扶支持辉隆村集体经济发展。

2021年、2022年两年间，公司系统累计消费帮扶金额267万元，各分支公司通过食堂集中采购、动员干部职工购买、驻村干部带货等形式不断拓宽消费帮扶渠道，为助力当地脱贫群众增收致富贡献力量。

五、聚焦主业主责，践行乡村振兴新使命

公司坚持以人民为中心的发展思想，着力织密织牢保险保障网，倾力守护人民群众美好生活，不断提升帮扶地人民群众的获得感、幸福感和安全感。

积极推进惠民保险。认真贯彻落实党中央对普惠金融的要求，积极服务“六稳”“六保”，以政府关心、社会关注的惠民保险为抓手，2022年以来为凉山州22.06万名中低收入人群累计提供惠民保险风险保额52.07亿元，赔付金额437.41万元，在普格县承办的妇女关爱保险中累计提供风险保额1260万元。

优化大病保险服务。依托基本医疗信息系统和公司健康险管理系统，实现城乡居民大病保险“一站式”即时结算服务，同时向贫困人群提供“起付线降一半，赔付比例提高五个百分点”的政策倾斜。2022年以来，普格县大病保险累计赔付1908人次，赔付金额381.83万元。

提高保险保障水平。公司投入帮扶资金8.43万元，为普格县251名驻村工作人员、大坪乡90名政府工作人员及村组干部、辉隆村502名常住村民共计843人投保人身意外伤害保险，提供1.5亿元保险保障。

六、着力人才培育，注入乡村振兴新动能

通过开展技能培训、组织参观考察、系统理论学习等方式大力培育乡村振兴致富带头人，不断推进帮扶地人才队伍建设。

2021年12月，中国人寿四川省分公司组织大坪乡包村干部、辉隆村国有护林员、致富带头人等3人参加中国人寿总公司举办的村支部书记、致富带头人、实用科技人才“三支队伍”培训班，助力培养一支懂农业、爱农村、爱农民的“三农”工作队伍。

2022年8月，中国人寿四川省分公司组织系统内231人参加基层干部乡村振兴主题培训，其中凉山公司16名基层管理干部和省公司派驻普格县2名驻村干部参训；11月，组织大坪乡辉隆村村组干部参观考察红军树村农文旅产业示范园，着力提升村组干部种养殖专业技能，增强产业发展“造血”功能。

2023年是深入贯彻党的二十大精神的开局之年，也是全面推进乡村振兴的关键之年。中国人寿四川省分公司将有效落地《中共中央　国务院关于做好2023年全面推进乡村振兴重点工作的意见》，始终胸怀“国之大者”，切实牢记责任使命，充分发挥金融保险民生保障安全网、经济运行减震器、社会发展稳定器的作用，为全面推进乡村振兴持续贡献保险央企力量。

践行“1234”工作法　推进乡村振兴开好局

——四川师范大学2022年帮扶工作纪实

四川师范大学校友工作与校地合作处副处长、乡村振兴学院副院长　冯　庆
四川师范大学乡村振兴学院办公室主任　王荣群

五年精准扶贫，两年乡村振兴。四川师范大学一直坚持深入学习贯彻习近平总书记关于扶贫工作和乡村振兴的重要论述，坚决落实党中央、省委、省政府及教育厅关于定点帮扶的工作部署，与帮扶县同心同行、共同奋斗，助推普格县圆满完成脱贫攻坚历史任务，实现乡村振兴良好开局。2022年，学校按照年初帮扶工作推进会的安排部署，确立并践行“1234”帮扶工作路径，在完善帮扶工作机制，发挥教育、文化两大特色，聚焦教育、产业、文化三个帮扶重点，促进乡村产业、人才、组织、文化四大振兴等方面精准发力，大力推动13个县级层面和村级层面的帮扶项目落地见效，为普格县进一步巩固拓展脱贫攻坚成果同乡村振兴有效衔接、推动绿色高质量跨越发展做出积极贡献。人民日报客户端、新华网客户端、《中国教育报》、《凉山日报》、普格融媒等各级媒体多次报道学校帮扶工作做法及成效。

一、抓好统筹，完善帮扶工作机制

持续完善领导班子主责、承办机构主推、部门全员主帮、驻村干部主干的“四位一体”帮扶工作机制，成立了以党委书记、校长为组长的帮扶工作领导小组，下设帮扶工作办公室，配置专职人员统筹协调学校定点帮扶工作。学校主要领导召开定点帮扶专题会议2次，制发《2022年定点帮扶普格县工作方案》以及研究部署推进

帮扶工作。2022年以来，学校党委书记李向成，校长汪明义，校党委副书记、纪委书记滕文浩以及副校长张海东、王川等校级领导7人次率领学校帮扶工作组到县到村开展系列帮扶活动。加强校内协同，分管领导每季度组织帮扶办及帮扶项目责任部门召开工作推进会，驻村帮扶干部不定期返校汇报工作进展。关心关爱2名驻村帮扶干部，保障驻村挂职干部工作经费和补贴，为其购买意外伤害保险，及时帮助其解决工作和生活中的困难，学校党委组织部、校工会、帮扶办等部门开展两次集中慰问活动。

二、突出特色，提升教育帮扶质量

学校共选派318名师范生、10名研究生到普格县各中小学顶岗实习支教，有效缓解当地基础教育师资严重不足的矛盾。向普格县捐赠价值220余万元的学生宿舍设施设备，包括1300张床位和1000张大书桌，进一步改善学校基础设施。承接普格县中小学心理教师、体育教师、音乐教师业务提升培训3期，151名专任教师参加培训。继续实施教育部“体育美育浸润行动计划”，从课程教学、社团活动、校园文化建设和教师队伍建设等方面精准帮扶，促进项目学校体育美育日常化、多样化、特色化发展。组织上百名师生开展“关爱留守儿童·助力乡村振兴”“尚美花开·听见妞妞”“云上书法”等暑期社会实践活动，为乡村教育振兴贡献青春智慧和力量。

三、立足当地，推动帮扶产业提档升级

组织旅游规划、文创设计专家指导普格县螺髻山旅游产业发展，协助普格县精心谋划设计文旅项目，支持旅游产业提档升级及文创品牌打造，助力螺髻山5A景区创建工作。依托学校援建的阿木村蔬菜大棚，重点发展哈密瓜、樱桃番茄（日本千代）大棚种植，为当地创造20余万元的就业务工收入。积极协调争取地方政府500万元的产业项目资金，启动蔬菜大棚二期100亩的扩产升级项目。投入160万元，通过国家脱贫地区农副产品网络销售平台（“832平台”）购买普格县及凉山州的珍珠米、高山土豆、黑山羊、生态猪肉等特色农产品，切实促进农民增收。

四、党建引领，强化文化赋能乡村振兴

学校组成党建指导组深入普格县夹铁镇阿木村开展党建结对共建蹲点帮扶工作，指导基层党建工作，为阿木村党支部在阵地建设、制度规范、产业发展、理论学习等方面提供大力支持，助力乡村组织振兴。积极发挥文化阵地宣传和引领作用，捐赠6万元改造阿木村党群服务中心，维修改造村文化室和图书室，收集和丰富村史馆藏品。投入10万元，打造阿木村“我爱彝乡”墙绘文化品牌，一幅幅将红心向党、乡村振兴、彝族风情等元素融入其中的墙绘作品，色彩绚丽、构思精巧，传递现代文明新风，“绘”聚起了当地居民对团结和谐、安居乐业、美好生活的向往。举办普格县青年专家人才国情省情研修班以及乡村文化振兴专题培训班，培训各类人才60余人。组织阿木村和莫尔非铁村村（组）干部及致富带头人30余人次到普格县螺髻山镇、昭觉县三岔河镇参观学习，考察蓝莓和玫瑰花种植基地，汲取致富经验，扩展村（组）干部视野，提升干部精气神和团结协作精神。协助阿木村申报凉山州乡村振兴示范村和普格县文明村。

五、改善民生，扎实开展“我为群众办实事”实践活动

扎实开展“我为群众办实事”实践活动，深入推进农村人居环境整治“百日攻坚”行动，着力改善人居环境。做好稳岗就业促增收，针对有劳动力的脱贫户和监测户务工就业不稳、外出务工意愿不强等情况，反复上门做工作劝导其外出务工增收。协调成都万象蒙泰教育集团捐资10万元成立“四川师范大学夹铁镇教育基金”，奖励夹铁镇优秀教师、优秀学生以及资助困难学生等，进一步提高农村教育教学水平。开展两次集中慰问阿木村和莫尔非铁村18户防返贫监测户活动，切实增强帮扶群众的获得感、幸福感。学校驻村工作队在当地开展农民夜校活动40余期，进一步提高基层干部群众政策知晓度和综合素养。扎实开展乡村振兴工作调研，形成专题调研报告，围绕县级教育帮扶层面以及村级产业发展、传承文化保护以及强化基层治理等方面提出精准工作建议。

六、协同提质，助力民族地区高等教育事业发展

积极协调资源，创新帮扶方式，突出协同发展，充分发挥师范特色和资源优势，推动西昌民族幼专在人才培养、学科建设、科学研究、管理水平等方面取得长足进步，进一步提高西昌民族幼专的办学实力和水平，对口支援与帮扶合作成效突出。加强人才队伍建设，选派2名教师和1名管理干部到西幼任教挂职。选派4名在读研究生和4名优秀本科生赴西幼顶岗支教，保障基本教学运行。推荐1名优秀硕士研究生入职任教。组织专家团队为西幼50余名艺术类专任教师进行了为期一周的业务能力提升培训。提升师资队伍学历水平，协助西幼办好第二期同等学力申硕（凉山班），共招收31名学员。拓宽学生升学渠道，录取265名西幼“专升本”学生，其中学前教育120人、小学教育145人。开放共享电子图书资源，惠及西幼7000余名师生。强化党建引领，音乐学院音乐学教工党支部与西幼艺术教育党支部进行结对共建，开展党务交流系列活动。

2022年6月，学校入选教育部师范教育协同提质计划北京师范大学组团，明确重点帮扶西昌民族幼专提升师范教育办学水平。在牵头高校的指导和带领下，学校党委书记李向成带队到西幼开展专题调研，深度挖掘西幼办学发展特色，探讨协同提质帮扶举措。制订“一校一策”项目方案及预算安排，确定人才队伍建设、学科专业建设、基础教育服务能力建设、学校管理与发展建设以及师范生美育教育的“4+1”全方位帮扶体系和15项行动计划，大力促进西幼提升师范教育办学实力和水平。学校校长汪明义率领提质计划专家服务团深入西幼现场对接，围绕师范专业建设、教学管理体系建设、科研平台打造、美育大讲堂等项目，开展专题研讨、座谈交流等线下指导活动，推动提质计划帮扶举措落地落实。在学科专业建设方面，音乐教育专业、小学教育专业、学前教育专业等专业负责人在线指导10次，开展云端共同教研3次，开展专题指导9场次，主题座谈2场次；在青年教师能力提升方面，选派3名专家为西幼青年教师做专题讲座与交流活动，并指导新教师入职培训及青年教师培养工作；在师范生美育建设方面，开展一次美育大讲堂活动，并与艺术系、乡土研究院等部门对接，指导师范生美育建设工作；在科研平台打造方面，确定协同建立凉山民族教育大数据研究中心、凉山乡村教育研究中心以及凉山民族幼儿教育发展研究中心3个校级科研平台。学校将以教育部师范教育协同提质计划项目为抓手，推进校际深度融合，加强线上教学、教师队伍建设、管理发展提升、课题研究等方面的协同合作，实现学科共建、课题共研、课程共享、人才共育，力争在新发展阶段取得更大合作成效。

强国必先强农，农强方能国强。下一步，学校将认真学习贯彻党的二十大精神以及习近平总书记关于全面推进乡村振兴的重要论述，进一步聚力精准施策，落实因地制宜、有力有效的帮扶举措，以创新为手段、以项目为载体，进一步把知识的力量、科研的能量、青春的活力投放到乡村振兴中，探索定点帮扶和服务乡村振兴的新路径、新模式，为实现乡村全面振兴、建设农业强国贡献高校更多智慧和力量。

四川省交通工程质量监督站：强基础　抓落实　助力全省现代化综合交通运输体系建设

四川省交通工程质量监督站党委书记、站长 梁正钦

2022年，四川省交通工程质量监督站认真贯彻落实厅党组各项决策部署，紧紧围绕交通运输厅下达的目标任务，加强监督力量调配组织，加大现场质量安全监督检查力度，强化动态监管和检测，严格问题整治和查处力度，严把质量检测关、验收关，确保监督覆盖率、项目监督抽检等“五个100%”监督，加快推进“平安百年品质工程”创建和各项安全生产专项活动，全面提升在建工程质量，实现安全生产形势总体稳定可控，推动质量安全监督各项工作有序开展并取得较好成效。

一、强化行业督导，确保责任落实到位

交通系统机构改革后，省、市、县质监机构进行了较大的调整，为确保监督职责不落空、监督力度不降低，省交通工程质量监督站创新机制、多措并举，进一步加强质监行业监督指导。一是首次“点对点”印发点球文件，明确了市（州）质量安全监管工作任务、工作目标、工作标准，并要求各市（州）全力做好监督工作人员、经费等基础要素保障，落实全省质量安全监督“五个100%”的工作要求，确保高质量完成年度目标。二是首次建立市（州）监督工作通报机制，定期收集监督工作数据，多次到市（州）现场核查，每季度以厅名义印发通报，确保监督工作落地落实。三是首次建立全省统一的监督问题数据库，通过督促市（州）报送监督问题，倒逼提升监督工作成效。通过问题统计分析，找准项目建设薄弱环节，提升针对性，提升监督效能。四是结合地方公路监督检查，对各市（州）质监机构进行深入调研，全面掌握市（州）监督机构能力建设及对各类项目的监督情况，为进一步加强市（州）监督工作指导提供技术服务支撑。

全省各市（州）监督人员、经费得到进一步保障，监督力量不断增强，监督成效进一步提升，21个市（州）监督人员由242人增加至282人，增长16.5%；监督抽检经费由2340万元增加至3609万元，增长54%。截至目前，各市（州）对31个高速公路项目、196个国省干线项目、19个农村公路项目及6个水运项目进行了1657次检查，出动检查人员6332人次，覆盖特大桥与特殊结构桥梁434座、瓦斯隧道与特长隧道404座，发现各类问题13690个，所有问题均督促整改到位。

二、完善监督方式，全面提升监督绩效

立足提高质量安全监督工作绩效，推进“3个转变”，实现“2个创新”，突出“1个重点”，着力完善监督方式，切实解决“监督空心化”问题。

一是“3个转变”压实监督责任。

转变项目监督模式，调整优化项目监督体系，按照“项目打捆，科室负责”的总体思路，推行高速公路“项目责任科室”的监督模式，同时对夹金山隧道、川藏配套等重点地方公路单设责任科室，有效落实项目监督职责。转变监督检查方式，借鉴部安质司督查方式，统筹抽调全站技术人员，合理搭配专业分工，配套制定综合检查方案、质量问题清单台账、现场检查记录表和检查要点等一系列操作手册，规范监督检查行为，要求检查现场提交问题清单并由建设单位签认，3日内印发通报文件，提高监督检查绩效。转变检查结果通报方式，上半年汇总分析后的综合检查结果首次以厅文方式印发各市（州）交通主管部门、投资人、项目公司及厅直有关单位，提升问题整改效果。

二是“2个创新”找准监督问题。创新建立月调度机制，切实推进监督工作报告常态化，集全站力量分析研判项目监督检查发现的重难点问题，“一站式”解决问题，以问题导向促监督实效。创新地方铁路联合工作机制，多次会同成都铁路监管局对地方铁路项目开展联合监督检查、举报调查，固化工作流程，明确职责划分，加大监督检查力度，形成了有力震慑。

三是“突出重点”精准发力。改变过去监督工作“全面撒网”的工作方式，将各项举措如监督计划、检查方案都紧紧围绕重点项目、重点单位、重点部位、重要工序及重要时段进行安排，有效提升监督工作针对性。

2022年，省交通工程质量监督站开展综合检查7次、专项检查66次，出动监督人员193人次，检查监理合同段111个、施工合同段278个、监理工地试验室36个、施工工地试验室49个，发现各类问题2083个，印发检查结果通报65份，要求各市（州）项目监督机构督促参建单位整改到位，省交通工程质量监督站结合整改情况“点对点”开展整改复查。

三、强化质量专项活动，促进工程质量水平提升

一是持续开展“平安百年品质工程”。起草了《四川省推进高速公路平安百年品质工程建设实施意见（征求意见稿）》、《四川省高速公路平安百年品质工程质量强基专项行动工作方案》，全面部署“平安百年品质”工程，大范围解决高速公路质量通病问题、质量典型问题，提升质量“底板”，助推“平安百年品质”工程；研究淘汰工艺清单并报交通运输部，全省提出的“交流电焊机焊接工艺”和“人工绑扎圆形桩基及圆柱墩钢筋笼工艺”2项淘汰工艺成功入围交通运输部征集清单；在年度综合检查及专项检查中，将示范创建工作推进情况作为重点检查内容，并定期开展示范创建工作书面调研，确保技术方案按时完成，创建工作依计划、照方案进行。

二是深入开展钢筋专项整治活动，组织开展钢筋质量专项检查活动，21个市（州）共出动检查组204个，检查人员928人次，聘请社会专业技术力量249人次，共检查高速公路项目29个（发现问题1250个），检查普通公路项目205个（发现问题893个），均在规定时限内完成整改。该次专项活动对钢筋采购、储存、加工和安装等环节存在的质量通病进行拉网式排查，有效提升钢筋工程质量水平，钢筋保护层厚度抽检合格率达91.4%，较上年提升14.3个百分点，基本达到全国上半年平均水平。

三是深入开展质量指标重点抽检。全面分析近年重点抽检结果，找准薄弱指标项，进一步明确抽检要点，统一检测标准、部位、频率，检测数据更加准确，反映的质量水平更加客观。在对全省高速公路和地方公路开展重点抽检的同时配合组织农村公路志愿帮扶抽检工作。原材料盲样抽检工作作为厅建设领域唯一联合抽查事项被纳入省“互联网+监管”平台和“双随机、一公开”目录和省、市场监督管理局进行联合检查，有力地规范了原材料市场。截至目前，抽检的30个高速公路项目合格率均达90%以上，其中路基、路面、隧道工程合格率均高于全国上半年合格率；桥梁工程合格率94.7%，同比大幅提升15.9个百分点，与全国上半年平均水平持平。

四、狠抓措施落实，全面加强安全监督

2022年，全省交通建设领域接报生产安全事故1起、死亡1人，未发生较大及以上安全生产事故，事故起数和死亡人数均呈下降趋势，安全形势持续保持稳定。

一是首次实现安全监管责任清单化。配合交通运输厅建管处印发《公路水运工程建设安全生产行业监督管理工作任务清单》，清晰划定交通运输厅、厅机关处室、厅直单位安全监督管理工作边界条件，细化分解具体工作职责。同时，制定全省交通建设领域瓦斯隧道、特大桥等高风险工程信息统计表，精准掌握项目高风险工程分布情况，做到安全生产底数心中有数，确保监督检查更具针对性。

二是以专项整治为抓手夯实安全基础。深入开展瓦斯隧道安全生产专项整治，集中整治瓦斯隧道安全管理突出问题，在厅网设专栏公示瓦斯隧道达标情况。活动开展以来，省交通工程质量监督站对18个项目85座在建瓦斯隧道安全生产达标情况进行抽查，发现并督促整改问题165条。通过集中整治，全省在建项目实现瓦斯隧道疑似瓦斯“应变尽变”、备用风机“应设尽设”、超前钻孔“应钻尽钻”、防爆改装“应改尽改”。个别项目梳理归纳隧道管理经验，出版隧道标准化施工指南，引进瓦斯隧道专业管理团队，配备瓦斯隧道专业管理人员，瓦斯隧道管理力量空前提升。深入开展汛期安全生产专项整治，集中整治汛期安全生产突出问题，派出14个检查组对在建高速公路项目汛期安全生产达标情况进行了全覆盖抽查，发现并整改问题294条，并在交通运输厅网设专栏公示10人以上驻地达标情况。通过专项整治，全省在建高速公路项目建设、施工单位相关责任人均融入当地县、乡级政府信息共享和监测预警网络，应急响应、避险转移能力进一步提升，有效避免了因地质灾害导致的安全事故发生（如九绵高速在“7·12”特大暴雨期间有力应对LJ15标民族村驻地被泥石流冲毁、LJ16标民族村支洞雨水倒灌灾害，未出现人员伤亡现象）。严肃查处红线问题，截至三季度，各级交通运输主管部门督查及项目自查共发现红线问题410个，包括严重违反安全质量法律法规和强制性标准的行为92个，占比22.4%；重大安全质量隐患318个，占比77.6%；涉及凉山、甘孜、阿坝、巴中、德阳、宜宾、成都、乐山、雅安、眉山、达州、泸州、绵阳、内江、攀枝花、广元、自贡、广安18个市（州）。其中，高速公路红线问题308个、普通公路红线问题102个。

三是重要时段监管得力安全形势稳定。年初专题研判安全生产形势，全面梳理历年来“一刀切的硬措施”，针对经济下行压力，对通车项目、建设高峰项目、新开工项目分类提出更具针对性的要求和举措。同时，加大暗察暗访频次，以“省级重点抽查+市级全覆盖督查”的形式开展抽查工作，省交通工程质量监督站派出16个安全生产暗察暗访组，对16个项目开展暗察暗访工作，共计发现安全问题隐患197个。强化值班值守，落实省、市两级质监机构领导带班24小时专人值班，一日三查（查人员在岗、隧道施工、安全巡查等落实情况）等制度，实现重要时段较大安全生产事故零发生，全年事故起数及死亡人数较上年大幅降低。

四是高风险工程安全监管见成效。申请安全专项经费200余万元，公开招标第三方监督技术服务，对全省高风险工程开展安全生产全覆盖检查，已完成214座桥梁（完成率100%）、145座隧道检查（完成率100%），发现问题隐患2740个，全部移交业主并督促整改。针对峨汉、久马、乐西高速（马昭段）项目隧道施工管理暴露出的问题，召开3次安全生产风险提醒会，印发工作提示函，从重点工序管理、隧道爆破安全管理、重要时段安全管理、安全应急准备等方面提出具体要求，提高了各单位安全管理意识，明确安全管理重点，切实提升安全管理水平。

五是突发应急事件响应及时。全年几次灾情发生后，省交通工程质量监督站统筹调动全站力量组织专业技术人员第一时间赶赴一线开展抢险救援工作，牵头组织开展国省干线灾情核查，查清道路、桥梁、隧道损毁情况，研判道路通行条件，同时现场指导抢险队伍落实各项应急处置措施，第一时间抢通生命干线，杜绝次生灾害发生，为生命通道和物资通道的抢通保通贡献力量。因在两起突发事件应急抢险救援工作中表现突出，省交通工程质量监督站被四川省抗震救灾指挥部表彰为“芦山6.1级地震和马尔康6.0级地震抗震救灾先进集体”。

五、严格把好质量关口，统筹推进竣（交）工验收

一是全力保障交通运输厅通车目标完成。紧跟监督工作新模式转变，制订《2022年高速公路建设项目交工验收质量审定工作计划》，明确目标任务、职责分工和检查内容，全面梳理交验审定工作流程，固化工作范本，促进交工验收质量审定制度化、标准化、规范化。按照交验计划倒排时间，定人、定岗、定期跟踪收集项目进度和交验检测进展，组织计划通车项目质监机构、建设单位和交验检测单位召开交验检测工作会，协同推进交验工作。2022年，按期完成德遂、泸永、广平3个高速项目的交验工作并顺利通车，通车里程203千米，九绵、峨汉、德会、宜威、久马等8个项目依计划开展交验工作。截至2022年，全省高速公路通车总里程累计达到近9000千米，“蜀道通”正在全面迈向“蜀道畅”。

二是着力完善竣工质量鉴定流程。严把竣工验收“流程、复测、复核”三道关，按照“成熟一个、验收一个”原则，高效开展竣工验收工作。编制《四川省高速公路项目竣工验收质量鉴定工作手册》，梳理竣工复测工作流程、工作内容等，把好“流程关”。按照交通运输厅竣工验收计划，通过政府采购确定南大梁、绵西、荣泸、叙古等5个高速项目竣工验收质量鉴定复测单位，克服各地疫情管控困难，开展实体检测数据审核、工程外观检查、质保资料审查等工作，确保复测工作按时间节点顺利推进，把好“复测关”。对竣工复测中质量缺陷未整改到位、部分要件不齐全的巴陕、巴广渝、遂广遂西等5个项目遗留问题开展复核工作，现场查看桥梁、隧道等重要结构物的质量安全状况及全线路面性能状况，把好现场“复核关”，加快竣工验收鉴定工作进度。

六、强化行业管理，促进监理检测行业有序发展

一是完善监理检测行业制度建设。起草出台《四川省公路水运工程工地试验室和现场检测项目管理办法》（川交函〔2022〕73号）、《四川省交通运输厅关于进一步加强全省高速公路建设项目试验检测工作的通知》（川交函〔2022〕183号）、《四川省交通运输厅关于进一步加强全省高速公路建设项目监理工作的通知》（川交函〔2022〕430号），为规范监理检测行业管理提供基本遵循。

二是做好监理资质改革承接工作。结合实施的《公路水运工程监理企业资质管理规定》（交通运输部令2022年第12号），省交通工程质量监督站组织省内乙、丙级监理企业进行座谈，就监理企业资质改革要点、等级标准、申报流程、告知承诺制、审查要点，特别是对尚在有效期内的丙级监理企业资质衔接过渡等问题进行详细解答。修订监理企业资质办事指南、工作流程、申请文本格式、告知书与承诺书模板、申请资料清单等内容。在“省一体化平台”配置完成了监理企业乙级资质申报、延续、重大变更、一般变更、污损补遗5个资质许可办理事项及审批流程，目前监理企业能够在“省一体化平台”正常申请办理。

三是巩固加强事中事后监管。开展“双随机”专项检查工作，采取“随机抽取+重点监管”方式确定34家监理检测企业作为检查对象，并针对性地就资质符合性、证书挂靠、实操能力等方面开展现场监督检查。组织省内117家试验检测机构开展沥青针入度和软化点比对试验，各检测机构均已收到样品，近期将完成所有比对试验。组织完成2021年监理检测信用评价，对全省169家监理检测企业、5383名监理检测人员进行了信用评价。已完成102项监理检测资质审批事项，人员注册注销3000余人次，按时办结率100%，投诉举报为零。

七、强化党建引领，全面提升内控管理水平

一是推进党建和业务融合互促。紧密结合质监工作实际，找准党建和业务融合发展切入点，与项目建设、监理、咨询等单位联合开展“主题党日”“党建工作进一线”等活动，激发项目建设一线党员干部共同参与质量安全监督工作，汇聚质监工作强大合力。严格对照巡察反馈问题制定整改方案，细化整改措施90项，其中立行立改43项、长期坚持47项，年底前将全部落实到位并建立长效机制，组织召开巡察整改专题民主生活会，深刻剖析问题根源，提出今后努力和改进方向，以巡察整改推动交通质监工作再上新台阶。紧盯交通质监中心业务工作，进一步梳理排查廉政风险，修订完善廉政风险防控手册，紧盯质量安全监督检查和监理检测资质评审等工作任务，强化廉政制度执行情况监督检查，扎实开展“清廉交通”建设工作。

二是不断完善内控制度建设。紧紧围绕内部管理“制度建设年”目标，聚焦质监工作重点、资金监管盲点，修订出台《干部轮岗交流暂行规定》《公务用车出行保障办法》《关于进一步规范费用报销工作的通知》《非政府采购管理办法(试行)》《科级领导干部选拔任用工作实施办法》《国内公务接待实施细则等制度》等，不断规范内部管理，为交通质监工作高效开展提供有力的人、财、物保障。

三是推进干部队伍结构不断优化。全站鲜明选人用人导向，注重在“四个一线”中精准研判优秀干部，配齐配强中层干部队伍(17名)，激发干事创业活力。围绕打造高素质专业化的交通质监干部队伍，近三年运用公招、遴选、商调等途径引进干部19名，着力从源头解决年轻干部数量偏少、经历来源单一、专业型干部缺乏等问题，进一步优化改善交通质监干部队伍结构。

党的二十大报告提出，“高质量发展是全面建设社会主义现代化国家的首要任务”“加快建设质量强国、交通强国”。省第十二次党代会提出，“以交通强省建设为引领，坚持‘铁公水空’全面发力”“加强综合交通枢纽和集疏运体系建设，打造国家综合立体交通极”。随着交通强国、成渝地区双城经济圈建设、新时代西部大开发、西部陆海新通道等国家重大战略在川叠加，四川交通将进入全面建设社会主义现代化国家开局起步的历史关键期，建设高质量的交通基础设施，是加快构建现代化综合交通运输体系的必然要求，质量安全工作的重要性日益凸显。省交通工程质量监督站将深入贯彻落实党的二十大和省第十二次党代会精神，持续加大在建项目全覆盖、全过程、全方位监督检查力度，实现监督责任落实、实体质量抽检、危大工程重点监督、发现问题整改、投诉举报调查处理五个100%；积极创建“质量零缺陷、安全零死亡、环保零破坏”的“三零”目标，力争综合质量指标达到全国平均水平，部分指标处于领先位置；加大“平安百年品质工程”示范创建力度，在智慧化管理、智能建造、环保低碳等方面初见成效，全面提升项目质量安全水平，为加快构建安全、便捷、高效、绿色、经济的现代化综合交通运输体系，打造全国交通极贡献质监力量，为建设社会主义现代化四川当好开路先锋。

泸州市：巩固脱贫攻坚成果　助力乡村振兴

泸州市人民政府

2021年，全市深入认真学习贯彻落实习近平总书记关于“三农”工作的重要论述，坚持把实施乡村振兴战略作为新时代“三农”工作的总抓手，深入推进农业农村高质量发展，巩固脱贫攻坚成果助力乡村振兴取得了较好成效。

一、坚持党的领导，强化保障支持，把农业农村优先发展要求落到实处

坚持党统揽“三农”工作全局，市、县（区）党委、政府把推进乡村振兴战略摆在头等重要位置，把第一责任扛在肩上、抓在手上，层层压实责任，层层推动落实，有力保障乡村振兴战略实施。

一是扎实抓好《中国共产党农村工作条例》的学习贯彻落实。市、县（区）委常委会，政府常务会全覆盖专题组织学习《中华人民共和国乡村振兴促进法》《中国共产党农村工作条例》《四川省贯彻落实〈中国共产党农村工作条例〉实施办法》。成立了由市、县（区）书记和市、县（区）长任双组长的党委农村工作领导小组，召开市委、市政府先后召开2021年度农村工作暨耕地保护工作会议、全市巩固拓展脱贫攻坚成果同乡村振兴有效衔接推进会，市委常委会14次、市政府常务会16次，专题研究“三农”领域重点工作。市、县（区）党委切实加强农村工作领导小组办公室建设，健全工作机制，充分发挥农村工作领导小组办公室决策参谋、统筹协调、政策指导、推动落实、督导检查等五大职能。市、县（区）党委均建立完善领导班子领导干部推进乡村振兴战略实绩考核和领导干部联系指导乡村振兴工作制度。

二是扎实落实农业农村优先发展的要求。印发《泸州市抓党建促乡村振兴20条措施》，选优配强县级领导班子，增强乡（镇）领导班子整体功能，优化村“两委”班子机构，派强用好驻村“第一书记”和工作队伍；市、县（区）党委选优配强党委农办专职副主任，落实专职工作人员，市委增设党委农办专职副主任1名，落实专职工作人员5名；加强“一办一中心”建设，乡（镇）统一设置乡村振兴办公室，科学设置一个事业单位“便民服务中心”，镇便民服务中心内设农业农村工作站等机构，挂畜牧兽医站牌子或内设畜牧兽医服务中心。市、县（区）2021年度财政一般公共预算安排乡村振兴投入占比、实际投入均高于上年，市、县（区）均按规定落实中央、省、市、县财政资金投入高标准农田3000元/亩的建设要求，市、县（区）2021年度中省巩固拓展脱贫攻坚成果同乡村振兴有效衔接专项资金用于发展产业的投入比例达50%以上。2021年市本级财政一般公共预算安排乡村振兴投入3.82亿元，占市本级一般公共预算支出的3.69%，较上年提高1.15个百分点。为保障项目用地同步落地，市本级及各县均将建设用地规模同步匹配年度用地计划指标，保障乡村产业发展和村民住宅建设用地，实现村民住宅建设用地应保尽保。对教育、医疗卫生、文化、社会保障、民政、法律等公共服务在安排资金、项目、人员力量、设施设备等方面实施重点保障，着力推进城乡基本公共服务标准统一、制度并轨，加快实现从形式上的普惠向实质上的公平转变。

二、坚持无缝衔接，保持接续前行，把巩固拓展脱贫攻坚成果同乡村振兴有效衔接要求落到实处

落实“四个不摘”要求，持续推进巩固拓展脱贫攻坚成果同乡村振兴有效衔接。

一是坚决守住防止规模性返贫底线。组织干部近5万人次，对103万户农村户籍人口先后开展全覆盖大排查4次，确保监测对象应纳尽纳、不错不漏。建立农村低收入人口识别、核查和动态调整机制，做到“应兜尽兜、应救尽救”。统筹选派1206名驻村帮扶力量到317个脱贫村、22个易地扶贫搬迁安置点所在村、77个乡村振兴重点帮扶村和1个红色美丽村开展驻村帮扶。

二是保持5年过渡期内帮扶政策、资金支持、帮扶力量总体稳定。坚持“四个不摘”，着力强化“三保障”和饮水安全，分类优化“1＋44”政策体系，印发《中共泸州市委农村工作领导小组关于明确脱贫攻坚成果有效衔接乡村振兴战略门诊医疗保障有关事项的通知》等文件，保持政策稳定性。出台《泸州市市级财政衔接推进乡村振兴补助资金管理办法》，保持财政投入力度不减。坚持土地整理、城乡建设用地增减挂钩项目向脱贫地区倾斜。坚持市域内优先流转使用贫困地区占补平衡指标、增减挂钩指标。坚持领导联村帮发展、单位联村帮集体、干部联户帮巩固的“三联三帮”机制，向脱贫村、乡村振兴重点帮扶村、大型易地扶贫搬迁安置点轮换和选派“第一书记”386人。

三是持续巩固提升脱贫地区整体发展水平。加强易地扶贫搬迁集中安置点后续帮扶工作，全市易地扶贫搬迁对象中有3万人实现务工就业。全市义务教育阶段控辍保学实现动态清零，建档立卡、低保、特困救助、孤残等家庭经济困难学生100%纳入资助范围，贫困学生资助实现全覆盖。每个镇、村达标卫生院、达标村卫生室实现全覆盖。全市规模化供水率69.51%、自来水普及率88.18%。全年完成农网项目共125个，93个行政村农村电网得到改造。全市已实现“村村通”光纤宽带，达到了“村村有4G基站”，5G网络已覆盖重点乡（镇）以上城镇区域。

三、坚持提质增效，坚守红线底线，把农业现代化要求落到实处

紧扣省委“农业多贡献”要求，围绕全省构建“10+3”现代农业产业体系，持续推进泸州农业“八大特色产业”提质增效（精品果业、高效林竹、绿色蔬菜、特色经作、优质粮食、现代养殖、休闲农业、加工物流）。

一是毫不松懈抓好粮食等重要农产品生产。印发《2021年泸州市粮食生产意见》《泸州市防止耕地“非粮化”稳定粮食生产重点任务清单》《关于下达2021年度生猪存出栏任务和贯彻省厅“猪十条”意见》，层层分解任务，细化明确责任。调整区（县）政府粮食安全考核指标体系，增加撂荒地治理成效考核内容。深化重大疫病“大清查、大整治、大防控”活动，强化非洲猪瘟防控“3+1”

网格化管理。全市未发现动物冠状病毒、人畜共患病和重大动物疫病疫情，未发生一起重大农产品质量安全事件或重大农产品质量安全负面舆情事件。2021年，建成水稻、高粱绿色高产高效示范片30.45万余亩，全市粮食作物播种面积603.1万亩，同比增长0.7%；粮食总产量235.6万吨，同比增长1.7%。建成年出栏500头以上的生猪规模养殖场41个，新增产能28万头，生猪出栏399.9万头，同比增长12.6%；牛羊禽兔、果蔬、水产品生产供给有力。

二是持续用力推进农业“八大特色产业”提质增效。围绕建设沿长江现代高效特色农业绿色发展示范带，推进农业“八大特色产业”进一步扩面提质，基本形成世界晚熟龙眼优势区域中心、“巴蜀鱼米之乡”“中国特早茶之乡”、优质粮油产业带、晚熟龙眼荔枝产业带、中国特早茶产业带、赤水河精品柑橘产业带“一中心两乡四带”发展格局。全年新创建2021年度省三星级现代农业园区1个，晋级省四星级现代农业园区1个、五星级现代农业园区1个，改造提升经济作物标准化产业基地5万亩，新增国家级农业产业化重点龙头企业1家、国家级农民合作社示范社6家、“三品一标”农产品14个；主要农作物耕种收综合机械化率达62.51%，增加3.06个百分点；农机总动力达238.75万千瓦，比上年增加2.22万千瓦。

三是严守耕地保护红线。完成2020年高标准农田立项项目跨年度结转建设任务18.162万亩、2021年立项项目当年0.638万亩建设任务，亩均财政补助投资达1578.4元。积极推行市、县、乡、村四级“田长制”，构建规范高效的耕地保护责任体系。将创建省、市级园区土地来源审核列入考评认定标准，继续整治农村乱占耕地建房、违规开发占地等突出问题，划定实施粮食生产功能区和重要农产品生产保护区342万亩。开展“大棚房”问题专项清理整治行动“回头看”，坚决打击农村乱占耕地建房行为。开展化肥减量增效示范、秸秆还田利用、酸化耕地治理、畜禽粪污资源化利用，加强耕地质量保护与提升技术推广。

四、坚持生态优先，促进城乡融合，把宜居宜业美丽乡村建设要求落到实处

按照“望得见山、看得见水、记得住乡愁”的定位，实施乡村建设行动，全面提升乡村“颜值”“气质”和“内涵”。

一是着力补齐农村发展短板。市、县（区）均已形成国土空间总体规划文本和相关图件等初步成果，完成第二轮试划并形成成果方案上报。全面完成撤并建制村畅通工程74.6千米、乡村振兴产业路和旅游路工程66.4千米、安防工程67.6千米及全市1300个农村客运村级招呼站牌“通返不通”整治等建设任务。全市按国家二级综合医院标准规划布局了30个县域医疗卫生次中心，市、县、乡（镇）、建制村（居）四级公共法律服务中心、工作站、工作室已实现全覆盖。

二是强化农村人居环境整治提升和生态建设保护。新（改）建农村无害化卫生厕所31 269户，建成整村推进示范村建设20个。开展2013年以来农村户厕问题摸排，摸排户厕17万余户，整改问题厕所2911个。整合资金3381.2万元，新（改）建农村无害化卫生厕所3.1万余户，完成农村“厕所革命”整村推进示范村20个。新建成各类生活垃圾中转站123个，调整优化收运路线14条，农村垃圾收转运处置体系覆盖所有行政村。完成44个行政村农村生活污水治理“千村示范工程”建设，新（改）建农村生活污水处理厂（站）302个，70%以上的行政村生活污水得到有效治理。全面完成天然林保护工程森林管护任务，完成61.47万亩前一轮退耕还林成果巩固。全市未发生重大森林火灾和人员伤亡事故，森林火灾受害率控制在0.1‰以内。全市畜禽粪污综合利用率达76%以上，规模化畜禽养殖场粪污处理设施设备配套率达95%以上，农作物秸秆综合利用率稳定在90%以上。

三是强化乡村社会治理。以本轮换届为契机，大力选拔优秀年轻村干部，换届后村“两委”班子成员平均年龄43.6岁，党组织书记平均年龄41.4岁，常职干部实现大专以上学历（含在读）100%，村党组织书记“一肩挑”人数1471名，比例达99.2%。按照“3+X”功能模式，市、县、乡三级全面实现法律援助、“人民调解”、法律咨询等服务功能。建立“扫黑除恶”常态长效机制、矛盾纠纷化解系列机制、乡村涉疫涉诈重点群体排查管控、精准劝阻长效机制等，有力预防、打击涉及乡村振兴战略的违法犯罪案件。在全市所有行政村全域建立红白理事会、道德评议会和禁赌禁毒会，将天价彩礼、薄养厚葬、铺张浪费等陈规陋习作为道德评议的重要内容。

五、坚持试点示范、大胆探索创新，把深化农业农村改革要求落到实处

持续深化农业农村改革，不断激发农业农村发展活力，让全体村民共享集体经济发展成果。

一是创新发展新型农村集体经济，做好两项改革“后半篇”文章。全面完成农村集体产权制度改革，清查核实集体资产120.42亿元、集体资源性资产1558.87万亩，确认村、组两级成员428.67万人，完成集体资产股份量化资产13.38亿元，建立成员名册和登记备案制度。全面完成村级集体经济组织登记赋码，全市建立村股份经济合作联合社1189个、组股份经济合作社1236个。深入抓好两项改革“后半篇”文章，涉改村闲置资产盘活率100%，72个试点村实现村集体经济收入657.42万元。

二是深化农村土地制度改革，培育多元化农村市场主体。建立工商企业租赁农地的资格审查、项目审核和风险防范制度，进一步加强土地经营权流转规范管理。完成农村土地承包经营权信息应用平台建设,实现市级平台与省级平台连接贯通。纳入全国家庭农场名录系统家庭农场6720家,全年新增家庭农场市级示范场219家,申报省级示范场56家。全年共评定县级示范社77个、市级示范社28个,新增农民合作社省级示范社16个、国家级示范社6个。

三是加强农业农村改革试点试验,创新乡村振兴投入保障机制。全面完成江阳区深化新型职业农民制度试点和纳溪区、泸县城乡融合发展综合改革试点任务。泸县新一轮农村宅基地制度改革试点、纳溪区全域土地整治试点、纳溪区人居环境整治和提升体制机制改革有序推进。建成全市农村产权交易平台并投入运行,引导农村产权规范流转和交易。出台金融服务乡村振兴贷款贴息相关制度,对符合条件的贷款"应贴尽贴"。出台《泸州市生猪出栏价格保险方案》,为全市生猪养殖户提供4500万元的市场价格波动风险保障金。

六、坚持多予少取、真情爱农助农,把党委、政府关心关爱要求落到实处

认真落实中央和省委、省政府强农惠农政策,大力促进农民增收,关爱农村"一老一小"。

一是不折不扣落实强农惠农政策。严格惠农补贴资金发放程序,认真执行公开公示制度,通过"一卡通"阳光审批平台、发放平台进行补贴资金的审核发放。对全市符合条件的低保对象、特困人员、返贫致贫人口、重度残疾人等缴费困难群体,按最低缴费标准100元/年/人实现全民代缴。提高城乡居民基本医疗保险单行支付药品报销比例、大病保险赔付比例、门诊统筹基金年度限额、"两病"门诊用药保障报销比例等,城乡居民政策范围内住院费用报销比例达76.19%。

二是暖心暖意服务农民工。积极推广运用农民工服务平台,市级财政落实农民工服务保障专项工作经费147万元,开展农民工服务保障十大专项行动。将根治欠薪纳入市委"民心守护"工程重要内容,纳入市委、市政府年终目标绩效考核。开展农民工欠薪清零百日行动、根治欠薪"利剑行动"和根治欠薪冬季专项行动等专项检查。

三是用心用情关爱农村"一老一小"。出台《关于加强农村留守老年人关爱服务工作的实施意见》,建立健全农村留守老年人关爱服务工作机制。健全县、乡、村、组及邻里巡访关爱留守老人联动机制,实现留守老人定期巡访全覆盖。出台《泸州市事实无人抚养儿童帮扶实施办法》等10余个文件,进一步完善适度普惠型儿童福利制度。将农村留守老人、留守儿童和困境儿童等特殊群体的关爱服务、政策宣传、巡视探访等纳入驻村干部帮扶重要内容,及时掌握了解情况、做好关爱服务。

在脱贫攻坚取得全面胜利、乡村振兴实现良好开局的关键年,全市始终把巩固拓展脱贫攻坚成果同乡村振兴有效衔接作为"三农"工作的主题主线,着力推动乡村"五大振兴",并取得阶段性明显成效。脱贫攻坚方面:2021年中共泸州市委等3个集体、梅猛等个人被党中央、国务院表彰为全国脱贫攻坚先进。粮食生产方面:粮食生产获得农业农村部表彰先进,在2021年度全省粮食安全党政同责考核中获得"优秀"等次。高标准农田建设方面,全市高标准农田项目建设获得国务院办公厅督查激励等。产业发展方面:成功筹办2021年全省酿酒专用粮生产基地建设现场会议,纳溪区护国镇梅岭村成功创建为中国美丽休闲乡村。农村改革方面:泸县新一轮农村宅基地制度改革试点工作受到副总理胡春华肯定。园区建设方面:合江县荔枝现代农业园区成功晋级省五星级现代农业园区。乡村治理方面:农村司法专项网格化管理工作得到省委常委、政法委书记邓勇肯定性批示。农民工服务保障方面:泸州市、江阳区、合江县被省委办公厅、省政府办公厅通报表扬为"全省去冬今春农民工服务保障工作先进单位"。农村基础设施建设方面:纳溪区、泸县2021年被省政府认定为"四好农村路"省级示范县。农村"一老一小"方面:纵深推进国家居家和社区养老服务改革试点,经民政部、财政部中期评估验收为"优秀"。

创新实施农业"三品"工程
打造现代农业高质高效发展的"绵阳样板"

绵阳市人民政府

党的二十大报告指出,全面建设社会主义现代化国家,最艰巨最繁重的任务仍然在农村。绵阳市以习近平总书记关于"三农"工作的重要论述为指引,以实施乡村振兴战略为统揽,以农业供给侧结构性改革为主线,深入实施"品种改良、品质提升、品牌打造"农业"三品"工程,创造性开展"绵品出川"行动,全力建设全国种业强市。全市自主研发并经国家、省认定的主要农作物新品种达70余个，农作物良种覆盖率达97%，“羌食荟”“文昌贡”等农产品品牌在厦门、东莞、苏州等地打响。前三季度，绵阳市第一产业增加值300.1亿元，增长3.9%，高于全省0.3个百分点。

一、夯基垒台强基础，改良品种做强“绵阳芯片”

一是培育创新主体，破解“谁来改”。按照“强优势、补短板、破难题”思路，遴选确定绵阳种业强市建设的领军型企业、骨干型企业和成长型企业，建立种业发展的主体阵型支撑体系。全市培育种业企业108家，成功推动铁骑力士、盐亭西部水产种业等3家企业入选国家阵型企业名单，国豪种业、全兴种业等4家企业入选省级农作物优势种业企业和成长型种业企业，培育国豪、全兴等4家种业头部企业，国豪种业油菜种子销量位居全国第二，全兴种业蔬菜销量位居全国第三。二是搭建育种平台，破解“在哪改”。聚焦生猪、粮油、蔬菜三大优势种业，按照“发掘一批优异种质资源，提纯复壮一批地方特色品种，选育一批高产优质突破性品种”模式搭建育种平台，建设优质种业基地。建成全省唯一的国家区域畜禽（生猪）种业创新中心、国家级区域性蔬菜良种繁育基地，拥有生猪国家级、省级种业发展阵地5类7个，农作物国家级、省级种业发展阵地3类11个，农业农村部作物遗传育种重点实验室等种业科研重点实验室3个。三是强化种业攻关，破解“改什么”。支持市农科院建设集科技研发、成果转化等于一体的育种新基地，突出重要农作物新品种研究。采取“校地合作、校企攻关”联合协作模式，组建三大种业创新联盟，推动铁骑力士、明兴科技等3大国家核心育种场加入全国基因组联合育种计划，推进制种大县与中国农业大学、四川农业大学开展深度合作，加强新品种研发。截至目前，育成新品种400余个；获得科技进步奖200余项，其中国家发明一等奖（“绵阳11号”）和国家科技进步二等奖（“绵恢725”的选育与应用）各1项。水稻新品种“泰优粤禾丝苗”“深两优粤禾丝苗”分别获得四川省首届“稻香杯”丰收奖一等奖和优质奖；打破再生稻种植“海拔不高于410米”的新突破。

二、立柱架梁强筋骨，提升品质构建“绵阳标准”

一是把实“源头关”，打造优质产地环境。在全国率先提出实施现代生态循环农业工程建设，按照“以种定养、以养定种、种养结合”工作思路，探索“市场大循环、合作社（园区）中循环、园场小循环、家庭微循环”4类效益驱动型模式，全市种养循环、稻渔共生等现代农业园区占比达70%以上。大力开展绿色高效技术应用与推广，推进生产方式向可持续转型升级，受污染耕地安全利用面积和严格管控面积完成率达100%，农业生产主推技术到位率达96%以上。二是把好“出口关”，健全质量监管体系。全面实行农产品质量安全网格化管理，落实市、县、镇、村四级监管员1921名，建成市、县、乡三级检测机构130个，形成“全员、全域、全程、全名”的网格化农产品质量安全监管格局。建立食用农产品承诺达标合格证主体名录制度，全市1791家生产主体被纳入目录管理，实现经营主体开具合格证全覆盖，把好农产品质量安全“准出关”。全市连续两年省级农产品例行监测合格率达99%以上，被评为省级农产品质量安全监管示范市。盐亭创新“123458”网格化监管模式获得农业农村部认可并向全国推广。三是把严“标准关”，建设现代农业园区。制订现代农业园区“一园一策”提升行动方案，明确不同园区建设标准，建成现代农业园区86个，认定市级星级现代农业园区23个，成功创建省级星级现代农业园区5个，正在创建国家现代农业产业园2个，逐步形成“国家+省+市+县”四级现代农业园区建设体系。建设麦冬、厚朴、水产等六大特色优势产业标准化基地，开展高标准农田建设，全市涉改乡（镇）建成农业标准化基地200.1万亩、畜禽标准化养殖场1200个、水产健康养殖示范场111个、高标准农田398万亩，累计发布农作物种植、畜禽养殖绵阳市地方标准44项。

三、积厚成势塑形象，打造品牌叫响“绵阳好物”

一是培育品牌提升辨识度。实施品牌建设“孵化、提升、创新、整合、信息”五大工程，建立“市级区域公用品牌+县级区域公用品牌+行业公用品牌+企业品牌”品牌培育模式，开展绿色、有机、地理标志农产品认证，全市“三品一标”农产品达626个，打造市级农业公用品牌1个（绵州珍宝）、县级公用品牌3个（羌食荟、文昌贡、梓乡情）。“北川苔子茶”入选省级“川字号”优秀农产品品牌荟萃，“代代为本”“台沃”入选全省农业企业品牌目录；圣迪乐鸡蛋被誉为“航天级食品”，在全国24个主要城市大卖场销售额占比达67.9%。二是“绵品出川”打响知名度。创造性开展“绵品出川”系列活动，组织169家新型农业经营主体、980个系列产品参展，64家龙头企业、专合社进行现场专题推介，已开展“厦门行”“东莞行”“苏州行”三站营销活动，实现农产品销售额0.94亿元，签订正式合同96个、金额7.1亿元，既破解了疫情下农产品销售难题、促进农业增收，又有效拓展了外地市场，打响了“绵阳造”品牌。三是品牌管理扩大美誉度。探索建立绵阳农产品品牌目录制度，制定品牌目录农产品征集、管理和保护办法，加强农产品品牌审核，构建优胜劣汰的准入和退出机制。建立健全农业品牌保护执法联动机制，加强维权网络建设，加大对冒牌、套牌和滥用农业品牌的惩处力度，切实保护农产品品牌形象，维护良好的品牌市场环境。

多点发力推进农业高质量发展 助力乡村振兴

中共甘孜藏族自治州委　甘孜藏族自治州人民政府

2021年以来，甘孜州农牧农村局坚持以习近平新时代中国特色社会主义思想为引领，认真贯彻落实州委、州政府总体工作部署，推动巩固拓展脱贫攻坚成果同乡村振兴有效衔接，实现“三农”各项指标稳中加固、稳中向好。

一、工作开展情况

全面完成省下达全州粮食作物播面约束性任务102.6万亩、粮食总产量23.2万吨的目标任务；第一产业增加值达82.21亿元，农村居民人均可支配收入达15 365元，农牧业在“十四五”开局之年呈现稳中加固、稳中向好态势。

（一）优化布局产业资源，全域联动初步形成

制订《甘孜藏族自治州“十四五”现代农业产业发展规划》《甘孜州现代农业产业带建设实施方案》等规划方案，推动农牧产业高质量发展。一是着力打造“三江六带”现代农业产业带。按照“产业布局区域化、社会化，园区建设集约化、规模化，发展方式资本化、市场化，农畜产品品牌化、绿色化”发展思路，立足东南北路地区和“两江一河”流域产业发展差异，突出“三江六带”空间布局、资源禀赋、气候条件、产业基础、技术水平和市场潜力，打破县（市）行政区划界限，统一布局建设6个产业带、6个蔬菜保供基地、9大农产品加工区、7类商贸流通服务中心现代农业产业带。按照“五年规划、三年实施、两年巩固”总基调，制订实施方案、细化项目分配、统筹资金使用，形成与市场需求相适应、与资源禀赋相匹配的农业生产结构和区域布局，着力构建现代农业发展新格局。二是着力打造国家级牦牛产业集群建设。深入分析研究全州牦牛产业发展现状，找准优势和短板，厘清发展思路、产业布局和重点任务，按照构建以“一中心、二体系、三工程、四基地、六园区”为支撑的牦牛产业集群思路，抓住牦牛产业化发展“良种繁育、饲草基地、科学养殖、产品研发、加工营销、品牌建设”六大关键环节，制定甘孜牦牛产业集群链条图，编制完成《甘孜牦牛优势特色产业集群建设初步方案》，规划建设项目84个，总投资13.69亿元（其中中央资金2亿元）。三是着力打造产业强镇建设。以创建“农业产业强镇”为目标，围绕炉霍县虾拉沱镇产业发展定位，坚持“蔬菜主导、龙头驱动、链条延伸、融合发展”方针，依托飞地农业产业园发展新模式，编制《炉霍县虾拉沱镇农业产业强镇建设方案》，推动构建虾拉沱镇“一心・二带・三园・四区・多基地”的产业空间布局，申请纳入2022年国家农业产业强镇建设。

（二）提质增效现代农业，助农增收成效明显

认真落实“藏粮于地、藏粮于技”战略，优化农业产业体系、生产体系、经营体系，提高土地产出率、资源利用率、劳动生产率，为农牧业高质量发展打下坚实基础。一是守住粮食安全底线。着力调运调剂良种、肥料、农膜等生产资料1.39万吨。认真贯彻落实各项惠农政策，鼓励农民自觉提升耕地地力，充分调动农民生产积极性，兑现耕地地力保护补贴6635.5万元、实际种粮农民一次性补贴613.21万元。全州完成粮食作物播种面积102.85万亩，粮食产量23.31万吨；蔬菜种植面积22.18万亩，产量44.34万吨。二是推动草原畜牧业发展。按照“种草养畜、短期育肥、提纯复壮、牧繁农育”思路，加大集中连片优质人工饲草基地建设力度，建成优质人工饲草基地3万亩，积极开展粮改饲试点工作，完成苜蓿种植3227亩，示范推广青贮玉米种植技术130亩，贮备抗灾冬干草1500吨以上。实施草原禁牧补助4500万亩、草畜平衡7963万亩，兑现奖补资金5.4亿元。开工建设127个牦牛标准化适度规模场，建成配套饲草基地2.24万亩。兑付能繁母猪补贴389万元，新增能繁母猪1.2万头。兑付生猪出栏奖金112.5万元，出栏生猪24万头。组织调运发放疫苗3902万毫升（头、羽份），完成重大动物疫病免疫1323.71万头（只、羽）次。预计全州各类牲畜存栏345万头（只），各类牲畜出栏119.5万头（只），全年肉产量达到9.39万吨、奶产量11.6万吨。三是加强现代农业园区建设。用现代发展理念、现代产业体系、现代功能环境、现代经营方式着力推动现代农业园区集约集聚发展，新建现代农业园区13个，各类园区覆盖产业基地39.77万亩、畜禽养殖30.84万头（只）。申报省三星级现代农业园区2个，省四星级、五星级现代农业园区各1个，评定州级现代农业园区10个。四是壮大特色基地建设。围绕“三江六带”现代农业产业带，大力发展优质粮油、绿色蔬菜、特色水果、生态食用菌、道地中药材、花卉茶叶等优势产业，建成特色农林产业基地67.7万亩，新建设施农业107个。实施基地建设、农产品加工、融合发展、主体培育、科技服务五大提升工程，率先在9个涉

改试点乡（镇）推进形成“一村一品、一乡一业”的产业发展格局。

（三）不断完善经营管理，产业效益得到提升

一是加强种业管理。大力实施“现代种业提升工程”，持续提升良种供应能力。在主产区建立青稞、小麦和马铃薯良繁基地11万亩。完成粮食作物良种推广95.93万亩，农作物良种覆盖率达93.5%。加强九龙牦牛、昌台牦牛、娟杂公牛等优良品种推广，完成畜禽改良29.4万头（只）。持续九龙牦牛、西藏山羊、藏猪、藏鸡等国家级畜禽遗传资源保护，国家级、省级保种场（区）保种群体存栏数达到7434头（只）。扎实开展全州农业种质资源普查，新发现畜禽遗传资源10个、中蜂遗传资源6个，其中玛格绵羊和勒通绵羊已进入《国家畜禽遗传资源目录》，玛格绵羊入选畜禽十大优异种质资源；完成全州农作物普查表提交任务，征集全州农作物样品829份；完成全州水产养殖主体普查任务，新发现水产养殖主体2个。二是强化质量安全。全面推进质量兴农、绿色兴农、品牌强农，以品种品质品牌新“三品”为着力点，推进农业标准化生产，开展特色农业产业基地和畜禽标准化养殖场（小区）建设。推进农产品质量安全追溯与农业农村重大创建认定、农业品牌推选、农产品认证、农业展会“4挂钩”，录入生产经营主体追溯系统基础信息538家。累计登记认证“三品一标”农特产品210个（其中新登记认证15个），新制定甘孜州农业地方标准10项。三是强化农业监测。开展省、州、县级农产品质量安全例行监测工作，监测食用农产品样品2189个，对规模养殖场（户）进行瘦肉精“拉网式”监测，监测瘦肉精25 760头份，全州农产品合格率稳定在98%以上，未发生重大农产品质量安全事件。四是狠抓农业安全生产。认真落实安全生产党政同责和“三必须”要求，加强隐患大排查大整治，建立5个安全宣传“进农村”示范点，开展安全事故应急演练，牢牢守住农业生产安全事故防范底线。

（四）创新驱动引领发展，科技水平不断提升

一是推动农业机械化。启动实施新一轮农机购置补贴政策和“五良”融合产业宜机化改造项目，兑付中央农机购置补贴资金327.94万元，补贴农机具596台（套），“五良”融合宜机化改造面积1348亩。积极引进示范推广智能农机装备，推广各类农机具782台（套），新增农机总动力10 742千瓦。完成机耕作业面积111.48万亩、机播作业面积35.14万亩、机收作业面积53.01万亩，主要农作物耕种收综合机械化水平达到60%。新建太阳能提灌站4座、农产品仓储保鲜冷链物流示范县1个。二是提升农业科技服务。鼓励农机服务主体开展农机社会化服务，在农业园区积极培育“全程机械化+综合农事”服务中心，支持服务中心购置大中型、智能化、复合型现代农机装备，带动园区提高农业装备水平、作业水平和服务水平。深化“院州”“校州”合作，积极开展农业科技“三大行动”，开展农民实用技术培训33.5万余人次。派出近百名科技人员带动各县（市）千名农业科技人员深入生产第一线，大力开展新品种、新技术、新模式、新机制“四新”示范。全州共建立农业科技示范基地36个，培育农业科技示范户4077户。采取政府购买服务方式，招募特聘农技员150余人，开展技能培训774场次、5.2万余人次。三是实施高标准农田建设。全面落实高标准农田建设中央、省、州、县3000元/亩补助标准，积极构建“五统一”的高标准农田建设管理体系，完成2019年、2020年高标准农田建设州级竣工验收和2021年高标准农田建设项目实施方案编制、州级评审工作和计划批复备案工作。四是培育市场主体。认真落实《甘孜州联系农业产业化龙头企业工作机制》，组织召开农业产业化龙头企业座谈会，举办新型农业经营主体培训班，针对市场主体存在的困难诉求，积极开展“送政策上门、送思路上门、送服务上门、送项目上门”活动。评定合作社州级示范社21个、省级5个，评定家庭农场州级示范场13个、省级示范场2个，培育全州首家国家级农业产业化龙头企业甘孜县康巴拉绿色食品有限公司。

（五）有序治理人居环境，乡村振兴开创新局面

一是实施乡村振兴战略。巩固拓展“两江一河”流域乡村振兴示范建设成果，整合涉农资金2.7亿元，新建精品示范村65个。制订《2021年度县（市）党政领导班子领导干部推进乡村振兴战略实绩考核实施方案》，组织开展州对县（市）乡村振兴实绩考核、分类考评工作，申报创建省级先进乡（镇）2个、示范村33个、重点帮扶优秀村35个，评定州级先进县（市）3个、先进乡（镇）15个、示范村120个。二是推进农村人居环境整治。围绕“圣洁甘孜·美丽乡村”建设，实施农村“厕所革命”，探索“水冲式+三格化粪池”“一厕两用”“旱改卫”等技术模式，并在理塘、甘孜等县试点“双坑交替式”“免水冲免清掏生态马桶”成品厕所建设，完成新（改）建农村户厕6779户（其中整村推进项目1874户）；在2181个行政村配备保洁员6258名，实现行政村保洁员全覆盖；顺利通过农村人居环境整治三年行动评估。三是加强面源污染防控。坚持生态优先、绿色发展，紧扣“一控两减三基本”目标，实施化肥、农药减量化行动，加强秸秆、畜禽粪污综合利用和农业投入品废弃物无害化处理，实现农药化肥零增长，实现农药化肥零增长，农膜回收率达84%，农作物秸秆综合利用率预计达到93%，规模养殖场粪污处理设施装备配套率和粪污资源化利用率分别达到95.83%、97.6%。四是开展农耕传承保护。积极开展农村生产生活遗产保护和传承工作，丹巴县甲居镇、康定市若吉村等4个村镇申报2021年第二批全国乡村治理示范村镇，推荐九龙县龙韵民

族手工艺品有限公司“手工藏毯编制技艺”为第二批省级农村生产生活遗产扶持项目，获得省级补助资金100万元。九龙县魁多镇里伍村“绒巴茶手工制作工艺”申报全国第六批中国重要农业文化遗产。炉霍县多克的高原传统牦牛酸奶经农业农村厅组织专家评审，荣获第五届“四川省农村手工艺大师(乡村美食大师)”称号。

（六）不断深化农村改革，发展活力持续激活

一是推进集体产权制度改革。以构建“归属清晰、权能完整、流转顺畅、保护严格”的农村集体产权制度为目标，注重民主程序，狠抓清产核资、成员确认、股份量化等关键环节，核实村级集体资产112.31亿元，确认农村集体经济组织成员21.98万户、93.88万人；建立村级集体经济组织2181个，实现集体经济收入9680.9万元，净收入8536.5万元，带动18.45万户农户户均收入463元。二是推进合并村集体经济融合发展试点。在45个试点合并村建立健全成员大会、理事会、监事会等集体经济组织法人治理机制，全面完成试点任务并依托自身资源资产和地理区位等优势条件，盘活闲置房屋402宗、84 221.88平方米，探索出以租赁经营稳健发展、资金入股(飞地模式)借力发展、股份合作自主经营、资源合作联合发展、托管代理服务发展等5种方式，实现集体经济收入持续增长。三是推进承包地“三权分置”。在坚持农村集体土地所有权、稳定农户承包权、放活土地经营权的基础上，积极推进土地承包管理信息系统建设，全州基本完成地确权数据脱密工作。严格宅基地申请、审批、使用全程监管，审批宅基地396宗119.82亩，新增建设用地212宗65.21亩。大力引导和鼓励农户通过出租、入股等方式推进农村土地经营权有序流转，全州农村土地流转面积达10.09万亩。四是推进农民合作社规范提升。组织开展农民合作社理事长业务培训，引导合作社不断完善章程制度，依法建立成员(代表)大会、理事会、监事会等组织机构，提升内部管理水平。全州累计发展合作社3922个，评定国家级示范社6个、省级示范社60个、州级示范社147个，形成培育户、壮大场、场入社、社联企的良好发展体系。

（七）大力加强自身建设，服务水平明显提高

一是加强组织建设。加强和改进党员队伍和干部队伍建设，严格落实“三会一课”制度，召开党员大会36次、支部委员会108次、党小组会36次。机关党委培养入党积极分子3名，发展预备党员1人，转正式党员1人。二是加强党史学习教育。组织州农牧农村局183名党员干部到红色教育基地接受爱国主义教育，观看红色舞台剧《飞夺泸定桥》，重温入党誓词。组织党务工作者赴革命圣地延安举办党史学习教育专题培训班，重温革命历史，寻访初心使命，用党的优良传统滋养初心、淬炼灵魂，提升党员干部用革命精神服务“三农”事业的能力和水平。三是加强疫情防控。严格落实农村疫情防控“十一条措施”，从严从紧查堵漏洞，盯紧管住防控重点，切实加强城乡接合部、农贸市场、茶馆棋牌室、寺庙等重点场所管控，做好防控物资储备，加强免疫接种工作，常态开展“五清行动”，农村地区全年开展排查返乡人员47 411人，取消庆祝庆典活动656场次，红事缓办、丧事简办1594场，坚决筑牢农村地区疫情防控坚固防线。

二、下一步工作计划

（一）牢牢守住粮食安全底线

严格耕地保护制度，坚决防止耕地非农化、非粮化。稳定粮食作物播种面积在100万亩以上，力争产量达到23万吨。做好动物疫病防控，建设集中连片优质人工饲草基地，积极出台牲畜出栏鼓励措施。完成高标准农田建设3.82万亩。完成动物疫病防控1000万头(只、羽)次，力争实现各类牲畜存栏340万头(只、匹)、出栏120万头(只、匹)。

（二）加快农牧产业发展

着力打破区域界限、行政界限，坚持“特色发展、区域联合、全域联动”工作思路，推动“三江六带”现代农业产业带建设，启动国家级理塘蔬菜现代农业园区创建工作，推进炉霍县虾拉沱镇产业强镇建设。建设特色农业产业基地65万亩，建立农作物良繁基地11万亩，新登记认证绿色、有机、农产品地理标志产品5个。

（三）打造牦牛产业集群

采取“边建边补、以奖代补、先建后补”等多种方式，重点支持牦牛良繁、标准化养殖、饲草料种植加工、加工物流及品牌、牧旅融合发展、先进要素集聚支撑等建设。实施牦牛产业项目37个，总投资7.43亿元，其中申请中央财政资金1亿元、地方整合资金4亿元、社会自筹资金2.43亿元。

（四）实施乡村振兴战略

深化“两江一河”流域乡村振兴示范建设，整合乡村振兴衔接资金、涉农资金、对口援助资金，新建乡村振兴示范村100个，其中精品村20个。

（五）强化人居环境整治

以“圣洁甘孜，美丽乡村”建设为重点，大力实施农村人居环境整治提升“五大行动”，新(改)建农村无害化卫生厕所3000户。在石渠县实施黄河流域农业面源污染治理项目，支持建设标准有机肥加工厂、集体牧场粪污处理系统、垃圾转运及处理设施。深入开展长江“十年禁渔”行动，持续开展专项打击整治行动和增殖放流工作，有效保护水生生物资源。

（六）深化农业农村改革

在巩固承包地确权登记颁证成果的基础上，加快推进土地承包管理信息系统建设。加大盘活集体土地、闲置宅基地、农机具等资产和资金力度，采取建设集体牧场、发展“飞地经济”、培育产业基地等方式，探索农村集体经济长足发展路径，推进实现集体资源盘活、组织成员创收、发展方式稳定。

聚焦聚力　务实笃行
大力推动“三农”工作高质量发展

成都市双流区农业农村局（成都市双流区乡村振兴局）

成都市双流区坚持以习近平新时代中国特色社会主义思想为指导，深入学习贯彻习近平总书记关于“三农”工作的重要论述，特别是习近平总书记来川视察对粮食生产、农业现代化和乡村振兴提出的重要要求，全面落实党中央国务院和省委、省政府，市委、市政府关于乡村振兴决策部署，扎实推进乡村发展、乡村建设、乡村治理等工作，加快城乡融合发展，推动乡村振兴走在前列取得实效。2022年，全区第一产业增加值增长3%；农业固定投资完成7.8亿元，增长9.3%；农民人均可支配收入达36 849元，增长5.5%。

一、加强组织领导，夯实乡村振兴工作保障

（一）坚决扛起乡村振兴政治责任

建立健全党政主要负责人抓乡村振兴责任清单，对照责任清单认真履职尽责，持续推进乡村振兴战略实绩考核和考评激励，明确目标任务、压实工作责任，确保乡村振兴工作推进有力有序。制定实施抓党建促乡村振兴年度重点任务清单和特色亮点清单，构建形成镇（街道）和区级部门协同落实推进乡村振兴重点任务的工作合力。

（二）优化完善区委农村工作机构职能

调整充实区委农村工作领导小组组成人员，增设巩固拓展脱贫攻坚成果同乡村振兴有效衔接专项小组，优化完善职能职责，构建规范化制度化的议事协调机制；加强区委农村工作领导小组办公室建设，增设办公室专职副主任1名，完善机构设置，加强人员配备。

（三）强化乡村振兴政策要素保障

制定实施乡村振兴和城乡融合发展年度工作要点以及乡村振兴若干政策措施，制定耕地撂荒管控、“非粮化”整治、稳定种植面积3个十条硬措施，有效激励粮食生产；针对村（社区）干部、农业职业经理人等开展城乡社区发展治理、职业技能等专题培训，覆盖3000余人次，做实人才支撑；夯实乡村振兴财政投入和用地保障，持续加大乡村振兴投入。

二、抓好“三件大事”，助力建设更高水平“天府粮仓”

（一）以“长牙齿”的硬措施强化耕地保护

严格实行耕地保护党政同责，编制完成耕地和永久基本农田保护专项规划，建立区委常委会、区政府常务会专题研究耕地保护工作机制，积极推行“田长制”，压实耕地保护责任。抓好撂荒地整治、低效果木腾退、商业草坪清退工作，推进农地农用、良田粮用，2022年恢复耕地3300亩。推进高标准农田建设，编制完成高标准农田建设“十四五”规划，新建高标准农田1.12万亩。“非粮化”整治“硬措施”和“软办法”得到农业农村部部长唐仁健的高度赞赏，相关做法获得市政府分管领导等肯定性批示3次，并获得农业农村部、中央广播电视台等多次推广。

（二）强化重要农产品供给安全保障

深入实施“米袋子”建设行动，规划建设万亩粮经复合园区2个，落实规模种粮、稻谷种植等补贴政策，促进粮食生产稳定、储备充足安全。2022年，全区粮食作物播种面积9.02万亩，产量达3.9万吨。落实粮油储备2.38万吨。狠抓“菜篮子”保供，持续做强“二荆条”辣椒等特色农产品种子“芯片”。2022年，全区蔬菜种植面积19.2万亩，产量31.1万吨。持续加强农产品质量安全监管，将430余家规模生产经营主体纳入农产品质量安全追溯系统，农产品承诺达标合格证开具率达100%，监测合格率达98%以上。

（三）推进农业产业高质量发展

着力构建都市农业产业体系，编制完成现代农业园区规划，提升打造空港创意都市现代农业园区，建成500余亩臻爱田园消费新场景，双流区空港创意都市现代农业园区成功获评市四星级园区，彭镇时光原野现代粮油园区成功创建市三星级园区。大力发展乡村新产业新业态，创建市级乡村旅游品牌4个，基本建成牧马山农业园、广都博物馆，加快彭镇临江119亩文旅综合体等项目建设，策划推介休闲农业精品线路2条，提升打造乡村消费新场景10个。推进农业科技创新，组建科技特派团，指导支持环太等企业开展科技研发和成果转化推广，在全区推广水稻等14个农业新品种、8项新技术应用2000亩。《四大举措助力全面推进乡村振兴》获得农业农村厅交流推广，黄甲麻羊美食文化活动被农业农村部评为“100个丰收节庆特色活动”。

三、突出“四个重点”，做优空港公园城市乡村表达

（一）建管并重，推进美丽乡村建设

加强规划引领，重塑城乡空间形态，完成区级国土空间规划“三区三线”划定，完成成都芯谷、天府国际生物城2个镇级片区规划和景山等4个村级片区规划编制。大力推进美丽新村建设，按照“新村+林盘+绿道”模式高质量完成彭镇永和村、黄龙溪镇古佛社区2个新村建设，惠及3000余人。梳理补齐农村基础设施短板弱项，完成水利设施整治工程

2个、通信管网改造项目5个、公路“白+黑”改造30千米，建成空港绿道27千米。

（二）持续深化乡村现代化治理

持续提升乡村智慧治理水平，细化制定农集区、老旧小区（院落）治理标准，深化党建引领社区“微网实格”治理，做优做实农村网格。大力推动乡村文化建设，用好槐轩文化、蚕丛文化等，积极创作本土精品歌舞话剧，提升打造黄龙溪火龙灯舞、瞿上讲堂等精品活动。加强乡村文明建设，持续深化移风易俗，选树市级党建引领示范社区10个、示范小区11个，创建市级以上文明村镇（标兵）10个。

（三）强化乡村生态环境保护

抓好川西林盘保护修复，完成彭镇刘家边等5个林盘整治，加快实施黄水镇文石桥等5个市级保护修复专项资金项目。全面落实林长制和河（湖）长制，制定林长制运行规则等6项制度。深化中央和省环保督察及“回头看”反馈问题整改，锦江黄龙溪段等5个考核断面水质全面达标。大力整治农村人居环境，开展农村户厕改造“回头看”，完成改造4115户；推进农村生活污水和农业面源污染治理，20户以上的农集区污水处理设施覆盖率达100%；持续推进农业面源污染治理，全区受污染耕地安全利用率达93%。农居环境整治工作获得市政府分管领导表扬，《双流区奋力书写乡村振兴美丽新答卷》等获得人民网、新华网多次报道。

（四）持续巩固拓展脱贫攻坚成果

常态化开展防止返贫动态监测，健全区级领导挂点联系、区级部门结对帮扶机制，开展“双报到双助力”，加大对口联系帮扶力度。关爱帮扶困难群体，为困难群体代缴城乡居民养老保险1772人、163万元，超额完成省、市目标任务。制订巩固拓展脱贫攻坚成果同乡村振兴有效衔接实施方案，落实对口帮扶简阳市9个省、市重点村和区级3个重点村帮扶资金550万元。

四、深化“三项改革”，激发农业农村发展活力

（一）持续深化农村集体产权制度改革

启动集体经济“消薄创先”三年行动，制订发展壮大农村集体经济实施方案，探索集体资产数字化管理模式，健全管理制度，规范组织运行；深化引进企业、引带农民、引领抱团、引导扶持、引入闲房的集体经济组织“五引”发展模式改革，壮大集体经济规模，全区100万元以上村级集体经济组织达40个，其中黄水镇白塔社区探索“二链融合”发展壮大集体经济获评全市抓党建促集体经济发展典型案例。

（二）创新金融服务助力乡村振兴

针对农业特色主导产业，设置金融信用评级共性指标模块，搭建信用评价模型，在全省率先精准构建新型经营主体信用评价指标体系；依托“线上农贷通平台+线下农村金融服务站”，升级搭建新型农业经营主体信用信息数据库，实现信用信息共联共享。2022年，辖区金融机构为农业经营主体发放贷款6945笔、53亿元。

（三）持续深化“三社融合”发展改革

制订《双流区“三社融合”试点试验方案》，深化以村集体经济组织为基础、基层供销社为纽带、农民专业合作社为支撑的“三社融合”改革，创新村（社区）综合服务社运营机制、拓展服务内容，已建成村级基层社7个、社区共享超市7个，入社社员达1194户，不断促进全区集体经济发展和农民增收。

富顺县共同富裕体系建设基本对策研究

中共富顺县委　富顺县人民政府

一、发展适度规模经营，提高农业劳动生产率

一是搭建县域土地流转管理平台。由村集体经济组织进行管理，农民将愿意流转的土地交由村集体经济组织，集体经济组织按照土地类型和区域招引业主，业主与村集体经济组织签订流转协议，集体组织向业主收取适量管理费。

二是培育服务组织开展农业社会化服务。按照“主题多元、形式多样、服务专业、竞争充分”原则，加快培育各类服务组织。让农户根据自身状况和需求，选择服务组织提供专业化服务，通过统一服务连接千家万户，连片种植、规模饲养，形成服务型规模经营，使广大家庭经营农户充分参与和分享规模经营收益。

三是建立健全规模经营业主扶持政策。对带动农民增收（如解决本地农民务工、长期聘用农民并购买“五险一金”等）、实施农机专业化生产作业的（如以年作业面积100亩以上，以农机作业合同面积、财务凭证为准）、实施规模化、标准化生产（如柑橘连片规模200亩以上且流转年限10年以上）等的企业给予资金补助。

四是以标准化和农业科技稳定粮油作物生产提升劳动生产率。以标准化生产提升粮油品质，以科技驱动提升粮油综合生产能力，以农业机械化和烘干机械为载体推动粮油产业高效发展。以打造富顺粮油品牌为切入点，畅通“互联网+冷链物流”线上和线下销售渠道，惠及城乡居民，全面推进粮油产业高质量发展。

二、盘活农村各类产权，壮大新型集体经济

一是盘活各类资产资源，增加集体经济收入。对闲置村办公用房、学校、加工房等不动产，山坪塘、水库等资源，采取出租、入股分红、联合经营等方式增加集体收入。依托本地山岭、河流、滩涂、阳光、气候等独特自然资源优势，与龙头企业等市场主体合作经营，取得收入。集体经济组织通过撂荒地整治和土地流转方式，结合当地实际，积极发展产业。如李桥镇石盘村、赵化镇铁龙村、鳌山村采用“支部+集体+农户”的模式发展蚕桑产业。

二是创新探索村集体经济合作模式和路径。围绕各地优势特色产业，延长农业产业链、提高农产品加工能力、增加产品附加值。对村级集体所有的经营性资产，采取村级集体直营、承包、租赁、外租、参股、税收分成、资产置换和BOT模式等有效实现形式提高村级集体资产利用率。比如兴办农贸市场，建设养猪场、商业门面等，采取自主经营、发包经营、联合经营等方式取得集体经济收入。积极参与农村厕所改造、“一事一议”项目建设，取得收入。利用产业扶持资金，中央、省、市扶持集体经济试点资金投资或入股当地家庭农场、专业合作社、农业企业等新型经营主体取得收入。

三是探索产业融合发展的村级集体经济项目。充分依托村级集体拥有的自然资源禀赋、经济基础、人文特色等，积极开发、培育特色产业，深入挖掘村级集体资产的综合价值，培植特色优势乡村产业，推进农业与农产品加工业、农村服务业的融合。围绕豆花蘸水、冷吃蛙、滨江竹饼干等富顺特色美食和大闸蟹、藤椒、竹笋等地方名优土特产品，通过产业相融、产权同享、创新发展，延伸现有村级集体经济项目的产业链和开发新的多元发展的产业链，激活各类发展要素，深度挖掘村级集体经济项目的附加值。

三、发展现代农业“10+3”产业，加快三产融合发展步伐

一是优化和分类推进富顺现代农业产业体系的构建。做强优势再生稻、高粱、柑橘、生猪等四大主导产业，以龙头企业带动、以现代农业园区为载体提高现代农业规模和效益，积极引进龙头企业参与产业发展，各地针对性出台扶持办法，推进产业基地建设、做强农产品加工、培育品牌、提升农产品质量；加大对先导性支撑产业的政策补贴力度，尤其是对冷链烘干等补贴项目提高财政补贴率，吸引业主参与建设。积极推进消费终端型、休闲体验型、生态循环型、智慧技术型四种“新六产”发展模式，逐步构建起富顺现代农业产业体系，其中消费终端型以粮油生产、初加工、精深加工、物流配送、餐饮及电子商务等实现农产品从田头到餐桌、从初级产品到终端消费的无缝对接；休闲体验型以现代农业示范园为载体推进农业与旅游、教育、文化、康养等产业深度融合、拓展农业多功能，带领农民增收；经济循环型通过对富顺柑橘、生猪等产业的深度融合、封闭循环，实现了饲用玉米种植、肉牛养殖、屠宰加工以及牛粪等废弃物造肥还田；智慧技术型以扶持和培育一批农业产业化龙头企业来推进互联网、物联网、云计算、大数据与现代农业结合。

二是完善群众利益联结机制，提升产业融合深度。采取“村集体+公司+基地+贫困户”形式发展旅游，变村民为股民；创新农村金融服务模式，解决农业贷款难问题，采取“双基联动合作贷款”，即由基层银行机构与基层党组织共同完成对农户的信用评级、贷款发放及贷款管理。丰富乡村旅游业态，开辟住宿服务、民俗表演、生态种养、农耕文化等工作岗位，聘用当地村民和返乡大学生就业，变上山为上班。支持景区及周边村建设旅游专业村，鼓励村民利用特色民居创办民宿、农家乐，变民房为客房，提高农民资产性经营收入。

三是提高产业融合发展层次和质量。基于农民收入增长需求和结构升级的需求，农村产业发展和主导产品已与城乡居民的消费需求紧密连接，特别是与城市居民的旅游业、养老业、餐饮业、健康业等产业紧密结合。拓宽农村产业融合发展渠道，从农业生产单环节向全产业链拓展，从农业内部向农业外部拓展，打造集“可游、可养、可居、可业”的乡村景观综合体和田园实践馆；将休闲农业示范点、美丽休闲乡村纳入旅游营销线路，与景区共同宣传推介，逐渐形成与A级景区一样的市场品牌；探索“互联网+特色农业+旅游业”融合发展的农村电商路子，畅通山货出山、网货下乡双向通道。

四、推动农民工完全市民化，增加农村工资性收入

一是加强农民工队伍的技能培训和返乡创业带动作用。继续采取六类学校联合办学，实施五级递进培养乡村振兴人才，完善农民工“阶梯培养”机制，通过订单、定向、定制等方式大规模开展农民工劳务品牌培训、返乡创业培训，加强过程监管，提升培训质效。组织举办农民工技能大赛、原创文艺作品大赛等，选拔农民工技能和文艺人才。大力推广“工学一体化”“职业培训包”“互联网+”等先进培训方式，积极搭建网络和移动学习培训平台。选树一批返乡创业明星、创业新星、示范基地，形成返乡创业示范效应。举办农民工技能大赛，加强技能人才队伍建设。

二是加强农民工市民化的保障力度。加大职业教育发展力度，让未考入普通高中、普通高校的农村未成年人口都能接受正规的职业教育，实现农民工子女在城镇能够平等接受教育、参加中考高考；加大职工基本养老保险、职工基本医疗保险等社会保险的参保征缴力度，尽快实现新生代农民工以及来自农村的高校、中高等职业学校毕业生"应保尽保"，逐步提高居民养老金水平；统筹推动解决农民工住房问题纳入城镇住房发展规划；根据农村人口不断减少的实际情况，积极引导具备条件的地方规范推进"迁村并居"，提供公共服务水平。

五、完善农产品保险制度，确保农民稳定增收

一是构建多主体参与风险管理机制。在政府、金融机构和农户的共同参与下构建"政府+银行+保险"风险共担机制，有效分散农业保险风险。政府要积极通过保费补贴的方式给予农产品生产更多的支持，同时通过建立公开、透明的农业信息数据库，为保险公司和农户提供物价、气象、财政等信息，为保险公司和农户获取农业生产、经营管理等信息提供支持。

二是根据新型经营主体的差异性完善农产品价格保险筛查机制。随着新型经营主体的发展，小农户和新型经营主体之间由于经营方式的不同对农产品价格保险的需求必然存在差异，建立"基本险+大灾险+商业险"三级农产品保障体系，形成三大农业保险环环相扣的保障格局。基本险主要面向所有农户，切实降低农户的生产风险；大灾险主要面向农村合作社、家庭农场、专业大户等适度规模新型经营主体，不仅能够降低其大规模生产风险，也能够激励新型经营主体的扩大再生产；商业险则是在基本险和大灾险的基础上根据市场化原则对农产品进一步进行保险，各地也可以根据自身实际情况决定是否对保费予以财政补贴。

三是积极推进落实省级资金以奖代补政策，鼓励探索开展地方特色目标价格保险。加强资金保障，提升管理水平，明确财政补贴标准，继续实行"政府补一点、农户拿一点"的政策。在建立健全覆盖保险标的物生产价格、成本、面积、产量、库存、销售等情况的数据库基础上，进一步完善乡（镇）监测、县汇总、市审核、省审定的价格数据报送审查制度，确保价格数据客观准确。完善保险经办机构参与和考核机制，科学制定考核指标，督促指导保险经办机构创新服务方式，提高服务质量。

六、"五险一金"同标全覆盖，确保农民间接增收

一是加强"五险一金"统筹同标全覆盖。建立完善城乡基本养老保险、失业保险、工伤保险基金省级统筹，实行全省统一的缺口责任分担机制。巩固规范养老保险基金省级统收统支，力争实现失业保险基金统收统支、工伤保险基金统收统支。协同推进使用全省社会保险信息系统1.0、2.0、3.0的提档升级，顺利接入全国社会保险公共服务平台。

二是加强农民工保险大数据的共享。加强公安、民政、卫健、司法、医保等部门信息数据共享，运用大数据服务社保发展，确保农民工"应保尽保"。依托部、省社会保险信息系统服务平台，纵深推进"全省通办""川渝通办""跨省通办"，不断拓展"全程网办"服务内容。按照统一社会保险经办规程，推进标准化服务平台建设，精简办事材料，推进"打包办""提速办""承诺办"，为外出务工农民工参保转移接续提供便利。

三是加强"五险一金"对收入分配的"逆向调节"作用。推进富顺农民工"五险一金"与城镇居民的全覆盖，缩小收入分配带来的职工贫富差距。深入推进"五险一金"制度在企业职工与公共部门职工间的并轨与统一，建立公平的"五险一金"制度体系。

七、降低社会成本支出，促进农户减负增收

随着城市化的发展，四川省有大量农民不断向城市转移，导致农民工市民化的需求不断增加，然而，农民工的市民化和身份的市民化长期处于分割的状态，农民工在城市中仍面临身份地位、价值观、生活方式、社会保障等多重社会成本。在该背景下，政府应该加大对农民工的政策和资金支持，进一步完善户籍制度、就业制度和社会保障制度，保障农民工在就业、医疗、教育、住房等方面的合法权利，降低农民工的社会生活成本。另外，要不断完善农村土地制度，加快农地流转进度，为农民工发展提供一定的资金保障和支持。

八、实行"3+9+3"义务教育，提高农民就业竞争力

一是延伸学前教育和义务教育年限。不断扩大公益普惠学前教育资源，提高农村儿童入园率，率先实行"3+9+3"义务教育。在全省率先将免费教育范围扩大到高中阶段教育，对本市户籍的普高、职高、技工、中专的学生实行免学费政策，实现"十二年免费教育"。

二是加强职业技能培训职能和制度体系建设。建立完善以县职业技术学校为龙头、乡（镇）成人学校为骨干、村级成人文化技术学校为基础的三级职业教育与培训网络。以培训新型农民为重点，建立和完善农民教育培训网络体系和制度体系。大力开展农民工岗位技能提升培训和创业培训，形成全方位参与职业培训的格局。

三是深化与知名中小学校和高校的数字教育和技术合作。与成都市、绵阳市、自贡市等知名中小学校建立战略合作，加强合作中小学校数字远程教育，提高义务教育质量。围绕富顺农业产业发展，建立与省内外涉农高校和科研院所的合作平台，为深入推进乡村振兴发展提供智力支持。

九、加快专业农民职业化，完善农民退休制度

一是建立和完善新型职业农民培育体系。积极引导各县各村建立以政府为主导、企业参与、院校和农村合作社共同合作的新型职业农民培育模式，由政府进行牵线，让企业和院校参与到新型职业农民培训中来，为职业农民的培养提供更加有效的信息和技术支持。

二是错峰提高农民技能培训的时空限制。充分利用农业休耕期，对职业农民进行短期集中培训；也可发挥互联网作用，采用线上培训的方式解决农户在时间和空间的限制，同时通过线上咨询的方式帮助农户及时向政府反映存在的问题和寻求帮助。

三是加强对农业技能人才的财政支撑和培育能力。根据全省各地农业生产特色和不同层次农户的发展需求，因地制宜调整各地不同的培训内容和方式。针对青年农户不足的问题，应该通过财政补贴等政策引导青年学生接受农业高等基础教育；针对发展型农户能力不足的问题，要发展成人继续教育，重点培养发展型农户的高品质农产品生产能力和经营管理能力。

四是建立激励机制，完善退休机制。可优先对获得资格证书的高学历青年及新型职业农民提供城镇职保补贴，给予自愿停止经营或转让土地经营权的农户适当退休金或生活补贴等手段，进一步推动土地集中和规模化的实现，进而引导农村剩余劳动力向二、三产业转移。

土地改革活资源　助力振兴享安康

泸县人民政府

2015年3月，泸县被确定为全国农村土地制度改革33个试点县之一，统筹开展宅基地制度改革、集体经营性建设用地入市改革、农村土地征收制度改革。2021年，全县已进入新一轮宅基地改革，在盘活闲置资源、积极发展产业、释放改革红利、激发农业农村发展潜力方面取得了成功的经验，增加了村集体经济收入，带动了农民增收，有效解决了住房困难，为巩固脱贫攻坚成果、支持乡村振兴奠定了坚实的基础，改革经验得到中央深改办高度肯定，省委书记彭清华批示“好的做法要在省内推广”，为《中华人民共和国土地管理法》修订提供了“泸县样本”。

一、“土改”助力“危改”，实现农民“住有所居、居有所安”

一是多元安居。大胆探索建立宅基地退出制度，给予各类补偿补助，引导农民进新村、进城镇，助力农民改善居住条件。试点中，5000余名农民进新村、进农村（社区），3.9万人进城镇（社区）定居，12 651户城镇规划区外常年有人居住的唯一土坯住房完成改造，4618户贫困户借力改造土坯房、危房。二是共建共享。农户以合法宅基地使用权与第三方签订共建共享协议，腾退面积、出资比例、产权分割、使用年限由双方自行约定。建成后，采取分割登记方式确权登记发证，农户获得住房，第三方获得分割部分房屋财产权、使用权。试点中，在谭坝村已有5户成功实践。三是房地置换。各镇利用宅基地腾退指标统规统建安康公寓，完善水、电、气等基础配套，允许困难群体以宅基地使用权置换房屋居住权，并按25平方米/人分配住房面积解决弱势群体的安居、养老问题。试点中，建成嘉明、得胜等镇安康公寓20个，实现2087人安居乐业。

二、资源变成“财源”，实现“村村有收入、集体有活钱”

一是腾退盘活闲置资源。引导农户有偿退出宅基地，通过复垦整治，对二调图斑内的宅基地及相邻其他建设用地进行有偿退出复垦，形成建设用地指标。试点中，共退出宅基地及其毗邻的其他建设用地近2.27万亩，形成建设用地指标约2.1万亩。二是利用活化节余指标。对形成的建设用地指标，以村组留用、县内调剂、“村村挂”、市内流转、县政府保底收储、调剂入市等形式活化指标利用，满足多方需求，释放改革红利。试点中，全县251个农业行政村集体经济组织土地收益平均突破100万元。三是“供地”助推村级产业。依托以村集体经济组织为主体，利用宅基地使用权采取入股、联营等方式招引意向业主投资发展乡村旅游、社会化康养等产业，实现农民出地、业主出资的联合发展模式。已成功打造谭坝社会化康养小区、众创产业园等项目。

三、资产变现资金，实现“人人有实惠、户户享安康”

一是有偿退出支持资源变现。允许农户自主选择全部退出、部分退出、暂时退出（保留资格权）、永久退出（放弃资格权和使用权）方式，由集体经济组织按房屋结构和宅基地数量给予退出户60～450元/平方米补偿，永久退出按户籍人数再补偿9000元/人，鼓励农民退出闲置宅基地，增加财产性收益。试点中，全县退出宅基地农户3.35万户，户均收益4.2万元，其中贫困户3523户。二是抵押融资支持财产变现。探索政银联动建立农房抵押融资机制，开通宅基地及农房抵押贷款业务，市、县财政设立风险补偿基金1000万元，明确融资需基于农民证明住有所居、担保人承诺保障贷款人安居的条件下进行，确保抵押物能依法执行。目前，共实现宅基地及农房抵押贷款5000余万元。

铺就“四好农村路” 跑出乡村振兴“加速度”

泸县农业农村局

近年来，泸县在全省百万人口大县中率先实现“村村通”“社社通”水泥路全覆盖、“户户通”水泥路超80%的基础上，持续发挥交通先行作用，聚焦补短板、优服务、促融合，统筹推进农村公路“建、管、养、运”协调发展，走出了一条交通路网“高速度”和乡村振兴“高质量”协调并进的发展之路。全县农村公路总里程达5047千米，成功创建“四好农村路”省级示范县，入围全国城乡交通运输一体化示范创建县。

一、聚力“道路提质”，精准发力补短板

县委、县政府按照“窄路加宽、险路排危、断路打通”的原则，加快对标准较低的通村道路进行提质增效，聚力补齐交通基础设施短板。一是拓宽“瓶颈路”。全面摸排通行能力弱、通行需求大的“瓶颈路”，按照“自愿申请、先易后难”的原则，及时下达农村公路加宽项目建设计划，已累计实施农村公路加宽项目近300千米。二是整治“隐患路”。投资40万元，自主研发农村公路信息化管理平台，制订农村公路“路长制”管理方案，落实县、镇（街道）、村三级路长共361人，建立巡查、处置、通报、考核等工作机制，大力整治农村公路安全隐患。三是连通“民心桥”。将农村公路桥纳入民生实事项目，列入人大代表票决制工作，实行重点督办，打通“断头路”，架起“民心桥”，已建成农村公路桥梁60座。

二、聚力“城乡融合”，多措并举优服务

积极构建“绿色低碳、安全稳定、便民惠民”的城乡交通运输一体化服务体系，打通服务群众“最后一公里”。一是全域运输多元化。采取“城乡统筹、以点带面、全域发展”的建设思路，建立起县城、乡（镇）、村（组）三级客运网络，实现251个建制村城乡公交全覆盖。落实一次性购车、营运、监控及流量、保险“四项补助”，保证公交车能够开得起、留得住。二是便民服务多样化。开通“护学公交”，提供“点对点、门对门”服务，覆盖20个镇（街道），受益学生达1.5万人。创新开通川渝首条双向对开的跨省公交线，惠及沿线25万名群众，助力泸县深度融入成渝地区双城经济圈建设。三是运营管理规范化。开展城乡客运车辆外观、LOGO标志、从业人员服装及工牌、村级招呼站牌样式标准化建设，按照“五定”（定区域、定班次、定时间、定人数、定站点）、“四统一”（统一班次、统一调度、统一结算、统一票价）、“两保”（确保零距离换乘、确保安全有序）要求规范运行。

三、聚力“优化资源”，多元融合促发展

以路为媒、联动融合，将农村公路作为乡村振兴产业发展的基础“骨架”，以“农村公路+”“交通+”工程不断疏通乡村振兴的“经脉”，实现“修一条公路、富一方百姓、造一片景观、带一域发展”。一是“交通+邮政”。推进交通运输与邮政业融合发展和资源整合，统筹解决农村群众出行、物流配送、邮政寄递三个“最后一公里”问题，实现物流货运、邮政快递业务镇（村）全域覆盖。二是“交通+产业”。坚持“道路围着产业建，产业围着公路转”的理念，围绕全县粮食、生猪、龙眼、水产、中药材等特色产业，规划产业线路，建设龙城大道、福清路等一批干线公路，畅通产业路网，全面助推乡村产业振兴。三是“交通+旅游”。围绕泸县玉龙湖、屈氏庄园、道林沟等特色旅游景点，实施美丽乡村旅游公路工程，规划建设美丽乡村旅游公路84.3千米，实现景点至乡（镇）、县城、中心城镇通四级及以上公路的目标，为泸县及周边地区提供良好的旅游体验。

关于广汉市推动家庭农场高质量发展的几点思考

中共广汉市委书记 王 锐

2019年，习近平总书记提出“突出抓好家庭农场和农民合作社两类农业经营主体发展，支持小农户和现代农业发展有机衔接”。为有效贯彻指示精神和实施乡村振兴战略要求，全市坚持以推进家庭农场“一组一场”为目标、做实培育工程和示范工程为抓手，突出系统化培训、精准化帮扶、常态化管理、多元化互动“四化”服务，出台系列政策引导扶持各类家庭农场高质量发展，初步建立起以素质提升为基础、社保补贴为保障、金融扶持为助力、生产扶持为支撑的家庭农场政策扶持体系，家庭农场生产经营能力和带动能力得到巩固提升。

一、调研目的

为准确摸清全市农村家庭规模经营发展现状，着力以现行家庭规模经营为基础、探索发展家庭农场的有效途径和方式，在深入调研11个镇（街道）家庭农场的基础上，结合现代农业发展的要求，客观分析了全市在家庭规模经营发展中存在的主要问题，有针对性地提出积极稳妥发展家庭农场的措施建议。

二、发展背景及现状分析

截至2021年6月底，全市入库家庭农场及规模户（种养大户、专业大户）总数已达1253家，较2014年增加1223家，家庭农场已成为推进农业供给侧结构性改革、助推乡村振兴战略、推进农业“接二连三”、带动农民致富增收的主阵地、主战场、主力军。

（一）数量分布

全市有家庭农场1253家，分布于11个镇（街道）的62个行政村，已覆盖所有村民小组，达到“一组一场”。家庭农场注册数量每年呈现稳定增长趋势，年均注册约200家。数量较为密集区域主要体现在高坪镇(293家)、南丰镇(154家)、金轮镇(152家)、小汉镇(132家)、三水镇(108家)、连山镇(81家)，占全市家庭农场数量的73.4%（见表1所列）。

（二）产业类型

全市家庭农场中，种植类数量最多，达720家(57.5%)；畜牧类数量次之，达429家(34.2%)；种养结合为49家(3.9%)；渔业为47家(3.8%)；其他为8家(0.6%)。种植业中主要还是以粮油为主、果蔬为辅，该产业类型分布为全市成功创建以粮油为主的国家级现代农业产业园提供了有力保障。粮油生产主要集中在高坪镇、连山镇和金鱼镇一带；金轮镇蔬菜种植居多；水果种植主要分布在连山镇、南丰镇、小汉镇、高坪镇（全市家庭农场产业类型如图1所示）。

（三）经营管理

全市家庭农场中85%以上的农场主接受了高素质农民培育，是一支爱农业、有文化、懂技术、善经营的高素质农民队伍。经营主体已呈现年轻化、高知化、专业化特点，其中40岁以下的家庭农场主有307个，40～50岁的388个，50～60岁的479个，60岁以上的79个（如图2所示）。家庭农场的管理愈发趋向规范化，通过工商进行登记的家庭农场超过50%，购买了农业保险的占36.9%。目前，全市新注册的家庭农场均要求进行工商登记，并同步入库，实现办理流程的规范化、数据监控的实时化（如图3所示）。

（四）示范作用

全市示范家庭农场201家，其中省级示范家庭农场28家、德阳市级53家、市本级120家，达到省、市、县示范场比例约1∶2∶4，已实现89%的镇有省级示范场、100%的行政村有示范场、100%的村民小组有家庭农场（如图4所示），实现串点成线、连线成面，先进带领普通，先富拉动后富，梯度示范引领，全域共同致富。

三、全市开展家庭农场工作相关举措

（一）优化人才政策，培育高素质农民队伍

坚持以农民现代化推动农业现代化思路，全链条构建“引、育、留”农业人才服务机制。一是以激励措施“引才”。市委、市政府出台了学历提升补助、创先争优奖励等专项激励政策，对50周岁以下的入库家庭农场主，领办创办家庭农场1年以上的，参加涉农类大专及以上学历提升教育，在取得国家承认学历的毕业证后给予学费一次性补贴，专科3000元/人，本科5000元/人（如图5所示），先后吸引1000余名优秀返乡创业大学生、农民工及农业科研推广人员等人才，创办家庭农场，领办农民合作社。二是以服务手段“育才”。借鉴高校中的硕士、博士培养模式，创新开展“农民导师制”和“寄学制”。将培育思路由“横向广谱”转向“纵向精深”，鼓励师、徒为伴，终身教学相长。在培训规模上“大

表1　广汉市家庭农场数量分布表

区域	数量(个)	比例(%)
广汉市	1253	100.00
其中：汉州街道	24	1.92
金雁街道	17	1.36
三星堆镇	79	6.30
高坪镇	293	23.38
南丰镇	154	12.29
金轮镇	152	12.13
小汉镇	132	10.53
三水镇	108	8.62
连山镇	81	6.46
金鱼镇	138	11.01
向阳镇	75	5.99

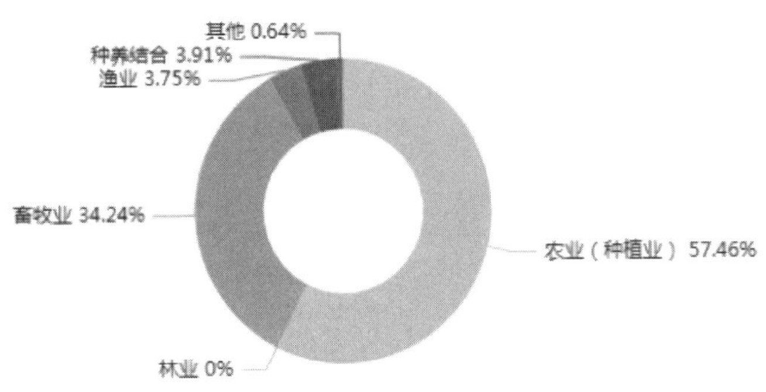

图1　广汉市家庭农场产业类型分配图

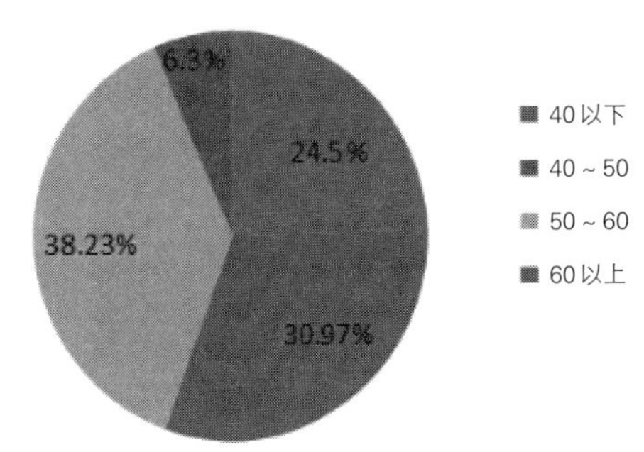

图2　广汉市家庭农场主年龄构成

图3　家庭农场名录库数据实时监控

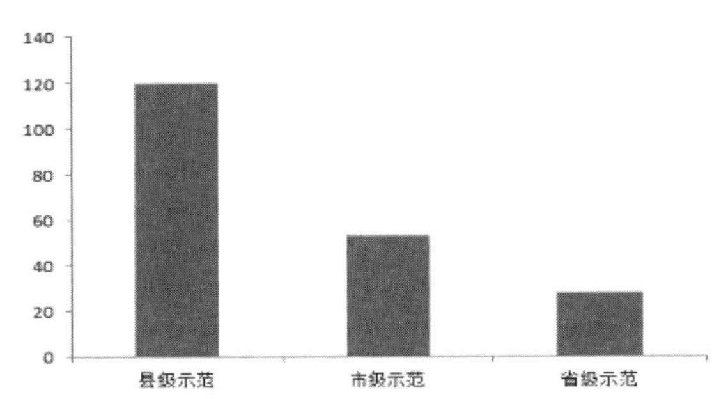

图4　广汉市示范家庭农场数量统计

改小"，实现小班教学；在培训内容上"广改精"，实行细化专业教学；在培训形式上"旧改新"，将辩论赛、知识竞赛、高校实验室学习等形式纳入培育过程。与发达地区建立联合培养机制，让高素质农民长见识，有本事。先后遴选80余名农民导师进行全程教学和跟踪服务，力求通过孵化式培训打造一支爱农业、有文化、懂技术、善经营的高素质农民队伍。全市累计培训3097人，包括85%的家庭农场主和农民合作社带头人。三是以职业化建设"留才"。市委、市政府出台职业农民养老保险补贴及职称评定政策，探索推进由农业创业向农业职业的转变，让更多人才真正留在农村，扎根农业，争当职业农民。按家庭农场的示范场级别给予4000～6000元/人/年的社会保障补贴，两年来，全市共为100余名职业农民提供了社保补贴，57人通过农民职称评定（如图6所示）。

（二）规范设施用地手续，强化用地政策支持

立足长期稳定、适度规模、集中成片的土地经营权供给，全力保障经营主体的用地需求。一是规范用地程序。按照国家对耕地红线的保护政策，全市对所有实施家庭农场培育（示范）项目的经营主体用地进行规范，保证所用设施用地必须要有合法用地手续，禁止在流转农用地上乱建违建。二是保障经营用地。全市出台家庭农场土地经营权扶持细则，建立了县、乡、村三级土地流转交易服务体系，督促经营主体签订规范的流转交易合同，鼓励办理《交易鉴证书》和《农村土地经营权证》（如图7所示）。三是保障设施用地。严格落实自然资源

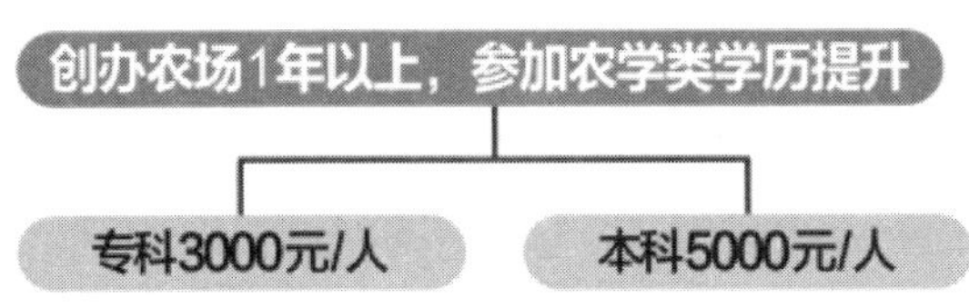

图5　学历提升教育补贴政策

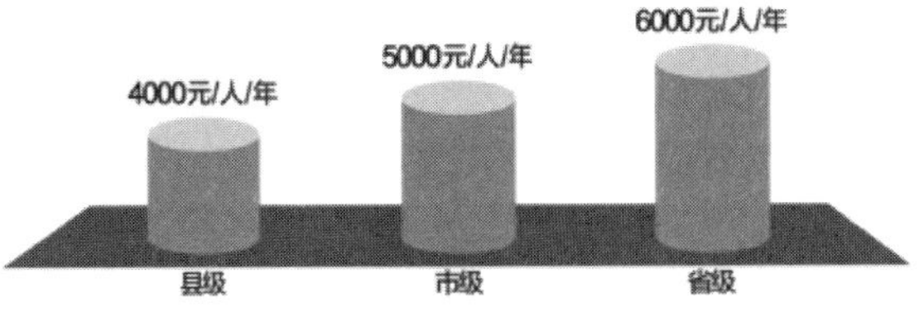

图6　社会保险补贴政策

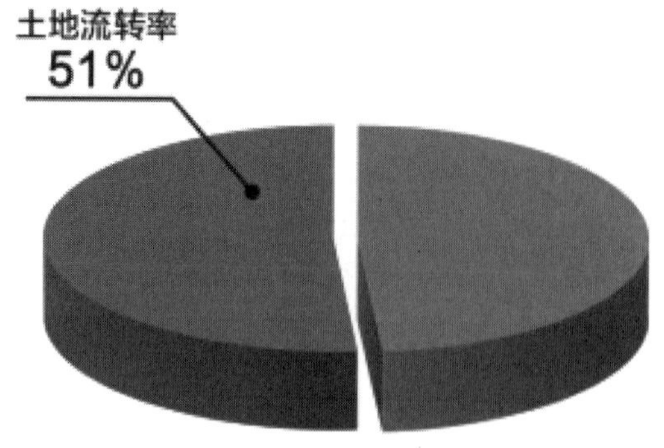

图7　土地流转情况图

厅、农业农村厅《关于进一步完善设施农业用地管理有关问题的通知》精神，积极调配土地指标，最大限度满足两大主体对建设粮食仓储用房、粮食烘干房、果蔬冻库等设施农业用地需求。四是创新用地模式。全面完成农村承包地"三权分置"改革，在18个行政村率先探索"新型集体经济组织+家庭农场+农民合作社"组团集群发展。三水镇友谊村通过集体经济"筑巢引凤"、家庭农场"百花齐放"、合作社"锦上添花"三部曲，由昔日的穷滩村秒变为易家河坝4A级风景区。

（三）汇聚多方资金合力，增强经营主体活力

聚焦财政、社会和金融三方资源，有效解决经营主体的资金难题。一是发挥财政资金引导作用。一方面，市级财政每年拿出不低于500万元的专项资金，全面落实养老保险补贴、学历提升补助、创先争优奖励等六大扶持政策，为两大经营主体添保障、强信心、鼓干劲；另一方面，积极争取中央、省项目资金，优先用于支持家庭农场完善农业基础设施，扶持农民合作社延长产业链、价值链和利益链。据统计，近两年全市累计投入财政资金8000余万元，扶持家庭农场和农民合作社300余家。二是发挥社会资金主体作用。立足广汉市的区位优势、政策优势和人才优势，坚持把社会投入作为农业经营性投入的主体地位不动摇，降低投入成本，增加产出效益。2019年以来，家庭农场和农民合作社累计新增投入1.2亿元，吸引其他社会资本2.5亿元。三是发挥金融资金补充作用。设置2000万元乡村振兴产业贷款风险补偿金，在基本的纯信用贷款基础上，陆续开发出土地流转收益保证贷款、土地经营权抵押贷款、职业农民贷款等金融产品，两年累计为两大主体发放经营贷款3亿元，满足农业融资需求。广汉农商银行推出"农e贷"产品，根据联盟会员等级，授予最高50万元的授信，对联盟整体授信6亿元，全力支持广汉市家庭农场发展。同时，积极发挥农业保险保障功能，在中央财政支持的政策性农业保险之外，全面推开蔬菜、水果、大棚和小家禽地方特色农业保险。

四、全市家庭农场持续高质量发展中存在的问题

（一）销售渠道途径有限

部分规模经营户尚未建立较为正常规范的销售渠道，完全靠自己盲目寻找销路，导致产品销售渠道不畅通，或者在竞争激烈、市场冲击和极端天气影响的情况下大量农产品滞销，反过来又影响了正常的生产经营。受信息资源、联系能力、交通工具及销售方式等多种因素影响，销售零星分散，耗费人力物力和生产时间，影响规模经营效益水平。

（二）技术服务有待提高

规模种养殖生产需要相对专业的技术人员对生产进行技术指导，比如开展病虫害或疫病防治、对废弃物或病死畜禽进行无害化处理等，但现行规模化种养殖业专业服务提供跟不上，生产过程中各方面技术服务主要通过临时聘请人员或者种养殖户自学解决，技术保障方面存在诸多缺陷和漏洞。由于技术服务与生产要求脱节，势必影响规模经营质量效益，增加规模种养殖业生产风险。

（三）生产要素无法满足

规模化种养殖业需要适度集中耕地、林地、养殖水面和设施用地等农业生产资源，各资源要素流转通过口头协商、书面协议方式确定。流转时间少则一两年、多则三五年，生产经营亏损时协议租金不减少、生产经营收益好时协议租金上涨。生产要素流转不稳定，在很大程度上影响了生产经营者长期投资经营的信心。加上全市境内基本上是基本农田，可用作设施农业用地的土地非常少，在实施家庭农场培育（示范）工程项目的过程中基础建设类项目落实用地困难。

（四）农业保险种类单一

目前，全市家庭农场产业类型丰富，农业保险种类主要范围是粮食、生猪等政策扶持的种类，对于多数经济作物的保险受理范围还远远不够。加上近些年极端恶劣天气频发，农业产业频频受灾，多数保险公司报价上涨，甚至出现没有公司承保现象，增加了农业生产风险。

五、积极有效推动全市家庭农场发展的相关建议

（一）建立稳定的销售渠道，保障既得利益

建立与生产品种和产出数量直接联系的销售渠道或消费市场，是保证家庭农场正常运行的本质要求和内在属性。稳定现有消费市场与需求数量、确保基本销售数量不动摇；拓展新的销售渠道与开辟新的消费领域、为销售更多产品找到更大范围、更深程度的支持空间；建立政府对主要基础产

品实行淡储旺供机制、缓解市场价格涨跌对家庭农场规模化经营产生的冲击；建立实力企业对规模经营产品收储加工与家庭农场专业化产品生产销售相联系机制，让家庭农场在利益共享、风险共担中不断发展壮大；肯定宣传家庭农场联盟在家庭农场发展中的积极作用，扶持规范家庭农场联盟发展，让其成为全市家庭农场抱团发展的中坚力量，成为信息供应的有效提供者，成为销售渠道的中间枢纽。

（二）落实技术职责，完善全方位服务

家庭农场专业化、规模化生产离不开科学技术的支撑，需要系统健全的配套服务。健全服务组织，配强技术力量，根据家庭农场从事产业的专业特点、规范化生产、不断扩大产能和提高效率的实际需要，各有关部门和乡（镇）要加强协作，提供全方位、高质量服务，有效保障家庭农场持续健康发展。

（三）保障生产要素，加强扶持引导

家庭农场是农村经济发展的时代产物，是统筹城乡发展、有效增加农民收入的客观载体。各乡（镇）、有关部门要在生产要素组织、生产过程扶持、产品加工销售等方面宽松政策环境、加强资金扶持、强化技术支持，用强力有效的政策扶持措施保障家庭农场这一新型农村经济经营主体有效承载农村经济转型升级，为新形势下实现农民收入快速增长提供强大动力。

（四）完善保险机制，增强抗灾风险

为提高农业生产抗风险能力，保持"三农"工作的稳定健康发展，相关部门要加强协作，积极推动农业保险"扩面、提标、增品"工作，引入"农业巨灾指数保险""农产品质量责任保险"等多种保险，降低因暴雨、洪水、大风等重大自然灾害所造成的经济损失，帮助农业经营主体快速恢复生产能力。政府部门应加强与保险机构的交流，建立健全长效协作机制。

基于广汉市三产融合发展促进脱贫攻坚与乡村振兴有效衔接的探索实践

广汉市人民政府副市长　胡羽宇

党的十九届五中全会提出，要将脱贫攻坚与乡村振兴有效衔接，将脱贫攻坚与乡村振兴有效衔接是党中央对我国未来农村扶贫工作以及乡村振兴工作进行的战略性部署。《中共中央　国务院关于实现巩固拓展脱贫攻坚成果同乡村振兴有效衔接的意见》指出，支持脱贫地区乡村特色产业发展壮大，是巩固拓展脱贫攻坚成果同乡村振兴有效衔接重点工作之一。2021年中央"一号文件"提出"构建乡村产业体系，依托乡村特色优势资源，打造农业全产业链，把产业链主体留在县城，让农民更多分享产业增值收益"。可见，发展乡村产业是实现全面乡村振兴的重要基石，也是实现巩固拓展脱贫攻坚成果同乡村振兴有效衔接的重要抓手。近年来，广汉市以乡村振兴战略为引领，认真贯彻落实中央、省、市关于"三农"的决策部署，坚持攻坚克难、锐意进取，大力推进乡村特色产业发展和三产融合发展，相关工作取得了明显成效，将有利于促进脱贫攻坚与乡村振兴有效衔接。

一、广汉农村三产融合发展现状

广汉市位于成都平原腹心地带，是中国农村改革的发源地之一，是首批全国无公害蔬菜生产基地、四川省现代粮食产业示范基地、全国农业产业化先进单位和全国粮食生产先进县。立足广汉市资源禀赋，形成了"三带四基地"的产业布局，建成了近郊休闲游、亲水渔家游、多彩花果游等三产融合典范。年接待人数超过500万人次，实现综合收入15亿元，乡村旅游已经成为全市农民增收的重要途径。

精品粮油稳产。产业带主要位于全市国家级现代农业产业园，水稻、小麦、油菜等主导产业种植面积达18.3万亩，粮油集中种植规模全省第一。积极推广育好种、选好田、收好粮、卖好价、分好利的"五好融合"种植模式，稻麦优质品种覆盖率达95%以上；新建高标准农田2.2万亩，基地高标准农田覆盖率达80.2%；实施全程机械化，农作物耕种收综合机械化率达87.2%，高于全省平均水平24.2个百分点，被评为"全国主要农作物生产全程机械化示范县"。2020年，基地实现总产值137亿元，其中主导产业占比66.4%，先后入驻园内各类粮油加工企业75家，其中各级产业化龙头企业10家，带动全市粮油加工企业实现销售收入60亿元。

鱼竿撬动致富。易家河坝位于三水镇友谊村，是国家4A级景区，地处鸭子河、石亭江和绵远河三江汇流处，景区总面积10 000余亩，核心区域4.7平方千米，是以"吃住行游购娱"于一体的综合性文化旅游度假区。友谊村在90年代初是一个偏远的小渔村，正所谓靠山吃山、靠水吃水，友谊村开始积极转变发展思路，创新发展模式，从小池塘养殖传统鱼到形成规模性养殖，成立渔业专业合作社，开展渔业竞技比赛，成为全省第一家被农业农村部授予“最美渔村”称号的村，通过“休闲垂钓+水上乐园”“商业水街+采摘观光”等叠拼方式逐步将易家河坝打造成“休闲慢游区”“垂钓竞赛区”“美食购物区”“农业体验区”农旅结合双核动力发展示范区。易家河坝近3年年均接待游客60余万人次，友谊村固定资产从2100万元增加到4200余万元，可经营性资产从1521万元增加到2400余万元，村集体收入从改革前的30万元增加到130余万元，2020年农民人均可支配收入达25 000余元。

稻虾种养创收。主要集中在高坪镇白里村、金光村，在未发展稻虾综合种养前，主要以传统种植粮食为主，亩产值仅3000元左右。通过引进中伦公司发展稻虾综合种养，实现“一水两用、一田多收”，稻虾综合种养基地核心区面积5000亩，是省内面积最大、最集中的稻虾综合种养示范基地。基地通过土地租金收入、二次分红、增加就业等带动基地农民户均增收达3万余元。同时，依托稻虾大田，围绕农业产业基础，形成了“以农促旅、以旅兴农”的发展之路，建成“菜花公园”“稻花公园”等农旅融合示范带。高坪镇已连续六年举办油菜花节，累计吸引观光游客300余万人次，取得了社会效益和经济效益的“双丰收”。2020年成功打造“小龙虾美食月”等火爆IP，积极争取上级资金100万元，开展投放消费券促进消费活动，促进受疫情影响的第三产业消费复苏，创造了“田里淘金”的佳话。

蔬菜花果富农。蔬菜种植主要集中在金轮镇，基地位于基本农田保护区，无工业污染，水体、土壤等均符合无公害农产品生产要求，是四川省有名的南菜北运生产基地、首批全国无公害蔬菜生产基地。2020年园区成功创建为德阳市级一星级园区，园区蔬菜种植面积2万亩，年产量5.6万吨；拥有“毗卢”“篱邦”“绿丰”等4个知名蔬菜产品品牌，各类专业合作社47个。目前，在金轮镇毗卢村规划建设1000亩蔬菜育苗、种植、初加工、配送综合体，北新大弘50万吨级仓储冷链物流中心产业链已基本完成，农业产业链条持续延伸，蔬菜产业质效得到提升。水果种植主要集中在连山镇，种植面积4万亩以上，其中桃树2.2万亩、柚子0.8万亩、梨树0.36万亩，全镇水果总产量达8万吨左右，总产值近亿元，是现代农业特色水果万亩示范区、无公害水果生产基地，“松林桃”获得国家地理标志认证。利用当地地理优势和产业优势，形成了“三月桃花节、四月柚子花节、七月和八月品果节”等一、三产业融合发展的节庆活动，每年3月中旬举办桃花节，将赏花、休闲、康养相结合，期间设置“多彩松林”摄影比赛、彩绘涂鸦艺术展、户外三星太极养生等一系列活动。同时，还打造花果骑游绿道、净庐·私享家特色文化民居、“东岭朝霞”新村、上梨园、“猪圈书吧”等休闲观光场所，每年吸引各地游客50万人次，旅游收入达4000万元。

火锅产业创新。广汉市致力打造火锅产业特色新名片，拥有以火锅产业链生产企业97家，位居德阳全市第一。四川航佳生物科技拥有全国最大的张兵兵牛油研发炼制基地，每天有近万家在使用该产品；拥有火锅底料企业15家、调味品生产企业5家、方便火锅5家、年屠宰量10万头的“西南第一牛市”等火锅食材产业；北新大弘打造的火锅食材专业市场已入驻企业20余家。目前，正致力打造具有向阳特色的低密度、高品质、园林式火锅商圈，创建牛杂品牌，将“向阳鲜毛肚火锅”朝“向阳牛产品特殊产业”的方向进行品牌和内容的扩充和提升，做活火锅餐饮从食材源头到餐饮消费再到火锅周边食品销售的一整条产业链，同时围绕“火锅小镇”建设打造一批体验式购物场所，擦亮向阳地域特色。

二、全市农村三产融合发展存在的主要问题

（一）产业融合度不高

目前，全市特色农业、精品农产品太少，农业附加价值不高，全市火龙果、优质葡萄等高价值水果种植面积1200余亩，在全市水果面积中占比不足5%。全市农产品加工企业从事销售、初加工者居多，能够上联市场、下联农户、中联基地和从事精深加工的龙头企业较少，粮油初加工企业有100家，精深加工仅益海粮油、米老头等10家，蔬菜初加工企业不足10家，水果加工企业为零。观光农业、休闲农业、乡村旅游、健康养老等新兴产业发展较慢、规模偏小、层次较低、缺乏科学规划和有效布局。休闲农业作为农村新兴业态，存在服务设施不足、经营主体融资不畅、从业人员素质亟待提升等问题，一二三产业融合的广度和深度不够。

（二）园区建设有待加强

产业园连片和环线打造不足，国家级、市级产业园主要集中在连山、高坪、金鱼等6个镇78个村（社区），涉及项目40个，在南丰镇、小汉镇、三水镇园区的形象工程项目仅有5个左右，配套设施、主导产业等未形成产业链条。全市尚未出台招商引资专项具体政策，未能引进更多企业入驻园区，产业环线打造困难。同时，项目整合度不够，目前仅乡村振兴、交通等乡村基础风貌改造项目向园区集聚，导致园区的创建合力不足，进度缓慢。

（三）土地政策瓶颈凸显

休闲农业、乡村旅游等乡村振兴重点产业项目对土地的需求较大，但在耕地红线的严控政策下，用地指标非常有限，设施农业发展受限，发展出现瓶颈。乡村景点大多依托在旧村的基础上发展，景点配套设施的建设受制于土地利用总体规划，使得农业与乡村旅游发展

处于两难境地。2020年拟引进中粮、德康、新希望等集团公司在广汉新建生猪规模场的项目以及农产品加工、休闲观光设施等一二三产业融合发展项目皆因用地无法保障而搁浅。

（四）农村人才支撑乏力

农村青壮年普遍外出务工，“农民荒”问题凸显。农村人才是乡村振兴的有力支撑，人才的流失直接导致乡村振兴工作缺少“关键点”，失去“后劲力”。同时，农业人才匮乏，缺乏更多懂农业、爱农村、爱农民的专业技术人员，且农业专业技术人员年龄趋于老龄化，以市农业农村局体制内人员统计为例，农业专业技术人员46岁以上占比59.7%，36～45岁占比11.7%，35岁以下占比28.6%，人员年龄结构偏大，青黄不接的现象比较突出。

（五）新型农业经营主体发展不成熟

当前，全市家庭农场、专合社还有很大的发展空间，家庭农场、专合社的数量和质量还需进一步提升。全市登记进入家庭农场名录库的有1123家，但注册家庭农场仅409家，还有很大提升空间。新型农业经营主体仍处于发展的初级阶段，大多数主体缺乏协作意识，各自为营，造成人、地、财等多方面资源的浪费或低利用率，缺乏抱团发展的各种优势。

三、深化三产融合，促进脱贫攻坚与乡村振兴有效衔接

发展乡村特色农业产业是优化调整农业结构的必然要求，也是增加农民收入的迫切需要。全市将始终坚持农业农村优先发展，积极转变农业发展思路，推进农业与旅游、文化、康养等产业深度融合，不断推进一二三产业融合发展，确保群众有稳定的、可持续的收入来源，促进脱贫攻坚与乡村振兴有效衔接。

（一）加强基础设施建设，打通农民增收梗阻，为衔接铺路

以高标准农田建设和“四好农村路”示范县建设为契机，抓好域内道路提档升级，实施村道建设、农村危桥改造、高标准农田等基础设施建设，持续推进农村产业路、旅游路建设，为农业产业发展、“农产品进城”“工业进村”、农民出行提供便利，进一步夯实农业产业发展基础，打通农民增收致富梗阻，提升农民群众的获得感、幸福感。

（二）抓好新型农业经营主体培育，创造三产融合动能，为衔接明向

着力发展家庭农场，打造“广汉市家庭农场创业孵化园”，以孵化园带动家庭农场发展，建立“集中孵化+分散创业”两步走发展模式。运用双向选择机制，形成“1+1”联动发展模式，由培育基地带动初创场发展壮大，让家庭农场“细胞”健康分裂。培育壮大龙头企业，围绕国家粮食安全战略，加快推进益海粮油、米老头、广汉油脂、西城粮油、锦花米业等粮油加工企业发展；围绕火锅产业链，加快推进翠宏、迈德乐、航佳科技、家和原味、味觉等火锅调料底料加工企业发展，着力打造省内和国内知名的行业龙头，力争新培育德阳市级以上农业龙头企业3家。

（三）依托农业园区建设，延伸农业产业链条，为衔接固基

鼓励镇（街道）积极申报县级产业园以及县级产业园升级为市、省级产业园，加快形成国、省、市、县多层级的现代农业产业园建设梯次。依托国家产业园建设，进一步发展壮大“4+2”现代农业体系，着力推动农业延链补链、跨界融合。优化和提升广汉市北新大弘50万吨级仓储冷链物流中心产业链；不断完善农产品加工企业建设，新建农产品产地初加工设施5座，形成农业现代化全产业链条。

（四）强化农业科技支撑，提升农业生产能力，为衔接提效

加强与省农科院的合作，推动智慧农业示范区、水稻产业技术研究院、小麦产业技术研究院、油菜产业技术研究院及四川稻渔产业技术研究院“一区四院”建设走深走实。坚持将新品种、新技术率先应用于产业园，推动产业园内新品种、新技术覆盖率达100%，主要农作物耕种收综合机械化率达84.7%。大力发展智慧农业，用数字技术对农业生产、管理、服务全环节进行改造，提升产业效率与效益。加大“校地企”三方合作，建立稻香研学基地、土地改革陈列馆、全产业链展示中心，打造川内最大的农事研学环线，为提升农业生产能力提供科技支撑。

（五）优化乡村资源要素，实现资源高效配置，为衔接输源

大力推行规模化、标准化生产，让更多的土地、人才、政策等要素向乡村集聚，形成农业农村优先发展、推进乡村全面振兴的格局。调规产业发展用地，引进大型集团、公司在广汉市新建养殖企业、加工企业，形成产业集群带。加大高素质农民培育力度，继续践行农民导师制和“寄学制”，结合职业农民制度试点项目，整合资源加大对“寄学制”培育模式的资金投入。在争取更多上级涉农财政项目资金基础上，市本级财政按照当年财政收入的一定比例用于现代农业产业园、高标准农田建设、种养循环、秸秆综合利用、农业面源污染等重点工作，推动全市农业提档升级并再上新台阶。

（六）深化农业农村改革，激活乡村内生动力，为衔接助力

积极开展农村“三变”改革、稳慎推进农村宅基地“三权分置”改革、盘活乡村闲置资源和农民闲置农房、深化农村承包地“三权分置”，推进土地经营权规范有序流转，助力农业产业化发展。支持农村集体经济组织及其成员采用自营、出租、入股等多种方式，利用闲置宅基地和农房发展农家乐、民宿、康养、电商等农村新产业新业态，持续培育“可复制、可推广”的示范点位，让农村通过改革助力乡村振兴。

强化服务保障工作　促进劳动力转移就业

中江县人民政府县长　魏　宇

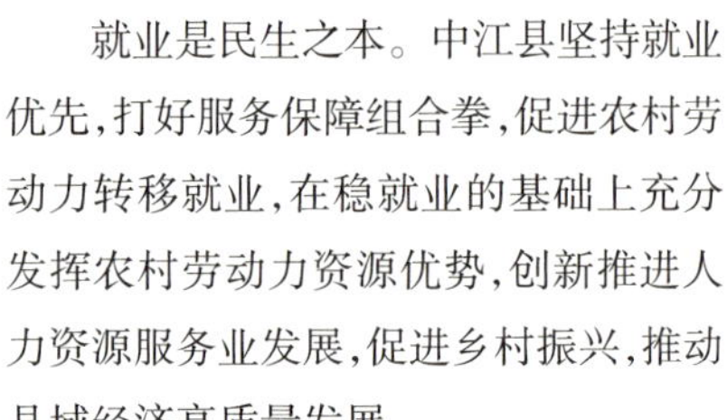

就业是民生之本。中江县坚持就业优先，打好服务保障组合拳，促进农村劳动力转移就业，在稳就业的基础上充分发挥农村劳动力资源优势，创新推进人力资源服务业发展，促进乡村振兴，推动县域经济高质量发展。

一、中江县农村劳动力资源概况

中江县地处四川盆地西北部，辖区面积2200平方千米，辖30个乡（镇）522个村（社区），总人口136.3万人，是全省丘区农业大县、人力资源大县。2021年，全县农村劳动力登记入库77.4万人，同比减少0.28万人，减幅0.36%。具体来看：

年龄结构方面：16～24周岁7.89万人，占比10.19%；25～34周岁18.74万人，占比24.21%；35～44周岁14.23万人，占比18.39%；45～54周岁25.71万人，占比33.22%；55周岁以上10.83万人，占比13.99%。

文化程度方面：小学及以下15.4万人，占比19.9%；初中46.96万人，占比60.67%；高中、职高、中专等13.31万人，占比17.2%；专科0.99万人，占比1.28%；本科及以上0.74万人，占比0.96%。

技能水平方面：接受过系统性职业技能培训、职业技能提升培训或引导性职业培训的合计16.04万人，占比20.72%，其中具备各类职业技能证书的共计8.31万人，占比10.74%。

就业状况方面：闲置劳动力0.49万人，占比0.63%；自主创业2.7万人，占比3.49%；务农和季节性务工23.95万人，占比30.94%；转移就业50.26万人，占比64.94%。

综上，中青年仍是中江县农村劳动人口的主体，占比达52.79%，80.56%的农村劳动人口文化水平偏低，79.28%的农村劳动人口未接受过任何职业培训。

二、中江县农村劳动力转移就业现状及特点

转移就业（长期不在本地务农）仍是中江县农村劳动人口的主要就业形势，占比达64.94%。主要存在以下特点。

从转移途径看，通过各级政府和人力资源服务机构组织转移4.68万人，占比9.31%；通过成功人士、亲戚和邻居带动转移32.55万人，占比64.76%；通过自发转移13.03万人，占比25.93%。数据显示，由他人带动和自发转移是中江县农村劳动人口转移就业的主要途径，占比达90.69%。

从产业类别看，转移到外地从事第一产业1.83万人，占比3.64%；转移从事第二产业23.58万人，占比46.92%；转移从事第三产业24.85万人，占比49.44%；从事二、三产业合计占比达96.36%。

从行业分布看，从事制造业、建筑业、居民服务业、住宿餐饮业、批发零售业人数较多，分别达10.85万人、10.02万人、8.79万人、7.65万人和5.18万人，分别占比21.59%、19.94%、17.49%、15.22%和10.31%；从事其他行业7.77万人，占比15.46%。

从收入情况看，13.7万人月收入分布在3000元以下，占比27.26%；24.29万人月收入分布在3000～6000元之间，占比48.33%；12.27万人月收入分布在6000元以上，占比24.41%。收入水平呈现"中间高、两头低"的特点。

从就业地域看，县内务工4.65万人，占比9.25%，集中在凯江和辑庆、兴隆等企业集中的乡（镇）；县外省内务工24.37万人，占比48.49%，集中在成德绵和攀枝花等经济相对发达城市；省外务工21.24万人，占比42.26%，集中在广东、浙江、福建等地。

从返乡创业看，2017年以来，全县农民工返乡创业人数分别为6589人、6845人、7105人、7358人和9806人，较上年度增幅分别为3.89%、3.8%、3.56%和33.27%，累计带动就业4.9万人次。随着中江区位优势和发展机遇的凸显，返乡创业人数持续增长。

三、转移就业趋势及特点

（一）务工收入占农民收入比重高

随着各行业工资水平逐步提高，转移就业带来的务工收入已成为农民增收的主要手段。2021年，全县务工收入达138亿元，人均2.75万元左右。

（二）呈现省外向省内回流趋势

省外转移就业与省内转移就业人数之比由2019年的0.78∶1下降为0.73∶1，县外转移就业与县内转移就业人数之比由2019年的8.82∶1上升为9.81∶1，其趋势与沿海地区产业转移和成都都市圈虹吸效应相符。

（三）转移就业岗位日趋稳定

结合春节期间对12.97万名返乡农民工的走访摸排情况，88%的返乡农民工仍选择节后外出，79%的返乡农民工表示会返回原工作单位，主要在于习惯作业内容、下一代的教育培养、已在务工地购买住房等原因。

（四）转移就业组织化程度偏低

通过各级政府引导和市场化人力资源服务机构组织的有序转移就业人数占比仅为9.31%，超过90%是通过"亲带亲、邻带邻"的分散转移或自发外出，促成中江外出务工人员在潮州、酒泉等地形成聚集就业现象。

（五）就业选择日益多元

80后、90后新生代农民工比重持续

提升,他们较初代农民工在学历、技能方面优势明显,不再拘泥于传统的建筑、制造等劳动密集型产业,转而在信息传输、软件开发等现代技术服务行业崭露头角,就业选择日益多元。

（六）逐步转向高层次就业

部分转移就业农村劳动力经过多年积累,拓宽了视野,增长了知识,逐步走上管理岗位,同时有了一定资金和技术储备,便利用有利条件自主创业,返乡创业人数不断增多。

四、存在的问题

（一）整体素质与市场需求不适应

发达地区用工需求正加快由单纯体力型向专业技术型转变,但全县农村劳动力整体素质偏低。全县15岁以上人口平均受教育年限7.87年,低于全省、全市平均水平。此外,自2012年开展职业技能提升培训以来,全县已累计培训5.68万人,但面对77.4万人的庞大基数仍显不足。

（二）人力资源市场功能发挥不充分

据近期对入驻凯州新城企业调研了解,17家企业共需求专技人才121名,实际招聘58名,19名通过人力资源市场招聘,占比32.76%。此外,人力资源市场应涵盖资源开发、测评储备等领域,目前功能发挥不充分。

（三）临时性务工多、技能性务工少

目前,30.94%的农村劳动人口属于"农忙种田,农闲务工"类型,多从事临时性、季节性工作。部分农村劳动者认为培训后找工作也存在不确定性,参训积极性不高,出现了"能务工的多但技能务工少,临时性务工多但常年性务工少"的情况。

（四）存在"招工""留工"两难问题

主要原因集中在工资福利和企业服务与发达地区差距明显。工资待遇方面,广州市近五年月均工资分别为7425元、8217元、9319元、10 291元和11 261元,成都市近五年月均工资分别为5110元、5424元、5941元、6491元和6963元,远高于县域水平。同时,随着劳动力市场竞争日趋激烈,发达地区用工企业、政府机构纷纷通过开通返乡返岗免费专车、报销往返路途费用、给予新老职工奖励、改善生产生活环境、节假日员工福利等途径丰富职工生活、打造企业文化,而县内企业福利待遇方面水平较低,与发达地区存在明显差距。

五、对策建议

（一）强化合作,构筑产业发展"新平台"

牢牢抓住成渝地区双城经济圈建设等有利契机,密切开展人力资源区域合作,促进富余劳动力定向输出。聚力打造四川中流人力资源服务公司等一批县内行业龙头企业,发挥县农民工服务和就业创业中心积极作用,做好人才招引、资源储备等服务保障工作。健全人力资源市场与各级返乡创业基地、就业扶贫基地(车间)的供需保障机制,动态吸纳建档立卡已脱贫人口、城乡富余劳动力就近就业。

（二）打造品牌,发放外出务工"通行证"

从家政保姆等行业入手,发挥家政服务行业协会作用,打造"中江表嫂"劳务品牌。针对农民工较为集中的建筑行业,打造"中江建工"品牌。完善品牌行业标准,提升人力资源品牌效应。建立县内外企业招聘信息共享机制,实行"岗前培训+签订合同+集中派遣"的劳动力输送模式,提高人力资源输送稳固率和组织化程度。由县人社部门组织用人企业对服务机构、劳务人员进行测评打分,实行优胜劣汰机制,倒逼各类服务机构提质增效,提升品牌形象和行业竞争力。

（三）提升技能,配备高效就业"敲门砖"

整合农业、住建等部门优势资源,采取"人社主导、企业主办、政府督办"模式,依托产教融合培训中心,帮助返乡农民工等重点群体至少掌握1门实用技术,提升技能人才储备。依托人力资源数据库,开展劳务派遣预备人选筛选,提供定点招聘、定岗培训、定向就业的"一条龙"服务,预备人选参训合格后再自愿同县内服务机构签订劳动合同,并集中派遣至用人企业上岗就业,实现人岗相适。

（四）返乡创业,培育吸纳就业"新引擎"

通过落实返乡创业政策,挖掘并积极宣传返乡创业典型,营造浓厚的创新创业氛围;通过申报具有县域特色的创业项目,加大招商引资和政策扶持力度,吸引更多优秀人才和企业返乡创业,带动周边劳动力就近就业,推动乡村振兴。同时,充分发挥专家智力团队作用,为县域内返乡创业企业提供更加专业、精准、全面的创业指导和帮扶,及时解决落地难、起步难、融资难等各类问题。

（五）细化部署,形成服务保障"强合力"。

落实服务农民工保障五件实事,在走访慰问、就业招聘、根治欠薪、证照办理、旅途暖冬等方面集中开展暖心、务实、高效的特色活动,不断提高农民工服务保障工作制度化、常态化、精准化。推进就地就近服务保障,在北京、浙江、广东、福建、重庆等地建立中江县农民工服务站的基础上,探索在上海、江苏、新疆等地新建服务站,有效延伸服务手臂,切实在招商引资、服务保障、人才引进、合法权益保护等方面就近就地直接服务农民工。

（六）上下联动,发展人力资源"大产业"

一是建设乡(镇)人力资源市场。发挥县域内仓山镇、龙台镇、东北镇人力资源市场示范引领作用,逐步启动其他重点乡(镇)人力资源市场建设,同时健全"数据集中、服务下延、上下联网、信息共享"的人力资源市场网络信息库,实现县、乡、村三级联动,充分发挥人力资源市场在人力资源开发配置中的支撑性作用。"十四五"期间,村(社区)农民工综合服务站覆盖率达90%以上,形成完备的三级人力资源服务架构。二是做优人力资源行业协会。充分利用现有的56家人力资源服务机构（公共服务机构4家，经营性服务机构52家），探索成立以县人社局为行业主管单位的人力资源服务业协会，形成以人力资源服务机构、用工企业等多方合力共建共享的产业用工联盟。聚焦全县企业用工需求，多渠道开展求职用工、职业培训、劳务派遣、资源开发、测评储备等服务工作，进一步推动人力资源产业健康快速发展。三是做强人力资源产业园。发挥中江县人力资源产业园积极作用，坚持以“就业服务、集聚产业、孵化企业、交流人才”为核心的功能定位，打造具有中江特色的多元化、多层次、专业化线下人力资源市场及线上网络服务平台，争创全省人力资源示范产业园区。

积极探索国家农业现代化示范区创建

中共中江县委常委　袁　海

“十四五”时期，我国开启全面建设社会主义现代化国家新征程，“三农”工作重心已历史性地转入全面推进乡村振兴、加快农业农村现代化新阶段，而农业现代化示范区建设就是党中央作出的重大部署，是探索中国特色农业现代化道路的重要途径，必须把握好发展的新趋势，重点围绕农业设施化、园区化、融合化、绿色化、数字化找准创建定位和主攻方向，最终实现农业现代化目标。

2021年12月，全县成功入选全国首批100个农业现代化示范区创建名单。为把握好重大机遇，作者带领农口部门深入田间地头开展实地调研，与兄弟县（市、区）交流学习先进经验做法，对全县国家农业现代化示范区创建进行了一系列的实践与探索，现形成如下报告。

一、中江县农业现代化发展现状

中江县是四川省丘区粮油主产区县，也是全国产粮大县、产油大县、重要的粮猪生产基地县，荣获全国粮食生产先进单位1次、全国粮食生产先进县7次、全国粮食生产先进县标兵2次、四川省粮食生产丰收杯奖6次，全县以粮食产业为主发展农业现代化优势突出。

（一）党委、政府高度重视

坚持“农业固县”不动摇，将“以乡村振兴为重点，狠抓农业农村现代化”作为高质量发展路径，加强顶层设计、政策配套，大力推进农业现代化。

（二）农业产业基础雄厚

2021年，全县实现农林牧渔业总产值167.2亿元。现代农业“2+2”产业（优质粮油、“现代畜牧+道地中药材”、优质蚕桑）优势明显，粮食总产量15年居全省第一位，油菜总产量、生猪出栏量居全省前三位。

（三）发展条件优势明显

全县高标准农田占比达66.86%；农业专技人员达364人，其中正高级4人、副高级79人。安装北斗“农机管家”30套，农用机械总动力达65.6万千瓦，主要农作物耕种收综合机械化率达66%。耕地质量监测、农作物虫情测报基本实现数字化，畜禽、水产养殖场数字化、智慧化建设积极推进。

（四）全产业链基本构建

中江是全国食品工业强县，农产品加工业产值与农业总产值比达2∶1。具有年产面粉30万吨、面条22万吨、压榨菜籽油3万吨的能力。“中江挂面”享誉全国，纯乡牌食用油荣登中国食用油十大品牌榜。中江是全国电子商务进农村综合示范县，农村电商体系健全，农产品网络零售额占农产品总交易额比重达19%。坚持农旅融合发展，实现乡村旅游收入71亿元。

（五）经营体系不断完善

拥有市级以上农业产业化龙头企业41家，其中省级以上8家、国家级1家。培育农民专合社1013个、家庭农场2893个，带动小农户13.3万户。培育农业社会化服务组织76家，68.5%的以上小农户与现代农业发展实现有机衔接，户均增产增收、节本增效1500元以上。

（六）农业环境绿色循环

全县化肥使用量连续8年实现负增长，农药使用量（商品量）连续3年实现负增长。探索种养循环互补模式，实现畜禽粪污综合利用率90%以上。实施秸秆粉碎还田技术，年粉碎秸秆还田110万亩，还田量达41万吨，秸秆综合利用率达94.8%。

二、积极推进国家农业现代化示范区创建的实践与探索

（一）建立议事决策机制

优化县委书记、县长任双组长，县委、县政府分管领导任副组长，相关单位共同参与的国家农业现代化示范区建设工作领导小组议事决策机制，每两个月召开一次领导小组会，不定期召开联席会议，及时协调解决创建过程中的重大问题。制订工作方案，落实责任分工，把监测评估指标和重点工作任务清单分解到部门。县各相关部门和乡（镇）根据职责分工，明确专人协调推进创建工作，协作良好，推

动有力,已召开领导小组会议2次。

（二）理清规划设计思路

按照全县示范区创建以县域为创建范围、以粮食为主导产业,确定“全域规划、重点建设”策略,以现代农业园区建设为主抓手,分3个层级分类推进规划。第一个层级是县域全域规划国家农业现代化示范区,重点分类推进监测和评估指标体系建设,提升体系指标数据。第二个层级是科学规划5大“粮食+”现代农业园区,实现示范区规划与建设“园区化”。第三个层级是在5大“粮食+”现代农业园区中规划布局核心区,实现集中示范、带动引领。通过构建国、省、市、县四级联动、梯次发展的现代农业园区体系,奋力推动国家级农业现代化示范区创建,实现全县农业农村“设施化、园区化、融合化、绿色化、数字化”。

（三）解析监测评估标准

农业农村部把监测评估作为示范区创建认定的重要基础,高度重视监测评估指标的内涵与外延。一是对农业现代化示范区监测评估指标逐一进行剖析,最终确定48项监测指标和25项评估指标,其中包含创新性指标5项。首次数据经农业农村厅审核后系统填报。截至目前,2022年第一、二季度数据已录入系统。二是发文已将农业现代化示范区48项监测指标和25项评估指标任务分解到相关的23个部门,指标实行专人负责。三是梳理《中江县国家农业现代化示范区工作重点任务清单》,计划出台5个方面政策文件、开展14项行动计划、建设36类工程项目、强化5项工作内容,将监测评估指标项目化、措施化、清单化。

（四）创新多元投资方式

坚持项目为“王”,牢固树立“资金跟着项目走”的理念,多渠道争取中央、省、市资金及专项债券、融资贷款等,撬动社会资本参与。一是向上争。积极跑“部”进“厅”,对接上级有关部门,多汇报勤沟通,全力争取中央、省、市更大支持,已落实资金7.1亿元。二是专项债。抢抓今年国家新增专项债券3.65万亿元的黄金机遇,以《乡村建设行动实施方案》为纲领,新包装入库专项债券项目20亿元。三是银行贷。进一步加大与国有银行的良性合作,扩大融资渠道。通过与农发行、平台公司的对接沟通,中江县农业现代化示范区融资项目(一期)7.1亿元融资方案已全面完成,项目建设有序推进。四是社会筹。依托发改在线审批监管平台、行业协会等媒介,建立健全向民间资金推介项目机制,引导社会资本参与农业基础设施领域补短板项目建设。

三、示范区创建存在的问题

虽然在短时间内不断开展实践与探索,但对照基本实现农业现代化要求,中江责任重、压力大。问题主要体现在以下几个方面:

（一）农业现代化设施装备短板依然存在

虽然高标准农田建设面积占比达66.86%,但是实际耕地宜机化水平较低。高标准农田还有45万亩的建设空间,有效灌溉面积还有一定差距,较早建成的高标准农田还需改造提升;还有26万亩耕地需要丘区宜机化改造;烘干、预冷、冷链贮运等现代基础设施配套不足;产地批发市场、产销对接、鲜活农产品直销网点等设施相对落后,物流经营成本高;农业机械数量远远不能满足实际需要,缺乏专业小型、适宜丘区耕种的机械。

（二）数字技术在农业领域应用场景少

智慧农业发展缺乏全县整体规划,仅有的数字农业应用停留在信息的简单传输与显示,与农业融合深度不够,缺乏解决农业实际问题的手段。在数字资源应用上,农业信息资源分散、数据标准不统一、缺乏数据共享机制、数据支撑能力薄弱已成为制约大数据建设的重要瓶颈。

（三）农村人才培养力度不够

专业合作社、家庭农场等负责人现代化生产和管理水平不足,新型经营主体数量持续增加后劲不足;新型职业农民年龄普遍偏大,青壮年从事农业生产人数少;返乡入乡创业人员项目选择较盲目,专业人员少。

（四）设施农业用地和建设用地困难未能有效解决

全县基本农田保有量太高,导致设施农业用地和建设用地难以保障。

（五）招商引资工作还需加强

一方面招商专业性不强,对产业优势、招商政策、洽谈技巧等掌握不够,专业人才缺乏,导致成功率不高;另一方面项目转化率不高,招引的农业企业有的项目没有落地,有的项目落地了但基本上无收益,导致进来的多、留下的少,对农业产业整体带动不够。

四、对策建议

（一）突出重点,打造农业现代化亮点

突出“数字赋能、科技强农、机械强农”三个重点,努力推进中江农业农村现代化成势见效。一是数字赋能。推进农业农村数字化,打造数字化基座,整合县域自然资源、农村资产、农业生产等数据,形成全县涉农数字资源“一张图”。推进智慧化生产,以智慧水务、智慧田园、智慧畜牧、智慧气象等为方向,推广智能设施装备,建设数字应用场景10个以上。推进网络化经营,培育直播电商、直播带货等新业态,建立主导产业农副产品销售平台,实现农产品销售“一张网”,农产品网络零售额占农产品总交易额的比重达25%。探索智能化管理,聚焦远程学习、在线农技问答、农资供应、农产品初加工等农业服务管理功能,促进供需有效对接,实现社会化服务管理“一朵云”。二是科技强农。着眼科技机制创新、科技人引进、科技基地建设、科学技术攻关、科技成果运用,深化院县、校县、院企合作,组建主导产业发展科技专家团队5个以上,建设专家大院、研发中心等科研基地5处以上,突破一批关键技术、形成一批科技成果、推出一批技术标准。三是机械强农。聚焦农业宜机化改造、机械化生产、机械装备攻关、智能机械示范、机械化服务，累计完成宜机化改造8万亩，建设丘区宜机化改造示范区5个以上，建立“全程机械化+综合农事”服务中心3个，到2025年全县综合机械化率将达70%以上。

（二）储备项目，着力解决设施装备短板

以农业现代化示范区创建为抓手，围绕高标准农业建设、宜机化改造、农业机械、数字农业等短板，包装谋划项目储备，首先解决资金问题。近三年储备项目7个，涉及子项目35个，总投资22.6亿元。一是粮食中药材现代农业园区建设项目。聚焦创建省五星级园区目标，共谋划中药材科创中心项目等6个子项目，总投资3.8亿元，包含宜机化改造、芍药鲜切花恒温保鲜库仓储设备等17项具体建设内容。二是粮食生猪现代农业园区建设项目。聚焦创建省三星级园区目标，划分北中南三个片区，共谋划四川丘区现代粮油产业技术中心建设项目、生态绿色循环种养示范区建设项目等13个子项目，总投资10.5亿元，包含农业数字中心、智慧大棚等31项具体建设内容。三是粮食蔬菜现代农业园区建设项目。聚焦创建市一星级园区目标，共谋划蔬菜科创园等4个子项目，总投资1.3亿元，包含智能大棚等6项具体建设内容。四是粮食中江柚现代农业园区建设项目。聚焦创建市二星级园区目标，共谋划母本柚保护示范点建设项目等5个子项目，总投资1.6亿元，包含中江柚产品展销中心等9项具体建设内容。五是粮食蚕桑现代农业园区建设项目。聚焦创建市二星级园区目标，共谋划蚕桑科创园项目等5个子项目，总投资2.4亿元，包含智慧蚕桑数字中心等12项具体建设内容。六是2023年农业产业发展配套基础设施建设项目（乡村振兴衔接资金）。聚焦园区核心区建设和省、市重点帮扶村、村集体经济薄弱村、三变五社改革村、“鱼米之乡”拓展村、群众亟需等规划项目，共规划项目63处，总投资1.5亿元。七是高标准农田建设项目。争取中央、省转移资金，聚焦园区核心区，建设高标准农田16.4万亩，总投资7.5亿元（其中6亿元建设资金已计入五大园区建设项目）。

（三）出台政策，解决制约发展的瓶颈问题

一方面，出台人才方面政策，解决“现代农业谁来干的问题”。一是以提高农民、扶持农民、富裕农民为方向，探索建立高素质职业农民制度；二是结合高素质职业农民培养，从中选拔培育一批具有专业技术和管理能力的家庭农场主和农民专业合作社负责人；三是对返乡入乡创业人员开展系统性、针对性、专业性培训，不断提高其生产经营能力和综合素质。另一方面，落实用地方面政策，解决现代农业二、三产业用地的问题。与县自然资源局联合出台《中江县农用建设用地与设施农业用地政策清单》，统筹规划布局用地，将有限的指标用在刀刃上。

（四）狠抓农业现代化示范区招商引资工作

一是搭建平台支持招商。把园区建设作为推进招商引资工作的重要载体和平台，加快实施园区基础设施建设，打造特色产业发展集群。二是夯实基础高效招商。持续开展高标准农田建设，推进丘区宜机化改造、撂荒地整治等，为农业产业项目落地提供良好的基础设施条件。三是用好优势吸引招商。充分发挥全县地理位置、耕地质量（优先保护类）、生态环境等优势资源禀赋，进行优质农产品的种植开发，在乡村建设和农业产业园区方面谋划包装一批项目，吸引更多优质企业和产业项目进驻。

（五）做实产业带农富民

坚定不移地以农民持续稳定增收作为产业振兴的出发点和落脚点。一是完善利益联结机制，完善推广订单带动、股份合作、利润二次分配等农民与新型农业经营主体的利益联结机制。突出农民主体地位，采取政策引导、利益驱动，鼓励新型农业经营主体带农富农，把联农带农惠农数量和成效作为政府政策支持的重要依据。二是发挥村集体带动作用。支持村集体经济组织领办合作社、组建集体农场，发展乡村产业，增加村集体经营性收入。建立支持村干部领办合作社、集体农场等经济实体发展产业的激励制度。三是深入推进“万企帮万村”行动，充分利用企业的资本、技术、人才、管理等现代生产要素，因地制宜联合发展。

发展集体经济　助力乡村振兴

绵阳市农业农村局

绵阳市紧扣发展新型农村集体经济的内在需求，以贯彻《四川省农村集体经济组织条例》（以下简称《条例》）为抓手，以村级集体经济“消薄”行动为牵引，着力推动农村集体产权制度改革、构建要素保障体系、探索农村集体经济经

营和发展模式等重点，推动农村集体经济持续发展壮大，夯实乡村振兴物质基础，15个村被认定为全省合并村集体经济融合发展先进村，游仙区被认定为全省合并村集体经济融合发展先进县。安州区金花村通过创办“土地银行”发展壮大集体经济、带动农民增收致富的典型经验入选“四川省农村集体经济发展十大优秀案例”，并在中央电视台《新闻调查》栏目专题报道。

一、着力营造《条例》宣贯的良好氛围

《条例》颁布后，全市各级各地迅速开展形式多样的宣传活动，构建起统筹推进《条例》宣传并贯长执行（简称宣贯）的良好格局。一是出台实施方案。市委、市政府高度重视《条例》的宣贯工作，以《条例》的宣贯为契机，着力将农村集体经济组织的规范管理，集体经济组织成员的权益保障、发展壮大纳入法治轨道。研究制订《绵阳市贯彻〈四川省农村集体经济组织条例〉实施方案》（以下简称《条例》），明确贯彻实施《条例》的工作目标、工作内容和保障措施，推动《条例》在基层有效实施。二是强化宣传普及。市、县两级党委、政府将《条例》的宣传学习作为党委常委会会议、党委农村工作会议和政府常务会议的重要内容；市、县、乡三级集中发放《条例》《农村承包地管理和发展新型农村集体经济文件资料汇编》等宣传资料6500余册，组织乡（镇）、村（组）干部认真学习；县、乡、村通过QQ群、微信群、悬挂标语横幅、电子显示屏、村广播、到村培训、村组“坝坝会”等形式广泛宣传《条例》的出台背景、主要内容等，营造贯彻实施《条例》的氛围。三是强化培训教育。市、县举办《条例》专题宣讲辅导，其中在市政府常务会议，市委、市政府召开的村级集体经济“消薄”决胜攻坚推进会，全市村级集体经济“消薄”联席会议，全市乡（镇、街道）组织委员专题培训班以及中心村党组织书记培训班，合并村集体经济融合发展暨发展新型农村集体经济等培训班（会议）上，对《条例》进行详细解读，累计培训约3500人次；县（市、区）、乡（镇、街道）先后组织专题培训70余次，累计培训突破1万人次。四是强化宣贯推动。县（市、区）、园区对标《条例》，从横向与纵向两个维度深入排查农村集体资产底数不清、集体经济组织成员信息填报不准确（依托全国农村集体资产监督管理平台的跨区成员校验功能，已清理重复成员18 795人）、集体经济组织登记证书发放不到位、改革档案整理不规范等问题，推动落实《条例》关于成员身份确认、集体经济组织机构运行、集体资产经营管理等规定，以保障集体经济组织规范发展。

二、扎实开展农村集体产权制度改革

将农村集体产权制度改革作为摸清农村集体家底、保障集体和农民合法权益、规范农村集体经济发展的基础工作来抓，聚焦改革的“四个关键”，夯实农村集体经济发展根基。一是核资定家产，实现底数清。指导集体经济组织采取以账找物、以物对账、账实相符的办法盘点、建立资产台账。建立绵阳市农村集体产权制度改革信息管理系统，实现“从全面清查到规范管理”“从日常管理到资产清查”的闭环管理。全市17 142个村（组）全面完成清产核资和资产确权工作，清查核实集体资产总额132.79亿元，其中经营性资产总额23.82亿元；集体土地总面积2164.17万亩，其中农用地面积2046.76万亩。二是清人定成员，实现身份明。坚持“一村（组）一策”的原则，采取“以法律法规政策为依据、以村规民约为参照、以民主决策兜底”的方法稳妥开展集体经济组织成员身份确认，编制成员名册。全市确认组级集体经济组织成员365.78万人、村级成员396.86万人，全部被纳入农村集体资产监管平台归档管理。三是配股定份额，实现民心安。在股份合作制改革中，尊重集体成员意愿，将集体经营性资产以股份或份额形式量化到本集体经济组织成员，作为集体成员参加集体经济收益分配的基本依据。全市集体经营性资产全部折股量化到不同层级集体成员，建立了集体资产股权台账，发放股权证23 689份，实现股金分红1024.37万元。四是建章定机构，实现组织强。印发《绵阳市农村集体经济组织登记赋码工作规范》，指导全市1765个村（涉农社区）级集体经济组织、2358个组级集体经济组织按照“五个一”要求规范建立集体经济组织，取得《农村集体经济组织登记证》，明确法人资格，确立市场主体地位，依法履行管理集体资产、开发集体资源、发展集体经济和服务集体成员职责。

三、多措并举发展壮大农村集体经济

各级政府及有关部门认真履行指导监督和帮扶职责，以村级集体经济“消薄”行动为牵引，聚力构建要素保障体系、创新经营模式、探索发展模式，发展壮大农村集体经济。一是实施村级集体经济消薄“攻坚”行动。四级联动实施村级集体经济消薄“六大行动”：市级印发《绵阳市村级集体经济“消薄”三年行动计划（2021—2023年）》，建立农村集体经济“消薄”行动联席会议制度，召开全市农村集体经济“消薄”决胜攻坚推进会；县级党委、政府发挥“一线指挥部”作用，制定县域村级集体经济发展总体规划，实现差异化定位、全域化布局、特色化发展；乡（镇）领导干部实行分片包村，对集体经济项目实施全过程把关，并将集体经济发展成效与包片干部年度考核挂钩；村党组织发挥对集体经济组织的领导作用，1408名村党组织书记通过法定程序担任村级集体经济组织负责人。2021年，全市642个“薄弱村”完成消薄任务，年收入3万元以下的薄弱村由1030个减少至388个，占全部行政村的比例由65.1%减少至24.5%。二是构建发展集体经济的要素保障体系。加大财政支持力度，全市累计筹集资金7.23亿元支持村级集体经济发展，其中扶持壮大村集体经济项目资金4.63亿元、产业扶持资

金2.6亿元。创新财政资金使用方式，将政府投入的基础设施、支农项目等资产按层级确权到集体经济组织成员集体，并向集体经济组织赋权赋能。加大用地保障力度，在可用建设用地计划指标中明确一定比例用于农村集体经济发展实施“金融甘泉促振兴行动”，组织金融机构向全市1582个村级集体经济组织按每村不少于100万元的标准授信总额50亿元。建立“基本报酬+绩效考核+集体经济发展创收奖励”的经营管理人员薪酬激励制度，按照当年经营纯收益新增部分的5%～25%提取资金，用于考核激励集体经济发展带头人。三是创新“1+N”经营模式。全市培育和发展农业龙头企业420家、农民专业合作社5791家、家庭农场12 500个。通过“集体经济组织+龙头企业”“集体经济组织+农民专业合作社”“集体经济组织+家庭农场+种养大户”等经营模式，鼓励集体经济组织与各类市场主体的合作。以放活农村集体资产“经营权”为抓手，发挥集体经济组织“统”的功能，将统筹协调集体资产资源的优势与各类主体先进经营管理资源等相结合，建立产业联盟，提高组织化程度，发挥生产要素优势互补的协同效应，带动农村集体经济发展。四是探索集体经济发展模式。坚持以市场为导向，以效益为中心，因地制宜、因村施策，立足集体经济组织资源禀赋条件，在确保集体资产所有权不变的前提下，稳慎有序放活集体资产经营权，探索形成资本运营型、村庄经营型、产业发展型、资产盘活型、资源开发型、生产服务型、物业经营型、土地入股（托管）型、抱团发展型、国企带动型等10种农村集体经济发展模式。

游仙区多措并举助力乡村振兴

中共绵阳市游仙区委　绵阳市游仙区人民政府

游仙区是中国科技城核心区、绵阳市主城区，辖区面积1018平方千米，辖1个省级高新技术产业园区、1个经济试验区、3个街道、8个镇、172个村（社区），总人口56.83万人，其中农村人口24.35万人。近年来，游仙区倍加珍惜乡村振兴先进区荣誉，坚持以更大力度、更高标准、更实举措推动乡村振兴再上新台阶，获评全国农村集体产权制度改革整县推进试点区、国家区域性蔬菜良种繁育基地、国家农作物品种展示评价基地、全国平安农机示范区，一大批改革经验在全国、全省推广。

一、坚定落实优先发展原则，组织统筹得到新加强

一是组织领导强化到位。区委、区政府主要负责人专题召开乡村振兴会议4次，每季度组织学习上级重要指示精神、研究部署重大事项。充实区委农村工作领导小组和区委农办工作力量，调强8大专项工作组。跨村联建功能性联合党委6个、镇级片区联合党总支2个，实现党建引领片区发展新格局。严格落实三级书记抓乡村振兴责任制，督促基层党组织书记履行第一责任人职责。二是资源要素保障到位。优先保障乡村振兴财政投入，全年投入占一般公共预算支出的12.59%，增长1.5%。2018年以来，共投入资金93.24亿元，引入平台融资23.4亿元，其中2022年新融资8.3亿元。全年共安排26.3%的新增建设用地指标，用于保障乡村重点产业和项目用地。三是人员力量配备到位。实施人才振兴五年行动，举办村（社区）党组织书记进修班2期，实现基层党组织书记全覆盖。设立“乡村振兴优才”评选项目，首批评选3名乡村振兴优才。辖区“一办一站一中心”编制配备和人员配置率达100%。四是脱贫成果巩固到位。编制衔接政策汇编，开展2轮防返贫监测帮扶集中排查，认定98户262名监测对象，精准制定帮扶措施，选派24名优秀干部任驻村“第一书记”、12名干部任工作队员，获评省级重点帮扶村6个。

二、全力推进农业高质量发展，农业现代化取得新进展

一是扛稳重要农产品供给责任。严守耕地红线，完成撂荒耕地整治3632.93亩，建成高标准农田2.3万亩。全区粮食作物播种面积58.49万亩，总产量24.68万吨，粮食面积、总产、亩产实现“三增长”。新投产规模及以上生猪养殖场5家，新增存栏生猪4万余头，全面完成21万头目标任务。二是聚力发展高质量现代农业园区。聚焦优质粮油、绿色蔬菜、花卉林果、优质蚕桑、生态养殖五大产业，聚力建设花舞游仙、果满山川、桑梓家园、鱼虾稻田、粮油制种、道地药材、川菜硅谷7个现代农业园区，全年新增市级农业产业化龙头企业2家，新培育家庭农场174家，蔬菜种业和特色经果林园区被纳入省级培育，优质粮油、果满山川园区获评市级园区。三是强化科技赋能现代农业。聚焦护航种业“芯片”，与省农科院合作建立院士（专家）工作站，联合西南大学、西安科技大学等科研院校培育蔬菜新品种50余个，引进、保存种质资源700余份。组建科技特派团，全年新培训农户150余人次，培养技术骨干

30余人，广泛推广玉米大豆带状复合种植等技术，主要农作物机械化水平达87.32%。四是深入实施“三品”工程。践行质量兴农、品牌强农理念，培育“三品一标”农产品136个，绿色食品续展率和年检率均达100%。“仙特大米”“浩东菜籽油”“三国冬枣”“木龙观红萝卜”等绿色农产品声名远播，“绵品出川”活动签订农产品供销金额3.2亿元。

三、全力推动乡村提档升级，农村面貌焕发新气象

一是农村人居环境全面改善。以垃圾、污水、厕所“三大革命”为主攻方向，结合全市城乡环境综合提质三年行动，开展村庄“五清”工程。全区生活垃圾有效处置村达100%，生活污水有效处理村达95.4%，农村户用卫生厕所普及率达99.2%，畜禽粪污资源化利用率达94.4%，秸秆综合利用率达96.6%。二是农村基础设施逐步完善。加快农村路网优化升级，完成撤并建制村畅通工程82.3千米、村道安全生命防护工程53.3千米。推进城乡供水一体化，农村自来水普及率达99.92%。推动“宽带乡村”建设，重点镇5G网络和村级光纤宽带、4G网络覆盖率均达100%。探索“电管家+网协员”电力体系，被《四川日报》等主流媒体宣传报道。三是乡村基本公共服务持续提升。改造提升村级文化活动室172个，公益性文化场馆全部免费开放，镇（村）体育设施实现全覆盖，魏城镇成功创建全省片区中心乡（镇）公共文化服务提质增效试点镇。推进教育资源均衡配置，建立4个“乡村教师工作室”，带动农村薄弱学校发展。大力建设公共卫生医疗中心等“健康游仙”重点项目，忠兴、盐泉医疗卫生次中心已投入使用。建成“智慧司法”区级公共法律服务中心，全区公共法律服务工作站（室）100%覆盖。四是乡村综合治理有效提升。打造“一核三治”乡村治理品牌，112个村完成村规民约修订，25个村建成道德评议堂，创建乡村治理示范村国家级2个、省级5个。扎实建设“平安法治乡村”，全区98个村（社区）获评省、市、区级“六无”平安村（社区），刑事案件发案率下降14.11%。

四、全面深化农业农村改革，乡村振兴释放新活力

一是扎实推进省级城乡融合发展改革试点。全面启动以片区为单元编制乡村国土空间规划，畅通城乡土地要素双向流动，补齐乡村公共服务和基础设施短板，构建城乡互补、全面融合、共同发展的新型城乡关系，魏城镇建成首批省级百强中心镇。二是盘活用好农村闲置宅基地。创新“平台公司贷款投资、镇政府组织发动、村集体具体实施”方式，坚持资源全区“一盘棋”，建立统一安排、统一收储、统一核算的入市交易制度和平台，优化资源配置效率。现已整理复垦闲置宅基地1134亩，颁发全市首本集体建设用地使用权不动产证书。三是探索推动村级集体经济融合发展模式。实施“一村一区级领导联系、一村一部门单位帮扶、一村一制度方案推进”工作机制，探索推行七种模式发展壮大集体经济，全面完成村集体经济消薄任务，收入10万元以上的村有31个，占比27%。升级“清风阳光监督平台”，打造全省首个农经数字化管理信息系统，游仙区被评为村级集体经济融合发展省级试点先进区。四是创新实施土地“大托管”模式。结合全省解决农村土地碎片化问题试点，创新成立镇集体经济联合总社，以大面积托管、大资金投入、大服务增收实现“跨区域、规模化、机械化”生产模式，有效解决土地撂荒、碎片化和“非粮化”问题，试点镇托管土地4.37万亩，托管区域粮食产量较托管前增长15%，经验做法在《四川改革专报》刊发。

沿着中国式现代化道路奋楫争先、勇毅笃行

中共绵阳市游仙区委书记　陈华斌

党的二十大报告对全面建成社会主义现代化强国作出进一步的科学谋划，描绘了清晰的中国式现代化道路美好蓝图，既为全党在下一阶段“着力实现什么、通过什么方式实现”给出了明确答案，也将指引56万游仙儿女奋楫争先、勇毅笃行，沿着中国式现代化这条必由之路，在新征程中奋力开创游仙高质量发展新局面。

一、走中国式现代化道路要坚持“党的领导”，把稳现代化发展的“前进航向”

中国共产党领导全国人民开创出蕴含着独特的中国基因与中国力量的中国式现代化道路，有力证明了党的领导是中国特色社会主义最本质的特征和最大优势。当前，绵阳市游仙区正处在全面建设社会主义现代化的关键时期，要在开创高质量发展新局面的征程中保持航向，就必须把坚持党的全面领导贯穿始终。全区将坚定不移以习近平新时代中国特色社会主义思想为指导，认真学习贯彻党的二十大精神，教育引导全区广大党员干部、群众自觉拥护“两个确立”、坚决做到“两个维护”，确保各项工

作始终与中央、省委、市委保持高度一致，不折不扣推动各项决策部署在游仙落地落实。

二、走中国式现代化道路要注重“科技创新”，汇聚现代化发展的“强劲动能”

党的二十大报告指出，要坚持创新在我国现代化建设全局中的核心地位。游仙作为绵阳主城区、科技城核心区，科技创新优势突出，更应正确认识和把握游仙区在绵阳发展大局中的地位和作用，大力践行市委“科技立市”战略，以科技创新产业化体制机制改革为牵引，深化“一院所一平台一产业”军民深度融合发展模式，积极搭建院地协同创新平台，大力开展“园区提质”“企业满园”行动，做大做强核技术应用、激光技术应用产业、航空燃机等高新技术产业，架通国家战略科技和地方产业科技之间桥梁，以实际行动争当建设科技创新先行区的排头兵。

三、走中国式现代化道路要推进“城乡融合”，夯实现代化发展的“底部基础”

党的二十大报告指出，要坚持农业农村优先发展，坚持城乡融合发展，畅通城乡要素流动。当前，游仙区在推进新型城镇化的进程中取得了显著成绩，但辖区仍有广大的农村地区需要与城市同步发展。基于此，全区提出大力实施城乡融合发展战略，推动省级农业园区扩大做优、市级农业园区提档升级，推行土地“大托管”等一系列改革创新举措，推动现代服务业同先进制造业、现代农业深度融合发展。扎实开展城乡环境综合提质行动，加快推进城乡供水一体化、消除农村“断头路”，打造乡（镇）“半小时交通圈”，以城乡融合发展开创游仙高质量发展新局面。

四、走中国式现代化道路要惠及“民生福祉”，坚守现代化发展的“初心使命”

党的二十大报告指出，必须坚持在发展中保障和改善民生，鼓励共同奋斗创造美好生活，不断实现人民对美好生活的向往。保障和改善民生是全面建设社会主义现代化游仙的重要使命，我们始终保持民生投入占公共财政支出的比重在70%以上，持续抓好就业、教育、医疗、养老等民生工作，持续推进城乡供水一体化、老龙山森林公园等重点民生项目建设。统筹发展和安全，深化“平安游仙”建设，抓实抓好安全生产、疫情防控、防汛减灾等工作，坚决守住安全底板，持续提升群众生活品质，让人民群众的获得感成色更足、幸福感更可持续、安全感更有保障。

五、走中国式现代化道路要狠抓“从严治党”，增强现代化发展的“政治保证”

党的二十大报告指出，全面从严治党永远在路上，党的自我革命永远在路上，决不能有松劲歇脚、疲劳厌战的情绪。游仙将坚持全面从严治党，一体推进不敢腐、不能腐、不想腐。扎实开展作风能力攻坚，树立“能者上、优者奖、庸者下、劣者汰”的用人导向。深入践行“一线工作法”，持续推进“听音问廉”，把行动落实到基层、落实到一线，构建“部署、落实、督查、反馈、改进”的工作闭环，引导广大党员干部增强干事创业的主动性和责任心，以风清气正的政治环境为游仙区高质量发展提供坚强政治保障。

大力发展农村集体经济　助推乡村振兴

中共梓潼县委　梓潼县人民政府

一、全县新型农村集体经济发展情况

“两改”后全县共有16个乡（镇）、162个村级集体经济组织，资产总额71 043.12万元，其中经营性资产11 755.5万元；集体土地总面积178.76万亩，其中农用地170.56万亩、建设用地8.01万亩。2021年，全县村级集体经济收入为1127.06万元，其中经营收入468.9万元、发包及上交收入244.145万元、投资收益245.03万元、其他收入168.984万元，全面完成村集体经济“消薄”任务。

二、推进新型农村集体经济发展工作举措

一是升级“1+5”生猪代养模式，发展村级集体经济。全面推行“政府+国有企业、龙头企业、村集体经济组织、村集体经济组织成员、金融部门”的“1+5”生态循环产业发展模式，县国有企业、龙头企业、金融部门按相关规定各司其职，县国有企业兜底参与建设运营生猪代养场，视经营发展情况逐步退出所占股份；龙头企业负责技术指导、仔猪供给和出栏生猪销售；金融部门对资金困难的集体经济组织提供信贷服务；村集体经济组织可以自然资源、公共设施、政府项目投入和自筹资金等方式入股，并负责配合组织实施项目；村集体经济组织成员可自筹资金入股项目分红，原则上每户每个项目入股比例不超过总投资的1%。入股比例原则上按照县国有企业、村集体经济组织、村集体经济组织成员3∶4∶3或3∶3∶4的方式进行，可根据实际情况进行调整各占股份比例。

二是盘活资源性资产，利用集体塘库堰代养生态鱼，发展村级集体经济。支持乡（镇）利用回收的小(2)型水库产权整合塘库堰资源与水产龙头企业签订水产代养协议，发展壮大村集体经济。村集体经济组织负责日常养殖和塘库堰管理；双方按照市场情况约定标准，由水产龙头企业向村集体经济组织支付代养费。

三是支持镇村集体经济组织企业化运营，发展村级集体经济。支持乡（镇）成立镇（村）集体股份合作经济组织，开展公司化经营性活动，发展优势产业，鼓励开展农业产前、产中、产后服务。

四是鼓励承接农村公益项目，发展村级集体经济。支持村集体经济组织承接乡（镇）村环境卫生治理、公路（绿化）养（管）护、小型农田水利设施建设维护、小型基础设施和公共服务设施建设、"一事一议"项目建设、物业服务和家政服务等农村公益性事业财政奖补民生工程项目建设管养服务。

五是实行生态资源、公共基础设施和服务入股，发展村级集体经济。推动村集体经济组织以稀缺自然资源、公共基础设施以及组织协调、手续代办等服务入股到本村相关受益的规模化种养殖项目。

六是推进"飞地抱团"合作，发展村级集体经济。支持自身确无条件发展产业的薄弱村将生态和生产资源、资产或财政扶持资金量化入股到其他村集体经济组织发展的项目，实现互惠互利、共同发展。

七是盘活现有闲置资产，发展村级集体经济。支持村集体经济组织对原来存在违规发包、长期低价发包、逾期未收回承包费等问题的集体资源进行依法清理或收回。

三、强化农村集体经济发展支撑保障体系

（一）强化组织领导

成立全县扶持发展村集体经济领导小组，由县委分管领导任组长、县政府分管领导任副组长，县委组织部、县农业农村局、县财政局等相关县级部门和乡（镇）负责人为成员，构建县、乡、村三级联动、部门各司其职的工作格局，协调解决具体困难，精准施策、动态管理，形成一级抓一级、层层抓落实的机制，在全县上下形成齐抓共管、各村齐头并进、党组织战斗力日益增强的工作格局。

（二）强化项目扶持

依托全县现代农业产业园区、绵梓产业带、潼江河谷综合发展带和西北浅丘重点发展区、东南深丘特色示范区，选择党组织凝聚力、战斗力强，具备发展集体经济的资产、资源、区位等基础条件，具备较好产业基础，在村级建制调整改革中合并成立的新村和乡村振兴重点帮扶村作为2022年重点扶持村。坚持示范带动、逐步推进，力争1个项目带动2个村发展，扶持文昌镇新桥村、高桥村等13个项目带动26个村发展村集体经济。

（三）强化金融服务

加强与农商银行等金融机构的合作，研究村集体经济组织的产权抵押担保实施方式，对村集体经济组织开设一定比例担保类贷款授信额度，同时实施村集体经济组织信用增长计划，以乡（镇）为单位对所有村集体经济组织的发展情况进行综合考评，考评内容包括但不限于收入增长情况、产业发展前景、借款履约情况、经营 管理者素质等，将考评结果作为核定信用贷款额度的参考维度，对村集体经济组织贷款实行利率优惠，贷款执行利率最高不超过5.5%。农商银行向村集体经济组织派驻专职客户经理，发挥金融 机构专业优势、人脉优势，为村集体经营组织发展当好"参谋"。

（四）严格落实税收优惠

认真贯彻落实各级部门促进农村集体经济发展壮大的各项税费优惠政策。落实好农村集体经济组织股份合作制改革有关免征契税政策，对从事农、林、牧、渔业项目所得的免征或减征企业所得税；对农村集体经济组织从事农业生产、加工、流通、服务和其他涉农经济活动符合相关政策的，按规定享受减征或免征增值税、企业所得税等优惠。

（五）加大人才保障

积极探索建立完善发展壮大农村集体经济人才激励机制，逐步增加农村劳动力转移就业和人才引进政策支持力度，吸引更多优秀人才投身基层，参与壮大集体经济，推动村党组织书记通过法定程序兼任集体经济组织负责人，村党组织提名推荐集体经济组织管理层负责人，选配合适的经营管理人员和发展带头人。实施"文昌乡土人才培养计划"，强化农业专业型人才、致富带头人的培育。大力实施"优秀人才回引工程"，利用在成都、内蒙古、粤港澳大湾区等地建立的人才工作联络站鼓励支持梓潼籍在外优秀人才、退役军人、农民工等返乡担任村集体经济组织管理层干部，为发展壮大农村集体经济提供雄厚人才支撑。

四、存在的问题

（一）个别村集体经济发展持续性不够

县域内部分纯农业村受区位、集体经济基础薄弱等因素影响，短期内通过处置资产、资源发包完成收入目标任务，但从财务会计核算和长期来看，集体收入达标难度较大，又因个别村不了解村集体经济会计制度相关规定，对村集体经济组织财务人员还应加强培训。

（二）小村壮大集体经济突破难

从全县看，1500人以下的村共计36个，72%分布在相对缺乏水资源、土地资源等生产要素和基础设施建设相对薄弱的东部，总体上获得的政策性扶持项目支撑较少，仅靠自身发展求突破难度系数较大。小村缺乏头脑灵活、年富力强、有干劲有闯劲的优秀"领头羊"的情况突出，全县35岁左右、大专以上学历的村级党组织书记86%集中在集体经济收入高、条件优越的城市社区和场镇社区，面对缺人、缺资源等困境，求突破谋发展主动争创精神和能力不够。

（三）支持村集体经济发展的政策措施不到位

目前，国家对村集体经济发展除组织部门牵头实施的“扶持发展村集体经济”项目外，没有其他的扶持措施，不论是覆盖面还是资金量都很窄、很少，特别是更缺乏人才、用地、金融等要素保障和针对性强的规范村集体经济决策、执行、经营、财务核算等方面的规定和措施。

（四）乡（镇）无较专业的机构队伍，导致村集体经济组织内部管理、运行不够规范

目前，对于村集体经济发展，有的乡（镇）由经济发展办公室负责，有的乡（镇）由农业服务中心负责，有的乡（镇）分别由财政所和其他办公室负责，且分管领导和业务人员专业性不强，随时变化，致使乡（镇）对村集体经济领导、指导、监督、服务不到位。村集体经济组织经营管理人员极度缺乏经济管理专业技能，导致发展项目选择、日常内部管理、会计核算等不规范，村民委员会和村集体经济组织固定资产、资金及职能边界不清，给村集体经济发展壮大埋下了较大的隐患。

五、下一步工作措施及建议

在县委、县政府领导下，切实履行农业农村部门指导、监督村级集体经济发展职责，指导乡（镇）按照县《发展壮大村级集体经济“三年攻坚”行动实施方案》要求从资金财务、收益使用、风险防控、工作薪酬等方面加强监管，确保2022年年底完成80%以上的村集体经济收入达5万元以上，50%以上的村集体经济收入达8万元以上的目标任务。

建议按照《乡村振兴促进法》《四川省农村集体经济组织条例》等规定，一是明确乡（镇）人民政府职责、岗位和人员承担具体工作；二是从财政资金项目扶持、用地、人才、金融贷款贴息等方面出台具体的措施支持发展；三是从项目选择、项目决策、组织实施、财务会计核算、风险控制、审计监督等方面规范村集体经济发展，确保村集体经济依法、依规持续、健康发展。

奋进新征程　建功新时代
在新时代新征程中干出发展新天地

中共梓潼县委书记　刘　强

思想之旗领航向，人间正道开新篇。党的二十大是在全党全国各族人民迈上全面建设社会主义现代化国家新征程、向第二个百年奋斗目标进军的关键时刻召开的一次十分重要的大会，取得了一系列重大政治成果、理论成果、实践成果，具有重大的现实意义和深远的历史意义。梓潼县将坚定不移以党的二十大精神为指导，秉承“小县也有大担当、大作为”理念，坚持“跳出绵阳看绵阳、跳出四川看绵阳”，在全国、成渝地区、四川和绵阳四个维度找定位、谋发展，奋进新征程、建功新时代，努力干出梓潼发展新天地。

加快建设全国优质生态绿色农产品供给地，以农业富县夯实梓潼发展新天地根基。农业稳则天下安，党的二十大报告指出，“全面建设社会主义现代化国家，最艰巨最繁重的任务仍然在农村”，重申“坚持农业农村优先发展”，并首次明确提出“加快建设农业强国”。梓潼农业基础坚实、资源富集，从“农业大县”向“农业强县”转变，梓潼责无旁贷。全县将按照市委“推动特色农业提质增效”的要求，坚持以“三品”为引领做优现代农业，深入实施园区培育、品质提升、品牌塑造“三大工程”，加快现代农业园区建设，积极争创省级乡村振兴成效显著县、有机产品认证示范县，用好用活“文昌贡”农产品区域公用品牌，全力以赴推进农业农村现代化，努力让梓潼优质农产品走出四川、供给全国。

加快建设成渝地区双城经济圈旅游目的地，以文旅兴县厚植梓潼发展新天地优势。文运同国运相牵，文脉同国脉相连。党的二十大报告指出，要“弘扬革命文化，传承中华优秀传统文化”，并对“繁荣发展文化事业和文化产业”进行专段表述。梓潼作为千年古县，有千年古柏、千年文脉、千年美食，更是“两弹一星”精神重要承载地，是弘扬革命文化、传承传统文化重要地。全县将按照市委“推动文旅产业提档升级”的要求，紧紧围绕“举旗帜、聚民心、育新人、兴文化、展形象”的使命任务，坚持文旅融合发展方向，深入实施A级景区培育、精品线路拓展、全域旅游示范“三大工程”，推动A级景区提档升级，积极融入国、省、市旅游精品线路，发展壮大培训经济，持续弘扬“两弹一星”精神，叫响擦亮“祈福七曲山、励志两弹城”金字招牌。

加快建设四川丘区经济高质量发展示范地，以工业强县增添梓潼发展新天地动力。产业是发展的根基。党的二十大报告指出，“高质量发展是全面建设社会主义现代化国家的首要任务，发展是党执政兴国的第一要务”，并要求“坚

持把发展经济的着力点放在实体经济上”。梓潼县拥有全市首家绵阳市健康食品产业园和全省唯一的四川省健康食品产业园，健康食品和生物医药产业已成为梓潼响当当的金字招牌，推动经济高质量发展，梓潼来势良好。全县将按照市委“以特色园区为牵引做强主导产业”的要求，深入实施工业园区倍增、现代农业延链、服务业集聚“三大工程”，持续加大市场主体培育力度，积极打造“镇园之宝”，建好健康食品和生物医药“第一车间”，着力打造具有梓潼特色的现代服务业优势产业集群，全力以赴推动经济高质量发展。

加快建设绵阳高品质幸福美好生活宜居地，以生态立县提升梓潼发展新天地质效。江山就是人民，人民就是江山。党的二十大报告指出，“必须坚持在发展中保障和改善民生，鼓励共同奋斗创造美好生活，不断实现人民对美好生活的向往”。实现好、维护好、发展好38万名梓潼人民的根本利益，梓潼势在必行。全县将按照市委“坚持保障和改善民生”的要求，深入实施“服务保障力和群众满意度‘双提升’工程”，加快补齐交通、城建、水利基础设施领域短板，积极构建全覆盖、多层次社会保障体系，深入开展城乡环境综合提质三年行动，持续开展常态化文明城市创建、最美宜居集镇和美丽乡村建设，牢牢守住安全底线，全力以赴保障人民群众生命安全和身体健康，不断提升人民群众获得感、幸福感、安全感。

实施乡村振兴战略　谱写治蜀兴川新篇章

北川羌族自治县人民政府县长　周福兰

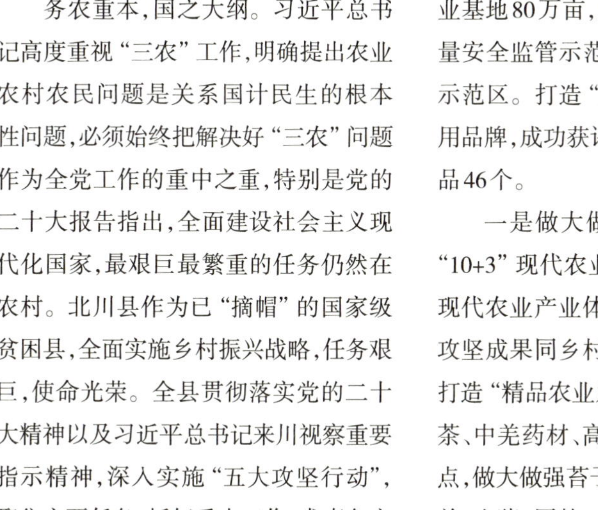

务农重本，国之大纲。习近平总书记高度重视“三农”工作，明确提出农业农村农民问题是关系国计民生的根本性问题，必须始终把解决好“三农”问题作为全党工作的重中之重，特别是党的二十大报告指出，全面建设社会主义现代化国家，最艰巨最繁重的任务仍然在农村。北川县作为已“摘帽”的国家级贫困县，全面实施乡村振兴战略，任务艰巨，使命光荣。全县贯彻落实党的二十大精神以及习近平总书记来川视察重要指示精神，深入实施“五大攻坚行动”，聚焦主要任务、抓好重点工作、求真务实推进，促进农业全面升级、农村全面进步、农民全面发展，加快建成全省民族地区高质量发展先行县，为治蜀兴川再上新台阶做出更大北川贡献。

一、围绕产业振兴奠基石，大力推动农业提质增效

乡村振兴靠产业，产业发展要特色。北川整合优势资源，大力发展北川苔子茶、高山果蔬、中羌药材、特色养殖四大产业，聚焦做大特色产业、突出品牌化发展思路、做实全产业链，建成特色农业产业基地80万亩，成功创建省级农产品质量安全监管示范县、省级有机产品认证示范区。打造“羌食荟”农产品区域公用品牌，成功获评“三品一标”认证农产品46个。

一是做大做强特色产业。围绕省“10+3”现代农业产业体系和市“6+10”现代农业产业体系建设，聚焦巩固脱贫攻坚成果同乡村产业振兴有效衔接，以打造“精品农业发展区”为抓手，以苔子茶、中羌药材、高山果蔬、特色养殖为重点，做大做强苔子茶、枇杷、花魔芋、白山羊、生猪、厚朴、黄连等具有独特优势的主导产业。全县拥有茶叶种植面积8.45万亩、特色水果种植面积4万亩、高山蔬菜种植面积10万亩、中药材种植面积32万亩；规模养殖场56个，其中生猪规模养殖场45个、肉牛规模养殖场3个、白山羊规模养殖场1个、禽类7个；培育茶叶、厚朴市级现代农业园区2个，高山果蔬、中羌药材、生态养殖县级现代农业园区12个（其中市五星级现代农业园区1个、市三星级现代农业园区1个），形成了县有主导、乡有支柱、村有特色、户有门路的农业产业发展大格局。二是做优做响特色品牌。构建“区域公用品牌+企业自主品牌”抱团发展的运作模式，围绕“羌食荟”区域公用品牌和国家地理标志产品加大品牌认证，讲好“品牌故事”，提升品牌价值，争取做强做响老品牌、做大做强新品牌，充分挖掘传统、风俗等特色文化并融入品牌建设中，让北川品牌树起来。三是做实做广全产业链。坚持以抓工业的思路抓农业，做实农业产业标准、质量、主体等关键核心环节，全力完善食品医药产业链，率先在全市入选全国农产品产地冷藏保鲜整县推进试点县，获批中央财政补助资金2000万元。支持52个新型农业经营主体新建冷藏库16座、气调库6座、冷冻库36座、通风库5座，共计静态库容量约17 210吨，形成了农产品生产、加工、储运和销售的全产业链。

二、围绕人才振兴添力量，全力打造“三农”人才队伍

全面推进乡村振兴，人才是关键。人才是乡村振兴的关键要素，也是乡村振兴的重要支撑。北川县紧紧围绕乡村振兴目标，坚持集聚人才，完善人才“引育留”机制，释放人才活力，打造一支有用、管用、实用的“三农”人才队伍扎根基层，为基层党组织注入了新鲜血液，续写巩固拓展脱贫攻坚成果同乡村振兴有效衔接的“人才篇章”。

一是服务乡村振兴用才。围绕北川苔子茶、中羌药材、高山果蔬、特色养殖“四大产业”及发展壮大村集体经济等重点任务，开设专题班，着力培训农业经理人、高素质农民、家庭农场主。线上线下开展农业专技人才能力提升培训班，大力实施高素质农民培育和基层农技服务推广培训工程，围绕产业发展、农产品品牌培育等内容，采取集中授课、参观学习、经验交流等方式打造专业实操队伍。同时，通过科学施肥用药、病虫害绿色防控和统防统治等综合措施培训一批懂技术、会技能的高素质农民，在生产过程中降低生产成本，增加经营收入。全年培训高素质农民533人，其中农业产业领军人才6人、农业职业经理人34人。二是聚焦重点项目引才。深化与中国农科院茶研所、省农科院、川农大、绵阳茶学院等科研单位的技术合作，建立专家工作站、苔子茶母本园，聘请二级岗位专家1个；建立茶叶博士工作站，开展北川苔子茶选育工作。建成“北川苔子茶”苗圃繁育基地，首期繁育种苗500万株。开展茶叶技能人才、茶叶职业经理人等各类技术培训共培训150余人次。三是用好实惠政策留才。深化党管人才工作，科学编制全县“十四五”人才发展规划，明确人才发展战略目标和总体部署，在人才引育、评价激励、服务保障等方面进一步完善政策体系。用活民族地区政策优势，畅通人才社会性流动渠道，广泛吸引人才落户北川。制订乡村人才振兴行动方案，确保巩固脱贫成效同乡村振兴深度衔接。完善人才精准精细服务机制，全力推进畅通人才社会性流动渠道，广泛吸引人才落户北川试点。打造民族地区特色人才品牌，精准办好人才落户、子女就学等“关键小事”。

三、围绕文化振兴树新风，加快建设现代乡村文明

乡村振兴，既要塑形，也要铸魂，文化振兴是根本。一是将文明实践与乡村振兴相融合。围绕脱贫攻坚同乡村振兴有效衔接，持续深化乡风文明“十大行动”，深入开展“晒一晒”文明礼仪好家风、“赛一赛”清洁卫生好习惯、“亮一亮”健康向上好风貌活动，持续推进文明乡风建设。开展“移风易俗树新风、道德模范宣讲进乡村”、理论政策宣传宣讲“进乡村”等活动200余场次，进一步丰富了农村群众的精神生活，形成了尊老爱幼、敦亲睦族、团结互助的文明乡风。二是实施各类文化科技惠民工程。建立县、乡、村三级公共文化服务体系，乡（镇）改革合并后全县共建成19个乡（镇）综合文化站、4个分站，乡（镇）综合文化站覆盖率达100%，同时建成202个村综合性文化服务中心并全部实现免费开放。三是持续深化移风易俗。紧密结合做好乡（镇）、村两项改革“后半篇”文章，深化新时代乡风文明建设“十大行动”，大力整治高价彩礼、铺张浪费、大操大办、封建迷信等不良习俗，推广农村道德积分制，实行道德嘉许。推动落实农村党员干部操办婚丧事宜报备制度，大力倡导科学文明健康的生活方式。印发《关于进一步修订完善村规民约（居民公约）建立健全红白理事会工作的通知》，拟制红白事简办倡议书，倡议婚事新办、丧事简办，弘扬勤俭节约优良作风，倡导婚丧嫁娶时代新风。

四、围绕生态振兴美环境，建设生态美丽宜居乡村

积极推进全域农村人居环境整治，累计建成“美丽四川·宜居乡村”187个，“美丽人居”增色乡村振兴。一是推进“三大革命”，聚焦重点突破。采取民办公助方式系统推进农村“厕所革命”，坚持“队伍建设、数据掌握、技术规范”三个到位，严格按照三格式户厕等建设运行规范实施农村“厕所革命”，全县共建农村公厕334座、乡村旅游点公厕107座，完成卫生厕所改造44 467户，卫生厕所普及率达96.9%，所有行政村实现农村公厕全覆盖。因地制宜推动“污水革命”，采用“三格式化粪池+资源化利用”的方式进行农村生活污水处理，85.6%的行政村生活污水得到有效治理。分类处置推动“垃圾革命”，建成“户分类、村收集、镇转运、县处理”的城乡一体化生活垃圾转运处理体系，健全运行管护经费“三个一点”投入机制，推进行政村生活垃圾收集转运处置体系覆盖率达100%。二是创新“三种模式”，减少面源污染。创新“有偿回收”模式，在乡（镇）设立38个回收网点，以“废物”换“真金”，并引导农户科学重复利用，全县废旧农膜回收利用率达91.28%以上。创新“畜禽代养”模式，支持新型农业经营主体无偿或适度有偿为村民提供代养服务，人畜“分居”效果明显。创新“生态循环”模式，推行“猪-沼-果（菜、粮、林）”等循环模式，形成上联养殖业、下联种植业的生态循环农业新格局，全县农作物秸秆综合利用率达96%，畜禽粪污综合利用率达90%以上。三是实施“三项行动”，扮靓乡村颜值。实施基础提升行动，累计实施改厨11 433户、院落硬化8472户、通车入户道路建设617.4千米、步行便道建设129.963千米。实施“绿化北川”行动，利用河塘沟渠、道路两侧闲置土地见缝插绿，统筹乡村山、水、林、田、湖、草系统治理，建设具有乡村特色的绿化景观，全县森林覆盖率达65.81%，成功获评第三批国家生态文明建设示范县。实施村庄清洁行动，试行农村人居环境整治“积分制”管理，组织1200余名保洁员分片区定期清理农村生活垃圾，减少柴草乱垛等“六乱”现象。

五、围绕组织振兴筑堡垒，巩固党的农村执政基础

乡村是我们党执政大厦的地基，乡村干部是这个地基中的钢筋。夯实农村基层党组织根基，发挥农村基层党组织在好乡村振兴中的"领头雁"作用，为"三农"工作提供坚强的组织保障。一是党建引领聚合力。抓基层党组织领导核心作用发挥，大力实施基层党建"3+2"书记项目，全面推行"360党支部创建"工作法。创新"在产业带上建党委、产业链上建支部"模式，选优配强村（社区）支部书记，夯实基层组织堡垒。深入推进农村基层党组织"头雁提能"行动，队伍结构持续优化，"一肩挑"比例达98.72%。二是党员结亲暖人心。制定抓党建促乡村振兴的工作措施，实施驻村帮扶"接力振兴"计划，坚持和完善向重点乡村选派驻村"第一书记"和工作队制度，全县派驻96名"第一书记"、195名驻村工作队员、万名党员干部职工与农户结亲包户。举办"听党话、感党恩、跟党走"联欢会、茶话会、座谈会等2000余场次，发动2万人次为乡村振兴建言献策，掀起了一股"乡村振兴、党群共建"的高潮，让党员先锋模范作用在乡村得到充分发挥。三是示范引领激活力。坚持示范带动，做好基层党建品牌化、项目化建设，指导19个乡（镇）选取党建特色项目进行"党建拉练"，通过片区拉练、总拉练、现场观摩、示范项目擂台赛的形式把基层党建项目特色集中"秀"出来，激励乡（镇）在抓基层党建中真抓实干、狠抓落实、争创一流。马槽乡红星村获批全国红色美丽村庄试点建设，成功创建省级乡村振兴先进乡（镇）2个、示范村10个，市级乡村振兴先进乡（镇）3个、示范村13个，10个村党组织获评"市4A级先进村党组织"，真正起到示范"一批"带动"一片"效果。

北川县着眼"五提""五字" 助力产业倍增

北川羌族自治县农业农村局

近年来，为实现巩固拓展脱贫攻坚成果同乡村振兴的有效衔接，北川县围绕北川苔子茶、高山果蔬、中羌药材、特色养殖四大产业，以产业为抓手，推进现代农业园区建设，着眼"五提""五字"多元化发展，大力加快北川农业现代化建设步伐。

一、着力"五提"抓产业

抓"产业提质"，壮大综合实力。按照县委"五个一"发展理念，统筹推进北川茶产业发展，打造"一心两带五园"现代茶叶园区，培育茶叶面积8.45万亩、加工营销企业27家、省级龙头企业1家、县（市）级龙头企业11家，全县茶叶加工厂房面积6万余平方米，加工设备661台（套），茶叶加工产量1180余吨，茶叶综合产值3亿元。

抓"项目提速"，厚植发展潜力。结合食品医药链、茶产业链，建设良种繁育基地，并就近建设与产业基地规模相适应的农产品产地初加工设施，打造农产品生产、加工、储运和销售的全产业链。支持52个新型农业经营主体新建冷藏库16座、气调库6座、冷冻库36座、通风库5座，共计静态库容量约17 210吨，形成了农产品生产、加工、储运和销售的全产业链。2021年，北川县率先在全市入选全国农产品产地冷藏保鲜整县推进试点县。

抓"培育提效"，增强造血能力。加大对新型农业经营主体培育力度，大力推广"公司+基地+农户""特色+规模+品牌"等模式，强化主体间利益联结，推进苔子茶、生猪等大宗农产品产业化经营水平，积极申报市级农业产业化联合体。截至2021年年底，建成休闲农业经营主体117家，支持农民合作社和家庭农场改（扩）建项目36个，培育农民合作社562家、家庭农场521家。

抓"品牌提优"，迸发创新活力。充分挖掘羌族传统文化，努力打造"北川白山羊""北川茶叶""花魔芋"等有地方特色，国家、省水准的产业品牌，鼓励支持龙头企业开展绿色、有机和地理标志农产品认证。截至2021年，全县有"三品一标"认证农产品46个，其中无公害农产品6个、绿色食品21个、有机食品16个、地理标志保护产品2个（北川苔子茶、北川花魔芋）、地理标志证明商标1个（北川茶叶）。

抓"产融提升"，彰显实干合力。以枇杷、蓝莓、辛夷花等为主，举办蓝莓采摘节、枇杷采摘节、辛夷花节等，结合乡村民宿、农家乐以及地道农家菜和清新优美的环境，吸引游客参与农事体验活动，努力构建"园区建设+康养"旅游模式。大力开发"温泉药浴"中医药康养文化旅游项目，促进特色农产品、生态养生、休闲体验、文化传承等旅游体验全面提升，延伸农业产业链条，推进全域旅游发展。

二、着眼"五字"强园区

把握一个"高"字，以规划政策作引领。立足北川资源禀赋，结合园区现有资源优势和国土空间规划，出台《北川羌族自治县茶产业高质量发展的意见（试行）》，全县统筹整合1.12亿元资金支持茶叶园区建设，编制《北川羌族自治县茶叶现代农业园区规划》，启动茶叶全产业链的茶产业规划，不断加强高位谋划、顶层设计。

突出一个“稳”字，以高位推进作抓手。成立以县委书记、县长为组长的园区建设领导小组，按照分沟域、分片区规划现代农业园区建设，加快构建北川现代农业园区产业体系、生产体系和经营体系。挖掘羌茶、羌药等羌文化和非物质文化遗产潜力，促进一二三产业融合发展。

聚焦一个“统”字，以项目投入作杠杆。2021年共安排统筹整合涉农项目78个、资金1.1亿元，安排革命老区项目16个、资金1819万元，在产业发展和基础设施建设等方面持续用力。聚焦现代农业园区产业标准基地建设，助力现代农业园区配套基础设施建设，提升现代农业园区初加工能力。完善现代农业园区利益联结机制，撬动业主和社会资本投入全县现代农业园区建设，逐步形成小农户与现代农业园区的有机衔接。

坚持一个“实”字，以实干落实作支撑。通过适度规模流转土地，依托川农大、西科大、省（市）农科院等科研机构，推进院县合作，建成茶叶、高山蔬菜、中羌药材、特色养殖等县级现代农业园区12个，市级现代农业园区2个；培育新型农业经营主体1123家，其中龙头企业40家、农民合作社562家、家庭农场521家，努力构建“合作社+基地+农户”“龙头企业+基地+农户”“园区+农户”等经营模式，形成了“经营大户带动、集体组织带领、龙头企业牵动”的良好局面。

瞄准一个“新”字，以创新发展作动力。依托现代农业园区建设，将传统特色农业产业景观、现代农业园区与羌茶、羌药等羌文化和非物质文化遗产深度融合，利用茶园、药园、果园等开展采茶制茶农事体验、森林康养、休闲观光游，实现农业与旅游、文化、科技、康养等多产业的深度融合，不断延伸现代农业园区产业链条。

盐亭县以深化农村改革为抓手加快农村集体产权制度改革

盐亭县人民政府

盐亭县将农村集体产权制度改革作为深化农村改革的重要抓手，从组织领导、宣传培训、关键环节上真抓实干，强化推进，全县农村集体产权制度改革工作已全面完成。

一、抓工作部署，促改革落地

（一）强化组织领导，促改革落实

成立了以县委、县政府主要领导为组长，县级相关单位“一把手”为成员的改革领导小组，先后印发了《关于深化盐亭县农村集体产权制度改革的通知》等5个文件指导开展改革工作。各乡（镇、街道）、村均成立由党（工）委（支部）书记任组长的领导小组，加强组织领导，协调推进落实。同时，将改革工作列入年度重点改革任务责任清单和年度绩效考核，确保了改革试点事有人抓、责有人负；多次召开专题会议部署，深入村（组）检查督导。

（二）加强部门协调，建立工作机制

将改革领导小组办公室设置在农业农村局，由农业农村局负责组织相关部门不定期根据工作需要召开联席会议，组织自然资源局、组织部、水利局、民政局、卫健局等部门对乡（镇）清产核资数据进行会审，协调相关部门解决改革中遇到的难点问题，确保改革过程顺利。

（三）加强宣传培训，促改革进度

一是加大宣传力度，形成改革共识。乡（镇）、村通过制作宣传标语，悬挂横幅、电子显示屏滚动播出，广播宣传、开展到村的培训，印发《致广大村集体经济组织成员——就开展农村集体资产股份合作制改革工作的一封公开信》等多种方式对全县群众进行全方位、高频次宣传，把“为什么改”“怎么改”“改成什么样”等问题讲明白、说透彻，打消群众顾虑，赢得群众参与。二是抓住“关键少数”，注重培训指导。围绕上级政策要求、改革工作流程等，分批次对各乡（镇）书记、乡（镇）长、分管领导、业务骨干与各村（居）书记、主任进行了培训，出台县级文件7份；开展6次专项培训，培训人数1780人，印发培训资料1860份；分批组织乡（镇）分管领导、业务人员、村干部到试点村参观学习，提高了工作人员业务水平。

二、抓政策指导，促制度建设

一是制订印发《盐亭县推进农村集体产权制度改革实施方案》《盐亭县农村集体经济组织成员资格确认方案》《盐亭县农村集体资产清产核资工作实施方案》《盐亭县农村集体资产股份合作制改革试点方案》，明确改革试点原则、任务和工作要求、改革工作流程等制度规范，规范改革流程，健全完善制度体系。二是加强政策指导，针对改革不同阶段出现的矛盾问题，及时出台了《盐亭县村居集体经济管理制度》《盐亭县村级建制调整农村集体资产清产核资工作实施方案》《关于开展村集体经济融合发展的通知》《关于开展农村集体经济组织登记赋码工作的通知》等指导文件，为改革各环节提供政策指导，确保依法依规推进改革试点。

三、抓改革重点环节，促改革成效

（一）抓集体资产管理，清产核资全面精准规范

一是出台《农村集体资产清产核资工作实施方案》《盐亭县村居集体经济管理制度》《盐亭县村级建制调整农村集体资产清产核资工作实施方案》，明确清产核资的范围，以原村集体资产清产核资为基础，再清查核实，明确归属、做好移交，纳入合并村集体经济组织统一承接、维护、管理和经营。二是在合并后的新村全面开展清产核资工作，按时完成清产核资系统数据录入，及时更新"三资"管理平台数据，2021年共清理核实集体资产164 073万元，其中经营性资产9019万元；负债19 449万元；所有者权益144 624万元；集体土地总面积208.33万亩，其中农用地200.17万亩、建设用地8.13万亩、未利用地0.03万亩；对清产核资结果，及时召开成员代表大会进行确认并张榜公示接受群众监督。三是在完成清产核资工作的同时，乡（镇、街道）建立了固定资产管理台账、资源性资产管理台账，制定了资产处置、合同管理等规章制度，建立了集体资产管理的长效机制。

（二）成员身份确认坚持民主公平

确认集体经济组织成员485 029人182 574户。为了更有效地开展全县集体经济组织成员管理，指导乡（镇）组织村集体经济组织通过全国农村集体资产监督管理平台报送组织成员信息，开展"跨区成员校验"，确保成员确认唯一性，不能"两头占、两头空"。

（三）推进集体经营性资产股份合作制改革

出台《盐亭县农村集体资产股份合作制改革试点方案》，在有经营性资产的村首先开展股份合作制度改革试点，指导村集体因地制宜制定股权量化办法，合理量化集体资产，对经营性资产多的村，将经营性净资产进行折股量化；对经营性资产少的村，采取只确股权份额不确股权价值的方式量化，待集体有经营性净资产时再确定每股价值。改革后全县累计量化资产12.31亿元，落实农民集体的资产股份权利，较好地做到了科学合理、群众满意。

（四）全面登记赋码，发挥农村集体经济组织功能作用

一是出台《关于开展农村集体经济组织登记赋码工作的通知》，各村组在完成农村集体产权制度改革的规定动作后，经乡（镇）验收通过，申请成立集体经济组织，乡（镇）备案并出具同意成立的文件后，由县农业农村局审核颁发集体经济组织证书。二是针对集体资产分属村、组实际，组级根据资产量、管理人员力量实际和村民意愿，按行政村为单位成立股份经济合作联合社，统一经营管理集体资产，成员为各小组成员组成，各小组的资产仍然归各小组成员集体所有，不打乱原集体所有的边界，成员按照所在小组经营性净资产对应的份额和股份价值享有本小组的收益和分红。截至目前，全县189个行政村38个涉农社区全部完成改革并成立新型集体经济组织，颁发集体组织证书227本。三是在有中央、省财政资金扶持的40个村及有产业扶持资金的村先行探索实行村委会和集体经济组织分账独立核算。

四、创新经验及做法

（一）合并村全部实现集体经济融合发展

全县在基本完成农村集体产权制度改革的基础上，坚持试点示范、因地制宜、尊重民意、程序规范的原则，创新合并村集体经济组织融合模式，全县178个合并村全部实现集体经济融合发展。一是以合并后的新村完成集体资产清产核资。4月底前全县全面完成了资产清产核资并录入农业农村部清产核资系统，以原村集体资产清产核资为基础，全面梳理近年来政府投入、减免税费、社会捐赠等形成的归集体所有的各类资产，再清查核实，明确归属、做好移交，纳入合并村集体经济组织统一承接、维护、管理和经营。建立撤并村活动阵地、办公设施设备等集体资产明细台账，实行分类管理，防止集体资产流失。二是合并村集体组织有效融合。全县全面推进合并村建立一个村级集体经济组织，全县178个合并村以新村统一量化股份，统一"一本帐"管理，全面开展登记赋码工作，实现集体经济组织有效融合。

（二）完善集体经济组织治理机制

全县227个集体经济组织中206个村由党组织书记通过法定程序担任村级集体经济组织负责人，推行村"两委"成员在集体经济组织中任职，实现村党委对集体经济组织的领导，227个集体经济组织制定合并村集体经济组织章程，建立成员大会、理事会、监事会"三会"制度，推行涉及成员利益的重大事项以"四议两公开"程序进行民主决策。

（三）探索智能化的村级财务管理模式

依托已有的农村集体"三资"管理系统，与银行合作开通银村直联在线支付，实现村级资金封闭运行，规范村级财务管理。

（四）培育集体经济组织承接服务项目

一是承接政府购买服务项目。出台《村级集体经济组织承接农村公益性项目实施办法》，按照"积极稳妥、便民高效、简便易行、简便易行、强化监督"的原则，从财政预算支出的农村公益性项目中筛选出符合交予村级集体经济组织承接的项目。二是鼓励村集体经济组织开展农业生产社会化服务增加收入。在嫘祖镇新星村、黄甸镇龙台村、玉龙镇三星村、西陵镇龙泉村、富驿镇回龙村开展农业生产社会化服务，集体经济组织统一提供农业生产耕、种、防、收、烘干、冷链等服务环节，既解决了农村缺少劳动力和土地撂荒问题，也增加了集体经济收入。

大英县巩固拓展脱贫攻坚成果　助力乡村振兴

中共大英县委　大英县人民政府

大英县成立于1997年12月28日，地处成渝地区双城经济圈黄金节点，辖区面积701平方千米，辖9镇1街道，共168个行政村28个社区，总人口52.25万人。脱贫攻坚期间，全县累计脱贫15 116户33 774人。截至目前，全县共有38个脱贫村、8个乡村振兴重点帮扶村，脱贫人口12 152户26 777人、监测对象756户1612人（其中未消除风险户433户934人）。2022年以来，大英县委、县政府深入学习贯彻习近平总书记关于“三农”工作重要论述，坚定不移落实党的二十大精神和中、省、市各项决策部署，坚持把巩固拓展脱贫攻坚成果作为最重要的工作来抓，全力推动各项工作落地见效。

一、筑牢“三个体系”，确保过渡期间“步步稳”

建立完善“三级书记亲自抓、领导小组牵头抓、行业部门配合抓、帮扶力量定点抓”工作机制，高位推动巩固脱贫成果各方责任落实。一是筑牢坚强有力的组织体系。县级层面建立“1+7”工作领导小组，镇级层面建立乡村振兴联席会议制度，村级层面选优配强工作队，形成“县级主推、镇级主抓、村级主干”的组织体系。坚持书记、县长担任专项工作领导小组“双组长”，落实县委县政府主要领导每月2个工作日、镇（街道）党政主要领导每周1个工作日、村支部书记和驻村“第一书记”常态化研究落实有效衔接相关工作要求。2022年以来，县委常委会、县政府常务会、专项工作领导小组会等先后10次专题研究有效衔接工作，确保了上级决策部署在大英落地落实。二是筑牢严谨高效的工作体系。持续加强“县级领导挂村、联系部门包村、驻村工作队在村、党员干部帮户”的联系制度，明确49个脱贫村、重点帮扶村、精品（示范）村联系县级领导35名，55个脱贫村、集体经济薄弱村、党组织软弱涣散村“第一书记”和驻村工作队员保持在140人以上。建立完善“县级领导专题调度、部门负责人定期研究、帮扶责任人季度走访、监测联系人每月联系”工作机制，确保有效衔接工作有人管、有人抓、有人干。三是筑牢务实管用的政策体系。严格落实“四个不摘”政策要求，围绕“两不愁三保障”、饮水安全、兜底保障等重点领域，分类形成县级“1+37”政策体系。全年组织镇（街道）主要领导、分管领导、业务人员、第一书记和县级行业部门人员开展政策培训学习4场次600余人次，编印《政策须知小册子》1200份，充分利用“村村通”广播、“坝坝会”等持续提升群众对政策的知晓度。

二、聚力“三个环节”，确保巩固成果“招招实”

始终把防止返贫放在突出位置，建立健全部门联动、各司其职的长效机制，坚决守住返贫“底线”。一是常态抓好动态监测。坚持“早预警、早干预、早帮扶”要求，统筹用好风险排查员、驻村工作队、帮扶干部3支队伍，综合运用自主申报、日常摸排、部门推送、关联监测4种途径。1—10月，累计推送风险信息18 500余条，受理群众自主申报14次，收集各界共享信息25条，按程序纳入监测对象418户885人，有力实现困难群众“应纳尽纳”。二是全力抓好集中排查。精心组织2932人次对9镇1个街道162个行政村15 3667户446 595人进行两轮全覆盖大排查，研判确定11类重点人员32 645户，根据研判情况再次重点入户核查，综合分析存在返贫风险农户268户571人，录入核准修改信息20 274条，督促整改问题420个。三是及时抓好风险消除。按照“管用够用”原则，对单一风险落实单项帮扶，对复杂风险实施综合帮扶。全年推进农村危房改造920户，分别落实教育、医疗救助13 137人、4556人，脱贫群众“住有所居、学有所教、病有所医”风险隐患全面消除。实施“短平快”奖补等产业帮扶措施4项，落实外出务工交通补贴、公益性岗位等就业帮扶政策5项，投入159万元购买“防贫保”“惠遂保”，新纳入社会保障兜底260人。截至目前，全县323户678名监测对象返贫致贫风险稳定消除，暂未消除风险的433户934人已全部落实监测帮扶措施。

三、着眼“三大提升”，确保拓展成效“时时新”

坚持在巩固拓展脱贫成果上下大功夫，持续用力增加群众收入、改善人居环境、提高治理水平。一是持续提升群众收入。紧扣企业用工需求，组织开展返乡创业、家政服务、电子园丁等各类培训班38期次1152人，与宁波市镇海区、象山县等就业管理中心开展劳务合作，全年脱贫劳动力稳定就业11 225人，较2021年增长1.46%。总结推广村集体经济融合发展试点经验，2021年10月—2022年9月，全县168个村集体经济收入1774.41万元，村均达10.56万元，同比增长123.11%。2022年，全县脱贫群众人均纯收入预计增长1823元以上，增速达16.85%，人均生产经营性收入增速18.77%以上。二是稳步提升乡村颜值。围绕发展急需、群众急盼，系统梳理乡村建设行动2022年度项目清单，统筹涉农项目和资金，新（改、扩）建产业道路46.57千米、末端渠系17.92千米，完成提灌站抢修204座，改造提升户厕1.27万户，建设镇村生活分类收集设施1700余个，推动乡村面貌焕然一新。三是全面提升治理水平。积极探索“院长+积分制”乡村治理模式，构建“党建引领、乡贤示范、群众参与”治理体系，经验做法入选省委组织部优秀案例。落实村（居）监委“十有”“六步”规范，推行“三色”清单工作法，构建“1234”小微权力治理机制，基层权力运行步入正轨。全覆盖成立红白理事会206个，按照“四有”要求推进移风易俗，乡风文明进一步凸显。

四、聚焦“三项重点”，确保振兴发展“节节高”

着眼乡村长远发展，聚焦规划引领、产业发展和示范引领，努力让农业更强、农村更美、农民更富。一是聚焦规划引领“优布局”。着力重塑乡村地理经济格局，催生抱团取暖、差异互补的乡村发展新态势，综合考虑人文风俗、发展现状、交通组织等因素，将县域划分为大英极核发展片区、遂大融城发展片区、成遂协同绿色发展片区3个经济片区，分别细化种养循环农业、农文旅融合、优质粮油种植3条发展路径。二是聚焦特色产业“提档次”。围绕“三大片区”功能定位和“1+3+6”产业布局，巩固发展中药材、水果、现代粮油基地5600亩，建成特色农业产业精品园46个、规模化生态畜牧养殖场14个，培育农产品加工基地6个，认证“三品一标”企业50家、产品116个。中药材园区有望创建为省级现代农业园区，粮油园区、蔬菜园区新晋市级三星园区。大英县加快现代农业发展的做法和成效被《人民日报》《四川农村日报》等主流媒体多次宣传报道，蓬莱镇吊脚楼村柑橘产业登上央视财经频道《消费主张》栏目。三是聚焦精品示范“树标杆”。坚持典型引领、示范带动，梯次打造“宋井桃源”“乐享土门”“阆仙诗苑”等乡村振兴精品村，示范带动乡村全面振兴。其中，卓筒井镇为千屏村以“宋井桃源”为主题，复现宋代繁华场景，构建“宋驿”“宋村”“宋节”三大组团，打造集休闲度假、旅游观光、文化体验、亲子研学等于一体的特色乡游品牌，9月28日开园后人气火爆，国庆期间接待游客23.62万人次，先后被中央电视台《新闻联播》《人民日报》《四川新闻联播》等主流媒体报道推介；隆盛镇土门垭村以“乐享土门”为主题，依托道地中药材产业和中医药文化，精心培育生态观光、药膳餐饮、旅游康养等多种业态，全力打造农康旅融合发展示范村，拟于2023年5月1日正式开园。

全县深入学习宣传贯彻党的二十大精神，衷心拥护“两个确立”、忠诚践行“两个维护”，坚决贯彻落实省委、省政府关于巩固脱贫成果的部署要求，奋发推动“大美大英”乡村全面振兴。

农村改革助力乡村振兴的营山实践

中共营山县委　营山县人民政府

营山县认真贯彻落实中央、省、市关于农业农村改革的决策部署，坚持农业农村优先发展，围绕争创农村改革先进县的目标，以加快农村发展和促进农民增收为核心，以“推进集体产权制度改革、壮大农村集体经济、完善土地确权和流转、宅基地管理”为总抓手，抓重点、补短板、强基础，统筹推动各项农村改革试点纵深突破，全县农村改革取得阶段性积极成效。

一、坚持高位推动，凝聚改革合力

（一）强化组织领导抓统筹

成立以县委书记、县长任双组长，县委、县政府分管领导任副组长的农业农村体制改革领导小组，各级各部门也相应成立领导小组和改革办，全县340个村党支部书记全力推进农村改革，构建了县、乡、村三级书记抓改革的机制，确保农村改革高位高效推进。领导小组定期组织研究，及时通报改革进展情况、协调解决困难问题，共组织召开农村改革工作会议6次，现场办公会议16余次，确保农村改革试点工作顺利推进。

（二）聚集重点任务抓推进

锁定农村改革试点目标任务，坚持一手抓方案制订，一手抓任务推进，构建全程跟进、全程负责、一抓到底的改革工作机制。对接落实农村产权专项改革方案，制定年度重大任务清单28项，明确责任分工、落实责任主体。按照任务要求和时间节点，精心安排、加快推进，确保如期完成各项任务。

（三）严格督导问责抓落实

成立专项督导组每月开展进度督导，督促行业部门、乡（镇、街道）细化目标任务，建立工作台账，着力抓好问题整改和任务落实。同时，建立追责问责制度，对农村改革任务落实不力的予以通报，对造成严重影响的严肃追责。

二、坚持重点突破，提高改革效率

（一）集体产权制度改革深入推进

全县按照“优化资源配置、提升发展质量、增强服务能力、提高治理效能”要求，坚持因地制宜、尊重民意，实现村级建制调整改革工作平稳过渡。强化组织、制度、资金三保障，确保工作有序推进，严格实施清产核资、成员认定、赋码登记、权证颁发程序，全面完成农村集体产权制度改革。全县共清理核实农村集体资产30.55亿元，认定集体经济组织成员73.29万人，量化经营性资产6078.93万元，顺利完成340个行政村（社区）集体经济组织登记赋码。

（二）农村集体经济持续壮大

始终把发展壮大村级集体经济作为发挥农村基层党组织领导作用的重要举措，充分利用现有资源，出台了《营山县扶持村级集体经济发展专项资金管理办法（暂行）》（营委组〔2021〕21号）和《营山县发展壮大村级集体经济考核奖励实施办法（试行）》，为充分调动村集体经济组织成员发展壮大村集体经济的积极性、主动性、创造性，推动村集体经济持续健康发展。通过政策项目扶持、党员能人带动等举措，增强经济薄弱村“造血”功能，为村级集体经济发展注入“源头活水”，促进集体资源资产保值增值，实现了所有行政村从“输血式”向“造血式”发展的转变。强化产权制度改革成果运用，采取“支部+”模式发展“资源开发型、项目带动型、股份合作型、资产经营型”集体经济，全面消除“空壳村”，实现340个行政村“村村有收入”目标。

（三）土地确权和流转逐步完善

印发了《营山县关于加快完成农村土地承包经营权证确权颁证收尾工作的通知》《营山县关于进一步规范农村土地流转管理的通知》，认真开展核实纠错，顺利实现全县农村土地确权颁证率达99%以上。同时，规范实施农村土地流转申请、登记、备案、公证各项程序、大力宣传政策法规，增强调解仲裁能力和队伍建设，全县规范流转土地34.3万亩，促进农村经济发展和维护农村社会稳定。

三、坚持示范带动，增强改革动力

（一）培育新型农业经营主体带动力

营山县是农民合作社高质量发展规范提升示范县之一，在改革中坚持分类施策，通过打造区域合作联盟成立联合社、培育壮大单体农民合作社、创新“融资模式”探索农民合作社互助金融、深化科技资金进乡村等多项改革举措，有力推动了全县农民合作社高质量发展。全县注册登记农业龙头企业183家、农民专业合作社1056家、家庭农场734家。建成省、市重点农业龙头企业20家，国家级示范社5家、省级示范社24家、市级示范社67家、县级示范社204家，省级家庭示范场20家、市级示范场61家、县级示范场144家，通过对新型农业经营主体的培育与发展，带动全县农业高效发展、12.5万余户农户致富增收。

（二）推广社会化服务激活力

按照“覆盖全程、综合配套、能力提升”的要求，出台《关于支持新型农业经营主体开展农业社会化服务的指导意见》，全面推广农业社会化服务，提升农业生产组织化程度和社会化服务能力，充分激发农村市场活力。利用农业生产社会化服务项目支持小农户、种粮大户、家庭农场、农民合作社等经营主体，开展粮食、经果林等产业统防统治、机收等服务面积5.5万亩，推进全县农业集约化、标准化、规模化发展。

（三）乡村振兴示范创建出经验

深入实施乡村振兴战略，投入乡村振兴衔接资金3.75亿元用于乡村振兴建设。目前，回龙镇、清水乡成功创建为市级先进乡（镇）；渌井镇兴云村、黄渡镇兰武村、新店镇千坵村、回龙镇龙坝村等9个村成功创建为省级示范村；回龙镇龙骨村、东升镇朝阳村、渌井镇南桥社区等13个村（社区）成功创建为市级示范村。人居环境整治工作完成农村“厕所革命”示范村建设整村推进63个；建成户用无害化厕所2.1万户，农村户用无害化厕所普及率46.2%。

四、坚持主动作为，规范审批管理

自机构改革以来，宅基地审批以规范管理为主攻方向，以队伍建设为突破口，建立健全县、乡、村三级农村宅基地审批管理机构，构建农民建房新机制，实现农村宅基地审批管理从“管到”到“管住”再到“管好”，推进美丽家园建设，助力乡村振兴。全县共受理农村宅基地申请3468宗，审批宅基地3356宗，批准宅基地面积3 430 225平方米，依法查处违法行为3件。

（一）完善政策体系，规范运行机制

出台了《关于规范农村宅基地审批管理工作的通知》《农村宅基地管理工作联席会议制度》等文件，确保农村宅基地审批管理工作的连续性和稳定性。

（二）建立健全机构，规范管理体系

建立健全县、乡、村三级将农村宅基地审批管理机构，建立农村宅基地管理队伍，确保农村宅基地审批管理工作有人干、责任有人负。

（三）创新审批机制，规范审批程序

一是建立审批管理制度，采取“六个统一”工作举措，规范农村宅基地审批管理。二是建立联审审批制度，建立统一对外受理、多部门联动运行的农村宅基地用地建房联审联办窗口和相应的联审联办制度，推行“一站式”服务制度。三是建立“五公开、两公示、四到场制度”，着力打通农村宅基地审批管理工作“最后一公里”。

（四）探索创新模式，盘活“闲置资源”

积极探索“流转+休闲旅游”“流转+产业融合”“农户+村集体”“业主+农户”合作模式，着力盘活农村闲置宅基地和闲置住宅，助力乡村振兴发展。目前，全县盘活闲置农房和闲置宅基地1358宗。

提升村庄颜值气质　打造美丽宜居汉源

中共汉源县委　汉源县人民政府

汉源县位于雅安市西南部，地处攀西阳光之旅的门户地带，气候独特、资源丰富，辖21个乡(镇)108个村15个社区，总人口28.5万人，其中农业人口16.3万人，素有“中国花椒之乡”“中国甜樱桃之乡”“攀西阳光第一城”“西部花果第一县”的美誉，先后获得“国家农业综合标准化示范县”“全国农作物病虫害绿色防控示范县”“全国电子商务进农村综合示范县和全省‘三农’工作先进县”“农民增收先进县”“现代农业重点县”“县域经济发展先进县”“农村改革工作先进县”等称号。2021年，汉源县以建设“阳光康养城、宜居新汉源”为目标，聚焦“四沿”整治、探索“三三”模式，大力实施村庄清洁行动，村容村貌极大改善，村民卫生素养明显提升，被表彰为“全国村庄清洁行动先进县”。

一、推进“三大革命”，靶向攻坚堵点难点

(一)全域推进“垃圾革命”

成立县委书记、县长为组长的农村人居环境整治领导小组，下设村庄清洁行动、城乡环境整治提升、督查考核考评等5个专项工作组；制订印发农村人居环境整治、村庄清洁行动等专项工作实施方案，明确具体职责、细化任务分工、压紧压实责任。聚力沿大渡河、沿干道公路、沿产业环线、沿聚居点“四沿”主要区域，以“三清三整两提升”为主要内容，集中人力、物力、财力改旧貌换新颜。组织干部、党员、群众广泛开展周五大扫除、志愿者“红袖章在行动”等活动1260余次，通过开展“干部包干”“党建引领”“春季、夏季、秋冬战役”等专项行动激发群众参与村庄清洁行动内生动力。全面推广垃圾分类“高岗模式”，采取“政府拿一点、群众交一点、社会筹一点、集体补一点”筹集资金，加大分类垃圾桶、转运车投入力度，结合山区实际推行农户第一次干湿“两分法”和专职保洁员第二次可回收、有害和其他“三分法”，定时定点定类集中收集，进一步完善农村垃圾户分类、村收集、乡(镇)运转、县处理体系建设，全覆盖建设垃圾收运网络和阳光堆肥再生资源回收利用网点283个，配齐123个村(社区)、962个村(居)民小组保洁员1987人，发放垃圾分类桶20 000余个，实现农村生活垃圾有效处理率达96%以上。

(二)分类推进“厕所革命”

印发《汉源县农村“厕所革命”实施方案》，明确改厕内容、改厕样式、补助标准和建设验收程序，发放户用卫生厕所和公共厕所建设设计图集，提供建设参考、技术标准，强化工作指导。针对户用卫生厕所，坚持“宜水则水、宜旱则旱”，坚决不搞“一刀切”，从县情实际出发，有针对性地指导中高山和平坝河谷乡(镇)因地制宜选择适宜技术模式，“一户一策”推进户用卫生厕所建设，明确在不超过2000元补助的前提下，将工程造价补助比例由50%提高为100%。鼓励农户新建“三格式”化粪池，实现厕所粪污无害化处理和畜禽粪污资源化利用，全县农村户用卫生厕所普及率达94%以上。针对农村公共厕所，建立汉源县农村公厕运行管护机制，按照“辖区乡(镇)牵头管、村民委员会具体管、聘请专职人员直接干”的工作思路，实现全县农村公厕运行管护有保洁、有维护和粪污清运，做到厕所粪污资源化利用，在条件适宜的地方接入污水管网集中处理。

(三)分区推进“污水革命”

科学编制《雅安市汉源县农村生活污水治理专项规划(2018—2030)》，出台《汉源县农村生活污水治理“千村示范工程”实施方案》，明确任务目标，细化工作举措。县财政局、发改局、自然资源和规划局、生态环境局等部门各司其职，加强农村生活污水处理项目的编制、建设和指导，统筹整合各类资金6000余万元，根据农村生活污水资源化利用率高的特点，选择低能耗、运维成本低的污水处理模式，分区域、分重点，因地制宜采取接入管网、新建微动力小型处理站和一体化处理设施等方式有效提高全县污水处理覆盖率。针对中高山区域海拔高、气候恶劣和季节性缺水实际，分片区建设化粪池、沼气池、人工湿地池等农村生活污水处理设施，达到分散处理、有效还田；针对全县农业种植业发展较好的优势，大力推广农村生活污水资源化利用；全县农村污水有效处理率达74%以上。

二、突出“三个引领”，广泛推动全民参与

(一)突出制度引领

县级层面，完善县级生活垃圾、生活污水处理设施管理运行和农村公共厕所管理维护等指导意见和办法，严格制度执行，确保制度权威。常态化落实农村人居环境整治村庄清洁行动“周督导、旬通报、月评比”制度，每月至少开展一次全覆盖巡察，对存在问题、整改情况进行通报，严格落实奖惩。乡(镇)层面，结合农村基层治理，推广中高山少数民族地区环境治理村规民约经验，建立垃圾清运日产日清、自家房前屋后卫生“三包”、公共卫生区域义务清扫“三项

公约”，明确村民维护村庄环境的责任义务，通过制度固化整治效果。村级层面，坚持政府“软要求”与村规“硬约束”相结合，完善“村‘两委’+自管委+议事制度+公示公开”自治机制，落实门前“三包”、村规民约、院落公约等规定，强化制度约束。

（二）突出党员引领

坚持党建引领农村人居环境整治提升，按照“支部引领+党员带头+志愿服务+群众参与”的思路，充分发挥党员干部先锋模范作用和群众主体作用。落实党员干部联系整治责任，县、乡、村三级党员干部化身“宣传员”，村一级坚持进村入户，将宣传农村人居环境整治行动与“我为群众办实事”“科技下乡”等工作相结合，深入宣传农村人居环境整治提升的意义，全面调动群众参与农村人居环境整治提升的积极性、自觉性、主动性，营造“人人关注、人人参与、人人监督”的良好工作氛围，累计发出倡议书70 000余份，动员全县13万余名群众参与农村人居环境整治。

（三）突出示范引领

固化新冠肺炎疫情防控期间基层治理的好经验、好做法，实行网格化管理，将全县划分为113个清洁责任区，由113家机关、企事业单位“包干负责”，10 000余名机关党员干部“入网进群”，确保责任落实到人。成立196支党员先锋队、123支党员督查队、800余支志愿服务队、192名驻村工作队员与广大群众通力协作，每周开展一次“村庄清洁日”行动，分片区对重点区域、关键节点和卫生死角等进行深入整治，形成干部带头干、党员示范干、群众主动干的良好局面，累计清理生活垃圾919吨，清理河流沟渠93千米。

三、健全“三项机制”，着力保障常态长效

（一）完善投入保障机制

积极向中央、省、市争取农村人居环境整治、粪污资源化利用、“厕所革命”整村推进等项目资金，多渠道整合县级相关资金，全部用于农村人居环境整治，确保农村整体风貌提升、人居环境改善、基础设施变好有充裕的财力支撑。依托汉源电视台、“大美汉源”等平台，开辟农村人居环境整治提升专题、专栏，及时推送农村人居环境整治提升宣传片和先进典型事迹，引领全县上下做到思想上“不落后”、行动上“不掉队”。氛围营造方面，累计悬挂标语横幅525幅，推送农村人居环境整治提升信息90 000余条，发放宣传资料60 000余份，相关经验做法在中国新闻网刊载2篇、《雅安日报》刊载4篇。

（二）健全激励奖扶机制

以“扫干净、摆整齐、有归栏、成习惯”为标准，县农业农村局联合县文明办以村为单位开展清洁家庭“互访”“比武”活动，实施“清洁家庭”创建和“洁美家庭示范户”评选，同步推广农村“爱心超市”开设垃圾分类积分榜做法，通过评分兑换爱心超市物资，鼓励和引导村民实施垃圾分类，落实举报奖励机制，对举报和制止焚烧秸秆、乱排乱倒等行为进行奖励，每季度评选示范户2000户，统一制作“光荣牌”并向每户发放奖励金100元，累计评选清洁家庭8000余户，发放奖励资金90万余元。

（三）健全网格监督机制

将农村人居环境整治监督纳入城乡基层治理网格，在全县实行网格化监督管理，实行“县级主管部门—乡（镇）—村—组—网”的监管模式，由网格员负责各自网格整治情况排查监督，实现“纵到底、横到边”不漏死角、不留盲区的监督，并制定问题和整改清单，督促整治工作开展，倒逼任务落地落实。同时，以123支党员督查队为明访、暗访督查主体，采取不打招呼、只看短板的督查方式，以“三清三整两提升”为重点，深入重点领域、关键节点和卫生死角进行督查，坚持以督促改，精准发力促监督见实效；对检查中发现的问题，及时交办，提出要求，督促责任单位立行立改，形成“网格整治—巡查督察—销号整改—定期通报”的“闭环式”整治模式，累计发出通报5期。

资阳市发展现代农业　助力乡村振兴

资阳市农业农村局

一、农业农村发展现状

资阳市是典型的川中丘区农业大市，乡村人口多、农业占比高。截至2021年年底，全市乡村人口257.7万人，占总人口的76%，其中乡村劳动力人口156.2万人；三调耕地面积362.6万亩，人均耕地面积1.4亩，位于25度以下坡度的耕地面积占全市耕地面积的99.4%。2021年，全市第一产业增加值173.3亿元，排全省第17位，占GDP的比重为19.5%，高于全省9个百分点，占比全省第4高。农村居民年人均可支配收入21 023元，居全省第6位，分别高于全国、全省2092元、3448元，分别低于成都市、德阳市、眉山市8103元、835元、748元。

（一）主要农产品供给稳定

全市粮食作物播种面积和产量均在全省处于中上水平，生猪产能保持稳定，蔬菜播种面积和产量均居全省中间位置，常年向成都、重庆供应30万吨，3个县（区）均属粮油产业大县、生猪调出大县。2021年，全市粮食作物播种面积504.2万亩、产量168.1万吨，分别居全省第9位、12位。油料作物播种面积150.4万亩、产量28万吨，分别居全省第6位、5位。全市生猪存栏185.5万头、出栏274.88万头，均居全省第12位。有生猪屠宰企业56家，年生猪屠宰加工能力150万头；有饲料加工企业3家，年加工产量30万吨。全市蔬菜种植面积93.4万亩、总产量172.6万吨，分别居全省第14位、13位。水产品总产量达7.6万吨，居全省第11位（主要农产品供给情况见表1所列）。

（二）特色产业集聚发展

全市已经形成"一县一特"的发展格局。柠檬产业形成以安岳为核心的集聚区，2021年，全市柠檬种植面积48万亩，占全国总量的69.7%；产量53万吨，占全国的69.3%，均排名全国第一位，获得"中国柠檬之乡"称号；有柠檬加工企业561家（其中龙头加工企业28家），年加工能力30万吨。"雁江蜜柑"等柑橘集聚品牌形成，种植面积27万亩，居全省县（区）第5位；产量21.23万吨，居全省县（区）第4位，2019年获得"中国早熟蜜柑之乡"称号。2021年，乐至蚕桑种植面积13.6万亩，产茧量0.46万吨，居全省县（区）第4位，是国家级蚕桑标准化生产示范区、四川优质蚕茧基地县；产业链条健全，白僵蚕被纳入《中国药典》（全市2021年"一县一特"产业发展情况见表2所列）。

（三）农业平台提质增效

园区方面，建成国家级现代农业产业园2个（安岳国家现代农业示范区、乐至国家农村产业融合示范园）、省级现代农业园区7个（其中省四星级园区2个、省级培育园区5个），培育认定市级现代农业园区11个、县级现代农业园区15个。品牌方面，"资味"农业公用品牌加快培育，新注册农产品商标189件，申报和续展绿色食品12个、有机食品17个，新获得国家地理标志证明商标4个（累计12个），培育专精特新企业11家。"安岳柠檬"品牌价值190.64亿元，在农产品区域公用品牌价值排名中位列四川省第2位。主体方面，培育市级以上农业产业化龙头企业63家，其中省级18家、国家级2家；登记注册农民合作社3303家，平均1个村有3家合作社、4个社区有1家以上合作社；全年共登记注册家庭农场4643家，其中雁江区、安岳县、乐至县分别有1522家、1855家、1266家。

（四）美丽乡村加快建设

基础设施不断改善，农村公路总里程11 545千米，建制村100%通硬化路、通客运车，30户以上自然村通硬化路率达67.9%。有效灌溉面积174万亩，占耕地面积的48%。农村人口饮水安全问题得到解决，毗河一期工程通水投用，毗河二期工程前期工作加快推进。全市所有行政村实现通4G网络，农村燃气实现村村通。生态环境更加优良，农村生活污水得到有效治理的行政村694个，占72%。行政村生活垃圾收转运处置体系覆盖率97%以上，农药包装废弃物处置回收率72.3%，废旧农膜回收利用率80%，畜禽粪污综合利用率92.87%，秸秆资源化利用率92%以上，卫生厕所普及率90.8%。脱贫质量持续提升，2020年年底实现325个贫困村（村建制调整后为262个）全部退出、23.6万名贫困人口全部脱贫，脱贫攻坚战取得全面胜利，全市贫困人口人均纯收入从2013年的2435元增加到2021年的12 264元，年均增长22.8%。

表1　2021年资阳市主要农产品供给情况

	粮食	油料	生猪	山羊	蔬菜	水产
面积	504.2万亩	150.4万亩	—	—	93.4万亩	12.5万亩
排位	9	6	—	—	14	13
产量	168.1万吨	28.0万吨	274.9万头	130.0万只	172.6万吨	7.6万吨
排位	12	5	12	3	13	11

表2　2021年资阳市"一县一特"产业发展情况

—	基地面积	排位	产量	排位
安岳柠檬	48.0万亩	1	53.00万吨	1
雁江柑橘	27.0万亩	5	21.23万吨	4
乐至蚕桑	13.6万亩	4	0.46万吨	4

（五）农村综合改革取得实效

深化农村产权制度改革，全面完成农村产权确权，核定全市农村集体资产总额20.5亿元，确认集体经济组织成员293万个，量化资产总额9亿余元，完成1209个村集体经济组织赋码。累计实现771宗各类农村产权交易，完成交易额8.79亿元。推进农村宅基地制度改革，落实宅基地“三权分置”，创新“按人确定、按户实现、进退有序”的资格权保障机制，健全完善宅基地管理体系，探索盘活宅基地资源“四种模式”，11个先行试点村共流转闲置农房194处，首批农村集体经营性建设用地挂牌入市。探索丘区农业共营制，引导1200余户入股组建11个土地股份合作社，建立“1+8”农业综合服务体系（技术咨询、劳务服务、农机服务、农资配送、专业育秧、病虫防治、田间运输、代烘代储），构建土地股份合作社+农业职业经理人+农业综合服务“三位一体”的新型农业经营体系。搭建“农贷通”农村金融服务平台，整合“银政保担企”各方资源，构建“2+1+7”农村金融服务模式，建立线上线下服务体系，建成农村产权流转交易、农村产权价值评估、“三农”发展融资服务等7个支撑体系。建立乡村振兴农业产业发展贷款风险补偿金3800余万元，累计发放贷款13亿元。

二、发展优势

随着中央、省成渝地区双城经济圈系列规划的出台和中央、省重大试点示范项目的实施，资阳市发展优势和潜力越来越明显。一是乡村产业发展被纳入成渝地区双城经济圈规划布局。《成渝地区双城经济圈建设规划纲要》提出，建设成渝现代高效特色农业带，支持川渝平坝和浅丘地区建设国家优质粮油保障基地，打造国家重要的生猪生产基地、渝遂绵优质蔬菜生产带、优质道地中药材产业带、长江上游柑橘产业带和安岳、潼南柠檬产区，推进特色农产品精深加工，发展都市农业，共建国家农业高新技术产业示范区，大力拓展农产品市场。资阳市位于优质粮油、生猪生产、长江上游柑橘产业带、安岳潼南柠檬产区核心区。二是乡村产业合作被纳入成渝高效特色农业带规划布局。《成渝现代高效特色农业带》提出，构建“一轴三带四区”空间格局。资阳市与遂宁市、内江市、重庆市潼南区、重庆市大足区、重庆市荣昌区5市（区）位于成渝主轴现代高效特色农业一体化发展示范区。三是乡村产业规划与成德眉资及全省协同布局。全市推进“十四五”农业农村现代规划，推进粮油、生猪、蔬菜、柠檬、柑橘、蚕桑等6个优势特色产业发展，逐步补齐现代种业、现代农业装备、现代烘干冷链物流等产业发展支撑，加快构建现代农业“6+3”产业体系。《成德眉资都市现代高效特色农业示范区总体规划（2021—2025年）》将资阳市3个县（区）纳入成渝优质高产高效粮油保障基地、优质商品猪战略保障基地和天府优质畜禽保障基地、生态渔业产业集群规划布局；雁江区、乐至县同时被纳入成渝绿色优质蔬菜产业带规划布局，其余每个产业布局均有一个县被纳入。《四川省“十四五”推进农业农村现代化规划》将资阳市3县（区）纳入川鱼、川牛羊（禽兔蜂饲草）、川果（蚕桑）、川菜、川猪、川粮油等六大优势产业规划布局。四是各类中央、省试点示范项目不断实施。近年来，资阳市实施全国3个、西部唯一的宅基地制度改革试点市项目1个；国家现代农业产业园项目1个，中央资金支持1亿元；实施国家农村产业融合发展示范园项目1个，获得地方专项债等金融支持达10亿元以上；实施产业强镇项目4个，获得中央资金支持4000万元；省级相继安排川渝毗邻区合作园区试点1个、成德眉资都市现代农业园区1个、省星级现代农业园区2个、“以粮为主、粮经统筹”示范县1个等试点示范项目，大力支持资阳农业现代化和现代农业产业高质量发展。

三、典型案例

（一）农村宅基地制度改革激发乡村发展活力

资阳市以纳入全国农村宅基地制度改革整市试点为契机，以农村宅基地“三权分置”改革为主轴，以探索宅基地“赋权、赋能、赋值”为着力点，稳妥盘活农村宅基地等资产资源，积极探索农村新型集体经济发展路径，引领推动农村产业转型升级、农民群众增收致富。一是落实“三权分置”，“赋权”激活资产属性。厘清农村宅基地所有权、资格权、使用权的关系，探索建立系列制度，构建所有权能行使、资格权有保障、使用权可放活的农村宅基地“三权分置”体系，开展“三权同确”“三证同颁”，破解农村宅基地权属关系不清难题。二是健全盘活机制，“赋能”畅通激活渠道。通过建立流转体系、探索自愿有偿退出、推进经营性用地入市、推动超占有偿使用等，探索宅基地等农村资产资源盘活的有效途径，打破城乡资源双向流动障碍，逐步构建退出使用有序、集体农民受益、农村产业升级的农村宅基地等资产资源盘活格局。11个先行试点村共流转闲置农房194宗、2.5万平方米，户均增收4000元左右。三是创新发展模式，“赋值”壮大集体经济。发挥农村集体经济组织和村民自治作用，盘活闲置资源发展农村新产业新业态，破解农村宅基地及房屋价值显化难题。推动监督管理职能下放、关口前移、力量整合，夯实构建农村建管规范、乡村风貌提升、社会治理高效的农村宅基地管理制度。

（二）以粮为主粮经统筹促进安岳柠檬高质量发展

安岳县抢抓全省农村综合改革试验区和“以粮为主、粮经统筹”示范县建设机遇，以保障粮食安全为底线，以农业增效、农民增收为目标，以农业种植园地优化改造为抓手，创新推广“三种模式”，通过低产改造提升、粮经复合种植等方式优化产业结构，推进安岳柠檬高质量发展，探索丘区园地整治、粮经统筹、农业共营的乡村产业振兴新路子。一是柠檬上坡实现“果转粮”。坚持“良田粮用”，着力解决农业种植园地与粮食生产“争地”矛盾，采取“坡台地柠檬+平坝地粮油”方式，推动柠檬还田上坡，实现粮经统筹协同发展。完成种植园地改造2万亩、柠檬上坡1.5万亩，转为种粮的良田2万亩。二是挖掘空间实现“果加粮”。因地制宜采取“幼林园地扩种粮食、升级改造间作粮食、落叶园错季种粮”三种方式，充分挖掘园地种粮潜力空间，在未挂果的幼林园地内间种粮食；适度改造老旧园地，实施“高厢柠檬+低厢粮油”“128”(一条路、两行树、八成粮）等模式，即小春在行间增种一季小麦、豌（胡）豆、蔬菜等作物，大春增种一季大豆；对果园、藤椒等落叶园地利用经济作物和粮食作物生产时间差，适时增种一季粮食。“果加粮”模式增加粮食播种面积1.2万亩。三是腾退低效园实现“果还粮”。将低质低效失管、品种市场前景差的园地通过政府引导、集体经济组织收回等方式腾退还田并种粮，“果还粮”面积达3.9万亩。

（三）发展稻田综合种养，打造丘区“鱼米之乡”

雁江区丹山镇高标准建设稻渔现代农业园区，打造丘区“鱼米之乡”。2022年，粮油作物播种面积超过20万亩，建成稻渔、稻虾综合种养园区2.2万亩。一是创新投入机制，多渠道引资建设稻渔园区。建立政府主导、村集体经济组织和社会资本共同参与投入机制，整合高标准农田建设等各类涉农项目资金近3亿元，设立风险补偿基金2000万元，撬动社会资本8亿元投入园区建设，建成园区产业路45千米、灌溉管网和渠系约50千米、稻渔综合种养宜机化示范核心区1万亩，引导8个村集体经济组织产业发展。二是做强科技支撑，推动稻渔产业提质增效。与省农科院、上海海洋大学等科研机构合作，大力推广机械化、智能化现代农业生产技术，推行稻渔、稻虾综合种养模式，建设农产品加工中心，逐步实现从卖产品到卖商品转换。水稻良种覆盖率达100%，水肥药一体化、物联网等先进技术推广覆盖率达98.34%，“濛溪大米”产品品牌获得农业农村部绿色认证。三是抓实改革创新，推动稻渔产业持续健康发展。积极探索稻渔园区建设和运营模式，创新园区建设管理机制、农业社会化服务模式、与小农户利益联结机制，推动稻渔产业持续健康发展，带动农户增收致富。解决长期就业岗位500余个，提供临时用工、季节性用工岗位3000个，园区内农民年人均增收2300余元(2021年全市主要指标情况见表3所列）。

表3　2021年资阳市主要指标情况表

指标	单位	2021年
一、耕地面积	万亩	362.0000
其中：高标准农田面积	万亩	213.6500
二、农作物总播种面积	万亩	810.0000
1.粮食作物	万亩	504.2000
2.经济作物	万亩	198.7300
三、种植业	—	—
（一）粮油作物	—	—
1.粮食作物产量	万吨	168.1000
2.油料作物产量	万吨	28.0000
（二）经济作物	—	—
1.园林水果产量	吨	75.4300
2.蔬菜及食用菌产量	吨	174.4300

续表1

指标	单位	2021年
四、畜牧业	—	—
(一)生猪	—	—
1.出栏数	万头	274.8761
2.年末存栏数	万头	182.0152
3.猪肉产量	吨	20.1229
(二)禽蛋产量	吨	8.8072
五、水产养殖业	—	—
(一)水产品总产量	吨	76 612.0000
六、农民可支配收入	元/人	21 023.0000
(一)经营性净收入	元/人	6980.0000
(二)财产性收入	元/人	701.0000
(三)工资性收入	元/人	7242.0000
(四)转移性收入	元/人	6100.0000
七、农机装备	—	—
(一)农机装备总动力	千瓦	186.8200
(二)主要农作物耕种收综合机械化率	%	57.7000
八、农田灌溉	—	—
(一)农田有效灌溉面积	万亩	256.5000
九、新型经营主体	—	—
(一)产业化龙头企业	个	63.0000
1.部级	个	2.0000
2.省级	个	18.0000
3.市级	个	43.0000
(二)农民专业合作社	个	3308.0000
(三)家庭农场	个	3134.0000

续表2

指标	单位	2021年
(五)农业专业化社会化服务组织	个	57.0000
十、农业规模经营	—	—
(一)多种形式土地适度规模经营占比	%	28.0000
(二)畜禽养殖规模化率	%	61.0000
(三)水产健康养殖面积比重	%	68.0000
十一、农产品质量安全	—	—
(一)“三品一标”	个	85.0000
十二、农业园区	—	—
(一)国家级	个	1.0000
(二)省级	个	2.0000
1.四星级	个	2.0000
(三)市级	个	11.0000
(四)县级	个	22.0000
十三、乡村产业	—	—
(一)农业产业强镇	个	6.0000
(二)农业产业化联合体	个	2.0000
(三)农产品仓储保鲜冷链设施	处	804.0000
(四)农产品仓储保鲜冷链设施仓储能力	吨	300 000.0000
十四、农村基础设施建设	—	—
(一)农村自来水普及率	%	80.0000
(二)农村卫生厕所普及率	%	90.8000
(三)农村生活污水治理率	%	72.0000
(四)农村生活垃圾收运处置体系覆盖行政村比例	%	98.0000
(五)行政村公路通达率	%	100.0000

附录
FULU
SICHUAN

新任（变动）省级领导

黄强，男，汉族，1963年4月生，浙江东阳人，1985年6月加入中国共产党，1983年7月参加工作，西北工业大学管理科学与工程专业毕业，研究生学历，工学博士学位，研究员级高级工程师。1979年9月—1983年7月，在西北工业大学航空自动控制系航空电气工程专业学习。1983年7月—1987年9月，为航空工业部第603所十四室设计员。1987年9月—1990年3月，在西北工业大学航空自动控制系航空电气工程专业学习，获得工学硕士学位。1990年3月—1992年12月，任航空航天部西安飞机工业公司工程发展部特设系统设计室工程师、副组长、副主任。1992年12月—1994年10月，任航空航天部、航空工业总公司第603所特设系统设计室主任(期间1994年3月—1994年8月，在中国航空技术进出口深圳公司挂职锻炼)。1994年10月—2000年4月，任中国航空工业总公司第603所所长助理、副所长兼科技实业总公司总经理、常务副所长(期间1998年2月—1998年6月在西安外语国学院英语培训班学习；1999年3月—1999年7月，在中央党校地厅级干部进修班学习。2000年4月—2003年4月，任中国航空工业第一集团公司第603所所长。2003年4月—2003年6月，任中国航空工业第一集团公司第一飞机设计研究院筹备组组长。2003年6月—2005年6月，任中国航空工业第一集团公司第一飞机设计研究院院长、党委副书记兼上海飞机设计研究所所长。2005年6月—2006年1月，任中国航空工业第一集团公司第一飞机设计研究院院长、党委书记兼上海飞机设计研究所所长、党委书记。2006年1月—2008年6月，任国防科工委秘书长(期间2003年9月—2006年6月在西北工业大学管理学院管理科学与工程专业在职研究生学习，获得工学博士学位；2007年3月—2008年1月在中央党校一年制中青年干部培训班学习)。2008年6月—2014年1月，任国家国防科技工业局副局长、党组成员。2014年1月—2017年3月，任甘肃省副省长、省政府党组成员。2017年3月—2018年5月，任甘肃省委常委，常务副省长、省政府党组副书记。2018年5月—2018年6月，任河南省委常委。2018年6月—2020年11月，任河南省委常委，常务副省长、省政府党组副书记。2020年11月—2020年12月，任四川省委副书记。2020年12月—2021年2月，任四川省委副书记，省政府副省长、代理省长、党组书记。2021年2月—，任四川省委副书记，省政府省长、党组书记。

表　彰

2021年中国美丽休闲乡村名单（四川省部分）

成都市简阳市平泉街道荷桥村
自贡市大安区团结镇朝天村
遂宁市安居区玉丰镇金鸡村
内江市威远县界牌镇桥凼村
达州市大竹县庙坝镇寨峰村
乐山市市中区悦来镇荔枝湾村
广安市岳池县顾县镇羊山湖村
眉山市青神县青竹街道兰沟村
泸州市纳溪区护国镇梅岭村
宜宾市筠连县腾达镇春风村
广元市苍溪县黄猫垭镇高台村
德阳市绵竹市清平镇盐井村

第二批全国乡村治理示范村镇名单（四川省部分）

一、第二批全国乡村治理示范乡镇名单

成都市大邑县邮江镇
自贡市大安区何市镇
攀枝花市米易县撒莲镇
乐山市井研县集益镇
宜宾市翠屏区李庄镇
巴中市恩阳区下八庙镇

二、第二批全国乡村治理示范村名单

成都市天府新区太平街道桃源村
成都市新都区新繁街道汪家村
成都市新津区兴义镇张河村
成都市蒲江县成佳镇麟凤村
自贡市沿滩区沿滩镇詹井村
自贡市荣县来牟镇一洞桥村
自贡市富顺县狮市镇马安村
泸州市纳溪区天仙镇清凉村
泸州市泸县喻寺镇谭坝村
泸州市古蔺县永乐街道麻柳滩村
德阳市旌阳区德新镇五星村
德阳市罗江区鄢家镇星光村
德阳市什邡市雍城街道箭台村
绵阳市游仙区魏城镇铁炉村
绵阳市安州区塔水镇七里村
绵阳市盐亭县富驿镇雄关村
广元市利州区白朝乡月坝村
广元市旺苍县东河镇南凤村
广元市青川县青溪镇阴平村
遂宁市蓬溪县常乐镇拱市村
遂宁市大英县蓬莱镇吊脚楼村
遂宁市射洪市沱牌镇龙泉村
内江市市中区朝阳镇黄桷桥村
内江市威远县向义镇水口村
内江市隆昌市普润镇印坝村
乐山市市中区悦来镇荔枝湾村
乐山市沙湾区踏水镇柏林村
乐山市峨边彝族自治县新林镇茗新村
南充市营山县黄渡镇兰武村
南充市蓬安县兴旺镇三青沟村
南充市仪陇县赛金镇芝兰坝村
宜宾市翠屏区李庄镇安石村
宜宾市叙州区柏溪街道喜龙村
宜宾市高县来复镇大屋村
广安市前锋区虎城镇水口村
广安市岳池县白庙镇郑家村
广安市华蓥市禄市镇凉水井村
达州市通川区磐石镇谭家沟村
达州市宣汉县三墩土家族乡大窝村
达州市大竹县团坝镇农华村
巴中市巴州区大和乡界牌村
巴中市通江县沙溪镇王坪村
巴中市南江县赤溪镇西厢村
雅安市汉源县清溪镇同心村
雅安市石棉县安顺场镇安顺村
雅安市芦山县飞仙关镇凤禾村
眉山市彭山区黄丰镇团结村
眉山市丹棱县仁美镇桂香村
眉山市青神县青竹街道兰沟村
资阳市雁江区丹山镇大佛村
资阳市安岳县兴隆镇金龙村
阿坝藏族羌族自治州马尔康市马尔康镇西索村
阿坝藏族羌族自治州松潘县川主寺镇八十沟村
阿坝藏族羌族自治州红原县瓦切镇日干村
甘孜藏族自治州康定市姑咱镇若吉村
甘孜藏族自治州九龙县魁多镇里伍村
甘孜藏族自治州乡城县青德镇仲德村
凉山彝族自治州宁南县宁远镇梓油村
凉山彝族自治州冕宁县复兴镇建设村

第三批全国乡村旅游重点村名单（四川省部分）

成都市邛崃市平乐镇花楸村
乐山市金口河区永和镇胜利村
宜宾市翠屏区李庄镇高桥村
广安市岳池县白庙镇郑家村
雅安市石棉县安顺场镇安顺村
眉山市青神县青竹街道兰沟村
阿坝藏族羌族自治州小金县四姑娘山镇长坪村

2021年全国村庄清洁行动先进县名单（四川省部分）

眉山市青神县
乐山市井研县
达州市万源市
雅安市汉源县
绵阳市梓潼县

2021年全国畜禽养殖标准化示范场名单（四川省部分）

一、生猪

盐亭新好农牧有限公司
四川傲农新泽希畜牧业有限公司
内江德康农牧有限公司（内江猪繁育基地）
邛崃巨星农牧有限公司（冉义种猪场）
绵竹牧原农牧有限公司（绵竹一场）
南充市高坪温氏畜牧有限公司（马家种猪场）
巴中市巴山牧业股份有限公司（青峪猪第二扩繁场）
四川自然天成农牧有限公司
会东御咖牧业科技有限公司
遂宁金翎农牧科技有限公司

二、山羊

四川天地羊生物工程有限责任公司（施家镇信义羊场）

三、蛋鸡

宜宾山勾勾农业科技有限公司（华清养殖场）

四、兔

四川金博恒邦农业科技有限公司

2021年国家农民合作社示范社名单（四川省部分）

农业农村类

南充市顺庆区菜篮农业果蔬专业合作社
成都方华园农业专业合作社
南充市高坪区盛世粮食种植专业合作社
蒲江县两河源果业专业合作社
南部县传弘蚕桑种养殖农民专业合作社
蒲江县众鑫柑柚专业合作社
蓬安县长梁乡绿洋种养农民专业合作社
成都市红珊瑚葡萄种植专业合作社
西充县双凤跳蹬河村兴旺种植农民专业合作社
简阳市和映林果苗木专业合作社
阆中市上水大米专业合作社
简阳市蜀丰种植专业合作社
眉山市好味稻水稻专业合作社
简阳市小湾村兴农文农机专业合作社
洪雅县瑞志种植专业合作社
荣县剑华谷物种植专业合作社
丹棱县果润水果专业合作社
荣县青青源水果种植专业合作社
青神县百家椪柑专业合作社
盐边县红桑果蚕桑专业合作社
宜宾市翠屏区雄强蔬菜种植专业合作社
盐边县火烧天种养殖专业合作社
宜宾市叙州区功益茶叶专业合作社
泸州市创铭园农业专业合作社
宜宾市叙州区桃花源种植专业合作社
泸州市纳溪区川龙茶叶专业合作社
兴文县九龙茶叶专业合作社
泸县梅氏农业种植专业合作社
广安市广安区伟峰杨梅专业合作社
合江县润泽果业专业合作社
岳池县安佛蜜柚专业合作社
德阳市旌阳区杨虎农机专业合作社
武胜县协丰桑蚕养殖专业合作社
德阳市罗江区蟠龙新型农民合作联合社
邻水县谭老太养殖专业合作社
什邡市黄田坝水稻专业合作社
达州市通川区连心精果林种植专业合作社
绵竹吉祥龙腾种植专业合作社
达州市达川区青包山种植专业合作社
绵阳市涪城区幸福兴新旺葡萄种植专业合作社
宣汉县丰收农机专业合作社
绵阳市鑫祥种养殖专业合作社
大竹县铭翔养殖专业合作社
三台县双乐乡百盛种植养殖农民专业合作社
渠县助民黄花农民专业合作社

盐亭县奇骏果树种植专业合作社
雅安市雨城区禾兴园蔬菜种植专业合作社
盐亭县鑫兴生猪养殖专业合作社
雅安市名山区蒙和源水果种植农民专业合作社
绵阳市安州区永福农机专业合作社
汉源县建黎花椒农民专业合作社
广元市昭化区义春中药材种植农民专业合作社
石棉县坪阳黄果柑专业合作社
广元市朝天区两河口惠农蔬菜专业合作社
宝兴县竣成天麻种植农民专业合作社
旺苍县英萃食用菌专业合作社
巴中市巴州区益民果蔬种植专业合作社
苍溪县佳龙水果专业合作社
南江县正泰金银花种植专业合作社
遂宁市安居区恒邦绿色生猪养殖专业合作社
平昌县农发茶叶专业合作社
蓬溪县远波农机专业合作社
巴中市恩阳区万寿养殖专业合作社
射洪市青岗山种植专业合作社
资阳市文兴水产养殖专业合作社
大英县三浩果蔬专业合作社
资阳市雁江区三聚雷水果种植专业合作社
内江市茂源柠檬专业合作社
安岳县金色柠都柠檬专业合作社联合社
威远县向家岭无花果种植农民专业合作社
九寨沟县鑫海种植专业合作社
资中县龙江镇光华水产养殖农民专业合作社
小金县利民蔬菜种植专业合作社
乐山市市中区山乡稻谷种植专业合作社
西昌市众辉种植养殖专业合作社
乐山市五通桥区佛手中药材专业合作社
盐源县雅砻江建林芒果专业合作社
乐山市金口河区大瓦山食用菌种植专业合作社
会理市金辉石榴专业合作社
井研县久盛源生态农业专业合作社
金阳天地精华青花椒白魔芋农民专业合作社
峨眉山市中旺养猪专业合作社

林草类

华蓥市洪泰种植专业合作社
荣县白岩石油茶种植专业合作社
宣汉县昌林中药材种植专业合作社
合江县智能水果专业合作社
南江县毛叶山桐子专业合作社
旺苍县显春核桃专业合作社
安岳县铁福林木专业合作社
隆昌市森艺油茶种植农民专业合作社
冕宁县元升油橄榄种植专业合作社
宜宾市叙州区联茂竹木种植专业合作社

供销类

犍为县团结柑桔专业合作社
成都市郫都区紫云桥蔬菜专业合作社
阆中市奉禄大米专业合作社
邛崃市春界果蔬专业合作社
仁寿县三农兔业养殖专业合作社
自贡市九洪蜀江特种水产养殖专业合作社
宜宾市叙州区揽胜种养殖专业合作社
攀枝花市贤芳种植养殖专业合作社
华蓥市农创养殖专业合作社
泸县稻香千里水稻专业合作社
达州市通川区清云河生态农业专业合作社
德阳市罗江区三麻子青花椒种植专业合作社
雅安市名山区超众苗木种植农民专业合作社
江油市地道附子种植专业合作社
汉源县山里红种植养殖专业合作社
青川县金川茶叶专业合作社
巴中市恩阳区何家坝葡萄种植专业合作社
蓬溪县明浩养羊专业合作社

第四批国家现代农业产业园名单（四川省部分）

四川省资中县现代农业产业园
四川省南江县现代农业产业园
四川省崇州市现代农业产业园

2021年第五批国家生态文明建设示范区名单

成都市锦江区、成都市武侯区、成都市青白江区、乐山市金口河区、眉山市青神县、雅安市天全县、巴中市通江县、阿坝藏族羌族自治州松潘县

2021年度四川省乡村振兴先进县(市、区)名单

广安市广安区、达州市达川区、富顺县、绵阳市安州区、井研县、宜宾市南溪区、眉山市彭山区、盐边县、绵竹市、成都市新津区、资阳市雁江区

2021年度四川省乡村振兴成效显著县(市、区)名单

阆中市、长宁县、三台县、西充县、渠县、资中县、兴文县、遂宁市安居区、夹江县、泸州市纳溪区、华蓥市、简阳市、荥经县、荣县、眉山市东坡区

2021年度四川省乡村振兴重点帮扶优秀县(市、区)名单

昭觉县、峨边彝族自治县、康定市、剑阁县、汶川县、万源市、甘孜县、黑水县、稻城县、金阳县

2021年度四川省乡村振兴先进乡镇名单

成都市(4个)

彭州市葛仙山镇、邛崃市平乐镇、崇州市白头镇、蒲江县成佳镇

自贡市(2个)

自流井区荣边镇、沿滩区黄市镇

攀枝花市(1个)

盐边县渔门镇

泸州市(3个)

龙马潭区特兴街道、泸县玉蟾街道、叙永县摩尼镇

德阳市(2个)

罗江区白马关镇、广汉市向阳镇

绵阳市(3个)

平武县平通羌族乡、北川羌族自治县曲山镇、盐亭县巨龙镇

广元市(3个)

昭化区元坝镇、旺苍县木门镇、青川县青溪镇

遂宁市(1个)

船山区河沙镇

内江市(2个)

东兴区田家镇、隆昌市胡家镇

乐山市(2个)

沙湾区太平镇、峨眉山市桂花桥镇

南充市(3个)

嘉陵区龙蟠镇、南部县东坝镇、营山县东升镇

宜宾市(3个)

翠屏区李庄镇、叙州区蕨溪镇、筠连县巡司镇

广安市(3个)

前锋区观阁镇、岳池县苟角镇、邻水县丰禾镇

达州市(3个)

通川区磐石镇、宣汉县南坝镇、开江县任市镇

巴中市(3个)

巴州区化成镇、恩阳区柳林镇、通江县广纳镇

雅安市(2个)

石棉县美罗镇、芦山县龙门镇

眉山市(2个)

仁寿县珠嘉镇、洪雅县止戈镇

资阳市(2个)

安岳县乾龙镇、乐至县东山镇

阿坝藏族羌族自治州(1个)

红原县安曲镇

甘孜藏族自治州(2个)

九龙县魁多镇、得荣县瓦卡镇

凉山彝族自治州(3个)

西昌市安宁镇、会东县铅锌镇、宁南县松新镇

2021年度四川省乡村振兴示范村名单

成都市(41个)

龙泉驿区:洪安镇红光村、山泉镇桃源村

青白江区:姚渡镇凉水村、弥牟镇狮子村

新都区:清流镇水梨村、军屯镇郭家村

温江区:万春镇鱼凫村、和盛镇玉河村

双流区:永安镇双坝村、彭镇岷江村、永兴街道南新村、新兴街道柏杨村

郫都区:唐昌镇平乐村、三道堰镇古城村

新津区:永商镇梨花村、宝墩镇龙马村

都江堰市:聚源镇三坝村、天马镇圣寿村

彭州市:敖平镇友谊村、丹景山镇新春村、龙门山镇龙源村

邛崃市:平乐镇关帝村、桑园镇向阳村、大同镇马湖村

崇州市:隆兴镇青桥村、廖家镇全兴村、元通镇聚源村

简阳市：青龙镇联合村、云龙镇红坝村、江源镇月湾村、禾丰镇丙灵村、芦葭镇仁里村、海螺镇互利村

金堂县：金龙镇谢杨坝村、云合镇天元村、五凤镇金箱村

大邑县：王泗镇尚河村、新场镇头堰村

蒲江县：西来镇铁牛村、朝阳湖镇仙阁村、甘溪镇箭塔村

自贡市(12个)

自流井区：仲权镇全胜村

贡井区：建设镇固胜村、桥头镇永顺村

大安区：新店镇何院村、新店镇共和村

沿滩区：沿滩镇人民村、永安镇刘山村

荣县：乐德镇天宫庙村、新桥镇赶场冲村、河口镇河坝湾村

富顺县：板桥镇柑竹湾村、代寺镇丰光村

攀枝花市(7个)

仁和区：布德镇中心村、仁和镇板桥村、中坝乡学房村

米易县：撒莲镇垭口村、白马镇高龙村、丙谷镇芭蕉箐村

盐边县：渔门镇双龙村

泸州市(19个)

江阳区：黄舣镇罗湾村、丹林镇建设村

龙马潭区：金龙镇曹坝村、胡市镇来寺村

纳溪区：天仙镇银罗村、上马镇黄桷坝村、白节镇竹海村

泸县：海潮镇小白村、嘉明镇护松村、云锦镇天台寺村

合江县：尧坝镇团结村、荔江镇甘雨村

叙永县：水尾镇广木村、合乐苗族乡方元村、摩尼镇联盟村

古蔺县：二郎镇文明村、永乐街道麻柳滩村、箭竹苗族乡前丰村、大村镇中乐村

德阳市(17个)

旌阳区：孝泉镇五会村、天元街道楠树村、天元街道新隆村

罗江区：新盛镇金龙村、鄢家镇星光村

广汉市：连山镇石梯村、高坪镇园龙村、南丰镇七玉村

什邡市：师古镇红豆村、南泉镇金桂村

绵竹市：清平镇棋盘村、麓棠镇玫瑰新村

中江县：东北镇觉慧村、集凤镇石垭子村、辑庆镇书房村、玉兴镇凡龙村、永太镇小桥村

绵阳市(35个)

涪城区：丰谷镇字库村、吴家镇戴家林村、青义镇小桥村、永兴镇银花湖村

游仙区：盐泉镇盐井村、信义镇福星村、小枧镇遇仙村、忠兴镇酒店村

安州区：河清镇金花村、雎水镇白河村、黄土镇芋河村

江油市：新安镇天岭村、小溪坝镇鲜花村、河口镇圣马村、大康镇陈塘关村、双河镇桂花村

梓潼县：长卿镇天星村、黎雅镇马安村、双板镇德胜村、金龙镇龙凤村

平武县：锁江羌族乡黄坪村、高村乡福寿村、豆叩羌族乡茶香村

北川羌族自治县：永昌镇高安村、通泉镇双紫村

三台县：乐安镇天马石村、古井镇凯江村、鲁班镇洞湾村、芦溪镇镇江村、景福镇向阳村、西平镇建林驿村

盐亭县：富驿镇雄关村、西陵镇麒麟村、永泰镇天和村、鹅溪镇长寿村

广元市(27个)

利州区：龙潭乡金鼓村、白朝乡白朝村、荣山镇中口村

昭化区：元坝镇拣银岩村、清水镇松梁村、虎跳镇南斗村、红岩镇坪林村

朝天区：羊木镇兰坝村、中子镇校场村、中子镇印坪村、朝天镇三滩村、沙河镇望云村

剑阁县：东宝镇双西村、木马镇井泉村、下寺镇峰垭村、鹤龄镇化林村

旺苍县：东河镇金石村、白水镇卢家坝村、嘉川镇新生村

青川县：姚渡镇汉道河村、乔庄镇孔溪社区、竹园镇河口村

苍溪县：陵江镇笋子沟村、黄猫垭镇黄猫垭社区、元坝镇中梁村、百利镇金陵村、白桥镇白桥社区

遂宁市(22个)

船山区：永兴镇新开村、河沙镇梓桐村、桂花镇桂鄢村、唐家乡万福村、新桥镇新羊村

安居区：中兴镇五香庙村、三家镇三门村、拦江镇五琅坝村、聚贤镇木桶井村、西眉镇双山村

射洪市：瞿河镇板板桥村、金华镇东山村、金家镇老鹤村、青岗镇文化村、太乙镇富强村

蓬溪县：文井镇梅垭村、群利镇印花村、红江镇部营村、高升乡莲枝村

大英县：隆盛镇青坪村、蓬莱镇福桥村、卓筒井镇东山村

内江市(22个)

市中区：全安镇花洞村、凌家镇牛角田村

东兴区：田家镇火花村、田家镇三元村、富溪镇田溪口村、石子镇七星村、永兴镇团山村

隆昌市：古湖街道大云村、响石镇黄龙村、界市镇蔡家寺村、普润镇黄荆村

资中县：银山镇双塘坊村、公民镇感应庵村、归德镇玉皇村、龙江镇全胜村、鱼溪镇红莲村、罗泉镇小桥村、马鞍镇驼柏树村

威远县：新店镇民富村、越溪镇青宁村、东联镇木瓜村、小河镇开元村

乐山市(22个)

市中区：青平镇八一村、大佛街道明月村、茅桥镇李家村

五通桥区：竹根镇翻身村

沙湾区：踏水镇蜜蜂村、沙湾镇三峨山村

金口河区：金河镇吉星村

峨眉山市:绥山镇荷叶村、双福镇安全村

犍为县:罗城镇铁岭村、寿保镇旺家村、舞雩镇熊马村

井研县:竹园镇高石坎村、集益镇雨台村、周坡镇石马村

夹江县:吴场镇三管村、新场镇团结村、华头镇辕门村

沐川县:富新镇新塘村

峨边彝族自治县:新林镇茗新村、宜坪乡草坪村

马边彝族自治县:下溪镇鱼仓山村

南充市(39个)

顺庆区:新复乡天生桥村、搬罾街道小河坝村

高坪区:走马镇姜家祠村、阙家镇溪头村、擦耳镇新拱桥村

嘉陵区:金宝镇槐树坝村、大通镇麻感坝村、李渡镇枣垭寺村、金凤镇滑石滩村

阆中市:博树回族乡团结村、江南街道千佛岩村、河溪街道茶房楼社区、洪山镇多宝村

南部县:升水镇临江坪村、万年镇金山村、永定镇杏垭村、南隆街道海会村、宏观乡岳坪村、碑院镇林坝村、铁佛塘镇贾家店村

西充县:凤鸣镇历古寺村、太平镇谢侯庙村、多扶镇桂花村、古楼镇桃博园村

仪陇县:铜鼓乡九龙山村、双胜镇金狮村、赛金镇郑家湾村、福临乡宝瓶村、土门镇文昌村

营山县:明德乡明渠村、青山镇青山社区、小桥镇老街村、黄渡镇坪上村、安化乡河口村

蓬安县:新园乡宽敞沟村、相如街道古楼沟村、金溪镇沈家坝村、徐家镇蓬池坝村、锦屏镇西门社区

宜宾市(30个)

翠屏区:金秋湖镇沉香村、白花镇白安村、宗场镇五粮液村、李端镇板栗村

南溪区:裴石镇中坝村、仙临镇两木村、刘家镇太平村、大观镇八角村、江南镇登高村

叙州区:樟海镇红荔村、樟海镇丰富村、蕨溪镇大坪村、柏溪街道新联村

江安县:夕佳山镇文武村、四面山镇天泉村、阳春镇金江村

长宁县:梅白镇联合村、长宁镇龙门村、双河镇合龙村、竹海镇大林村

高县:来复镇通书村、落润镇公益村

筠连县:筠连镇川丰村、沐爱镇楼枰村

珙县:珙泉镇鱼竹村、孝儿镇天堂村

兴文县:共乐镇东阳村、周家镇周家村

屏山县:大乘镇京坪村、屏山镇蒋坝村

广安市(28个)

广安区:石笋镇斜石村、石笋镇龙岩村、白马乡石河村、大安镇司马村、大龙镇自力村

前锋区:龙滩镇许家村、广兴镇寨坪村、虎城镇新风村

华蓥市:禄市镇月亮坡村、溪口镇袁家坝村、阳和镇祝家坝村

岳池县:苟角镇小麦山村、苟角镇水浮山村、顾县镇两会桥村、石垭镇云峰村、朝阳街道齐心村、坪滩镇低坑村

武胜县:飞龙镇卢山村、万隆镇飞来石村、中心镇锡壶沟村、龙女镇青岩村、胜利镇三叉沟村

邻水县:城北镇金垭村、城南镇芭蕉村、观音桥镇六合寨村、两河镇大桥村、观音桥镇白羊寺村、八耳镇新业寺村

达州市(30个)

通川区:北山镇铁佛村、梓桐镇渔河村、安云乡七河村、金石镇月岩村

达川区:双庙镇二东村、管村镇高寨村、杨柳街道两角村、赵家镇石垭村、万家镇三星村、金垭镇金山村、麻柳镇罗顶寨村

万源市:太平镇牛卯坪村、固军镇大地坪村、白沙镇青龙嘴村

宣汉县:普光镇大田村、君塘镇湾桥村、漆树土家族乡杉木村

开江县:回龙镇盘石村、永兴镇龙头桥村、甘棠镇龙井坝村

大竹县:庙坝镇寨峰社区、月华镇玉皇庙村、团坝镇五星村、童家镇天星寨村、石河镇前锋村、永胜镇茨竹村

渠县:有庆镇太阳村、土溪镇汉亭村、安北乡南山村、宝城镇连丰村

巴中市(25个)

巴州区:大和乡朱垭村、鼎山镇清泉村、梁永镇园堡山村、枣林镇灵山村、清江镇黄包村

恩阳区:下八庙镇普济宫村、柳林镇桅杆垭村、明阳镇付家寨村、玉山镇春光社区、兴隆镇法华村

平昌县:邱家镇石龙村、灵山镇元柏社区、板庙镇大石社区、金宝街道五马社区、驷马镇真茂社区

通江县:青峪镇青龙石村、新场镇红岩村、铁佛镇河西村、民胜镇方山村、诺水河镇临江村

南江县:沙河镇诸葛寨村、红光镇房岭村、下两镇东垭村、元潭镇字库村、公山镇卫星村

雅安市(12个)

雨城区:碧峰峡镇碧峰村、草坝镇桂花村

名山区:百丈镇解放村

荥经县:宝峰彝族乡田坝村

汉源县:九襄镇三强村、皇木镇松坪村

石棉县:美罗镇山泉村

天全县:思经镇团结村、新华乡落改村

芦山县:思延镇草坪村

宝兴县:蜂桶寨乡民治村、硗碛藏族乡嘎日村

眉山市(15个)

东坡区:万胜镇艾光村、富牛镇玉龙村

彭山区:青龙街道狮子村、公义镇新桥村、观音街道兴崇社区

仁寿县：方家镇哨楼村、文宫镇太清村、新店镇新店社区、青岗乡瑞云村

洪雅县：止戈镇止火街社区、中保镇联丰村

丹棱县：齐乐镇红石村、张场镇廖店村

青神县：白果乡虎渡社区、汉阳镇文新村

资阳市（22个）

雁江区：丰裕镇人民村、丹山镇胡家祠村、保和镇六石包村、保和镇迎龙桥村、老君镇龙星村、东峰镇打铁村、宝台镇凉水井村

安岳县：文化镇白坪村、龙台镇沙石村、卧佛镇木门村、卧佛镇金线村、岳阳镇陶海村、乾龙镇铁门村、兴隆镇七角村、兴隆镇老林村

乐至县：宝林镇天台村、宝林镇独柏村、良安镇余家沟村、东山镇东乐村、高寺镇聚贤村、双河场乡两河口村、高寺镇金光村

阿坝藏族羌族自治州（15个）

马尔康市：梭磨乡色尔米村、松岗镇洛威村

汶川县：威州镇布瓦村、漩口镇群益村

理县：米亚罗镇八角碉村、杂谷脑镇官田村

茂县：叠溪镇松坪沟村

松潘县：川主寺镇林坡村

九寨沟县：漳扎镇龙康村

金川县：马奈镇八角塘村

小金县：四姑娘山镇双桥村

黑水县：沙石多镇昌德村

壤塘县：蒲西乡斯跃武村

阿坝县：四洼乡下四洼村

若尔盖县：求吉乡下黄寨村

甘孜藏族自治州（27个）

康定市：姑咱镇羊厂村、金汤镇高碉村

泸定县：烹坝镇黄草坪村、德威镇海子村、磨西镇柏秧坪村

丹巴县：甲居镇喀咔村、墨尔多山镇基卡依村

九龙县：三垭镇郎呷村、呷尔镇华丘村

雅江县：西俄洛镇康巴汉子村、呷拉镇西地村

道孚县：甲斯孔乡卡美村

炉霍县：泥巴乡四季村、旦都乡秋所村

甘孜县：南多乡俄绒村

新龙县：博美乡仁乃村

德格县：马尼干戈镇洞真村

白玉县：章都乡玉桑村

石渠县：正科乡须巴村

色达县：旭日乡旭日村、塔子乡蚌珠村

理塘县：木拉镇乃沙村

巴塘县：中咱镇波浪村

乡城县：然乌乡纳木村、洞松乡热斗村

稻城县：香格里拉镇亚丁村、噶通镇八美村

凉山彝族自治州（33个）

西昌市：礼州镇田坝村、礼州镇江管村、安宁镇五堡村、阿七镇大田村、太和镇太安村

会理市：黎溪镇新光社区、小黑箐镇白沙村、彰冠镇魁阁村、益门镇龙泉村、云甸镇云兴村

德昌县：德州街道角半村、德州街道沙坝村、永郎镇蒲坝村、乐跃镇红星村、巴洞镇松柏村、昌州街道陈所村

会东县：堵格镇堵格村、铅锌镇岔河村、铁柳镇铁柳村、嘎吉镇嘎吉村、乌东德镇青龙山村、松坪镇刘家坪村

宁南县：宁远镇码口村、西瑶镇水库村、幸福镇顺河村、俱乐镇红岩村、竹寿镇长征村

冕宁县：漫水湾镇西河社区、高阳街道大石板社区、若水镇石古村、锦屏镇海泉村、泸沽镇王家祠村、复兴镇巨龙社区

2021年度四川省乡村振兴重点帮扶优秀村名单（200个）

成都市（3个）

简阳市：石钟镇前锋村、禾丰镇连山村、云龙镇红旗村

自贡市（4个）

贡井区：莲花镇白仓村

大安区：大山铺镇伍家村

荣县：长山镇青龙村

富顺县：长滩镇胡观村

攀枝花市（3个）

仁和区：前进镇高峰村

米易县：新山傈僳族乡新山村

盐边县：渔门镇鳡鱼村

泸州市（5个）

纳溪区：打古镇云回村

泸县：玉蟾街道白龙塔村

合江县：甘雨镇瑞丰村

叙永县：麻城镇寨和村

古蔺县：彰德街道漆山村

德阳市（5个）

旌阳区：双东镇金锣桥村

什邡市：马井镇建设村

绵竹市：富新镇文永村

中江县：永太镇石狮村、集凤镇银冯村

绵阳市(8个)

游仙区:盐泉镇玉溪村

安州区:黄土镇草溪村

江油市:重华镇平桥村

梓潼县:文昌镇飞龙村

平武县:江油关镇党家沟村

北川羌族自治县:擂鼓镇南华村

三台县:新鲁镇望柱村

盐亭县:云溪镇阳山村

广元市(12个)

利州区:三堆镇七里村

昭化区:柏林沟镇赤岚村

朝天区:李家镇青林村、中子镇高车村

剑阁县:下寺镇双旗村、姚家镇元宝村

旺苍县:高阳镇温泉村、三江镇厚坝村

青川县:三锅镇民兴村

苍溪县:白鹤乡新店子村、浙水乡山水村、元坝镇芦飞村

遂宁市(5个)

船山区:永兴镇联盟村

安居区:白马镇青峰村

射洪市:广兴镇双江村

蓬溪县:文井镇高峰山村

大英县:象山镇凤阳村

内江市(5个)

市中区:永安镇糖房坳村

东兴区:郭北镇青台村

隆昌市:胡家镇双龙村

资中县:狮子镇李子园村

威远县:高石镇止马村

乐山市(10个)

市中区:白马镇光明村

五通桥区:西坝镇向荣村

沙湾区:太平镇绿化村

金口河区:共安彝族乡新河村

峨眉山市:大为镇楠香村

犍为县:定文镇方井村

井研县:东林镇红花村

夹江县:木城镇修文村

沐川县:高笋乡边河村

马边彝族自治县:雪口山镇永兴村

南充市(16个)

顺庆区:双桥镇龙归寺村

高坪区:长乐镇朝阳庵村

嘉陵区:双桂镇大石沟村、龙蟠镇水堰口村

阆中市:天宫镇金星村、石滩镇护山梁村

南部县:万年镇朝阳村、双峰乡龙马镇村

西充县:仁和镇丹桂垭村

仪陇县:马鞍镇金山村、柳垭镇白庙子村、双胜镇火井村

营山县:东升镇桦树村、清水乡水磨村

蓬安县:巨龙镇羊角嘴村、周口街道牛毛漩村

宜宾市(10个)

翠屏区:永兴镇狮子村

南溪区:南溪街道白合村

叙州区:安边镇瑞莲村

江安县:铁清镇七柱村

长宁县:花滩镇宁春村

高县:嘉乐镇龙旺村

筠连县:筠连镇田丰村

珙县:罗渡苗族乡王武寨村

兴文县:大河苗族乡落白亮村

屏山县:龙华镇碳石村

广安市(11个)

广安区:龙安乡革新村、兴平镇龙孔村

前锋区:观阁镇高河村、桂兴镇四方山村

华蓥市:禄市镇凉水井村

岳池县:朝阳街道观音庵村、罗渡镇陈家堂村

武胜县:飞龙镇五家岩村、鸣钟镇小寨村

邻水县:高滩镇桂花村、梁板镇清水村

达州市(14个)

通川区:青宁镇长梯村

达川区:石桥镇大林沟村、桥湾镇钟山村

万源市:石窝镇番坝村、井溪镇猫坪村、太平镇老洼坪村

宣汉县:庙安镇洞子村、南坪镇凤凰村、大成镇锁辖村

开江县:回龙镇纸厂沟村

大竹县:高明镇同心村、月华镇井岗村

渠县:临巴镇文星村、文崇镇台山村

巴中市(12个)

巴州区:天马山镇狮子寨村、曾口镇椿树村

恩阳区:双胜镇万林村、明阳镇鹿台村

平昌县:元山镇插旗山村、土兴镇福禄村、得胜镇丰收村

通江县:春在镇棋子顶村、杨柏镇太平场村、陈河镇陈家坝村

南江县:正直镇福寨村、公山镇石矿村

雅安市(4个)

名山区:蒙阳街道上瓦村

汉源县:富林镇太平村

石棉县：安顺场镇松林村
天全县：城厢镇龙尾村
眉山市（4个）
东坡区：多悦镇海珠村
仁寿县：青岗乡盘龙村
洪雅县：东岳镇桥口村
青神县：白果乡官厅坝村
资阳市（4个）
雁江区：老君镇大溪村
安岳县：卧佛镇卧佛村、通贤镇三学村
乐至县：东山镇方广村
阿坝藏族羌族自治州（15个）
马尔康市：日部乡色江村
理县：下孟乡嘉康村
汶川县：漩口镇集中村
茂县：赤不苏镇赤不苏村
松潘县：十里回族乡火烧屯村
九寨沟县：玉瓦乡四道城村
金川县：勒乌镇金马坪村
小金县：美兴镇美兴村
黑水县：晴朗乡仁恩塘村
壤塘县：石里乡上大石沟村、吾伊乡修卡村
阿坝县：贾洛镇日阿洛村
若尔盖县：求吉乡甲吉村、麦溪乡俄藏村
红原县：阿木乡卡口村
甘孜藏族自治州（25个）
康定市：金汤镇寇家河坝村
泸定县：兴隆镇和平村
丹巴县：墨尔多山镇岭垄村
九龙县：湾坝镇挖金村
雅江县：八角楼乡维锡村
道孚县：鲜水镇新江沟村
炉霍县：仁达乡玉麦比村
甘孜县：呷拉乡柯多村、甘孜镇贡曲村、生康乡然达底村
新龙县：拉日马镇扎宗村
德格县：龚垭镇普西村、错阿镇马达村、柯洛洞乡独木岭村
白玉县：沙马乡德西村
石渠县：真达乡真达村、德荣玛乡谷恩村、宜牛乡杜龙村
色达县：杨各乡下甲斗村
理塘县：奔戈乡卡灰村、高城镇德西三村
巴塘县：地巫镇热思村
乡城县：水洼乡水洼村
稻城县：俄牙同乡牙垭村
得荣县：日雨镇绒学村
凉山彝族自治州（25个）
西昌市：巴汝镇甲乌村
会理市：绿水镇阿拉村
德昌县：麻栗镇黄家坝村
会东县：姜州镇民德村
宁南县：跑马镇四大块村
冕宁县：里庄镇经营村
普格县：螺髻山镇德育村、荞窝镇云盘山村
布拖县：特木里镇洛奎村、拖觉镇老鸠规村
昭觉县：古里镇悬崖村
金阳县：百草坡镇热柯觉中心村
雷波县：金沙镇阳光社区、瓦岗镇瓦曲托村
美姑县：柳洪乡吉觉古布村
甘洛县：团结乡瓦姑录村、海棠镇清水村
越西县：大瑞镇林沟村、大瑞镇友谊村
喜德县：鲁基乡中坝社区、红莫镇瓦西村
盐源县：润盐镇龙口河村、泸沽湖镇前所村
木里藏族自治县：博科乡八科村、西秋乡咪核村

2021年度四川省农村改革工作先进县（市、区）名单

成都市温江区、金堂县、自贡市大安区、米易县、泸县、德阳市旌阳区、三台县、广元市朝天区、射洪市、内江市市中区、夹江县、营山县、宜宾市叙州区、武胜县、宣汉县、南江县、汉源县、青神县、安岳县、黑水县、巴塘县、宁南县

第七批农业产业化国家重点龙头企业名单

四川雪宝乳业集团有限公司
中丝天成（攀枝花）丝绸有限公司
四川省遂宁市南大食品有限公司
四川百岛湖生态农业开发有限公司
四川尚好茶业有限公司
四川省百岳茶业有限公司
宜宾市申酉辰明威农业发展有限公司
自贡市春兰茶业有限公司
绵阳辉达粮油有限公司
甘孜县康巴拉绿色食品有限公司
四川省川南酿造有限公司

四川五丰黎红食品有限公司
四川唯怡饮料食品有限公司
中粮(成都)粮油工业有限公司
四川岚晟生物科技股份有限公司
四川郎酒股份有限公司
四川欧阳农业集团有限公司
四川金四方果业有限责任公司
四川远鸿小角楼酒业有限公司
昭觉县虹谷拉达农业开发有限公司
四川饭扫光食品集团股份有限公司

第七批四川省家庭农场省级示范场名单

成都市(44个)
金堂县竹篙镇平高家庭农场
大邑县蔡场镇果香家庭农场
大邑县欣邑源家庭农场
蒲江县罗果子家庭农场
蒲江县西早家庭农场
简阳市施家镇康悦家庭农场
简阳市安乐乡梦溪园家庭农场
简阳市一亩三分地家庭农场
简阳市青龙镇稻花里家庭农场
简阳市兰心家庭农场
简阳市乡缘情怀家庭农场
简阳市驰远家庭农场
简阳市踏水镇升健家庭农场
简阳市禾丰镇永丽家庭农场
简阳市禾丰镇辉明家庭农场
简阳市平武镇大山岭家庭农场
简阳市付长春家庭农场
简阳市徐从军家庭农场
简阳市云龙镇荣耀生态家庭农场
简阳市云龙镇玖旺家庭农场
自贡市(9个)
自贡市慧丰家庭农场
荣县正紫镇张熙水果种植家庭农场
荣县旭阳镇宏鑫家庭农场
荣县来牟镇未来创新种养殖家庭农场
荣县观山镇祥达生猪养殖家庭农场
荣县双古镇三杨湾稻田养殖家庭农场
荣县铁厂镇尖山子家庭农场
富顺县腾源种养殖家庭农场
富顺道金种养殖家庭农场
攀枝花市(5个)
攀枝花市仁和区晟然家庭农场
攀枝花仁和区永强家庭农场
米易县飞扬家庭农场
米易县冉氏家庭农场
攀枝花果家种养殖家庭农场
泸州市(17个)
泸州市江阳区聚兴家庭农场
泸州市江阳区壹果园家庭农场
泸县云龙镇石含卫家庭农场
泸县立石镇普照家庭农场
泸县丰羽生态养殖家庭农场
泸县玉蟾街道利源家庭农场
纳溪区上马镇中元家庭农场
合江县上田新家庭农场
合江县浚韬家庭农场
叙永县庭香源种植家庭农场
叙永县丹山绿种植家庭农场
古蔺县土城镇何挺种植家庭农场
古蔺县二郎镇淳甜家庭农场
古蔺县土城镇刘海种植家庭农场
古蔺县太平镇绿山家庭农场
古蔺县东新镇渔洞家庭农场
古蔺县二郎镇颐红香桃种植家庭农场
德阳市(37个)
旌阳区东起家庭农场
旌阳区瑞景家庭农场
旌阳区绿源尚品家庭农场
旌阳区灯盏窝家庭农场
罗江区麻多多家庭农场
罗江区西星智慧家庭农场
罗江区艺凡家庭农场
广汉市好耕夫家庭农场
广汉市多果家庭农场
广汉市晴丰家庭农场
广汉市跨越家庭农场
广汉市南兴镇开心家庭农场
广汉市衡领家庭农场
广汉市荣成家庭农场
什邡市南泉镇祥绿蔬菜种植家庭农场
什邡市邦德种植家庭农场

什邡市廖旭家庭农场
什邡市丰成家庭农场
绵竹市汉旺镇乌漆漆家庭农场
绵竹市玉泉镇乡香家庭农场
中江县乐和家庭农场
中江茂烨家庭农场
中江县旺宁家庭农场
中江海枫家庭农场
中江宇鹏家庭农场
中江聚兴家庭农场
中江沛祥家庭农场
中江雨瑞家庭农场
中江县恒华家庭农场
中江丽森家庭农场
中江县军元家庭农场
中江霞姐家庭农场
中江县合能达家庭农场
中江德伟家庭农场
中江县洪园家庭农场
中江群发家庭农场
中江县曾家四家庭农场

绵阳市(25个)

绵阳市涪城区飞舟客家庭农场
绵阳市安州区泰和家庭农场
绵阳市安州区秀水镇惠民种养殖家庭农场
绵阳市安州区河清镇正升家庭农场
绵阳市安州区河清镇双智家庭农场
江油市绿佳家庭农场
江油市永洁家庭农场
江油市武都镇坤旺家庭农场
江油市八一镇春旺家庭农场
盐亭金孔收陈家庭农场
盐亭县彦杰家庭农场
盐亭县安家镇洪源家庭农场
三台县东塔镇择木家庭农场
三台县郪江镇蜀郪家庭农场
三台县中太镇吉亚兴康家庭农场
三台县立新镇肖红琼家庭农场
三台县观桥镇玉丰家庭农场
三台县刘营镇转江鑫业家庭农场
三台县刘营镇义轩家庭农场
三台县刘营镇君豪种养殖家庭农场
三台县刘营镇聚鑫园家庭农场
三台县立新镇一口茄家庭农场
绵阳市仙渔鲜家庭农场
绵阳市游仙区鑫兴养殖农场
绵阳市游仙区润禾家庭农场

广元市(22个)

广元市利州区井田农场
广元市昭化区洪绿家庭农场
朝天区朝天镇青祥家庭农场
旺苍县山水茶业家庭农场
旺苍县青山大军养殖家庭农场
剑阁县毛坝乡百花村贾玉英家庭农场
剑阁县东宝镇红周畜禽养殖家庭农场
剑阁县演圣镇绿麟家庭农场
剑阁县高观乡正飞畜牧养殖家庭农场
苍溪县鸳溪镇七宝村胜丰家庭农场
苍溪县中土兴胜家庭农场
苍溪县鸳溪镇小林家庭农场
苍溪县五龙镇印合村龙凤家庭农场
苍溪县鸳溪镇敏兴家庭农场
苍溪县五龙镇邓氏家庭农场
苍溪县精灵家庭农场
苍溪县文昌镇华杰家庭农场
苍溪县黄猫垭镇馨霏家庭农场
苍溪县侯银华家庭农场
苍溪县东青镇喔喔蛋家庭农场
苍溪县五龙镇潘氏家庭农场
苍溪县白驿镇果实家庭农场

遂宁市(22个)

安居区分水镇晨夕家庭农场
遂宁市安居区久达养殖家庭农场
遂宁安居区宏舟家庭农场
安居区横山镇维汇红心猕猴桃家庭农场
射洪市永成家庭农场
射洪市佳硕家庭农场
射洪市竹篱笆家庭农场
射洪市沱牌镇筠领天下生态农场
射洪市思味水产品养殖家庭农场
射洪市青岗镇佳乐家庭农场
射洪市清兰家庭农场
射洪市兴隆轩家庭农场
蓬溪县橙丰种植家庭农场
大英县林姐家庭农场
大英正翔养殖家庭农场

大英果喜家庭农场
大英县必旺家庭农场
大英县花石板家庭农场
大英得英养猪家庭农场
大英卢苗养殖家庭农场

内江市(17个)

内江市市中区良良养殖家庭农场
内江市市中区永欣养殖家庭农场
内江市东兴区鼎盛羊养殖家庭农场
内江市东兴区大罗氏生猪养殖家庭农场
隆昌鑫丽水产养殖家庭农场
隆昌市兴兴淡水鱼养殖家庭农场
隆昌市利兴生猪养殖家庭农场
隆昌实佳果蔬种植家庭农场
隆昌市龙市镇郑德贵养猪场
资中县盛果水产养殖家庭农场
资中县君创园种植家庭农场
资中县春枝种植家庭农场
资中县绿嵛种植家庭农场
资中县夏季红种植家庭农场
威远县三个桩水果种植家庭农场
威远县俊超龙虾养殖家庭农场
威远县学彬蔬菜种植家庭农场

乐山市(24个)

乐山市市中区鑫盛家庭农场
乐山市市中区康成家庭农场
乐山市市中区学义家庭农场
乐山市市中区炳金家庭农场
乐山市五通桥区张龙海家庭农场
乐山市五通桥区牛匹山家庭农场
乐山市沙湾区太平镇风起茶叶种植家庭农场
乐山市沙湾区太平镇五峨生猪养殖家庭农场
乐山市沙湾区嘉农镇王永祥养殖家庭农场
犍为农情浓味家庭农场
犍为县罗凤英家庭农场
犍为县至稼源家庭农场
犍为县雅逸轩家庭农场
井研县晨欣家庭农场
井研县怡顺家庭农场
井研县和平蓝天家庭农场
夹江县欣宇盛农场
夹江县鲲鹏家庭农场
夹江县君威家庭农场
夹江县腾飞农庄
夹江县德伦家庭农场
马边县下溪镇陈光明猕猴桃种植家庭农场
峨眉山市源园生态食品家庭农场
峨眉山市利兴生态种植家庭农场

南充市(20个)

南充市顺庆区友发养殖家庭农场
南充市高坪区胜观镇四季果园家庭农场
南充市高坪区红珊瑚家庭农场
南充市高坪区东观镇胡不归家庭农场
嘉陵区太和乡老家沟村水汗坪家庭农场
阆中市伊甸园家庭农场
阆中市快乐渔家生态家庭农场
阆中阆桃沙家庭农场
阆中市廷昆家庭农场
阆中市永丰家庭农场
南部县定水镇宏发种养殖家庭农场
南部县四龙乡菜园子家庭农场
南部县肖家乡川益发种植家庭农场
南部县大桥镇青奇家庭农场
西充县金泉乡绿安种养殖家庭农场
西充县杨氏种养殖家庭农场
仪陇县赛金镇守望农作物种植家庭农场
仪陇县双胜镇白鹤村养殖家庭农场
营山县海润畜牧养殖家庭农场
蓬安县金溪镇通明种植家庭农场

宜宾市(16个)

宜宾市翠屏区蓝健家庭农场
宜宾市翠屏区三合家庭农场
珙县新联红家庭农场
江安县底蓬镇华锐家庭农场
兴文县奉品家庭农场
兴文县龚氏家庭农场
兴文县九丝城镇祥瑞家庭农场
兴文县麒麟苗族乡万平肉牛养殖家庭农场
兴文幸福里家庭农场
宜宾市叙州区兴万旺家庭农场
宜宾市叙州区兔生缘家庭农场
宜宾市叙州区韦氏家庭农场
宜宾市叙州区炬丰家庭农场
长宁县新农夫家庭牧场
筠连县归园家庭农场
筠连县仲秀家庭农场

广安市(14个)

广安市广安区光和家庭农场
广安戴星家庭农场
广安区牛家山循环生态家庭农场
广安市广安区椒盛家庭农场
广安市前锋区杜小清家庭农场
岳池县中和镇水产养殖家庭农场
岳池县西溪镇易成家庭农场
邻水佳瑞家庭农场
邻水县安宝家庭农场
邻水县龙桥乡文平家庭农场
邻水县袁市镇思亚概念农场
邻水菁菁果蔬家庭农场
武胜县欣达家庭农场
华蓥市阳和镇陈书养殖家庭农场

达州市(15个)

达州市通川区甘晓红家庭农场
达州市通川区国香生态家庭农场
达州市远泓家庭农场
达州市金猪儿家庭农场
达州市达川区绿字家庭农场
宣汉县伟菊种植家庭农场
大竹县丰泰家庭农场
大竹县团农家庭农场
渠县茜美家庭农场
渠县杨老三家庭农场
渠县山橙香里家庭农场
渠县董荣华家庭农场
渠县李华清家庭农场
开江县昇辉家庭农场
开江县长岭镇松林家庭农场

巴中市(12个)

巴中市灵江奉二肉牛养殖家庭农场
巴中市巴州区凉风垭安平农场
巴州区曾口镇金源家庭农场
巴州区鼎山镇陈叶家庭农场
巴中市恩阳区柳林镇经乔家庭农场
巴中市恩阳区竹桥溪家庭农场
巴中市恩阳区祥哥家庭农场
南江县元潭镇富民家庭农场
南江县沙河镇石岭兴旺家庭农场
通江县至诚镇洪山塘村南枰家庭农场
通江县青浴乡蜜缘生态家庭农场
平昌县国色家庭农场有限公司

雅安市(10个)

雅安市雨城区禹雷家庭农场
雅安市雨城区小溪流水家庭农场
雅安市雨城区山旺家庭农场
名山区绿源家庭农场
名山区家家乐家庭农场
雅安市名山区西霞寺家庭农场
荥经县瑞丰家庭农场
汉源县三合永兴家庭农场
天全县椿尖坪农场
芦山县乡缘家庭农场

眉山市(17个)

东坡区雨涵家庭农场
眉山市东坡区三苏湖家庭农场
东坡区北纬叁拾度家庭农场
眉山市东坡区绿天家庭农场
仁寿县桔之萄家庭农场
仁寿县金福陵稻香生态家庭农场
仁寿县香橙香源家庭农场
仁寿县双牌坊家庭农场
仁寿县景贤乡景慧家庭农场
仁寿县国涛绿源家庭农场
仁寿县禾加镇果香居家庭农场
眉山市彭山区葡宝家庭农场
眉山商氏活悦农庄
丹棱县智成家庭农场
丹棱县雅丰家庭农场
青神县介英养殖家庭农场
青神县得鑫家庭农场

资阳市(6个)

资阳市雁江区诚信家庭农场
资阳市雁江区祥芳家庭农场
安岳县福润家庭农场
乐至县回澜镇众志家庭农场
乐至县宝林华泰家庭农场
乐至县良安镇一帆家庭农场

阿坝藏族羌族自治州(3个)

黑水县卓马家庭农场
茂县先凯家庭农场
茂县正丰绿色家庭农场

甘孜藏族自治州(2个)

康定市姑咱镇山水情中蜂生态养殖家庭农场

泸定县然庆家庭农场

凉山彝族自治州(15个)

喜德县红莫镇青山种植养殖家庭农场

喜德县拉克乡宏运种植养殖家庭农场

盐源盐塘乡董家宇苹果种植家庭农场

盐源县干海乡黄柱国苹果种植家庭农场

甘洛县福源养猪家庭农场

甘洛县琦祥林果养殖家庭农场

会东县嘎吉镇小耿家庭农场

会东朱家坟乾华种养殖家庭农场

西昌市太和镇希望家庭农场

会理市森财家庭农场

宁南县盛源养殖家庭农场

宁南县薪牧源养殖家庭农场

冕宁县石龙镇麒境家庭农场

冕宁县茂平种植家庭农场

越西县相岭养殖家庭农场

四川省级非遗扶贫就业工坊名单

泸州市

马嘶苗族乡建新茶扶贫就业工坊

群英村扎染蜡染苗绣工坊

姬三三麻辣鸡非遗工坊

绵阳市

伊玡羌绣非遗扶贫就业工坊

羌族草竹编研学体验培训非遗扶贫就业工坊

禹珍腊肉非遗扶贫就业工坊

羌族服饰非遗扶贫就业工坊

羌茶手工制作非遗扶贫就业工坊

羌族罐罐茶非遗扶贫就业工坊

走马羌寨羌绣非遗扶贫就业工坊

广元市

麻柳刺绣传习所

乐山市

马边花间刺绣

宜宾市

叙府龙芽茶工坊

川红工夫红茶非遗工坊

思坡醋非遗工坊

南充市

四川保宁醋有限公司

阆中丝毯织造工坊

四川阆州醋业有限公司

高坪竹编非遗扶贫工坊

川北凉粉老作坊

保宁蒸馍制作工坊

达州市

东柳醪糟唐家老屋非遗扶贫就业工坊

巴中市

巴山剪纸非遗扶贫工坊

蜀绣(冉建华)非遗扶贫工坊

阿坝藏族羌族自治州

汶川县草坡乡红姐羌绣专业合作社

理县囍悦绣藏羌专业合作社

阿坝县郎依甲唐卡艺术传习基地

若尔盖县传统藏文化产品开发有限责任公司

四川兴绣藏羌文化工艺发展有限公司

壤塘县藏拉诺林文化科技发展有限责任公司

茂县西羌绣纺有限责任公司

特果唐卡艺术传习基地

若尔盖县诺尔央文化传播有限责任公司

若尔盖县唐人坊民族文旅有限公司

阿坝州慈愿民族传统文化有限责任公司

甘孜藏族自治州

德格县宗萨宁达艺术文化有限责任公司

德格康德吉唐卡文化传播有限公司

甘孜州郎卡杰唐卡文化有限公司

理塘县藏韵手工艺加工服务专业合作社(夏坝土陶)

甘孜州村仁拉粗手工藏毯编织非遗扶贫就业工坊

德格宗萨噶勉唐卡传习基地

理塘县忠念客民族工艺品有限公司

丹巴县嘉毪绒手工艺品工坊

哈依乡合作社(哈依银饰)

白玉县河坡手工艺传习基地

理塘县藏戏传习所

凉山彝族自治州

贾佳服饰非遗扶贫就业工坊

会理绿陶非遗扶贫工坊

漆之光非遗扶贫工坊

昭觉县薇穆嘎扎非遗扶贫工坊

第五批“四好农村路”省级示范县名单

成都市:温江区、新津区
攀枝花市:仁和区、米易县
泸州市:纳溪区、泸县
绵阳市:梓潼县、三台县
广元市:朝天区、昭化区、利州区
内江市:市中区
乐山市:马边县
南充市:高坪区
宜宾市:翠屏区、兴文县
达州市:开江县
巴中市:通江县
雅安市:荥经县
眉山市:青神县
资阳市:乐至县
阿坝州:九寨沟县、若尔盖县
甘孜州:康定市、石渠县

2021年度四川省星级现代农业园区名单

一、四川省五星级现代农业园区（共12个）
大邑县粮油现代农业园区
米易县稻菜现代农业园区
泸县粮油现代农业园区
大竹县粮油现代农业园区
自贡市大安区肉鸡现代农业园区
红原县牦牛现代农业园区
广元市朝天区蔬菜现代农业园区
汉源县花椒现代农业园区
威远县无花果现代农业园区
犍为县茉莉花农旅现代农业园区
宜宾市翠屏区茶叶现代农业园区
巴中市巴州区中药材现代农业园区
二、四川省四星级现代农业园区（共19个）
荣县粮油现代农业园区
德阳市旌阳区粮油现代农业园区
剑阁县粮油现代农业园区
岳池县粮油现代农业园区
仁寿县粮油现代农业园区
宣汉县肉牛现代农业园区
昭觉县肉牛蔬菜现代农业园区
天全县冷水鱼现代农业园区
泸州市江阳区蔬菜现代农业园区
石渠县蔬菜现代农业园区
金堂县食用菌现代农业园区
南部县柑橘现代农业园区
青神县柑橘现代农业园区
华蓥市梨现代农业园区
乐至县葡萄现代农业园区
盐源县苹果现代农业园区
平昌县茶叶现代农业园区
绵阳市涪城区蚕桑现代农业园区
南充市嘉陵区蚕桑现代农业园区
三、四川省三星级现代农业园区（共31个）
彭州市稻菜现代农业园区
成都市新都区稻菜现代农业园区
成都市青白江区稻菜现代农业园区
自贡市贡井区高粱蔬菜现代农业园区
梓潼县粮油现代农业园区
苍溪县粮油现代农业园区
射洪市粮油现代农业园区
内江市东兴区稻菜现代农业园区
营山县稻渔现代农业园区
巴中市恩阳区粮油现代农业园区
会东县粮烟现代农业园区
古蔺县肉牛现代农业园区
盐亭县水产现代农业园区
通江县食用菌现代农业园区
宝兴县食用菌现代农业园区
雅江县食用菌现代农业园区
广元市利州区食用菌现代农业园区
蓬安县花椒现代农业园区
广安市前锋区花椒现代农业园区
邻水县脐橙现代农业园区
丹棱县柑橘现代农业园区
雷波县脐橙现代农业园区
德阳市罗江区枣子现代农业园区
达州市通川区蓝莓现代农业园区
茂县李子苹果现代农业园区
马边县茶叶现代农业园区
宜宾市叙州区茶叶现代农业园区
高县茶叶现代农业园区
雅安市雨城区藏茶现代农业园区
乐山市沙湾区中药材现代农业园区
珙县蚕桑现代农业园区

2021年四川省级畜禽标准化养殖场名单

序号	市(州)	畜禽种类	养殖场名称
1	成都市	生猪	成都衡晖农牧有限公司
2		生猪	彭州凤贝农牧有限公司
3		生猪	成都森阳农业科技有限公司
4		生猪	蒲江县铭灏农业有限公司
5		生猪	蒲江县西来镇均民生猪养殖场
6		生猪	大邑县科鳌农民养猪专业合作社
7		生猪	大邑县俊春农民养猪专业合作社
8		生猪	大邑县苏场镇国度养殖场
9		生猪	大邑县鸿翔农民养猪专业合作社
10		生猪	大邑县九龙农民养猪专业合作社
11		生猪	大邑县福祥农民养猪专业合作社
12		生猪	四川邑祥仁泰生态农业有限公司
13		生猪	大邑县悦来镇华天养殖场
14		生猪	成都兴邑正农业开发有限公司
15		生猪	大邑具红安农民养猪专业合作社
16		生猪	大邑县海元养殖场
17		生猪	大邑县耀康农民养猪专业合作社
18		生猪	成都市宏生达养殖有限公司
19		生猪	成都市绿生农牧发展有限公司
20		生猪	融通农发牧原(崇州)有限责任公司
21		生猪	金堂县云合镇西川种养殖家庭农场
22		生猪	金堂和佳农业发展有限公司
23		生猪	四川正磐农业发展有限公司
24		生猪	邛崃牧原养殖有限公司邛崃三场
25	自贡市	生猪	自贡市鸿捷养殖有限责任公司
26		蛋鸡	自贡市天成畜禽养殖专业合作社
27		生猪	大安区牛佛镇永贵家庭农场
28		生猪	四川皓禾生态农业有限责任公司
29		生猪	自贡德康农牧科技有限公司
30		生猪	沿滩区邓尤家庭农场
31		羊	自贡市佳彝家庭农场
32		生猪	荣县绿兴养殖有限公司

续表1

序号	市(州)	畜禽种类	养殖场名称
33	泸州市	生猪	泸州鑫铭生态农业开发有限公司
34		蛋鸡	泸州市四维禽业有限公司雪骡养殖场
35		生猪	四川林愉养殖有限公司
36		生猪	泸州橙香园农业有限公司
37		生猪	泸县嘉明镇张氏旺盛种养殖家庭农场
38		生猪	合江县益丰家庭农场
39		生猪	泸州德康农牧科技有限公司永宁种猪场
40	德阳市	生猪	四川旌牧农业有限公司
41		生猪	中江壮悦农业有限公司
42		生猪	四川敏云农业有限公司
43		生猪	四川蜀域农汇农业有限公司
44		生猪	中江县永太镇周小华养殖场
45		生猪	中江四季鑫春养殖有限公司
46		生猪	什邡市南泉镇三元生猪养殖场
47		生猪	广汉市金轮镇永升养殖场
48	绵阳市	种猪	四川斯尔吾养殖有限公司
49		种猪	四川省五好农牧有限责任公司
50		生猪	四川艾町田牧业有限公司
51		生猪	三台县光辉镇惠泰养殖家庭农场
52		生猪	四川德乐多农业科技有限公司
53		生猪	盐亭县标圆生猪养殖场
54		生猪	绵阳康源农牧科技有限公司
55		生猪	盐亭境凯生猪养殖有限公司
56		生猪	盐亭县兴畅源牧业有限公司
57		生猪	盐亭县文通镇三凤村祥云农牧
58		生猪	盐亭县成宇牧业有限公司
59		生猪	平武县贵通家庭农场
60		中蜂	四川省平武县绿野科技开发有限公司(高效优质养蜂产业示范园)
61		生猪	梓潼县金禾家庭农场
62		生猪	梓潼县喜乐家庭农场
63		生猪	梓潼县谢欣荣家庭农场
64		生猪	梓潼县二哥家庭农场
65		生猪	梓潼金驰阳农牧有限公司(二洞种猪场)
66		生猪	四川正大畜牧有限公司(雷公山)

续表2

序号	市(州)	畜禽种类	养殖场名称
67	绵阳市	鸡	梓潼中良恒元农业科技有限公司
68		生猪	绵阳市安州区康硕生猪养殖有限公司
69		生猪	江油市艺汉园种养殖专业合作社
70		生猪	江油市鸿鹄农业科技有限公司新安养殖场
71		种猪	江油市羌山畜牧科技食品有限公司
72		种猪	江油裕展农业科技有限公司
73		种猪	江油市永放农业开发有限公司
74		青年鸡	江油市厚坝镇浤康家庭农场
75		青年鸡	江油市凤雏养殖有限公司(养鸡场)
76		生猪	北川禹珍实业有限公司
77		生猪	四川省羌山农牧科技股份有限公司
78		生猪	绵阳市游仙区圣品家庭农场
79		种猪	绵阳游仙区永乐源农业有限公司
80		生猪	绵阳市硕牧云康畜牧养殖有限责任公司
81		生猪	四川福莱晟丰畜禽养殖有限公司
82		生猪	绵阳达冠源农业开发有限公司
83	广元市	生猪	苍溪县岳东镇正宇家庭农场
84		生猪	广元市天道农牧有限公司
85		生猪	广元市绿之衡牧业有限公司羊木养殖场
86		生猪	苍溪县五龙镇龙福家庭农场
87		生猪	苍溪县浙水乡宏盛家庭农场
88		生猪	四川省翊凯农业开发有限公司
89		生猪	广元市利州区林染家庭农场
90		肉羊	剑阁县顺风畜牧养殖农民专业合作社
91		肉羊	青川榕森牧业有限公司
92		肉牛	华胜肉牛养殖家庭农场
93		肉种鸡	四川四海三联农业开发有限公司卫子镇土鸡扩繁场
94		肉鸡	苍溪县艳勇土鸡养殖专业合作社
95		肉鸡	青川裕丰禽业有限公司孔溪养鸡场
96		肉鸡	旺苍县石锣养殖专业合作社
97	遂宁市	生猪	四川聚众丰益农业开发有限公司
98		生猪	遂宁市安居区利民生猪养殖农民专业合作社(王勇猪场)
99		生猪	安居区横山镇金龙生猪养殖场
100		生猪	蓬溪县新翔养殖家庭农场

续表3

序号	市(州)	畜禽种类	养殖场名称
101	遂宁市	生猪	遂宁市安居区蜜王谷家庭农场
102		生猪	遂宁祥之硕农业有限公司
103		生猪	蓬溪县细坝村养殖专业合作社冷真明养猪场
104		生猪	蓬溪县印发养殖家庭农场
105		生猪	射洪天兆养殖有限公司
106		生猪	射洪市天仙镇鑫旺种养殖场
107		生猪	射洪市曹碑江兰家庭农场
108		生猪	射洪市天仙镇圣学家庭农场
109		生猪	射洪市永成家庭农场
110		生猪	蓬溪县军祥养殖家庭农场
111		生猪	射洪琦蓄养殖家庭农场
112		肉鸡	成都林海禽业有限公司射洪分公司
113		蜜蜂	蓬溪县认真蜂蜜有限公司
114	内江市	杂交猪	内江市市中区义德养殖家庭农场
115		生猪	内江市东兴区扬正养殖家庭农场
116		生猪	内江市海臻农业技术开发有限公司
117		生猪	内江瑞兴养殖有限公司
118		生猪	内江市东兴区益鑫家庭农场
119		生猪	内江明博源生猪养殖专业合作社
120		生猪	内江市牧雨生猪养殖专业合作社
121		生猪	内江东兴剀业牲畜养殖专业合作社
122		肉兔	资中县程越农业发展有限公司
123		生猪	威远德康农业有限公司
124		生猪	威远德康农业有限公司(德尚猪场)
125		羊	四川蜀多多农业科技有限公司
126		生猪	威远馨乐养殖家庭农场
127		生猪	威远景弘养殖家庭农场
128	乐山市	生猪	乐山宏海农业科技有限公司
129		生猪	乐山巨星农业发展有限公司
130		生猪	四川樾之源农业科技发展有限公司
131		生猪	乐山市市中区窦成云养殖场
132		生猪	井研县恩傲家庭农场
133		生猪	井研县丰逸养殖专业合作社
134		生猪	井研县鑫亿隆家庭农场

续表4

序号	市(州)	畜禽种类	养殖场名称
135	乐山市	生猪	井研县一冰生态农业专业合作社
136		生猪	井研县和谐家庭农场
137		生猪	井研县长鑫家庭农场
138		生猪	井研县林林家庭农场
139		生猪	井研县肥嘟嘟家庭农场
140		蛋鸡	乐山市峨边彝族自治县永茂蛋鸡养殖场
141		蛋鸡	乐山市犍为县源村生态农业有限责任公司
142		生猪	乐山市金口河国荣农业开发有限责任公司
143		生猪	马边石梁乡九洲畜禽养殖专业合作社
144		生猪	乐山市五通桥区建益家庭农场
145		生猪	乐山正源畜牧科技有限公司
146		蛋鸡	峨眉山市全林农业科技有限公司
147	南充市	生猪	南充市顺庆区久和养殖农民专业合作社
148		生猪	四川佳信恒农业发展有限公司
149		生猪	南充市高坪区长乐镇福鑫源种养殖家庭农场
150		生猪	四川康之荣农业有限公司
151		生猪	阆中市张荣家庭农场
152		肉牛	阆中市洪山康乐肉牛养殖专业合作社
153		生猪	南部县福兴养殖业有限公司
154		生猪	南部县添瑞养殖农民专业合作社
155		生猪	南部县姚红养殖农民专业合作社
156		肉牛	南部县宏伊养殖农民专业合作社
157		生猪	南充市舜之本农业有限公司
158		生猪	南充壹号畜牧有限公司
159		生猪	西充县槐树镇双红种养殖农民专业合作社
160		生猪	西充县山永家庭农场
161		生猪	仪陇县立山镇庆丰家庭农场
162		生猪	仪陇县昌隆畜禽养殖专业合作社
163		生猪	南充市相林宏宇农业有限公司
164		生猪	营山荣祥农牧专业合作社
165		生猪	营山县东升兴旺生猪养殖场
166		生猪	蓬安德康种猪繁育有限公司
167		生猪	蓬安县徐家利民养殖农业专业合作社
168		生猪	蓬安县逢源种养农民专业合作社

续表5

序号	市(州)	畜禽种类	养殖场名称
169	眉山市	生猪	洪雅县凤凰顶养猪专业合作社
170		生猪	仁寿县卓阳农牧有限公司
171	宜宾市	生猪	宜宾顺风畜牧业有限公司(李庄养猪场)
172		生猪	宜宾市叙州区金鑫养殖专业合作社(金猪家庭农场)
173		生猪	湖北省正嘉原种猪猪场有限公司宜宾柳嘉原种猪场
174		生猪	宜宾市海天农业发展有限公司
175		生猪	健辉家庭农场
176		种猪	宜宾金驰阳农牧有限公司腾达种猪场
177		生猪	兴文德康同乐种猪场
178		生猪	屏山县黄献忠家庭农场
179		生猪	屏山县凤君家庭农场
180		生猪	屏山县龘旺居养殖农民专业合作社
181	广安市	生猪	邻水县旺康畜禽养殖有限责任公司
182		生猪	邻水县华腾寨养殖有限公司
183		生猪	邻水县凯德牧场专业合作社
184		生猪	邻水县永兴养殖专业合作社
185		肉牛	广安市同聚福农业有限公司
186		蛋鸡	四川鲁氏禽蛋食品有限公司
187		生猪	武胜县惠牧养殖家庭农场
188		生猪	武胜宏武农业开发有限公司
189		生猪	武胜县少华家庭农场
190		生猪	武胜县八一特用畜禽养殖农场
191		生猪	广安典晟实业有限责任公司
192		生猪	武胜县黄林堡养殖专业合作社
193		生猪	广安市广安区旌胜养殖专业合作社
194		生猪	华蓥市高兴镇金刚农场
195	达州市	生猪	达州市通川区正邦黑猪生态养殖专业合作社
196		生猪	达州市天益养殖场
197		蛋鸡	达州市达川区宏鸣养殖场
198		肉牛	宣汉县博翼养殖专业合作社
199		生猪	宣汉县屋基坪养猪场
200		生猪	宣汉县上峡乡汉彬养殖专业合作社
201		生猪	开江县乙牧养殖场
202		生猪	大竹县万福养殖专业合作社

续表6

序号	市(州)	畜禽种类	养殖场名称
203	达州市	肉羊	四川新宏景农业科技开发有限公司
204		生猪	渠县六甲山牲畜养殖农民专业合作社
205		生猪	渠县东辉生猪养殖农民专业合作社
206	雅安市	兔	汉源县三联养殖专业合作社
207		生猪	石棉县林丰裕家庭农场
208		生猪	石棉县卓众农牧有限公司
209		生猪	雅安市雅瑞香生猪养殖有限公司
210		生猪	雅安市雨城区东风养殖专业合作社
211		生猪	荥经呈祥农牧有限公司
212		生猪	雅安正文农牧责任有限公司
213	巴中市	生猪	巴中五仓宝润农牧有限公司玉井养殖场
214		生猪	巴州区瑞峰种养殖家庭农场
215		肉牛	巴中天众农业有限责任公司
216		肉羊	南江县古耕家庭农场
217		肉羊	四川百欣科技发展有限公司
218		生猪	南江县海臻生猪养殖农场
219		生猪	巴州区政翃种养殖专业合作社
220		生猪	恩阳区兴合种养殖专业合作社
221		生猪	恩阳区顺全养殖专业合作社
222		肉牛	平昌县深山农业专业合作社
223		生猪	通江其正农业养殖有限公司
224		生猪	恩阳区尹家乡新盛农场
225		肉牛	平昌县久云牧业有限公司
226		肉羊	南江县家家祥农业发展有限公司
227		生猪	平昌县天茂农业专业合作社
228		生猪	平昌县元汇农业专业合作社
229	资阳市	生猪	资阳正牧生猪养殖有限责任公司（资阳正源农牧有限责任公司第十三育肥猪场）
230		生猪	安岳县运达养猪专业合作社
231		生猪	安岳县春茂养猪专业合作社
232		生猪	安岳县益平家庭农场
233		生猪	安岳县顺悦鑫家庭农场
234		生猪	四川星级农家农业有限公司

续表7

序号	市(州)	畜禽种类	养殖场名称
235	资阳市	生猪	乐至县坤水源猪业专业合作社
236		山羊	乐至县八谊农业开发有限公司
237		生猪	乐至县锦弘农牧有限公司
238		生猪	乐至县群利猪业养殖专业合作社
239	凉山彝族自治州	肉牛	会东众源牧业科技有限责任公司
240		生猪	喜德县欣荣养殖有限责任公司
241		生猪	喜德县李子乡大兴村欣荣养殖场
242		生猪	越西县聚兴种养殖专业合作社
243		生猪	会理民昌生猪养殖场
244		生猪	会理县远航实业有限公司

2021年度四川省级生态县(市、区)名单

成都市:郫都区、双流区、都江堰市

绵阳市:游仙区

广元市:青川县

宜宾市:兴文县

南充市:西充县

广安市:武胜县

达州市:宣汉县

巴中市:巴州区

眉山市:彭山区

资阳市:乐至县

阿坝州:汶川县

甘孜州:色达县、丹巴县

2021年四川省“绿水青山就是金山银山”实践创新基地名单

荥经县、泸定县

2021年国家湿地公园名单

隆昌古宇湖国家湿地公园、沙湾大渡河国家湿地公园、雷波马湖国家湿地公园、红原嘎曲国家湿地公园

2021年度(第九批)四川省级水利风景区名单

德阳市

旌阳区黄土河水利风景区

达州市

万源市青龙嘴水利风景区

攀枝花市

市米易县马鞍山水库水利风景区

雅安市

荥经县叠翠溪水利风景区

资阳市

雁江区天府花溪水利风景区

自贡市

大安区青龙湖水利风景区

第三批四川省级全域旅游示范区名单

成都市金牛区

成都市郫都区

大邑县

绵阳市安州区

隆昌市

南充市高坪区

洪雅县

宝兴县

通江县

茂县

小金县

泸定县

丹巴县

眉山市青神县青竹街道兰沟村

阿坝藏族羌族自治州小金县四姑娘山镇长坪村

2021年四川名村和杰出“村官”名单

一、产业兴旺名村

成都市蒲江县寿安街道插旗山村

攀枝花市盐边县桐子林镇金河村

绵阳市三台县景福镇宋观庙村

广元市苍溪县歧坪镇旭光村

宜宾市筠连县腾达镇春风村

广安市岳池县顾县镇羊山湖村

达州市宣汉县胡家镇鸭池村

雅安市汉源县清溪镇新黎村

眉山市东坡区崇礼镇大定桥村

资阳市雁江区丰裕镇高洞村

二、生态宜居名村

攀枝花市盐边县红格镇昔格达村

泸州市叙永县叙永镇红岩村

遂宁市安居区常理镇海龙村

乐山市夹江县新场镇东风村

广安市华蓥市明月镇白鹤咀村

巴中市南江县赤溪镇西厢村

雅安市名山区红星镇骑龙村

阿坝州汶川县漩口镇赵公村

甘孜州炉霍县雅德乡交纳村

凉山州宁南县宁远镇梓油村

三、乡风文明名村

成都市邛崃市羊安街道界牌村

自贡市沿滩区永安镇云丰村

德阳市旌阳区德新镇五星村

遂宁市大英县隆盛镇双龙桥村

乐山市峨边彝族自治县五渡镇铜河村

南充市阆中市老观镇岳林垭村

宜宾市高县来复镇大屋村

达州市开江县甘棠镇转洞桥村

资阳市安岳县石桥街道干拱村

阿坝州九寨沟县漳扎镇中查村

四、治理有效名村

成都市彭州市桂花镇蟠龙村

攀枝花市仁和区大田镇榴园村

泸州市泸县石桥镇洪安桥村

德阳市绵竹市孝德镇年俗村

绵阳市游仙区小枧镇遇仙村

广元市旺苍县东河镇南凤村

乐山市井研县周坡镇周坡村

雅安市天全县仁义镇红军村

眉山市青神县青竹街道兰沟村

凉山州盐源县卫城镇大堰沟村

五、改革创新名村

成都市崇州市白头镇大雨村

自贡市富顺县代寺镇李子村

泸州市龙马潭区特兴街道桐兴村

德阳市罗江区白马关镇万佛村

绵阳市涪城区吴家镇三清观村

广元市朝天区沙河镇罗圈岩村

内江市隆昌市石燕桥镇净土村

巴中市恩阳区下八庙镇万寿村

眉山市彭山区黄丰镇团结村

凉山州会理县城北街道三元村

六、杰出“村官”

段作其　成都市简阳市平武镇尤安村党支部书记

牟卫兴　自贡市富顺县邓井关街道新湾村党支部书记

叶浩钧　德阳市绵竹市孝德镇年画村党支部书记、村主任

徐　川　绵阳市北川县桂溪镇宝城村党总支书记

张正华　广元市青川县木鱼镇木鱼村党总支书记

漆　建　遂宁市船山区桂花镇金井村党支部书记、村主任

刘　念　内江市威远县向义镇水口村党支部书记、村主任

谢召礼　乐山市犍为县罗城镇团结村党支部书记、村主任

徐　伟　南充市仪陇县福临乡建华村党支部书记、村主任

陈永强　甘孜州康定市孔玉乡色龙村党支部书记、村主任

政策法规

四川省农村集体经济组织条例

（2021年7月29日四川省第十三届人民代表大会常务委员会第二十九次会议通过）

第一章　总则

第一条　为了规范农村集体经济组织管理，保障农村集体经济组织及其成员的合法权益，促进农村集体经济发展，巩固脱贫攻坚成果，推进乡村振兴，实现共同富裕，根据《中华人民共和国民法典》《中华人民共和国乡村振兴促进法》等相关法律、行政法规，结合四川省实际，制定本条例。

第二条　本省行政区域内的农村集体经济组织及其经营管理活动，适用本条例。

第三条　本条例所称农村集体经济组织，是指以集体所有的土地为基本生产资料，实行家庭承包经营为基础、统分结合双层经营体制的经济组织。

农村集体经济组织依法取得特别法人资格。法律、行政法规对农村集体经济组织有规定的，依照其规定。

农村集体经济组织独资或者合资设立的企业法人，依法独立享有民事权利、承担民事责任。

第四条　农村集体经济组织依法代表全体成员对农村集体资产行使所有权。

农村集体经济组织在遵守法律的前提下，有独立进行经济活动的自主权，自主决定经营管理的重大问题，享有与其他市场主体平等的法律地位。

第五条　农村集体经济组织在基层党组织的领导下，完善组织章程，建立健全民主管理的治理机制，依法履行管理集体资产、开发集体资源、发展集体经济、服务集体成员等职责。

村民委员会应当尊重并支持农村集体经济组织依法独立进行经济活动的自主权，保障农村集体经济组织的合法财产权和其他合法权益。

第六条　县级以上地方人民政府应当加强对本行政区域内农村集体经济组织管理工作的领导。

乡镇人民政府（街道办事处）负责本行政区域内农村集体经济组织的服务、指导和监督工作，明确岗位和人员承担具体工作。

第七条　县级以上地方人民政府农业农村主管部门负责本行政区域内农村集体经济组织的指导和监督工作，发展改革、财政、自然资源、水利、市场监管、乡村振兴、林草、税务等有关部门按照各自职责做好相关工作。

第八条　县级以上地方人民政府可以按照国家有关规定对发展农村集体经济组织、壮大农村集体经济做出突出贡献的单位和个人给予表彰奖励。

第二章　组织成员

第九条　农村集体经济组织成员身份，应当依据法律、法规，按照尊重历史、兼顾现实、程序规范、群众认可的原则，统筹考虑农村土地承包关系、户籍关系，可以兼顾对集体积累的贡献等因素，通过民主程序进行确认。农村集体经济组织成立前其成员身份由村民会议确认，成立后其成员身份的取得或者丧失由成员大会决定。

农村集体经济组织成员不得同时作为同一层级两个以上农村集体经济组织的成员。

县级人民政府可以制定本行政区域内农村集体经济组织成员身份确认具体程序、标准的指导意见。

第十条　依照民主程序通过的成员身份确认结果，经公示无异议后载入本集体经济组织成员名册，并由农村集体经济组织报乡镇人民政府（街道办事处）备案。

第十一条　农村集体经济组织成员享有下列权利：

（一）具有完全民事行为能力的成员享有选举权和被选举权；

（二）按照法律、法规和组织章程规定行使表决权；

（三）本集体经济组织集体资产收益分配权；

（四）监督本集体经济组织集体资产经营管理活动、提出意见和建议；

（五）查阅、复制本集体经济组织相关资料；

（六）参与本集体经济组织的生产经营和管理活动，优先在本集体经济组织就业以及参加社会保障的权利；

（七）接受本集体经济组织提供的公共服务、集体福利；

（八）法律、法规和组织章程规定的其他权利。

第十二条　农村集体经济组织成员应当履行下列义务：

（一）遵守本集体经济组织章程和各项规章制度，执行成员大会和理事会的决议；

（二）维护本集体经济组织合法权益；

（三）参与本集体经济组织公益服务活动；

（四）法律、法规和组织章程规定的其他义务。

第十三条 农村集体经济组织应当维护本集体经济组织和成员权益，保障成员依法行使各项权利。

鼓励农村集体经济组织通过信息化手段等多种方式，为组织成员行使权利、履行义务提供便利。

第三章 组织机构

第十四条 农村集体经济组织的组织机构由成员大会、理事会、监事会等组成，表决实行一人一票制。

第十五条 农村集体经济组织成员大会是农村集体经济组织的权力机构。成员大会由农村集体经济组织全体成员中具有完全民事行为能力的成员组成。

成员大会行使下列职权：

（一）制定、修改本集体经济组织章程；

（二）制定、修改、废止本集体经济组织各项规章制度；

（三）决定本集体经济组织成员身份取得或者丧失事项；

（四）选举、罢免理事会成员和监事会成员；

（五）批准理事会和监事会工作报告；

（六）批准理事会成员和监事会成员的薪酬以及主要经营管理人员的薪酬和奖励；

（七）批准本集体经济组织经济发展规划、业务经营计划、年度财务预决算和年度收益分配方案；

（八）决定土地发包、宅基地分配、集体出资的企业的所有权变动、集体资产股份（份额）量化等集体资产处置重大事项；

（九）决定土地补偿费等费用的使用、分配办法；

（十）对本集体经济组织合并、分立和解散等事项作出决议；

（十一）法律、法规和组织章程规定应当由成员大会决定的其他事项。

第十六条 农村集体经济组织成员大会每年应当至少召开一次。召开成员大会应当有三分之二以上具有表决权的成员参加。成员大会成员在召开成员大会期间不能直接参会的，可以书面委托本集体经济组织有表决权的其他成员代为表决，受委托人接受的委托不得超过三人，并应当按照委托人的意愿进行表决。

农村集体经济组织成员大会对本条例第十五条第一项、第三项、第八项、第十项作出决议，应当由具有表决权的成员总数三分之二以上通过；表决其他事项由组织章程规定。

农村集体经济组织章程可以对成员大会召开形式、投票方式等事项作出具体规定。

第十七条 农村集体经济组织可以在组织章程中规定成立成员代表大会。成员代表大会按照组织章程规定可以行使成员大会的部分职权，但本条例第十五条第一项、第三项、第十项成员大会职权除外。

召开成员代表大会应当有三分之二以上的成员代表参加。

第十八条 农村集体经济组织成员大会或者成员代表大会表决通过的事项应当形成大会决议并公示，公示期不得少于七日。

第十九条 理事会是农村集体经济组织的日常管理和执行机构，对成员大会负责，每年向成员大会报告工作。理事会由人数为三人至七人的单数理事组成，设理事长一名，理事长每年向成员大会述职。

理事长为农村集体经济组织的法定代表人。农村基层党组织书记，经基层党组织提名推荐，通过法定程序担任本村集体经济组织理事长。

第二十条 监事会是农村集体经济组织的内部监督机构，有权制止和反映违反法律法规、组织章程、财经纪律的行为，每年向成员大会报告工作。监事会由人数为三人至五人的单数监事组成，设监事长一名，监事会成员应当列席理事会会议。

农村村务监督委员会负责人，经基层党组织提名推荐，通过法定程序担任集体经济组织监事长，其薪酬不在本集体经济组织支出。

理事会成员、财务会计人员及其近亲属不得担任监事会成员。

第二十一条 农村集体经济组织的理事会成员、监事会成员由成员大会从本集体经济组织成员中选举产生，每届任期五年，可以连选连任。

因贪污、贿赂、侵占财产、挪用财产或者破坏社会主义市场经济秩序受过刑事处罚的成员，以及个人所负数额较大的债务到期未清偿的成员，不得参选理事或者监事。理事和监事出现上述情况的应当辞职。

第二十二条 理事会可以根据本集体经济组织发展需要，聘请职业经理。职业经理负责集体资产的管理和运营，对理事会负责。职业经理按照组织章程规定或者理事会的决定，可以聘任其他人员。

第二十三条 农村集体经济组织成员大会五分之一以上具有表决权的成员或者成员代表大会三分之一以上的成员代表可以联名提请罢免理事会成员、监事会成员，理事会应当在收到罢免议案二十日内召集成员大会或者成员代表大会作出决议。

第四章 登记管理

第二十四条 农村集体经济组织应当向国家规定的登记机关申请登记，取得农村集体经济组织登记证。各级农村集体经济组织具体名称按照登记有关规定确定。

农村集体经济组织成立后，应当申请设立登记。申请设立登记应当提供以下资料：

（一）设立登记申请；

（二）成员大会或者成员代表大会决议；

（三）成员名册；

（四）组织章程；

（五）法定代表人身份证件；

（六）住所证明；

（七）乡镇人民政府（街道办事处）批复同意成立的文件。

第二十五条 农村集体经济组织应当制定组织章程，载明下列事项：

（一）组织名称、住所、资产情况；

（二）成员身份取得、丧失的条件和程序以及成员权利义务；

（三）组织机构及其产生办法、职权、议事规则；

（四）成员代表大会的成立及其职责，成员代表的产生、数量、构成、任期以及成员代表大会的议事规则；

（五）资产经营、财务管理和收益分配等制度和弥补亏损方案；

（六）章程修改及组织变更、注销处理程序；

（七）公开制度；

（八）其他需要规定的事项。

第二十六条 登记机关应当在受理申请之日起十五个工作日内完成审核，并向符合条件的农村集体经济组织颁发登记证。

农村集体经济组织凭农村集体经济组织登记证到有关部门办理公章刻制、银行开户和税务登记等手续。

第二十七条 农村集体经济组织的名称、住所、法定代表人等登记事项发生变更的，应当按照规定向登记机关申请变更登记，并提交《农村集体经济组织事项变更申请表》、成员大会或者成员代表大会作出的变更决议、修改后的组织章程、乡镇人民政府（街道办事处）批复的文件等材料。

第二十八条 农村集体经济组织因合并、分立和解散等事由需要注销的，应当结清债权债务，并由成员大会表决通过，经乡镇人民政府（街道办事处）报县级人民政府批准后，由登记机关办理相关注销手续。

第五章 经营管理和收益分配

第二十九条 农村集体资产受法律保护，任何单位和个人不得挪用、侵占和损害。

农村集体资产具体包括：

（一）依法属于集体所有的土地、森林、山岭、草原、荒地、滩涂等资源性资产；

（二）集体所有的用于经营的建筑物、构筑物、设施设备、无形资产、集体投资形成的投资权益等经营性资产；

（三）集体所有的用于公共服务的教育、科技、文化、卫生、体育、交通等方面的非经营性资产；

（四）依法属于集体所有的其他资产。农村集体经济组织通过接受政府拨款等投入，社会捐赠、群众自筹等途径所形成的资产，属于农村集体资产。

第三十条 农村集体资产经营坚持以效益为中心，统筹兼顾分配与积累，促进集体资产保值增值和成员增收。

对资源性和经营性资产，农村集体经济组织可以依法将资产经营权采取承包、出租（转包）、入股、联营合作等方式进行经营，也可以自主经营。对非经营性资产，农村集体经济组织应当加强管护。

农村集体经济组织以集体土地等资源性资产所有权以外的集体经营性资产对债务承担责任。

第三十一条 下列农村集体资产不得抵押：

（一）土地所有权；

（二）宅基地、自留地、自留山等集体所有土地的使用权，但是法律规定可以抵押的除外；

（三）学校、卫生室、农田水利设施、道路等公益设施；

（四）法律、行政法规规定不得抵押的其他资产。

乡镇、村企业的建设用地使用权不得单独抵押。以乡镇、村企业的厂房等建筑物抵押的，其占用范围内的建设用地使用权一并抵押。

第三十二条 农村集体经济组织应当以股份或者份额形式将除集体土地所有权以外的集体经营性资产量化到本集体经济组织成员并出具持股证明，作为成员持有集体资产股份和享有收益分配权的依据。

农村集体资产股份（份额）可以在本集体经济组织成员之间转让或者由本集体经济组织赎回。转让集体资产股份（份额）给本集体经济组织其他成员的，受让方所持股份（份额）占本集体经济组织全部股份（份额）比重不得超过百分之五；由本集体经济组织赎回的，应当由成员自愿提出申请，经成员大会或者成员代表大会同意后，按照协商价格赎回。

农村集体资产股份（份额）不得向本集体经济组织成员之外的人员转让。

农村集体资产股份（份额）可以依法继承。本集体经济组织成员之外的人员通过继承取得股份（份额）的，是否享有表决权由组织章程规定。

第三十三条 农村集体经济组织应当坚持效益决定分配、集体福利与成员增收兼顾的收益分配原则。

农村集体经济组织应当制订年度收益分配方案，经成员大会或者成员代表大会审议通过后，报乡镇人民政府（街道办事处）备案。农村集体经济组织收益应当按照以下顺序分配，具体比例由组织章程规定：

（一）提取公积金、公益金，用于转增资本、弥补亏损以及集体公益设施建设等；

（二）提取福利费，用于集体福利、文化、教育、卫生等方面的支出；

（三）按照资产股份（份额）分红。

第三十四条 农村集体经济组织应当建立健全资产清查、登记、保管、使用、处置等集体资产管理制度，强化投融资风险防控。鼓励有条件的地方通过产权交易市场或者平台处置除集体土地所有权以外的集体经营性资产。

农村集体经济组织应当执行农村集体经济组织财务制度和会计制度，实行独立会计核算。

农村集体经济组织在保证集体资产所有权、使用权、审批权和收益权不变的情况下，可以委托县、乡农村财务会计服务机构或者其他具备资质的社会中介组织负责其会计核算工作。农村集体经济组织可以委托村（社区）法律顾问等承担经济合同审查和相关法律咨询服务。

理事长、监事长及其近亲属不得担任本集体经济组织的财务会计人员。

第三十五条 农村集体经济组织应当依照组织章程规定的期限向成员公开经营方案、财务收支情况等重大经济事项，会计年度终了后应当依照组织章程规定的期限公开上年度资产状况、财务收支、债权债务、收益分配、预决算执行等情况。

财务公开资料按照组织章程规定签字确认后，报乡镇人民政府（街道办事处）备案。

第三十六条 农村集体经济组织应当执行国家有关村级档案管理的规定，建立完善档案管理制度，指定专人管理，保证档案的真实性和完整性。档案管理人员调整时，应当做好档案交接工作。

第六章 扶持和监督

第三十七条 地方各级人民政府及其有关部门支持发展农业和农村经济的建设项目，在同等条件下优先委托和安排农村集体经济组织实施。

鼓励符合条件的农村集体经济组织承接政府购买服务、财政投入的农村小型公共基础设施项目的建设管理。

第三十八条 地方各级人民政府应当根据实际，建立完善财政资金引导、社会资本参与、多元化投入集体经济发展扶持机制，支持农村集体经济发展。

财政投入建设形成的国有资产，可以依法委托农村集体经济组织持有、管护和经营，收益归农村集体经济组织所有。

第三十九条 国家政策性金融机构应当采取多种形式，简化程序、放宽条件为农村集体经济组织提供多渠道的资金支持。对资信良好的农村集体经济组织，经评定后可以享受一定额度的无抵押、无担保信用贷款。

鼓励商业性金融机构采取多种形式，为农村集体经济组织提供便利的金融服务。

第四十条 农村集体经济组织依法享受国家规定的对农业生产、加工、流通、服务等方面的税收优惠。

农村集体经济组织在农村建设的农产品保鲜仓储设施和初加工设施用电，执行农业生产用电价格。

第四十一条 地方各级人民政府及其有关部门应当统筹安排农村集体经济组织发展所需用地，并纳入国土空间规划。在年度可用建设用地计划指标中，明确一定比例保障农村集体经济组织发展乡村重点产业和项目用地。

第四十二条 地方各级人民政府及其有关部门应当统筹利用各类培训资源，加强对农村集体经济组织经营管理人员的培训，提升农村集体经济组织管理水平。

第四十三条 地方各级人民政府应当采取措施，鼓励社会资本与农村集体经济组织开展合作和联合，发展现代种养殖及配套加工、休闲农业、乡村旅游等产业，实现乡村经济多元化和城乡产业协同发展。

第四十四条 县级以上地方人民政府有关部门、乡镇人民政府（街道办事处）应当对农村集体经济组织选举进行指导，并采取措施保障工作顺利交接。

农村集体经济组织负责人离任时，应当依照国家和省有关规定接受离任审计。

第四十五条 乡镇人民政府（街道办事处）应当加强对本行政区域内农村集体经济组织服务、指导和监督工作，具体承担以下职能职责：

（一）对农村集体经济组织的成立、变更等进行审核批准；

（二）对报送的农村集体经济组织成员名册、年度收益分配方案、财务公开资料等实行备案；

（三）对农村集体经济组织按照规定填写资产统计报表提供指导，做好资产统计报告工作；

（四）对农村集体经济组织开展财务检查和审计监督，对于发现的违规问题应当责令其及时整改；

（五）法律法规规定的其他职能职责。

第七章 法律责任

第四十六条 违反本条例规定的行为，法律、行政法规已有法律责任规定的，从其规定。

第四十七条 农村集体经济组织认为其他单位或者个人侵害本集体经济组织合法权益的，或者农村集体经济组织成员及其利害关系人认为农村集体经济组织侵害其合法权益的，可以向地方各级人民政府及其有关主管部门举报投诉或者依法提起诉讼。

第四十八条 农村集体经济组织的理事会成员、监事会成员、经营管理人员，以及代行农村集体资产管理职能的村民委员会成员有下列行为之一的，由县级以上地方人民政府有关部门、乡镇人民政府（街道办事处）责令限期改正；造成损失的，依法承担赔偿责任；构成犯罪的，依法追究刑事责任：

（一）非法改变农村集体资产所有权的；

（二）违法处置、侵占、损害农村集体资产的；

（三）不按照规定进行资产登记、资产评估、建立财务会计及档案管理制度的；

（四）违反法律、法规和组织章程规定决定本集体经济组织重大事项的；

（五）不按照组织章程规定履行经营管理职责的；

（六）向有关部门提供的财务报告等材料中，作虚假记载或者隐瞒重要事实的；

（七）管理人员离任时，未按照规定移交资料、印章的；

（八）其他损害农村集体经济组织利益的行为。农村集体经济组织理事会成员、监事会成员及经营管理人员有以上行为之一的，县级以上地方人民政府农业农村主管部门和乡镇人民政府（街道办事处）可以向农村集体经济组织提出暂停职务或者予以罢免的建议。

第四十九条 地方各级人民政府及其有关部门的工作人员在农村集体经济组织的指导监督工作中有下列行为之一的，依法给予处分；造成损失的，依法承担赔偿责任；构成犯罪的，依法追究刑事责任：

（一）挪用、侵占、损害农村集体资产的；

（二）强制农村集体经济组织捐助或者向农村集体经济组织摊派的；

（三）收到投诉举报或者发现违规问题不及时处理，造成农村集体资产损失或者其他不良影响的；

（四）滥用职权、玩忽职守或者徇私舞弊的其他行为。

第八章 附 则

本条例自2021年10月1第五十条日起施行。

四川省地方粮食储备管理办法

（2021年8月27日四川省人民政府令第348号公布 自2021年10月1日起施行）

第一章 总则

第一条 为加强地方粮食储备管理，提升地方粮食储备市场调控和应对突发事件能力，保障区域粮食安全，根据《粮食流通管理条例》《四川省粮食安全保障条例》等有关法律法规，结合四川省实际，制定本办法。

第二条 本省行政区域内地方粮食储备的计划、储存、轮换、动用、监督管理等活动适用本办法。

本办法所称地方粮食储备包含地方政府粮食储备和企业储备。地方政府粮食储备由省、市、县三级组成，企业储备分为社会责任储备和商业库存。

第三条 地方粮食储备坚持规模合理、布局科学、优储适需、安全高效的原则。

第四条 地方粮食储备包括稻谷、小麦、玉米、青稞等原粮储备，散装食用植物油储备，大米、面粉、小包装食用植物油等成品粮油储备。

第五条 县级以上地方人民政府应当承担保障本行政区域内地方粮食储备安全的主体责任，落实储备规模，优化储备布局和品种结构。

第六条 县级以上地方人民政府粮食行政主管部门负责本级地方粮食储备的行政管理，指导协调下级地方粮食储备管理工作。

县级以上地方人民政府财政部门负责安排本级政府粮食储备的管理费用、贷款利息等财政资金，并按国库集中支付制度相关规定办理财政资金支付。

县级以上地方人民政府发展改革部门及粮食行政主管部门负责会同财政部门提出本级粮食储备方案和动用方案。

第七条 中国农业发展银行四川省分行及其辖内各级机构按照国家有关规定，及时足额安排地方政府粮食储备所需贷款，实施信贷监管。

第八条 地方粮食储备承储企业及其他组织承担地方粮食储备经营管理、仓储设施管理和安全生产的主体责任，对粮食储备数量、质量和储存安全负责。

第九条 规模以上粮食加工企业应当建立社会责任储备。鼓励粮食消费和耗用量较大的其他企业及组织建立社会责任储备。

县级以上地方人民政府可以通过给予一定的政策扶持等措施，支持承担社会责任储备的企业及组织。

第二章 储备计划

第十条 地方政府粮食储备实行计划管理。

省人民政府根据国务院有关规定和本省实际需要，核定省级和市（州）人民政府的政府粮食储备规模，市（州）人民政府核定本级和县（市、区）人民政府的政府粮食储备规模。

县级以上地方人民政府发展改革部门及粮食行政主管部

门会同财政部门提出本级政府粮食储备规模、品种结构及总体布局的方案,报同级人民政府批准。

第十一条 根据国家有关要求和粮食安全需要,县级以上地方人民政府可以增加本级或者下级政府粮食储备规模。

第十二条 县级以上地方人民政府下达政府粮食储备承储计划,应当确定入库成本。入库成本由本级财政部门会同粮食行政主管部门核定,报同级人民政府批准。

第十三条 地方政府粮食储备以小麦(含面粉)、稻谷(含大米)、青稞等口粮品种为主。成品粮油储备不得以原粮、散装食用植物油形式储存。

第十四条 按照相对集中、调度便利、储存安全的原则,地方政府粮食储备重点布局在大中城市、市场易波动地区、粮食产区、缺粮地区和灾害频发地区。

第十五条 县级以上地方人民政府发展改革部门、粮食行政主管部门、财政部门根据本级人民政府批准的政府粮食储备方案,会同中国农业发展银行同级机构提出收储、销售计划,并下达承储企业实施。

第三章 储存管理

第十六条 地方政府粮食储备承储企业应当符合国家有关规定,具备与其承储粮食品种、数量相适应的仓储、保管、质量安全检验等能力。

第十七条 地方政府粮食储备承储企业应当按照政策性职能和经营性职能分开的原则完善储备运营管理制度。

第十八条 地方政府粮食储备承储企业按照国家和省有关规定,履行以下义务:

(一)执行地方政府粮食储备收购、储存、轮换、销售等计划。

(二)对地方政府粮食储备进行入库和出库检验,定期对地方政府粮食储备库存进行质量和品质检验,建立地方政府粮食储备质量安全档案。

(三)健全地方政府粮食储备安全管理制度,配备安全防护设施,定期进行安全检查和隐患整治。发现地方政府粮食储备数量、质量和储存安全存在问题的,应当立即按程序上报,并及时处理,防止损失扩大。

(四)承储期间发生安全生产事故的,立即处理,并按照有关规定及时报告。

(五)法律法规规定的其他义务。

第十九条 地方政府粮食储备承储企业不得实施下列行为:

(一)利用地方政府粮食储备为任何单位和个人办理抵押或者质押、提供担保或者清偿债务、进行期货实物交割;

(二)虚报、瞒报地方政府粮食储备品种、数量、质量,未经批准串换品种以及变更储存库点;

(三)违反法律法规规定的其他行为。

第二十条 县级以上地方人民政府粮食行政主管部门应当组织对本级政府原粮、散装食用植物油储备进行入库前空仓(罐)验收和入库后数量验收,对政府粮食储备进行定期检查。

第二十一条 承储企业入库的地方政府粮食储备以当年产新粮食为主,产新前可以购入上年度生产的粮食,并达到收购、轮换计划规定的质量要求。

县级以上地方人民政府粮食行政主管部门应当委托具有资质的粮食质量检验机构对本级政府粮食储备进行入库后质量检验验收。

地方政府粮食储备出库应当委托有资质的粮食质量检验机构进行检验。未经质量安全检验的粮食,不得销售出库。

第二十二条 地方政府粮食储备贷款应当与粮食库存增减挂钩,实行专款专用,贷款利息根据入库成本和相关利率规定予以补贴。

任何单位和个人不得骗取、挤占、截留、挪用地方政府粮食储备贷款或者贷款利息、管理费用等财政补贴。

第二十三条 地方政府粮食储备损耗不得超过规定额度。

鼓励承储企业运用信息化管理、低温储粮等新技术、新工艺、新设备,减少粮食损耗。

第二十四条 地方政府粮食储备因不可抗力造成的损失,由粮食行政主管部门会同财政部门核实,报本级人民政府批准后,由同级财政承担;因承储企业管理不善等造成的损失,由承储企业承担。

第二十五条 县级以上地方人民政府应当加强政府粮食储备仓储物流、质量检验等设施设备规划和建设,提高政府粮食储备安全保障能力。

县级以上地方人民政府应当严格保护国有粮油仓储物流设施,未经批准,不得擅自拆除、迁移或者改变其用途。

第四章 储备轮换

第二十六条 地方政府粮食储备轮换应当以储存品质为依据,以储存年限为参考,实行均衡轮换,确保粮食质量安全。

第二十七条 地方政府粮食储备实行计划轮换,任何单位和个人不得擅自轮换。

地方政府粮食储备承储企业应当自粮食轮出次月起4个月内完成轮入。因不可抗力或者宏观调控需要,经同级粮食行政主管部门会同财政部门、农业发展银行同级机构批准可适当延长,延长期内承储企业不享受超期轮换粮食相应的财政保管费用和贷款利息补贴。

成品粮油储备由承储企业结合运营管理实际适时组织轮换。

第二十八条 地方政府粮食储备轮换周期按照不同品种储存年限确定。主要品种储存年限为稻谷3年、小麦4年、玉米2年、散装食用植物油2年。成品粮油根据生产保质期限适时轮换。

县级以上地方人民政府粮食行政主管部门会同有关部门根据粮食品质和宏观调控需要，可以调整轮换周期。

第二十九条 地方政府粮食储备出现以下情形之一的应当轮换：

（一）不符合食品安全标准的；

（二）超过规定储存年限并接近不宜存的；

（三）不宜存的；

（四）其他应当轮换的。

第三十条 地方政府粮食储备购销、轮换主要通过粮食交易中心及相关网上交易平台公开竞价交易，也可以采取直接向粮食生产者收购、邀标竞价销售等方式进行。

第五章 储备动用

第三十一条 县级以上地方人民政府按照有利于稳定粮食市场、提高应急效率的原则，依法动用本级或者下级政府粮食储备和社会责任储备。

县级以上地方人民政府应当将地方政府粮食储备和社会责任储备分级动用措施纳入本级粮食应急预案。

第三十二条 县级以上地方人民政府粮食行政主管部门应当加强对本行政区域粮食市场的监测，建立健全本级粮食储备动用预警机制，适时提出动用建议。

第三十三条 有下列情形之一的，县级以上地方人民政府可以动用地方政府粮食储备和社会责任储备：

（一）粮食明显供不应求或者市场价格异常波动的；

（二）发生重大自然灾害、突发公共卫生事件或者其他突发事件的；

（三）县级以上地方人民政府认为需要动用的其他情形。

第三十四条 地方政府粮食储备按照逐级动用原则，先行动用本级政府储备，本级政府储备不足的可以申请动用上级政府储备。

第三十五条 县级以上地方人民政府依法动用社会责任储备后，按照规定给予合理补偿。

第三十六条 县级以上地方人民政府发展改革部门、粮食行政主管部门会同财政部门提出动用方案，报同级人民政府批准后，下达动用指令，由粮食储备承储企业或者其他组织具体实施。

紧急情况下，经县级以上地方人民政府授权，本级粮食行政主管部门可以直接下达动用指令。

第三十七条 地方政府粮食储备和社会责任储备动用情况，由本级人民政府发展改革部门、粮食行政主管部门会同财政部门向同级人民政府和上级主管部门报告。

第三十八条 地方政府粮食储备和社会责任储备动用后，有关企业或者其他组织应当按照县级以上地方人民政府发展改革、粮食等有关部门的安排及时恢复动用的粮食储备。

第六章 监督管理

第三十九条 县级以上地方人民政府粮食行政主管部门负责对地方粮食储备的品种、数量、质量、储存安全及储备政策执行等情况进行监督检查。

县级以上地方人民政府财政部门负责对本级政府粮食储备财政补贴资金使用情况进行监督检查。

第四十条 县级以上地方人民政府粮食、财政等有关部门在依法实施粮食储备监督检查活动时，可以行使以下职权：

（一）进入地方粮食储备承储企业及其他组织，检查地方粮食储备的品种、数量、质量和储存安全等；

（二）向有关单位和人员了解地方粮食储备有关情况；

（三）调阅、复制地方粮食储备管理的有关资料、凭证；

（四）组织开展地方粮食储备质量安全检验；

（五）法律法规规定的其他职权。

第四十一条 县级以上地方人民政府不履行保障地方粮食储备安全的主体责任，上级地方人民政府粮食行政主管部门会同有关部门可以约谈下级地方人民政府负责人。

第四十二条 县级以上地方人民政府应当将地方粮食储备监督检查所需经费列入本级财政预算。

第四十三条 县级以上地方人民政府粮食行政主管部门应当建立健全粮食信息管理平台，对地方政府粮食储备的品种、数量、质量、储存安全状况等实行动态远程监管。

第四十四条 县级以上地方人民政府粮食行政主管部门应当建立地方政府粮食储备承储企业信用档案，记录日常监督检查结果、违法行为查处等信息，并根据信用等级实施分类监管。

第四十五条 任何单位和个人对地方粮食储备运营管理中的违法行为，有权举报。

粮食等行政主管部门接到举报后，应当及时核实处理。举报事项超出本部门职责范围的，应当按照法定程序移送有关部门处理。

第七章 法律责任

第四十六条 违反本办法规定的行为，法律法规已有法律责任规定的，从其规定。

第四十七条 县级以上地方人民政府违反本办法规定的，由其上级人民政府责令限期改正；造成不良后果或者影响的，对直接负责的主管人员和其他直接责任人员，由任免机关、单位或者监察机关依法给予处分；构成犯罪的，依法追究刑事责任。

第四十八条 违反本办法规定，县级以上地方人民政府粮食行政主管部门和其他有关部门不依法履行地方粮食储备管理和监督职责的，对负有责任的领导人员和直接责任人员依法给予处分；构成犯罪的，依法追究刑事责任。

第八章 附则

第四十九条 本办法自2021年10月1日起施行。

四川省乡村振兴促进条例

（2021年11月25日四川省第十三届人民代表大会常务委员会第三十一次会议通过）

第一章　总则

第一条　为了全面实施乡村振兴战略，促进农业全面升级、农村全面进步、农民全面发展，加快实现农业农村现代化，根据《中华人民共和国乡村振兴促进法》，结合四川省实际，制定本条例。

第二条　四川省行政区域内全面实施乡村振兴战略，开展促进乡村产业振兴、人才振兴、文化振兴、生态振兴、组织振兴，推进城乡融合发展等活动，适用本条例。

本条例所称乡村，是指城市建成区以外具有自然、社会、经济特征和生产、生活、生态、文化等多重功能的地域综合体，包括乡镇、村、涉农社区、农（林、牧、渔）场等。

第三条　促进乡村振兴应当按照产业兴旺、生态宜居、乡风文明、治理有效、生活富裕的总要求，统筹推进农村经济建设、政治建设、文化建设、社会建设、生态文明建设和党的建设，充分发挥乡村在保障农产品供给和粮食安全、保护生态环境、传承发展中华优秀传统文化等方面的特有功能，推动与全国同步实现农业农村现代化。

第四条　全面实施乡村振兴战略，应当坚持中国共产党的领导，贯彻创新、协调、绿色、开放、共享的新发展理念，走中国特色社会主义乡村振兴道路，促进共同富裕，遵循以下原则：

（一）坚持农业农村优先发展，在干部配备上优先考虑，在要素配置上优先满足，在资金投入上优先保障，在公共服务上优先安排；

（二）坚持农民主体地位，充分尊重农民意愿，保障农民民主权利和其他合法权益，调动农民的积极性、主动性、创造性，维护农民根本利益；

（三）坚持人与自然和谐共生，统筹山水林田湖草沙冰系统治理，推动绿色发展，推进生态文明建设；

（四）坚持改革创新，充分发挥市场在资源配置中的决定性作用，更好发挥政府作用，推进农业供给侧结构性改革和高质量发展，不断解放和发展乡村社会生产力，激发农村发展活力；

（五）坚持因地制宜、规划先行、循序渐进，顺应乡村发展规律，根据乡村的历史文化、发展现状、区位条件、资源禀赋、产业基础分类推进。

第五条　在国家的统一部署下，乡村振兴实行省负总责、市（州）县（市、区）乡（镇）村抓落实的工作机制。地方各级党委和政府主要负责人、农村基层党组织书记是本地区乡村振兴工作第一责任人。

第六条　地方各级人民政府应当统筹推进本行政区域内乡村振兴工作，将乡村振兴工作纳入国民经济和社会发展规划，将巩固拓展脱贫攻坚成果同乡村振兴有效衔接，并建立乡村振兴考核评价制度、工作年度报告制度和监督检查制度。

县级以上地方人民政府农业农村主管部门牵头负责本行政区域内乡村振兴工作的统筹协调、指导和监督检查；县级以上地方人民政府其他有关部门在各自职责范围内负责有关的乡村振兴工作。

第七条　地方各级人民政府及其有关部门应当采取多种形式，广泛宣传乡村振兴促进相关法律法规和政策，鼓励、支持人民团体、社会组织、企事业单位等社会各方面参与乡村振兴促进相关活动。

对在乡村振兴促进工作中做出显著成绩的单位和个人，按照国家有关规定给予表彰和奖励。

第二章　规划布局

第八条　省人民政府应当根据国家乡村振兴战略规划，结合省国民经济和社会发展规划、国土空间规划编制全省乡村振兴战略规划。

市（州）、县（市、区）、乡（镇）人民政府根据全省乡村振兴战略规划，编制本地区乡村振兴规划或者实施方案。

第九条　县级以上地方人民政府应当统筹各类空间性规划，统筹布局农业、生态、城镇等功能空间，科学划定永久基本农田、生态保护红线和城镇开发边界。

第十条　市（州）、县（市、区）人民政府应当按照区域一体、多规合一、功能互补的要求，推动规划改革创新，以片区（经济区）为单元编制乡村规划，推动镇乡级规划全覆盖，村级规划按需应编尽编。

第十一条　县级以上地方人民政府应当统筹利用生产空间，科学划分乡村经济发展片区，统筹推进农业园区建设。

县（市、区）、乡（镇）人民政府应当合理布局生活空间，优化居民点规模和集聚形态，合理布局基础设施和公共服务设施，保护和传承传统村落建筑风貌，创新住宅功能，构建便捷的乡村生活服务圈。

县级以上地方人民政府应当严格保护生态空间，统筹推进长江上游生态屏障建设，加强重点生态功能区保护，修复和改善乡村生态环境。

第十二条 县级以上地方人民政府应当结合不同区域特点分类区推进乡村振兴;按照全省村集聚提升类、城郊融合类、特色保护类和搬迁撤并类的划分,分类别推进乡村振兴。

第十三条 县级以上地方人民政府应当根据本地资源禀赋,发展壮大中心镇,规范发展特色小镇,增强其承载能力和人口吸引力、集聚力,赋予相应管理权,创新投融资机制和服务管理机制,实现以城带乡、镇村联动发展。

第三章 产业发展

第十四条 地方各级人民政府应当坚持以农民为主体,以乡村优势特色资源为依托,支持、促进农村一、二、三产业融合发展,推动建立现代农业产业体系、生产体系和经营体系,推进数字乡村建设,培育新产业、新业态、新模式和新型农业经营主体,促进农户和现代农业发展有机衔接。

第十五条 落实粮食安全党政同责,地方各级人民政府应当完善粮食安全责任制。县级以上地方人民政府应当采取措施不断提高粮食综合生产能力,支持粮食产业发展,完善粮食加工、流通、储备体系,推广优质高产品种和先进适用技术,稳定播种面积,提高粮食产量,确保粮食安全。

县级以上地方人民政府应当积极发展绿色食品、有机农产品、地理标志农产品生产,推行食用农产品合格证制度,推动品种培优、品质提升、品牌打造和标准化生产,提升安全绿色优质农产品供给能力。

第十六条 省人民政府应当采取措施确保耕地总量不减少、质量有提高。

地方各级人民政府应当严格执行永久基本农田特殊保护制度,划定和建设粮食生产功能区、重要农产品生产保护区,完成高标准农田建设任务并纳入永久基本农田管理。

地方各级人民政府应当按照国家规定推进农村土地整理和农用地科学安全利用,加强农田水利等基础设施建设,改善农业生产条件。

第十七条 地方各级人民政府应当构建现代农业产业体系,加强产业基地建设,提高优质农产品供给能力;发展农产品加工业,培育农产品加工龙头企业;培育四川特色品牌,加强农产品流通骨干网络和冷链物流体系建设。

发展乡村产业应当符合国土空间规划和产业政策、环境保护的要求。

第十八条 地方各级人民政府应当建立健全农产品质量和食品安全监管体系。建立农产品质量安全监测、追溯体系和食品质量安全保障体系,完善农产品质量和食品安全标准体系及农资和农产品生产企业信用信息系统,实施产地准出与市场准入制度。

农产品生产经营者应当严格执行国家规定的农产品质量和食品安全标准,以及剧毒、高毒、高残留的农药、兽药禁用限用规定,落实生产经营者主体责任。

第十九条 县(市、区)、乡(镇)人民政府可以通过鼓励土地经营权流转、生产托管等方式发展农业适度规模经营,健全以家庭承包经营为基础,农村集体经济组织、家庭农场、农民专业合作社、基层供销社、农业产业化龙头企业等为主体,其他组织形式为补充的新型农业经营体系。

鼓励建立各类市场主体参与乡村资源整合机制,发展特色产业和产品。

第二十条 地方各级人民政府及其有关部门应当支持农户之间、农户与新型农业经营主体之间开展合作与联合,建立利益联结机制,健全农户生产社会化服务机制,提高农户抵御风险能力和自我发展能力,让农户共享产业链增值收益。

第二十一条 省人民政府应当加快农业科技创新体系建设,深化农业产业技术创新,加强农业科技成果转化,构建农业科技创新创业平台。

地方各级人民政府应当加强校(院)地科技合作,推进产学研协同创新,加快农业新品种、新技术、新模式、新装备示范推广;加强特色种质资源的收集保存、研究利用与繁育推广。

地方各级人民政府应当运用知识产权助力乡村振兴,大力扶持以专利为支撑的创新经济、以商标为支撑的品牌经济和以地理标志为支撑的特色经济。

第二十二条 地方各级人民政府应当完善农技推广体系建设,促进建立有利于农业科技成果转化推广的激励机制和利益分享机制,坚持公益性推广与经营性服务融合发展,鼓励企业、高等学校、职业学校、科研机构、科学技术社会团体、农民专业合作社、农业专业化社会化服务组织、农业科技人员等各类主体创新推广方式,开展农业技术推广服务。

第二十三条 省人民政府农业农村、经济和信息化主管部门及相关单位应当支持适合四川实际的农机装备研发生产和推广应用,推进主要农作物生产全程机械化,促进农机农艺融合、农业机械化信息化智能化融合,促进农机服务模式与农业适度规模经营相适应、机械化生产与农田建设相适应,提高农业机械化和农机农艺社会化服务水平。

地方各级人民政府应当加强农业信息化建设和数字农业发展,强化农业信息监测预警和综合服务,推进农业生产经营信息化。

第二十四条 地方各级人民政府应当建设农产品公共服务平台,建立完善农村电商公共服务体系,推动农产品流通企业与新型农业经营主体对接。

具备条件的地方可以发展特色小镇、生态康养、休闲农业和乡村旅游等,建设农村一、二、三产业融合示范园。

第二十五条 地方各级人民政府应当加强国有农(林、牧、渔)场规划建设,推进国有农(林、牧、渔)场现代农业发展,鼓励国有农(林、牧、渔)场在农业农村现代化建设中发挥示范引领作用。

第二十六条 地方各级人民政府应当持续深化供销合作社综合改革,支持基层供销社建设,强化为农服务功能,鼓励供销合作社与农村集体经济组织、农民专业合作社融合发展,加强与农民利益联结,发挥其为农服务综合性合作经济组织的作用。

第四章 人才支撑

第二十七条 地方各级人民政府及其有关部门应当推进产学研合作,培育以企业为主导的农业产业技术创新战略联盟,带动和支持返乡入乡人员依托相关产业链创业发展,兴办各类经济实体。

地方各级人民政府及其有关部门应当建立返乡入乡创业支撑服务平台,开展政策、资金、法律、知识产权、财务等专业化服务,为返乡入乡人员创新创业提供便利服务。

第二十八条 地方各级人民政府应当加快新型职业农民培育和普通话推广,支持新型职业农民参加中高等农业职业教育,支持符合条件的职业农民参加职业技能鉴定、职业技能等级认定、职业技能专项能力考核和专业技术职称评定。

县级以上地方人民政府及其教育行政部门应当指导、支持高等学校、职业学校设置涉农相关专业,加大农村专业人才培养力度,鼓励高等学校、职业学校毕业生到农村就业创业。

第二十九条 县级以上地方人民政府应当建立县域专业人才统筹使用制度,实施农业科研杰出人才计划和杰出青年农业科学家项目及农技推广服务特聘计划,提高农村专业人才服务保障能力。

第三十条 地方各级人民政府应当实施乡土人才培育行动,培育乡村实用技术人才和产业发展带头人及农村电商人才,扶持农业职业经理人、经纪人,培养生产能手、经营能手、能工巧匠、文化能人和非遗传承人。

第三十一条 县级以上地方人民政府应当制定财政投入、金融服务、用地用电等方面的优惠政策,支持各类人才到乡村创业就业。

县级以上地方人民政府应当推进大学生村干部和高校毕业生从事支教、支农、支医和扶贫工作;建立乡村人才援助机制,引导优秀教师、医生和科技、法律、文化体育工作者到乡村服务;支持离退休人员、知识分子和工商界人士等参与乡村振兴。

乡(镇)人民政府和村(居)民委员会、农村集体经济组织应当为返乡入乡人员和各类人才提供必要的生产生活服务。农村集体经济组织可以根据实际情况提供相关的福利待遇。

第三十二条 地方各级人民政府应当加强农村教育工作统筹,持续改善农村学校办学条件,支持开展网络远程教育,提高农村基础教育质量,加大乡村教师培养力度,采取公费师范教育等方式吸引高等学校毕业生到乡村任教,对长期在乡村任教的教师在职称评定等方面给予优待,保障和改善乡村教师待遇,提高乡村教师学历水平、整体素质和乡村教育现代化水平。

地方各级人民政府应当采取措施加强乡村医疗卫生队伍建设,支持县乡村医疗卫生人员参加培训、进修,建立县乡村上下贯通的职业发展机制,对在乡村工作的医疗卫生人员实行优惠待遇,鼓励医学院校毕业生到乡村工作,支持医师到乡村医疗卫生机构执业、开办乡村诊所、普及医疗卫生知识,提高乡村医疗卫生服务能力。

地方各级人民政府应当采取措施培育农业科技人才、经营管理人才、法律服务人才、社会工作人才,加强乡村文化人才队伍建设,培育乡村文化骨干力量。

第五章 文化繁荣

第三十三条 地方各级人民政府应当坚持以社会主义核心价值观为引领,保护乡村优秀传统文化,推进农村公共文化服务体系建设和农村文化市场繁荣,繁荣发展乡村文化。

第三十四条 地方各级人民政府应当加强农村精神文明建设,推进移风易俗,破除陈规陋习,建设乡风文明新村,培育文明乡风、良好家风、淳朴民风,不断提高乡村社会文明程度。

乡(镇)人民政府应当指导村(居)民委员会发挥村规民约(居民公约)积极作用,倡导绿色低碳、简约适度、科学健康的生产生活方式,引导群众抵制封建迷信活动、腐朽落后文化,采取约束措施对铺张浪费、攀比炫富、高价彩礼等行为进行治理。

第三十五条 地方各级人民政府应当采取措施做好农业文化遗产和非物质文化遗产的保护和传承工作,挖掘优秀农业文化深厚内涵,加强红色文化和爱国主义、集体主义、社会主义教育,推进民族团结进步教育,弘扬民族精神和时代精神。

第三十六条 地方各级人民政府应当挖掘、传承、发展优秀农业文化,采取有效措施保护、展示和利用下列具有农耕特质、民族特色、地域特点的文化遗产:

(一)古镇、古村落、古建筑、古树名木、少数民族特色村寨、文物古迹、农业文化遗迹等物质文化遗产;

(二)民间传说、传统音乐舞蹈、传统美术、传统技艺、传统戏剧曲艺、传统体育游艺、传统医药、民俗活动等非物质文化遗产;

(三)其他文化遗产。

县级以上地方人民政府有关部门应当建立传统农耕文化保护档案和数据库,对传统农耕文化进行真实、全面和系统的记录。鼓励和支持有条件的乡村，依托特色文化、特色产业建设村史馆，组织编纂乡镇（街道）志、村志。

第三十七条 地方各级人民政府应当建立健全乡村公共文化服务体系，推动县级公共图书馆、体育场馆、文化馆总分馆制建设，提升乡（镇）综合文化站服务效能，加强村级综合文体服务中心建设，推动“智慧广电”网络乡村全覆盖，拓展乡村文化服务渠道，提供便利可及的公共文化服务。

地方各级人民政府应当实施文化惠民工程，增加公共文化产品和服务供给，推动文化体育下乡、戏曲进乡村、健康教育巡讲；支持农业农村农民题材文艺创作，鼓励制作反映农民生产生活和乡村振兴实践的优秀文艺作品。

地方各级人民政府应当培育挖掘乡村文化本土人才，培养农村文化工作队伍，实施全民阅读和全民艺术普及行动，鼓励开展节日民俗活动和民间文体活动，推动农村文化市场转型升级。

第三十八条 地方各级人民政府应当坚持保护与开发有机结合，实施乡村历史文化展示工程，推进特色文化产业乡镇、村和文化产业群建设，打造民族团结进步示范村。支持培育具有民族和地方特色的传统工艺产品和民间技艺项目，推动区域文化、农业、旅游、康养、教育、体育等资源融合发展，促进传统农耕文化遗产合理适度利用。

第六章 生态保护

第三十九条 省人民政府应当统筹山水林田湖草沙冰系统治理，推动实施重大生态保护和修复工程，重点加强对黄河、长江流域和重要生态区域保护修复，加强农村生态建设。

地方各级人民政府应当坚持绿水青山就是金山银山的理念，加强大气、水体、土壤污染防治，建设生态美丽宜居乡村，推动乡村生态振兴。

第四十条 地方各级人民政府应当加强农村住房规划建设管理，组织设计符合当地实际的农村住房建设方案图集和施工图，强化新建农村住房规划管控，严格禁止违法占用耕地建房，严格禁止超面积占用宅基地；鼓励农村住房设计体现地域、民族和乡土特色，鼓励农村住房建设采用新型建造技术和绿色建材，引导农民建设功能现代、结构安全、成本经济、绿色环保、与乡村环境相协调的宜居住房。

第四十一条 地方各级人民政府应当建立政府、村级组织、企业、农民等各方面参与的共建共管共享机制，鼓励和支持使用清洁能源、可再生能源，持续改善农村人居环境。

县（市、区）、乡（镇）人民政府应当因地制宜推进农村生活垃圾分类处理，完善生活垃圾分类、收运和处理设施，建立行政村常态化保洁制度，实行户分类、村收集、乡（镇）转运、县（市、区）处理为主，片区处理与就近就地处理相结合的垃圾处理方式，推行适合农村特点的垃圾就地分类和资源化利用方式，推进再生资源回收利用网络与农村环卫清运网络融合。

县（市、区）、乡（镇）人民政府应当因地制宜实行污染治理与资源利用相结合、集中与分散相结合的农村污水处理方式和运行维护模式，推进城乡污水处理统一规划、统一建设、统一运行、统一管理。

县（市、区）、乡（镇）人民政府应当结合本地实际普及不同类型的卫生厕所，推进粪污无害化处理和资源化利用。

县（市、区）、乡（镇）人民政府应当加强乡村无障碍环境建设，开展道路硬化、村绿化、照明亮化、环境净化，推动村容村貌整体提升。

第四十二条 县级以上地方人民政府及其有关部门应当推广绿色防控技术，指导农业生产经营者科学使用农药、兽药、化肥、饲料等农业投入品。加强农业投入品管理，加快推进种养循环一体化，建立农村有机废弃物收集、转化、利用网络体系和农村清洁化能源体系，推进废旧农膜和包装废弃物等回收处置。

第四十三条 县级以上地方人民政府及其有关部门应当加强农业面源污染防治和农业生态环境修复治理，推进重金属污染耕地分类管理和安全利用；落实河湖长制，推进水生态环境改善；落实林长制，推进天然林、草原和湿地资源保护修复，开展荒漠化、石漠化、水土流失综合治理，改善乡村生态环境。

第七章 组织建设

第四十四条全省应当建立健全党委领导、政府负责、民主协商、社会协同、公众参与、法治保障、科技支撑的现代乡村治理体制，健全党组织领导的自治、法治、德治、智治相结合的乡村治理体系，构建共建、共治、共享的社会治理格局，促进乡村组织振兴。

地方各级人民政府应当加强乡镇人民政府社会管理和服务能力建设，把乡镇建成乡村治理中心、农村服务中心、乡村经济中心。

第四十五条 中国共产党农村基层组织，按照中国共产党章程和有关规定发挥全面领导作用。村民委员会、农村集体经济组织等应当在乡镇党委和村党组织的领导下，实行村民自治，发展集体所有制经济，维护农民合法权益，并应当接受村民监督。

第四十六条 地方各级应当配备与乡村振兴工作任务相适应的工作力量，完善农业农村工作干部队伍的培养、考核、选拔、任用机制，落实农村基层干部相关待遇保障，推动干部队伍年轻化、专业化。

鼓励青年公职人员到乡村振兴一线锻炼，建立新进公职人员到农村开展定期服务制度。

第四十七条 地方各级人民政府应当构建简约高效的基

层管理体制，科学设置乡镇机构，加强乡村干部培训，健全农村基层服务体系，夯实乡村治理基础。

第四十八条县（市、区）、乡（镇）人民政府应当加强对村民自治组织规范化、制度化建设的指导和监督，健全村级议事协商制度，发挥村民在基层治理中的主体作用，增强村民自我管理、自我服务、自我教育能力。

村（居）民委员会应当组织村（居）民依法制定村规民约（居民公约），发挥村规民约（居民公约）在农村基层治理中的作用，弘扬公序良俗；加强法律知识人才培养培训，充分发挥其在基层依法治理中的积极作用。

第四十九条 地方各级人民政府应当加强基层执法队伍建设、法治宣传教育和人民调解工作，健全乡村矛盾纠纷调处化解机制和社会治安风险隐患信息化排查处置体系，建立完善乡村涉疫、涉诈等重点群体排查管控、精准劝阻长效机制，推进法治乡村建设。

推进乡镇（街道）公共法律服务平台和村（社区）公共法律服务工作室规范化建设，构建覆盖城乡居民的公共法律服务体系。

第五十条 地方各级人民政府应当健全落实社会治安综合治理领导责任制，完善农村社会治安防控体系，加强农村综治中心和群防群治队伍规范化建设，深化拓展农村网格化服务管理，加强农村警务工作，推进平安四川建设。

地方各级人民政府应当推进综合行政执法，加强市场监管，规范乡村市场秩序。健全农村公共安全体系，强化农村公共卫生、安全生产、防灾减灾救灾、应急救援、应急广播、食品、药品、交通、消防等安全管理责任。

第五十一条 地方各级人民政府应当加强社会公德、职业道德、家庭美德、个人品德教育，建立道德激励约束机制。

第五十二条 县（市、区）、乡（镇）人民政府应当支持农村集体经济组织建设，发挥其在管理集体资产、合理开发集体资源、发展集体经济、服务集体成员等方面的作用，保障农村集体经济组织的独立运营。

第八章 城乡融合

第五十三条 地方各级人民政府应当加强城乡交通物流、客运、水利、能源、信息网络、广播电视、消防和防灾减灾等公共基础设施和新型基础设施的统筹规划、建设、管护，促进城乡基础设施互联互通，保障乡村发展能源需求，保障农村饮用水安全，满足农民生产生活需要。

第五十四条 县级以上地方人民政府应当优先发展农村教育事业，健全乡村医疗卫生服务体系；加强农村社会保障体系建设，提升农村养老服务能力；推动公共服务向农村延伸，社会事业向农村覆盖，促进公共教育、医疗、文化、体育设施等资源向农村倾斜，健全全民覆盖、普惠共享、城乡一体的基本公共服务体系，推进城乡基本公共服务标准统一、制度并轨。

地方各级人民政府应当健全乡村便民服务体系，提升乡村公共服务数字化智能化水平，支持完善村级综合服务设施和综合信息平台，培育服务机构和服务类社会组织，完善服务运行机制，促进公共服务与自我服务有效衔接，增强生产生活服务功能。

第五十五条 县级以上地方人民政府及其有关部门应当加快完成农村各类产权确权和登记颁证；健全农村集体资产管理制度，激发农村市场活力，盘活农村闲置资源，发展壮大新型集体经济。

第五十六条 县级以上地方人民政府及其有关部门应当推进户籍制度改革，实行居住证制度，保障进城农民各项权利，允许进城落户农民依法、自愿、有偿退出宅基地使用权、土地承包权、集体收益分配权，不得以退出土地承包经营权、宅基地使用权、集体收益分配权等作为农民进城落户的条件。

鼓励社会资本到乡村发展与农民利益联结型项目，鼓励城市居民到乡村旅游、休闲度假、养生养老等，但不得破坏乡村生态环境，不得损害农村集体经济组织及其成员的合法权益。

第五十七条 地方各级人民政府及其有关部门应当采取措施增加农民收入，鼓励农民进城务工，拓宽增收渠道，全面落实城乡劳动者平等就业、同工同酬制度，建立健全有利于农民收入持续稳定增长的机制。

用人单位应当依法为务工农民办理社会保险参保关系，并足额缴纳社会保险费，按时足额支付工资，不得拖欠或者克扣。支持农民按照规定参加城乡居民基本养老保险、基本医疗保险，鼓励具备条件的灵活就业人员和农业产业化从业人员参加职工基本养老保险、职工基本医疗保险等社会保险。

第九章 扶持措施

第五十八条 县级以上地方人民政府应当优先保障乡村振兴的财政投入，确保投入力度不断增强、总量持续增加、与乡村振兴目标任务相适应。加大地方政府新增债券资金投入乡村振兴力度。

调整完善土地出让收入使用范围，提高农业农村投入比例，重点用于高标准农田建设、农田水利建设、现代种业提升、农村供水保障、农村人居环境整治、农村土地综合整治、耕地及永久基本农田保护、农村公共设施建设和管护、农村教育、农村文化和精神文明建设支出，以及与农业农村直接相关的山水林田湖草沙冰生态保护修复、以工代赈工程建设等。建立省级统筹调剂机制，重点支持粮食主产县（市、区）粮食生产、高标准农田建设及成都平原的水田恢复建设。

深化涉农资金统筹整合长效机制，坚持县级主体，依法依规、有序有效推进涉农资金统筹整合。强化涉农资金监督管理，落实行业主管部门主体责任。全面实施预算绩效管理，提高财政资金使用效益。

第五十九条 地方各级人民政府应当采取措施巩固拓展脱贫攻坚成果，持续推动脱贫地区发展，增强脱贫地区内生发展能力。

地方各级人民政府应当建立健全易返贫致贫人口动态监测预警和帮扶机制，建立农村低收入人口、欠发达地区帮扶长效机制，实现巩固拓展脱贫攻坚成果同乡村振兴有效衔接。

第六十条 县级以上地方人民政府应当深化“放管服”改革，优化乡村营商环境，鼓励和支持社会资本参与乡村振兴。

第六十一条 地方各级人民政府及其有关部门应当鼓励和引导各类金融服务机构将农业农村作为优先服务领域，创新金融产品和服务方式，满足乡村振兴融资需求。

鼓励证券、保险、担保、基金、期货、融资租赁、信托等金融资源服务乡村振兴。

第六十二条 县级以上地方人民政府设立的相关专项资金、基金应当按照规定加强对乡村振兴的支持。省级设立乡村振兴投资引导基金，重点支持现代农业产业及先导性支撑产业发展。鼓励市县以市场化方式设立乡村振兴基金，重点支持农业产业发展和农村基础设施建设。

综合运用担保贴息、贷款风险等财金互动政策措施，完善政府性融资担保机制，鼓励地方因地制宜组建乡村振兴农业产业发展贷款风险补偿金，依法完善乡村资产抵押担保权能，改进、加强乡村振兴的金融支持和服务。

财政出资设立的政策性农业信贷担保机构，应当主要为从事农业生产和与农业生产直接相关的经营主体服务。

第六十三条县级以上地方人民政府应当合理确定并严格控制新增建设用地规模，提高土地节约集约利用水平，优先使用存量建设用地；可以按照国土空间规划和国家有关规定，按照法定程序实施农村土地整治和城乡建设用地增减挂钩，有效利用农村零星分散的存量建设用地，激活农村土地资源，完善农村新增建设用地保障机制，满足乡村产业、公共服务设施和农民住宅用地合理需求。

县级以上地方人民政府应当强化乡村产业用地保障，安排不低于当年下达或者核算的年度用地计划指标总量的百分之五保障乡村重点产业和项目用地。

第十章　监督检查

第六十四条 地方各级人民政府应当实行乡村振兴战略实施目标责任制和考核评价制度。上级人民政府应当对下级人民政府实施乡村振兴战略的目标完成情况等进行考核，考核结果作为地方人民政府及其负责人综合考核评价的重要内容。

第六十五条 地方各级人民政府应当向上一级人民政府和同级人民代表大会或者常务委员会报告年度乡村振兴工作情况。

县级以上地方人民政府定期对下一级人民政府乡村振兴促进工作情况开展监督检查。

第六十六条 县级以上地方人民政府审计、发展改革、财政、农业农村等部门应当按照各自职责依法对农业农村投入优先保障机制落实情况、乡村振兴资金使用情况和绩效等实施监督。

第六十七条 乡村振兴工作应当接受社会监督。任何单位和个人有权对违反本条例的行为进行举报。有关单位应当及时进行调查核实，并依法予以处理。

第六十八条 省人民政府统计、农业农村、乡村振兴等有关部门应当建立客观反映乡村振兴进展的指标和统计监测体系，加强动态监测评估。县级以上地方人民政府应当组织对本行政区域内乡村振兴战略实施情况进行评估。

第六十九条 广播、电视、报刊、网络等新闻媒体等应当加强对乡村振兴的舆论宣传和监督。

第七十条 违反本条例规定的行为，法律、法规已有法律责任规定的，从其规定。

地方各级人民政府及其有关部门工作人员在乡村振兴促进工作中不履行或者不正确履行职责的，依照法律法规和国家有关规定追究责任，对直接负责的主管人员和其他直接责任人员依法给予处分。

第十一章　附则

第七十一条 本条例自2022年1月1日起施行。

编写组

BIAN XIE ZU

《四川农村年鉴》省级部门编写组

单位名称	编写组组长	成　员
四川省高级人民法院	熊　焱	殷　恒　沙敢长
四川省人民检察院	张燕飞	余　丽　郑钰飞　刘雷霆
中共四川省委宣传部	李延青	田嘉康　李　楠
中共四川省委政法委员会	岳　亚	黄凌波
中共四川省委台湾工作办公室	刘　浩	林　萍　吴红松　陈志龙　许贤维　赵少飞
四川省发展和改革委员会	邓长金	田雪松　喻　龙　黄建军　蒋青柏　钟振宇　李　杰　蔡仁杰
四川省经济和信息化厅	何开华	罗　广
四川省教育厅	谢志道	苏盐生　史燕莉
四川省公安厅	吴　坤	杨　林　杜　彪　肖力搏　罗　智
四川省民政厅	赵　坤	彭啸涛
四川省生态环境厅	钟承林	彭　勇　蒲　彬　罗秀兵　邓文彬　王　忠　芮永峰　杨　庆 康　宁　曹小佳　郜筱亮　王鼎力　史鸿乐　李江桥　冯娜娜
四川省交通运输厅	丁　杨	王　谦
四川省水利厅	杨　攀	杜晓刚　钟晨晨　王　喜　周　强　周　燕　张宇轩　徐晓娟 周永清　苟　雷　罗力铭　张彦成　王　玥　范　赓　邹春梅 李小余　冯　江
四川省审计厅	康东进	魏旭敏　陈良龙
四川省市场监督管理局	李　明	黄　莎
四川省体育局	肖　锋	徐庆愿　璩秀强　吕　怡　邹　魁　雷　磊
四川省乡村振兴局	黄　宇	韩　峰　付方东　邓梦颖
四川省地方金融监督管理局	傅　瑜	张　弛　孙华邹
四川省经济合作局	吴燕翔	李　伟
四川省林业和草原局	林荣岗	郑夔荣　黄泽亮
四川省广播电视局	云　鹏	王维强
四川省农业科学院	张　雄	刘永红　周评平　蒋　馨　龚一耘　杨双羽
四川省中医药管理局	杨正春	尹　莉　陈　莹　谭莉业
四川省通信管理局	孙　亮	张　凤
四川省气象局	姚志国	游　泳　李纯仪　冯培春　邓　彪　陈云强　范思睿　王闫利
国家统计局四川调查总队	陈山俊	石文格　李　洋
四川省水产局	何　强	何　川　郑华章　夏明明　王　放　张华萍

续表

单位名称	编写组组长	成　员
四川省地方电力局（四川省河湖保护局）	李亚昕	王小会　王思植　崔西岭　宋道国
中国银保监会四川监管局	周卫江	罗崇东　弓　灿　陈洪春　高超然　杨　晋　邓莯川　侯诗梦　周雨晴　李　礼
中国农业发展银行四川省分行	黄　敏	刘　令　李　燃
中国邮政集团有限公司四川省分公司	魏雪梅	赖煜寰
四川省自然资源科学研究院	谭小琴	向　丽

《四川农村年鉴》市（州）编写组

城　市	编写组组长	成　员
成都市	潘　斌	舒　航　魏英明　杨生成　周　亚
自贡市	龙腾鑫	姜　华　祁向东　陈思禄　古荣华　余　泓　倪志辉　李吉能
攀枝花市	龙　勇	伍从银　李　恒　沙孟旭
泸州市	张文军	周洪华　牟光彬　杨国超　刘　康　常　敏　李支勇　江维兵　周仁树　李　丹　陈明鑫　傅浩然　赵付平　谭德卫　陈立春
德阳市	罗文全	江小军　王　英　江　涛　潘　鹏　屈　直　邱　明　唐　华　何升元　王永川　叶　科　兰　勇　李麒麟　甘　志　黄　剑　肖　静　王　宁　杨方清　张全科　刘　勇　张　笠　何道钰　李　嵘　罗万举　江　山　周录学　张　铭　张志强　代天磊　罗刚承
绵阳市	李　栋	贾友忠　张廷伟　曾德军　熊帮照　周　杨
广元市	李昱隆	何开莉
遂宁市	黄李银	蒋　坤
内江市	徐炼英	蒋学飞　黎兆武　付海霞
乐山市	先　平	甘　麟　吴　涛　吴梦婕　郑　燃　李　峻
南充市	古正举	李洪君　何　鹏　魏　毅　姚连武
宜宾市	方存好	周文宇　李　华
广安市	尹黎明	刘　健　朱小龙　龚显军
达州市	严卫东	张　杰
巴中市	苟斌才	邹思程　王岚芳
雅安市	邓朝金	袁　斌　胥　强　曹晓玲

续表

城　　市	编写组组长	成　　员
眉山市	宋良勇	严明宇　周天才　吴洪波　王建祥　李　俊　徐智勇　吴　翔　许　政　何永列　邹成双　王　枫　冷　军　程志春　瞿泽林　王　绪　朱科良　周泽轩　王　果　杨传华　周明强　万红缨　钟利东　乐　军　李　曦
资阳市	林显奎	张团结　管昌平　唐致朋　李析芮
阿坝藏族羌族自治州	旺　娜	李世林　代　红　彭开剑　蔡怀东　刘　俊　杨　川　赵　怡
甘孜藏族自治州	冯发贵	袁　纲　王　虎　王朝鸣　杨尚志
凉山彝族自治州	马小合	马联双　曾　斌　崔亚波　刘　犁　周　斌　王　建　胡定显　母　鑫　王开军　王天成　赵　超　刘　健

《四川农村年鉴》县（市、区）编写组

城　　市	单位名称	编写组组长	成　　员
成都市	锦江区	张　敏	朱文飞
	青羊区	李　浩	吴传方　徐宝清　马　兰　袁　满
	金牛区	阳　璐	黄　俊
	武侯区	刘　莉	孙剑辉
	成华区	韩际舒	周海云
	龙泉驿区	王旭涛	张　毅
	青白江区	邱方林	张传金　彭予咸　汤仕芬
	新都区	张文豪	马兴华
	温江区	陈　岚	王通文
	双流区	欧　昭	杨　钒　苏　巍　薛　燕　沈登水　罗　川　杨　科　杨明德　张起龙　张　君　余昌洪
	郫都区	张怀东	孙怀举　张型刚　尹华龙　何晓芳　朱友成　范海桥　罗川江　唐　棋
	新津区	陈志斌	徐　萍　李　璐　唐　钦
	都江堰市	唐　彬	程绍容　王明静　罗　强　徐继刚　成　鑫　王雨沐　刘存婷　骆志家　刘　军　陈　彬　潘　超
	彭州市	郑　川	李世斌　董秀凤
	邛崃市	肖　庆	李霞琼　卢　剑
	崇州市	陈茂禄	饶　程　毛向阳　王　峰　郑　宇　陶　陶　万国威　李铭剑　钟有君　雷文全　黄春江　黄　建　徐　宏　张舜阳　王东红　杨成伦

续表1

城　　市	单位名称	编写组组长	成　　员
成都市	简阳市	罗　巍	张健涛　黄　丽
	金堂县	陈小毅	刘雅荔
	大邑县	向　征	陈建康　徐靖辉　戴晓兵　林　强　米　倩　隆晓勇　粟　彬　程　静　吴永建　杨　郎
	蒲江县	蒲发友	赵　钢　冉启良　彭　东　王旭良　吴　疆　杜丽萍　陈春涛　李　敏　齐　俏　杨　勇　左旭东　佘琼英　姚雄辉　余水洋　张仕平　李　锦　唐翠芳　杜济锦
自贡市	自流井区	邓　航	梁长远　杨红英　陈　维　罗　燕　宋司元
	贡井区	刘　勇	甘　静　董晓军　刘　利　冉雪飞　刘寒聪　杨开燕　廖　俊　郑　伟　陈毓平
	大安区	周　怡	李茂彬　袁思遥
	沿滩区	杨　文	陈　勇　张成兴　陈　名　林海燕　陈　利
	荣　县	伍祁君	刘林海　张里慧　李小珍　刘　强　朱　建
	富顺县	邱明贵	荣过友　李燕容　黄　斌　段响荣　邹　波　邓胜东　韩　雪　余　翔　胡　月　陈　娇　罗辅君　曾　瑶　潘　锋　孙　伟　舒甫斌　陈　露
攀枝花市	东　区	王　棚	苏　波　杜　荣　胡　蓉
	西　区	胡昱冰	蒋莉娟　王　彬　胡彦杰　何春霞
	仁和区	李　群	关仁福
	米易县	侯　锋	严明发　李维华
	盐边县	李晓康	李晓波　苏　炜　黄元林
泸州市	江阳区	朱达权	宋哲远　古梦雅
	龙马潭区	秦登杰	杨　帆　袁富强　郭小英　汪　倩　彭华权　王顺南　艾玉洁　许多彬
	纳溪区	谭荣兵	袁维荣　邹　冰　王　霞　雍　涛　王永宏　戴明桂　胡天璧　徐廷超　张明荣　王晓兰　郑永贵　李模成　彭取敏　葛恒山　曾　玉　杨铁森　赵小红　刘　宇　廖晓雨
	泸　县	肖　刚	吕　先　王先奎　何明江　王学良　许国庆　邓基祥　谢　鑫　郑光明　郭武灿　胡　波　罗万宣　郑晓波　冯秋兰　刘代全　李　玲　沈中良　雷　林　熊开芬　熊豪德　陈晓琳　刘　燕
	合江县	王　波	王　卉　陈　勇　李淋春　刘君达　袁良海　贾小伟　潘　静　程邦国　姚录平　张从权　匡红兰　黄亚南　匡　蓉　周成蓉　梁　暇　胡方钢　赵经纬　陈重壁
	叙永县	郭　浩	潘　峰　蒋　胜　严　萍　郑廷聪
	古蔺县	李　旭	汤渊仲　蒲　良　周怀平　祁联飞　刘礼伦　罗　令　王崇东　何　秋　徐　静
德阳市	旌阳区	陈　然	李凌霄　董品婧　付　坚　杨昌平　何木刚　唐克斌　陈晓林　米文峰　王永钦　邱海文　石　强　胡朝全
	罗江区	杨　益	唐华明　胡　荣　彭　娟　周世坤　李　竞

续表2

城　市	单位名称	编写组组长	成　员
德阳市	广汉市	胡羽宇	唐晓玮　钟洪波　周　捷　邓　洪　黄　庆　刘勇杰　张跃辉　熊祥春　文　嘉　范中建　郭邦富　赵忠涛　王　军
	什邡市	陈　林	王云海　衡海兵　王　娟
	绵竹市	古广华	吉　刚　冷　静　李　强
	中江县	袁　海	许世顺　李　科　周　适　谢　颖
绵阳市	涪城区	刘　琳	顾雪邦　文圣春　凌章杰　曾　国　刘武林　刘　炜　郭晓英　赵冀川　赵海龙　胡志斌　方　力　邓长青　秦　伟　李　军　古　丹　杨　红
	游仙区	陈华斌	韩晓清　李　响　陈　政　姚永强　吴先强　吴　波　刘晓东　文　锋　李　进　郑皓南　叶　飞　张代利　王　斌　唐莉萍　左维波　彭　滔　贾　芳　李　慧　雍　晶　黎　霖　唐　玺　刘绍彪
	安州区	蒋　波	张志勇
	江油市	元承军	曾建军　景　琴　饶中友　姚来辅　康　明　蒲维东　唐德斌　张泽民　王　斌　文清玉　罗　淦　田　甜　官军明　田春燕
	梓潼县	刘　强	黄　建　姚德行　李　宇　何　青　焦　剑　李发德　梁　江　张晓萍　贺玉春　高　敏　范思瑶　任芸姣
	平武县	姜　坤	赵　琳　向　斌　佘　兰　雍小东　苏余华　潘　钊　李　涛　徐晓龙　王春莲　刘　斌　杨　刚　赵国红　胡朝霞
	北川羌族自治县	周福兰	宁顺飞　代小龙　陈雪良　邓　勇　杨　勇　陈仁毅　秦慧斌　何浩宇　夏　青
	三台县	汪　楠	景安荣　刘圣繁
	盐亭县	毛　亨	陈　江　李春凤
广元市	利州区	张　磊	李依芮
	昭化区	任　斌	王振江
	朝天区	杨金军	刘长金　马天星　沈万全　张玉恩　袁加良　王　健
	旺苍县	林　佳	李　斌
	剑阁县	杨祖斌	范为民　冀健华　杜海燕　唐家华　罗映波　熊丽蓉　邓思举　杨绍波　刘宗刚　梁译文　袁加洪
	青川县	张久全	李　力
	苍溪县	翟广生	周胜华
遂宁市	船山区	谯　强	聂　华　姜　木　刘　勇　唐　欣　陈洪敏　向福连　柴　菁
	安居区	谭久宏	唐文林　高　娟
	射洪市	王　能	王家伦　蒲启强　曾凡文　刘婷婷
	蓬溪县	刘定华	谢才国　曾　维
	大英县	王　涛	何时雨　刘文志
内江市	市中区	杨　云	粟学书　魏新征
	东兴区	李　伟	罗　波　罗　洁
	隆昌市	王小波	钟　辉　罗玉雪　林　波　杜雪梅　郑绍羽

续表3

城　　市	单位名称	编写组组长	成　　员
内江市	资中县	唐　荣	杨　靖　罗文超
	威远县	许　凤	夏年方　黄雨谭　闵　洁
乐山市	市中区	邓清清	肖　拉　杨　宽　夏　柯　鲜南杰　王　凤
	五通桥区	陶吉春	张杰瑜
	沙湾区	李诚宇	刘保平
	金口河区	周威洋	唐　丽
	峨眉山市	童登俊	张海文　李忠洪
	犍为县	杨　谦	代　璐
	井研县	谢建平	雷　平
	夹江县	薛怀军	唐　丹
	沐川县	姜　华	杨进东
	峨边彝族自治县	叶道理	张蓉芳
	马边彝族自治县	立克浩茂	苏晓明
南充市	顺庆区	杜　彬	何　杰　付德勇　杨　波　范　虎　邓丽红
	高坪区	陈多平	兰吉春　杜素太　王　栋
	嘉陵区	史　燚	张青松　苏长龙　陶　刚　严　军
	阆中市	唐　硕	杨劲松　邓　健　杨君文
	南部县	黄　波	尹成平　袁彬峰　李　阳　梁德华
	西充县	张光全	邓　强　朱佳宇　李　红　刘　欢
	营山县	罗明远	敬　健　冯　娟　阳先锋　蹇建生　杨　光
	仪陇县	郭宗海	唐弘平　张北平
	蓬安县	崔竹君	唐方春　苟　耄　王　勇　费尚全
宜宾市	翠屏区	祝　科	赵福强　向贤明
	南溪区	陈元华	李　彪
	叙州区	瞿　进	阳　兵
	江安县	何益伟	程　勇
	长宁县	徐创军	王志刚　李　政
	高　县	张锡恒	龚　平
	筠连县	谢晓丹	刘　伟
	珙　县	刘　毅	杨　勇
	兴文县	周明军	廖　斌
	屏山县	赵　丹	罗泽超
广安市	广安区	罗　钧	雍文超　王　历　陈全胜　刘春燕　程海奎　谢冰寒　马裕冬　李敏华
	前锋区	鲁崇兵	胡一卷　邹春林　吴德军　吴嘉明

续表4

城　　市	单位名称	编写组组长	成　　员
广安市	华蓥市	熊巧利	向　果　肖庆生　代　辉
	岳池县	龙军华	陈高林　赵　毅　范昭东　罗小萍　陈富威
	武胜县	张安民	段秋林　杨　姣
	邻水县	张春燕	赵宏剑　蒋明勇
达州市	通川区	覃永利	袁　安
	达川区	唐令彬	黎昌瓒
	万源市	朱　挺	万明鲜
	宣汉县	陈　军	许　超
	大竹县	郝玲玲	李锡全　周　庆　杨　华
	渠　县	王　飞	李　根
	开江县	李文章	陆世斌
巴中市	巴州区	刘映德	陈廷玺
	恩阳区	何开国	杨青松　邓甫海　杨易超　罗　霄　扬　程
	南江县	赵燕飞	张晓东　马　明　石　甫　廖安宁　张　江　张耀中
	通江县	熊纯俊	向荣明　刘国锋　屈天海　文显成
	平昌县	万学成	贾　健　胥英豪　李治国　何映舟　李思庆　姜朝晖　秦长斌　方　彬　张　娜
雅安市	雨城区	高福强	陈建伟　廖　鹏　周雅军　冯林海
	名山区	黄勇刚	李良勇　马忠强　王龙奇　黄　茹　蒋培基　周　昌　包启繁　李　静　姚乂莎
	天全县	余　力	郑胡勇　高志祥
	芦山县	周建华	杨　俊　尹　清
	宝兴县	冯俊涛	罗显泽　杨现康　张　忠　彭　伟
	荥经县	李　蓉	古玉军　晋兆平　李　力
	汉源县	郑朝彬	贺东风　覃建生　岑永杰　李树敏　刘　勇　龙　锦
	石棉县	宋　朝	潘锡健　刘　燕　任永彬　王晓敏　张杨军　杨智勇　徐庭玉
眉山市	东坡区	朱科良	赵　翔　彭　刚　王萌梅　余爱琼　杜　江
	彭山区	张潇丹	罗　杰　潘茂利
	仁寿县	唐　余	缪可言　赖利军　余　倩　范　敏　刘泽文　郑建良　王　丹　黄健康　何建普　张永朕　陈宇坤
	洪雅县	李忠云	白海涛　陈天容　白小华　苏　洪　赵　昆　王　芳　侯　霞
	丹棱县	周明强	叶晓梅　李利均　李光兰　罗碧霞　商加梁　张延东　殷　花　徐　毅　蒋　林　饶正大　戴轶琴　曹　华　朱成刚　张新雨
	青神县	万红缨	饶　舜　魏玲慧　胡文龙　杨攀峰

续表5

城　　市	单位名称	编写组组长	成　　员
资阳市	雁江区	欧阳建	陈　勇　刘羽洁
	安岳县	邹其烈	吴芷竞
	乐至县	罗　宇	陈建军　赵　燕　邓　巧　陈吉军　李　萍　欧家建　罗　斌　刘　宽
阿坝藏族羌族自治州	马尔康市	杨成才	吴　均　朱学军　常玉春　李联明　张智励
	汶川县	岳洪春	刘　艳　唐琼芳　吴　丽　唐金福
	理　县	岳云刚	冯丽娟
	茂　县	周　耀	钟　宇　周　斌　苏泽松　谭　平　周顺友　全学军　曾雪梅　任国华　刘光华　汪建康　雍　茂　张成定　唐莉萍　苏泽民　万力基　赵子强　胡华宇
	松潘县	张立志	蔡大勇　曹林志　马良玺
	九寨沟县	班永国	黄　伟　罗　强　刘煜心
	金川县	卢永波	谭　旭　贺蕊松　张红军　赵明垚
	小金县	黄　敏	黄仁炎　吴品俊　马兴武　张　伟　王崇安　黄　河　蒋劲松　袁兴露　牛显文　杨　成
	黑水县	汪明胥	董平居　任青云　何　军　王维东　方　毅　梁栎彬
	壤塘县	王志蓉	刘　玲　李　伟
	阿坝县	杨　斌	温朝平　王昌建　范文辉　马顺兴　赵　林　吴　麟　孙玉波
	若尔盖县	孙玉波	蒋祖建
	红原县	蒋明平	袁友兴　贡波华清　蒲　娟　唐月华　冯忠武　冯　澜　鲍　莉　邓仕强
甘孜藏族自治州	康定市	王　强	尹天林　杨国勇　胡德强
	泸定县	宋晓军	王　蕾　且　军　车成军
	丹巴县	何文才	李　樱　叶悠霞
	九龙县	张　军	张光珍
	雅江县	郑显峰	钟　色　李洪俊
	道孚县	扎　多	根确单孜
	炉霍县	邓建光	王应蓉　杜　梅　黄　琳
	甘孜县	其　太	何　鉴　郑富明　余兰英
	新龙县	丁　康	黄如一　银　虹　杨　梅
	德格县	方一舟	土　格　毕代刚　游　科

续表6

城　　市	单位名称	编写组组长	成　　员
甘孜藏族自治州	白玉县	刘　堰	阿央邓珠　马春林　任志刚　张　杰　李忠文
	石渠县	王朝伟	廖华远
	色达县	降初夏姆	泽仁措　班马德吉　殷志勇
	理塘县	四郎曲批	刘　波　俄色·洛绒登巴　翁　登　李新康　桑　根　热　洛　扎西泽仁　郭长生　降白泽登　张根强　铁　民　廖　忠　雷红生　格　绒　斯郎达吉　钮海江　孙建平
	巴塘县	张家志	洛绒拉珍　张　莉　余成建
	乡城县	杨　林	尼玛西日　陈文铭　谢红军　拥　初
	稻城县	格绒追美	袁　斌　李华竹
	得荣县	格绒益西	阿　车
凉山彝族自治州	西昌市	刘腾云	万安民　杨　梅　唐　贤　詹祖雄　欧宇超
	会理市	杨昌菊	赫德洪　李冬霞　李燕秋　康露曦
	木里藏族自治县	孟　宇	普　祖　海祖里　李　俊　张武科
	盐源县	罗科霖	冯明国　张申康　辜　红
	德昌县	龙里体	罗　伟　刘家林
	会东县	张正维	徐　彬
	宁南县	吴　伟	张正权　江农华　邹　英
	普格县	俄木瓦来	期沙子虫　陈庆华
	布拖县	向国华	姚仲华
	金阳县	周　勇	俄木拉吉
	昭觉县	徐棕骏	瓦布阿嘎
	喜德县	赵生亮	孙　凡
	冕宁县	赵支勇	孔庆林　黄蜀粤
	越西县	向　兴	周咏春
	甘洛县	蒋　雪	杨秋璇
	美姑县	孙学元	洁　松　廖加伟　阿苦鲁清　普　云　罗巫呷
	雷波县	马格胚	谷凉勇　胡　俊　李　灵　黄坐剑　胡帮平　马　丽　陈　奎　罗泽文　张　英　汪远伶　熊　彪　龙忠翔　沈小英　侯永在　刘茂丘　雷　雨

全面建设社会主义现代化四川

聚焦

聚焦“三农”

用镜头记录四川擦亮农业金字招牌、由农业大省向农业强省跨越的发展历程。

四川省生态环境厅

生态环境部部长黄润秋（前排中）调研广元市饮用水水源保护和白龙湖良好水体保护工作

中央第五生态环境保护督察组副组长、最高人民检察院副检察长张雪樵（右二）一行到广元市利州区河西街道口村黑臭水体治理点位调研

时任生态环境部总工程师、水生态环境司司长张波（前排左二）率调研组到泸州市调研城乡污水治理情况

四川省生态环境厅（简称“生态环境厅”）是四川省人民政府组成部门，加挂四川省核安全管理局牌子，为正厅级。

生态环境厅负责建立健全全省生态环境基本制度；负责全省重大生态环境问题的统筹协调和监督管理；负责监督管理全省减排目标的落实；负责提出全省生态环境领域固定资产投资规模和方向、省级财政性资金安排的意见，按省政府规定权限审批、核准全省规划内和年度计划规模内固定资产投资项目等工作；负责全省环境污染防治的监督管理；指导协调和监督全省生态保护修复工作；负责全省核与辐射安全的监督管理；负责全省生态环境准入的监督管理；负责全省生态环境监测、统计和信息发布工作；负责应对气候变

时任省人大常委会副主任杨洪波（前排右二）到眉山市调研生态环境保护工作

时任副省长陈炜（右一）到巴中市巴州区曾口镇书台村调研

“干部专业化提升计划”2021年省级重点专题培训项目农村生态环境专题研讨班

化工作；组织开展省级生态环境保护督察和监察；统一负责全省生态环境监督执法；组织指导和协调全省生态环境宣传教育工作；开展全省生态环境科技、生态环境对外合作交流等工作。

四川省作为长江黄河上游重要的生态屏障和水源涵养地，肩负着维护国家生态安全的重大使命。全省生态环境系统坚持以习近平生态文明思想为指引，深入贯彻习近平总书记对四川工作系列重要指示精神，全面落实党中央、国务院和省委、省政府决策部署，推动四川生态文明建设不断迈上新台阶。

全省生态环境系统乡村人才振兴培训班

蒲江县甘溪镇明月村（中国美丽休闲乡村）

平昌县板庙镇大石社区新貌

成都市郫都区唐昌镇先锋村环境整治

崇州市桤泉镇荷风水村生态农旅

成都市龙泉驿区西河镇天平村新貌

全省生态环境系统坚持系统观念，统筹推进各项业务工作，以生态环境高水平保护推动高质量发展。全省上下高质量配合做好第二轮中央环保督察，受到中央督察组肯定，四川被确定为第一档次。推动出台《赤水河保护条例》等3个地方性法规，发布泡菜工业水污染物排放标准等4项地方标准，持续加强法规标准建设。启动省级生态示范县创建，累计创建国家生态文明建设示范县和“两山”基地28个，居中西部前列。构建“1+7+3”省级环境应急物资储备体系，建立“七横十一纵”流域联防联控体系，不断提升全省环境应急水平。继续试行环评预审制，对344个项目实施环评预审，涉及投资1466亿元，主动服务好高质量发展。

坚持以改善生态环境质量为核心，持续深入打好污染防治攻坚战。圆满完成国家下达的生态环境保护约束性指标年度任务。持续开展工业源、移动源、扬尘源专项整治，全省$PM_{2.5}$浓度31.8微克每立方米，优良天数率89.5%，空气质量综合指数排名在10个经济大省中居第4位。全面实施河（湖）长制，推动黄河、赤水河、川渝跨界河流、泸沽湖等重点水环境治理，对不达标小流域开展专项

苍溪县五龙镇三会村美丽乡村

简阳市云龙镇龙安村农村新居

眉山市东坡区太和镇永丰村美丽乡村

南充市顺庆区农村新居

巴中市恩阳区下八庙镇原乡农庄新貌

攻坚。推进农村生活污水治理“千村示范工程”建设，全省 63.3% 的行政村生活污水得到有效治理。全省 203 个国考断面中，195 个达到Ⅲ类以上，优良断面占比 96.1%。制定全省土壤风险源管控清单和分区管控方案，建立全省土壤污染风险源数据库。开展涉重金属企业排查整治，保障农用地安全。全省土壤环境保持总体稳定。人民群众身边的蓝天白云、清水绿岸明显增多，生态环境获得感显著增强，美丽四川建设迈出坚实步伐。

都江堰市南店社区环境整治

成都市温江区万春镇幸福村环境整治

南充市嘉陵区农村环境整治与三百梯粮油产业基地

泸州市纳溪区大渡口镇民强村“生态+”美丽乡村建设

南充市顺庆区新复乡七坪寨生态文旅

阆中市飞凤镇桥亭村“厌氧池+人工湿地+稳定塘”污水处理设施

苍溪县五龙镇三会村太阳能微动力污水处理设施

巴中市巴州区寺岭乡寺岭村“三格式化粪池+厌氧多级净化池+储液池+资源化利用”污水处理设施

眉山市东坡区太和镇永丰村“厌氧池+人工湿地+资源化利用”污水处理设施

苍溪县五龙镇三会村雨晴坡“大型四格化粪池+稳定塘+资源化利用”污水处理设施

中国人寿保险股份有限公司四川省分公司

中国人寿四川省分公司党委书记、总经理张红路（中）向驻村帮扶干部送去慰问金和慰问信

中国人寿四川省分公司党委书记、总经理张红路（右三）走访慰问结对帮扶的普格县大坪乡辉隆村扶贫监测户

中国人寿四川省分公司深入学习贯彻习近平总书记关于脱贫攻坚、乡村振兴的重要论述和重要指示批示精神。多年来，公司始终把讲政治的要求落实到帮扶工作各方面和全过程，把助推乡村振兴与公司中长期规划、重点工作有机融合，并作为重大政治任务，与公司经营管理一体研究、一体部署、一体督导。打赢脱贫攻坚战后，公司严格落实“四个不摘”要求，保持帮扶力量不减，下大力气巩固拓展脱贫攻坚成果，持续推动同乡村振兴战略有效衔接。在中国人寿集团、总公司的坚强领导下，公司充分发挥保险主业优势，印发《中国人寿四川省分公司关于升级“扶贫保”工程　全面助推乡村振兴的指导意见》，持续建立健全“一体两柱五策六保障”帮扶长效机制，多渠道助推乡村振兴，努力打造可复制的乡

中国人寿四川省分公司党委书记、总经理张红路（右排左三）到定点帮扶的普格县大坪乡开展乡村振兴工作调研

中国人寿四川省分公司党委委员、副总经理宫宝（右三）走访慰问结对帮扶的普格县大坪乡辉隆村扶贫监测户

中国人寿四川省分公司党委委员、副总经理宫宝（前排左三）到定点帮扶的普格县大坪乡辉隆村开展乡村振兴工作调研

村振兴工作模式，在全面推进乡村振兴、促进共同富裕进程中，彰显国寿担当、贡献国寿力量。

中国人寿四川省分公司全面加强党的领导，始终坚持以党建统领乡村振兴。建立“四位一体”挂点包片及联系点调研机制，建立定点帮扶和金融保险帮扶考核体系，制定帮扶干部管理办法，构建“由上至下、纵横相连，通力协作、主动作为”的帮扶工作组织体系，为助力乡村振兴提供了有力保障。通过与各级党政签订合作协议、捐赠保险助力公益帮扶等举措，进一步深化保险支持乡村振兴责任担当，在政企合作中实现同频共振、多方共赢。

公司坚持以人民为中心的发展思想，着力织密织牢保险保障网，倾力守护人民群众美好生活，不断提升帮扶地人民群众的获得感、幸福感和安全感。

2023 年是深入贯彻党的二十大精神的开局之年，也是全面推进乡村振兴的关键之年。中国人寿四川省分公司将有效落地《中共中央国务院关于做好 2023 年全面推进乡村振兴重点工作的意见》，始终胸怀“国之大者”，切实牢记责任使命，充分发挥金融保险民生保障“安全网”、经济运行“减震器”、社会发展“稳定器”的作用，为全面推进乡村振兴持续贡献保险央企力量。

中国人寿四川省分公司党委委员、副总经理周多光（右）拜会普格县长刘环宇（左）

中国人寿四川省分公司与省妇联续签《乡村振兴巾帼人才培养合作框架协议》，为农村低收入妇女捐赠15 000份“国寿关爱女性疾病保险”

中国人寿眉山分公司、眉山市妇联举行《乡村振兴巾帼人才培养合作框架协议》签字仪式

中国人寿德阳分公司分别向中江县、兴隆镇赠送关爱女性健康保障金330万元

中国人寿马边支公司、人保财险马边营销服务部共同向民主镇小谷溪村1234名脱贫人口捐赠5183万元的乡村振兴风险保障

荣　誉

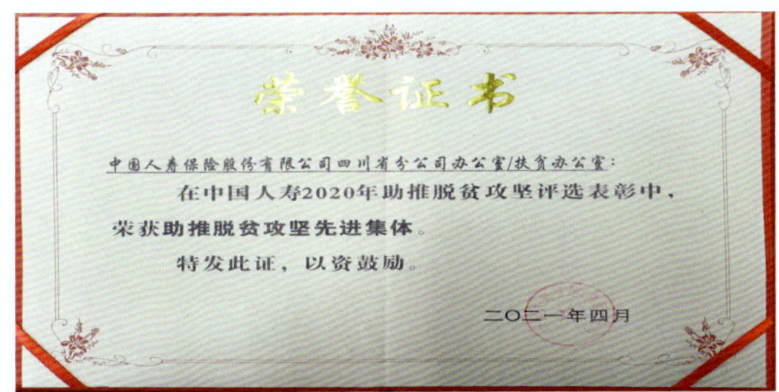

荣誉证书

中国人寿保险股份有限公司四川省分公司办公室/扶贫办公室：

在中国人寿2020年助推脱贫攻坚评选表彰中，荣获助推脱贫攻坚先进集体。

特发此证，以资鼓励。

二〇二一年四月

中国人寿
CHINA LIFE

中国人寿助推脱贫攻坚先进集体

中国人寿保险（集团）公司
二〇二一年四月

中国人寿四川省分公司扶贫办公室被中国人寿保险（集团）公司授予“中国人寿助推脱贫攻坚先进集体”

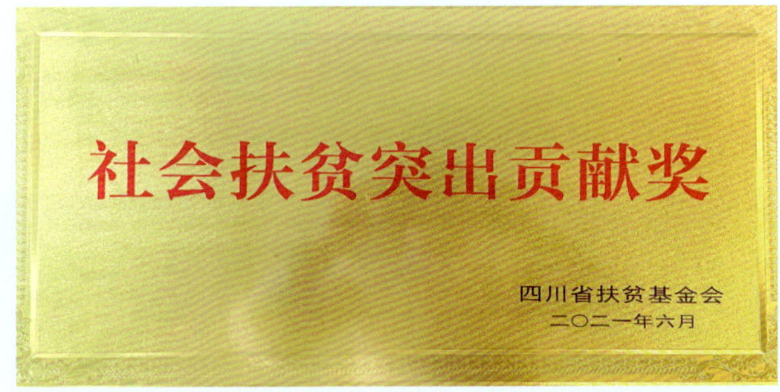

社会扶贫突出贡献奖

四川省扶贫基金会
二〇二一年六月

中国人寿四川省分公司被四川省扶贫基金会授予“社会扶贫突出贡献奖”

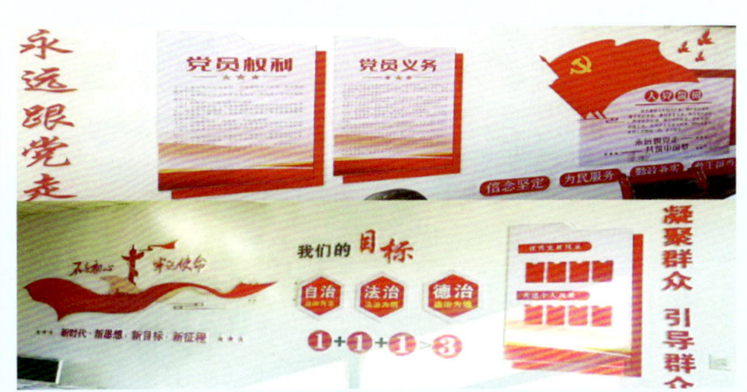

中国人寿四川省分公司捐资2万元支持普格县大坪乡辉隆村党员活动室建设

四川省交通工程质量监督站

党的二十大报告提出，“高质量发展是全面建设社会主义现代化国家的首要任务”“加快建设质量强国、交通强国”。省第十二次党代会提出，“以交通强省建设为引领，坚持‘铁公水空’全面发力”“加强综合交通枢纽和集疏运体系建设，打造国家综合立体交通极”。随着交通强国、成渝地区双城经济圈建设、新时代西部大开发、西部陆海新通道等国家重大战略在川叠加，四川交通将进入全面建设社会主义现代化国家开局起步的历史关键期，建设高质量的交通基础设施是加快构建现代化综合交通运输体系的必然要求，质量安全工作的重要性日益凸显。

四川省交通工程质量监督站将深入贯彻落实党的二十大和省第十二次党代会精神，持续加大在建项目全覆盖、全过程、全方位监督检查力度，实现监督责任落实、实体质量抽检、危大工程重点监督、发现问题整改、投诉举报调查处理五个100%；积极创建“质量零缺陷、安全零死亡、环保零破坏”的“三零”目标，力争综合质量指标达到全国平均水平，部分指标处于领先地位；加大“平安百年品质工程”示范创建力度，在智慧化管理、智能建造、环保低碳等方面初见成效，全面提升项目质量安全水平，为加快构建安全、便捷、高效、绿色、经济的现代化综合交通运输体系，打造全国交通极贡献质监力量，为建设社会主义现代化四川当好开路先锋。

泸石高速综合检查现场

交通运输厅对LJ8标二十大期间包保检查

雅安地方公路检查

甘孜地方公路检查

营达高速竣工验收

成乐扩容建设项目TJ1标段专项督查

成乐扩容建设项目TJ1标段检查

成自高铁锦绣隧道盾构检查

成绵扩容项目智慧梁场检查

自宜高铁宜宾临港长江大桥检查

广绵扩容项目检查

成自宜铁路大龙塘梁场施工现场调研

成自宜铁路锦绣隧道盾构施工现场调研

成自宜铁路临港车站施工现场调研

宜宾临港长江大桥调研

现场检查

省交通质监站、公路院监理公司、都金公司联合主题党日活动

省交通质监站资质管理科党支部、公路院监理公司（五分院）党支部主题党日活动

省交通质监站、四川镇广高速公路有限责任公司主题党日活动

省交通质监站年轻干部廉政交流座谈会

省交通质监站参加马拉松比赛

省交通质监站党内法规知识学习竞赛

四川师范大学

学校党委书记李向成（右四），党委副书记、纪委书记滕文浩（左三），党委常委、副校长张海东（右二）慰问驻村帮扶干部

学校党委书记李向成（右二）参观学校援建的普格县夹铁镇阿木村蔬菜大棚

五年精准扶贫，两年乡村振兴。四川师范大学一直坚持深入学习贯彻习近平总书记关于扶贫工作和乡村振兴的重要论述，坚决落实党中央，省委、省政府和教育厅关于定点帮扶的工作部署，与帮扶县同心同行、共同奋斗，助推普格县圆满完成脱贫攻坚历史任务，实现乡村振兴良好开局。2022 年，学校按照年初帮扶工作推进会的安排部署，确立并践行“1234”帮扶工作路径，在完善帮扶工作机制，发挥教育、文化两大特色，聚焦教育、产业、文化三个帮扶重点，促进乡村产业、人才、组织、文化四大振兴等方面精准发力，大力推动 13 个县级层面和村级层面的帮扶项目落地见效，为普格县进一步巩固脱贫攻坚成果同乡村振兴有效衔接、推动绿色高质量跨越发展做出积极贡献。人民日报客户端、新华网客户端、《中国教育报》、《凉山日报》、普格融媒等各级媒体多次报道学校帮扶工作做法及成效。

抓好统筹，完善帮扶工作机制

持续完善领导班子主责、承办机构主推、部门全员主帮、驻村干部主干的“四位一体”帮扶工作机制，成立了以党委书记、校长为组长的帮扶工作领导小组，下设帮扶工作办公室，配置专职人员统筹协调学校定点帮扶工作。学校主要领导召开定点帮扶专题会议 2 次，制发《2022 年定点帮扶普格县工作方案》以及研究部署推进帮扶工作。今年以来，学校党委书记李向成，校长汪明义，校党委副书记、纪委书记

学校校长汪明义（右二）率专家团到西幼推进师范教育协同提质计划帮扶工作

学校校长汪明义（中 ）慰问在西幼支教的师生

2022年学校帮扶工作推进会

滕文浩以及副校长张海东、王川等校级领导 7 人次率领学校帮扶工作组到县到村开展系列帮扶活动。加强校内协同，分管领导每季度组织帮扶办及帮扶项目责任部门召开工作推进会，驻村帮扶干部不定期返校汇报工作进展。关心关爱 2 名驻村帮扶干部，保障驻村挂职干部工作经费和补贴，为其购买意外伤害保险，及时帮助其解决工作和生活中的困难，学校党委组织部、校工会、帮扶办等部门开展两次集中慰问活动。

突出特色，提升教育帮扶质量

学校共选派 318 名师范生、10 名研究生到普格县各中小学顶岗实习支教，有效缓解当地基础教育师资严重不足的矛盾。向普格县捐赠价值 220 余万元的学生宿舍设施设备，包括 1300 个床位和 1000 张大书桌，进一步改善学校基础设施。承接普格县中小学心理教师、体育教师、音乐教师业务提升培训三期，151 名专任教师参加培训。继续实施“教

学校向普格县捐赠价值220余万元的学生宿舍设施设备

学校体育美育项目团队到普格县开展“教育部体育美育浸润行动计划”成果推广系列活动

学校服装与设计艺术学院师生到普格县开展“尚美花开 · 听见妞妞”公益行动

育部体育美育浸润行动计划”，从课程教学、社团活动、校园文化建设和教师队伍建设等方面精准帮扶，促进项目学校体育美育日常化、多样化、特色化发展。组织上百名师生开展“关爱留守儿童·助力乡村振兴”“尚美花开·听见妞妞”“云上书法”等暑期社会实践活动，为乡村教育振兴贡献青春智慧和力量。

立足当地，推动帮扶产业提档升级

组织旅游规划、文创设计专家指导普格县螺髻山旅游产业发展，协助普格县精心谋划设计文旅项目，支持旅游产业提档升级及文创品牌打造，助力螺髻山5A级景区创建。依

学校晏阳初乡村教育学社到普格县开展“关爱留守儿童 · 助力乡村振兴”暑期社会实践活动

学校投入160 万元“以购代捐”普格县及凉山州特色农产品

学校投入10万元打造的普格县夹铁镇阿木村“我爱彝乡”墙绘文化品牌

托学校援建的阿木村蔬菜大棚，重点发展哈密瓜、樱桃番茄（日本千代）大棚种植，为当地创造20余万元的就业务工收入。积极协调争取地方政府500万元的产业项目资金，启动蔬菜大棚二期100亩的扩产升级项目。投入 160 万元，通过国家脱贫地区农副产品网络销售平台（“832 平台”）购买普格县及凉山州的珍珠米、高山土豆、黑山羊、生态猪肉等特色农产品，切实促进农民增收。

党建引领，强化文化赋能乡村振兴

学校组成党建指导组到普格县夹铁镇阿木村开展党建结对共建蹲点帮扶工作，指导基层党建工作，为阿木村党支部在阵地建设、制度规范、产业发展、理论学习等方面提供大力支持，助力乡村组织振兴。积极发挥文化阵地宣传和引领作用，捐赠6万元改造阿木村党群服务中心，维修改造村文化室和图书室，收集和丰富村史馆藏品。投入10万元，打造阿木村“我爱彝乡”墙绘文化品牌，一幅幅将红心向党、乡村振兴、彝族风情等元素融入其中的墙绘作品色彩绚丽、构思精巧，传递现代文明新风，“绘”聚起了当地居民对团结和谐、安居乐业、美好生活的向往。举办普格县青年专家人才国情省情研修班以及乡村文化振兴专题培训班，培训各类人才60余人。组织阿木村和莫尔非铁村村（组）干部及致富带头人30余人次到普格县螺髻山镇、昭觉县三岔河镇参观学习，考察蓝莓和玫瑰花种植基地，汲取致富经验，

学校党建指导组到普格县夹铁镇阿木村开展支部结对共建蹲点帮扶工作

学校集中慰问普格县夹铁镇阿木村和莫尔非铁村18户防返贫监测户

学校协调成都万象蒙泰教育集团捐资10万元成立“四川师范大学夹铁镇教育基金”

扩展村（组）干部视野，提升干部精气神和团结协作精神。协助阿木村申报凉山州乡村振兴示范村和普格县文明村。

改善民生，扎实开展“我为群众办实事”实践活动

扎实开展“我为群众办实事”实践活动，深入推进农村人居环境整治“百日攻坚”行动，着力改善人居环境。做好稳岗就业促增收，针对有劳动力的脱贫户和监测户务工就业不稳、外出务工意愿不强等情况，反复上门做工作劝导其外出务工增收。协调成都万象蒙泰教育集团捐资 10 万元成立“四川师范大学夹铁镇教育基金”，奖励夹铁镇优秀教师、优秀学生以及资助困难学生等，进一步提高农村教育教学水平。开展两次集中慰问阿木村和莫尔非铁村 18 户防返贫监测户的活动，切实增强帮扶群众的获得感、幸福感。学校驻村工作队在当地开展农民夜校活动 40 余期，进一步提高基层干部群众政策知晓度和综合素养。扎实开展乡村振兴工作调研，形成专题调研报告，围绕县级教育帮扶层面以及村级产业发展、传承文化保护以及强化基层治理等方面提出精准工作建议。

学校选派专家团队为西幼50余名艺术类专任教师进行业务能力提升培训

学校师范教育协同提质计划专家团西幼见面会

协同提质，助力民族地区高等教育事业发展

积极协调资源，创新帮扶方式，突出协同发展，充分发挥师范特色和资源优势，推动西昌民族幼专在人才培养、学科建设、科学研究、管理水平等方面取得长足进步，进一步提高西昌民族幼专的办学实力和水平，对口支援与帮扶合作成效突出。加强人才队伍建设，选派 2 名教师和 1 名管理干部到西幼任教挂职。选派 4 名在读研究生和 4 名优秀本科生赴西幼顶岗支教，保障基本教学运行。推荐 1 名优秀硕士研究生入职任教。组织专家团队为西幼 50 余名艺术类专任教师进行了为期一周的业务能力提升培训。提升师资队伍学历水平，协助西幼办好第二期同等学力申硕（凉山班），共招收 31 名学员。拓宽学生升学渠道，录取 265 名西幼专升本学生，其中学前教育 120 人、小学教育 145 人。开放共享电子图书资源，惠及西幼 7000 余名师生。强化党建引领，音乐学院音乐学教工党支部与西幼艺术教育党支部进行结对共建，开展党务交流系列活动。

2022 年 6 月，学校入选教育部师范教育协同提质计划北京师范大学组团，明确重点帮扶西昌民族幼专提升师范教育办学水平。在牵头高校的指导和带领下，学校党委书记李向成带队赴西幼开展专题调研，深度挖掘西幼办学发展特色，探讨协同提质帮扶举措。制订“一校一策”项目方案及预算安排，确定人才队伍建设、学科专业建设、基础教育服务能力建设、学校管理与发展建设以及师范生美育教育的“4+1”全方位帮扶体系和 15 项行动计划，大力促进西幼提升师范教育办学实力和水平。学校校长汪明义率领提质计划专家服务团深入西幼现场对接，围绕师范专业建设、教学管理体系建设、科研平台打造、美育大讲堂等项目，开展专题研讨、座谈交流等线下指导活动，推动提质计划帮扶举措落地落实。在学科专业建设方面，音乐教育专业、小学教育专业、学前教育专业等专业负责人在线指导 10 次，开展云端共同教研 3 次，开展专题指导 9 场次、主题座谈 2 场次；在青年教师能力提升方面，选派 3 名专家为西幼青年教师做专题讲座与交流活动，并指导新教师入职培训及青年教师培养工作；在师范生美育建设方面，开展美育大讲堂活动，并与艺术系、乡土研究院等部门对接，指导师范生美育建设工作；在科研平台打造方面，确定协同建立凉山民族教育大数据研究中心、凉山乡村教育研究中心以及凉山民族幼儿教育发展研究中心 3 个校级科研平台。学校将以“教育部师范教育协同提质计划项目”为抓手，推进校际之间深度融合，加强线上教学、教师队伍建设、管理发展提升、课题研究等方面的协同合作，实现学科共建、课题共研、课程共享、人才共育，力争在新发展阶段取得更大合作成效。

强国必先强农，农强方能国强。下一步，学校将认真学习贯彻党的二十大精神以及习近平总书记关于全面推进乡村振兴的重要论述，进一步聚力精准施策，落实因地制宜、有力有效的帮扶举措，以创新为手段、以项目为载体，进一步把知识的力量、科研的能量、青春的活力投放到乡村振兴中，探索定点帮扶和服务乡村振兴的新路径、新模式，为实现乡村全面振兴、建设农业强国贡献高校更多智慧和力量。

国家现代农业示范区

全国农村改革试验区

全国统筹城乡综合配套改革试验区

国家农村金融服务综合改革试点城市

西部片区国家城乡融合发展试验区

全国休闲农业和乡村旅游示范市

国家农产品质量安全市

四川省乡村振兴先进市

成　都　市

2021年全国“宪法进农村”主场活动在成都市举办，农业农村部党组成员、副部长邓小刚出席活动并致辞

2021 年，成都市坚持以习近平新时代中国特色社会主义思想为指导，深入学习贯彻习近平总书记关于“三农”工作的系列重要论述，紧紧围绕农业农村现代化总目标，落实农业农村优先发展总方针，加快推进乡村全面振兴、城乡融合发展，努力探索特大中心城市农业农村现代化之路，为加快建设践行新发展理念的公园城市示范区筑牢基础。

乡村振兴战略实施。2021 年，成都市坚持以习近平新时代中国特色社会主义思想为指导，全面贯彻党中央和省委乡村振兴重大决策部署，统筹推进乡村产业、人才、文化、生态、组织“五大振兴”，加快推进城乡融合发展，促进农业高质高效、乡村宜居宜业、农民富裕富足。2021 年，全市实现第一产业增加值 582.79 亿元，较上年增长 4.8%；农村居民人均可支配收入 29 126 元，较上年增长 10.2%；城乡居民收入比缩小到 1.81:1。

乡村产业振兴。强化“米袋子”“菜篮子”工程建设，坚决扛起粮食安全责任，落实最严格的耕地保护硬措施，深入开展遏制“非农化”、防止“非粮化”等专项整治，划定粮食生产功能区、重要农产品生产保护区 335 万亩。设立粮食规模化经营补贴政策，按照每亩 200 元的标准对水稻、小麦规模化生产经营者进行奖补。2021 年，建成高标准农田 32.8 万亩；全

全国人大宪法和法律委员会副主任委员王宁（左二）一行到成都市彭州市、龙泉驿区、新津区调研农产品质量安全工作

首届天府国际种业博览会在邛崃市开幕，副省长尧斯丹（右二）到畜禽种业馆参观

省委农村工作会议在成都市召开

市委农村工作会议

市粮食作物播种面积572.8万亩，产量230.6万吨，较上年扩面4.3万亩，增产2.7万吨；出栏生猪417万头。推进都市现代农业建圈强链，围绕全省“10+3”现代农业产业体系，按照建设产业功能区、构建产业生态圈的理念，因地制宜布局崇州优质粮油、蒲江特色水果、新津天府农博、邛崃现代种业等特色鲜明、链条健全、高质高效的现代农业园区（功能区），创建国家现代农业产业园2个，省、市级星级园区32个。截至2021年年底，全市市级以上农业产业化重点龙头企业达445家，农民专业合作示范社、家庭农场示范场达1177家。推进农业科技创新推广，获批建设国家现代农业产业科技创新中心，到2021年全国农业科技成果转化服务中心成都分中心已建成运转，成功争取全国农业科技成果转化大会永久落户成都。发起设立天府种业振兴基金，以天府现代种业园为核心，建设国家区域农作物种业创新中心和中国南方蔬菜种业创新中心，获批省部共建西南作物基因资源发掘与利用、西南特色中药资源2个国家重点实验室和中国—新西兰猕猴桃“一带一路”联合实验室，成都农业科技职业学院选育的“黑甜玉米8号”系列品种达到国内领先、国际先进水平。落实农业科技推广专项资金2000万元，推广农业新技术、新品种1000余项，2021年全市农业科技进步贡献率达62%，主要农作物耕种收综合机械化率达81.5%。

乡村人才振兴。健全专业人才引培机制，大力引导各类优秀人才服务乡村振兴，创新实施产业生态圈人才计划，引

邛崃天府现代种业园

成都天府农博园

以“擦亮川种金字招牌 勇担粮食安全使命”为主题的2021首届天府国际种业博览会在成都天府现代种业园开幕

2021年中国农民丰收节（成都）庆丰收活动暨中国·成都第三届天府大地艺术季在成都市新津区开幕

第八届四川农业博览会·成都国际都市现代农业博览会在成都世纪城新国际会展中心举行

第八届成都农博会成都市主题馆

进“两院”院士等高层次农业科技人才 68 人。市政府与农业农村厅建立高素质农民“市厅共建”机制，近年来累计培训农技带头人、乡村工匠、新型职业农民等专业人才 1.3 万余人。持续增强农民就业创业能力，创建农业职业经理人推荐选拔、培训认定、考核晋级、政策支持体系，全市持证农业职业经理人达到 1.8 万人，获批“探索建立新型职业农民制度”国家级试点。大力促进农民工返岗就业，2021 年组织开展劳务品牌培训 1.28 万人、引导返乡创业就业 1.12 万人，农村实用人才队伍扩大到 36 万人。健全返乡创业激励机制，制定扶持返乡下乡创业 15 条措施，实施优秀农民工定向回引工程和返乡创业激励计划，开展“乡村振兴典型农民工回乡创业项目巡诊”活动，2021 年组织返乡创业培训 5000 余人，引导返乡创业就业 1.03 万人，发放创业担保贷款 2.36 亿元。

乡村文化振兴。推进乡风文明建设，深入实施乡村文化振兴“百千万”工程，建成首批市级样板村镇 44 个，大邑县安仁镇、郫都区战旗村等 8 个镇村入选首批省级样板镇村。持续开展“风尚新美、环境秀美、生活富美”三美示范村创建，广泛开展“文明之星”“道德之星”“文明户”等评选活动，村民参与率超过 90%。强化农村公共文化供给，推进乡（镇）公共文化设施亲民化改造和提档升级，新打造基层综合性文

2022年中国农民丰收节庆祝活动在天府农博园举办

第八届成都种业博览会（春季）新品种田间种植展示会在彭州市天府蔬香博览园开幕

全国农业社会化服务工作座谈会在蒲江县召开

市农业农村局举行学习贯彻习近平总书记来川视察重要指示精神和省第十二次党代会精神宣讲报告会

市农业农村局组织局系统党员干部职工认真收听收看习近平总书记在中国共产党第二十次全国代表大会上的报告

化服务中心示范点46个，完善基层全民健身服务站点528个，全面实现镇有文化服务中心（站）、村有文化活动室。2021年开展文化惠民演出等群众性文化活动4万余场次，惠及群众500余万人次。打造天府农耕文化品牌，开展“礼赞奋斗百年路·启航美好新生活”乡村文化振兴魅力乡镇竞演大赛，打造“十里八乡·蜀你最牛”等乡村文化代言活动品牌。深度挖掘都江堰水文化、水旱轮作农耕文化等文化元素，梳理形成12个成都乡村旅游系列故事并进行推广，崇州市（道明竹编）等被命名为“中国民间文化艺术之乡”。

乡村生态振兴。大力推动乡村国土空间规划编制，统筹

市农业农村局开展“牢记嘱托　感恩奋进”喜迎二十大庆“七一”主题活动

崇州现代农业产业园被认定为国家现代农业产业园

简阳市平泉街道荷桥村被授予“中国美丽休闲乡村”称号

成都市温江区现代农业科创片区

邛崃市10万亩高标准农田粮经产业综合示范区

成都市五星级现代农业园区——彭州川芎现代农业园区

推进市（县）国土空间总体规划编制，完成自然资源部确定的省级试点“三区三线”第一、第二轮试划工作。深入推进以片区为单元的乡村国土空间规划编制，全市初步划分镇级片区55个、村级片区431个，初步确定中心镇36个、中心村385个。提升农村基础设施建设水平，创建国家级“四好农村路”示范县5个、省级示范县12个。农村自来水普及率达86%，行政村天然气覆盖率超过80%，电网供电可靠率99.8%，建成覆盖城乡的5G基站4.7万个。深入推进农村人居环境“三大革命”，启动实施新一轮整治提升五年行动，全市农村户厕无害化普及率达93.9%，行政村生活污水有效治理率达87.7%，农村生活垃圾无害化处理率达99%以上。推进生态保护和价值转化，全面落实“河（湖）长制”，扎实推进“林长制”工作，编制《成都市公园城市生态保护修复专项规划（2021—2035）》，实施净排水一体化工程，全市新增绿地2.7万亩，启动川西林盘保护修复794个，策划推出大邑南岸美村、蒲江铁牛水乡、崇州“幸福里”等体验场景2000个。

乡村组织振兴。选优配强镇村领导班子，全市100个镇党委、3039个村（社区）“两委”完成换届工作，选拔115名“五方面人员”（镇事业编制人员、优秀村党组织书记、到村任职过的选调生、“第一书记”、驻村工作队员）进入

四川农业大学两化科技服务总部崇州基地

川农牛科创农庄

全国蔬菜全产业链典型县——彭州市天府蔬菜种苗繁育中心

农产品产地冷链——金堂县现代农业仓储保鲜库

镇领导班子，选拔3435名“85后”年轻干部进入村“两委”。加强基层“三农”工作队伍建设，制定《在体制机制改革中全面加强村（社区）班子建设的实施意见》。全面启动全市乡村振兴主题培训，把换届后的1292个村党组织书记作为重点培训对象，覆盖县、镇、村各级“三农”干部、各类新型农业经营主体、高素质农民等共约5万人。强化社区发展治理，健全完善“党建引领、双线融合”机制，持续推进“四个一”管理机制试点改革。加快构建乡村集中居住区现代化治理机制，深化社区专职工作者职业化改革，落实城乡社区专职工作者职业化管理办法和岗位薪酬制度。推动建立基本公共服务清单管理和动态调整制度，农村教育、医疗卫生、社会保障、法律服务等“七有两保障”九大类25小类、104项基本公共服务实现城乡标准统一、制度并轨。

2021年成都市获评四川省乡村振兴先进市，崇州现代农业产业园认定为国家现代农业产业园，简阳市跻身全国百强县，彭州市获批建设全国蔬菜全产业链典型县，蒲江县获评全国首批农业现代化示范区等，同时获得全国统筹城乡综合配套改革试验区、国家现代农业示范区、全国农村改革试验区、国家农村金融服务综合改革试点城市、西部片区国家城乡融合发展试验区、全国休闲农业和乡村旅游示范市、国家农产品质量安全市等多项称号。

彭州市龙门山镇宝山村宝山生态农场

全国最美休闲乡村、全国乡村旅游重点村、国家4A级景区、实施乡村振兴战略“省级示范村”——崇州市白头镇五星村

农商文旅体融合发展——宝山风景区（云上餐厅）

农商文旅体融合、乡村振兴致富路——蒲江茶产业园甘成路至明月环线段天府绿道

——发展壮大集体经济 多措并举助推乡村振兴的双流实践

成都市双流区

省人大常委会副主任、时任成都市副市长刘旭光（左三）到彭镇时光原野现代粮油园区调研

区委书记欧昭（中）到倍特药业双流生产基地调研

区长杨钒（前排左二）一行调研对口帮扶工作

成都市双流区坚持以习近平新时代中国特色社会主义思想为指导，深入学习贯彻习近平总书记关于"三农"工作的重要论述，特别是习近平总书记来川视察对粮食生产、农业现代化和乡村振兴提出的重要要求，全面落实党中央、国务院和省委、省政府及市委、市政府乡村振兴决策部署，扎实推进乡村发展、乡村建设、乡村治理等工作，加快城乡融合发展，推动乡村振兴走在前列取得实效。全区第一产业增加值增长 3%；农业固投完成 7.8 亿元，增长 9.3%；农民人均可支配收入达 36 849 元，增长 5.5%。

双流国际机场

区委常委、区总工会主席苏巍（右二）调研耕地保护工作

区委常委、区总工会主席苏巍（左三）调研农村集体经济发展工作

一、加强组织领导，夯实乡村振兴工作保障

（一）坚决扛起乡村振兴政治责任。建立健全党政主要负责同志抓乡村振兴责任清单，对照责任清单认真履职尽责，持续推进乡村振兴战略实绩考核和考评激励，明确目标任务、压实工作责任，确保乡村振兴工作推进有力有序。制定实施抓党建促乡村振兴年度重点任务清单和特色亮点清单，构建形成镇（街道）和区级部门协同落实推进乡村振兴重点任务的工作合力。

（二）优化完善区委农村工作机构职能。调整充实区委农村工作领导小组组成人员，增设巩固拓展脱贫攻坚成果同乡村振兴有效衔接专项小组，优化完善职能职责，构建规范化、制度化的议事协调机制；完善机构设置，加强人员配备，加强区委农村工作领导小组办公室建设，增设办公室专职副主任 1 名。

（三）强化乡村振兴政策要素保障。制定实施乡村振兴和城乡融合发展年度工作要点以及乡村振兴若干政策措施，制定耕地撂荒管控、“非粮化”整治、稳定种植面积 3 个十条硬措施，有效激励粮食生产；针对村（社区）干部、农业职业经理人等开展城乡社区发展治理、职业技能等专题培训，覆盖 3000 余人次，做实人才支撑；夯实乡村振兴财政投入和用地保障，持续加大乡村振兴投入。

区委农村工作领导小组会议

二、抓好“三件大事”，助力建设更高水平天府粮仓

（一）以“长牙齿”的硬措施强化耕地保护。严格实行耕地保护党政同责，编制完成耕地和永久基本农田保护专项

双流国际机场

副区长薛燕（左一）调研乡村新消费场景营造情况

双流区基层党建工作每月调度活动暨驻村干部壮大集体经济“擂台比武”活动

规划，建立区委常委会、区政府常务会专题研究耕地保护工作机制，积极推行“田长制”，压实耕地保护责任。抓好撂荒地整治、低效果木腾退、商业草坪清退工作，推进农地农用、良田粮用，2022 年恢复耕地面积 3300 亩。推进高标准农田建设，编制完成高标准农田建设“十四五”规划，2022 年新建高标准农田 1.12 万亩。“非粮化”整治“硬措施”和“软办法”得到农业农村部部长唐仁健赞赏，相关做法获得市政府分管领导等肯定性批示 3 次，并被农业农村部、中央广播电视台等多次推广。

（二）强化重要农产品供给安全保障。深入实施“米袋子”

创建国家食品安全示范城市迎检工作推进会

乡村振兴考评激励工作会

数字普惠金融助力乡村振兴论坛暨成都市双流区新型农业经营主体信用信息数据库发布会

中国农民丰收节双流庆祝活动

建设行动，规划建设万亩粮经复合园区 2 个，落实规模种粮、稻谷种植等补贴政策，促进粮食生产稳定、储备充足安全，2022 年粮食作物播种面积达 9.02 万亩，产量达 3.9 万吨，落实粮油储备 2.38 万吨。狠抓“菜篮子”保供，持续做强二荆条辣椒等特色农产品种子“芯片”，2022 年蔬菜种植面积达 19.2 万亩，产量达 31.1 万吨。持续加强农产品质量安全监管，将 430 余家规模生产经营主体纳入农产品质量安全追溯系统，农产品承诺达标合格证开具率达 100%、监测合格率达 98% 以上。

（三）推进农业产业高质量发展。着力构建都市农业产业体系，编制完成现代农业园区规划，提升打造空港创意都市现代农业园区，建成臻爱田园消费新场景 500 余亩，双流区空港创意都市现代农业园区获评市四星级园区，彭镇时光原野现代粮油园区创建为市三星级园区。大力发展乡村新产业新业态，创建市级乡村旅游品牌 4 个，基本建成牧马山农业园、广都博物馆，加快彭镇临江 119 亩文旅综合体等项目建设，策划推介休闲农业精品线路 2 条，提升打造乡村消费新场景 10 个。推进农业科技创新，组建科技特派团，指导支持环太等企业开展科技研发和成果转化推广，在全区推广水稻等 14 个农业新品种、8 项新技术应用 2000 亩。《四大举措助力全面推进乡村振兴》获得农业农村厅交流推广，黄甲麻羊美食文化活动被农业农村部评为“100 个丰收节庆特色活动”。

三、突出“四个重点”，做优空港公园城市乡村表达

（一）建管并重推进美丽乡村建设。加强规划引领重塑城乡空间形态，完成区级国土空间规划“三区三线”划定，完成成都芯谷、天府国际生物城 2 个镇级片区规划和景山等 4 个村级片区规划编制。大力推进美丽新村建设，按照“新村 + 林盘 + 绿道”模式，高质量完成彭镇永和村、黄龙溪镇古佛社区 2 个新村建设，惠及 3000 余人。梳理补齐农村基础设施短板弱项，完成水利设施整治工程 2 个、通信管网改造项目 5 个、公路“白 + 黑”改造 30 千米，建成空港绿道 27 千米。

西南地区马铃薯机械化生产现场会

草莓种植大棚

草莓智能化设施

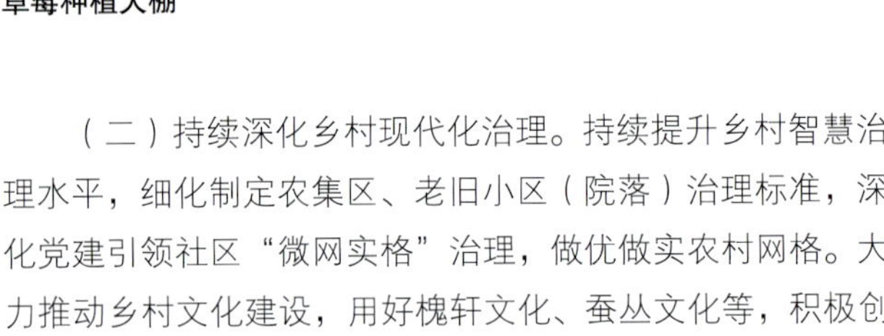
（二）持续深化乡村现代化治理。持续提升乡村智慧治理水平，细化制定农集区、老旧小区（院落）治理标准，深化党建引领社区“微网实格”治理，做优做实农村网格。大力推动乡村文化建设，用好槐轩文化、蚕丛文化等，积极创作本土精品歌舞话剧，提升打造黄龙溪火龙灯舞、瞿上讲堂等精品活动。加强乡村文明建设，持续深化移风易俗，选树市级党建引领示范社区 10 个、示范小区 11 个，创建市级以上文明村镇（标兵）10 个。

（三）强化乡村生态环境保护。抓好川西林盘保护修复，完成彭镇刘家边等 5 个林盘整治，黄水镇文石桥等 5 个市级

稻田新消费场景——臻爱田园

高标准农田

黄水镇空港创意都市现代农业园区

冬草莓

“二荆条”辣椒

保护修复专项资金项目加快实施。全面落实林长制和河（湖）长制，制定林长制运行规则等 6 项制度，深化中央和省环保督察及“回头看”反馈问题整改，锦江黄龙溪段等 5 个考核断面水质全面达标。大力整治农村人居环境，开展农村户厕改造“回头看”，完成改造 4115 户；推进农村生活污水和农业面源污染治理，20 户以上的农集区污水处理设施覆盖率达 100%。持续推进农业面源污染治理，全区受污染耕地安全利用率达到 93%。农居环境整治工作获得市政府分管领导表扬，《双流区奋力书写乡村振兴美丽新答卷》等被人民网、新华网多次报道。

（四）持续巩固拓展脱贫攻坚成果。常态化开展防止返贫动态监测，健全区级领导挂点联系、区级部门结对帮扶机制，开展“双报到双助力”，加大对口联系帮扶力度。关爱帮扶困难群体，为困难群体代缴城乡居民养老保险 1772 人、163 万元，超额完成省、市目标任务。制订巩固拓展脱贫攻坚成果同乡村振兴有效衔接实施方案，落实对口帮扶简阳市 9 个省、市重点村和区级 3 个重点村帮扶资金 550 万元。

四、深化“三项改革”，激发农业农村发展活力

（一）持续深化农村集体产权制度改革。启动集体经济“消薄创先”三年行动，制订发展壮大农村集体经济实施方案，探索集体资产数字化管理模式，健全管理制度，规范组织运行；深化引进企业、引带农民、引领抱团、引导扶持、引入闲房的集体经济组织“五引”发展模式改革，壮大集体经济规模，全区 100 万元以上村级集体经济组织达 40 个，黄水镇白塔社区探索“二链融合”发展壮大集体经济获评全市抓党建促集体经济发展典型案例。

永安葡萄

（二）创新金融服务助力乡村振兴。针对农业特色主导产业，设置金融信用评级共性指标模块，搭建信用评价模型，在全省率先精准构建新型经营主体信用评价指标体系；依托“线上农贷通平台＋线下农村金融服务站”，升级搭建新型农业

地理标志产品黄甲麻羊

农产品直播带货

国家4A级景区——黄龙溪古镇

经营主体信用信息数据库，实现信用信息共联共享。2022 年，辖区金融机构为农业经营主体发放贷款 6945 笔、53 亿元。

（三）持续深化“三社融合”发展改革。制订《双流区“三社融合”试点试验方案》，深化以村集体经济组织为基础、基层供销社为纽带、农民专业合作社为支撑的“三社融合”改革，创新村（社区）综合服务社运营机制、拓展服务内容，已建成村级基层社 7 个、社区共享超市 7 个，入社社员达 1194 户，不断促进集体经济发展和农民增收。

欢乐田园现代农业博览园

吴家染坊

华侨城 · 欢乐田园

八角社区八角水寨幸福美丽新村

临江村幸福美丽新村

空港中央公园绿道

空港花田

永安镇双坝村新农村

黄水镇白塔社区精品民宿——板坡良舍

永安湖城市森林公园

——全国美丽乡村重点县建设试点

——全国拓宽新型农村集体经济发展路径试验区

——全省乡村振兴先进区

——国家城乡融合发展试验拓展区

——四川省四星级现代农业园区

成都市新津区

时任农业农村部副部长于康震（左四）到新津区调研

时任省委副书记邓小刚（中）到新津区调研

成都市新津区深入学习习近平总书记关于“三农”工作的重要论述，认真贯彻习近平总书记对四川及成都工作系列重要指示精神，严格落实中央和省、市关于实施乡村振兴战略的各项决策部署，坚持以新发展理念统领农业农村工作，围绕“农博引领+乡村振兴”战略主线，聚焦抓重点、补短板、强基础，厚植发展新优势，释放发展新动能，全力推进产业、生态、文化、人才、组织振兴。2021年，全区实现农业增加值19.4亿元，完成农业投资12.3亿元，农民人均可支配收入达29 130元，新津区被纳入全国美丽乡村重点县建设试点、全国拓宽新型农村集体经济发展路径试验区，获评全省乡村振兴先进区，天府农博园被纳入国家城乡融合发展试验拓展区；兴义镇全力创建省级“百强中心镇”；普兴街道岳店村、兴义镇张河村分别获评全国乡村治理示范村和全国民主法治示范村；新津“稻—（油）菜—渔”现代农业园区晋升为省四星级现代农业园区。

一、坚持以高质高效为核心引领，提升产业发展能级，推动乡村产业振兴

（一）聚力农博会展，打造农业博览示范高地。立足天府农博园“一岛三镇”空间布局，加快天府农博岛“2.7+X”平方公里高品质科创空间建设，抓好农博主展馆、融媒体中心、“青苗”科创林盘等12个项目实施；建成3000亩多作物覆盖、全要素监测、大数据协同的智慧大田，初步构建“室内展场+特色展馆+大田展区”博览创新空间。启动“云农博”打造，植入云上博览、农货直播、线上交易等功能，构

新津全景图

农业农村部渔业渔政管理局局长刘新中（左四）到新津区调研

成都市副市长刘旭光（右三）到新津区调研

成都市委副书记谢瑞武（右二）到新津区调研

成都市农业农村局局长张俊国（右二）到新津区调研

建“线上+线下”农业会展体系。截至目前，成功签约创业黑马、西麦克国际展览等会展服务项目7个。

（二）厚培产业生态，营建融合发展多元场景。立足一个新乡村产业项目就是一种产业振兴模式，推动蓝城、五八、新途远等12家头部企业深耕乡村，培育“农旅融合+合伙人”“互联网+分享经济”“新流量+新农业”等乡村新业态。加快通威现代智慧渔光一体、中化MAP、喜马拉雅“听见乡村”等30余个应用示范场景打造，助力产业项目数字化转型。截至目前，成功招引香天下“天府炊烟”、蒙顶“茶溪谷”、慵也谷、平阳里等17个现代乡村产业示范项目，总投资超过22亿元。

（三）深化基础建设，加快农业新旧动能转换。以稻渔现代农业园区、岷江果蔬园区、柳江蔬菜园区建设为载体，完善农业生产基础设施，目前，已实施高标准农田建设12.3万亩，配套工厂化育秧中心1座、粮食烘干中心6个、冷链仓储设施79座。联合省、市农科院及川农大等院校，搭建科技创新服务平台，成功引进新品种673个，推广新技术13项。大力发展农机社会化服务组织，2021年推广水稻种植机械化服务3.5万亩，开展粮食机械化烘干服务1万吨，全区农业综合机械化率达90.3%。

二、坚持以宜居宜业为根本遵循，厚植乡村人居本底，推动乡村生态振兴

（一）着眼“补短板”，狠抓农村人居环境整治。制订出台《成都市新津区农业农村面源污染治理百日攻坚行动工作方案》，深化“挂镇包村”工作机制，推动全区农村人居环境整治再上新台阶，张河村获评“成都市十佳‘三美’示范村”。聚焦农村生活污水治理短板，高质量推动兴义镇广滩村等21个户厕改造整村推进示范村项目建设，全区实现

区委书记唐华（前排左一）领取2021年度乡村振兴先进区牌匾

区长胡建平（右三）到村（社区）调研

长江流域重点水域禁捕工作调度会议

涉渔违规渔具销毁现场会

对饲料生产企业进行监督执法检查

水产绿色健康养殖高质量发展培训

高素质人才培训

农机操作及安全培训

农产品质量安全检测

食用农产品“治违禁 控药残 促提升”宣传

集体经济发展——兴义镇张河社区

地理标志——兴义镇岷江社区韭菜韭黄基地

花源—花桥蔬菜种植基地

安西镇十里河塘

81%的行政村污水得到有效治理。加快畜禽粪污资源化利用整区推进项目建设，实现畜禽粪污综合利用率达99.6%。

（二）着手“活资源”，彰显川西林盘多重价值。依托川西林盘保护修复，健全乡村基础设施、公共设施和旅游服务设施配套，截至目前，累计投资3767万元，完成12个川西林盘保护修复项目。突出产业发展与乡村建设相融共生，梳理挖掘一批有文化底蕴的林盘、院落，重点实施精品林盘打造，建成宝墩考古工作站、张河新乡村产业社区、鹿野秘境、三生山舍等56个沉浸式体验场景，依托68千米农博绿道体系“串珠成链”，营造乡村高品质生产生活场景。

（三）着力“优品质”，加强化农业绿色发展水平。开展“一控两减三基本”行动，实施化肥减量增效改良农田土壤1.4万亩，推广生物农药绿色防控面积1.5万亩，蔬菜病虫害统防统治面积1.2万亩次。开展农产品质量提升行动，实施农产品快检3.6万余个，合格率99.9%。大力推进“三品一标”建设，积极推行绿色、生态和环境友好型农业生产技术，全区现有有机产品62个、绿色产品3个、无公害产品23个、地理标志产品2个。

三、坚持以文化传承为助推动力，涵养文明乡风民风，推动乡村文化振兴

（一）持续加强乡村文化阵地建设。坚持以基层综合性文化服务中心建设为抓手，推动宝墩镇综合文化站、花桥街道蔡湾社区综合文化服务中心创建为基层综合性文化服务中

深能水产科技有限公司——稻渔综合种养

天府农博园大田景观——七彩油菜花田

省级家庭农场示范场——禄久家庭农场

市级家庭农场示范场——汪氏家庭农场

中国农科院立体农场

现代农人种苗基地

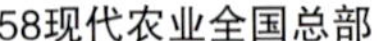

58现代农业全国总部

中以津惠农业科技园

新希望智慧养殖示范基地

心示范点，加快健全乡村现代公共文化服务体系。全面推行图书馆、文化馆、镇（街道）文化综合服务中心免费开放，建立健全错时、延时服务机制，适时开展线上线下乡村公益讲座、公益培训、公益展览等活动，丰富公共文化服务供给模式。

（二）创新策划演绎乡村文化活动。聚焦“爱成都·迎大运”“建党100周年”等主题，紧扣传统节日时间节点，策划开展《遇见新津的荷》《荷塘月色》等主题文化推介活动，举办了“文化四季风·民俗闹春”“音乐消夏”等乡村文化活动。以开展“我们的节日”等群众文化活动为契机，组织志愿者深入基层开展文艺队伍辅导、文艺展演等志愿服务活动70场次。

（三）充分发挥文化资源禀赋优势。链接成都文物考古研究院、凡朴研学等平台，推动宝墩文化融入景观打造、产业营销等环节，推出宝墩讲堂、宝墩文创大赛等系列活动，举办了2021年宝墩文博创意论坛暨宝墩油菜花节。以“花漾新津”城市文化IP为引领，策划实施“花漾新津·梨花季”“花漾新津·荷花季”等系列活动，研发“梨花布”“梨花包”“安西渔博”等系列文创产品，实现文化“可感知、可阅读、可记忆”。

天府智能制造产业园——中储粮

成都市花中花农业发展有限责任公司

中化现代农业技术服务中心

陶然杂交柑橘育种基地

四、坚持以主体培育为着力重点，构建多方参与格局，推动乡村人才振兴

（一）加强新型主体培育，完善利益共享链接机制。鼓励返乡农民工、大学生等带头创办农民专业合作社和家庭农场；扶持壮大中以津惠、毛哥食品等本土成长型企业，助推产业集聚集群发展。积极探索头部企业跨界乡村模式，兴义镇波尔村利用集体资产与蓝城·沐春风农旅项目合作经营，推动村集体经济持续稳定增收，带动群众就地就近就业400余人。在张河村打造形成“共享农庄”激活“空心村”模式，该模式复制到新津对口帮扶的小金县，实现了“造血式”扶贫奔康，入选中央党校扶贫攻坚典型案例，并已在全国18个省（市）推广。

（二）深化“院校地”合作，构建高效供给孵育模式。加快推动中央党校教学科研基地、四川成都中农大现代农业产业研究院等“中字头”科创平台建设，引进一批高层次、高素质、高技能人才服务乡村。截至目前，中农大首批6名专家已入驻。依托“乡村振兴研究院+党校+技校+绿领学院”新乡村人才培养体系，就地培养爱农业、懂技术、善经营的新型职业农民，累计举办返乡农民工、退伍军人、大学生村干部等培训410余期，开展农民工创业指导156次。

（三）完善政策配套体系，营造近悦远来人才生态。发挥支持新乡村产业、文体旅产业等政策引导激励效应，着力吸引一批多样群体到乡村干事创业，已累计兑现奖补资金500余万元。加快四川商通·农享惠、“农贷通”等农村金融惠民服务平台建设，畅通普惠金融下乡通道，提升金融机构服务“三农”供给保障能力。制定出台《成都市新津区“津津希望”选培计划》，顺势拓宽“三农”干部人才培育渠道。依托“津英人才金卡”计划，全面提升乡村在地人才体验感、获得感、幸福感。

五、坚持以党建引领为工作主线，凸显战斗堡垒作用，推动乡村组织振兴

（一）建立上下联动的工作模式，打好乡村振兴机制牌。严格落实实施乡村振兴战略党政一把手“双组长”制度，健全党委统一领导、政府负责、党委农村工作部门统筹协调的农村工作领导体制。充分发挥农村工作领导小组牵头抓总、统筹协调作用，督促落实中央和上级党委关于农业农村工作决策部署。制定实施区本级领导班子领导干部推进乡村振兴战略实绩考核方案及评分细则，切实激发领导干部推进乡村振兴工作的能动性和创造力。

（二）建设善谋善为的工作队伍，打造基层组织领头雁。重点强化镇（街道）主抓乡村振兴工作领导干部配备，推动镇（街道）党（工）委和政府（办事处）主要负责人爱“三农”、懂“三农”、抓“三农”。以71个涉农村（社区）“两委”成员为重点对象，围绕农业产业发展、壮大集体经济等方面，创新开展业务培训，促进村（社区）干部队伍思维进阶。实施村（社区）党组织书记头雁领航行动，加强村（社区）党组织书记监督管理激励，构建村（社区）“带头人”队伍建设闭环体系。

（三）构建良法善治的治理格局，勾勒乡村治理新路径。健全“行政村党组织—网格（村民小组）党小组（党支部）—党员联系户”的村党组织体系，全面加强村级党组织对村级各类组织和各项工作的领导，推动党建引领新时代乡村治理，烽火村、东华村获评“四川省乡村治理示范村”。依托“廊桥夜话”“聊天夜谈”等特色平台载体，引导群众广泛参与村（社区）发展治理。持续升级“1+4+N”智慧治理体系，着力完善“数据+平台+应用”公园城市数字底座，实现数据加速、服务提速。

四川大北农农牧科技有限责任公司

龙马杂交水稻制种专业合作社粮食烘干中心

月花社区高标准农田

农博园主展馆

泸 州 市

市委书记杨林兴（前排左二）带队到江阳区、龙马潭区专题调研乡村产业振兴工作

全省酿酒专用粮基地建设工作培训班在泸州市举行，农业农村厅二级巡视员肖祥贵（左二）出席会议并讲话

2021年2月25日，全国脱贫攻坚总结表彰大会在北京市举行，中共泸州市委作为“全国脱贫攻坚先进集体”受到表彰

2021 年，泸州市农林牧渔业总产值 430.29 亿元，比上年增长 5.9%；农林牧渔业增加值 261.31 亿元，比上年增长 5.7%。粮食作物播种面积 599 万亩，比上年增长 0.9%。经济作物中，油料作物播种面积 81.6 万亩，比上年增长 9.9%；蔬菜及食用菌播种面积 115.6 万亩，增长 0.7%；中草药材播种面积 7 万亩，增长 5.6%；烟叶种植面积 6.9 万亩，下降 18.4%。粮食总产量 231.6 万吨，比上年增长 1.1%，其中稻谷产量 109.8 万吨，比上年增长 0.8%；高粱产量 9.6 万吨，增长 4.9%；玉米产量 64.1 万吨，增长 0.3%。油料产量 11.6 万吨，比上年增长 15.6%，其中油菜籽产量 10.3 万吨，增长 16.6%。烟叶产量 0.6 万吨，

东翼现代农业园区

泸县喻寺镇现代农业园区

泸县太伏镇国家级制种基地

泸县石桥镇双稻双虾示范基地

比上年下降 8.4%。蔬菜及食用菌产量 285.8 万吨，比上年增长 2.2%。茶叶产量 1.7 万吨，比上年增长 11.2%。水果产量 28.6 万吨，比上年增长 7.8%。药材产量 3.1 万吨，比上年增长 9.5%。甘蔗产量 7.4 万吨，比上年下降 0.3%。新（改、扩）建现代经作标准化产业基地 11 万亩，全市累计建成现代经作标准化产业基地 50 万亩。新增家庭农场市级示范场 218 家，争取省级家庭农场建设项目 126 个。新增省级农民专业合作社示范社 30 个，合江县、古蔺县被确定为全省第二批农民合作社质量提升整县推进省级试点县。江阳区被确定为全省新型职业农民制度试点县，合江荔枝园区、江阳区董允坝、泸县谭坝、纳溪梅岭茶叶、古蔺云上牛郎、龙马潭十里渔湾被列入省级园区培育。年末森林面积 62.4 万公顷，森林蓄积量 2610 万立方米，当年造林面积 21826 公顷，其中人工造林面积 5100 公顷。当年新（改）建竹林基地 11 万亩，竹业综合产值突破 200 亿元，纳溪区、叙永县被认定为全省第一批“竹产业高质量发展县”。合江现代竹产业园区被认定为全省第一批“现代竹产业园区”。纳溪区白节镇、叙永县水尾镇、叙永县江门镇被认定为全省第一批“竹林小镇”。纳溪区打古镇、叙永县向林镇被认定为全省第四批“森林小镇”。纳溪区白节镇大旺现代竹产业基地等 7 个竹产业基地被认定为全省第一批“现代竹产业基地”。纳

龙马潭区有机高粱长势良好

泸县百年桂圆林

甜橙

桂圆

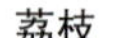

荔枝

柚子

溪区安富—上马翠竹长廊等 6 条翠竹长廊（竹林大道）被认定为全省第一批“翠竹长廊”（竹林大道）。合江县法王寺镇半山云舍等 7 户“竹林人家”被认定为全省第一批“竹林人家”。泸州永丰浆纸等 21 家企业被认定为国家级或省级林草产业化龙头企业。全年生猪出栏 355.1 万头，比上年增长 9.9%; 年末生猪存栏 245.6 万头，比上年增长 21%; 牛出栏 7.5 万头，比上年增长 5.2%; 羊出栏 53 万只，比上年增长 2.2%; 家禽出栏 4100.5 万只，比上年增长 0.2%。肉类总产量 34.5 万吨，比上年增长 5.6%，其中猪肉产量 25.4 万吨，比上年增长 8%; 牛肉产量 9196 吨，增长 5%; 羊肉产量 8038 吨，增长 1.7%。禽蛋产量 4.8 万吨，比上年增长 5.2%。深入推进长江流域禁捕退捕，与宜宾市签订《联合打击长江干线四川段非法捕捞专项整治行动合作协议》，与贵州省遵义市签订《赤水河流域退捕禁渔联合监管协议》。全市水产养殖面积 9335 公顷，比上年下降 0.8%; 投放鱼种量 12 356 吨，比上年增长 2.6%。水产品总产量 9.8 万吨，比上年增长 9.9%，其中养殖产量 97 815 吨，比上年增长 12%。年末全市累计建成水利工程 35.3 万处，其中水库 485 座、水电站 275 座、农村集中式供水工程 0.31 万处、塘坝 2.4 万座、机电井 30.48 万眼。全年水利工程供水能力总量 12.24 亿立方米，实际供水量 11.62 亿立方米。年末规模以上灌区 121 处，新增有效灌溉面积 0.69 千公顷，累计有效灌溉面积 156.39 千公顷。新增节水灌溉面积 1.28 千公顷，累计节水灌溉面积 120.04 千公顷。堤防总长度达到 191.36 千米，其中达标堤防 156.72 千米、新增堤防 22.87 千米。

茶山

泸州市中稻+再生稻示范区

喜迎二十大

江阳区董允坝蔬菜工厂

泸州市特早茶种植基地

植保无人机助力农田夏管作业

“种好中国粮　谱写新华章”

丰收的喜悦

温氏生猪现代养殖基地

古蔺县云上牛郎肉牛养殖基地

玉米病虫害防治技术指导

乡村振兴助农增收

紫糯小麦

龙马潭区果农采摘桂圆

泸县粮油现代农业园区

马蹄甜橙采摘

泸州晚熟荔枝

“巴蜀鱼米之乡”建设

纳溪区龙湖水香休闲农旅基地

合江县“开秧门”农技大比武之插秧比赛

醉美泸州，大美田园

泸州市江阳区

泸州市江阳区位于四川省东南端，全区面积 649 平方千米，辖 6 个镇 9 个街道，共 80 个行政村 81 个社区。是中国酒城、国家历史文化名城、全国文明城市、国家卫生城市、国家园林城市、国家环境保护模范城市、智慧城市——泸州市的中心城区，获得全国现代农业示范区、全国农业标准化示范区、全国科技进步示范区、全国科普示范区等称号。

2021 年，泸州市江阳区严守耕地保护红线，建成高标准农田 2 万亩，粮食产量达 20.89 万吨。建成连片粮油万亩示范基地 2 个，新建“粱菜”轮作基地 1000 亩、桂圆高换基地 1600 亩。做好重大动物疫病防控，全力恢复生猪生产，出栏生猪 23.5 万头，存栏 15 万头以上。通滩镇被评为全国“一村一品”示范镇。持续推进“厕所革命”，完成农户改厕 2000 户。巩固拓展脱贫攻坚成果同乡村振兴有效衔接，脱贫户人均收入超过 6000 元。投入帮扶资金 1000 万元，选派 35 名干部到盐源县开展第三轮对口帮扶。

魅力江阳

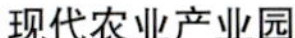

现代农业产业园

高粱种植基地

新村新貌

黄舣镇马道子村新貌

绿色出行

董允塑像

伞里夜景

董允坝晚霞

泸　　县

省供销社党组书记、理事会主任李天满（右二）率队到泸县调研供销合作社改革发展情况

时任泸州市长杨林兴（前排左三）率队到嘉明镇调研新型基层供销社建设情况

泸县又称“龙城”，位于四川南部，长江、沱江交汇区，西南出海大通道桥头节点，隶属中国酒城——泸州。是全国粮食生产先进县、国家级杂交水稻种子生产基地县、“中国晚熟龙眼之乡”、国家出口猪肉质量安全示范区、国家生猪调出大县、全国平安渔业示范县、全国平安农机示范县、全国绿色发展示范先行区、四川省三大粮食基地县，拥有深厚的农业资源禀赋和广阔的政企合作空间。泸县现代农业产业园区立足于泸县资源禀赋和农业产业基础，坚持“围绕产业建园区，建好园区促产业”的总体思路，以“建基地、创品牌、搞加工、拓市场、强支撑、促产业”为着力点，推进“起一接二连三”三产融合。围绕“2+3+4+N”的建园模式，规划建设1个国家级泸县粮油种养综合循环生态现代农业园，1个国家级泸县“晚熟龙眼”现代农业产业园；1个北部省级泸县“高粱＋油菜”现代农业产业园、1个中部省级稻渔种养综合循环现代农业园区、1个东部省级白酒原材料溯源现代农业园区；4个市级泸县现代农业园区、N个县级泸县现代农业产业园。通过5年的持续推进，坚定不移地做大做强“粮油、生猪”主导产业和晚熟龙眼特色产业，建成泸县粮油种养循环生态县、泸县长沱两江晚熟龙眼特色经济带，唱响“粮猪安天下、龙眼迎九州”产业号角。

喻寺镇谭坝村

全省酿酒专用粮生产基地建设工作培训会在泸县召开

四川省供销合作社监事会工作会在泸县召开

泸县乡村振兴局挂牌成立

第十届泸县潮河金秋龙眼节

2021 年，全县改造提升制种基地 3000 亩，建成高标准农田 3.6 万亩、省级酿酒专用粮生产基地 13 万亩，粮食产量达 54.7 万吨，生猪年出栏突破 91 万头。省级现代农业园区新增核心区 2000 亩，创建“五良”融合全程机械化示范区 1 个。培育市级龙头企业 1 家，创建农民合作示范社国家级 2 家、省级 5 家，新增“三品一标”农产品 9 个。获评国家农作物品种展示评价基地，入选全国农民合作社质量提升整县推进试点县。全年实现第一产业增加值 65.5 亿元，增长 5.6%。

荣誉证书

泸县：

你单位的《闲房荒宅变资源 民富村美强支撑》被评为党的十九大以来四川农业农村改革十大优秀案例

四川省农业农村厅
二〇二一年九月

泸县：

荣获2021年度四川省农村改革工作

先进县

省委办公厅 省政府办公厅
二〇二二年一月

第二批全国乡村治理示范村——喻寺镇谭坝村

泸县庆祝中国共产党成立100周年机关合唱比赛

泸县庆祝中国共产党成立100周年文艺晚会

绵泸高铁通车

除险加固后的奇峰镇岳铺田水库

石桥镇大堰村高标准农田建设

方洞镇陈田村高粱丰收

乡村振兴衔接专项项目促农增收

天兴镇田坝村村民领取宅基地退出补偿款

贫困新村新风貌

乡村振兴示范村新风貌

幸福宋家小院

德阳市旌阳区

德阳市委副书记罗文全（前排左二）到旌阳区调研农业机械化工作

区委书记陈天航(左四）调研现代农业园区建设情况

区长谢斌（右五）调研土地增减挂钩项目建设情况

德阳市旌阳区素有“天府粮仓”之称，是国家农产品质量安全县、全国平安农机示范区和全国农村产权制度改革试点县。全区辖 7 个镇和 6 个街道，辖区面积 648 平方千米，其中耕地面积 41.63 万亩、基本农田 29.55 万亩；主产水稻、小麦、油菜、蔬菜、各类畜禽产品。2021 年末总人口 70.36 万人（户籍人口）。近年来，旌阳区深入贯彻落实中央、省委和市委关于实施乡村振兴战略的一系列决策部署，紧扣“致力共同富裕，奋力创建百强”目标，紧紧围绕做好两项改革“后半篇”文章，以建设城乡一体的高品质生活宜居地为引

区委副书记吴健（左三）调研防止返贫监测工作

副区长陈然（右五）调研指导住户调查工作

柏隆镇香葱丰收

双东镇周录元家庭农场蜂糖李丰收

领，在全市率先开展“三变”改革“五社”实践试点，积极探索集体经济发展有效路径，大力开展数字农业建设，全面赋能乡村振兴，创新开展“艺术旌阳·焕彩城乡”美育提升行动，推动形成文明乡风，促进农业全面升级、农村全面进步、农民全面发展，走出了一条具有旌阳特色的城乡融合、全域振兴之路。2021 年，全区粮食、油料、蔬菜总产量分别达 23.79 万吨、3.61 万吨和 40.49 万吨，生猪出栏 34.4 万头。全年农林牧渔业总产值 71.29 亿元，同比增长 8.1%。农村居民年人均可支配收入达 24 395 元，同比增长 10.3%。

工厂化育秧

多宝渔业泥鳅养殖

洪国养殖场出栏仔猪

芳菲山谷

荷韵龙居

红光印象现代农业园区黄土河农业专业合作社阳光玻璃棚

旌牧生猪养殖场项目竣工

罗新路

孝泉镇邻姑泉

仿古街道

德阳旌耘农业发展服务有限公司与四川美丰签订合作协议

旌阳区镇级“三变”改革授牌仪式

加强乡村振兴资源聚合·综合服务平台建设　促进四川乡村全面振兴

四川省农村发展促进会

四川省农村发展促进会（简称“省农发会”）成立于1995年，是由民政厅批准，历经省经委、省委农办、农业厅主管的省级社团，现业务主管单位为农业农村厅。省农发会是省委、省政府联系全省农村基层的桥梁和纽带，是各级党委、政府决策“三农”的参谋和助手，是全省加强农村对内、对外交流与合作的平台和窗口。

省农发会现设专家指导委员会（智库）、秘书处、总编室、三农课题调研部、科教培训中心、融媒体中心及乡村振兴研究院、乡韵艺术院、花椒产业专业委员会、合作社发展专业委员会、特色乡镇经济工作委员会、乡村教育与卫生专业委员会、种养循环经济委员会、草产业发展中心、诗酒田园志愿服务队、法治乡村与产业振兴分会等机构，现有专职员工37人，外聘“三农”专家106名。拥有会刊《四川农村》（双月刊，省农科院主管）、《四川农村观察》微信服务号、《四川农村》微信公众号、官网“四川农村发展”网等自有宣传平台，有四川广播电视台公共·乡村频道和百度成都频道等战略合作宣传平台，共同打造《乡村会客厅》栏目和乡村振兴专题。与省社科院、省农科院、重庆市农科院、省植物工程研究院、川农大、成都市农业职业学院、国家开发银行四川省分行、农业发展银行四川省分行、农业银行四川省分行、四川省农村信用联社、邮储银行四川省分行、华夏银行成都分行、四川省冶堪设计集团、锦泰保险股份公司及省供销社、省水产局、成都市农业农村局、自贡市农业农村局、宜宾市农业农村局等近30个科研院所、大专院校、金融保险和政府职能部门建立了战略合作关系。

省农发会成立28年来，通过调查研究、实地走访、举办涉农论坛、编辑出版涉农出版物等形式开展各类研学活动，在政策解读、产业孵化、农产品品牌打造、农村专业技术人才培养、农业科技推广、脱贫攻坚、乡村振兴等方面开展了一系列卓有成效的工作，共计举办国家级论坛2次、省级学术交流活动及论坛20次，线下培训班100余班次，培训人员近1万人次；线上培训15期，参与人数达160万人次；建立“三农”调研基地77个，撰写调研报告、学术报告近100篇；出版《四川农村》（杂志）、《四川现代农业发展报告》《四川三农70年大事记》等“三农”书籍近10种（类）40余卷，出版总字数超1.3亿字，多次获得国家级和省级奖项。省农发会先后被评为四川省“5·12”抗震救灾先进社会组织、四川省先进学会，多人多次获得“先进个人”称号，经民政厅评估为AAA社会组织。

自国家实施乡村振兴战略以来，省农发会紧跟时代步伐，发挥自身优势，成立乡村振兴研究院，致力于乡村振兴资源聚合与综合服务平台建设，加大课题调研力度服务地方乡村振兴，承担了《自贡市乡村振兴战略规划（2018—2022）》《理县乡村振兴战略规划（2018—2022）》及《丘陵地区现代特色农业助力乡村振兴的“隆昌模式”》《理县十三五农文旅融合发展》《甘孜藏族自治州生态农牧业发展研究》《郫都区唐昌镇农业产业强镇建设实施方案》《雅安市脱贫攻坚的机制创新与经验总结》《名山区脱贫攻坚与乡村振兴有机衔接实践案例研究》《崇州市农业产业功能区农业高质量发展战略研究》等近20个课题研究和项目规划工作；《简阳市传统农业向现代都市农业转型路径研究》获省委常委曲木史哈签批：调研报告有现实指导意义，请成都市、简阳市市委市政府领导参阅。

省农发会不忘初心、牢记使命，全面致力于促进和提升四川农村经济社会发展的质量和效益，为乡村全面振兴努力奋进！

——四川省乡村振兴“回头看”考核优秀等次获奖单位

绵阳市游仙区

生态环境厅党组书记、厅长钟承林（中）一行调研中国（绵阳）科技城核医疗健康产业园，副市长袁明（前排右一），区人大常委会党组书记、主任何守君（左一）陪同调研

区委书记陈华斌（一排右一）调研现代蔬菜种业园区建设工作，区委常委、副区长陈政（三排右一），区委常委、组织部部长李响（二排右二），副区长姚永强（二排右一），区委农办主任、区农业农村局党委书记、局长吴先强（一排右二）陪同调研

区长韩晓清（中）调研防汛减灾地质灾害防治工作，副区长姚永强（右一）、区政协副主席张梁（二排中）陪同调研

游仙区是中国科技城核心区、绵阳市主城区，辖区面积1018平方千米，辖1个省级高新技术产业园区、1个经济试验区、3个街道、8个镇、172个村（社区），总人口56.83万人（其中农村人口24.35万人）。近年来，游仙区倍加珍惜乡村振兴先进区荣誉，坚持以更大力度、更高标准、更实举措推动乡村振兴再上新台阶，获评全国农村集体产权制度改革整县推进试点区、国家区域性蔬菜良种繁育基地、国家农作物品种展示评价基地、全国平安农机示范区，一大批改革经验在全国全省推广。

区政协主席杨守贵（中）带领区政协委员一行到游仙区人民医院调研学科建设和重大项目建设情况

区委常委、组织部部长李响（右二）调研乡村振兴工作，区委农办主任、区农业农村局党委书记、局长吴先强（左二），区委农办专职副主任张代利（左一）陪同调研

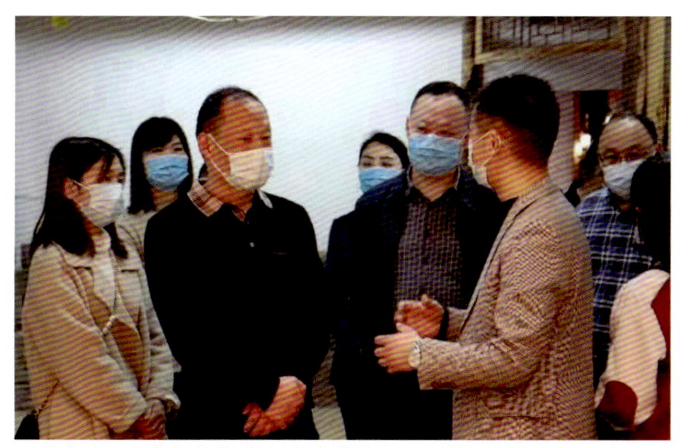
区委常委、宣传部部长朱兴安（前排左二）带领宣传部班子成员到盐泉镇调研经济发展和文化工作，盐泉镇党委书记魏甦（前排左三）、镇长李柯（后排中）陪同调研

区委常委、统战部部长、涪江区级河长张明东(中）到石马镇调研涪江河长制工作

一、坚定落实优先发展原则，组织统筹得到新加强

组织领导强化到位。区委、区政府主要负责人专题召开乡村振兴会议4次，每季度组织学习上级重要指示精神、研究部署重大事项。充实区委农村工作领导小组和区委农办工作力量，调强8大专项工作组。跨村联建功能性联合党委6个、镇级片区联合党总支2个，实现党建引领片区发展新格局。严格落实三级书记抓乡村振兴责任制，督促基层党组织书记履行第一责任人职责。**资源要素保障到位。**优先保障乡村振兴财政投入，全年投入占一般公共预算支出的12.59％，增长1.5％。2018年以来，共投入资金93.24亿元，引入平台融资23.4亿元，其中新融资8.3亿元。全年安排26.3％的新增建设用地指标，用于保障乡村重点产业和项目用地。**人员力量配备到位。**实施人才振兴五年行动，举办村（社区）党组织书记进修班2期，实现基层党组织书记全覆盖。设立“乡村振兴优才”评选项目，首批评选3名乡村振兴人才。辖区“一办一站一中心”编制配备和人员配置达100％。**脱贫成果巩固到位。**编制衔接政策汇编，开展2轮防返贫监测帮扶集中排查，认定98户262名监测对象，精准制定帮扶措施，选派24名优秀干部任驻村“第一书记”、12名优秀干部任工作队员，获评省级重点帮扶村6个。

区委常委、常务副区长陈政（中）调研乡村振兴工作，游仙区委农办专职副主任张代利（左一）陪同调研

小枧镇湿地公园

副区长姚永强（中）调研农村环保三年体制“五清”工作，区委农办主任、区农业农村局党委书记、局长吴先强（左一）陪同调研

区农业农村局党委副书记、副局长吴波（中）到魏城镇绣山村“双听双问”走访

二、全力推进农业高质量发展，农业现代化取得新进展

扛稳重要农产品供给责任。严守耕地红线，完成撂荒耕地整治3632.93亩，建成高标准农田2.3万亩，粮食作物播种面积58.49万亩，粮食总产量24.68万吨，粮食面积、总产量、亩产实现“三增长”。新投产规模及以上生猪养殖场5家，新增存栏生猪4万余头，全面完成21万头目标任务。**聚力发展高质量现代农业园区。**聚焦“优质粮油、绿色蔬菜、花卉林果、优质蚕桑、生态养殖”五大产业，聚力建设“花舞游仙、果满山川、桑梓家园、渔虾稻田、粮油制种、道地药材、川菜硅谷”7个现代农业园区，全年新增市级农业产业化龙头企业2家，新培育家庭农场174家，蔬菜种业和特色经果林园区纳入省级培育，“优质粮油”“果满山川”园区获评市级园区。**强化科技赋能现代农业。**聚焦护航种业“芯片”，与省农科院合作建立院士（专家）工作站，联合西南

区农业农村局党委委员、副局长李进（中）调研环保工作

区农业农村局党委副书记、总农艺师刘晓东（右一）检查高标准农田建设情况

区农业发展中心主任叶飞（左一）调研畜牧工作

区农业执法大队副大队长李平（右三）开展农业执法检查

区委农村工作领导小组会议

区农业农村局召开庆祝中国共产党成立101周年暨七一表彰大会，局党委书记、局长吴先强出席会议并专题讲授党课

“村社联管　资源联动　试点联创　竞技联进”——游仙区新桥镇召开壮大集体经济工作推进会

“群众点单、社区派单、党员接单”——富乐街道开展“双报到”党员集中“接单”仪式

大学、西南科技大学等科研院校培育蔬菜新品种50余个，引进、保存种质资源700余份。组建科技特派团，全年新培训农户150余人次，培养技术骨干30余人，玉米大豆带状复合种植等技术广泛推广，主要农作物机械化水平达87.32%。**深入实施“三品”工程。**践行质量兴农、品牌强农理念，培育“三品一标”农产品136个，绿色食品续展率和年检率分别达100%，“仙特大米”“浩东菜籽油”“三国冬枣”“木龙观红萝卜”等绿色农产品声名远播，“绵品出川”活动签订农产品供销金额3.2亿元。

三、全力推动乡村提档升级，农村面貌焕发新气象

农村人居环境全面改善。以垃圾、污水、厕所“三大革命”为主攻方向，结合全市城乡环境综合提质三年行动，开展村

游仙区蔬菜产业园区

游仙区现代农业蔬菜种业园区

游仙区蔬菜产业

庄“五清”工程。全区生活垃圾有效处置村达100%，生活污水有效处理村达95.4%，农村户用卫生厕所普及率达99.2%，畜禽粪污资源化利用率达94.4%，秸秆综合利用率达96.6%。**农村基础设施逐步完善**。加快农村路网优化升级，完成撤并建制村畅通工程82.3千米、村道安全生命防护工程53.3千米。推进城乡供水一体化，农村自来水普及率达99.92%。推动“宽带乡村”建设，重点镇5G网络和村级光纤宽带、4G网络覆盖率达100%。探索“电管家+网协员”电力体系，被《四川日报》等主流媒体宣传报道。**乡村基本公共服务持续提升**。改造提升村级文化活动室172个，公益性文化场馆全部免费开放，镇村体育设施实现全覆盖，魏城镇成功创建为全省片区中心乡镇公共文化服务提质增效试点镇。推进教育资源均衡配置，建立4个“乡村教师工作室”，带动农村薄弱学校发展。大力建设公共卫生医疗中心等健康游仙重点项目，忠兴、盐泉医疗卫生次中心已投入使用。建成“智慧司法”区级公共法律服务中心，全区公共法律服务工作站（室）100%覆盖。**乡村融合治理有效提升**。打造“一核三治”乡村治理品牌，112个村完成村规民约修订，25个村建成道德评议堂，创建乡村治理示范村国家级2个、省级5个。扎实建设平安法治乡村，全区98个村（社区）获省、市、区级“六无”平安村（社区），刑事案件发案率下降14.11%。

四、全面深化农业农村改革，乡村振兴释放新活力

扎实推进省级城乡融合发展改革试点。全面启动以片区为单元编制乡村国土空间规划，畅通城乡土地要素双向流动，

优质粮油现代农业园区

游仙区葡萄+青梅现代农业园

补齐乡村公共服务和基础设施短板，构建城乡互补、全面融合、共同发展的新型城乡关系，魏城镇建成首批"省级百强中心镇"。**盘活用好农村闲置宅基地。**创新"平台公司贷款投资、镇政府组织发动、村集体具体实施"方式，坚持资源"全区一盘棋"，建立统一安排、统一收储、统一核算的入市交易制度和平台，优化资源配置效率。已整理复垦闲置宅基地 1134 亩，颁发了全市首本集体建设用地使用权不动产证书。**探索推动村级集体经济融合发展模式。**实施"一村一区级领导联系、一村一部门单位帮扶、一村一制度方案推进"工作机制，探索推行七种模式发展壮大集体经济，全面完成村集体经济消薄任务，收入 10 万元以上的村有 31 个，占比 27%。升级"清风阳光监督平台"，打造全省首个农经数字化管理信息系统。被评为村级集体经济融合发展省级试点先进区。**创新实施土地"大托管"模式。**结合全省解决农村土地碎片化问题试点，创新成立镇集体经济联合总社，以大面积托管、大资金投入、大服务增收，实现"跨区域、规模化、机械化"生产模式，有效解决土地撂荒、碎片化和"非粮化"问题。试点镇托管土地 4.37 万亩，托管区域粮食产量较托管前增长 15%，经验做法在《四川改革专报》刊发。

葡萄产业

美丽新村——仙鹤镇

梓绵盐井坝 山湾农庄

国家现代农业示范区

国家级杂交水稻种子生产基地

全国休闲农业重点县和乡村旅游示范县

天府旅游名县

四川省现代农业示范县

连续5年获评全国县域旅游竞争力百强县

连续2年获评全国县域旅游综合实力百强县

江　油　市

省政协副主席刘成鸣（右二）、绵阳市政协主席李亚莲（右三）一行到江油市战旗镇白沙村调研集体经济发展情况

江油，地处四川盆地北部，辖区面积2719平方千米，总人口86万人，辖23个乡（镇）、1个街道和1个省级高新技术产业园区，是全国文明城市、首批历史文化名城、首批工业强县示范市，获评“天府旅游名县”“四川省生态园林城市”等称号。2021年，全市实现地区生产总值528.27亿元，社会消费品零售总额226.67亿元，地方一般公共预算收入24.39亿元，城镇居民人均可支配收入41573元，农村居民人均可支配收入22665元，在全省183个县（市、区）经济实力排名第21位，赛迪全国百强县排名第106位。

禀赋独特，资源富集。农旅资源得天独厚，海拔跨度从462米到2356米，属亚热带湿润季风气候区，造就了“世上

新安镇中国农业公园

市委书记元承军（中）检查督导森林防火、农村疫情防控工作

市长曾建军（中）调研四川（江油）生猪种业园区研发服务中心

无双景、天下第一峰”窦团山、川西北最大喀斯特溶洞佛爷洞、“第二个都江堰”武引水库、国家级水利风景区涪江六峡、省级森林公园观雾山等自然美景，戴天山6万株古辛夷花作为全省首个传统农业系统被列入中国重要农业文化遗产，中坝附子荣获国家地理标志保护产品。

现代农业。现代农业加速发展，粮油、生猪种业优势明显。江油是国家现代农业示范区、全国农作物生产全程机械化示范县、全国平安农机示范县、全国新型职业农民培育工程示范县、全国农村集体“三资”管理示范县、全国农村集体产权制度改革试点县、全国农村一二三产业融合发展先导区、四川省现代农业示范县、四川省农产品质量安全监管示范县。建成国家级杂交水稻制种基地，有序创建全省唯一生猪种业现代农业园区，拥有清香园等农业龙头企业37家、“三品一标”农产品92个。江油市辛夷花传统栽培体系被列为中国重要农业文化遗产；新安镇中国农业公园被列为“中国农业公园”创建单位。大堰镇稻香渔村被评为“全国休闲渔业示范基地”；

江油市2021年实施乡村振兴战略实绩考核汇报会

市委农村工作领导小组全体会议

市农业农村工作专题会

市政协调研组调研农村集体经济发展情况并召开座谈会

四川（江油）生猪种业现代农业园区新希望国家级核心育种场

诗城芯谷 · 四川（江油）生猪种业园区研发服务中心

四川（江油）生猪种业现代农业园区青莲三一扩繁场

大康百年好合爱情谷获得“中国百合公园”称号。

美丽乡村。江油大力实施乡村振兴战略，入选全省首批乡村振兴战略规划试点县，完成乡村振兴规划试点编制，江油是全国休闲农业与乡村旅游示范县，着力建设绿色乡村、休闲乡村、文化乡村，已建成幸福美丽新村 273 个、美丽四川宜居乡村 120 个、省级“四好村”42 个；创建实施省级乡村振兴战略先进乡镇 1 个、示范村 14 个；创建国家级乡村治理示范村 1 个，省级乡村治理示范乡镇 1 个、示范村 5 个。

产业坚实，前景广阔。文农林旅融合发展走在全省前列，西南地区规模最大主题乐园方特东方神画成为文旅新坐标，拥有李白故居、李白纪念馆等国家 4A 级景区 5 个，中华洞天、

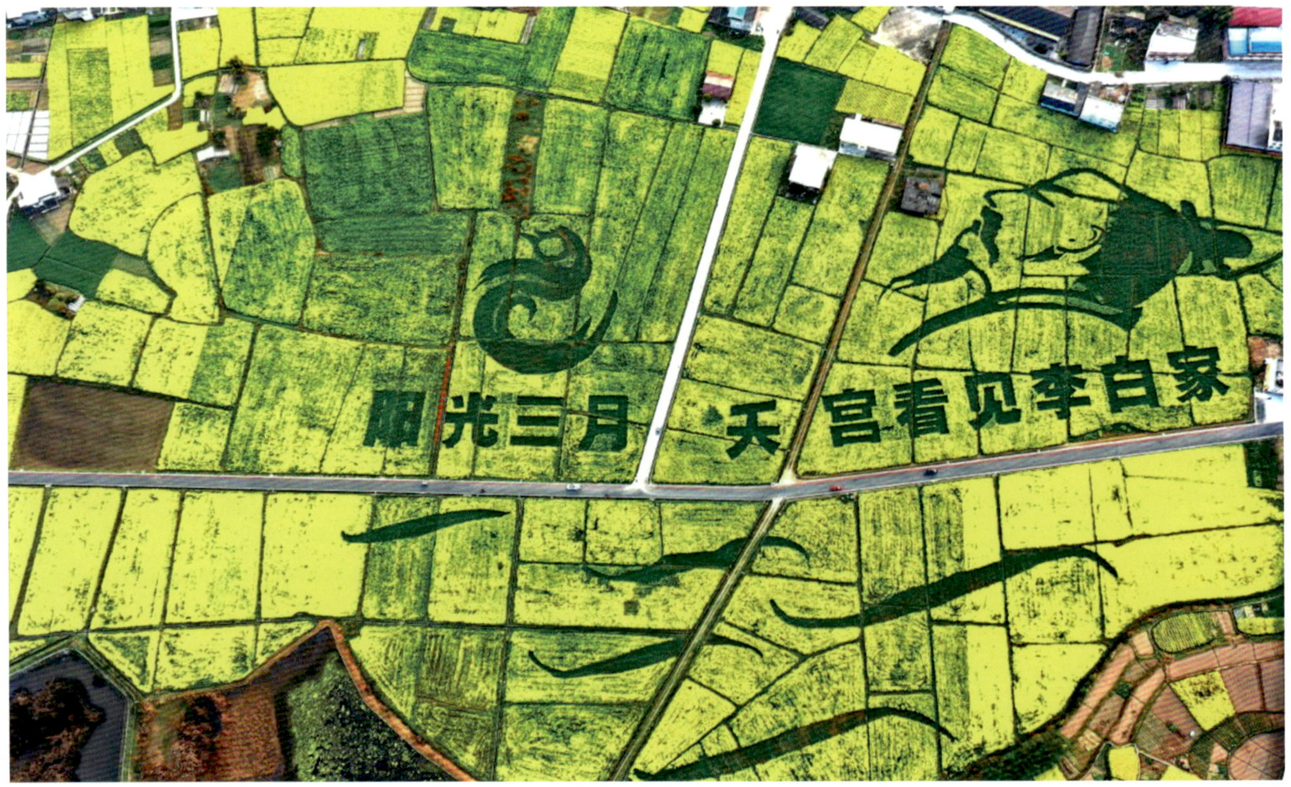

江油市优质粮油现代农业园区

江油市太白蔬菜种养循环现代农业园区

永胜镇三圣村高标准农田

青龙峡等开放性景区景点19个，推出太白文化体验游、生态文化欢乐游、美丽乡村游等10条精品旅游线路，年接待游客1000万人次，旅游总收入突破100亿元，获评全国休闲农业和乡村旅游示范县，连续4年获评全国县域旅游竞争力百强县，连续2年获评全国县域旅游综合实力百强，正加快建设巴蜀文化旅游走廊成绵乐世界遗产精品旅游带枢纽性基地、国家全域旅游示范区、国际李白文化中心。

生态优美，宜居宜业。全市森林覆盖率52.2%，空气质量优良率92.9%，“一江两河九堰”穿城而过，“三山”环抱主城区江彰平原，明月岛、让水河等5个生态公园、20余处广场绿地点缀城区，是“一半山水一半城”的山水田园城市。城市建成区面积36.9平方千米，城区常住人口40万人，拥有大型商业综合体8家、特色商业街4个，以江油肥肠为代表的特色美食不胜枚举，是享誉省内外的美食聚集地和川派餐饮创新发展先行区。拥有各类学校163所，其中高等教育学校1所、职业中学1所、普通高中4所，连续16年荣获绵阳市教育质量综合评价特等奖。拥有医疗卫生机构685家，其中三甲、三乙医院各2家，二甲医院3家。博物馆、图书馆、文化馆等“五馆一站”免费开放，入选新时代文明实践中心全国试点。

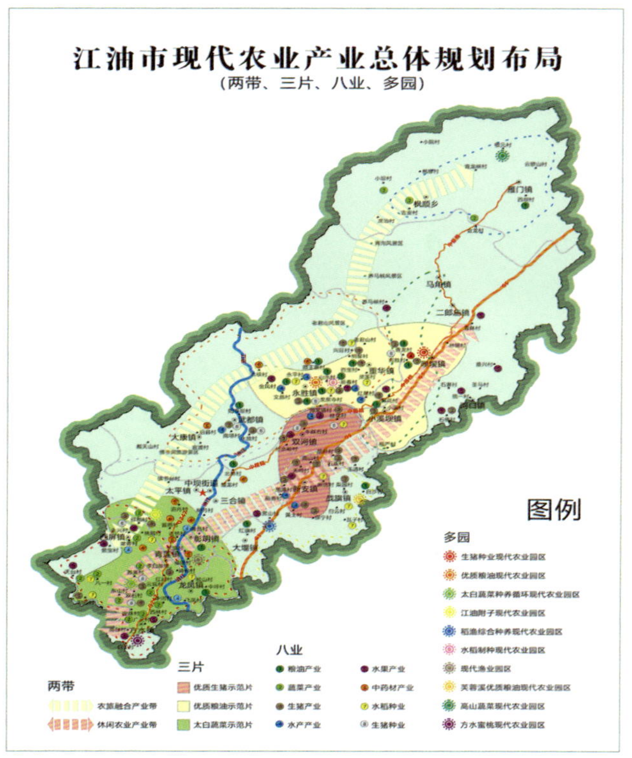

江油市现代农业产业总体规划布局图

明月岛公园

永胜镇文化新村

江油市政协助推双河镇桂花村集体经济发展

水土保持成果——杜家沟小流域治理后风貌

武都供水站

老旱区东安乡全域自来水通水仪式

方水镇白玉新村

全国休闲农业重点县和天府旅游名县

山水相印江油城

晨光中的窦圌山

党中央、国务院关心关怀江油发展，习近平、李克强等党和国家领导人莅临江油指导“5·12”抗震救灾和灾后重建。四川省委、省政府和绵阳市委、市政府对江油发展寄予厚望，专门出台《关于支持绵阳市江油市创建百强县的培育政策措施》和《绵阳市支持江油市争创全国百强县配套政策》。当前，江油市坚定以习近平新时代中国特色社会主义思想为指导，紧紧围绕“讲政治、抓发展、惠民生、保安全”工作总思路，大力实施“工业强市、文旅兴市、开放活市、生态美市”发展战略，奋力挺进全国百强、再创县域辉煌！李白故里——江油欢迎您！

涪江六峡春色

叠翠小匡山

李白故居景区

明月岛夜景

方特夜景

全国食品工业强县
全国农产品加工创业基地
全国产粮（油）大县
全国生猪调出大县
国家级水稻制种基地县
国家级电子商务进农村综合示范县
四川省现代畜牧业重点县
四川省乡村振兴战略成效显著县

梓潼县

原省委农办主任、农业农村厅党组书记杨秀彬（左四）到梓潼县调研农业农村工作

水利厅党组书记、厅长郭亨孝（左二）率队到梓潼县调研乡村水务试点县建设情况

梓潼，因“东依梓林，西枕潼水”而得名，西北倚剑门天险，西南铺天府锦绣，被誉为“古蜀道上一颗璀璨的明珠”。辖区面积1443.92平方千米，总人口38万人，辖16个乡（镇）、1个经济开发区。

梓潼是全国食品工业强县、全国生态食品县、全国农产品加工创业基地、国家级水稻制种基地县、全国农村中医药工作先进单位、全国供销合作社电子商务示范县、国家级电子商务进农村综合示范县、国家义务教育发展基本均衡县、全国产粮（油）大县、全国生猪调出大县、全国村庄清洁行动先进县、中国好粮油示范县、中国农业社会

市人大常委会调研组到梓潼县调研现代农业园区建设工作

县委书记刘强（中）参与梓潼县水稻制种园区规划图绘制

化服务平台优秀推广县、全国绿化先进集体、全国农产品加工创业基地、全国信访工作示范县、四川省乡村振兴战略成效显著县、四川省文明城市、四川省卫生城市、四川省现代畜牧业重点县等。

2022年地区年度生产总值177.05亿元，同比增长5.2%；第一产业增加值增长4.8%；规模以上工业增加值增长9.2%；服务业增加值增长5.2%；全社会固定资产投资增长10%；地方一般公共预算收入增长11.1%；社会消费品零售总额增长0.5%；城镇居民人均可支配收入增长4.5%；农村居民人均可支配收入增长6.6%。

加快建设全国优质生态绿色农产品供给地。聚焦“推动特色农业提质增效”，深入实施“园区培育工程”“品质提升工程”“品牌塑造工程”，促进梓潼绿色优质农产品走出四川、供给全国。2022年，现代农业基地规模达到71万亩，建成蜜柚基地18.2万亩、水稻制种基地5.1万亩，年出栏生猪59.3万头，高品质蛋鸡存栏达260万羽。蜜柚基地规模、水稻制种基地规模、生猪标准化养殖、蛋鸡产品规模和销量实现四个“全省第一”。启用“文昌贡”农产品区域公用品牌，“品文昌贡 中状元郎”持续叫响擦亮。“天宝蜜柚”获得“国家地理标志保护产品”称号，是绵阳市首个直接出口的大宗水果产品。

加快建设成渝地区双城经济圈旅游目的地。聚焦“推动文旅产业提档升级”，深入实施“A级景区培育工程”“精品线路拓展工程”“全域旅游示范工程”，叫响做强“祈福七曲山 励志两弹城”文旅品牌。深挖文昌文化、红色文化内涵，培育“三线记忆·革命激情”文旅品牌，成功打造红色文化研学、多彩乡村休闲、蜀道文化寻根等精品旅游线路。文昌艺术部落、鸭鹤岩被评为国家3A级旅游景区。七曲小筑、“状元第”文化旅游特色街区建成投用，两弹城红色旅游研学营地投入使用，四川两弹城博物馆、航天科技馆项目建设加快推进。“两弹一星”干部学院办学成效显著，被中组部纳入全国首批《省（部）级党委（党组）批准的干部党性教育基地备案目录》。

加快建设四川丘区经济高质量发展示范地。聚焦“以特色园区为牵引做强主导产业”，深入实施“工业园区倍增工程”“现代农业延链工程”“服务业集聚工程”，推动二产前伸后延、一产接二连三、三产功能拓展。工业园区建成面积4.17平方千米，入驻企业269家，成功创建为全国农产品加工创业基地、省级小微企业创业创新示范基地、省级农产品加工示范园区、省级绿色制造示范单位和循环化改造示范试点园区、全省唯一省级健康食品产业园。围绕“绿色食品、生物医药”两大主导产业，建成以肉制品加工、蛋品加工、白酒饮料加工、调味品加工、粮油加工为主的绿色食品工业园和以一康制药、凯瑞药业、三香汇生物为龙

国家级水稻制种大县示范基地

梓潼县潼江河谷优质粮油现代农业园区

梓潼县20万亩蜜柚基地

油菜基地

俯瞰现代农业园区一角

优质稻

全国产粮（油）大县小麦喜获丰收

国家级水稻制种基地县水稻喜获丰收

科技赋能无人机监测水稻长势情况

特色果产业——天宝蜜柚

特色果产业——三泉猕猴桃

头的绵阳生物医药产业园。规上限上服务业企业达到58家，“5+1”现代服务业体系基本形成。

加快建设绵阳高品质幸福美好生活宜居地。聚焦“坚持保障和改善民生”，深入实施“服务保障力和群众满意度‘双提升’工程”，全力推动发展成果更多更公平地惠及全县人民。2022年，全县空气质量优良天数达352天，优良率达96.4%；全县林地面积93.6万亩，森林覆盖率达43.88%；全县饮用水水源地水质和纳入考核断面水质达标率均达100%；土壤安全利用率达100%，环境质量居绵阳市前列。优质均衡教育新格局逐步形成，引进四川文化艺术学院、东辰学校、文昌实验幼儿园等一批品牌教育，现有各类公办学校37所、民办学校28所。体育事业蓬勃发展，先后承办中国乒乓球超级联赛四川赛区比赛、四川省青少年速度滑轮锦标赛等国家级、省级体育赛事。医疗资源丰富，有三乙医院2家、二甲和二乙医院3家，区域养老服务中心和多功能养老服务综合体项目加快推进，养老服务体系逐步构建。

特色食用菌产业——棚下蘑菇

特色水产业——生态淡水鱼养殖

特色畜产业——“1+5”代养场生猪养殖

特色畜产业——黑山羊养殖

特色产业助农增收致富

擦亮金字招牌，农产品区域公用品牌——“文昌贡”系列产品

“薯”说幸福

“柚”惑难挡

丰收的喜悦

红火季节

特色禽产业——生态土鸡养殖

特色产业——棚下灵芝

“文昌发祥地，中国两弹城”，红色旅游研学营地——两弹城新区、“两弹一星”干部学院

崇文社区基层平台建设概貌

牛头山农村客运驿站

国家4A级景区——七曲山

梓潼县2022中国农民丰收节隆重开幕（暨潼江河谷九曲田园农业主题公园开园）

北川羌族自治县

省委常委、绵阳市委书记曹立军（左二）一行到绵阳晟氏健康科技公司调研

省政府口岸与物流办主任吴舸（左三）一行到北川县调研现代物流业发展工作

绵阳市人大常委会副主任代顺兴（前排右一），市人大常委会委员、市委农工委主任银登春（二排左二）一行到北川县开展巩固脱贫成果衔接乡村振兴项目工作调研，副县长杨勇（二排左一）陪同调研

北川古名“石泉”，是华夏始祖大禹的诞生地，2003年经国务院批准，北川成为全国唯一羌族自治县，有着厚重的文化底蕴和品牌底色，禹羌文化、红色文化、抗震文化和感恩文化交相辉映，是“中国大禹文化之乡”“中国羌绣之乡”、海峡两岸大禹文化交流基地，羌年入选联合国教科文组织急需保护名录。境内的地震遗址博物馆是全世界独一无二的灾难纪念地。获得全国民族团结进步示范县、全国新时代文明实践中心试点县、首届中国文化百强县、国家园林城市、全国人居环境范例奖、全国卫生县城、天府旅游名县、四川省旅游强县、四川省乡村旅游强县、全国文明城市县级提名城市等50余项国家级、省级殊荣。

县委农村工作会议

绵阳市副市长李栋（左一）到北川县调研督导森林草原防灭火工作

县委书记李昊天（一排左二）、县人大常委会主任李光辉（一排左四）、县长周福兰（一排左三）、县委副书记代小龙（一排左一）、县农业农村局局长陈仁毅（一排右一）等一行到坝底乡石关村就农村人居环境、产业发展、园区建设等进行经验交流

北川县辖区面积 3083 平方千米，辖 9 镇 10 乡，有行政村 202 个社区 33 个，总人口 23.1 万人。2021 年实现地区生产总值 88.11 亿元，同比增长 8.4%，增速居全市 9 个县（市、区）第 5 位。

产业北川，活力无限。现代农业园区建设加快推进，有茶叶、高山蔬菜、魔芋等农业产业基地 80 万亩，“北川苔子茶”“北川花魔芋”获得国家地理标志产品保护，建成全省最大规模的白芨种苗繁育基地，建成冷水鱼、白山羊等特色养殖基地 217 个，打造了“大禹故里”公用商标品牌，“三品一标”认证农产品 46 个，成功争创省级有机产品认证示范及创建区。“一区七园”模式驱动通用航空、食品医药、新型建材、应急等产业加快发展，以全国首批国家级航空飞行营地示范工程和全省第二批低空空域管理改革试点为契机，加快建设通航全产业链园区和航空休闲目的地。电子商务和“互联网 +”势头强劲，在国家第二批电子商务进农村综合示范项目绩效考评中位居全省第一。一是农业产业化发展。累计建成特色产业基地 80 万余亩，新建高标准农田 4.44 万亩，改（扩）建中药材、高山果蔬等特色产业基地 5 万亩；完善食品医药产业链，家庭农场、农民专业合作社和集体经济组织建设 71 处冷库等设施，入选全国农产品产地冷藏保鲜整县推进试点县（全省 5 个，全市唯一），获批中央财政补助资金 2000 万元；投入帮扶资金 3400 万元，建成农产品加工园。2021 年，全县清理村集体资产总额 11.975 亿余元、

县委书记李昊天（左二）到曲山镇、永昌镇等地调研春耕生产、河（湖）长制、高标准农田建设等工作

县长周福兰（中）调研园区建设和企业复工复产等工作

县农业农村局传达学习县第五次党代会精神

农业农村厅特色产业发展处副处长陈俊卓（右二）到北川县调研产业联合体项目，县农业农村局副局长杨晓坤（一排左二）陪同调研

县委副书记宁顺飞（左三）带队到陈家坝镇调研美丽乡村建设攻坚行动开展情况，县委农办专职副主任李绍军（左二）陪同调研

绵阳市委农办专职副主任唐以胜（右一）带队考核检查省级乡村振兴先进乡（镇），县委副书记宁顺飞（左二）、县农业农村局局长陈仁毅（右二）陪同调研

集体土地331万余亩，建立集体经济组织1907个，确认集体经济组织成员367 572人，设置成员股东367 572个、集体股东19个，股权量化集体经营性资产总额1.56亿余元。全县202个村共获得村集体经济收入639.29万元。茶叶农产品质量安全监测合格率为100%。二是农用地产权制度改革。大力发展村集体经济，实现村集体经济收益584.13万元；积极开展盘活农村闲置宅基地和闲置住宅试点。三是农产品品牌战略实施。围绕“羌食荟”区域公用品牌和国家地理标志产品等，依托北川生态绿色农业基础，继续创建省级有机产品认证示范区。新增绿色食品认证产品14个，“三品一标”总量达46个；抓住“北川苔子茶”“北川花魔芋”重要地理标志保护农产品，强化农民增收致富拳头产业发展，积极拓展茶叶产业乡村旅游休闲功能，开发羌茶节、羌茶研学活动、羌茶采摘体验等旅游产品，形成具有北川特色的农旅品牌。四是现代农业园区建设。培育县级以上现代农业园区12个，建成休闲农业经营主体117家，争创国家农产品质量安全县。完成《北川茶产业全产业链规划》编制，打造“一心两带五园”现代茶叶园区，坚持以创建省级茶叶现代农业园区为重点，全力做好“茶文化、茶产业、茶科技”三篇文章，打响“北川苔子茶”品牌，促进茶旅深度融合发展。

生态北川，宜居宜游。北川是长江上游重要生态屏障，拥有2个国家级、1个省级自然保护区和1个国家森林公园，

厚朴精加工车间

厚朴现代林业园区基地一角

北川五星枇杷

北川枇杷现代农业园区——圣灯山枇杷基地

盖头山羌茶节采茶

盖头山茶叶种植基地

北川稻渔现代农业园区

四川再造一个都江堰灌区和绵阳实现全域灌溉目标骨干水源工程——开茂水库

“美丽四川·宜居乡村”新风貌

康养健浙川东西部协作柯城·北川产业园

羌绣让震后的群众实现了农村人口再就业

以坝底乡为核心的6万亩高山缓季节蔬菜

森林覆盖率达 65.95%，空气负氧离子含量高，是北京、上海、成都等中心城市的 20 倍以上，全年空气优良天数达到 91% 以上，是国家重点生态功能区、国家生态文明建设示范县、岷山濒危野生动植物保护生物学国家长期科研基地，县域生态环境质量在全省 58 个类区县中位列第一。拥有绵阳市唯一一个国家 5A 级景区（北川羌城旅游区）、4 个国家 4A 级景区（西羌九皇山、药王谷、北川维斯特农业休闲旅游区、寻龙山）等，其中药王谷景区拥有全球最大的百年古辛夷花药树林和万亩药林，是全国第一个以中医药养生为主题的山地旅游度假区。成功创建国家级乡村旅游品牌 13 个、省级旅游品牌 8 个，荣获 2 个世界级、34 个国家级、136 个省级文化旅游品牌，自主研发的特色旅游商品荣获 26 个国家级、省级权威奖项。

北川白山羊（被评为四川省特色白山羊品种，2005年被列入《四川省畜禽品种保护名录》，2009年被列入《国家遗传资源保护品种目录》）

林下生态土鸡养殖场

标准化仔猪哺育场

荣誉

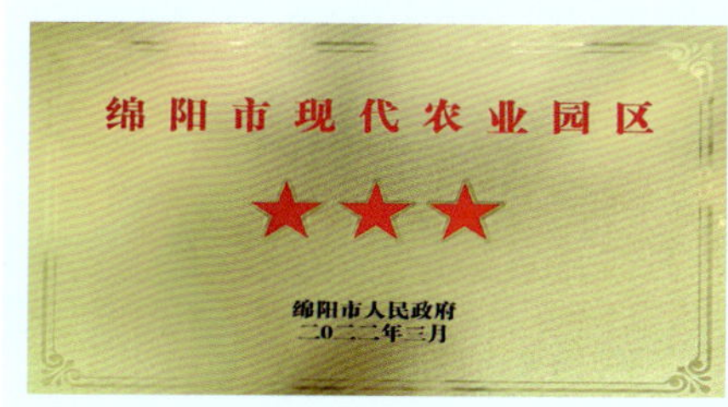

北川羌族自治县人民政府
四川省有机产品认证示范区
四川省市场监督管理局
2021年12月

2022年“川字号”金字招牌
品牌推广直播带货基地
川字号优质农产品线上展览组委会

国家商品粮食生产基地县

全国油料生产百强县

全国生猪战略基地保障县

四川省首批天府旅游名县

四川省乡村振兴重点帮扶优秀县

剑阁县

省乡村振兴局党组副书记、副局长向此德（前排左一）到剑阁县开展巩固拓展脱贫攻坚成果同乡村振兴有效衔接专项督查，县委书记杨祖斌（右三）陪同督查

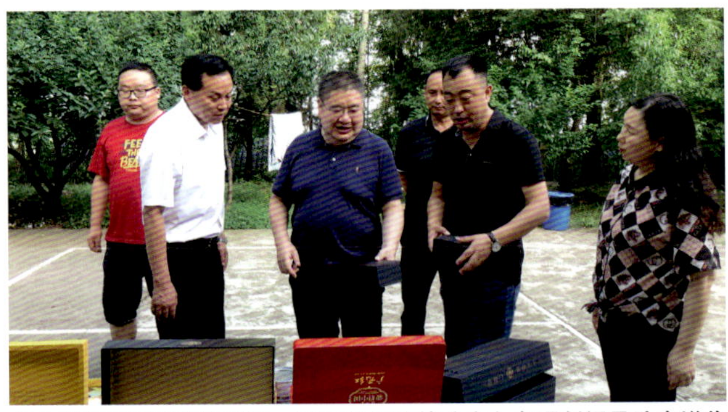

省乡村振兴局党组副书记、副局长向此德（中）参观剑阁县助农增收农特产品，县乡村振兴局党组书记、局长熊丽蓉（右一）陪同参观

剑阁县坚定贯彻落实习近平总书记“要切实做好巩固拓展脱贫攻坚成果同乡村振兴有效衔接各项工作，让脱贫基础更加稳固、成效更可持续”的指示精神和重要论述，把巩固拓展脱贫攻坚成果和乡村振兴作为重大政治责任、重大发展机遇、重大民生工程。聚焦建成“全省乡村振兴先进县”奋斗目标，坚持“守底线、抓衔接、促振兴”工作主线，严格“摘帽不摘责任、摘帽不摘政策、摘帽不摘帮扶、摘帽不摘监管”工作要求，紧扣“责任落实、政策落实、工作落实和成果巩固”重点内容，乘势而上、接续奋斗，全力巩固拓展脱贫攻坚成果同乡村振兴有效衔接，被评为2021年度全省乡村振兴重点帮扶优秀县。

一、突出“明责、履责、压责”，抓好责任落实

一是坚持“摘帽不摘责任”，推动落实县、乡、村“三级书记”抓振兴。县委书记任“总指挥长”，乡（镇）党委书记任“突击队长”，村党支部书记任“施工队长”。县委、县人大、县政府、县政协31名班子成员示范引领，一级做给一级看、一级带着一级干。县委常委会议、县政府常务会议、县委农村工作领导小组会议、各类专题会议快速研究、快速推动、快速落实。二是坚持“全体总动员”，构建多方联动责任体系。保持脱贫攻坚期间“1+17+5+N”指挥体系不变，抽调10名退居二线的老同志创新组建乡村振兴专班，统筹用好原分管过脱贫攻坚的县领导和部门负责同志，营造浓厚工作氛围。构建“县委常委分线牵头负责＋副县长＋人大、政协联系县领导＋乡村振兴专班成员”和“工作专班＋县级部门＋乡村组”的多方联动责任体系。农村工作领导小组牵头抓总，行业牵头部门分线负责、联动推进。组建12支督战队，形成树典型压担子促后进工作格局。三是坚持“摘帽不摘帮扶”，调优驻村帮扶力量。注重原有帮扶政策的延续、优化、调整。坚持选能人、选硬人，经双向选择、组织考察认定，分两轮对136个脱贫村、42个重点村调整轮换556名驻村干部到村履职。出台加强帮扶力量管理“七条措施”，足额兑付生活补助、工作经费等，全覆盖办理人身意外保险，确保帮扶工作能“安下心、扑下身”。

二、突出“时、度、效”，抓好政策落实

一是及时细化，完善配套措施。对标国家、省、市出台的系列政策文件，全县结合实际，及时跟进出台了“1+35”配套实施方案（1个管总文件——《剑阁县实现巩固拓展脱贫攻坚成果同乡村振兴有效衔接的实施意见》，35个实施方案：防止返贫动态监测帮扶、推动特色产业可持续发展等实施方案）。细化方

2021年度四川省乡村振兴重点帮扶优秀县

剑阁县"帮帮摊"项目启动仪式

盐店镇清潭村群众在阅览室学习农业科技知识

案时，既考虑衔接好、承接好，又兼顾可操作、能落地，做到"摘帽不摘政策"。二是全面梳理，严把政策尺度。中央、省、市层面先后出台了支持该项工作的系列政策措施，全县第一时间认真学习、消化吃透这些政策措施，在全面系统梳理脱贫攻坚期间已出台的配套政策基础上，认真比对、分析研判，该调整的调整，该延续的延续，坚决不搞"急转弯"，坚决不踩"急刹车"。三是注重实效，提升政策质效。在贯彻执行政策时，既兼顾统筹使用好政策，又坚决防止政策执行不到位、搞变通，确保政策效益最大化。把政策落实情况作为3轮巩固脱贫成果"回头看"的排查重点，确保政策"应享尽享"。针对医保资助渐退政策，加大政策宣传解释，引导群众应保尽保、应参尽参，推动分级诊疗，减轻就医负担。

剑阁县组织民工返岗

三、突出"精准帮、精品建、精细治"，抓好工作落实

一是坚持"摘帽不摘监管"，精准开展监测帮扶。早发现，通过集中排查、自主申报、关联监测等方式及早发现风险对象，按程序精准确定监测对象，全县纳入监测1081户2603人；早干预，对因灾因病、家庭发生突发重大变故且符合条件的农户，先行开展针对性帮扶，再开展识别认定，实现帮扶力量及早干预；早帮扶，针对监测对象，综合运用产业扶持、就业扶持、兜底保障等政策，精准制定帮扶措施，落实"一对一"帮扶责任。筹备设立1000万元救助基金，解决政策难以覆盖、突发困难短时间无法保障等各类问题；动态销号，镇村干部、驻村工作队常态化开展跟踪回访，对已消除风险的对象，按程序认定销号，已累计消除风险866户2128人。二是坚持聚焦民生实事，扎实推进乡村建设。分期分批改善农村基础设施。上年已实施"厕所革命"5303户，目前计划实施9153户，卫生厕所普及率达85.2%，畜禽粪污综合利用率达90%以上，白龙等12个乡（镇）污水处理厂及管网配套工程竣工投用。2021年新建乡村振兴产业路55.2千米、5G信号基站232个，在所有被撤并村设立便民服务代办点，下放144项县级部门管理权和审批权。三是坚持创新方式方法，有效推动乡村治理。建强村级自治组织，创新实施"阳光票决制""户长制"，持续推进"道德积分制""清单制"等自治模式。探索建立乡（镇）综合治理平台，构建线上线下的镇村便民服务体系，实现数据多跑路、群众少动腿。探索建立电子村务公开制度，创新开展"百姓问廉""村级义务监督员"等工作机制，获全国新时代廉洁乡村治理优秀案例奖。

四、突出"稳基础、强内生、促增收"，抓好成果巩固

一是着力推进稳岗就业。全面落实就业扶持政策，多渠道输送劳动力外出务工，多方开发公益性岗位，妥善安置半弱劳动力就业，加强对乡村就业困难人员和返乡失业人员的监测和就业帮扶。加大用地指标、融资、人才等要素支持力度，引导农民返乡创业、乡村能人就地创业、脱贫人口自主创业，实现脱贫劳动力就业4.53万人，2021年脱贫人口人均纯收入达13054元，增长25.7%。二是切实巩固"三保障"和饮水安全。夯实"五长"责任制，加大控辍保学力度，义务教育适龄儿童100%上学。继续实施先诊疗、后付费和"一站式"结算服务，提档升级县、乡、村三级医保便民服务，有效缓解脱贫户就医垫付压力和费用负担。继续

普安镇剑坪村新貌

鹤龄镇金银村通村水泥路

剑阁县大力发展优质粮油产业，促进脱贫群众增收

城北镇新华村剑门关土鸡林下养殖基地

实施农村住房安全动态监测，确保农户住上安全房，2021 年实施危旧房改造 123 户。持续巩固饮水安全成果，大力推动规模化集中供水，通过新建、扩建、配套、改造和联网等方式，进一步提高安全饮水保障能力。三是突出抓好产业发展。坚持“有特色、可持续、能受益”原则，大力发展优质粮油、剑门关土鸡两大支柱产业，稳步发展生猪、突破性发展肉牛羊、提质增效发展猕猴桃三大优势产业。2021 年带动脱贫群众人均生产经营性收入 1256 元，增长 1.66%。剑阁粮油现代农业园区被评为省四星级园区，全县粮食持续增收经验做法被央视电视台新闻频道报道。

五、突出“稳得住、有就业、逐步能致富”，抓好易地搬迁后续扶持

一是坚决抓实就业增收。成立县级劳务协作公司，乡、村两级全覆盖建立劳务专业合作社（站），乡村党组织书记兼任社（站）长，党小组长、网格员为劳务协作联络员，创新拓展 5 种就业渠道，组织实现转移和就近就业 1.99 万人。二是持续优化公共服务。不断巩固提升水、电、路等基础设施，逐步规范提升村级活动阵地，常态化开展文艺活动、感恩教育、普法教育等活动，持续提升搬迁群众满意度。三是创新提升治理能力。筑牢党建红色堡垒，

汉阳镇达令农庄葡萄种植园

选优配强治理力量，安置点党组织实现全覆盖，成立自治管理委员会 22 个，选优配强 56 名村常职干部，选派 30 名优秀年轻干部兼任村主任助理，深入推进村组干部、党员和搬迁户“一对一”结对，构建共建共治共享治理体系。成功承办全市易地扶贫搬迁集中安置点后续治理现场会，并作经验交流 2 次。

六、突出“建优机制、拓宽领域、创新方式”，抓好东西部协作

杭州市上城区与剑阁县结对，按照争创东西部协作先进县，打造上剑工业产业园、上剑乡村振兴示范区、上剑旅游联盟 3 大产业平台，聚焦学校医院、干部人才、国有企业 3 大协作领域，精准发力，成效明显。一是建优协作机制。两地分别成立以党政主要领导为双组长、分管领导为副组长的领导小组，组建工作专班，做到第一时间快速研究、快速调度、快速推进。探索新老结对关系联系机制，统筹莲都、上城资源，促进三方优势互补、资源互融、成果互享。二是拓宽协作领域。实施干部人才“双优”工程，上剑两地互派挂职干部人才 20 人。大力推动“万企兴万村”活动，组织上城区企业及社会组织结对全县 12 个乡村振兴重点帮扶村。三是创新协作方式。探索构建“三位一体”消费协作 2.0 模式，2021 年累计销售农特产品 6000 余万元。联合打造国内首个东西部劳务协作“杭广共富云”数字化服务平台，集聚杭广两地招聘企业帮助剑阁县农村劳动力在浙江稳定就业 6664 人，该做法被人力资源社会保障部作为经验信息推广。探索创新“东西部协作项目资金＋国有资本＋民间资本”的多元协作产业共建模式，发挥东西部协作项目资金撬动民间资本的“杠杆效应”。

脱贫摘帽、同步小康，剑阁虽已交出了精彩“答卷”，新的“赶考”路上，剑阁定将坚定扛牢政治责任，大力弘扬伟大脱贫攻坚精神，再接再厉、接续奋斗，创新探索走出巩固拓展脱贫攻坚成果同乡村振兴有效衔接“剑阁样板”之路，奋力争创全省乡村振兴先进县。

柏亚乡井泉村易地搬迁安置点

普安镇水池村易地搬迁安置点

射　洪　市

承办四川省“五良”融合产业宜机化改造项目启动会

中国工程院院士张福锁教授（前排左二）为四川射洪酒粮科技小院揭牌

2021年，全市辖21镇2个街道，辖区面积14平方千米，其中耕地面积105.9万亩，人均耕地面积1.13亩。年末总人口93.39万人（户籍人口），增长0.38%；人口出生率4.88‰，人口自然增长率0.36‰。全市GDP490.09亿元，增长8.1%，其中第一产业增加值83.14亿元，增长7.6%；第二产业增加值253.52亿元，增长7.7%；第三产业增加值153.44亿元，增长9.1%。

特色优势产业建设。加强与省农科院、川农大等院所的战略合作，立足射洪实际，系统编制射洪现代农业产业体系，对标四川省和遂宁市“10+3”现代农业产业体系，着力发展六大射洪特色产业，明确加快推进射洪30万亩优质粮油基地、20万亩舍得酒粮、15万亩晚熟柑橘、5万亩绿色蔬菜、80万头优势生猪和3000万羽白羽肉鸡提质发展。坚持以优“四化”兴产业，实施“园区化”做优基地，实施“品牌化”做强品质，实施“科技化”做深内涵，实施“链条化”做长产业。构建“两环四带十二园”现代农业产业格局，全力打造一批产业基地规模不断扩大、特色优势产业不断集聚、组织带动能力不断增强、利益联结机制不断紧密、政策支撑体系不断完善、且在全省具有比较优势的现代农业园区和优势产业聚集区。

农业技术人员在太乙镇田间察看小麦生长情况

太乙镇海阔农机专业合作社水稻工厂化育秧

宜机化改造项目区小麦机收现场

省三星级园区——射洪粮油现代农业园区

金华镇东山村楼式智能猪场全景

蓬 溪 县

中国农业科学院代表国家乡村振兴局到蓬溪县调研指导扶贫项目资产管理工作

四川省乡村振兴局一级巡视员唐义（左二）一行到蓬溪县调研指导工作

遂宁市乡村振兴局到蓬溪县乡村振兴局指导工作

蓬溪县地处四川盆地中部偏东，辖区面积 1251 平方千米，辖 19 个乡（镇）1 个街道 262 个行政村 20 个城市社区 40 个城镇社区，总人口近 70 万人，是“中国书法之乡”、中国革命老区、中国门都、国家现代农业示范区。

近年来，蓬溪县委、县政府坚持把推进精准脱贫及巩固脱贫攻坚成果作为头等大事，压实责任、完善机制，全面发力、终端见效，2017—2022 年，全县在实现全省脱贫攻坚及巩固脱贫成果成效综合评价中连续获评“六连好”，创建为全省乡村振兴先进县，入选国家乡村振兴示范县创建名单。

县委、县政府组织研究巩固脱贫攻坚成果工作

各级领导调研指导产业发展工作

蓬溪县乡村振兴局指导乡（镇）项目实施

全市农村“厕所革命”现场会在蓬溪县召开

守牢不发生规模性返贫底线

成立巩固脱贫攻坚成果同乡村振兴有效衔接工作领导小组，完善“1+N”政策体系，县委、县政府主要领导定期会商调度，研究部署有效衔接工作；县级行业部门、乡（镇、街道）成立工作专班，上下联动、推动落实；建立防止返贫监测帮扶网格化管理体系，分级分类落实网格管理人员，常态化开展监测帮扶，实现“应纳尽纳”“应帮尽帮”。选优配强帮扶力量，全县 67 个脱贫村 13 个乡村振兴重点帮扶村均按要求派驻“第一书记”和驻村工作队，落实 1 名县级领导、1 个县级部门联系，9500 余名干部持续帮扶不断档。

2021年6月4日，蓬溪县乡村振兴局挂牌成立

蓬溪县实现巩固拓展脱贫攻坚成果同乡村振兴有效衔接专项工作领导小组第一次会议

就业帮扶车间持续赋能脱贫群众增收

不断增强脱贫群众内生发展动力

严格政策落实，采取专车返岗、“扶贫车间”等方式，特别是对返乡脱贫人口、监测对象采取岗位推介等措施，实行的脱贫人口务工就业稳中有升。财政衔接推进乡村振兴补助资金每年按比例分配实施产业发展项目，结合脱贫人口小额信贷、到户产业资金等，支持脱贫户和监测对象发展产业增收，壮大村集体经济。通过就业、产业帮扶持续开展易地扶贫搬迁后续扶持，确保搬迁对象稳得住、有就业、能致富。同时，借社会力量，深入开展“万企兴万村”行动，设立“防贫保”“防贫风险救助基金”，竭力为困难群众解忧纾困。2022 年，全县脱贫人口年人均纯收入达 12 886 元，村集体经济收入平均水平突破 8.9 万元大关。

蓬溪县举行轮换驻村帮扶干部出征仪式

蓬溪县农民工返岗专列

建设宜居宜业和美乡村

抢抓创建国家乡村振兴示范县机遇，围绕巩固拓展脱贫攻坚成果同乡村振兴有效衔接，编制乡村振兴“1+6+N”专项规划，加快构建“一环三带五片”乡村振兴新格局。按步骤启动精品村建设10个，建成精品示范村2个，加快精品村“串点”、示范带“连线”、示范片“扩面”。以农村厕所、污水、垃圾“三大革命”为抓手，全面开展农村人居环境整治，农村卫生厕所普及率稳定达90%以上；优化国土空间规划，编制乡村建设行动实施方案，启动建设全省农村基本具备现代生产生活条件试点村3个、全省“积分制、清单制+数字化”智慧乡村治理试点村22个。

迈步新时代，创造新辉煌。蓬溪县认真贯彻上级决策部署，大力实施“美丽乡村全面振兴”对标赶超行动，撸起袖子加油干，攻坚破难勇争先，巩固脱贫攻坚成果，全面推进乡村振兴。

食用菌产业

“防贫保”为困难群众解忧纾困

“一长五联+积分制”助推乡村治理

任隆镇高升粮油园区

中药材产业助农增收

新会镇骡埝村稻蛙养殖壮大集体经济

农村人居环境日益改善

农村公共基础设施持续改善

宝梵镇宝梵村易地扶贫搬迁集中安置点

常乐镇拱市村

文井镇高峰山村

大石镇牛角沟村

大 英 县

2022年县委农村工作会议召开，县委书记胡铭超（左二）主持会议

大英县地处成渝地区双城经济圈黄金节点，辖区面积701平方千米，辖9镇1个街道168个行政村28个社区，总人口52.25万人。2021年，全县农村居民人均可支配收入19 482元。农村外出务工人口206 650人。人均一般公共财政预算收入1848.2元，人均一般公共财政预算支出5858.3元。义务教育巩固率小学98.24%、初中99.8%。全县农村人口基本医疗保险（含大病保险）覆盖率100%，行政村标准化卫生室覆盖率84%，标准化乡（镇）卫生院对乡（镇）的覆盖率100%。通硬化路的行政村有168个，其中通硬化路的脱贫村38个。集体经济收入5万元以上的行政村47个。参加农村养老保险169 106人，脱贫户参加农村养老保险24 588人。

县委农村工作会议

大英县撂荒地暨耕地保护粮食安全工作专题会

脱贫攻坚。脱贫攻坚期间，全县累计脱贫 15 116 户 33 774 人。截至目前，全县共有 38 个脱贫村、8 个乡村振兴重点帮扶村，脱贫人口 12 152 户 26 777 人、监测对象 756 户 1612 人（其中未消除风险户 433 户 934 人）。2022 年以来，大英县委、县政府深入学习贯彻习近平总书记关于“三农”工作重要论述，坚定不移落实党的二十大精神和中央、省、市各项决策部署，坚持把巩固拓展脱贫攻坚成果作为最重要的工作来抓，全力推动各项工作落地见效。建立完善“三级书记亲自抓、领导小组牵头抓、行业部门配合抓、帮扶力量定点抓”工作机制，高位推动巩固脱贫成果各方责任落实。筑牢坚强有力的组织体系，县级层面建立“1+7”工作领导小组，镇级层面建立乡村振兴联席会议制度，村级

四川农信助力乡村振兴示范基地

四川农信助力乡村振兴示范基地

层面选优配强工作队，形成“县级主推、镇级主抓、村级主干”的组织体系。坚持书记、县长担任专项工作领导小组“双组长”，落实县委、县政府主要领导每月2个工作日，镇（街道）党政主要领导每周1个工作日，村支部书记和驻村“第一书记”常态化研究落实有效衔接相关工作要求。2022年以来，县委常委会、县政府常务会、专项工作领导小组会等先后10次专题研究有效衔接工作，确保了上级决策部署在大英县落地落实。筑牢严谨高效的工作体系，持续加强“县级领导挂村、联系部门包村、驻村工作队在村、党员干部帮户”的联系制度，明确49个脱贫村、重点帮扶村、精品（示范）村联系县级领导35名，55个脱贫村、集体经济薄弱村、党组织软弱涣散村“第一书记”和驻村工作队员保持在140人以上。建立完善“县级领导专题调度、部门负责人定期研究、帮扶责任人季度走访、监测联系人每月联系”工作机制，确保有效衔接工作有人管、有人抓、有人干。筑牢务实管用的政策体系，严格落实“四个不摘”政策要求，围绕“两

升级建造中的宋井桃源

蔬菜种植基地

不愁三保障”、饮水安全、兜底保障等重点领域，分类形成县级“1+37”政策体系。全年组织镇（街道）主要领导、分管领导、业务人员、“第一书记”和县级行业部门人员开展政策培训学习4场次600余人次，编印《政策须知小册子》1200份，充分利用村村通广播、坝坝会等，持续提升群众对政策的知晓度。坚持在巩固拓展脱贫成果上下大功夫，持续用力增加群众收入、改善人居环境、提高治理水平。持续提升群众收入，紧扣企业用工需求，组织开展返乡创业、家政服务、电子园丁等各类培训班38期次1152人，与宁波市镇海区、象山县等就业管理中心开展劳务合作，全年脱贫劳动力稳定就业11 225人，较2021年增长1.46%。总结推广村集体经济融合发展试点经验，2021年10月—2022年9月，全县168个村集体经济收入1774.41万元，村均达10.56万元，同比增长123.11%。2022年，全县脱贫群众人均纯收入预计增长1823元以上，增速达16.85%，人均生产经营性收入增速18.77%以上。稳步提升乡村颜值，围绕发展亟须、

天府油菜示范基地

玉峰镇斗笠村3D画

群众亟盼，系统梳理乡村建设行动2022年度项目清单，统筹涉农项目和资金，新（改、扩）建产业道路46.57千米、末端渠系17.92千米，完成提灌站抢修204座，改造提升户厕1.27万户，建设镇村生活分类收集设施1700余个，推动乡村面貌焕然一新。全面提升治理水平，积极探索“院长＋积分制”乡村治理模式，构建“党建引领、乡贤示范、群众参与”治理体系，经验做法入选省委组织部优秀案例。落实村（居）监委“十有”“六步”规范，推行“三色”清单工作法，构建“1234”小微权力治理机制，基层权力运行步入正轨。全覆盖成立红白理事会206个，按照“四有”要求推进移风易俗，乡风文明进一步凸显。

天府旅游名县创建。召开创建工作调度会9次，开展督查14次，制发简报4期；建成旅游服务中心9个，新（改）建旅游厕所12座；启动蓬乐路旅游风景道等项目建设，打造网红生态火锅、农家乐2家，创建第三批天府旅游名县命名县。

特色旅游品牌培育。大英县创建为省级全域旅游示范区，获得中国特色旅游商品大赛1银奖、四川特色旅游商品大赛3金奖1银奖，创建天府旅游名村1个、省级乡村旅游重点村1个、市级乡村旅游重点村2个、市级旅游度假区1个。开通旅游专线7条55班次，科学布点生态停车场7处，建成旅游风景道31千米，配置旅游导视系统28套。

文旅项目建设。死海景区五一、十一等节假日共接待游客12万余人次，实现旅游综合收入3000余万元，“游大英·耍死海”等系列活动再续“死海”传奇。“海洋之心”景区以“爱永恒”为主线，辅以水上游乐等配套，接待游客近20万人次，实现旅游综合收入1300余万元。丝路奇幻城“冰雪节”系列活动吸引游客近3000人次，实现旅游综合收入近15万元。利用遂大快捷通道和蓬乐路优势，打造“宋井桃源”、“乐享土门”、象山书院红色旅游；微山绿湖乐园十一接待游客4.27万人次，实现旅游综合收入100余万元。丰富地域特色。依托卓筒井等发展新业态，开发和提升卓筒井盐等特色旅游

绿山微湖旅游度假村（蓬莱镇吊角楼村）

玉峰镇斗笠村美满生活

玉峰镇斗笠村乡村艺术馆

商品 80 余种，推出卓筒鸡、卓筒井蒸肥肠、古法盐烤鱼等系列美食。

文旅宣传营销。制作大英文旅宣传资料 5000 余份并投放至各服务点。整合高速广告牌、户外广告位等渠道，全方位、立体化营造氛围。加强与新华网、《四川日报》等主流媒体的合作，依托“大英文旅”抖音号和公众号、“智游天府”平台，构建报、网、台、端、微全媒体宣传矩阵。组织开展“齐聚世界·幻新千年”文旅专家走进大英等系列活动 10 余场，参加第八届四川国际旅游交易旅博会，亮相省文化和旅游发展大会。

文旅市场监管。召开各类安全工作会议 17 次，开展宣传活动 4 场、“安全宣传进农村”12 场，印制宣传标语 4 幅，发放宣传标语 1200 余份。结合森林防灭火、三年安全生产专项整治等专项行动，出动人员 700 余人次，检查文化新闻出版市场 640 余家次，排查隐患 80 处，下发整改通知书 30 份，均已整改到位。开展“奋战一百天、献礼一百年”执法专项保障行动等专项整治行动；组织中国死海等景区清理各类垃圾 20 余吨；开展禁毒专项检查，发放宣传册 300 余份。全年共出动执法人员 1100 余人次，检查企业 1600 余家次，下发责令改正通知书 30 余份，收缴盗版光盘 10 张、非法出版物 12 册，办理行政处罚案件 2 起。

公共文化服务体系建设。完成社区图书馆、文化馆总分馆建设，初步建成社区“十分钟文化圈”。全面完成村（社区）农家书屋、文化室建设。开展下乡督导检查 300 余次、文化综合服务中心标准化建设培训指导 20 余人次，免费放映农村公益电影 3120 余场。完善基层公共文化设施免费开放机制，开展“菜单式”“订单式”服务。完成 168 个行政村广播电视公共服务网点建设。落实县“四馆”免费开放，共接待近 50 000 人次；开展“送文化”系列活动 60 余场次，惠及群众 20 000 余人次。开展书法培训、文艺采风 3 次，收集曲艺等作品 16 个、摄影作品 100 余幅；开展“戏曲进校园”活动 7 次，培训学员 630 余人次。

内江市市中区

2021 年，全区第一产业增加值达 22.23 亿元，增速 7%。农村居民年人均可支配收入突破 2 万元，达 20 352 元，增速 10.6%，居全市第 2 位。

乡村振兴示范创建。全年创建省级乡村振兴示范村 2 个（凌家镇牛角田村、全安镇花洞村），创建市级先进镇 2 个（全安镇、龙门镇）、市级示范村 5 个（全安镇花洞村、永安镇糖房坳村、凌家镇方碑村、龙门镇茅蓬寺村）。评定区级实施乡村振兴战略先进镇 1 个（龙门镇）、示范村 7 个（龙门镇茅蓬寺村、永安镇糖房坳村、朝阳镇六公丘村、凌家镇方碑村、凌家镇潘家坝村、凌家镇乌鸡冲村、史家镇牛桥村）。

巩固拓展脱贫攻坚成果。建立健全返贫动态监测机制，印发《市中区防止返贫动态监测集中排查工作方案》，每月开展常态化监测，开展两轮集中排查，走访农户 9.53 万户 29.04 万人，全覆盖脱贫不稳定户、边缘易致贫户、突发严重困难户。建立健全低收入常态化帮扶机制，对农村家庭收入较低的农村人口（家庭年人均纯收入 6000 元）开展集中排查，严格按照七步认定法进行认定，新增监测对象 14 户 31 人，未发生“漏测失帮”。建立健全脱贫人口就业稳定机制，通过对外输出、就近就地务工等多种渠道促进脱贫人口就业，5194 名脱贫劳动力实现外出务工。争取到位财政衔接资金 6030 万元，实施水产养殖、园区基础设施建设等领域项目 59 个，脱贫村村集体经济总收益达 238 万元，脱贫人口家庭人均纯收入 1.15 万元，增长 28.6%。

农业产业化。加强与中国水科院淡水渔业研究中心、四川省农业科学院、四川大学等科研院校的深度合作，实施内江黑猪品种保护，推进白乌鱼原良种场建设，开展白乌鱼

专家观摩永安镇白乌鱼繁育基地

2021年10月26日，中国渔业协会正式授予市中区“中国白乌鱼之乡”称号，并将与市中区共建白乌鱼特色渔业公用品牌

原种培育、新品种繁殖与推广，举办白乌鱼种业提升研讨会。抓融合，发展农产品精深加工，支持8个农民专合社、家庭农场新建静态库容1600吨的农产品仓储保鲜设施。推进农文旅融合发展，累计建成川南大草原、竹苑水乡等乡村旅游景点12个。创品牌，做优做强区域公用品牌，发展“三品一标”农产品10个，实现农产品可追溯全覆盖，农产品监测合格率达100%。以实施省级家庭农场示范县（区）项目为抓手，新培育区级龙头企业10家、区级以上示范农民专合社19家、家庭农场258家。培育农业产业领军人才、农业经理人、新型农业经营主体带头人等99人。

现代农业园区建设。以园区建设为平台，抓好优质柑橘（柠檬）、优质畜禽、特色水产、优质甘蔗四大主导产业基地提质增效，完成柑橘（柠檬）产业基地提档升级7000亩，新增特色水产养殖面积1000亩，凌家镇酒房沟村（柑橘）获评“第十一批全国‘一村一品’示范村”。申报永安镇农业产业强镇项目。创建省级新园区1个——内江市市中区水产现代农业园区（省三星级），创建市级园区1个——市中区甘蔗现代农业园区（市四星级），提档升级市级园区1个——市中区朝阳高标准柑橘农业园区（原市三星级，现市四星级）、区级园区6个——龙门镇甘蔗现代农业园区、永安镇种养循环现代农业园区、史家镇金龟湖现代农业园区、全安镇特色水产现代农业园区、朝阳镇紫金苑中药材现代农业园区、凌家镇宣明韭菜现代农业园区。

农村人居环境整治。推进农村“厕所革命”，坚持因地制宜、厕污共治原则，按照“典型示范、以点带面、先易后难、全面覆盖”的原则，完成户厕改造5545户（累计2.3万余户），卫生厕所普及率达87%。推进农村垃圾治理，农村保洁人员覆盖率达100%，行政村生活垃圾得到有效治理率为98%。推进农村生活污水治理，实施“六河一库”综合治理项目、5个行政村农村生活污水治理“千村示范”工程、20个行政村PPP项目，60个行政村基本具备污水处理能力，占比71%。推进畜禽粪污综合利用，全区畜禽粪污综合利用率达85%。持续开展农村“五清行动”，开展率达100%。

重大农业项目。全力争取项目资金，立足区域特点，聚焦短板，及时补充“三农”领域补短板项目库，有针对性地谋划、储备一批大项目、好项目，全年储备项目11个，总投资12.53亿元。包装专项债券项目1个（内江黑猪农牧产业融合园项目），总投资7.4亿元。推动项目实施，按照“统筹谋划、突出重点”的原则，全年实施高标准农田建设、长江经济带面源污染治理、乡村振兴现代农业园区项目、特色水产现代农业园区项目等财政专项重点项目9个，财政总投资1.96亿元，全面推动全区农业产业、基础设施、人居环境、惠农补贴等重点领域发展。抓好项目管理。全面压实工作责任，把各项项目投资抓实抓好，明确工作责任、倒排项目工期、加强资金监管，坚持重大项目月报告制度，全力加快建设进度，努力打造出一批精品工程。同时，做好

市中区瑞雪水产养殖家庭农场建设的全市首个白乌鱼“鱼菜共生”大棚

财政评审及项目审计，确保资金安全。

种植业。全区粮食作物播种面积22 671.67公顷，粮食总产量11.97万吨。小春粮食作物播种面积1447公顷，产量0.46万吨，其中马铃薯433公顷，产量（折粮）0.2万吨；豌（胡）豆1014公顷，产量0.26万吨。大春粮食作物播种面积21 224.67公顷，产量11.52万吨，其中水稻4600.6公顷，产量3.56万吨；玉米8128.33公顷，产量4.84万吨；红薯3725.87公顷，产量1.74万吨；马铃薯466.67公顷，产量（折粮）0.2万吨。经济作物种植面积15.34万亩，总产量32.44万吨，其中蔬菜种植面积10.17万亩，产量25.68万吨；食用菌产量0.86万吨。水果种植面积4.7万亩，产量5.2万吨，其中柑橘种植面积4.42万亩，产量4.75万吨；柠檬种植面积1万亩，产量1.1万吨；葡萄种植面积0.12万亩，产量0.15万吨；其他水果种植面积0.16万亩，产量0.3万吨。甘蔗种植面积0.25万亩，产量1.5万吨；中药材种植面积0.22万亩，产量0.06万吨。

植保植检。全区农作物病虫害发生面积121.8万亩次，防治129.73万亩次，防治率达106.51%；主要作物统防统治覆盖率达46.1%，主要作物绿色防控覆盖率45.6%，粮经作物主产区农药包装废弃物回收率73.8%，植物疫情防控处置率100%。全年病虫害防治挽回粮食损失20 309吨，挽回蔬菜、水果损失18 864吨，挽回油料损失3857吨。全区全年稻水象甲发生面积4300亩，主要涉及龙门、凌家、永安3个镇16个村，采取“统治越冬代成虫，挑治第一代幼虫，兼治第一代成虫”的防控策略，对疫区采取专业化统防统治，开展稻水象甲阻截防控8700亩次；7月，全区局部爆发斜纹夜蛾危害，发生面积8056亩，及时组织人力、物力开展无人机专业化统防统治7805亩次，组织业主和农户自防4395亩次，及时将斜纹夜蛾围歼，未造成灾害性损失。全区共有柑橘苗木繁育单位4个，共繁育柑橘苗木43亩，累计21.3万株；开展粮油种子产地检疫103亩，进行产地检疫申报登记，开展产地检疫田间调查，做好产检记录，全部实施产地检疫，未发现检疫性病虫，同时严格签发产地检疫合格证书。开展调运检疫，共检疫14批次、4373千克，未发现检疫性有害生物。

农业行政执法。区农业农村局对种子、农药、化肥经营点开展执法检查202次，发放各类高毒有机磷农药和种子等宣传资料800余份，未发现违规经营行为。全年立案农产品质量安全4件，其中3件为蔬菜抽样检测不合格、1件为水产养殖不合格，分别是凌家镇方碑村10社韭菜抽样检验不合格，罚款200元；凌家镇方碑村9社韭菜抽样检验不合格，罚款200元；凌家镇大湾村2社莴苣抽样检验不合格，罚款200元；农业农村部在抽查合家缘养殖家庭农场生产的黄颡鱼中检测出地西泮2.34μg/kg，处罚金额1000元，并销毁不合格养殖产品。

畜牧业。全区坚持以区域化布局、规模化养殖、标准化生产、产业化经营、社会化服务为方向，继续实施畜禽良种化养殖、畜禽标准化生产、畜禽产业化经营“三大工程”。

永安镇白乌鱼繁育基地

贯彻执行《内江市恢复生猪生产三年行动方案》，全区新建标准化生猪规模养殖场6个、13个养殖单元，新创建省级标准化示范场1个，创建市级标准化示范场2个；继续加强“内江黑猪”开发利用产业化项目建设，构建“国家级保种场+龙头企业扩繁场”的内江猪保种繁育体系。全区猪三元杂交面90%，肉牛良种及杂交面75%、肉羊良种及杂交面90%，家禽良种面99.5%，兔良种面99.5%。全区规模养殖发展势头良好，生猪规模养殖场出栏比重占73.59%，50头以上肉牛出栏比重占70%，300只以上肉羊出栏比重占18%，3万只以上肉鸡出栏比重占46%，100头以上奶牛存栏比重占53%，1万只以上蛋鸡存栏比重占96%。全年出栏生猪25.021万头，上升13.09%；肉牛出栏同比上升6.19%；肉羊出栏同比增长10.12%；家禽出栏同比上升0.66%；肉兔出栏同比增长4.11%；肉类、禽蛋类产量同比分别增长16.33%、7.93%；奶类产量同比上升14.43%。

畜禽养殖污染防治。严格执行畜禽养殖禁养区划定方案，严格落实《内江市市中区畜禽养殖禁养区、限养区划定方案》和《市中区禁养区内畜禽规模养殖（小区）和专业养殖户关闭（拆除）补偿办法》，加强对禁养区内已关闭（拆除）的18个规模养殖场（户）开展监督检查，防止问题反弹。配齐完善粪污处理设施，依托内江市市中区长江经济带农业面源污染治理专项，改造升级15个规模养殖场（户）的粪污处理设施设备。以百万头内江黑猪项目和新（改）建生猪标准化规模场项目为抓手，推广种养循环农业，规模养殖场粪污设施配套率达100%。无害化处理病死畜禽，出台《关于建立病死畜禽无害化处理机制的实施意见》，采取“统一收集、集中处理”的方式，配套建设无害化处理集中收集点1个，涵盖饲养、屠宰、经营、运输等各环节，收集处理范围覆盖全区。加强畜禽养殖场日常监管，按照“雨污分流、干湿分离、设施完善、除臭灭蝇、种养结合、生态循环”规定，对全区51家养殖规模场开展环保整治，整改措施做到“一场一策”，流转与之相匹配的耕地，开展种养结合，并做好粪肥消纳台账，对存在环保隐患的养殖规模场逐场督促整改并按期完成。

重大动物疫病防控。区农业农村局组织开展春、秋季重大动物疫病防控工作，坚持对猪瘟、口蹄疫、仔猪阉割打“双针”，对猪瘟、口蹄疫、禽流感、小反刍兽疫实行春、秋季集中强制免疫，夏、冬季补免，每月16日前后补针，规模养殖场按程序免疫。依法对高致病性禽流感、口蹄疫、猪瘟等重大动物疫病实施强制免疫，做到“应免尽免”，不留空档，全年共免疫猪瘟168 980头、猪口蹄疫168 980头、牛口蹄疫1291头、羊口蹄疫2785只、羊小反刍兽疫1558只、禽类禽流感3 225 896只、犬猫狂犬病12 564只，动物疫病免疫率达100%。加强畜禽检疫，全年产地检疫猪163 331头、牛623头、羊1357只、禽类1 313 894只、兔414 563只；屠宰检疫猪163 331头、牛5412头，产地和屠宰检疫率均达100%。严格执行病死动物“五不一处理”（即不宰杀、不食用、不销售、不转运、不丢弃和集中无害化处理）制度，发挥村级动物疫病健康巡查小组的作用，对发现的病死动物一律作无害化处理，确保全年动物防疫目标任务完成。加强畜禽抽样监测，全年共检测禽样品23批次，共690份，春防、秋防样品388份，布病、结核样品648份，非洲猪瘟防控检测猪血、猪组织和环境样品1618份，其中猪瘟120份，合格率82.5%；猪口蹄疫120份，合格率90%；牛（羊）口蹄疫113份，合格率94.6%；禽流感790份，合格率96.2%；小反刍兽疫45份，合格率88.8%，免疫抗体合格率均达到农业农村部要求。全年检测牛羊布病、结核样品648份，非洲猪瘟样品1618份，结果均为阴性。

非洲猪瘟防控。继续开展非洲猪瘟各项防控，把非洲猪瘟防控作为保民生、促稳定的重要工作来抓，全年共发放宣传资料1.2万余份，张贴宣传画200余张。组织执法人员检查养殖场、屠宰场2.1万余家次，排查生猪120万余头次，行政执法立案6件，结案6件，处理管理相对人7人次，罚款141 200元。出动消毒人员3万余人次，使用消毒药剂11.2余吨，对全区所有畜禽圈舍、屠宰场、载畜工具、无害化处理收集点等进行地毯式消毒灭源。在全区共设立临时检查站6个，实行生猪运输车辆备案登记管理。

畜禽产品安全监管。抓好兽药饲料监管，确保畜产质量安全。加强兽药、饲料等养殖业投入品监管，指导规模养殖场建立用药记录制度，加强全区兽药经营追溯体制建设，全面执行兽药安全使用规定，规范兽药经营企业行为。重点开展“瘦肉精”监测和违禁药品专项整治，禁止不合格投入品进入流通和使用环节，“瘦肉精”及其他违禁药品全年零检出。加强畜产品安全监测，完成市农业农村局下达的畜产品抽样监测任务，全年畜禽产品抽检合格率为100%，确保畜产品质量安全。继续推行养殖场畜产品合格证制度，规范和指导养殖场开具合格证。

畜牧业行政执法。区农业农村局开展饲料、兽药安全宣传教育，发放宣传资料466份，接待群众咨询330人。加强饲料、兽药监督管理，组织执法人员对8个镇（街道）饲料、兽药经营企业和饲料生产企业进行专项检查，查看购销记录、购销单据、兽药饲料产品标签规范、生产日期、产品有效期等，饲料抽样监测合格率达100%。加大涉嫌添加违禁物质执法检查力度，出动执法和畜牧技术人员463人次，对全区兽药GSP认证的9家兽药店进行执法检查，未发现擅自添加非处方药、禁用兽药、人用药品等行为，合格率达100%。全年共发现饲料厂违反饲料条例立案1起，罚款32 000元，全年未发生畜禽产品安全事故。全年发现运输生猪未附有检疫证明立案4件，罚款87 440元；猪肉注水立案1件，没收4头生猪产品共计280千克，罚款21 760元。

水产业。全区水产养殖面积（含稻田养鱼面积3077公顷），其中池塘养殖面积614公顷，产量4103吨；水库养殖面积371公顷，产量425吨；工厂化养殖面积1公顷，产量82吨；稻田养殖面积2091公顷，产量2893吨。实现

凌家镇酒房沟新村聚居点

“粮安天下”

渔业经济总产值 105 006 万元，完成水产品总产量 7503 吨，完成水产电子商务交易额 32 745 万元。

特色水产发展稳步提升。借助市中区特色水产现代农业园区项目引导全区特色水产业向生态、环保、健康发展，全区特色水产业迎来一个新的发展契机。利用各项资金，做好渔业健康发展建设工作，确保各项目有序实施，促进全区渔业健康发展。

发展稻田养鱼，促进农民增收致富。养殖品种推陈出新，稻渔综合种养养殖品种除常规品种外，推广以白乌鱼为主的稻渔综合种养，创新放养模式。为有效利用稻田资源，全区继续推广稻鱼轮作（冬闲田养鱼）模式，有效增产增收，全年全区稻渔综合种养面积 12 625 亩，稻渔产量 1200 吨，完成任务的 100%。

发放乡村振兴贷款。内江市飞源养殖专业合作社、内江市市中区传建养殖专业合作社和四川省浙新农业科技发展有限公司 5 月申请第 11 次乡村振兴贷款，5 月 25 日通过农业农村局组织的省农担公司、区财政局和农业银行代表小组的贷款资格审核，贷款 470 万元。

申报区级龙头企业。为促进全区农业产业化龙头企业在乡村振兴战略中的重要作用，加快培育农业产业化龙头企业，持续壮大农业产业化规模，筛选 5 家符合条件的企业并组织其申报龙头企业，分别为内江市市中区晟源水产养殖专业合作社、内江市市中区传建养殖专业合作社、内江市川博养殖农民专业合作社、内江市乡渔水产养殖专业合作社和内江坤创农业发展有限公司。

省级下达项目。抓紧实施《2020 年市中区水产现代农业园区项目》竣工验收和资金拨付等收尾工作，开展《2021 年省星级现代农业园区激励补助项目》。2020 年水产现代农业园区项目中渔米坊和八号龙虾已基本完工，准备验收资料；兴利农基地进入变更程序；其他基地项目已全部完工并通过验收。根据会议要求编制《内江市市中区 2021 年省星级现代农业园区激励补助项目实施方案》，由市农业农村局、市财政局组织项目实施方案编制情况和进行专家评审，并提出修改意见，市农业农村局联合财政局于 10 月 25 日给予批复。11 月 12 日，召集三个镇的园区工作分管镇长、农服中心主任和设计村的村主任召开园区工作启动会。推进实施四川省科技计划项目白乌鱼新品种育繁推种业与深加工关键技术研发及产业化应用项目，该项目财政资金 100 万元，抓紧资金拨付及中期检查。

2022 年项目储备。申报《2022 年中央预算内投资计划项目现代种业提升工程水产种业育繁推一体化示范项目》，项目以永安镇为中心，在市部分乡（镇）进行“玉龙 1 号”白乌鱼新品种的示范推广，每年可生产白乌鱼水花 2 亿尾、规格苗 2000 万尾，可推广白乌鱼养殖 50 000 亩，并将成熟的养殖技术向全国进行推广。项目申请财政补助 1000 万元，企业自筹 1500 万元，已列入项目储备库。

南 充 市

南充市位于四川盆地东北部、嘉陵江中游，辖3区1市5县，辖区面积1.25万平方千米，是四川省第二人口大市、中国优秀旅游城市、国家园林城市、全国清洁能源示范城市、久负盛名的“绸都”，国家规划确定的成渝经济区北部中心城市、成渝城市群区域中心城市和川陕革命老区重要节点城市，中心城区建成区面积160平方千米，常住人口150万人。2021年，全市地区生产总值2601.98亿元，同比增长7.8%，其中第一产业增加值474.84亿元，增长7.5%；第二产业增加值1019.43亿元，增长5.4%；第三产业增加值1107.71亿元，增长10.1%。三次产业对经济增长的贡献率分别为18.8%、27.1%和54.1%。三次产业结构比为18.2：39.2：42.6。

历史悠久，人文荟萃。南充有2200余年的建城史，早在唐尧、虞舜之前便谓“果氏之国”，春秋以来历为都、州、郡、府、道之治所。中华人民共和国成立后，南充是省级行政机构川北行署的驻地，胡耀邦同志曾任川北行署主任。南充是三国文化和春节文化的发祥地，民风淳朴，民俗优雅，三国文化、丝绸文化、红色文化和嘉陵江文化交融生辉，川北大木偶、川北灯戏、川北剪纸、川北皮影饮誉中外，孕育了辞赋大家司马相如、史学大家陈寿、天文历法巨匠落下闳和忠义大将军纪信等众多历史名人。南充是川陕革命根据地的重要组成部分，朱德元帅、罗瑞卿大将、民主革命家张澜以及共产主义战士张思德均诞生于此，有5万余名英雄儿女参加红军。

环境优美，宜居宜游。隽秀嘉陵江婉约而至，悠悠西河

川渝柑橘种业现代农业园区内生产技术人员管护柑橘种苗

川渝柑橘种业现代农业园区温室大棚

高坪区擦耳镇花椒基地水肥一体化滴灌系统铺设

高坪区长乐镇丁家庙村“稻—麦”“稻—油”小春粮油生产示范现场

四川省暨南充市食用农产品“治违禁、控药残、促提升”三年行动 · 2021宣传周启动仪式在营山县水晶广场举行

如玉带穿织，山融于城，城融于水，山水人文和谐相融，现代山水田园城市特质明显。南充四季分明，气候宜人，环境优美，境内森林覆盖率41.7%，空气质量优良。南充位于嘉陵江生态旅游线和三国文化旅游线，风景名胜遍布，风光旖旎秀美，三国遗迹、古城风水、将帅故里、嘉陵风光魅力独具，拥有国家5A级风景区——阆中古城、朱德故里风景区。市政公共服务设施完善，中心城区北部新城、下中坝等城市新区加快发展，金融机构网点遍布城乡。

资源丰富，科教兴盛。南充是国家重要的商品粮和农副产品生产基地，牧业、果业、蚕业、林业、优质粮油等资源

2021年四川省县级农产品质检机构人员实训（南充片区）

阆中市老观镇岳林垭村获评“四川名村”

嘉陵区李渡镇蔡家坝村“好土优土”种植基地旱稻收割

嘉陵区一立镇塘湾村柑橘采摘

西充县古楼镇油菜花观景台

西充县义兴镇百科园

十分丰富，素有“水果之乡”“丝绸之都”的美誉。南充地处西南最大岩盐沉积盆地核心，盐卤储量 1.8 万亿吨，石油天然气资源丰富，已开发龙岗、元坝两个特大气田，嘉陵江南充段 9 级航电工程装机容量 92 万千瓦，是四川省石油天然气和能源化工基地。南充科教资源丰富、实力雄厚，是川东北区域科教文化中心，全市有普通高校 8 所、研究生培养单位 2 个。全市有卫生机构（含村卫生室）8302 个，其中医院 177 个、基层医疗卫生机构 8085 个。市、县、乡、村公共文化服务网络实现全覆盖。

区位优越，交通便捷。南充位于成都、重庆、西安三角经济区要冲，地处成渝经济区的重要节点，自古就有“西通蜀都、东向鄂楚、北引三秦、南联重庆”之地利，是西部重要的交通枢纽城市，全面进入了“高速时代”“高铁时代”“空港时代”和“航运时代”。

仪陇县省级蚕桑现代农业园区

顺庆区渔溪乡高标准农田

南部县东坝镇油菜种植基地

蓬安县睦坝镇粮油园区航拍

仪陇县双胜镇花椒现代农业园区

经济活跃，市场繁荣。南充是川东北经济、物流、商贸和金融中心，加快构建以现代工业、现代服务业和现代农业为主导的经济发展高地，形成了汽车汽配、油气化工、丝纺服装、现代物流、现代农业等优势产业，新能源、新材料、电子信息、生物制药等潜力产业快速发展。南充商贸繁荣，市场体系完善，金融、保险、人才、劳务等要素市场活跃，拥有川东北最大的粮油、生猪、茧丝绸和小商品批发市场。

西充县凤鸣镇高陛寨

汉 源 县

副省长胡云（前排右二）到汉源县调研人居环境治理工作

省政协副主席钟勉（中）到汉源县调研人居环境整治提升工作

雅安市委书记李酌（右二）到汉源县调研产业发展情况

汉源县位于雅安市南部，地处攀西阳光之旅的门户地带，是瀑布沟水电站移民主库区县、享受少数民族地区待遇县、革命老区县、“5·12”汶川特大地震重灾县、“4·20”芦山强烈地震受灾县、全省扩权强县试点县，全域纳入攀西战略资源创新开发试验区和成都平原经济区。全县辖区面积2382平方千米，总人口28.5万人，居住着汉、彝、藏、回等25个民族。

近年来，汉源县围绕高质量建设“阳光康养城、宜居新汉源”的发展定位，实施“农业兴县、工业强县、旅游活县”的产业发展取向，全力争创全省县域经济发展先进县、乡村振兴示范县、全国花椒第一县、雅安南向开放首位区、绿色

雅安市人大常委会主任白云（前排中）到汉源县调研基础设施建设情况

雅安市长彭映梅（前排左三）到汉源县调研产业发展情况

县委书记郑朝彬（左二）调研基础设施建设情况

县长覃建生（前排右一）调研农村道路提升工程建设情况

高载能产业集聚区，加快建设阳光康养特色旅游目的地、市域经济副中心，后发追赶，乘势而进，实现了”由乱到治、由治到变、由变到好、由好到美“的华丽转变，步入新时代，谱写新篇章。全县被表彰为全省县域经济发展先进县、“三农”工作先进县、农民增收先进县、脱贫攻坚先进县、现代农业示范县、现代农业重点县、乡村旅游示范县、乡村旅游强县和全国群众体育先进单位、“全国老年人气排球之乡”；成功创建为全国卫生县城、全国科普示范县、国家农业综合标准化示范县、全国义务教育均衡县、全国绿化模范县、全国农民合作社质量整县提升试点县、全国电子商务进农村综合

干群齐上阵

道路清扫

志愿保洁

清溪镇同心村

皇木镇坪新村一角

县城一角

汉源县第一中学

示范县、省级文明城市、省级卫生县城、省级食品安全示范县、省级环境优美示范县，提名全国文明城市参评县级城市。2021 年，汉源县以建设“阳光康养城、宜居新汉源”为目标，聚焦“四沿”整治、探索“三三”模式，大力实施村庄清洁行动，村容村貌极大改善，村民卫生素养明显提升，被表彰为“全国村庄清洁行动先进县”。

停车场干净整洁

干净宽敞的马路

道路边坡绿化

阳光水韵、康养新城——汉源县城

皇木镇松坪湖

阿牛智慧农业馆

汉源县甜樱桃

花椒采摘

汉源苹果

汉源枇杷

花椒啤酒生产线

汉源花椒调味料

梦幻山乡

仁　寿　县

县委书记王岳（左二）调研机械化播种基地，县委常委缪可言（左一）、县农业农村局局长赖利军（右一）等陪同调研

仁寿县位于成都市正南方向，境内荣威山脉、二峨山分南北横亘；东接资阳市雁江区、内江市资中县，西邻眉山市东坡区、彭山区、青神县，南接乐山市井研县、自贡市荣县、内江市威远县，北连成都市双流区、简阳市。辖区面积2716.86平方千米，辖32个乡（镇、街道）216个村147个社区。是成都正南第一城，全域进入天府新区辐射区、影响区，4个镇1个街道被纳入眉山环天府新区经济带，全球最长城市中轴线——天府大道直达县城，紧邻双流、天府两大国际机场，坐拥“成都区位、仁寿成本”比较优势。成功上榜全国县域高质量发展百强县、全国综合实力百强县。

旅游资源独特，属丘陵地貌、山川秀美，国家4A级旅游景区黑龙滩水域面积23.6平方千米，享有“西蜀第一海”美誉，吸引全球第二大主题公园——乐高乐园成功落户，中铁生态城、长岛国际度假区开发建设；农业资源丰富，是全省三大粮食基地之一，引进云南褚橙、德国通内斯等项目落地；工业资源强劲，全省重点项目、眉山建区设市以来最大工业投资项目——信利国际高端显示项目正式投产，吸引上下游配套企业聚集落户，培育形成千亿级电子信息产业集群；文化底蕴深厚，有中华第一胸佛“仁寿大佛”等5个国家级文物保护单位，有唱响央视的“抬工号子”等23个非物质文化遗产，有享誉全国的芝麻糕、文宫枇杷、百年曹家梨三大国家地理标志保护产品。成功入选天府旅游名县候选县。

县委书记王岳（左三）参加省级实施乡村振兴成效显著县授牌仪式

县长明宇（左五）参加省五星级现代农业园区授牌仪式

青岗乡瑞云村小麦机械化播收示范基地

方家镇水池村机械化收割

方家镇东岳村举办丰收节

珠嘉镇棚村村现代农业园区

壤塘县

县委书记张德发（左一）到上杜柯乡调研

县长王甲（中）到石里乡召开乡村振兴现场会

壤塘县位于青藏高原东南边缘、大渡河上游、阿坝藏族羌族自治州西部，地理坐标为北纬 31° 29′ ~32° 41′、东经 100° 31′~101° 29′，东及东北与马尔康市、阿坝县接壤，东南与金川县毗连，南和西南与甘孜州道孚县、炉霍县、色达县交界，西和西北与甘孜州色达县毗邻，北与青海省班玛县为邻。全县辖 11 个乡（镇）51 个行政村 2 个社区 157 个村（居）民小组，辖区面积 66 4412.29 公顷，其中耕地面积 3461.57 公顷、园地面积 2.23 公顷、林地面积 302 879.75 公顷、草地面积 300 913.73 公顷、城镇村及工矿用地面积 1053.14 公顷、交通用地面积 824.83 公顷、水域及水利设施用地面积 4206.14 公顷、其他土地面积 51 070.9 公顷。全县户籍人口总数 48 126 人，年末常住人口 4.5 万人，城镇化率 26.36%，比上年提高 0.55 个百分点。全年人口出生率 12.33‰，人口死亡率 1.53‰，人口自然增长率 13.1‰。

2021 年，经州统计局审定，全县实现地区生产总值 143 048 万元，按可比价计算，比上年（下同）增长 6.5%。其中，第一产业实现增加值 41 726 万元，增长 6.7%；第二产业实现增加值 6162 万元，增长 5.4%；第三产业实现增加值 95 160 万元，增长 6.4%。三次产业对经济增长的贡献率分别为 30%、3.5% 和 66.5%，分别拉动经济增长 2 个、0.2 个和 4.3 个百分点。三次产业结构比由上年的 28.8：4.2：67 调整为 29.2：4.3：66.5。人均地区生产总值 31 788 元，增长 4.1%。单位 GDP 能耗下降 8.3%。全年实现农林牧渔业总产值 69 637 万元，按可比价计算（下同）增长 7.5%。分产业看，农业产值累计完成 3075 万元，增长 2.1%；林业产值累计完成 1852 万元，增长 340.8%；牧业产值累计完成 60 791 元，增长 8.5%；农林牧渔辅助性活动产值累计完成 3919 万元，增长 1.5%；农林牧渔服务业增加值累计完成 43 979 万元，增长 6.4%。

全年居民人均可支配收入 20 329 元，同比增长 9.9%；人均消费支出 12 463 元，增长 8.2%。按常住地分为城镇居民人均可支配收入和农村居民人均可支配收入，城镇居民人均可支配收入达 40 729 元，增长 8.5%，其中工资性收入 36 648 元，增长 8.2%；经营净收入 2790 元，增长 11%；转移净收入 495 元，增长 8.7%；财产净收入 796 元，增长 13.2%。人均消费支出 19 063 元，增长 8.3%。城镇居民恩格尔系数 41%。

生物资源。境内野生动植物资源丰富，有脊椎动物 200 余种，其中被列为国家重点保护的各类珍稀动物有白唇鹿、黑颈鹤、白尾海雕、玉带海雕、胡兀鹫、金雕、班尾榛鸡、水獭、藏原羚等 26 种；一、二类野生动物有豹、藏羚羊、豺、黑熊、林麝、水鹿、绿头鸭、高山兀、蓝马鸡、白马鸡等；属国家级一类濒危野生动物的兽类有 4 科 5 种，鸟类有 5 科 10 种；二类保护动物兽类有 12 科 31 种，鸟类有 9 科 45 种。全县有木本植物 35 科、109 属、207 种，中草药 122 科、218 属、245 种；属国家一级保护植物有 1 科 1 种，二级保护植物有 2 科 3 种，三级保护植物有 1 科 4 种。

中国科学院成都生物研究所、省农科院作物研究所、州农科所专家一行到壤塘县调研青稞新品种试验和青稞产业发展情况

壤塘县2021年全国科普日宣传活动

尕多乡瑟谷村热不卡蔬菜种植基地

马铃薯发放现场

风景名胜与文物保护。壤塘旅游资源集自然景观和人文景观于一体。自然资源由南莫且湿地、香拉东吉圣山、海子山、野人大峡谷和上杜柯峡谷组成；人文资源由棒托寺石刻大藏经、日斯满巴碉楼、觉囊文化中心、本土民俗风情及红色文化资源组成。2014年，县内新增藏家乐、牧家乐等新兴旅游接待平台。2016年成立中壤塘文化旅游景区管理处。2018年，吾依乡曾克寺被评定为国家3A级风景区。

文旅。年末全县有公共图书馆1个，图书藏量3万余册，阅览室座席数30个；乡（镇）文化站11个；全年举办文艺活动85次。县内有全国重点文物保护单位3个、省级文物保护单位1个、州级文物保护单位4个。全县有A级景区3个，其中3A级景区2个（棒托石刻公园旅游景区和曾克寺文化旅游景区）、4A级景区1个（壤巴拉文化旅游景区）；有生态旅游区1个（高原林海生态旅游示范区）。

2021壤塘县乡村旅游讲解员技能培训在浙江省温州市结业

2021年东西部劳务协作电商技能人才培训合影

则曲河河道疏浚情况检查

国家医疗保障信息化平台运行工作人员到各医疗机构指导工作

浙江省委网信办为壤塘县中小学学生捐赠教辅资料及课外阅读书籍

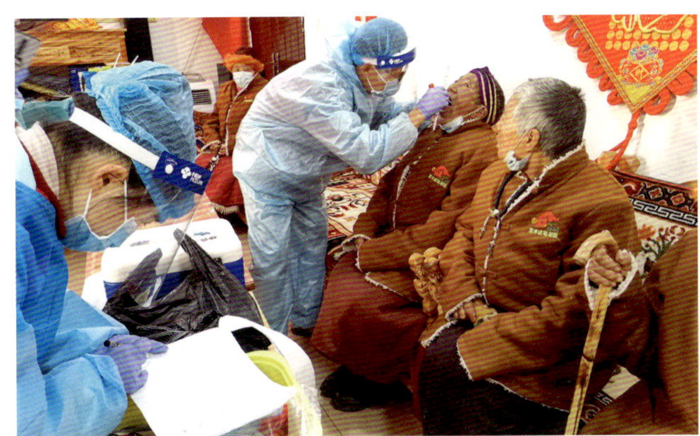

医护人员为敬老院老人进行核酸检测

壤塘县生态环境局开展农村空气质量监测

壤塘县生态环境局开展土壤环境质量监测

2020年生态脆弱区治理项目——中壤塘镇伊根门多村标段成效图

绵阳四〇四医院对口支援壤塘县医疗队

壤塘县医疗队到理县桃坪支援疫情防控工作

省人民医院、省妇幼保健院、省医师协会“我为群众办实事”壤塘县义诊活动

壤塘县卫生发展大会

2021年壤塘县篮球裁判员培训结业仪式

全县职工篮球赛

篮球赛获奖

体育锻炼达标赛

“双低”油菜种植示范区

腾都驿站

新式家居

“大美甘阿凉，风情藏羌彝”旅游推介会

中国壤塘·壤巴拉非物质文化遗产宜兴传习基地揭牌仪式在江苏省宜兴市举行

棒拓石刻大藏经世界纪录现场认证

乐 至 县

省政协副主席刘成鸣（中）到乐至县调研牛羊产业发展情况，县委书记文勇（前排右一）陪同调研

省政协副秘书长沈光明（前排右三）一行到乐至县调研，资阳市委常委、副市长刘华彬（前排右四），县政协主席吴琪（前排左二）陪同调研

2021 年，全县辖 1 乡 18 镇 2 个街道，辖区面积 1424 平方千米，其中耕地面积 98.24 万亩，比上年增长 0.05 万亩；基本农田 97.82 万亩。年末总人口 48.2 万人（常住人口），人口出生率 7.36‰，下降 2.52 个千分点；人口自然增长率 -6.49‰，下降 1.94 个千分点。全县 GDP217.2 亿元，增长 8.9%，其中第一产业增加值 39.5 亿元，增长 7.8%；第二产业增加值 68 亿元，增长 7.7%（工业产值 46.9 亿元，增长 10.1%）；第三产业增加值 109.7 亿元，增长 10.1%。三次产业对经济增长的贡献率分别为 17.1%、26.2% 和 56.7%。劳务输出 25.39 万人，收入 83.4 亿元。全年接待游客 563.4 万人，实现旅游收入 49.7 亿元，其中乡村旅游收入 15.4 亿元。

农业产业化发展。全年累计县内接待企业 69 家，外出开展招商活动 18 天。协助举办西博会、农博会、城市推进会等招商推介会 6 次，签约重大项目 5 个，签约总投资 9.448 亿元。全年共编报重点项目 7 个，总投资 20.4 亿元（其中市级重点项目 2 个、县级重点项目 5 个）。新开工项目及续建项目完成固定资产投资 19.6 亿元，增长 15%。共争取国、省行业主管部门项目 18 个，总下达资金 20 000 万元。全县累计培育家庭农场 1034 家，其中省级示范场 28 家、市级示范场 38 家；累计培育农民合作社 557 家，其中省级示

省纪委常委刘光辉（前排右二）到乐至县调研粮食安全工作，县委书记文勇（前排右一）陪同调研

水利厅二级巡视员孙小铭（左四）到乐至县调研农民工工资支付情况

经济和信息化厅二级巡视员张家治（中）到乐至县督导防汛减灾和地质灾害防范工作

水利厅党组成员、总工程师梁军（前排右二）到乐至县督导东禅寺除险加固工程

资阳市委常委、雁江区委书记焦杨（左二）到乐至县调研河长制工作

资阳市委常委、副市长张宇星（中）到乐至县调研蟠龙河水库整治、内外源治理及生态修复情况

范社 27 家；累计培育省级产业化龙头企业 6 家、市级产业化龙头企业 13 家；加大对合作社、家庭农场的指导服务，推动合作社、家庭农场开展品牌认证，搭建电商平台，拓宽营销渠道，提升农业适度规模经营水平，评定一批效益好、管理好、口碑好的新型农业经营主体，形成了“帅青花椒”“中天酿造”“乐至黑山羊”“石佛白乌鱼”等一批特色的帅乡品牌。

农业和农村改革。以建设国家级农村集体产权制度改革试点县为契机，出台《乐至县农村集体产权制度改革试点方案》《乐至县办理农村集体经济组织登记赋码发证工作规范》

资阳市人大常委会副主任周燕（右三）一行到乐至县调研高标准农田建设情况，县人大常委会主任刘强（右二）、副县长罗宇（右四）陪同调研

县委书记文勇（中）到石湍镇调研

县长彭玉秀（中）到蟠龙镇调研

高寺镇阳化河流域现代观光农业产业园

劳动镇羊叉河生态农业公园亲水田园

《乐至县申请成立农村集体经济组织试行登记办法》等工作方案和指导意见，采取试点先行、由点带面的工作方式，抓好关键环节、创新工作举措，聚力推进农业和农村改革工作。全县共清查核实农村集体土地面积 13.5 万公顷、农村集体资产 36 567 万元（其中经营性资产 15 287.93 万元、非经营性资产 21 279.07 万元），确认村（社区）集体成员 72.95 万人，发放成员股权证书 24.66 万本。全县共建成集体规模生猪养殖小区 25 个、果蔬养殖基地 667 公顷，形成农旅服务资产 4000 余平方米，实现村级集体经济经营性收入 1000 万元。

供销合作社改革。推进供销综合改革，在业务创新发展等方面取得了明显成效。一是加强供销组织建设，探索“三社”融合发展，改造提升薄弱基层社 2 个，创建基层社示范社 5 个，新建村级基层社 2 个，创建星级农村综合服务社 5 个，新建区域性供销服务中心 1 个，同时在石湍镇朝阳店村、高寺镇清水村采取“供销社 + 村集体经济组织 + 专业合作社”的形式开展村级供销社试点，为当地专业合作社、业主、广大群众提供农资、日用消费品、农机、劳务中介等服务。二是拓展农业社会化服务，促进农业增产农民增收，在宝林、石湍、回澜等乡（镇）开展机耕、机种、代收代种、统防统治、

东山镇现代蚕桑产业园核心区鸟瞰图

现代蚕桑产业园蚕房和桑园

高寺镇孝义村水稻高产示范片

劳动镇双龙村优质粮油示范区

宝林镇胡桥村玉米大豆带状复合种植示范片

中天镇团灯坝村玉米大豆带状复合种植示范片

农技培训等农业社会化服务，实现土地托管面积1.4万余亩，服务区群众人均增收100元以上。三是融入渝资供销合作，区域性供销流通平台建设取得突破，加强与重庆市璧山区供销社合作，与重庆市璧山区供销合作社联合社签订战略合作协议，建立联席会议制度，在农业社会化服务等领域开展相关合作。

农产品品牌战略实施。深入实施乡村振兴战略，促进区域农产品持续健康有序发展，显著提升“乐滋乐味”品牌知名度和管理质量。一是打造提升“乐滋乐味”农产品区域公用品牌。依托省级农产品品牌提升项目，打响乐至县“乐滋乐味”农产品区域公用品牌，提升“乐滋乐味”农产品区域公用品牌的知名度、认知度、影响力，“乐滋乐味”品牌农产品销量稳步提升，通过展会、网络直播带货等带动产品销售400余万元，通过益乐公司乐滋乐味品牌配送中心销售1300余万元。二是持续推动绿色有机地理标志农产品发展。全县“三品一标”产品保有量（有效期内）69个，其中无公害农产品27个、绿色食品15个、有机产品21个（含转换期产品）、地理标志农产品6个〔农业农村部农产品地理标志登记保护1个（乐至黑山羊）、国家地理标志保护产品2个（乐至白乌鱼和天池藕粉）、地理标志证明商标3

乐至县大豆玉米带状复合种植模式丰收照（测产现场）

乐至县第四届农民丰收节

高标准农田建设

生猪基因交流中心

个（乐至黑山羊、乐至生丝、乐至蚕茧）〕。

乡村振兴。围绕"美丽乐至·宜居乡村"建设，开展大规模绿化行动，全县森林覆盖率达 43.7%；推进农村户用卫生厕所改造，全年完成 5296 户农村无害化卫生厕所改造；深化农村生活垃圾"户分类、村收集、镇（乡）转运、县处理"收运处置体系建设，93% 以上的行政村生活垃圾得到收集处理；结合"千村示范工程""厕所革命"等项目建设，推进农村生活污水治理，污水有效处理率达 67%。开展乡村振兴"三级联创"，全年建成省级乡村振兴先进镇 1 个、示范村 7 个，市级先进镇 2 个、示范村 9 个。

乡村旅游。以建设全国红色文化旅游目的地、巴蜀美丽乡村旅游目的地为目标，坚定"大旅游"发展理念，夯实文化旅游基础、引进文化旅游项目、提升公共文化旅游服务水平，文旅工作继续高质量发展。劳动镇被评为"四川省首批天府旅游名镇"，劳动镇旧居村被评为"四川省首批天府旅游名村"，东山镇孔雀寺村被评为"四川省乡村旅游重点村"，四季果乡获评"四川省四星级现代农业园区"，五彩林乡获评国家 3A 级景区，桑都桑海获评国家 2A 级景区。一是文旅项目创优突破，产业高质量发展。陈毅故里"创 5A"有序进行，完成陈毅生平事迹陈列馆陈列改展及文物库房建设项目建设，核心区景观提质改造、农房风貌整治、基础设施、服务设施 4 个项目有序推进。五彩林乡旅游接待及科教博览展示中心主体工程加快建设。桑都桑海景区完

黑山羊

石佛挂面

桑叶茶

外交家酒厂桑叶茶

成景区内部分车道黑化、步游道彩化，建设非遗展示中心、农耕文化体验基地等项目。四季果乡旅游景区产业大道全面建成，秋千梦幻岛项目落地落实，已完成停车场建设，各项游乐设施、园区道路等基础设施建设有力推进。二是文旅惠民落到实处。以生态为先导、以产业为核心、以文化为灵魂，深入挖掘历史文化、红色文化、禅修文化、田园生态文化等乡村旅游资源，建设红色文化研学基地和“党建 + 乡村振兴”旅游基地，打造陈毅故里景区、五彩林乡、四季果乡、羊叉河乡村振兴示范带、阳化河现代农业观光旅游带等宜居、宜业、宜游、宜学的乡村旅游目的地。推动挂面、藕粉、桑叶茶等特 280 余种色农产品进活动、进景区、进展销。推动特色农家乐提档 35 家，培训乡村文化能人 8500 余人。三是多元活动广泛开展，文旅品牌持续擦亮。举办 2021 年四川省“万人赏月诵中秋”集中展演主会场活动，200 余万名群众通过网络、电视等收看活动。开展第五届中国乐至田园诗会、首届红色文创大赛、四川省桥牌锦标赛等重大文旅活动 5 次。开展桑葚采摘节、荷花节、桃花节等“帅乡乐至 · 诗意田园”乡村品牌节会活动 12 场次，持续擦亮“中国田园诗歌之乡”“成渝特赛事之城”“中国美食烧烤之都”城市名片。

帅青青花椒油

藕粉

通世达叶绿素产品

通世达植物精华护肤品

九寨沟县

阿坝州长罗振华（前排左二)到九寨沟县李子现代农业园区调研

阿坝州副州长关冀（左三）调研九寨沟县农业发展情况

阿坝州副州长旺娜（左中）到九寨沟县调研农业发展情况，县委副书记高恺衡（右三）等陪同调研

2021 年，全县辖 5 镇 7 乡，辖区面积 5288 平方千米，其中耕地面积 5433.1 公顷，增长 0.2%。年末常住人口 8.5 万人，其中户籍人口 6.69 万人（城镇人口 2.56 万人、农村人口 4.14 万人），人口出生率 10.8‰，人口死亡率 3.9‰。

2021 年，全县 GDP33.1 亿元，增长 7.2%，其中第一产业增加值 3.09 亿元，增长 6.8%；第二产业增加值 5.09 亿元，下降 0.9%；第三产业增加值 24.92 亿元，增长 9%，三次产业结构比为 9∶16∶75，第三产业对经济增长的贡献率为 92.64%。全年接待游客 365.55 万人，增长 17.48%；实现旅游收入 57.48 亿元，增长 23.57%。

农产品品牌战略实施。实施“九寨沟 +”品牌培育计划，

农业农村厅总农艺师徐斌（右二）到黑河镇七里村甜樱桃基地调研

阿坝州委常委、县委书记贺松（左一）到漳扎镇调研

县长李为仁（左二）调研农业产业相关情况

阿坝州农业农村局总农艺师李学强检查指导黑河镇葡萄种植情况

县委副书记张锐（右三）指导农业生产工作

副县长班永国（右一）到基层调研

推广"净土阿坝""阳光九寨"区域品牌，开展蓝莓、李子2个绿色食品认证，完成11个无公害产品复查换证和甜樱桃绿色食品续展，发挥好已认证的农产品地理标志产品、无公害农产品、绿色食品品牌效应，拓展有实力的涉农企业使用认证成果。推荐2个产品授权使用"净土阿坝"区域品牌，组织2个农产品入驻净土阿坝特色农产品展销电商中心；组织农产品参加阿坝州—成都第七届农商对接会、中国·四川第二届国际直播电商活动等推介会。加大农产品质量安全监管力度，开展农产品生产基地农药残留快速抽检，合格率达100%。

乡村振兴。实施《九寨沟县乡村振兴规划（2018—2025）》，建立健全"2+4+5+7"工作机制。九寨沟县酿酒葡萄现代农业园区创建为州五星级农业园区。九寨沟县被平安中国建设协调小组评为"2017—2020年度平安中国建设示范县"，被省委办公厅、省政府办公厅评为"全省去冬今春农民工服务保障工作先进县"，被省政府办公厅评为"第

俯瞰九寨沟

国际山地农业科技创新联盟成立大会暨第三届国际山地农业研讨会参会人员参观林下山参种植基地

国际山地农业科技创新联盟成立大会暨第三届国际山地农业研讨会参会人员参观酿酒葡萄现代农业园区

国际山地农业科技创新联盟成立大会暨第三届国际山地农业研讨会农产品展示

脆红李喜获丰收

五批‘四好农村路’省级示范县”，被省市场监管局认定为2021年度四川省有机产品认证示范区。人居环境稳步提升，农村户用卫生厕所普及率达91.2%，乡（镇）垃圾收运覆盖面积达100%，行政村覆盖面积达85%，累计完成100个村的排污工程建设，基本实现污水治理全覆盖。创建省级乡村振兴示范村1个、州级乡村振兴示范村2个。

农业农村改革。落实农牧民补助奖励、农机购置补贴、耕地地力保护补贴共计907.32万元。深化农村集体产权制度改革，规范农村“三资”管理，稳定土地承包权、放活经营权，引导土地有序流转16 227.23亩。结合两项改革“后半篇”文章，推进合并村集体经济融合发展，新建的3个村集体经济项目有序推进，100个村集体经济实现收益696万元。推进农村宅基地制度改革试点，指导乡（镇）审批57宗，审批面积9460平方米。培育新型农业经营主体，新申报州级农业龙头企业3家、州级家庭农场示范场2家，新培育家庭农场22家，评定县级家庭农场9家。

巩固拓展脱贫成果与乡村振兴有效衔接。健全防返贫监测帮扶机制，建立部门信息定期比对和风险筛查制度，常态化开展动态监测帮扶，全县25户监测户精准落实帮扶措施，未出现“漏测失帮”。建立300万元防返贫风险救助基金，持续落实教育、医疗、就业、住房、社会保障

农药安全使用技术培训

“科技下乡万里行”专家服务团

黑河镇矮化苹果种植基地

黑河镇金棚子葡萄种植基地

建成的高标准农田

葡萄种植基地

等政策和3个易地扶贫搬迁集中安置点后续帮扶，脱贫人口人均收入13 371.81元，增长11%。持续加强东西部协作、省内对口帮扶和定点帮扶，轮换140名驻村帮扶干部，落实各类帮扶资金5500余万元。投入涉农整合资金1.56亿元，实施项目61个。推进扶贫资产确权管理，登记确权项目651个，形成扶贫资产15.9亿元。一体推进巩固脱贫成果、乡村振兴、基层治理、两项改革“后半篇”文章四项工作，制订《九寨沟县巩固拓展脱贫攻坚成果同乡村振兴有效衔接实施方案》，“全域旅游”入选世界旅游联盟乡村振兴案例，“飞地经济”入选第二届全球减贫案例，被评为“2020年度全省脱贫攻坚先进县”，九寨沟县委被评为“全国脱贫攻坚先进集体”。

村级面源污染集中回收点

改造后的农村卫生户厕

甘孜藏族自治州

州委书记沈阳（左三）到农畜产品开发公司了解生产经营情况

州长冯发贵（中）到石渠县调研

2021 年以来，州农牧农村局坚持以习近平新时代中国特色社会主义思想为引领，认真贯彻落实州委、州政府总体工作部署，推动巩固拓展脱贫攻坚成果同乡村振兴有效衔接，实现“三农”各项指标稳中加固、稳中向好。

一、工作开展情况

全面完成省下达全州粮食作物播种面积约束性任务 102.6 万亩、粮食总产量 23.2 万吨的目标任务；第一产业增加值达 82.21 亿元，农村居民人均可支配收入达 15 365 元，农牧业在“十四五”开局之年呈现稳中加固、稳中向好态势。

（一）优化布局产业资源，全域联动初步形成

制订《甘孜藏族自治州“十四五”现代农业产业发展规划》《甘孜州现代农业产业带建设实施方案》等规划方案，推动

州农牧农村局党组书记、局长王虎（左一）到甘孜县调研

农牧产业高质量发展。一是着力打造“三江六带”现代农业产业带。按照“产业布局区域化、社会化，园区建设集约化、规模化，发展方式资本化、市场化，农畜产品品牌化、绿色化”发展思路，立足东南北路地区和“两江一河”流域产业发展差异，突出“三江六带”空间布局、资源禀赋、气候条件、产业基础、技术水平和市场潜力，打破县（市）行政区划界限，统一布局建设“6 个产业带、6 个蔬菜保供基地、9 大农产品加工区、7 类商贸流通服务中心”现代农业产业带。按照“五年规划、三年实施、两年巩固”总基调，制订实施方案、细化项目分配、统筹资金使用，形成与市场需求相适应、与资源禀赋相匹配的农业生产结构和区域布局，着力构建现代农业发展新格局。二是着力打造国家级牦牛产业集群建设。深入分析研究全州牦牛产业发展现状，找准优势和短板，厘清发展思路、产业布局和重点任务，按照构建“一中心、二体系、三工程、四基地、六园区”为支撑的牦牛产业集群思路，抓住牦牛产业化发展“良种繁育、饲草基地、科学养殖、产品研发、加工营销、品牌建设”六大关键环节，制定甘孜牦牛产业集群链条图，编制完成《甘孜牦牛优势特色产业集群建设初步方案》，规划建设项目 84 个，总投资 13.69 亿元（其中中央资金 2 亿元）。三是着力打造产业强镇建设。以创建“农业产业强镇”为目标，围绕炉霍县虾拉沱镇产业发展定位，坚持“蔬菜主导、龙头驱动、链条延伸、融合发展”方针，依托“飞地”农业产业园发展新模式，编制《炉霍县虾拉沱

农业专家送教下乡——乡村振兴农村科普活动

四川省农业大学科技专家到基层开展茶叶种植技术培训

镇农业产业强镇建设方案》，推动构建虾拉沱镇“一心·二带·三园·四区·多基地”的产业空间布局，申请纳入2022年国家农业产业强镇建设。

（二）提质增效现代农业，助农增收成效明显

认真落实“藏粮于地、藏粮于技”战略，优化农业产业体系、生产体系、经营体系，提高土地产出率、资源利用率、劳动生产率，为农牧业高质量发展打下坚实基础。一是守住粮食安全底线。着力调运调剂良种、肥料、农膜等生产资料1.39万吨。认真贯彻落实各项惠农政策，鼓励农民自觉提升耕地地力，充分调动农民生产积极性，兑现耕地地力保护补贴6635.5万元、实际种粮农民一次性补贴613.21万元。全州完成粮食作物播种面积102.85万亩，粮食产量23.31万吨；蔬菜种植22.18万亩，产量44.34万吨。二是推动草原畜牧业发展。按照“种草养畜、短期育肥、提纯复壮、牧繁农育”思路，加大集中连片优质人工饲草基地建设力度，建成优质人工饲草基地3万亩，积极开展粮改饲试点工作，完成苜蓿种植面积3227亩，示范推广青贮玉米种植技术130亩，贮备抗灾冬干草1500吨以上。实施草原禁牧补助4500万亩、草畜平衡7963万亩，兑现奖补资金5.4亿元。开工建设127个牦牛标准化适度规模场，建成配套饲草基地2.24万亩。兑付能繁母猪补贴389万元，新增能繁母猪1.2万头。兑付生猪出栏奖金112.5万元，出栏生猪24万头。组织调运发放疫苗3902万毫升（头、羽份），完成重大动物疫病免疫1323.71万头（只、羽）次。三是加强现代农业园区建设。用现代发展理念、现代产业体系、现代功能环境、现代经营方式着力推动现代农业园区集约集聚发展，新建现代农业园区13个，各类园区覆盖产业基地39.77万亩、养殖畜禽30.84万头（只）。申报省三星级现代农业园区2个，省四星级、五星级现代现代农业园区各1个；评定州级现代农业园区10个。四是壮大特色基地建设。围绕“三江六带”现代农业产业带，大力发展优质粮油、绿色蔬菜、特色水果、生态食用菌、道地中药材、花卉茶叶等优势产业，建成特色农林产业基地67.7万亩，新建设施农业107个。实施基地建设、农产品加工、融合发展、主体培育、科技服务“五大提升工程”，率先在9个涉改试点乡（镇）推进形成“一村一品、一乡一业”的产业发展格局。

（三）不断完善经营管理，产业效益得到提升

一是加强种业管理。大力实施“现代种业提升工程”，持续提升良种供应能力。在主产区建立青稞、小麦和马铃薯良繁基地11万亩。完成粮食作物良种推广95.93万亩，农作物良种覆盖率达93.5%。加强九龙牦牛、昌台牦牛、娟杂公牛等优良品种推广，完成畜禽改良29.4万头（只）。持续实施九龙牦牛、西藏山羊、藏猪、藏鸡等国家级畜禽遗传资

巴塘县毛桃种植基地

白玉县现代农业产业园区高原菊花种植基地

德格县年古乡大蒜种植基地

德格县温拖乡产业园区蔬菜种植

九龙县三岩龙中药材(白芨)种植基地

源保护,国家级、省级保种场(区)保种群体存栏数达 7434 头(只)。扎实开展全州农业种质资源普查,新发现畜禽遗传资源 10 个、中蜂遗传资源 6 个,其中玛格绵羊和勒通绵羊已进入《国家畜禽遗传资源目录》,玛格绵羊入选畜禽十大优异种质资源;完成全州农作物普查表提交任务,征集全州农作物样品 829 份;完成全州水产养殖主体普查任务,新发现水产养殖主体 2 个。二是强化质量安全。全面推进质量兴农、绿色兴农、品牌强农,以品种品质品牌新“三品”为着力点,推进农业标准化生产,开展特色农业产业基地和畜禽标准化养殖场(小区)建设。推进农产品质量安全追溯与农业农村重大创建认定、农业品牌推选、农产品认证、农业展会“4 挂钩”,录入生产经营主体追溯系统基础信息 538 家。累计登记认证“三品一标”农特产品 210 个(其中新登记认证 15 个),新制定甘孜州农业地方标准 10 项。三是强化农业监测。开展省、州、县级农产品质量安全例行监测,监测食用农产品样品 2189 个。对规模养殖场(户)进行“瘦肉精”拉网式监测,监测“瘦肉精”25 760 头份,全州农产品合格率稳定在 98% 以上,未发生重大农产品质量安全事件。四是狠抓农业安全生产。认真落实安全生产党政同责和“三必须”要求,加强隐患大排查大整治,建立 5 个安全宣传“进农村”示范点,开展安全事故应急演练,牢牢守住农业生产安全事故防范底线。

(四)创新驱动引领发展,科技水平不断提升

一是推动农业机械化。启动实施新一轮农机购置补贴政策和“五良”融合产业宜机化改造项目,兑付中央农机购置补贴资金 327.94 万元,补贴农机具 596 台(套),“五良”融合宜机化改造面积 1348 亩。积极引进示范推广智能农机装备,推广各类农机具 782 台(套),新增农机总动力 10 742 千瓦。完成机耕作业面积 111.48 万亩、机播作业面积 35.14 万亩、机收作业面积 53.01 万亩,主要农作物耕种收综合机械化水平达到 60%。新建太阳能提灌站 4 座、农产

九龙县呷尔镇华丘村蔬菜种植基地

无公害蔬菜种植基地

品仓储保鲜冷链物流示范县 1 个。二是提升农业科技服务。鼓励农机服务主体开展农机社会化服务，在农业园区积极培育“全程机械化 + 综合农事”服务中心，支持服务中心购置大中型、智能化、复合型现代农机装备，带动园区提高农业装备水平、作业水平和服务水平。深化“院州”“校州”合作，积极开展农业科技“三大行动”，开展农民实用技术培训 33.5 万余人次。派出近百名科技人员带动各县（市）千名农业科技人员深入生产第一线，大力开展新品种、新技术、新模式、新机制“四新”示范。全州共建立农业科技示范基地 36 个，培育农业科技示范户 4077 户。采取政府购买服务方式，招募特聘农技员 150 余人，开展技能培训 774 场次、5.2 万余人次。三是实施高标准农田建设。全面落实高标准农田建设中央、省、州、县 3000 元 / 亩补助标准，积极构建“五统一”的高标准农田建设管理体系，完成 2019 年、2020 年高标准农田建设州级竣工验收和 2021 年高标准农田建设项目实施方案编制、州级评审工作和计划批复备案工作。四是培育市场主体。认真落实《甘孜州联系农业产业化龙头企业工作机制》，组织召开农业产业化龙头企业座谈会，举办新型农业经营主体培训班，针对市场主体存在的困难诉求，积极开展“送政策上门、送思路上门、送服务上门、送项目上门”活动。评定合作社州级示范社 21 个、省级示范社 5 个，评定家庭农场州级示范场 13 个、省级示范场 2 个，培育全州首家国家级农业产业化龙头企业——甘孜县康巴拉绿色食品有限公司。

（五）有序治理人居环境，乡村振兴开创新局面

一是实施乡村振兴战略。巩固拓展“两江一河”流域乡村振兴示范建设成果，整合涉农资金 2.7 亿元，新建精品示范村 65 个。制订《2021 年度县（市）党政领导班子领导干部推进乡村振兴战略实绩考核实施方案》，组织开展州对县（市）乡村振兴实绩考核、分类考评，申报创建省级先进乡（镇）2 个、示范村 33 个、重点帮扶优秀村 35 个，评定州级先进县（市）3 个、先进乡（镇）15 个、示范村 120 个。二是推进农村人居环境整治。围绕“圣洁甘孜 · 美丽乡村”建设，实施农村“厕所革命”，探索“水冲式 + 三格化粪池”“一厕两用”“旱改卫”等技术模式，并在理塘、甘孜等县试点“双坑交替式”“免水冲免清掏生态马桶”成品厕所，完成新（改）建农村户厕 6779 户（其中整村推进项目 1874 户）；在 2181 个行政村配备保洁员 6258 名，实现行政村保洁员全覆盖；顺利通过农村人居环境整治三年行动评估。三是加强面源污染防控。坚持生态优先、绿色发展，紧扣“一控两减三基本”目标，实施化肥、农药减量化行动，加强秸秆、畜

德格县察青松多自然保护区白唇鹿

九龙县朵洛乡黑颈山羊养殖

九龙县梅花鹿养殖基地

乡城县藏鸡养殖

机械耕作

机械化收割

青稞

青稞收获

禽粪污综合利用和农业投入品废弃物无害化处理，实现农药化肥零增长，农膜回收率达84%，农作物秸秆综合利用率预计达93%，规模养殖场粪污处理设施装备配套率和粪污资源化利用率分别达95.83%、97.6%。四是开展农耕传承保护。积极开展农村生产生活遗产保护和传承工作，丹巴县甲居镇、康定市若吉村等4个村镇申报2021年第二批全国乡村治理示范村镇；推荐九龙县龙韵民族手工艺品有限公司“手工藏毯编制技艺”为第二批省级农村生产生活遗产扶持项目，获得省级补助资金100万元；九龙县魁多镇里伍村“绒巴茶手工制作工艺”申报全国第六批中国重要农业文化遗产；炉霍县多克的高原传统牦牛酸奶经省厅组织专家评审，获第五届“四川省农村手工艺大师（乡村美食大师）”称号。

（六）不断深化农村改革，发展活力持续激活

一是推进集体产权制度改革。以构建“归属清晰、权能完整、流转顺畅、保护严格”的农村集体产权制度为目标，注重民主程序，狠抓清产核资、成员确认、股份量化等关键环节，核实村级集体资产112.31亿元，确认农村集体经济组织成员21.98万户、93.88万人，建立村级集体经济组织2181个，实现集体经济收入9680.9万元，净收入8536.5万元，带动18.45万户农户户均收入463元。二是推进合并村集体经济融合发展试点。在45个试点合并村建立健全成员大会、理事会、监事会等集体经济组织法人治理机制，全面完成试点任务并依托自身资源资产和地理区位等优势条件，盘活闲置房屋402宗、84221.88平方米，探索出以租赁经营稳健发展、资金入股（飞地模式）借力发展、股份合作自主经营、资源合作联合发展、托管代理服务发展等5种方式，实现集体经济收入持续增长。三是推进承包地“三权分置”。在坚持农村集体土地所有权、稳定农户承包权、放活土地经营权的基础上，积极推进土地承包管理信息系统建设，全州基本完成土地确权数据脱密工作。严格宅基地申请、审批、使用全程监管，审批宅基地396宗119.82亩，新增建设用地212宗65.21亩。大力引导和鼓励农户通过出租、入股等方式推进农村土地经营权有序流转，全州农村土地流转面积达10.09万亩。四是推进农民合作社规范提升。组织开展农民合作社理事长业务培训，引导合作社不断完善章程制度，依法建立成员（代表）大会、理事会、监事会等组织机构，提升内部管理水平。全州累计发展合作社3922个，评定国家级示范社6个、省级示范社60个、州级示范社147个，形成培育户、壮大场、场入社、社联企的良好发展体系。

（七）大力加强自身建设，服务水平明显提高

一是加强组织建设。加强和改进党员队伍和干部队伍建设，严格落实“三会一课”制度，召开党员大会36次、支部委员会108次、党小组会36次。机关党委培养入党积极分子3名，发展预备党员1人，转正式党员1人。二是加强党史教育。组织州农牧农村局183名党员干部到红色教育基地接受爱国主义教育，观看红色舞台剧《飞夺泸定桥》，重温入党誓词。组织党务工作者赴革命圣地延安举办党史学习教育专题培训班，重温革命历史，寻访初心使命，用党的优良传统滋养初心、淬炼灵魂，提升党员干部用革命精神服务“三农”事业的能力和水平。三是加强疫情防控。严格落实农村疫情防控“十一条措施”，从严从紧查堵漏洞，盯紧管住防控重点，切实加强城乡结合部、农贸市场、茶馆棋牌室、寺庙等重点场所管控，做好防控物资储备，加强免

疫接种工作。常态化开展“五清行动”，农村地区全年开展排查返乡人员 47 411 人，取消庆祝庆典活动 656 场次，红事缓办、丧事简办 1594 场，坚决筑牢农村地区疫情防控坚固防线。

二、下一步工作计划

（一）牢牢守住粮食安全

严格耕地保护制度，坚决防止耕地非农化、非粮化。稳定粮食作物播种面积在 100 万亩以上，力争产量达 23 万吨。做好动物疫病防控，建设集中连片优质人工饲草基地，积极出台牲畜出栏鼓励措施。完成高标准农田建设 3.82 万亩。完成动物疫病防控 1000 万头（只、羽）次，力争实现各类牲畜存栏 340 万头（只、匹）、出栏 120 万头（只、匹）。

（二）加快农牧产业发展

着力打破区域界限、行政界限，坚持“特色发展、区域联合、全域联动”工作思路，推动“三江六带”现代农业产业带建设，启动国家级理塘蔬菜现代农业园区创建，推进炉霍县虾拉沱镇产业强镇建设。建设特色农业产业基地 65 万亩，建立农作物良繁基地 11 万亩，新登记认证绿色、有机、农产品地理标志产品 5 个。

（三）打造牦牛产业集群

采取“边建边补、以奖代补、先建后补”等多种方式，重点支持牦牛良繁、标准化养殖、饲草料种植加工、加工物流及品牌、牧旅融合发展、先进要素集聚支撑等建设。实施牦牛产业项目 37 个，总投资 7.43 亿元，其中申请中央财政资金 1 亿元、地方整合资金 4 亿元、社会自筹资金 2.43 亿元。

（四）实施乡村振兴战略

深化“两江一河”流域乡村振兴示范建设，整合乡村振兴衔接资金、涉农资金、对口援助资金，新建乡村振兴示范村 100 个，其中精品村 20 个。

（五）强化人居环境整治

以“圣洁甘孜，美丽乡村”建设为重点，大力实施农村人居环境整治提升“五大行动”，新（改）建农村无害化卫生厕所 3000 户。在石渠县实施黄河流域农业面源污染治理项目，支持建设标准有机肥加工厂、集体牧场粪污处理系统、垃圾转运及处理设施。深入开展长江“十年禁渔”行动，持续开展专项打击整治行动和增殖放流工作，有效保护水生生物资源。

（六）深化农业农村改革

在巩固承包地确权登记颁证成果的基础上，加快推进土地承包管理信息系统建设。加强盘活集体土地、闲置宅基地、农机具等资产和资金力度，采取建设集体牧场、发展飞地经济、培育产业基地等方式，探索农村集体经济长足发展路径，推进实现集体资源盘活、组织成员创收、发展方式稳定。

乡城县同登藏寨新貌

白玉县麻绒乡格塔村宜居乡村建设成果

田园乡村

乡城田园

《四川现代农业发展报告》

农业大省向农业强省跨越发展的权威记录

展示现代农业发展成就的重要窗口

促进现代农业发展交流的重要平台

指导现代农业加快发展的重要参考

《四川现代农业发展报告》由四川省农业科学院牵头组织编撰，一年出版一卷，面向全国公开发行。《四川现代农业发展报告》是全省首部全面反映四川省现代农业发展历程、总结发展经验、展现发展成绩、促进发展交流的系统性、权威性出版物，紧扣全省“10+3”现代农业产业体系谋篇布局，从当代视角留存历史，以客观态度提炼得失。省级层面紧扣农业科技是灵魂，农业园区为引领，农业产业为核心；市（州）层面既着重反映当地现代农业发展总体情况和主要特征，又强调突出行业特色和地域特色；典型案例聚焦具有代表性、典型性的优秀发展案例，图文并茂集中展示全省现代农业产业、现代农业园区、现代农业品牌形象，探索科学发展、加快发展的有效路径；农业统计数据内容翔实、结构严谨、分类科学，与文字资料互为补充，进一步丰富了全书的资料性和内容的完整性；专家层面聚焦发展瓶颈和制约因素建言献策，凝心聚力，为农业强省建设贡献智库力量。截至2023年，《四川现代农业发展报告》已连续完成2021卷、2022卷出版工作，持续推动新发展阶段全省“三农”工作不断开创新局面。

索引
SUO YIN
SICHUAN

说　明

一、本索引按内容主题性质分类，以关键词首字按英文字母排序排列，页码后的a表示页面的左栏。

二、为方便检索，标目编排不考虑非汉字部分。内文检索至二级标目，特载、调查与研究、附录、彩色图片等类目未作索引。

三、本索引收录词条字体、字号设定和疏密安排均以方便读者查阅检索为要，欢迎读者提出宝贵意见。

A

B

C

D

E

F

G

H

J

K

L

M

N

P

Q

R

S

T

W

X

Y

Z